中国经济贸易年鉴

中国
经济贸易
年鉴

CHINA'S ECONOMY & TRADE YEARBOOK
2000

中国经济出版社

图书在版编目（CIP）数据

中国经济贸易年鉴／《中国经济贸易年鉴》编委会编，
北京：中国经济出版社，2000　ISBN 7-5017-4961-2
Ⅰ.中…　Ⅱ.中…　Ⅲ.经济－中国－年鉴　Ⅳ.F12-54
中国版本图书馆 CIP 数据核字（2001）第 04975 号

中国经济贸易年鉴 2000
中国经济贸易年鉴编辑委员会
*
中国经济出版社出版发行（北京市百万庄北街 3 号　邮编：100037）
联系电话：（010）68355328　88361585　各地新华书店经销
深圳利丰雅高印刷有限公司印制
*
开本：889 ×1194毫米　1/16　印张：51.5
插页印张：6.25　字数：2100 千字
2000 年 12 月第 1 版　2000 年 12 月第 1 次印刷　印数：5000
ISBN 7-5017-4961-2/F · 3935
广告经营许可证：2001018
国内定价：精装本248.00 元　精装附光盘：280.00 元

序

国家经济贸易委员会主任 盛华仁

《中国经济贸易年鉴》终于与大家见面了。《中国经济贸易年鉴》的编纂出版旨在较为客观、详尽地刊载、分析、评价我国经济贸易运行状况，企业改革与发展状况，它是一部较为全面系统地总结和指导我国经贸改革与发展的大型工具书与资料性年刊。

1999年，我国成功地经受了错综复杂的国内外环境的严峻考验，经济快速增长，社会全面进步，国民经济发展质量有所提高。这一年，经贸工作在开创新局面方面也迈出了重大步伐。经贸系统广大干部职工在党中央、国务院和各地党委、政府的领导下，认真贯彻中央关于促进经济增长的一系列重大决策，紧紧围绕实现国有企业改革与脱困三年目标，以企业工作为中心，在控制总量、调整结构、深化改革、提高效益等方面都取得了积极进展。在这一年里，加大兼并破产力度，债转股、重点技术改造工作全面展开。下大力气抓扭亏增盈工作；进一步调整工业结构，工业生产稳步增长，经济效益明显改善。1999年全国工业共完成增加值35357亿元，比上年增长8.5％；全年工业企业实现利润2202亿元，比上年增长52%；其中国有和国有控股工业企业实现利润967亿元，增长77.7％。全社会固定资产投资29876亿元，比上年增长5.2％；国内市场稳中趋活，全社会消费品零售总额31135亿元，比上年增长6.8％。城乡人民生活继续改善，城镇居民人均可支配收入比上年实际增长9.3％。

1999年国有企业改革和脱困取得重要进展。政企分开步伐加快，重点国有企业的改组继续推进，组建了一批大型企业集团，通过兼并破产、改组联合、债转股和加强管理等措施，国有及国有控股大中型工业企业中的亏损户有了明显减少。继续以纺织行业为突破口，加强重点行业的扭亏增盈工作。纺织工业在继续压锭、减员的同时，加大调整力度，经济效益显著提高。机械、石油和化工、轻工、电子、医药等行业经济效益明显好转。冶金、电力、烟草、黄金等行业继续保持较好盈利。大部分地区经济效益明显好转，27个省、自治区、直辖市的工业效益好于上年。

鉴往知来。《中国经济贸易年鉴》创刊于世纪交替之年，总结过去，对于做好今后的经贸工作，推进国有企业跨世纪改革和发展，具有十分重要的意义。我们要继续搞好宏观经济运行分析、监测和预测，按照中央搞好国有企业的统一部署，进一步振奋精神，再接再厉，全面开创经贸工作新局面，迎接新世纪的到来。

《中国经济贸易年鉴》作为一个窗口，它重点反映我国经贸系统改革与发展的基本状况，注重信息量和查阅性，既有成绩的总结，又有问题的分析，内容全面、翔实。希望《中国经济贸易年鉴》能成为提供信息、沟通情况、增进了解的桥梁，能够以其自身特色和价值得到广大读者的垂爱，在传递中共中央、国务院关于经贸工作的大政方针的同时，增进广大群众对我国经贸工作的了解。

二〇〇〇年十二月二十日

《中国经济贸易年鉴》编写说明

一、《中国经济贸易年鉴》(以下简称《年鉴》)经国家经贸委主任、党组书记盛华仁，国家经贸委副主任、党组副书记李荣融，副主任蒋黔贵，原国家经贸委副主任郑斯林批准；由中华人民共和国国家经济贸易委员会《年鉴》编委会编纂；盛华仁任编委会主任，李荣融任主编。

二、本《年鉴》是一部详尽刊载、客观评价我国经济贸易运行状况，企业改革与发展状况，较为全面系统地总结和指导我国经贸改革与发展的大型工具书和资料性年刊。

三、《中国经济贸易年鉴》突出政策性、实用性、资料性和连续性。主要读者对象拟包括三方面：(1)全国经贸委系统及工业行业部门；(2)各类企业；(3)各研究机构、图书馆、资料室。

四、本期《年鉴》共设7篇：

第一篇：重要经济文献。精选中共中央、国务院、国家经贸委、国家计委的文件、报告4篇。

第二篇：经济运行与企业改革发展报告。国家经贸委20个司局、中国对外经济贸易合作部就1999年我国经济贸易运行情况、企业改革与发展状况等重大方面予以分析、评述。

第三篇：行业改革与发展报告。刊载14个行业的基本情况和数据。

第四篇：各省、市、自治区经济贸易发展概况。邀请31个省、自治区、直辖市及5个计划单列市经贸委就本地区的经济贸易及企业改革发展状况予以评述。

第五篇：重点(骨干)企业介绍。采用图文并茂的形式介绍重点(骨干)企业的基本情况。

第六篇：中国经济贸易重要统计资料。精选一部分与经济贸易紧密相关的宏观统计资料。重点刊载全部国有及年产品销售收入在500万元以上非国有工业企业的重要经济指标。

第七篇：附录。刊载国家经贸委主要职能及机构设置，重要经济贸易法律法规目录，重点行业、重点企业的数据资料，首次公布520户国家重点企业明细表。

五、本《年鉴》涉及全国性统计数字，暂未包括港、澳、台。第六篇的统计资料主要由国家统计局工交司提供；由于统计口径、方法不一致，行业、地方有些统计数据与“重要统计资料篇”不完全一致，遇此情况，以国家统计局的数据为准。

六、本《年鉴》为首刊。由于起步较晚，2000年8月才开始征稿，下半年遇到国家局和地方经贸委机构改革，因此首期《年鉴》出版较晚；由于我们从零做起，经验不足，定有一些疏漏或不足，恳请广大读者和业内人士批评指正，以便今后予以改进、完善。

中国经济贸易年鉴编辑部

二〇〇〇年十二月二十五日

中国经济贸易年鉴编委会
ZHONGGUO JINGJI
MAOYI
NIANJIANBIANWEIHUI

国家经济贸易委员会主任
中国经济贸易年鉴编委会主任
盛华仁

国家经济贸易委员会常务副主任
中国经济贸易年鉴编委会副主任、主编
李荣融

中国经济贸易年鉴编委会副主任

左　排

国家经济贸易委员会副主任
于　珍

国家经济贸易委员会副主任
石万鹏

国家经济贸易委员会副主任
张志刚

右　排

国家经济贸易委员会副主任
王万宾

国家经济贸易委员会副主任
蒋黔贵

中央纪委驻国家经济贸易
委员会纪律检查组组长
陈光复

中 国 经 济 贸 易 年 鉴 副 主 编

国家经贸委副秘书长
机关服务管理局局长
黄淑和

国家经贸委办公厅主任
马国安

中国经济出版社社长
韩天雨

中国经济出版社总编辑
黄允成

中国经济贸易年鉴编委会委员

按姓氏笔划排序

国家国内贸易局副局长
丁俊发

综合司司长
马建堂

医药司司长
于明德

培训司司长
王忠明

技术进步与装备司司长
王建曾

投资与规划司司长
甘智和

电力司司长
史玉波

中国经济出版社副社长
左秀英

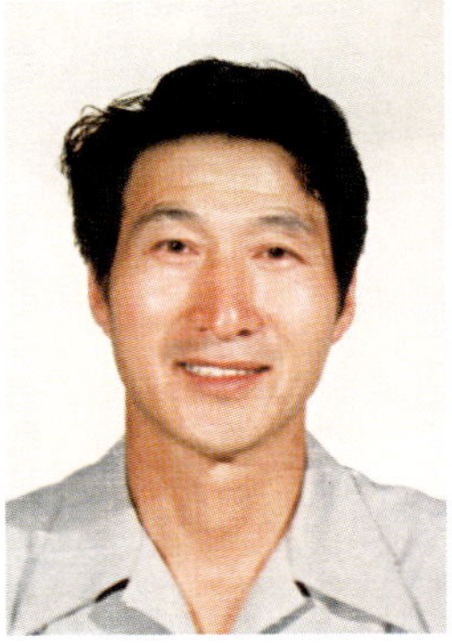
安全生产局局长
闪淳昌

经济信息中心主任
刘　力

国家统计局
工业交通统计司司长
任才方

经济运行局局长
刘学良

中国经济贸易年鉴编委会委员

按姓氏笔划排序

黄金管理局副局长
成辅民

国家机械工业局副局长
张小虞

企业改革司司长
邵　宁

国家轻工业局副局长
杨志海

国家煤炭工业局局长
国家煤炭安全监察局局长
张宝明

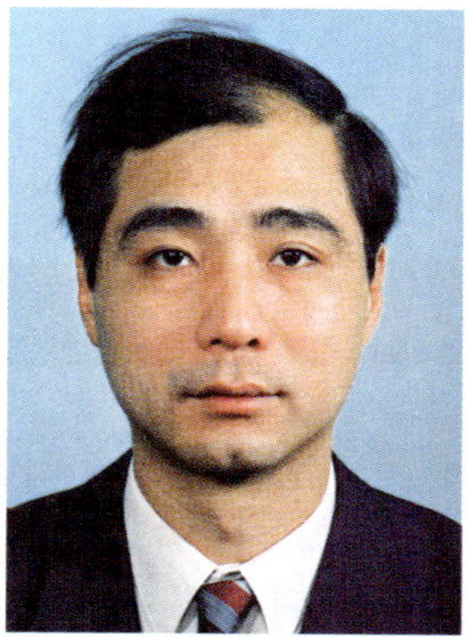

贸易市场司司长
邸建凯

国家冶金工业局副局长
吴建常

国家石油和化学工业局局长
李勇武

国家纺织工业局局长
杜钰洲

人事司司长
连维增

政策法规司司长
张德霖

中小企业司副司长
陈燕海

中国经济贸易年鉴编委会委员

按姓氏笔划排序

企业监督局局长

周明金

国家烟草专卖局办公室主任

周瑞增

产业政策司司长

欧新黔

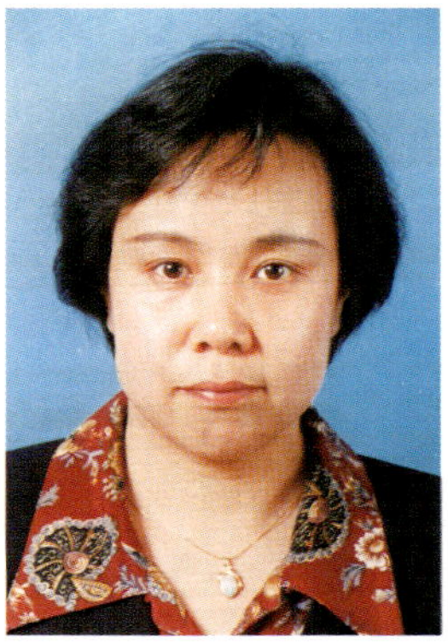

资源节约与综合利用司司长

赵家荣

中国经济出版社
党委书记、副社长

夏德林

对外经济协调司副司长

徐　鸣

国家有色金属工业局副局长

康　义

国家建筑材料工业局副局长

雷前治

中国经济贸易年鉴编委会委员

按姓氏笔划排序

山东省经济贸易委员会主任
王仁元

西藏自治区经济贸易委员会主任
毛晓予

青岛市经济贸易委员会主任
孙加顺

黑龙江省经济贸易委员会主任
石忠信

广西自治区经济贸易委员会主任
冯祖华

贵州省经济贸易委员会主任
李　平

宁波市经济委员会主任
李令红

云南省经济贸易委员会主任
李现武

吉林省经济贸易委员会主任
李　树

宁夏自治区经济贸易委员会主任
吕重光

湖北省经济贸易委员会主任
邱思胜

甘肃省经济贸易委员会主任
任继东

中国经济贸易年鉴编委会委员

按姓氏笔划排序

海南省经济贸易厅厅长
许晓民

新疆维吾尔自治区经济委员会主任
宋汝鹄

重庆市经济委员会主任
余远牧

内蒙古自治区
经济贸易委员会副主任
苏　青

山西省省长助理
经济贸易委员会主任
张泽宇

厦门市经济发展委员会主任
陈　津

大连市经济委员会主任
张继先

陕西省省长助理
经济贸易委员会主任
张海南

广东省经济贸易委员会主任
陈善如

江苏省经济贸易委员会主任
吴瑞林

湖南省经济贸易委员会主任
陈德铨

深圳市经济发展局局长
庞大同

中国经济贸易年鉴编委会委员

按姓氏笔划排序

北京市经济委员会主任

金生官

四川省经济贸易委员会主任

杨志文

河南省经济贸易委员会主任

范保国

天津市经济委员会主任

杨栋梁

浙江省经济贸易委员会主任

金德水

河北省经济委员会主任

秦朝镇

上海市政府副秘书长
上海市经济委员会主任

黄奇帆

辽宁省经济贸易委员会主任

梁胜予

安徽省经济贸易委员会主任

黄海嵩

福建省经济贸易委员会主任

谢先文

江西经济贸易委员会主任

虞中一

青海省经济贸易委员会主任

骆玉林

《中国经济贸易年鉴》编辑出版人员

编辑部主任、总编辑：官永久

本期特邀编审：谢又乔

编辑部成员、责任编辑（按姓氏笔划排序）：汪 京 张东英 张 巍 周 敏

英文翻译：田 杰

英文审校：葛岳静

美术设计：屈剑峰 饶家仁

《中国经济贸易年鉴》2000年联络员名单

国　家　部　委　部　分

（按姓氏笔划排序）

毛元斌	国家经贸委企业改革司综合处	助理调研员
尹凌青	国家经贸委综合司综合处	副处长
刘建平	国家经贸委人事司综合处	处长
刘南昌	国家经贸委综合司调控政策处	处长
邢俊玲	国家统计局工业交通统计司效益处	处长
刘新华	国家经贸委经济信息中心企业处	处长
刘德成	国家经贸委贸易市场司综合处	主任科员
吴义国	国家经贸委中小企业司改革发展处	副处长
李从国	国家经贸委企业监督司综合处	处长
李际平	国家经贸委技术进步与装备司综合处	副处长
李俊元	国家经贸委投资与规划司政策与外资处	副处长
李振中	国家经贸委对外经济协调司	处长
吴振国	国家经贸委经济法规司法规二处	处长
李　静	国家经贸委资源节约与综合利用司	助理巡视员
张炳曾	国家经贸委安全生产局综合处	调研员
孟　颖	国家经贸委产业政策司四处	调研员
秦志辉	国家经贸委培训司综合处	处长
郭秋英	国家经贸委电力司综合处	助理调研员
秘喜慧	国家经贸委办公厅保密档案处	处长
童应安	国家经贸委医药司综合处	主任科员
彭建国	国家经贸委经济运行局质量处	处长
霍松龄	国家经贸委黄金管理局规划科技处	处长

各省、自治区、直辖市、计划单列市部分

（按姓氏笔划排序）

王兴宁	云南省经济贸易委员会经济运行处	处长
王永毅	厦门市经济发展委员会办公室	副主任

王志文	天津市经济委员会综合处	副处长
王克建	山西省经济贸易委员会综合处	处长
邓树齐	新疆维吾尔自治区经济贸易委员会综合处	处长
王效昌	山东省经济贸易委员会办公室	副主任
毛锡华	宁波市经济委员会办公室	副主任
史文军	上海市经济委员会办公室	副主任
叶传柏	安徽省经济委员会综合处	处长
白振志	河南省经济贸易委员会综合与法规处	处长
刘书衡	甘肃省经济贸易委员会综合处	调研员
许　平	重庆市经济委员会经济研究室	副主任
孙英华	深圳市经济发展局行业协调处	处长
刘俊兴	广东省经济贸易委员会综合处	副处长
向曙光	湖南省经济贸易委员会综合处	处长
冷长仁	辽宁省经济贸易委员会	秘书
陈方勇	青海省经济贸易委员会办公室	副主任
陈玉君	大连市经济委员会办公室	副主任
李玉香	青岛市经济委员会综合处	处长
肖诗其	湖北省经济贸易委员会工贸志编辑室	副主任
陈国樑	福建省经济贸易委员会办公室	副主任
李春波	吉林省经济贸易委员会机关党委	副书记
李振兴	北京市经济委员会北京工业年鉴编辑部	主任
李海洋	江苏省经济贸易委员会综合处	副处长
李晓霞	吉林省经济贸易委员会办公室	副主任
杨谦让	西藏自治区经济贸易委员会综合计划处	副处长
邱镇林	广西壮族自治区经济贸易委员会办公室	副主任
罗小茶	江西省经济贸易委员会综合处	副处长
林元康	海南省经济贸易厅办公室	主任
周世勇	四川省经济贸易委员会信息中心	主任
赵小平	宁夏回族自治区经济贸易委员会办公室	主任
赵秦川	陕西省经济贸易委员会综合处	处长
高玉学	黑龙江省经济贸易委员会政策法规处	处长
都吉祥	辽宁省经济贸易委员会办公室	主任
徐　荣	贵州省经济贸易委员会综合处	副处长
黄京秀	浙江省经济贸易委员会企业处	副处长
董文艺	河北省经济贸易委员会综合处	副处长
甄作明	内蒙古自治区经济贸易委员会产业政策与法规处	副处长
薛晋生	山西省经济贸易委员会综合处	副处长

《中国经济贸易年鉴》2000 年撰稿人名单

国家部委部分

（按姓氏笔划排序）

尹义省　毛元斌　尹　英　王　沛　王　唏　尹凌青　王海林　王　斌
王锡岩　王黎明　艾久超　许丕盛　刘江天　刘学东　刘　俊　刘南昌
刘海泉　华　鉴　刘新华　刘德成　吴义国　李　力　李从国　谷东玉
吴礼春　李　红　李　光　吴同兴　宋和平　狄　娜　李俊元　李振中
吴振国　李清华　苏　滨　陈新良　李　静　郑书伟　杨正位　林庆苗
杨　青　张炳曾　周　敏　赵　欣　贾小梁　秦志辉　郭秋英　谢又乔
隋　东　韩秀申　童应安

各省、自治区、直辖市、计划单列市部分

（按姓氏笔划排序）

于梦非　王光绮　王克建　邓志蓉　王海英　王竞梅　石廷保　叶传柏
邓树齐　孙于萍　刘书衡　许　平　任自权　朱志刚　乔　亮　吕重光
刘俊兴　刘　理　朱智峰　向曙光　邱小南　冷长仁　张书炜　陈方勇
李日辉　李　平　张礼仁　陈玉君　张申良　李会群　陈　杰　吴　明
肖诗其　李松梅　巫绍玲　陈国樑　余要火　李春波　吴津宽　杨勇祥
张庭熹　李振兴　杜晓林　张振青　杨　谦　杨新法　宋嘉革　邱镇林
李醒民　金丰杰　周　平　周　江　林明光　周雪燕　林琪梅　林　瑜
赵文华　侯方敬　骆国强　娄铁军　赵海洋　赵海鑫　徐华堆　徐孝昶
高　建　徐　荣　钱洪明　殷照平　曹占涛　符亚宁　黄奇帆　黄京秀
符诗积　黄爱兴　阎　慧　董文艺　温日明　崔元斌　彭以强　曾华山
温怀礼　甄作明　翟肖锋　薛晋生　戴文艺　藏　毅

目　录

第五篇　重点（骨干）企业介绍

第六篇　中国经济贸易统计资料

第七篇　附　录

Contents

Chapter Ⅵ Statistics of China's Economy and Trade

Chapter Ⅶ Appendix

中国经济贸易年鉴

第一篇

重要经济文献

中共中央关于国有企业改革和发展若干重大问题的决定

（1999年9月22日中国共产党第十五届中央委员会第四次全体会议通过）

为实现党的十五大提出的我国改革开放和现代化建设跨世纪发展的宏伟目标，中国共产党第十五届中央委员会第四次全体会议讨论了国有企业改革和发展的若干重大问题，并作如下决定。

一、推进国有企业改革和发展是一项重要而紧迫的任务

新中国成立50年来，我们党领导各族人民不懈奋斗，取得了社会主义建设的巨大成就。我国由一个贫穷落后的农业国，发展成为即将进入小康社会、向工业化和现代化目标大步迈进的社会主义国家。这是中华民族发展进程中一次伟大的历史性跨越。国有企业和工人阶级为此作出了不可磨灭的重大贡献。

党的十一届三中全会以来，在邓小平理论指导下，我们党开辟了建设有中国特色社会主义的新道路。为克服传统计划经济体制的弊端，我们坚持解放思想，实事求是，积极探索，循序渐进，不断深化国有企业改革和整个经济体制改革，推进现代化建设。国有企业管理体制和经营机制发生了深刻变化，一批企业在市场竞争中成长壮大，技术装备水平明显提高，以国有企业为主生产的一些重要产品的产量跃居世界前列。在公有制为主体、多种所有制经济共同发展的新格局下，国有经济的总体实力进一步增强，在国民经济中继续发挥着主导作用，并且一直是财政收入的主要来源，有力地支持了国家的改革和建设。经过多年的努力，国有企业朝着建立社会主义市场经济体制的改革目标，迈出了前所未有的重大步伐。

国有企业改革是一场广泛而深刻的变革。当前，国有企业的体制转换和结构调整进入攻坚阶段，一些深层次矛盾和问题集中暴露出来。由于传统体制的长期影响、历史形成的诸多问题、多年以来的重复建设以及市场环境的急剧变化，相当一部分国有企业还不适应市场经济的要求，经营机制不活，技术创新能力不强，债务和社会负担沉重，富余人员过多，生产经营艰难，经济效益下降，一些职工生活困难。必须采取切实有效的措施解决这些问题。这不仅关系到国有企业改革的成败，也关系到整个经济体制改革的成败。全党既要充分认识推进国有企业改革和发展的重要性和紧迫性，又要清醒地看到这项工作的艰巨性和长期性，锲而不舍地努力，不断取得新的突破。

世纪之交，和平和发展依然是时代的主题，但霸权主义和强权政治有新的发展。综合国力越来越成为决定一个国家前途命运的主导因素。我们要增强国家的经济实力、国防实力和民族凝聚力，就必须不断促进国有经济的发展壮大。包括国有经济在内的公有制经济，是我国社会主义制度的经济基础，是国家引导、推动、调控经济和社会发展的基本力量，是实现广大人民群众根本利益和共同富裕的重要保证。坚定不移地贯彻十五大精神，推进国有企业的改革和发展，从总体上增强国有企业的活力和国有经济的控制力，对于建立社会主义市场经济体制，促进经济持续快速健康发展，提高人民生活水平，保持安定团结的政治局面，巩固社会主义制度，都具有十分重要的意义。

国有企业是我国国民经济的支柱。发展社会主义社会的生产力，实现国家的工业化和现代化，始终要依靠和发挥国有企业的重要作用。在经济全球化和科技进步不断加快的形势下，国有企业面临着日趋激烈的市场竞争。发展是硬道理。必须敏锐地把握国内外经济发展趋势，切实转变经济增长方式，拓展发展空间，尽快形成国有企业的新优势。

国有企业改革是整个经济体制改革的中心环节。建立和完善社会主义市场经济体制，实现公有制与市场经济的有效结合，最重要的是使国有企业形成适应市场经济要求的管理体制和经营机制。必须继续解放思想，实事求是，以有利于发展社会主义社会的生产力、有利于增强社会主义国家的综合国力、有利于提高人民的生活水平为根本标准，大胆利用一切反映现代社会化生产规律的经营方式和组织形式，努力探索能够极大促进生产力发展的公有制多种实现形式，在深化国有企业的改革上迈

出新步伐。

搞好国有企业的改革和发展，是实现国家长治久安和保持社会稳定的重要基础。必须正确处理改革、发展、稳定的关系，改革的力度、发展的速度要同国力和社会承受能力相适应，努力开创改革、发展、稳定相互促进的新局面。

我们党和我国工人阶级历来勇于面对并善于战胜任何艰难险阻。我们有马克思列宁主义、毛泽东思想、邓小平理论和党的基本路线的指导，有比过去更加雄厚的综合国力，有多年积累的实践经验，有广大职工的积极参与，只要全党坚定信心，团结奋斗，就一定能够夺取国有企业改革和发展的新胜利。

二、国有企业改革和发展的主要目标与指导方针

党的十五大和十五届一中全会提出，用三年左右的时间，使大多数国有大中型亏损企业摆脱困境，力争到本世纪末大多数国有大中型骨干企业初步建立现代企业制度。推进国有企业改革和发展，首先要尽最大努力实现这一目标。要从不同行业和地区的实际出发，根据不平衡发展的客观进程，着力抓好重点行业、重点企业和老工业基地，把解决当前的突出问题与长远发展结合起来，为国有企业跨世纪发展创造有利条件。

到2010年，国有企业改革和发展的目标是：适应经济体制与经济增长方式两个根本性转变和扩大对外开放的要求，基本完成战略性调整和改组，形成比较合理的国有经济布局和结构，建立比较完善的现代企业制度，经济效益明显提高，科技开发能力、市场竞争能力和抗御风险能力明显增强，使国有经济在国民经济中更好地发挥主导作用。

推进国有企业改革和发展，必须坚持以下指导方针：

1. 以公有制为主体，多种所有制经济共同发展。调整和完善所有制结构，积极探索公有制多种实现形式，增强国有经济在国民经济中的控制力，促进各种所有制经济公平竞争和共同发展。

2. 从战略上调整国有经济布局和改组国有企业。着眼于搞好整个国有经济，推进国有资产合理流动和重组，调整国有经济布局和结构，积极发展大型企业和企业集团，放开搞活中小企业。

3. 改革同改组、改造、加强管理相结合。适应市场经济的要求，着力转换企业经营机制，提高企业整体素质，构造产业结构优化和经济高效运行的微观基础。

4. 建立现代企业制度。实现产权清晰、权责明确、政企分开、管理科学，健全决策、执行和监督体系，使企业成为自主经营、自负盈亏的法人实体和市场主体。

5. 推动企业科技进步。加强企业的科研开发和技术改造，重视科技人才，促进产学研结合，形成技术创新机制，走集约型和可持续发展道路。

6. 全面加强企业管理。推行科学管理，强化基础工作，改善经营，提高效益，实行以按劳分配为主体的多种分配方式，形成有效的激励和约束机制。

7. 建立企业优胜劣汰的竞争机制。实行鼓励兼并、规范破产、下岗分流、减员增效和再就业工程。依靠各方面力量，扩大就业门路，确保国有企业下岗职工基本生活。

8. 协调推进各项配套改革。转变政府职能，建立权责明确的国有资产管理、监督和营运体系，保证国有资产保值增值。加强法制建设，维护市场经济秩序。健全社会保障体系。帮助企业增资减债、减轻负担。

9. 全心全意依靠工人阶级，发挥企业党组织的政治核心作用。加强企业党组织建设和思想政治工作，提高企业经营管理者队伍素质，坚持和完善以职工代表大会为基本形式的企业民主管理，切实维护职工合法权益。

10. 推进企业精神文明建设。加强思想道德教育和技术业务培训，全面提高职工队伍素质，培育积极向上的企业文化，推动物质文明和精神文明建设协调发展。

三、从战略上调整国有经济布局

在社会主义市场经济条件下，国有经济在国民经济中的主导作用主要体现在控制力上。

1. 国有经济的作用既要通过国有独资企业来实现，更要大力发展股份制，探索通过国有控股和参股企业来实现。

2. 国有经济在关系国民经济命脉的重要行业和关键领域占支配地位，支撑、引导和带动整个社会经济的发展，在实现国家宏观调控目标中发挥重要作用。

3. 国有经济应保持必要的数量，更要有分布的优化和质的提高；在经济发展的不同阶段，国有经济在不同产业和地区的比重可以有所差别，其布局要相应调整。

从战略上调整国有经济布局，要同产业结构的优化升级和所有制结构的调整完善结合起来，坚持

有进有退，有所为有所不为。目前，国有经济分布过宽，整体素质不高，资源配置不尽合理，必须着力加以解决。国有经济需要控制的行业和领域主要包括：涉及国家安全的行业，自然垄断的行业，提供重要公共产品和服务的行业，以及支柱产业和高新技术产业中的重要骨干企业。其他行业和领域，可以通过资产重组和结构调整，集中力量，加强重点，提高国有经济的整体素质。在坚持国有、集体等公有制经济为主体的前提下，鼓励和引导个体、私营等非公有制经济的发展。随着国民经济的不断发展，国有经济有着广阔的发展空间，总量将会继续增加，整体素质进一步提高，分布更加合理，但在整个国民经济中的比重还会有所减少。只要坚持公有制为主体，国家控制国民经济命脉，国有经济的控制力和竞争力得到增强，这种减少不会影响我国的社会主义性质。

积极探索公有制的多种有效实现形式。国有资本通过股份制可以吸引和组织更多的社会资本，放大国有资本的功能，提高国有经济的控制力、影响力和带动力。国有大中型企业尤其是优势企业，宜于实行股份制的，要通过规范上市、中外合资和企业互相参股等形式，改为股份制企业，发展混合所有制经济，重要的企业由国家控股。

统筹规划，采取有效的政策措施，加快老工业基地和中西部地区国有经济布局的调整。对困难较大的老工业基地，国家要在技术改造、资产重组、结构调整以及国有企业下岗职工安置和社会保障资金等方面，加大支持力度。国家要通过优先安排基础设施建设、增加财政转移支付等措施，支持中西部地区和少数民族地区加快发展。国家要实施西部大开发战略。中西部地区要从自身条件出发，发展有比较优势的产业和技术先进的企业，促进产业结构的优化升级。东部地区要在加快改革和发展的同时，本着互惠互利、优势互补、共同发展的原则，通过产业转移、技术转让、对口支援、联合开发等方式，支持和促进中西部地区的经济发展。

四、推进国有企业战略性改组

改革开放以来，国有企业组织结构发生了积极的变化，但目前仍不合理。主要是重复建设严重，企业大而全、小而全，没有形成专业化生产、社会化协作体系和规模经济，缺乏市场竞争能力。要区别不同情况，继续对国有企业实施战略性改组。极少数必须由国家垄断经营的企业，在努力适应市场经济要求的同时，国家给予必要支持，使其更好地发挥应有的功能；竞争性领域中具有一定实力的企业，要吸引多方投资加快发展；对产品有市场但负担过重、经营困难的企业，通过兼并、联合等形式进行资产重组和结构调整，盘活存量资产；产品没有市场、长期亏损、扭亏无望和资源枯竭的企业，以及浪费资源、技术落后、质量低劣、污染严重的小煤矿、小炼油、小水泥、小玻璃、小火电等，要实行破产、关闭。

坚持“抓大放小”。要着力培育实力雄厚、竞争力强的大型企业和企业集团，有的可以成为跨地区、跨行业、跨所有制和跨国经营的大企业集团。要发挥这些企业在资本营运、技术创新、市场开拓等方面的优势，使之成为国民经济的支柱和参与国际竞争的主要力量。发展企业集团，要遵循客观经济规律，以企业为主体，以资本为纽带，通过市场来形成，不能靠行政手段勉强撮合，不能盲目求大求全。要在突出主业、增强竞争优势上下功夫。

放开搞活国有中小企业。要积极扶持中小企业特别是科技型企业，使它们向“专、精、特、新”的方向发展，同大企业建立密切的协作关系，提高生产的社会化水平。要从实际出发，继续采取改组、联合、兼并、租赁、承包经营和股份合作制、出售等多种形式，放开搞活国有小企业，不搞一个模式。对这几年大量涌现的股份合作制企业，要支持和引导，不断总结经验，使之逐步完善。出售要严格按照国家有关规定进行。无论采取哪种放开搞活的形式，都必须听取职工意见，规范操作，注重实效。重视发挥各种所有制中小企业在活跃城乡经济、满足社会多方面需要、吸收劳动力就业、开发新产品、促进国民经济发展等方面的重要作用。培育中小企业服务体系，为中小企业提供信息咨询、市场开拓、筹资融资、贷款担保、技术支持、人才培训等服务。

在国有企业战略性改组过程中，要充分发挥市场机制作用，综合运用经济、法律和必要的行政手段。在涉及产权变动的企业并购中要规范资产评估，防止国有资产流失，防止逃废银行债务及国家税款，妥善安置职工，保护职工合法权益。

五、建立和完善现代企业制度

建立现代企业制度，是发展社会化大生产和市场经济的必然要求，是公有制与市场经济相结合的有效途径，是国有企业改革的方向。要从我国国情出发，总结实践经验，按照十四届三中全会决定和十五大报告关于建立现代企业制度的论述，全面理解和把握产权清晰、权责明确、政企分开、管理科学的要求，突出抓好以下几个环节。

（一）继续推进政企分开

政府对国家出资兴办和拥有股份的企业，通过出资人代表行使所有者职能，按出资额享有资产受益、重大决策和选择经营管理者等权利，对企业的债务承担有限责任，不干预企业日常经营活动。企业依法自主经营，照章纳税，对所有者的净资产承担保值增值责任，不得损害所有者权益。各级党政机关都要同所办的经济实体和直接管理的企业在人财物等方面彻底脱钩。

（二）积极探索国有资产管理的有效形式

要按照国家所有、分级管理、授权经营、分工监督的原则，逐步建立国有资产管理、监督、营运体系和机制，建立与健全严格的责任制度。国务院代表国家统一行使国有资产所有权，中央和地方政府分级管理国有资产，授权大型企业、企业集团和控股公司经营国有资产。要确保出资人到位。允许和鼓励地方试点，探索建立国有资产管理的具体方式。继续试行稽察特派员制度，同时要积极贯彻十五大精神，健全和规范监事会制度，过渡到从体制上、机制上加强对国有企业的监督，确保国有资产及其权益不受侵犯。

（三）对国有大中型企业实行规范的公司制改革

公司制是现代企业制度的一种有效组织形式。公司法人治理结构是公司制的核心。要明确股东会、董事会、监事会和经理层的职责，形成各负其责、协调运转、有效制衡的公司法人治理结构。所有者对企业拥有最终控制权。董事会要维护出资人权益，对股东会负责。董事会对公司的发展目标和重大经营活动作出决策，聘任经营者，并对经营者的业绩进行考核和评价。发挥监事会对企业财务和董事、经营者行为的监督作用。国有独资和国有控股公司的党委负责人可以通过法定程序进入董事会、监事会，董事会和监事会都要有职工代表参加；董事会、监事会、经理层及工会中的党员负责人，可依照党章及有关规定进入党委会；党委书记和董事长可由一人担任，董事长、总经理原则上分设。充分发挥董事会对重大问题统一决策、监事会有效监督的作用。党组织按照党章、工会和职代会按照有关法律法规履行职责。股权多元化有利于形成规范的公司法人治理结构，除极少数必须由国家垄断经营的企业外，要积极发展多元投资主体的公司。

（四）面向市场着力转换企业经营机制

要逐步形成企业优胜劣汰、经营者能上能下、人员能进能出、收入能增能减、技术不断创新、国有资产保值增值等机制。建立与现代企业制度相适应的收入分配制度，在国家政策指导下，实行董事会、经理层等成员按照各自职责和贡献取得报酬的办法；企业职工工资水平，由企业根据当地社会平均工资和本企业经济效益决定；企业内部实行按劳分配原则，适当拉开差距，允许和鼓励资本、技术等生产要素参与收益分配。要采取切实措施，解决目前某些垄断行业个人收入过高的问题。

六、加强和改善企业管理

强化企业管理，提高科学管理水平，是建立现代企业制度的内在要求，也是国有企业扭亏增盈、提高竞争能力的重要途径。必须高度重视和切实加强企业管理工作，从严管理企业，实现管理创新，尽快改变相当一部分企业决策随意、制度不严、纪律松弛、管理水平低下的状况。

加强企业发展战略研究。企业要适应市场，制定和实施明确的发展战略、技术创新战略和市场营销战略，并根据市场变化适时调整。实行科学决策、民主决策，提高决策水平。搞好风险管理，避免出现大的失误。

健全和完善各项规章制度。强化基础工作，彻底改变无章可循、有章不循、违章不究的现象。建立各级、各个环节的严格责任制度，加强考核和督促检查，确保各项工作有人负责。完善劳动合同制，推行职工全员竞争上岗，严格劳动纪律，严明奖惩，充分发挥职工的积极性和创造性。增强法制意识，依法经营管理。

狠抓管理薄弱环节。重点搞好成本管理、资金管理、质量管理。建立健全全国统一的会计制度。要及时编制资产负债表、损益表和现金流量表，真实反映企业经营状况。切实改进和加强经济核算，堵塞各种漏洞。坚持质量第一，采用先进标准，搞好全员全过程的质量管理。坚持预防为主，落实安全措施，确保安全生产。重视企业无形资产的管理、保护和合理利用。要把加强管理和反腐倡廉结合起来，加强对企业经济活动的审计和监督，坚决制止和严肃查处做假账、违反财经纪律、营私舞弊、挥霍浪费等行为。

广泛采用现代管理技术、方法和手段。总结过去行之有效的管理经验，不断赋予新的内涵。推广先进企业的管理经验，引进国外智力，借鉴国外企业现代管理方法。发挥管理专家的作用，为企业改进经营管理提供咨询服务。加强现代信息技术的运用，建立灵敏、准确的信息系统。合理设置企业内部机构，改变管理机构庞大、管理人员过多的状况。

七、改善国有企业资产负债结构和减轻企业社会负担

逐步解决国有企业负债率过高、资本金不足、社会负担重等问题，对于实现国有企业改革和发展目标至关重要。

要根据宏观经济环境和国家财力，区别不同情况，有步骤地分类加以解决。

1. 增加银行核销呆坏账准备金，主要用于国有大中型企业的兼并破产和资源枯竭矿山的关闭，并向重点行业倾斜。国有和集体企业兼并国有企业可以享受有关鼓励政策。所有兼并破产和关闭的企业，都要按国家有关规定，妥善安置职工。

2. 结合国有银行集中处理不良资产的改革，通过金融资产管理公司等方式，对一部分产品有市场、发展有前景，由于负债过重而陷入困境的重点国有企业实行债转股，解决企业负债率过高的问题。实行债转股的企业，必须转换经营机制，实行规范的公司制改革，并经过金融资产管理公司独立评审。要按照市场经济的原则和有关规定规范操作，防止一哄而起和国有资产流失。

3. 提高直接融资比重。符合股票上市条件的国有企业，可通过境内外资本市场筹集资本金，并适当提高公众流通股的比重。有些企业可以通过债务重组，具备条件后上市。允许国有及国有控股企业按规定参与股票配售。选择一些信誉好、发展潜力大的国有控股上市公司，在不影响国家控股的前提下，适当减持部分国有股，所得资金由国家用于国有企业的改革和发展。要完善股票发行、上市制度，进一步推动证券市场健康发展。

4. 非上市企业经批准，可将国家划拨给企业的土地使用权有偿转让及企业资产变现，其所得用于增资减债或结构调整。要严格按照国家的法律法规操作，坚持公开、公平、公正的原则，维护国家所有者权益和银行及其他债权人权益。

5. 严格执行国家利率政策，切实减轻企业利息负担。银行要合理确定贷款期限，支持企业合理的资金需求，对不合理的贷款期限，要及时纠正；不得超过规定擅自提高或以各种名义变相提高贷款利率；对信用等级较高、符合国家产业政策、贷款风险较低的企业，贷款利率可适当下浮。

6. 具备偿债能力的国有大型企业，经过符合资质的中介机构评估，可在国家批准的额度内发行企业债券，有的经批准可在境外发债。严格禁止各种形式的非法集资。

7. 分离企业办社会的职能，切实减轻国有企业的社会负担。位于城市的企业，要逐步把所办的学校、医院和其他社会服务机构移交地方政府统筹管理，所需费用可在一定期限内由企业和政府共同承担，并逐步过渡到由政府承担，有些可以转为企业化经营。独立工矿区也要努力创造条件，实现社会服务机构与企业分离。各级政府要采取措施积极推进这项工作。

改善国有企业资产负债结构和减轻企业社会负担，一定要同防范和化解金融风险相结合，一定要同深化企业内部改革、建立新机制和加强科学管理相结合，防止卸了原有包袱，又重复出现老的问题。

八、做好减员增效、再就业和社会保障工作

下岗分流、减员增效和再就业，是国有企业改革的重要内容。要把减员与增效有机结合起来，达到降低企业成本、提高效率和效益的目的。鼓励有条件的国有企业实行主辅分离、转岗分流，创办独立核算、自负盈亏的经济实体，安置企业富余人员，减轻社会就业压力。要规范职工下岗程序，认真办好企业再就业服务中心，切实做好下岗职工基本生活保障工作，维护社会稳定。下岗分流要同国家财力和社会承受能力相适应。要调整财政支出结构，坚持实行企业、社会、政府各方负担的办法落实资金，亏损企业和社会筹集费用不足的部分，财政要给予保证。地方财政确有困难的，中央财政通过转移支付给予一定的支持。

要进一步完善下岗职工基本生活保障、失业保险和城市居民最低生活保障制度，搞好这三条保障线的相互衔接，把保障下岗职工和失业人员基本生活的政策措施落到实处。

大力做好再就业工作。采取有效的政策措施，广开就业门路，增加就业岗位。积极发展第三产业，吸纳更多的下岗职工。引导职工转变择业观念，下大力气搞好下岗职工培训，提高他们的再就业能力。进一步完善促进下岗职工再就业的优惠政策，鼓励下岗职工到非公有制经济单位就业、自己组织起来就业或从事个体经营，使需要再就业的下岗职工尽快走上新的岗位。对自谋职业的，要在工商登记、场地安排、税费减免、资金信贷等方面，给予更多的扶持。要积极发展和规范劳动力市场，形成市场导向的就业机制。

加快社会保障体系建设，是顺利推进国有企业改革的重要条件。要依法扩大养老、失业、医疗等社会保险的覆盖范围，城镇国有、集体、外商投资、

私营等各类企业及其职工都要参加社会保险，缴纳社会保险费。强化社会保险费的征缴，提高收缴率，清理追缴企业拖欠的社会保险费，确保养老金的按时足额支付。进一步完善基本养老保险省级统筹制度，增强基金调剂能力。要采取多种措施，包括变现部分国有资产、合理调整财政支出结构等，开拓社会保障新的筹资渠道，充实社会保障基金。严格管理各项社会保障基金，加强监督，严禁挤占挪用，确保基金的安全和增值。逐步推进社会保障的社会化管理，实行退休人员与原企业相分离，养老金由社会服务机构发放，人员由社区管理。认真落实企业离休干部的政治、生活待遇，做好管理和服务工作。

九、加快国有企业技术进步和产业升级

要实现国民经济持续快速健康发展，必须适应全球产业结构调整的大趋势和国内外市场需求的变化，加快技术进步和产业升级。国有经济在国民经济中的重要地位，决定了国有企业必须在技术进步和产业升级中走在前列，积极拓展新的发展空间，发挥关键性作用。

国有企业技术进步和产业升级的方向与重点是：以市场为导向，用先进技术改造传统产业，围绕增加品种、改进质量、提高效益和扩大出口，加强现有企业的技术改造；在电子信息、生物工程、新能源、新材料、航空航天、环境保护等新兴产业和高技术产业占据重要地位，掌握核心技术，占领技术制高点，发挥先导作用。处理好提高质量和增加产量、发展技术密集型产业和劳动密集型产业、自主创新和引进技术、经济发展和环境保护的关系。

通过技术进步和产业升级，少数大型企业和企业集团要在产品质量、工艺技术、生产装备、劳动生产率等方面达到或接近世界先进水平，在国际市场上占有一定的份额；一批企业和企业集团要具有较高技术水平，能够生产高附加值产品，在国内外市场有较强竞争力；多数企业要不断进行技术改造和产品更新，并充分发挥我国劳动力充裕的优势，积极参与国内外市场竞争。

采取积极有效的政策措施，支持企业技术进步和产业升级。特别要利用当前国家实行积极财政政策、扩大内需的有利时机，集中必要力量，对重点行业、重点企业、重点产品和重大先进装备制造加大技术改造投入，并向老工业基地倾斜，在企业技术进步和产业升级方面取得明显成效。对于有市场、有效益、符合国家产业政策的技术改造项目，给予贷款贴息支持；对这类技术改造项目的国产设备投资，实行税收鼓励政策。培育和发展产业投资基金和风险投资基金。充分利用国内外资本市场筹集资金，支持企业技术改造、结构调整和高新技术产业发展。实施促进科技成果转化的鼓励政策，积极发展技术市场。继续采取加速折旧、加大新产品开发费提取、减免进口先进技术与设备的关税和进口环节税等政策措施，鼓励企业进行技术改造。

技术进步和产业升级的主体是企业，要形成以企业为中心的技术创新体系。企业要加强技术开发力量和加大资金投入，大型企业都要建立技术开发中心，研究开发有自主知识产权的主导产品，增加技术储备，搞好技术人才培训。推进产学研结合，鼓励科研机构和大专院校的科研力量进入企业和企业集团，强化应用技术的开发和推广，增加中间试验投入，促进科技成果向现实生产力的转化。对重大技术难题组织联合攻关，重视发挥科技专家的作用。要形成吸引人才和调动科技人员积极性的激励机制，保护知识产权。

十、为国有企业改革和发展创造良好的外部环境

国有企业改革和发展是一个复杂的社会系统工程，需要搞好宏观调控和相关的配套改革。

（一）保持经济总量基本平衡

扩大内需，开拓城乡市场，增加就业，促进国民经济持续快速健康发展，防止经济增长的大幅度波动，为国有企业发展创造有利的宏观经济环境。

（二）继续扩大对外开放

推进和完善全方位、多层次、宽领域的对外开放格局。鼓励国有企业合理利用国内外两个市场、两种资源，提高国际竞争力。积极引进先进技术，注重消化、吸收和创新。优化进出口商品结构，实施市场多元化，拓展对外贸易。改善投资环境，扩大利用外资，提高利用外资水平。确有条件的国有企业发挥比较优势到国外设立企业，开拓国际市场，国家要给予必要的政策支持，并加强监管。

（三）制止不合理的重复建设

加快投融资体制改革，建立投资风险约束机制，严格执行项目资本金制度和项目法人责任制，做到谁决策谁承担责任和风险。政府要通过制定产业政策和发布信息等方式进行引导，鼓励资金投向提高技术水平、产品有市场有效益的项目，对国内生产能力已经明显超过市场需求的新上项目必须严格控制。

（四）发展各类市场，维护正常经济秩序

继续完善商品市场，培育和发展要素市场，建立有利于商品、资金、技术、劳动力合理流动的全国统一的市场体系。健全市场规则，规范市场行为，加强市场监管，清除分割、封锁市场的行政性壁垒，营造公平竞争的市场环境。采取有力措施，抓紧解决企业互相拖欠款项的问题，强化信用观念，严格结算纪律。依法严厉打击走私贩私、制售假冒伪劣商品以及其他经济违法犯罪行为。推进税费改革，清理整治乱收费、乱罚款和各种摊派，切实减轻企业负担。

（五）健全中介服务体系

社会中介服务机构要与政府部门彻底脱钩。规范会计、律师、公证、资产评估、咨询等社会中介机构的行为，真正做到客观、真实、公正。对弄虚作假的要追究责任，依法惩处。整顿和规范各类行业协会，加强行业自律。

（六）建立健全社会主义市场经济的法律制度

要抓紧制定和完善有关维护市场秩序、实施宏观调控、规范市场主体、健全社会保障等方面的法律法规。加强和改善司法、行政执法和执法监督。依法惩处侵犯企业合法权益的违法犯罪行为。加强社会治安综合治理，为企业生产经营创造良好的社会环境。

十一、建设高素质的经营管理者队伍

国有企业要适应建立现代企业制度的要求，在激烈的市场竞争中生存发展，必须建设高素质的经营管理者队伍，培育一大批优秀企业家。国有企业的经营管理者队伍总体是好的，为企业改革和发展作出了重要贡献。发展社会主义市场经济对国有企业经营管理者提出了更高要求。他们应该是：思想政治素质好，认真执行党和国家的方针政策与法律法规，具有强烈的事业心和责任感；经营管理能力强，熟悉本行业务，系统掌握现代管理知识，具有金融、科技和法律等方面基本知识，善于根据市场变化作出科学决策；遵纪守法，廉洁自律，求真务实，联系群众。

深化国有企业人事制度改革。坚持党管干部原则，改进管理方法。中央和地方党委对关系国家安全和国民经济命脉的重要骨干企业领导班子要加强管理。要按照企业的特点建立对经营管理者培养、选拔、管理、考核、监督的办法，并逐步实现制度化、规范化。积极探索适应现代企业制度要求的选人用人新机制，把组织考核推荐和引入市场机制、公开向社会招聘结合起来，把党管干部原则和董事会依法选择经营管理者以及经营管理者依法行使用人权结合起来。进一步完善对国有企业领导人员管理的具体办法，避免一个班子多头管理。对企业及企业领导人不再确定行政级别。加快培育企业经营管理者人才市场，建立企业经营管理人才库。按照公开、平等、竞争、择优原则，优化人才资源配置，打破人才部门所有、条块分割，促进人才合理流动。采取多种形式加强教育培训，全面提高经营管理者素质。继续举办和规范工商管理培训，改进培训内容和方法，提高培训质量。努力创造条件，营造经营管理者和企业家队伍健康成长的社会环境。

建立和健全国有企业经营管理者的激励和约束机制。实行经营管理者收入与企业的经营业绩挂钩。把物质鼓励同精神鼓励结合起来，既要使经营管理者获得与其责任和贡献相符的报酬，又要提倡奉献精神，宣传和表彰有突出贡献者，保护经营管理者的合法权益。少数企业试行经理（厂长）年薪制、持有股权等分配方式，可以继续探索，及时总结经验，但不要刮风。要规范经营管理者的报酬，增加透明度。加强和完善监督机制，把外部监督和内部监督结合起来。健全法人治理结构，发挥党内监督和职工民主监督的作用，加强对企业及经营管理者在资金运作、生产经营、收入分配、用人决策和廉洁自律等重大问题上的监督。建立企业经营业绩考核制度和决策失误追究制度，实行企业领导人员任期经济责任审计，凡是由于违法违规等人为因素给企业造成重大损失的，要依法追究其责任，并不得继续担任或易地担任领导职务。

十二、加强党对国有企业改革和发展工作的领导

加强和改善党的领导是加快国有企业改革和发展的根本保证。要搞好国有企业，必须建立符合市场经济规律和我国国情的国有企业领导体制与组织管理制度，加强企业领导班子建设，发挥企业党组织的政治核心作用，坚持全心全意依靠工人阶级的方针。要把发挥党的政治优势同运用市场机制结合起来，调动各方面的积极性，形成合力，确保国有企业改革和发展任务的顺利完成。

坚持党的领导，发挥国有企业党组织的政治核心作用，是一个重大原则，任何时候都不能动摇。企业党组织的政治核心作用主要体现在：保证、监督党和国家方针政策在本企业的贯彻执行；参与企

业重大问题决策，支持股东会、董事会、监事会和经理（厂长）依法行使职权；全心全意依靠职工群众，领导和支持工会、共青团等群众组织及职工代表大会依照法律和各自章程独立自主地开展工作；领导企业思想政治工作和精神文明建设，努力建设有理想、有道德、有文化、有纪律的职工队伍；加强党组织自身建设，搞好党性党风教育，发挥党支部的战斗堡垒作用和党员的先锋模范作用。企业党组织要认真贯彻党的基本路线，围绕生产经营开展工作，为实现党的任务和企业改革发展服务。要不断改进企业党组织的工作内容和活动方式，进一步探索发挥政治核心作用的途径和方法。加强和改进思想政治工作，用建设有中国特色社会主义的共同理想凝聚群众，引导广大职工积极支持和参与改革，满腔热情地帮助他们解决实际困难。困难企业和实行兼并破产企业的党组织尤其要深入细致地做好群众工作。

搞好国有企业的改革和发展，必须切实尊重职工的主人翁地位，充分发挥职工群众的积极性、主动性和创造性。

坚决维护职工的经济利益，保障职工的民主权利。进一步理顺劳动关系，依法进行平等协商，认真执行劳动合同和集体合同制度。发挥工会和职工代表大会在民主决策、民主管理、民主监督中的作用。坚持和完善以职工代表大会为基本形式的企业民主管理制度，实行民主评议企业领导人和厂务公开。加强职工队伍建设。坚持用邓小平理论和党的基本路线武装广大职工，大力弘扬爱国主义、集体主义、社会主义和艰苦创业精神，深入进行形势任务和民主法制教育，引导职工树立正确的世界观、人生观、价值观。加强职工业务技术和劳动技能培训。加强企业精神文明建设，发展企业文化，广泛开展创建文明行业、文明企业、文明班组和争当文明职工活动，树立爱岗敬业、诚实守信、奉献社会的良好职业道德和职业风尚，提倡科学精神，反对封建迷信，不断提高职工的思想道德和科学文化素质。

各级党委和政府要坚定地站在国有企业改革的前列，解放思想，实事求是，遵循客观经济规律，尊重群众首创精神。要认真改进领导作风，从工交、商贸、金融等各行各业国有企业的实际出发，深入调查研究，总结新经验，研究新情况，解决新问题，团结和带领广大干部群众迎难而上，开拓前进。

全会号召，全党紧密地团结在以江泽民同志为核心的党中央周围，高举邓小平理论伟大旗帜，深入贯彻党的十五大精神，按照中央的统一部署，同心同德，奋力拼搏，扎实工作，坚定不移地实现国有企业改革和脱困目标，努力开创国有企业改革和发展的新局面，把建设有中国特色社会主义的伟大事业全面推向21世纪！

政府工作报告（节录）

2000年3月5日在第九届全国人民代表大会第三次会议上

国务院总理　**朱镕基**

一、1999年国内工作回顾

1999年，全国各族人民在中国共产党领导下，奋发图强，努力推进改革开放和现代化建设事业，各方面工作都取得了新的成绩。

国民经济发展质量提高。国内生产总值增长率达到预期目标，经济结构有所调整，经济效益明显改善。农业生产获得好收成，种植结构开始进行调整。工业生产在结构调整中持续增长，淘汰了一批落后生产能力，减少了市场滞销产品的生产，产品销售率稳定上升。全年工业企业实现利润2202亿元，比上年增长52%；其中国有和国有控股工业企业实现利润967亿元，增长77.7%，都创造了近五年来的最高水平。大多数行业经济效益明显回升，全国有27个省、自治区、直辖市工业效益好于上年。国家财政收入比上年增加1501亿元，总额首次突破万亿元，达到11377亿元。金融平稳运行，货币供应和信贷总量继续增长。外贸出口从7月份开始大幅度回升，全年达到1949亿美元，比上年增长6.1%。实际利用外商直接投资比上年略有减少，但保持了相当规模。人民币汇率稳定，国家外汇储备年底达到1547亿美元。整个国民经济继续朝着好的方向发展。

国有企业改革和脱困取得重要进展。政企分开步伐加快，中央党政机关与所办经济实体和管理的直属企业脱钩的工作基本完成，军队、武警部队和政法机关不再从事经商活动。重点国有企业的改组继续推进，组建了一批大型企业集团。企业内部改革和转换经营机制的工作进一步加强。通过兼并破产、改组联合、债转股和加强管理等措施，国有及国有控股大中型工业企业中的亏损户，有了显著减少。纺织行业提前一年实现三年脱困目标，其他行业也出现了增盈或减亏的好势头。东北三省等老工业基地国有企业改革和脱困有了重大转机，扭亏增盈成效显著。这些进展鼓舞了广大干部群众战胜困难的勇气和信心，说明中央确定的国有企业改革和脱困三年目标是能够实现的。

科技教育和社会事业全面发展。技术创新和科技成果转化的步伐加快，基础科学研究和高技术研究得到加强。科技体制改革进一步深化。基本普及九年义务教育和基本扫除青壮年文盲的工作取得重要进展。普通高等学校招生规模比上年扩大47.4%，增幅之大是多年来没有的。教育改革迈出新的步伐，素质教育逐步推进。环境保护和生态建设明显加强。社会科学进一步发展。文学艺术、新闻出版、广播影视、计划生育、卫生、体育等各项事业，都取得新成绩。社会主义精神文明和民主法制建设继续加强，基层民主政治建设有新的进展。深入开展严厉打击各种犯罪活动的斗争，强化社会治安综合治理，维护了社会稳定。廉政建设和反腐败斗争取得新的成果。国防现代化建设进一步加强。

城乡人民生活继续改善。从去年7月1日起，国家较大幅度增加了城镇中低收入者的收入。包括将国有企业下岗职工基本生活费水平、失业保险金水平、城镇居民最低生活保障金水平提高30%；增加机关事业单位在职职工工资和离退休人员的离退休费；提高国有企业离退休人员养老金标准；补发拖欠的国有企业离退休人员统筹项目内的养老金；提高部分优抚对象抚恤标准等。落实这些措施，国家财政共增加支出540多亿元，全国有8400多万人受益。城镇居民人均可支配收入，考虑价格下降因素比上年实际增长9.3%；农村居民人均纯收入实际增长3.8%。贫困人口减少800万人。国家增加了法定节假日天数，既促进了消费，又提高了人民的生活质量。

二、坚持实行扩大内需的方针

发展是硬道理，是解决我们面临问题的关键。只有在提高效益的前提下保持经济较快增长，才有利于缓解企业生产经营困难，减轻就业压力，促进结构调整和深化改革，也才能增加财政收入，防范金融风险，保持社会稳定。为此，我们必须坚定不移地贯彻执行扩大内需的方针，以及相应的宏观经济政策。

继续实施积极的财政政策。这是当前扩大内需最直接和有效的手段。两年来，中央坚持实施积极的财政政策，同时努力发挥货币政策的作用，综合运用多种手段调节经济运行，并不断充实和完善这些政策措施。既向银行增发国债用以扩大投资，又增加居民收入以促进消费；既加强基础设施建设，又支持企业技术改造；既努力扩大国内需求，又积极鼓励增加出口。实践证明，实行积极财政政策是完全正确的，取得的成效是明显的。从国债投资的效果看，两年来通过财政向银行发行2100亿元长期国债，带动4200多亿元银行贷款和自筹资金，用于增加基础设施投资，共建设5100多个项目。已建成的主要有：加固大江大河大湖堤防近6100公里；新增公路通车里程1.2万公里，其中高速公路3358公里；增加铁路新线1423公里、复线643公里；城市基础设施建设和环境保护整治明显加快，许多城市面貌发生了较大变化；加快了企业技术改造和高新技术产业化进程；新建和改造农村电网高低压线路90万公里；建成仓容250亿公斤的国家粮食储备库。所有这些，不仅有力地促进了当前经济增长，而且为经济的长远发展打下了更好基础。

今年继续实行积极财政政策的主要内容，包括以下几个方面。一是发行1000亿元长期国债，重点投向水利、交通、通信等基础设施建设，科技和教育设施建设，环境整治与生态建设和企业技术改造，并向中西部地区倾斜。新增国债投资首先用于在建项目，确保这些项目按时竣工投产。努力提高投资效益，严防“钓鱼”项目和“胡子”工程。强化工程质量管理，加强稽察和审计监督，杜绝劣质工程和挪用项目资金。二是继续贯彻落实去年出台的调整收入分配的各项政策措施，保障城镇中低收入居民的收入稳定增长。企业也应在提高经济效益的基础上适当增加职工工资。各级财政要调整支出结构，确保国有企业下岗职工基本生活费、离退休人员基本养老金、城镇居民最低生活保障金和公务员工资的按时足额发放。三是进一步运用税收、价格等手段，并继续清理某些限制消费的政策和法规，鼓励投资、促进消费、增加出口。

近年来财政赤字和债务有所增加，这是确保改革、发展、稳定大局的需要。今年把支付国债利息列入财政预算支出，赤字比按原口径计算多一些，但当年财政赤字和发债规模大体保持去年水平，仍控制在可以承受的范围内。从较长时期看，只要经济保持较快增长，经济效益不断提高，财政偿还债务的能力是有保障的。同时，我们也要积极采取措施，认真警惕和防范财政风险。

进一步发挥货币政策的作用。金融系统要正确处理支持经济增长与防范金融风险的关系，在坚持稳健经营的原则下，从多方面加大对经济发展的支持力度。中国人民银行要运用多种货币政策工具，及时调控货币供应总量。要切实改进金融服务。国有银行应加强内部资金调度，合理划分贷款审批权限，及时发放与国债投资项目配套的固定资产贷款，保证有市场、有效益、守信用企业的流动资金贷款需要。切实增加对各种所有制中小企业特别是科技型企业的贷款。努力解决农民贷款难问题。对重复建设、产品积压和需要压缩生产能力的企业，应当停止或压缩贷款。要大力发展住房、助学和大件商品的消费信贷，改进办法，简化手续，提高审贷效率。进一步规范和发展证券市场，增加企业直接融资比重。完善股票发行上市制度，支持国有大型企业和高新技术企业上市融资。依法严格审批保险企业，积极拓展保险业务。

继续按照1997年中央召开的全国金融工作会议的要求，深化金融改革，整顿金融秩序，强化金融监管和法治，防范和化解金融风险，努力提高经营效益，为进一步发挥货币政策的作用创造良好条件。

今年，除继续保持国债投资规模外，相应增加银行固定资产投资贷款和鼓励企业自筹投资，还要引导集体、私营、个体经济增加投资，并改善投资环境，吸引更多的外商直接投资。同时，要综合运用经济、法律手段和必要的行政手段，严格制止重复建设，努力提高投资效益。

要提高改革措施的透明度，改善居民心理预期，鼓励居民增加即期消费。现在，一些与群众利益密切相关的重大改革措施都已经出台，各地在落实改革措施过程中要充分考虑群众的承受能力，原来由国家和社会负担的费用不能转嫁到群众身上。要积极培育住房等新的消费热点，使住房建设真正成为重要产业。积极发展电信、旅游、文化、娱乐、保健、体育等服务性消费。特别要千方百计增加农民收入，开拓农村市场。继续严格执行减轻农民负担的有关政策。积极推进农村税费改革，从根本上减轻农民负担，今年将在安徽省进行试点，总结经验后再行展开。加大扶贫工作力度，努力实现“八七”扶贫攻坚计划的目标。

三、大力推进经济结构的战略性调整

加快经济结构的战略性调整，是当前扩大内需、促进经济增长的迫切要求，也是适应我国经济发展阶段性变化、应对日趋激烈的国际竞争的根本性措施。这种调整既要解决当前的突出问题，更要着眼于长远发展，提高国民经济的整体素质，促进经济再上新台阶。调整和优化经济结构，要坚持以市场为导向，依靠科技进步，采取适应社会主义市场经济发展的新机制、新办法。今年要着重抓好以下工作。

进一步稳定和加强农业的基础地位。在农业连年丰收、农产品相对过剩的情况下，尤其要防止忽视、放松农业的倾向。当前我国农业进入了一个新的发展阶段，对农业结构进行战略性调整是这个阶段的重要任务。要积极引导农民调整农业产业结构，发展畜牧业、林业和水产业，发展粮食和其他农产品的深加工。努力调整种植业、畜牧业品种和品质结构，积极推广应用农业科技成果，面向市场发展优质农产品。同时，发挥资源优势和区域比较优势，调整农业区域生产结构。要因地制宜，大力发展高效农业、生态农业、出口农业。在调整农业结构中，要充分尊重农民生产经营自主权，不能搞强迫命令。

发展专业合作经济组织和公司加农户等产业化经营，把分散经营的农户同大市场连接起来，带动农业结构调整。引导和支持乡镇企业面向市场调整结构，提高管理水平和技术水平。统筹规划，采取有力的政策措施，加快小城镇发展。切实保护耕地。进一步加强以水利为重点的农业基础设施建设，改善农村生产和生活条件。

加大工业结构调整力度。要围绕优化结构、提高质量和效益、增强国际竞争力，着重抓好四个环节。一是遵循市场经济规律，综合运用多种手段，限制没有市场销路的产品生产。进一步关闭技术落后、质量低劣、浪费资源、污染严重的小厂小矿；淘汰落后的设备、技术和工艺，压缩一些行业的过剩生产能力。二是采取有力措施加快企业技术改造，并向老工业基地倾斜。坚持质量第一，采用先进标准，更新和优化产品结构。努力开发有市场需求的新技术、新工艺和新产品；鼓励增产适销对路产品，特别是名优产品。三是积极发展新兴产业和高技术产业，特别是发展信息、生物工程、新能源、新材料和环保等产业。同时，注意发展劳动密集型产业。四是继续推进行业改组，促进重点行业提高规模效益，优化布局。努力提高重大装备工业和基础材料工业的生产技术水平。国务院有关部门要抓紧制定规划和相应的配套措施，促进工业结构调整和优化升级。

发展第三产业，对于优化经济结构、广开就业门路和扩大消费，有着重要作用。在继续发展运输、商贸等产业的同时，要大力发展信息、金融、旅游、社区服务和中介服务等产业，逐步提高第三产业在国民经济中的比重。

实施西部地区大开发战略，加快中西部地区的发展，是党中央贯彻邓小平关于我国现代化建设“两个大局”战略思想，面向新世纪所作出的重大决策。这对于扩大内需、推动国民经济持续增长，对于促进各地区经济协调发展，最终实现共同富裕，对于加强民族团结、维护社会稳定和巩固边防，都具有十分重要的意义。实施这个重大决策，是一项系统工程和长期任务，既要有紧迫感，又必须统筹规划，突出重点，分步实施，防止一哄而起。

当前和今后一段时期，要集中力量抓好以下几个方面。一是加快基础设施建设。以公路建设为重点，加强铁路、机场、天然气管道干线的建设。加强电网、通信、广播电视以及大中城市基础设施建设。尤其要把水资源的合理开发和节水工作放在突出位置。要抓紧做好若干重大骨干工程的研究论证和前期准备工作，争取早日开工建设。二是切实搞好生态环境保护和建设。大力开展植树种草，治理水土流失，防治荒漠化。加大长江上游、黄河上中游天然林保护工程的实施力度。陡坡耕地要有计划、有步骤地退耕还林还草。抓住当前粮食等农产品相对充裕的有利时机，采取“退耕还林（草）、封山绿化、以粮代赈、个体承包”的综合性措施，以粮换林换草。这项工作要加强规划和政策引导，尊重农民意愿，搞好试点，逐步推行。要坚决制止新的毁林毁草开荒。三是根据当地的地理、气候和资源等条件，着力发展有自己特色的优势产业，有条件的地方要发展高新技术产业。四是大力发展科技和教育。加快科技成果转化，积极培养各级各类人才，全面提高劳动者素质。五是进一步扩大对外开放。改善投资环境，积极引进境外资金、技术和管理经验。

东部地区要继续发挥优势，不断提高经济素质和竞争力，更好地发展和壮大自己，有条件的地方要率先实现现代化。同时，继续采取联合开发、互利合作、对口支援、干部交流等多种形式，加大对中西部地区的支持力度。中西部地区要抓住机遇，加快改革开放步伐，发扬自力更生、艰苦创业的精神，注重实效，扎实工作，努力搞好各项建设。

四、继续推进改革，全面加强管理

要按照党中央确定的建立和完善社会主义市场经济体制的要求，继续推进各项改革，为促进结构调整、提高经济效益和实现国民经济持续快速健康发展提供强大的动力。

国有企业改革是深化经济体制改革的中心环节。贯彻落实党的十五届四中全会决定，实现国有企业改革和脱困三年目标，使大多数国有大中型亏损企业摆脱困境，在大多数国有大中型骨干企业初步建立现代企业制度。这是今年政府工作的重中之重。要抓紧制定符合我国国情的现代企业制度的基本规范，使企业有所遵循。突出抓好企业管理体制改革、转换企业经营机制和完善法人治理结构。加强和改善对国有大中型企业的稽察和监管，逐步健全和规范监事会制度。依法向国有企业派出监事会，检查企业财务，对董事、经理的职务行为进行监督，维护国有资产所有者权益。加强国有重点企业领导班子的管理和建设。进一步完善企业集团对所属子公司的管理，构建符合现代企业制度要求的母子公司体制。深化企业劳动、人事、分配等各项制度改革，建立企业激励机制、约束机制。在部分好的企业试行经理（厂长）年薪制、持有股权等分配方式。认真落实增加银行核销呆坏账准备金的规模、对符合条件的企业实行债转股、提高企业直接融资比重等措施，改善国有企业资产负债结构，促进企业扭亏脱困。稳步推进国有经济的战略性调整。积极探索公有制的多种有效实现形式。宜于实行股份制的国有大中型企业，要利用股票市场，抓紧进行股份制改革。努力培育具有国际竞争力的大型企业集团，同时，从实际出发，采取多种形式放开搞活国有中小企业。加快中小企业服务体系建设。坚持公有制经济为主体，鼓励和引导个体、私营等非公有制经济健康发展。

继续贯彻执行中央关于粮食流通体制改革的方针政策。坚持按保护价敞开收购农民余粮。

认真执行粮食优质优价政策，促进粮食品种结构调整。根据市场供需情况和调整粮食品种结构的需要，国务院已确定部分粮食品种退出保护价收购范围，要做好相应的政策调整工作。继续抓好国有粮食购销企业改革，推进政企分开，转换经营机制，努力降低成本。要总结实践经验，进一步完善粮食流通体制改革的政策和措施。

财税、金融、投融资、分配、流通等方面的体制改革，要继续有序推进。城镇住房和医疗保险、医药卫生体制的改革，中央已经制定了指导性意见，各省、自治区、直辖市要因地制宜作出决策，组织实施。

现在，中央关于改革和发展的大政方针已经明确，一些重要的法律、法规也已颁布。要保证中央的政策措施和国家的法律法规真正得以贯彻落实，当务之急是“严”字当头，强化管理。当前，生产、建设、流通等各个领域普遍存在管理松懈、纪律松弛、秩序混乱的现象，有些地方和单位有法不依、有令不行、有禁不止，严重影响中央方针政策的贯彻落实和各项改革的推进，已经到了非解决不可的时候。今年，国务院各部门和地方各级政府都要以改革的精神，突出抓好管理。工业、农业、财税、金融、贸易和科技、教育、文化、卫生等各行各业，也都要在加强管理上下大功夫。这里讲的管理，包括加强监督和整顿。

切实加强企业科学管理。所有企业都要从严治企，苦练内功，着力抓好成本管理、资金管理和质量管理等薄弱环节。要根据国内外市场变化，正确制定企业发展战略、技术创新战略和市场营销战略。充分依靠和发挥职工群众积极性，健全企业民主管理制度，实行厂务公开。特别要加强企业基础管理工作，改变部分企业账目不清、数字不实、信息失真的状况，严禁弄虚作假。高度重视和切实加强安全生产，及时消除事故隐患。建立和完善各项规章制度，严格实行各个环节的岗位责任制。国有企业领导班子要认真执行廉洁自律的有关规定，坚决抵制和反对各种腐败现象。

严肃财经纪律，严格财经管理。增强预算的透明度和约束力。加强预算执行的监督和审计。切实贯彻《会计法》，提高会计信息质量。依法治税，严禁越权减免税收行为，依法清理和收缴欠税，加大打击偷税、逃税、骗税、抗税的力度，维护税法的统一性和严肃性。进一步加强各种财政性资金的“收支两条线”管理和监督检查，将预算外资金管理纳入法制化轨道。大力清理和取消各种乱收费。切实加强对金融机构的监管，特别要采取有效措施，加强对金融机构各级主要领导干部和重要业务人员的监督和管理。继续清理和整顿非法的和有严重问题的金融机构。加强和改进外汇管理。整顿社会信用，严格结算纪律。依法收贷收息，清还企业间相互拖欠。清理和规范经济鉴证类社会中介机构。加强行政监察和审计监督，充分发挥监察和审计部门的作用。

进一步整顿市场秩序。依法严厉惩处制售假冒伪劣商品、侵犯消费者权益和各种商业欺诈行为。继续严厉打击走私贩私活动。坚决制止各种分割、封锁市场的地方保护和不正当竞争行为。取缔非法药品市场，严肃查处医药购销中的违法行为。严格执行《建筑法》、《招标投标法》，建立健全和严格执行项目法人责任制、招标投标制、工程监理制和合同管理制，严肃查处建设单位规避招标或搞假招标的行为，禁止勘察、设计、施工、监理等单位转包和违法分包的做法。

全面加强管理，从根本上说是要依法规范和维护社会主义市场经济秩序，形成和健全各方面的科学管理制度和机制。各行各业和各单位都要坚持高标准、严要求，找准自己在管理方面存在的问题，立即从规章制度建设和转换机制等方面采取措施，强化管理和监督。各级领导干部都要坚持原则，不怕得罪人，敢于抓管理；同时，也要适应改革开放的新情况，采取有效的方法和手段，善于抓管理。

五、进一步扩大对外开放

当前，世界经济贸易形势总体趋好，我国加入世贸组织的进程加快。我们必须抓住新的机遇，迎接新的挑战，采取更加有力的措施，以更为积极的姿态扩大对外开放，力争对外贸易和利用外资有新的增长。

继续实行以质取胜和市场多元化战略，贯彻落实各项鼓励出口的政策，努力扩大出口。一是积极调整出口商品结构，进一步扩大机电产品出口，加快纺织、服装、轻工等传统出口商品的升级换代，提高高新技术产品的出口比重。扩大农产品出口。二是积极开拓国际市场，特别要大力拓展非洲、拉美、东欧、独联体等新兴市场，积极发展与周边国家及发展中国家的经贸关系。鼓励国内有比较优势的企业到境外投资办厂，开展加工贸易，或者合作开发资源。继续发展对外承包工程和劳务合作。三是深化外贸体制改革。外贸企业要形成积极开拓国际市场的经营机制，强化内部管理。进一步扩大生产企业的自营出口权。减少出口商品主动配额的品种，改革配额管理和招标办法。优化进口商品结构，增加国内急需的关键设备、技术和重要原材料的进口。抓紧研究和推进电子商务。

积极有效地利用外资。进一步扩大对外开放的领域和地域。逐步推进商业、外贸、金融、保险、证券、电信、旅游和中介服务等领域的对外开放。

放宽外商投资在技术转让、内销比例和一些行业持股比例的限制。鼓励外商投资农业、基础设施、环保产业和高新技术产业。

积极吸引跨国公司来华投资，特别是鼓励他们投资研究开发和参与国有企业的改组、改造。

适应我国加入世贸组织步伐加快的形势，抓紧做好各项准备工作。各行各业和广大企业都要加快改革，强化管理，提高技术水平，增强竞争能力和抗御风险能力。同时，抓紧调整和完善有关的法律法规。大力培训各类专门人才。

六、搞好社会保障体系建设，维护社会稳定

建立健全社会保障体系，关系改革、发展、稳定的全局，意义重大，刻不容缓，必须切实抓紧抓好。当前，要坚持和完善国有企业下岗职工基本生活保障、失业保险和城镇居民最低生活保障的“三条保障线”制度。在此基础上，积极创造条件，向健全的社会保障体系过渡。

要进一步办好国有企业再就业服务中心。企业再就业服务中心要向下岗职工按时足额发放基本生活费，并代他们缴纳养老、失业、医疗等社会保险金。所需资金要按“三三制”原则认真落实。企业和社会筹集不足的部分，财政要予以保证。对确有困难的中西部地区和老工业基地，中央财政将继续给予支持。各地要将中央企业下岗职工基本生活保障和再就业工作纳入地方总体安排，及时调剂社会筹集的资金。采取切实措施确保国有企业离退休人员基本养老金按时足额发放，不得有新的拖欠。各地方务必加强对社会保障资金的监督和管理，保证专款专用。对以前被挤占挪用的基金要加大收回力度，对挤占挪用的事件必须从严处理。大力促进下岗职工再就业。各地要引导职工转变择业观念，努力开拓就业门路，搞好职业培训，使更多的下岗职工尽早实现再就业。各级政府和有关部门要通力合作，加强督促检查，保证各项再就业政策落实到位。鼓励和引导有条件的企业实现主辅分离，转岗分流，创办独立核算、自负盈亏的经济实体，安置富余人员。对关闭、破产的国有企业的职工，要认真做好思想工作，妥善予以安置。

在切实做好上述工作的同时，要积极推进改革，逐步形成独立于企业事业单位之外、资金来源多渠道、管理服务社会化的有中国特色社会保障体系。一是依法扩大社会保险的覆盖面和提高保险费征缴率。在城镇强制推行以养老、失业、医疗为重点的社会保险。这既是增加社会保障资金的重要途径，又是建立新体系的重要条件。同时，中央和地方各级财政预算要适当调整支出结构，增加社会保障支出比例。还要采取多种措施，开辟新的筹资渠道，补充社会保障基金。二是完善失业保险制度，加快劳动力市场建设。逐步使下岗职工由企业再就业服务中心保障基本生活，转向享受失业保险，走向劳动力市场就业。这项工作先在东部沿海地区和具备条件的城市进行试点，总结经验后稳步推开。三是积极推进养老保险社会化管理和服务。逐步做到退休人员与企业事业单位相脱离，尽快实现养老金社会化发放，积极开展退休人员由社区管理服务的试点。要加强对社区的领导和管理，强化社区服务功能。同时，注意做好社会保障体制转换过程中的工作衔接。

厉行勤俭节约，反对奢侈浪费。在新的形势下，要继续发扬勤俭建国、勤俭办一切事业的优良作风。各级政府和所有工作人员都要有忧患意识和勤俭观念，时刻把国家和人民的利益放在心上。坚决刹住一些地方、部门和单位的铺张浪费、奢侈挥霍之风。各级政府要继续执行有关规定，严格控制扩建、新建办公楼，不准建设楼堂馆所，国务院各部门要作出表率。严肃查处违反规定的公款消费和集团消费。现在名目繁多的办“节”、剪彩、评比达标等活动泛滥成灾，借机用公款旅游和吃喝玩乐，劳民伤财，群众深恶痛绝，必须坚决加以制止。

进一步转变政府职能，推进政府机构改革。国务院各部门要巩固机构改革的成果。地方政府机构改革要按照中央的部署和要求抓紧进行。要通过改革，做到精兵简政，建立办事高效、运转协调、行为规范的行政管理体系和工作机制。严格按照法定的权限和程序履行职责，建立健全工作责任制。要加强法制的宣传教育。国务院各部门和省地级政府要按照党中央的要求，巩固和扩大“三讲”教育成果，认真落实整改措施。同时，切实搞好县级“三讲”教育。

各级政府和政府工作人员要牢固树立公仆意识，密切联系群众，倾听群众意见，关心群众疾苦。当前要特别关心部分困难群众的生活，千方百计帮助他们克服困难。

要继续完善和认真执行国家公务员制度，进一步提高公务员的政治思想和业务素质。

各级政府都要自觉接受同级人民代表大会及其常委会的监督，主动加强与人民政协的联系，认真听取民主党派、工商联、无党派民主人士和各人民团体的意见。积极推行政务公开，鼓励人民群众依法对政府及其工作人员进行监督，并充分发挥舆

论监督的作用。

七、促进祖国和平统一大业

香港、澳门相继回归祖国，标志着实现祖国完全统一大业已经取得重大进展。我们将继续坚持“一国两制”的方针，支持香港特别行政区政府、澳门特别行政区政府依法施政，维护香港、澳门的繁荣和稳定。香港、澳门回归祖国之后，解决台湾问题、实现祖国完全统一的神圣使命，更加突出地摆在包括台湾同胞、海外侨胞在内的全国各族人民面前。我们将一如既往地坚持“和平统一、一国两制”的基本方针和江泽民主席提出的八项主张，继续努力做好发展两岸关系、推进祖国和平统一的各项工作。我们对任何损害中国主权和领土完整，推行“两国论”和“台湾独立”等严重分裂活动，决不会坐视不管。我们重申，一个中国的原则是和平统一的基础和前提。我们愿意在这个原则基础上，进行海峡两岸的对话与谈判，什么问题都可以谈。要继续推动两岸人员往来和各项交流，积极发展两岸经贸关系，切实保护台湾同胞的正当权益，保护台胞投资与经营的合法权益。我们寄希望于台湾当局，更寄希望于台湾人民。我们愿意继续与广大台湾同胞一起，为发展两岸关系和实现祖国和平统一共同努力。中国人民有决心也完全有能力早日解决台湾问题，完成祖国统一大业。

关于1999年国民经济和社会发展计划执行情况与2000年国民经济和社会发展计划草案的报告（节录）

2000年3月6日在第九届全国人民代表大会第三次会议上

国家发展计划委员会主任　**曾培炎**

一、1999年国民经济和社会发展计划执行情况

过去的一年，在中国共产党的正确领导下，全国各族人民同心同德，团结奋斗，克服前进道路上的各种困难，改革开放和现代化建设取得了新成就，国民经济持续快速健康发展，各项社会事业全面进步。总的看来，1999年计划执行情况是好的，基本实现了国民经济和社会发展的主要调控目标。

国民经济发展继续保持良好态势，增长质量和效益有所提高。国内生产总值完成82054亿元，比上年增长7.1%。农业生产条件继续改善，结构调整迈出重要步伐，抗御自然灾害能力进一步增强。节水灌溉和旱作农业加快发展，优良品种和先进适用技术推广面积不断扩大。推广水稻抛秧、小麦地膜覆盖及优质早稻、双低油菜等18项农业适用技术面积增加7000万亩。粮食产量继续稳定在5亿吨的较高水平。工业增加值增长8.5%。工业内部结构调整取得明显进展，电子信息等高技术产业发展加快。移动通信设备、电子计算机和大规模集成电路产量分别增长43.5%、196.4%和149%。工业产品销售率达97.16%，提高0.56个百分点。全年工业企业经济效益综合指数99.3，提高8.4个百分点。国有及国有控股工业企业盈亏相抵，实现利润967亿元，增长77.7%。第三产业增加值增长7.5%。旅游、信息、咨询服务业发展加快。

投资结构继续改善，工程质量得到提高。全社会固定资产投资完成29876亿元，比上年增长5.2%。实施积极的财政政策，增发国债，扩大投资，对促进经济发展发挥了重要作用。全年完成国债投资1010亿元，加上带动的地方、部门、企业投资和银行贷款，建设了一批重大项目，集中力量解决了一些多年来想办而没能办成的大事。进一步加固6100公里大江大河大湖堤防，提高了防洪标准；在长江中下游沿岸实施的退田还湖、移民建镇工程，涉及近百万人民群众，增加行蓄洪面积1500多平方公里；公路在建规模2.4万公里，其中高速公路1万公里，新增公路通车里程4740公里，其中高速公路1895公里；投产铁路新线1005公里、复线547公里；城市基础设施和环保建设大大加快，新增城市日供水能力850万立方米，新增污水日处理能力580万吨；农村电网改造与建设在全国

铺开，500个县完成改造任务；建成了仓容250亿公斤的粮食储备库；企业技术改造和高技术产业化进程加快；配合扩大招生，加大了教育设施建设投入。60%以上的国债投资用于中西部地区。为加强国债资金管理，确保建设工程质量，国务院召开了全国加强基础设施建设工程质量管理会议，做出了规定，采取了措施。各地普遍建立了层层负责的工程质量责任制。加强了对重大项目的稽察、审计工作。

财政收支增长较快，金融持续平稳运行。通过强化税收征管，加大清理欠税力度，严厉打击走私活动，有效地促进了财政收入的较快增长。全国财政收入（不含债务收入）完成11377亿元，比上年增长15.2%。全国财政支出（不含债务支出）13136亿元，增长21.7%。全国财政收支相抵，支出大于收入1759亿元，其中中央财政赤字1797亿元，地方财政结余38亿元。努力发挥货币政策作用，降低存贷款利率和法定存款准备金率，扩大消费信贷，增加中央银行对中小金融机构再贷款规模，适度增加货币供应量，促进了内需的扩大和经济的发展。1999年末，广义货币供应量（M2）、狭义货币供应量（M1）、市场现金流通量（M0）分别增长14.7%、17.7%、20.1%。全部金融机构年末贷款余额9.4万亿元，当年增加1.08万亿元。深化金融改革，加强金融监管，对防范和化解金融风险发挥了重要作用。年末外汇储备达到1547亿美元，增加97亿美元。

国有企业改革和脱困取得明显进展，其他各项重要改革继续深化。政企分开步伐加快。企业兼并破产和行业重组力度加大。在军工、有色金属、电信等行业，组建了一批新的大型企业集团。国有企业脱困工作取得成效，国有及国有控股亏损企业亏损额比上年下降15.9%。纺织、建材、有色金属、铁道等行业实现了扭亏为盈。490多万国有企业下岗职工实现了再就业，未实现再就业的下岗职工有93%进入再就业服务中心，其中97%领到了基本生活费。基本实现了企业离退休人员养老金按时足额发放。城镇职工医疗保险制度改革继续展开。

进一步理顺价格关系。调整铁路货运、医疗服务价格和邮电资费标准，提高公有住房租金和高等教育、城市供水、环保收费标准，促进了基础产业和社会公共事业的发展。降低高耗电企业电费负担和农村电价水平。整顿外贸进出口环节收费，适当降低部分偏高的收费标准，减轻了出口企业负担。

粮棉流通体制改革继续推进。落实按保护价敞开收购农民余粮的政策，实行优质优价，保护了农民的利益，促进了种植结构的调整。国有粮食购销企业坚持顺价销售，收购资金实现了封闭运行，经营管理水平有所提高，扭转了大幅度亏损的局面。棉花流通体制改革进展顺利。

外贸进出口增长较快，利用外资质量继续提高。坚持实施以质取胜和市场多元化战略，运用增加出口信贷、提高出口商品综合退税率和扩大生产企业自营出口权等多种政策手段，努力扩大出口，下半年外贸出口转降为升，增长速度加快。全年进出口总额3607亿美元，比上年增长11.3%。其中，出口1949亿美元，增长6.1%；进口1658亿美元，增长18.2%。出口商品结构不断优化。机电产品出口增长14.7%，净增99亿美元，占全部出口净增总额的88%。

实际利用外资563亿美元，比上年减少3.9%。吸引外商投资454亿美元，其中外商直接投资404亿美元，仍居发展中国家首位。国家鼓励的资金和技术密集型投资项目明显增加，单项规模扩大，到我国投资设厂的跨国公司增多。

科技和教育发展加快，各项社会事业全面进步。科技体制改革进一步深化。10个国家局所属242家科研机构经过改制后，有80%进入企业。加大了对基础研究、行业共性技术、关键技术和高技术研究项目的支持力度。国家重点基础研究发展规划项目和科技型中小企业技术创新基金顺利启动。数字高清晰度电视、稀土材料应用和生物技术等重大产业化专项取得进展。“神舟号”飞船试验飞行成功，标志着我国载人航天事业迈出了重要步伐。

各级各类教育改革和发展取得新成就。把实施科教兴国战略与扩大内需结合起来，扩大了普通高校和成人高等教育招生规模。普通高校招生160万人，比上年增长47.4%。积极支持贫困地区改善基础教育办学条件。通过基本普及九年义务教育和基本扫除青壮年文盲验收的人口地区覆盖率达80%。素质教育全面推进。高等院校的学科建设得到加强。

文化艺术、新闻出版、广播影视、社会科学、计划生育、卫生、体育等各项社会事业全面发展，社会主义精神文明建设继续加强。人口自然增长率8.77‰。“村村通”广播电视工程全面启动，使近4000万农民结束了听不到广播、看不到电视的历史。贫困地区农民健康工程开始启动。

市场销售开始转旺，人民生活继续改善。扩大个人消费信贷、增加法定节假日和改善消费环境等措施，促进了消费需求增长，下半年市场销售额稳步回升。全年社会消费品零售总额31135亿元，比上年增长6.8%，加上物价下降因素，实际增长10.1%。从去年7月1日起，提高了城镇低收入居民和公职人员的收入。全年城镇居民人均可支配收入5854元，比上年实际增长9.3%。城镇人均居住面积9.6平方米，增加0.6平方米。城镇登记失业率3.1%。落实减轻农民负担的各项措施，努力增加农民收入。农村居民人均纯收入2210元，实际增长3.8%。扶贫工作取得新进展，又解决800万左右贫困人口的温饱问题。

这些巨大成绩，为庆祝新中国成立50周年和迎接澳门回归祖国创造了良好环境，增强了国内外对我国经济发展的信心。实践证明，以江泽民同志为核心的党中央完全能够应对各种复杂局面，驾驭全局，带领全国各族人民，团结奋斗，开拓进取，实现国民经济持续快速健康发展。

我们也清醒地看到，经济和社会发展中还有不少困难和问题。一是有效需求不足。固定资产投资增长速度放慢，国有单位投资增速从一季度的22.7%降到四季度的3.8%。一些因素制约着居民消费的增加，影响了消费领域的扩大。居民消费价格和商品零售价格去年分别下降1.4%和3%。二是就业压力加大。截至去年底，国有企业下岗职工有650万人待业，还有失业人员，需要解决就业问题。乡镇企业从业人员减少。大量农村剩余劳动力需要转移。三是农民收入增长减缓。由于供求关系变化，农产品价格持续下跌，乡镇企业效益下降，去年农民人均纯收入仅增加48元。四是经济结构不合理的矛盾仍很突出。一般产品生产能力过剩的问题仍很严重，一些企业不能适应市场需求变化，开发和创新能力不足，产品更新换代缓慢，竞争力不强。五是一些地区生态环境继续恶化，部分城市污染严重。对这些问题，我们要采取有效措施，认真加以解决。

二、2000年经济社会发展调控目标和主要任务

2000年经济工作的总体要求是：以邓小平理论和党的基本路线为指导，认真贯彻党的十五大和十五届三中全会、四中全会精神，继续实行中央关于推动改革和发展的一系列政策措施，突出抓好国有企业改革和发展、经济结构调整、科技进步和扩大内需。进一步稳定农业的基础地位，着力调整农业和农村经济结构，千方百计增加农民收入。把国有企业改革作为中心环节，积极促进扭亏增盈和建立现代企业制度。继续实行积极的财政政策，进一步发挥货币政策的作用，综合运用税收、价格等宏观调控手段，加强基础设施建设，抓紧技术改造，加快科技创新，努力扩大消费。扩大对外开放，积极增加进出口，提高利用外资水平。完善社会保障体系，重视和加强扶贫工作，进一步改善人民生活。正确处理改革、发展、稳定的关系，保证国民经济持续快速健康发展，促进社会全面进步，以优异成绩迎接新世纪。根据这一要求，2000年国民经济和社会发展的主要预期目标是：

——经济增长率7%左右；

——全社会固定资产投资增长10%左右；

——居民消费价格和商品零售价格总水平保持或略高于上年；

——进出口总额增长3%，国际收支保持基本平衡；

——中央财政赤字2299亿元；

——货币发行量1500亿元左右；

——城镇登记失业率控制在3.5%左右；

——人口自然增长率9.2‰。

发展是解决我们面临所有问题的关键。今年经济工作的首要出发点，是保持国民经济的较快增长。这对于解决经济生活中的突出矛盾、保持社会稳定和增强国内外对我国经济发展的信心都至关重要。当然，我们追求的必须是有市场、有效益、没有水分的速度。要把握好宏观调控的方向和力度，把扩大内需与结构调整、科技进步、对外开放结合起来，加快经济体制和经济增长方式的根本转变，努力使国民经济发展上一个新台阶。

2000年国民经济和社会发展的主要任务是：

（一）继续扩大投资规模，进一步优化投资结构

2000年，要实现经济增长预期目标，难点在于投资能够有较快的增长。全社会固定资产投资增长10%左右，是根据需要和可能确定的。要继续增加国债和财政性投资，吸引银行增加贷款和企业增加投入，引导和鼓励集体、个体和私营等非国有经济增加投资，尽可能多地利用外资。要正确把握投资方向，防止出现新的重复建设。固定资产投资重点是：进一步加强基础设施建设，特别是水利、铁路、公路、通信干线等重点项目建设；支持企业技术改造，加快高技术产业化，扶持装备工业，推动产业技术进步和产业升级，提高国防科技水平；加大对西部开发和生态建设与环境整治的投入力度；增加对教育、科技基础设施的投入；加强主产区粮库建设；加快建设经济适用住房。开工建设一批重大工程项目，主要有南京到西安和重庆到怀化铁路新线、柴达木经西宁到兰州的输气管道、成都紫坪铺

水利枢纽、广州新机场、上海明珠线二期（轻轨）和南京地铁等。西气东输、兰州到成都输油管道、京沪高速铁路、广西龙滩水电站和亚太二号海缆等项目，要加快前期工作进度。国债投资要集中投向这两年已经安排的在建项目，使其尽快建成发挥效益。要选准项目，用好资金，加强稽察和审计，强化工程质量管理，杜绝劣质工程。

（二）大力推进农业和农村经济结构的战略性调整，全面提高农村经济的素质和效益

继续加强以水利为重点的农业基础设施建设。加快长江、黄河等大江大河堤防工程建设，搞好江河湖清淤疏浚、移民建镇和重点病险水库除险加固，加强主要江河控制性水利枢纽工程建设。配套完善大型灌区改造工程，大力发展节水灌溉，加强农村水、电、路、通信等公共设施建设。

鼓励农民按照市场需求，调整种植结构，积极发展绿色食品、特色农产品，努力实现农产品的优质化。大力推广农业资源综合利用、集约化种养、生物灾害预报控制和农产品深加工的关键技术，切实抓好种子和畜禽、水产品良种工程。大力发展畜牧养殖业和水产业，增加肉、蛋、奶消费，加快粮食转化。

继续深化粮食流通体制改革。坚持实行按保护价敞开收购农民余粮，国有粮食购销企业顺价销售和收购资金封闭运行的政策。适当调整粮食收购保护价范围。着力抓好国有粮食购销企业改革，提高市场竞争力。

调整乡镇企业结构，积极发展小城镇。引导乡镇企业与农业产业化经营结合，促进农产品加工转化、增值。合理布局，科学规划，加快小城镇建设。鼓励乡镇企业向小城镇集中。

进一步落实扶贫攻坚各项政策措施，提高扶贫资金使用效益，继续动员社会各方面力量扶贫，力争再解决1000万左右农村贫困人口温饱问题，努力完成国家“八七”扶贫攻坚计划。

（三）加大工业结构调整力度，提高增长的质量和效益

加快技术进步和产业升级。冶金工业要努力增加国内急需的冷轧板、汽车用板、镀锌板、石油管等钢材品种。有色金属工业要大力发展精深加工产品和新材料，抓好铜精矿、氧化铝供应。石油天然气工业要加快中西部油气资源的勘探开发，搞好天然气管道建设。继续调整化工、石化、医药和支农工业的产品结构。轻工业重点发展木浆、高档纸及纸板，采用高新、适用技术对农产品进行深加工。纺织工业要积极发展差别化多功能纤维，采用先进技术提高印染后整理水平。尽快实现城市轨道交通和环保设备的自主开发，提高新型发电设备、新型船舶、农业技术装备和石化、冶金、纺织、造纸设备的制造能力与技术水平。加快老工业基地的产业调整和企业重组。坚决关闭一批技术落后、质量低劣、浪费资源、污染严重的小厂小矿，淘汰落后设备、技术和工艺。抓好煤炭和冶金行业的总量控制。千方百计提高工业产品质量、劳动生产率和企业效益。

（四）努力创造良好的外部环境，积极推进国有企业的改革和发展

继续增加银行核销呆坏账准备金规模，主要用于国有大中型企业和资源枯竭矿山的破产关闭。抓紧做好部分国有大中型企业的债权转股权工作，真正把“债转股”与转换机制、调整结构和加强管理结合起来，严格掌握条件，规范操作，防止变相逃废债务和国有资产流失。拓宽企业融资渠道。

综合运用计划手段、财政政策、货币政策和经济杠杆，及时调节市场供求。继续完善商品市场，培育和发展资金、技术、劳动力等要素市场。加强市场监管，清除分割、封锁市场的行政性壁垒，营造公平竞争的市场环境。严厉打击制造和销售假冒伪劣商品的行为。健全社会保障制度，在城镇强制推行以养老、失业、医疗为重点的社会保险。进一步搞好国有企业下岗职工基本生活保障和再就业工作，确保企业离退休人员基本养老金按时足额发放。在有条件的地区，积极稳妥地开展下岗职工基本生活保障转入失业保险的试点工作。采用多种办法，通过多种渠道筹集社会保障资金，抓紧研究社会保险基金的保值增值问题。努力创造就业机会，积极扶持中小企业和非国有经济发展。

（五）加大实施积极财政政策的力度，进一步发挥货币政策的作用

根据我国经济现状和面临的问题，实现今年的宏观调控预期目标，必须继续实施积极的财政政策，发行1000亿元长期国债，用于扩大投资需求。全年全国财政预算收入12338亿元，支出14637亿元（含债务利息支出），收支相抵，赤字2299亿元，全部为中央财政赤字，地方财政收支平衡。目前我国物资供应比较充裕，增发一些国债具有相应的物质保障，有利于解决当前需求不足的矛盾，从长远看，只要用好这些资金，不仅不会有大的风险，而且将为今后的发展奠定良好的基础。要大力做好增收节支工作，强化税收征管，严格依法治税，确保税收增长。调整和优化支出结构，严格控制和压缩一般性支出，保证重点支出的需要。充分发挥财政资金的引导作用。

综合运用各种货币政策工具，切实加大金融对经济发展的支持力度。根据经济发展的需要增加基础货币投放，适当扩大货币供应量。今年广义货币供应量（M2）预期增长14～15%，狭义货币供应量（M1）预期增长15～17%，全部金融机构贷款预期增加1万亿元。金融系统要在坚持稳健经营的原则下，大力改进金融服务，从多方面加大对经济发展和改革的支持力度。加快建立和完善中小企业信用担保体系，对具备条件的中小金融机构，适当增加再贷款规模。配合国债安排，加大贷款投放力度，支持基础设施建设和技术改造。对产品有市场、有效益、守信用的企业及时发放流动资金贷款。认真解决农民贷款难的问题。继续推动金融改革和整顿，依法加强金融监管，进一步做好防范和化解金融风险的各项工作。

（六）实施西部大开发战略，促进区域经济协调发展

实施西部大开发战略，加快中西部地区发展，是党中央根据邓小平同志关于我国现代化建设“两个大局”的战略思想，高瞻远瞩，统揽全局，做出的重大决策。今年要抓紧制定总体规划，研究有关政策，在加强基础设施建设和生态环境保护等重点领域迈出实质性步伐。

加快基础设施建设是西部大开发的基础。加快水利、交通运输、通信、旅游和广播电视等基础设施建设，促进西部地区资源优势转化为经济优势。坚持把水资源的合理开发和有效利用放到突出位置，优先发展节水工程。公路要加快国道主干线和省区干线建设，大力支持贫困地区道路与主干线的连接。铁路建设要进一步拓宽西部地区的内外大通道。在建设主要干线机场的基础上，合理规划，建设一些支线机场。积极发展天然气管道运输。今年要继续建设和开工一批重大项目，进一步加强前期工作，特别是加快新疆塔里木盆地到上海和川渝地区到武汉等输气管道的前期工作，力争尽早开工建设。

加强生态建设和环境保护是西部大开发的重要内容。要采取“退耕还林（草）、封山绿化、以粮代赈、个体承包”的综合性措施，抓住当前粮食比较充裕的有利时机，在长江、黄河上游生态脆弱地区，着力治理陡坡耕地，有计划、分步骤、在试点示范的基础上稳步推进退耕还林还草，绿化荒山荒地，恢复林草植被，从根本上改变西部地区生态环境恶化的状况。今年退耕试点面积500万亩左右，还林要超过1000万亩。要认真调查研究，搞好总体规划，从实际出发，按客观规律办事，尊重农民意愿，因地制宜，分类指导。

西部大开发不能沿用旧体制和传统的发展模式，要适应建立社会主义市场经济体制和转变经济增长方式的要求，积极采用新思路、新办法、新机制，解放思想，实事求是，大胆创新，积极开拓。从各地资源特点和自身优势出发，发展有市场前景的特色经济和优势产业。着力发展特色农业、节水农业、生态农业和旅游等产业。要适应世界科学技术迅猛发展的形势，切实依靠科技进步，促进资源开发、产业升级和环境整治。充分利用现有的科技基础，着力研究开发适合西部地区产业发展的科学技术。加强人才培养和引进，创造有利于人才发挥作用的社会和政策环境。国家要增加对中西部地区投入，加大财政转移支付力度。国债投资、“债转股”、核销呆坏账准备金和外国政府及金融机构贷款，也要向中西部地区倾斜。在新形势下，加快西部开发，应主要运用市场机制，吸引各方面资金，满足巨大的资金需求。要完善相关政策，努力改善投资环境，更大胆地吸引外资和我国东部资金的进入。西部大开发是一项长期而艰巨的任务，需要几代人的艰苦奋斗。全国上下都要满腔热忱地积极支持西部大开发，鼓励企业家、科研人员和大专院校毕业生到西部建功立业。西部地区广大干部群众要自力更生，奋发图强，艰苦创业，不懈努力，建设经济繁荣、人民富裕、安定团结的新西部。

西部大开发将为东部地区的发展提供市场和能源原材料支持，为东部地区的结构调整创造条件。东部地区要抓住这一历史性机遇，着力搞好体制创新和技术创新，大力发展外向型经济，加快产业升级，加强与中西部地区合作，增强国际竞争力，有条件的地区要率先实现现代化。

（七）不断提高对外开放水平，更好地利用国内国外两个市场、两种资源

抓住国际经济环境趋好和我国加入世贸组织进程加快的有利时机，按照国际规范，调整、完善有关法律法规，积极扩大外贸进出口和利用外资。继续落实出口退税等各项鼓励出口的政策。进一步扩大机电产品出口，加快纺织、服装等传统出口商品的升级换代，大力发展高技术产品出口，推动更多的农产品走向国际市场。鼓励具有比较优势的企业到国外投资设厂，开展带料加工，开拓市场，并注意加强管理。进一步优化进口商品结构，组织好国内急需的关键设备、技术和原材料的进口。积极推动国有外贸企业改革，加快实施生产企业进出口经营权登记制。减少出口商品主动配额的品种，改进配额管理和招标办法。实行加工贸易企业分类管理。深入开展打击逃汇套汇、骗税和走私的斗争。

进一步改善投资环境，拓展利用外资的方式和领域。放宽外商投资的领域、地域和技术转让、当地含量、外汇平衡、外资比例等方面的限制。有步骤地积极推动金融、保险、电信和旅游等服务领域的对外开放。抓紧制定并实施外商投资特许权项目和基础设施转让等有关管理办法。加大对跨国公司的招商引资力度。积极吸引外资以多种形式参与国有企业改组改造。吸引外资投向国家鼓励的高技术产业、环保产业等领域和中西部地区。改进对外商投资企业的管理和服务，保护外商的合法权益。加大外债全口径管理力度。加强外债信息系统和预警监测工作，逐步建立地方外债监控体系。

围绕我国加入世界贸易组织，切实做好各方面的准备工作。

（八）坚持可持续发展战略，搞好生态环境保护和建设

继续下大力气抓好“三河”（淮河、海河、辽河）、“三湖”（太湖、巢湖、滇池）、“两区”（二氧化硫控制区、酸雨控制区）、一市（北京市）、一海（渤海）及三峡库区和长江上游的污染防治工作，抓紧实施污染治理重点工程。对污染严重的城市，要限期治理。继续加大对长江和黄河上中游地区天然林资源保护工程、十大防护林体系建设工程，以及黄土高原和首都周边等重点地区生态环境综合治理工程的投入，加强水土流失治理。依法保护并合理有效利用土地、森林、草原、水、矿产和海洋等国土资源。加强对建设用地的计划管理。

坚持工业污染防治与产业结构调整相结合。安排一批重大节能和环保示范项目。积极组织推广清洁生产。2000年，工业废水排放达标率、工业烟尘排放达标率和工业固体废物综合利用率分别达到75.4%、75.9%和46.2%。加快城市污水和垃圾处理设施建设。鼓励发展以清洁能源为动力的城市交通工具。大力培育和规范环保产业市场。

（九）加快科教兴国步伐，全面发展各项社会事业

认真贯彻落实中共中央、国务院《关于加强技术创新，发展高科技，实现产业化的决定》，加强国家创新体系建设，加快知识创新工程的实施。积极推动技术创新和科技成果的产业化。今年要基本完成全国科研机构管理体制改革工作。集中力量抓好一批重点基础研究项目。支持国有大企业建立技术开发中心，鼓励发展多种形式的民营科技企业和科技型中小企业。加强国家工程研究中心、科技成果转化基地建设，组织实施高技术产业化重大项目。集中力量抓好数字高清晰度电视、宽带高速信息网络、工业过程自动化、民用飞机、民用卫星等重大项目，发展新兴产业。大力推动国民经济信息化，促进信息产业加速发展。

加快教育改革和发展。全面推进素质教育。抓好基本普及九年义务教育和基本扫除青壮年文盲工作，特别是加快西部教育基础薄弱地区的“两基”工作进程。教育青少年学生德、智、体、美全面发展。大力发展各种形式的职业教育和培训。继续稳步扩大研究生和普通本专科招生规模，进一步加强高等院校学科建设。2000年，全国研究生计划招生12万人，普通高校本专科计划招生180万人。进一步推进高校后勤服务社会化改革。加大对高校教学基础设施建设的支持力度。稳妥实施中央部门所属高校管理体制改革，97所普通高等院校实行中央与地方共建、以地方管理为主。鼓励社会力量以多种形式办学。

加强社会主义精神文明建设，弘扬科学精神，反对伪科学，进一步搞好社会事业基础设施建设。增加对文化和科普设施的投入。进一步深化文化体制改革。继续推进“村村通”广播电视工程，确保完成广播、电视人口综合覆盖率的预定目标。积极推进卫生改革。以县为单位的初级卫生保健合格率达到85%。开展丰富多彩的群众性文化体育活动。搞好计划生育，严格控制人口数量，不断提高人口质量，重视人口老龄化问题。

积极发展第三产业。采取有力的政策和扶持措施，加快信息、旅游、文化、教育、社区服务和法律、审计、会计、咨询等中介服务的发展。

三、努力增加有效需求，促进国民经济持续快速健康发展

扩大内需是解决当前经济生活中各种矛盾和问题的重要措施，也是国民经济发展的一项长期战略方针。扩大内需的关键是增加有效需求，决不能盲目扩大没有市场的生产能力，更不能搞低水平的重复建设。增加有效需求不仅能够有效地促进当前经济增长，而且有利于产业结构优化升级，增强经济发展的后劲，提高国民经济整体素质和效益，增强综合国力和国际竞争力。增加有效需求，要以不断提高城乡居民物质文化生活水平为目的，扩大投资和消费；以市场为导向，使供给结构适应国内外市场需求的变化；以科技进步和技术创新为动力，促进产业结构优化升级；实施可持续发展战略，使

经济建设与资源、环境相协调，实现良性循环。我们要从体制、机制和政策上创造条件，努力增加有效需求，促进国民经济持续快速健康发展。

大力开拓城乡市场，积极扩大消费需求。启动市场，增加消费，是增加有效需求的关键环节。要积极采取各种措施，继续增加居民消费。社会消费品零售总额力争达到33350亿元，增长7.1%。首先，积极调整收入分配政策，增强居民购买力。继续落实1999年调整收入分配的各项政策，逐步提高城镇中低收入居民的收入。认真解决一些地方教师和公务员的工资拖欠问题。城镇居民人均可支配收入实际增长4%。增加农民投工投劳，鼓励农民参加基础设施建设和生态环境建设，多渠道增加农民收入。积极推进农村税费改革的试点。清理农村教育、医疗、计划生育、婚姻登记和农民建房等项收费，加强粮食价格、烤烟价格和涉农收费检查，切实减轻农民负担。严厉打击坑农害农行为。农民人均纯收入实际增长4%。第二，完善消费政策，拓展消费领域。抓紧清理过去颁布的限制消费的有关政策规定。完善教育助学贷款及耐用消费品贷款办法。促进电信、旅游、文化娱乐、体育健身等消费。第三，改革和健全消费体制，积极培育住房等新的消费热点。深化城镇住房制度改革，加快住房分配货币化进程。扩大住房信贷规模，完善住房公积金制度。提高公有住房租金水平。进一步放开和健全住宅二级市场。大力整顿房地产拆迁收费和城市基础设施配套收费。加强和规范物业管理。第四，改善消费环境，下大力气开拓城乡市场。疏通商品流通渠道，整顿市场秩序。发挥舆论宣传作用，提高改革措施透明度，引导居民转变消费观念，改善收支预期，增加即期消费。

积极推进投融资体制改革，努力为增加有效需求创造体制条件。一要加快投融资体制改革步伐，健全企业投资的激励机制和约束机制。改革的方向是，对于企业出资建设国家鼓励和允许发展的项目，除重大项目和有特殊规定项目以外，都由企业自主决策、自担风险。简化审批程序，政府只审查企业投资是否符合国家发展规划、宏观政策和法律法规，不直接干预企业的投融资活动。要提高工作效率，加快项目审批。二要拓展企业融资渠道，增强企业扩大投资的实力。加快发展资本市场和多种融资方式，使企业能够根据市场供求和自我发展需要积极增加投资。抓紧制定并实施产业投资基金管理办法。积极推进建立风险投资机制。三要努力创造良好的政策环境，鼓励和引导社会资金增加投入。取消各种不利于社会投资和非国有经济发展的限制，扩大进入的领域。积极提供信息咨询、人员培训等方面的服务，努力促进社会投资增长和非国有经济发展。

发挥价格杠杆作用，促进经济增长和结构调整。继续理顺价格关系，完善价格机制。适当提高水利工程供水、城市供水、公共交通等价格，加强污水和垃圾处理收费工作。改革电价形成机制，调整电价结构。在已完成农村电网建设与改造和电力体制改革的地区，降低农村用电价格，实现城乡用电同网同价。降低农村电话通话费。简化铁路货运计费手续和标准，改进客运价格管理。规范民航票价折扣，合理确定票价水平。在规范教育成本的基础上，合理调整学费标准。大力整顿价格秩序。完善会计、审计、税务代理、律师等各类中介服务的收费管理。清理整顿对车辆购置和使用环节的收费。整顿药品价格和医疗服务收费。通过这些措施，促进基础设施和公共事业发展，增加城乡居民消费。

切实加强管理和法制建设，规范和健全社会主义市场经济秩序。加强管理是提高经济增长质量和效益的重要途径，是增加有效需求各项政策取得预期成效的有力保证。建立健全各方面、各环节的责任制。转变作风，改进服务，提高效率。大力弘扬艰苦奋斗精神，反对铺张浪费。坚持不懈地开展廉政建设和反腐败斗争，努力做到廉洁、勤政、务实、高效。加强行业和企业的科学管理。高度重视和切实搞好安全生产，消除各种事故隐患。今年还有一项重要工作，就是要搞好国民经济和社会发展第十个五年计划和长远规划的编制。

要加快完善宏观调控和经济管理方面的法规和规章。抓紧制定《招标投标法》配套实施细则，大力推行招标投标制度。认真贯彻执行各项法律法规，努力提高依法行政的能力和水平。要严格按照法定权限和程序履行职责，坚决克服职权不清、推诿扯皮现象。坚持有法必依，执法必严，违法必究，确保政令畅通。认真学习和掌握法律知识，提高依法管理经济和社会事业的能力。认真贯彻全国人大常委会关于加强经济工作监督的决定。自觉接受人大、政协及社会各方面的监督。

奋力攻坚 开拓前进 夺取国有企业三年改革与脱困决战胜利（节录）

1999年11月20日在全国经贸工作会议上

国家经济贸易委员会主任 盛华仁

一、1999年经贸工作回顾

1999年，我国成功地经受了错综复杂的国内外环境的严峻考验，经济快速增长，社会全面进步。这一年，经贸工作在开创立新局面方面也迈出了重大步伐。经贸系统广大职工在党中央、国务院和各地党委、政府的领导下，认真贯彻中央关于促进经济增长的一系列重大决策，紧紧围绕实现国有企业改革与脱困三年目标，以企业工作为中心，在控制总量、调整结构、深化改革、提高效益等方面都取得了积极进展。今年的主要预期目标有望全面实现，国有及国有控股工业企业的经济效益明显好于去年。1～10月，工业增加值增加9.1%，预计全年增长9%；社会消费品零售总额实际增长9.8%，预计全年增长10%左右；国有及国有控股工业企业实现利润611.8亿元，同比增长1.1倍，全年可达到700亿元以上，超过预期目标40%。

（一）扭亏增盈成效显著，重点行业、地区和企业经济效益明显好转

今年继续以纺织行业为突破口，着力抓了重点行业的扭亏增盈工作。纺织行业在继续压锭、减员的同时，加大调整力度，经济效益显著提高。1～9月，国有及国有控股纺织企业净亏损已降至6.94亿元，同比减亏38.65亿元，全年可实现整体扭亏为盈，将结束长达6年之久的亏损局面。机械、石油和化工、轻工、电子、医药等行业经济效益明显好转。1～9月，机械行业实现利润70.09亿元，同比增长54.25%；石油和化工行业实现利润193.96亿元，去年同期实现利润14.23亿元，同比增加12.6倍。冶金、电力、烟草、黄金等行业继续保持较好盈利。建材行业已经扭亏为盈，有色行业大幅减亏。大多数行业都可实现或超过全年利润目标。

大部分地区经济效益明显好转。1～9月，有26个省、自治区、直辖市的国有及国有控股工业企业经济效益好于去年同期。作为三年脱困重点和难点地区的东北三省，把国家政策扶持与深化企业改革、加强企业管理结合起来，国有及国有控股工业企业经营状况出现重大转机。1～9月，黑龙江省实现利润114.73亿元，同比增长77.66%；吉林省实现利润3.36亿元，从6月份起结束了连续45个月亏损的局面；辽宁省亏损额已降到3.67亿元，比去年同期减亏43.26亿元，同比减幅达92.18%，全年有望扭亏为盈。

国家重点企业经济效益增长较快。据对507户国家重点企业的统计，前9个月实现利润559.6亿元，增长44.9%。1997年底的6599户国有及国有控股大中型亏损企业，通过加强管理和实施兼并破产、改组联合、债转股等措施，到今年9月底已减少3004户，去年底提出的亏损企业今年减少1/3的目标可以实现。

重点行业、地区和企业大幅度减亏增效，使广大干部群众看到了国有企业改革和发展的良好前景，进一步鼓舞了士气，增强了实现三年脱困目标的信心。

（二）兼并破产力度加大，债转股、重点技术改造工作全面展开

实施兼并破产是推进国有企业改革、调整企业结构、实现三年脱困目标的重要措施。今年改进了核销银行呆坏账准备金使用办法，将资金集中用于纺织、煤炭、有色、冶金、军工等重点行业的国有大中型亏损企业，并主要用于企业的破产、关闭，使一批长期亏损、资不抵债、扭亏无望和资源枯竭的企业退出了市场，消除了一批亏损源。除去年结转的1652个项目核销呆坏账准备金198亿元外，今年又分三批安排兼并破产项目435项，核销呆坏账准备金519亿元。实施上述兼并、破产、关闭项目，可使大中型亏损企业减少860多个。

对产品有市场，发展有前景，由于债务过重而陷入困境的部分大中型国有企业实施债转股，是减轻企业债务负担的一项新的措施。按照国务院批准

的《关于实施债权转股权若干问题的意见》，国家经贸委和各地经贸委、各有关部门一起，深入调查，严格把关，制订企业债转股方案。截至目前，已分三批共推荐394户实施债转股企业的建议名单，建议债转股金额3587亿元，由各金融资产管理公司和银行进行评审；已签订债转股协议的企业有32户，协议转股额675.5亿元，大部分可在今年扭亏为盈。年底可完成600户左右债转股企业名单的推荐工作。

为调整产品结构，提高企业的竞争力，今年国家从发行的财政债券中拿出一部分资金用于企业技术改造贷款贴息。按照“质量、品种、效益和替代进口”的要求，以冶金、纺织、石化、有色、机械、电信、造纸等行业为重点，择优扶强，并向东北老工业基地和中西部地区倾斜，安排一批标志性项目的技术改造。目前，已分三批安排了647项，总投资1718亿元，其中国债资金127.6亿元（当年安排69.8亿元）。这三批项目投产后，主要行业将达到和基本达到预期的标志性目标。热轧薄板、冷轧薄板、轿车用板等9种附加值高的钢材质量将达到国际先进水平，基本淘汰平炉炼钢，连铸比将由去年的67.8%提高到80%以上；每年可顶替进口面料8.5亿米，顶替进口差别化纤维24万吨；聚乙烯等专用树脂可顶替进口145万吨，汽油、柴油质量可大大提高，基础油可满足中高档润滑油的需求，高等级道路沥青可全部替代进口；氧化铝可替代进口54万吨，预焙槽电解铝比例可从30%提高到45%，铜、铝、铅等重点企业污染物排放量可达到国家标准；重要电子元器件、集成电路、移动通信产品等实现部分替代进口，产品质量、性能达到或接近国际同类产品水平；高档新闻纸可全部替代进口，涂布纸和高档纸箱板可替代进口量的50%，同步淘汰相应规模的落后纸种。

与此同时，进一步开展了对重点行业和重点项目的专项治理。今年以来取消向企业各种不合理收费项目4884项，涉及金额456亿元。各级经贸委在帮助企业分离办社会职能方面也做了大量工作。福建等地结合本地情况，分离企业自办的学校、医院、生活后勤服务和离退休人员管理机构，减轻了企业的社会负担。

（三）控制总量初见成效，关停“五小”开始起步

为缓解部分产品严重供过于求的矛盾，以市场为导向，加强了对一些重要产品产量和加工量的控制。到10月底，纺织行业累计已压缩落后棉纺锭752万锭，到年底可压缩900万锭以上，提前一年基本实施三年压锭目标。前10个月，煤炭行业生产原煤减至7.84亿吨，同比下降9%，全年可控制在10.3亿吨。石油石化行业根据市场情况，全年原油加工量可控制在预定的1.61亿吨左右。烟草行业前10个月生产卷烟2746万箱，比去年同期降低2.54%。水泥、玻璃总量控制也可达到预期目标。钢材年初确定的全年调控目标为1.04亿吨，显然做了一些限产工作，也增产了一些短缺产品，但总量控制不够得力，有待进一步改进。

为从根本上解决总量过剩，必须制止重复建设，淘汰落后生产能力。经国务院批准，国家经贸委颁布了《工商投资领域制止重复建设目录》和《淘汰落后生产能力、工艺和产品目录》。各地以煤炭、炼油、冶金、水泥、玻璃、制糖为重点，认真组织实施，着力整顿关闭了一批浪费资源、技术落后、质量低劣、污染严重、不符合基本安全生产条件的小厂小矿。截至9月底，已关停非法和布局不合理的小煤矿3.05万处，关停小炼油厂60个，取缔土炼油场点近4500个，关停小高炉250座，压缩淘汰炼铁能力400万吨、炼钢能力500万吨、轧钢能力约1000万吨，关停、淘汰小水泥能力2000万吨、小玻璃能力700万重量箱。关停小火电两年累计共384万千瓦。关停小糖厂、小糖精厂、小造纸厂的工作也已逐步展开。

（四）政企分开顺利推进，企业战略性改组迈出重大步伐

中央党政机关与所办经济实体和所管理的企业脱钩及军队、武警部队和政法机关所办经营性企业移交地方的工作，在去年底脱钩和移交的基础上，今年重点抓了企业的清理与处理。脱钩的530个企业，大部分处理方案已落实到位，政府各部门不再直接管理这些企业。移交的6381个经营性企业，接收和处理也已基本到位。随着地方机构改革工作的展开，地方党政机关与所办经济实体和所管企业的脱钩工作已开始进行。

按照“抓大放小”的方针，今年进一步加快了组建企业集团的步伐。在国务院直接领导下，先后组建了军工十大集团和有色金属三大集团，组建信息产业四大集团的工作正在抓紧进行。新组建的集团按照市场经济要求运作，不再承担行政性职能，并由政府授权经营国有资产。对国家重点企业和企业集团实行动态管理，调整了重点企业名单。结合企业结构的调整，加快了大型企业筹备上市的步伐。石油、石化、海洋石油、宝钢等大型企业集团的海外上市筹备工作正在抓紧进行。

加快了以企业为中心的技术创新体系建设步

伐。520户国家重点企业中已有346户初步建立了技术开发中心。其中80%直接进入企业和企业集团或转为科技型企业，充实了企业的科研力量；其余将逐步转成为中小企业提供技术服务的区域性科技中心。产学研联合进一步加强。这将有效地解决科技与经济长期脱节的问题，提高企业的技术创新能力。

在抓好大企业的同时，注意把规范“放小”与扶持小企业发展结合起来，出台了《关于出售国有小型企业中若干问题意见的通知》，对小企业出售中一些关键环节进行了规范；颁布了《关于建立中小企业信用担保体系试点的指导意见》，已有20多个省区市开展了市级担保和省级再担保试点，组建担保机构50多个，筹集担保资金30亿元左右，在一定程度上缓解了中小企业融资难、贷款难的矛盾。为中小企业提供信息指导、技术服务和人才培训等试点工作也全面展开。

（五）市场开拓取得新的进展，流通秩序有所改善

面对市场约束继续增强的新情况，各级经贸委会同有关部门，国内国际市场一起抓，扩大出口与规范进口一起抓，使有效需求不足的矛盾得到一定程度的缓解。

进一步加大了开拓城乡市场的力度，制定了《关于进一步开拓农村市场的若干意见》，引导企业开发符合农村特点的农业机械和消费品。通过政策引导、组织协调和现场交流，组织工商企业联合开展以配套供应、库存调剂为重点的营销活动，活跃了商品流通。流通体制改革进一步深化，连锁经营、代理制、物流配送等新的营销方式继续发展。

采取多种措施，努力扩大出口。为增强出口产品的竞争力，经国务院批准，提高出口退税率的具体方案从7月1日起开始实施，综合退税率由12.56%提高到15%左右。完善和落实了扩大企业自营进出口的各项政策，使绝大多数骨干企业有了自营进出口权。积极推动境外加工贸易，鼓励有实力的企业利用技术和成本优势，积极到境外开展加工装配业务，现已审核通过各省区市及中央企业申报的项目51个。经过多方面努力，出口下降的势头得到扭转。1～10月，外贸出口同比增长4.3%，其中10月份增长24%，预计全年可增长4%左右。

初步理顺了重要工业品进出口管理体制。继续加强了对钢材、化肥、原油及成品油、化纤及化工产品等重要工业品和敏感商品的进口管理，改善了进口结构。停止了汽油、柴油进口。取消了部分化纤及化工产品的优惠税率，完善和改进了钢材、柴油“以产顶进”实施办法。在调查研究的基础上，制定了加工贸易限制类商品目录和企业分类标准及评定程序，进一步完善了加工贸易监管办法。对个别过量进口、严重冲击国内产业的产品进行了反倾销立案调查。对我国加入世贸组织的产业损害及相关对策进行了研究，为中美签署我国加入世贸组织双边协议提出了建议。

此外，还进一步加强了市场秩序的规范和整顿。对石化行业油、煤、柴油批发企业进行清理整顿的工作正在继续进行。颁布了《煤炭经营管理办法》，煤炭市场秩序有所改善。行业自律工作不断改进，企业无序竞争、相互压价的情况有所遏制。结合全国城乡电网建设与改造，对机械电工产品市场进行了规范。初步提出了解决企业相互拖欠贷款问题的思路，并在煤炭、电力、冶金等行业进行了探索。

（六）企业管理得到加强，企业领导人员素质有所提高

今年，各地参照《关于围绕三年两大目标切实加强企业管理工作的指导意见》，普遍加强了对企业管理的指导。在进一步开展学邯钢的基础上，总结和推广了山东潍坊亚星集团购销比价的管理经验，制定了《国有工业企业物资采购管理暂行规定》。许多企业通过认真学习邯钢和亚星集团的先进经验，降低了生产成本。企业的安全生产工作得到加强，1～10月全国工矿企业事故起数下降19.6%，死亡人数下降20.1%。加大了对企业经营管理者特别是重点脱困企业经营管理者的培训力度，国家经贸委和各地经贸委相继举办重点脱困企业经营管理者培训班，共培训了2187户重点脱困企业的主要负责人，受到企业的普遍欢迎，对企业脱困起到了很大的推动作用。各地区还表彰宣传了一批先进企业和优秀经营管理者，产生了积极影响。

在做好上述工作的同时，经济运行的监测、分析和综合协调，资源综合利用与环境保护，行业规划和管理，经济技术协作，法制建设，新闻宣传和信息系统建设以及企业监察等工作，也都有新的进展。精神文明建设得到加强，经贸系统干部队伍的整体素质有了进一步提高。这些成绩的取得，是党中央、国务院自去年以来采取一系列促进经济增长、搞好国有企业的重大政策措施正确实施的结果。也是同经贸战线广大干部群众在各级党委、政府的领导和各部门的大力支持下，开拓进取，辛勤工作分不开的。回顾一年的工作，基本经验是：各级经贸委紧紧围绕企业工作这个中心，始终把实现三年改革与脱困目标作为第一位任务，充满信心、全力以赴地打好国有企业改革与脱困攻坚战；坚决贯彻中央关于搞好国有企业的各项政策，特别是积极实施“三大杀手锏”等重大决策，切实为企业解决面临的突出困难和问题；全面落实改革与脱困目标责任制，过细地务实地开展工作；深入调查研究，就经贸工作中的重大问题及时提出政策建议，使经贸工作得到各级党委和政府的关心和支持。我们要认真总结今年经贸工作的经验，在明年继续加以发扬。

当然，对今年的成绩不能估计过高。要看到经济效益回升还是恢复性的，国有大中型企业亏损面和亏损额仍然很高，资金占用和贷款拖欠量过大，企业自身管理上存在的问题还比较多。我们决不能因为取得了一些成绩而盲目乐观。实现三年改革与脱困目标，任务还相当艰巨。要在今年工作的基础上，开拓进取，再接再厉，把明年工作做得更好。

二、明年经贸工作指导思想、主要目标和需要注意的几个问题

明年是实现国有企业改革与脱困三年目标的最后一年，也是决战之年。关于明年的经济形势，中央经济工作会议作了全面深刻的分析。总的看，国际经济环境会有某些好的趋势，全球经济和贸易可望进一步回升。从国内情况看，中央实施的扩大内需、拉动经济增长一系列政策措施将会继续推动我国经济较快发展，十五届四中全会通过的《决定》为国有企业跨世纪改革与发展提供了行动指南。这对我们做好明年经贸工作都是很有利的。但是，对面临的困难也要有充分的估计。全球经济发展中还存在着许多难以预见的不确定因素。国内有效需求不足、通货紧缩的趋势短期内难以得到明显缓解，经济结构不合理的矛盾十分突出，相当一部分企业生产经营仍很困难，下岗职工多、就业压力大给改革攻坚、保持稳定带来相当大的难度。看到有利的一面，是要增强信心，振奋精神，促使经济形势继续向好的方向发展；分析不利的一面，是要对困难有足够的估计，尽可能把工作做在前面，制定对策，争取主动。我们一定要正确认识、全面把握经贸工作面临的形势，恰当地安排好明年工作。

推进国有企业改革和发展，是整个经济体制改革的中心环节，也是明年经济工作的重中之重；加快结构调整是明年和今后一个时期经济工作的主要着力点。我们要把深化国有企业改革和结构调整结合起来，既着眼于明年夺取国有企业三年改革与脱困的决战胜利，更是着眼于国有企业的跨世纪改革和发展，按照有进有退、有所为有所不为的原则，加大国有经济战略性调整的力度，加快国有企业战略性改组的步伐。从不同行业和地区的实际出发，根据企业的不同情况，在加速企业经营机制转换，探索公有制多种实现形式，加强和改善企业管理的基础上，分类指导，有针对性地采取措施：需要做大的，通过重组、联合做大一批；能够救活的，通过实施债转股救活一批；必须提高的，通过重点技术改造提高一批；应该淘汰的，通过破产、关闭淘汰一批；适合放开的，通过多种形式把中小企业放开搞活一片。争取经过明年和今后一个时期的不懈努力，从整体上搞好国有经济，提高国有经济的控制力、带动力和影响力，更好地发挥国有经济的主导作用，促进国有经济与各种所有制经济更加协调、健康地发展。

根据中央经济工作会议对明年经济工作的总体要求和部署，明年经贸工作总的指导思想是：深入贯彻十五届四中全会和中央经济工作会议精神，坚持企业工作为中心，把结构调整摆在更加突出的位置，进一步深化企业改革、搞好总量控制、大力开拓市场、加快技术进步、加强企业管理，努力实现国有企业改革与脱困三年目标，为国有企业跨世纪改革和发展奠定良好基础，以优异成绩跨入新世纪。

在实现国有企业改革与脱困三年目标的最后一年中，我们要努力实现以下主要目标：

——大多数国有大中型亏损企业摆脱困境。除煤炭、军工等少数行业努力减亏外，机械、冶金、石油和化工、轻工、纺织、建材、烟草、有色、电力、电子、黄金、医药等行业要整体扭亏为盈，或继续增加盈利；大多数省、自治区、直辖市的国有及国有控股工业整体扭亏或增加盈利；重点企业和老工业基地经济效益进一步提高。

——大多数国有大中型骨干企业初步建立现代企业制度。特别是520户国家重点企业中的国有及国有控股企业，符合条件的都要按照建立现代企业制度的标准，进行规范的公司制改革，建立和完善法人治理结构，转换经营机制，加快技术进步，加强企业管理。

——经济运行质量和效益进一步提高。全国工业增加值增长8～9%；社会消费品零售总额实际增长9%左右；国有及国有控股企业实现利润800亿元以上，力争创五年来的最好水平，亏损企业亏损额大幅度下降。

实现明年的主要目标，要着重把握好以下几点：

一是在努力保持经济较快增长的同时，要把结构调整摆到更加突出的位置。我国经济的发展和社会的全面进步，需要工业生产保持一定的增长速度，但工业生产的持续快速健康发展，必须建立在结构优化的基础上。当前我国经济生活中的一系列突出问题，根本的是结构不合理。江泽民总书记在中央经济工作会议上强调指出，经济结构的调整不是暂时的、局部性的调整，而是战略性的调整。不把这件事抓好，就难以实现经济体制和经济增长方式的根本性转变，也难以在21世纪更趋激烈的国际竞争中占据有利地位。我们要认真领会和贯彻江泽民总书记讲话精神，加快工业结构调整步伐，促进产业优化升级。在发展中调整结构，在调整结构中求得更快发展。调整工业结构，淘汰落后设备和工艺，压缩过剩生产能力，使一批扭亏无望的企业退出市场，对增长速度会带来暂时的影响，但结构优化了，产业升级了，才能带动经济的健康发展，才能使发展更有后劲。我们要抓住当前结构调整的有利时机，着力搞好工业结构的调整，力争明年有较大的进展。

二是在抓好国有大中型亏损企业脱困的同时，要积极推进大中型骨干企业建立现代企业制度。中央提出的大多数国有大中型亏损企业摆脱困境，大多数国有大中型骨干企业初步建立现代企业制度的三年两大目标，是紧密联系、相辅相成的。企业扭亏为盈，摆脱了困境，可以为建立现代企业制度创造良好的基础和前提。企业只有建立现代企业制度，转换经营机制，才能真正走上良性发展的轨道，并巩固脱困成果。解决国有企业面临的突出困难和深层次问题，从根本上要靠深化改革。十五届四中全会《决定》对建立现代企业制度提出了更明确、更具体的要求，可操作性更强了。我们一定要把脱困与改革有机地结合起来，两项任务一起抓。特别是在帮助企业脱困的过程中，一定要同步推进现代企业制度建设，使他们的机制真正得到转换，竞争能力明显提高，尽快形成国有企业的新优势。

三是在做好原有亏损企业减亏、扭亏的同时，要注意做好新增亏损企业的扭亏工作，努力减少新的亏损企业。1997年底，国有及国有控股大中型企业共16874户，其中亏损企业6599户，亏损面为39.1%。经过近两年的努力，这些原有的亏损企业已经减少45%，但同时又新增了一大批亏损企业。据统计，到今年9月底亏损企业达到7561户，亏损面达到50.7%，其中原6599户中还剩3595户，新增亏损3966户。在宏观经济环境不断改善的情况下，企业亏损面仍然如此之大，也是不正常的，必须引起高度重视。原有亏损企业的减亏、扭亏工作一定要继续抓紧，丝毫不能放松；同时必须下大力气抓好新增亏损企业的扭亏工作。要一户一户地分析原因，有针对性地进行治理，尽快扭转这一状况。据分析，7561户亏损企业中，亏损100万元以下的有2400～2500户，亏损100～500万元的有3500户左右。要下决心解决这些企业的亏损问题，同时要严肃财经纪律，加强企业管理和监管工作，如实地反映企业的盈亏，切实解决一些企业为了争取政策支持，做假账、报亏不报盈的问题。明年一定要使企业脱困工作取得全面的突破。

四是在努力帮助企业创造必要外部条件的同时，要引导企业把工作的着力点放到加强自身工作上。企业自身工作好坏，内部管理如何，是企业能否搞好的基础，也是国家政策措施能否有效发挥作用的前提。国家相继出台的搞好企业的一系列措施，为一大批企业摆脱困境和加快发展创造了必要的外部条件。但外因是条件，内因是根据，外因只有通过内因才能起作用。国家继续改善企业外部环境是必要的，更重要的是企业必须面向市场，着力转换经营机制，切实加强内部管理，做好各项基础工作。否则，国家政策作用于一时，过一段企业又会产生同样的问题。要引导企业眼睛向内，苦练内功，把国家政策扶持和企业从严管理更好地结合起来，使企业的自身素质得到提高，使国家的各项政策措施发挥最大效应。

五是加大改革和调整力度的同时，要十分重视保持社会的稳定，特别是努力做好下岗职工基本生活保障和再就业工作。明年，国有企业改革和调整的力度都将加大，下岗职工再就业的压力将进一步增加，破产、关闭企业待安置职工也较多，如果措施不力，处置不当，就会引起突发性、群体性事件，直接影响企业改革和结构调整的推进。我们一定要从改革和发展的战略高度来认识和对待这一问题。既要进一步深化改革，加大结构调整力度，又必须切实保障下岗职工的基本生活，千方百计帮助他们实现再就业。特别是破产、关闭企业，一定要把职工安置好，切实做好保持稳定的各项工作。

三、明年需要着重抓好的几项工作

明年经贸工作任务十分艰巨。各级经贸委一定要紧紧围绕实现国有企业改革与脱困三年目标，把十五届四中全会和中央经济工作会议各项部署落到实处。现在，国家的政策措施已基本配套，关键是要抓紧工作，落实责任，全力以赴打好攻坚战。重点抓好以下几项工作：

（一）继续有效控制总量，保持供需大体平衡

继续控制总量，切实把过多的产量压下来，实现供需大体平衡，对改善经营管理，提高经济效益，实现三年脱困目标具有十分重要的意义。明年要着重抓好煤炭、冶金、制糖三个行业的总量控制。煤炭行业要进一步巩固和扩大并井压产的成果，将全年原煤产量控制在9亿吨以内，遏止价格继续下跌、拖欠货款继续增加的趋势。冶金行业要总结今年产量失控的教训，明年钢产量要坚决控制在1.1亿吨以内，钢材控制在1亿吨以内。食糖产量压缩到750万吨，大幅度压缩甜菜糖的产量，同时把糖精产量压缩到1.6万吨。其他行业也要做好总量控制工作。纺织行业要在巩固棉纺压锭成果的同时，搞好毛纺、丝绸的结构调整，压缩毛纺30万锭、缫丝100万绪。石油化工行业原油加工量按1.83亿吨控制，包括国内需求1.68亿吨，出口及增产燃料油1500万吨；纯碱、烧碱年产量分别控制在700万吨和520万吨。建材行业着重抓好水泥和玻璃的总量控制，将产量分别控制在5.65亿吨和1.85亿重量箱以内，继续淘汰落后的水泥生产能力6000万吨，玻璃1500万重量箱。卷烟生产按3425万箱安排。各地、各部门要同金融机构紧密结合，对严格控制总量的企业，贷款上给予支持；违背总量控制、擅自提高产量的，不予贷款。

明年要加大关停“五小”的力度，进一步淘汰落后生产能力。全面完成关停小煤矿的任务，特别要坚决关停在大矿区开采的小煤矿，巩固关停成果，防止死灰复燃。通过关停一批小钢铁厂，淘汰落后轧钢生产能力1000万吨。关停糖厂的重点是甜菜糖生产企业，同时关停一批小蔗糖厂。各地要注意相应调整农业种植结构，减少甜菜、甘蔗种植面积。全国现有糖精生产企业14户，生产能力4.7万吨，除保留5户外，其他坚决实施破产、关闭，压缩生产能力2.85万吨，明年初务必完成。有步骤地调整、关停一批小烟厂。清理整顿小炼油厂，明年要做好收尾工作。小火电、小水泥、小玻璃、小造纸等要按照既定目标完成关停任务。

实现明年控制总量目标和做好关停“五小”的工作，需要各地区、各部门下定决心，密切配合。要进一步统一思想，加强领导，明确责任，落实任务。要加大监督检查力度，对不顾大局、弄虚作假的，坚决予以查处，公开曝光。要把政策导向和发挥市场机制作用更好地结合起来，加快制定关停“五小”的相关政策，保证关停“五小”的顺利进行。

在控制总量、淘汰落后生产能力的同时，加快企业技术改造，增加品种，提高质量，促进产品结构的调整和优化。要完善以推进结构调整为重点的产业政策，制定行业规划，引导各行业提高整体技术、质量和效益，增强竞争力。

（二）大力开拓城乡市场，积极扩大出口

开拓市场特别是大力开拓农村市场，是明年的一项重要任务。要引导工商企业抓住国家扩大内需、促进经济增长的有利时机，主动调整产品结构，改善营销服务，增加有效供给。进一步加快商品市场的培育和建设，充分发挥批发市场的辐射作用，积极推进流通组织和流通方式的创新，发展连锁经营、代理制、物流配送、电子商务等现代流通形式，推进流通产业现代化，不断提高服务质量和水平。继续推进农电体制改革，加快农村电网改造步伐，改善农村消费环境。努力搞好为农业提供服务的工业企业改革和重组，促进贸工农一体化发展，推进农业产业化。

明年扩大出口的重点是，进一步优化出口产品结构，引导企业生产适销对路的出口产品。运用国家技术改造贴息政策，扶持一批重点出口企业，扩大高附加值、高技术含量的产品出口，提高纺织、服装、丝绸等大宗、传统出口产品的档次和水平。充分运用出口信贷、出口保险、外贸发展基金等手段，推进出口市场多元化。继续扩大企业自营出口，会同有关部门研究改进出口配额许可证的分配和招标办法，改革出口商品经营管理体制，促进各类出口企业平等竞争。积极开展境外加工贸易，通过信息引导和信贷、配额等政策支持，推动优势企业到境外特别是非洲、拉美等地区创办加工装配项目，带动国内机电、轻纺、服装、烟草等行业设备、零部件和配套产品的出口，促进国内产业结构调整，采取切实有力的措施，扩大煤炭、冶金、炼油产品的出口。

根据国内经济运行的要求，进一步搞好进口调控，优化进口产品结构。鼓励进口国内短缺的工业原材料和高新技术；采用符合国际惯例的手段控制成品油、化纤及纺织品等长线产品和敏感商品的进口；恢复征收进口高效磷肥增值税，调整部分商品的进口优惠税率，支持国内生产；继续落实好钢材、棉花等产品的“以产顶进”；积极利用反倾销手段，依法保护国内产业。继续加强利用外资工作，鼓励国有企业利用外资进行技术改造和建立研究开发中心。

继续整顿市场秩序，严格结算纪律，强化信用意识，减少企业相互拖欠。在整顿成品油批发市场的基础上，搞好加油站的清理整顿工作。认真研究制订冶金、机械、煤炭、建材、医药、食品等行业的流通秩序整顿方案，加强行业自律，坚决制止竞相降价销售的行业。进一步完善加工贸易管理，防止利用加工贸易渠道走私和逃汇、套汇。清理非法交易，规范各类展览展销，严厉打击制假售假行为。继续抓好治乱减负工作，在巩固电力、铁道、交通、公安等专项治理成果的基础上，重点对工商、环保、建设、质量技术监督、水利、商检等部门的收费进行专项治理，改善企业生产经营的外部环境。

（三）调整和优化资产负债结构，切实减轻企业债务负担

适应改革攻坚的需要，明年将加大破产、关闭的力度。核销银行呆坏账准备金主要用于国有大中型企业的破产和资源枯竭矿山的关闭。对已批准还未实施的破产、关闭项目要抓紧组织实施。明年的企业破产和关闭，要从调整结构的高度着眼，分地区、按行业进行分析，制定方案，下决心再破产、关闭一批扭亏无望、资源枯竭的企业，力争多消除一些亏损源。破产、关闭的要真正做到彻底销号，关门走人，坚决有效地制止假破产、假关闭，防止逃废债务后又恢复生产。对破产、关闭企业，要一个一个落实人员安置方案，过细地做好工作，确保社会稳定。

明年债转股工作的重点是抓好组织实施，要在上半年内签完债转股项目的协议。要加强对债转股企业的监督检查，发现弄虚作假的，项目撤销，并暂停所在省区市所有企业的债转股。国务院规定，债转股工作由经贸委“挖坑”，金融资产管理公司“栽树”，必须在国家经贸委推荐的建议名单范围内进行，任何部门、单位不能擅自搞债转股，已搞的要停止生效，否则不推荐新项目。各地和有关方面一定要严格把关，规范操作，防止一哄而起。所有实施债转股的企业都要着力转换机制，明年扭亏为盈，防止这次搞了“债转股”，下次又要求享受兼并、破产政策。为此，债转股要促进产业升级和结构优化，要同国有经济的战略性调整和国有企业的战略性改组结合起来，同建立现代企业制度结合起来，同加快技术进步和加强企业管理结构起来。做好企业债转股工作，是一项十分严肃的任务，务必高度重视，制定配套措施，使债转股真正起到企业脱困的“杀手锏”作用。

拓宽企业直接融资渠道，是改善国有企业资产负债结构的一项重大措施。要进一步做好石油、石化、海洋石油和宝钢、铝业、电讯等企业集团海外上市融资的筹备工作，择机上市，促进大企业、大集团跨国筹资和战略性重组。会同有关部门，帮助具备偿债能力、经过评估符合条件的国有大型企业发行企业债券。

（四）加快技术进步，提高企业技术创新能力

加大企业技术改造力度，对于调整产品结构，提高企业竞争能力，促进经济增长都具有重要意义。明年国家将继续实行财政债券贴息支持重点技术改造的政策，各级经贸委要严格把关，紧紧围绕增加品种、改进质量、提高效益和替代进口、扩大出口，突出重点行业，抓住重点企业，瞄准重点产品，着眼长远，全面规划，统筹安排，分步实施，并向老工业基地倾斜。每个企业的技术改造，都要深入分析市场需要，分析本企业的市场竞争能力，分析偿还贷款能力，做到科学决策、民主决策，切实避免随意性，防止出现“不搞技改等死，搞了技改找死”的现象。要从方案制订、审查批准、资金划拨、建设施工到项目验收，建立严格的责任制，发现弄虚作假的，要停止项目拨款，停止全省区市项目的审批，并严肃查处，保证技改项目不搞重复建设，资金不挪作它用，工程质量不粗制滥造。技术改造所需设备要首先向国内机械制造企业公开招标，从质量、价格、交货时间、技术服务等方面依法评选中标企业，努力做到国产化。对已列入技改计划的项目，加快审批进度，落实开工条件，尽早启动实施。

贯彻落实全国技术创新大会精神，继续推进以企业为中心的技术创新体系建设。国家重点企业都要尽快建立起技术开发中心，大多数国有大型企业要在今后两年内建立起技术开发机构；加快建立以中心城市为依托、主要为中小企业服务的技术创新中心；推动12个主要为行业服务的综合性科研院所在企业化运营的基础上，尽快成为面向行业、开放的技术开发基地；积极推进多种形式的产学研联合，使大多数大中型企业与高等院校、科研院所建立起开放的稳定的合作关系；围绕结构调整和产业升级，推动重大技术装备国产化。企业要逐年增加对技术开发的投入，大力推进科技成果向现实生产力转化。

进一步推进资源节约、污染防治和综合利用工作，提高资源利用效率。大力发展环保产业和新能源产业，积极推行清洁生产。

（五）大力推进现代企业制度建设，面向市场着力转换企业经营机制

明年推进现代企业制度建设，重点是520户国家重点企业中的国有及国有控股企业。这些企业中的国有及国有控股工业企业468户，在全国7万多户独立核算国有工业企业中的比重，企业数量只占0.63%，但资产总额34916亿元，占59%；销售收入18067亿元，占65%；实现利税2590亿元，占89%；实现利润1061亿元，约为2.5倍。可以看出，它们是国民经济的支柱和骨干，是参与国际竞争的主要力量，是国家税收的重要来源，抓好了这些企业，就抓住了重点和关键。尽快使这些企业建立现代企业制度，可以有效地提高国有经济的控制力、影响力和带动力。

实现国有企业三年改革目标，要研究拟定初步建立现代企业制度的标准。根据国务院领导同志的指示，我们提出了一个初步意见，提请这次会议讨论修改。明年要加快国家重点企业的改革步伐，使这些企业中的大多数初步建立符合标准的现代企业制度。要大力推进国有大中型企业的规范化公司制改革。除少数国家垄断经营的企业改制为国有独资公司外，竞争性行业的企业一般应逐步改制为多元股东持股的有限责任公司或股份有限公司；大型企业集团要按母子公司体制改革。要处理好新、老“三会”之间的关系，建立规范的法人治理结构，健全决策、执行和监督体系。进一步深化企业劳动、人事、分配制度改革，总结和推广近年来一些地区和企业深化三项制度改革的典型经验，推动企业尽快形成人员能进能出、经营者能上能下、收入能增能减的新机制。

继续推进政企分开。各级政府部门在机构改革的同时，都要同所办的经济实体和所管的企业在人财物等方面彻底脱钩。各级经贸部门要积极探索企业脱钩后管理企业的有效方式，把企业工作做好。

（六）进一步加强企业管理，提高企业整体素质

针对企业管理中的突出问题和薄弱环节，明年要着重抓好成本、资金和质量管理，促使企业把功夫下在加强内部管理、从严治理企业上。深入开展学邯钢活动，学习亚星等一批先进企业的管理经验，努力降低采购、销售、财务、管理等各项费用。抓紧研究提出解决企业相互拖欠的政策措施，促使企业加强资金管理，提高产销率和资金周转速度，努力减少资金占用。进一步加强质量管理，建立健全质量管理责任制，监督企业严格执行国家产品质量标准和安全生产的法律法规。要特别重视加强企业的基础管理工作，监督企业严格执行国家会计、财务方面的法律法规，认真编制资产负债表、损益表和现金流量表，使目前相当多企业账目不清、数字不实、信息不准的状况得到根本性改善。总结企业集团试点的经验，研究借鉴国内外企业集团先进的管理经验，探索和改进大型企业集团内部组织结构和管理模式，提高科学管理水平。

加强企业管理，关键是搞好企业领导班子建设，提高经营管理者素质，培育一大批优秀企业家。要研究提出企业经营管理者抓管理的基本要求，并采取多种形式对企业经营管理者进行培训。初步考虑，今年底到明年初，对国家重点企业主要负责人再分批进行一次集中培训，学习十五届四中全会《决定》和党中央、国务院关于技术创新的《决定》，学习中央经济工作会议和全国经贸工作会议文件，学习一些先进企业转机制、抓管理的经验，提高经营管理者的素质。要把加强管理与反腐倡廉结合起来，搞好企业经营管理者的廉洁自律。会同有关部门，进一步加强对企业和企业领导班子的监督考核。按照党中央的要求，切实加强和改进思想政治工作，搞好企业精神文明建设。

（七）加大放小与扶小工作力度，推进中小企业改革与发展

中小企业在发展经济、活跃市场、吸纳就业等方面都发挥着重要作用。各级经贸委在抓好大企业的同时，要拿出相当的精力来指导中小企业改革和调整，把“放小”与“扶小”结合起来，促进中小企业健康发展。

贯彻十五届四中全会精神，放开搞活国有中小企业。鼓励各地采取多种形式放开搞活国有小企业，不论采取什么形式，都要从实际出发，规范操作，注重实效。规范出售国有小企业的文件已经出台，要认真落实，同时抓紧制定出台股份合作制企业的有关规定。注意总结各地中小企业改革的成功经验，及时发现并解决一些带倾向性的问题。探索中小企业融资机制，继续扩大信用担保试点。研究制定符合中小企业特点的鼓励、扶持政策，促进国有、集体等各类中小企业特别是科技型企业更好发展。

放开搞活中小企业，很重要的是建立健全社会化服务体系，培育中介机构，为中小企业提供创业辅导、技术支持、管理诊断、人才培训、市场开拓、经贸合作及信息咨询等方面的服务，特别是搞好中小企业经营管理者的培训。会同有关部门加快起草促进中小企业发展的法律草案，为各种所有制中小企业的平等、健康发展提供法律保障。

（八）促进各种所有制企业公平竞争，引导非公有制经济健康发展

改革开放以来，我国非公有制经济有了很大发展，在推动国民经济增长、增加财政税收和社会就业等方面发挥了积极作用，已经成为我国社会主义市场经济的重要组成部分。在抓好国有企业改革与脱困的同时，要重视非公有制经济的发展，认真贯彻国家鼓励非公有制经济发展的有关方针政策，积极为非公有制企业的发展创造公平竞争环境，为各种所有制企业平等进入市场创造条件。按照产业政策和行业性质，抓紧研究进一步放开产业限制的有关政策，修订和公布产业投资指导目录。各级经贸委要拓宽工作思路，增强服务意识，加强对非公有制企业的政策指导，通过多种形式为非公有制企业提供多方面的服务；通过加强引导、监督和管理，促进非公有制企业依法经营，提高素质。

明年我国要制定国民经济和社会发展第十个五年计划。这是跨入新世纪的第一个中长期发展计划。各国家局和各级经贸委要按照国务院的要求，突出行业结构调整，贯彻西部大开发战略，体现前瞻性、战略性、政策性和可操作性，搞出一个高标准、高质量的“十五”行业规划。

经过长期艰苦的谈判，中美签署了中国加入世贸组织的双边协议，我国有望不久加入世贸组织。这对我们既是机遇，也是挑战。要抓紧研究“入世”对我国产业和企业的影响，尽快提出产业应对政策，修改和调整相应的政策法规，使我国企业在激烈的国际竞争格局中争得有利地位。

要继续搞好宏观经济运行分析、监测和预测，抓好安全生产；加快立法步伐，加大普法力度，推进企业法律顾问制度建设；加强对经贸信息化工作的领导，加快经贸信息网络建设，提高信息服务质量；进一步加强经贸新闻宣传；做好整顿和规范工商领域行业协会工作。以廉政勤政为重点，加强机关建设，切实转变机关工作作风，更好地为企业服务。

地方经贸委处在国有企业改革与发展的前线，中央的方针政策主要靠地方来落实，保持社会稳定的各项工作主要靠地方来承担，经济运行中的矛盾主要靠地方来协调解决。正是由于地方经贸委的同志在党委和政府的领导下，含辛茹苦、任劳任怨地工作，经贸工作才不断取得进展。各国家局、各部门在加快国有企业改革与脱困，促进经济增长，搞好市场流通等方面，也做了大量富有成效的工作。做好明年工作，需要各级经贸委、各国家局、各有关部门作出更大更艰苦的努力。地方机构改革正在全面展开，人员、机构、职能都会有较大的调整，各级经贸委要一手抓经贸工作，一手抓机构改革，进一步理顺关系，明确职能，在机构改革中确保人心不散、工作不断、秩序不乱。

明年是世纪交替之年，做好明年的经贸工作，对于推进国有企业跨世纪改革和发展具有十分重要的意义。我们一定要在以江泽民同志为核心的党中央领导下，高举邓小平理论伟大旗帜，坚决贯彻落实十五届四中全会和中央经济工作会议精神，按照中央搞好国有企业的统一部署，进一步振奋精神，再接再厉，全力以赴，奋力攻坚，夺取国有企业三年改革与脱困的决战胜利，全面开创经贸工作新局面，迎接新世纪的到来。

第二篇

经济运行与企业改革发展报告

1999 年国民经济发展综述

1999 年，根据中央总体部署，国家加大实施积极财政政策的力度，努力发挥货币政策的作用，配合运用税收、价格等经济杠杆，拉动消费、投资和出口需求，加快结构调整，稳步推进改革，国民经济发展预期目标顺利实现。农业的基础地位进一步巩固，主要农产品获得较好收成；工业生产增长较快，经济效益稳步提高；国有企业改革和脱困获得重要进展；外贸出口转降为升；金融运行平稳，人民币汇率保持稳定，外汇储备增加；人民生活继续改善，社会保持稳定。全年完成国内生产总值82054 亿元，按可比价格计算，比上年增长 7.1%，比预期 7%的目标高 0.1 个百分点。

一、经济运行特点

全年的经济运行，在扩张的财政政策、稳健的货币政策和一系列有效措施的持续作用下，保持了平稳运行态势，具有 4 个方面显著特点：

1. 经济继续减速增长，下滑势头有所缓解。自1993 年加强宏观调控、实施紧缩政策以来，国民经济处在减速发展时期，增长速度由 1992 年的14.2%下降到 1999 年的 7.1%，一年降低 1 个百分点左右，其中 1999 年比上年下降 0.7 个百分点，增长速度下滑势头趋缓。

2. 受多种因素影响，增长速度呈现前高后低格局。受上年增长速度前低后高，以及当年增发国债等措施出台较晚的影响，1999 年度增长速度前高后低。与上年同期相比，一季度增长 8.3%，二季度增长 7.1%，三季度增长 7%，四季度增长6.8%。

3. 从供给结构看，主要来自工业增加值的贡献。1999 年的经济增长中，第一产业增加值 14121 亿元，增长 2.8%，对国民经济的贡献率为 6.5%，拉动增长速度 0.5 个百分点；第二产业增加值40806 亿元，增长 8.1%，贡献率为 63.6%，拉动4.5 个百分点，其中工业贡献率 60.8%，拉动 4.3 个百分点；第三产业增加值 27036 亿元，增长7.5%，贡献率为 29.9%，拉动 2.1 个百分点。

4. 从需求角度看，主要来自消费需求的拉动。构成 1999 年经济增长的三大最终需求中，消费需求对经济增长的贡献率最高，达到 77.5%，拉动增长速度 5.5 个百分点；其次是投资需求，贡献率为28.2%，拉动 2 个百分点；最次是净出口，起到了负面效应，贡献率为-5.7%，负拉动 0.4 个百分点。

二、产业运行

1999 年，面对复杂的国内外环境，各地区各部门认真贯彻执行国家的宏观调控政策，付出艰苦努力，促进各产业持续发展。

（一）农业生产全面发展，产品结构进行调整

1999 年，面对主要农产品供大于求、价格下跌、农民增收难度加大等情况，党中央、国务院明确提出把增加农民收入和保持农村稳定作为农业和农村工作的重点。各地适应农业发展新阶段的要求，紧紧围绕中央确定的工作重点，努力工作，保持了农业和农村经济发展的好势头。1999 农业生产全面发展，产品结构有新调整。1997 年，全国实现农林牧渔业总产值 24519 亿元，比上年下降0.1%。其中农业 14106 亿元，下降 0.9%；林业 886亿元，增长 4.1%；牧业 6998 亿元，下降 0.4%；渔业 2529 亿元，增长 4.4%。全年全国粮食总产量50839 万吨，比上年减产 0.8%。其中夏粮总产量11849 万吨，增产 4.7%；早稻产量 4095 万吨，增产 1.1%；秋粮产量 34889 万吨，减产 2.7%；棉花产量 383 万吨，减产 14.9%；油料产量 2601 万吨，增产 12.4%；糖料产量 8334 万吨，减产14.9%；水果产量 6238 万吨，增产 14.4%；茶叶产量 68 万吨，增产 1.7%；肉类产量 5949 万吨，增产 3.9%；水产品产量 4122 万吨，增产 5.5%；蔬菜种植面积 1311 万公顷，增加 7%。

（二）工业结构调整取得进展，工业生产稳定增长

1. 1999 年，工业结构继续调整，控制总量和淘汰落后成效明显。国有纺织企业压锭 394 万锭，加上去年压锭 512 万锭，累计完成压缩棉纺锭 906万锭，分流安置下岗职工 116 万人，并实现盈利，提前一年基本实现三年突破口目标；煤炭行业全年

煤炭产量为10.4亿吨，比1997年减少2.8亿吨，为全年压产目标2.5亿吨的107.2%，全国关井3.10万处，为全年关井目标2.58万处的120%，全面实现了关井压产目标，煤炭严重供过于求的矛盾有所缓解；石化行业控制总量基本到位，全年原油、成品油和主要化工产品的供需大体平衡，原油产量16022万吨，同比下降0.1%；卷烟产量3285万箱，同比下降1.9%。从关闭落后“五小”来看，到1999年底，已取缔和关闭非法开采和布局不合理的小煤矿3.1万处；关停小炼油厂70个，取缔土炼油场点近5600个；关停小高炉1387座，压缩淘汰炼铁能力975万吨、炼钢能力1300万吨、轧钢能力1829万吨；关停和淘汰小水泥能力4000万吨、小玻璃能力1500万重量箱；关停小火电机组300万千瓦，其中国家电力公司系统180万千瓦，地区电网系统120万千瓦，两年累计关停小火电574万千瓦；关停小糖厂、小糖精厂、小造纸厂的工作也已逐步展开。与此同时，大量增产适销对路、技术含量高的产品，全年电子计算机产量比上年增长196.4%，大规模集成电路增长率49%，复印机械增长78.2%。

2. 1999年，工业生产持续稳定增长，运行质量有所提高。工业经济在加快改革、调整结构的同时，工业生产继续保持稳定增长，产销衔接进一步提高，经济效益明显改善。全国工业共完成增加值35357亿元，比上年增长8.5%，其中国有工业企业及年产品销售收入500万元以上非国有工业企业（简称规模以上工业企业，下同）增加值20307亿元，增长8.9%。在规模以上工业增加值中，国有及国有控股企业11603亿元，增长7.4%，增速比上年加快2.5个百分点。在新增工业生产总量中，国有经济的贡献率为32.2%，比上年提高5.2个百分点。集体企业3462亿元、增长7%；股份制企业2986亿元，增长11.2%；外商及港澳台投资企业4201亿元，增长12.9%；其他经济类型企业775亿元，增长13.3%。在规模以上工业增加值中，重工业增加值11617亿元，比上年增长9.3%；轻工业增加值8690亿元，增长8.3%。全年规模以上工业企业产品销售率97.16%，比上年提高0.56个百分点。其中国有及国有控股企业产销率98.13%，高于全部工业企业和非国有工业企业产销率水平；重工业产销率97.54%、轻工业产销率96.64%，分别比上年提高0.51和0.83个百分点。全年，规模以上工业企业实现销售收入67535亿元，比上年增长10.2%；税金总额4220亿元，增长9%；盈亏相抵后实现利润2202亿元，增长52%。其中盈利企业盈利额3502亿元，增长17.4%；亏损企业亏损额1300亿元，下降15.2%。全年，国有及国有控股企业实现税金总额2989亿元，比上年增长8.3%；实现利润967亿元，增长77.7%。其中盈利企业盈利额1818亿元，增长16.8%；亏损企业亏损额851亿元、下降15.9%。到年末，规模以上工业企业产成品库存6442亿元，比上年增长4.6%；应收账款净额13155亿元，增长7.3%。

（三）建筑业生产下降，经济效益好转

1999年，建筑业完成增加值2734亿元，比上年下降1.8%。施工房屋面积14.1亿平方米，比上年增加3877万平方米，增长2.8%；竣工房屋面积6.7亿平方米，增加1501万平方米，增长2.3%，其中住宅面积3.8亿平方米，增加186万平方米，增长0.5%。全国四级及其以上建筑企业实现利税443亿元，比上年增长5.7%。其中实现利润121亿元，增长3.4%；实现税金322亿元，增长6.7%。年末亏损企业9221户，比上年减少391户。

（四）交通运输和邮电通信业，持续稳定增长

1999年，交通运输和邮电通信业累计实现增加值4460亿元，比上年增长9.3%。全年各种运输方式完成货物运输周转量40273亿吨公里，比上年增长6.4%。其中铁路12616亿吨公里，增长2.5%；公路5724亿吨公里，增长4.4%；水运21263亿吨公里，增长9.6%；民航42.3亿吨公里，增长26.3%；沿海主要港口完成货物吞吐量10.5亿吨，比上年增长14%。全年完成邮电业务总量3311亿元，比上年增长32.1%。其中邮政业务总量198.4亿元，增长19.3%；电信业务总量3112.6亿元，增长37.4%。新增局用交换机2300万门，总容量达到1.6亿门。全国电话普及率为13部/百人，比上年增加2.5部。其中城市为28.4部/百人，农村79.8%的行政村通电话；全国移动电话用户3.5部/百人；全国计算机互联网络用户达890万户。

（五）金融、证券和保险业，不断发展壮大

1999年，金融部门配合国家实施积极财政政策，深化改革、加强监管，在防范和化解金融风险的同时，适度扩大货币供应量，对扩大内需、防止经济增长速度过快回落发挥了积极作用。

1. 运用各种货币政策工具，调控货币供应量。从1996年5月1日到1999年6月10日，七次下调金融机构存贷款利率，存款利率累计平均下调

5.73个百分点，贷款利率累计平均下调6.47个百分点，贷存利差累计缩小0.74个百分点。为支持中小企业发展，提高商业银行对中小企业贷款的积极性，适当扩大了对中小企业贷款利率上浮幅度。9月份，将个人住房贷款最长期限由20年扩展到30年，再次下调贷款利率，五年期以上贷款年息降为5.58%，即统一执行6个月内流动资金贷款利率水平。同时下调了存款准备金率，11月21日，将法定存款准备金率由8%下调至6%，一次性可增加金融机构的可贷资金约2000亿元。加大了再贷款、再贴现操作力度，积极扩大公开市场操作业务。全年共进行公开市场业务操作60次，影响商业银行融出资金7076亿元，是1998年的4倍；净投放基础货币1907亿元，增加1218亿元。通过运用各种货币政策工具进行间接调控，促进了货币供应量的稳定增长。1999年，货币供应量适度增长，年末广义货币（M2）为119898亿元，比上年增长14.7%；狭义货币（M1）为45837亿元，增长17.7%；市场现金流通量（M0）为13456亿元，增长20.1%。

2. 加强信贷政策的指导，积极促进结构调整。为促进消费，中国人民银行于2月份发布了《关于开展个人消费信贷的指导意见》，允许所有商业银行开展所有消费信贷业务，1999年末，四家国有商业银行个人住房贷款余额达1100亿，其中当年增加600多亿元，比以前各年增加额的总和还要多。经过试点，把助学贷款扩大到了所有商业银行。3月份，中国人民银行在调查研究的基础上，制定发布了《关于做好农村信贷工作的指导意见》，向农村信用社增加贷款1500亿元，为解决农民贷款难问题发挥了积极作用。此外，在支持出口和支持困难企业恢复生产等方面，金融部门都加大了支持力度，促进了信贷的投放。各项贷款余额93734亿元，增长12.5%。其中中长期贷款23968亿元，增长15.7%；短期贷款69766亿元，增长11.4%。

3. 积极改进服务，保持了储蓄存款的稳定增加。由于第七次降息和宣布征收利息税后，居民储蓄倾向发生了显著变化，居民储蓄意愿有所下降，为保持储蓄存款的稳定增加，金融部门改进服务，积极揽储，取得了较好效果。全部金融机构各项存款余额108779亿元，比上年增长13.7%。其中企业存款37182亿元，增长14.5%；城乡居民储蓄存款59622亿元，增长11.6%。

4. 证券市场进一步发展。全年上海、深圳证券交易所发行A股98只，配股117只，共筹资877亿元，比上年增加103亿元，增长13.3%；发行B股、H股共吸引外资6.1亿美元。发行A股可转换债券15亿元，全年累计共筹集资金941亿元，比上年增加101亿元，增长12%。年末，境内上市公司976户，比上年增加100户，市价总值26471亿元，增长36%。全年共发行国债3715亿元，比上年增长12.2%。保险事业不断发展壮大，全年保险收入1393亿元，比上年增长10.2%。其中财产保险521亿元，人寿保险768亿元，健康保险和意外伤害保险104亿元；全年支付各类赔款及给付510亿元，其中财产保险和短期人身保险赔款318亿元，人寿保险给付192亿元。

（六）旅游业快速发展，旅游收入大幅增加

1999年，利用节假日外出旅游成为国内城乡居民消费新时尚，全年全国出游人数达71900万人次，比上年增长3.6%，旅游收入2832亿元，增长18.4%，人均旅游消支出394元，增长14.2%。在国内旅游中，城乡居民出游28400万人次，比上年增长13.6%。旅游消费总支出1748亿元，增长12.7%。人均旅游消费支出615元，增长1.3%。农村居民出游43500万人次，比上年下降2.2%。旅游消费总支出1084亿元，增长23.7%；人均旅游消费支出250元，增长26.9%。当年，国际旅游发展也较快，全年入境旅客人数7280万人次，比上年增长14.7%，其中过夜旅游者2704万人次，增长8%，名列世界第5位。入境游客中，外国游客843万人，增长18.6%；港、澳、台胞6426万人次，增长14.2%。国际旅游外汇收入141亿美元，增长11.9%，名列世界第7位。

三、市场需求

1999年，在实施积极财政政策、增发国债以及增加投资、提高收入和扩大出口等措施推动下，市场需求保持增长势头，拉动了国民经济持续增长。

（一）固定资产投资继续增长，投资结构有所改善，企业技术改造得到加强

1. 增发国债，刺激投资增长，制定政策，引导投资方向。1999年，针对亚洲金融危机影响和国内有效需求不足矛盾进一步突出的问题，为进一步扩大内需、启动投资，九届人大常委会第十一次会议通过决议，批准在原定国债规模的基础上，中央财政用向国有商业银行增发600亿元长期国债，用于增加固定资产投资。国务院有关部门按照九届人大常委会第十一次会议精神，在安排使用新增国债资金时，重点强调了六个原则，一是选取准投资方向，既考虑选择当前急需投资的领域，拉动经济增长，又要为长远发展打基础。二是优先安排续建项目，特别是使用国债资金的结转项目和其他已开工建设的在建项目，使其建成投产，尽快发挥效益。三是加强技术改造，集中扶持重点行业、重点企业和重点产品，培育新的经济增长点；四是有利于更多吸引银行贷款，带动企业和其他社会资金投入。五是继续向中西部地区倾斜，六是重视社会事业的发展，增加对教育、文化基础设施的投入。据此，1999年新增国债投资重点用于农业、水利、环保、交通通讯、城乡电网改造、粮库等基础设施建设，纺织、有色、石油化工、机械、信息、造纸等行业的技术改造，城市轨道交通、环保设备、重大项目装备国产化和高技术产业化以及教育文化基础设施建设。从1999年7月1日起，国家还对下半年实际完成投资额的固定资产方向调节税按现行税率减半征收。这些措施有效抑制了固定资产投资需求下滑的趋势。

2. 固定资产投资增长。1999年全社会固定资产投资29876亿元，比上年增长5.2%。按经济类型分，国有及其他经济类型投资21719亿元，比上年增长6.1%；集体经济投资4190亿元，与上年持平；个体经济投资3967亿元，增长6%。按管理渠道分，基本建设投资12619亿元，比上年增长5.9%；更新改造投资4419亿元，下降2.2%；房地产开发投资4010亿元，增长11%；其他投资21048亿元，增长5%。在国有及其他经济类型投资中，第一产业完成投资804亿元，比上年增长22.6%；第二产业完成投资7167亿元，下降0.9%；第三产业完成投资13748亿元，增长9.3%。在基本建设投资中新增主要生产能力，原煤开采2070万吨/年，原油开采1618万吨/年，天然气开采24亿立方米/年，大中型发电机组容量1703万千瓦，11万伏及其以上变电设备能力6646万千伏安（其中城乡电网改造3232万千伏安），新建铁路主线正线交付运行里程1040公里，增建铁路复线交付运营里程1293公里，电气化铁路607公里，新建高速公路2672公里，新扩建万吨级港口码头年吞吐能力1869万吨。

（二）国内市场稳中趋活，商品销售持续增长

作为进一步加大实现积极财政政策力度的一个重要方面，中央采取了调整收入分配政策，引导和鼓励消费的措施。有关方面和工商企业也加大了开拓市场的力度，工商联手，共同启动市场。随着启动消费各项政策措施的逐步落实和城镇中低收入居民收入的增加，居民消费信心有所增强，市场销售逐步回升。1999年，全社会消费品零售总额31135亿元，比上年增长6.8%。其中城市零售额19092亿元，增长7.1%；农村零售额12043亿元，增长6.3%。在全部消费品零售总额中，批发零售贸易业20552亿元，比上年增长7.1%；餐饮业3200亿元，增长13.6%；其他行业7383亿元，增长3.3%。全年，全国限额以上批发零售贸易业生产资料销售总额9392亿元，比上年增长7.8%。全年，全国限额以上批发零售贸易企业商品销售收入净额21567亿元，比上年增长4.6%。其中1300户重点批发零售贸易企业商品销售收入净额比上年增长1%。全年实现利润总额12亿元，比上年下降40%，其中限额以上批发零售贸易企业实现利润65亿元，增长67.3%。

（三）对外贸易稳定增长，出口转降为升

面对1998年以来出口下降的不利局面，国家综合运用财政、金融、外汇等经济手段积极扩大出口。1999年，国家连续两次提高了包括纺织品、服装、煤炭、农产品等在内的出口退税率，使我国出口货物的平均退税率提高了5.51个百分点，达到15%。增加出口信贷，进一步简化外贸管理体制，继续扩大生产企业自营进出口权，规范加工贸易管理，简化出口手续，减少不合理收费，降低“三检”和港口收费标准，外资企业和出口生产企业积极适应国际市场环境变化，坚持实施以质取胜和市场多元化战略，千方百计扩大出口。1999年，全国进出口总额3607亿美元，比上年增长11.3%。其中进口总额1658亿美元，增长18.2%；出口总额1949亿美元，增长6.1%。进出口相抵贸易顺差291亿美元。在出口总额中，一般贸易出口额791亿美元，增长6.6%；加工贸易出口额1109亿美元，增长6.1%；机电产品出口额770亿美元，增长14.7%，占出口总额的比重由上年的36.5%提高到39.5%。在全国出口额中，对日本的出口额323.9亿美元，增长9.2%；对东盟的出口额121.7亿美元，增长11.1%；对韩国出口额78.1亿美元，增长24.9%；对港台地区出口额408.4亿美元，下降1.4%；对欧盟出口额302亿美元，增长7.3%；对美国出口额419.5亿美元，增长10.5%；对加拿大出口额24.3亿美元，增长14.4%；对澳大利亚出口额27.1亿美元，增长14.3%；对巴西出口额8.8亿美元，下降19.3%；对俄联邦出口额15亿美元，下降18.6%。

四、对外经济合作

1999年，全国批准利用外资投资项目17022

个，比上年下降14.2%。其中外国政府贷款投资项目104个，增长1.04倍；外商直接投资项目16918个，下降14.5%。利用外资协议金额520.1亿美元，比上年下降17.7%。其中对外借款83.6亿美元，下降0.3%；外商直接投资412.2亿美元，下降20.9%；外商其他投资24.3亿美元，下降10.6%。实际利用外资金额526.6亿美元，比上年下降10.1%。其中对外借款102.1亿美元，下降7.2%；外商直接投资403.2亿美元，下降11.3%；外商其他投资21.3亿美元，增长1.6%。

对外承包工程、劳务合作和设计咨询业务继续保持增长。全年签约130亿美元，比上年增长10.4%；完成营业额112亿美元，增长10.9%；年末在外劳务人员38万人，增长8.6%。

五、物价、财政和外汇储备

1999年，国民经济持续增长，经济效益明显改善，市场价格总水平继续下降，财政收入大幅度增长，人民币汇率保持稳定，外汇储备继续增加。

1. 市场价格总水平继续下降。1999年，全国社会商品零售价格指数比上年下降3%，其中城市下降3%，农村下降2.9%。全年全国居民消费价格指数比上年下降1.4%，其中城市下降1.3%，农村下降1.5%；在全部消费价格指数中，食品价格下降4.2%，衣着价格下降2.7%，家庭设备及用品价格下降2.3%，交通和通讯工具价格下降5.5%，娱乐、教育、文化用品价格下降3.2%，服务项目价格上升10.6%，居住价格上升1.7%，医疗保健价格上升0.9%。

2. 财政收入稳定增加。1999年，各级财政部门努力加强税收征管，堵塞漏洞，积极调整财政支出结构，保证重点支出的资金到位，为扩大内需、拉动经济增长、确保社会稳定提供了财力支持。1999年，国家财政总收入11377亿元，比上年增长15.2%，其中中央收入5798亿元，增长18.5%，占51%；地方收入5580亿元，增长12%，占49%。财政支出13136亿元，增长21.7%，其中中央支出4098亿元，增长31.1%，占31.2%；地方支出9039亿元，增长17.8%，占68.8%。收支相抵，支大于收1759亿元。在总收入中，各项税收10312亿元，增长13.4%，占收入总额的90.6%；在总支出中，国内基本建设支出1486亿元，增长7.1%，占支出总额11.3%。

3. 外汇储备继续增加。1999年，国家外汇储备1547亿美元，比上年增加97亿美元，增长6.7%。年末，汇率保持在8.2793元人民币兑1美元，比上年末低4个基本点。

六、人口、就业和人民生活

1999年，在国民经济保持较快增长的情况下，全国人口自然增长率继续下降，劳动就业有所增加，城乡居民生活水平进一步提高。

1. 人口自然增长率继续下降。1999年，全国出生人口1909万人，出生率为15.23‰，比上年下降0.8个千分点；死亡人口810万人，死亡率为6.46‰，下降0.04个千分点。全国净增人口1099万人，自然增长率为8.77‰，比上年下降0.76个千分点。截止到1999年末，全国总人口为125909万人，其中城镇人口38892万人，占30.9%，乡村人口87017万人，占69.1%。在全部人口中，0～14岁的31981万人，占25.4%；15～64岁的85240万人，占67.7%；65岁以上的8687万人，占6.9%。

2. 劳动就业稳定增加。1999年，全国从业人员70586万人，比上年增加629万人，增长0.9%。其中，城镇从业人员21014万人，增加336万人，增长1.6%；在城镇从业人员中，私营、个体从业人员3940万人，增加708万人，增长1.6%。全年，下岗职工总数1174万人，其中上年底结转610万人，当年新增564万人；新增的下岗职工全部是国有企业下岗职工，其中实现再就业492万人，退休及自然死亡等减少32万人；年末，全国国有企业下岗职工650万人，比上年增加40万人。截止到1999年末，全国城镇登记失业率为3.1%，与上年持平。

3. 城乡居民生活水平进一步提高。1999年，国家提高了国有企业下岗职工基本生活保障制度、失业保险制度和城镇居民最低生活保障制度“三条基本保障线”水平，适当增加了行政、事业人员的工资，由此城镇居民收入有一定提高，全年全国城镇居民人均可支配收入5854元，比上年增长7.9%，考虑价格下降因素，实际增长9.3%；人均消费性支出4616元，增长6.6%。由于农产品价格持续下跌，乡镇企业效益下降，农民收入增长缓慢，全年农村居民人均纯收入2210元，比上年增长2.2%，考虑价格下降因素，实际增长3.8%；人均生活消费1577元，下降0.8%。到年末，城乡居民储蓄存款余额59622亿元，比上年增长11.6%，人均储蓄存款余额4735元，增长10.7%。1999年，全国有667个城市、1682个县建立了最低生活保障制度，共有525.7万人得到最低生活保障救济；全国有9433万职工和2900万离退休人员参加了基本养老保险，有9912万人参加了失业保险，有2100万职工和离退休人员参加了大病医疗费用统筹和离退休人员医疗费用统筹。

七、以国有企业改革为重点，各项改革顺利推进

（一）国有企业改革成效显著

1999年是国有企业三年改革与脱困的关键一年，也是改革力度最大的一年。政企分开步伐加快，中央党政机关与所办经济实体和管理的直属企业脱钩工作基本完成，军队、武警部队和政法机关不再从事经商办企业，国家集中力量，突出重点，对纺织、煤炭、有色、冶金、军工等重点行业的国有大中型亏损企业重点实施了关闭破产。全年分三批安排了435个大中型项目，加上结转项目，共需核销银行呆坏账准备金700多亿元，全部实施后，累计可减少大中型亏损企业860多户，这批企业的关闭、破产，不仅消除了一批亏损源，也优化了企业结构，提高了资源配置效益。按照“抓大放小”的方针，进一步加大了企业战略性改组的步伐。在“抓大”方面，在1998年重组石油、石化两大集团和宝钢集团的基础上，又先后组建了军工十大集团和有色金属三大集团，组建信息产业四大集团的工作也有了良好开端。在“放小”方面，重点抓了出售国有小企业改革形式的规范和中小企业服务体系的建设。到年底，有28个地区组建了70多个担保机构，筹集担保资金40多亿元，在一定程度上缓解了中小企业融资难、贷款难的矛盾。按照建立现代企业制度的要求，在前几年进行试点的基础上，继续推进现代企业制度建设。520户国家重点企业中，大多数已进行了公司制改造。各地在建立和完善企业法人治理结构、理顺内部关系、深化内部改革、加强企业管理和对企业实施有效监管等方面，也进行了积极探索，为现代企业制度的全面推进奠定了基础。

（二）粮、棉、油流通体制改革继续推进

落实按保护价敞开收购农民余粮的政策，实行优质优价，保护了农民利益，促进了种植结构的调整。国有粮食购销企业坚持顺价销售、购销资金封闭运行，经营管理水平有所提高，扭转了大幅度亏损的局面。放开棉花收购价格的流通体制改革进展顺利。

（三）金融体制改革顺利推进

以跨省区设立分行为标志的人民银行管理体制改革第一年运行顺利，建立分行金融监管和货币信贷工作责任制，同时化解了一些地方突出的金融风险，新的管理体制的作用正在逐步发挥。国有独资商业银行省分行与省会城市分行合并工作基本完成。推进了股份制商业银行上市，银行债务重组迈出步伐，四家金融资产管理公司正式运行，已从四家国有独资商业银行剥离不良贷款3500亿元，签订债转股协议952亿元。

八、存在问题

1999年我国改革与开放取得新的成就，举世瞩目。但是，我国经济仍然存在着一些不容忽视的矛盾和问题。

1. 有效需求不足。国债投资有效地防止了投资增速的大幅回落，但它占全社会投资的比重小，民间投资也没有带动起来；部分城镇居民收入增长可能放慢甚至下降，对住房、医疗和教育等各项改革的预期支出难以根本改变，农民收入也缺乏新的增长点，农村市场在短期内难以有效启动，消费需求仍然不旺。需求不振和买方市场制约使我国通货紧缩趋势未能得到有效遏制，到1999年底，社会商品零售价格指数已连续下降了27个月，生产资料价格指数连续下降了45个月。

2. 结构不合理的矛盾突出。一方面一般产品严重供过于求，出现了阶段性、结构性的过剩，一方面高技术含量、高附加值、高质量的产品供应不足，特别是关键技术大量依靠进口。为改变这种结构性矛盾，既要制止重复建设、控制总量和淘汰落后，又要加快技术进步，实现产业升级，但这都非一朝一夕之功。

3. 产业技术水平低，竞争力不强。我国经济增长的科技贡献率不高；企业装备落后，一般行业比发达国家落后15～20年；企业研究开发投入和技改投资比重都很低，创新能力薄弱，还没有成为技术创新的主体；产学研脱节严重，科技成果转化率不高，风险投资刚刚起步，高新技术产业在整个经济中的比重较低。技术水平不高加上企业规模小，使我国企业的整体竞争力不强，还不适应越来越剧烈的国际竞争。

4. 市场秩序混乱。信用关系紊乱、货款拖欠严重，低价竞销现象依然存在，地区封锁和市场分割严重，假冒伪劣商品现象较为普遍，对企业的“三乱”屡禁不止、农民负担屡增不减，违反统计财务制度、制造假账和虚报统计数据时有发生，这些现象妨碍了市场公平竞争，不利于建立统一开放、竞争有序的市场体系。

5. 就业和社会保障问题依然存在。随着国有企业改革改组力度加大，职工分离分流的速度加

快，就业问题更加突出，加之部分地方社会保障资金不足，保持社会稳定的压力增大。

九、2000 年发展趋势

2000 年是国有企业三年改革脱困决战的一年。由于国家持续实施一系列积极宏观经济政策以及世界经济的回升、国外需求对我国经济的强劲拉动，总的趋势是，国民经济会继续向好的方向发展，而且总的情况比上年要好，有望出现增长速度止降转升、经济效益明显改观的好势头，扭转自 1992 年以来增速逐年下降的局面。但这种发展态势的基础尚不稳固，经济增长的内在动力仍然不足，特别是体制性障碍和结构性矛盾仍然比较突出，有效需求不足引起的通货紧缩现象尚未根本缓解，就业困难造成的社会不稳定因素还在增加，国内外还有一些不确定因素也会影响经济增长。因此，在加大国有企业深化改革、三年脱困、结构调整和科技创新等基本方针政策力度的同时，还必须继续实施积极的宏观经济政策措施，坚持政策的连续性，进一步扩大市场有效需求，保持目前的回升态势，促进国民经济适度快速增长。

（撰稿：谢又乔　刘南昌　刘海泉　杨正位）

1999 年工业经济运行综述

1999 年，全国工业系统以控制总量、调整结构、深化改革、三年脱困为重点，认真组织落实中央有关改革、发展、稳定的多项政策措施，广大企业和职工努力做好各方面的工作，促进了工业经济的平稳运行。生产快速增长，效益开始好转，国有企业三年改革与脱困取得较大发展，对全国经济增长起到了明显的拉动作用，进一步体现了工业是国民经济支柱的突出贡献。

一、工业经济运行的指导思想、目标任务和对策措施

（一）全年工作指导思想

1999 年工业经济运行的指导思想是：高举邓小平理论伟大旗帜，深入贯彻党的十五大精神，认真落实中央经济工作会议确定的方针政策，以企业工作为中心，围绕国有企业改革与三年的脱困目标，控制总量，调整结构，开拓市场，深化改革，加强管理，整顿秩序，全面提高经济运行质量和企业经济效益，促进国民经济持续稳定健康发展。

（二）主要调控目标

为了实现国民经济增长 7%的预期性目标，1999 年工业系统从改革和发展为着力点，明确了全年两大宏观调控目标：一是全国国有工业企业及年产品销售收入 500 万元以上的非国有工业企业（即规模以上工业企业，下同）完成工业增加值比上年增长 8%；二是全部国有及国有控股工业企业全年盈亏相抵实现利润 500 亿元。

（三）对策措施

为了完成国民经济和社会发展主要任务和实现工业经济两大宏观调控目标。1999 年工业系统采取了相应的对策措施：一是建立国有企业三年改革与脱困目标责任制，齐心协力打好攻坚战；二是加快行业调整与改组步伐，努力提高经济运行质量和效益；三是加大兼并破产、下岗分流和再就业工作力度，继续推进现代企业制度建设；四是推动企业技术进步，大力提高企业技术创新能力；五是整顿和规范市场秩序，鼓励企业积极开拓国内外市场；六是加强企业管理，搞好企业领导班子建设。

二、工业生产保持较快增长

1999 年，全部工业企业完成工业增加值 35357 亿元，比上年增长 8.5%。其中，规模以上工业企业完成工业增加值 20307 亿元，增长 8.9%，其运行的主要特点是：

（一）国有企业生产明显加快

全年国有及国有控股工业企业完成工业增加值 11603 亿元，比上年增长 7.4%，增速比上年加快 2.5 个百分点。在规模以上工业新增生产总量中，国有工业的贡献率为 32.2%，比上年提高 5.2 个百分点；在增长 8.9%中，拉动 2.9 个百分点，比上年高出 0.7 个百分点。

（二）股份制企业、外商及港澳台投资企业持续较快增长

全年股份制工业企业完成工业增加值 2986 亿

元，比上年增长11.2%；外商及港澳台投资工业企业完成工业增加值4201亿元，比上年增长12.9%；这两类企业的增速与上年基本持平，但对规模以上工业生产增长起到了积极的拉动作用。

（三）集体企业增速回落，其他经济类型企业继续快速增长

全年集体工业企业完成工业增加值3462亿元，比上年增长7%，增速比上年回落1.7个百分点。其他经济类型工业企业完成工业增加值775亿元，比上年增长13.3%，继续保持较高增速。

（四）重工业及主要投资类产品增速加快

受加大投资力度、增加基础设施建设的拉动，全年规模以上重工业完成工业增加值11617亿元，比上年增长9.3%，增速比上年加快0.8个百分点。主要投资类产品产量，如钢、成品钢材、10种有色金属、水泥等增速增比上年有所加快，分别增长8.4%、13.4%、11.3和10.3%；投资类机电产成品产量，如空调器、程控交换机分别增长28.1%和11.2%，呈现恢复性增长；尤其是发电量明显上升，全年发电11978亿千瓦时，比上年增长6.3%。

（五）主要一次性能源生产呈下降趋势

受控制生产总量、淘汰落后生产能力等国家调整产业结构的影响，全年能源生产总量10.4亿吨，比上年下降7.8%。其中，原煤产量9.78亿吨，下降11.9%；原油产量1.6亿吨，下降0.1%。

（六）轻工业生产增速回落，消费品类产品产量有增有降

受市场有效需求不足的制约，全年规模以上轻工业完成工业增加值8690亿元，比上年增长8.3%，增速比上年回落0.8个百分点。主要消费类产品产量，如家用电冰箱、彩色电视机保持较快增长，分别比上年增长15.9%和26.9%；一般消费品类产品产量，均呈下降趋势。

（七）高新技术产品生产快速增长

全年，技术含量高、附加值大的电子信息通讯类高新技术产品，市场需求较旺，增长速度加快。如移动通信设备、半导体集成电路、电子计算机等产品产量，增速在40%以上，成为成长性产业，对工业经济起到了积极的拉动作用。

（八）交通运输、邮电通信持续平稳增长

全年全国货运量完成126.5亿吨，比上年增长2.1%。其中，铁路货运量15.7亿吨，增长2.4%；公路货运量98.9亿吨，增长1.3%；水运货运量11.8亿吨，增长7.3%。全国客运量139.1亿人次，比上年增长1.1%。其中，铁路客运量9.8亿人次，增长4.9%；公路客运量126.8亿人次，增长0.9%；水运客运量2亿人次，下降4.8%；民航客运量0.61亿人次，增长5.3%。全国通信业务总量3320亿元，比上年增长33%，其中邮电业务量增长19%，电信业务量增长34%。

三、产销衔接继续改善

1999年，中央坚持积极的宏观经济政策，进一步扩大市场有效需求，鼓励国内投资和消费，支持外贸出口，工业产品销售形势趋向好转。产销衔接继续改善。

（一）工业产品销售收入快速增长

全年规模以上工业企业实现产品销售收入67535亿元，比上年增长10.2%，增速比上年提高6.1个百分点，快于生产增长1.3个百分点。

（二）产品销售率稳步提高

全年规模以上工业产品销售率为97.16%，比上年提高0.56个百分点。其中，重工业产销率达97.54%，轻工业产销率达96.64%，重工业高于轻工业0.9个百分点；国有工业产销率达98.13%，高于集体、股份制和“三资”企业。

（三）工业品出口逐步加快

全年规模以上工业企业完成出口交货值11415亿元，比上年增长8.8%，增速比上年加快3.7个百分点。其中，上半年增长5.7%，7～12月分别增长9.4～13.7%，下半年增速明显快于上半年。

（四）产品库存增势减缓

全年规模以上工业企业产成品库存占用资金6442亿元，比上年增长4.6%，增速比年初下降2.8个百分点。其中，国有及国有控股工业企业产成品资金占用3441亿元，比上年增长2.2%，增速低于全国工业平均水平。

四、经济效益明显回升

1999年，全国工业企业经济效益得到改善，盈利水平提高，企业亏损减少。规模以上工业企业综合经济效益指数为99.3，比上年增加8.35。

（一）盈利增加，亏损减少

全年规模以上工业企业实现利润2202亿元，比上年增加753亿元，增长51.9%。其中，盈利企业盈利额3502亿元，增加520亿元，增盈17.4%；亏损企业亏损额1300亿元，减少233亿元，减亏15.2%。

（二）国有企业利润大幅度增长

全年国有及国有控股工业企业盈亏相抵实现

利润967亿元，比上年增加423亿元，增长77.7%。其中，盈利企业盈利额1818亿元，增加262亿元，增盈16.8%；减亏损企业亏损额851亿元，减少161亿元，亏15.9%。在全部国有及国有控股企业中，大中型企业实现利润975亿元，增加358亿元，增盈58%；小型企业净亏损8亿元，减少65亿元，减亏89%。

（三）其他经济类型企业利润较快增长

全年集体工业企业盈亏相抵实现利润426亿元，比上年增加71亿元，增长19.9%。股份制工业企业盈亏相抵实现利润481亿元，比上年增加45亿元，增长10.3%。股份合作制工业企业盈亏相抵实现利润88亿元，比上年增加13亿元，增长17.3%。外商及港澳台投资工业企业盈亏相抵实现利润729亿元，比上年增加285亿元，增长64.2%。

（四）东中西部地区实现利润增加

全年东部地区北京、天津、河北、辽宁、上海、江苏、浙江、福建、山东、广东、广西、海南12省区市累计实现利润1739亿元，比上年增加525亿元，增长43.2%；中部地区山西、内蒙、吉林、黑龙江、安徽、江西、河南、湖北、湖南9省区累计实现利润388亿元，比上年增加202亿元，增长1.08倍；西部地区四川、重庆、贵州、云南、陕西、甘肃、青海、宁夏、新疆9省区市累计实现利润75亿元，比上年增加49亿元，增长54.4%。东中西部实现利润，分别占全国规模以上工业利润的79%、17.6%和3.4%。

（五）重点行业利润增长或扭亏减亏

全年工业系统大多数行业实现利润大幅度增长，有些行业扭亏为盈或减少亏损，个别行业利润有所下降。

1. 石油和化工行业。全年实现利润309亿元，比上年增加197亿元，增长1.76倍。其中，石油天然气业实现利润278亿元，比上年增加190亿元，增长46.4%；化工业实现利润31亿元，比上年增加7亿元，增长28.6%。

机械和电子行业。国家机械局统计的7705户机械工业企业，全年实现利润154亿元，比上年增加56亿元，增长58%。电子行业，全年实现利润200亿元，比上年增加56亿元，增长39%。

冶金和有色行业。据国家冶金局统计，全年全行业累计实现利润33亿元，比上年增加5亿元，增长24%，其中100户重点中大型企业实现利润58亿元，增长26.5%。有色行业三大集团，全年累计实现利润0.3亿元，比上年减亏增盈24亿元，基本完成扭亏增盈目标。

电力和煤炭行业。国家电力总公司系统，全年实现利润83亿元，比上年减少9亿元，下降11.1%。原94户中央财政煤炭企业，全年净亏损37亿元，比上年减少3亿元，减亏7.5%。

纺织行业。国家纺织局系统国有纺织企业，全年实现利润9亿元，扭转了长达6年的整体亏损局面。其中产业利润比上年增加28亿元。

建材行业。全年实现利润34亿元，比上年减亏增盈41亿元。其中，国有及国有控股企业实现利润3亿元，比上年减亏增盈13亿元。

五、企业经营状况有所好转

1999年，中央对国有企业改革和脱困采取了一系列政策措施，改善企业外部环境，总体经营状况有所好转。

（一）利息支出减少，资产负债率下降

全年规模以上工业企业累计利息支出1952亿元，比上年减少163亿元，下降7.7%。

全年规模以上工业企业资产总额累计为112379亿元，比上年增长7.6%；负债总额累计69660亿元，比上年增长6.6%；累计负债率62%，比上年下降2.03个百分点。其中，国有及国有控股企业资产负债率为62.2%，下降0.6个百分点。

（二）成本费用利润率上升，总资产贡献力增强

全年规模以上工业企业每百元成本费用实现利润3.42元，成本费用利润率为3.42%，比上年上升1.01个百分点。

全年，规模以上工业企业总资产贡献率为7.88%，比上年提高0.16个百分点。

（三）亏损企业户数减少，亏损面下降

全年规模以上工业企业15.49万个，亏损企业4.49万个，与上年基本持平；企业亏损面为29%，比上年下降0.4个百分点。其中，国有及国有控股企业5.73万个，亏损企业2.37万个，比上年减少0.02万个，下降0.8%；企业亏损面为41.4%，比上年下降3.7个百分点。

（四）产品销售收入由降转升

全年规模以上工业企业实现销售收入67535亿元，比上年增长10.2%，增速比上年提高6.1个百分点。其中，国有及国有控股工业企业实现销售收入34986亿元，比上年增长7.7%，增速由降转升，比上年提高10个百分点。

（五）应收账款净额增幅下降

全年规模以上工业企业累计应收账款净额

13155 亿元，比上年增长 7.3%，增速比上年下降 4.1 个百分点。其中，国有及国有控股企业年末应收账款净额 7854 亿元，比上年增长 3.8%，增速比上年下降 6.1 个百分点。

六、总量控制工作取得初步成效

1999 年，为了控制生产总量、改善供求关系、调整经济结构、提高经济效益，以纺织行业为突破口，在一些传统行业开展了压缩长线、淘汰落后和清理整顿“五小”工作，在中央有关政策措施作用下，坚决关闭浪费资源、污染环境、技术落后、质量低劣、不符合安全生产条件的小厂小矿，淘汰大中型企业的落后工艺设备，限制过剩的长线产品生产。经过各方面的共同努力，控制总量初见成效。

（一）纺织行业

全年国有纺织工业企业累计完成压缩棉纺锭 906.5 万锭，提前一年实现三年压锭任务；同时，分流安置下岗职工 116 万人。

（二）煤炭行业

全年各地累计关闭非法开采和布局不合理的小煤窑 3.1 万处，压缩原煤产量 2.5 亿吨，实现年产 10.3 亿吨调控目标。

（三）冶金行业

全年全国共淘汰小高炉生产能力 975 万吨、小电炉和小转炉生产能力 1300 万吨、多火成材生产能力 1829 万吨。

（四）石化行业

全年各地关停小煤油厂 70 户，取缔土炼油场点 5600 处；全国原油加工量 1.8 亿吨调控目标基本到位。同时，化工行业的糖精总量控制、结构调整总体方案基本确定。

（五）建材行业

全年国家下达了 28 个省区市（不含四川、甘肃、西藏 3 省区）取缔、关闭和淘汰名单，各地累计淘汰小水泥厂 2159 户，压缩生产能力 4000 万吨。同时，压缩小玻璃生产能力 1500 万重量箱。

（六）电力行业

全年全国实现关停小煤机组 300 万千瓦目标任务，其中国家电力总公司系统 180 万千瓦，地区电网系统 120 万千瓦。

（七）轻工行业

全年以制糖、造纸业为重点关停“五小”，云南 4 户小造纸厂的破产项目和关闭年制浆能力 5000 吨以下小纸厂任务开始实现。

（撰稿：谢又乔）

工业结构现状和调整重点

1998 年以来，在认真总结 90 年代以来我国开展产业政策工作的基础上，对主要行业的市场需求、能力现状、技术发展趋势、跨世纪发展目标进行调查分析，理出主要行业发展中的薄弱环节和结构性矛盾，并研究制订了相应的产业政策。

一、我国工业结构现状分析

随着工业化中期的到来和买方市场的形成，我国长期商品短缺的状况已基本改变。面对出现的阶段性、结构性的剩余和国内市场潜力还远未发挥出来的矛盾，面对大量商品市场需求不足和一些产品特别是关键技术设备大量依靠进口的矛盾，必须下大决心解决经济结构不合理等突出问题。目前我国工业结构存在的主要问题：

一是传统产业技术水平落后，低技术含量、低附加值的产品比重大，资源浪费问题十分突出。

据第三次全国工业普查，我国机械工业大中型企业主要装备水平达到国际水平的占 3.2%，属国内先进水平的占 10.9%，属国内一般水平的占 54.6%，属国内落后水平并需淘汰的占 31.3%。机械产品中达到世界 70 年代末、80 年代初水平的占 30%左右，达到当前世界先进水平的不到 5%。我国数控机床拥有量仅占全部机床数量的 5%，而发达国家一般都占到 80%。我国机床工业设备整体状况仅相当于国外 70 年代水平。

1999 年在全国纺织工业 3382 万锭棉纺设备中，达到国际、国内先进水平的仅占 35%左右。在现有的 382 万锭毛纺设备中，达到国际先进水平的仅占 10%。在现有的 88 万台织机中，代表先进水平的无梭织机仅占 10%，远远低于 22%的世界平均水平。在纺纱、织布、印染、制衣的各环节中，电脑过程控制系统和电脑辅助设计系统拥有率很低。因此，我国纺织工业产品的质量、档次、花色品种与国际先进水平存在着明显的差距，服装出口单价平均仅为3美元。

1999年我国钢铁工业连铸比仅为76%，而日本和法国早在70年代末、80年代初已达95%左右。

由于技术水平低，我国经济活动中高耗低效现象十分突出。据有关资料显示，目前我国每单位国民生产总值的能耗为日本的6倍、美国的3倍、韩国的4.5倍。我国12种主要原材料的国民生产总值消耗强度比发达国家高5～10倍。钢、火电、水泥、合成氨等主要产品单位能耗比发达国家高30%～80%。

二是企业生产和销售的市场集中度低，重复建设、组织结构和布局不合理的问题十分严重。

由于计划经济和财政体制等原因，造成低水平盲目重复建设，"大而全"和"小而散"的企业格局形成了企业组织结构和布局不合理的矛盾十分突出。

1999年，我国重点大中型钢铁企业72家，产钢1.15亿吨，占全国钢产量的92.6%，平均单厂规模不足160万吨。年产钢大于300万吨的企业仅有宝钢、鞍钢、首钢、武钢、包钢、马钢、攀钢、本钢、邯钢（含舞阳）和唐钢（含宣钢）10家，钢产量占全国总产量的49%。目前我国汽车生产厂有110多家，而1999年汽车产量只有183万辆。平均每个厂年产量只有1.5万辆左右，生产能力利用率仅达70%左右。全国原油一次加工能力已达2.7亿吨，而1999年实际炼油量只有1.76亿吨，生产能力利用率只有65.2%。国外炼厂最大规模已超过4000万吨/年，原油加工单系列最大规模已达1250万吨/年，而我国最大炼油厂原油一次加工能力只有1000万吨/年，单系列最大规模仅有500万吨/年。我国炼油厂平均规模只有160万吨/年，其中100万吨/年以下的小炼油厂就占全国炼厂总数的61%。1999年煤炭工业企业共有26849家，其中大型企业212家，中型企业164家，小型企业高达26473家。全国3万吨以下的地方国有及乡镇小煤矿产煤3.49亿吨，占全国原煤总产量的33.4%。

据第三次全国工业普查资料，由于多年来的重复建设，国内绝大部分工业产品生产能力都不同程度地存在着闲置问题。在普查的113类工业产品中，生产能力利用率在60%以下的有42种，占37.2%。其中空调器的利用率为33.5%，洗衣机为43.4%，彩电为46.1%。

三是高新技术开发水平落后，技术储备偏少，以大中型企业为主体、充满生机活力的产学研体制还远未形成，新兴产业和新的经济增长点后劲乏力。

除少数领域外，总体上我国高新技术开发水平与国外有相当大的差距。以集成电路技术为例。集成电路国外已开发出16～64兆位的动态随机存储器和0.25微米线宽的光刻机，而我国集成电路开发和生产技术与国外相差几个数量级。目前国外集成电路生产品种达80000多种，我国只有1200多种。

由于体制和机制的原因，目前以大中型企业为主体的高新技术开发体制还未真正确立。一方面我们开发投入严重不足，另一方面开发出来的高新技术成果商品转化率和产业化率又很低。从研究与开发经费占国民生产总值的比重看，美国、日本、西欧等发达国家均在2.5～3%之间，韩国也在2.8%左右。而我国自1990年以来，研究与开发经费占国民生产总值的比重一直徘徊在0.5～0.7%之间。据国家科委科技促进发展研究中心的抽样调查，目前我国高新技术商品转化率为20%左右，产业化率仅为5～7%。这些问题充分说明我国高新技术产业的发展面临着十分艰巨的任务。

二、工业结构调整和产业升级

从我国经济中长期发展的目标来看，经济结构战略性调整的主要任务是产业升级。产业结构升级不仅是国民经济增长方式实现两个根本性转变的内在需要，而且也是从整体上增强我国经济国际竞争力的必然要求。

首先，面临着国内需求结构升级的要求。随着我国人均收入水平的提高，国内消费结构进入了一个显著变动的时期。1999年我国城镇居民人均可支配收入达到5854元，农村居民人均收入达到2210元。从总体上看，目前我国人民生活已初步达到小康水平。我国城镇居民以普及电冰箱、洗衣机、彩电为代表的耐用消费品的第一次消费革命已经完成。在21世纪前十年里，将是国内消费结构持续升级的重要时期。我国城市居民将进入以住、行、通信为代表的多层次的第二次消费革命，农村将完成第一次消费革命。国内市场的消费观念、消费方式和消费内容都将发生一系列的重大变化，生产供给必须适应和满足这种需求结构升级的变化。

其次，面临着出口贸易产品结构转换的要求。1999年我国外贸出口总额已达1949亿美元，居世界外贸出口的第9位。在中国出口贸易结构中，工业产品出口比重占78%,服务贸易出口占12%,农产品出口占10%。虽然总的出口结构与工业化国家出口格局大致相同,但从工业制成品结构上分析,差距则相当大。工业化国家和地区深加工产品一般都占到工业制成品出口的50%以上,日本高达80.5%,而我国深加工产品仅占工业制成品的27.42%,远远低于工业化国家的水平。出口商品结构是国家竞争力的直接表现,因此必须尽快改变初级产品出口比重过高的局面,努力实现外贸出口从以初级产品为主向以高技术含量、深加工和高创汇率为主的战略转变。以产品结构的升级来增强我国外贸出口的国际竞争力。

第三,面临着缓解就业的压力和要求。据统计,截至1999年末,国有企业下岗职工1144万人,其中492万人再就业,实际下岗职工652万人。随着经济的发展,大量农民进城也是一个无法回避的问题。目前我国经济的增长并未提供足够的就业增长,这就使得就业的矛盾更加突出。1997年我国GDP增长8.8%,从业人员增加1.1%;1998年我国GDP增长7.8%,从业人员只增长0.5%;1999年GDP增长7.1%,而从业人员仅增长0.36%。增加就业机会只有靠经济的增长,要解决中国目前就业的矛盾,仅仅依靠存量资产的调整是不可能从根本上解决问题的,只有在产业结构的调整和升级中,才有希望从根本上缓解中国的就业矛盾。

第四,面临着加入WTO的挑战和增强国际竞争力的要求。加入WTO对我国经济发展既是严峻的挑战,也是难得的机遇,既带来了应有的权利,也需要履行WTO规定的各项义务,使我国工业面对激烈的国际竞争,甚至有些产业将会受到巨大的冲击。只有加快自身的技术进步和产业结构的调整,充分利用WTO给我国带来的技术、资本流动和市场开放的机遇,化“弊”为“利”,才能在世界经济一体化的潮流中取得自身更大的发展。

只要抓住机遇,充分认识搞好产业结构战略性调整的重要性和紧迫性,制定出科学的、符合实际的发展战略和政策措施,我国产业结构的战略性调整和升级就一定可以走出一条成功之路。

根据我国经济发展的现状和新世纪世界经济发展的趋势,当前推进我国工业结构调整和产业升级主要有四个方面的任务:

(一)大力振兴支柱产业和主导产业

支柱产业和主导产业的振兴,将会带动整个产业结构的调整和升级,促进国民经济的持续、快速、健康发展。在充分考虑世界经济一体化进程和比较优势原则的基础上,同时考虑产业的现有基础和未来发展空间,因此,21世纪前10年应继续大力推进“九五”期间国家确定的支柱产业和主导产业的发展。

(1)电子信息工业　电子信息工业是信息社会的基础产业,也是世界上80年代以来增长最快的产业。据预测,在新世纪前10年的发展中,我国电子信息设备制造业和信息服务业的增长,将会以持续超过国民经济平均增长50%的速度发展,成为拉动国民经济增长和带动经济结构升级的重要支柱产业。从目前起到2010年,应重点支持关键性电子基础产品和信息软件的开发和生产,加快信息产业数字化和网络化建设,从体制和技术上打破垄断、强化创新、促进竞争,从根本上提高我国电子信息产业的国际竞争力。

(2)机械装备工业　机械装备工业直接关系着国家竞争力基础的强弱,是国民经济重要的战略产业之一。目前很大一部分机械产品市场被进口产品占领,既反映了我国机械工业与国外的差距,又体现了我国机械工业的市场容量。据预测到2030年以前,机械工业在国民经济中的比重都将呈上升趋势。到2010年,我国机械工业要实现主要产品技术水平与世界先进水平的差距由目前的20年缩短到15年左右、大型骨干企业的主导产品都要实现升级换代、40%的机械产品达到80年代末和90年代初国外同类产品水平的目标。

建立现代化的国民经济装备制造业体系,是未来相当长时期内的一个战略任务。新世纪前10年,我国机械工业应适应世界技术进步的潮流,加快机械工业与电子计算机技术相结合的步伐,在努力提高基础零部件性能和质量的基础上,重点支持机电一体化设备、大型成套设备、交通运输设备和先进实用农业机械设备的开发和生产,石化、电站、汽车、冶金、矿山、交通、军工等行业的重大设备和成套装备的生产能够基本立足于国内。

(3)汽车工业　汽车工业是工业化中期阶段的代表产业,具有很强的产业关联度和很大的市场需求前景,是我国新世纪一个重要的经济增长点。但从目前汽车工业的生产和市场来看,都还未达到单独成为支柱产业的条件。新世纪前10年将是我国汽车工业战略调整和产业整顿的重要时期,如果在2010年之前,我国汽车工业不能从整体上克服小而散、产品质量低、生产成本高、开发能力弱等主要矛盾,我国汽车工业就有被国外竞争者淘汰的危险。因此,汽车工业21世纪前10年的战略调整,将是汽车工业真正成为国民经济支柱产业,实现国民经济持续快速发展的关键。

(4)石油化学工业 石油和化学工业是国民经济中重要的能源和基础原材料工业。1998年石油和石化两大集团公司的战略重组,为我国石油和化学工业的跨世纪发展创造了产业组织结构的优势。据预测,到2010年石油和化学工业占国内生产总值的比重仍将是上升趋势。要采用先进技术,加大石油天然气勘探开发的力度,保持合理的采储比;加快天然气长输管道等基础设施建设,大幅度提高天然气产量和消费量;合理利用国外油气资源,石化、化工行业努力提高产业集中度和技术水平,大力发展国内市场短缺的和具有国际市场竞争优势的基本化工原料、农用化工、新型合成材料、精细化工,生物化工和子午线轮胎等重点产品。

(5)建筑和建材工业 1998年我国建筑和建材工业占GDP的比重已达7.6%,居各工业产业之首。据有关部门预测,2001~2020年建筑和建材工业增加值将超过GDP的增长速度,成为推动新世纪国民经济增长和吸纳新增劳动力就业的一个重要产业。当前,国家应重点支持经济适用住房的建设,特别是要加快住房制度改革和住房商品化的步伐,提供消费信贷、刺激购房需求,完善和扩大建筑及房地产市场。

(二)运用先进技术和高新技术改造和提升传统产业

在我国相当一部分传统产业中,国有大中型企业都是在“一五”、“二五”和“文化大革命”前后建成投产的,技术落后、设备陈旧、物耗能耗高、劳动生产率低是一个相当普遍、十分突出的问题。因此,加快用高新技术改造传统产业,不仅是实现国有企业三年脱困和增长方式转变的战略措施,也是实现我国产业结构调整、升级的根本保证。

在用高新技术改造和提升传统产业中,当前要集中力量抓好煤炭、钢铁、纺织、轻工和电力等几个重点行业。

(1)煤炭工业 要在切实控制好总量的前提下,通过国有经济的重组和调整,发展一批跨地区、跨行业、跨所有制和跨国经营的特大型现代企业集团,提高规模经营水平和产业集中度;积极采用现代采掘技术和电子自控技术,改造和建设一批高效安全的现代化矿井,全面提高我国煤炭工业的技术水平和创新能力。大力推广应用洁净煤技术,建设一批现代化选煤厂;积极发展煤炭的综合利用和深加工,保护生态环境。到2005年,全国煤炭总产量控制在11亿吨左右,其中大中型煤矿产量比重由目前的37%提高到50%以上;全国原煤入洗率达到35%;煤层气开发取得较大进展,煤层气产量达30亿立方米左右;大型煤矿采掘机械化程度达到90%以上,原煤工效达到5吨/工以上。中型煤矿采掘机械化程度达到62%以上,原煤工效达2.5吨/工以上;大型煤矿国内先进水平装备率达到20%,国际先进水平装备率达到6%;中型煤矿国内先进水平装备率达到10%,建成140对高效安全现代化矿井;百万吨煤死亡率,大型煤矿要达到0.5人以下,中型煤矿1人以下。

(2)钢铁工业 尽快淘汰平炉、化铁炼钢、多火成材轧机等一批落后的工艺与装备,积极推进以连铸为中心的技术改造。在控制总量的前提下,充分发挥现有大型设备和现代化生产线的生产能力,集中力量、集中资金加快发展目前国内进口数量较大的高附加值、高技术的产品。到2005年,连铸比,由1998年的68%提高到90%以上;吨钢综合能耗,由1998年的1.29吨标煤/吨钢下降到1吨标煤/吨钢;全员劳动生产率,由目前的150吨/人年提高到200吨/人年,达到当时世界钢铁工业实物劳动生产率的平均水平。

(3)纺织工业 我国是世界纺织品生产和贸易的大国,但长期以来,棉纺、毛纺重复建设严重、低水平生产能力过剩、中低档产品总量过大、装饰用和产业用纺织品严重不足的结构性矛盾十分突出。在1999年完成压缩906万锭棉纺能力,分流安置116万人,实现纺织国有企业整体扭亏为盈的基础上,再实施压缩100万锭落后毛纺能力、压缩100万绪缫丝生产能力的计划。以服装面料“以产顶进”的技术改造为中心,带动全行业的纤维技术、纺纱技术、织造技术、染整技术以及设计开发水平的提高。到2005年,我国纺织工业纤维加工总量要由2000年的1000万吨提高到1200万~1300万吨,人均纤维消费由5.5公斤提高到6.6公斤;出口创汇由2000年的500亿美元提高到600亿~650亿美元,吨纤维制品创汇水平由目前的1.2万美元提高到1.6万美元;纺织设备的自给率达到70%以上,化纤自给率达90%以上,高档服装面料的自给率达80%以上;衣着、装饰、产业用纺织品的比重达到50:30:20;在纺织纤维加工总量中化纤与天然纤维的比重达到60:40。

(4)轻工行业 轻工行业是与提高人民生活水平密切相关的重要传统产业,也是我国经济扩大内需、增加出口的重点行业。按照市场需求和消费升级的方向,集中力量重点搞好家电、食品、日化、塑料、陶瓷、造纸、皮革和轻工机械等8大类产品的升级换代。以提高产品质量、提高档次、增加品种、增加花色、降低成本、减少污染为目标,积极采用高新技术改造老设备、老工艺，不断增强自主开发能力，形成一批具有我国特色和国际竞争优势的轻工产品和企业集团。

(5)电力工业　积极发展水电，优化发展火电，适当发展核电，因地制宜发展新能源，加快电网改造和发展，实现与经济、社会和环境协调发展的能源战略。充分利用西部地区丰富的能源资源，加大电力开发力度，尤其是水电与坑口电站的发展。努力提高清洁能源和新能源在电力工业中的比重，到2005年水电装机比重由目前的23.5%提高到25%以上。

（三）积极培育高新技术产业和新兴产业

在新世纪的发展中，高新技术产业的培育对提高一个国家的综合国力和市场竞争能力具有极其重要的作用。要按照“比较优势”和“有限目标”的原则，组织力量、集中目标、重点投入，抢占一批具有21世纪市场前景的高新技术创新制高点，培育一批具有未来高增长潜力和优势的产业领域，实现高新技术产业的“跳越”式发展。

21世纪要大力发展具有自主知识产权的高新技术产业，努力培育具有国际竞争优势的高新技术产业生长点；以传统产业改造服务和新兴产业培育为主要方向；以软件产业、电子信息产业、生物技术产业、新材料产业和先进制造技术产业为重点，形成具有中国特色的高新技术产业群。

“十五”期间，我国高新技术产业发展应以提高国内市场占有率为主要目标，积极发展高新技术产品出口。培育和建立一批高新技术产业开发区和试点企业，初步建立起产学研相结合、多学科多层次和多种所有制优势互补、布局合理的全国高新技术产业体系，力争高新技术产业产值年均增长速度由目前的28%左右提高到35%以上。

环保产业是我国21世纪的一个新兴产业。据联合国统计资料，目前世界环保产品市场销售额约5000亿美元，环保产品占世界GDP的比重达到2%。中国1998年环保产业年产值仅有500多亿元人民币，发展潜力巨大。随着可持续发展战略的全面实施和环保法规的完善，中国环保市场将由潜在市场转变为巨大的现实市场。国家应大力支持先进的环保技术、环保产品、环保设备和环保示范工程的发展，使环保产业迅速形成从科研开发到设备制造安装、到生产一条龙的具有相当经济和社会效益的新兴产业。

第三产业不仅能够大量吸纳剩余劳动力，而且对国民经济的稳定增长起重要的支撑作用。90年代以来美国经济之所以取得了令西欧和日本瞩目的增长业绩，第三产业的强劲增长被认为是重要的原因之一。目前，即使与发展水平相当的国家比，第三产业在我国GDP中的比重仍然偏低。据有关研究资料表明，1990～1999年，我国第三产业占GDP的年均实际比重仅增长1.61个百分点。无论是从促进我国国民经济持续、快速、健康发展的角度，还是从解决日益突出的就业矛盾角度，都应该大力发展第三产业。在第三产业的发展中，要正确处理好技术密集型、资金密集型产业同劳动密集型产业的关系，以利于既不断提高劳动生产率，又妥善解决劳动就业问题。在我国，第三产业尤其是邮电通信、金融保险、旅游、航空运输、租赁、文化艺术和广播电影电视等行业有相当大的发展空间。目前这些产业部门的一个主要特点是，国有经济占绝对主导地位。应当大力促进高新技术在这些产业部门的推广和应用，并通过体制创新，鼓励和引导非国有经济的进入，为这些产业部门的发展创造良好的外部环境。

（四）加快淘汰落后生产能力和产品

在我国现有的过剩生产能力和产品中，有相当一部分是由落后设备、落后技术、落后工艺生产的低质量、低档次的产品。这些落后生产能力和产品，不仅造成了资源的大量浪费、环境的严重污染，而且还影响了先进设备和技术生产能力的发挥，阻碍了整个国民经济结构的调整和升级。因此，抓紧淘汰这些落后生产能力和产品，是我国产业结构战略性调整和升级中一项十分艰巨而又无法回避的任务。

当前，要集中力量贯彻执行经国务院批准的“淘汰落后生产能力、工艺和产品的目录”（第一批）和（第二批），全面完成淘汰小纺织、小火电、小建材、小炼油、小煤矿、小造纸、小烟厂、小糖厂的任务。在此基础上，按照市场经济运行法则，认真总结经验，并根据世界科学技术发展水平和我国工业技术发展现状，进一步制定出淘汰落后生产能力和产品在设备处理、信用担保、人员安置、鼓励转产、支持开发等方面的一整套政策，到2005年使我国工业经济的整体技术水平上一个新的台阶。

三、近期的产业政策

1999年制定的政策有：(1)针对低水平重复建设造成生产能力过剩、市场供大于求、产品严重积压的情况，研究制订了两批淘汰落后的生产能力、工艺和产品的目录。经国务院批准后，以国家经贸委1999年第6号、第16号令发布实施。(2)制定工商投资领域制止重复建设目录，引导固定资产投资方向。经国务院批准后，以国家经贸委1999年第14号令发布实施。(3) 国家经贸委会同国家计委、外经贸部研究制定了《中西部地区外商投资优势产业目录》，报经国务院批准后，以三部委令发布。(4) 研究制定促进高新技术发展的有关政策，组织和配合有关部门研究制定软件和集成电路的产业发展政策意见，已由国务院发布。(5) 针对一些行业的具体情况，国家经贸委先后发布了《印发〈关于加快我国钢铁工业结构调整的意见〉的通知》、《关于印发〈建材工业“控制总量、调整结构”若干意见〉的通知》、《关于严格控制糖精生产能力限制糖精产量和内销量的通知》、《印发〈关于加快我国铁合金工业结构调整的意见〉的通知》及《关于对钨业生产经营秩序进行清理整顿的通知》。为贯彻落实有关产业政策，国家经贸委会同国土资源部编制了《限制供地项目目录》、《禁止供地项目目录》。会同中国人民银行发出《关于对淘汰的落后生产能力、工艺、产品和重复建设项目限制或禁止贷款的通知》。

2000年，我国产业政策工作的重点放在优化经济结构，促进企业技术进步和产品升级，增强企业的国际竞争力上。

1. 进一步研究符合市场经济规则的政策，加大淘汰落后生产能力、工艺、产品及制止低水平重复建设力度，促进产品结构调整。

根据不同行业的特点，继续制定淘汰和制止低水平重复建设目录，加大淘汰落后、过剩生产能力的力度，并研究采用符合国际惯例的市场经济规则，形成优胜劣汰的市场机制，让落后和多余的生产能力退出市场，并运用市场办法调控生产能力规模。在制定有关产业政策的同时，采用更加严格的技术和环保标准，限制或禁止落后的产品进入市场，从而促进产品的升级换代。

2. 开始着手编制以产业结构调整为重点的《2000～2010年产业发展政策纲要》。

为了同国务院颁布的《90年代国家产业政策纲要》相衔接，同“十五”规划编制相协调，在完成对各行业结构现状分析工作的基础上，开始进行《2000～2010年产业发展政策纲要》的编制工作，并确保该《纲要》具有针对性、战略性和可操作性。

3. 适应我国加入WTO的要求，组织修订《外商投资产业指导目录》等产业政策。

分析研究加入WTO对我国各产业的影响，以及借鉴发达国家和一些发展中国家如何运用产业政策促进本国产业发展的实践经验，修订《外商投资产业指导目录》。利用入世谈判达成协议的时机，进一步放宽引进外资的领域，吸引外资投向国家鼓励的高技术产业、环保产业等领域，使外商投资与结构调整有机结合起来。

4. 贯彻落实中央经济工作会议的决定，研究西部产业结构调整的产业政策。

为贯彻落实中央和国务院决定，实施西部大开发战略，除已出台的《中西部地区外商投资优势产业目录》以外，研究制定相关产业政策。一是对西部优势产业，继续贯彻重点倾斜和扶优扶强的有关政策；二是积极配合有关部门研究鼓励西部加快基础设施建设的相关政策；三是制订鼓励西部开展生态治理等环保政策；四是根据西部旅游资源丰富的特点，政策上给予一定的倾斜。

5. 制定大力发展第三产业的有关政策，为国有企业下岗人员提供更多的转岗就业机会。

随着国有企业改革进一步深化，下岗职工再就业问题成为保持社会稳定的关键问题。近年来，我国第三产业增加值占GDP的比重不断提高，吸纳劳动力就业的比重也持续上升，但是我国第三产业的发展仍有很大的潜力，相关的政策措施也应进一步完善。正确处理好技术密集型、资金密集型和劳动密集型产业的关系，既能不断提高劳动生产率，又能妥善解决劳动就业问题。因此，制定鼓励第三产业发展的若干政策，拓宽产业政策工作的空间，一方面使第三产业成为新的经济增长点，另一方面也为保障国有企业深化改革提供新的就业机会。尽快出台《旅游产业政策》，同时加快社区服务业、租赁业、展览业、广告业发展问题研究课题，为制订有关政策措施打下良好的工作基础。

6. 发挥工商领域协会、商会在研究制定国家产业政策工作中的特殊作用。

加入WTO，给培育和规范工商领域行业协会、商会提出了更紧迫的要求。首先，行业管理将与国际惯例接轨，政府的行政和行业管理要逐渐转移由工商领域的协会、商会承担；其次，在激烈的竞争中，企业需要获得更多的信息与技术，更需要行业协会和商会为企业服务，协调和组织企业共同参与国际竞争；第三，在参与制定国际贸易规则、保护本国产业或企业的利益、研究促进我国产业结构调整、实现产业升级以提高产业竞争力方面，工商协会和商会能够起到政府不可替代的作用。因此，尽快组织落实《关于加快培育和发展工商领域协会的若干意见》，做好工商领域协会、商会的培育、发展和规范工作，鼓励行业协会、商会开展调查研究，提出行业经济政策和经济立法建议，为政府部门制定产业政策提供依据。

（撰稿：产业政策司）

企业改革与发展综述

1999年是国有企业改革与脱困工作的关键一年，在党中央、国务院领导下，我国成功地经受了错综复杂的国内外环境的严峻考验，经济快速增长，社会全面进步，企业工作在控制总量、调整结构、深化改革、提高效益等方面都取得了积极进展。

一、企业发展基本情况

（一）工业生产稳定增长

1999年，经过各地区、各部门和广大企业的共同努力，全国工业经济保持了较好发展势头。全年规模以上工业增加值比上年增长8.9%，超过8%的预期目标，其中国有及国有控股企业增长7.4%，增速比上年提高2.5个百分点。在全国工业新增生产总量中，国有经济的贡献率为32.2%，比上年提高5.2个百分点。在全国工业增长8.9%中，国有经济约拉动2.9个百分点，比上年提高0.7个百分点。股份制经济和外商及港澳台投资企业工业增加值分别比上年增长11.2%和12.9%，继续保持了快速增长势头。集体企业增加值增长7%，比上年下降1.7个百分点。1999年，技术含量高、附加值大的电子通讯类产品始终保持了高速增长势头，移动通讯设备、电子计算机、集成电路、彩色电视机等产品的增速在26.9%～1.9倍之间。

（二）经济效益明显回升

1999年，规模以上工业企业实现利润2202亿元，比上年增长51.6%，其中国有及国有控股工业企业实现利润967亿元，增长77.7%。全国30个省区市（缺西藏数据）中有26个地区国有及国有控股工业企业不同程度地增利、减亏和扭亏，东北三省重点脱困地区出现重大转机，黑龙江实现利润增长1.22倍，吉林、辽宁实现扭亏为盈，扭转了连年亏损的局面。国有纺织企业结束了长达6年的亏损局面，全年实现利润8亿元；石油和化工行业全年实现利润320亿元，比上年增长近2倍；轻工系统增长2.1倍，机械系统增长58%，电子系统增长39%。其他行业经济效益也都有所改善，建材、有色金属系统扭转了亏损局面，军工系统已开始减亏，煤炭系统已遏止住了增亏势头。1997年底亏损的6599户国有及国有控股大中型工业企业，到1999年末已减少3100多户。企业经济效益的好转尽管还是初步的，但极大地增强了实现三年脱困目标的信心。

（三）工业产销衔接进一步提高

1999年，规模以上工业产品销售收入增长快于生产增长1.3个百分点。其中重工业和国有工业产销水平较高，重工业产销率为97.54%，高于轻工业0.9个百分点；国有工业产销率为98.13%，高于集体、股份制和“三资”企业。工业产销率的提高，减缓了工业产品库存上升的势头。由于国家采取了提高出口退税率等鼓励和支持出口的政策，1999年工业品的出口交货值比上年增长8.8%，增速比上年加快3.7个百分点。其中下半年以来出口明显加快，7～12月出口交货值分别增长9.4%～13.75%，高于上半年5.7%的增长速度。

二、企业改革取得重大进展

近几年，在党的十五大和十五届四中全会精神指引下，国有企业改革进一步向纵深发展，三年脱困的步伐明显加快。

（一）现代企业制度建设取得积极进展

建立现代企业制度是国有企业改革的方向。能否实现公有制与市场经济的有机结合，关键在于国有企业的制度创新，建立符合社会化大生产和市场经济要求的现代企业制度。党的十四届三中全会提出建立现代企业制度之后，国家确定在100家企业中进行建立现代企业制度的试点；各地区、各部门也选择了一批企业进行试点。据统计，全国进行试点的企业共2714家，已按《公司法》改为公司制的有2066家，占76%。其中，有限责任公司占35%，股份有限公司占34%，国有独资公司占31%。在这些改制企业中，国有控股企业1841家，占89%。

党的十五届四中全会就国有企业改革和发展的若干重大问题作出了决定，统一了全党对建立现代企业制度的认识，现代企业制度建设步伐进一步加快，范围逐步扩大，股权多元化的有限责任公司和股份有限公司成为改制的主要形式。据对520家国家重点企业中的514家国有企业的统计，到1999年末，中央管理的94家国有企业已有38家进行了改制，其中部分改为多元股东持股的占73%；地方管理的420家国有企业已改制385家，其中整体改为多元股东持股的占19%，部分改为多元股东持股的占74%。在520家国家重点企业中，有257家已经上市或部分上市。一些大型企业集团按照建立现代企业制度的要求，进行了母子公司体制改革，使集团的管理和发展初步建立在以产权为纽带的基础上，为企业结构调整创造了条件。

通过公司制改革，在一定程度上明确了企业的国有资产投资主体，落实了保值增值责任，形成了国家对企业的有限责任制度，打破了企业吃国家大锅饭的弊端；通过建立公司法人治理结构，明确了企业的决策机构、执行机构和监督机构各自的职责，为企业机制转换初步打下了制度基础；通过股权多元化，促进了国有资本与其他所有制经济的结合，提高了国有资本的控制力和影响力。

（二）政企分开迈出重大步伐

实现政企分开，建立适应市场经济要求的国有资产管理体制，是国企改革需要解决的一个重点难点问题。这几年在以下几个方面有了重要突破：一是军队、武警部队和政法机关不再经商办企业。1998年，党中央果断作出的这一重大决策，解决了特殊利益主体经商办企业的问题。军队、武警部队和政法机关移交地方的经营性企业6381户，资产总额994亿元，负债总额728亿元，所有者权益266亿元，在职职工20.7万人。企业移交后的清理处理工作已全部完成。二是中央党政机关与所办经济实体和所管理的直属企业脱钩。中央党政机关非金融类企业脱钩涉及52个部门、530个企业，资产总额11199亿元，在全国非金融类国有企业中所占的比例为10.8%，负债总额7074亿元，所有者权益4125亿元，在职职工285万人，离退休人员106万人。目前这些企业已基本处理到位，实现了与原政府主管部门彻底脱钩。三是积极探索建立国有资产管理有效形式。国家对于中央管理的部分基础好的国有大型企业和企业集团实行了国有资产授权经营；一些地方进行了建立国有资产管理具体方式的试点，如上海、深圳、武汉等地，取得了一些经验。四是加强对国有企业的监管。1998年，国务院建立了稽察特派员制度，先后任命两批稽察特派员进驻62户国有重点企业开展实地稽察，发现不少问题；根据党的十五届四中全会决定，稽察特派员制度将逐步过渡到规范的监事会制度，依法完善对国有企业的监管。党中央决定成立中央企业工委，对中央管理的国有企业的党的工作、领导班子和监管工作实行统一管理。

（三）国有企业战略性改组初见成效

从力图搞好每个国有企业，到着眼于搞好整个国有经济，从根本上提高国有企业的素质和竞争力，是国有企业改革工作指导方针上的一大转变。按照党的十五大关于着眼于搞好整个国有经济的精神，坚持抓大放小，对国有企业实施战略性改组。“抓大”方面，国家突出抓了企业集团试点和在国民经济中具有重要作用的重点企业。1991年末，国家选择57户大企业进行企业集团试点，1997年扩大到120户，按照现代企业制度的要求，探索建立以资本为纽带的母子公司体制，培育了一批具有一定竞争力的企业集团。1996年国家确定重点抓300户大企业，1997年扩大到512户，1999年又根据发展变化的新情况调整为520户。国家支持国有企业改革发展和结构调整的有关政策，优先在这些重点企业实施。近年来，结合行业性结构调整，组建了一批具有战略意义的大集团。1998年重组的中国石油天然气集团公司和中国石油化工集团公司，实现了上下游、内外贸和产供销一体化，大大提高了我国石油石化工业的集约化程度和国际竞争能力。以宝钢为主体的上海钢铁企业联合重组，本着“做高”“做强”的原则，为发展成为我国冶金行业的精品基地奠定了基础。1999年军工十大集团，电信四大集团的组建工作也接近完成。结合企业组织结构的调整，加快了大型企业重组上市的步伐。目前，中国石油集团已在香港和纽约上市，中国联通、石化集团、海洋石油、宝钢集团的海外上市工作正在积极准备。

“放小”方面，对于量大面广的国有小企业，按照党的十五大精神，各地根据不同情况，采取改组、联合、兼并、租赁、承包经营和股份合作制、出售等多种形式放开放活，使一大批国有小企业寻找到适合自身发展的具体形式，促进了经营机制的转换，增强了市场竞争力。针对有的地方在出售国有小企业出现的一些偏差，遵照中央领导同志指示，及时进行了纠正，下发了《关于出售国有小型企业中若干问题意见的通知》，对小企业出售中一些关键环节进行了规范。

（四）国有大中型亏损企业三年脱困出现转折性变化

实现党中央提出的国有企业三年脱困目标，

1998 年是第一年，国有企业虽然经受住了亚洲金融危机和特大洪涝灾害的考验，但困难进一步加重。当年，国有及国有控股工业实现利润只有 525 亿元，比 1997 年下降了 34.9%，是近年来最低的。为推动国有企业改革和脱困，中央采取了一系列政策措施。一是兼并破产的政策力度加大。分三批安排了 435 个大中型兼并破产项目，加上上年结转项目，共需核销银行呆坏账准备金 700 多亿元，是实施这项政策以来力度最大的一年。二是结合国有商业银行处理不良贷款，实施了债权转股权重大措施，已审查推荐了债转股企业 601 户，拟转股金额 4596 亿元，目前各金融资产管理公司正在独立评审；增加了技改贷款贴息，按照增加品种、改善质量、提高效益和替代进口的要求，分三批安排了 647 个技改项目，贴息额 90 亿元，相当于过去 10 年的总和。这些重大政策措施正在组织实施，有的已初见成效，最终效果将在 2000 年及以后显现出来。1999 年，经过各方面共同努力，国有及国有控股工业企业共实现利润 967 亿元，比上年增长 77.6%。全国 30 个省区市（不含西藏），有 26 个不同程度地增利、扭亏和减亏，东北的辽宁、吉林省的脱困工作出现重大转机，两省已实现整体扭亏为盈。14 个工业行业有 12 个行业大幅度增盈或扭亏，特别是作为三年改革和脱困突破口的纺织行业，提前一年完成压锭、减员、扭亏任务，全年实现利润 9 亿元，结束了长达 6 年的亏损局面。1997 年末的 6599 户国有及国有控股大中型亏损企业，已扭亏或消除亏损 3211 户，占亏损企业总户数的 48.7%。初步分析，其中 2/3 来自于政策因素，1/3 是企业主观努力的结果。随着改革的不断深化和政策效应的逐步显现，实现中央提出的三年脱困目标是有希望的。

三、企业改革面临的突出矛盾和问题

目前，企业改革正处在攻坚阶段，一些深层次矛盾和问题集中暴露。最为突出的，表现在以下五个方面：

（一）国有资产出资人问题

国有资产出资人不到位是阻碍国有企业改革进一步深化的根本性问题，一笔资产运作不好，受损失的是所有者，而不是经营者。如果没有所有者认真、负责地管理、经营好国有资产，现代企业制度不可能规范运作，也不可能有好的机制转换效果。传统体制下国有资产所有者代表机构的职能分别由不同的行政机构行使，管人、管事、管资产、管监督分兵把口，没有一个统一的、人格化的国有资产出资人代表，国有资产经营责任制很难真正建立和落实。有的地方在改革国有资产管理体制方面进行了一些探索，试图建立国有资产出资人制度，但就现有模式的运行效果看，虽然国有资产出资人制度的总体轮廓已经显现出来，但由于配套改革没有跟进、操作还不规范，国有资产出资人各项权责并未得到完全落实。主要表现在：一是尚未建立出资人对国有资产保值增值的监督保障机制，一些国有企业实际上处于“内部人控制”的状态。二是国有企业的出资人对经营者的激励约束机制不到位，多数国有企业经营者还是由上级部门任命、收入未与企业的长远发展挂钩，这种企业经营者管理体制，既不能发挥董事会对经营者的监督约束作用，也不能充分调动企业经营者的积极性。

（二）国有企业内部问题

国有企业内部改革不到位，经营管理工作薄弱，相当一部分企业经营者和职工的思想观念转变滞后，这是导致企业管理松弛、管理难度大的主要原因之一。主要表现在：一是不少企业经营管理者等、靠、要思想仍然严重，等上级拿主意，靠政府给“政策”，要项目要资金。根据国家统计局对国有重点企业的调查，44.3%的企业希望国家投资政策给予重点优惠，26.1%的企业希望对所在行业优惠；有 2/3 的企业希望国家税收政策优惠。二是大多数国有企业内部三项制度改革不到位，管理人员能上不能下、收入能高不能低、职工能进不能出，激励不足，约束乏力，机构臃肿，人浮于事，效率低下，企业管理水平不能适应市场竞争的需要。据抽样调查，目前我国 45%的企业的基础管理、31%的企业的专业管理和 53%的企业的现场管理出现滑坡现象。企业管理不善，缺乏管理创新意识，已成为影响企业竞争力甚至导致企业陷入困境的重要因素。由于内部改革不到位，许多国有企业难以调动科技人员的积极性、主动性、创造性；再加上企业资产负债率高，资本金不足，融资渠道不畅，技术进步投入不足，使企业缺乏追求技术进步的动力和能力。

（三）国有经济结构问题

国有经济结构不合理，化解矛盾还要长期的努力，计划经济时期不合理的产业布局和多年来严重的低水平重复建设，使国有经济存在着严重的结构性矛盾。一些计划经济时期铺摊子比较大的行业，如纺织、机械、冶金、军工等，结构性矛盾更为突出；一大批五六十年代建设的地处偏远的三线企业和资源枯竭的矿山等，已成为影响社会稳定的特困企业，需要进行妥善处理。低水平重复建设和投资失误也是造成当前企业困难、结构调整难度大的重要原因。“七五”、“八五”时期的一些建设项目存在很大的盲目性，乱上项目，乱铺摊子，重复建设。市场不规范的竞争，导致一投产即亏损；有的企业和项目虽然不是重复建设，但由于资本金严重不足、财务费用负担重，也难以生存；还有一些项目决策失误，产品没有市场，即使注入资本金也不能解决问题。由于结构调整、尤其是行业结构调整涉及大量企业的处置和职工的安置问题，既要从经济角度考虑，又要从社会角度安排，操作必须非常谨慎。从国外进行行业性调整的经验看，我国国有经济结构调整的任务是非常艰巨的，不会是一个短期的过程。

（四）国有企业退出机制问题

国有困难企业退出市场的通道不畅，社会承受能力不强，企业优胜劣汰是市场竞争的必然结果，也是通过市场机制优化结构的基本途径，但是由于缺乏社会保障支撑等方面的原因，国有困难企业退出市场难度大，致使国有经济内部积累了大量应淘汰而难以淘汰的特困企业，导致国有经济整体结构和效益状况恶化。从1996年开始，虽然启动了国有企业兼并破产工作、推进再就业工程，但能够实施的规模与实际需要有较大距离，一些大企业的破产仍面临很大困难。

（五）国有经济结构调整成本问题

支持国有企业改革和国有经济结构调整成本高，投入支持力度不足，国有企业和国有经济存在的问题是长期积累而成的，解决这些问题不但需要体制改革，而且需要资金投入，尤其是在分离国有企业的社会负担和结构调整方面。目前，有可能对国有企业改革进行投入的渠道已发生了变化，财政系统要逐步从竞争领域退出，国有银行正在加大商业化改革的力度。财政体制、金融体制改革都是符合建立社会主义市场经济体制要求的，但客观上使国有企业改革处于投入严重不足的状态，缺乏一个稳定、规范的改革成本投入渠道，严重影响国有企业改革进程。

四、下一步深化企业改革的政策方向

（一）推进国有资产管理体制改革

——继续推进政企分开。实行政企分开必须做好以下几项工作：把政府职能转到宏观调控、社会管理、行业管理和公共服务上来；各级党政机关与所办经济实体和所管理的企业完全脱钩，政府对企业的债务承担有限责任；企业拥有法人财产权，以全部法人财产独立享有民事权利、承担民事责任；企业不再套用党政机关的行政级别；建立和完善政企分开的投融资体制，赋予企业投融资自主权并承担相应责任。

——明确国有资产出资人代表机构。形成国有资产出资人代表具体的组织机构，使出资人的各项职能逐步一体化，确保国有资产出资人主体到位、职权到位、责任到位。国有资产管理机构的基本职责应是：提名决定监事、企业经营者人选；审计监督企业生产经营和财务状况；批准企业利润分配方案；根据考核、监督的结果决定企业经营者的奖惩和任免等。国有资产管理机构要向同级人民代表大会公开其工作信息，并接受人民代表大会的监督。

——构造国有资产营运主体。国有资产规模较大、公司制改革规范、内部管理制度健全、经营状况好的国有大型企业或企业集团公司，经政府授权，对其全资、控股或参股企业的国有资产行使所有者职能。其他企业中的国有资产，通过国有资产经营公司、控股公司等其他组织形式，建立产权纽带关系，经政府授权对授权范围内的国有资产行使所有者职能。

——明确政府与国有资产营运主体之间的责任和权利。政府与被授权的国有资产营运主体要签订授权经营协议。被授权的大型企业、企业集团公司或其他组织形式，要有健全的资产管理、股权代表管理、财务管理、审计和监督管理制度，对授权范围内的国有资产依法行使资产收益、重大决策和选择经营者权利，并承担国有资产保值增值责任。政府部门要承担好考核和监督的责任，建立一套科学的、可操作的评价指标体系，通过外部监事会实施有效的外部监督。

（二）规范改制，加快现代企业制度建设

——对国有大中型骨干企业进行规范的公司制改革，在规范改制的基础上尽可能推进股权多元化。在下一步工作中，除极少数必须由国家垄断经营的企业外，要通过多种途径，积极发展多元投资主体的股份有限公司和有限责任公司。对于已上市的公司，要采取有针对性的措施，促进其进一步转变经营机制；同时也要研究和探索通过非上市途径实现股权多元化的具体方式。

——建立规范的法人治理结构，并有效运作。董事会与经理班子成员要减少交叉任职，公司董事会重大决策和选聘经营者的职责要到位，建立集体决策并可追溯个人决策责任的董事会议事规则，大型公司制企业要逐步建立外部董事和独立董事制度。监事会的监督职能也要到位，加强对公司董事

会决策、经理层经营行为和公司财务的监督作用，对国有独资公司要通过外部监事会进行监督。

——深化企业内部改革，转变企业经营机制。企业内部改革以企业人事、劳动、分配三项制度为重点，目标是形成职工能进能出、管理人员能上能下、收入能增能减的机制。在深化企业内部改革工作中：一是把人事制度改革作为三项制度改革的切入点，首先解决管理人员竞争上岗问题，可以为劳动和分配制度改革创造氛围和条件。二是把竞争机制充分引入企业内部，职工通过公平、公开的程序竞争职位和岗位。

——建立完善有效的监督体制和机制。公司制企业要依法建立监事会并有效发挥监督作用。公司监事会主要由政府或者政府授权的机构委派人员组成，并有公司职工代表参加。国有控股的公司制企业，监事会中的国有股东代表半数以上由公司外部人员担任。监事会要依法履行监督职能，检查公司财务，对公司董事、经理执行职务中违反法律、法规或公司章程的行为进行监督。

（三）加快国有经济和国有企业战略性结构调整

——发展一批具有战略意义的大型企业集团。重点鼓励在资本密集、技术密集等产业领域，以企业为主体，以资本为纽带，通过市场形成具有较强竞争力的大型企业集团。企业集团要建立和完善母子公司体制，企业集团的母公司负有推进整个集团建立现代企业制度的责任。集团的子企业一般应改制为多元投资主体的公司；母公司向子公司派出董事或产权代表，通过子公司的股东会、董事会参与子公司的经营。

——加快放开搞活国有中小企业。通过多种形式，促使国有中小企业走向市场。研究制定符合中小企业特点的鼓励、扶持政策，推进中小企业特别是科技型企业更好发展。建立健全社会化服务体系，为中小企业提供融资担保、信息咨询、市场开拓、技术支持、人才培训等方面的服务。制订促进中小企业发展的法律法规，为各种所有制中小企业的平等、健康发展提供法律保障。

——继续执行现行国有企业关闭破产政策，增加银行核销呆坏账准备金，为企业退出拓宽渠道。企业破产关闭工作要从结构调整的战略高度着眼，紧紧围绕扭亏脱困、控制总量的目标来进行，集中力量，突出解决重点行业中确需退出市场的企业破产关闭问题。并与淘汰落后生产能力和清理整顿“五小”工作相结合，使长期亏损、扭亏无望和资源枯竭的国有大中型企业以及浪费资源、技术落后、质量低劣、污染严重的“五小”企业能及时退出市场。

——利用企业兼并、收购、联合等资产重组方式，盘活存量资产。对国有企业实行分类改组，除确需破产关闭的企业外，要尽可能通过存量资产的流动和重组，集中有效资产、重组低效资产、盘活滞存资产。有一定实力、经营状况良好的国有企业，要吸引多方投资，实行低成本扩张；对于产品仍有市场但负担重、经营困难的企业，应在取得债权人同意的前提下，通过兼并、联合等多种灵活的形式进行资产重组、债务重组和结构调整。

（四）大力推进相关的配套改革

——探索建立符合市场经济要求的企业经营者选拔任用和激励约束机制。选好一把手、搞好企业经营者队伍建设，首先是一个机制问题。一是把管人与管资产相统一，使管人的部门受到严格的责任约束，并彻底解决一个企业多头管理的问题。二是把党管干部的原则与依法选择经营者有机结合起来。三是充分引入市场机制，通过向社会公开招聘或竞争上岗的形式选拔人才。四是积极推进企业经营者年薪制、持有股权、股票期权等具体形式的试点。五是通过权力约束、制度约束、法律约束、市场约束以及自我约束等多种方式，强化对国有企业经营者的有效监督和约束。

——推进财政、税收体制改革。对于必须由国家控制的企业，财政要承担出资人的义务，将企业发展需要补充的资本金纳入预算。建立支持国有企业改革和调整的稳定的资金渠道，为分流富余人员、分离企业办社会职能和结构调整提供必不可少的财力支持，并向老工业基地和欠发达地区适当倾斜。进一步推进税收制度改革，按照国民待遇原则公平税赋，改变国家税收过度依靠国有经济的状况，逐步缩小并最终消除对不同所有制企业的税率差别。为支持跨行业、跨地区、跨所有制企业的联合、兼并等重组行为，特别是促进“强强联合”和进行多元投资主体的股份制改造，需要改革企业所得税按隶属关系征收的现行体制。继续清费立税，进一步减轻企业负担。

——同步进行金融体制改革。通过完善货币政策手段，调整信贷结构，促进国有经济的结构调整。继续实行国有企业兼并破产有关政策，企业关闭破产涉及的银行呆坏账和金融资产管理公司的债权，应由有关银行和金融资产管理公司核销。积极建立中小企业信用担保体系和风险投资基金，推动中小企业和高新技术企业的发展。开拓债转股企业股权变现和企业不良债权折扣出售的渠道，支持金融资产管理公司盘活资产。继续支持国有企业通过上市改制融资。建立非上市公司产权交易市场，促进产权流动和多元化。

——加速建立社会保障体系。社会保障体系是社会稳定的平衡器。要搞好“三条保障线”的衔接，规范城市居民最低生活保障制度，完善统一的城镇居民社会救济体系，创造条件积极稳妥地实现下岗职工基本生活由再就业服务中心保障转为失业保险保障。通过财政投入、国有资产变现、发行特种国债、开征社会保障税等多种方式，筹集社会保障资金。加大社会保障的覆盖面，使养老、医疗、失业等社会保障覆盖城镇所有用人单位及职工。尽快在企业之外建立独立的社会保障体系，实现各种保险管理和服务社会化。依法扩大养老、失业、医疗等社会保险覆盖范围，强化社会保险费的征缴，进一步完善养老保险省级统筹制度，多渠道充实社会保障基金，严格社会保障基金的管理与监督，逐步推进社会保障的社会化管理，加快社会保障体系建设，为顺利推进国有企业改革和发展创造良好的外部环境。

（撰稿：毛元斌）

建立现代企业制度

1993年11月党的十四届三中全会提出，建立现代企业制度是国有企业改革的方向。这标志着国有企业改革进入了以制度创新为主要内容的新阶段。1994年11月，国务院召开了“全国建立现代企业制度试点工作会议”，100家国有大中型企业建立现代企业制度试点工作正式启动。此后，各地区、各部门也先后选择了一批企业进行试点。到1998年，全国试点企业达2700多户。近年来，在试点的基础上，国有企业建立现代企业制度工作在越来越广泛的范围内展开，并取得积极进展，为国有企业进一步深化改革积累了宝贵经验。

一、建立现代企业制度试点的主要措施

近年来的试点工作，主要在以下几个方面进行了探索。

（一）依照《公司法》对试点企业进行公司制改革

百户试点企业的初始情况是，单独的工厂制企业74家，行政性总公司和行业主管局26家。绝大多数企业的效益比较好，也有20家企业效益较差，其中还有10家亏损企业。

根据建立现代企业制度的方向和要求，试点企业依据《公司法》选择了四种不同的改制方式：一是直接改制为股份有限公司；二是先由工厂制改制为国有独资的集团公司，在明确国有资产投资主体、理顺集团内部母子公司体制后，对生产主体或子公司进行多元投资主体改制。采取这种方式的企业占大多数，共70多户；三是根据企业债权结构和投资构成，改制为有限责任公司；四是仍继续保留原体制或改为国有独资公司，有3家企业。

据国家统计局企业调查总队1998年的跟踪调查反映，在2714家试点企业中，已按《公司法》初步建立了公司制的企业有2066家，占76.1%，资产总额为29853亿元，占73.4%。其中，有限责任公司712家，占34.4%，资产总额占31.7%；股份有限公司700家，占33.9%，资产总额占19.3%；国有独资公司654家，占31.7%，资产总额占49.0%。

国家统计局企业调查总队1999年对1994年开始试点的2473家国有企业的跟踪调查表明，到1999年末，已改制的企业2016家，占81.5%。其中，有限责任公司603家，占29.9%；股份有限公司713家，占35.4%；国有独资公司700家，占34.7%。

截至1999年末，在国务院确定的520户重点企业中的514家国有企业，已实行改制的422家，占82%。改为多元投资主体的81家；改为国有独资公司的341家，其中202家含多元投资主体的子公司。

（二）探索明确国有资产投资主体的具体途径

针对国家管理国有企业的职责分散在许多政府部门的状况，试点企业及有关部门、地方在塑造国有资产经营主体方面进行了探索，通过多种形式建立国有资产经营机构，明确国有资产保值增值责

任。

试点企业分别采取以下方式明确国有资产投资主体：一是将原行使行业管理职能的行政性公司转体为国有资产经营公司（纯粹控股公司）。如青岛益青实业总公司（原一轻局）把行政职能移交给政府有关部门，改组为国有资产控股公司，作为一轻系统市属企业国有资产出资者，负责国有资产运营。二是将原行使行业管理职能的行政性公司转体为经济实体（混合控股公司）。公司在自身进行生产经营的同时，对原管理的企业行使出资者职能。三是对具备条件的企业集团的集团公司实行国有资产授权经营。集团公司成为授权范围内企业国有资产的出资者，从而构建母子公司体制。四是由政府有关部门暂行国有资产出资者职能。

与此同时，一些地区还对国有资产管理体制改革进行了探索。如深圳市组建了三家市级国有资产经营公司；上海市成立了国资委作为国有资产管理主体，将原来工业主管局改制成控股公司、资产经营公司，并将一些大企业经过资产重组改建为大型企业集团，经国资委授权后成为国有资产的运营机构。到1999年，上海市授权经营的国有资产总量已经超过全市经营性资产总量的90%。通过授权，初步解决了国有资产出资人到位的问题，明确了结构调整的主体和国有资产保值增值的责任主体。

（三）建立和完善法人治理结构

政企分开是现代企业制度重要特征，企业在法律许可的范围内独立自主地开展生产经营活动，政府不得干预；企业通过一定的法人治理结构来实现决策、执行和监督。为了实现政企分开和科学管理，试点企业从公司组织机构及运行机制上建立并逐步完善法人治理结构，在内部管理体制和企业经营者管理体制改革方面进行了积极探索。

试点企业依据《公司法》建立了股东会、董事会、经理层和监事会，各机构职能逐步到位。依据公司章程，股东会向全体股东负责，董事会向股东会负责，总经理向董事会负责，监事会对董事和经理实施监督，基本形成规范的权力责任体系。1999年，1316家有限责任公司和股份有限公司中有1082家成立了股东会，占82.2%；已改制的企业中，95.1%的企业成立了董事会，84.5%的企业成立了监事会。

一些地区在企业干部人事管理方面进行了积极探索。深圳市委、市政府对国有企业领导干部管理制度进行了改革，把企业人事管理权下放给资产经营公司，实现了管人与管事的统一；总经理的任免权则交给公司董事会，同时还成立了高级经理人才评价推荐中心，为企业经营者的选择引入了竞争机制。上海市对大型企业逐步实行产权代表的委任制和主要经营者的聘任制，由出资方管好董事长、监事会主席，董事会聘任总经理，保证董事会对总经理的用人权；对于中小企业，则更多地通过厂长（经理）人才公司等中介机构，以竞争的方式选任。

（四）改革企业劳动用工制度

试点企业对劳动用工制度进行了改革，依照《劳动法》规定，由企业与职工签订劳动合同，建立劳动关系。为指导和规范试点企业劳动工资社会保险制度改革，劳动部和国家经贸委制定下发了《现代企业制度试点企业劳动工资社会保险制度改革办法》，通过试点逐步形成职工自主择业和企业自主用工的机制，劳动力市场逐步得到发育。

在现阶段我国社会保障体系不健全的条件下，为了改革企业用工制度和形成劳动力流动机制，试点企业普遍实行了下岗分流和实施再就业工程，增强了劳动力市场吸收消化企业富余职工的能力，同时，帮助职工转变就业观念，加强再就业培训，鼓励职工自谋职业，使市场机制在劳动力资源配置中发挥基础性作用。通过实施下岗分流、减员增效，企业富余人员逐渐减少。

（五）进行分离、分流、增资减债等多方面的探索

富余人员多、承担大量社会职能和高负债，是国有企业在旧体制下长期以来形成的三大负担，极大地影响国有企业走向市场，平等参与市场竞争。针对这些问题，国家经贸委与国家教委、劳动部、财政部、卫生部制定下发了《关于若干城市分离企业办社会职能分流富余人员的意见》，试点城市的企业先行一步。通过分流富余人员、分离企业办社会职能，为国有企业切实减轻了社会负担；通过多渠道增资减债，突破了国有企业债务负担过重的困境，使试点企业的负债率有所下降。

试点企业所在城市政府利用多种渠道为企业增补资本金，降低负债率，取得了一定效果，探索了一些可行办法。主要方式：一是根据地方财力状况，按一定比例将企业上缴的地方税返还企业，作为国家资本金投入；二是将中央或地方给企业的财政性借款、“拨改贷”本息余额和企业历年欠缴财政的“两金”等转为国家资本金；三是将企业国有资产经营收益在企业资产负债率降到一定比例之前，留在试点企业用于增加国家资本金。通过多渠道增资减债，百户试点企业的资产负债率由试点前的67.6%下降到1998年末的64.1%。上海市在增资减债方面的力度较大，探索形成了“主体多元

吸一块、存量盘活调一块、债权转股权换一块、兼并破产活一块、企业发展增一块、政府扶持补一块”的思路，地方国有工业企业的资产负债率在两年中下降了近12个百分点。

（六）不断推进政企分开

试点企业和政府主管部门按照现代企业制度实行政企分开的原则推进改革，减少政府对企业经营行为的干预，逐步落实企业的各项经营自主权。政府逐步超脱出来，依法对各类企业实施执法监督。对国有全资、国有控股参股企业，通过各类国有资产出资人机构（如国有资产控股公司、国有资产经营公司）行使股东权利。有的暂由政府部门代行职权，创造条件逐步过渡。

1998年末，军队、武警部队和政法机关一律不再从事经商活动，其所办经营性企业移交地方管理；中央党政机关与所办经济实体和管理的直属企业彻底脱钩。这些企业的清理和处理工作，于1999年基本完成。这一重大举措是国有企业在政企分开方面迈出的实质性步伐，对于切断国有企业与政府的行政隶属关系，推动企业作为独立的竞争主体进入市场、参与平等竞争起到了关键作用。

在推进政企分开的同时，积极探索加强企业监督的形式。1998年国务院发布了《国务院稽察特派员条例》，决定由国务院直接派出稽察特派员对一批国有大型重点企业实施监督。为完善监督管理，使之法制化，以便与《公司法》的规定相接轨，1999年国务院颁布了《国有企业监事会暂行条例》，由国务院派出，对国务院负责，代表国家对企业国有资产保值增值实施监督。原来实施稽察特派员的向外派监事会过渡。

二、试点企业发生了明显变化

（一）普遍建立了公司法人治理结构

据国家统计局企业调查总队问卷调查，试点企业的主要变化如下：试点企业中有的企业成立了董事会，83.6%成立了监事会，53.0%的股份有限公司和有限责任公司成立了股东会。1998年政府机构改革，加速了企业与主管部门的脱钩。在改制企业中，政府对企业生产经营的直接干预明显弱化，一种权责明确的新型政企关系逐渐形成。调查结果反映，98%的企业总经理能担负和行使主持公司生产经营管理、拟订公司管理制度及机构设置方案、组织实施年度经营计划、投资方案以及董事会决议的责任和职权；除应由董事会聘任或解聘的人员外，85%的企业总经理可以提请聘任或解聘公司副总经理和财务负责人、聘任或解聘管理人员。政府对企业的大多数重大投资决策不再进行行政性审批。81%的企业认为能够自主作出重大投资决策。

（二）开始形成了投资主体多元化格局

到1998年末，已有80%的改制企业在清产核资、界定产权的基础上建立了企业出资人制度，比1997年提高了17.4个百分点。在企业全部资本金中，法人资本、外商资本、个人资本和集体资本已达到26.2%，其比例分别为14.8%、5.2%、4.9%、1.3%。多元化投资主体格局的初步形成，增强了改制企业的抗风险能力。

（三）企业资产负债率有所下降

1998年末，改制企业共有资产29853亿元，比1997年增长9%。国有独资公司增长幅度最大，1998年资产总计比上年增长10%；其次是有限责任公司，增长8.3%；股份有限公司增长7.4%。因此，企业的资产负债率略有下降。1998年，企业资产负债率为59%，比上年降低0.5百分点。流动比率为1.04，比上年增加0.7%。

（四）企业净资产增加，资本运营能力增强

截至1998年末，改制企业的所有者权益达12036亿元，比上年增长11%。1998年股本为5834亿元，比上年增长8.2%。股份有限公司的所有者权益增长最快，增长13.2%；其次为国有独资公司，增长12.2%；有限责任公司增长7.8%。股本增幅最大的是有限责任公司，增长9.3%；依次是股份有限公司和国有独资公司，分别增长8.2%、7.2%。

1998年累计改制企业对外投资2248亿元，比1997年增长18.3%。其中，有限责任公司增长21.6%，国有独资公司增长17.3%，股份有限公司增长14.3%。

（五）企业科技投入力度加大

1998年，改制企业用于科研开发的费用为115亿元，比上年增长5.4%。科研开发费用占企业主营业务收入的比重为0.8%，比1997年增加0.1个百分点。科研开发费用增加最快的是股份有限公司，1998年比上年增长10.3%；其次是股份有限公司，增长7.9%；国有独资公司增长1.1%。

（六）企业“双分”工作取得了进展

1998年，改制企业分离的学校、医院等社会性服务机构是1997年的2.4倍。1998年企业从业人员比1997年减少7.3%，1998年离职人员（指离开所在企业仍保留劳动关系的职工）比1997年增加87%。企业分离富余职工的去向，以下岗、企业内部消化和提前退休的形式居多，分别占44.9%、

21.6%和16.9%，有10.5%的人处于待业状态，有6.2%的人被安排到其他单位。

三、试点中存在的主要问题

对国务院确定的100家建立现代企业制度试点企业进行的问卷调查显示，试点企业存在一些亟待解决的问题。

（一）没有建立符合改革需要的社会保障体系

有60%的企业认为，企业冗员太多，社会包袱沉重。在建立现代企业制度试点中，大多数企业通过深化企业内部改革，实施下岗分流、减员增效和再就业工程，富余人员有一定程度的下降。但由于社会保障制度不健全，大部分富余人员的下岗分流、再就业仍由企业负担，富余人员难以进入市场流动和再就业，妨碍了企业效率及管理水平的提高。

（二）国有资产管理体制改革滞后

国有企业改制后，企业"所有者缺位"的问题未能得到有效解决。有54%的试点企业认为政府职能转变滞后，在很多地方及政府部门仍然沿用行政手段管理改制后的企业，有的企业还保留行政级别，政企没有分开。

（三）法人治理结构运行不规范

有56%的企业认为投资主体多元化尚未根本形成。由于融资渠道少，改制企业要实现投资主体多元化，面临诸多困难。即使实现了投资主体多元化，由于国有股权偏大，国家以外的其他股东也因为势单力薄，既没有能力抵制来自政府部门的干预，也没有能力对企业管理层构成有效的制衡，建立的公司法人治理结构流于形式。在试点企业中，有29%的企业认为其法人治理结构运行缺乏规范。

（四）对经营者的激励和约束机制不健全

有45%的试点企业认为缺乏对经营者的激励机制和约束机制，导致出现"五十七八九岁"现象。建立经营者的激励与约束相结合的制衡机制是建立现代企业制度的重要内容。但如何通过有效的制度调动他们的积极性，同时防止"内部人控制"的问题，还没有得到解决。

四、建立现代企业制度的初步效果

经过几年的努力，建立现代企业制度工作取得了初步效果。

（一）促进企业的发展

截至1999年末，境内上市公司（A、B股）949家；境内上市外资股（B股）108家；境外上市公司（H股）46家。到1999年，全国股份公司从境内外证券市场累计募集资金5400多亿元。参加试点的企业由于比较早地实行了较规范的公司制改制，也从股票市场筹集了大量资金。从1995年到1998年末，99户试点企业中已有48户在境内外上市发行股票，累计筹集资金近39亿元，所有者权益增长了116%。在国务院确定的520家重点企业中的514家国有企业，含上市公司的有251家。即使未上市的企业，由于实行了公司制度，也通过吸收多元投资主体向企业投资等途径，不同程度地解决了企业发展中的资本金短缺问题。

（二）促进了试点企业经营机制转换

试点企业在深化内部改革方面不断深入，部分企业的经营机制开始转换。如广西自治区通过深化改革，狠抓了企业劳动、人事和分配等三项制度改革，国有企业面貌焕然一新，内部机制转换初步到位，经济效益明显改善。河南许继集团的人事制度实行公开竞聘制度、年度考评比例淘汰制度，分配上提高了与贡献挂钩的活工资比例，极大地调动了职工的积极性，增强了企业的市场竞争力。从改制形式与机制转换的关系看，股权多元化的有限责任公司和股份有限公司的效果要比国有独资公司好，上市公司要比非上市公司好。

（三）现代企业制度的框架初步形成

以上海市为例，他们坚持全面推进各项相关的配套改革，努力建立企业优胜劣汰的竞争机制、国有资产保值增值机制、企业经营者选拔任用机制、劳动力流动和再就业机制、社会保障机制等"五大机制"，取得了突出效果。几年来，全市累计有130万人次职工下岗，通过建立再就业中心托管、多渠道分流安置，又有百万人重新就业，职工能进能出的新机制已基本形成。在企业经营者选拔任用方面，上海市把党管干部原则与出资者选择经营者、市场竞争评价经营者有机结合起来，实行企业干部的分类管理，取得了重要突破，试点企业经营者的选拔任用机制开始转换。

（四）试点企业效益状况比较稳定

需要说明的是，现代企业制度试点为有代表性，在选点时并没有偏重于效益好的优势企业，百户试点中有20户企业在开始试点时经济效益较差。而且，百户现代企业制度试点是一项没有优惠政策的试点，保证了试点经验的普遍性和经济指标的可比性。1999年，2016家改制企业实现利润总额457亿元，比上年增长25%；净资产收益率达到

3%，比上年提高0.5个百分点。虽然对于这样一项以制度创新为主要内涵的试点来说，企业经济效益对于衡量试点效果并不是惟一的，但试点企业的经营状况好于面上的企业，不能不说其中包含了制度创新的结果。

（五）传统体制与现代制度的矛盾尚未解决

有关党政部门按照传统的干部管理体制在公司制企业中行使的权利，不仅包括了一部分属于出资者的权利，而且经常涉及其他股东和董事会的职权范围。实践证明，用合法程序包装这种传统做法，不仅无助于解决机制上的问题，而且还会滋生出新的矛盾。

（六）国有股权尚未进入市场

在公司制度中，公司股权在市场上流动重组和由此导致的购并活动是公司外部股东对内部管理层进行制衡的一种重要机制，也是实现结构调整和存量资产优化配置的重要途径。改制企业虽然形式上实行了公司制度，但其中占多数股份的国有股和法人股不能流动，因而在制衡机制方面存在严重的缺陷，结构调整的制度基础也很不健全。

（七）支付改革成本的财力不足

存量资产和劳动力的流动重组势必导致在旧体制下形成的各种历史欠账被暴露出来，要求国家投入相应的财力加以偿还。在目前国家用于支付改革成本的财力严重不足的情况下，很多企业即使改制成了公司，存量资产和劳动力的调整也步履维艰。

五、加快建立现代企业制度需要解决的问题

建立现代企业制度是一个复杂的系统工程，加快建立现代企业制度，当然要求企业转换机制、加强管理，但更重要的是企业需要有一个按照现代企业制度运行的外部环境。从某种意义上说，建立现代企业制度不仅是企业的任务，更是政府和全社会的任务。从试点的情况来看，必须研究和解决以下几个重点难点问题。

（一）政企职责划分问题

政企职责不分，现代企业制度就无从谈起，目前这个问题并未从根本上得到解决。主要表现在：一是本应由企业作出的重大投资决策，有的仍需要进行行政审批；二是对企业经营者的选拔和使用，基本上是按照原有的干部管理体制进行管理；三是企业承担了大量应由政府和社会承担的职能；四是不少企业实际上是部门所有和地方所有。

（二）国有资产经营管理和监督体制问题

现代企业制度的基本特征包括产权清晰、权责明确。根据《国有企业财产监督管理条例》的规定，企业的国有资产属于国家所有，国务院代表国家统一行使国有资产的所有权，在国务院统一领导下，国有资产实行分级行政管理。但在实际运作中，谁代表国家行使国有资产所有者的具体职能，每一个国有企业具体的产权代表是谁，中央和地方政府在国有资产管理权限方面如何具体划分等问题，在实践中并没有很好得到解决。

（三）企业资产负债问题

我国相当一批老企业负债率较高，“七五”、“八五”时期在经济过热的背景下新建的一批大型基本建设项目，不少是靠银行贷款建成的。这类项目普遍存在先天不足、缺乏资本金。企业负债累累，财务费用高，投产之日即亏损之时，不少企业靠自身能力根本无法偿清债务。近几年通过多方面的增资减债，企业资产负债率高的问题得到明显缓解，资产负债结构得到显著改善，但是资本金补充机制没有建立起来，相当一部分企业处境十分困难。

解决国有企业债务的问题，要分析国有企业的债务情况，根据不同的类型采取不同的措施。对严重资不抵债的企业，如果没有兼并价值，则实施破产；对于经营不善、效益不好、有部分清偿能力的国有企业，可以进行债务重组，包括实施债转股，对企业进行改组、整顿，加强和改善经营管理；少数关系国计民生的企业，不能让其破产或改变经营方向的，国家应该实施专项低息优惠贷款等特殊措施给予扶持。

（四）企业富余人员问题

目前我国国有工业企业富余职工估计占1/3～1/4，富余人员约1100万～1500万人，每年用于这部分职工的支出大约为550亿～750亿元。另外，还有离退休人员1000多万人，相当于国有工业企业在职职工的1/4，全年需支付离退休金和福利费600多亿元。冗员和退休人员问题给国有企业经营造成很大压力。解决问题的主要障碍，一是社会保障体系不健全；二是社会能够提供的再就业岗位有限；三是职工再就业观念有待转变；四是为了保持社会稳定，每年有大批政策性安置人员，主要是军转干和大中专毕业生，需要在国有企业安排就业。

企业冗员问题，需要从多方面着手逐步解决。经济要保持适度增长速度，提高整个社会经济对劳动力的容纳能力。大力鼓励发展第三产业，吸纳国

有企业分流的富余人员。由于我国劳动力市场还不完善，劳动力资源尚不能完全通过市场实现优化配置，政府还有必要在政策、机制、服务等多方面为劳动力市场的发育和建设创造条件。

（五）企业社会负担问题

目前企业办的学校占全国的1/3，企业医院的病床占1/3，国有企业用于办学校、医院等的支出占销售收入的4%～5%。同时，一些不合理的收费和摊派也加重了企业的负担。解决企业办社会问题的难点主要有五个方面：一是地方政府财力有限，难以承担企业的社会职能，尤其在一些基地性城市和依托企业建立起来的中等以下城市，企业分离社会职能的难度更大。二是一些企业从留住人才和提高职工福利等方面考虑，不愿意将"福利"性质的社会负担分离出去。三是附属于企业非生产性部门的职工，担心划归地方后收入水平会下降。四是一些本应该由政府担负的公益性事业，被强加给企业。五是由于社会保障制度等改革不到位，企业承担着本应由财政担负的医疗、养老费用。据统计，国有企业缴纳的各项社会保险费用相当于工资总额的50%左右，其中养老保险28%（个人8%）、医疗保险8%（个人2%）、失业保险3%（个人1%）、住房公积金10%（个人5%）。

改变目前国有企业办社会状况的根本出路是建立社会保障体系。建立职工养老保险制度，以解决企业的退休职工负担。社会保障基金积累不足，无论是保障范围还是保障程度都不能承受目前的就业压力。有人提出将部分国有企业股权转交社会保障机构，这既能增加社会保障资金的积累，又能使企业投资主体多元化，置企业于多方位的监督之中，对解决企业的历史包袱以及改善企业的经营管理都有好处。另外，考虑利用证券市场转让部分国有股权，筹集社会保障资金，也是可行的办法。目前国有企业承担的其他福利负担，也应该实行彻底的改革，把企业承担的福利向社会转移，实现福利服务的社会化。

（六）企业的内部领导体制和组织管理制度问题

企业内部老三会与新三会的关系已争论多时，并没有很好解决。在建立现代企业制度过程中，如何体现党的领导，保障所有者的权益，充分发挥经营者的作用，行使职工的民主权利等问题，还有待于进一步探索。其中最重要的是企业经营者的激励和约束机制不健全，一方面没有建立起有效的激励机制，经营者收入没有与其贡献挂钩，企业盈利，经营者没有得到应有的奖励。另一方面没有建立起有效的约束机制，国有资产所有者的监督不到位，表面上政府多头管理，实际上对经营者处于无人监督的状态。一些国有企业处于内部人控制，给少数人以权谋私提供了可乘之机。

（七）加快与企业改革相适应的宏观配套改革

根据政府的社会经济管理职能与所有者职能分开、国有资产行政管理职能和国有资产营运职能分开的原则，建立起新的权责明确的国有资产管理、营运体系。关键是使国有资产的投资主体能够尽职尽责，真正关心国有资产的高效率运转，需要国有资产经营机构建立一套严格的考核、奖惩制度。

培育和规范与国有资产流动和重组密切相关的要素市场，主要是产权市场、资本市场和劳动力市场，与国有企业改革关系最为密切，也是当前的薄弱环节。应抓紧做好的以下工作：尽快制定统一的政策法规，规范交易行为；积极筹建全国产权交易信息网络体系，为全国统一的产权交易市场做好基础性准备；建立起有效的企业产权交易的监督、管理体系；拓展产权交易市场功能，扩大交易范围，增加交易形式。资本市场的培育，主要是积极稳妥地发展债券、股票融资，规范股票的发行、上市和交易，通过较为完善和规范的股票市场和债券市场的发展，为资产的流动和重组奠定基础。劳动力市场的培育，则要注意我国劳动力资源状况，并与企业劳动人事制度改革和社会保障制度改革密切配合。

经过几年的实践，基本摸清了国有企业建立现代企业制度的重点和难点问题，探索了解决这些问题的办法和途径，为实现在国有大中型骨干企业中初步建立现代企业制度的改革目标创造了重要条件。

（撰稿：贾小梁　林庆苗）

资产重组与发展企业集团

近年来，随着我国企业改革的进一步深化，企业集团得到了较快的发展。特别是1998年以来，资产重组取得了一些重要突破，组建了一批特大型企业集团。同时，国有企业兼并破产工作得到规范推进，纺织、煤炭等行业进行了规模较大的重组，一批国家重点企业实现了债权转股权，党政机关与所办企业脱钩，军队、武警部队和政法机关所办企业移交，政企分开迈出实质性步伐。

党中央、国务院对发展大型企业集团工作十分重视。早在1996年5月，江泽民总书记在上海企业座谈会上的讲话中就指出，要着眼于搞好整个国有经济，通过存量资产的流动和重组，对国有企业实施战略性改组，以市场和产业政策为导向，集中力量抓好一批国有大型企业和企业集团。1999年9月，党的十五届四中全会通过的《中共中央关于国有企业改革和发展若干重大问题的决定》提出：坚持“抓大放小”，着力培育实力雄厚、竞争力强的大型企业和企业集团，有的可以成为跨地区、跨行业、跨所有制和跨国经营的大企业集团。充分发挥这些企业在资本营运、技术创新、市场开拓等方面的优势，使之成为国民经济的支柱和参与国际竞争的主要力量。发展企业集团，要遵循客观经济规律，以企业为主体，以资本为纽带，通过市场来形成，不能靠行政手段勉强撮合，不能盲目求大求全；要在突出主业、增强竞争优势上下功夫。

一、通过资产重组，组建了一批特大型企业集团

（一）石化行业的重组，石油、石化两大集团组建

1998年，经国务院批准，在原中国石油天然气总公司和中国石油化工总公司的基础上，按照上下游、内外贸、产供销一体化的思路，组建了中国石油天然气集团公司和中国石油化工集团公司，在国内形成了适度竞争的格局。石油集团总资产4800多亿元，石化集团总资产3800多亿元。这两个公司通过战略性重组，主营业务与非主营业务分离，中石油、中石化股份公司相继成立。

（二）上海地区钢铁企业实行战略重组，上海宝钢集团组建

1998年11月，以宝钢为主体，吸收上海冶金控股（集团）公司、梅山（集团）有限公司参加，成立上海宝钢集团。三钢联合有利于上海地区统一规划、合理分工，优化资源配置，防止重复建设；有利于发挥和调动科研、技术、人才优势和潜力，把上海建成我国钢铁行业新工艺、新技术及新材料开发的主要基地，从而带动我国钢铁工业科技水平的提高。1997年，宝钢、上海冶金、梅山三家企业的钢产量总计达1515万吨，占全国产量的14%；联合以后，加上宝钢三期工程的投产，宝钢集团的年钢产量将超过1900万吨。

（三）十大军工集团组建

1999年国务院决定将航天、航空、核工业、船舶、兵器等五个军工总公司改组为十个集团公司。1999年7月1日，中国航天科技集团公司、中国航天机电集团公司、中国航空第一集团公司、中国航空第二集团公司、中国核工业集团公司、中国核工业建设集团公司、中国船舶工业集团公司、中国船舶重工集团公司、中国兵器工业集团公司和中国兵器装备集团公司正式成立。江泽民总书记为十大军工集团公司成立发了贺信。朱镕基总理在成立大会上讲话指出，十大军工公司的成立是我国国防科技工业管理体制改革的一项重大决策，是我国经济结构调整和深化国有企业改革，完善国防科技工业管理体制，加速国防现代化建设，增强企业竞争力的重大举措。

（四）有色金属三个集团的组建

经国务院批准，按有色金属分品种组建了三个集团公司。中国铝业集团公司、中国铜铅锌集团公司、中国稀有稀土金属集团公司于1999年8月正式成立。

（五）电信业重组

1999～2000年，中国电信业也重组为中国电信、中国移动通信、中国卫星通信、中国联通四大集团公司。

铁路、民航业的重组也在酝酿之中。

两大石化、宝钢、十大军工、三个有色、四大电信集团的组建，使这些集团公司与政府之间的关

系、母公司的职责和权限初步形成了框架。根据国家批准的集团公司组建方案，这些大型集团公司进行国家授权投资的机构和国家控股公司试点，母公司对全资子公司及控股参股公司的出资人地位明确，享有出资人的三项权利：一是资产收益权。在国家未对集团公司征收国有资产收益前，集团公司及全资、控股参股企业的国有资产收益和国有资产转让、变现收入，由集团公司集中用于国有资本的再投入和进行结构调整。二是重大决策权。按照国家有关法规和产业政策，集团公司按国家现行项目审批权限，管理集团公司及全资、控股参股企业的投资项目；依法决定全资、控股参股企业的经营方式、分配方式和重大生产经营决策，自主决定集团公司内部管理体制和机构设置。三是人事任免权。由集团公司任免和管理全资企业、直属事业单位的领导成员以及集团公司总部各部门负责人，按法定程序和出资比例向控股企业和参股企业委派或更换股东代表，推荐董事会、监事会成员。

这些企业集团的组建具有十分重要的历史意义：一是使政企分开迈出了实质性步伐，新成立的集团公司不再承担行业管理职能及其他政府管理职能，将逐步成为真正的市场竞争主体。二是为建立适度的、有序的市场竞争格局奠定了组织框架基础。三是若干重要行业的企业组织结构重大调整，优化了企业组织结构，增加了产业的集中度，为产业结构升级换代、在更高层次上优化资源配置、促进企业技术创新提供了条件。四是为应对国际大公司的竞争奠定了一定的组织基础。

但应该看到，这些企业集团的组建，只是为培育市场竞争力奠定了一定的基础，由于在集团组建初期多数大型企业集团行政色彩仍很浓，内部尚未形成高效的运行机制，内部改革和重组的任务仍十分繁重。

二、重大资产重组举措

（一）兼并破产

根据1994年开始的“优化资本结构”试点的经验，国务院于1997年下发了《国务院关于若干城市试行国有企业兼并破产和职工再就业有关问题的补充通知》（国发［1997］10号），明确提出了“鼓励兼并、规范破产、减员增效、下岗分流，大力实施再就业工程”的方针，使国有企业兼并破产和减员增效工作进入了一个新的阶段。

1997年破产终结的企业675户，被兼并企业1022户，减人增效企业789户，核销银行呆坏账准备金320.5亿元，兼并破产和减员增效共分流富余人员168.7万人。

1998年，实施兼并项目1518户（含结转项目），破产项目449户，减员增效项目705户，核销银行呆坏账准备金382亿元。

1999年，安排兼并破产项目1843户（含结转项目），拟核销银行呆坏账准备金443亿元，实际核销291亿元。其中新增破产项目129户，兼并项目58户，债务重组项目4户，拟核销呆坏账准备金245亿元。

1996～1999年，国家用于国有企业兼并破产和减员增效的银行呆坏账准备金核销规模累计约1000亿元，共涉及企业约6000户。随着兼并破产工作力度逐年加大，每年根据实际情况在政策上做了适当调整，如最早鼓励兼并到后来的注重破产，从最早针对试点城市到后来的注重重点行业，从最早项目规模较小到后来集中用于大项目等。从已经完成的项目看，这些改革成本投入，促进了国有企业结构调整和资产重组，优化了资本结构，改善了资产质量，促进了困难企业和困难行业的扭亏解困，促进了职工思想观念的转化，同时也为在市场经济条件下如何做好兼并破产工作积累了宝贵经验。

（二）纺织压锭

纺织压锭是近年来纺织行业重组、脱困的重大举措。1998年压缩淘汰落后棉纺锭512万锭，安置分流下岗职工66万人，实现减亏26亿元，使国有纺织企业脱困取得了初步成效。1997年压缩淘汰落后棉纺锭394万锭，两年累计压锭906万锭，累计安置下岗分流职工116万人，到年末国有纺织企业实现扭亏为盈，提前一年基本实现作为突破口的三年目标。一些城市的国有纺织企业开始走出困境，并出现了一批市场竞争力较强的大企业。

（三）煤矿下放

为推动国有重点煤矿下放，国家在继续保留原有政策的同时，适当增加了亏损补贴基数等措施，94个国有重点煤矿及原随煤矿上收的206个企事业单位，1998年全部下放地方管理。

（四）重点企业债转股

因历史原因，我国不少国有企业负债过重，利息支出多，财务成本高，导致企业亏损上升、经济效益下降。针对这种情况，按照党中央、国务院的统一部署，1999年7月国家经贸委、人民银行印发了《关于实施债权转股权若干问题的意见》（国经贸产业［1999］727号），明确把国家重点企业中因改建、扩建致使负债过重，造成亏损或虚盈实亏，通过优化资本结构可转亏为盈的工业企业，实行债权转股权。到1999年底，601家重点国有企业或企业集团列入债转股名单，部分企业已与资产管理公司签订了债转股意向合同。

（五）企业脱钩、移交

为顺利推进中央党政机关与所办经济实体脱钩、军队武警部队和中央政法机关所办企业移交，中办、国办下发了《中共中央办公厅、国务院办公厅关于印发＜中央党政机关金融类企业脱钩的总体处理意见和具体实施方案＞和＜中央党政机关非金融类企业脱钩的总体处理意见和具体实施方案＞的通知》（中办发［1999］1号）。1999年3月，国家经贸委、财政部、国家工商行政管理局联合下发了《关于中央党政机关非金融类企业并入重点企业或企业集团有关问题的实施办法》（国经贸企改［1999］141号）。根据这些文件精神，开展了有关脱钩、移交、并入企业集团的工作。

中央党政机关与金融类企业脱钩涉及27个部门所办、投资和管理的金融类企业36家，其中银行2家，信托投资公司18家，证券类机构6家，保险公司5家。上述36家脱钩金融类企业资产总额4723亿元，负债总额4342亿元。属于非金融类企业脱钩工作范围的部门80个，其中有脱钩企业的52个，共有530家脱钩企业，资产总额11198.5亿元，负债总额7070.9亿元。在以上脱钩企业中，有大企业和企业集团90家，其中国家试点企业集团27家。并入重点企业或企业集团的共76家。

军队、武警部队和中央政法机关共向全国交接工作办公室移交直属企业和企业集团288家，其下属具有独立法人资格的企业1156家。其中：军队、武警部队直属企业和企业集团148家，下属具有独立法人资格企业903家；中央政法机关直属企业和企业集团140家（含集体所有制企业6家），下属具有独立法人资格的企业253家。移交的国有企业1997年末资产总额591.5亿元，负债总额409.6亿元。以上移交企业中，交由中央管理的企业9家，并入或划归大企业或企业集团的152家。

以上工作使政企分开迈出了实质性步伐。这些企业或企业集团脱钩后，不再依赖于政府或受政府部门的干预和照顾，为其成为一个真正的市场竞争主体创造了条件，而政府则可以履行其社会职能，有利于建立公平竞争机制。

三、全国企业集团发展的总体情况

（一）企业集团面上的情况

1. 企业集团数量增加。截至1999年末，全国省部级以上部门批准成立的企业集团共2767家（以下简称面上企业集团），比上年增加26.2%。其中国有及国有控股企业集团1818家，占面上企业集团的65.7%。面上企业集团的营业收入42800.2亿元，比上年增长13.6%；年末股东权益34310亿元，比上年增长17.8%。其中采掘业集团营业收入增长20.8%，制造业集团营业收入增长12.2%，邮电运输业集团营业收入增长47.1%，建筑业集团营业收入增长3.7%，农林牧渔业集团营业收入下降5.1%。

2. 企业集团在国民经济中占有重要地位。企业集团资产不断扩大，工业企业集团仍为主力军。截至1999年末，全国2767家企业集团资产总额86218.3亿元，比上年增长15.4%。资产主要集中在工业企业集团，资产总计57647.3亿元，占全部规模以上工业企业资产总额的51.3%，占面上企业集团总资产的66.9%。国务院批准组建的126家试点企业集团，资产总额43884.6亿元，占面上企业集团总资产的50.9%。

3.企业集团的母子公司体制框架初步建立。母子公司体制是我国企业集团的重要特征。从实际情况看，地方所属企业集团基本建立了以资产为纽带的母子公司体制框架，同时对母公司的产权也通过现代企业制度的建立和公司制改造的方式进行了确认。主要的形式有：省市政府授权的国有独资公司，如徐州工程集团公司、重钢集团公司；省市国有资产经营公司的全资子公司，如深特发集团公司；多元股东的有限责任公司或股份有限公司，如上海广电集团公司等。据统计，1999年有2356家企业集团建立了母子公司体制框架，占面上企业集团的85.7%；国家126家试点企业集团中，这一比例也为85.7%。

4. 企业集团结构调整的力度加大。根据企业发展的需要，适时进行结构调整是企业集团母公司的重要工作。一些集团吸取以往管理链条过长、管理失控、过分追求产业多元化，导致企业发展力量不集中的教训，确定了自己的主导产业，并在结构调整上取得了明显进展。如一汽集团、深特发集团、三九集团、赛格集团等许多集团，通过对成员企业的清理，在组织结构上确定为母公司、子公司、孙公司三级，改变过去子子孙孙五六级甚至更多的现象；上海电气集团公司、哈药集团等一批企业集团内部结构调整的力度较大，精干了主业，增强了竞争力，提升了产业发展水平，为全国企业集团的发展提供了较好的经验。

5. 企业集团内部制度建设进一步加强。规范企业内部制度建设，是搞好企业各项工作的基础。

企业内部制度主要包括企业决策、风险防范、制约和监督等方面内容。许多集团已经意识到决策失误是最大的失误，尤其是投资决策。因此，许多集团制定了投资管理办法和产权代表管理办法，明确投资决策的程序和决策者的责任；制定财务管理办法和建立财务下管一级的财务总监制度，加强财务监督，防范风险；通过建立规范的法人治理结构，从机构上保证了内部制度的实施。一些集团探索出了适合自身特点的管理模式，如上海仪电控股集团公司总结实施了一套“3+3+1”母子公司规范管理模式。

6. 企业集团在改革和发展中增强了市场竞争力。一些集团在内部劳动、人事、分配等改革上下功夫，初步建立起干部能上能下、职工能进能出、工资能高能低、机构能立能撤的动态调节机制，涌现了一批开始走向国际市场、在国际市场上有一定知名度的企业集团，如海尔、联想集团等。

7. 企业集团技术创新体系建设步伐加快，研究开发费用增加。为增强大企业和企业集团的竞争能力、创新能力和抵御风险的能力，1999年国家加快了以企业为主体的技术创新体系建设步伐。520家重点国有企业中有346家建立了技术开发中心。面上企业集团54%成立了技术中心，研究开发费用比上年增加60%，研究开发费用占主营业务收入的比重为0.8%，比上年提高0.3个百分点。委管国家局所属242个科研机构实行了以市场为导向的体制改革，其中直接进入企业和企业集团的131个，转为科技型企业、属地化管理的40个，重组为科研集团、由中央管理的科技型企业29个，充实了企业集团的科研开发力量。

8. 我国5家大型企业集团首次进入美国《财富》1999年500强企业。这5家企业集团是，中国石油化工总公司（排73名），中国工商银行（排160名），中国银行（排171名），中国化工进出口总公司（排304名），中国粮油进出口总公司（排362名）。

9. 仍有相当多企业集团经营困难。1999年，面上企业集团亏损面为21.8%，比上年扩大0.7个百分点，资产负债率大于80%的集团占面上企业集团的15.1%。

（二）企业集团试点工作取得进展

1. 近50家集团制订试点方案。

根据《国务院批转国家计委、国家经贸委、国家体改委关于深化大型企业集团试点工作意见的通知》（国发［1997］15号）及《关于国家大型企业集团制订试点方案有关问题的通知》（国经贸企改［1998］520号）要求，试点企业集团开始制订试点方案。截至1999年末，有48家试点企业集团制订、上报了试点方案和发展战略。制订试点方案使试点企业集团理清了改革和发展的思路，理顺产权关系，建立母子公司体制，明确发展战略，取得了积极成效。

2. 企业集团试点取得的主要成效。

（1）产生了明显的示范效应。企业集团已成为国有大中型骨干企业、国家重点企业以及党政机关与所办经济实体脱钩后，中央管理的企业采取的一种主要组织形式；集团试点对全国各省区市的企业集团的发展起到了重要的指导作用。各地已把指导企业集团作为结构调整和支持大企业发展的主要措施。在一些改革开放较早的地区如上海、广东，多数集团内部母子公司体制已经形成，管理初步走向规范，治理结构逐步完善。

（2）取得了较好的经济效益。1999年，126家国家试点企业集团完成营业收入20468.66亿元，比上年增长20.97%，比面上企业集团高7.4个百分点；利润总额329.83亿元，比上年增长48.06%，比面上集团高27.2个百分点；资产利税率4.34%，比面上集团高0.86个百分点；劳动生产率为18.20万元/人，比面上集团高0.02万元/人；资产负债率为58.91%，比面上集团低1.26个百分点。

（3）积累了一些重要经验。通过集团试点，探索和积累了一些企业集团发展的基本经验和做法。如母公司应注重发展战略研究、投融资、技术开发、市场营销等功能建设，突出主业、培育核心竞争力，完善母公司对子（分）公司的管理、监控，缩短管理链条，集团层次最好控制在三层以内等。

（4）形成了若干配套政策。国家对大企业的扶持政策，主要是从1991年企业集团试点开始的。十年来，在计划单列、扩大投融资权限、外事审批、外经外贸、技术开发、授权经营以及规范管理等方面制定了一系列政策。值得提出的是，财务公司、合并交纳所得税、授权经营等项政策，成了目前试点企业集团特有的政策。

四、近两年来有关企业集团的主要政策

继1997年国务院15号文件之后，国务院各部门和地方政府积极制订配套政策，支持大型企业集团发展，配套政策逐步得到落实。中国人民银行于1997年下发了《关于加强企业集团财务管理的通

知》（银发［1997］365号），对企业集团财务公司的自营存贷比例、拆入资金余额、内部转账结算等方面做了规定。1998年4月，国家工商行政管理局颁发了《关于印发企业集团登记管理暂行规定的通知》（工商企字［1998］59号），规定组建企业集团，只要符合条件，可以到工商局直接登记，不必再由政府部门批准，从此组建企业集团由审批制改为登记制。1998年8月，国家经贸委下发了《关于国家大型企业集团制定试点方案有关问题的通知》（国经贸企改［1998］520号），对制订企业集团试点方案提出了具体要求，集团内部要建立母子公司体制，加快建立现代企业制度步伐，增强集团母公司的功能建设，注重集团发展战略的制订等。1998年10月，国家统计局印发了《企业集团统计报表制度》（国统字［1998］233号）。1998年12月，财政部、国家经贸委下发了《国家试点企业集团国有资本金管理暂行办法》（财管字［1998］126号），为理顺集团内部资产关系提供了具体办法，对促进建立母子公司体制、企业集团重组有显著的作用。

五、企业集团存在的主要问题

1. 集团组织结构不合理，内部重组的任务繁重。一些企业集团管理层次多、链条长，组织机构庞大；相当多集团还没有找到适应自己的组织结构或组织形式，严重影响企业集团的竞争力。

2. 核心业务不突出，发展战略研究不够。一些企业集团涉足产业过多，核心业务不突出，竞争力不强；一些集团没有明确的发展战略，对参与国际竞争没有制订有效的应对措施。

3. 母公司法人治理结构不完善，决策机制不健全。突出表现为董事会、经理班子、党委会的职权划分不明确，监事会职责不到位。重大决策缺乏科学的程序、必要的论证，决策责任不到位。

4. 中央管理的集团母公司与政府的关系不明确，母公司改制困难。中央管理的集团，除少数特大型集团在组建方案中确定了政府与集团公司关系的原则外，多数集团政府与母公司的关系不明确。管人、管事、管资产分属不同部门，管理不统一，效益考核、激励措施不明确。中央直接管理的集团母公司大多尚未改为公司制，这些企业集团规模很大，其母公司不大可能实现股权多元化，因此一些企业集团申请改制为国有独资公司。按照《公司法》，国有独资公司需要批准，而国务院没有明确授权任何部门批准，因而出现中央直属集团母公司改制难的问题。

5. 通过市场形成大型企业集团存在重重困难，一些大集团组建存在着行政干预。目前，因受部门干预，或受原行政管理的限制，或受不同财税渠道的限制，企业集团自愿联合、兼并往往难以实施，难以形成“四跨”集团。同时还存在着“拉郎配”、“归大堆”现象，如一些地方政府为一时甩包袱，强迫一些优势企业去兼并劣势企业，使优势企业背上沉重包袱甚至被拖垮。

6. 经营者激励与约束机制不健全，权利与责任不对称。企业集团资产规模大，经营者责任重，但企业集团经营者的任免和管理、激励和约束仍未建立一套适应市场经济体制的制度。国有企业经营者激励与约束机制问题已经成为搞好国有企业的亟待解决的重大问题。

7. 国有企业集团负担重，分离分流难，退出通道不畅。相当多的企业集团社会负担沉重，社会保障体系不完善，分离企业办社会、分流下岗人员存在重重困难，难以轻装上阵。尽管企业结构调整力度逐步加大，但由于资本市场尚不完善，企业产权变动尚未有一个成本较低的通道，企业正常破产仍很困难，严重影响企业集团的结构调整。

8. 企业集团竞争力不强。尽管有一些企业集团（如海尔、联想集团等）在国际市场上占有了一定的份额，但相当多企业集团由于改革尚未到位，机制不完善，技术创新能力和竞争力还不强，面对加入WTO的挑战，尚有很大的差距。

六、下一步企业集团工作的展望

我国企业集团从80年代后期出现，到90年代政府开始引导、扶持、规范，规模、功能、竞争力等方面发生了很大变化，但面对国际竞争尚有较大差距。

与市场经济国家的大公司相比，我国企业集团至少在四个方面存在差异：一是形成途径不同。国外的大集团多数是在市场竞争中靠并购、联合、重组形成的，集团内有天然的资产关系；而我国的不少企业集团是在特殊背景下依靠行政划转、行政授权形成的，集团内部理顺资产关系、形成真正统一的决策体系和发展战略，尚需要做艰苦繁重的内部重组工作。二是投资主体、治理结构差异。国外大公司的投资主体明确，母公司的股东是投资者以投资方式进入的，有的公司是多元股东持股的公司，出资人到位，治理结构比较有效；而我国多数企业集团母公司的股本是以授权方式进入的，母公司只有一个股东，出资人不到位，在子公司层次上由于参股难度大，多数也是国有独资公司，还没有建立起有效的治理结构。三是外部环境不同。国外大公司多数处于较为完善的市场经济体制中，社会保障体系完善，企业不承担过多的社会职能；而我国则正处在由传统计划经济体制向社会主义市场经济体制转变的过程中，社会保障体系不完善，国有企业人员及社会负担沉重，难以轻装上阵。四是退出机制尚待进一步完善。我国大型企业集团还不具备国外大企业具有根据市场需求进行结构调整的退出机制。虽然我国有的企业集团已用兼并、破产、重组、利用上市壳资源等手段进行结构调整，但在建立规范的退出机制方面还有很大的差距。

从近一阶段看，我国企业集团发展将呈现以下趋势：一是集团发展越来越依赖自身的改革。进入21世纪后，我国企业集团的发展主要将不是依赖于政府的有关优惠政策，而是要更多地依靠集团自己。二是努力探索适合自身的组织形式。随着集团内部资产关系理顺，如何选择适合自己的组织形式，成为集团考虑的重要问题。三是加大结构调整力度，突出主业，培养核心竞争力。目前，国有企业集团存在链条长、层次繁杂、冗员过多、业务涉及面广的问题，如果没有大的调整力度，不可能培养出竞争力强的集团。四是要努力探索政府与中央管理的集团母公司的关系。从体制上看，集团内部母子公司关系已经开始理顺，有了比较成功的做法，地方管理的企业集团母公司与政府的关系开始探索授权经营，但中央管理的集团母公司与政府的关系尚未明确。因此，探索政府与国有企业集团母公司关系可能成为我国大型集团体制改革的一个重点。五是培育国际竞争力成为多数集团的目标。随着加入WTO，国际竞争力问题越来越突出，大型企业集团首当其冲，是国家经济竞争力的体现。培育一批具有国际竞争力的集团，维护国家经济安全，应成为企业界、政府考虑的重要问题。

（撰稿：尹义省）

国家重点企业运营报告

前　　言

为贯彻落实“抓大放小”、“择优扶强”的战略方针，推动国有企业战略性改组，培育实力雄厚、竞争力强的大型企业和企业集团，经国务院批准，国家经贸委在1996年选择了512家规模大、效益好、有发展前景且关系国计民生的国有企业作为重点培育的大企业。根据动态管理的原则，国家经贸委在1999年对重点国有企业名单进行了调整，补充了非国有优强企业，并改称为“国家重点企业”。这520家企业分布在26个行业和除青海、西藏外的29个省、市、自治区，其中，大多数是国有及国有控股企业和工业企业。虽然重点企业数量只占全部工业企业的0.3%，但资产总额占54.9%，销售收入占42.7%，实现利税占45.2%，实现利润占48.3%。可以看出，它们是国民经济的支柱和骨干，是国家税收的重要来源，也是参与国际竞争的主要力量。

在不断扩大对外开放和市场竞争日趋激烈的环境中，我国重点企业发展状况如何，政府、企业和研究机构等部门的人士广为关注。为此，我们对1999年度国家重点企业运营状况作了简要分析，现予以公布。

1999年，国家重点企业在改革、改组、改造和加强管理中增强实力，在改革中求发展，在发展中深化改革，不断转变经营机制，积极开拓市场，加大创新力度，强化内部管理，加快结构调整，努力降低成本，生产持续快速增长，产销衔接良好，经济效益明显提高。一批优势企业进一步发展壮大，整体优强地位更加突出，是带动国民经济发展的重要力量。

一、产销在协调中快速增长，出口稳步增加

全年实现工业总产值(1990价)16095.6亿元，增长12.9%，增速比1998年提高1.6个百分点。实现产品销售收入29855亿元，增长12.5%，增幅比1998年提高11.9个百分点。在生产保持较快增长的同时，保持了较高的产销衔接水平，产销率99.6%，比1998年提高0.6个百分点，产销率的提高减缓了产成品存货上升的势头。出口交货值实现1279亿元，增长7.2%；自营及代理出口159.8亿美元，增长5.6%。出口主要集中于电子、石油

与化工、冶金、船舶、机械、纺织等行业的重点企业，这6个行业重点企业的出口交货值合计983.9亿元，占重点企业出口交货总值的76.9%。出口交货值1亿元以上的企业167户，出口交货值合计1217.9亿元，占重点企业出口总额的95.2%。出口前三位分别是中国船舶工业集团公司，上海宝钢集团公司，中国长城计算机集团公司。

从事电子、电信、医药等高新技术产品生产经营的企业发展较快，显示出较为强劲的增长势头。

二、利税总额继续增长，经济效益明显提高

全年实现利税总额3029.4亿元，增长14.1%。其中利润总额1105.2亿元，增长24.5%；税金总额1924.2亿元，增长8.9%。销售利润率3.7%，比1998年提高0.3个百分点。

从行业看，少数行业和企业效益优势明显。在重点企业所涉及的26个行业中，全年实现净盈利的23个。利润主要集中于石油与化工、电力、电子、机械、轻工、烟草、电信、冶金、医药和纺织这10个行业，利润总额合计1094.6亿元，占全部重点企业利润总额的比重由1998年的97.3%提高到99%。其中石油与化工、电力、电子行业的利润连续两年位居前列。

由于油价上涨和国家加大打击走私力度，石油与化工行业重点企业利润大幅上升。机械行业重点企业利润上升主要得益于国家扩大内需政策拉动了对机械装备的需求。受市场和价格影响，烟草重点企业利润减少。电话费价格下调对电信重点企业利润下降影响较大。

重点企业中的工业企业经济效益综合指数为105.7，比1998年提高3.3，比全国工业高出6.4。从构成经济效益综合指数的7项指标看，资产保值增值率、资产负债率、流动资产周转率、成本费用利润率、全员劳动生产率、产品销售率6项指标均有所提高。其中全员劳动生产率是增长性最好的指标，比1998年提高13.1%。仅总资产贡献率比1998年下降1.1个百分点。

从工业企业经济效益综合指数可以看出，少数企业效益优势相当突出。有139户企业经济效益综合指数在150以上，主要集中在电子、石油与化工、烟草、医药、轻工等14个行业，占483户工业企业的28.8%。这些企业的特点是：投入产出效率高，全员劳动生产率20.1万元/人，比1998年提高1.9万元/人，高于重点企业平均水平15.7万元/人；盈利能力强，总资产贡献率17%，提高9.6个百分点，高于平均水平10.6个百分点；企业运营状况理想，流动资产周转率1.5次，高于平均水平0.3次；偿债能力强，资产负债率46.4%，低于平均水平10.3个百分点；发展能力强，资产保值增值率122%，高于平均水平6个百分点。

三、在国民经济中的地位进一步加强

几年来，重点企业在国民经济中都占据主导地位。1999年国家对重点企业名单调整后，企业的整体实力更加增强，收入和资产规模地位明显提高。

1999年，重点企业绝大多数主要经济指标占全部工业经济的比重均呈上升态势，在国民经济中的主导地位进一步加强。重点企业户数仅占全国工业企业数的0.3%；产品销售收入占42.7%，比1998年提高1.8个百分点；资产总额占54.9%，比1998年提高4.3个百分点；净资产占64.9%，比1998年提高4.8个百分点。

从行业看，重点企业主要分布在机械（含汽车）、石油与化工、轻工、电子、纺织、冶金、煤炭、建材、医药和交通业等国民经济支柱行业，它们都是行业排头兵，在行业经济中占有举足轻重的地位。1999年，纺织、冶金、轻工、石油与化工行业的重点企业利润已达到或超过行业利润总额，烟草、机械、电子行业的重点企业利润占行业利润总额的60%以上。

在地区经济发展中，重点企业发挥的作用也在提高。例如，1999年，上海30户重点企业的销售收入、资产总额分别占该市工业企业的52.1%和60.4%，比1998年分别提高4.3和3.1个百分点。湖北25户重点企业的销售收入、资产总额分别占该省工业企业的34.1%和36.3%，比1998年分别提高9.9和10.1个百分点。玉溪红塔烟草（集团）有限责任公司、中国广东核电集团有限公司等企业连年为所在省市国有及国有控股企业创利第一名。

四、大型优势企业地位上升

从规模排序结果看，少数大企业集团的收入、资产在重点企业中占有相当大的比重，且比重在上升。前3位企业即占1/3，前10位企业占一半，前100位企业占八成以上。中国石油天然气集团公司、中国石油化工集团公司和国家电力公司在规模排序中分列前3位，优势突出，发展迅速，销售收入合计达9956亿元，比1998年增长21.8%，远高于重点企业平均12.5%的增长水平，所占比重由

1998年的31.2%提高到33.3%。这三大企业集团的资产和利润也快速增长，在资产、利润指标的排名中均名列前茅。

前10位企业销售收入合计14812亿元，增长16.4%，所占比重由1998年的48.5%提高到49.6%；资产总额31482.7亿元，增长19.5%，所占比重由47.9%提高到49%；利润总额567.8亿元，增长34.2%，所占比重由48%提高到51.4%。与1998年相比，前10位企业名单没有变化，只是位次有所调整。中国石油天然气集团公司由第2位上升至第1位，广东省电力集团公司由第8位上升至第7位，中国远洋运输（集团）总公司由第10位上升至第9位。

前100位企业销售收入合计24132.5亿元，增长15.5%，比重由1998年的79.7%提高到80.8%；资产总额合计51332.7亿元，增长18.6%，比重由78.6%提高到79.9%；利润总额合计851.4亿元，增长35.4%，比重由71.3%提高到77%。

随着我国对外开放步伐加快和市场体系的逐步完善，企业间的竞争日趋激烈，尤其在电子等一些高新技术领域表现更为明显。根据销售收入排序结果，有1/3的企业位次变动在20位以上。在位次变动50位以上的企业中，电子行业的企业居多，烟台东方电子信息产业集团有限公司、河南安彩集团有限责任公司等企业位次跃升很快。

五、盈利大户盈利额进一步增加

重点企业中盈利企业467户，占重点企业总数的90%，盈利额合计1202.4亿元，增长17%。其中，盈利额超过1亿元的企业156户，占重点企业数的30.1%，比1998年增加11户，盈利额合计1089.7亿元，占盈利总额的90.6%，增长29.3%。

列前10位的盈利大户是中国石油天然气集团公司、国家电力公司、中国石油化工集团公司、中国电信集团公司、广东省电力集团公司、玉溪红塔烟草（集团）有限责任公司、中国海洋石油总公司、中国广东核电集团有限公司、上海烟草（集团）公司、中国第一汽车集团公司，利润总额合计644.6亿元，增长47%，占重点企业利润总额的58.3%。

六、亏损企业亏损状况有所好转

重点企业中有52户企业亏损，占10%，分布在18个行业，亏损企业亏损额97.2亿元，比1998年下降30.3%。亏损主要集中在兵器、船舶、航空、航天、核工业、煤炭和农业等行业中的企业，亏损额合计65.3亿元，占亏损企业亏损额的67.2%。亏损大户明显减亏，亏损超过1亿元以上亏损企业的亏损额合计85.6亿元，比1998年下降33.6%。部分企业减亏幅度在46～86%之间。

（撰稿：刘新华、刘学东、苏滨、李红、尹英、杨青　审稿：张铭）

附表1　1999年国家重点企业主要经济指标汇总表

指标名称	指标单位	本　期	同比增长
工业总产值(90价)	亿元	16095.63	12.87
产品销售收入	亿元	29854.95	12.51
利润总额	亿元	1105.15	24.51
税金总额	亿元	1924.22	8.9
利税总额	亿元	3029.37	14.12
资产总额	亿元	64264.17	14.18
负债总额	亿元	36542.39	13.05
工资总额	亿元	1656.35	5.46
从业人员数	万人	1503.94	－3.83

附表 2　1999 年分行业国家重点企业

行业名称	企业数	工业总产值（90 价）（亿元）			产品销售收入（亿元）			利润总额（亿元）			税金总额（亿元）		
		本　期	上年同期	同比增长	本　期	上年同期	同比增长	本　期	上年同期	同比增长	本　期	上年同期	同比增长
石　油	2	1135.93	1009.12	12.57	3664.43	2878.92	27.28	202.81	52.59	285.64	299.65	259.94	15.28
电　力	6	665.94	667.88	−0.29	3585.67	3089.48	16.06	220.75	157.06	40.55	270.74	258.79	4.62
石　化	1	1222.21	1065.53	14.70	3467.76	2818.41	23.04	77.05	34.93	120.58	250.98	217.05	15.63
冶　金	42	1655.42	1499.04	10.43	2642.14	2494.44	5.92	47.06	51.48	−8.59	166.52	139.91	19.02
电　子	55	3438.10	2883.71	19.22	2112.54	1788.28	18.13	111.88	101.22	10.53	62.04	46.91	32.25
电　信	4	0	0	0	1945.32	1499.91	6.25	78.25	112.62	−35.70	66.31	49.67	6.68
汽　车	15	1754.30	1513.73	15.89	1542.62	1364.16	13.08	52.01	35.60	46.10	79.40	79.24	0.20
外　贸	4	0	0	0	1243.84	1221.75	1.81	13.00	14.18	−8.32	−0.04	−0.01	300.00
轻　工	61	1153.58	982.42	17.42	1180.31	1026.93	14.94	93.18	83.48	11.62	75.78	68.68	10.34
机　械	57	1053.71	965.69	9.11	1101.10	1068.48	3.05	44.24	45.02	−1.73	43.18	42.03	2.74
交　通	16	15.99	13.95	14.62	1063.49	932.87	14.00	9.25	24.75	−62.63	20.95	19.72	6.24
建　筑	11	22.76	22.00	3.45	863.28	850.24	1.53	9.83	11.73	−16.20	25.02	23.98	4.34
有　色	8	447.98	405.18	10.56	695.21	610.17	13.94	5.34	−22.87	−123.35	26.67	21.99	21.28
化　工	62	716.64	661.39	8.35	685.09	670.65	2.15	27.34	24.81	10.20	41.63	43.02	−3.23
烟　草	12	278.22	286.51	−2.89	579.95	597.28	−2.90	88.50	104.79	−15.55	335.91	330.47	1.65
医　药	24	517.29	416.73	24.13	556.02	479.44	15.97	34.92	29.80	17.18	26.77	22.73	17.77
煤　炭	34	251.30	241.56	4.03	532.61	549.04	−2.99	−12.76	3.14	−506.37	50.00	53.33	−6.24
纺　织	44	418.60	373.65	10.68	505.69	453.68	10.61	16.64	17.58	−10.86	21.69	18.07	18.26
兵　器	3	352.71	286.46	23.13	438.17	434.60	0.82	−22.87	−24.46	−6.50	13.65	11.12	22.75
航　空	3	343.34	347.07	−1.07	310.72	317.51	−2.14	−4.02	2.74	−246.72	10.26	12.94	−20.71
船　舶	2	212.42	218.60	−2.83	248.27	216.66	14.59	−4.79	−4.3	11.40	4.34	5.35	−18.88
建　材	27	162.47	147.14	10.42	208.88	191.82	8.89	10.90	10.43	4.51	12.88	11.48	12.20
农　业	4	47.19	42.77	10.33	198.44	214.56	−7.51	−4.40	4.15	−206.02	3.28	3.03	8.25
铁　路	9	60.46	59.68	1.31	196.79	178.78	10.07	10.37	12.85	−19.30	8.68	7.70	12.73
航　天	3	64.73	61.15	5.85	105.72	98.78	7.03	−0.08	−1.48	−94.59	1.28	1.10	16.36
内　贸	3	2.09	1.34	55.97	67.82	66.95	1.30	0.47	0.98	−52.04	0.86	0.81	6.17
核　业	1	67.73	50.75	33.46	60.59	59.03	2.64	−2.47	−3.23	−23.53	3.79	3.62	4.70
森　工	4	34.52	32.82	5.18	38.06	34.44	10.51	2.01	1.95	3.08	1.92	1.75	9.71
其　他	1	0	0	0	14.43	12.85	12.30	0.73	0.63	15.87	0.10	0.09	11.11

主要经济指标汇总表

资产总额（亿元）			负债总额（亿元）			工资总额（亿元）			从业人员数（万人）		
本　期	上年同期	同比增长	本　期	上年同期	同比增长	本　期	上年同期	同比增长	本　期	上年同期	同比增长
6911.63	5181.60	33.39	2918.03	2628.72	11.01	224.64	210.88	6.53	141.99	156.35	−9.18
12720.02	8833.85	43.99	7301.23	4838.28	50.91	186.90	156.08	19.75	100.83	101.35	−0.51
4460.22	4275.50	4.32	2553.89	2459.97	3.82	38.99	37.55	3.83	109.32	119.22	−8.30
6243.61	5874.67	6.28	3486.08	3215.53	8.41	193.45	186.96	3.47	156.66	160.94	−2.66
2412.17	2135.24	12.97	1426.69	1322.13	7.91	53.08	44.61	18.99	36.30	34.72	4.55
6631.78	5700.89	−8.20	3374.13	2735.40	−8.88	58.03	37.65	28.29	84.33	66.53	10.07
2320.82	2238.13	3.69	1410.11	1432.13	−1.54	67.02	68.95	−2.80	43.94	50.59	−13.14
696.25	688.49	1.13	405.66	418.16	−2.99	5.00	4.32	15.74	2.05	1.55	32.26
1678.14	1469.03	14.23	886.78	794.41	11.63	42.86	37.53	14.20	40.16	39.04	2.87
2324.76	2128.24	9.23	1451.25	1336.24	8.61	88.08	82.84	6.33	76.57	78.50	−2.46
2972.61	2773.89	7.16	2002.87	1827.90	9.57	82.16	77.66	5.79	40.85	42.76	−4.47
1339.68	1272.76	5.26	1069.78	1035.62	3.30	76.92	78.51	−2.03	63.41	64.76	−2.08
1517.65	1436.25	5.67	1034.77	936.03	10.55	64.23	59.03	8.81	64.02	65.72	−2.59
1670.94	1503.5	11.14	996.48	881.82	13.00	49.90	48.60	2.67	51.68	54.33	−4.88
836.10	761.88	9.74	208.19	212.47	−2.01	12.89	12.88	0.08	5.64	5.76	−2.08
916.97	799.73	14.66	567.23	500.49	13.33	27.99	25.26	10.81	22.03	21.56	2.18
1956.30	1776.42	10.13	1225.18	1087.38	12.67	123.96	135.95	−8.82	157.05	163.20	−3.77
1133.72	1027.71	9.82	676.20	612.76	10.14	34.87	33.02	5.18	40.31	43.54	−7.85
1312.91	1328.32	−1.16	940.03	914.83	2.75	41.31	39.17	5.46	60.62	62.24	−2.60
865.31	821.71	5.31	599.73	577.77	3.80	41.77	39.75	5.08	42.98	46.16	−6.89
534.58	491.50	8.77	413.87	370.70	11.65	31.21	31.16	0.16	25.10	25.57	−1.84
690.34	627.34	10.04	358.54	328.92	9.01	17.88	16.99	5.24	17.65	18.28	−3.45
454.41	422.33	7.60	326.33	297.11	9.83	31.18	36.68	−14.99	62.11	66.27	−6.28
710.90	577.63	23.07	257.11	146.67	75.30	35.91	33.98	5.68	26.73	26.70	0.11
286.57	302.98	−5.42	210.99	234.03	−9.84	10.54	10.30	2.33	11.17	12.84	−13.01
101.53	89.80	13.06	77.13	68.58	12.47	2.14	2.10	1.90	1.65	1.71	−3.51
471.31	426.45	10.52	316.58	282.38	12.11	8.17	7.62	7.22	9.57	10.29	−7.00
81.61	79.05	3.24	41.67	40.63	2.56	5.02	5.12	−1.95	9.12	11.55	−21.04
11.31	11.25	0.53	5.87	5.84	0.51	0.25	0.17	47.06	0.08	0.08	0

附表 3

1999年分地区国家重点企业

地区	企业数	工业总产值（90价）（亿元）			产品销售收入（亿元）			利润总额（亿元）			税金总额（亿元）		
		本期	上年同期	同比增长	本期	上年同期	同比增长	本期	上年同期	同比增长	本期	上年同期	同比增长
北京	64	5462.72	4884.75	11.83	17245.03	14660.43	17.63	526.38	329.42	59.79	963.42	857.26	12.38
天津	6	199.80	188.43	6.03	206.15	198.68	3.76	8.91	7.61	17.08	17.74	15.64	13.43
河北	31	415.38	352.31	17.90	496.14	454.89	9.07	21.35	19.30	10.62	33.53	27.85	20.39
山西	14	191.58	164.25	16.64	257.45	252.07	2.13	−2.24	1.56	−243.59	21.48	23.25	−7.61
内蒙古	13	145.99	137.75	5.98	210.70	204.34	3.11	8.51	6.16	38.15	20.88	18.74	11.42
辽宁	29	544.79	475.93	14.47	683.17	604.65	12.99	9.57	11.63	−17.71	43.98	37.99	15.77
吉林	14	632.48	520.62	21.49	613.26	520.19	17.89	22.22	16.93	31.25	39.28	28.23	39.14
黑龙江	16	181.61	175.11	3.71	323.76	325.74	−0.61	−6.49	3.01	−315.61	15.23	13.49	12.90
上海	30	2161.77	1934.73	11.73	2598.86	2483.06	4.66	94.57	91.22	3.67	126.38	135.08	−6.44
江苏	39	791.81	715.70	10.63	801.31	643.21	24.58	40.87	31.62	29.25	32.66	27.00	20.96
浙江	17	378.37	310.25	21.96	387.46	303.56	27.64	27.78	20.45	35.84	18.07	11.95	51.21
安徽	12	162.49	153.21	6.06	219.72	209.84	4.71	8.63	4.30	100.70	26.26	25.80	1.78
福建	11	184.36	139.30	32.35	117.88	99.36	18.64	4.65	5.42	−14.21	3.87	4.15	−6.75
江西	6	43.64	33.43	30.54	52.27	41.41	26.23	1.45	0.31	367.74	2.76	2.56	7.81
山东	50	1082.22	889.51	21.66	1100.79	978.93	12.45	56.61	56.57	0.07	79.53	76.71	3.68
河南	26	371.85	321.49	15.66	379.64	346.65	9.52	9.47	11.69	−18.99	25.62	21.36	19.94
湖北	25	514.84	511.89	0.58	652.24	638.01	2.23	12.64	−5.38	−334.94	41.46	38.57	7.49
湖南	10	127.08	116.21	9.35	219.88	205.13	7.19	10.33	7.71	33.98	71.29	63.8	11.74
广东	42	1485.61	1151.07	29.06	2052.59	1787.39	14.84	151.07	130.1	16.12	94.68	87.34	8.40
广西	10	94.57	95.98	−1.47	102.57	107.37	−4.47	4.83	5.56	−13.13	7.49	7.40	1.22
海南	3	45.38	42.51	6.75	59.75	55.09	8.46	2.26	4.30	−47.44	2.06	4.15	−50.36
重庆	3	82.68	68.79	20.19	105.81	104.54	1.21	5.46	8.38	−34.84	8.48	6.46	31.27
四川	24	477.37	559.51	−14.68	429.00	448.20	−4.28	30.55	39.52	−22.70	32.44	22.68	43.03
贵州	7	85.93	79.75	7.75	108.57	98.15	10.62	5.49	5.05	8.71	23.57	21.53	9.48
云南	8	139.30	142.92	−2.53	318.34	338.52	−5.96	47.83	68.02	−29.68	163.93	167.43	−2.09
陕西	4	42.16	48.13	−12.40	40.91	44.31	−7.67	0.40	0.53	−24.53	2.18	2.79	−21.86
甘肃	2	24.94	19.05	30.92	37.27	30.67	21.52	1.95	1.02	91.18	3.63	2.97	22.22
宁夏	2	7.86	7.17	9.62	12.68	11.11	14.13	0.10	0.14	−28.57	0.79	0.76	3.95
新疆	1	17.04	16.13	5.64	21.78	24.60	−11.46		0.01	−100.00	1.52	1.57	−3.18

主要经济指标汇总表

资产总额（亿元）			负债总额（亿元）			工资总额（亿元）			从业人员数（万人）		
本　期	上年同期	同比增长	本　期	上年同期	同比增长	本　期	上年同期	同比增长	本　期	上年同期	同比增长
38289.01	31212.08	22.67	21691.06	17859.52	21.45	817.28	732.45	11.58	732.37	747.08	−1.97
575.68	527.41	9.15	330.13	308.60	6.98	18.88	18.80	0.43	13.92	16.24	−14.29
1328.53	1212.94	9.53	723.88	654.64	10.58	53.89	52.45	2.75	54.8	56.5	−3.01
925.26	853.68	8.38	593.10	525.75	12.81	39.81	43.25	−7.95	46.11	48.19	−4.32
668.36	640.06	4.42	410.74	398.27	3.13	19.99	19.21	4.06	20.96	21.82	−3.94
1890.52	1780.05	6.21	1086.68	979.70	10.92	61.30	61.72	−0.68	62.92	65.75	−4.30
994.12	942.10	5.52	640.14	636.04	0.64	31.10	30.48	2.03	29.73	34.98	−15.01
902.38	852.39	5.86	627.74	578.95	8.43	46.85	54.14	−13.47	87.78	94.31	−6.92
5015.38	4757.03	5.43	2990.66	2857.07	4.68	155.87	152.69	2.08	81.51	88.41	−7.80
1125.33	956.40	17.66	659.69	563.93	16.98	31.43	29.73	5.72	26.47	26.18	1.11
466.92	414.84	12.55	226.85	206.76	9.72	16.42	13.78	19.16	10.47	10.55	−0.76
581.04	559.70	3.81	285.00	279.24	2.06	24.43	25.74	−5.09	28.44	29.29	−2.90
172.34	136.94	25.85	103.66	77.03	34.57	4.69	4.04	16.09	3.43	3.34	2.69
126.50	114.18	10.79	78.74	68.46	15.02	2.80	2.35	19.15	3.23	3.08	4.87
1756.00	1562.22	12.40	1014.24	892.91	13.59	61.49	59.22	3.83	64.46	63.44	1.61
856.30	759.53	12.74	479.38	434.64	10.29	39.46	41.34	−4.55	50.24	50.91	−1.32
1565.98	1552.57	0.86	986.39	1002.61	−1.62	44.90	48.51	−7.44	44.13	48.88	−9.72
339.46	310.84	9.21	166.40	158.77	4.81	13.90	12.51	11.11	13.01	13.48	−3.49
4197.77	3606.28	16.40	2237.51	1881.98	18.89	95.12	84.88	12.06	57.71	56.17	2.74
175.73	171.23	2.63	77.39	78.21	−1.05	6.87	6.04	13.74	6.43	6.76	−4.88
105.78	76.72	37.88	67.69	47.15	43.56	1.32	1.22	8.20	0.93	0.92	1.09
223.10	222.91	0.09	114.86	120.27	−4.50	4.73	4.52	4.65	5.90	6.30	−6.35
842.10	779.74	8.00	441.62	442.00	−0.09	27.63	27.41	0.80	26.74	27.16	−1.55
220.85	191.43	15.37	131.21	119.88	9.45	10.15	9.32	8.91	9.58	9.34	2.57
580.05	546.20	6.20	159.03	170.83	−6.91	11.80	12.08	−2.32	7.12	7.38	−3.52
115.31	109.40	5.40	75.00	72.64	3.25	5.06	4.99	1.40	6.41	6.82	−6.01
111.76	104.79	6.65	67.59	62.40	8.32	3.96	3.62	9.39	3.78	3.65	3.56
41.40	38.45	7.67	22.37	20.25	10.47	2.60	2.63	−1.14	2.96	2.94	0.68
71.23	64.01	11.28	53.66	44.40	20.86	2.62	2.19	19.63	2.36	2.25	4.89

（经济信息中心）

积极规范地推进改革
扶持各类中小企业健康发展

中小企业是个正在发展壮大的群体,随着中小企业在国民经济和社会发展中的地位和作用日益突出,中小企业已经引起了全社会的关注。党中央、国务院对此十分关心和重视,已经把中小企业工作提到了议事日程,并为此制定了一系列方针政策,大大推动了我国中小企业改革与发展的健康进行。

一、全国中小企业改革与发展

近年来,在党中央、国务院的正确领导下,在各有关部门和地方政府的共同努力下,中小企业改革与发展工作取得了积极进展:国有中小企业改革工作不断深化,效果初步显现;制约城乡各类中小企业发展的难点问题有所突破,政策扶持体系和社会服务体系建设开始起步;中小企业管理体制逐步理顺;促进中小企业改革与发展的外部环境不断改善。

(一) 国有中小企业改革效果初步显现

党的十五大明确提出要采取改组、联合、兼并、租赁、承包经营、股份合作制和出售等形式,进一步放开搞活国有小型企业;十五届四中全会进一步明确要"放开搞活国有中小企业",并将此作为建立社会主义市场经济体制的重要组成部分和发展社会主义市场经济总体战略的重要一环。近年来,各地按照党的十五大精神,从实际出发,大胆探索,稳步推进,因地制宜,因企施策,采取多种形式,放开搞活国有中小企业。以国有小型工业企业为例,截至1998年底,全国11个省(区、市)已改革的17277户国有小型工业企业中,股份合作制4451户,占25.8%;兼并1272户,占7.4%;租赁2519户,占14.6%;承包经营1925户,占11.1%;出售1072户,占6.2%;破产1504户,占8.7%;其他形式如合资嫁接等1862户,占10.8%。

在坚持多种形式放开搞活国有中小企业的同时,针对部分地区改制中出现的一些倾向性问题,国家经贸委会同有关部门及时出台了《关于制止出售国有小型企业成风有关问题的通知》、《关于出售国有小型企业中若干问题意见的通知》,强调要全面准确地理解十五大精神,坚持正确的改革方向,采取多种形式改制,不能"一卖了之",明确了出售中的关键环节和政策重点,对国有小企业出售起到了重要的规范作用。同时,在征求有关部门意见的基础上,国家经贸委又在研究制定有关股份合作制改革的有关政策,对当前股份合作制改革中的资产评估、银行债权落实和职工安置等问题进行规范。

通过多种形式改革,使一批国有中小企业退出了国有序列;一些高能耗、高污染、严重亏损,不适应市场竞争的国有中小企业退出了市场,促进了所有制结构的调整和投资主体的多元化。如湖南省,1998年底1651户实行改革的小型企业,共吸纳社会资本37.88亿元,盘活存量资产24.59亿元,安置职工12.97万人。

(二) 信用担保体系建设取得积极进展

融资难、担保难是制约中小企业发展的突出问题。为贯彻党中央、国务院关于"加快建立以中小企业特别是科技型中小企业为主要对象的信用担保体系,创造融资条件"的精神,国家经贸委会同有关部门先后在江苏镇江、山东济南和安徽铜陵等地组织开展了中小企业信用担保体系建设试点,多次召开和举办全国中小企业信用担保体系工作座谈会和培训班。为落实国务院领导有关"请经贸委、银行在总结试点经验教训的基础上,逐步规范"的指示,国家经贸委1999年6月及时下发了《关于建立中小企业信用担保体系试点的指导意见》。通过试点,逐步探索了具有我国特色的"一体两翼三层"的中小企业信用担保体系。"一体"指主体模式强调"多元化资金、市场化操作、绩优者扶持";"两翼"指商业性担保和民间互助担保作为必要补充;"三层"指中央一级,省(市、区)一级,地市一级。信用担保的操作层在地市;省和中央只对下一级担保机构提供再担保业务。

试点工作得到了各地党政领导的高度重视和各有关部门的密切配合。天津、山东、河南、吉林等地专门召开省(市)长办公会议研究试点方案。各地还从实际出发,探索建立资金多元、风险分散、加强监管的信用担保机制。山东省财政拨款3.3亿元、河南省财政拿出5000万元,并采取"财政拨一点、资产划一点、企业出一点、社会筹一点”的办法，多渠道筹集担保资金。鉴于信用担保是国际公认的高风险行业，各地担保机构与协议银行共担风险，重庆市南岸区规定协议银行承担贷款风险的40%；担保机构承担60%。为更好地识别、控制和化解风险，铜陵市担保机构率先开发使用“中小企业信用担保风险控制操作软件系统”，使担保风险防范更具科学化、规范化。各地财政、银行等部门积极配合，各司其职，多数地区成立了中小企业信用担保监督管理委员会，加强对担保业的监督管理。

截至1999年11月底，全国28个省（区、市）开展了中小企业信用担保试点，其中山东、河南等6个省（市）已开始建立中小企业信用再担保机构，70多个城市组建了中小企业信用担保机构，担保资金达40多亿，按照5倍的放大倍数和担保机构承担70%的担保风险、发放半年期银行贷款推算，预计可为中小企业提供担保贷款近400亿元银行流动资金贷款，在一定程度上缓解了中小企业间接融资难的问题。

担保体系运作效果也比较明显。如镇江市中小企业信用体系到1999年底运作仅一年，已为33户企业提供了担保贷款总额达3910万元，到期贷款已全部归还，尚未发生一笔代偿，担保贷款还款率达100%。随着试点的逐步深化，也涌现出一批创新意识强、操作规范、独具特色的城市，如镇江、济南、长春、天津、铜陵、深圳、鸡西等，为建立中央及省级信用再担保制度、完善全国中小企业信用担保体系提供了实践基础。

与此同时，银行、证监会、科技等部门和机构也积极工作，拓宽融资渠道有了新进展。自1998年以来，人民银行先后下发了《关于进一步改善中小企业金融服务的意见》、《关于加强和改进对小企业金融服务的指导意见》，鼓励金融机构改进金融服务水平，加大对中小企业的信贷投入，并持续增加对中小金融机构的再贷款，两次扩大中小企业贷款利率浮动幅度。国有商业银行也相继成立了中小企业信贷部，对中小企业的贷款有所增加。国家政策性银行积极贯彻政府扶持优强中小企业的意图，针对商业银行长期资金缺口大，中小企业申请长期贷款难的现状，在中国人民银行的宏观管理下，开发银行计划发挥自身长期资金雄厚的优势，依托城市商业银行网络开展对中小企业的转贷业务。目前已在上海、福建等地做好了试点准备工作，既能够满足部分优强中小企业的要求，又可以培育银行客户中新的增长点。民生银行以支持中小企业发展为己任，连续2年举办“中小企业金融产品营销周”，推出中小企业高科技担保贷款等产品，努力实现金融理念、金融产品和服务功能的创新。1999年6月，国家科技型中小企业技术创新基金正式启动，通过贷款贴息、无偿资助和资本投入等方式，扶持科技型中小企业快速发展。截至1999年底，全国已有1245个项目获得该基金8.16亿元的支持。与此同时，用于中小企业直接融资的创业板市场即将开通，她必将成为优强中小企业迅速壮大的主要资金供应渠道。

（三）中小企业科技创新不断加强

科学重在创新，技术重在转化。科学创新需要培育主体的能力；技术转化需要提供适应的载体。为建立中小企业科技创新主体的激励机制，科技部会同有关部门下发文件，明确科学技术不仅仅参与分配，而应在投资领域作价入股。为加速中小企业技术成果的商品化、产业化，国家经贸委从1998年就选择了青岛、合肥、柳州等市进行中小企业技术创新基地的试点，通过技术咨询和技术转让为中小企业提供技术服务。深圳市生产力促进中心吸收一批模具企业组成模具联盟，实现资源互补、设备共享，为中小企业快速开发新产品提供便利；福建省生产力促进中心积极推进科技单位与中小企业合作，建立全省中小企业信息网络，并将信息整理、分析、评价，作为年报提供有关部门决策参考；上海、四川等地借助中小科技企业技术创新基地孵化一批优强企业。

（四）积极推进中小企业社会化服务体系建设

顺应市场经济需要，政府对中小企业工作的管理职能要实现“三个转变”，即从微观经济管理转为宏观经济管理；从直接管理转为间接管理；从单纯面向国有企业转为面向城乡各类所有制企业。为此，国家经贸委先后下发了《关于培育中小企业社会化服务体系建设若干意见》、《中小企业服务体系建设试点工作方案》，选择了上海、深圳、青岛、哈尔滨、成都、兰州、温州、镇江、抚顺、滁州等10城市进行中小企业服务体系试点，组织召开了“全国中小企业服务体系建设试点城市工作座谈会”、“全国中小企业服务体系建设试点城市方案论证会”。

从试点方案的制订、论证和实施情况看，一是各试点城市对试点工作十分重视，都成立了由市领导任组长、有关部门参加的试点领导小组，加强对试点工作的指导；二是方案各具特色，开拓性强。如上海提出了服务必须面向全社会，体现不分隶属关系、不分所有制、不分内外资、不分规模大小、不分市内市外的“五不分”原则；深圳市从融资、技术等硬服务入手，带动培训、咨询等软服务的开展；哈尔滨、抚顺等市利用有限的资金解决最突出的问题；温州提出了“提升、完善、创新”的思路，对原有社会自助服务机构进行由自发向有序发展的“提升”，并结合中小企业向群体化发展的趋势，构建综合性、特色性和示范性工业园区，实现更高层次的组合与创新；镇江、兰州等市注意引导、激发社会资源为中小企业服务的积极性；青岛市提出“内抓服务规范，外创服务品牌”的口号，制定服务公约及评价标准。三是政府资助力度大，可操作性强。上海集中5000万元用于中小企业服务中心建设；兰州等地在地方财政较困难的情况下，也拿出专项资金用于构建服务体系。

（五）中小企业对外合作与开拓市场迈出了实质性步伐

为使一批成长性好、市场潜力大的中小企业做强做大，国家各有关部门顺应经济全球化的要求，积极帮助中小企业开拓国际市场。目前，国家经贸委有关司局与单位已与日本、加拿大、德国、俄罗斯等国家的中小企业管理部门及联合国开发计划署、世界银行等国家及国际组织建立了合作关系，通过引进管理技术、人员培训、信息交流和产品展览等方式，帮助中小企业开拓国际市场，提高管理水平。1998年烟台“APEC中小企业技术成果和产品国际博览会”签订内外贸、劳务及销售合同达54.4亿元，其中利用外资项目257个，引进外资14.7亿元、进出口合同额14.7亿元；1999年俄罗斯“中国中小企业产品展览会”达成协议金额1.7亿美元。

（六）理顺管理体制，改善外部环境

1998下半年国务院进行机构调整，在大量缩编减员的情况下，由国家经贸委成立了专司中小企业改革与发展工作的司局，充分体现了党中央、国务院对中小企业工作的关心和重视。在中小企业管理体制逐步理顺的同时，中小企业的政策措施也陆续出台、法制环境得到初步改善。按照国务院领导同志的指示，国家经贸委会同财政、银行、税务、科技等部门，历时近两年，在反复协调、多次修改的基础上，制定了《关于鼓励和促进中小企业发展的若干政策意见》，已上报国务院。

总之，近年来中小企业改革与发展工作的力度不断增强，成效日益显著。目前，全国中小企业的户数、工业产值、实现利税和出口额分别占总数的99%、60%、40%和60%，特别是在90年代以来的经济快速增长中，工业新增产值的76.6%来自中小企业。中小企业还提供了75%的城镇就业机会。中小企业在保证国民经济持续稳定增长，拉动民间投资、带动地区发展，增加就业岗位、缓解就业压力，实现科技创新与成果转化等方面发挥着越来越重要的作用。

取得这些成绩的原因是多方面的：一是各级领导高度重视，从战略高度定位中小企业，将其纳入经济和社会发展的总体规划，积极引导中小企业参与国有大企业深化改革和结构调整；二是注意将“放小”与“扶小”结合起来，重在鼓励和促进中小企业的创立与发展；三是能够针对中小企业发展中的重点难点问题，提出切实可行的政策措施；四是打破所有制、地域的界限，为城乡各种所有制中小企业营造公平竞争的政策、市场和社会环境。

当然，中小企业工作中也存在着一些问题，如企业改制操作不够规范；产权交易市场尚未形成，资产的重组和流动受到限制，企业退出渠道不畅；信用制度没有真正建立起来，企业融资难的问题还难以根本解决；社会保障制度尚不健全，覆盖面还不够宽；管理体制远没有真正理顺，多头管理现象依然存在等。就中小企业自身而言，主要还存在着企业体制和组织制度不适应经济发展的需要；管理水平和人员素质有待提高；企业的技术含量不高、开发能力不强；盲目投资及低水平重复建设严重等，从而制约了中小企业的发展。

二、中小企业改革与发展的思路和重点

2000年中小企业工作将重点抓好以下几方面工作：

（一）建立和逐步完善政策扶持体系

国家各有关部门将按照突出重点、有序推进、注重实效的要求，采取切实措施，把中小企业政策真正落到实处。各级政府将安排一定的资金，重点用于中小企业的信用担保、创业资助、科技成果产业化、技术进步项目贴息等；各类中小企业投资符合国家产业政策的技术进步项目，可享受投资抵免企业所得税政策；加强对已取消收费项目的监督检查，提出本地区减轻中小企业负担、制止“三乱”的具体措施；出口高新技术产品的中小企业可享受鼓励扩大外贸出口的有关政策等。

国家有关部门还将抓紧制定配套文件和操作办法。以后工作重点是研究制定六个文件：一是制定关于鼓励创办中小企业、简化中小企业设立审批程序的意见；二是制定中小企业融资担保行业管理办法；三是制定进一步完善中小企业信用担保体系建设的指导意见；四是制定中小企业担保、再担保

试点机构免征营业税的具体实施办法；五是提出加强中小企业质量管理的意见；六是提出加强中小企业信用管理工作的意见。另外，有关部门还将加强协调，共同配合，研究确定统一的中小企业划型标准，建立健全符合中小企业实际的统计指标体系，为各级政府决策和制定政策提供科学准确的依据。

同时，将结合经济发展的新形势，就加快科技型中小企业发展、培育技术创新主体、鼓励外商投资或参股合资合作创办改造中小企业，以及简化中小企业破产清算程序、扩大中小企业融资渠道、规范中小企业产权交易市场、减轻工业企业增值税小规模纳税人税收负担等，研究制定配套政策，加强工作指导。

（二）规范推进国有中小企业改革

坚持党的十五大和十五届四中全会关于放开搞活国有中小企业的方针，继续采取改组、联合、兼并、租赁、承包经营和股份合作制、出售等多种形式，规范地推进改革。推进改革工作应侧重在机制转换和规范运作两个方面进行。转换企业经营机制是国有中小企业改革的核心，不论采取哪种改革形式，都应以是否实现了政企分开，真正建立起自负盈亏机制；是否依照市场规则运行，形成优胜劣汰机制；是否做到科学决策，企业经营效益有所提高等，作为衡量企业改革成败、效果好坏的尺度。其次，企业改革要规范运作。继续贯彻落实国家经贸委、财政部、中国人民银行《关于出售国有小型企业中若干问题意见的通知》，以及其他有关国有中小企业改革的政策规定。针对当前国有企业改制为股份合作制中涉及的资产、债务、人员等问题，在广泛调研的基础上，及时制定出台有关政策，指导国有中小企业正确改革。改革中要严格维护国家所有者权益，不得造成国有资产流失，不得悬空、逃废金融债权人的债务，必须妥善安置职工和离退休人员，维护职工合法权益。另一方面对改制中存在的不规范的财产组织形式进行必要的调整和完善，积极引导规模较大、基础较好的中小企业逐步建立现代企业制度；加强对改革工作的领导，妥善解决改革中的问题，引导企业健康发展。

继续搞好中小企业配套改革，重点是建立、健全和完善社会保障体系建设工作。结合国家社会保障基金体系建设，通过转让土地使用权等途径，多渠道筹集社会保障资金。以提高非公有制中小企业社会保险费征缴率作为工作的重点，扩大社会保险覆盖范围，保障在非公有制企业工作的职工依法享受社会保险。加快实现企业离退休人员的社会化管理，按时、足额支付离退休金。落实社会保险关系，保证改革工作顺利进行。

研究制定适合我国国情的《中小企业质量管理实施指南》，引导企业开展质量认证工作。把财务和资金管理作为企业经营管理的中心环节，建立企业预算控制制度，提高应收账款周转率，逐步提高资金使用效率。树立市场竞争观念，建立科学民主的企业决策程序和决策机制，提高决策水平。强化安全生产意识，切实搞好企业的安全生产工作。

（三）加大结构调整力度，培育新的经济增长点

按照国家产业政策的总体要求，研究制定《鼓励和适合中小企业发展的产品指导目录》，重点扶持科技、吸收劳动力就业、出口创汇和社区服务型中小企业。认真执行已颁布的《淘汰落后生产工艺、装备和产品的目录》和《工商投资领域制止重复建设目录》，采取有力措施，淘汰落后工艺和装备。对质量低劣、污染环境、浪费资源以及不符合基本安全生产条件的企业要关闭破产。

用高科技改造传统产业，努力提高现有中小企业的技术水平。继续发挥国家科技创新基金的作用，培育支持发展科技型中小企业；在柳州、合肥、青岛三个中小企业技术创新试点城市基础上，重点抓好40个中小企业技术创新基地，促进“产、学、研”联合；发挥已有大企业的技术开发中心的作用，开发一批适合中小企业的技术成果；搞好现有中小企业的技术改造，提高技术含量；进一步组织和动员科技人员及社会力量创办科技型中小企业。

借助国内设立“创业板”的有利条件，建立优强中小企业上市融资的育成制度。培育优强中小企业，形成企业发展梯次结构，以点带面，整体推进更多的中小企业技术上水平、产品上档次、管理上台阶。

在坚持公有制为主体、多种经济成份共同发展的方针下，大力支持各类非公有制经济加快发展。引导非公经济通过入股、兼并和收购国有小型企业等形式，参与国有企业重组和国民经济调整。鼓励和引导个体、私营、外资等非公有制企业开拓就业渠道，增加生产经营投资。把发展中小企业与国家确定的西部大开发战略结合起来，加大西部地区的开发力度。积极鼓励和引导社会各类资金和先进技术更多地投入到西部，加快促进区域经济协调发展。

（四）采取多种形式，扩展中小企业的融资途径

继续推进和完善中小企业信用担保体系建设。地级城市将积极支持中小企业信用担保机构的建立，完善担保的风险分担及补偿机制，加强对担保机构的监督管理。完善中小企业信用担保体系，引导推动市场化的企业互助担保组织和商业担保机构扩展业务，增强服务功能，为中小企业提供多形式的担保服务项目。

国家金融管理部门将统筹协调，简化审贷手续，完善授信制度，扩大信贷比例，提高工作效率。逐步拓宽中小企业的融资渠道，支持建立中小企业发展基金。发挥政府对风险投资的导向作用，严格风险投资的市场准入，规范风险投资的市场行为，建立和完善中小企业风险投资的撤出机制和管理模式。选择条件成熟的中心城市进行中小企业产权交易市场的试点，防止产权市场中变相的证券交易行为。完善中小企业贷款抵押登记制度，避免多头管理和重复抵押。

把解决中小企业融资问题和培育中小企业信用制度结合进行。国家有关部门将研究提出建立中小企业信用制度的有关办法。税务、银行、工商管理及海关、质量技术监督等有关部门和机构将密切配合，在对中小企业纳税、贷款、工商年检、通关报税、产品质量检验等记录收集整理的基础上，逐步建立和完善中小企业征信系统和信用评价体系，向银行等机构提供企业信用信息。

（五）继续推进试点工作，加大中小企业服务体系建设工作力度

各地将结合本地实际，实事求是，选准突破口，做好中小企业服务工作。一是认真分析本地区中小企业的需求，有针对性地提出中小企业服务体系建设的发展规划；二是积极探索建立不同层次、不同类型中小企业服务机构的定位、功能、作用以及激励和监督机制，促进中小企业服务体系的健康发展；三是在组织架构上，坚持政府公共服务机构、专业服务机构和社会中介服务机构同步发展的方针，逐步形成多成份、多形式、多层次、全方位的中小企业服务网络；四是在服务的方式和内容上，提倡紧紧围绕中小企业在创立、生存、发展、退出全过程的需求，开展灵活多样、及时有效的服务。

加快中小企业信息服务网络建设。国家经贸委将启动中国中小企业信息网，充分利用现代网络技术，以城市和社区为依托，以信息平台为载体，解决广大中小企业面临的技术、人才、市场以及政策法律咨询、企业综合诊断等方面的困难。

引导社会各类中介服务组织为中小企业提供优质、高效、规范的服务。国家有关部门将研究起草《中小企业服务机构管理办法》，以加强对中小企业服务工作的指导和规范。

加强与各国政府间有关中小企业事务的合作与交流。继续做好中德、中日、中加及UNDP等合作项目的实施，搞好中小企业经营者赴日培训工作。大力实施中小企业走出去战略，组织一批优强中小企业走出去，开拓国际市场，办展览，创品牌，增强自身的国际竞争能力。

（撰稿：狄娜　王黎明　王海林　吴义国
审稿：卫东）

私营企业发展状况

党的十五大和九届全国人大二次会议通过的宪法修正案，确定了非公有制经济在国民经济中的地位和作用。全国各地认真贯彻落实党的十五大精神，广泛、深入宣传宪法修正案，把个体、私营经济作为重要的经济增长点，纷纷出台了地方性的加快发展个体私营经济的措施、办法，为私营企业的发展创造了良好的环境。

截至1999年末，全国私营企业已达150.89万户，从业人员2021.55万人，注册资本10287.272亿元。与上年相比，分别增长20.45%、18.28%和36.32%。

一、私营企业取得的经济效益和社会效益

私营企业在创造社会财富，满足社会需求，增加国家税收等方面发挥了积极作用。1999年，私营企业完成产值7686.01亿元，实现营业收入7149.38亿元，社会消费品零售总额4149.39亿元，出口创汇359.83亿元，分别比上年增长31.31%、34.29%、37%和91.8%。向社会捐献6.72亿元。

私营企业的发展，有利于所有制结构调整，拓宽就业领域，促进国有企业改革和发展。截至1999

年末，私营企业从业人员2021.55万人，其中城镇1052.63万人，农村968.92万人，分别比上年增长8.23%和31.55%。1999年当年共安置国有企业下岗职工41.17万人。

二、私营企业发展的特点

（一）产业结构

私营企业以第三产业为主，第一产业有所提高。仅就户数、从业人员和注册资本这三项指标看，1999年，第三产业户数86万户，占57%；从业人员903.95万人，占44.72%；注册资本6273.58亿元，占60.98%。从事第一产业的私营企业3.38万户，比上年增长36.26%，注册资本204.35亿元，增长65%，且大都是规模农业，现代农业的农工贸一体化格局开始显现。从事第二产业的私营企业以轻型化为主要特征，在重工业中“小型化”为主要方式。根据国家统计局的数据分析，非国有经济在轻、重工业产出比重分别为67.3%和44.5%，可见非国有经济在轻工业中已占大多数。一、二、三产业的比例如下：户数为1：18：26；从业人员为1：24：20；注册资本为1：23：31。

（二）企业组织形式

私营企业规模有所扩大。1999年，私营企业户均注册资本68.18万元，比上年户均增资8.24万元；注册资本100万元以上的19.83万户，比上年增加7.37万户，增长58.77%。其中，注册资本100～500万元的16.4万户，500～1000万元的2.51万户，1000万元以上的9180户。私营企业集团1689户，比上年增加126户，增长8.06%。

有限责任公司成为私营企业的主要组织形式。到1999年末，私营有限责任公司88.06万户，比上年增长30.71%，占总户数的58.36%；投资者228.51万人，增长32.76%，占投资者总人数的70.88%；雇员861.92万人，增长26.85%，占总雇员数的50.73%；注册资本8573.6亿元，增长39.72%，占私营企业注册资金总额的83.84%。独资企业49.47万户，比上年增长11.98%，发展平缓；合伙企业13.35万户，比上年下降3.03%。

（三）地区结构

私营经济呈东中西梯次布局的结构。东部地区私营经济总量居高，速度较快。1999年，私营企业户数占67.06%，比上年增长22.42%，增幅比上年增加1.08个百分点。私营企业在10万户以上的5个省份，全部在东部。

西部地区私营经济发展速度较快，但总量仍偏低。1999年，私营企业占12.91%，增长22.6%，增幅0.22个百分点。

中部地区私营经济增速相对较慢，比重有所下降。1999年，私营企业户数占20.03%，比上年增长13.08%，增幅比上年下降3.93个百分点。

三、私营企业存在的问题

（一）私营企业的环境问题

1. 观念转变不到位。私营企业环境比较优越的地区，思想上也还是“只敢放、不敢管、不够坚信，不敢宣传”，对私营企业仍存在一些不公平待遇，如：在土地使用方面，土地转让金不返还、好的地块不肯给、优惠的价格不可能等。迫使企业只好去戴集体经济的“红帽子”，或戴合资、外资企业的“洋帽子”，造成一些企业的属性名不符实，影响企业的进一步发展。观念转变是否到位，成为制约私营企业发展的重要因素。

2. 行业准入的限制。按照WTO的要求，我国对外资开放的行业逐步增多，但是有些对外资企业放开的行业，对私营企业还没有放开，如金融、保险、电信业等。有些行业按规定不允许私营企业进入，但由于市场发展的需要，有些私营企业已变相进入，如房地产业。在行业准入方面，私营企业的国民待遇问题应引起重视。

3. 金融服务不能满足需要。私营企业贷款难、担保难、融资难的问题，严重制约着企业发展壮大。国有商业银行受信用评级严、贷款审理成本高的影响，不愿给私营企业贷款。而为中小企业服务的中小金融机构又难以满足需要。私营企业上市直接融资又受到信誉、审批条件的限制，难以实现。《中小企业金融担保条例》的出台，会有利于私营企业贷款问题的解决，但由于担保金额有限，机构有待健全，短时间内私营企业贷款还会有困难。

4. 费用负担重且不规范。虽然国税政策对不同所有制企业基本是一样的，但征税的方式和采取的措施，有些是不合理的。如提前征收个人所得税，有些地区不管企业状况如何，税基逐年递增，且随意执行；巧列名目收费，如噪音费、理发排污费等，名目繁多，而且只收费，不管理；再就是乱摊派，如有人反映仅订报纸就摊派十几份，“三乱”问题对个体、私营企业已非常严重，且无人治理。

5. 政策落实不到位。宏观重视、中观支持、微观不落实，顾虑重重，慎之又慎，左考虑，右研究，使企业不得不走旁门左道。如出国护照，正常渠道办理太难，只好私下买卖护照；出口手续繁琐，就与国有贸易公司搞私下交易。由于政策落实困难或不到位，给企业造成很多麻烦和损失。

6. 管理体制不顺。政府有关部门还没有“一视同仁”地对待各种所有制的企业，也没有明确那些政府部门专门管理私营企业。在个体私营经济占主导地位的地区，沿用计划经济的机构、职能和手段去调整市场经济的主体；在私营企业不发达的地区，只有一些中介组织对私营企业服务，使得私营企业和管理者都认为不顺畅，既影响私营企业发展，也出现产生腐败的空隙。

7. 引导服务不够。“你发展，我收税”，服务与引导方面与企业的发展和企业家的要求还有一定差距。有的表示“你破产、我同情”的态度，私营企业需要的产业引导、产品指导目录等服务，没有人提供，规范的培训也远远不能满足需要。

（二）私营企业自身的问题

1. 盲目投资、低水平重复建设严重。私营企业类聚性突出，“产业镇”现象较为明显。受家庭式、起步低、投资少、相互模仿、小规模生产的局限，显示出民营经济发展的跟随型、盲目性，一说什么赚钱，一窝蜂就全上什么项目，信息的不完全性造成个体私营经济的盲目投资非常明显。

2. 技术含量不高、技术开发能力不强。私营企业大多是技术含量不高的产品，现用的技术多是买来的或是“挖”来的。在技术开发方面，大部分企业还没有在产业的拓宽和深入等方面有大的投入，只是产品的改进和品种的增加。一些生产规模、产值都较大的知名企业，每年也只拿出其利润的百分之几作为开发基金，与现代化企业发展的要求有较大差距。

3. 劳动者权益落实不到位、雇主与雇员双方约束刚性不强。医疗、保险等社会福利，除高层领导者之外，大部分职工没有享受。雇主与雇员双方的约束都比较乏力，雇主对被聘用者的叛逆行为束手无策，劳动者对业主的权力、投机、随意也无奈，不愿意惹麻烦的传统思想和胳膊拧不过大腿的常理以及执法难等，致使职工只能“忍”了。

4. 人员素质及管理水平有待提高。私营企业经营者素质参差不齐，改革初期办企业的人大部分文化程度不高，资本运作型的管理人才更寥寥无几；中层管理者及其他人员的知识结构与管理水平与现代企业管理要求，差距也比较大；员工有相当一部分没有经过严格的岗前培训，职业道德、技能等都没有达到应有标准。

家族式管理不适应日益壮大的私营企业。在企业发展初期，家族式管理确有降低管理成本，减少企业内耗，加速资本原始积累等优势，但随着企业规模的不断扩大，这种管理模式的局限性日益暴露出来，如：家族成员把持经营权，长期固守“小富即安”的小农经济意识，导致高级管理人才难以引进；在利益分配、企业决策等重大问题上，家族成员的参与不利于合理机制的形成，不利于企业规范化发展。

5. 企业规模偏小限制了私营企业的发展。私营企业发展初期，多数企业选择原料消耗少、技术含量不高的劳动密集型传统产业进行粗放经营。随着时间的推移，这种经营模式的缺陷日益暴露，使地方经济抗风险的能力和持续发展的潜力比较弱，造成“一业兴，则全镇兴，一业衰，则全镇衰”；导致资本与劳动力的投放以及速度与效益的增长难以协调，地区产业结构调整空间很小。如何使小企业发展为一个规范的企业，具有一定的抗风险能力和发展潜力，是私营企业的一个大问题。

6. 依法规范经营要引起重视。1999年，全国共查处私营企业违法违章79216户次，占工商查处违法违章行为总户次的87.36%，包括不按规定年检、擅自改变营业执照登记事项、超范围经营、登记时弄虚作假、侵害消费者权益等。可见，私营企业在灵活经营的同时，要加强依法经营、规范运行，否则会影响企业发展，会被市场竞争淘汰。

为了企业的长远发展，为了建立良好的竞争机制，私营企业要依法经营，注重提高自己的档次。

（撰稿：王唏　尹凌青　审稿：马建堂）

工商领域投资与规划

一、1999年工商领域投资与规划工作回顾

1999年，全国技术改造投资完成4419亿元。虽然投资总量比上年下降2.2%，但资金到位情况有所好转，投资结构继续改善。全年到位资金4280亿元，比上年增长0.6%。其中，国家预算内资金占全部到位资金的比重为2.4%，比上年增长1.1倍；国内贷款占20.4%，增长8.7%；地方、企业自筹资金占67.4%，下降2.8%；利用外资占

4.9%，下降5.5%；其他资金占4.6%，增长1.8%。

从资金投向看，用于提高产品质量、节能降耗和“三废”治理的投资分别增长8.3%、45.1%和16.6%，而用于增加生产能力的投资下降5.7%。分省区看，增幅较高的有：湖南23.5%、吉林19.1%、安徽17.5%、浙江16.9%、广东13.2%、河北11.2%、江西11.8%、贵州10.2%等。一批重大技术改造项目，如鞍山钢铁公司热轧改造、武汉钢铁公司硅钢片改造、华北铝加工厂铝箔生产线改造、金陵石化公司加工进口含硫原油改造、吉林化纤厂粘胶长丝改造、龙涤集团涤纶直纺长丝改造、南平纸厂新闻纸生产线改造、广东风华公司片式电容器改造、济南第二机床厂锻压机床改造等相继建成投产并发挥效益，对于推动工业结构调整、促进产业升级，增强企业市场竞争力，发挥了重要作用。

中央正确估量和判断经济走势，采取了扩大内需、实施积极财政政策等一系列宏观调控措施，适时调整了投资结构，加大了企业技术改造投入，有力地遏止了技术改造投资下滑的趋势。1999年一季度，全国技术改造投资保持了平稳增长势头，完成投资377.44亿元，同比增长12.6%；比全国固定资产投资和基本建设投资的增幅分别高4个和7.9个百分点。投资运行呈现三个特点：一是投资增幅逐月升高，资金到位情况良好，国债资金的拉动作用开始显现；二是工业投资增长25.8%，高于上年同期15.7个百分点，特别是电力、纺织、电子信息等行业技术改造投资增速加快；三是新开项目明显增多，比上年同期增加48.7个百分点。

（一）党中央、国务院高度重视技术改造工作，企业技术改造呈现勃勃生机

多年来，党中央、国务院一直非常关心、重视和支持企业技术改造工作。特别是1998年以来，江泽民总书记在国有企业改革和发展的一系列座谈会上对加强企业技术改造作了重要指示；朱镕基总理在九届全国人大二次会议的《政府工作报告》中，对企业技术改造提出了明确要求。经国务院批准，在1999年新增的国债资金中，安排90亿元用于重点企业技术改造的贴息，这相当于过去10年国家技术改造贷款贴息额的总和，按现行银行利率计算，可拉动技术改造投资1700亿元左右。

为了贯彻落实好党中央、国务院关于国债贴息支持技术改造的重大决策，保证国债资金的使用效果，国务院有关部门和各省区市政府领导高度重视，在工作上给予了积极支持和配合。财政部、税务总局制定出台了技术改造采用国产设备投资的40%抵免企业新增所得税的暂行办法。为加快国债项目的实施进度，各地区不同程度地采取相应财政政策给予配套支持，如黑龙江省每年拿出2.5亿元财政资金、上海市每年拿出1.5亿元财政资金、陕西省和西安市每年分别拿出1亿元财政资金，用于重点企业技术改造贴息或资本金注入。

在国债项目和“双高一优”计划的组织过程中，各地经贸委和企业对搞好技术改造工作的热情空前高涨，积极按照重点行业的标志性目标和专项范围，踊跃申报项目。1998年以来，各地共申报国债技术改造项目6222个。按照选项原则和标准，经国家经贸委党组和技术改造领导小组审定，先后下达了三批计划，647个项目，占申报项目的10%；总投资1724亿元，其中贷款1064亿元，安排国债贴息130亿元。“双高一优”计划安排702个项目，总投资980亿元，其中贷款630亿元。

总的看，由于党中央、国务院对技术改造工作的高度重视，国家对技术改造的支持力度之大，政府对银行贷款和企业投资方向的导向作用之强，是前所未有的，这标志着企业技术改造工作进入了一个新的发展时期。

（二）重点突出，择优扶强，技术改造投资方向明确

朱镕基总理在1999年九届全国人大二次会议的《政府工作报告》中，对技术改造的投向作出了明确指示：“现有企业的技术改造要促进经济结构的调整，主要由银行信贷安排，财政债券也应给予必要支持，但决不能是单纯扩大生产能力，继续搞重复建设，而必须是符合市场需求、能够增加品种、提高质量和效益的项目。”吴邦国副总理多次听取国家经贸委关于技术改造工作的汇报，并对国债技术改造的重点行业、标志性目标、项目安排的原则和重点等提出了具体的要求。据此，委党组和技术改造领导小组提出了国债贴息技术改造项目的6条原则：一是严格防止重复建设和变相扩大生产能力；二是围绕“质量、品种、效益”和扩大出口开展工作；三是采用新技术、新工艺，节能降耗，保护环境；四是择优扶强，突出重点行业、重点企业和重点产品，优先选择主导产品在国内市场占有率居同行业前列、银行资信好、企业综合实力强、管理水平高的优强企业，优先考虑520户国家重点企业和120家试点企业集团；五是适当向东北、中西部地区和老工业基地倾斜；六是坚持设备国产化原则，拉动国内需求，推进产业升级和装备工业上水平。

按照上述原则，前三批国债技术改造项目，主要安排了重点行业、重点企业、重点产品和重点工艺的技术改造。重点行业改造完成后，可达到以下标志性目标：

冶金行业　热轧板、冷轧板、轿车用板等9大钢材品种，每年可替代进口322万吨，产品质量达到国外先进实物质量水平，基本淘汰平炉炼钢，连铸比由67.8%提高到80%以上。

纺织行业　以纺织面料印染后整理为龙头，实现棉、毛、麻、丝绸、化纤及仿真等高档纺织面料每年顶替进口14亿米，节汇9.3亿美元以上，吨纤维创汇水平由1.2万美元提高到1.7万美元。

石化行业　聚乙烯、聚丙烯、聚氯乙烯等近40个品种顶替进口145万吨，国内市场急需的部分高档树脂、高等级道路沥青可实现国产化，重点企业乙烯能耗由800万大卡/吨降至700万大卡/吨以下。

有色金属行业　重点企业的污染问题得到根治，吨氧化铝能耗降低200～500公斤标煤，预焙槽电解铝比例由30%提高到45%。

机械行业　围绕重点行业企业技术改造急需的专用技术装备、数控机床及关键基础件、农用机械、输变电设备、新型工程机械、环保设备等进行系统改造，实现国产化。

电子信息业　片式电阻、电力电子器件、敏感元器件、印制线路板、电子专用设备、集成电路、移动通信产品等实现部分替代进口，产品质量、性能达到或接近国际同类产品水平，计算机国内市场占有率由60%提高到80%。

造纸行业　增加高档关键纸品种，高档新闻纸基本实现全部替代进口，骨干企业技术装备达到90年代国际先进水平，造纸废液实现达标排放。

在国债技术改造项目安排上，充分体现了择优扶强的原则。前三批647项国债技术改造项目中，由520户国家重点企业、120家企业集团和行业排头兵企业承担的项目共498项，占全部项目数的77%。

（三）强化管理，保证重点技术改造项目顺利实施

把握投向、扎实的前期工作和严格的管理，是提高项目成功率的关键。为保证重点项目的优选和顺利进行，主要狠抓了以下环节：

1. 清理项目，坚决制止重复建设。有关行业和各地经贸委协调配合，对近年来由国家审批和规划的重点技术改造项目进行了认真清理。清理的结果是：国务院批准的28个项目没有发现重复建设问题；国家经贸委审批的332个项目，由于市场发生变化、企业效益差、不具备建设条件等有可能造成重复建设的项目7个，占2.1%；“九五”以来国家经贸委编制的专项规划内的4216个项目，确属市场发生变化，产品总量过剩，如继续建设，有可能导致重复建设的77项，占1.8%。通过清理，发现了项目审批中的一些问题，总结了经验和教训，并采取了相应措施，有效地防止和避免了重复建设。

2. 建章立制，严格项目管理程序。在组织国债和“双高一优”技术改造项目时，首要任务是确定改造的重点行业及其标志性目标，然后再筛选项目及承担企业。在项目选择过程中，充分重视行业专家和有关部门的意见，提高了项目审查工作程序的透明度，同时进一步明确和细化管理制度。国家经贸委会同国家计委、财政部、人民银行联合印发了《国家重点技术改造项目管理办法》和《国家重点技术改造项目国债专项资金管理办法》，制定了《国债专项资金技术改造项目企业自行招标备案管理暂行办法》、《技术改造项目设备招标代理机构资格审定暂行办法》等一系列适应技术改造新形势的规定和办法。

3. 各部门通力协作，加大项目审批工作力度。各级经贸委加强了与财政、行业主管部门和有关银行的沟通、协调和配合，多数省区市经贸委与银行建立了联席会议制度和定期协调制度，项目承贷银行普遍加快了评估工作速度。按以往惯例，总行每个月召开二次审贷会，国债技术改造项目，每月开十次左右，加快了评估进度。针对以往技术改造项目环境影响评估工作周期过长的问题，经协商，国家环保总局下发了《关于加快进行国家重点技术改造项目环境影响审批工作的通知》，按分类原则，对环境影响不同的项目，提出了不同的审批要求，并规定项目环境影响报告书（表）的审批，在相应文件齐备后，5个工作日内完成。各行业主管部门、中国国际工程咨询公司、各招标代理机构等都根据各自的工作职责，加快了项目前期工作。国家经贸委也强化了审批和管理责任制，建立了国债技术改造项目管理台账，实行目标管理，加快项目审批进度。

4. 强化监管，确保项目顺利实施。在项目组织过程中，各有关部门、各地经贸委都建立了国债项目管理责任制，大部分省区市成立了国债技术改造项目督查机构或指定了专管人员，初步形成了国债项目督查网络，一级抓一级，一级对一级负责。为提高投资质量和效益，国家经贸委重点技术改造项目督查办公室会同行业部门和地方经贸委对已

开工的41个国债项目进行了督查。从督查情况看，项目选项比较准确，项目承担企业比较过硬，绝大多数项目实施进展顺利。

（四）“十五”规划工作全面启动，工业结构战略性调整的基本思路初步形成

为了适应国内外经济发展和环境的新变化，把握“十五”我国工业发展和结构调整的总体方向，国家经贸委从1999年初即着手“十五”规划编制的前期工作：

一是成立了以盛华仁主任为组长、王万宾副主任为副组长、有关行业部门和委管国家局主要领导同志参加的国家经贸委“十五”规划领导小组，并组建了文件起草小组，在组织上予以落实；

二是开展重大课题的前期研究。委托社科院工经所、国务院发展研究中心、中国国际工程咨询公司、国家计委宏观院产业发展研究所、经贸委经研中心等单位，分别就“十五”工业发展环境、支撑条件、工业结构调整总体方向、内容、政策建议以及我国加入WTO的应对措施等重大课题进行了研究，提出了综合性研究报告；

三是有关行业主管部门、委管国家局和经贸委相关司局，组织系统内规划院所和大企业在深入调查研究的基础上，初步形成了行业结构调整的基本思路，对各行业的现状及问题进行了分析，提出了行业结构调整的指导思想、目标、内容和政策建议，并据此开展了“十五”行业规划的编制工作；

四是各地经贸委也根据本地实际情况开展了“十五”规划的前期调研和课题研究工作，有的省区市已经形成了“十五”工业结构调整规划纲要初稿。

总的看，1999年以来的投资与规划工作成效显著，尤其是国债技术改造工作，克服了时间紧、任务重、协调工作复杂等诸多困难，进展较为顺利。但是，也应清醒地看到，工作中还存在一些问题和不足，主要表现在以下几个方面：一是技术改造投资总量和结构均不适应工业结构战略性调整的要求。从总量上看，1999年的技术改造投资除9～11月3个月略有回升外，基本上是逐月下滑趋势，全年投资出现了负增长；从结构上看，技术含量高、附加值大的产品和高新技术产业化项目的投资比重不高，东西部增幅差距仍在扩大，这与中央关于扩大内需、加快工业结构调整的要求还存在一定的差距。二是国债项目进度亟须加快，特别是资金计划下达缓慢，大部分国债资金由于项目不具备条件下达资金计划而用不出去，给工作造成了很大压力。主要原因是：部分项目的评估、审批工作进展缓慢，各个审批环节之间衔接不够协调；一部分省区市可研报告编制工作进展慢、银行承贷不积极、地方财政补贴承诺拖延，严重影响了项目审批和资金下达进度，反映出部分省区市和企业项目前期工作不扎实，重数量、轻质量，忽视项目的后期管理。三是国债技术改造项目监管体系不健全，督查工作没有真正到位。从督查情况看，各地普遍建立了组织机构，落实了责任制，但是项目的督查尚未完全进入正常程序，工作不够深入，有些问题没有得到及时解决，影响了项目实施进度。

此外，对工商领域投资与规划工作中一些带有倾向性的问题，发现不及时，面上的指导不力；对一些重大问题的研究深度不够。这些都需要认真对待，并在今后的工作中予以解决。

二、2000年工商领域投资与规划工作思路和重点

2000年是世纪交替之年，也是完成“九五”计划、实现国有企业改革与脱困三年目标的最后一年。做好2000年的技术改造和“十五”工业结构调整规划工作至关重要。确定的投资与规划工作基本思路是：认真贯彻党的十五届四中全会和中央经济工作会议精神，按照全国经贸工作会议部署，坚决防止重复建设，紧紧围绕增加品种、改进质量、提高效益和扩大出口，加大重点行业、重点企业、重点产品和重点工艺的技术改造力度，调整和优化经济结构，促进技术进步和产业升级，增强企业竞争力，支撑国民经济持续、快速、健康增长。

（一）2000年企业技术改造投资应把握几个原则

1. 坚持市场导向原则，把握投向，坚决防止重复建设。围绕“质量、品种、效益和扩大出口”安排技术改造项目，避免单纯扩大生产能力，严格防止重复建设。在支持企业发展新品种、提高产品质量档次、节能降耗、增加效益的同时，坚决压缩和淘汰落后生产能力。

2. 坚持技术进步原则，促进结构调整和产业升级。技术改造要在提高技术装备水平，完善技术保障手段上下功夫，通过高起点技术改造，使重点行业、重点企业、重点产品和重点工艺接近或达到国际先进水平，促进工业整体素质的提高和产业升级。

3. 坚持确保续建、适度新开的原则，集中力量抓好项目实施工作。在资金安排上，首先把续建项目的资金打足，不留缺口。采取鼓励措施，加快在建项目实施进度，使其尽快竣工投产，改造一个，

成功一个，确保标志性目标的实现。

4. 坚持择优扶强原则，突出重点，点面结合。突出抓好国债技术改造项目，财政贴息等优惠政策集中向重点骨干企业和行业排头兵倾斜。

同时，点面结合，加快“双高一优”计划等国家重点专项的组织实施。

5. 坚持“三改一加强”原则，用新机制、新办法保证技术改造投资的高效益。技术改造项目的选择，应充分考虑承担企业的领导班子、经营机制和管理水平，把技术改造同改革、改组和加强管理紧密结合起来，新项目要有新机制和新的管理方法。

（二）2000 年工商领域投资与规划重点要做的几项工作

1. 突出重点，着力做好国债技术改造工作。国家重点技术改造项目是工商领域投资与规划工作的重点，国债项目又是国家重点技术改造项目的重中之重。2000 年国债技术改造项目的主要任务是促进已列入前三批计划的项目尽快下达资金计划，早日开工，加快实施进度，确保绝大多数项目在两年内建成投产，达到标志性目标，向国务院、全国人民交一份满意的答卷。

（1）建立健全目标责任制，加强调度检查。建立健全分层次目标责任制，按月检查进度，各级经贸委要积极主动，督促企业加快项目实施进度，协调有关部门解决出现的问题，争取在 6 月底以前，完成具备条件的绝大部分项目可研报告的审批工作，尽快下达资金计划。

（2）明确责任，加快审批进度。鉴于前三批项目已经专家和行业部门多次论证，改造的方向明确、采用的技术先进成熟、选择的企业大部分是行业排头兵，建设条件基本落实。因此，与项目前期工作有关的财政、银行、环保、行业主管部门应抓紧本部门负责的审查工作，落实责任，加快项目前期工作，保证资金计划的按期下达。对授权审批的项目，各省区市经贸委和有关部门按要求及时完成，并将结果及时反馈国家经贸委。为了加快项目实施进度，2000 年拟对实施进度快、质量好、责任制落实的部分重点项目，增加资金补助，支持这些项目尽快投产达效。

（3）坚决撤销不具备实施条件的项目。对在 6 月底以前，尚未完成可行性研究报告编制、银行评审被否决及实施条件无法落实的项目，撤销立项。

（4）对已列入计划的项目因前期工作进展缓慢、银行评审不积极、地方财政补助不落实、目标责任制不到位的地区，2000 年将不予安排新的国债技术改造项目。

（5）进一步明确目标和重点，安排好国债新开工项目。国务院已经确定，2000 年安排 105 亿元财政债券用于贴息支持企业技术改造。因此，要继续围绕已经确定的重点行业的标志性目标，抓好国债专项资金技术改造项目的安排，并坚持更加突出重点，搞“少而精”的原则，除少数关键大企业及企业集团、部分重点行业外，原则上不开新口子；年内不能启动的项目，原则上不纳入新安排的国债专项资金计划。2000 年国债资金除加大对已列入前三批计划的项目的支持力度外，新安排项目主要集中在四个方面：一是进一步落实国务院领导作出明确指示的项目，以及重点行业中有利于标志性目标实现的项目；二是安排一批关键的少数企业集团年内能开工的项目；三是为应对我国加入 WTO 后面临的挑战，安排一批具有国际比较优势的纺织、轻工、机械等行业的重点出口企业的技术改造项目，包括部分中心城市纺织工业整体重组改造项目；四是落实西部大开发战略，支持一批有利于区域结构调整、加快当地资源开发与利用、形成地区比较优势的重点企业的项目。

（6）强化国家重点技术改造项目的监管。健全组织机构，各部门、各地区要对已下达资金计划的开工项目进行一次现场督查，写出督查报告；完善督查数据系统，建立国债项目督查档案库；继续抓好项目跟踪管理、加强监管机构内部和监管网络的建设，形成由国家、地方（部门）和企业监管机构组成的三级监管网络，并落实责任制；积极受理项目的举报并认真查处。

2. 组织实施好“双高一优”计划等国家重点技术改造专项规划。1999 年以来，国家经贸委组织有关部门和专家对重点行业、重点产品的供需状况和结构性矛盾进行了认真分析。以市场为导向，按照质量、品种、效益和扩大出口的原则，组织编制下达了以高新技术改造传统产业、高新技术产业化、优化重点产品和技术结构为主要内容的“双高一优”计划。这是对全社会投资进行中长期引导的国家重点导向性计划，对于加强技术改造投资面上指导有积极作用，也是今后组织国债技术改造项目的重要基础和依托。各地方、各部门一定要高度重视，狠抓落实，按照银企双向选择的原则，尽快落实条件，启动实施。国家经贸委将继续运用政策、资金等措施予以支持。与此同时，要按照市场变化的要求，特别是适应加入 WT0 后企业参与竞争的要求，及时调整修改《工商领域固定资产投资重点》，适时组织第二批“双高一优”计划，引导企业、银行、社会资金和外资投向技术改造和结构调整的重点领域。对于其中符合国务院关于实现标志性目标要求、工作进度快和工作质量高的项目，予以安排国债贴息支持。还要继续组织好“双加”工程、结构调整、高新技术产业化、扩大出口、中西部优势工程和老工业基地改造振兴专项以及重点企业脱困技术改造计划，通过技术改造与企业改革、改组和加强管理相结合，促进重点国有企业改革与脱困阶段性目标的实现。

3. 抓紧编制好行业和地区工业结构调整“十五”规划。迈入新世纪，国民经济和社会发展进入了一个新的阶段。经过20多年改革开放和快速发展，我国经济发展呈现出新的阶段性特征：一是由于生产力的发展，供求关系发生了重大变化，买方市场初步形成；二是由计划经济体制向社会主义市场经济体制转变，体制环境发生了重大变化，市场配置资源的基础性作用明显增强；三是由于对外开放的扩大，对外经济联系也发生了重大变化，对外贸易和利用外资在经济发展中已占较大比重。从这些方面看，“十五”时期，我国将进入经济结构调整期、经济体制完善期和适应WTO过渡期。我国已经胜利完成第一步、第二步战略目标，从现在起开始实施第三步发展战略，建设小康社会并继续向现代化目标迈进。

进入新世纪，面临新阶段，要有新发展。发展要有新的思路，核心就是进行经济结构调整。实行经济结构的战略性调整，推动两个根本性转变，促进国民经济持续快速健康发展，这就是新世纪之初中国经济发展的大思路。

从我国工业结构的现状看，长期积累的结构不合理的矛盾十分突出，调整的任务十分繁重，难度很大，工业结构的调整和优化需要一个较长的过程。“十五”期间，不可能解决全部问题，但必须抓住主要矛盾，在几个带有全局性、根本性的重大问题上取得突破。

(1) 以市场为导向，运用优胜劣汰机制，着力调整企业组织结构。一是关闭破产一批。依法关闭那些产品质量低劣、浪费资源、污染严重、不具备安全生产条件的小厂小矿。主要是小煤炭、小炼油、小水泥、小玻璃、小钢铁、小糖厂等；对资源枯竭的矿山，要积极稳妥地予以关闭。同时，由于重复建设造成的产品无市场、资不抵债、亏损严重、扭亏无望的企业，也要实施破产，并建立一个让它们退出市场的机制和通道。二是做大做强一批。以市场为导向，以资本为纽带，以优势企业为龙头，推进强强联合，培育若干拥有名优产品、先进技术、竞争力强的大型企业和企业集团，具备条件的要向跨国公司发展。三是搞专搞精一批。积极扶持中小企业特别是科技型中小企业，使它们向“专、精、特、新”的方向发展。建立小企业同大中型企业合理的分工协作关系，形成小企业对大中型企业的专业化配套和专业化服务，提高生产的社会化水平。

(2)采用先进适用技术和高新技术改造提升传统产业。围绕品种、质量、效益，加大技术改造力度，淘汰落后工艺和设备，压缩过剩的一般产品生产能力，逐步实现主要行业关键技术，从以模仿和引进国外为主，转向自主开发为主，优化技术结构和产品结构，降低生产成本，使传统产业得到提升和振兴，成为“十五”期间我国经济持续快速健康发展的重要支撑。

(3) 发挥比较优势，促进区域经济合理布局和协调发展。主要是发展地方特色经济和优势产业，形成分工合作、协调发展的生产力布局。

(4) 积极发展新兴产业和高技术产业，培育新的经济增长点。对具备商品化条件的高新技术要加速产业化，以培育新的经济增长点，成为工业结构调整的一个重要内容。

(5) 以公有制为主体，鼓励多种所有制经济共同发展。坚持有进有退、有所为有所不为的原则，搞好大的，放活小的，从战略上调整国有经济布局和改组国有企业。对涉及国家安全的行业、自然垄断的行业、提供重要公共产品和服务的行业，以及支柱产业和高新技术产业中的重要骨干企业，要提高国有经济的控制力。

各部门、各地区要按照“十五”工业战略性结构调整的基本思路，争取在2000年底前编制完成“十五”行业和地区工业结构调整规划草案。

4. 实施西部大开发战略，促进西部地区发挥比较优势，调整和优化工业结构。实施西部大开发，加快中西部地区发展是党中央贯彻邓小平同志“两个大局”战略构想、统揽全局、面向21世纪作出的重大决策，是一项长期而艰巨的战略任务。工业结构调整是实施西部开发战略的重要内容，是加大对西部地区技术改造支持力度的重点。在继续加大对已安排西部地区国债技术改造项目贴息支持力度的同时，还要做好以下几项工作：

(1) 结合西部地区经济特点，研究制定工业结构调整规划，充分利用资源丰富、劳动力价格低、市场广阔等比较优势，按照有所为、有所不为的原则，形成特色经济，发展和壮大一批优势企业及名牌产品。

(2) 促进西部与东部地区的联合与协作，实现优势互补，积极吸引外资参与西部开发。

（3）抓住国家加大基础设施投入的有利时机，搞好与西气东输等重大工程建设项目有关的企业技术改造。

5.继续研究鼓励企业技术改造的政策措施，拓宽融资渠道，推进投融资体制改革。

（1）国家经贸委《关于做好技术改造项目国产设备投资抵免企业所得税确认工作的通知》（国经贸投资［2000］297号），对项目确认的范围、申请及附送文件格式等做出了具体规定，各地经贸委、有关部门和企业要高度重视这项工作，把握政策，规范运作，使这项鼓励企业技术改造的优惠政策落到实处。

（2）落实下放外资审批权限。为贯彻国办发［1999］73号文件精神，国家计委会同国家经贸委下发了《关于扩大地方鼓励类不需要国家综合平衡的外商投资项目审批权限的问题的通知》，明确了不需要国家综合平衡的限上鼓励类外商投资项目由各地自行审批。各级经贸委要认真贯彻上述精神，进一步加大对外开放和吸引外商投资的力度，进一步提高利用外资工作的质量。

（3）拓宽企业融资渠道。在注重发挥银行信贷资金主渠道作用的同时，积极运用企业债券、土地转让、资产置换和重组，以及企业上市、设立产业投资基金等融资方式，多渠道筹措技术改造资金，促进投资稳步增长。

（4）深化投融资体制改革。江泽民总书记指出："要特别注意发挥市场对资源配置的基础性作用，切忌回到计划经济的老方式、老模式上去。过去不少的重复建设就是由于计划经济的办法产生的，许多不合理的重复建设都是用各级领导层层审批的办法搞的。如果再用这类不科学的方法来调整，不仅已经存在的结构不合理问题难以解决，而且还可能形成新的问题，最终导致失去结构调整的原意。"要认真学习体会江总书记的指示精神，积极研究探索搞好技术改造的新思路和新办法。按照深化财税、金融体制改革的要求，以项目登记备案制为目标，逐步改革现行项目审批制度，稳步推进投融资体制改革，并加强政策、规划和信息引导，强化投资监督管理，建立新的投融资宏观调控体系，增强政府调控和引导全社会投资的能力。

（5）加强中介服务工作。建立和健全一批为投资服务的中介机构，如设计、咨询、招标、投资顾问公司等，运用市场经济办法，加强项目的前期工作，做好扎实的市场分析、技术分析和效益分析，提高投资质量和效益。

6.搞好宣传和业务培训工作，加强内部管理。加强技术改造宣传工作，注意发现和总结一批企业技术改造工作先进典型。适应改革的要求，加大培训力度。在地方政府机构改革完成后，分片组织业务培训班，加强投资、金融和现代经济管理知识的培训，不断更新知识，进一步提高技术改造管理队伍人员的素质和业务能力。2000年是国务院确定的管理年，吴邦国副总理在"全国企业改革与管理工作会议"上对企业技术改造管理工作明确指出，能否完成好技术改造的关键在于管理，技术改造弄不好会背上新包袱。要认真贯彻国务院领导同志的指示精神，结合技术改造项目管理的特点，苦练内功，规范程序，强化管理，特别要抓好项目前期管理、资金管理、施工管理，确保技术改造投资质量和效益。

（撰稿：李俊元　审稿：甘智和　乔　辉）

技术进步及创新

1999年，在深入学习贯彻落实《中共中央关于国有企业改革与发展若干重大问题的决定》和《中共中央、国务院关于加强技术创新，发展高技术，实现产业化的决定》的同时，技术创新工作始终紧紧围绕着国民经济发展和国有企业三年改革总体目标，按照技术创新体系的框架结构，加快建立以企业为主体的技术创新体系，建立以企业技术开发中心为主要方式的企业技术创新体系、以城市为依托的技术创新服务体系、以大型科技企业为依托的行业技术开发基地、以企业为中心的产学研结合技术创新运行机制。进一步明确了从"两个方向，三个层次，四个重点"系统推进企业技术创新工作，即：从用先进技术改造传统产业，在新兴产业和高技术产业占领技术制高点两个重点方向，按照对少数大型企业和企业集团、一批企业和企业集团、多数企业不同类型企业实行分类指导的原则，集中力量对重点行业、重点企业、重点新产品和重大先进技术装备进行扶持，加快企业的技术进步和产业升级。

1999年主要开展的工作及取得的成效：

一、企业技术开发中心建设

1999年2月，国家经贸委召开了全国企业技术创新工作会议，提出了加快企业技术开发中心建设步伐的意见。要求在2000底以前，所有国家重点工业企业都要建立技术开发中心，以适应经济结构调整和国内外市场的激烈变化，企业技术创新意识和建立技术开发中心的积极性有了极大的提高。在各地考核申报的基础上，国家经贸委会同财政部、税务总局、海关总署又认定了67户企业技术开发中心。截至目前，国家认定的企业技术开发中心已达294家。现有国家重点企业已有423户建立了企业技术开发中心，占重点工业企业总数的85.7%，其中166户获得国家认定，178户获得省市认定。30多个省市开展了企业技术开发中心的认定工作，现由省市认定的技术开发中心已有1300家。

技术开发中心建设和管理逐步规范，企业的技术创新能力明显增强。根据《企业技术开发中心认定与评价办法》，对已认定的231户技术开发中心按照评价指标体系进行了评价考核，考核评分在80分以上的有146家，占63.7%；60～80分有82家，占35.8%；60分以下的1家。在此基础上，对不符合条件的技术开发中心进行了调整，建立了动态的技术开发中心认定与评价机制。加强了对企业技术开发中心建设的引导，通过培训、研讨、座谈等多种形式，进一步拓宽了企业技术开发中心建设的工作思路，相互交流和借鉴技术开发中心建设的有效方法和成功经验，推动企业技术开发中心工作的广泛、深入开展。

企业通过技术中心建设，显著增强了企业的技术创新能力和市场竞争力。一是企业技术创新体制和机制进一步巩固和完善。在建立技术开发中心同时，研究制订企业技术创新战略和具体方案，把建立企业技术开发中心作为企业发展的一项重要措施，充分发挥其在技术创新中的核心作用，基本建立了技术开发中心的有效运行机制。二是企业的新产品、新技术开发速度明显加快，以海尔集团为代表的一批企业已基本具备了超前研究开发的能力，企业超前研究开发课题和经费超过总数的20%。主要产品的国内市场占有率逐步提高，有些产品还进入了国际市场。海尔集团以技术中心（中央研究院）为技术支撑，大力推进国际化战略，一直保持着平均一个工作日开发一个新产品、申报两项专利的水平。昆明船舶工业公司84%的产品都是由技术中心开发的，自主开发的高性能卷烟机械和物流自动化设备已经占领国内大部分烟机市场，部分单台设备性能已经达到国际领先水平。三是研究开发投入大幅度增加，据统计，1999年企业技术开发中心的研究开发投入占销售收入的比例达到2.79%，比1998年增加0.69个百分点。其中大多数企业技术开发中心的研究开发投入占销售收入的比例超过3%，海尔、烟台东方电子等一批企业超过5%。四是创新激励机制进一步完善，吸纳人才和充分调动创新人员积极性已成为企业的主要举措。上海市经委制订了《加大技术创新力度，提高企业技术创新能力的意见》、《上海市引进技术吸收与创新规定》等政策措施，促进企业技术创新工作的开展。

技术创新工作和技术创新体系建设也得到了各地方政府和行业主管部门的重视和支持，主动关心和支持重点企业技术中心建设工作。

二、建立依托城市的技术创新服务体系

依托城市的技术创新服务体系建设的工作思路更加明确。建立技术创新服务体系的主要目的是围绕国家产业政策和结构调整方向，动员社会各方面力量，充分发挥技术中介机构的作用，为企业、尤其为中小企业技术创新创造良好的外部环境，提供技术支撑。技术创新中心的性质是独立于政府管理部门的技术服务事业法人或社团法人，是技术创新服务支撑体系的基础和核心，在业务上接受有关政府部门的指导，是联结政府、企业、科研院所和高等学校的“桥梁”与“纽带”，其主要职能是促进科技与经济的结合，接受政府部门委托进行调查研究，为政府提供咨询意见，为科研单位、高等院校传递政策、产业和企业信息，为科技决策提供支持和中介服务；为企业提供政策、产业、科技成果、融资、人才等信息服务和技术服务。建立技术创新服务中心由地方根据当地实际情况，将现有资源进行优化配置与整合，防止铺新摊子搞重复建设。云南、山西等6省市已成立技术创新促进会，武汉市建立了科技项目市场，采用市场方式运作，从提供技术、项目、人才信息，促成技术转让、项目合作及其他形式的产学研联合来扶持企业发展。

技术创新信息网是面向中小企业技术创新支撑体系的重要组成部分,是建立中小企业技术创新体系的切入点,是政府上网工程和推进国民经济信息化,特别是企业信息化建设的重要内容。1999年9月9日开通了中国技术创新信息网和中国产学研联合网,青岛、合肥、柳州、无锡、肇庆、深圳、四川、陕西等地已经建立了技术创新信息网或产学研联合网,武汉、辽宁、山东、江西、河南、浙江、贵州、云南、西藏、广西等地正在积极筹建技术创新信息网。据初步统计,上网的科技成果有24000多项,企业技术难题8600多项,技术人才供求信息1200多条,发布各类名牌产品3800多个。

加大了技术创新中介机构的扶持力度,大力推进新产品,新技术的推广应用。为加速新技术推广机构的改革,逐步建立中小企业技术创新中介服务支撑体系,国家经贸委在征求有关部门和各地经贸委意见的基础上,印发了《关于进一步加强全国新技术交流推广工作的意见》。会同有关单位,先后组织召开了“第五届(国际)网络与多媒体技术应用展览会”、“第四届中美工程技术研讨会”等,取得了积极成果。

三、行业技术开发基地的建设

在实施科研院所转制的基础上,提出了依托转制后的大型科技企业,建设面向行业的技术开发基地的构想。

明确了行业技术开发基地的功能定位及其发展方向。技术开发基地应当拥有开发和推广本行业共性、关键性、前瞻性技术的能力,基本掌握本行业国际先进水平的关键技术和国家重点建设所需的工艺技术;以对产业升级有重要影响、前瞻性项目为依托,着眼于产业化进行研究开发,提高行业技术攻关的能力和水平,同时进一步面向社会搞好技术服务。

行业技术开发基地要按照优势互补、互惠互利的原则,善于利用自身的技术优势,积极为政府部门制定产业技术政策、行业发展规划、产业结构调整战略等宏观决策提供科学、合理的咨询。围绕国有大型企业和企业集团的技术进步和产业升级,以国家重点技术创新项目和技术改造项目为依托,紧密结合大型企业或企业集团,联合攻关,着力解决国民经济建设和发展中重大的技术瓶颈问题,为产业技术升级和改造传统产业,为高科技尽快产业化提供技术支撑。

四、技术创新试点工作

根据对技术创新试点城市的要求,试点城市制定了技术创新工程实施方案。技术创新试点城市在功能建设上取得进展。1996年青岛市委、市政府提出了宁肯市政建设慢一点,也要省出钱来把企业技术创新能力搞上去,市委、市政府出台的《关于进一步支持企业发展有关问题的政策规定》,提出了50条支持企业技术创新的政策。要求企业充分运用好《两则》,根据自身需要,逐步加大技术创新投入;规定对省级以上新产品,2年内由市财政将其新增增值税的25%返还企业,专款用于技术进步。青岛市还围绕增强大企业的技术创新能力,确定了发展一批具有竞争力的大企业的目标,及时总结了海信集团技术中心实行“技术特区”的措施、鼓励技术人员的经验和海尔集团与国家大的科研机构联姻的经验,引导企业借助社会创新资源,增强竞争力。合肥市除市政府制定了具体的扶持和激励政策外,还设立了技术创新基金,每年财政收入的1%和每年科技三项费的60%专项用于支持企业的技术创新工作。合肥市组织了《合肥技术创新体系及运行机制》的课题,把城市技术创新工作与城市经济发展及城市建设结合起来,纳入城市的整体规划。柳州市根据城市中小企业多的特点,市财政建立了技术创新基金,市财政科技三项费用拿出50%,每年从新产品减免税中提取10%扩充基金。同时,落实各级技术创新目标责任制,把技术创新作为考核国有企业领导班子的一项重要内容,由市经贸委和市委组织部共同对企业班子进行考核,为了调动企业科技人员的积极性,市政府规定,企业通过技术创新取得的经济效益,可按20%~40%予以奖励。规定对国家级新产品在2年内对新增效益应收所得税实行先征后返,新增增值税地方留存部分,由同级财政按50%返还企业。

在企业技术创新试点工作方面,原6户试点企业根据试点工作要求和企业发展实际,根据企业发展战略,在深入研究企业核心竞争力、多元化、国际化等根本性问题基础上,制定了《企业技术创新试点方案》,对技术创新的目标、内容、体系与机制建设、措施保障、工作重点等做出了总体部署并着手实施。宝钢集团利用联合重组的机遇,按照建立钢铁精品基地,使宝钢成为我国及世界最具竞争力的大型钢铁企业的发展目标,调整技术创新组织体制和机制,宝钢强化了上海宝钢研究院(技术中心)在技术创新体系中的核心地位,为技术中心创造“小特区”环境。形成以技术中心为主力、产学研相结合、产研销一体化的技术创新体系和运行机制。海尔集团将技术创新作为促进企业快速发展的根本，建立了“海尔中央研究院”（技术中心），形成了目前我国企业内最先进的白色家电、黑色家电、信息家电、生物工程等领域的应用开发基地，拥有10多项国际先进的产品认证手段，11个超前性技术研究所和12个具有国际一流水平、国内先进的超前性技术实验室。同时，海尔积极利用全球科技资源，仅1998年，就在国内外建立了48个科研开发实体，探索并实践产学研结合的新方式、新机制，使海尔达到了一个工作日一项新产品和两项专利，新产品产值率持续上升。华北制药集团不断完善技术创新体系与机制建设，在过去母子公司体制、法人治理结构基础上，建立了事业部制、扁平化管理的经营管理结构，抓住制药工业、制药技术正蕴育重大突破的关键机遇，以生物工程药物和天然药物为突破口，加大组合化学和高通量筛选技术的研究开发力度，抢占技术制高点，并以此为依托，实施企业的技术跨越。

按照党的十五届四中全会《决定》中“要着力培育实力雄厚、竞争力强的大型企业和企业集团”，“少数大型企业和企业集团要在产品质量、工艺技术、生产装备、劳动生产率等方面达到或接近世界先进水平，在国际市场上占有一定份额”的要求，根据技术创新工程的总体部署，1999年，我们在总结6户企业试点工作的基础上，根据各地经贸委推荐和企业申请，经过调查研究，遴选了上海石油化工股份有限公司、中国第一汽车集团公司、上海汽车工业（集团）总公司、中国轻骑集团有限公司、武汉钢铁（集团）公司、兖州矿业（集团）有限责任公司、联想集团控股公司、海信集团公司、深圳市中兴通讯股份有限公司、广东风华高科技集团有限公司、春兰（集团）公司、无锡小天鹅股份有限公司、东方软件有限公司等13家优秀企业作为新增加的企业技术创新试点单位，使试点企业总数达19户，覆盖了煤炭、冶金、机械、汽车、信息、家电等主要产业。

五、产学研联合，探索新机制

积极推动产学研联合，探索新的合作机制。我们与教育部、中国科学院在总结7年来产学研工程实施基础上，研究提出了进一步推进产学研联合工作的意见。

江泽民总书记和李鹏委员长1997年12月为“产学研联合开发工程”专门题词，江泽民总书记的题词是：“走产学研结合的道路，促进经济科技教育体制改革”。李鹏委员长的题词是：“产学研联合是促进经济发展的有效途径”。为贯彻落实这些重要指示，进一步促进产学研联合工作深入开展，加速形成以企业为主体的全社会产学研联合体系。1999年9月，国家产学研工程办公室与青岛市人民政府在青岛举办了’99全国产学研联合洽谈会暨展示会，充分反映了政府搭台，企业、高等院校、科研院所积极参与、紧密合作的良好氛围。共有6万多人参观了大会展览，达成合作意向1262项，涉及合同金额16.2亿多元，签订正式合同159项。海尔集团在展会期间共签订合同5项、意向合同11项，成交额达4300万元。大会期间还开通了中国技术创新信息网和中国产学研联合网。大会征集的1.2万项科技成果，3000多项企业技术难题招标项目在网上公布。同时，各地也举办了多种形式的“产学研联合洽谈会暨展示会”，一些省市纷纷与大学、科研院所建立长期合作等。

推动科研院所改革，是促进经济与科技结合的重要保证，根据国务院的要求和国务院领导同志指示，国家经贸委与科技部、中编办等部门起草了《关于国家经贸委管理的10个国家局所属科研机构管理体制改革意见的通知》，经国务院批复后由国务院办公厅转发。按照《通知》要求，国家经贸委和科技部等12个部门共同研究制订并经国务院同意印发了《关于印发〈国家经贸委管理的10个国家局所属科研机构管理体制改革的实施意见〉的通知》，具体明确了社会保障、资产划转、工商登记注册、税收优惠办法等问题，与科技部联合印发了《关于印发国家经贸委管理的10个国家局所属科研机构转制方案的通知》。这次242个科研院所转制的具体方案是：131个院所进入企业（集团）；40个院所转为科技型企业，实行属地化管理；11个院所保留事业单位性质，挂靠行业协会；7个院所转制为中介机构，实行属地化管理；6个院所并入专业相近的高校；8个院所划转其他部门；10个院所撤消；12个（涉及29个院所）转为中央直属大型科技企业。在国务院的直接领导下，经过各有关方面的共同努力，较好地完成了科研院所转制工作，这将更有利于科技与经济的结合和科技成果的产业化。产学研结合有多种具体形式，而最有代表性的是越来越多的建立以利益甚至产权为纽带的联合开发实体。南京市的由创业人的科技成果加投资占40%，现有企业适用资产占40%、政府出资占20%的“四四二”模式，把资产重组、企业改制和知识参预分配等有机结合起来，是科技成果产业化的有益探索。

六、结构调整和产业升级

1999年，围绕着结构调整和产业升级，突出加强了对重点行业、重点企业、重点新产品的扶持力度，支持了一批市场需求量大、产业关联度高、技术含量高、经济效益好的重点技术创新项目和新产品的研究开发。1999年列入国家经贸委技术创新重点项目计划项目663个，列入国家级重点新产品试产计划的项目1329个。这批项目和新产品，对促进结构调整、提高行业的水平和培育新的经济增长点起到了积极的作用。如溅渣护炉技术的推广应用，使转炉炉龄寿命平均提高40%，平均炉龄由2700炉提高到8000炉，重点企业的单炉炉龄平均超过3万炉以上，武钢达到15208炉，年创直接经济效益2亿元。西北冶炼厂承担的“超高比容钽粉与细直径钽丝”的开发应用，使我国高比容钽粉、钽丝的国际市场占有率由原来的4%和27%，分别提高到10%和40%，从而也提高了我国钽冶炼和加工的国际地位。

由中科院工程热物理所与北京重型电机厂、哈尔滨汽轮机有限责任公司等共同组建的北京全三维动力工程有限公司，开发具有90年代国际先进水平和自主权知识产权的第三代汽轮机组新技术，将汽轮机通流部分三维设计成功应用于国产20万千瓦汽轮机组的改造，使机组热效率提高约5%，相当于煤耗下降14～15克（标准煤）/千瓦时，汽轮机最大热力可增加到22万千瓦，机组热力性能由50、60年代水平提高到90年代国际同类产品的先进水平，每年直接经济效益在1000万元以上。

七、“九五”国家重大技术装备和国产化工作

经国务院批准，“九五”期间组织实施了三峡水利枢纽工程成套设备等10个重大技术装备研制项目，除大型化肥成套设备研制项目因依托工程不落实未实施外，已实施的9个项目，85%的课题已经验收，研制的设备已在工程中得到应用。如：三峡水利枢纽工程成套设备研制。通过引进技术的消化吸收，左岸700MW水轮机组、500KV交流输变电设备单台（套）国内分包率达到25%～30%，为最终达到东电、哈电各提供2台（套）水轮机组，保变、沈变各提供2台主变压器的目标打下了基础；自主研制的临时船闸等实现了汛期安全通航，水工机械及大型金属结构立足国内自主设计制造；大型专用混凝土搅拌楼国产的占2/3，完成浇注量占施工作业总量的70%以上。大型压水堆（600MW）核电站成套设备研制。虽因建设资金来源变化没有采用国产设备，但从研制成果看，基本上实现了秦山二期600MW核电站设计自主化和掌握了部分关键技术，具备了大部分设备国产化的制造能力，并完成了岭澳1000MW核电站核岛主设备蒸发器、稳压器、堆内构件、燃料棒驱动机构等国产化，一回路主管道及常规岛1000MW汽轮机、发电机等国内分包部分制造和组装试验。大型乙烯成套设备研制。在燕山石化45万吨/年乙烯改扩建工程国产化基础上，在大庆、茂名、大连石化改扩建中实现了乙烯裂解装置6.8万吨大型乙烯裂解炉、裂解气压缩机、丙烯压缩机、聚丙烯装置环管反应器等关键设备及9万～10万吨聚酯成套设备以及千吨级加氢反应器和800KN活塞力循环氢压缩机的国产化。大型煤化工成套设备研制。在兰州煤气工程（国产化率40%）、哈尔滨煤气工程（国产化率60%）的基础上，河南义马煤气工程城市煤气设备国产化率达80%以上，设备已经全部到货，达到90年代初国际先进水平；自然循环离子膜电解槽装置、关键化工单元设备、3万m^3等级空分成套设备研制都取得了可喜成果。薄板坯连铸连轧成套设备研制，通过自主开发连铸技术和消化吸收引进热连轧等技术，首先实现了鞍钢带钢成套设备国产化，并在珠钢、邯钢等完成了薄板坯连铸连轧单体设备国产化的基础上，结合技改项目开展薄板坯连铸连轧全线成套设备研制工作。浅海石油钻采和三次采油成套设备研制。安排了浅海新型钻井平台和储运装备、石油勘探设备、聚合物驱采油系统成套设备的研制。其中24位遥测地震仪、DK～28震源车等也已通过鉴定验收，替代进口，在油田中应用；聚合物驱油成套设备为大庆原油保持连续稳产5000万吨/年原油做出了重要贡献。大型煤炭海运船舶及港口装卸成套设备研制。针对华东、华南地区煤炭运输的需要，研制了5万吨级浅吃水肥大型运煤船以及配套的港口装卸成套设备；针对长江航道及洞庭湖、太湖等治理工程需要，研制开发绞吸式、耙吸式、斗轮式疏浚工程船舶，在煤炭运输和港口装卸，湖泊治理和江河疏浚工程中已发挥了作用。空中交通管制系统成套设备研制。根据我国空中交通运输事业迅猛发展，与现有雷达管制系统不相适应的状况，结合四川广汉、长春大房身机场的技改，研制具有90年代国际先进水平的空管3号、4号成套设备，相应研制设备已进入组装调试阶段，设备研制工作进度先于机场改造工程。600MW超临界火电机组成套设备研制。正在以河南沁北电站建设工程为依托，在以我为主、联

合设计与制造的基础上，消化吸收引进技术，攻关研制实现国产化。

（撰稿：李力　审稿：王建曾）

商品流通与市场管理

1999年，在党中央、国务院一系列扩大需求政策措施的推动下，国内需求和外贸出口保持了稳定增长势头，保证了当年经济增长目标的实现；同时市场秩序进一步好转，为2000年市场平稳运行和经济稳定增长打下了良好基础。

一、市场运行基本情况

（一）消费需求增长平稳

1999年，全年实现社会消费品零售总额31135亿元，比上年增长6.8%。从全年消费品市场运行情况看，供求总量和结构性矛盾仍然没有得到缓解；批发零售贸易增长缓慢，餐饮业增速较快；城市市场增长继续快于农村市场；物价水平持续低位徘徊。为刺激消费需求的增长，1998年以来国家出台了一系列扩大消费需求的措施。其中包括：降低利率，征收利息税；放宽贷款条件，鼓励个人消费信贷；改善消费环境，消除消费障碍；调整收入分配政策，提高中低收入居民的收入水平等。这些政策的出台，对促进需求的增长起了一定作用，但与预期目标相比存在较大差距。两年来每月社会消费品零售额一直保持6～8%的低速增长，个别月份甚至低于6%；物价降幅虽有所缩小，但通货紧缩迹象仍未消除。

（二）投资需求增幅减缓

1999年，国有及其他经济类型固定资产投资完成21719亿元，比上年增长6.1%。分季度看，一季度增速较快，达22.7%；二季度增长12.1%，比一季度回落10.6个百分点；下半年下降势头更加明显，7月份增长3.8%，8月份零增长，9月份下降2.8%，10月份增长0.6%，11月份增长5.9%；全年累计，增长5.2%。

（三）出口需求止降回升

1999年，全国外贸进出口总额3607亿美元，比上年增长11.3%。其中：出口1949亿美元，增长6.1%；进口1658亿美元，增长18.2%。出口在年初连续几个月下降后，第三季度起逐步回升，11月份增幅达28.8%，创全年最高记录。出口形势好转的原因，一是国际经济环境好转，欧美经济继续增长，大多数受金融危机冲击的国家和地区的经济复苏步伐加快；二是国家和各级地方政府采取鼓励出口的有力政策措施，调动了企业扩大出口的积极性。

二、市场开拓工作取得新进展

（一）积极开拓农村市场

国家经贸委会同国家国内贸易局在山东潍坊召开了“全国开拓农村市场现场经验交流会”，总结推广了五个试点城市、部分省市经贸委、委管国家局及企业开拓农村市场的典型经验，积极引导工业企业调整产品结构，进一步发挥工贸结合的优势和工商联手开拓农村市场的作用。吴仪国务委员到会并讲话。会后，国家经贸委下发了《关于进一步开拓农村市场的若干意见》，积极贯彻落实潍坊会议精神，出台各项措施开拓农村市场。通过推进贸工农一体化经营方式，探索农产品流通方式创新，增加农民收入。

（二）大力加强企业市场营销工作

围绕企业改革与脱困中心任务，在深入调研的基础上，国家经贸委提出并下发了《关于当前加强营销促进企业脱困工作的意见》，明确要求各地经贸委加强政策引导、组织协调和经验交流，积极组织开展以产品库存调剂、配套供应和替代进口为重点的营销活动，有力地配合了各地企业扭亏脱困工作。为加强对重点地区和企业市场营销工作的引导，及时掌握企业营销工作动态，确立20个工业中心城市和35家不同类型的企业，作为国家经贸委企业营销工作重点联系单位。国家经贸委会同国务院纠风办等六部门联合下发了《关于整顿营销信息发布秩序，坚决制止乱排序、乱评比行为的通知》，为净化企业营销环境创造了条件。组织各地经贸委开展了“中国’99昆明世界园艺博览会”系列营销活动。

（三）着力扩大外贸出口

一是提高出口商品退税率。根据年初外贸出口的严峻形势，国家经贸委会同有关部门研究提出提高部分商品出口退税率的方案，经国务院批准后付诸实施，对支持和鼓励扩大出口起到了积极作用，这是1999年外贸出口增长的最主要支持政策。二是推动自营企业出口。为贯彻党中央“千方百计扩大出口”的指示，国家经贸委召开了全国企业自营出口工作会议，从落实企业进出口经营权、调整出口产品结构、改善企业外部经营环境、提高自营企业竞争力、鼓励自营企业境外设点建厂、工贸结合、抓重点、抓骨干等方面，研究企业扩大出口的方针政策。为加快赋予生产企业及商业物资企业进出口自营权，国家经贸委与外经贸部联合下发了《关于加快赋予商业物资企业进出口经营权有关问题的通知》，放宽了审批条件，全年共赋予2039家生产企业和104家商业物资企业进出口经营权。三是积极推进钢材“以产顶进”。根据国务院领导的指示，从上年9月开始研究对钢材“以产顶进”办法提出改进意见。经过多次协商，国家经贸委会同有关部门制定了钢材“以产顶进”办法及其实施细则，召开了全国钢材“以产顶进”工作会议和’99国产钢材贸易洽谈会，积极推进钢材以产顶进工作，对缓解钢铁行业的困难，支持冶金行业实现三年脱困起到了一定作用。

三、市场体系培育与流通方式创新

（一）商品批发市场体系培育建设

为加强对商品交易市场的规划建设和管理，国家经贸委会同国家统计局完成了商品交易市场的快速调查，对全国经乡镇以上各级政府主管部门批准，有固定交易场所，进行经常性常年交易，并设有专职管理人员的现货商品交易市场（不含农村集市）进行了全面调查，摸清了全国商品交易市场建设与管理的状况和问题。为掌握市场建设动态，做好分类指导，初步建立了商品批发市场重点联系制度，确定35家市场作为国家经贸委的第一批重点联系市场，建立直接的经常性信息、材料报送等联系和沟通。国家经贸委还召开了批发市场建设座谈会，总结交流各地商品市场培育的情况和经验，分析了有形市场发展态势，研究了下一步工作，对推动市场健康发展有积极的指导作用。积极推进白银市场放开和白银市场建设工作，就白银放开后组织白银集中上市交易进行了研究和协调，年底开始利用华通有色金属现货中心批发市场进行白银上市交易。

（二）努力推进现代流通方式创新

国家经贸委积极研究和推动了我国电子贸易的试点。先后到上海、广州、北京等地区和企业，就电子贸易发展的环境条件、存在问题和一些企业的探索实践进行了专题调研，并提出了工作思路。召开了“中国企业现代物流管理研讨会”，海尔集团、昆明船舶集团、TCL集团等部分国有大型企业和宝洁、雀巢等三资企业、部分经贸委市场处长参加了会议，交流了物流管理和物流现代化的做法经验，对我国物流发展趋势进行了探讨，提出了一些政策建议。

四、加强市场管理，努力营造公平竞争的市场环境

（一）加强重要工业品进出口管理

国家经贸委会同有关部门向国务院报送了《关于调整重要工业品和原材料进出口管理商品目录的请示》，国务院批准了国家经贸委负责管理的重要工业品目录。进口管理商品为：钢材、化肥、原油、成品油、腈纶、涤纶、聚酯切片、汽车轮胎、农药；出口管理商品为：原油、成品油、煤炭、焦炭、稀土。经与有关部门对重要工业品的进出口管理程序问题多次协商，就过渡时期的管理办法达成了一致意见，并已在1999年下达的重要工业品进出口计划中予以体现，下一步要根据WTO的规则会同有关部门研究统一规范的进出口管理办法。

（二）制定落实完善加工贸易管理的有关政策

根据国务院领导的指示精神，国家经贸委会同有关部门起草了《关于进一步完善加工贸易银行保证金台账制度的意见》，国办发［1999］35号文件予以批转。之后，又会同有关部门研究制定了《关于确定第一批加工贸易禁止类和进口限制类商品目录的通知》和其他有关配套文件，并召开了部分省市加工贸易工作座谈会和两次加工贸易部际协调会，对有关文件进行修改和完善，如期实现了银行保证金台账“实转”。这一措施的出台，对于打击加工贸易中的走私违规行为，进一步规范加工贸易管理，促进加工贸易健康发展，具有重要作用。

（三）狠抓成品油市场的整顿和规范

根据国务院部署，为贯彻国办发［1999］38号文件精神，实现“管住油源，集中批发，规范零售，加强监管”的总体目标，国家经贸委在充分听取各有关部门和各地经贸委、石油石化集团以及社会成品油经营企业的意见和建议的基础上，与外经贸部、国家工商局、税务总局、质量技术监督局联合印发了《关于清理整顿成品油流通企业和规范成品油市场秩序的实施意见》（国经贸贸易［1999］637

号），并采取了一系列措施狠抓成品油市场的清理和规范，推进成品油销售体系的改革、重组、加强监管等工作。

（四）规范国内展览展销活动

针对目前展览展销活动过多过滥等情况，在充分调查研究的基础上，积极研究商品展览展销活动管理规章，把展览展销活动纳入规范化、法制化轨道，引导和促进其健康发展。

五、2000年贸易市场形势展望

从总体上看，世界经济增速加快，有利于出口需求增加；国内继续实行积极的宏观经济政策，投资和消费需求将持续增长。据此预测2000年总需求的大体趋势是内外贸将继续稳定增长，市场秩序进一步好转。预计全年社会消费品零售总额34250亿元，比1999年增长10％；全社会固定资产投资32860亿元，比1999年增长10％；外贸出口2350亿美元，比1999年增长20％；居民消费价格止跌回升。

（撰稿：刘德成　审稿：邸建凯　门晓伟）

商品市场情况和内贸工作综述

1999年，在党中央和国务院的正确领导下，各级内贸部门认真贯彻落实以扩大内需为主的一系列方针政策，积极开拓市场扩大销售，促进了国内商品市场的稳定发展。

一、扩大国内消费需求的主要政策

为了进一步扩大内需，促进市场繁荣和国民经济持续发展，1999年，国家陆续制定和出台了一些刺激消费的新政策，主要有：

扩大消费信贷的规模和品种，促进和规范个人消费信贷业务的健康有序发展。中国人民银行1999年3月发布了《关于开展个人消费信贷指导意见》，要求各有关金融机构积极稳妥地开展消费信贷业务，并决定从1999年起，允许所有中资商业银行开办消费信贷业务。继4月份扩大消费信贷后，9月份工行又推出6类个人消费信贷新品种。

第7次下调金融机构存款利率，促进居民改变储蓄与消费的比例。6月10日，央行第7次降息，为了促进消费，存款利率的降幅加大，一年期整存整取利率降至2.25％，活期存款利率更突破1％的心理线，降至0.99％，经过中央银行连续7次降息后，一年期存、贷款利率分别下降约80％和50％，利率水平达到改革开放以来的最低点。

征收利息税，刺激储蓄资金向消费品市场分流。5月底，国家出台了关于对储蓄存款利息所得征税的实施办法，按照规定，11月1日开始对储蓄存款利息所得征税，储蓄存款利息所得税为20％。这样，储蓄存款的收益进一步降低，一年期整存整取的收益率下降至1.8％。

从9月开始，中国人民银行通过延长贷款期限、降低贷款利率，加大力度支持个人购房。

增加城镇部分居民的收入，为活跃消费品市场创造收入条件。从7月1日起，国家把国有企业下岗职工基本生活保障、失业保险和城镇居民最低生活保障制度这三种社会保障线的水平提高30％，同时提高机关事业单位职工工资和离退休人员的离退休金，提高企业离退休人员待遇。这些措施使全国8400多万人受益，为扩大消费创造了条件。据测算，下半年仅中央财政就增加支出540亿元左右。

扩大高校招生，满足居民教育消费需求。国家决定1999年高等教育在原定招生计划的基础上扩大招生规模33.1万人，使全国的招生规模达到153.7万人。

增加节假日，为假日消费创造条件。9月末，国务院对《全国年节及纪念日放假办法》作了修订，全国法定节日放假时间由7天增加到10天，为促进假日消费创造条件。

在各主要大城市开放住房二级市场，减免个人住房交易中的有关税费，推动房地产市场回升。

各级政府部门开始清理和取消在通货膨胀期间出台的抑制消费需求的过时政策，有些地区还出台了鼓励消费的政策措施。

在投资导向上，鼓励多开工与人民生活消费有关的投资项目，如城乡居民用电的电网改造、城镇经济适用住房、城市交通基础设施等。

二、国内商品市场运行情况

1999年，在国家一系列扩大内需的政策措施的作用下，国民经济继续保持平稳增长。全年国内生产总值为82954亿元，比上年增长7.1%，其中，第一产业增长2.8%，第二产业增长8.2%，第三产业增长7.5%，全社会劳动生产率11677元，比上年提高6.3%。国民经济运行良好为国内商品市场的稳步回升奠定了基础。1999年国内商品市场运行主要有以下特点：

消费品市场增长略高于上年，有效需求不足依然制约着市场的快速发展。1999年初，春节一过，消费品零售市场即表现出明显的淡季特征，市场销售增长率由2月份的10.6%下滑至3月份的5.8%，4～8月份消费品零售市场增幅一直在5.3%～6%之间的低位徘徊，而1998年4～8月份的市场增幅在6.6%～9.3%。1～8月份消费品市场累计零售总额增长6.3%，比1998年1～8月份的7.3%低了整整1个百分点。9月份国家集中出台了提高居民收入、增加节假日、征收利息税等一系列刺激消费市场的政策措施，10月份市场销售总额增幅由上月的6.6%提高到8.2%，提高了1.6个百分点，增幅超过上年同月，11月份继续保持7.8%的较高增长率，增幅再次超过上年同月。全年社会消费品零售总额实现31135亿元，比上年增长6.8%(1999年增长6.79%)，考虑物价因素，实际增长10.1%(1998年为9.7%)，略高于上年，但增幅提高很少，反映出市场尚未走出低迷状态，消费制约仍然是市场发展的主要障碍。但从全年市场销售增长率的先降后升可以看出，下半年消费品市场的表现主要是政府启动消费政策的结果。

生产资料需求明显增长，价格降幅缩小，销售回升。随着国家一系列启动经济政策的实施，生产资料市场从1998年四季度开始出现需求回升的动向，1999年得到进一步发展。全年社会生产资料销售总额4.1万亿元，比上年增长7.1%左右，剔除价格下降的因素后，增幅达到10%左右，提高近4个百分点。尽管有上年基数偏低的因素，但增幅之大也是近几年少有的。从钢材、木材、水泥、汽车、油品等19种重要生产资料来看，1999年消费使用量增长7.3%，与上年2.1%的增幅相比，需求总量扩大了5.2个百分点。其中，钢材增长11.3%，水泥增长7.3%，木材增长2.9%，汽车增长9.6%。随着世界经济形势趋于好转和国家采取提高出口退税率等一系列措施，生产资料出口出现回升势头。8月份以后，各月的生产资料出口总额同比增长在16%以上，其中电机、电气设备类、锅炉、机械及零件类等增长在30%以上。1999年全社会生产资料价格总水平比上年下降2.5%，其中流通企业的市场销售价格降幅超过生产企业出厂价降幅，下降4.5%，使得自1996年4月开始出现的这一下降趋势持续了45个月。但是从动态趋势看降势明显趋缓。详见下表：

1996～1999年流通环节生产资料销售价格分月指数

年　份	1月	2月	3月	4月	5月	6月	7月	8月	9月	10月	11月	12月
1996	1.7	1.2	0	−1.1	−1.4	−2.0	−2.1	−2.0	−2.0	−1.6	−1.8	−2.1
1997	−2.6	−2.7	−3.2	−2.7	−2.5	−2.9	−2.3	−2.0	−1.4	−1.6	−2.4	−1.3
1998	−1.2	−1.9	−2.8	−4.9	−5.9	−6.7	−8.5	−9.7	−10.7	−10.1	−8.6	−8.8
1999	−9.5	−8.1	−7.0	−7.4	−6.6	−5.2	−5.1	−4.1	−3.7	−2.8	−2.4	−2.0

1999年，生产资料价格水平是基本稳定的，环比指数基本在0.5个百分点之内，11、12两个月，一些生产资料价格出现了止跌回升迹象。如钢材中薄板的某些规格，铜、铝、锌、镍等有色金属原料，天然橡胶、聚乙烯、聚丙烯、聚氯乙烯等部分塑料原料，甲苯、甲二苯等部分有机化工产品，以及南方地区的大径级马尾松原木、杉木等，年底的价格都比年初有所回升；油品市场价格也明显攀升。

商品结构性矛盾仍然十分突出，低水平“过剩”无实质性改观。根据国家内贸局商业信息中心对600余种大类商品供求情况的排队分析，从1998年上半年起，这些商品的供求关系发生了历史性的变化：许多计划经济时期供不应求的商品已经变为供求平衡或供过于求，基本供给层面上的商品已不存在供不应求，据统计，全国440种日用工业消费品中，已不再有供不应求的品种，其中，供求基本平衡的品种39种，仅占排队品种的8.86%；而供大于求的品种则达到401种，占排队品种的91.14%。“看不见的手”发挥着越来越重要的作用。同时，“过剩”的问题也有所发展，从1998年以来近两年的时间内，许多商品供过于求的状况愈演愈烈，商品结构性矛盾依然十分突出。1999年下半年，25大类商品中有14类商品供过于求比例比1999年上半年又有所增加。近年来在世界范围内，由于科学技术的发展，劳动生产率的飞速提高，产品更新换代的速度不断加快，传统产业和产品受到了巨大的冲击，产业和产品的结构始终处于动态的调整中，不断有产业和产品被淘汰出局，生产“过剩”在世界范围内成为普遍现象。我国自90年代中期以来，生产力水平迅猛发展，商品生产和加工能力大为改善，在连续两年工业消费品出现供大于求的局面以后，相当一部分农副产品供应也出现了过剩。由于我国市场的自我调节生产机制尚未形成，以及生产的不均衡性和结构性矛盾，改善基本供给层面上的“过剩”状况，将需要一段相当长的时间。由于消费需求不足，商品的结构性矛盾愈加突出，生产厂家产品自主开发能力较弱，产品开发的后劲不足，因此，价格依然是企业间竞争的重要手段。表现在商家就是以低廉的价格作为争取消费者的主要经营方式，于是各商家打折成风，甚至以低于进价销售。在1999年不旺的市场中，某些商品或因其价格上的优势，或因其产品更新较快，依然出现了若干“亮点”。据国家内贸局商业信息中心对全国大型零售企业销售初步监测表明，1999年商品零售中，食品类销售增长17.2%，饮料类销售增长38.7%，烟类销售增长59.8%，酒类销售增长52.6%，服装类销售增长19.2%，洗涤用品类销售增长24.4%，工艺美术品类销售增长25.6%等；受彩电价格战、技术进步等因素的影响，彩电销售增长39.8%，其中，24英寸以上的彩电销售增长58.8%；电子及音像制品的销售增长128%；由于通讯费用的调整和通讯器材价格不断走低，通讯器材类的销售增长很快，比上年增长266%；金银首饰类销售增长34.2%；中西药品类销售增长95%，汽车类销售增长151.9%，家庭装修类销售增长28%。销售下降较多的有纺织品类、帽类、玻璃制品类、五金电工器类等，全年累计销售与上年同期相比分别下降15.5%、4.9%、9.2%和6.8%等。

国有商业企业面临激烈竞争，前期销售略有好转，但总体效益堪忧。据国家统计局的数字：1996年国有、集体所有制商业企业从业人员占全社会从事商业人数的38.7%；1997年国有、集体所有制商业企业的商业网点占全社会商业网点的11.3%，实现的社会消费品零售额占全社会消费品零售总额的比重为40.71%。1999年国有商业企业面对激烈的市场竞争，市场销售虽有所好转，但效益仍然持续下滑。据商业信息中心对全国重点大商场的监测，1999年，全国238家大型零售商品实现销售总额1146.4亿元，比上年增长10%，其中实现商品零售895.8亿元，增长13.4%，不仅高于上年的水平，也高于同期社会消费品零售总额的增长幅度。但在销售增长良好的情况下，实现利润却下降，238家商场实现利润22亿元，下降17.4%，销售利润下降的有152家，占63.9%，其中降幅达10%的有128家，占238家的53.8%；亏损企业72家，占30.1%，上升了11.6个百分点。1999年，内贸系统内国有商业企业累计实现销售2510.77亿元，减少205亿元，减幅7.56%，盈亏相抵后累计亏损30.34亿元；国有物资系统实现销售1696.9亿元，减少110.7亿元，盈亏相抵累计亏损32.5亿元。

三、当前消费品市场运行中存在的主要问题

1999年，扩大消费政策取得积极成果，但总体上说，扩大消费的这些政策措施并未从根本上改变1997年下半年以来消费品市场需求不足、供大于求的基本状况，1999年下半年市场回暖的迹象是否表示消费品市场趋势的转折性变化仍有待观察，1999年消费品市场存在的主要问题有：

商品零售价格指数跌幅比上年加大，表明消费需求不足的问题仍很严重。自1997年10月至1999年末，商品零售价格指数已经连续26个月负增长，1999年全年商品零售价格比上年下降3%，比上年2.6%的跌幅增加0.4个百分点；从月度数据变化看，1999年下半年扩大消费政策陆续出台后，7～12月商品零售价格下降幅度在2.6%～2.8%之间徘徊，比3～6月份的下降幅度略有收缩。但由于政策因素刺激的消费需求扩大幅度尚不足以改变供求格局，另外政策因素传导到价格指标存在一定滞后性，下半年价格走势没有出现明显的回升迹象，消费市场需求不足的问题仍很严重。

各项刺激消费的政策未使消费品市场销售总额大幅增加，消费者仍处于持币观望状态。1999年下半年，仅中央财政为启动消费增加支出540亿元，银行降息和恢复征收利息税等政策使居民储蓄少增上千亿元，消费品市场外围资金条件相当宽松，但消费者大多数处于持币观望状态，并没有大规模进入市场购物。1999年全年消费品市场零售

总额比上年增长6.8%，比上半年的增幅6.3%仅提高0.5个百分点。1998年消费品零售市场总规模为29152.2亿元，增长率提高0.5个百分点，相当于零售总额增加150亿元左右，除旅游和教育消费有所增加外，房地产市场和私人购车市场没有明显变化，这些情况说明扩大消费的政策投入主要在1999年下半年，出台的政策效应在当年直接体现不多。但各种市场调查表明，这些政策出台后，城镇居民对收入的预期有所改善，从大量储蓄到持币观望状态，再到谨慎购物的变化过程需要一段时间，更需要加大政策力度，进一步改善居民收入预期。

城乡消费品市场冷暖“温差”较大，开拓农村市场任重道远。1999年，扩大消费需求的政策系列中，对提高城镇中低收入居民的收入、改善城市消费环境的政策较多，而提高农民收入、改善农村消费环境的政策仅限于降低农民负担、农村电网改造等，政策措施相对较弱，加上农产品连续几年大丰收，使农产品供过于求的矛盾在1999年更加突出，农产品价格下降幅度较大，农民收入增长幅度明显低于城镇居民。全年城镇居民的人均可支配收入为5859元，比上年实现增长9.3%。全年农民人均纯收入2205元，实际增长4%，增幅不及城镇居民的一半。受政策、收入等因素影响，1999年城乡消费品市场冷暖“温差”较大，全年城市消费品零售总额增长达7.1%，但县及县以下的零售市场增长率仅为6.3%，相差0.8个百分点。

社会不同阶层收入差距进一步加大，边际消费倾向弱化。改革开放提高了城乡居民的生活水平，但由于种种原因，社会财富的再分配过于向少数人倾斜：城乡之间，城乡不同阶层的居民之间，收入的差距拉大了。据有关人士测算，我国基尼系数已达0.455，已成为世界上贫富悬殊、收入分配最不公平的国家之一。有关资料显示，我国城乡居民储蓄存款中80%为城镇居民所有，而城镇居民中15.6%的人拥有80%的城镇居民的储蓄存款。占12.4亿总人口70%的农民仅拥约1万多亿的存款。从实际需求和大件耐用消费品的保有量看，农村居民和城市居民中的中低收入者的消费弹性系数较高，但囿于收入的限制，这部分人的边际消费倾向受到抑制。当然，这里面也有相当一部分居民，由于对未来收入预期不看好，预期支出有可能增加，或由于非商品消费的分流从而抑制了即期消费的欲望。

四、内贸工作回顾

1999年，内贸系统坚决贯彻中共中央、国务院关于搞好内贸工作的一系列指示精神，深化流通改革，努力开拓城乡市场，积极探索和发展现代营销方式，取得了新的成绩。

以开拓农村市场为重点，千方百计开拓城乡市场。1999年，经国务院批准，国家经贸委与国家内贸局在山东潍坊联合召开了全国开拓农村市场现场经验交流会，吴仪国务委员出席会议并作重要讲话。会后，山东、河南、河北、湖北、黑龙江等省政府领导同志亲自抓贯彻落实，许多省、自治区、直辖市成立了开拓农村市场领导小组，设立专门工作机构，并确定了本地区开拓农村市场的试点市(县)。北京、上海、福建、湖北、四川、江苏、辽宁、浙江、吉林、湖南等地流通主管部门，提出了开拓农村市场的工作重点和具体措施，并组织贯彻落实，取得了明显成效。1999年北京、山东、河南等地农村市场销售额的增长幅度超过了城市市场的增幅。各地在开拓农村市场工作中，通过多种措施启动农村消费需求。一是抓农民增收，提高农民购买力。如黑龙江省提出开拓农村市场要以增加农民收入为出发点和落脚点，要求流通部门积极搞好生猪、蔬菜等农副产品购销，积极推进“菜篮子”商品产业化。山东省积极引导农民根据市场需求，调整优化农业产业结构，帮助农民解决“卖难”问题。二是抓农村市场网络体系建设，疏通农村流通渠道。如吉林省将提高流通组织化程度与搞好小城镇建设相结合，完善农村流通网络。河北保定发展特色农业，形成特色市场。广东物资集团汽贸公司扩大农村地区汽车销售，1999年汽车销售额42.3亿元，比上年增长54%。上海市继续推进连锁业向农村地区辐射以及大店、名店、老店下乡。四川省把市、县批发市场的建设与培育作为重点，积极构筑市、县、乡、村四位一体的市场网络体系。三是抓农村基础设施建设，努力改善农村消费环境。苏州市加大农村电网建设与改造力度，农民生活用电价格下降一半，有的村家用空调拥有量猛增10倍。四川绵阳市加快农村通信、广播电视等基础设施建设，新发展农村光纤电视用户1.8万户，电话用户800余户。四是制定鼓励开拓农村市场的政策措施。河南漯河，山东烟台、威海等地，制定多项优惠政策，鼓励工商企业积极开拓农村市场。青岛市组织金融机构与供销社合作，联合开办大型农用机械、农机具等生产资料贷款业务和消费贷款业务。在重点开拓农村市场的同时，城市市场销售也紧紧抓住不放。各地流通部门，一是瞄准市场消费热点商品，扩大销售；二是抓住假日消费的商机，拓宽消费领域。据统计，全国10大城市大型饮食服务企业，1999年国庆节期间营业额比上年同期增长37.9%，国内旅游人数猛增，上海、西安等城市饭店的客房床位率普遍超过70%，经济适用型旅馆的客房床位率达到95%以上。不少零售企业营业额创造了历史最高水平，北京百货大楼、上海市第一百货商店等9家商业企业，国庆节期间商品销售总额同比增长32.6%。三是加大工商联手力度，举办各种全国性、地区性的交易会、展销会、博览会。1999年国家内贸局自办和联办的54个交易会，成交总额达1500亿元，其中仅济南农机展销会就成交260亿元。四是发挥批发市场对扩大销售、开拓市场的促进作用。宁波、长沙、大连、深圳等地蔬菜批发市场的交易量，均占当地蔬菜供应量的70%～90%。1999年全年社会消费品零售总额31135亿元，增长6.8%，扣除价格因素后实际增长10%。这个增幅不仅继续高于当年GDP的增幅，高于城乡居民收入的实际增幅，也高于上一年的增幅。其中餐饮服务业营业收入预计增长13.6%左右。1999年全国社会生产资料销售总额4.1万亿元，增长7.1%，扣除价格因素后实际增幅也超过10%。

以扭亏脱困为重点，加快流通企业的改革和调整。1999年，国家内贸局成立了行业扭亏脱困领导小组，局领导和17位司长带队到12个省、自治区、直辖市进行扭亏脱困专题调研。在中共十五届四中全会后，及时召开了全国内贸行业扭亏脱困工作会议，提出了国有内贸企业扭亏脱困工作目标和措施。各地政府对内贸行业的扭亏脱困的工作也非常重视，江苏、河南、浙江、广东、山东、辽宁等地都制定了促进国有流通企业改革的文件，加大了指导和支持的力度。从各地情况看，内贸企业通过振兴主业，大力发展连锁、配送、代理等新型的营销方式和业态，探索和推广集中采购等现代管理形式，降低了费用和成本，提高了效益。对中小流通企业，各地认真总结推广“四放开”、“国有民营”等改革经验，加大改革力度。县级国有内贸中小型企业，普遍采取股份合作制、国有民营、承包租赁经营等一系列措施，90%以上已经实现改制。许多地区对大中城市特别是地级市的中型内贸企业，也普遍进行了改革，使这些企业重现生机。对资不抵债、亏损累累、扭亏无望的企业进行兼并和关闭，积极进行下岗分流、减员增效和实施再就业工程。到1999年底，全国内贸企业累计下岗118万人，绝大多数下岗职工自谋职业，实现了再就业。1999年1月～11月，全国内贸系统盈亏相抵亏损额63亿元，比上年同期减亏20%，其中物资企业减亏32.4%，商业企业减亏7.2%。国家内贸局整改的诚通集团同比减亏34%，华星集团同比减亏79%，为全面实现扭亏为盈和脱钩打下了较好的基础。

以规范化和规模化为重点，积极推进新型营销方式改革。1999年4月，国家内贸局召开了首次全国营销改革工作会议，总结经验，部署工作，加强规划与指导，推动了营销方式改革的进程。连锁经营以超市为重点，向多业态、多行业扩展，并从中心城市向周边地区城镇以至农村延伸。到1999年底，内贸系统连锁企业总数达到1800多家，店铺2.6万个，经营额1500亿元。其中省会城市3000平方米以上的大型超市135个，年销售额1亿元以上的占64%。钢材、汽车代理制试点工作继续向好的方向发展，带动了全社会的商品销售代理。据试点企业统计，钢材、汽车代理量年均增长30%以上，浙江、河北、河南、重庆等地一些流通企业的代理量，已占本企业经营额的90%以上。不少企业把代理品种扩大到煤炭、有色金属、化工、建材、机械、电子、医疗器械、轻工、纺织、食品、计算机等。商品物流配送工作取得了新进展。许多流通企业将发展现代化的物流配送，作为拓展业务和增加效益的新的增长点。一些地方的政府制定了鼓励和扶持商品物流配送发展的措施，使物流配送设施的软硬件建设得到加强。旧货、拍卖和租赁业在各地流通部门的积极推动和广大流通企业的主动参与下，获得持续快速的发展，而且进一步走向规范。

以肉菜糖为重点，做好重要商品的市场调控。近两年，肉菜糖等重要农产品和重要生产资料供大于求的矛盾越来越突出，价格水平持续走低。各级内贸部门适时调整国家储备肉结构和品种，1999年共安排国家储备肉9万吨，其中冻猪肉储备5万吨，活体储备3万吨，牛羊肉储备1万吨；组织猪肉省际间调拨8.8万吨，蔬菜跨区域调运1.89亿公斤；新建国家储备糖库10.5万平方米，安排国家储备糖更新仓库10万吨，并修订了储备管理办法，规范储备管理。各地积极落实地方储备和副食品风险基金，到三季度末，地方储备落实猪肉17.8万吨、食糖16.3万吨，副食品风险基金10.3亿元。经过努力，1999年肉菜糖市场供求基本平衡，猪肉价格持续下跌的势头得到有效抑制并稳步回升。生猪定点屠宰工作经过艰苦的努力，取得新的进展，全年进点屠宰的生猪占上市生猪总量的78%，病害猪检出率为0.199%，有效地保护了消费者的身体健康。在做好“菜篮子”重要商品调控的同时，各级内贸部门还协助国家计委制定重要生产资料的供需平衡计划，组织国家订货和产需衔接，确保国家重点工程项目和国防军工生产的顺利进行。全年完成推广散装水泥9500万吨，散装率达到18%。老旧汽车和大中型拖拉机更新，全年可分别达到40万辆和5万辆。继续整顿市场流通秩序，煤炭经营资格审查工作和报废汽车回收企业资格认证制度取得进展。与中宣部等部门一起，把“百城万店无假货”活动推向纵深发展。深入开展“五联服务一体化”（联合清查、退货、换货、修理、经营）和示范店、示范街的活动，争创示范批发市场，加大了打击假冒伪劣商品工作的力度。

以“两个文明”建设为重点，内贸行业队伍建设取得全面进展。全国内贸系统干部职工同全国人民一道，在中共中央的领导下，开展了同美国霸权主义、同“法轮功”邪教组织、同李登辉分裂祖国行径的斗争。这三场政治斗争的胜利，为各级内贸部门集中精力做好商品流通工作，创造了良好的政治环境，国家内贸局和部分省自治区、直辖市内贸主管机关，在中共中央和各地党委的统一领导下，1999年先后在县以上领导机关和领导干部中开展了“三讲”教育，使得内贸系统领导机关和领导干部，普遍受到了一次深刻的马克思主义党性和党风教育，政治素质、思想水平、工作作风都有很大提高。一年来，内贸系统纪检监察部门坚持反腐败“三项工作”格局，围绕商品流通工作，推进党风廉政建设。全国内贸系统结合“三讲”教育，认真实行党风廉政建设责任制；重视信访举报工作，坚决查处违纪违法案件；开展效能监察工作，保证政令畅通，提高效率；建立完善监督制约机制，从源头上治理腐败；继续纠正行业不正之风，树立内贸行业新风，促进了商品流通工作的发展。按照国务院的部署，1999年国家内贸局在做好直属企业脱钩工作的基础上，又将9个直属科研机构实行企业化改革，划转到大型企业集团，或成为社会中介组织。各级内贸部门主办的报刊整顿工作，正在有条不紊地陆续进行。内贸行业的科技进步、基本建设、安全生产、对外开放等各项工作，也都取得不同程度的发展。

虽然1999年的内贸工作取得一定的成绩，但是也还存在一些突出问题：一是开拓市场特别是开拓农村市场难度很大，效果不够明显，离国务院的要求还有一定差距。二是流通产业发展缺乏统一的规划和权威的管理，部门分割、行业垄断、地区封锁现象依然存在。三是市场立法、执法、监管滞后，假冒伪劣商品屡禁不止。四是国有流通企业亏损严重，物资行业已经连续6年亏损，商业行业连续4年亏损，扭亏脱困的任务仍然很重。

五、2000年内贸工作重点

2000年，内贸工作的基本目标是：继续做好大力开拓城乡市场特别是农村市场的工作，确保2000年社会消费品零售总额实际增长幅度高于国内生产总值的增幅，达到9%左右；生产资料销售总额增幅超过上年，达到7.5%左右。继续加大国有内贸企业改革和扭亏脱困工作的力度，力争使国有重点内贸企业中的亏损企业减少1/3，亏损面降到20%；全行业亏损额减少1/3，降到45亿元左右。继续抓好肉菜糖等关系国计民生重要商品的市场调控，抓好重要生产资料的产需衔接，整顿流通秩序，加强流通法制建设。继续发展现代化流通方式，推进连锁经营、代理制、物流配送、再生资源与旧货流通向规模化、规范化、电子化方向发展。2000年内贸工作的重点是：抓住市场消费热点，积极扩大销售；疏通商品流通渠道，进一步搞活流通；制定新的消费政策，整顿流通秩序，营造良好的消费环境；服务于西部大开发战略，努力开拓新的市场；抓好国有内贸企业改革创新，加快扭亏脱困步伐；抓好商品调控创新，稳定和繁荣市场；抓好经营方式创新，推进营销改革。

（撰稿：王斌）

附表1　　1952～1999年社会消费品零售总额及构成　　单位：亿元

年　　份	社会消费品零售总额	批发零售贸易业	餐饮业	制造业	农业生产者	其　他
1952	276.8	211.3	14.1	37.9	11.8	1.7
1953	348.0	277.2	15.9	42.2	10.8	1.9
1954	381.1	315.0	17.5	35.8	10.2	2.6
1955	392.2	323.2	19.6	34.4	11.8	3.2
1956	461.0	384.3	22.7	38.7	11.8	3.5
1957	474.2	399.5	24.2	33.9	13.2	3.4
1958	548.0	474.9	25.3	36.4	7.6	3.8
1959	638.0	573.7	28.9	28.6	3.5	3.3
1960	696.9	631.1	27.0	26.6	8.0	4.2
1961	607.7	512.5	31.7	25.5	30.0	8.0
1962	604.0	502.1	39.1	27.9	27.0	7.9
1963	604.5	516.4	37.0	25.2	19.3	6.6
1964	638.2	560.0	33.5	24.2	14.3	6.2
1965	670.3	594.6	31.2	24.2	13.0	7.3
1966	732.8	655.1	31.9	24.0	14.8	7.0
1967	770.5	688.0	30.1	25.4	18.5	8.5
1968	737.3	658.0	27.3	24.0	19.2	8.8
1969	801.5	718.1	28.9	25.6	18.5	10.4
1970	858.0	769.3	29.6	27.4	17.0	14.7
1971	929.2	825.5	33.2	34.4	17.7	18.4
1972	1023.3	906.8	37.5	41.0	18.1	19.9
1973	1106.7	979.9	40.1	45.7	20.8	20.2
1974	1163.6	1027.0	41.8	51.2	21.6	22.0
1975	1271.1	1113.9	45.5	61.6	25.0	25.1
1976	1339.4	1175.6	47.0	67.7	22.0	27.1
1977	1432.8	1256.5	50.4	73.0	21.8	31.1
1978	1558.6	1363.7	54.8	73.2	31.1	35.8
1979	1800.0	1540.5	63.7	103.6	47.5	44.7
1980	2140.0	1768.0	80.0	165.0	69.0	58.0
1981	2350.0	1915.4	87.6	195.4	89.4	62.2
1982	2570.0	2068.1	98.4	216.8	110.8	75.9
1983	2849.4	2269.1	112.1	249.7	133.0	85.5
1984	3376.4	2645.5	137.1	314.1	170.0	109.7
1985	4305.0	3272.2	196.9	400.7	291.0	144.2
1986	4950.0	3717.8	232.8	457.6	375.0	166.8
1987	5820.0	4343.5	283.0	537.1	461.0	195.4
1988	7440.0	5544.6	366.5	686.1	595.0	247.8
1989	8101.4	6009.5	405.1	720.3	698.0	268.5
1990	8300.1	6127.4	419.8	699.1	773.3	280.5
1991	9415.6	6903.9	492.0	788.0	909.8	321.9
1992	10993.7	7922.2	589.7	939.4	1077.4	465.0
1993	12462.1	8726.9	800.1	1062.9	1436.2	436.0
1994	16264.7	11039.7	1175.1	1272.8	2143.7	633.4
1995	20620.0	13801.3	1579.2	1540.7	2777.6	
	24774.1					921.2
1996		16205.1	2024.9	1775.3	3261.9	1506.9
1997	27298.9	18108.3	2433.3	1987.9	3744.9	1024.5
1998	29152.5	19185.8	2816.4	2037.6	4088.7	1024.0
1999	31134.7	20551.8	3199.6	2094.5	4205.0	1083.8

附表 2　**1999 年各地区社会消费品零售总额**　单位：万元

地　区	社会消费品零售总额	按销售单位所在地分		
		市	县	县以下
全　国	**311347000**	**190916000**	**38925000**	**81506000**
北　京	13133233	10351574	865171	1916488
天　津	6572816	4992434	520803	1059579
河　北	14587643	6751825	2798081	5037737
山　西	5871453	3445357	1212432	1213664
内蒙古	4373813	2613476	1044766	715572
辽　宁	16960989	14014816	923236	2022937
吉　林	7339531	5592331	770247	976954
黑龙江	10161761	7258386	1505345	1398030
上　海	15903815	12795646	748052	2360117
江　苏	23941382	14550422	1717566	7673394
浙　江	20757505	11319992	2012266	7425247
安　徽	9791390	4607569	2187311	2996510
福　建	12462512	7058413	1612899	3791200
江　西	6504678	3024481	1504438	1975759
山　东	23100602	14182546	2218189	6699867
河　南	16159915	7891687	3477320	4790908
湖　北	16171373	10195770	1509469	4466134
湖　南	12292113	6257694	2350959	3683460
广　东	36560305	23962010	2001884	10596411
广　西	7912683	3813562	1578592	2520529
海　南	1576565	1043421	139468	393676
重　庆	5962570	3316349	820106	1826115
四　川	13825869	6539636	2391875	4894358
贵　州	3137890	1768192	627962	741736
云　南	5389506	2833712	1296732	1259062
西　藏				
陕　西	5570500	3633745	959653	977101
甘　肃	3315515	2120351	532337	662827
青　海	751549	457137	182685	111727
宁　夏	827053	536327	152822	137904
新　疆	3473958	2139551	615127	719280

注：全国数据与各地区合计数据不一致，原因是全国数据进行了修正和调整（下表同）。

附表3 各地区分行业社会消费品零售总额 单位：万元

地区	按行业分				
	批发零售贸易业	餐饮业	制造业	农业生产者	其他
全国	**205518000**	**31996000**	**20945000**	**42050000**	**10838000**
北京	9261776	812690	798169	75292	2185306
天津	3505923	674279	271828	544072	1576714
河北	10117525	1383844	1276464	1393407	416403
山西	3870642	482193	331826	913054	273738
内蒙古	2792878	406317	336213	615688	222718
辽宁	12223095	1881783	514127	2068394	273590
吉林	4695516	729771	266945	1548453	98846
黑龙江	7784103	868899	415771	911087	181901
上海	12742411	1101477	436430	1503757	119740
江苏	16954266	2056356	1783477	2655710	491573
浙江	14458585	1695225	1400589	2517917	685189
安徽	6200331	923704	838838	1612936	215581
福建	8969582	1406326	587704	900704	598197
江西	3976504	529461	472388	1305054	221271
山东	14521378	2266670	2770367	2439472	1102715
河南	10184047	1825942	2104172	1523777	521977
湖北	9973723	1571383	924005	2738168	964094
湖南	7799975	1171801	706842	2281522	331973
广东	24334414	5591666	1843962	3824450	965814
广西	5269481	885188	417232	1096118	244664
海南	932677	202062	38399	335606	67821
重庆	3404656	486170	355602	1611184	104956
四川	7936049	1838841	871030	2640741	539209
贵州	2068978	312808	193200	423219	139685
云南	3534699	617778	257150	838806	141073
西藏					
陕西	3459862	547902	505844	925288	131603
甘肃	2038394	416138	205601	535085	120296
青海	506673	104119	39696	80627	20434
宁夏	478475	93908	37724	199013	17933
新疆	2225743	327553	223296	495905	201462

附表4　**1958～1999年全国各种价格总指数**　（以上年价格为100）

年份	商品零售价格指数	居民消费价格指数	农产品收购价格指数	农村工业品零售价格指数	工农业商品综合比价指数	
					农产品收购价格指数为100	农村工业品零售价格指数为100
1958	100.2		102.2	99.4	97.3	102.8
1959	100.9		101.8	100.9	99.1	100.9
1960	103.1		103.5	102.8	99.3	100.7
1961	116.2		128.0	104.9	82.0	122.0
1962	103.8		99.4	104.5	105.1	95.1
1963	94.1		97.2	99.0	101.9	98.2
1964	96.3		97.5	98.1	100.6	99.4
1965	97.3		99.2	96.3	97.1	103.0
1966	99.7		104.2	97.1	93.2	107.3
1967	99.3		99.9	99.2	99.3	100.7
1968	100.1		99.8	99.7	99.9	100.1
1969	98.9		99.8	98.5	98.7	101.3
1970	99.8		100.1	99.8	99.7	100.3
1971	99.3		101.6	98.5	96.9	103.1
1972	99.8		101.4	99.5	98.1	101.9
1973	100.6		100.8	100.0	99.2	100.8
1974	100.5		100.8	100.0	99.2	100.8
1975	100.2		102.1	100.0	97.9	102.1
1976	100.3		100.5	100.1	99.6	100.4
1977	102.0		99.8	100.1	100.3	99.7
1978	100.7		103.9	100.0	96.2	103.9
1979	102.0		122.1	100.1	82.0	122.9
1980	106.0		107.1	100.8	94.1	106.3
1981	102.4		105.9	101.0	95.4	104.9
1982	101.9		102.2	101.6	99.4	100.6
1983	101.5		104.4	101.0	96.7	103.4
1984	102.8		104.0	103.1	99.1	100.9
1985	108.8	109.3	108.6	103.2	95.0	105.2
1986	106.0	106.5	106.4	103.2	97.0	103.1
1987	107.3	107.3	112.0	104.8	93.6	106.9
1988	118.5	118.8	123.0	115.2	93.7	106.8
1989	117.8	118.0	115.0	118.7	103.2	96.9
1990	102.1	103.1	97.4	104.6	107.4	93.1
1991	102.9	103.4	98.0	103.0	105.1	95.1
1992	105.4	106.4	103.4	103.1	99.7	100.3
1993	113.2	114.7	113.4	111.8	98.6	101.4
1994	121.7	124.1	139.9	117.2	83.8	119.4
1995	114.8	117.1	119.9	114.7	95.7	104.5
1996	106.1	108.3	104.2	106.2	101.9	98.1
1997	100.8	102.8	95.5	101.1	105.9	94.5
1998	97.4	99.2	92.0	97.8	106.3	94.1
1999	97.0	98.6	87.8	97.3	110.8	90.2

附表 5　　1999 年各地区居民消费价格指数和商品零售价格指数　　（以上年价格为 100）

地　区	居民消费价格指数			商品零售价格指数		
	全省（区、市）	城　市	农　村	全省（区、市）	城　市	农　村
全国平均	**98.6**	**98.7**	**98.5**	**97.0**	**97.0**	**97.1**
北　京	100.6			98.8		
天　津	98.9			97.5		
河　北	98.1	98.7	97.6	97.8	98.0	97.7
山　西	99.6	100.4	98.5	96.8	97.2	96.1
内蒙古	99.8	100.3	99.1	97.7	97.9	97.4
辽　宁	98.6	98.7	98.3	96.1	95.9	97.2
吉　林	98.0	97.9	98.6	96.7	96.4	97.6
黑龙江	96.8	97.0	96.3	96.1	96.4	95.3
上　海	101.5			97.3		
江　苏	98.7	98.6	98.8	96.9	96.7	97.3
浙　江	98.8	99.5	98.5	97.7	97.7	97.7
安　徽	97.8	97.6	98.0	96.6	96.6	96.6
福　建	99.1	98.7	99.2	96.5	96.2	96.9
江　西	98.6	99.1	98.1	96.8	97.3	96.3
山　东	99.3	100.0	98.6	97.1	97.1	97.1
河　南	96.9	96.6	97.1	96.2	95.7	96.6
湖　北	97.8	97.2	98.3	95.9	95.2	96.7
湖　南	100.5	99.6	101.4	97.6	97.8	97.5
广　东	98.2	98.4	97.7	96.7	96.7	96.6
广　西	97.7	97.2	98.2	97.2	96.8	97.6
海　南	98.3	99.1	97.3	96.6	98.0	95.2
重　庆	99.3			96.5		
四　川	98.5	98.1	99.0	97.3	96.9	97.6
贵　州	99.2	98.9	99.7	97.9	97.7	97.9
云　南	99.7	98.8	100.7	98.3	97.4	99.3
西　藏	100.0	99.4	100.5	98.8	98.5	99.0
陕　西	97.8	97.2	98.4	97.5	97.4	97.7
甘　肃	97.6	97.2	98.2	97.2	97.3	97.2
青　海	99.5	99.5	99.6	98.5	98.4	98.8
宁　夏	98.7	99.1	98.1	97.9	98.4	97.0
新　疆	97.4	97.7	96.8	96.2	96.6	95.6

中国对外贸易概述

1999 年在亚洲金融危机的影响依然存在的情况下，我国对外贸易取得了可喜的成绩。持续两年的危机给我国外贸发展带来很大的困难，但由于国家采取了积极的财政政策，加大了对外贸发展的支持力度，加快了外贸体制改革，外贸出现了稳定增长的好形势，出口转降为升，进口大幅增长。据海关统计，全年进出口 3606.5 亿美元，比上年增长 11.3%，其中出口 1949 亿美元，增长 6.1%，进口 1657.8 亿美元，增长 18.2%。我国出口占世界贸易的比重为 3.6%，在世界出口贸易大国中排列第九位。

一、对外贸易发展形势

由于世界经济普遍复苏，北美和亚洲进出口贸易增长加快，带动世界贸易的加快增长，国际市场需求回升。国内国家为刺激内需采取积极的财政政策，投资需求和消费需求大幅增加。为了推动外贸出口的扩大，国家加大了对外贸的政策支持力度，并且实现了“科技兴贸”战略。国家对加工贸易采取的分类管理的政策，加强了对加工贸易的经营管理。我国外贸逐步摆脱亚洲金融危机的影响。

1. 出口转降为升，进口大幅增长。1999年上半年，出口持续下降数月，除5月比上年增长4.1%外，1～6月各月出口分别比上年增长7.3%、10.3%、4.0%、7.4%、1.6%，从7月起转降为升，增速逐渐加快，7～12月各月分别比上年增长7.3%、17.7%、20.3%、23.8%、28.8%、2.1%。

2. 一般贸易出口竞争力增强，扭转了连续两年下降的局面，比上年增长6.6%，达到791.3亿美元。占总出口的比重为40%。一般贸易出口670.4亿美元，增长53.51%。占总进口的比重为40.45%，比上年上升9个百分点。

3. 1999年加工贸易出口1109亿美元，比上年增长6.1%，占总出口的比重为56%。加工贸易进口735.6亿美元，增长6.4%，占总进口的比重为44%，比上年下降了5.6个百分点。

二、进出口产品结构

由于世界初级产品市场普遍供过于求，初级产品价格下跌到十年来的最低点。亚洲金融危机后，各国经济逐步复苏，世界制成品市场需求旺盛，世界制成品价格继续回升。为转变进出口增长方式，国家实施科技兴贸战略，进出口产品结构进一步优化。

（一）初级产品

1999年初级产品出口比上年减少，进口大幅增加。初级产品出口199.28亿美元，比上年下降3.2%。占总出口的比重为10.2%，比上年下降1个百分点。进口268.45亿美元，增长17%，占总进口的比重为16.19%。其中：食品及活动物出口104.2亿美元，下降1.5，占总出口的比重为5.4%。进口36.2亿美元，下降4.5%，占总进口的比重为2.2%。饮料及烟草出口7.7亿美元，下降20%，占总出口的比重为0.4%。进口2.1亿美元，增长16.1%，占总进口的比重为0.1%。非食用原料出口39.2亿美元，增长10.4%，占总出口的比重为2%。进口127.4亿美元，增长18.1%，占总进口的比重为7.7%。矿物燃料润滑油及有关原料出口46.5亿美元，占总出口的比重为2.4%。进口89.1亿美元，增长5.4%，占总进口的比重为5.4%。动植物油脂及蜡出口1.3亿美元，下降57.1%，占总出口的比重为0.1%。进口13.7亿美元，下降8.3%，占总进口的比重为0.8%。

（二）制成品

1999年制成品出口增速加快，进口大幅增加。制成品出口1750.03亿美元，比上年增长7.3%。占总出口的比重为89.8%，比上年上升了1个百分点。进口额为1388.73亿美元，比上年增长18.4%，占总进口的比重为83.8%。其中：化学品出口103.7亿美元，增长5%，占总出口的比重5.3%；进口240.3亿美元，增长19.2%，占总进口的比重14.5%。按原料分类的制成品出口332.6亿美元，增长2.7%，占比重17.1%。进口343亿平均，增长10.4%，占比重20.75%。机械及运输设备出口588.3亿美元，增长17.2%，占比重30.2%。进口694.7亿美元，增长22.2%，占比重41.9%。杂项制品出口725.3亿美元，增长3.3%，占比重37.2%。进口97亿美元，增长14.7%，占比重5.9%。未分类的商品进口13.5亿美元，占比重0.8%。

（三）高新技术

1999年高新技术出口247亿美元，比上年增长23%，高于全国外贸出口17个百分点，占总出口的比重13%。比上年提高2个百分点。其中：计算机与通讯技术类高新技术出口分别为172.5亿美元和42亿美元，占全部高新技术出口的比重分别为70%和17%。机电产品出口671亿美元，增长14.7%，占总出口比重34.4%。

三、进出口市场结构

除对拉美出口略有下降外，我国对各大洲的出口均有不同幅度的回升。我国十大出口市场依序是美国、香港、日本、韩国、德国、荷兰、英国、新加坡、台湾、意大利，占总出口比重76%。我国的十大进口市场依序为日本、台湾、美国、韩国、德国、香港、俄罗斯、法国、澳大利亚、英国，占总进口比重72.13%。

（一）亚洲

1999年我国对亚洲出口1025亿美元，比上年增长为4.5%，占总出口的比重为53%。从亚洲进口1016.9亿美元，增长16.7%，占总进口的比重为61.4%。我国同亚洲各国的经济互补性强，地理上也有优势。我国的主要出口市场为香港(1999年对香港出口额为368亿美元,同上年相比下降4.8%,占总出口的比重为18%)、日本(1999年对日本出口额为323.99亿美元,同上年相比增长9.2%,占总出口的比重为16.6%)、东盟(对东盟出口额为121.7亿美元,增长10.1%,占出口总额的比重为6.2%)、韩国(对韩国出口78.04亿美元,增长24.9%,占总出口的比重为4%)、台湾(对台湾出口39.5亿美元,增长2.1%,占总出口的比重为2%)。我国的主要进口市场为日本(从日本进口337.68亿美元,增长19.4%,占总进口的比重为20.3%)、台湾(从台湾进口195.28亿美元,增长17.4%,占总进口的比重为11.8%)、韩国(从韩国进口172.28亿美元,增长14.7%,占总进口的比重为10.4%)、东盟(从东盟进口148.71亿美元,增长18.1%,占总进口的比重为9%)、香港(从香港进口68.92亿美元,增长3.55%,占总进口的比重为4.2%)。

(二)非洲

1999年我国对非洲的出口41.08亿美元,增长1.3,占总出口的比重为2.1%。从非洲的进口为23.75亿美元,增长60.9%,占总进口的比重为1.4%。非洲的市场消费水平低,但我国同非洲经济有一定的互补性。由于我国实施的市场多元化战略,重视对非洲市场的开发,对非洲出口增长很快。我国的主要出口市场为南非(对南非出口8.6亿美元,比上年下降0.7%,占总出口的比重为0.4%)、埃及(对埃及出口7.5亿美元,增长24.6亿美元,占总出口的比重为0.36%)。我国的主要进口市场为南非(从南非进口额为8.6亿美元,增长24.6%,占总进口的比重为0.5%)。

(三)欧洲

1999年我国对欧洲的出口354亿美元,增长6.1%,占总出口的比重为18.2%;进口326.5亿美元,增长2.4%,占总进口的比重为19.7%。我国对欧洲的进口贸易近年来增长很快。双边经济互补性很强,欧洲市场对我国的彩电和轻纺产品需求大,而由于欧洲对我国的投资项目规模大,需要进口技术设备,我国从欧洲的进口主要是高技术产品。我国的主要出口市场是德国(对德国出口额为77.78亿美元,增长5.7%,占总出口的比重为4%)、荷兰(对荷兰出口54.1亿美元,增长4.8%,占总出口的比重为2.7%)、英国(对英国出口为48.79,增长5.3%,占总出口的比重为2.5%)、意大利(对意大利出口29.29亿美元,增长13.7%,占总出口的比重为1.5%)、法国(对法国出口29.20亿美元,增长3.4%,占总出口的比重为1.5%)我国的主要进口市场为德国(从德国进口83.36亿美元,增长18.6亿美元,占总进口的比重为5%)、俄罗斯(从俄罗斯进口42.23亿美元,增长16%,占总进口比重为2.5%)、法国(从法国进口37.85亿美元,增长18.1%,占总进口的比重为2.3%)、英国(从英国进口29.95亿美元,增长53.4%,占总进口的比重为1.8%)、意大利(从意大利进口26.87亿美元,增长21.2%,占总进口的比重为1.6%)。

(四)拉丁美洲

1999年我国对拉美的出口52.68亿美元,下降1.0%,占总出口的比重为2.7%。从拉美进口29.9美元,增长率为0.1%,占总进口的比重为1.8%。我国对拉美市场的进出口贸易规模较小,拉美的消费水平低。由于受亚洲金融危机的影响,部分拉美国家经济增长停滞,甚至出现衰退。1999年我国对拉美进出口贸易继续下降。我国的主要出口市场是巴西(对巴西出口额为8.76亿美元,比上年同期下降19.3%,占总出口的比重为0.45%)、巴拿马(对巴拿马出口10.37亿美元,下降1%,占总出口的比重为0.53%)、墨西哥(对墨西哥出口7.9亿美元,增长14.95,占总出口的比重为0.4%)、智利(对智利出口6.05亿美元,下降2.3%,占总出口的比重为0.31%)。我国的主要进口市场为巴西(从巴西进口9.69亿美元,下降14.5%,占总进口的比重为0.58%)、智利(从智利进口6.63亿美元,增长57.5%,占总进口的比重为0.4%)、阿根廷(从阿根廷进口5.9亿美元,下降18.6亿美元,占总进口的比重为0.35%)。

(五)北美洲

1999年我国对北美洲的出口443.9亿美元,增长10.8%,占总出口的比重为22.8%。从北美进口为218亿美元,增长7.6%,占总进口的比重为13%。我国对北美洲市场的进出口继续快速稳定增长,规模不断扩大。我国同北美的经济互补性很强。美国经济连续七年高速增长,国内市场需求旺盛。我国的主要进出口市场是美国(对美国出口419.5亿美元,增长10.5%,占总出口的比重为21.5。从美国进口194.8亿美元,增长15.4%,占总进口的比重为11.8%)、加拿大(对加拿大的出口28.29亿美元,增长14.4%,占总出口的比重为1.5%。从加拿大进口23.34亿美元,增长4.3%,占总进口的比重为1.4%)。

(六)大洋洲

1999年在摆脱亚洲金融危机的影响之后,我国对大洋洲进出口贸易恢复增长。我国对大洋洲的出口31.12亿美元，增长16%，占总出口的比重为1.6%。我国从大洋洲的进口41.9亿美元，增长33.7%，占总进口的比重为2.9%。我国对大洋洲的进出口贸易规模较小，但双边的经济互补性强。我国的主要进出口市场是澳大利亚（对澳出口27.04亿美元，增长14.3%，占总出口的比重为1.4%。从澳进口36.07亿美元，增长34.5%，占总进口的比重为2.2%）、新西兰（对新西兰出口3.43亿美元，增长20.3%。从新西兰进口4.81亿美元，增长17.4）。

四、进出口经营主体特点

1999年随着对外贸易体制改革的深入，外贸经济权进一步下放，越来越多的国有生产企业和民营企业获得外贸经营权。外贸经营主体向多元化发展。

1. 国有企业仍然是对外贸易的主体，占主导地位，但优势逐步下降。国有企业出口984.86亿美元，增长1.8%，占总出口的比重为50.5%，比上年下降2.2个百分点；进口741.8亿美元，增长23.7%，占总进口的比重为44.77%，比上年增长2个百分点。国有企业高新技术进口56亿美元，增长7.7%，占总出口的比重2.9%。

2. 三资企业由于在体制、经营机制、管理机制、人才素质方面的优势，在进出口主体中的地位不断上升。三资企业出口886.27亿美元，比上年增长9.5%，占总出口比重为45.5%，比上年增长1.5个百分点。进口858.8亿美元，增长11.9%，占总进口的比重为51.8%，比上年下降约3个百分点。三资企业在我国高新技术的出口中居主导地位。三资企业高新技术出口187亿美元，增长25.5%，占高新技术出口比重76%，比上年增长2个百分点。机电产品出口464.19亿美元，增长15.7%，占三资企业出口比重52.4%，占全国机电产品出口比重60.3%。轻纺产品出口251.92亿美元，下降2.65%，占三资企业出口比重28.42%，比上年下降3.5个百分点。

3. 集体企业由于在经营管理体制方面的优势竞争力增强，进出口增长很快。出口68.24亿美元，增长26.3%，占总出口比重为2.2%；进口40.8亿美元，增长66.1%，占总进口的比重为2.4%。

4. 民营企业于1999年1月1日刚刚获得进出口经营权。出口9.93亿美元，增长63.6%；进口15.73亿美元，增长48.1%。

五、国内进出口地区结构

进出口贸易越来越向东部集中。由于开放早，优先享受优惠政策待遇，加上地域优势，经济基础好，人才素质高，对外资吸引力大，利用外资占全国的比重为85%以上。进出口快速增长，东部地区几乎集中了全国90%的进出口。中西部地区由于经济基础差，经济落后，利用外资规模很小，进出口发展很慢。国家的西部大开发政策的实施带动了西部的投资消费增长，也带动了西部进口的大幅增长。

（一）东部地区

1999年东部地区出口稳步回升，进口大幅增长。1999年出口1762.68亿美元，比上年增长5.9%，占总出口的比重为90.4%；进口1530亿美元，增长18%，占总进口的比重为92.3%。北京出口98.9亿美元，比上年下降6%。进口24.4亿美元，增长22.3%；天津出口63.3亿美元，增长15.1%。进口6亿美元，增长22.6%；河北出口14.95亿美元，降52.1%，进口14.6亿美元增31.5%；辽宁出口82亿美元，增长1.8%。进口55.3亿美元，增长17.95%；上海出口188亿美元，增长17.9%。进口198.18亿美元，增长28.4%；江苏出口183亿美元，增长17.2%，进口1295亿美元，增长20.8%；浙江出口128.7亿美元，增长18.5%。进口54.34亿美元，增长36.3%；福建出口103.8亿美元，增长4.2%。进口72亿美元，增长1%；山东出口115.7亿美元，增长10.8。进口66.9亿美元，增长6.7%；广东出口776.7亿美元，增长2.7%。进口626.64亿美元，增长15.66%；海南出口7.5亿美元，下降2.4%。进口4.7亿美元，下降52%。

（二）中部地区

中部地区出口增速较快，进口稳步增长。1999年出口98.54亿美元，比上年增长10.9%，占总出口的比重为5%；进口63.21亿美元，增长7.3%，占总进口的比重3.95%。山西出口8.39亿美元，下降6.1%，进口4.48亿美元，增长5.6%；内蒙古出口5.349亿美元，增长1.67%。进口7.6亿美元，增长73.75%；吉林出口10.198亿美元，增长36.3%。进口11.98亿美元，增长32.4%；黑龙江出口9.58亿美元，增长5.4%。进口12.4亿美元，增长11.72%；安徽出口16.76亿美元，增长10.8%。进口9.7亿美元，增长18.7%；江西出口9亿美元，增长11%。进口4亿美元，增长78%；河南出口11.27亿美元，下降11%。进口6.2亿美元，增长13.7%；湖北出口15.12亿美元，下降11.5%。进口11.65亿美元，增长3.6%；湖南出口12.89亿美元，下降1%。进口6.379亿美元，增长35%。

（三）西部地区

1999年西部地区出口略有增长，进口大幅增长。西部地区出口88.98亿美元，增长3.3%，占总出口的比重为4.5%；进口63.97亿美元，增长36.7%，占总进口的比重3.9%。广西出口12.47亿美元，比上年增长12.47%。进口5亿美元，增长16.4%；重庆出口4.9亿美元，下降4.7%。进口7.2亿美元，增长38%；四川出口11.385亿美元，下降2.9%。进口10.34亿美元，下降7.9%。进口6.25亿美元，增长19.8%；西藏出口8626万美元，增长81.2%。进口8018万美元，增长11.35%；陕西出口11.5亿美元，下降2.2%。进口8.6亿美元，下降2.3%；甘肃出口3.17亿美元，下降8.1%。进口8924亿美元，下降15.5%；青海出口8686万美元，下降16.7%。进口2099万美元，增长53%；宁夏出口2.48亿美元，增长17.7%。进口7034万美元，增长46%；新疆出口10.27亿美元，增长37.4%。进口7.4亿美元，下降5.1%。

六、外贸体制改革

外贸体制改革进一步深化。进一步下放了外贸经营权，加强了外贸的宏观管理。放宽了企业申请进出口经营权的资格，加强了对进出口企业的管理。建立了“审批从宽、管理从严”的管理机制，推动生产企业和上市公司进出口经营权由审批制向登记制转变。改革了配额许可证的管理，实行配额许可证管理的商品由115种减少到59种。初步建立对商品配额执行情况核实反馈机制。完善了进出口配额分配、招标办法，配额分配进一步向生产企业倾斜，修订了《机电产品进口配额管理办法》。制定了《国际招标机构资格审定办法》，规范我国机电产品的国际招标工作。

七、实施科技兴贸战略

实施科技兴贸战略，推进进出口产品结构的优化，逐步实现进出口增长方式的转变。与有关部门合作，制定了《科技兴贸行动计划》和《高新技术产品出口目录》，组织推动北京、上海、深圳等15个城市和53个国家级高新技术产业开发区发展高新技术产品出口，确定166家高新技术产品出口企业和92种高新技术出口产品，给与重点支持、选择信息、生物、新材料等五大领域作为重点突破。

八、2000年发展趋势

2000年是我国“九五”计划的最后一年。总体上看，影响我国外贸发展的有利因素很多，明年外贸进出口增长的情况将好于今年。预计世界经济贸易将继续保持增长，国际市场需求旺盛，我国外经贸的发展空间增大。经济全球化加速发展，我国即将加入世界贸易组织，将为我国外经贸发展带来新的机遇，将对改革与发展发生深远影响。国家将继续实施积极的财政政策，国民经济将加快增长，从而为我国外贸发展提供坚实的基础。国家今年制定了一系列政策，加大对扩大出口和吸收外资的信贷、税收、保险的支持，这些政策明年将继续发挥重要作用。国家还将加大外贸体制的改革的力度，进一步放宽民营企业获得外贸经营权的条件，外贸经营权由审批制向登记制转变。预计2000年我国出口增速加快，进口将继续大幅增加，我国将完成或超额完成计划的进出口总额达到4000亿美元的目标。

但是，预计还有些不利因素可能制约外贸发展。世界经济发展存在着不确定性和不稳定性。美国经济连续九年高速增长，不利因素有所显现。国际贸易保护主义手段不断翻新。发达国家往往滥用反倾销、设限、技术壁垒、环保壁垒等贸易保护措施限制发展中国家进入他们的市场，一些国家频频对我国出口产品滥用反倾销措施，据分析，仍有一些深层次的矛盾未解决。出口产品结构需要调整，出口产品附加值低、档次不高、技术含量低，缺乏国际竞争力。国有外贸企业改革有待深化，包袱沉重。出口市场管理秩序有待进一步加强。因此，我们要做好以下方面的工作：继续千方百计的扩大出口，做好进口工作，保持进出口贸易的稳定增长；加快实施科技兴贸战略，优化进出口产品结构，扩大机电产品和高新技术产品的出品；深化外贸体制改革，加强对国有外贸企业改革的宏观指导。

（撰稿：韩秀申）

附表 1　　1952～1999 年进出口贸易总额

年　份	人民币（亿元）				美　元（亿元）			
	进出口总额	出口总额	进口总额	差　额	进出口总额	出口总额	进口总额	差　额
1952	64.6	27.1	37.5	－10.4	19.4	8.2	11.2	－3.0
1957	104.5	54.5	50.0	4.5	31.0	16.0	15.0	1.0
1962	80.9	47.1	33.8	13.3	26.6	14.9	11.7	3.2
1965	118.4	63.1	55.3	7.8	42.5	22.3	20.2	2.1
1970	112.9	56.8	56.1	0.7	45.9	22.6	23.3	－0.7
1975	290.4	143.0	147.4	－4.4	147.5	72.6	74.9	－2.3
1978	355.0	167.6	187.4	－19.8	206.4	97.5	108.9	－11.4
1980	570.0	271.2	298.8	－27.6	381.4	181.2	200.2	－19.0
1985	2066.7	808.9	1257.8	－448.9	696.0	273.5	422.5	－149.0
1986	2580.4	1082.1	1498.3	－416.2	738.5	309.4	429.1	－119.7
1987	3084.2	1470.0	1614.2	－144.2	826.5	394.4	432.1	－37.7
1988	3821.8	1766.7	2055.1	－288.4	1027.9	475.2	552.7	－77.5
1989	4155.9	1956.0	2199.9	－243.9	1116.8	525.4	591.4	－66.0
1990	5560.1	2985.8	2574.3	411.5	1154.4	620.9	533.5	87.4
1991	7225.8	3827.1	3398.7	428.4	1356.3	718.4	637.9	80.5
1992	9119.6	4676.3	4443.3	233.0	1655.3	849.4	805.9	43.5
1993	11271.0	5284.8	5986.2	－701.4	1957.0	917.4	1039.6	－122.2
1994	20381.9	10421.8	9960.1	461.7	2366.2	1210.1	1156.1	54.0
1995	23499.9	12451.8	11048.1	1403.7	2808.6	1487.8	1320.8	167.0
1996	24133.8	12576.4	11557.4	1019.0	2898.8	1510.5	1388.3	122.2
1997	26967.2	15160.7	11806.5	3354.2	3251.6	1827.9	1423.7	404.2
1998	26857.7	15231.6	11626.1	3605.5	3240.5	1838.1	1402.4	435.7
1999	29896.3	16159.8	13736.5	2423.3	3606.3	1949.3	1657.0	292.3

注：①进出口差额负数为入超。
②本表 1979 年以前为外贸业务统计数，1980 年以后为海关进出口统计数。

附表 2　1980～1999 年进出口总额及出口额占世界出口总数比重和位次表　单位：亿美元

年份	进出口额	出口额	中国出口总额占世界出口总额比重%	位次
1980	381.4	181.2	0.9	26
1981	440.2	220.1	1.1	19
1982	416.2	223.2	1.2	17
1983	436.1	222.2	1.2	17
1984	535.5	261.4	1.4	18
1985	696.0	273.5	1.4	17
1986	738.4	309.4	1.5	16
1987	826.5	394.4	1.6	16
1988	1028.0	475.2	1.7	16
1989	1116.8	525.4	1.7	14
1990	1154.4	620.9	1.8	15
1991	1356.3	718.4	2.0	13
1992	1655.3	849.4	2.3	11
1993	1957.1	917.6	2.5	11
1994	2367.3	1210.4	2.9	11
1995	2808.5	1487.7	3.0	11
1996	2899.0	1510.7	2.9	11
1997	3251.6	1827.9	3.3	10
1998	3239.3	1837.6	3.4	9
1999	3606.5	1949.3	3.6	9

附表 3　1999 年进出口分国家（地区）总值表　单位：万美元

国家（地区）	1999			1998		
	进出口	出口	进口	进出口	出口	进口
总值	**36064944**	**19493143**	**16571801**	**32392342**	**18375711**	**14016630**
亚洲	**20426881**	**10257861**	**10169020**	**18523504**	**9818040**	**8705464**
阿富汗	1958	1668	290	2455	2434	21
巴林	7068	3177	3891	5704	2971	2733
孟加拉国	71513	70087	1425	68715	66068	2647
不丹	74	72	2	28	28	
东南亚国家联盟	2704167	1217046	1487121	2348213	1092110	1256103
文莱	810	810		915	914	1
缅甸	50803	40655	10148	58090	51886	6204
印度尼西亚	482983	177893	305090	362792	117122	245670
老挝	3172	2216	956	2573	1783	790
马来西亚	527940	167362	360578	426432	159635	266798
菲律宾	228692	137938	90754	201311	150116	51195
新加坡	856334	450216	406118	815433	393004	422429
泰国	421618	143570	278048	356087	114807	241280
越南	131815	96385	35429	124579	102844	21736

（续表）

国家（地区）	1999			1998		
	进出口	出　口	进　口	进出口	出　口	进　口
柬埔寨	16012	10433	5579	16188	11369	4818
塞浦路斯	10253	10201	52	8122	8059	62
朝鲜	37037	32866	4171	41302	35571	5731
香港	4378301	3689063	689238	4541163	3875321	665841
印度	198768	116189	82579	192230	101660	90570
伊朗	134746	66274	68472	121502	65669	55832
伊拉克	26408	14795	11612	16453	10467	5986
以色列	68187	49062	19125	52382	35279	17103
日本	6616726	3239901	3376825	5789918	2969199	2820720
约旦	18026	14931	3095	15981	13568	2413
科威特	28857	13744	15113	23015	11030	11985
黎巴嫩	15740	15732	8	14853	14828	25
澳门	73422	63727	9695	87044	74748	12296
马尔代夫	87	86	1	59	54	5
蒙古	26310	6883	19427	24329	6254	18075
尼泊尔	21536	20702	834	7210	6688	522
阿曼	66245	2708	63537	74589	3942	70646
巴基斯坦	97081	58061	39020	91276	52376	38900
巴勒斯坦	615	614	1	866	865	1
卡塔尔	9112	2786	6326	6134	1621	4513
沙特阿拉伯	185533	94373	91160	169973	89614	80358
韩国	2503560	780800	1722761	2126433	626898	1499536
斯里兰卡	26807	25889	918	29858	29279	579
叙利亚	20833	20334	499	17588	17441	148
土耳其	68381	63649	4732	70190	65911	4278
阿拉伯联合酋长国	163307	144361	18946	145244	129080	16164
也门共和国	68322	12635	55687	63036	10671	52366
中华人民共和国	414033		414033	301526		301526
台湾省	2347855	395008	1952848	2049917	386956	1662961
亚洲其他国家（地区）	5	5		12	12	
非洲	**648362**	**410849**	**237513**	**553587**	**405933**	**147654**
阿尔及利亚	22217	15998	6219	11680	11668	12
安哥拉	37203	1638	35565	19036	3666	15370
贝宁	16167	15925	242	15713	15364	349
博茨瓦那	817	816		1124	1124	
布隆迪	146	146		209	209	

（续表）

国家（地区）	1999			1998		
	进出口	出口	进口	进出口	出口	进口
喀麦隆	9647	2015	7631	6757	1892	4865
加那利群岛	2118	2112	6	1762	1762	
佛得角	315	315		197	197	
中非共和国	101	101		107	106	1
塞卜泰（休达）	196	196		134	134	
乍得	24	24		15	15	
科摩罗	64	64		12	12	
刚果	7072	1079	5993	8807	4674	4133
吉布提	3835	3834		3092	3092	1
埃及	75022	71586	3436	60653	57484	3619
赤道几内亚	16960	250	16710	7185	294	6891
埃塞俄比亚	5422	5345	77	6875	6827	48
加蓬	28564	653	27912	15733	1016	14717
冈比亚	5719	5719		5064	5064	
加纳	11433	10952	482	12007	11155	852
几内亚	5422	4631	791	3813	3718	95
几内亚（比绍）	338	318	20	145	145	
科特迪瓦共和国	20564	19772	793	17613	15207	2406
肯尼亚	10553	10061	492	11971	11821	149
科比里亚	1237	1237		2778	2778	
利比亚	8162	6475	1687	9314	7160	2154
马达加斯加	4551	4060	491	3447	3273	175
马拉维	500	500		251	251	
马里	1986	1850	136	2925	2439	486
毛里塔尼亚	2264	1779	485	1076	955	121
毛里求斯	9348	7109	2239	6651	6588	63
摩洛哥	30930	25381	5549	25160	16554	8606
莫桑比克	2224	1894	330	1377	1334	43
纳米比亚	1056	736	320	1699	923	777
尼日尔	1476	1476		741	741	
尼日利亚	57843	39594	18249	38468	35726	2742
留尼汪	553	553		448	448	
卢旺达	349	175	174	402	212	191
圣多美和普林西比	6	6		6	6	
塞内加尔	3985	3932	54	4376	4336	40
塞舌尔	202	201		132	132	

（续表）

国家（地区）	1999			1998		
	进出口	出　口	进　口	进出口	出　口	进　口
塞拉利昂	435	435		441	441	
索马里	55	49	6	22	18	5
南非	172178	86059	86118	155827	86722	69106
西撒哈拉	6	6		4	4	
苏丹	28262	22933	5330	35105	34958	147
坦桑尼亚	6940	6365	574	7967	6998	969
多哥	7032	7026	6	6223	5909	314
突尼斯	12576	9737	2839	12972	393	4579
乌干达	1085	1065	20	1092	1078	13
布基纳法索	337	138	200	939	514	426
民主刚果	2006	1875	132	6325	6100	224
赞比亚	2602	840	1762	2835	2213	622
津巴布韦	7160	2726	4434	13273	10487	2787
莱索托	377	375	2	902	899	3
梅利利亚	219	219		172	172	
斯威士兰	244	244		234	234	
厄立特里亚	76	74	2	264	260	4
非洲其他国家（地区）	182	176	6	39	37	2
欧洲	**6812874**	**3547498**	**3265376**	**5973512**	**3342877**	**2630634**
欧洲联盟	5567601	3021549	2546546	4886322	2814790	2071532
比利时	279286	182240	97045	251951	164110	87841
丹麦	101527	61504	40023	77629	45744	31885
英国	787406	487915	299491	658407	463219	195187
德国	1611422	777809	833613	1434755	735392	699363
法国	670549	292017	378532	602749	282276	320473
爱尔兰	41966	21248	20718	30201	19627	10573
意大利	561609	292912	268697	485437	257734	227703
卢森堡	8655	3814	4841	8222	3671	4551
荷兰	642289	541194	101096	599522	516151	83370
希腊	39102	36780	2322	40642	38594	2048
葡萄牙	25828	21996	3822	22756	20061	2696
西班牙	233614	179474	54140	200410	152388	48022
奥地利	68541	24719	43821	48340	21141	27198
芬兰	219635	36441	183194	157847	31855	125992
瑞典	276175	60993	215182	267455	62826	204629
阿尔巴尼亚	1040	1040		884	883	

（续表）

国家（地区）	1999			1998		
	进出口	出　口	进　口	进出口	出　口	进　口
安道尔	58	58		157	157	
保加利亚	6266	5344	922	4799	4518	280
直布罗陀	49	49		376	376	
匈牙利	62207	55060	7146	40986	39705	1281
冰岛	1459	669	790	1266	536	730
列支敦士登	54	39	16	41	41	
马耳他	6067	5072	995	2703	2529	175
摩纳哥	243	186	57	202	172	30
挪威	82701	34277	48424	63450	32996	30454
波兰	86023	70244	15779	81453	75867	5586
罗马尼亚	19127	14564	4563	25966	23975	1992
圣马力诺	34	33	1	11	10	
瑞士	168568	67440	101128	142955	63399	79556
爱沙尼亚	1039	723	316	1468	692	776
拉脱维亚	2111	1436	675	2178	1359	820
立陶宛	2713	2653	60	2408	2369	39
格鲁吉亚	373	223	150	773	613	161
亚美尼亚	1159	1158	1	84	78	6
阿塞拜疆	114	99	15	131	115	16
白俄罗斯	2602	533	2069	1734	646	1088
哈萨克斯坦	113878	49438	64440	63554	20468	43086
吉尔吉斯斯坦	13487	10290	3197	19810	17241	2569
摩尔多瓦	38	38		70	19	51
俄罗斯	572006	149749	422257	548123	184037	364086
塔吉克斯坦	804	230	574	1923	1104	819
土库曼斯坦	949	747	202	1252	1029	222
乌克兰	42133	8100	34033	27505	9011	18494
乌兹别克斯坦	4034	2739	1295	9025	5788	3236
南斯拉夫	3733	3055	678	3333	2882	451
斯洛文尼亚	5805	4791	1014	3608	3412	196
克罗地亚	5282	4752	530	2027	1987	40
捷克	35683	28455	7228	29196	26590	2605
斯洛伐克	2907	2710	197	3457	3224	233
马其顿共和国	441	394	46	251	238	12
波斯尼亚——黑塞歌维那	88	57	31	33	21	13
拉丁美洲	**826022**	**526894**	**299127**	**831215**	**532299**	**298916**

（续表）

国家（地区）	1999			1998		
	进出口	出　口	进　口	进出口	出　口	进　口
安提瓜和巴布达	94	86	8	224	216	9
阿根廷	108562	49594	58969	127450	5504	72446
阿鲁巴岛	333	333		258	258	
巴哈马	540	540		2786	2786	
巴巴多斯	204	202	1	205	205	
伯利兹	288	288		210	184	26
玻利维亚	751	504	248	754	746	8
博内尔	2	2				
巴西	184471	87614	96857	221867	108554	113310
开曼群岛	3	3		20	20	
智利	126863	60506	66358	104135	61990	42145
哥伦比亚	12501	10433	2068	10097	9275	822
多米尼克国	4077	3937	140	4657	4634	23
哥斯达黎加	7043	6327	715	6329	4646	1684
古巴	28874	23209	5665	22128	12736	9392
库腊索岛	1480	1480		1227	1227	
多米尼加共和国	5746	5694	52	6191	6159	33
厄瓜多尔	11852	3989	7862	14704	7393	7311
法属圭亚那	25	24		85	85	
格林纳达	14	14		24	23	1
瓜德罗普	76	76		57	57	
危地马拉	10363	10333	30	9534	9497	38
圭亚那	1125	815	310	597	552	45
海地	1168	1168		944	944	
洪都拉斯	6115	6115		5958	5861	97
牙买加	5837	5000	837	6425	4632	1793
马提尼克	54	54		35	35	
墨西哥	95088	79161	15927	83681	68935	14747
蒙特塞拉特	1	1		2	2	
尼加拉瓜	1659	1659		1834	1834	
巴拿马	103838	103731	107	104876	104756	119
巴拉圭	5881	5698	183	8026	7841	186
秘鲁	44075	13079	30996	39540	10726	28814
波多黎各	6602	5733	870	3629	3595	34
萨巴	7	7				
圣卢西亚	121	121		57	57	

（续表）

国家（地区）	1999			1998		
	进出口	出　口	进　口	进出口	出　口	进　口
圣马丁岛	124	124		55	55	
圣文森特和格林纳丁斯	1121	1108	13	562	536	26
萨尔瓦多	5169	5168	1	4432	4424	8
苏里南	692	690	2	949	850	99
特立尼达和多巴哥	2842	1747	1095	1671	1671	
特克斯和凯科斯群岛	11	11		12	10	2
乌拉圭	21277	14231	7046	16500	12047	4453
委内瑞拉	18836	16070	2766	18290	17043	1247
英属维尔京群岛	174	173	1	107	107	
圣其茨——尼维斯	9	9		1	1	
拉丁美洲其他国家（地区）	36	36		92	91	1
北美洲	**6620407**	**4438768**	**2181639**	**5930284**	**4010439**	**1919845**
加拿大	476677	243273	233404	436486	212766	223720
美国	6142573	4194576	1947997	5493699	3797587	1696112
格陵兰	256	18	238	26	13	13
百慕大	897	897		72	72	
北美洲其他国家（地区）	4	4		2	2	
大洋洲	**730761**	**311274**	**419087**	**580150**	**266124**	**314027**
澳大利亚	631137	270416	360721	502976	234167	268809
库克群岛	22	22		27	27	
斐济	2099	2009	90	1785	1385	400
盖比群岛	21	21		13	13	
马克萨斯群岛	1	1		2	2	
瑙鲁	6	6		2	2	
新喀里多尼亚	309	308	1	252	251	1
瓦努阿图	125	122	3	130	110	19
新西兰	82417	34285	48133	68493	27502	40992
诺福克岛	5	5		17	15	2
巴布亚新几内亚	11474	2923	8551	5244	1904	3340
社会群岛	133	133		101	101	
所罗门群岛	1709	120	1589	564	110	454
汤加	61	60		51	51	
土阿莫土群岛	2	2				
土布艾群岛						
萨摩亚	231	231		124	115	10
基里巴斯	143	143		131	131	
图瓦卢				8	8	
密克罗尼西亚联邦	16	16		17	17	
马绍尔群岛共和国	33	33		29	29	
贝劳共和国	102	102		48	48	
大洋洲其他国家（地区）	317	317		137	137	

引进外资与发展外商投资企业

一、吸收外资状况

改革开放21年来，中国经济取得举世瞩目的伟大成就。改革开放创造的巨大发展空间，使中国成为国际直接投资的主要地区。在亚洲金融危机造成较大影响的1998年，中国实际使用外资金额达455亿美元，创历史最高水平。1999年中国实际使用外资金额比1998年有所下降，但仍达到404亿美元，居全球吸收外资第三位，仅次于美国和英国。对华投资最多的前十位国家和地区分别为香港、美国、日本、台湾、新加坡、维尔京群岛、韩国、英国、德国和澳门。全世界最大的500家跨国公司中已有近400家在中国设立了企业。

二、外商投资企业状况

近年来，外商投资企业已成为我国国民经济的重要组成部分。1999年外商投资企业工业增加值增幅高于全国平均水平，占全国工业增加值的比重由1998年的19.13%提高到20.63%；外商投资企业缴纳税收增长33.78%，纳税额占全国工商税收的近16%，已成为增长最快的税源之一；进出口额1745亿美元，占全国进出口总额的48.38%。银行结售汇保持较大的顺差，对国家外汇储备稳定增长起到积极作用。目前已开业投产的外商投资企业超过16万家。截至1999年末，在外商投资企业中就业的人数约2000万人，占全国城镇劳动人口的10%左右。

三、商业利用外资状况

我国商业领域的对外开放，一直坚持有步骤、有计划进行试点的原则，在开放的地域、试点数量、市场准入条件、企业经营形式以及政府审批程序上有着严格的要求。根据现已出台的法规和政策，商业利用外资的发展，大体分为两个阶段：

第一阶段从1992年7月起到1999年6月止。此期间，国务院作出《关于商业零售领域利用外资问题的批复》，同意在北京、上海、天津、广州、大连、青岛6个城市和5个经济特区各试办1～2家中外合资或合作经营的商业零售企业。试点项目由地方政府报国务院审批。截至1998年5月，国务院正式批准了18家单店经营项目和2个连锁经营项目。虽然只有20个项目，但吸收外资7亿美元，引入国际上先进的营销方式和管理经验，对国内商业起到了明显的促进作用。

第二阶段为1999年6月以后。经国务院批准，国家经贸委、外经贸部联合发布了《外商投资商业企业试点办法》，将商业利用外资的领域扩大到所有省会城市、自治区首府、直辖市和计划单列市，每个城市试办1～2家。《试点办法》对中外方投资者资格、试点企业条件、中外方股权比例、合营期限作了明确规定，克服了前一阶段试点中的随意性，突出了引资的重点。截至目前，国家经贸委共审批了8个商业利用外资项目的可行性研究报告，总投资3.54亿美元。外方都是年销售额在20亿美元以上的国际知名跨国分销企业。同时引入了专业店、仓储式商场、大型综合超市等新兴经营形式，试点项目都注重通过外商的国际销售网络，带动国内产品的出口。

四、外商投资政策取向

为了适应科技革命突飞猛进、知识经济日新月异的新形势，根据中国经济发展战略和产业结构调整总体部署，1999年中国政府颁布了新的鼓励外商投资政策措施。重点是鼓励外商投资企业引进、开发和创新技术，促进产业结构调整；鼓励外商到中西部地区投资，促进区域经济协调发展；同时，进一步改善投资环境，为已设立的外商投资企业创造良好经营环境。

（一）鼓励外商投资企业技术开发、创新

对外商投资设立的研究开发中心，在投资总额内进口的自用设备及其配套的技术、配件、备件，免征进口关税和进口环节税；外国企业向我国境内转让技术，免征营业税，经批准还可免征企业所得税；外商投资企业取得的技术转让收入，免征营业税；外商投资企业技术开发费比上年增长10%以上的，经批准允许再按技术开发费实际发生额的50%，抵扣当年的应纳税所得额。对符合条件的已设立的国家鼓励类外商投资企业、外商研发中心、先进技术型和产品出口型外商投资企业进行技术改造，进口技术、设备、配件免征进口关税和进口

环节税，采购国产设备，可全额退还国产设备增值税，并按有关规定抵免企业所得税。

（二）鼓励外商向中西部地区投资

中国政府制定了《中西部地区外商投资优势产业目录》，提出了各地在环境、资源、人力、生产、技术、市场等方面确有显著优势和潜力的产业。属于该目录的外商投资项目可享受《指导外商投资方向暂行规定》中鼓励类项目的各项优惠政策。《目录》重点支持以下几种产业的发展：

1. 农牧产品深加工。农牧产品产量丰富是中西部地区的主要优势，但其产品深加工程度较差、产品附加值较低。为此，国家鼓励外商参与中西部地区的粮食、蔬菜、水果、畜产品、水产品的贮存、保鲜和深加工。

2. 开发旅游资源。为发挥我国中西部地区自然景观和历史文化遗迹丰富的优势，国家鼓励外商从事中西部地区旅游景区及其配套设施的开发、建设和经营。

3. 植树造林和利用、保护水资源。为改善生态环境，《目录》在所有省区列入了林木营造及林木良种引进和水资源的合理开发、利用和保护。

4. 开发和利用各类矿产资源。根据既要充分开发和利用有市场的矿产，又要有效保护国家资源的原则，在《目录》中适当放宽了地方确有优势的矿产资源的勘查、开采。

5. 加强公路基础设施建设。为改善西部地区交通基础设施落后的状况，《目录》列入了鼓励外商投资的公路建设和经营项目。

6. 鼓励新型电子元器件的开发、制造。西部地区具有较强的科研实力，新型电子元器件发展具有良好的基础，国家鼓励外国公司特别是跨国公司促进这一行业的进一步发展。

7. 国家正在进一步放宽中西部地区吸收外商投资领域和设立外商投资企业条件。中西部地区的国家鼓励类外商投资企业，延长企业所得税的减免期；外商投资企业到中西部地区再投资，凡外资比例达到25%以上的再投资项目，可享受外商投资企业待遇；允许沿海地区的外商投资企业，到中西部地区承包经营管理外商投资企业和内资企业。

（三）扩大对外开放服务贸易

进一步推进商业、外贸、金融、保险、证券、电信、旅游等领域的吸收外资工作，国家扩大了对外开放的范围。外商投资零售商业企业的地域已扩大到全国省会城市、直辖市和自治区首府。在总结经验的基础上，外贸吸收外资的试点范围也将进一步扩大。

（四）引导外资更加有效地参与国有经济的战略性调整

国家鼓励国有大中型企业利用外资进行资产重组，盘活存量资产，改善经营机制，提高管理水平。推进国有小型企业和集体企业向外商出售、承包、租赁，走向市场。积极进行外商向国有企业投资股份的试点，通过特许权、运营权转让国有股份的试点。有关部门正在抓紧制定向外商转让股权、经营权有关规定，对这些试点加以规范，使其健康有序发展。

（五）鼓励外商投资的新举措

允许符合条件的外商投资企业在A股、B股市场上市；扩大跨国公司在华设立的投资性公司的经营范围；简化外商投资企业设立的审批手续，对不涉及综合平衡的国家鼓励类外商投资企业，不论金额大小，均可在省级政府审批；取消对外商独资企业进口设备的价值鉴定；清理并调整不利于吸收外资的有关政策规定等。

五、进一步改善外商投资环境

近年来，中国政府在改善外商投资环境和现有外商投资企业经营条件方面，已经和正在采取的主要措施有：

1. 提高政策、法规的透明度。1999年，中国政府清理并整顿了不利于吸收外资的法规和政策；根据“十五”规划确定的国民经济发展目标及中国产业结构调整的要求，并充分考虑我国加入世贸组织的承诺，国家经贸委将会同有关部门对《外商投资产业指导目录》进行再次修订，并研究建立和公开发布外商投资产业政策的工作机制，提高吸收外商投资产业政策的透明度和统一性。

2. 加强外商投资法制建设。改革开放20年来，中国政府陆续颁布500多部涉及外商投资的法律法规。遵照WTO的规划和在双边协议中我国的对外承诺，将进一步完善符合国际惯例的对外经济法律体系，研究修改有关外商投资企业的法律。

3. 通过完善立法和加强执法，保障外商投资企业经营管理自主权，维护投资各方的合法权益不受侵犯，依法保护劳动者的正当权益。完善社会服务体系，健全社会中介服务机构，研究建立解决纠纷的机制，依法处理企业的投诉。

4. 提高政府部门的办事效率，减少管理层次，做到制度公开，政策透明。结合深化投融资体制改革，改进外资项目的审批方法，简化审批程序。目前，许多地方审批外商投资项目，已实行联合办公制。

5．依法加强监督管理，完善对外商投资企业的联合年检工作。严厉打击走私、骗税、逃汇、套汇、侵犯知识产权等非法行为。

6．坚决制止对外商投资企业的一切形式的乱收费、乱摊派、乱罚款。在全面清理现行各项收费的基础上，进一步明确收费项目和收费标准，对依法收费的部门和单位实行规范化的申报监管。

（撰稿：刘俊　审稿：徐鸣）

附表1

对外经济贸易

指　　标	1995	1996	1997	1998	1999
进出口总额（人民币亿元）	**23499.9**	**24133.8**	**26967.2**	**26857.7**	**29896.3**
出口总额	12451.8	12576.4	15160.7	15231.6	16159.8
进口总额	11048.1	11557.4	11806.5	11626.1	13736.5
进出口差额	1403.7	1019.0	3354.2	3605.5	2423.3
进出口总额（亿美元）	**2808.6**	**2898.8**	**3251.6**	**3240.5**	**3606.3**
出口总额	1487.8	1510.5	1827.9	1838.1	1949.3
初级产品	214.8	219.3	239.5	205.9	199.4
工业制成品	1273.0	1291.2	1588.4	1632.2	1749.9
进口总额	1320.8	1388.3	1423.7	1402.4	1657.0
初级产品	244.1	254.4	286.2	229.5	268.5
工业制成品	1076.7	1133.9	1137.5	1172.9	1388.5
进出口差额	167.0	122.2	404.2	435.7	292.3
对外签订利用外资协议（合同）项目　（个）	**37184.0**	**24673.0**	**21138.0**	**19850.0**	**17022.0**
对外借款	173.0	117.0	137.0	51.0	104.0
外商直接投资	37011.0	24556.0	21001.0	19799.0	16918.0
对外签订利用外资协议（合同）金额　（亿美元）	**1032.05**	**816.10**	**610.58**	**632.01**	**520.09**
对外借款	112.88	79.62	58.72	83.85	83.60
外商直接投资	912.82	732.77	510.04	521.02	412.23
外商其他投资	6.35	3.71	41.82	27.14	24.26
实际利用外资额　（亿美元）	**481.33**	**548.04**	**644.08**	**585.57**	**526.59**
对外借款	103.37	126.69	120.21	110.00	102.12
外商直接投资	375.21	417.26	452.57	454.63	403.19
外商其他投资	2.85	4.09	71.30	20.94	21.28
外商投资企业基本情况					
年底登记户数（户）	233564.00	240447.00	235681.00	227807.00	212436.00
投资总额　（亿美元）	6390.09	7153.22	7534.70	7742.29	7785.68
注册资本　（亿美元）	3991.23	4414.85	4598.14	4672.87	4635.49
#外方	2568.84	2897.96	3029.87	3137.12	3166.82
对外经济合作（亿美元）					
合同金额	96.72	102.73	113.56	117.73	130.02
#对外承包工程	74.84	77.28	85.16	92.43	101.99
对外劳务合作	21.88	25.45	28.40	23.90	26.32
完成营业额	65.88	76.96	83.83	101.34	112.35
#对外承包工程	51.08	58.20	60.36	77.69	85.22
对外劳务合作	14.80	18.76	23.47	22.76	26.23

附表 2 **1999 年利用外资统计表** 金额单位：万美元

方　　式	批准利用外资协议（合同）		实际使用外资金额
	项目个数	外资金额	
总　计	**17022**	**5200874**	**5265896**
一、对外借款	104	836000	1021200
外国政府贷款	104	148800	331600
国际金融组织贷款		360400	260600
出口信贷		20000	102500
外国银行商业贷款		226800	246500
对外发行债券		80000	80000
二、外商直接投资	16918	4122302	4031871
合资经营企业	7050	1351520	1582729
合作经营企业	1656	680302	823367
外资企业	8201	2070637	1554475
外商投资股份制企业	3	10285	29233
合作开发	5	5850	38389
其　他	3	3708	3678
三、外商其他投资	0	242572	212825
国外发行股票		61000	61000
国际租赁		10697	18500
补偿贸易		4146	1262
加工装配		166729	132063

附表 3 **1999 年实际利用外资分国别和地区统计表** 金额单位：万美元

国家和地区	合　　计	对外借款	外商直接投资	外商其他投资
总　　值	**5265896**	**1021200**	**4031871**	**212825**
香　　港	1740233		1636305	103928
澳　　门	33778		30864	2914
台 湾 省	275857		259870	15987
越　　南	13		13	
菲 律 宾	11728		11728	
泰　　国	14832		14832	
马来西亚	23773		23771	2
新 加 坡	264252		264249	3
文　　莱	18		18	

（续表）

国家和地区	合计	对外借款	外商直接投资	外商其他投资
印尼	12917		12918	
朝鲜	368		368	
老挝				
柬埔寨	248		248	
蒙古	6		6	
日本	306358		297308	9050
缅甸	1101		1101	
巴基斯坦	189		189	
孟加拉	43		43	
印度	49		49	
尼泊尔				
伊朗				
土耳其	385		385	
塞浦路斯	189		189	
叙利亚	11		11	
黎巴嫩	20		20	
巴勒斯坦				
也门	20		20	
伊拉克	202		202	
沙特	256		256	
科威特	248		248	
阿联酋	221		221	
韩国	128025		127473	552
以色列	327		327	
埃及	16		16	
利比亚	7		7	
阿尔及利亚	35		35	
摩洛哥	5		5	
毛里塔尼亚	156		156	
几内亚（比绍）	176		176	
加纳				
科特迪瓦				
贝宁	7		7	
利比里亚	429		429	
塞拉利昂	105		105	

（续表）

国家和地区	合　计	对外借款	外商直接投资	外商其他投资
多　　哥	10		10	
尼日利亚	200		200	
喀麦隆	6		6	
扎伊尔				
布隆迪				
肯尼亚	40		40	
乌干达	26		26	
坦桑尼亚	10		10	
塞舌尔	29		29	
毛里求斯	17025		17025	
马达加斯加	54		54	
津巴布韦	15		15	
博茨瓦纳				
莱索托				
南　　非	590		590	
纳米比亚	635		635	
非洲其他国家	30		30	
德　　国	137363		137326	37
法　　国	88429		88429	
意大利	18744		18744	
荷　　兰	54168		54168	
比利时	8322		8322	
卢森堡	422		422	
英　　国	104494		104449	45
爱尔兰	305		305	
丹　　麦	8491		8491	
芬　　兰	6765		6765	
瑞　　典	32478		15580	16898
奥地利	2317		2317	
希　　腊	3		3	
西班牙	1754		1754	
葡萄牙	831		831	
波　　兰	354		354	
匈牙利	1204		1204	
捷　　克	147		147	

（续表）

国家和地区	合　计	对外借款	外商直接投资	外商其他投资
保加利亚	10		10	
罗马尼亚	642		642	
南斯拉夫	112		112	
挪　威	1859		1859	
冰　岛	1		1	
瑞　士	24709		24709	
马耳他	279		279	
摩纳哥	10		10	
列支敦士登	416		416	
直布罗陀	39		39	
斯洛伐克	10		10	
俄罗斯	1954		1954	
乌克兰	24		24	
白俄罗斯	7		7	
哈萨克斯坦				
吉尔吉斯斯坦				
爱沙尼亚	30		30	
欧洲其他国家				
墨西哥	33		33	
洪都拉斯	90		90	
尼加拉瓜				
哥斯达黎加	250		250	
巴拿马	8951		8951	
古　巴				
多米尼加共和国	2		2	
牙买加	300		300	
巴巴多斯	392		392	
委内瑞拉	565		565	
哥伦比亚	228		228	
巴　西	338		338	
厄瓜多尔	29		29	
秘　鲁	272		272	
玻利维亚	38		38	
智　利	208		208	
巴拉圭	502		500	2

（续表）

国家和地区	合　计	对外借款	外商直接投资	外商其他投资
阿根廷	177		177	
巴哈马	4301		4301	
特克斯和凯科斯岛				
维尔京群岛	267282		265896	1386
安提瓜	7		7	
圣其茨——尼维斯	10		10	
多米尼加联邦	10		10	
伯利兹				
凯曼群岛	37795		37795	
苏里南	45		45	
库拉索				
拉丁美洲其他国家	10		10	
加拿大	31449		31442	7
美　国	422255		421586	669
格陵兰				
百慕大	8580		8580	
澳大利亚	26676		26331	345
新西兰	1839		1839	
西萨摩亚	20129		20129	
汤　加	130		130	
斐　济	85		85	
库克群岛	84		84	
巴布亚新几内亚	52		52	
马绍尔群岛	159		159	
东萨摩亚	7		7	
其他太平洋岛屿	1380		1380	
大洋洲其他国家	724		724	
其　他	77346		16346	61000

中国境外投资与中国境外企业的发展

一、我国企业境外投资的现状

截至1999年末，我国除金融机构以外的境外企业近6000家，中方协议投资额69.5亿美元，占协议投资总额的67%。

（一）投资领域

我国的境外投资是从为进出口贸易服务起步的，80年代末以前设立的基本上都是贸易性企业，90年代开始投向资源开发、加工制造等领域。90年代中期以来，以设备、技术等实物到境外投资办厂、开展境外加工贸易，逐步成为我国境外投资的主要形式。我国境外投资规模不大，但涉及的领域却很广，包括进出口贸易、农业、林业、渔业、石油和矿产资源开发、加工装配、房地产开发、运输、通讯、金融保险、旅游餐饮业等。在这些领域中贸易投资仍占主要地位。据不完全统计，已设立的贸易性企业个数和投资额均占我国境外投资的60%左右。

（二）投资地区

主要集中在北美和亚太地区，美国、泰国、日本、加拿大、新加坡等国家和我国香港及澳门地区集中了我国境外投资总额的3/4。生产型投资大部分集中在发展中国家，主要目的：一是为了获得国外开采条件较好、储量大、品位高的石油、矿产、森林等资源；二是为了转移国内有比较优势的生产能力，以境外加工贸易的方式带动国内现有设备、零部件、原材料出口，降低生产、运输和交易成本。在发达国家投资，主要是为了促进出口而设立的贸易性企业，以及为了提高技术开发能力而设立的研究开发机构。

（三）投资方式

生产型企业以合资、合作为主，贸易型企业多为独资，资源开发型主要采用国际惯用的合作开发，香港的中资企业有不少采取由中方控股的股份制上市公司方式，也有少数企业的境外投资拟采取BOT方式。

二、我国企业境外投资存在的主要问题

（一）投资盲目性大

首先表现为投资决策的随意性。一些企业在进行境外投资决策时，不是从企业开展国际化经营、利用两种资源和两个市场的需要出发，或是为了转移旧设备、获取投资补贴和享受优惠政策，或是为了安排人员，或是为了企业领导自己的方便，草率决策境外投资。其次是市场选择的盲目性。不少企业从自身发展的需要看，确实需要境外投资，但在选择市场时不作科学论证，往往是很多企业涌向同一市场，形成了我国企业在国外的重复建设、自相竞争。如上海广电股份有限公司在南非的电视机组装厂成功后，海南威森、青岛海信两家集团公司也去南非办厂，造成了目前几个企业都开工不足。格力集团公司在巴西投资了2000万美元建立空调生产基地，春兰集团公司也建成了空调组装生产线，青岛海信集团公司又成立了巴西海信公司。长此下去，必将导致生产能力超过当地的市场需求。

（二）企业规模小

大型跨国公司境外投资项目平均规模，发达国家约为600万美元，发展中国家约为450万美元，而我国约为110万美元。我国境外企业规模小，有其客观必然性，但规模过小，不仅没有什么国际竞争力，就连信息收集、联络市场的功能也难以发挥。不少境外企业特别是贸易性企业，只是“接待站”。

（三）管理水平低

从总体上看，我国境外企业管理水平普遍较低，多数企业没有建立起适应国际市场竞争需要的管理体制和经营机制，制度不健全，管理粗放，缺乏有效的激励和约束机制。有的企业虽然经营管理比较正规，但企业的实际控制权却掌握在外方手里。多数境外企业，缺乏熟悉所在国法律、懂业务、懂经营管理、懂外语的复合型人才。有的企业对派往境外的人员不注意选拔培养，往往搞一些照顾性的派驻，有的甚至搞“夫妻、老婆店”。由于管理水平低，导致了境外企业经济效益差。据上海市纺织集团调查统计，该集团境外投资企业的经营状况是良好、一般、困难各占1/3，这在全国还是好的。

（四）监管不严

我国至今尚没有一套对境外投资企业监管的制度。有关政府部门往往是只批不管或是只管一段，特别是一些国有企业缺乏对设立境外投资企业的监管措施和经验，造成国有资产被蚕食或私分，

利润及合法收益被截留在境外。据外经贸部等部门对北京、上海、广东、深圳的境外投资企业进行的抽样调查结果表明，我国境外企业汇回境内利润仅占总利润的2.5%，境外企业增资或再投资缺乏有效的制约手段。

三、境外加工贸易

境外加工贸易，作为我国现阶段境外投资的主要方式，是指我国企业以现有技术、设备投资为主，在境外以加工装配的形式，带动和扩大国内设备、技术、零配件、原材料出口的国际经贸合作方式。从现阶段的情况看，今后相当长的一个时间内，境外加工贸易仍是我国对外投资的主要方式。

1999年2月，在总结以往境外投资经验的基础上，国务院办公厅转发了外经贸部、国家经贸委、财政部《关于鼓励企业开展境外带料加工装配业务意见的通知》。以此为标志，我国的境外加工贸易走上了规范发展的轨道，经国家经贸委审查通过境外加工贸易项目131个，协议投资总额6.52亿美元，其中中方协议投资额4.87亿美元。实践证明，境外加工贸易是符合我国现阶段经济发展水平的"走出去"的重要途径，对于我国现阶段的经济发展意义重大。

（一）促进产业结构调整

审查通过的项目，大部分是国内供大于求、技术设备比较先进实用的行业，产品涉及家用电器、轻工、纺织、服装、机电、医药、烟草等。其中，服装的生产能力为2600万件（套），各种家用电器为442万台（套），拖拉机、柴油机为19万台，汽车、摩托车为6万辆，自行车为21万辆；华源集团、中纺机公司在南美投资的两个项目棉纺生产能力20万锭。

（二）带动出口

这批项目以设备、零部件、原辅材料等实物投资3.1亿美元，占中方协议投资额的63%。项目实施后，预计每年带动原辅材料、零配件等出口约13亿美元。

（三）加快市场多元化

这些项目主要分布在非洲、拉美、亚洲及独联体等47个国家和地区。项目的设立，有助于扩大我国产品在这些地区的市场份额。同时，利用东道国的贸易便利条件，还可以通过区域贸易协定，间接进入发达国家市场。比如，美国是我国纺织品出口的主要国家，但往往要受配额限制，通过境外加工贸易方式在墨西哥投资建厂，既利用当地资源，也有利于产品进入美国等北美市场。

（四）增强企业的国际竞争力

海尔、康佳、厦华、华源、中纺机、颐中烟草等一批实力强、管理科学、有一定信誉的企业，通过项目实施，拓宽了企业发展空间，增强了企业国际竞争力。同时，境外加工贸易业务的开展，对我国加强与发展中国家经贸合作也起到了积极的推动作用。

四、今后境外投资工作重点

（一）发挥优势企业的主力军作用

境外投资应注意发挥我国优势企业的作用，以增强参与竞争和抵御风险的能力。国家要采取有效措施，支持一批优势企业到境外特别是发展中国家开展境外加工贸易，并使之成为主力军。可考虑对已进行公司化改造，经营机制得到转换，自主经营、自负盈亏、自我约束、自我发展能力较强，技术装备水平较高，有产品、出口比例较大，有资金优势，领导班子强，管理制度健全，经营状况好的企业，赋予必要的对外投资权，以加大对这些企业开展境外投资的支持力度。

（二）有选择地抓好一批重点项目

各地要根据境外投资的总体规划，尽快明确本地区开展境外投资重点国家、重点产品、重点企业。有条件的地方要在认真分析东道国市场的基础上，根据本地的产业和企业优势，针对重点区域、重点国家的需求，以产品为纽带，以优势企业为龙头，抓好一批重点项目。此外，从可持续发展战略考虑，国家重点抓一些事关全局的资源开采性的境外投资项目，像石油、森林、矿产等，通过境外开采弥补我国资源不足的矛盾。

（三）加强对境外企业的监管

在严格把好项目审核关的同时，加强对境外投资企业的监督，克服只批不管的现象。境外投资项目较多的地区，对项目的进展情况、经营情况进行动态跟踪，及时解决存在的问题。通过对投资主体的监督，强化对境外企业的管理。已设立境外投资项目的企业，要重视加强管理，建立责任制，明确管理责任。要特别重视对境外人员的管理，完善监督考核、激励、处罚等制度，增强境外企业抗风险能力，不断提高经营管理水平。

（四）认真做好经营管理人员的培训

各地经贸委在制定"十五"企业干部培训规划时，把培训适应国际化经营要求，特别是从事同发展中国家经贸合作的企业经营者列入计划。制定有针对性的教学大纲和教材，选配高水平的师资力量，做到人员落实，时间落实，内容落实。在培训方式上应体现跨国经营的特点,尽量做到国内培训和国外培训相结合,理论培训和实际操作相结合,培训和实践相结合,尽快形成适应开展境外投资工作的企业经营者队伍。

（撰稿：王沛　审稿：徐鸣）

中国反倾销法律制度的建立与反倾销工作的进展

为了维护对外经济贸易和公平竞争秩序,保证国内产业合法权益和正常发展,1997 年 3 月 25 日国务院颁布实施《中华人民共和国反倾销和反补贴条例》,这是我国在建立社会主义市场经济体制中对外贸易管理制度的一项重要改革,是我国应对加入世界贸易组织(WTO)按照国际规则建立自我保护体系的重要举措,标志着中国反倾销反补贴法律制度的建立。

一、反倾销概念的由来

倾销一词早期用于国际贸易领域,是指向他国市场廉价出售产品的行为。基于公平原则,如果一种商品的生产成本相同,那么出口商出售商品时不能在国内和国外形成价差,若在国内卖高价在国外卖低价,就属于倾销行为。如果倾销产品造成了产品进口国相同或类似产业的损害,这种做法被认为是一种不公平的竞争行为,受到世界各国的谴责和抵制,受害国家就可以采取法律手段制止或减少这种损害的发生。

反倾销的实践,推动反倾销理论的发展。自本世纪初的 1904 年加拿大颁布了世界上第一部反倾销法以来,新西兰、澳大利亚、美国、欧共体等都先后制定和颁布了各自的反倾销法。但是在本世纪 50 年代前,反倾销问题并没有引起国际上的普遍关注,因为在各国更多地采用关税壁垒和外贸管制的情况下,反倾销措施的作用不能得到充分发挥并重视。70 年代后,各国关税壁垒逐步被打破,世界市场的开放,国际贸易自由快速发展,反倾销法律意识及其在抵制不正当竞争、保护本国经济利益方面的作用逐步得到加强。

反倾销概念的正式形成。1948 年以前,虽然世界上一些国家先后订立了反倾销规则,但反倾销概念并没有正式为国际社会所公认。广为各国普遍接受的反倾销概念始于 1948 年临时生效的《关税与贸易总协定》。该协定第 6 条对反倾销作出专门规定:一国产品以低于正常价值出口到另一国,对进口国的工业造成实质损害或实质损害的威胁或实质性地阻碍了进口国工业的建立,进口国可以采取措施消除这种损害。此后,越来越多的国家据此修改或制定自己的反倾销法律,反倾销成为被广泛认可的用以保护国内工业不受损害的工具。按照《关贸总协定》的有关规定,作为较严厉的法律手段,反倾销措施的采取应具备三个方面的基本条件:一是进口产品存在倾销的事实,即出口商以低于正常价值向进口国销售产品;二是低价出售的产品对进口国相关工业造成了实质损害或实质损害的威胁或对建立相关产业造成了实质阻碍;三是实质损害或损害威胁或实质阻碍的产生,是由于该进口产品的输入造成的。基于实践的发展,反倾销行为逐渐演化成为一种成熟的法律概念和法律制度。

二、反倾销法律是国际经济贸易法律体系中的重要组成部分

反倾销法律是国际经济贸易法律体系中的重要组成部分。关贸总协定第 6 条和 1994 年世界贸易组织《反倾销协议》,是关于反倾销的国际公认准则。《反倾销协议》对倾销和损害的确定、反倾销调查的发起和后续程序、证据的取得、反倾销税的征收等,都做出了明确的规定。这些原则,也是中国反倾销立法所参照的重要原则。

反倾销法律是中国对外经济贸易法律的重要内容。中国改革开放,参与国际竞争,必须学会运用国际通行的规则,建立中国的反倾销法律制度。这既是建设我国社会主义市场经济体制的要求,也是参与国际竞争的需要。为保护民族工业的正常发展和市场公平竞争秩序,1994 年 5 月 12 日八届全国人大第七次会议通过了《中华人民共和国对外贸易法》,第 30 条规定:“产品以低于正常价值的方

式进口，并由此对国内已建立的相关产业造成实质损害或者产生实质损害的威胁，或者对国内建立相关产业造成实质阻碍时，国家可以采取必要措施，消除或者减轻这种损害或者损害的威胁或者阻碍。”据此，1997年3月25日国务院颁布了《中华人民共和国反倾销和反补贴条例》，这个条例的实施为中国采取反倾销措施提供了重要的法律依据。

三、反倾销成为各国普遍采用的贸易保护措施

倾销作为国际贸易中的不正当竞争行为，受到各国共同抵制和反对。贸易的原则是诚实守信，公平竞争，而倾销是以歧视性价格抢占市场，企图挤垮竞争对手。由于各国经济发展不平衡，争夺世界市场的斗争也日趋激烈，一些国家为抢占海外市场不惜采用倾销手段。随着世界市场的饱和和投资贸易自由化进程加快，国际贸易竞争加剧，倾销逐渐成为世界贸易正常发展的严重障碍，受到越来越多国家的抵制和反对。

反倾销，成为目前各国反不正当竞争中使用最频繁的一种法律手段。随着世界经济全球化深入发展，各国在参与国际竞争中，遵循WTO规则要求，不断降低关税，取消非关税壁垒，同时努力寻求保护国内产业的各种措施。反倾销是WTO允许的抵制不正当竞争，规范贸易秩序，保护国内产业的重要手段，已被越来越多的国家使用。

国际反倾销案件数量迅速增加。过去反倾销措施的主要使用者是美国、欧盟、澳大利亚和加拿大，但是现在发展中国家为保障贸易自由化对国内产业的影响，越来越积极地采用反倾销措施。据统计，1969年～1995年，全世界范围内发生的反倾销案件已达3108件，其中约有1/3以上的案件发生在90年代，到1996年末世界贸易组织成员国已经采取并仍在实施的反倾销措施仍有900项之多。1998年，有32个世贸组织成员国采取了反倾销措施，以美国、澳大利亚、加拿大、欧盟等国采用最为普遍。全球遭致反倾销的产品种类已经超过3000种，涉及的贸易量达数千亿美元。

中国出口产品遭致严重的反倾销。截至1999年，国外对中国产品提起的反倾销案近400件，涉案金额数百亿美元，显然已经成为国外反倾销的重点目标。反倾销所针对的范围十分广泛，几乎涵盖了我国出口的全部大类产品，包括机械电子、轻工纺织、石油化工、粮油土畜、医疗保健产品等。1997年前由于我国没有建立反倾销机制，在解决国际贸易争议中处于非常被动的地位。

四、建立和完善中国的反倾销法律制度

建立和完善我国反倾销法律制度，是参与国际竞争的需要。我国进行改革开放，参与国际竞争，尤其是加入世界贸易组织后，必须遵守世界贸易组织的规则。因此，学会运用国际通行的规则，建立保护国内产业安全的机制，包括反倾销法律制度。这既是我国建立社会主义市场经济体制的要求，也是参与国际竞争的需要。WTO相关贸易规则与协议，是世界多边贸易体制运作的法律依据和基础。WTO关于国际贸易中反倾销、反补贴和保障措施等规定，已经成为各成员方有关贸易立法的法律依据和基础，它规定了有关成员方承担的主要义务，也规定了成员方享受的权利。中国加入WTO，就要认真履行有关规定，通过WTO的规则和争端解决机制，切实保护本国的产业利益与公平的贸易竞争环境。

建立和完善我国反倾销法律制度，是维护国内产业正常发展和国家利益的需要。加入WTO后，我国将大幅度降低关税，逐步取消配额、许可证等非关税措施，进一步扩大贸易和投资领域，我国的一些产业会受到冲击，需要建立相应的机制加以保障。一方面，我国是一个发展中国家，国内许多产业处于刚刚建立或正在发展阶段，产业结构还不完善，生存能力脆弱，极易被国外尤其是高度工业化的发达国家为抢占我国市场所采取的倾销挤垮；另一方面，国际和国内两个市场关联度大大加强，必然会有一些外国资本和商品凭借资金实力或市场规模优势，以国内市场整合性差的行业或发展中的产业为突破口，对国内市场进行倾销或垄断，对进口秩序和国内产业安全形成冲击。反倾销是消除价格歧视，维护公平竞争，保护正常贸易秩序的法律措施，WTO推行贸易自由化和公平贸易原则，允许进口国政府通过反倾销反补贴措施抵制不正当竞争，维护本国利益。反倾销对我国保护幼稚工业和易受冲击损害的高新技术产业具有重要意义，它可以惩罚国外在中国的倾销行为，遏制垄断，为国内产业创造良好的外部环境，也给外国公司提供公平的竞争条件，从而维护整个国家的经济利益。

五、中国的反倾销法律制度基本确立

1997年3月25日公布的《中华人民共和国反倾销和反补贴条例》是我国第一部反倾销反补贴的

法规。它的颁布，标志着我国的反倾销法律制度基本确立。

我国反倾销条例符合国际惯例，基本涵盖了世界贸易组织反倾销协议的各项原则和规则。该条例包括总则、倾销与损害、反倾销调查、反倾销措施、反补贴的特别规定及附则，共6章42条。该条例提出的总的原则是，对进口产品采用倾销或者补贴的方式，并由此对国内已经建立的相关产业造成实质损害或者对国内建立相关产业造成实质阻碍的，中国政府将依照该条例的规定采取反倾销或者反补贴措施。

条例在维护我国产业正常发展当中发挥出越来越重要的作用。一是规范贸易秩序。条例规定对国外产品以倾销方式进口，并由此对国内相关产业造成实质损害威胁的，采取征收反倾销税措施，进而消除价格歧视，规范贸易秩序，维护公平竞争。二是保护国内产业。反倾销并不是排斥进口，消除竞争，而是反对不公平竞争，其目的在于保护国内产业，使之免受不公平竞争而造成的损害，通过维护公平的贸易秩序，为国内产业创造良好的经营环境。因此法律规定，如果倾销对国内相关产业造成损害、损害威胁或对国内相关产业的建立产生实质性阻碍，就要采取反倾销措施，从而维护国内产业的正当利益。三是抵御外国对中国的歧视性反倾销做法。条例规定：任何国家或地区对中国的出口产品采取歧视性反倾销或者反补贴措施的，我国可以根据实际情况对相应国家或地区采取相应的措施，这就使我国政府对外国滥用反倾销实行贸易保护主义的做法有了抵制的手段。

六、中国实施反倾销措施成效显著

1. 第一起反倾销案，中方胜诉，新闻纸产业出现转机。1997年11月10日，吉林造纸（集团）有限公司、广州造纸有限公司、宜宾纸业股份有限公司、江西纸业有限责任公司、岳阳造纸（集团）有限公司、石砚造纸厂、齐齐哈尔造纸厂、鸭绿江造纸厂和福建南平造纸厂代表我国新闻纸产业，向外经贸部提出对原产于加拿大、韩国和美国的进口新闻纸进行反倾销调查的申请。外经贸部经商国家经贸委后，于1997年12月10日正式公告，决定对原产于上述三国的进口新闻纸正式立案进行反倾销调查。

据新闻纸产业反映，前几年我国新闻纸产需基本平衡，1994年至1995年产量约为73～75万吨，需求量约75万吨；1996年产量82万吨，需求量约90万吨；1997年需求量预计90万吨。1995年以前，我国新闻纸市场基本保持稳定。1996年下半年以后，进口新闻纸价格平均比国产新闻纸价格每吨低1000～1500元人民币，导致进口量迅速上升。据海关统计，1996年新闻纸进口量达35.6万吨（1995年仅进口4.9万吨），1997年1～8月份，进口新闻纸35.4万吨。由于总供给大大超过总需求，造成国内新闻纸积压严重，使新闻纸生产企业面临停产或破产的危机。

根据《中华人民共和国反倾销和反补贴条例》的规定，外经贸部会同海关总署对倾销和倾销幅度进行调查，国家经贸委会同国务院有关部门对产业损害进行调查。1998年7月9日外经贸部、国家经贸委做出了初步裁定，1999年6月3日外经贸部最终认定，韩国公司在调查期内向中国出口的被调查产品均存在不同幅度的倾销；国家经贸委调查确认，由于相关三国进口新闻纸大量低价倾销，导致中国九家新闻纸厂生产经营状况逐渐恶化，销售数量、销售收入、税前利润锐减，产量下降、库存增加，开工率不足、失业率上升，对我国新闻纸产业已造成实质损害，倾销与损害之间具有因果关系。外经贸部与国家经贸委作出最终裁定，并经国务院关税税则委员会批准，决定自1999年6月3日起对原产于加拿大、韩国和美国的进口新闻纸征收反倾销税，反倾销税税率分别为：加拿大豪森公司61%，雄师集团59%，太平洋公司57%，阿维纳公司78%，芬利森林公司78%，其他加拿大公司78%；韩国的韩松公司9%，其他韩国公司55%；美国的所有公司78%。

中国第一例反倾销案以中方胜诉而顺利结案，给中国产业界带来了突破性的积极影响。初裁后，加拿大、韩国和美国三国新闻纸大量低价倾销行为基本停止，新闻纸厂生产下降趋势得到遏制。各厂家抓住机遇，积极调整生产和销售，严格企业管理，生产较快恢复，企业开工率从1997年的56%上升到1999年的70%；销售明显回升，1998年二季度比一季度上升17%，三季度比二季度上升10%，1999年一季度比1998年四季度又上升11%；价格基本稳定，1998年下降趋势得到控制，1999年一季度价格趋于稳定；技改进展加快，行业前景看好，预计每年行业社会总需求增长10%，供需基本达到平衡。

从我国首例反倾销案的调查裁决中，得到以下几点启示：一是立法的重要性和必要性。反倾销是我国政府对倾销的进口产品依法进行调查并征收反倾销税的法律制度，是国际上通行的制止不正当竞争、规范贸易秩序、保护国内产业安全的法律手段;反倾销措施的实施可以有效防止和消除倾销所造成的损害。二是维护了我国企业的权益。1995年，国际新闻纸行情看好时，每吨价格1000多美元，大大高于国内价格。1996年下半年，国际市场出现过剩，中国新闻纸市场成为国外转移其危机的重点对象，以每吨350美元的歧视价格向中国市场大量倾销，直接损害了国内产业的利益，使国内新闻纸行业陷入亏损境地。在这种情况下，国内新闻纸产业形成共识，在国内率先拿起反倾销的武器保护自己的利益。三是对国内其他产业具有借鉴意义。它首开了中国产业运用反倾销法律手段维护自身合法权益的先河，对国内其他正面临国外产品倾销的产业或企业，通过法律途径，保护自身权益起到了重要借鉴作用。随着我国加入WTO的日益临近，将有更多受倾销损害的国内企业运用反倾销法律手段维护自身的权益。

2. 聚酯薄膜反倾销案，顺利终裁，中方企业再次扬眉吐气。1999年3月16日，佛山杜邦鸿基有限公司、上海化工厂有限公司、山东潍坊新立克塑胶有限公司、仪征化纤集团公司聚酯薄膜厂、浙江宁波五洲有限公司、中达制膜股份有限公司南京分公司代表中国聚酯薄膜产业，向外经贸部提出了对来自韩国的聚酯薄膜进行反倾销调查的申请。1999年4月16日，外经贸部经商国家经贸委同意，正式公告，决定对原产于韩国进口到中国的规格为12μm的聚酯薄膜进行反倾销调查，并确定本案调查期为1998年1月1日至1998年12月31日。应国内产业的紧急申请并再次商国家经贸委后外经贸部于5月7日发布补充立案公告，对原产于韩国的除12μm聚酯薄膜以外的所有进口聚酯薄膜进行反倾销调查，并决定将两案合并调查。

聚酯薄膜产业是我国的新兴高科技产业，目前国内年生产能力约8万吨，年出口量为1万吨，国内年需求量为7.4万吨，年需求增长率10%左右，国内聚酯薄膜实际生产能力与国内的需求量基本持平。统计表明，自1997年以后的几年之间，韩国对中国的出口数量呈几何倍数迅速增长，截止1998年9月，进口产品在我国市场占有率已达到24.1%。与此同时，价格每年平均下降20%以上，已大大低于其国内正常价值。韩国的倾销行为，严重冲击我国聚酯薄膜市场秩序，造成国产聚酯薄膜市场占有率迅速下降，产品积压严重，开工严重不足，使国内产业陷入亏损境地。

立案后，根据《中华人民共和国反倾销和反补贴条例》的规定，外经贸部会同海关总署对倾销和倾销幅度进行了调查，国家经贸委会同国务院有关部门对产业损害进行了调查。1999年12月29日外经贸部、国家经贸委作出初步裁定，认为来自韩国的进口聚酯薄膜存在倾销，国内相关产业存在实质损害，并且倾销与损害之间存在因果关系，决定依法实施征收现金保证金的临时反倾销措施。初裁后，经进一步调查，依法考虑各涉案利害关系方的意见后，外经贸部最终认定，各应诉公司在调查期内向中国出口的被调查产品均存在不同幅度的倾销;国家经贸委最终确定，由于韩国进口聚酯薄膜大量低价倾销，导致中国国内相关产业相似产品的生产增长受到严重抑制、价格被迫大幅度下调、销售收入大幅下降、库存显著增加、市场份额下降，国内产业陷入停产或严重亏损状态，对我国聚酯薄膜产业已造成实质损害，倾销与损害之间具有因果关系。外经贸部与国家经贸委作出最终裁定，并经国务院关税税则委员会批准，决定自2000年8月25日起对原产于韩国进口的聚酯薄膜征收反倾销税，各公司税率分别为:SKC公司13%，晓星公司33%，可隆公司46%，世韩公司33%，其他韩国公司46%。

1999年12月29日初裁公告后，韩国聚酯薄膜大量低价倾销的行为明显减少，国内聚酯薄膜产品销售价格的下降得到抑制，平均开工率开始上升，生产和销售逐步好转。

3. 正在调查的三起案件。1999年我国共立案四起，除聚酯薄膜案外，另三起反倾销案现均已完成肯定性初步裁定，开始实施征收现金保证金的临时反倾销措施，目前正继续进行最终裁定前的调查。该三起案件分别是:1999年3月12日公告立案的对俄罗斯冷轧硅钢片反倾销调查案，1999年12月30日作出初裁;1999年6月17日立案的对日本、韩国不锈钢冷轧薄板反倾销调查案，2000年4月13日作出初裁;1999年12月10日立案对日本、美国、德国丙烯酸酯进行反倾销调查。上述裁定和调查对国内产业的发展都是有利的，对于维护市场公平竞争秩序发挥了重要作用。

（撰稿：李振中　宋和平　审稿：霍建国）

中国经贸法制建设

市场经济是法制经济。实行改革开放，建立市场经济体制，必须高度重视法律的作用，加快经济法制建设的步伐。推进经济体制改革，需要依靠法律来保障和促进；经济体制改革的成果需要依靠法律来维护和巩固；市场经济体制的建立和完善需要依靠法律来规范和保证；市场经济也需要依法进行宏观调控和管理。而中国经济体制改革的深化，市场经济体制框架的建立，为经济法制建设创造了有利条件，推进了我国法制建设的快速发展。

一、1999 年经贸法制建设进展概况

1999 年，全国人大及其常委会和国务院，紧紧围绕党和国家的中心工作，按照中央经济工作会议和九届全国人大二次会议《政府工作报告》的要求，以及党的十五届四中全会通过的《关于国有企业改革和发展若干重大问题的决定》，为了进一步深化改革，加快发展，促进社会繁荣和稳定，继续推进了经贸法制工作。

（一）法律颁行情况

1999 年，全国人大及其常委会共审议通过法律和有关法律问题的决定 24 件，其中通过法律 16 件，通过关于法律问题的决定 8 件。全国人大及其常委会审议颁布的有关经贸方面的法律主要有：《宪法修正案》、《合同法》、《招标投标法》、《个人独资企业法》、《行政复议法》、《公益事业捐赠法》、《会计法（修订）》、《公路法（修订）》、《个人所得税法（修订）》、《公司法（修订）》、《气象法（修订）》、《海洋环境保护法》、《海事诉讼程序特别法》、《刑法修正案》等 16 部，还通过了有关法律问题的决定，如《全国人民代表大会常务委员会关于加强中央预算审查监督工作的决定》等 8 件。

（二）行政法规颁行情况

1999 年，国务院发布和批准的行政法规 29 件，有关经贸方面的行政法规主要有：《失业保险条例》、《社会保险费征缴暂行条例》、《金融违法行为处罚办法》、《住房公积金管理条例》、《国家科学技术奖励条例》、《国有企业及国有控股企业领导人员任期经济责任审计暂行规定》、《期货交易管理暂行条例》、《外商投资商业企业试点办法》、《企业法人法定代表人登记管理规定》、《控制对企业进行经济检查的规定》、《价格违法行为行政处罚规定》、《城市居民最低生活保障条例》、《对储蓄存款利息所得征收个人所得税的实施办法》、《关于扩大外商投资企业从事能源交通基础设施项目税收优惠规定适用范围的通知》、《关于加强技术创新，发展高科技，实现产业化的决定》、《关于进一步完善粮食流通体制改革政策措施的通知》、《关于深化教育改革全面推进素质教育的决定》、《中国证券监督管理股票发行审核委员会条例》、《商用密码管理条例》、《台湾同胞投资保护法实施细则》等。

与此同时，国务院职能部门颁布了相当数量的行政规章，如《国有工业企业物资采购管理暂行规定》、《煤炭经营管理办法》、《政府采购管理暂行办法》、《社会保险基金财务制度》、《建设工程勘察设计市场管理规定》、《电信网间互联管理暂行规定》、《海关对企业实施分类管理办法》、《环境标准管理办法》、《商品计量违法行为处罚规定》、《期货交易所管理办法》、《期货经纪公司管理办法》等。

全国各地也制定了大量的地方性法规和规章，全年国务院法制办公室收到报送备案的地方性法规、地方人民政府规章和国务院部门规章 1274 件，其中地方性法规 591 件，地方人民政府规章 451 件，国务院部门规章 232 件。如《北京市旅游管理条例》、《河北省著名商标认定和保护条例》、《内蒙古自治区乡镇企业管理条例》、《辽宁省促进企业技术进步规定》、《黑龙江省失业保险条例》、《浙江省建设工程监理管理条例》、《山东省建设工程勘察设计管理条例》、《湖南省矿产资源管理条例》、《河南省盐业管理条例》、《广东省社会救济条例》、《云南省反不正当竞争条例》、《云南省外商投资勘察开采矿产资源条例》、《青海省道路运输管理条例》、《西藏自治区矿产资源管理条例》、《甘肃省计量监督管理条例》、《宁夏回族自治区防震减灾条例》等。

二、1999 年审议通过的重要经贸法律

（一）《中华人民共和国宪法修正案》

1999年3月15日，九届全国人大二会议审议通过了《中华人民共和国宪法修正案》，1999年3月15日第九届全国人民代表大会公告公布施行。宪法修正案确认我国将长期处于社会主义初级阶段，规定中华人民共和国实行依法治国，建设社会主义法治国家。国家在社会主义初级阶段，坚持公有制为主体、多种所有制经济共同发展的基本经济制度，坚持按劳分配为主体、多种分配方式并存的分配制度。农村集体经济组织实行家庭承包经营为基础、统分结合的双层经营体制。农村中的生产、供销、信用、消费等各种形式的合作经济，是社会主义劳动群众集体所有制经济。在法律规定范围内的个体经济、私营经济等非公有制经济是社会主义市场经济的重要组成部分。国家保护个体经济、私营经济的合法的权利和利益，对其实行引导、监督和管理。

（二）《中华人民共和国合同法》

1999年3月15日，九届全国人大二会议审议通过了《中华人民共和国合同法》，国家主席令第15号发布，自1999年10月1日起施行。随着社会主义市场经济的发展，我国原有的三部合同法《经济合同法》、《涉外经济合同法》、《技术合同法》的调整范围和有些规定已不能适应社会主义市场经济发展的要求，需要制定一部统一的、内容更为丰富和完整的合同法。由全国人大常委会法制工作委员会组织起草的合同法，从1996年开始起草，反复研究修改，广泛征求各方面意见，使这部法律更切实可行。确立了合同法的基本原则，即平等原则、合同自由原则、公平原则、诚实信用原则、公序良俗原则。增加了融资租赁合同、委托合同、行纪合同、居间合同。新的统一的《合同法》的颁布，对于保护合同当事人的合法权益，维护社会经济秩序，促进社会主义现代化建设，统一我国的合同法律制度，具有重要意义。

（三）《中华人民共和国独资企业法》

九届全国人大常委会第十一次会议审议通过了《中华人民共和国独资企业法》，国家主席令第20号公布，自2000年1月1日起施行。根据本法规定，个人独资企业是指依照本法在中国境内设立，由一个自然人投资，财产为投资人所有，投资人以其个人财产对企业债务承担无限责任的经营实体。该法只适用于一个自然人单独投资设立的独资企业，而不包括国有独资企业以及外商独资企业。

（四）《中华人民共和国招标投标法》

1999年8月30日，九届全国人大常委会第十一次会议审议通过了《中华人民共和国招标投标法》，国家主席令第21号公布，自2000年1月1日起施行。该法规定在中国境内进行下列工程建设项目，包括项目的勘察、设计、施工、监理以及与工程建设有关的重要设备、材料等的采购，必须进行招标：大型基础设施、公用事业等关系社会公共利益、公众安全的项目，全部或部分使用国有资金投资或者国家融资的项目，使用国际组织或者外国政府贷款、援助资金的项目。招标投标活动应当遵循公开、公平、公正和诚实信用的原则，依法必须进行招标的项目的招标投标活动不受地区或者部门的限制，任何单位和个人不得违法限制或者排斥本地区、本系统以外的法人或者其他组织参加投标，不得以任何方式非法干涉招标投标活动。招标投标活动及其当事人应当接受依法实施的监督。该法的颁布实施，对于规范招标投标活动，保护国家利益、社会公共利益和招标投标活动当事人的合法权益，提高经济效益，保证工程建设项目的质量，具有重要意义。

（五）《中华人民共和国个人所得税法》（修订）

1999年8月30日，九届全国人大常委会第十一次会议审议通过了《中华人民共和国个人所得税法》修正案，国家主席令第22号公布，自公布之日起生效。这是自1980年颁布实施个人所得税法以来进行的第二次修订，主要内容是对储蓄存款利息开征个人所得税，并规定对储蓄存款利息所得征收个人所得税的开征时间和征收办法由国务院规定。1999年9月30日国务院发布了《对储蓄存款利息所得征收个人所得税的实施办法》，自1999年11月1日起施行。

（六）《中华人民共和国公益事业捐赠法》

1999年6月28日，九届全国人大常委会第十次会议审议通过了《中华人民共和国公益事业捐赠法》，国家主席令第19号公布，自1999年9月1日起施行。该法规定的公益事业是指非营利的下列事项：救助灾害、救济贫困、扶助残疾人等困难的社会群体和个人的活动；教育、科学、文化、卫生、体育事业；环境保护、社会公共设施建设；促进社会发展和进步的其他社会公共和福利事业。捐赠的原则是：捐赠应当是自愿和无偿的，禁止强行摊派或者变相摊派，不得以捐赠为名从事营利活动；捐赠财产的使用应当尊重捐赠人的意愿，符合公共目的，不得将捐赠财产挪作他用；捐赠应当遵守法律法规，不得违背社会公德，不得损害公共利益和其他公民的合法权益。同时规定公益性社会团体受赠的财产及其增值为社会公共财产，受国家法律保护，任何单位个人不得侵占、挪用和损毁。

（七）《中华人民共和国行政复议法》

1999年4月29日，九届全国人大常委会第九次会议审议通过了《中华人民共和国行政复议法》，国家主席令第16号公布，自1999年10月1日起施行。公民、法人或者其他组织认为具体行政行为侵犯其合法权益，向行政机关提出行政复议申请，行政机关受理行政复议申请、作出行政复议决定，适用本法的规定。行政复议机关履行行政复议职责，应当遵循合法、公正、公开、及时、便民的原则，坚持有错必纠，保障法律法规的正确实施。该法的颁布实施，对于防止和纠正违法的或者不当的具体行政行为，保护公民、法人和其他组织的合法权益，保障和监督行政机关依法行使职权，具有重要的意义。

（八）《中华人民共和国会计法》（修订）

1999年10月31日，九届全国人大常委会第十二次会议审议通过了《中华人民共和国会计法（修订）》，国家主席令第24号公布，自2000年7月1日起施行。这是对会计法的第二次修订，强化了单位负责人对本单位会计工作和会计资料真实性、完整性负责的责任制，对违法会计行为加大了打击力度。对于规范会计行为，保证会计资料真实、完整，加强经济监督管理和财务管理，提高经济效益，维护社会主义市场经济秩序，具有重要意义。

（九）《全国人大常委会关于修改中华人民共和国公路法的决定》

1999年10月31日，九届全国人大常委会第十二会议审议通过了《全国人大常委会关于修改中华人民共和国公路法的决定》，国家主席令第25号公布，自公布之日起施行。修改后增加的内容主要为：一是筹集公路建设资金除了各级人民政府的财政拨款包括依法征税筹集的公路建设专项建设资金转为的财政拨款外，还可以依法向国内外金融机构或者外国政府贷款；二是国家采用依法征税的办法筹集公路养护资金，具体实施办法和步骤由国务院规定，这是本次修改公路法的核心内容；三是依法征税筹集的公路养护资金必须专项用于公路的养护和改建。国务院将公路和车辆收费改为征税的决定，对于加强公路建设和管理，促进公路事业的发展，适应社会主义现代化建设和人民生活的需要，具有重要意义。

（十）《中华人民共和国气象法》

1999年10月31日，九届全国人大常委会第十二会议审议通过了《中华人民共和国气象法》，国家主席令第23号公布，自2000年1月1日起施行。在中华人民共和国领域和中华人民共和国管辖的其他海域从事气象探测、预报、服务和气象灾害预防、气候资源利用、气象科学技术研究等活动，均须遵守本法。气象事业是经济建设、国防建设、社会发展和人民生活的基础性公益事业，气象工作应当把公益性气象服务放在首位。国家鼓励和支持气象科学技术研究、气象科学知识普及，培养气象人才，推广先进的气象科学技术，保护气象科技成果，加强国际气象合作与交流，发展气象信息产业，提高气象工作水平。气象法的颁布实施，对于发展气象事业，规范气象工作，准确及时地发布气象预报，防御气象灾害，合理开发利用和保护气候资源，为经济建设、国防建设、社会发展和人民生活提供气象服务，具有重要意义。

（十一）《中华人民共和国海事诉讼特别程序法》

1999年12月25日，九届全国人大常委会第十三次会议审议通过了《中华人民共和国海事诉讼特别程序法》，国家主席令第28号公布，自2000年7月1日起施行。在中华人民共和国领域内进行海事诉讼，适用《中华人民共和国民事诉讼法》和本法，本法有规定的，依照其规定；中华人民共和国缔结或参加的国际条约与《中华人民共和国民事诉讼法》和本法对涉外海事诉讼有不同规定的，适用该国际条约的规定，但是中华人民共和国声明保留条款除外。该法的颁布实施，对于维护海事诉讼当事人的诉讼权利，保证人民法院查明事实，分清责任，正确适用法律，及时审理海事案件，具有重要意义。

（十二）《中华人民共和国海洋环境保护法》

1999年12月25日，九届全国人大常委会第十三次会议审议通过了《中华人民共和国海洋环境保护法》，国家主席令第26号发布，自2000年4月1日起施行。

本法适用于中华人民共和国内水、领海、毗连区、专属经济区、大陆架以及中华人民共和国管辖的其他海域，在中华人民共和国海域内从事航行、勘探、开发、生产、旅游、科学研究及其他活动，或者在沿海领域内从事影响海洋环境活动的任何单位和个人必须遵守本法。在中华人民共和国管辖海域以外，造成中华人民共和国管辖海域污染的，也适用本法。该法的颁布实施，对于保护和改善海洋环境，保护海洋资源，防治污染损害，维护生态平衡，保障人体健康，促进经济和社会的可持续发展，具有重要意义。

（十三）《全国人民代表大会常务委员会关于修改中华人民共和国公司法的决定》

1999年12月25日，九届全国人大常委会第十三次会议审议通过了《全国人民代表大会常务委员会关于修改中华人民共和国公司法的决定》，国家主席令第29号发布，自公布之日起施行。决定规定，国有独资公司监事会至少由三人组成，主要由国务院或者国务院授权的机构、部门委派的人员组成，并有公司职工代表参加；同时规定了监事会的职权。为了发展高新技术产业，支持有条件的高新技术股份有限公司进入证券市场直接融资，决定增加了关于高新技术股份有限公司的设立、发起人出资以及公司发行新股和申请股票上市的条件等有关规定。

（十四）《全国人民代表大会常务委员会关于加强中央预算审查监督的决定》

1999年12月25日，九届全国人大常委会第十三次会议审议通过了《全国人民代表大会常务委员会关于加强中央预算审查监督的决定》，主要内容有，加强和改善预算编制工作，加强和改善中央预算的初步审查工作，加强对预算超收入使用的监督，严格控制不同预算科目之间的资金调剂，预算支出应当按照预算科目执行，加强对中央预算调整方案的审查工作，加强对中央预算执行的审计，加强对中央预算执行情况的监督，加强对预算外资金的监督，要依法执行备案制度，设立预算工作委员会协助全国人大财政经济委员会工作，作为全国人民代表大会常务委员会的工作机构等。决定对于全国人民代表大会及其常务委员会履行宪法赋予的职责，贯彻依法治国的基本方略，规范预算行为，厉行节约，更好地发挥中央预算在发展国民经济、扩大开放中的作用，具有长远、重大的现实意义和历史意义。

（十五）《中华人民共和国刑法修正案》

1999年12月25日，九届全国人大常委会第十三次会议审议通过了《中华人民共和国刑法修正案》，国家主席令第27号发布，自公布之日起施行。刑法修正案的颁布实施，对于打击经济犯罪，维护社会主义市场经济秩序，保障社会主义现代化建设的顺利进行具有重要作用。

三、1999年审议通过的重要经贸行政法规

（一）有关规范市场主体、促进企业改革方面的行政法规

1.《控制对企业进行经济检查的规定》。为了规范行政机关对企业进行经济检查的行为，减轻企业负担，维护社会主义市场经济秩序，1999年7月9日，国家经贸委经国务院批准，发布了《控制对企业进行经济检查的规定》。本规定所称经济检查是指行政机关对企业生产经营活动遵守法律法规情况进行的检查，除法律法规明确规定外，任何行政机关不得擅自对企业进行经济检查。行政机关对企业进行经济检查，应当统筹安排、注重效率、保证质量、避免重复；应当事先拟订检查计划，包括检查依据、检查时间、检查对象、检查事项等内容。行政机关对企业的检查报告能够满足其他行政机关履行其职责需要的，其他行政机关应当加以利用，避免重复检查。规定还对行政机关检查企业的程序、审批以及行政机关工作人员的违法违纪行为作出了规定。

2.《失业保险条例》。为了保障失业人员失业期间的基本生活，促进其再就业，1998年12月16日国务院第十一次常务会议审议通过了《失业保险条例》，1999年1月22日国务院令第258号发布，自发布之日起施行。条例规定，城镇企业是指国有企业、城镇集体企业、外商投资企业、城镇私营企业以及其他城镇企业。城镇企业事业单位、城镇企业事业单位职工应当缴纳失业保险费，其失业人员享受失业保险待遇。条例规定了以下内容：失业保险基金的构成，包括城镇企业事业单位、城镇企业事业单位职工缴纳的失业保险费；失业保险基金的利息；财政补贴；依法纳入失业保险基金的其他资金。根据条例规定，失业人员领取失业保险金的条件是：按照规定参加失业保险，所在单位和本人已按照规定履行缴费义务满1年的；非因本人意愿中断就业的；已办理失业登记，并有求职要求的。失业人员在领取失业保险金期间，按照规定同时享受其他失业保险待遇。

3.《社会保险费征缴暂行条例》。为了加强和规范社会保险费征缴工作，保障社会保险金的发放，1999年1月14日国务院第13次常务会议审议通过了《社会保险费征缴暂行条例》，1999年1月22日国务院令第259号发布，自发布之日起施行。条例规定，基本养老保险费的征缴范围为国有企业、城镇集体企业、外商投资企业、城镇私营企业和其他城镇企业及其职工，实行企业化管理的事业单位及其职工。基本医疗保险费的征缴范围为国有企业、城镇集体企业、外商投资企业、城镇私营企业和其他城镇企业及其职工，国家机关及其工作

人员，事业单位及其职工，民办非企业单位及其职工，社会团体及其专职人员；失业保险费的征缴范围为国有企业、城镇集体企业、外商投资企业、城镇私营企业和其他城镇企业及其职工，事业单位及其职工。条例规定，社会保险费实行三项社会保险费集中、统一征收，缴费单位、个人应当按时足额缴纳社会保险费；征缴的社会保险费纳入社会保险基金，专款专用，任何单位和个人不得挪用。

4.《城市居民最低生活保障条例》。为了规范城市居民最低生活保障制度，保障城市居民基本生活，1999年9月23日国务院第21次常务会议审议通过了《城市居民最低生活保障条例》，国务院令第271号发布，自1999年10月1日起施行。持有非农业户口的城市居民共同生活的家庭成员人均收入低于当地城市居民最低生活保障标准的，享有从当地人民政府获得基本生活物质帮助的权利。条例所称收入是指共同生活的家庭成员的全部货币收入和实物收入，包括法定赡养人、扶养人或者抚养人应当给付的赡养费、扶养费或者抚养费，不包括优抚对象按照国家规定享受的抚恤金、补助金。城市居民基本生活的原则，坚持国家保障与社会帮扶相结合、鼓励劳动自救的方针。

5.《国有企业及国有控股企业领导人员任期经济责任审计暂行规定》。为了加强对国有企业及国有控股企业领导人员的管理和监督，正确评价企业领导人员任期经济责任，促进国有企业加强和改善经营管理，保障国有资产保值增值，1999年5月24日，经中共中央、国务院批准，中共中央办公厅、国务院办公厅发布了《国有企业及国有控股企业领导人员任期经济责任审计暂行规定》，自发布之日起施行。本规定所称企业领导人员是指企业的法定代表人；任期经济责任是指企业领导人员任职期间对其所在企业资产、负债、损益的真实性、合法性和效益性，以及有关经济活动应当负有的责任，包括主管责任和直接责任。企业领导人员任期届满，或者任期内办理调任、免职、辞职、退休等事项前，以及在企业进行改制、改组、兼并、出售、拍卖、破产等国有资产重组的同时，应当按照国家现行规定进行审计。

6.《国务院办公厅转发科学技术部、财政部关于科技型中小企业技术创新基金的暂行规定的通知》。为了扶持、促进科技型中小企业技术创新，经国务院批准，科技部、财政部联合发布了《关于科技型中小企业技术创新基金的暂行规定》，设立用于支持科技型中小企业技术创新项目的政府专项基金。创新基金是一种引导性资金，通过吸引地方、企业、科技创业投资机构和金融机构对中小企业技术创新的投资，逐步建立起符合社会主义市场经济客观规律、支持中小企业技术创新的新型投资机制。创新基金的来源为中央财政拨款及其银行存款利息，创新基金面向在中国境内注册的各类中小企业，但应当符合规定的条件、法规和财务规章制度。遵循诚实申请、公正受理、科学管理、择优支持、公开透明、专款专用的原则。

7.《住房公积金管理条例》。为了加强对住房公积金的管理，维护住房公积金所有者的合法权益，促进城镇住房建设，提高城镇居民的住房水平，1999年3月17日国务院第15次常务会议审议通过了《住房公积金管理条例》，1999年4月3日国务院令第262号发布，自发布之日起施行。住房公积金是指国家机关、国有企业、城镇集体企业、外商投资企业、城镇私营企业及其他城镇企业、事业单位及其在职职工缴存的长期住房储金。条例适用于中华人民共和国境内住房公积金的缴存、提取、使用、管理和监督。条例规定，职工个人缴存的住房公积金和职工所在单位为职工缴存的住房公积金属于职工个人所有；住房公积金的管理实行住房委员会决策、住房公积金管理中心运作、银行专户存储、财政监督的原则，应当用于职工购买、建造、翻建、大修自住住房，任何单位和个人不得挪作他用。

（二）有关规范金融财税秩序、促进金融财税体制改革方面的行政法规

1.《金融违法行为处罚办法》。为了惩处金融违法行为，维护金融秩序，防范金融风险，1999年1月14日国务院第13次常务会议审议通过了《金融违法行为处罚办法》，1999年2月22日国务院令第260号发布，自发布之日起施行。本办法所称金融机构是指在中华人民共和国境内依法设立和经营金融业务的机构，包括银行、信用合作社、财务公司、信托投资公司、金融租赁公司等；所称纪律处分包括警告、记过、记大过、降级、撤职、留用察看、开除，由所在金融机构或上级金融机构决定。办法规定了金融机构应当依法进行经营活动，不得违反国家有关金融管理的法律、行政法规，以及违反法律法规及本办法的法律责任。

2.《关于骗购外汇、非法套汇、逃汇、非法买卖外汇等违反外汇管理规定行为的行政处分或者纪律处分暂行规定》。为了维护国家外汇管理秩序，惩处违反外汇管理规定的行为，防范金融风险，经国务院批准，1999年1月25日，监察部、人事部、中国人民银行、海关总署、国家外汇管理局发布了

《关于骗购外汇、非法套汇、逃汇、非法买卖外汇等违反外汇管理规定行为的行政处分或者纪律处分暂行规定》，自发布之日起施行。规定适用于国家公务员以及经批准经营外汇业务的金融机构、国有外经贸企业的工作人员。规定所称的金融机构是指经批准经营外汇业务的中资银行、非银行金融机构及其分支机构，国有外经贸企业是指国有外贸公司、自营进出口的国有生产企业、有进出口经营权的国有企业和国有资产占控股地位或者主导地位的企业。条例对国家公务员以及经批准经营外汇业务的金融机构、国有外经贸企业的工作人员违反外汇管理规定的行为及其法律责任做了规定。

3.《期货交易管理暂行条例》。为了规范期货交易行为，加强对期货交易的监督管理，维护期货市场秩序，防范风险，保护期货交易各方的合法权益和社会公共利益，1999年5月25日，国务院第18次常务会议审议通过了《期货交易管理暂行条例》，1999年6月2日发布，自1999年9月1日起施行。从事期货交易活动应当遵循公开、公正、公平和诚实信用的原则，禁止欺诈、内幕交易和操纵期货交易价格等违法行为。条例规定了期货交易所的性质、设立组织机构、职能、义务及其工作人员的责任，期货经纪公司的设立、变更、解散、审批程序、经纪公司与客户的权利义务、期货交易的基本规则。

（三）有关对外贸易和经济技术合作方面的行政法规

1.《外商投资商业企业试点办法》。为了进一步扩大对外开放，促进商业企业的改革和发展，推动国内市场建设，使扩大商业领域利用外商投资试点健康有序进行，经国务院批准，1999年6月25日，国家经贸委、外经贸部发布了《外商投资商业企业试点办法》，自发布之日起施行。办法适用于外国公司、企业同中国公司、企业在中国境内设立中外合资或合作商业企业。设立合营商业企业的地区由国务院规定，目前限于省会城市、自治区首府、直辖市、计划单列市和经济特区。办法规定了合营商业企业投资者、申请设立从事零售业务的合营商业企业的外国合营者，申请设立从事批发业务的合营商业企业的外国合营者、合营商业企业应当具备的条件，采取连锁方式经营的合营商业企业和从事批发业务（包括零售企业兼营批发业务）的合营商业企业的中国合营者出资比例不得低于51%。

2.《国务院办公厅转发国家经贸委等部门关于进一步完善加工贸易银行保证金台账制度意见的通知》。为了完善加工贸易管理，维护正常的加工贸易秩序，防止和打击利用加工贸易走私、逃税和逃汇等违法行为，经国务院同意，1999年4月5日，国务院办公厅转发了国家经贸委、外经贸部、海关总署、财政部、国家税务总局、中国人民银行、国家外汇管理局关于进一步完善加工贸易银行保证金台账制度意见，自1999年6月1日起施行。意见要求对加工贸易实行按商品分类管理，对加工贸易企业实行分类管理，对银行保证金台账“实转”管理，加强异地加工贸易的管理，严格转厂深加工管理，进一步完善税款追缴保障机制，严格控制加工贸易内销行为，制定单耗标准和加强海关核销，加强部门协调，实行综合管理。

3.《国务院关于扩大外商投资企业从事能源交通基础设施项目税收优惠规定适用范围的通知》。为了鼓励外商投资企业从事能源、交通基础设施项目，促进中西部地区经济发展，1999年7月2日，国务院决定扩大外商投资企业从事能源交通基础设施项目税收优惠规定的适用范围，从1999年1月1日起将《中华人民共和国外商投资企业和外国企业所得税法实施细则》第七十三条第一款第（一）项第3目“关于从事能源、交通基础设施项目的生产性外商投资企业在报经国家税务总局批准后，可以减征企业所得税”的规定扩大到全国各地执行。

4.《中华人民共和国台湾同胞投资保护法实施细则》。为了保护和鼓励台湾同胞投资，促进海峡两岸的经济发展，1999年12月5日，国务院第22次常务会议审议通过了《中华人民共和国台湾同胞投资保护法实施细则》，国务院令第274号发布，自发布之日起施行。细则所称台湾同胞投资是指台湾地区的公司、企业、其他经济组织或者个人作为投资者在其他省、自治区和直辖市的投资。台湾同胞投资者的投资、投资收益和其他合法权益受国家法律保护，任何机关、单位和个人不得侵占、损害，并依法享受优惠待遇。

四、2000年经贸法制建设面临的新形势和新任务

2000年经济立法工作的指导思想是：按照党的十五大和十五届三中、四中全会、中央经济工作会议精神和党中央、国务院确定2000年工作总体部署和主要任务，把保障国有企业改革和发展以及适应我国加入世界贸易组织的进程需要制定或者修改的经贸法律、行政法规项目作为立法工作重点，切实保证法律草案、行政法规的质量，使经贸法制建设更好地服从于改革开放和现代化建设的

大局。

（一）保障、促进国有企业改革和发展是2000年立法工作的重中之重

根据党的十五大和十五届四中全会决定精神，围绕建立现代企业制度，需要修订《公司法》，制定《国有独资公司监事会条例》、《高新技术产业股份有限公司设立与上市的规定》、《劳动合同法》、《企业兼并条例》、《商事登记条例》、《养老保险条例》、《国有企业转让国有土地使用权管理办法》以及制定《企业财务会计报告管理条例》、《境外中资企业管理规定》、《国有中小企业出售管理办法》、《股份合作企业条例》、《国有企业关闭办法》、《财产评估条例》。

（二）适应我国加入世界贸易组织

利用世界贸易组织规则抓紧制定、完善保护和促进我国有关产业的法律、法规，如保障措施条例、电信管理条例、外商投资经营电信业的管理规定、外资保险公司管理条例、国际海运管理条例以及修订反倾销和反补贴条例。同时，抓紧清理、修改与世界贸易组织规则以及我国对外作出的承诺不大符合的法律、法规规章，如中外合资经营企业法、中外合作经营企业法、外资企业法以及中外合资经营企业法实施条例和外资企业法实施细则。

（三）制定现实生活迫切需要、立法条件基本成熟的法律行政法规

为了缓解社会分配不公，避免贫富悬殊，完善我国的税制结构，亟须制定《遗产税法》，修订《税收征收管理法》、《专利法》。为了加强海域使用管理，维护领海海域使用者的合法权益，实现领海海域的合理开发和可持续利用，需要制定《海域管理使用法》，修订《渔业法》。为了进一步加强对药品的监督管理，打击制售伪劣药品的违法行为，保障人民用药安全，需要修订《药品管理法》、《职业病防治法》。为了加大对违法行为的处罚力度，按照“保护为主，抢救第一”的方针，根据“有效保护、合理利用、加强管理”的原则，规范文物流通和私人收藏行为，需要修订《文物保护法》。为了防范化解金融风险的需要，需要制定《金融资产管理公司条例》、《证券公司管理条例》、《产业投资基金管理办法》、《预算外资金管理条例》，修订《企业债券管理条例》。为了规范收费公路的审批及其经营管理行为，需要制定《公路收费管理条例》。为了规范建设工程勘察设计行为，需要制定《建设工程勘察设计条例》。为了扩大广播电视设施保护范围，需要修订《广播电视设施保护条例》。为了保证进口食品卫生安全，需要制定《进口食品监督管理办法》等。

此外，需要抓紧制定的法律和行政法规有，社会保险法、港口法、道路交通法、放射性污染防治法、人口与计划生育法、技术进出口条例、对外工程承包条例、农村和农业用电管理条例、中央预算执行违法违纪行为处罚办法、彩票管理办法、内部审计条例等；需要修订的法律行政法规有，注册会计师法、水法、基金会管理办法、医疗事故处理办法等。

（撰稿：吴振国　审稿：于吉）

企业管理培训

1999年，各地区、各部门认真贯彻落实《“九五”期间全国企业管理人员培训纲要》（以下简称《培训纲要》），卓有成效地开展以工商管理培训和企业“脱困”培训为主要内容的各项管理知识培训，有力地配合了党中央、国务院的中心工作，为国有企业改革和脱困提供智力支持和人才服务。

一、1999年全国企业管理培训工作

（一）工商管理培训稳步推进

工商管理培训作为“九五”期间企业管理培训的主体内容，近年来在全国深入开展，成效显著，并得到社会各界的广泛关注。党的十五届四中全会做出的《中共中央关于国有企业改革和发展若干重大问题的决定》进一步明确指出：要“采取多种形式加强教育培训，全面提高经营管理者素质，继续举办和规范工商管理培训，改进培训内容和方法，提高培训质量。”为此，国家经贸委要求各地区、各部门一定要以高度的责任感加倍努力，开拓进取，务求把工商管理培训提高到一个新水平。

1. 国有大中型企业工商管理培训。国有大中型企业是国民经济的核心和重要支柱。开展国有大

中型企业工商管理培训，提高其经营管理者素质，是企业管理培训工作服务于改革开放大局、服务于三年两大目标的实际行动和步骤。按照《培训纲要》和《企业领导人员工商管理培训实施意见》，各地区从本地的实际出发，积极推动国有大中型企业的工商管理培训工作。河北省推出企业领导人员素质工程，明确规定：从2003年开始，凡没有经过系统培训并取得工商管理培训证书的国有企业领导人员，责令其停止工作，参加补课培训。辽宁省实施企业管理人才总体培训目标，加大经费投入，“九五”期间财政每年拨20万元用于工商管理培训，省经贸委3年每年拨100万元支持工商管理培训。天津将企业领导人员及后备人员培训指标纳入市工业系统综合指标予以考核，实行目标管理。湖北省注重“一把手”培训，由省委组织部、省经贸委分4期进行，共有300多名“一把手”参加，带动、促进了其他企业领导人员积极参加培训。据统计，1999年全国共有60482名国有大中型企业的经营管理者参加了工商管理培训，一些企业的经营管理者把学到的知识灵活运用到企业的经营管理中，起到了示范和宣传作用，国家经贸委培训司为此选编了《工商管理培训学以致用典型事例》。

2. 中小型企业工商管理培训。中小企业是国民经济的重要组成部分。加强中小企业工商管理培训，对于提高整个国民经济运行质量具有十分重要的意义，国家经贸委专门发文就中小企业开展工商管理培训予以推动。为了保证培训质量，在充分调研的基础上，组织编写了《中小企业工商管理培训系列教材》。与此同时，委托北京市经济管理干部学院举办了中小企业工商管理培训课程师资班，来自全国各地的近300位教师参加了培训。为了指导全国各地的中小企业培训工作，还开展了“三省一市”（安徽、江苏、浙江和深圳）中小企业综合培训试点工作。各地区按照国家经贸委《关于加强中小企业管理人员培训的意见》和《中小企业管理人员工商管理培训指导性教学方案》的精神，开创性地组织本地区的中小企业管理培训工作，取得了良好效果。据不完全统计，1999年全国各地有43318名中小企业的经营管理者参加了工商管理培训。

3. 非公有制企业工商管理培训。随着改革的逐步深入，工商管理培训逐步延伸并积极吸纳非公有制企业经营管理者参加已成必然。一些省区市按照《培训纲要》精神，在积极搞好国有大中型企业、中小型企业工商管理培训的同时，注重适时适量地吸纳一些非公有制企业领导人参加培训。国家经贸委培训序列的企业管理培训中心和有关省市经济管理干部学院，还专门组织了针对非公有制企业领导人的工商管理培训班。据不完全统计，1999年共有非公有制企业领导707人参加了工商管理培训。

为了保证培训质量，国家经贸委还专门组织了工商管理培训质量评估。经过学院（中心）自评、省市主管部门初评、专家组复评及实地抽评，全国共有149所工商管理培训资格院校（中心）通过了培训质量评估。

4. MBA学位教育。针对大学本科毕业，并有一定企业管理实际经验的中青年现职或后备管理人员的实际情况，国家经贸委与国务院学位办公室于1997年联合开展了企业管理人员在职攻读工商管理硕士（MBA）学位工作。此举在社会上引起了强烈反响，受到了企业经营管理者的普遍好评。作为培养跨世纪管理人才的一项重要举措和普遍开展的工商管理培训的一种深化，1999年全国共有近11000名各级各类经济和企业管理人员参加考试，录取了5100多名。

（二）脱困培训扎实有效

为了促进国有企业经营管理者振奋精神，坚定不移地实现党中央、国务院提出的三年改革与脱困目标，国家经贸委举办了五期“重点脱困企业经营者培训班”，来自全国各地扭亏有望的1070户重点脱困企业经营者参加了培训。

培训班采取封闭式管理，重点学习邯钢经验，也学习傅万才、滕增寿等优秀经营者的事迹和一批扭亏、减亏及专项管理的典型经验。参训的企业经营者结合培训内容，提出本企业强化管理、实现扭亏为盈的思路和打算，草拟或修改完善了本企业的扭亏方案。由于培训主题明确、内容设计合理、教学形式多样，培训取得了震动性的效果，受到了参训者的好评。

吴邦国副总理对国家经贸委举办重点脱困企业经营者培训班给予充分肯定，并对实现国企脱困目标作重要批示：“举办重点脱困企业经营者培训班是个好办法。一可振奋精神，坚定信心；二是通过交流，拓展扭亏思路。现在一些企业亏损大，但潜力也大，务必引导企业眼睛向内，在调整产品结构、开拓市场、降低成本上下功夫，这是工作的基础。只有在这个基础上，政府的支持才能见效。”

各地区继国家经贸委成功举办五期全国重点脱困企业经营者培训班之后，相继举办了本省区市重点脱困企业经营者培训班。各地区对组织脱困培训高度重视，绝大部分地区的省级领导都出席了培训班的开班式并作重要动员，有的还亲自授课，这些都有利地推动了脱困培训的顺利进行。截至

1999年10月，约有90%的各地重点脱困企业参加了培训。

除重点脱困培训外，各地区、各部门还紧紧围绕党中央、国务院出台的方针政策，围绕企业改革发展中的热点、难点问题，适时举办各种专题性短期培训班，全国计有754781名企业经营管理者参加了培训。

（三）企业自主培训渐成主流

随着社会主义市场经济体制的逐步建立，企业自主培训的地位和作用越来越重要，它已成为企业提高素质、持续发展的基础。越来越多的企业认识到，企业自主开展培训是企业经营和企业发展战略的重要组成部分，加大力度搞好企业自主培训工作已成为一些企业的自觉行为和内在动力。如国家电力公司实施公司人力资源整体开发战略，起草制订了企业自主培训的有关规定和实施办法，进一步强化培训管理工作；中国远洋运输（集团）总公司加大人力资源投资，通过开发“人才工程”努力把中远集团建成一个学习型企业，同时深化人事制度改革，建立激励约束机制，激发企业活力；上海宝钢集团根据自身实际，实施“跨国、跨行业、跨岗位、跨文化”培训；四川长虹电子集团公司“面向市场，全方位搞好人力资源开发”；合肥江淮汽车推出“40+4”培训模式；葛洲坝教育实业集团所进行的培训产业化、市场化实践等，从不同的方面探索了企业自主有效开展培训的途径和方法。

为了进一步推动企业更好地自主开展培训，加强对企业自主培训工作的规范和指导，国家经贸委于1999年9月召开了“国家经贸委企业自主培训座谈会”，明确提出适时成立“企业自主培训促进会”，并对入会企业条件及促进会具体运作提出设想。这标志着国家经贸委对企业自主培训工作的指导和服务揭开了新的篇章。

（四）国际合作培训稳中求进

1999年，是国有企业改革脱困的关键一年，国际合作培训紧紧围绕这一大局开展工作。1998年末，国家经贸委与国家外专局在沈阳联合召开了全国工业引进国外智力工作会；此后，又联合下发《关于加强企业聘请外国专家工作的通知》，进一步加大引智工作的力度。为支持国有大中型企业引智工作，国家经贸委与国家外专局共同选定了16户国有大型企业作为引智试点企业，国家外专局并为此拨出专项资金予以支持。1999年，国家经贸委组织16户试点企业的高层管理者赴意进行企业高级战略培训，取得了非常好的效果。同时还组织16户试点企业的部分同志赴英进行对口交流，加强工作研讨与合作。据统计，1999年国家经贸委派出委内出国培训团组13个，聘请外国专家项目6个，有力地配合了国有企业改革与发展。

1999年，国家经贸委引智工作继续坚持引智联络员制度，通过引智联络员进一步做好项目的申报、确认、跟踪反馈等协调工作，提高国际合作培训的质量。继续坚持从参加国内工商管理培训的企业领导人中选拔部分学员赴国外培训考察的做法，以深化国内工商管理培训的成果，提高培训实效。继续实施中英五年合作培训项目、中澳项目、中荷项目、中日项目，并按照转变职能的要求，积极探索项目组织的具体形式，加强指导、突出重点，积极发挥各方面的优势，保证项目优质高效的完成。为了确保出国培训质量，探索新形势下出国培训的有效组织和管理，国家经贸委与国家外专局于1999年末联合召开了“重点国有企业领导人员出国培训总结研讨会”。

在搞好上述工作的同时，国家经贸委还积极开发新的合作培训项目。主要有：

1. 举办“21世纪以市场为导向的企业管理培训国际研讨会”。为增进学术交流，促进企业管理培训机制实现根本性的转变，国家经贸委和世界银行经济发展学院于1999年年初共同举办“21世纪以市场为导向的企业管理培训国际研讨会”，世界银行行长沃尔芬森先生发表了电视讲话。来自国外的培训专家和全国20多个省区市经贸委的培训处长、培训中心（学院）的专家学者以及部分大中型企业领导参加了研讨会。这次国际研讨会，为推动我国企业管理培训实现新的转变发挥了积极作用。

2. 举办“世界500强与中国企业”系列讲座。为适应经济国际化要求，学习国际知名企业的先进经营理念和管理方法，国家经贸委与中央电视台联合举办“世界500强与中国企业”系列讲座，邀请杜邦、惠普、GE等国际知名企业领导人进行对话。该项目一经推出，便受到企业界的广泛欢迎，在社会上引起较大反响。

3. 参与国际企业管理挑战赛。为扩大国际交流，积极推动引进国外先进管理培训软件，在仿真环境下开展模拟演练，探索新的企业管理培训模式，提高培训效果。

4. 成立北京中外管理培训中心。为提供一个高水准的国际合作培训基地，国家经贸委积极推动在北京怀柔成立北京中外管理培训中心。该中心瞄准国际先进水平，以世界级的管理培训师资和现代化的培训设施与管理，为我国培养一批熟知国际经贸规则，善于驾驭企业取胜国内外市场的优秀管理人才。

（五）积极培育特色培训

积极开展特色培训是培训机构生存发展的基础。随着社会主义市场经济体制的逐步建立以及加入WTO后面临的竞争格局，培训机构开展特色培训、树立自己的“品牌”已成当务之急。为此，国家经贸委要求各地从实际出发，在培训品种开发上增加投入，提高精细化服务水平，为实现企业管理培训在日趋激烈的市场竞争中实现可持续发展打好基础。国家经贸委培训系统开展的工商管理培训，厦门涉外经济管理培训中心举办的高级公司理财培训，佛山市经济管理培训中心举办的《合同法》与经济诈骗防范对策培训，长春北方企业管理培训中心利用EDI教学软件开展的《国际贸易实务》课教学，沈阳市经贸委组织的“项目教学法”等，都以极鲜明的特色、准确的定位赢得了市场，赢得了消费者的“货币投票”。

（六）加强培训基地建设

建立完善培训基地是培训工作顺利开展的前提。国家经贸委按照中央有关教育改革的精神，进一步加强企业管理培训中心的建设。对国家经贸委培训序列企业管理培训中心实行动态管理，在评估的基础上，有选择地吸纳一些新的培训机构进入序列，以增强活力。截至1999年末，国家经贸委培训序列培训中心已由过去的25所增加到36所。

为了推动培训资源共享，实现国家经贸委培训序列企业管理培训中心的集团化运作，国家经贸委于1999年11月22日至24日在天津召开了首届国家经贸委培训序列培训中心主任协作会，并通过了“国家经贸委培训序列培训中心主任协作会条例(试行)”，此举标志着国家经贸委在推动培训的产业化、市场化以及积极培育培训市场方面迈出了重要的一步。与此同时，各个地方、各个培训机构也结合本地区、本机构的情况，积极整合教育（培训）资源，加强机构自身的改革和管理，以适应培训发展的新形势。如安徽省为加快高层次企业管理人才的培养，立足省内5家院校（中国科技大学、合肥大学、合肥工业大学、安徽观模学院和安徽经济管理干部学院）的培训资源，通过新型校际联办的方式，成立安徽工商管理学院。本部设在中国科技大学，院长由分管省长兼任，省经贸委、省教委等单位负责同志任副院长，实现了对省内企业经营管理人才的系统培养。广东省经贸委通过采取组织培训中心相互间的参观、评比以及加强对培训中心主任的培训等措施，着力培育名牌中心。内蒙古经济干部管理学院为了适应经济、社会发展变化的需要，进一步加强院校与企业及社会各界的联系，拓宽办学思路和发展空间，提高办学质量和办学效益，探索新时期学院办学体制和办学模式，成立开放办学董事会等。

二、2000年全国企业管理培训工作要点

2000年是实现国有企业三年改革与脱困目标的决战之年，也是全面贯彻《“九五”期间全国企业管理人员培训纲要》的最后一年，全国企业管理培训工作紧紧围绕上述目标和任务展开。要点如下：

（一）全面搞好WTO基本知识等专题培训

中国加入世界贸易组织(WTO)在即。按照中央统一部署，由国家经贸委牵头，会同中央企业工委、中央金融工委和国家行政学院联合举办大型企业领导人WTO基本知识专题培训，各地经贸委和国务院有关部门也要根据本地区、本部门的实际情况，组织相应的专题培训。作为适应性短期培训，还要陆续推出建立现代企业制度、电子商务、债转股等专题培训，以适应经济发展和企业改革不断推进的需要。

（二）继续举办和规范工商管理培训

工商管理培训是国家经贸委系统最具发展条件和生命力的特色培训。今后一段时期，要按照中央决定，在“继续举办和规范”方面下大工夫，并作为提高广大企业经营管理者素质的主要举措。各地经贸委和国务院有关部门要把工商管理培训作为可持续的长期项目，加强培训质量评估和资格院校的审定与调整。在近年来普遍开展入门性的初级工商管理培训的基础上，要适时推出高级工商管理培训，并与开展工商管理职业资格证书制度试点工作结合起来。同时要鼓励有条件的地区和部门抓紧建立或规范“企业经营管理人才测评与推荐中心”等中介机构，一方面可进一步激活培训工作，另一方面也有助于培育企业经营管理者市场，促进人才合理流动。

要认真总结近几年开展在职攻读工商管理硕士研究生（EMBA）培养工作的经验，在保证质量的前提下，会同国务院学位办公室扩大推荐范围并加大录取工作力度，特别是要加大对国家重点企业经营管理者的录取工作力度。

（三）大力开展中小企业管理培训

充分认识中小企业在促进国民经济发展中的重要地位，以及中小企业经营管理者对管理培训的

巨大需求，采取更加灵活、有效的方式，提供各种培训服务以及相应的诊断、咨询和信息服务。要在认真总结1999年江苏、浙江、安徽和深圳“三省一市”中小企业管理培训综合试点工作经验的基础上，重点搞好中小企业经营管理者的工商管理培训。

（四）加快开发和培育特色培训

认真贯彻《关于印发〈关于面向市场，着眼未来，加快开发和培育特色培训的意见〉的通知》（培训［1999］25号），以强烈的变革意识，抓住当前有利时机，面向市场，放眼未来，加快开发和培育具有自身特点、能够持续发展的特色培训项目，以适应日趋激烈的培训市场竞争格局和产业化趋势。要转变观念，精心设计，大胆创新，增强培训产品的开发能力和营销能力，主动接受并尝试各种有助于提高和保证培训质量的新型教学方法和手段（如网络教室、远程教育等），不断推出有活力、有生命力，并深受企业欢迎、具有鲜明特色的精品课程。

（五）积极推动企业自主培训

建立和完善企业自主培训机制，是转变政府职能、加强企业管理的重要组成部分。国家经贸委将通过相应的中介组织，加强指导与带动，以促进企业自主培训力量的快速成长，并密切政府职能部门与企业培训机构以及各企业培训机构之间的联系，优化配置培训资源，使培训的社会效益与经济效益最大化。

（六）认真部署并实施“西部大开发”培训

紧密配合党中央制定的“西部大开发”战略，认真做好规划工作，周密部署，合理安排，使培训工作更有效地作用于中西部地区经济社会发展大局。在实施“西部大开发”培训中，要强调突出针对性、实效性。针对中西部地区培训师资匮乏、经费严重短缺等问题，充分发挥政府职能部门的协调作用，动员和组织东部发达地区及国外智力优势，采用电视教学等方式，为“西部大开发”提供必要的培训支持。

（七）继续拓展和加强国际合作培训

继续规范组织中英五年国际合作培训等项目，办好“北京中外管理培训中心”，将引进国外智力更好地与中国加快“入世”步伐、推进跨国经营，与现实需要相结合，并切实提高出国培训质量和外聘专家层次；继续会同中央电视台搞好世界500强序列讲座，逐步扩大规模与影响力；努力拓宽合作领域，不断开发新的国际合作培训渠道，并注重培训效果跟踪和引智成果的消化吸收。

（八）抓紧编制《“十五”期间全国企业经营管理者培训纲要》

在近年深入开展企业管理培训和加强调查研究工作的基础上，集中各方智慧与力量，会同组织、人事等有关部门抓紧编制《“十五”期间全国企业经营管理者培训纲要》。积极探索新时期、新世纪企业管理培训的新机制、新思路，加强对业已形成的培训市场的宏观指导与管理，努力开创企业管理培训工作的新局面。

（供稿：秦志辉）

企业监督与治乱减负

1998年机构改革后，根据国务院批准的国家经贸委三定方案，下设了企业监督司，主要工作职责包括三个方面：一是研究提出企业国有资产监督管理的政策、法规；负责监督检查企业国有资产监督管理的政策、法规的执行情况，审核国有企业整体划转（改变企业隶属关系）有关事宜。二是会同有关部门提出需要由国务院派出稽察特派员的企业名单；负责牵头组织审核稽察特派员提出的稽察报告；分析、评价被稽察企业资产运营和财务状况；总结被稽察企业管理带有普遍性、规律性的问题，提出加强国有企业监督管理的对策建议；会同有关部门指导企业加强管理；负责联系人事部协商解决与稽察特派员有关的工作。三是贯彻落实《中共中央国务院关于治理向企业乱收费、乱罚款和各种摊派等问题的决定》，组织协调治乱减负工作，全面清理向企业的收费项目，取消不符合规定向企业的各种收费；提出控制向企业各种收费的政策和法规，加强督促检查，受理举报；会同有关部门查处向企业乱收费案件；研究提出制止政府经济监督部门对企业多头检查、重复检查的管理办法；参与提出费转税改革方案；承担国务院减轻企业负担部际联席会议日常工作。

一、企业监督工作

1. 审核批准国有企业变更隶属关系，推动国有企业结构调整。企业隶属关系变更，是国有企业组织结构调整、资产重组的重要手段。1999年，按照国家有关政策规定，与有关单位配合，共审批了上饶电力公司、秦皇岛海企经营中心、彩虹电视机厂等32户国有企业变更隶属关系（其中9户为电力企业，8户为交接、脱钩企业，15户为一般国有企业）。跟踪了解到：多数企业隶属关系变更后，经营环境都有不同程度的改善。

例如，彩虹电视机厂由彩虹集团划归内蒙古自治区呼和浩特市管理后，盘活了存量资产。彩虹电视机厂原为内蒙电视机厂，资产约2亿元，1995年前为盈利企业。1996年由彩虹集团兼并，更名为彩虹电视机厂。由于彩虹集团为彩色显象管专业生产厂家，没有经营整机的经验和经营网络，一经兼并，就使彩虹电视机厂陷入困境。1997年停产，1500多名职工放长假，不安定因素增加。自1997年以来，彩虹集团每年要拿出2000多万元维持停产职工生活和保护厂房设备。1999年经彩虹集团和内蒙呼和浩特市政府协商，向国家经贸委提出将彩虹电视机厂下划呼市，并与TCL进行资产重组的请示。经批准企业重组后，呼市承诺五年返还增值税地方所得部分等政策，TCL集团注入1亿元资金，企业很快恢复生产，全部职工上岗，一举扭亏为盈。而且，电视机厂恢复生产，还带动了当地电子等配套企业以及第三产业的发展，不仅解决了电视机厂的压力，而且还对呼市经济发展起到了重要的推动作用。根据TCL的计划，该厂2000年可创利润约5000万元。

再如，山东潍坊建筑陶瓷厂近2亿元资产上划北京新型建筑材料集团公司，不仅全面拓展了潍坊厂的生产经营空间、统一销售节约交易费用和相关的成本费用，而且还壮大了北新集团实力，一定程度上推动了建筑陶瓷业的产业整合。

2. 组织和配合有关部门，制定企业国有资产监督管理的政策法规。与财政部、人事部、国家计委有关司局密切配合，起草修订了《国有资本金效绩评价规则》、《国有资本金效绩评价操作细则》等效绩评价系列文件，由四部委联合下发。在下发文件的基础上，与财政部资本金统计评价司相配合，在北京、山东威海举办由全国财政、经贸系统和中央企业参加的“国有资本金效绩评价培训班”，对效绩评价的原则、方法、指标和操作技术、规程进行系统培训。与财政部资本金统计评价司联合下发了《1999年企业效绩评价试行和试点工作方案》，并选择厦门市、鞍钢等6个城市和5个中央企业为国有资本金效绩综合评价试点单位进行试点。

3. 认真审核稽察特派员的稽察报告。截至1999年末，共收到人事部转来的15位稽察特派员的稽察报告并审核完毕。在审核中，与云南电力集团有限公司、长沙卷烟厂、白银有色金属公司、西安电力公司的特派员，就一些问题取得一致意见。通过审核，归纳出一些带有普遍性的问题，编发了10期《企业稽察情况摘报》。为配合稽察报告的审核、提高审核质量，建立了被稽察企业信息系统和财务分析报告制度。与委信息中心联合，对被稽察企业进行了一次计算机直联网络培训，建立了299户被稽察企业的信息网络。通过网络，收集了被稽察企业的主要财务数据，起草了每季度的财务状况分析报告。

4. 组织召开有关国有企业监督管理方面的会议。先后在海南省和大连市召开了两次关于国有企业监督管理工作方面的研讨会和工作座谈会。海南的研讨会由部分省市经贸委代表参加，大连的会由各地经贸委和国务院有关部门参加。会上，代表们就国有企业监督体制、监督方式、机构设置、国有资产流失及其防范、建立可行有效的企业国有资产管理、监督、营运机制等问题，进行了广泛的讨论、交流。通过讨论和交流，提高了认识，增强了认真搞好企业监督工作的责任心。会后，组织有关人员，起草了《规范和完善国有控股有限责任公司和股份有限公司监事会的管理办法》（未正式发布）。

5. 参与企业厂务公开方面的工作。经中央领导同志批准，中纪委、国家经贸委、全国总工会联合成立了企业厂务公开协调小组和办公室。1999年重点是通过召开全国推行厂务公开会议，在全国范围推动这一工作。通过对会议情况的整理，并提出建议，以文件形式下发各地经贸委。

6. 参与国有企业领导班子建设方面的工作。参加中组部牵头的全国国有企业领导班子建设办公室的工作。参与了全国国有企业领导班子建设工作会议的筹备工作，并对辽宁、山东国有企业领导人员管理体制问题进行了调研，起草了调研报告和参与起草了国有企业领导人员管理办法。

二、治乱减负工作

党中央、国务院历来重视对“三乱”的治理工作。1988年4月国务院下发了《禁止向企业摊派暂行条例》（国发［1988］25号），1990年9月中央下发了《中共中央、国务院关于坚决制止乱收费、乱罚款和各种摊派的决定》（中发［1990］16号），1997年7月，党中央、国务院下发了《中共中央、国务院关于治理向企业乱收费、乱罚款和各种摊派等问题的决定》（中发［1997］14号）。为治理工作提供组织保证，中央确定，由国家经贸委牵头，国家计委、财政部、监察部、国务院纠风办和审计署参加，建立国务院减轻企业负担部际联席会议制度，并成立办公室（设在国家经贸委），负责工作指导、监督检查和组织协调。各有关部门和31个省、自治区、直辖市及以下地方政府，也投入了大量人力物力，迅速建立了相应专门的减负机构，形成了条块结合的工作体系。

按照党中央、国务院关于治乱减负工作的部署，在各地区、各部门共同努力下，全国治乱减负取得阶段性明显成效，“三乱”有所遏制，企业负担进一步减轻。

1. 继续取消向企业不合理收费项目。1999年，全国取消向企业不合理收费10501项，每年减轻企业交费负担424亿元。其中，国务院六部委取消393项，金额265亿元；各省、区、市取消10108项，金额159亿元。截至1999年末，全国共取消向企业不合理收费项目37211项，每年减轻企业和用户交费负担1409亿元。取消项目基本上得到落实。据对15个省市典型调查，企业交费负担在1998年降低30%左右的基础上，1999年又下降15%左右。许多省市反映，治乱减负使企业生产经营外部环境明显好转，是提高经济效益的重要因素。有些企业，如一些高耗能企业，由于减负直接扭亏为盈。

2. 认真查处“三乱”案件。1999年，全国共查处纠正涉及向企业乱收费案件1.2万起，受处理人员1637人。

3. 加大宣传力度。1999年，认真贯彻国务院领导关于进一步加强治乱减负宣传工作的重要指示，全国各地刊登治乱减负各类新闻、报道、文章9000多篇，中央电视台多次曝光乱收费典型，新华社播发国务院减负办分两批公布受到查处的乱收费案件，《人民日报》等中央和地方报纸全文刊载，社会反映强烈。

4. 整顿查处违规中介机构。1999年共取消中介机构784个，整顿中介组织2389个。

5. 严格控制向企业的各类检查。遵照国务院领导关于严格控制向企业检查的重要批示精神，制定下发了《控制对企业进行经济检查的规定》。据统计，1999年各地共减少对企业的经济检查8100多次。

（撰稿：李从国　　审稿：周明金　王远枝）

全国安全生产状况与监督管理

1999年，我国的安全生产工作，通过各地区、各部门和企业广大干部群众的共同努力，较好地完成了任务。为保持国民经济正常运行，减少事故的发生发挥了应有的作用。

一、全国安全生产形势

1999年，全国安全生产形势总的看基本平稳，职工伤亡事故有所下降，但重大、特大事故尚未得到有效控制，特别是国庆节后发生的数起重大、特大事故，在社会上造成了不良影响。

据不完全统计，1999年全国工矿企业共发生职工伤亡事故13291起，死亡12587人，直接经济损失6.2亿元，分别比上年下降13.54%、14.14%和上升17.8%；其中一次死亡10人以上的重大、特大事故96起，死亡1578人，分别比上年上升15.66%和0.38%。

发生火灾事故（不含森林、草原等火灾）近18万起，死亡2744人，直接经济损失14.3亿元，分别比上年上升26.95%、15.29%和下降0.69%；其中特大火灾事故85起，死亡219人，直接经济损失2.7亿元，分别比上年上升9%、87.2%和下降5.3%。

发生道路交通事故41.28万起，死亡83529人，直接经济损失21.24亿元，分别比上年上升19.3%、7%和10.1%；其中一次死亡10人以上的道路交通事故57起，死亡905人，分别比上年下降18.6%和11.5%。

发生水上交通事故832起，死亡和失踪769

人，直接经济损失2.51亿元，分别比上年下降15.5%、上升26.9%和13.5%；其中一次死亡10人以上的事故13起，死亡460人。

铁路发生行车事故2262起，比上年下降9%，行车事故率为每百万机车总走行公里1.354起，减少0.209起。全路共发生路外伤亡事故12643起，死亡8396人，分别比上年下降2.1%和0.07%。

民航系统发生6起飞行事故，死亡62人。

1999年我国工矿企业职工伤亡事故比上年下降幅度较大，分析其原因：一是各地区、各部门高度重视安全生产工作，加强了组织领导，为保证建国50周年大庆作出了很大努力。二是结构调整和清理整顿“五小”工作发挥作用，使那些不具备基本安全生产条件的小企业退出舞台，减少了工人们的无辜伤亡。三是企业加强了安全生产管理，企业负责人的素质通过培训教育得到了一定提高，由此促进了企业的安全生产工作。四是不能排除在机构改革期间一些地区和部门出现工作不衔接，事故统计情况缺报、漏报等问题。

1999年各类事故的主要特点：一是工矿企业职工伤亡事故虽然下降幅度较大，但事故造成的直接经济损失上升幅度也较大。煤矿发生一次死亡10人以上的重大、特大伤亡事故仍很突出，共死亡1261人，占工矿重大、特大事故死亡总数的78.62%。最严重的为河南平顶山韩庄矿务局二矿“8.24”特大瓦斯爆炸事故，死亡55人。二是交通运输方面的事故十分突出，特别是一些特大事故在社会上造成了不良影响。如山东烟大公司的“11.24”特大海难事故，死亡280人；西南航空公司的“2.24”特大空难事故，死亡61人。三是由于工程质量不合格，以及伪劣产品而酿成的重大人员伤亡事故增加。如重庆綦江“1.4”彩虹桥整体垮塌事故，死亡40人，受伤14人；贵州兴义“10.3”马岭峡谷风景区缆车坠落事故，死亡14人，受伤22人。四是火灾事故有所抬头，发生在商贸场所、宾馆饭店、歌舞厅的火灾事故仍很严重。如吉林长春“12.27”夏威夷大酒店火灾事故，死亡20人。五是进入10月份后，伤亡事故出现剧烈反弹，10至11月仅一次死亡10人以上的重大、特大事故达19起、死亡613人，分别比上年同期上升5.56%和54%。

发生以上事故的主要原因：一是有些领导干部不重视安全生产，对干部、群众不进行安全教育，忽视和放松安全管理，各级安全生产责任制不落实。二是安全措施不到位，有的片面追求经济效益，不注重安全投入，尤其是一些煤矿“一通三防”措施欠账很多。三是有些生产指挥者违规指挥、操作者违规操作，冒险蛮干。四是不少设备、设施存在严重事故隐患，有的带病运转，甚至不具备基本的安全生产条件等。这些事故绝大部分属于责任事故。

二、安全生产工作情况

1999年，我国安全生产工作任务重，形势比较严峻。首先，为了做好迎接建国50周年和澳门回归准备，要求广大的安全生产工作者必须做好安全生产工作，以保障社会的稳定。其次，要尽快适应机构改革给安全生产管理体制带来的变化，理顺安全生产工作关系，力求稳妥地度过机构改革后的职能转换阶段。面对这种形势，各地区、各部门和企业紧紧围绕党的中心工作，认真贯彻执行安全生产法律、法规和中央领导同志关于安全生产工作的重要指示，坚持“安全第一，预防为主”的方针，克服了工作中面临的各种困难，为实现国民经济持续、快速、健康发展，保障人民生命财产安全做出了贡献。

（一）加强安全生产工作的统一部署

新年伊始，为确保1999年安全生产，国家经贸委于1月7日在重庆召开了国务院机构调整后的首次全国安全生产工作会议，石万鹏副主任作报告，提出要从讲政治、保稳定、促发展的高度出发，从企业长远发展和树立良好形象的经营战略，以及加快行业结构调整的要求出发，抓好安全生产工作。明确了强化安全生产管理是企业“三改一加强”的重要内容。会议对1999年安全生产工作进行了全面、具体的部署，使大家进一步认清了我国安全生产的严峻形势，统一了认识，理清了安全生产工作的思路。

1999年1月16日，宁夏发生锅炉爆炸事故，江泽民总书记当晚给盛华仁同志打电话，对锅炉质量检验和安全生产工作作出重要指示：“象锅炉这类压力容器，它的质量好坏，直接关系到国家财产和群众生命的安全，切不可稍有疏忽。国家经贸委是管安全生产的。对锅炉这种产品，从制造到安装，每一环节都必须进行严格的质量检验，不合格的绝不允许出厂和使用。运行中的锅炉，也必须定期严格检查，及时发现和消除隐患，防患于未然。几十年前我们就是这么做的，现在有些制度松弛了，不那么严格了，这是非常危险的。人命关天的事，一定要慎之又慎，确保万无一失。希望你们对安全生产问题认真进行检查和总结，从发生的事故中吸取深刻的教训，切实加强和改进这方面的工作。”国家经贸委和国家质量技术监督局认真贯彻江总书记的指示，及时下发了文件。

为坚决遏制重大事故的上升势头，确保春节期间的安全生产，经国务院领导同志批准，1999年1月27日，国家经贸委召开了全国安全生产工作紧急电视电话会议。会上，国家经贸委副主任石万鹏、公安部纪委书记罗锋、全国总工会书记处书记纪明波分别发言，再次强调要高度重视安全生产工作，认真贯彻落实江泽民总书记的重要指示，对安全生产工作要常抓不懈、标本兼治，严格安全监督管理，大力开展安全生产检查和宣传教育。各地区、各部门也结合各自的实际情况先后召开安全生产工作会议，如吉林、广西、安徽、河南、甘肃等省区在年初及时召开全省会议，部署安全生产工作，提高认识，统一思想。

为保证1999年汛期安全生产，在汛前国家经贸委发出了《关于做好汛期安全生产工作的通知》，要求各地提前做好企业安全渡汛的各项准备工作。此外，针对安全生产工作中出现的问题，还发出了《关于进一步加强劳动防护用品管理的通知》、《关于开展职业安全卫生管理体系认证工作的通知》等指导性文件。

（二）加快安全生产法制建设

为规范社会主义市场经济，安全生产法规体系作为保障企业安全生产的重要手段，必须尽快建立和完善。国家经贸委将这项工作作为首要任务，组织有关部门和专家进行调研和起草、修改有关法规、规章。1999年已向国务院上报了《职业安全法（草案）》；发布了《特种作业人员安全技术培训考核管理办法》。正待上报或发布的有《石油天然气开采安全条例（草案）》、《化学危险物品安全管理条例（草案）》和《石油天然气管道安全监督与管理暂行规定》。制定了生产设备安全卫生设计总则、涂装作业安全规程等15项标准，《职业安全卫生管理体系试行标准》也以文件形式下发，拟边试行、边修改完善。

一些地方和部门也加大力度，出台或起草了安全生产方面的规章和制度。如青海发布了《青海省各级安全生产责任制》；湖南发布了《湖南省安全用电管理办法》；安徽发布了《安徽省安全生产目标管理办法》；北京起草了《北京市重大事故隐患管理办法》；交通部上报了《内河交通安全管理条例（草案）》，发布了《水上水下施工作业通航安全管理规定》；民航总局制定（修订）了《航空器维修人员合格审定的规定》、《中国民用航空安全检查规则》等。一些新组建的集团公司也很重视法规建设工作，组建不久就陆续出台、制订了有关规章制度，如核工业集团公司下发了《中国核工业集团公司安防环保管理规定》；兵器集团公司下发了《危险源评估和安全生产保障体系》；航天机电集团公司制定了《型号飞行试验安全监督检查工作规定》等。

（三）加大宣传和培训力度

为宣传落实《国务院办公厅转发国家经贸委关于加强安全生产工作的通知》精神，落实安全生产责任制，提高职工安全意识，确保建国50周年和澳门回归无重大事故，全国开展了一系列安全生产宣传和培训活动。

1.“安全生产周”活动。1999年3月2日，国家经贸委发出《关于开展1999年全国“安全生产周”活动的通知》后，各地区、各部门和企业围绕“安全、生命、稳定、发展”的主题，精心组织，通过新闻媒体，采取领导讲话、知识竞赛、演讲、咨询、检查等形式开展了此项活动。5月9日是“安全生产周”活动的第一天，各地在声讨以美国为首的北约轰炸我驻南使馆暴行的同时，各主要城市都开展了形式多样的宣传咨询日活动，国家经贸委安全生产局和北京市劳动局在西单商场前联合举办了宣传咨询日活动，有关领导解答了群众的问题，共发放宣传品2万多份。中央电视台和中央广播电台报道了北京安全生产周的活动情况。全国共有30多位省部级领导就安全生产周活动发表了电视讲话或专题文章，有近100万职工参加了中国安全网安全知识有奖竞赛活动，数百人参加了“安全与效益”有奖征文活动，并评选出一等奖3名，二等奖10名，三等奖22名。

2.“安康杯”竞赛活动。为搞好国有企业安全生产工作，推动国有企业改革和发展，国家经贸委和全国总工会在国有企业中开展了以“消除隐患，确保安全，保障稳定，促进发展”为主题的“安康杯”竞赛活动。地方政府和有关部门及工会组织非常重视这项活动，相继召开会议，有效地推动了“安康杯”竞赛活动的开展。共有30个省、14个行业、4593家企业、820多万职工参赛。许多企业认为这项活动对促进企业成长，推动改革进程，保持社会稳定有重大意义，并能从中获得重大的经济和社会效益。

3. 安全技术和管理培训。为提高煤矿企业负责人的责任感和安全生产意识，国家经贸委举办了两期1998年发生重、特大伤亡事故的煤矿企业负责人培训班。参加培训的人员，对有关法规、煤矿安全管理及事故预防技术等有了全面了解，达到自我教育和互相交流经验教训的目的。此外，还举办了化工企业厂长安全管理、职业安全卫生管理体系认证、中央直属粮库安全验收及事故统计软件等培训班。各地区也普遍开展了安全知识培训，举办了各种厂长（经理）、安全管理干部、特种作业人员等培训班，提高了干部群众的安全意识和自我保护能力，如北京市培训了企业负责人7000名，深圳市对近万名企业负责人普遍轮训了一遍，上海市培训了特种作业人员19余万名，浙江省培训了外来务工人员12余万名。

（四）加强安全生产的监督检查

为贯彻落实“安全第一，预防为主”的方针，积极主动地做好1999年安全生产工作，自年初开始，国家经贸委就会同有关部门开展了预防性的安全大检查，并对检查出的问题提出了解决的意见。各地区和各部门也积极行动，查隐患，抓整改，努力遏制重、特大事故的发生。

1. 煤矿安全生产检查。为落实中央领导同志对煤矿安全生产工作的重要批示，国家经贸委、监察部和全国总工会等部门组成四个检查组，先后对黑龙江、山西、陕西、贵州、内蒙古、河南、湖南等12个重点产煤省（区）的煤矿安全生产工作进行了检查。重点检查了《矿山法》、《煤炭法》等法规贯彻执行情况，安全生产责任制落实情况，重、特大事故查处和重大事故隐患整改情况等。通过检查发现煤矿企业普遍存在：一是经济困难，亏损严重，投入不足，安全欠账严重，事故隐患多；二是拖欠职工工资严重，影响队伍稳定和职工安全生产情绪；三是事故查处和防范措施不落实，以致特大事故屡屡发生。对此，检查组提出，要合理调整资源补偿税，强化环境保护，坚决执行安全生产工作方针，加大煤矿安全投入，严肃查处煤矿重、特大事故。

2. 昆明世博会安全检查。'99昆明世界园艺博览会是本世纪最后一次盛会，世博会的安全保障工作成为国内外瞩目的大事。国家经贸委联合全国总工会、公安部、交通部、铁道部、建设部、质量技监局、民航总局、气象局和旅游局，在世博会开幕之前，对世博会场馆及旅游附属设施、企业安全管理、航空和陆路及水上交通、消防、电力等安全工作，分专业进行了预防性安全检查。检查组对世博园工程建设及消防安全、旅游宾馆的消防安全及防雷设施、城市交通管理、机场和汽车、火车客运站管理、企业安全管理等方面的工作提出了问题及建议。此后，又会同交通部对前次检查发现的云南大理洱海水上船舶安全管理体制不顺、船舶安全管理失控问题，进行了专项检查，并督促其做好整改工作。上述工作对保障世博会的安全起到了积极作用。

3. “三同时”工作检查。为确保中央直属储备粮库具备完善的安全设施，国家粮食储备局在有关部门和科研单位的配合下，对上海、江苏和湖北等地区的在建中央直属粮库安全设施进行了检查。检查发现，在建重点粮库不同程度地缺乏防尘、防爆等安全设施，粮尘爆炸问题没有引起粮库设计和建设单位的重视。对此，国家经贸委下发了《关于配合做好国家大型粮库建设工作的通知》，同时为规范在建中央直属储备粮库竣工的验收工作，组织有关专家起草了《中央直属储备粮库安全验收提纲》。

4. 庆典活动的安全检查。为保证建国50周年和澳门回归庆典活动的安全，国家经贸委会同公安等部门对北京市的供电、建筑、旅游、交通运输等方面的安全生产工作，以及对深圳、珠海等城市的防火安全工作，进行了全面检查，并及时交换了检查结果和整改意见，确保了北京国庆节期间的安全生产和澳门庆典活动的顺利进行。

5. 有关部门积极开展各项安全检查。如民航部门与国家经贸委对中南地区的广州、深圳、珠海民航有关单位进行了安全检查，重点检查了春运的组织领导、措施预案、安检和消防工作，通过检查看到各单位认真、及时传达和贯彻上级指示，春运工作组织计划周密，各项工作比较落实；全国总工会与国家经贸委、劳动和社会保障部、监察部等组成联合检查组，对深圳外商投资企业和私营企业劳动安全工作进行了检查，了解到深圳市重视了重、特大事故，但忽视了分散的工伤事故，特别是“三来一补”企业的劳动安全存在的严重问题，对此发出了《关于加强外商投资企业和私营企业劳动安全工作的通知》。

6. 各地区和企业加强了安全检查。各地由领导带队，对安全生产责任制落实、危险物品管理及特种设备使用等情况进行检查，及时整改了一大批事故隐患。如湖北省副省长周坚卫率队深入武汉钢铁公司第三炼钢厂检查安全生产情况，吉林省常务副省长王国发率队检查了长春热电二厂和亚泰世纪广场建设工地安全情况，北京开展了6次全市性安全生产大检查，四川等10多个省的旅游部门开展了旅游安全检查。各企业根据自身特点，开展了有针对性的专项检查，如石油天然气总公司仅易燃易爆重点部位就查出不安全隐患8015处、整改7971处；航天工业总公司对Ⅰ、Ⅱ、Ⅲ级危险点把好定点、建档、检查三关，对查出的一般性事故隐患，做到整改不过夜。

7. 年终全国安全生产大检查。1999 年 11 月 24 日发生的特大海难事故震惊了全国，江泽民总书记和朱镕基总理对事故处理工作立即作出重要指示，江总书记并再次强调：越是任务重、工作忙，越要重视安全，人命关天的事，千万不可疏忽大意。随后国务院发出紧急通知，并召开全国安全生产紧急电视电话会议，作出统一部署，要求立即开展全国安全生产大检查。各地区、各部门立即行动起来，边查隐患，边抓整改，建立规章制度，落实安全责任，加大了事故调查处理力度。这些措施遏制了重、特大事故的上升势头。

（五）查处特大事故，消除事故隐患

1999 年，全国共发生特大事故 12 起，其中工厂事故 5 起，交通事故 3 起，煤矿事故 2 起，垮桥事故和坠机事故各 1 起；国家经贸委代表国务院批复了 8 起特大事故，其中 4 起发生于 1998 年、1 起发生于 1997 年。与此同时，注意及时监督消除重大事故隐患。如针对一些地区破坏、侵占输油输气管道，严重影响管道安全运行的问题，向各省（区、市）人民政府发出了《关于加强石油天然气管道保护的通知》，要求各级政府切实履行保护管道的职责，严厉打击破坏管道的不法分子，尽快消除事故隐患。根据吴邦国副总理关于爆炸物品运输管理的批示精神，国家经贸委与公安部、国防科工委联合下发了《关于进一步加强爆炸物品运输安全管理的通知》，要求地方进一步落实安全生产责任制，严格办理有关手续，加强爆炸物品安全运输的监督管理。

（六）发挥科研单位及中介机构的作用

为充分发挥国家安全生产专家组的作用，依靠一批安全生产技术方面的专家献计献策，提高安全生产科学管理水平，国家经贸委召开了专家组的专业小组负责人会议，通报情况，听取意见，为 2000 年国家安全生产专家组换届进行了前期准备。为适应市场经济发展的需要，探索安全生产科技研究院（所）的改革与发展路子，发挥科研单位和中介机构在安全生产技术服务方面的作用，召开了部分省市劳动保护研究院（所）改革与发展座谈会，明确了方向，统一了思想，开拓了视野，坚定了信心。1999 年，国家经贸委安全技术研究中心，协助完成了企业职工伤亡事故统计，实施了职业安全卫生管理体系及有关预评价资格审查、生产劳动防护用品企业的审核与换证等项工作，并承担了国家经贸委第一届安全科技进步奖的具体评审工作。

三、对 1999 年安全生产工作的反思

1999 年，全国安全生产工作能够取得好的成绩是来之不易的，反映出遍布在各地区、各部门承担着安全生产监督与管理工作的队伍是过硬的，广大安全生产工作者坚守在自己的岗位上，兢兢业业，尽职尽责，努力工作。

1. 党中央、国务院和各级领导对安全生产工作的高度重视，将安全生产工作放到突出位置来抓，是取得安全生产工作好成绩的重要前提。

1999 年伊始，宁夏发生的锅炉爆炸事故立即引起江泽民总书记的高度重视，抓住这个事故苗头，严肃要求对“人命关天的事，一定要慎之又慎，确保万无一失。”

从事故降幅较大的省来看也都是如此。如云南省政府将安全生产与经济工作通盘计划，统筹考虑，努力做到两手都要硬，切实加强了领导。全年召开了 9 次全省安全生产会议，省长李嘉廷亲自参加会议，专门研究部署安全生产工作。全省工矿企业伤亡事故起数和死亡人数分别比上年下降 32.5％和 34.5％，其中重、特大事故分别下降 23％和 32.1％。

2. 按照“预防为主”的原则，加强安全生产监督检查，将事故隐患消灭在萌芽状态，是减少事故发生的保证。

1999 年，从中央到地方均加大力度，开展了多次综合性和专项安全生产检查，从实际情况看，检查工作的效果很好。如中国石化集团公司通过检查，查出了油田、炼化、销售和施工企业的问题有 3190 项，整改 2880 项，整改率达 90.28％，发生事故的各项指标均比上年下降；安徽省全年共检查 7250 余家企业，查出各类事故隐患 1.2 万余项，整改率 95％以上，全省工矿企业的事故起数和死亡人数分别比上年下降 12.28％和 6.87％。

3. 开展安全生产宣传和培训工作，树立防患意识，全面提高人的安全素质，是进行安全生产的关键。

1999 年，全国开展了较大规模的安全宣传和培训活动，效果显著。如北京市开展的首都市民安全知识竞赛和第九次安全周活动，在全市产生了较大影响，取得了较好的社会效果。“安康杯”竞赛活动，使职工们从“要我安全”变为“我要安全”，不同程度地增强了自我保护能力。

4. 安全生产工作艰难，存在三个关键问题，影响安全生产监督管理工作的顺利开展。

(1) 法规建设工作不适应新形势发展。我国现有安全生产方面的法律、法规是在计划经济体制下制定的，已不能适应市场经济的需要，且这次机构改革使安全生产执法主体及其对象发生了很大变化；大量非公有经济企业普遍存在着安全生产意识差，设备老化，事故隐患不能得到及时整改等问题。对此，现有的法规显得软弱无力，建立健全适应新形势需要的安全生产法规体系成为当务之急。

(2) 安全生产监督管理职能交叉、政出多门。由于机构改革后将原劳动部承担的安全生产监督管理工作一分为四，以致有关部门在职业卫生立法和监督管理工作中常发生扯皮现象，难以有效地开展工作。且多个部门都对企业进行安全生产方面的监督检查，使企业不堪重负。

(3) 安全生产监督管理力量不适应新形势需要。机构改革后，安全生产监督管理人员精简约70%，各地出现了基层安全监察队伍人心不稳，安全监督管理机构被削弱，有的甚至出现工作断档，而随着市场经济发展涌现出来的大量非公有制经济成分，又成为安全生产工作的最薄弱部分。对此，国家在安全生产监管工作上不够到位，这种局面不尽快扭转，后果不堪设想。

(撰稿：张炳曾　审稿：闪淳昌)

附件　1999年国家经贸委批复8起特大事故

1.《关于陕西兴化集团公司“98.1.6”特大爆炸事故的批复》(国经贸安全[1999]79号)，1999年1月5日发文。

2.《关于福建省政和县“98.9.30”特大交通事故的批复》(国经贸安全[1999]388号)，1999年5月7日发文。

3.《关于河南省宝丰县大营镇一矿“12.12”特别重大瓦斯煤尘爆炸事故的批复》(国经贸安全[1999]499号)，1999年5月28日发文。

4.《关于广西都安“8.29”特大交通事故的批复》(国经贸安全[1999]556号)，1999年6月26日发文。

5.《关于陕西黄陵矿业有限责任公司1号煤矿“3.24”特大透水事故的批复》(国经贸安全[1999]1058号)，1999年11月2日发文。

6.《关于珠海拱北祖国广场“5.6”基坑坍塌特大事故的批复》(国经贸安全[1999]1070号)，1999年11月5日发文。

7.《关于乌鲁木齐石油化工总厂热电厂“2.25”特大事故调查处理的批复》(国经贸安全[1999]1204号)，1999年12月13日发文。

8.《关于重庆綦江彩虹桥“1.4”特大垮塌事故的批复》(国经贸安全[1999]1215号)，1999年12月14日发文。

附表1　1999年矿山企业职工伤亡事故统计表

	伤亡事故起数					伤亡事故人数				直接经济损失(万元)	损失工作日(工日)
	总计	重大事故	死亡事故	重伤事故	轻伤事故	总计	死亡	重伤	轻伤		
总　计	**4549**	**565**	**3590**	**385**	**9**	**8714**	**7705**	**860**	**149**	**11793**	**10137930**
一、全民所有制企业	1571	96	1160	306	9	2708	2207	434	67	6275	2257420
二、城镇集体所有制企业	751	64	666	21	0	1282	1182	91	9	2044	2871795
三、乡村集体所有制企业	1079	165	897	17	0	2180	2033	123	24	1549	2072905
四、其他各种所有制企业	74	8	62	4	0	141	125	16	0	269	372200
五、私营企业	820	133	656	31	0	1659	1504	129	26	1194	1751010
补充资料：无开采证矿	254	99	149	6	0	744	654	67	23	462	812600
上述各所有制的分行业汇总											
1. 煤矿	3402	486	2614	299	3	6907	6161	632	114	6432	6271447
其中：统配煤矿	448	31	303	114	0	710	565	145	0	767	174420

（续表）

	伤亡事故起数					伤亡事故人数				直接经济损失（万元）	损失工作日（工日）
	总计	重大事故	死亡事故	重伤事故	轻伤事故	总计	死亡	重伤	轻伤		
2. 黑色冶金矿	122	8	97	11	6	189	161	22	6	3226	585478
3. 有色金属矿	202	15	169	18	0	323	276	38	9	323	411805
4. 金矿	102	10	92	0	0	188	177	7	4	302	438000
5. 化学矿	56	2	50	4	0	88	68	20	0	151	135100
6. 建材矿	551	40	478	33	0	857	733	112	12	918	1129150
7. 石油和天然气	38	2	31	5	0	58	46	10	2	224	955625
8. 稀有金属矿	6	1	4	1	0	9	8	1	0	1	0
9. 其他非金属矿	22	1	19	2	0	37	35	2	0	98	144105
10. 地质勘探	6	0	3	3	0	6	2	4	0	11	12000
11. 其　他	42	0	33	9	0	52	38	12	2	107	55220

说明：1. “伤亡事故起数”中的“重大事故”是指发生一次死亡 3 人以上的事故。

2. “伤亡事故起数”中的“死亡事故”是指发生一次死亡 1 人以上、3 人以下的事故。

附表 2　**1999 年非矿山企业职工伤亡事故统计表**

	伤亡事故起数					伤亡事故人数				直接经济损失（万元）	损失工作日（工日）
	总计	重大事故	死亡事故	重伤事故	轻伤事故	总计	死亡	重伤	轻伤		
总　　计	**8742**	**142**	**4001**	**3287**	**1312**	**10925**	**4882**	**4076**	**1967**	**49780**	**23695403**
一、全民所有制企业	4914	61	1863	1941	1049	5872	2236	2296	1340	31297	11334751
其中：（一）农业	105	1	50	37	17	129	59	45	25	318	230819
（二）工业	2913	23	811	1263	816	3411	933	1438	1040	17912	5126764
其中：1. 采掘业	96	0	56	39	1	98	56	40	2	121	167695
2. 制造业	2817	23	755	1224	815	3313	877	1398	1038	17791	4959069
（三）建筑业	1003	26	679	253	45	1303	851	356	96	10411	4005008
（四）交通运输、邮电通讯	404	2	101	176	125	397	111	181	105	784	596584
（五）商业、物资供销业	177	2	73	96	6	195	83	103	9	471	438787
（六）其　他	312	7	149	116	40	437	199	173	65	1401	936789
二、城镇集体所有制企业	1260	26	821	401	12	1601	973	519	109	5752	4524455
三、乡村集体所有制企业	762	21	483	220	38	1018	619	309	90	3445	295230
四、其他各种所有制企业	1198	15	445	526	212	1405	531	619	255	6002	2537765
其中：三资企业	568	4	178	279	107	659	209	325	125	3553	795810
五、私营企业	608	19	389	199	1	1029	523	333	173	3284	2345802

说明：1. “伤亡事故起数”中的“重大事故”是指发生一次死亡 3 人以上的事故。

2. “死亡事故”是指发生一次死亡 1 人以上、3 人以下的事故。

附表 3　　1999 年各省工矿企业职工伤亡事故统计表

地区	伤亡事故件数				伤亡事故人数				直接经济损失（万元）
	总计	重大事故	死亡事故	受伤事故	总计	死亡	重伤	轻伤	
总　计	**13291**	**707**	**7591**	**4993**	**19639**	**12587**	**4936**	**2116**	**61573**
北　京	160	3	156	1	185	176	9		
天　津	213	3	68	142	254	99	153	2	841
河　北	176	22	118	36	419	327	55	37	12414
山　西	295	46	247	2	641	615	18	8	
内蒙古	358	23	309	26	568	490	78		
辽　宁	874	36	481	357	1208	742	409	57	3744
吉　林	481	17	292	172	606	408	195	3	1400
黑龙江	406	29	317	60	684	594	80	10	2184
上　海	1849	10	261	1578	2128	330	401	1397	8545
江　苏	841	4	354	483	910	390	520		2077
浙　江	802	9	526	267	938	599	327	12	4649
安　徽	187	3	178	6	236	199	26	11	236
福　建	354	7	185	162	438	242	179	17	
江　西	322	43	190	89	605	458	143	4	644
山　东	367	18	240	109	604	377	164	63	5997
河　南	403	28	217	158	665	459	189	17	1221
湖　北	342	28	251	63	539	411	111	17	1560
湖　南	774	73	462	239	1406	948	334	124	991
广　东	938	22	564	352	1184	720	428	36	5
广　西	370	28	208	134	663	395	220	48	1915
海　南	23	1	5	17	41	12	20	9	45
四　川	584	61	399	124	1029	753	220	56	1179
重　庆	313	24	265	24	485	407	51	27	1401
贵　州	386	79	257	50	978	789	168	21	820
云　南	309	33	238	38	546	417	93	36	721
西　藏	94		17	77	74	19	10	45	
陕　西	290	18	227	45	456	367	66	23	686
甘　肃	133	9	81	43	237	175	59	3	5654
青　海	101	5	62	34	147	93	46	8	297
宁　夏	78	3	70	5	105	86	16	3	188
新　疆	468	22	346	100	660	490	148	22	2150

说明：1.“伤亡事故起数”中的“重大事故”是指发生一次死亡 3 人以上的事故。

2.“死亡事故”是指发生一次死亡 1 人以上、3 人以下的事故。

附表 4　　1979～1998 年全国企业职工伤亡事故统计

年　份	职工平均人数（万人）	死亡人数	千人死亡率	重伤人数	千人重伤率
1979	6992.7	13054	0.187	29618	0.423
1980	7349.7	11582	0.157	27472	0.374
1981	7506.5	10393	0.138	24315	0.324
1982	7769.7	9867	0.117	23264	0.299
1983	7934.4	8994	0.113	19778	0.249
1984	8034.7	9088	0.113	18650	0.232
1985	8379.5	9847	0.118	18216	0.217
1986	8656.2	8982	0.104	16484	0.19
1987	8964.0	8658	0.097	14954	0.167
1988	8964.0	8908	0.099	12404	0.138
1989	9167.1	8657	0.094	10788	0.118
1990	9321.2	7759	0.083	10105	0.108
1991	9516.3	7855	0.083	9117	0.096
1992	9251.2	7994	0.086	8327	0.09
1993	9000.0	19820	0.22	9901	0.11
1994	8672.0	20315	0.234	9103	0.15
1995	8537.9	20005	0.234	8197	0.096
1996	8273.1	19457	0.235	7274	0.088
1997	7879.0	17558	0.223	6197	0.079
1998	5597.1	14660	0.262	5623	0.101

注：1992 年以前企业职工伤亡事故统计范围是国有企业和县以上大集体企业，从 1993 年开始统计范围扩大到乡镇企业。

资源节约与综合利用

资源、环境、人口是世界性三大课题，也是我国实现经济和社会跨世纪发展目标所面临的重大问题。随着全球经济增长与资源供给和环境保护矛盾日益加剧，国际社会对资源和环境以及可持续发展日益关注，特别是在即将进入 21 世纪的一段时间以来，国际社会对此给予了空前高度的重视。中国作为发展中国家，十分重视经济建设与资源、环境的协调发展。党的十五大明确提出：“我国是人口众多、资源相对不足的国家，在现代化建设中必须实施可持续发展战略，正确处理经济发展同人口、资源、环境的关系”，并将“资源开发和节约并举，把节约放在首位，提高资源利用效率”作为经济工作的一项重要方针。江泽民总书记在人口资源环境工作座谈会上强调，必须从战略的高度深刻认识处理好经济发展同人口、资源、环境的关系，把这件事关中华民族生存和发展的大事作为紧迫任务，坚持不懈地抓下去。资源节约综合利用是实施可持续发展战略的重要措施之一，对于提高企业经济效益，增强企业市场竞争能力，治理污染，改善环境具有十分重要的意义。

1999年，每万元国内生产总值能耗由上年的3.38吨标准煤下降到3.23吨标准煤，每万元工业增加值能耗为5吨标准煤，全社会节约和少用能源约7000万吨标准煤，节能率为4.4%；节约和代用木材1800万立方米。工业“三废”综合利用实现产值257.4亿元，利润55.5亿元；工业固体废弃物综合利用量3.58亿吨，利用率为51.2%，其中煤矸石综合利用量4500万吨，利用率为41%；粉煤灰综合利用量6960万吨，利用率为52%。全国废旧物资回收利用总值为400多亿元。太阳能热水器年产量1500万平方米，年创产值50亿元；风力发电装机总容量26.2万千瓦，大中型沼气工程形成年产沼气3.8亿立方米，处理高浓度有机废水3500万立方米。资源节约综合利用为缓解资源紧张状况，提高企业经济效益，促进国民经济持续、快速、健康发展做出了积极贡献。

1999年，资源节约与综合利用紧紧围绕“国企改革脱困”，开展“节约增效”工作，发展环保产业和新能源产业，推行清洁生产；同时，以深入研究“带有倾向性的问题”为重点，推进资源节约及其综合利用工作。

一、开展“节约增效”工作

按照“五个结合”的原则，在全国工业企业中开展“节约增效”工作。一是坚持与结构调整相结合，通过产业结构、产品结构、企业组织结构的调整，实现资源优化配置。二是坚持与企业技术进步相结合，提高企业技术创新能力，加大技术开发、示范、改造和推广力度，逐步提高资源节约其综合利用技术水平，促进产业升级，从而使资源节约综合利用的总体水平得到提高。三是坚持与深化改革、建立现代企业制度相结合，逐步形成有利于企业节约资源、降低消耗、综合利用、增加效益的激励和约束机制。四是与加强企业管理相结合，深入学习邯钢经验，努力挖潜，走内涵发展道路。五是坚持与环境保护相结合，通过节能降耗，减少废弃物排放；通过综合利用使废物最大限度资源化、无害化。

（一）加强法律法规体系建设

《中华人民共和国节约能源法》(简称《节能法》)于1998年1月1日起实施，这是继《水土保持法》、《矿山安全法》、《大气污染防治法修正案》、《固体废弃物污染环境防治法》、《电力法》、《煤炭法》、《矿产资源法修正案》等资源类法律法规颁布实施后，国家有效利用资源、保护环境、实施可持续发展战略的又一部重要法规。《节能法》的实施标志着我国的节能工作走上了依法行政的新阶段。全面贯彻《节能法》，依据《节能法》制定配套法规，加强法律法规体系建设，依法实施节能管理，是新时期的重要任务。1999年，组织了《节能法配套法规框架体系》研究，提出配套法规的框架体系，并明确近期配套法规的立法规划进度。组织制定发布了《重点用能单位节能管理办法》，《中国节能产品认证管理办法》；公布了7283户年综合能源消费量1万吨(含1万吨)标准煤以上重点用能单位名单。组织《资源综合利用法》及配套法规体系的研究。

山东、上海、浙江、北京、甘肃、山西、云南、江苏8省、市和铁道部出台了地方、行业《节能条例》。在贯彻实施法律法规，地方性立法、行业性法规建设的同时，节能行政执法工作也列入议事日程。上海市建立起全国第一支经市编委批准、依照公务员管理的全额拨款事业法人组织的地方节能执法队伍，为更加有效地实施节能监督管理，提高节能行政执法能力，提供了有效的保障。山东、甘肃等省市也积极探索节能行政执法工作。

（二）强化国家政策的导向作用

根据市场经济体制下的新情况，组织制定了《关于进一步开展资源综合利用的意见》，国务院以国发[1996]36号文件批转下发。针对新税制后资源综合利用企业和废旧物资回收企业出现的税负增加、亏损严重、生产经营困难的情况，提出了资源综合利用企业和废旧物资回收企业税收优惠政策方案的建议，经国务院批准，财政部、国家税务总局先后下发文件，对部分资源综合利用产品和废旧物资回收企业给予税收减免的优惠。根据国发[1996]36号文件，修订了《资源综合利用目录》，作为企业享受国家税收优惠政策的主要依据。制定了《资源综合利用认定管理办法》，促进了优惠政策的落实。据不完全统计，全国已有22个省、市、区开展了资源综合利用企业（项目）的认证工作，1999年减免资源综合利用税收20多亿元，废旧物资回收增值税返还约6亿元。在企业获得经济效益的同时，环境效益、扩大再就业等社会效益也十分突出。国家对开展资源综合利用的鼓励政策极大地调动和保护了企业的积极性。

在落实已有优惠政策的同时，积极组织力量，着手研究市场经济体制下，鼓励、扶持资源节约综合利用的经济、技术等方面的政策。组织国内外专家，对发达国家和印度等发展中国家现有的激励政策系统地进行了研究。在目前国内国外促进可再生能源发展政策，特别是可再生能源发电技术的经济激励政策的基础上，提出推动我国新能源和可再生能源发展的政策框架，河北、吉林、辽宁、内蒙古等省区先后出台了扶持发展风力发电的优惠政策。

（三）规范节能产品市场

组织实施“中国绿色照明工程”，取得了明显的成效。从1996年到1998年共推广在用高效照明电器产品2.67亿只，实现照明终端节电量172亿千瓦时，相当于减少电力投资230～276亿元。1999年紧凑型荧光灯年产量达2.3亿只，细管荧光灯产量1.1亿只，普通白炽灯占电光源总产量的比重由1995年52.77%下降到1999年的31.26%，全国大型商厦高效电光源占照明装置总功率的比例达92%。在对开展“中国绿色照明工程”实施效果进行评估总结的基础上，提出了《关于进一步推进“中国绿色照明工程”的意见》。按照“政府引导市场、市场引导企业”的原则，从提高产品质量、规范产品市场、加大推广力度出发，继续贯彻宣传国家标准，促进企业提高产品质量。从标准制定、认证、抽查、统检、加强管理和明确要求等方面，稳步推进资源节约综合利用产品市场的规范工作。1999年，在颁布实施的普通照明用自镇流荧光灯、单端内启动荧光灯的安全要求和性能要求四项国家标准的基础上，组织开展1999年度普通照明用自镇流荧光灯国家质量专项抽查并公布了结果，向社会推荐质量监督抽查合格的企业及产品。

组织制定《中国节能产品认证管理委员会章程》、《中国节能产品认证管理办法》及中国节能产品认证标志，并指导“中国节能产品认证中心”开展节能产品认证工作。1999年，开展了首批家用电冰箱的节能认证工作，共完成9家电冰箱生产企业的103个型号的认证工作。同时，组织制订部分照明电器产品的能效标准，做好照明器具等其他产品认证的前期准备工作。

（四）提高资源节约综合利用技术水平

按照《“九五”资源节约综合利用工作纲要》和突出重点、突出示范、重在效益的原则，继续组织实施资源节约综合利用技术改造示范工程，落实国家对示范工程的贴息补助。集中安排了以大型循环流化床锅炉技术、干熄焦技术、高压大功率变频技术为重点的节能技术改造示范工程；重点安排了一批具有推广价值的资源综合利用示范项目，如利用煤泥、煤矸石混烧发电技术，大掺量利用煤矸石和粉煤灰生产新型建材产品的技术和设备，粉煤灰生产水泥的双掺技术，有机废液中提取蛋白饲料，利用磷石膏生产硫酸联产水泥，利用废轮胎生产汽油、柴油和碳黑技术等。共向工商银行、农业银行、开发银行、人民银行和建设银行推荐项目并组织下达节能专项技改（限下）新开项目33个，总投资69242万元，专项贷款46286万元；新开综合利用环保项目17项，总投资54200万元，贷款38000万元；落实1994～1998年度部分节能专项的贴息息金2641万元。

注重资源节约综合利用技术示范项目的全过程管理，加强对重点项目的跟踪和总结。济南钢铁厂干熄焦工程建成投产，经调试运行，已达到各项设计指标，成功地消化了干熄焦的技术，特别是整体设计、关键工艺技术和干熄焦专用工艺设备技术，90%以上设备实现了国产化。据运行预测，年可创收直接经济效益5540万元，三年多即可收回投资。济钢干熄焦项目示范成功，标志着我国焦化行业在技术装备上取得重大突破。

积极进行节能技术服务体系改制的探索。通过对北京、辽宁、山东等地进行节能中心改制工作试点经验的总结，进一步明确了节能服务中心改制的目标、思路和运作步骤。三个示范公司按照合同能源管理机制运作，开展节能项目的融资和投资业务，已按公司的商务计划利用欧盟赠款实施了70多个节能项目，完成10个节能案例的传播，并取得了预期效果。我国目前建成的第一座也是亚洲惟一一座100mw级循环流化床锅炉示范项目—四川内江发电总厂高坝电厂，在不增加其他脱硫设备的情况下，脱硫效率可达90%。青岛推广变频调速技术，完成改造量4.3万千瓦，节电2.82亿千瓦时。马鞍山钢铁公司节能降耗取得突破性进展，吨钢能耗1.057吨标准煤，降低154kg标准煤，节能率达12.7%，仅10个月节约45.6万吨标准煤，降低能源费用1.92亿元。

（五）加大宣传和培训力度

重点组织开展了“依法节能，节约增效”为主题的’99全国节能宣传周活动。与《经济日报》联合组织了“1999年全国节能宣传周节能论文征集活动”，并开辟了《节能专版》；在《人民日报》、《经济日报》等报刊上发表了“评论员文章”，有关报纸、杂志报道了企业节能降耗、扭亏增效方面的典型经验。制作并发行了《节能法》科普挂图和节能宣传画，在全国各地组织张贴。各地区、有关部门开展了形式多样的宣传活动，中央电视台等新闻媒体作了现场采访和报道。“综合利用，大有可为”系列宣传活动期间，召开了废旧物资回收利用等一系列专题座谈会，各省区市制订了切实可行的宣传方案，系列宣传活动搞得有声有色。

广泛开展有计划、分层次、分专题的培训。坚持开展形式多样的普法教育活动，举办了《节能法》培训班，中—欧节能培训班，中—日节能培训班，以及资源综合利用优惠政策培训，各级政府官员、企业的管理人员、专业技术人员参加培训。

（六）广泛开展国际交流与合作

在重点组织做好世行/GEF项目的基础上，积极加强对外交流，探讨多渠道的合作，引进资金、技术、人才和管理方式，提高我国资源节约综合利用的管理水平和技术水平。与美国派克德基金会、能源基金会合作开展“派克德基金会中国可持续能源项目”，与日本通产省开展节能培训和节能诊断的合作项目，与美国环保局合作开展“中国空调项目”，与UNDP合作开展“GEF中国绿色照明促进项目”，中—加清洁生产合作项目；中—日环保合作项目，中—韩能源与环保合作，都取得了预期成效。

二、发展环保产业和新能源产业

（一）环保产业

我国的环保产业伴随着环保事业的发展而逐步发展，至今已有20多年历史。进入90年代，随着环境问题日益突出和环保法律、法规、标准的不断完善，环保产业得以较快发展。据统计，1997年全国从事环保产业的职工总数180多万人，固定资产740多亿元，年产值520亿元。近几年，随着全球性产业结构调整向资源利用合理化、废物产生减量化、对环境无污染或少污染方向发展，发达国家如美国、德国、日本、加拿大的环保产业得到了迅速发展。美国已形成了1300亿美元以上的环保产业，超过了计算机、塑料和制药等行业；加拿大的环保产业已成为第五大产业。1997年，世界环保产业市场交易额为4000亿美元，2000年将达到6000亿美元，而我国环保产业仅占全球环保产业市场的1%。随着我国环境保护法律、法规及标准的日趋完善及环保执法力度的进一步加大，将有利于环保产业的发展。据专家预测，未来15年间，我国环保产业产值年增长率将在15%以上。

在深入调查研究的基础上，提出了发展环保产业的思路，即坚持以市场为导向、以科技为先导、以效益为中心、以企业为主体的原则，强化政策导向，依靠技术进步，培育规范市场，加强监督管理，逐步建立与社会主义市场经济体制相适应的环保产业宏观调控体系，统一开放、竞争有序的环保产业市场运行机制，促进环保产业健康发展，形成一批具有国际竞争力的环保企业，使其真正成为新的经济增长点。

组织制定环保产业政策和发展规划，从宏观上指导环保产业发展。印发了《当前国家鼓励发展的环保产业设备（产品）目录》（第一批），明确了国家对发展环保产业的鼓励政策；印发了《火电厂烟气脱硫关键技术与设备国产化规划要点》。组织编制《全国环保产业发展规划》、《环保产业关键技术和装备国产化规划》，制定环保产业政策，并逐步完善促进环保产业发展的优惠政策。

积极推进环保产业技术进步，重点抓好环保产业关键技术和设备国产化工作。确定重点领域为：燃煤电厂烟气脱硫技术和成套设备，城市垃圾资源化及处理关键技术和设备，城市污水处理关键技术和设备，工业高浓度有机废水处理设备，脱硫除尘一体化设备，汽车尾气污染治理关键技术，环境监测设备和仪器。通过组织实施重点领域关键技术和设备国产化示范工程，逐步掌握核心技术，提高环保产业技术和装备水平。

采取积极的政策措施，培育和发展一批具有竞争力的环保产业优势企业。引导不同所有制、不同规模、不同地区有实力的环保企业组成大企业或企业集团，使其成为环保产业的骨干企业；培育具有系统设计、设备成套、工程施工、调试运行和管理一条龙服务的总承包公司；积极引导中小型环保企业向专业化方向发展。

（二）新能源产业

新能源和可再生能源的开发利用是我国能源发展战略的重要组成部分，对于改善能源结构、合理利用资源，解决边远地区农牧民用电，保护环境，促进经济社会可持续发展都具有十分重要的意义。我国有丰富的新能源和可再生能源资源。据统计，太阳能年辐照总量大于502万千焦/平方米、年日照时数在2200小时以上的地区约占我国国土面积的三分之二以上，具有良好的开发条件和应用价值。风能资源理论储量为32.26亿千瓦，可开发的风能资源储量为2.53亿千瓦。地热资源的储存条件也较好，远景储量相当于2000亿吨标准煤，已探明的40多个地热田可供中低温直接利用的热储量相当于31.6亿吨标准煤。农作物秸秆、薪材、畜禽分辨及工业有机废水等生物质能资源也十分丰富。

我国新能源开发利用已具备了一定的技术水平和生产基础，并开始作为新的经济增长点而倍受关注。我国已建成的大中型沼气工程有600多个，建池的设计/工艺和建池材料的技术水平有了很大的提高，成为新能源开发和治理有机废水的有效方法。全国地热装机、地热温室面积和地热水采暖面积均有大幅度提高。新疆达板城风电二厂总装机5.98万千瓦，跨入世界大风场的行列，内蒙古风电厂5.2千万千瓦，进入经济规模，使我国风力发电迈上了一个新台阶。我国太阳能热水器整体制造水平不断提高，到1999年末，我国太阳能热水器年产量和拥有量均居世界第一位，年产量突破300万立方米。我国太阳能热水器生产厂家已发展到1000多家，年产值50亿元，从业人员1.5万人。各地出现一批质量好、效益好、市场占有率高的龙头企业。随着技术水平的不断提高和生产规模的扩大，生产自动化程度大大提高，产品结构得到优化。我国自主开发的全玻璃真空管太阳能热水器在世界上处于领先水平，部分产品出口。太阳能热水器产业成为我国节能领域的新兴产业，并已成为某些地区新的经济增长点和市场的畅销产品，引起国际能源界的关注。新能源和可再生能源开发利用还对推进农村电气化，促进社会进步，解决边远地区居民用电和通讯，为社会提供就业机会，都发挥了积极作用。

1999年，组织编制了《新能源和可再生能源产业发展规划》，完善和规范市场，加快标准制定，提高检测能力。参照国际经验，开始进行标准化体系研究，组织对现有的国家标准进行修订完善。发布了《太阳能户用光伏电源系统和风光互补发点系统的技术条件》、《太阳能户用光伏电源系统用太阳电池组件质量认证检验实施细则》、《太阳能户用光伏电源系统用直流/交流逆变器质量认证检验实施细则》、《太阳能户用光伏电源系统用控制器质量认证检验实施细则》、《太阳能户用光伏电源系统用直流荧光灯具质量认证检验实施细则》等一系列技术规章。

充分利用国际社会重视新能源和可再生能源在经济和社会可持续发展方面的作用和地位的有利时机，广泛开展国际合作，积极引进技术，促进国内新能源和可再生能源技术开发利用和产业建设不断发展。1999年，重点开展了全球环境基金和联合国开发计划署(GEF/UNDP)加速中国可再生能源商业化能力建设项目、GEF/世界银行中国可再生能源发展促进项目、亚洲开发银行中国可再生能源发展技术援助项目。

以风力发电设备国产化为突破口，推动新能源和可再生能源技术进步和产业发展，重点在提高总体设计能力和部件生产质量上下功夫；初步提出了通过建设国产化风力发电场示范项目，促进风力发电机设备国产化思路，正在制订详细工作计划，将通过竞标选择一批具有生产基础和能力的企业，争取2000年小批量生产国产化率超过50%的600千瓦级风力发电机组。

三、推行清洁生产

清洁生产的核心是从源头抓起，预防为主，生产全过程控制，实现经济效益和环境效益的统一。实施清洁生产不仅可以避免重蹈发达国家“先污染，后治理”的覆辙，克服“末端治理”的弊端，实现经济效益与环境效益的有机结合，调动企业防治工业污染的积极性。国内外污染防治经验表明，清洁生产是工业污染防治的最佳模式。推行清洁生产的思路是：政府指导和引导，企业为主实施，典型示范、重点突破、整体推进。

加快制定《清洁生产法》，促进清洁生产工作纳入法制化管理轨道。目前已形成了《清洁生产法》第四稿。

强化技术引导和示范。公布了《国家重点行业清洁生产技术导向目录》，以引导清洁生产技术方向，着手制定行业清洁生产指南，促进有关行业清洁生产的健康开展；在重点行业组织实施清洁生产示范项目，抓好示范试点工作。发布了《关于组织实施清洁生产示范试点计划的通知》，确定了10个城市、5个行业为国家的清洁生产示范试点城市和行业，明确了示范试点的原则、要求以及实施步骤，推动重点行业和省市实施清洁生产。

通过宣传培训和信息传播，提高清洁生产意识。特别是通过“中国—加拿大清洁生产合作项目”，加大宣传培训和信息传播力度，1999年接受清洁生产培训的人员达300多人。正在组织出版《清洁生产知识丛书》，促进清洁生产意识的提高。

（撰稿：李静　审稿：白荣春）

经贸信息建设

一个时期以来，国家经贸委在推进政府信息化和企业信息化领域，开展了积极并富有成效的工作。

一、身体力行地实施政府信息化

政府信息化是指政府机构利用信息技术改进管理手段，提高行政效率的过程。为适应新形势下转变政府职能，加强宏观调控和提高行政效率的需要，国家经贸委加大了自身的信息化工作力度，加快建设全国经贸信息体系。同时，通过发起“政府上网工程”，率先垂范并积极引导各级政府部门的信息化建设。

（一）加快建设全国经贸信息体系

国家经贸委领导要求建立“快速反应、准确反应”的全国经贸信息体系，这是全国经贸委系统实施宏观调控的重要基础。这一体系由国家经贸委、委管国家局（行业协会联合会）、各省市经贸委、中心城市、国家重点企业等五个层次信息系统组成。通过这个系统的建设，切实发挥信息工作作为宏观调控的决策依托、宏观管理的信息通道、信息技术的服务基地和综合信息的枢纽等职能。

为建立全国经贸委系统的信息高速公路，奠定全国经贸信息体系的网络基础，从1999年下半年起，国家经贸委利用国家统计信息网建立全国经贸委信息专网，以实现与全国统计系统共享5000家工业企业信息，加快推进全国经贸委系统的电子政务和信息共享。

汇集经济、技术、政策、法规信息，发挥信息枢纽作用。国家经贸委综合信息发布系统、远程通讯系统、电视电话会议系统、多媒体触摸屏、多功能演示系统完成了开发和建设。委内局域网即“国家经贸委信息网”自1998年底开通，每日更新信息量由20多万字增加到30多万字，访问量近10万人次。

重点企业信息系统不断扩大和完善。建立和完善了与全国520户国家重点企业、120户试点企业集团计算机直接联网。企业数据传输与处理实现了网络化和自动化，确保国务院、国家经贸委和中央企业工委及时、准确地掌握重点企业的改革与发展情况。

国家经贸委与中心城市的信息联网系统日趋完善。目前，全国42个中心城市，通过中心城市工业经济运行信息系统，向国家经贸委定期报送和交流年销售收入在500万元以下的国有和非国有工业企业生产经营和经济效益指标数据，作为及时了解全国中心城市工业经济发展状况的重要窗口。

地方经贸委和委管国家局（行业协会联合会）的信息系统建设取得新进展。据调查统计，全国36个省、自治区、直辖市和计划单列市的经贸委（经委）中，有27个建立了办公局域网，占75%。这些局域网联通500多个地方厅局机构和地方级经贸委，以及2000多户省级重点企业，办公自动化水平和信息沟通效率得到了不同程度的提高。国家经贸委管理的10个国家局除了全部建立局域网外，还与4000多家行业内的大中型企业联网，开展行业统计分析，为了解行业经济发展状况，特别是推进国企脱困、总量控制和结构调整工作，提供了重要的依据。

（二）“政府上网工程”取得显著成效

政府上网是指各级政府部门利用计算机通信技术，在因特网上建立政府站点，将可公开的政策信息提供给社会，宣传政府政策，推进政府部门办公自动化与网上公众服务，开发利用网络资源，并逐步在网络上实现对社会的管理和服务职能。

1999年初，国家经贸委经济信息中心和中国电信联合有关部门发起并启动“政府上网工程”，大力推进各级政府信息上网、业务上网和开发利用互联网络资源。作为推动国民经济和社会信息化的重要内容，政府上网顺应了知识经济与网络时代的要求，符合转变政府职能的要求，推动了经济发展，适应了社会公众的需要。以www. setc. gov. cn为域名的国家经贸委网站，自1999年3月开启以来，为社会各界提供了大量的经贸政策信息，被评为1999年十佳优秀政府与组织类网站。在国家经贸委的带动下，已有21个省（自治区和直辖市）级经贸委开通了互联网站。

“政府上网工程”推进了政府部门信息化进程，改善了政府部门与社会各界的相互联系，同时在网上政府采购、国有资产出让拍卖、社区服务、工程招标、征求意见、商品交易会、税收征管、扶贫攻坚、招商引资、贸易管理等方面取得了积极的、有成效的进展。政府上网提高了行政效率，节约了财政开支。

（三）应用信息技术改进管理

为适应机构精简、高效行政的要求，各级经贸委加强管理信息系统开发，充分利用信息技术，改进管理手段。国家经贸委开发了或正在开发的有：区域经济协作、技术创新、投资规划、兼并破产、企业脱钩、企业脱困、企业监督、债转股、经济监测、成品油批发、综合能耗、重点企业等10多个管理信息系统，这对于提高全国经贸委系统的行政效率具有重要作用。全国军队、武警、政法和党政机关与所属经济实体脱钩，全国企业兼并破产、下岗分流和职工再就业，国家重点企业名单调整，向重点企业委派稽察特派员，确定国有大中型三年脱困企业名单，跟踪国有亏损企业脱困情况等重要工作通过运用信息技术，提高了效率。

国家经贸委通过加强指导、协调、培训、检查和督促，重视防范和解决全国经贸委系统的计算机2000年问题，使520户国家重点企业和120户试点企业集团，电力、医药、内贸、煤炭、机械、冶金、石化、轻工、纺织、建材、有色、烟草等部门和行业的计算机和自动控制系统安全过渡。

（四）向宏观调控提供决策支持

各地经贸委信息部门通过积极开发信息资源，深入开展分析研究，为宏观经济调控提供决策支持。国家经贸委经济信息中心跟踪研究宏观经济运行和企业改革与发展中的热点、难点问题，发挥信息资源优势，重点分析国有大中型亏损企业、国家重点企业和试点企业集团等企业的生产经营情况，定期分析提供中心城市工业经济效益、全国工业生产和消费品市场等情况。各地经贸委、各委管国家局信息中心通过编发各种刊物，分析研究区域经济和行业经济运行，为宏观经济调控提供了重要的决策依据。

二、大力推进企业信息化

企业信息化是指通过对信息技术的应用，开发和使用企业的信息资源，提高管理水平、开发能力及整体竞争力的过程。

企业信息化作为国民经济信息化的核心，对推进我国的工业化和实现现代化具有极其重要的作用。信息化是企业实现技术创新和管理创新，应对经济全球化挑战的重要前提条件。按照以信息化和工业化相结合的发展战略，国家经贸委大力推进企业运用信息技术，改造传统产业并实现产业结构的升级。

1．“企业信息化工程”的发起

基于对企业信息化重要性和紧迫性的认识，由国家经贸委经济信息中心发起，国家经贸委、信息产业部和科技部共同成立“全国企业信息化工作领导小组”，由国家经贸委副主任石万鹏任组长，信息产业部副部长吕新奎、科技部副部长徐冠华任副组长。办公室设在国家经贸委经济信息中心，具体负责工程的组织和协调。

2．企业信息化建设取得明显成效

“企业信息化工程”和“企业上网工程”的启动，以及社会各界积极参与，为我国企业开展信息化建设提供了良好机遇，促进了传统企业利用信息技术进行产业升级改造，实施技术创新和管理创新。企业信息化正在成为传统产业迎接网络经济和经济全球化挑战的重要途径。

企业信息化可分为三个不同的发展阶段。第一阶段，是利用计算机实现对产品生产制造过程的自动控制。第二阶段，是利用计算机系统实现企业以财务管理为核心的管理信息系统化。第三阶段，是利用互联网开展电子商务。从三个阶段看，我国企业根据自身的实际，分别在企业信息化的不同阶段得到有效发展。

以计算机辅助设计、辅助制造为重点的生产过程信息化继续发展。不少企业在信息技术应用的初始阶段，把自动控制或模糊控制放在首位。据统计，计算机辅助设计（CAD）技术在科研、设计单位和重点企业中的普及率达到70％以上，应用水平达到国外90年代初先进水平；计算机集成制造系统（CIMS）应用工程已在200余家企业中开展，并在技术上取得一些突破。在部的指导下，江苏省启动制造业信息化工程，全省CIMS示范工程总投入近2亿元，CAD应用工程总投入8亿多元。CIMS、CAD应用示范单位取得了可观的效益，生产率提高30％～60％，生产周期缩短20％～40％，库存资金压缩15％～50％，废品率下降30％～60％，成本下降3％～10％。大大提高了管理水平和产品质量，保证了产品交货期，增强了新产品开发能力。

以加强财务管理为核心的企业信息管理系统建设越来越受到重视。根据国务院的“管理年”要求，各地区、各行业在推进“企业信息化工程”中，都把加强以财务管理为中心的企业管理摆在突出位置。我国企业在电子数据处理、人事、物资、财务、生产、销售管理等方面，初步开发和利用了信息管理系统，提高了管理的效能和效率。部分企业的信息管理系统具备了决策支持功能。一些企业开始实施ERP系统，即企业资源计划管理系统，重新整合企业的客户链、供应链、研发链和制造链等业务流程和管理流程，产生了良好经济效益。据对国家重点企业的调查，作为企业电子商务最核心的ERP系统，得到大多数企业的重视，尽管目前实现的企业仅占2.9％，但有63％的企业计划建设。

电子商务处于萌芽阶段。由于网络基础设施、公共电子商品导购平台、企业级电子商务体系、安全认证体系、安全支付结算体系、协同作业体系和法律保障系统不完善，以及受到信息化水平与信息化能力低、企业信息化程度低和信息技术及装备的研发、生产与应用水平低的制约，传统企业对电子商务的介入甚浅。据对中国出口企业的抽样调查显示，只有4.5％的出口企业已开展电子商务，

31.2%的企业初步开始，28.7%的企业正准备开展，12%的企业在考虑，23.6%的企业未考虑。据统计，1999年，全国网上消费额（不含个人对个人的拍卖）为5500万元（相当于660万美元），仅占当年社会消费品零售总额的0.00177%，以此推算，我国电子商务的发展水平仅为美国的0.23%。

尽管电子商务发展程度较低，但我国企业对网络的关注空前高涨，企业信息化投资明显增加。据对国家重点企业中的300户进行调查统计，1998年用于信息化建设的投入14.8亿元，1999年投入17.1亿元，增长15.5%，明显高于国民经济增长速度。未来3年，这些企业计划在信息化过程中，实现数据采集、生产调度、经营管理、决策指挥的电子化、科学化；实现监测网与管理网互联、内部网与互联网连接、局域网与广域网互联，实现电讯网、电视网、计算机网“三网”融合；实现业务处理自动化。

典型企业信息化成效明显。据对国家重点企业的调查表明，近70%的企业表示信息化给企业带来了明显的效益。联想集团公司几年来先后进行了基础设施网络化、办公系统自动化、核心流程信息化和全面业务电子商务化等几个阶段的信息化建设，为企业带来了经营和管理上的巨大收益。1999年，联想电脑公司网上销售额达到84亿元。宝钢的整体产销管理信息系统，从接收用户订单开始，经过合同处理、计划编制、生产指令下达、生产实绩收集、质量控制、发货管理等环节，直至合同结算完成，构成了宝钢销售、生产、供货等企业活动的计算机闭环，实现了生产管理、质量管理、销售管理、发货管理、会计管理五大功能，提高了运行效率。

总体上看，我国企业信息化虽然在加快发展，但是整体水平不高、地区和企业间差距过大。从众多的企业而言，普遍的问题是信息管理水平低、信息机构不健全、信息化建设投入不足与建设成本过高、经营管理中运用计算机网络不充分等。面对信息技术革命和日趋加快的经济全球化进程，需要更大范围地普及信息化知识，更高层次地强化信息化意识。通过积极有效地应用以信息技术为代表的高新技术，加速企业技术进步，通过技术创新和管理创新，以信息化迎接经济全球化的挑战。

（撰稿：许丕盛　审稿：刘力）

第三篇

行业改革与发展报告

中国经济贸易年鉴

电力工业

一、1978～1997年电力工业概况

（一）电力工业管理体制

党的十一届三中全会以来，中国电力工业管理体制进入改革时期，国务院电力管理部门先后进行了4次变更。第一次是1979年2月，在水利部和电力部合并管理10年后，国务院决定撤销水利电力部，分设水利部和电力工业部。第二次是1982年3月，经全国人大常委会决定，恢复水利电力部，水利部和电力部又一次合并。第三次是1988年5月，第七届全国人民代表大会决定，撤销水利电力部，把电力工业的行政管理职能并入新成立的能源部。与此同时，成立中国电力企业联合会，承担电力行业自律服务职能。第四次是1993年3月，八届全国人大一次会议决定撤销能源部，恢复电力工业部建制，继续保留中国电力企业联合会。

在此期间，大区和省（区、市）的电力工业管理体制也进行了重大改革。1990年5月成立中国南方电力联营公司，形成了中国南方电力联网的管理组织。1992年经国务院批准，国家计委、国家体改委、国务院经贸办批复成立东北、华北、华东、华中、西北五大电力集团公司，同时将以建设管理发电厂为主业的中国华能集团公司划归电力工业部。

1996年12月，国务院印发了《关于组建国家电力公司的通知》，同时批转了《国家电力公司组建方案》和《国家电力公司章程》，1997年1月国家电力公司正式成立，1998年3月九届全国人大一次会议决定撤销电力工业部，原电力工业部的行政职能和水利部承担的电力工业行政职能划入国家经贸委，中国电力工业管理体制进入了新的阶段。

（二）电力工业发展进程

改革开放后，随着国民经济的迅速发展，电力工业远远不能满足国民经济发展的需要，成为严重制约国民经济发展的“瓶颈”。全国范围的严重缺电，证明独家办电的模式已经不能适应经济发展的需要。1985年，国务院制定了“集资办电”政策，并于1988年开始征收电力建设基金，从而调动了中央、地方、企业及外资等各方面办电的积极性，成功地走出了一条具有中国特色的“多家办电、多渠道筹资办电”的发展道路。经过近20年的快速发展，我国的发电装机容量由世界第8位跃居世界第2位，缺电局面基本缓解。

二、1998年电力工业概况

（一）1998年电力工业改革与发展

1998年，国务院机构改革时撤销电力部，将原电力部的行政职能和水利部承担的电力工业行政职能划入国家经贸委。国家经贸委内设电力司，主要承担制定电力行业法规、政策和技术标准，指导产业发展，负责行业规划、监管协调等工作，标志着电力工业管理体制由计划经济向社会主义市场经济过渡的历史性转折。初步形成了电力工业“政府宏观管理、企业自主经营、行业协会自律服务”的体制框架。

1998年电力工业发展。1998年我国电力工业发展跃上新台阶，电力供需矛盾基本缓解，到1998年末，我国发电装机容量达到27729万千瓦，发电量为11577亿千瓦时。均已居世界第二位。其中，装机容量构成以火电为主，火电装机容量20988万千瓦，占75.6%；水电装机容量6506.5万千瓦，占23.5%；核电处于起步阶段，投运了大亚湾、秦山一期两座装机容量210万千瓦，占0.8%；风电装机容量22.4万千瓦，占0.1%，主要分布在风力资源较集中的新疆、内蒙等地区。在1998年的发电量中，火电9388亿千瓦时，占81.1%；水电2043亿千瓦时，占17.6%；核电141亿千瓦时，占1.2%。电力工业经过20年的快速发展，基本缓解了长期困扰我国经济发展和人民生活的严重缺电局面，电力供需总量基本平衡。

但在电力工业加快发展过程中，深层次的体制问题、机制问题和结构问题逐渐暴露出来，结构性问题尤为突出。主要表现在：电网建设滞后于电源建设，特别是城乡电网老化，严重制约经济发展和人民生活用电；电源结构不合理，水电开发程度低，水电资源开发率仅为15%左右，水电装机只占总装机容量的23%；小火电机组发展过快，使我国平

均单机容量长期徘徊在5万千瓦以下；中西部地区电力资源没能得到充分开发利用；环境保护压力加大。

（二）1998年电力行政管理工作

根据朱镕基总理主持召开的第26次总理办公会议精神，国务院办公厅转发《国家经贸委关于深化电力工业管理体制改革有关问题的意见》（国办发［1998］146号）。明确提出，为加快推进厂网分开的试点工作，引入竞争机制，建立规范有序的电力市场，打破垄断，实现电网调度的公平、公正、公开和电厂之间的平等竞争。为此，选择了上海、浙江、山东、辽宁、吉林、黑龙江六省（直辖市）进行厂网分开、竞价上网的试点，并着手会同有关部门和单位制定发电市场运行和监督的规则，加强对试点工作的指导、协调和监督。同时提出，加快农村电力体制改革、加强农村电网和城市电网改造、实行城乡同网同价，减轻农民负担，提高农民生活水平，着手制定切实可行的实施方案。按照党中央、国务院的部署，会同有关部门审查和批复了26个省（区、市）的"两改一同价"方案。

上述文件的出台，对指导和深化电力工业改革起到了积极作用，国家经贸委为此重点抓了以下几项工作：

1. 突出行业规划，调整电力结构，抓好重点项目的协调工作。针对电力工业的现状，特别是电力供需情况和结构性矛盾等问题，对电力发展的方针、思路进行了研究，提出今后一个时期电力工业发展要控制总量、调整结构、统筹兼顾、协调发展，由量的扩大转到质的提高上来，部署了关于做好编制电力行业规划的工作。同时，配合有关部门对产业投资目录、行业情况调查、1999年投资计划指标、项目前期管理等工作做了认真研究，提出了意见和建议。

2. 通过法律手段、经济手段和必要的行政手段，为企业改革与发展营造良好的环境。重点抓了减轻企业负担、开拓和规范电力市场、协调利益矛盾的工作。为贯彻落实减轻企业负担和严格清理整顿电价的精神，结合电力供需矛盾缓和的形势变化，在充分征求有关方面意见的基础上，会同有关部门下发了《关于停止执行买用电权等有关规定的意见》和《关于整顿电价秩序坚决制止乱加价乱收费行为的通知》，在社会上产生了很大的反响。

3. 规范和修订有关电力法律法规，做好执法监管工作。鉴于1993年发布实施的《电网调度管理条例》已不能适应社会主义市场经济的发展和电力工业管理体制改革的新形势，修改并重新发布了《电力设施保护条例》，同时对《电力设施保护条例实施细则》进行了修改。此外，还起草了《水电工程验收管理暂行规定》。

（三）1998年电力运行情况

截至1998年末，全国发电量完成11600亿千瓦时，比上年增长2.5%。其中水电2050亿千瓦时，增长5.4%；火电9410亿千瓦时，增长2%；核电140亿千瓦时，下降2.9%。与1997年相比，发电量增长水平进一步降低，增幅回落2.6个百分点。用电增幅自1996年开始回落，到了近30年来的最低点。工业用电增长明显减缓，主要是由于部分行业和企业生产经营困难，开工不足，主要工业产品产量下降等因素的影响。

三、1999年电力工业回顾

（一）1999年电力工业体制改革

按照党的十五届四中全会精神，贯彻落实全国经贸工作会议提出的坚持控制总量、调整结构、扩大需求、整顿秩序、深化改革、协调发展等各项措施，1999年继续坚持深化电力工业体制改革。主要表现在以下几个方面：一是以政企分开为核心的电力工业管理体制改革逐步实施。在中央层面，国家经贸委行使电力行政管理职能，国家电力公司根据国务院授权行使中央电力国有资产经营职能，中国电力企业联合会行使行业服务职能；二是以市场为导向，以结构调整为中心，编制电力行业十五发展规划，强化市场对电力资源配置的基础性作用；三是在浙江、上海、山东、辽宁、吉林、黑龙江6省（市）进行"厂网分开、竞价上网"改革试点，推进电力工业市场化建设；四是在全国2480个县级电力公司实施"两改一同价"的改革，即改革农村电力管理体制，改造农村电网，降低农村电价，实现城乡电网同价；五是加快实现电力法制管理。积极着手《电力法》修改工作，颁布了《电力设施保护条例》、《电网调度管理条例》、《电力供应与使用条例》，同时正在抓紧制定《电价管理条例》、《农村电力管理条例》和《发电市场运营和监管条例（暂定名）》，以电力行政规章和地方性电力法规为补充的电力法规体系框架初步形成。

（二）1999年电力工业发展基本情况

1999年，全国装机容量达到29400万千瓦，发电量为12300亿千瓦时，装机容量和发电量仅次于美国，居世界第2位。装机容量构成仍以火电（占75%）和水电（占23.5%）为主，核电（占0.8%）处于起步阶段，风电（占0.1%）等新能源尚处于试验阶段。

1999年，全国发电量完成11977.8亿千瓦时，比上年增加709.0亿千瓦时，增长6.3%。其中，水电1969.2亿千瓦时，增长5.6%；火电9854亿千瓦时，增长6.5%。其特点是：水、火发电基本同步增长，火电增幅增加的主要原因是用电量持续回升。1999年全社会用电量12090亿千瓦时，比上年增长6.5%。从产业类别看，第一产业增长6.3%，第二产业增长6.3%，第三产业增长8.5%；城乡居民生活用电增长较快，达6.7%，行业用电增长6.5%。其中工业用电占全社会用电的71.6%，是用电量稳步回升的主要原因。但是，随着发电、用电量的稳步回升，面临的主要问题也比较突出，一是大部分电网最高负荷增加，峰谷差加大，负荷率降低，给电网调峰带来困难。二是大型水电站弃水情况无明显改善，省网间交换电量不足。三是发电能力总体大于用电需求，发电利用小时持续下降，火电平均利用小时下降到4350小时，发电企业竞争加剧，“三公”调度呼声很高。四是电力企业效益有所下降，电力欠费持续增加。

四、2000年电力工业改革与展望

（一）2000年电力运行形势

全国发电装机总容量突破了3亿千瓦，迈上了一个新台阶；电量快速增长，电力供应基本满足了国民经济发展和人民生活的需求。

电量增长的原因：一是我国国民经济运行良好，重点行业、重点工业企业生产增加和经济效益明显改善，拉动了电力需求；二是积极开拓市场，城乡电网改造和电价整顿有效地刺激了家电消费、住宅用电消费；三是随着人民生活水平的提高和空调设备的增加，气候已经成为影响电力负荷的敏感因素。这些原因也使得一些地区局部供电出现紧张，大部分地区电力供应特别是东北地区仍相对充裕，两种情况交织和共存的局面将成为今后相当长的时期内的主要特点。

（二）2000年电力工业行政管理的主要目标和措施

按照国务院统一部署，结合电力工业改革与发展的实际，突出重点，狠抓落实，讲求实效，努力做好电力工作。

1. 推进各项体制改革。一是按照党中央、国务院明确的政府机构改革原则，并结合电力行业的特点，指导省级电力管理体制政企分开改革，协调做好工作衔接、职能移交和干部培训工作。二是继续稳步推进厂网分开、竞价上网改革试点工作，同时在市场监管、市场规则和竞价模式方面有所突破，并形成初步意见。三是在总结1999年农村电力体制改革工作的基础上，全部完成全国农村电力体制改革实施方案的审查和批复工作，并在执行过程中加强监督检查，把国务院关于开拓农村市场、减轻农民电费负担的重要举措落到实处，推进县级电力企业有限责任公司和股份有限公司的改革。

2. 搞好规划，控制总量，调整结构。一是完成对各地电力行业“十五”及2015年规划的编制工作，包括编制好《2001～2015年中国农村电气化发展战略》、《农村电气化“十五”及2015年规划》和《风力发电“十五”及2015年规划》。二是下达2000年小火电机组关停计划，并按计划关停，力争全年关停400万千瓦以上；尽快制订综合利用和热电联产机组的认定管理办法，并进一步研究利用经济、法律等手段限制和关停小火电机组。三是加快技术改造，替代老旧发电机组，促进城乡电网建设与改造。

3. 大力加强电力法制建设，推进依法行政，适应即将加入WTO的新形势。一是根据WTO有关规则和有关协议要求，全面清理电力工业现行法律、法规和规章，并适时修订、制订有关法规、规章；二是即将成熟的政策以法规的形式固定下来，抓好《农电条例》、《电价管理条例》、《发电市场监管条例》、《发电市场运营管理条例》等条例的制定工作。三是根据政企分开和建立电力市场的要求，着手修改现行法律法规，重点抓好《电网调度条例》、《大中型水利水电工程建设征地补偿和移民安置条例》的修改工作。四是明确职能，分清责任，改革和完善电力行政执法体系。五是针对目前触电伤亡事故频繁发生，组织研究触电伤亡防范体系和事故处理办法。六是完善供电营业区管理的有关政策办法。

4. 为电力工业改革与发展、国有大中型亏损企业脱困，进一步创造条件。一是进一步整顿市场秩序，整顿和疏导电价，调整有关电价政策，进一步减轻企业用电负担，促进企业扭亏脱困；二是发挥电价杠杆作用，进一步扩大电力需求，促进电力消费，提高企业效益。

5. 加强协调和服务。在体制改革不到位和有关方面利益冲突加剧的情况下，通过监管、协调和服务，规范市场行为，协调各方利益，缓解各方矛盾；重点研究探索在转轨时期电力资源优化配置模式，适时出台有关政策，促进电力经济平稳运营，加大对发电量计划执行和电力调度的监督检查，促进电力“三公”调度。

6. 组织研究电力工业改革与发展的长远战略

及其他有关政策。一是着眼于长远，在电力工业改革与发展，以及电力企业建立现代企业制度方面，取得新的进展；二是及时深入研究我国加入WTO后，电力工业要采取的应对措施。三是配合国家投融资体制改革，研究电力工业投资融资体制改革。四是加大对发挥电价杠杆作用、推进科学合理电价机制的建立的研究力度，提出实质性的建议措施。五是研究提出《关于促进风力发电发展的若干政策建议》和21世纪农村电气化县的标准。

（撰稿：郭秋英　　审稿：贾英华）

附表1　　　　全国分地区发电量　　　　单位：亿千瓦时

地　区	发电量				比上年增减（%）			
	合　计	水　电	火　电	核　电	合　计	水　电	火　电	核　电
全国总计	**12331.41**	**2129.27**	**10047.37**	**148.33**	**6.52**	**4.23**	**7.02**	**5.19**
华北地区	**2082.41**	**31.92**	**2049.25**		**7.95**	**22.82**	**7.73**	
北　京	172.06	9.49	162.47		10.68	－0.46	11.41	
天　津	190.72	0.17	190.43		5.01	6.36	4.95	
河　北	771.87	8.43	763.23		12.04	4.64	12.10	
山　西	567.15	11.18	555.97		2.79	71.50	1.97	
内蒙古	380.61	2.66	377.04		8.35	53.72	8.11	
东北地区	**1324.87**	**87.19**	**1237.32**		**1.53**	**10.74**	**0.93**	
辽　宁	614.46	27.47	586.63		1.54	22.89	0.70	
吉　林	294.39	49.04	245.35		7.22	13.76	6.01	
黑龙江	416.02	10.69	405.34		－2.17	－19.52	－1.61	
华东地区	**3728.89**	**357.90**	**3363.05**	**7.33**	**7.41**	**－0.42**	**8.48**	**－37.01**
上　海	500.30		500.30		3.61		3.61	
江　苏	845.59	0.32	845.27		8.26	－57.00	8.32	
浙　江	603.54	106.26	489.35	7.33	11.97	6.66	14.50	－37.01
安　徽	319.46	12.45	307.01		1.04	－9.45	1.52	
福　建	357.45	185.28	172.17		10.77	0.17	25.00	
江　西	187.80	53.08	134.72		3.72	－10.63	10.73	
山　东	914.74	0.51	914.22		7.78	－44.13	7.84	
中南地区	**2962.19**	**712.56**	**2107.41**	**141.01**	**5.94**	**－6.23**	**10.57**	**8.99**
河　南	658.85	16.36	642.49		5.21	－2.74	5.43	
湖　北	522.78	238.89	283.88		4.45	0.24	8.27	
湖　南	348.46	182.35	166.11		－0.44	－6.89	7.76	
广　东	1140.04	110.57	887.37	141.01	9.77	－27.67	17.45	8.99
广　西	253.42	153.95	99.47		3.82	5.43	1.42	
海　南	38.65	10.45	28.09		5.35	3.87	5.98	
西南地区	**1244.43**	**606.25**	**637.11**		**7.03**	**10.11**	**4.27**	
重　庆	158.27	32.29	125.99		－0.25	－19.56	6.29	
四　川	492.16	303.53	188.64		3.45	20.03	－15.36	
贵　州	289.06	79.88	209.18		12.46	－2.85	19.65	
云　南	298.20	184.91	113.29		12.69	8.83	19.61	
西　藏	6.74	5.64	0.02		2.37	3.40	－67.36	
西北地区	**932.26**	**277.09**	**653.22**		**6.79**	**21.21**	**1.61**	
陕　西	264.12	22.59	241.53		4.72	－27.57	9.27	
甘　肃	262.42	117.47	144.92		4.34	25.09	－8.03	
青　海	124.14	97.15	26.99		23.04	44.47	－19.79	
宁　夏	112.28	9.82	102.46		1.48	22.24	－0.14	
新　疆	169.30	30.06	137.32		7.32	6.47	7.25	
不分区	**56.36**	**56.36**			**41.99**	**41.99**		

附表 2 **发电技术经济指标**

地区	发电设备平均利用小时			发电厂用电率（%）			标准煤耗（克/千瓦时）	
	合计	水电	火电	合计	水电	火电	发电	供电
全国总计	**4393**	**3198**	**4719**	**6.50**	**0.55**	**7.51**	**369**	**399**
华北地区	**4843**	**1381**	**5021**	**7.97**	**0.92**	**8.07**	**367**	**399**
北京	3711	918	4513	8.30	1.84	8.66	338	370
天津	3785		3785	8.07		8.07	341	371
河北	5574	1158	5781	7.16	0.35	7.22	364	393
山西	5076	2836	5151	8.59	0.54	8.74	386	423
内蒙古	4600	2925	4623	8.49	0.73	8.54	371	406
东北地区	**4191**	**1539**	**4726**	**7.95**	**2.62**	**8.28**	**368**	**402**
辽宁	4461	2227	4668	7.66	2.97	7.87	360	391
吉林	3691	1360	5443	7.02	2.65	7.76	361	391
黑龙江	4215	1281	4450	9.02	1.54	9.20	385	424
华东地区	**4649**	**3255**	**4849**	**6.25**	**0.35**	**6.70**	**357**	**383**
上海	5084		5084	5.51		5.51	333	352
江苏	4860		4860	6.88		6.88	368	395
浙江	4430	2621	5046	5.64	0.38	6.56	360	385
安徽	4145	2677	4227	6.78	0.16	7.00	354	380
福建	4230	3768	4869	4.05	0.22	6.79	355	381
江西	3356	3104	3441	6.81	0.73	8.66	374	409
山东	5153	930	5166	6.86		6.86	358	384
中南地区	**4093**	**3331**	**4357**	**5.61**	**0.43**	**7.01**	**368**	**396**
河南	4651	2268	4746	8.34	1.17	8.48	387	423
湖北	3813	3823	3805	4.18	0.29	7.29	364	392
湖南	3766	3528	4016	4.41	0.38	8.15	389	423
广东	4088	1704	4431	5.39	0.72	5.65	351	372
广西	4282	4174	4458	3.78	0.47	9.30	420	463
海南	2436	1688	2697	6.15	2.15	7.04	369	397
西南地区	**3989**	**3522**	**4493**	**5.81**	**0.56**	**9.56**	**404**	**447**
重庆	4161	3942	4184	10.07	1.46	10.95	403	452
四川	3441	3359	3581	4.72	0.43	10.38	434	484
贵州	5195	3407	6170	6.61	0.35	8.30	382	417
云南	4214	4004	4540	4.43	0.70	9.02	396	435
西藏	2135	2056	4	9.91	5.00	42.86		
西北地区	**4348**	**3602**	**4743**	**5.99**	**0.41**	**8.21**	**391**	**426**
陕西	4207	1724	4756	7.88	0.48	8.47	377	412
甘肃	4456	4310	4576	4.54	0.30	7.82	364	394
青海	3767	3619	4403	2.43	0.39	9.56	473	523
宁夏	4882	3207	5136	6.46	0.39	7.05	353	380
新疆	4600	4254	4702	7.62	1.06	8.73	456	500
不分区	**4675**	**4675**		**0.15**	**0.15**			
南电联	4675	4675		0.15	0.15			

附表 3　**发电、供热消耗燃料**

地区	发电消耗燃料			供热消耗燃料		
	原煤（万吨）	燃油（万吨）	燃气（万立方米）	原煤（万吨）	燃油（万吨）	燃气（万立方米）
全国总计	**48186.61**	**1159.04**	**1290668**	**5689.23**	**201.31**	**965192**
北京	628.64	40.69	33285	118.86	41.46	51431
天津	812.12	3.15		159.34	0.16	
河北	3705.73	4.89	5286	397.63	3.32	18691
山西	2870.74	4.48	8272	177.06	0.22	3048
内蒙古	2274.28	3.98	44878	172.03	0.12	
辽宁	3042.11	72.67	94139	976.69	68.58	216912
吉林	1625.26	5.25	439	486.39	9.39	1099
黑龙江	2382.51	19.70	13001	444.71	7.84	77229
上海	1844.49	78.79	528441	185.10	11.90	15635
江苏	3951.72	16.60		117.63	0.15	
浙江	2039.41	85.90	63735	341.62	25.36	72529
安徽	1414.68	5.67	13217	95.91	3.11	9333
福建	753.95	25.45		65.71	0.14	
江西	812.40	9.29				
山东	4036.73	124.50		737.19	7.49	
河南	3202.87	6.32		164.73	0.04	
湖北	1346.94	10.76	175104	227.53	8.64	221127
湖南	874.35	1.66	60606	184.33	6.22	66594
广东	2735.41	616.89		148.17	4.38	
广西	564.96	2.59				
海南	113.00	4.56	11414			
重庆	640.11	1.64	6535	25.13		2995
四川	1270.19	1.26	82450	117.20	0.73	183110
贵州	1111.51	1.28	38435			
云南	783.73	0.86				
西藏						
陕西	1282.66	3.10		39.59	0.02	
甘肃	679.73	2.23	50892	188.59	1.08	21431
青海	155.39	1.80	9631			
宁夏	503.29	0.69				
新疆	727.69	2.38	50908	118.10	0.95	4028

附表 4 **全国分地区装机容量** 单位：亿千瓦时

地　区	装机容量				比上年增减（%）			
	合　计	水　电	火　电	核　电	合　计	水　电	火　电	核　电
全国总计	**29876.79**	**7297.08**	**22343.40**	**210.00**	**7.75**	**12.15**	**6.46**	
华北地区	**4501.29**	**263.11**	**4232.87**		**10.04**	**16.50**	**9.64**	
北　京	491.57	105.81	385.76		20.51	−1.08	28.19	
天　津	504.75	0.50	503.95		5.76	−13.79	5.72	
河　北	1458.90	71.99	1385.92		9.82	3.59	10.09	
山　西	1164.70	61.78	1102.91		6.21	41.08	4.76	
内蒙古	881.37	23.02	854.33		12.95	358.64	10.76	
东北地区	**3268.24**	**552.26**	**2713.68**		**3.41**	**0.74**	**3.95**	
辽　宁	1368.86	124.00	1242.57		−0.81	1.38	−1.07	
吉　林	809.13	350.82	458.31		2.38	0.96	3.49	
黑龙江	1090.25	77.45	1012.81		10.12	−1.27	11.10	
华东地区	**8529.72**	**1191.94**	**7304.11**	**30.00**	**7.56**	**8.64**	**7.42**	
上　海	996.43		996.43		4.60		4.60	
江　苏	1845.73	3.06	1842.67		13.41	3.14	13.43	
浙　江	1556.42	457.95	1064.80	30.00	8.55	19.60	4.67	
安　徽	800.06	45.50	754.56		7.55	−21.42	9.99	
福　建	968.42	506.99	461.43		19.52	6.55	37.97	
江　西	555.63	173.45	382.18		−2.97	1.47	−4.86	
山　东	1807.03	4.99	1802.04		0.97	−24.65	1.07	
中南地区	**7787.49**	**2433.30**	**5169.04**	**180.00**	**5.82**	**10.30**	**4.05**	
河　南	1477.36	92.80	1384.56		7.18	47.77	5.24	
湖　北	1449.32	657.72	791.60		10.03	0.70	19.21	
湖　南	1026.41	571.47	454.94		3.47	11.98	−5.56	
广　东	3033.37	655.40	2193.71	180.00	4.35	18.90	1.02	
广　西	634.67	402.42	232.25		3.95	7.23	−1.29	
海　南	166.36	53.50	111.98		8.26	0.30	12.58	
西南地区	**3358.05**	**1874.66**	**1480.62**		**16.04**	**22.53**	**8.77**	
重　庆	425.34	107.03	318.31		8.92	27.96	3.72	
四　川	1584.49	1041.69	542.80		23.39	35.18	5.70	
贵　州	602.86	231.01	371.85		14.16	3.35	22.09	
云　南	712.20	467.69	244.52		7.73	9.30	4.86	
西　藏	33.16	27.25	3.15		10.00	12.36	−0.03	
西北地区	**2284.00**	**833.80**	**1443.07**		**4.93**	**6.73**	**3.92**	
陕　西	667.45	129.20	538.25		5.06	3.43	5.46	
甘　肃	612.82	286.80	325.90		3.63	2.06	5.06	
青　海	379.60	307.52	72.08		17.12	15.68	23.70	
宁　夏	227.23	30.63	196.60		−1.30		−1.50	
新　疆	396.90	79.65	310.24		0.30	1.01	0.04	
不分区	**148.00**	**148.00**			**25.42**	**25.42**		

注：根据国电发［2000］75号文，各省发电装机容量已不含国电公司系统1997～1999年停运机组容量。

医药工业

1999年是开拓医药行业管理工作新局面，迈出重大步伐的一年。全国医药系统广大干部职工认真贯彻中央关于促进经济增长的一系列重大决策和国有企业改革的方针政策，紧紧围绕实现改革与脱困三年目标，以企业工作为中心，抓住机遇，锐意进取，扎实工作，在控制总量、调整结构、开拓市场、改革改组、技术进步、加强管理等方面都取得了积极进展。医药工业生产保持较高增长速度，医药商业销售好转，出口增幅提高，实现利润大幅增长，亏损企业减亏和重点企业扭亏，医药经济运行质量比上年有较大提高，主要经济指标全面超额完成预定计划。

一、1999年医药经济运行概况

（一）医药工业生产保持较高增幅

医药工业总产值（按不变价格）完成1946亿元，比上年增长14.2%；工业增加值完成513亿元，按可比价格计算增长16.2%。其中，化学药工业完成工业总产值1266亿元，增长16.4%；医疗器械工业完成工业总产值102亿元，增长7%；卫生材料工业完成工业总产值24亿元，增长20%；制药机械工业完成工业总产值35亿元，增长13%；中成药工业完成工业总产值297亿元，增长16.8%；药用包装工业完成工业总产值29亿元，增长11.5%。化学原料药产量40.3万吨，增长16.02%；中成药产量33.6万吨，增长2.4%。

医药工业销售产值完成1438亿元，按可比价格计算比上年增长14.4%，与工业总产值的增幅同步。累计工业产销率94.1%，比上年高0.22个百分点，低于全国工业平均水平。分区域看，东部地区产销率为95.5%，高于医药行业平均水平1.5个百分点；中部和西部地区，低于医药行业的平均水平（分别为92.7%和90%）。从15个国家重点大型企业集团的统计资料看，累计产销率为95.1%，略高于行业平均水平，最高的哈尔滨医药集团公司为100%，位居第二的北京同仁堂集团公司为99%。

医药商品销售总额完成1244.2亿元，比上年增长5.2%。销售总额位居前几名的省（市）是广东、浙江、上海、江苏、山东、北京；在销售总额中，居民和社会集团零售额完成702.6亿元，比上年增长13.6%；增幅高于平均增幅的有药品类、玻璃仪器类和其他类，分别为16.3%、21.6%和36.2%；医疗器材类增长9.9%，中药材类和中成药类分别增长5.6%和15.2%。

全行业经济效益保持1998年良好势头，出现了实现利润较大增长、亏损企业减亏和重点企业扭亏为盈的喜人局面。一方面，表明企业的市场适应性进一步增强；另一方面，说明国家采取的降息、扩大出口退税、加大结构调整力度等一系列政策开始产生积极效应。1999年完成工业销售收入1332.5亿元，比上年增长10.8%；实现工业利润总额97.8亿元，增长24.3%；企业亏损面为32%，比上年下降2.2个百分点；企业亏损额18.65亿元，下降36.7%。利润排在前面的省（市）依次是：广东、浙江、江苏、天津、吉林、四川。

据统计，1999年完成医药商业销售收入974亿元，比上年增长10.4%。商业利润总额7亿元，增长70%，商业企业亏损面为35.3%，与上年基本持平；亏损企业亏损额8.02亿元，下降11.7%。分区域看，除东部地区实现利润8.36亿元，增长30.6%外，西部地区和中部地区均为负增长。企业利润总额排前的省、市是浙江、江苏、北京、天津、上海，均属东部地区。全国商业销售利润率为0.72%，比上年上升0.36个百分点；分区域看，东部地区为1.36%，西部地区为负0.24%，中部地区为负1.17%。商品销售利润率在1%以上的有天津、北京、上海、浙江、江苏、福建、新疆、重庆等8个省、区、市，其中6个省、市属于东部地区，仅有重庆、新疆属于西部地区。

进口保持高速增长，出口增幅逐月提高。根据海关的统计数据分析，1999年医药商品进口额21.9亿美元，比上年增长44%，其中增幅最大的是卫生材料和中成药，中成药进出口逆差达2.4亿美元；化学药品中，原料药进口额的增幅达26.5%，而制剂的进口额却下降21.5%，这是当前国内药品消费的一个趋势。

医药出口额33.4亿美元，比上年下降1.9%。

出口额下降最多的是化学药制剂,达62.1%;其次中成药下降6.4%,中药材下降11.1%。出口下滑的主要原因是:国内多头出口,竞相压价销售;中药产品生产工艺落后,产品定性定量分析不适应国外的要求等。从1999年下半年以后,亚洲金融危机对出口市场的不利影响逐步减弱,加上国家各项促进出口增长的政策措施出台,医药出口开始止降转升,并保持较好的发展势头。

(二)1999年医药经济运行的特点

1.社会需求平稳增长,幅度稳中趋缓。首先,人口的自然增长和人口老龄化社会的形成是医药市场消费需求平稳增长的基本因素。此外,医疗卫生事业的快速发展,人们对健康投资的增加,均在一定程度上促进了医药市场的消费。但随着整个社会配套改革政策措施的逐步到位,社会消费需求增速减缓,在某种程度上制约了医药消费的增长。

2.中西部医药工业增长速度仍然落后于东部。中部和西部的医药工业总产值增长速度分别为13.28%和13.55%,均低于全国平均增长速度。中部和西部工业总产值合计为682亿元,占全国的比重为35.06%,比上年下降0.2个百分点。工业总产值超过百亿元的地区依次是浙江、广东、江苏、上海、河北、山东和河南,前六名为东部地区,中部地区只有河南省以101.38亿元名列第六。

3.药品消费市场发展不平衡,区域性市场特征明显。从地区分布看,全国31个省区市医药销售比上年增长的有25个地区,占全部报表单位的80.65%,其中增幅超过全国平均水平的有10个,占增长地区的32%,销售额居前5位的地区依次为广东、浙江、上海、江苏、山东,合计达598亿元,占全国药品总销售的48%,其中华东三省一市的销售合计占全国销售的35%,显示出经济发达地区的总体实力。

4.医药零售市场持续畅旺。1999年,全国六大类医药商品销售中,对居民零售额为178亿元,比上年增长65.12%,显示出医药零售市场持续快速的发展势头。医药零售业连锁异军突起,这一趋势已成为21世纪医药零售市场持续发展的必由之路。

5.农村市场潜力巨大,营销策略仍需调整。1999年,全国六大类医药商品销售中,对农村医疗单位的销售额为64.3亿元,比上年增长30.29%。国家采取稳定和增加农民收入、积极开拓农村市场的宏观经济政策,为医药行业拓展农村市场扩大国内需求创造了条件,各级企业应加强对农村市场的调查研究,改革供应方式,完善供应体系,调整品种结构,使2000年"人人享有初级卫生保健"的目标真正在农村得到落实,以此推动和促进医药经济的全面发展。

6.国产新特药和部分普药市场份额逐步加大。市场宏观环境为国产药提供了更多的商机。据中国医药商业协会70家商业企业158个品种典型调查数据显示,1999年上半年药品消费货源构成比例为:国产药占42.44%、合资药占45.60%、进口药占11.96%。从药品类别上看,1999年上半年,抗生素抗感染药占典型品种调查总额的28.06%,消化系统用药占11.47%,循环系统用药占10.84%,解热镇痛药占10.16%,非抗生素抗感染药占6.44%。在抗生素抗感染药物中头孢菌素类占居首位,比重为50.27%;青霉素类第二,比重为28.77%;大环内酯类居第三位,比重为13.48%。从具体品种看,1999年上半年销售额居前10位的药品依次为:吗丁啉片、达美康片、康泰克胶囊、地奥心血康胶囊、芬必得胶囊、脂肪乳剂、羟氨苄青霉素胶囊、头孢唑啉针、青霉素针、达克宁霜。

7.国家各项配套改革政策的出台,使医药企业改革进入攻坚阶段。1999年药价改革,药品降价金额约75亿元。医药企业要在这种宏观环境中求得生存和发展,就必须加大改革力度,逐步解决医药生产、流通领域的深层次问题,积极调整医药经济结构,提高医药经济运行质量和效益,增强企业抵御市场风险的能力,提高市场控制力,逐步建立企业新的经营机制和管理模式,以适应市场经济发展。

(三)围绕实现三年脱困目标,狠抓国有大中型企业扭亏增盈工作

根据党中央、国务院的部署和全国经贸工作会议的要求,1999年国有大中型企业改革与脱困工作成为医药行业的重点工作之一。各省区市经贸委和医药局都下力量抓住脱困重点,按照《1999年医药行业国有大中型企业改革与脱困工作的指导意见》,积极主动开展工作,分别多次到本省区重点脱困企业进行调查,为医药企业争取兼并、破产、债转股和技改贴息政策支持,做了许多扎实工作,创造了比较好的外部条件。1999年国家前两批核销呆坏账指标中,已经落实6家医药企业,其中破产企业1家、兼并企业5家,共核销呆坏账金额约8亿元。在债转股工作中,经各方面的大力支持,医药行业已有东北制药集团、北京第三制药厂等9家企业进入实施债转股名单,合计债转股金额约28亿元。

国家出台的政策措施有力地支持了医药大中型企业的脱困工作。在1999年全国重点脱困企业名单中共有56家医药企业，占全国脱困企业的2.38%。太原药厂、天津达仁堂制药厂、湖南岳阳康神药业集团和陕西省医药公司等大多数企业，1999年走出了困境。

1999年医药行业国有大中型企业改革与脱困工作的主要措施：一是实施紧缩战略，坚决制止重复建设，提高经济运行质量，为国有企业改革与脱困创造较为宽松的外部环境。加强行业管理，严格控制新开办药厂；坚决压缩低水平、过剩的生产能力；严格控制国内已有生产且质量、数量基本满足需要的品种的进口；建立长线产品定期公布制度。二是调整产品结构，抓一批技术含量高、附加值高、市场占有率高和市场前景明朗的重点产品，带动整个产品结构升级，培育医药企业新的经济增长点；支持有明显技术进步的投资项目和新产品研制、开发、生产，鼓励深加工；促进企业围绕“质量、品种、效益”开展技术改造，推动技术进步；允许并鼓励具备制剂生产条件的企业之间，利用闲置生产能力开展委托加工；鼓励企业创造条件，将国内有比较优势的制剂加工能力向境外转移，发展境外带料加工业务。三是调整企业组织结构，贯彻扶优扶强政策，通过优势企业的发展壮大，带动困难企业摆脱困境；扶持进入国家试点企业集团和重点联系企业的医药企业发展壮大，充分利用国家对重点联系企业的扶持政策，提高他们联合、兼并、重组的能力；鼓励企业组建以产品为龙头、以资产为纽带的大公司和大企业集团，推进企业间的联合与重组，尽快改变医药企业“弱、小、散、乱”的状况；积极帮助医药亏损企业分析亏损的主要原因，研究扭亏办法，制订脱困方案，实行亏损企业脱困工作指导责任制，由企业和地方政府指导单位共同承担。协同金融部门，帮助解决重点脱困企业中有销路、有效益产品生产的流动资金问题，对贷款实行专户管理，封闭运行；选择适合的现代企业组织形式，进行规范的公司制改组。四是加大兼并破产、减员增效和再就业的工作力度。五是把改革、改组、改造和加强管理结合起来，完善企业内部管理制度，转换企业经营机制，提高企业生产经营水平。六是加强医药市场建设，积极推进医药工商联手，开拓城乡市场特别是农村市场。

（四）认真开展医药行业“十五”发展规划的编制工作

1999年9月，完成“十五”全国医药发展规划和8个专项规划的起草和论证工作。大部分省市对规划工作都高度重视，拟定规划初稿或规划纲要。山东、浙江和湖北省领导抓得早、抓得紧、抓得实，及时地按要求完成了工作任务。

1. 医药行业“十五”规划指导思想。2000年～2015年，医药行业发展的指导思想，是以邓小平建设有中国特色的社会主义理论为指导，坚持党的基本路线，遵循社会主义市场经济规律，实施科教兴药和可持续发展战略，以市场为导向，以经济效益为中心，深化改革，扩大开放，大力推动技术进步，加大结构调整力度，加强宏观调控与监督管理，为实现我国从医药大国向医药强国转变的战略目标而努力。

2. 医药行业“十五”规划坚持的原则。

（1）调整医药经济的结构和布局。坚持以公有制为主体，多种所有制共同发展。促进各种所有制医药企业公平竞争。遵循市场经济发展规律，通过竞争机制对国有医药企业进行战略性改组，积极发展大型医药企业和企业集团，放开搞活中小企业，加快产品结构调整。

（2）积极推进技术进步，不断提高市场竞争能力。加快以企业为中心的新药研究开发体系的建设和技术创新机制的形成，鼓励以市场为导向研制开发非专利药物和老产品的二次开发；鼓励企业积极采用新技术、新工艺、新设备、新材料，加快科研成果产业化和商品化的进程，鼓励在工艺技术、设备改进等方面实行创新。

（3）发展与调整并重，速度与效益相统一。“发展是硬道理”，为了满足人民不断增长的对医药产品的需求，医药行业必须保持平稳的、较快的发展速度，并坚持速度和效益相统一，把提高效益作为工作的中心任务，加强宏观调控，加大结构调整力度，坚决制止低水平重复建设，运用各种手段盘活资产存量。

（4）促进中药现代化。中药现代化是一项紧迫而艰巨的任务，要正确处理继承与创新的关系，既要发挥中药的特色和优势，又要勇于创新，积极利用现代科学技术，促进中药理论和实践的发展，逐步建立和完善我国现代中药的研究开发体系和质量标准体系，加快中药现代化的进程。

（5）发挥优势，注重特色，协调发展。地区间发展不平衡是我国的基本国情，各地区要从实际出发，根据自己的优势发展具有明显地区特色的医药产业，改变地区结构雷同的状况；认真贯彻“西部大开发战略”，东部地区医药企业要在加快改革和发展的同时，本着互惠互利、优势互补、共同发展的原则，通过产品转移、技术转让、对口支援、联合开发等方式，支持和促进中西部地区医药经济的发展。

(6) 国际市场与国内市场并重。加强对国际医药市场信息的收集和研究，积极参与国际上的交流与合作，加大开发国际市场的力度，推进全方位、多层次、宽领域的对外开放格局；鼓励医药企业合理利用国内外两个市场、两种资源；鼓励生产能力富余的企业到境外发展加工贸易，带动国内产品的出口。

(7) 提倡大医药。坚持中西药并重、药品与医疗器械、制药机械、药用包装材料及药用中间体的协调发展，同时鼓励各行业参与医药行业的发展，只要是符合医药产业政策、行业发展规划的都要予以积极支持。

3. 医药行业"十五"规划发展目标。2001年～2015年，医药事业发展的总目标是，为实现我国从医药大国向医药强国转变的战略目标奠定坚实的基础。

"十五"期间，从战略上调整国有医药经济布局，实现以公有制为主体、多种经济成份共同发展的医药经济体系；建立适应社会主义市场经济体制的医药生产流通体系；促进我国医药经济在国民经济中的比重有较大幅度提高；企业技术创新能力、参与国际市场竞争能力进一步加强，为由医药大国向医药强国发展奠定初步基础。到2015年，医药开发创新能力大幅度提高，进一步缩小与发达国家医药生产水平的差距；在世界医药市场中占有更大的份额；为下世纪中叶实现医药强国奠定坚实基础。

（五）积极稳妥地推进医药流通体制改革

深化医药流通体制改革是1999年的一项重要工作。经过深入调查研究，反复征求各地区、各部门意见，结合十五届四中全会决定的精神，国家经贸委下发了《关于深化医药流通体制改革的指导意见》(国家经贸医药［1999］1055号)，对深化医药流通体制改革提出了目标和要求。医药流通体制改革以党的十五大精神为指针，以邓小平同志"三个有利于"为标准，坚持解放思想、实事求是的原则，根据医药行业作为竞争性行业及医药商品是特殊商品的特点，遵循市场经济规律，正确处理特殊与一般的关系，正确处理改革与发展的关系，抓住重点，突破难点，配套推进，注重实效。医药流通体制改革的目标是，建立适应社会主义市场经济的"调控有力、管理科学、统一开放、竞争有序"的医药流通新体制。通过国有医药流通企业的"三改一加强"工作，逐步实现医药经营集约化、流通网络完善化、流通手段现代化和市场机制健全化的战略性变革，提高医药商业经营的质量与效益，促进其稳步健康发展，确保广大人民群众用药安全、有效、方便、及时。

医药流通体制改革的主要措施：一是加快产权制度改革，提倡产权多元化。二是积极推进医药流通经营方式改革。倡导医药批发企业实行代理配送制，倡导医药零售企业实行连锁经营制。三是提倡、支持基础工作较好的医药流通企业，在企业内部实行计算机管理的基础上，本着积极、稳妥的原则，利用现代信息技术、网络技术，逐步推进医药电子商务，改变现行医药流通企业经营效率低、费用高的现状。通过经营方式、交易手段的变革，实行信息流、物流、资金流的高效统一。四是进一步加强对医药流通的宏观调控和监督管理工作，提高医药流通企业的管理水平，促使企业在不断满足人民用药需求的前提下提高经济效益。严格控制医药批发企业的数量，严格执行药品价格管理政策。五是各地医药行业管理部门要制定本地区的农村药品供应网络建设规划与实施方案，医药流通企业要根据因地制宜、形式多样、经济效率的原则，选择下伸网点、直接供应、委托供应等方式，疏通农村药品供应渠道，消除药品供应死角，合理增加零售网点数量，建立完善的农村药品供应网络，提高农村药品供应系统的效率与效益。

在产权制度改革方面，上海医药、南京医药、浙江震元、广东丽珠和成都华神等一批企业实现了产权多元化，完善了法人治理结构，建立了激励与约束机制，增强了企业活力。

在经营方式改革方面，重庆、广州、深圳和大连等地的一批企业，在批发代理配送和零售连锁经营方面迈出了新的步伐，给全行业做出了良好的示范作用。

在信息产业部的大力支持下，医药电子商务试点工作已经在上海市和武汉市开始起步；上海医药、武汉金药电子商务网络公司和湖北中远医药公司等单位正在密切合作，抓紧准备，积极稳妥地开展试点工作。

（六）进一步加强医药储备管理工作

在总结1998年抗洪救灾药品供应工作经验的基础上，1999年中央和地方两级医药储备工作都有较大进展。国家经贸委会同财政部，并征求有关部门的意见后，修订了《国家药品医疗器械储备管理暂行办法》，下发了《国家医药储备管理办法》(国经贸医药［1999］544号)。明确了机构改革后，要进一步加强医药储备管理工作，按照中央和国务院的要求，认真落实责任制。

对承担中央储备任务的单位进行全面检查，初步解决了存在的问题，使储备工作进一步规范和完善。同时，增拨一部分资金，增强中央储备的实力。

截至1999年，大多数省区市已经建立省级医药储备制度并基本落实储备资金，储备管理工作得到进一步规范和加强，但仍有6个省区市还未按国务院要求建立省级医药储备制度和落实储备资金。

（七）加强技术改造和技术创新工作

1999年，提出了以高新技术产业化、替代进口、中药现代化为改造重点的标志性目标，建立了重点技术改造项目库，从中确定了24个项目，总投资28.3亿元。这批项目的实施可使5个国家一类新药实现产业化，一批大型企业实现技术升级。从"九五"期间已经完成的医药技术改造项目中，筛选出24个优秀技改项目，进行了重点扶持，由中央财政补贴息金5460万元。

在1999年医药企业技术改造贷款贴息工作中，抓住机遇、积极争取、突出重点，围绕增加品种、改进质量、提高效益和替代进口，组织一批医药企业的技改项目进入了第三批财政债券技改贴息项目计划。

在技术创新投入方面，1999年医药行业国家级重点新产品试产计划、技术中心建设、技术创新、中小企业创新支撑体系建设、产学研联合工程示范等项目总计拨款5000万元。

建立国家经贸委医药工业信息中心站等一批专业技术机构，编辑出版《医药新产品开发指南》、《药物制剂开发指南》、《医药工业水平调研报告集》等一大批专业技术资料，服务于行业发展，推动了企业的技术创新工作。

经过技术创新工作，我国的维生素E、维生素C、激素、维生素B2等生产技术取得了重要突破，达到或超过了国际先进水平。

（八）实施中药产业可持续发展战略，积极推进中药材产业化经营

各地把中药资源保护和中药材生产收购工作摆到重要的议事日程，加快了中药材生产组织体系、技术体系和信息服务体系的建设和完善。中药工商企业发挥了龙头企业的带动作用，促进了中药材基地建设上水平、上规模。1999年安排近60个中药材生产扶持项目，主要用于野生资源保护和野生药材变家种家养、药材种植研究推广、大宗药材基地建设以及中药饮片和中药仓储建设等方面，促进了中药材生产发展和技术水平的提高。

在财政部支持下，制订印发了《中药材生产扶持资金管理办法》（财经字［1999］1031号），明确规定中药材资金的使用对象，一般为国有中药工商企业、药材专业种植养殖场和直接从事中药产业化科技开发的研究院所。主要用在五个方面：一是野生药材资源保护和野生药材变家种家养的科研开发及成果应用；二是中药材种植养殖先进技术研究和推广应用；三是大宗、紧缺品种的中药材基地建设，中药材种子、种苗基地建设；四是中药材存储技术研究及改善中药材仓储设施；(5)中药饮片加工技术研究和推广应用。

（九）根据宏观经济发展要求，认真做好产业结构调整工作

为了有效制止低水平重复建设，努力解决医药企业多、小、散、乱，产品老化、技术水平低的问题，提高医药行业经济运行质量。国家经贸委下发了《医药行业制止重复建设的若干意见》（国经贸医药［1999］15号），针对医药企业中盲目扩张加工能力、低水平重复建设，主要原料药生产能力和制剂加工能力严重供过于求，影响医药行业健康发展的问题，提出了制止医药行业重复建设的意见。

1. 充分发挥现有生产能力，严格控制新增加工能力。对一般的仿制原料药及制剂品种，原则上不得增加生产定点和品种文号；严格限制加工能力严重过剩的片剂、胶囊剂、水针剂、粉针剂、大输液一般性制剂项目和一次性注射器、输血器、输液器项目；鼓励具备制剂生产条件的企业之间利用闲置生产能力开展委托加工；鼓励企业创造条件，将国内有比较优势的制剂加工能力向境外转移，发展境外带料加工业务。

2. 防止重复科研和技术开发。减少在科技开发方面的多头立项和重复投入；建立新药报批公告制度，定期向社会发布，指导企业和科研单位避免资源浪费；防止低水平重复研制，避免新药报批一哄而上。

3. 建立中药饮片及中药提取生产基地，改变中药饮片生产规模小而分散的现状，鼓励在中药材主产区、集散地、中心城市集中扩建中药饮片加工基地。

4. 严格药品和医疗器械的进口审批制度。凡是国内能生产且质量和数量基本满足需要的品种，一般不批准进口，努力做到可进可不进的，不进；国内供大于求的长线产品，禁止进口。

5. 停止新设批发企业。对现有医药批发企业进行全面整顿，凡不能达到管理规范要求的企业限期整改，整改后仍达不到要求的，不予换发新证；

改变按行政区划设置县市公司的做法,已经资不抵债、扭亏无望的部分县公司,按国家有关政策处理后,不再重新设立新公司,而由邻近的县、市公司来保障24小时之内的药品供应。

(十)为了规范和加强药品交易会的管理

国家经贸委下发《关于加强医药商品交易会管理的通知》(国经贸医药[1999]894号),明确根据国务院批准的国家经贸委“三定”方案,医药商品交易会的管理工作由国家经贸委负责,有关单位召开全国性医药商品交易会必须报请国家经贸委批准。对中药材、中成药的交易会管理工作比照药品交易会的管理办法执行。通知要求各地经贸委、医药行业管理部门切实加强医药商品交易会、展销会、博览会的管理,规范参会企业的交易行为,制止乱收费,取缔非法经营,杜绝购销活动中的不正之风,保证医药流通稳定健康地发展。

(十一)加强信息化建设,提高行业管理水平

1999年编制的《医药行业信息化建设“十五”专项规划》(征求意见稿),第一次将信息化建设作为一个专项纳入行业发展整体规划。同时,在原有工业、商业、财务统计的基础上,建立了医药商品进出口统计和国家重点企业主要经济指标月报统计制度。

国家经贸委与国家统计局合作,在三九集团的大力支持下,建立了“医药行业景气分析”专题,每季度对1200多家企业进行问卷调查,及时对医药经济运行状况进行分析判断,并对未来一个季度的医药经济景气和走向进行预测。一年来的工作成果,对医药企业的发展有很好的指导作用。

在中国电子学会的支持下,创办了《中国医药经贸》杂志,将国家有关法规、政策和国内外重要信息,及时、快速地传递给各地主管部门和企业。

二、2000年医药行业经济运行影响因素分析

2000年医药行业经济运行目标是:工业总产值比上年增长14%;工业增加值比上年增长14%;工业企业利润比上年增长11%;商业销售额比上年增长6%;商业企业利润比上年增长25%;工商企业亏损面降到25%;产品出口比上年增长10%。

(一)市场需求将在改革中保持适度的增长

随着人口的自然增长、人口老龄化社会的形成、城镇医疗保险制度的改革以及其他相关因素,医药市场总体需求将保持平衡增长。同时受居民收入预期、消费率及消费倾向等因素的影响,市场需求增幅不会过高。

国家基本药物和基本医疗保险药物目录的推行,对企业产品生产经营结构的调整将产生重大影响。随着新的医疗保险制度的建立,药品的消费结构随之出现调整。一些疗效确切、质量可靠、价格低廉的国产药、普药及新药仍将占有较大的市场份额。企业应密切关注这一动态,适时调整好产品经营结构。

中成药品种及天然药物制剂市场发展前景看好。目前,我国生产的化学药品中97.4%是仿制品,被世界公认为创造的药品十分有限。1993年我国政府承诺对医药产品实行行政保护,有11个国家84个产品申请药品行政保护,已受理81项,批准63项。加入世贸组织后,要买断一个专利新药的生产许可证,至少需要500万~600万美元。面对这场将要发生的重大挑战,中药品种及天然药物制剂迎来了新的发展机遇。

买方市场格局不会改变,结构性矛盾依然突出。我国买方市场形成已有数年,由于居民消费需求短时间内不可能出现暴涨,一些过剩生产能力的退出也面临着种种困难,资源重新配置从而创造出新的有效供给不是一两年内就可以轻易完成的,因此买方市场格局不仅短期内难以打破,而且很可能成为一种常态。与总量相比,结构问题是一个长期性的问题。从近年影响我国经济增长的诸因素看,结构“升级”对经济增长的重要性在增加,而结构升级要牵涉到存量、增量的调整,取决于企业生产技术水平、居民消费结构变化等多种因素,因而由结构升级而产生的对经济增长的拉动在2000年还很难明显表现出来,这就使新经济增长点的培育难度加大。为此,各级医药企业应有清醒的认识和充分的准备。

(二)医药体制改革进一步深化

药品分类管理制度的实施,对促进医药流通体制改革、规范医药营销、促进产品结构调整,将产生重要影响。《处方药与非处方药分类管理办法》(试行)于2000年1月1日起实施,这将对药品经营企业、医疗机构和社会消费行为带来一系列的影响,既为医药零售业提供了较大的市场发展空间,也对零售药店在人员配备、进货渠道、销售行为等方面提出了相应的管理要求,促进了医药零售业的规范营销和人员素质的提高。

医疗卫生机构改革仍将对医药流通体制的改革产生联动效应。医疗机构的改革是医疗保险制度

顺利进行的重要条件之一，涉及医药流通领域的主要有三个方面：一是卫生服务体系的结构性调整，加强社区服务，扩大农村医疗；二是医疗机构的分类管理；三是控制医药费用的快速增长，规范医疗行业，理顺医疗机构的补偿机制，这些均对医药商业的总体营销策略带来了影响。此外，各地医卫联合实行药品招标采购方式，也给流通领域提出了新的课题。

国有企业战略性调整和改组力度继续加大。党的十五届四中全会的《决定》，系统提出了国企改革和发展的十条重要方针，在三年脱困目标的基础上明确建立现代企业制度中长期目标，为国企改革和发展指明了的方向。同时，在政策上提出改善国有企业资产负债结构和减轻社会负担的各项措施，如国有企业股权多元化实行债权转股权，增加银行核销呆坏账准备金，规定企业技术改造可贴息等，必将对推进国有企业改革攻坚和跨世纪发展产生重大而深远的影响。医药企业应抓住机遇，积极推进企业间的联合与重组，逐步改变企业组织规模“多、小、散、乱、低”的状况。

（童应安）

附表1

1999年医药工业独立核算工业企业主要经济效益指标分析

地区	企业亏损面(%)	百元固定资产原价			经济效益综合指数	总资产贡献率(%)	资本保值增值率(%)	资产负债率(%)	流动资产周转率(次)	成本费用利润率(%)	全员劳动生产率(元/人)	产品销售率(%)	工业增加值率(%)
		实现的总产值(元)		实现的利税(元)									
		当年价	90年不变价										
全国总计	**32.82**	**153.49**	**194.73**	**20.66**	**1.06**	**8.06**	**116.10**	**60.23**	**1.06**	**7.92**	**60656**	**94.12**	**34.62**
北京	19.30	98.99	109.57	26.36	1.02	9.55	116.35	45.98	0.98	10.07	43794	93.95	32.48
天津	27.66	176.37	160.80	48.45	1.35	8.15	108.25	51.86	1.15	19.80	66934	97.99	39.96
河北	22.63	121.38	162.60	13.39	1.05	7.64	122.43	64.91	1.16	6.17	62954	95.33	29.94
山西	37.14	137.14	144.65	11.72	0.76	3.28	104.14	73.37	0.80	3.11	36572	89.00	42.15
内蒙古	27.03	106.47	107.36	7.58	0.75	6.13	133.51	70.02	0.99	0.69	23228	96.30	38.55
辽宁	47.09	107.18	124.12	9.28	0.77	3.95	99.83	68.10	0.75	3.85	38429	91.09	32.06
吉林	44.34	150.91	172.30	27.82	1.25	8.03	127.40	49.54	0.52	21.14	52340	81.60	43.00
黑龙江	36.54	159.26	185.60	23.67	1.15	9.61	129.86	73.26	1.30	8.41	57264	95.08	33.83
上海	22.58	166.16	224.58	16.62	1.08	5.65	118.98	70.03	1.30	3.42	86178	100.58	26.33
江苏	23.71	182.23	248.08	25.80	1.24	13.23	112.99	60.45	1.39	8.70	72600	96.15	35.98
浙江	11.00	197.96	354.74	28.14	1.51	13.51	139.67	56.89	1.55	9.31	123582	96.85	31.98
安徽	32.91	118.63	192.26	3.34	0.71	4.04	112.13	76.48	1.14	−2.52	38180	95.90	31.33
福建	38.26	148.86	171.38	18.54	0.98	9.72	125.62	51.05	1.09	6.47	44637	94.51	35.54
江西	43.64	147.65	176.16	13.29	0.79	7.09	121.25	69.24	0.87	3.07	24592	96.90	23.84
山东	29.89	123.20	167.72	14.39	0.89	5.91	107.38	57.93	1.01	4.92	48721	95.59	34.07
河南	32.14	129.94	226.50	10.03	0.90	5.43	113.77	67.76	0.94	4.49	50333	96.48	33.98
湖北	35.00	187.87	230.61	23.19	1.05	5.72	119.10	59.12	1.27	9.69	51645	93.17	39.30
湖南	41.79	117.50	126.82	14.79	0.88	7.65	107.38	66.19	0.53	7.09	38804	91.54	41.51
广东	36.91	156.88	176.59	21.54	1.19	8.37	108.75	57.66	1.04	7.62	98449	94.22	37.86
广西	39.60	167.38	190.33	22.91	1.07	11.21	103.52	62.62	1.18	6.89	57660	94.99	42.05
海南	19.35	220.64	192.81	28.81	1.38	8.30	146.05	54.35	1.37	12.95	97922	84.99	24.04
重庆	39.29	103.73	136.72	13.48	0.74	6.42	89.83	50.01	0.48	4.58	35933	96.75	30.09
四川	33.49	174.67	192.55	28.79	1.16	11.00	120.34	55.37	1.04	11.96	55633	91.31	37.34
贵州	38.64	272.02	283.18	19.41	1.03	3.93	209.94	66.40	0.92	5.31	59144	81.83	35.81
云南	18.64	191.68	194.62	37.08	1.21	9.53	96.35	54.36	1.16	13.83	63047	100.31	41.18
陕西	23.53	279.29	245.66	50.40	1.18	5.36	114.78	52.66	1.26	15.51	56693	88.60	33.72
甘肃	28.57	112.15	121.57	18.31	0.85	7.84	117.83	46.85	0.91	6.25	32504	87.26	39.97
青海	40.00	136.66	86.39	28.39	0.99	9.20	83.01	41.30	0.53	17.19	21773	90.12	34.12
宁夏	33.33	142.59	156.56	19.88	1.10	9.45	185.28	61.45	1.11	8.25	44348	87.70	39.27
新疆	31.71	99.77	97.47	10.31	0.84	8.00	121.05	65.80	1.02	2.91	35436	87.47	34.10

附表 2　　**1999 年医药工业总产值**　　单位：万元

地区	企业数（个）	在工业总产值构成中（不变价）								
		合计	化学药品工业	医疗器械工业	卫生材料工业	制药机械工业	中成药工业	中药饮片工业	药用包装工业	其他工业
全国合计	**3613**	**19758051**	**13756400**	**1201349**	**323100**	**47143**	**3808061**	**37592**	**345430**	**238978**
北京	59	294919	162841	32643	1166		64167			34102
天津	47	388009	301744	26915	85	411	56882	648		1324
河北	137	1387752	1218079	31315	3668		109708	2652	22330	
山西	105	211509	186788	870	453		18964	228	4207	
内蒙古	39	74601	63436		530		10496	139		
辽宁	180	733340	566611	79665	901	5445	74618	212	2248	3640
吉林	236	702158	325276	6238	364	53	356651	320	9336	3920
黑龙江	160	753405	573368	31173	830	1060	141325		4990	659
上海	99	1474206	1241424	102074	17750	5116	76345	13696	17800	
江苏	194	1860819	1493429	186913	69055	6128	36173	1660	64452	3010
浙江	203	2561697	1854021	312913	50682	10280	256141		28956	48705
安徽	79	329275	242504	6134	9796		57603	527	12712	
福建	117	253659	171409	14033	1289		50418	3139	4600	8771
江西	110	381214	143303	20168	294	176	208292	186	8795	
山东	185	1190609	873481	87033	24057	930	160630		41803	2674
河南	173	1000482	782551	12633	20278	542	175330	621	7558	968
湖北	203	922696	545955	10478	81663	7759	236167	837	26703	13136
湖南	145	285729	163131	6751	4161	5546	99917	1222	4093	908
广东	343	2101902	1416052	185281	8485	2224	368759	2845	35091	83166
广西	105	343089	73331	4912	19649		241948	1625	1033	592
海南	30	173043	107880				65163			
重庆	27	352146	240915	555	5097		92098		13481	
四川	244	872951	405001	18843	1602	445	409976	4363	31850	871
贵州	133	250322	46307	1193	642		199864	584	1496	235
云南	59	166769	123503				40423	1348	1495	
陕西	85	480364	323965	13769	66	1028	141536			
甘肃	46	108339	28720	6724	300		39477	549	402	32167
青海	5	12449	10244				2190	15		
宁夏	24	37041	28023	1703	125		7059			131
新疆	41	53559	43108	420	112		9744	176		

附表 3　　**1999 年医药工业销售产值**　　单位：万元

地区	企业数（个）	在工业销售产值构成中（当年价）								
		合计	化学药品工业	医疗器械工业	卫生材料工业	制药机械工业	中成药工业	中药饮片工业	药用包装工业	其他工业
全国总计	**3613**	**14667487**	**9155731**	**1068691**	**297760**	**41551**	**3511688**	**44542**	**354099**	**193426**
北京	59	250179	126693	33178	1625		69300			19383
天津	47	417005	306298	17376	158	500	83194	5387		4092
河北	137	987558	839699	27767	3699		90262	2294	23836	
山西	105	178461	150477	919	678		20743	374	5270	
内蒙古	39	71026	56961		558		13361	146		
辽宁	180	575988	397516	105460	685	5244	61489	211	1634	3749
吉林	236	502508	197012	5242	384	66	286320	320	10946	2218
黑龙江	160	614868	469086	29417	1065	1050	108824		4798	628
上海	99	1090874	847042	110593	20341	4643	77834	12561	17861	
江苏	194	1314303	967629	177074	65751	6167	35246	3192	57116	2127
浙江	203	1387242	839314	228939	44215	8449	204683		27793	23849
安徽	79	194851	136112	5191	4106		36876	504	12063	
福建	117	208384	118383	13660	1537		59427	3504	5975	5899
江西	110	309620	89396	11503	449	142	200815	248	7068	
山东	185	836055	532457	73961	16853	1001	161132		40301	10350
河南	173	553878	371027	11903	20137	390	143556	590	5453	821
湖北	203	700199	381212	8585	73578	6213	192745	1269	24998	11598
湖南	145	242845	111374	6361	4546	4483	108609	1230	5331	912
广东	343	1767629	1082056	160932	10400	1888	392197	3196	41105	75855
广西	105	286868	57997	3216	18124		204457	1281	964	829
海南	30	168295	93725				74571			
重庆	27	258492	146817	642	4779		96978		9275	
四川	244	723762	257047	17646	2102	365	408190	4506	33171	735
贵州	133	196849	29082	1047	745		163733	697	1271	274
云南	59	163828	98161				46283	2033	17341	
陕西	85	483805	356074	10671	131	950	115980			
甘肃	46	86828	24542	6137	390		35160	79	529	19991
青海	5	17748	14256				3438	54		
宁夏	24	29586	22425	883	264		5898			117
新疆	41	47953	35850	386	460		10390	867		

附表 4　1999 年医药工业独立核算工业企业主要经济指标　单位:万元

地区	企业单位数(个)		工业总产值(不变价)	工业总产值		工业销售产值		工业中间投入合计	工业增加值(生产法)	年末资产				
	合计	其中:亏损企业		当年价	其中:新产品产值	当年价	其中:出口交货值			合计	流动资产			
											小计	应收账款净额	存货	其中:产成品
全国总计	**3482**	**1145**	**19642811**	**15483658**	**2446832**	**14573761**	**1729451**	**10749118**	**5684140**	**25976375**	**13834756**	**4401110**	**3961197**	**2022285**
国有及国有控股	**1772**	**603**	**11976784**	**9022604**	**1258229**	**8601486**	**958198**	**6463408**	**3127250**	**16730178**	**8848138**	**2878216**	**2562241**	**1326126**
北京	56	11	294238	265820	50482	249728	12636	197742	92319	873784	435426	86673	184853	121671
天津	47	13	388009	425570	73203	417005	56538	295758	170121	707564	385165	120576	109350	46170
河北	137	31	1387752	1035977	148532	987558	137620	774083	312655	1936135	968290	363735	222755	120637
山西	105	39	211509	200526	20915	178461	9369	125087	87411	359097	195521	49668	72091	36246
内蒙古	37	10	72043	71443	1387	68801	8789	48052	27664	124769	67358	19817	26461	13726
辽宁	172	81	727455	628193	157535	572210	149986	454097	205505	1403408	698299	238145	175220	104992
吉林	221	98	692592	606638	106852	495021	11723	371591	273845	1404345	878015	332414	188153	91594
黑龙江	155	57	752408	645633	71485	613888	11035	474277	218976	1017134	521688	155589	197558	100660
上海	93	21	1432599	1059957	302002	1066136	129852	807313	307798	1759484	913653	342036	238651	94622
江苏	194	46	1860819	1366894	244257	1314303	264818	965573	492911	1646069	891596	394462	218902	114853
浙江	200	22	2553945	1425200	383291	1380291	383526	981093	526056	1809211	950004	307177	295016	144185
安徽	79	26	329275	203172	17041	194851	19217	141989	70708	337388	157968	54727	53988	31576
福建	115	44	253339	220047	8494	207964	30373	153371	80070	379278	201260	63490	56393	23435
江西	110	48	381214	319512	37373	309621	10361	262451	76029	580684	319279	79861	95357	44083
山东	184	55	1190609	874616	148405	836055	152872	626341	304129	1751374	897565	268405	295645	163548
河南	168	54	999993	573696	21689	553490	30493	392950	203603	964752	511460	133637	194588	115990
湖北	200	70	922119	751201	115034	699915	91710	463205	323650	1041004	534877	167599	153917	76106
湖南	134	56	282702	261935	37247	239762	11545	167146	112450	454379	233218	75236	84766	49604
广东	317	117	2075213	1843568	170011	1737024	88052	1245511	713465	3168241	1792135	541085	428588	179119
广西	101	40	341069	299943	44774	284924	8294	195779	126227	459541	245166	65854	71037	31634
海南	30	6	173043	198020	20069	168295	7109	138236	67367	292554	132882	36588	33595	16829
重庆	27	11	352146	267173	20360	258492	30450	206103	80395	647446	334530	101571	73201	22906
四川	215	72	862113	782049	92485	714085	30637	530278	306078	1250742	693009	192358	191653	99333
贵州	132	51	250087	240227	32314	196575	700	162597	86926	270485	161662	37789	62004	32452
云南	58	11	165827	163325	11639	163828	4915	104673	71545	261875	129241	31106	53166	27607
陕西	84	20	480212	545955	85324	483699	12097	331545	252678	643534	379962	89250	101780	72086
甘肃	41	12	107434	99115	3643	86492	3686	59884	49971	218181	96835	25255	40993	23676
青海	5	2	12449	19694	461	17748	0	10374	10932	54029	30564	5563	6953	3954
宁夏	24	8	37041	33737	17363	29586	10772	22720	13249	58782	30411	9436	12039	7158
新疆	41	13	53559	54823	3166	47953	10281	39303	19407	101106	47716	12005	22524	11832

附表5 1999年医药工业主要经济指标排序 单位：万元

序号	地区	工业总产值（当年价）	序号	地区	利润总额	序号	地区	利税总额	序号	地区	产品销售收入
1	广东	1875915	1	广东	127024	1	广东	253163	1	广东	1850474
2	浙江	1432919	2	浙江	113113	2	浙江	202577	2	浙江	1330737
3	江苏	1366894	3	江苏	94436	3	江苏	193524	3	江苏	1199177
4	上海	1084693	4	天津	74844	4	河北	114259	4	上海	1176752
5	河北	1035977	5	四川	68400	5	四川	128822	5	河北	1066418
6	山东	874616	6	吉林	67183	6	吉林	111857	6	山东	886910
7	四川	792927	7	河北	59859	7	湖北	92737	7	四川	666836
8	湖北	751695	8	陕西	58546	8	上海	108159	8	湖北	598498
9	黑龙江	646657	9	湖北	52325	9	黑龙江	95940	9	黑龙江	576228
10	辽宁	633666	10	北京	44333	10	山东	102140	10	辽宁	536515
11	吉林	614834	11	黑龙江	43369	11	北京	70789	11	河南	461245
12	河南	574131	12	山东	40800	12	天津	116906	12	陕西	449183
13	陕西	546107	13	上海	40349	13	广西	41051	13	北京	440696
14	天津	425570	14	辽宁	20815	14	河南	44278	14	天津	439791
15	江西	319512	15	河南	19294	15	重庆	34719	15	吉林	409446
16	广西	301720	16	海南	17748	16	福建	27408	16	江西	273957
17	重庆	267173	17	云南	17120	17	江西	28760	17	广西	266163
18	北京	266510	18	广西	16701	18	辽宁	54391	18	湖南	211803
19	湖南	265472	19	湖南	13599	19	陕西	98519	19	福建	203593
20	贵州	240501	20	重庆	12867	20	湖南	32979	20	安徽	172236
21	福建	220497	21	福建	12196	21	云南	31590	21	海南	167891
22	安徽	203172	22	江西	8317	22	海南	25854	22	重庆	152438
23	山西	200526	23	贵州	6681	23	甘肃	16180	23	山西	146940
24	海南	198020	24	甘肃	4847	24	贵州	17147	24	云南	141187
25	云南	164097	25	山西	4319	25	安徽	5726	25	贵州	129674
26	甘肃	100184	26	青海	2316	26	山西	17139	26	甘肃	84762
27	内蒙古	74003	27	宁夏	2143	27	新疆	5665	27	内蒙古	65352
28	新疆	54823	28	新疆	1377	28	内蒙古	5085	28	新疆	48867
29	宁夏	33737	29	内蒙古	442	29	青海	4092	29	宁夏	29486
30	青海	19694	30	安徽	4472	30	宁夏	4703	30	青海	16135

附表 6　　1999 **年化学药品十四大类制剂产量、能力汇总表**

地　区	冻干粉针剂（万瓶）		粉针剂（万瓶）		注射液（万支）		缓释控释片（万片）		片剂（万片）	
	产　量	能　力	产　量	能　力	产　量	能　力	产　量	能　力	产　量	能　力
全国总计	**32403**	**61157**	**873199**	**1516871**	**2342268**	**8492516**	**34339**	**149980**	**26774973**	**68181896**
北　京					0	1150			218	331500
天　津	529	303	264		15711	206263	0	10000	495658	1216021
河　北	1231	1792	313128	382575	101876	219156	30		1460130	3207440
山　西	29	256	7126	51225	161013	394830	133	10000	1442825	3078290
内蒙古	463	400	577	8284	5556	10850			344468	755893
辽　宁	520	3042	35253	69020	6408	74398	703	40000	918340	3098919
吉　林	1412	6105	3	8600	15398	79586			643587	2281444
黑龙江	1578	3450	206190	286205	30583	71820			861249	2277374
上　海	8175	10400	49450	43640	122171	199148	438	13500	1455050	2756653
江　苏	3635	2515	12177	35036	439184	774386	5940	23600	2344367	5607466
浙　江	988	5060	2150	29070	187720	545988	512	1700	995689	2024873
安　徽			8824	54939	75828	276100			921467	3500100
福　建	146	78	7290	18200	36386	82133			304656	1463721
江　西	229	130	25107	63330	37603	138710	3513	2000	432923	2610505
山　东	7425	15552	121209	176540	122659	267808	12544	23000	2027770	4241715
河　南	312	1480	8323	92300	621530	1293532			2962373	7633790
湖　北	1294	2976	2579	8600	98197	224216	85		1014634	2311688
湖　南	920	1200	254	1460	22989	73716			342037	1219960
广　东	1120	2042	30245	93107	60482	170806	9214	16180	2915350	9049960
广　西	97		4536	7000	14052	28950			889666	1396595
海　南	111	376	795	3000	420	5900			48500	194901
重　庆			16541	18500	29993	43300			784078	985356
四　川	1307	2000	13190	50240	38283	85470	1228	10000	1108950	2558407
贵　州					15490	27685			120252	756320
云　南	18	500	945	1000	11526	60986			110141	827697
陕　西	862	1500	1846	3000	53141	3095154			1328227	1674429
甘　肃			3473	5800	12896	2000			235233	470000
青　海				200	1392	5000			55576	222700
宁　夏			1519	3000	2652	4600			64520	144000
新　疆			205	3000	1129	10876			147037	284180

单位：吨 （续表）

地区	输液		胶囊剂		滴剂		颗粒剂		膏霜剂	
	产量	能力	产量	能力	产量	能力	产量	能力	产量	能力
全国总计	**199527**	**298769**	**4781469**	**12633612**	**35731**	**108955**	**338255**	**1039913**	**69867**	**224303**
北京		2500	169	14020		3340				
天津	2613	4072	168521	227360	201	19	20	60	10282	12500
河北	14047	14188	344577	637810	8964	19300	95467	233692	2548	8500
山西	4136	9030	231836	707590	396	13920	8811	68950	45	9850
内蒙古	3507	4050	19968	72727	4	200	328	740	10	8
辽宁	4384	22964	283317	884853	431	2401	2538	13430	794	5748
吉林	3290	8924	61146	455590	108	460	1348	5231	13	480
黑龙江	8805	11938	179699	254420	26	500	2559	11653	87	537
上海	4554	4492	245109	510841	1388	1352	932	4256	6812	9402
江苏	20350	36736	376381	841109	1791	6430	9891	37858	3096	9682
浙江	6516	9150	484350	1754446	1134	5250	8154	25530	1348	3605
安徽	16800	19944	162898	664610	970	11420	13052	40721	2940	20934
福建	4300	5137	288503	295049	273	1500	2122	9336	3411	24888
江西	9244	10220	77295	381233	1112	6205	1314	15192	1346	11686
山东	17573	26323	203111	554423	2626	5618	12699	46880	2517	11830
河南	15028	24290	258901	810752	419	4000	25	31746	6571	29300
湖北	16031	22609	144531	273358	7379	10750	18398	40060	1378	9725
湖南	4878	5250	43159	269098	115	1900	10497	40460		
广东	5113	7900	733820	1542602	6176	11625	87107	121798	20791	49726
广西	5012	6250	45595	109890	110	500	3391	14895		
海南	1008	2200	71276	331523			15484	176800		
重庆	3129	3650	119802	150961			1688	3000		
四川	14287	15970	136344	393600	2102	2165	31198	45180	162	
贵州	2658	4600	11431	20585			2799	360		
云南	3144	4490	7553	67600			4397	29250		
陕西	5314	6991	57645	362842			3709	22145	5639	5652
甘肃	2332	3000	16591	32750					20	
青海	75	300	2000	2900				60		
宁夏	559	1000	1565	3800	8	100	326	880		
新疆	841	600	4375	21270					57	250

单位：吨　（续表）

地　区	栓　剂		气雾剂		口服液体制剂		外用液体制剂	
	产　量	能　力	产　量	能　力	产　量	能　力	产　量	能　力
全国总计	**26693**	**103542**	**865**	**4058**	**165950**	**514996**	**14848**	**118903**
北　京						150		
天　津	30	1000					253	60
河　北	1838	2000			1085	8000	1486	11501
山　西	89	585	2	30	1354	10760	195	602
内蒙古					2	802		
辽　宁	5156	36010		10	385	9158	534	2600
吉　林	41	700			3505	10860	5	200
黑龙江	40	1750	7	610	81927	187285	281	1160
上　海			97	73	3325	37104	28	1
江　苏	624	1000			1739	6117	595	1963
浙　江	99	500	14	60	2946	41661	707	1500
安　徽		500			855	830	327	5160
福　建	321	1030	1	6	944	2174	2107	5940
江　西					495	3080	593	6010
山　东		970	396	2040	285	4781	235	396
河　南					1591	5400	44	800
湖　北	7752	25868			35658	150962	3343	4300
湖　南	38	100			1132	3740	46	60300
广　东	2842	4252	175	609	9201	15837	2748	10735
广　西	346	500			6007	8460	76	245
海　南	958	1157				2500	157	750
重　庆			166	600				
四　川	455	5000	8	20	116	205	404	870
贵　州					1179			
云　南		20					5	10
陕　西	6063	20600			595	465	678	3800
甘　肃								
青　海								
宁　夏					821	3745		
新　疆					10804	920		

黄金工业

黄金是财富的象征。有史以来,黄金以其特有的物理、化学性质成为一种具有货币和商品双重属性的特殊产品。尽管20世纪70年代发生了黄金的非货币化运动,使它的货币功能有所减弱,目前已基本上不作为直接的购买和支付手段,但在当今世界经济领域和现实生活中黄金仍然是一种重要的储备手段,是保证国家安全和金融安全的防波堤和稳定器。除此之外,它作为一种贵金属产品,在航空、航天、电子等工业领域得到了广泛应用,特别是作为首饰业和饰品的主要材料,在满足人民日益增长的消费需求和美化人民生活方面具有重要意义。

一、我国黄金工业发展简况

我国政府十分重视黄金工业的发展。《矿产资源法》规定黄金属于保护性开采矿种。新中国成立以来,黄金工业的发展经历了三个时期:恢复和徘徊期(1949～1964年)、曲折期(1965～1974年)、持续稳定快速发展期(1975年至今)。前两个时期,黄金产量仅由1949年的4吨增加到1975年的13吨。改革开放以来,为了发展国民经济,增加外汇收入,国家对黄金一直实行集中管理,在黄金资源地质勘探、开发建设等方面进行了大规模投资,使黄金行业在短短二十几年时间里发展成为一个门类齐全、专业配套、独立完整的工业体系。

在国家大力支持下,在行业30万干部职工的努力下,黄金行业飞速发展。1975年以来,黄金产量平均以11.6%的速度增长,到1999年黄金产量达到169吨,居世界第四位,成为世界主要产金大国。经过新中国50年的建设和发展,到1998年末累计生产了1651吨黄金,平均增长速度达到8.01%。

我国黄金资源比较丰富,分布十分广泛,除上海外,全国其他省区市都发现了黄金资源,但分布很不平衡,主要集中在山东、河南、河北、陕西等省。四省黄金储量占全国总储量的57%,而仅山东省就占全国的33%。解放初期黄金工业以采砂金为主,集中在黑龙江、内蒙古、吉林等省区。目前东北的砂金资源已面临枯竭,黄金生产主要靠岩金资源。

我国黄金资源,蕴藏量丰富、潜在资源可观,据有关部门预测可达到1.6万吨,已累计探明6800吨,到1998年保有黄金储量4200吨,其中独立金矿为3000吨左右,其余为伴生金。

到1998年末,黄金行业拥有1200多户矿山企业,具有固定产金能力的有600多户,但规模在200吨/日以上的企业只有123户,500吨/日以上的企业只有56户。采金船有122条,其中250升以上的有11条。全国岩金矿山规模为84359吨/日,砂金矿山规模为5477万立方米/日。

二、1999年黄金工业改革与发展状况

1999年,国际黄金市场剧烈动荡,国内黄金收购价格随之大幅度调整,企业经营中的价格风险高于以往任何时候。在各级党委的领导下,黄金行业广大干部职工认真贯彻落实党的十五大和十五届四中全会精神,面向市场,迎接挑战,努力拼搏,真抓实干,按照年初全国黄金局长会议确定的目标和总体要求,以国有大中型黄金企业三年改革脱困为主攻方向,以经济效益为中心,控制发展速度,狠抓调整转化,深化企业改革,加强内部管理,着力提高黄金经济的运行质量和效益,使全行业的经济运行状况保持较为平稳的态势,避免了大起大落,在各种困难加剧的情况下,依然取得了很好的成绩。

(一)国有大中型黄金企业扭亏脱困

1999年是实现国有大中型黄金企业三年改革和脱困目标的关键一年,为完成三年改革和脱困任务,国家经贸委黄金管理局年初就制定了《1999年黄金行业扭亏脱困工作指导意见》,明确提出从各级行业管理部门到企业要层层落实扭亏脱困责任制,对全行业亏损100万元以上的31户重点企业进行分级负责,分类指导,跟踪管理,限期扭亏。按照全年总体要求和统一部署,各地各企业普遍加大了扭亏脱困工作力度。

1. 各级管理部门高度重视扭亏脱困工作,加强了对扭亏脱困工作的领导和指导,把扭亏脱困工作纳入重要议事日程,坚持一把手负总责,层层建

立扭亏脱困机构，对重点亏损企业逐户分析，找准症结，采取对策，促其扭亏。河南、陕西两省黄金局对国家经贸委黄金局小秦岭现场办公会作出的决定，进行跟踪落实，逐条检查，促进了两省黄金企业脱困工作的开展。吉林省黄金局把脱困的重点放在老企业上，多次组织力量到夹皮沟、二道子金矿等老企业进行检查指导，帮助制定并落实扭亏脱困措施，收到了明显效果。

2. 为提高亏损企业领导班子特别是经营者的素质，加强了亏损企业领导班子建设，全行业普遍加强了对亏损企业领导人员的培训工作，共举办各类各层次的培训班十余期，轮训厂（矿）长、经理、董事长、党委书记300多人次。与此同时，山东、河南、黑龙江、山西、内蒙古等省（区）的一些黄金管理部门还对一些因主观原因导致不能完成扭亏脱困任务的领导班子果断进行了调整，强化了亏损企业的领导力量，保证了脱困任务的完成。

3. 确保企业在扭亏脱困中，拓宽思路，通过兼并、破产、增资减债、开发非金产业等多种途径，扭亏增盈，努力使企业摆脱困境。

4. 努力做好下岗分流、减员增效和资源枯竭企业的人员安置工作。全行业采取各种措施，分流职工近2万人，并多方筹集资金一次性安置职工近5000人。经过努力，31户重点企业已有湖南汀西金矿、山西义兴寨金矿、广西龙头山金矿、山东七宝山金矿等6户企业扭亏为盈，吉林浑江、陕西阳平关、黑龙江桦南等9户企业停产关闭，准备依法破产。内蒙哈德门、河南张全庄等13户企业大幅度减亏。除停产关闭的9户企业外，22户企业有8户扭亏，亏损额下降8000万元以上。

（二）企业经营管理及经济效益

1999年，全行业根据日益严峻的市场形势，普遍加大了学邯钢、赶仓上、转机制、抓管理的力度。各级管理部门，一方面积极引导企业丢掉幻想，把提高效益的出路放在企业自身，把功夫下在内部管理上；另一方面从外部给企业加压，促进企业改善内部管理，转换经营机制，靠“压、挖、抓”求效益。各企业也主动自我加压，努力消化减利因素，力求做到眼睛向内，以学习推广亚星经验和实施厂务公开制度为切入点，全面加强企业的成本、资金、现场管理，在生产经营的每个环节深挖潜力，坚持实行“一票否决”，层层分解成本指标，层层承担市场压力，层层进行成本控制，取得了成效。全行业黄金综合成本费用为65166元/千克，吨矿综合成本费用为216元/吨，可比成本比上年降低5%以上，在消化降价减利因素的同时，全年实现利润10.5亿元，比1998年增长77.8%。

（三）黄金生产及探矿增储

1999年全国黄金产量169吨，其中纳入统计范畴的633户企业生产黄金162.5吨（其中：岩金101.2吨，砂金6.8吨，含量金41吨，有色料产13.5吨），生产白银109吨，铜16087吨，铅4866吨，锌4503吨，硫39.9万吨。与上年基本持平，实现了年初提出的适当控制发展速度的目标。在生产组织中，各级管理部门采取得力措施，遏制非固定生产能力的增长，对条件比较好的非固定生产能力实行有计划、有组织地转化，使非固定生产能力的产金比例持续下降，固定生产能力产金比例大幅度提高。在金价大幅度下跌，一些企业被迫停产的情况下，黄金产量没有大的波动，充分说明非固定生产能力转化工作取得了重要进展，调整采掘关系也初见成效，黄金经济增长质量明显提高。

探矿增储工作取得新的进展。各级管理部门和企业采取得力措施，狠抓采掘关系调整和探矿增储工作，做到加强领导，加大投入，强化管理，加快进度，使得制约发展的“瓶颈”问题开始向好的方向转化。吉林夹皮沟、湖南湘西、河北金厂峪、辽宁五龙、山东玲珑、吉林海沟等一批老企业，坚持一手抓采掘失调问题和残矿回收，一手抓探矿增储，使生产经营逐步由被动转为主动。山东莱州、河南灵宝和嵩县、陕西潼关等一些重点产金县（市）都把1999年作为调整和探夏增储年，由县（市）主要领导亲自抓调整和增储，从人力、物力、财力上给予保障，并且引入风险勘探机制，把企业的命运与职工的切身利益联系在一起，取得了初步成果，全年提交地质储量320吨。

（四）技术进步、技术改造和基本建设

各级管理部门和企业高度重视技术进步和技术改造工作，在投资主渠道不畅的情况下，许多企业依靠自我积累，多方筹措资金，推进技术进步、技术改造和基本建设工作的开展。全年共取得69项科研成果，其中有53项获国家经贸委黄金科技进步奖。以福建紫金山金矿成矿地质研究及资源评价、山东新城金矿复杂条件矿床采矿方法研究、辽宁排山楼金矿生产过程综合自动控制、湖北鸡冠嘴金矿全水全尾胶固阶段充填连续回采采矿方法试验研究、湖南黄金洞金矿浮选工艺优化研究与应用、山东归来庄金矿全泥氰化提金新工艺为代表的黄金科技成果的应用，提高了整个行业的科技含量和技术水平。

中国黄金学会和从事黄金科研设计院所在推进技术进步中起到了很好的作用。在严格执行产业

政策，控制重复建设的前提下，又上了一批起点较高、效益很好的技改、基建项目。1999年，全行业依靠企业自筹和社会融资共完成科研、技改、基建投资约6亿元，又有招金股份、乳山大业等一批大中型项目投产，年新增生产能力约8吨。

（五）企业改革及结构调整

国有大中型黄金企业公司制改造、建立现代企业制度的步伐有所加快。山东黄金股份公司经过两年时间的努力，即将挂牌上市，这是黄金行业最先起步、直接上市融资的股份公司，必将带动和促进行业改革向纵深发展。湖北三鑫股份公司、河南豫光金铅集团公司、内蒙哈德门金矿、中信国安黄金有限公司的改制工作已顺利结束，企业已按全新的机制开始运营。中金黄金股份公司、新疆阿希金矿等一批企业的改制工作也在进行之中。现代企业制度的建立，促进了企业内部改革的深化和经营机制的转换，竞争机制正在形成，“三项制度”改革向纵深发展。与此同时，企业结构调整和资产重组工作也不断向前推进。一些企业解放思想，大胆探索，走在了全行业的前列。山东省平度市属黄金企业整体划入山东黄金集团，优化资源配置，减少重复建设，提高了规模效益。黑龙江新立金矿移交给桦南县，为搞活新立金矿，带动地方经济发展奠定了基础。山西大同黄金矿业有限公司承包河北水晶屯金矿，并盘活中山沟金矿资源，使这两户企业的经营状况都有了明显改善。山东、河南、黑龙江、陕西、甘肃、湖南、湖北、广东、青海、广西等省（区）根据金价下调的实际情况，因势利导，果断关闭技术落后、效益不佳、污染环境、破坏资源的小坑口、小选厂、小冶炼、小堆浸、小船槽，提高了行业的规模经济水平。

在结构调整中，非金产业快速发展，整体水平不断提高。据不完全统计，截止到目前，全行业各级管理部门和企业所办的各类非金企业已接近500户，非金产品的产值约占全行业全部产值的1/4，一些企业已靠非金产业支撑企业生存和发展。

（撰稿：刘江天）

附表1　**建国以来我国黄金产量情况表**　单位：千克

年　份	年产量	累计产量	年　份	年产量	累计产量
1949	4073	4073	1975	13785	205898
1950	6508	10581	1976	14715	220613
1951	6821	17402	1977	16018	236631
1952	6452	23854	1978	19673	256304
1953	5440	29294	1979	20874	277178
1954	4812	34106	1980	24256	301434
1955	4721	38827	1981	25201	326635
1956	5511	44338	1982	27259	353894
1957	5541	49879	1983	30561	384455
1958	6885	56764	1984	33926	418381
1959	6590	63354	1985	39082	457463
1960	6498	69852	1986	44420	501883
1961	3653	73505	1987	47802	549685
1962	3653	77158	1988	48986	598671
1963	5024	82182	1989	56360	655031
1964	5868	88050	1990	66175	721206
1965	7824	95874	1991	76160	797366
1966	9554	105428	1992	84026	881392
1967	8825	114253	1993	94548	975940
1968	5826	120079	1994	90200	1066140
1969	8351	128430	1995	108405	1174545
1970	10543	138973	1996	120607	1295152
1971	11981	150954	1997	166358	1461510
1972	13674	164628	1998	177623	1639133
1973	14743	179371	1999	165790	1804923
1974	12742	192113			

附表2 1999年黄金生产矿山规模构成

地区	汇编企业个数	设计规模 岩金(吨/日)		设计规模 砂金(万米³/年)		设计能力(千克/年)				岩金矿山(含露天)(个)						采金船(条)						砂金露天采场
		采矿	选矿	船采	机采	合计	岩金	砂金 船采	砂金 机采	合计	>500吨/日	200～500	100～200	50～100	<50吨/日	合计	>250升	200升	150升	100升	50升	
全国合计	**364**	**88762**	**88143**	**3631.2**	**187.7**	**108873.1**	**102017.6**	**6244.6**	**610.9**	**351**	**56**	**74**	**86**	**89**	**46**	**93**	**11**	**4**	**110**	**41**	**27**	**37**
北京	2	180	180			244.0	244.0			2			1	1								
天津	1	20	20			30.0	30.0			1					1							
河北	19	5897	6195			5485.5	5485.5			29	4	4	6	5	10							
山西	4	760	800		4.8	893.7	875.0		18.7	3		2	1									1
内蒙古	12	2650	2900			3708.0	3708.0			13	2	3	3	4	1							
辽宁	10	3580	3580			3876.9	3876.9			11	2	4	4		1							
大连	2	200	250			250.0	250.0			2			1		1							
吉林	23	4115	4115	60.0	10.0	4364.2	4167.2	184.0	13.0	22	3	1	9	6	3	3			1		2	3
黑龙江	23	2370	2370	1456.1	67.3	4526.3	2463.7	1839.4	223.2	5	1	2	2			51	2		6	25	18	8
江苏	2	230	230			136.2	136.2			2			1	1								
安徽	7	680	675			1083.6	1083.6			7		1	1	4	1							2
福建	5	2850	2850			1753.2	1753.2			5	1	1	3									1
江西	10	1960	1960	135.0		2246.5	2022.5	224.0		8	2	1	3	1	1	3				2	1	
山东	56	24360	24770	43.0		29517.7	29439.4	78.3		56	13	19	8	14	2	1				1		3
青岛	6	1075	1075			1437.0	1437.0			6		3	1	2								
河南	37	9915	9775			14132.9	14132.9			39	10	9	14	6								
湖北	5	2650	2650			2098.2	2098.2			5	3			2								
湖南	8	2230	2230	135.0		1055.1	1055.1			12	1	5	2	4		3		1		1	1	
广东	1	750	750			935.3	935.3			1	1											
广西	3	1050	850			1125.4	1125.4			5	1	1	2	1								1
海南	3	375	375			830.0	830.0			3		1	1		1							
四川	13	750	750	1012.7		2094.5	681.7	1412.8		5		2		2	1	13	7	1	1	4		
贵州	8	1391	981	0.1		1329.9	1328.9	1.0		7	1	2	2	2		5					5	
云南	6	1100	1100			1229.5	1229.5			9		3	2	4								
西藏	10			42.3	105.6	742.6		386.6	356.0							2				2		11
陕西	30	8950	9025	243.0		11233.0	10832.0	401.0		29	7	5	5	10	2	1			1			
甘肃	31	3716	2702	286.0		5063.5	3906.0	1157.5		39	1	2	7	10	19	5	2	1		2		
青海	9	750	750	218.0		1408.0	848.0	560.0		7		1	2	4		6		1	1	4		7
宁夏	1	75	75			62.0	62.0			1				1								
新疆	12	3565	3665			4881.3	4881.3			12	3	1	4	3	1							

附表 3

1999 年黄金企业概况

地区	汇编企业个数	工业总产值（现价）（万元）	工业增加值（现价）（万元）	黄金产量(成+含)		全部职工年平均人数(人)	全部职工工资总额（万元）	产品成本费用总额（万元）	本年利税总额（万元）	资产(万元)				负债及所有者权益(万元)			
				生产量（千克）	销售量（千克）					总计	其中：流动资产	固定资产	无形递延资产	总计	其中：流动负债	长期负债	所有者权益
全国合计	**362**	**1207686**	**433679**	**132391.85**	**131147.63**	**178360**	**162243**	**926022**	**127991**	**2513795**	**689485**	**1569227**	**119918**	**2513795**	**884599**	**719228**	**931401**
北京	2	5970	1789	611.24	452.13	686	636	4612	291	16032	7535	5022	1339	16032	3413	2435	10184
天津	1	30		3.00	3.00	20	10			150		150		150		110	40
河北	19	52880	22608	6897.07	6897.07	13395	11054	48087	5273	108526	28435	66417	4325	108526	34573	27936	46017
山西	4	8632	3333	1115.02	1056.13	1885	1219	6955	1137		3417	9908	472		5802	5358	2637
内蒙古	13	28197	12991	3662.73	3662.73	8655	6757	27793	638	76241	14681	51544	9876	76241	24938	19355	31948
辽宁	11	35370	9348	4624.51	4614.62	7721	11155	34150	130	67667	15562	44175	3531	67667	20532	29874	13066
大连	1	1140		150.04	150.04	110	944	9980		39640	11590	19800	5190	39640	11590	17740	10310
吉林	23	28893	13913	3517.16	3551.72	12357	6568	25981	-191	72017	22782	45118	1056	72017	21104	13458	37457
黑龙江	24	30177	10247	3678.22	3678.22	6520	4697	29907	-488	72448	19494	46025	2727	72448	24353	24396	23702
江苏	2	1411	507	162.56	162.56	422	274	1294	143	1429	180	910		1429	5	1080	344
浙江	5	7206	4377	768.19	769.66	1241	1675	6792	98	24930	10270	10994		24930	8092	-594	17431
安徽	7	12718	5136	1519.86	1476.02	2175	1956	9918	2000	25192	7090	15408	1733	25192	7182	10311	7699
福建	5	29517	13513	3775.82	3828.07	1178	1636	21314	6502	307101	55799	205238	43132	307101	108285	97693	108647
江西	9	12552	4778	1677.76	1501.65	2469	1410	11234	677	27421	7676	16003	1322	27421	12938	11708	2775
山东	59	430316	156656	42649.54	42676.63	50405	45474	348247	61137	746097	214338	474599	14974	746097	209756	150311	385477
青岛	7	14780	6185	2073.93	2147.53	2438	1916	11723	1801	25552	7427	14970	1316	25552	8142	4136	13274
河南	37	229936	64708	21578.48	21378.81	26813	16414	127439	19165	385340	123375	234557	4218	385340	167174	106770	111396
湖北	5	21810	9492	1574.59	1554.62	2870	2461	11309	2273	84651	11754	51978	3916	84651	21062	52854	10735
湖南	8	18699	8951	1939.35	1960.07	6355	4936	17611	767	34199	10688	20777	936	34199	12604	6295	15300
广东	1	10087	4603	1203.06	1203.60	694	950	7158	4306	11653	2325	9226	102	11653	4171	5768	1714
广西	3	10396	3932	1316.37	1326.40	1148	545	10251	6	21012	5582	12802	758	21012	10651	10479	-118
海南	3	6428	3402	780.64	780.64	550	675	4240	1683	8971	2070	4749	815	8971	1339	2620	5012
四川	10	6808	1148	883.41	886.39	1513	1043	7019	-468	26352	6396	16889	2076	26352	16613	5590	4149
贵州	9	9956	4100	1385.04	1368.39	4409	1099	5502	2078	10637	3485	7108	44	10637	6472	5339	-1298
云南	6	10731	4553	1433.16	1451.85	2064	1680	9608	-642	23812	6646	15040	1762	23812	7632	14754	-2347
西藏	12	6294	3154	798.61	798.61	1163	740	2688	2752	16972	5749	8714	859	16972	6907	910	9155
陕西	30	86197	29970	10825.38	10125.54	11491	21054	65520	3196	157828	42492	96178	7253	157828	60018	58157	38858
甘肃	15	27021	9195	3321.97	3330.29	3115	7382	17840	7111	26158	13287	11562	148	26158	18485	1349	6636
青海	18	19075	3730	2560.51	2554.81	1085	883	6492	1407	13206	3860	8617	729	13206	6962	5557	733
宁夏	1	334	14	43.51	43.51	138	78	430	-96	790	328	51	32	790	752	525	-441
新疆	12	44125	17346	5861.12	5756.32	3275	4922	34928	5305	81771	25172	44698	5277	81771	43052	26954	20909

附表 4

1999 年黄金生产量、销售量

单位：千克

地区	汇编企业个数	黄金生产量							黄金销售量						
		矿山成品金			金精块矿含量金	矿山成品金+含量金	冶炼厂产金		成品金					金精块矿含量金	矿山成品金+含量金
		小计	岩金	砂金			黄金料产	有色料产	合计	矿山产	黄金料产	有色料产	再生缉私		
		1=2+3	2	3	4	5=1+4	6	7	8	9	10	11	12	13	14=9+13
全国合计	**633**	**108187.63**	**101297.90**	**6889.76**	**40984.40**	**149023.54**	**44038.92**	**13456.73**	**162703.24**	**107409.82**	**44196.01**	**13479.79**	**107.15**	**40239.16**	**147679.21**
系统内企业	611	108140.09	101250.30	6889.76	40984.40	148976.00	39979.50	2312.30	147937.26	107362.28	40136.59	2312.30	107.15	40239.16	147631.67
北京	6	672.20	672.20		4.42	676.62			513.09	513.09				4.42	517.51
天津	1	3.00	3.00			3.00			3.00	3.00					3.00
河北	43	8161.75	8161.75		2073.43	10235.18	46.69		8178.11	8178.11	46.69			2073.43	10251.54
山西	13	678.53	664.26	14.27	558.25	1236.78			677.83	677.83				475.93	1167.43
内蒙古	29	6298.57	6035.38	263.19	83.20	6381.77			6263.11	6263.11				83.20	6346.31
辽宁	35	6035.71	6035.71		1596.85	7484.07	248.60		6410.77	6013.68	397.09			1527.24	7540.92
大连	2	150.04	150.05		14.38	164.42			300.08	150.04				14.38	164.42
吉林	28	3243.29	3111.29	132.00	857.96	4101.25	335.00		3504.94	3169.94	335.00			947.69	4117.63
黑龙江	33	5552.86	3763.15	1789.71		5552.86			5552.86	5552.86					5552.86
江苏	3	178.50	178.50		18.41	196.91			178.50	178.50				18.41	196.91
浙江	6	623.53	623.53		166.64	790.17			623.53	623.53				168.11	791.64
安徽	9	2191.31	2191.31		659.25	2850.56		1783.00	1942.38	1932.38	10.00	1783.00		673.59	2605.97
福建	5	3546.01	3546.01		433.25	3979.26			3430.01	3430.01				398.50	3828.51
江西	30	1153.47	969.46	184.01	768.03	1921.50			1130.50	1130.50				616.41	1746.91
山东	69	20785.44	20780.23	5.21	17730.63	38516.07	31022.67	529.30	52371.33	20819.36	31022.67	529.30		18103.83	38923.19
青岛	11	1486.62	1486.62		617.59	2104.21	301.41		1804.39	1804.39	301.41			343.14	2147.53
河南	52	9562.85	9562.85		8680.92	18243.77	7980.45		17598.55	9619.50	7979.05			8407.31	18026.81
湖北	7	300.68	300.68		1718.77	2019.45			300.84	300.84				1603.19	1904.03
湖南	37	2523.75	2411.98	111.77	574.35	3098.10			2559.12	2536.29			22.83	586.39	3122.68
广东	12	1220.90	1220.90		67.36	1288.26			1221.44	1221.44				67.36	1288.80
广西	15	1726.39	1726.39		352.06	2078.45			1760.09	1726.39			33.70	362.09	2088.48
海南	3	780.64	780.64			780.64			780.64	780.64					780.64
贵州	18	3362.47	3362.47			3362.47			3348.22	3297.60			50.62		3297.60
云南	7	1696.81	1696.81		641.04	2337.85			1682.90	1682.90				673.64	2356.54
西藏	17	920.85		920.85		920.85			920.85	920.85					920.85
陕西	52	9513.41	9368.73	144.68	3170.90	12684.31	44.68		9534.02	9489.34	44.68			2924.65	12430.55
甘肃	23	5443.93	5396.83	47.10		5443.93			5452.25	5452.25					5452.25
青海	18	2451.95	775.54	1676.41	109.12	2561.07			2451.95	2451.95				103.42	2555.37
宁夏	1	43.51	43.51			43.51			43.51	43.51					43.51
新疆	12	5846.12	5846.12		15.00	5861.12			5861.12	5861.12					5861.12
系统外企业	22	47.54	47.54			47.54	4059.42	11144.40	14765.98	47.54	4059.42	11167.49			47.54

煤炭工业

1999年，煤炭工业在党中央、国务院的正确领导下，深化改革，调整结构，关井压产，限产压库，控制总量，扩大煤炭出口，积极稳妥地实施关闭破产，加大扭亏脱困工作力度，克服煤炭企业生产经营中遇到的困难，各项重点工作都取得了明显进展，保持了稳定健康发展的局面。

一、主要经济指标完成情况

1. 原煤产量。全国原煤产量完成104363.5万吨，比上年减少18887.5万吨，下降15.2%。其中，国有重点煤矿生产51291万吨，增加922万吨，增长1.83%；国有地方煤矿生产21392万吨，减少107万吨，下降0.5%；乡镇煤矿生产31700万吨，减少19917万吨，下降38.6%。

2. 洗精煤产量。国有重点煤矿洗精煤产量完成7975万吨，比上年减少117万吨，下降1.4%。

3. 开拓进尺。国有重点煤矿开拓进尺完成54.47万米，比上年减少2.09万米，下降3.7%。

4. 商品煤销售量。全国销售商品煤96732万吨，比上年减少9708万吨，下降9.1%。其中，国有重点煤矿销售商品煤46329万吨，同比增加3304万吨，增长7.7%。

5. 煤矿存煤。至1999年底，全国煤矿库存8453万吨，比年初增加779万吨。其中，国有重点煤矿库存3791万吨，增加149万吨；国有地方煤矿库存2255万吨，增加602万吨；乡镇煤矿库存2408万吨，增加28万吨。

6. 煤炭出口。全国煤炭出口3858万吨，比上年增加556万吨，增长16.83%。其中，中煤公司完成3112万吨，增长6.43%；山西完成503万吨，增长94.32%；神华集团完成212万吨，增长96.84%；五矿公司完成31万吨，增长158.33%。

7. 商品煤销售收入。原中央财政煤炭企业销售收入520.68亿元，比上年减少29.12亿元，下降5.3%。

8. 商品煤平均售价。原中央财政煤炭企业商品煤平均售价143.98元/吨，比上年降低14.03元/吨，下降8.88%。

9. 原煤单位成本。原中央财政煤炭企业本年度原煤单位成本同比下降7.22%。

10. 企业盈亏。据调度统计，原中央财政煤炭企业亏损（补贴前）36.99亿元，比上年减亏2.93亿元。

11. 煤矿安全。全国煤矿原煤生产死亡4699人，比上年减少706人，下降13.1%。其中：国有重点煤矿死亡445人，减少13人，百万吨死亡率0.966，下降0.056；国有地方煤矿死亡713人，减少20人，百万吨死亡率3.458，下降0.302；乡镇煤矿死亡3359人，减少621人，百万吨死亡率10.99，上升2.388。

二、重点工作及进展情况

1. 关井压产，控制总量，推动结构调整。1998年11月国务院召开关闭非法和布局不合理煤矿工作会议以来，各省区人民政府高度重视，切实加强领导，按照国务院[98]43号文件要求，采取行政的、法律的和经济的手段，推动关井压产工作稳步进行。煤炭行业把关井压产作为结构调整的关键环节来抓，加大监督检查力度。全国关井压产领导小组、国家煤炭局会同有关部委，组织了8次大规模督察活动，对一些省区进行了重点督察。截至1999年底，全国已关闭非法和布局不合理小煤矿3.12万处（其中取缔非法矿井1.52万处、关闭矿井1.6万处），乡镇煤矿和矿办小井压减产量2.68亿吨。小煤矿个数由关井压产前的近7万处，减少到3.89万处。全国煤炭产量10.44亿吨，比上年减少1.89亿吨，比关井压产前的1997年减少2.8亿吨，实现了全年产量控制在11亿吨以内的目标。

2. 积极稳妥地实施关闭破产，加快国有煤炭企业改革步伐。国家煤炭工业局确定并实施了“14.40”工程（对资源枯竭、扭亏无望、高硫高灰的14个煤炭企业实施破产，40处矿井实施关闭），加快国有煤炭企业改革脱困步伐。在国务院及有关部门支持下，“14.40”工程开始启动。本溪、六枝、下花园及鸡西局所属4个矿、抚顺局龙凤矿、丰城局的洛市等企业已宣布依法破产。部分项目已进入法律程序。实施关闭破产，减少了亏损源，促进了全行业减亏增盈，增强了竞争力。煤炭企业积极争取债转股政策。经国家经贸委推荐，64户煤炭企业实施了债转股，总额643亿元。实施债转股，减轻了煤炭企业债务负担，降低了企业资产负债率，改善了企业负债结构，为实现国有大中型煤炭企业扭亏脱困和建立现代企业制度创造了有利条件。煤炭在建大中型项目资本金也得到基本解决，加快了工程进度，降低了在建项目负债比例。按照中央关于政府部门与所办经济实体脱钩的要求，在京的煤炭企业重组为中煤和中煤建两大集团，移交中央直接管理。重组了中煤科技集团，煤炭科技体制改革取得突破。

3. 整顿煤炭经营秩序，为煤炭企业创造公平的竞争环境。各地认真贯彻《煤炭经营管理办法》，明确了煤炭经营资格审批部门，建立了经营资格审批制度，加大了煤炭流通领域的执法检查，煤炭经营企业由原来的30万个减少到8万个。有的省还实行了煤炭集中统一销售，实行煤炭专用发票制度，经营秩序明显好转。

4. 开拓国际市场，扩大煤炭出口。为鼓励煤炭出口，国家出台了提高煤炭出口退税率，降低部分铁路运煤的运费、港杂费和商检费等政策，调动了煤炭出口企业的积极性。在国家政策扶持下，煤炭出口企业抓住亚洲经济复苏、国际煤炭市场需求有所增加的大好机遇，努力开拓国际市场，提高出口煤炭质量，增强国际市场竞争力，使煤炭出口量再创历史新高。煤炭出口量的扩大，在一定程度上缓解了国内市场的压力，同时也促进了企业的创收和资金的回笼。

5. 强化企业管理，减员增效，促进煤炭企业扭亏脱困。在市场制约加剧的形势下，煤炭企业坚持外闯市场，内抓管理，向管理要效益。原中央财政煤炭企业通过调整产品结构和营销策略，销售煤炭4.63亿吨，比上年增长7.7%。按照以产定人的原则，加大下岗分流、减员增效的力度。全年精简分流40.6万人。截至1999年末，累计进入再就业中心的下岗职工40.1万人，比上年末净增4.7万人。原中央财政煤炭企业原煤单位成本比上年下降，亏损额控制在国家补贴指标以内，比退库计划指标减亏1150万元，比上年实际亏损减少2.9亿元，亏损面下降。有17个单位实现利润。

6. 坚持两手抓，两手硬，加强思想政治工作，维护矿区稳定。煤炭行业各级党组织始终坚持两手抓，两手硬，加强改进思想政治工作，深入开展建设文明煤矿活动，推动了矿区两个文明建设。按照中央的部署，国家煤炭局机关、在京事业单位、社团和省区煤管局认真开展了“三讲”教育，使机关精神面貌发生了明显变化，思想作风有所改进，服务意识不断增强。

一年来，在国务院领导同志的重视和国家有关部门的支持下，国家对煤炭企业实行了多项扶持政策，对煤炭企业克服困难、扎扎实实地促进改革和发展，起到了重要作用。特别是养老保险统筹政策，有效地解决了企业下放、纳入地方统筹资金不足的缺口，不仅为企业减轻了负担，而且保证了离退休金的正常发放，维护了矿区稳定。

为加强煤矿安全监察工作，从根本上扭转煤矿安全生产的被动局面，1999年底，国务院印发了《煤矿安全监察管理体制改革实施方案》，决定改革煤矿安全监察管理体制，设立垂直管理的煤矿安全监察机构，这是对煤炭工业的又一重大改革举措，对煤炭工业的改革和发展具有重大意义。按照国务院的部署和要求，煤矿安全监察机构正在抓紧组建。

三、存在的主要问题和困难

一年来，煤炭工业改革、发展中也遇到了不少困难。总体上看，煤炭企业目前仍然很困难，经济形势比较严峻。

1. 煤炭总量过剩的矛盾没有根本缓解。随着各行业结构调整，社会消费量下降，导致煤炭有效需求不足。虽然压产取得明显成效，但供大于求的局面没有缓解。关井压产工作发展不平衡，特别是国有井田范围内的小煤矿和矿办小井，该关的还没有关掉。有些地区关井质量不高，死灰复燃现象时有发生。

2. 改革力度不够，经营机制没有根本性转变，企业普遍缺乏活力。许多煤炭企业仍然是人员过多，下岗分流力度不够。已经改制的煤炭企业，距离现代企业制度的要求差距很大，没有形成规范的法人治理结构。

3. 煤炭经营秩序不规范，货款拖欠严重，煤炭企业生产经营困难。中间环节过多过滥和非法代理活动比较严重。特别是一些垄断的单位，非法参与倒煤，严重损害了煤炭生产者、消费者的利益。截至1999年底，用户拖欠煤炭企业货款403亿元，其中拖欠煤款331亿元，占全年商品煤销售收入的63%，致使许多企业资金紧张，煤矿生产、安全以及职工生活受到严重影响。

四、下一步工作重点

为解决当前煤炭工业发展中遇到的矛盾和困难，煤炭行业要认真贯彻落实江泽民总书记“三个代表”的重要思想，按照党的十五大和十五届四中全会的部署，加大改革力度，加快结构调整，坚决实现三年改革脱困目标，把持续健康发展的煤炭工业带入21世纪。下一步，要重点抓好以下5项工作：

1. 要以建立现代企业制度为方向，以实现全行业改革脱困为目标，深化企业改革，强化内部管理，推进产权制度、债转股、减人提效等改革措施的落实。2000年国有重点煤矿要下岗分流50万人，使在岗职工人数控制在200万人以内，煤炭生产人员控制在100万人以内。

2. 要继续搞好关井压产、限产压库，坚决把总量控制住。2000年要关井1.89万处，压产限产1.7亿吨，把社会库存降到1亿吨之内，总量控制在8.7亿吨，扭转煤炭供大于求的局面，实现“减量、压库、提价、回款”的要求。

3. 要继续积极稳妥地搞好资源枯竭、扭亏无望矿井的关闭破产，消灭企业的亏损源。已经批准的项目要抓紧实施，特别要安置好职工，维护矿区和社会稳定。

4. 要认真贯彻落实江总书记关于安全生产的重要批示，深化煤矿安全监察管理体制改革，加强监察队伍建设，转变观念，转变职能，依法强化煤矿安全监察。结合关井压产，坚决关闭不具备基本安全生产条件的各类小煤矿，大幅度减少事故和伤亡人数，促进煤矿安全状况的稳定好转。

5. 要努力开拓市场，千方百计扩大煤炭出口。充分利用国家鼓励煤炭出口的政策，继续保持煤炭出口大幅度增长的好势头。加强出口煤基地的建设，提高煤炭质量，改进售后服务，开拓国际市场，扩大煤炭出口，确保2000年完成出口4300万吨，力争达到4500万吨。

（撰稿：艾久超）

附表1 **1978～1999年全国煤炭产量** 单位：万吨

年份	全国原煤总产量	国有重点煤矿（原统配煤矿）	国有地方煤矿（原省营、专营、县营地方煤矿）	乡镇煤矿（含集体、个体及其他煤矿）
1978	61786	34184	18070	9532
1979	63554	35777	17146	10631
1980	62013	34439	16212	11362
1981	62163	33505	15999	12659
1982	66632	34990	17035	14607
1983	71453	36312	18134	17007
1984	78923	38470	17765	21688
1985	87228	40626	18278	28324
1986	89404	41392	18138	29874
1987	92809	42020	18113	32676
1988	97987	43445	19389	35153
1989	105415	45830	20546	39039
1990	107930	48022	20509	39399
1991	108428	48060	20356	40012
1992	111455	48254	20282	42919
1993	115137	45803	20403	48931
1994	122953	46867	20596	55490
1995	129218	48228	21335	59655
1996	137408	53725	22206	61477
1997	132525	52916	22567	57042
1998	123251	50349	21285	51617
1999	104364	51271	21392	31701

附表 2　**1999 年国有重点煤矿原煤产量构成**　单位：万吨

项　目	1998 年		1999 年	
	产　量	比重（%）	产　量	比重（%）
原煤产量总计	50349.15	100.00	51270.99	100.00
矿井产量	40917.81	81.20	43379.29	84.60
其中：回采	36968.18	73.40	38588.12	75.30
掘进	2567.15	5.10	2574.48	5.00
露天产量	3354.75	6.70	3589.62	7.00
其他产量	6076.59	12.10	4302.02	8.40

附表 3　**1999 年国有重点煤矿主要经济技术指标**

项　目	计算单位	1998 年	1999 年
产品质量			
洗精煤灰分	%	9.75	9.71
洗精煤产率	%	53.09	51.70
实物效率			
原煤生产人员效率	吨/工	2.18	2.29
回采工效率	吨/工	9.51	10.52
开拓进尺	万米	56.56	54.47
采煤机械化程度	%	73.63	73.41
掘进装载机械化程度	%	72.37	72.01

附表 4　**1978～1999 年煤炭工业基本建设投资和矿井投产规模**

年　份	投资（万元）	处　数	投产规模（万吨）
1978	331766	58	1151
1979	324828	38	1393
1980	346444	31	829
1981	240279	40	1373
1982	315939	29	820
1983	427976	57	1852
1984	604618	76	2435
1985	611437	71	1647
1986	639748	56	2105
1987	658094	50	2106
1988	674888	43	3302
1989	727268	57	2805
1990	951744	50	2299
1991	1160254	38	2891
1992	1302660	42	2491
1993	1460012	24	1122
1994	1411062	33	710
1995	1672877	51	2624
1996	1812455	30	1248
1997	2234376	39	2697
1998	1552011	33	704
1999	989469	34	2503

附表 5　1999 年煤炭工业基本建设

项　目	1998 年	1999 年
一、基本建设新增固定资产（万元）	666110	572749
二、基本建设投资总额（万元）	1552011	989469
其中：国家投资	45233	110151
三、煤矿建设规模（处－万吨/年）		
1. 上年末续建	289—15362	274—16522
其中：新建	201—12340	190—13580
扩建	88—3022	84—2942
2. 本年投产	33—704	34—2503
其中：新建	22—501	21—1914
扩建	11—203	13—589
3. 本年新开工	26—2406	6—493
其中：新建	20—2364	5—485
扩建	6—42	1—8
4. 本年末续建	277—17252	194—11021
其中：新建	193—14310	144—9706
扩建	84—2942	50—1315
四、投产洗煤厂能力（处－万吨/年）	1—400	3—1620

机械工业

机械工业是国民经济的装备产业，是科学技术物化的基础、高新技术产业化的载体，是国防建设的基础工业，也是为人民生活提供消费类机械产品的重要服务部门。建国 50 年，特别是改革开放以来，机械工业取得了稳定、快速的发展，建立了门类比较齐全、规模比较庞大、技术不断进步的工业生产体系，从总体上看，已经具备为我国工业化提供技术装备的能力。

一、机械工业的发展取得了举世瞩目的成就

一大批重要产品产量跃居世界前列；经济总量在世界排位明显靠前；机械工业已成为我国出口创汇的主导产业；为国民经济建设提供了 80%以上的装备。经济体制改革取得重大进展，所有制结构多元化格局初步形成，现代企业制度逐步建立。形成了一批销售额超百亿元的大企业，社会化专业生产体系逐步完善，科研开发能力不断增强，产品质量、可靠性和服务水平有所提高，为国民经济现代化建设做出了巨大的历史性贡献。

1. 生产持续、快速增长，有力地支撑了国民经济的高速发展。改革开放以来，机械工业年均增长速度达到 15.4%，高于同期国内生产总值和工业总产值的年均增长速度。1999 年，机械工业全行业（注：全部国有及年产品销售收入在 500 万元以上非国有企业）完成工业总产值（1990 年不变价）、工业增加值、工业销售产值分别达到 16331 亿元、4177 亿元和 15763 亿元，占全国工业的比重均在五分之一以上。并于 1997 年实现了比 1980 年翻三番的目标，成为国民经济最大的产业部门。

2. 为国家重点建设提供了一大批重大技术装备，为国民经济发展服务的本领明显增强。多年来，机械工业为国民经济各部门提供了一大批成套设备和重要机械产品，有相当数量达到国外80年代中末期水平。30万千瓦及60万千瓦火电机组成为国家电力工业的主力机组；6000米电驱动沙漠石油钻机达到国际先进水平；宝钢三期工程成套设备、30万吨合成氨、52万吨尿素关键设备、千吨级加氢反应器、500万吨到1000万吨炼油关键设备等填补了国内空白，基本满足了国民经济现代化建设的需要。电力、冶金、矿山、石油、化工、交通运输等重大技术装备已大部分由国内提供；农业装备几乎全部由国内制造；摩托车、自行车、电冰箱、洗衣机、空调器等国产耐用消费品已成为世界生产大国，1999年生产家用电冰箱1210万台、家用洗衣机1342万台、房间空调器1338万台。

3. 创新体系逐步建立，掌握了一批重大装备的核心、关键技术，先进技术的推广和应用取得积极成果。以企业为主体的技术创新体系正在逐步建立，一些外商投资企业已开始在我国建立技术开发中心，科研体制改革取得重大进展，科研院所与行业主管部委脱钩，进入经济建设主战场，实行企业化经营，大大推进了技术经济一体化的进程；通过企业技术开发能力建设、技术引进和自主开发，机械工业缩短了与国际先进技术水平之间的差距，产品总体水平有较大提高，市场应变能力得到一定的加强；掌握了一批重大装备的核心、关键技术；CIMS、CAD、CAM、MRP、ERP等先进技术的推广、应用取得显著成就，高新技术的开发和产业化速度明显加快。

4. 全方位、多层次的对外开放格局基本形成。在利用外资方面，自改革开放到1998年底，机械工业外商直接投资项目签约累计已达19338项，协议外资金额308.6亿美元，实际利用外资105.7亿美元，分别占全国外商直接投资的6.2%、5.7%和5.3%。资金来源由“八五”初期港澳台地区为主发展到来自世界55个国家和地区。呈现出资金集约化程度高、技术相对密集的发展态势。

在对外贸易方面，机械产品进出口总额由1978年的6.6亿美元增长到1998年的786亿美元，增长了119倍，年均增长27%，远远高于同期全国外贸年均增长14.8%的水平。其中机械产品出口由2.1亿美元增至394.8亿美元，增长了188倍，年均增长29.9%，也大大高于同期全国外贸出口年均增长15.8%的水平，出口额占全国外贸出口总额的比重由1978年的2.2%提高到1998年的21.5%，成为我国出口创汇的主导产业。出口基地建设取得重大进展，出口创汇超过1000万美元的企业由1994年的193家增加到1999年的约300家，年出口超亿美元的企业已超过35个；出口地区多元化格局已经形成，出口市场逐步从东南亚向欧美发达国家转变；出口产品结构得到明显改善，资金、技术密集的高附加值产品的出口明显增加。已经向包括美国、瑞典、伊朗等在内的数十个国家出口了各种成套设备，包括32万千瓦成套火电设备、日产2000吨水泥厂成套设备、30万千瓦级核电设备、1000万吨级露天矿设备等。目前，高新技术产品出口已占10%以上。

1999年，机电产品进出口总额达1546亿美元，比1998年增长18%，其中出口770亿美元、进口776亿美元，进出口基本平衡。机械产品进口前三位的是飞机23.2亿美元、通断及保护电路装置22.8亿美元、仪器仪表22.4亿美元。

5. 市场化程度日益提高，经营机制转换逐步到位。机械工业通过建立现代企业制度、股份制改造，企业的经营机制发生了根本性的变化。至1999年，机械工业已建立800多家股份有限公司，其中境内外上市企业达150家，占全国上市公司的近20%。大多数国有大中型机械企业已建立现代企业制度，并逐步规范运行。

机械工业生产要素市场化配置的比重不断提高，由国家调控生产要素的比重大大减少；机械产品的生产、销售和价格已主要由市场供求关系决定；市场配置资源的基础性作用显著增强。

企业组织结构调整取得重大进展，机械工业生产集中度有所提高，大企业对经济发展全局的影响大大增强。通过资本运营、改组联合，一大批企业实现了低成本、超常规、高效率发展，建成了一批市场占有率高、发展势头强劲、有一定市场竞争能力的大型企业和企业集团。市场经济发达的东部及沿海地区，机械工业专业化生产体系逐步形成，企业内部组织结构趋向合理，所有制多元化格局基本确立，经济运行的质量不断提高。

二、扭转经济危机带来的不利局面

1. 生产、销售稳步增长。机械工业累计完成工业总产值5474.7亿元，按可比价计算比去年同期增长13.1%，完成销售产值5369.1亿元，比去年同期增长10.8%。分季度看，完成工业总产值，第一季度较去年同期增长10.8%，第二季度增长10.4%，第三季度增长12.9%，第四季度增长13.1%。后两个季度生产增幅明显高于前两个季度，说明国家陆续出台的促进经济回升的各项政策正在开始发挥作用。

分行业看，在10大行业中各行业增加值及发展速度为：农机行业168.3亿元，比去年同期增长9.9%；仪器仪表行业70.9亿元，比去年同期增长14.9%；石化通用行业60.5亿元，比去年同期增长5.2%；重型矿山机械行业37.7亿元，比去年同期增长3.3%；机床工具行业33.2亿元，比去年同期增长10.1%；电工电器行业222.7亿元，比去年同期增长11.8%；基础件行业41.6亿元，比去年同期增长7.3%；食品加工机械行业2.5亿元，比去年同期下降3.7%；汽车行业457.5亿元，比去年同期增长18.1%；工程机械行业34.8亿元，比去年同期增长22.4%。其中工程机械行业和仪器仪表行业生产增幅较大，分别为22.4%和14.9%。

分地区看，在汇总的44个省市厅局中，工业总产值比去年同期增长的有34家，其中增幅较大的有：北京兴东方实业有限公司、北京市仪器仪表工业总公司、天津市电子仪表工业总公司、吉林省机械工业厅、浙江省机械工业厅、山东省汽车总公司增幅均在20%以上。工业总产值下降幅度在15%以上的单位有3个，销售产值比去年同期增长的有29个单位，增长幅度在20%以上的有7个单位。在工业总产值增长的34个省市厅局中有5个销售产值是下降的，这些单位是：北京市机械工业管理局、云南省机械工业厅、四川省机械工业厅、青海省机械电子工业厅、宁夏区重工业厅。

2. 产品销售收入稳步增长。1999年机械工业累计完成产品销售收入5318.2亿元，同比增长11.5%。从行业看，十大行业今年一直是呈现二降八升的格局，即：重矿和食品包装机械两个行业下降，其余八个行业呈不同程度的增长。其中，汽车、工程两大行业均居行业领先水平，分别同比增长20.03%和12.3%。

1999年以来，仪器仪表行业和电工电器两大行业运行基本平稳，分别比去年同期增长15.9%和7.8%，机床工具行业经过去年负增长之后，今后呈现快速增长的势头，出现了多年未见的良好局面，同比增长11.0%。

分地区看，44个省市厅局中，产品销售收入同比增长的有32家，同比下降的有12家。在统计的4个计划单列市中，累计实现产品销售收入同比均有不同程度的增长。在统计的13个计划单列企业集团中，同比增长的有6家，同比下降的有7家。

3. 实现利润同比增长58.0%。1999年，机械工业呈现快速回升态势，下半年尤为突出。截止到12月底，全行业实现利润153.5亿元，比去年同期增长58.04%，实现利税454亿元，同比增长30.74。分季看，一季度盈亏相抵，亏损3.4亿元，二、三季度累计分别盈利42.7亿元和70.1亿元，四季度累计盈利153.5亿元。

4. 亏损面略有下降。截止到12月底，机械工业亏损企业亏损额123.7亿元，与去年同期相比下降17.3%，亏损企业亏损额占实现利税的比重为27.2%。在统计的7705个机械工业企业中，亏损企业为3354个，同比减少9个，按亏损企业数计算的亏损面为43.5%；比年初50.3%下降6.8个百分点，比上半年49.5下降6个百分点。从省市情况看，亏损面高于60%以上的单位有10家，占汇总单位的22.7%。

5. 全行业资产负债率较高，资金占用仍较大。截止到12月底，机械工业资产总额10381.6亿元，负债总额为6692.6亿元，资产负债率为64.5%。从资金情况看，累计应收账款净额1625.0亿元，累计应付账款净额1188.5亿元，累计应收应付相抵，机械工业人欠资金436.5亿元，加上产成品资金766.5亿元，两项资金共占有1203亿元，占同期流动资金比重的21.7%，可以看出由于负债经营，加上资金占用较大，资金运转较慢，从而严重影响了企业的经济效益。

三、存在的问题

改革开放以来，机械工业在治低、治散、治弱方面做出了很大努力，取得了重大进展，但由于经济体制改革与转轨的长期性、复杂性、艰巨性，一些制约机械工业发展的结构性矛盾和问题还没有从根本上解决，不能适应社会主义市场经济发展的要求。突出表现在产品品种少、技术水平低、质量不稳定；产品供给结构不适应市场需求结构的变化，重大技术装备成套供应能力较差，基础产品发展滞后，严重制约主机水平的提高；市场急需的高技术含量、高附加值产品生产严重不足。分散重复严重，生产集中度不够高，尚未形成具有国际竞争力的大型企业和企业集团；企业内部结构不合理，专业化协作水平低；各省市机械工业结构趋同、各地优势特色不够突出。从经济全球化进程来看，技术创新机制尚未建立，企业缺乏自主创新的意识和动力，技术创新能力的建设严重滞后，主要产品技术来源大部分依赖国外，产品更新周期长，缺少有自主知识产权的产品技术。技术创新能力薄弱，技术创新能力的建设严重滞后，不少企业自主开发新产品的条件还不完善，不能适应市场经济发展的需求，研究开发能力建设的投资渠道和政策支持严重不足。所有制结构不尽合理，不少企业缺乏强烈的市场竞争意识，尚未建立起适应市场经济发展、充满生机与活力的企业运行机制。上述问题严重制约了机械工业健康稳定发展，也影响了整个国民经济的技术进步和产业升级。

四、“十五”主要发展目标

根据我国现代化建设分三步走的战略部署以及机械工业在国民经济中的地位和作用，21世纪初期机械工业战略定位为：要从机械产品生产大国变成以市场竞争力为标志的机械工业强国；要从机械设备进口大国变成机械产品贸易大国；要从侧重于生产资料的生产向生产和消费双重领域拓展。

到2005年，机械工业总产值超过3万亿元大关，达到3.2万亿元，年均增长10%，占全国工业总产值的比重达到28%；机械工业对国内生产总值增长的贡献率进一步提高，工业增加值占国内生产总值的比重超过6%；出口创汇达到830亿美元，在全国外贸出口总额中的比重达到28%，继续保持全国第一大出口产业地位；劳动生产率要在2000年基础上翻一番；资金利润率要超过当时全国工业平均水平；产品质量明显提高，在用户中树立起较好的产品质量形象。到2005年，初步建成50家集科、工、贸、金为一体的具有国际竞争力的大型企业和企业集团，争取有1～2家企业进入世界500强，成为带动行业发展的骨干和中坚力量；机械工业前100家企业生产集中度达30%以上，企业内部组织结构实现由“橄榄型”向“哑铃型”转变，建立以大带小，以小保大的机械工业生产组织体系；机械工业科技进步速度明显加快，技术创新实力不断增强，电力设备、数控机床、机械基础件、轿车等重点领域的大型骨干企业基本具备自主开发能力，扭转主导产品技术过分依赖国外的局面。

到2005年，机械工业供给结构不适应需求结构变化的状况得到根本改善。主要农业机械基本立足国内；电力、石化、冶金、矿山、石油、煤炭和交通建设所需大部分设备由国内提供，上述设备国内市场占有率要提高到50%以上，所提供的产品质量稳定可靠，性能接近世界先进水平，基本扭转大型成套设备大量进口的局面；数控机床、轿车关键工艺装备过分依赖进口的状况得到初步遏制；机械基础零部件滞后于成套设备及主机发展的状况得到较大改观。

五、“十五”重点发展领域

根据国民经济技术进步、产业升级和市场需求，结合机械工业当前水平和行业特点，按照有所为有所不为的原则，确定机械工业“十五”重点发展以下四个领域：

1. 为农业现代化服务的新型适用农业机械。我国农业的发展将由粗放型向高产、优质、高效的方向发展，与之相适应，高效率、高可靠性、低成本、低耗能、少污染的农业机械将是农村市场需求的重点。农业节水灌溉成套设备、粮食作物高产栽培和收获设备、粮食安全储备设备、精确农业设备、设施农业设备将会有广阔的市场。

“十五”期间要重点发展包括三大粮食作物和经济作物生产的大马力拖拉机和农机具，水稻、玉米联合收割机，粮食干燥机，节水灌溉设备，农副产品深加工设备、设施及市场需求迫切、适应千家万户使用的小型农业机械等。新型草场建设、牧草收获及加工储运和畜禽养殖及加工等设备要在质量和档次上提高一步，同时要发展提高农产品附加值的深、粗加工设备。发展为农机、工程机械、汽车等配套用的高效、节能、耐用、环保型柴油机动力设备。

2. 为基础工业和基础设施建设服务的重大技术装备。发电机组单机容量小、煤耗大、污染严重，已不能适应我国发电工业向高效率、低能耗、低污染、低成本方向发展的需要，“十五”期间要优先发展大型、高效、节能、新型的电力设备。主要包括大型超临界火电机组、循环硫化床锅炉、大型燃气轮机、70万千瓦级大型水电机组、百万千瓦核电机组、新型能源发电设备等。输变电设备将逐步向难燃化、防火化、组合化、成套化、小型化、集成化、智能化以及高可靠性、低噪声、低能耗方向发展。进一步提高城（农）网改造和建设所需的输变电和供配电设备的质量、水平和可靠性也将是“十五”的重点。

目前我国的钢产量已超过1亿吨，跃居世界首位，但产品结构很不合理，中低档钢材供过于求，高档次、高附加值的产品严重不足，冷轧薄板、石油开采用管等产品仍需大量进口。为了适应冶金工业调整产品结构的需要，“十五”期间，要大力发展巨型宽厚板轧机、宽冷热钢板、带钢冷热连轧机、高精度轧制机、高效连铸设备、无焦非高炉炼铁装备等产品。

大型化、自动化、安全可靠、低污染是我国矿山开采近期发展的方向，“十五”期间，要进一步发展适应地下采矿条件的防爆、低噪音中小型成套设备、超微粉碎成套设备等。

海洋石油与沙漠石油已经成为我国石油发展的新的增长点，而沙漠、海洋开采的主要设备目前仍依靠进口。“十五”期间，要发展沙漠、海洋石油开采所需的不占井、采油、输送、油气分离设备及稠油热采、强采、三次采油等设备。

大型环保设备重点是烟气脱硫、污水处理和城市垃圾处理成套装置。通过“十五”发展，要提高产品档次和水平，实现生产制造立足国内。

为交通、能源、水利、建筑等建设工程服务的工程机械，重点发展大中型节能、高效、可靠的机电液一体化推土机、装载机、起重机械以及高等级公路、铁路及桥梁建设和养护、大型水利工程、矿山现代化开采作业、西部油田开发、大型混凝土机械成套设备与制品机械、建筑装修机械等。

3. 为整个制造业提供现代化装备的数控机床等关键基础产品。数控机床是国民经济发展的薄弱环节，多年来，进口产品的国内市场占有率都在50%以上。“十五”期间，数控机床发展的重点不在扩大生产规模，而是增加品种、提高可靠性，突出数控系统和功能部件的水平提高和批量生产，以适应国内市场的需要。

为电站、冶金、石化、交通等重大技术装备配套的高精度、大量程、耐腐蚀、防爆等有特殊要求的自动化仪表目前难以满足国内需求。“十五”期间，工业自动化仪表中的主控装置、现场总线和检测仪表，大型工程装置中的自动化分析系统，科学测试仪器中的自动测试系统等需要重点发展。

为解决国产机械基础件可靠性差、寿命低、噪声大，污染、渗漏等问题，“十五”期间，要重点发展为农业机械、工程机械、汽车、电子、食品包装机械等需要的高参数、零泄漏、高可靠性、长寿命、低能耗、低噪音特性的液压产品；系统化、集成化、无油化、高性能化、小型化的气动产品；高精度、高转速、高可靠性的专、特、精轴承产品等。

4. 以提升人民生活质量和效率的轿车为代表的汽车产品。汽车工业在“九五”期间已基本扭转产品供不应求的薄弱局面，汽车国内占有率保持90%以上，摩托车国内市场占有率达到95%以上，并已开始批量出口。

“十五”期间将根据国内市场私人购车比重越来越大、高等级公路建设速度加快等特点，重点发展安全、节能、排放符合国家环保法规的经济型轿车，适应高速公路安全、高速需要的重型汽车、客车及专用车底盘；提高产品自主开发能力；提高关键零部件配套水平。

摩托车工业重点提高产品开发能力和扩大出口，“十五”期间使我国摩托车工业从大国走向强国。

在重点发展上述四个重点领域的同时，机械工业“十五”期间要根据市场需求，进一步为提高人民生活质量提供多种机电产品。

为支持上述重点领域的发展，“十五”期间，将选择若干关系国计民生和市场需求迫切的重要产品和承担这些产品生产任务的少数重点骨干企业，组织重点工程专项，集中支持其加快发展。

（机械工业部规划研究院　王锡岩　李　光）

附表 1　　1978～1999 年机械工业总产值、总产值指数及其比重

年　份	工业总产值（亿元）①		机械工业总产值指数		比重（%）	
	机械工业全行业	机械局系统	机械工业全行业	机械局系统	机械工业占全国工业产值	机械局系统占全国机械工业产值
1978	995.80		126.5	122.56	23.5	
1980	1061.40	480.60	134.8	101.27	21.3	45.28
1985	1936.90	740.90	246.0	181.61	23.4	38.04
1990	3246.60	1562.09	412.3	273.14	23.6	32.16
1991	4910.60	1850.33	491.4	323.53	21.0	32.68
1992	6588.07	2488.00	659.3	435.03	23.1	33.09
1993	8898.76	3113.59	890.7	544.42	25.1	36.21
1994	10697.91	3492.81	1070.8	610.75	25.1	33.77
1995	12133.06	4011.97	1214.5	712.93	25.1	33.07
1996	13324.46	4447.00	1333.8	790.21	25.4	33.37
1997	14791.15	4906.91	1480.6	871.93	25.3	32.65
1998	14604.10②	5200.67	1462.3	924.14	25.4②	35.61②
1999	16331.10	5474.70	1635.2	972.90		33.50

注：①1976～1981 年按 1970 年价计算，1982～1990 年按 1980 年价计算，1990 年以后按 1990 年价计算。统计范围为全部机械工业企业，包括独立核算和非独立核算企业。

②1998～1999 年机械工业全行业所有数据的统计范围为全部国有企业及销售收入 500 万元以上非国有企业。

附表 2　　1985～1999 年机械工业增加值增长及其比重

年　份	国内生产总值（亿元）	工业增加值（亿元）			在国内生产总值中的比重（%）		
		全部工业	机械工业	机械局系统	全部工业	机械工业	机械局系统
1985	8964.4	3448.7	716.5	299.6	38.5	8.00	3.34
1986	10202.2	3967.0	751.0	298.5	38.9	7.35	2.92
1987	11962.5	4585.8	857.8	325.7	38.3	7.17	2.72
1988	14928.3	5777.2		401.5	38.7		2.69
1989	16909.2	6484.0		462.6	38.3		2.74
1990	18547.9	6858.0	1181.1	426.0	37.0	6.37	2.30
1991	21617.8	8087.1	1396.7	505.8	37.4	6.45	2.33
1992	26638.1	10284.5	1630.4	676.0	38.6	6.12	2.54
1993	34634.4	14143.8	2789.0	943.2	40.8	8.12	2.74
1994	46759.4	19359.6	3080.0	1092.4	41.4	6.86	2.43
1995	58478.1	24718.3	3034.6	1098.1	42.3	5.19	1.88
1996	67884.6	29080.6	3551.9	1198.4	42.8	5.24	1.77
1997	74772.4	31752.3	3831.0	1205.4	42.5	5.12	1.61
1998	79552.5	33540.9	3815.0	1268.5	42.2	4.80	1.59
1999	82054.3		4177.0	1160.5		5.09	1.41

附表 3　1999 年机械工业全部国有及销售收入 500 万元以上非国有工业企业情况（分行业）　单位：亿元、万人

行　业	工业总产值	工业销售产值	工业增加值	资产合计	利润总额	年末平均从业人员
金属制品	2215	2125	541	2423	53.4	166.04
其中：金属结构	218	206	58	217	8.1	14.42
工具制造	197	186	55	271	3.8	23.65
集装箱和金属包装物	371	362	76	419	8.9	15.80
建筑用金属制品	269	255	72	257	7.5	24.22
日用金属制品	530	506	130	559	6.8	43.52
普通机械	2694	2602	744	4549	62.0	302.36
其中：锅炉及原动机	608	595	155	1186	12.0	63.72
金属加工机械	241	235	73	587	0.45	42.55
通用设备	775	751	212	1267	20.4	71.16
轴承、阀门	320	304	98	559	6.3	42.91
专用设备	1981	1912	516	3115	40.9	218.47
其中：冶金、矿山、机电工业	218	208	62	582	—4.2	39.78
石油及其他工业	294	282	82	499	6.1	34.11
轻纺工业	303	290	84	552	5.7	39.12
农林牧渔水利	646	633	139	664	9.8	55.82
医疗器械	133	130	40	168	6.6	11.61
交通运输设备	4659	4548	1193	7460	125.0	317.33
其中：铁路运输设备	202	197	58	285	2.8	26.12
汽车	2793	2739	715	4505	115	148.34
摩托车	638	614	153	644	12.1	27.24
船舶	320	311	76	585	—2.6	22.81
电气机械及器材	4022	3896	1003	4921	136.5	228.56
其中：电机	316	308	81	572	4.4	37.10
输配电及控制	749	720	219	1047	36.1	58.73
电工器材	1103	1067	259	1278	30.3	54.45
日用电器	1485	1449	349	1646	53.7	44.94
照明器具	303	291	78	300	9.7	14.39
仪器仪表及办公设备	706	680	180	932	21.0	57.84
其中：通用仪器仪表	252	241	70	432	8.4	26.14
专用仪器仪表	61	61	18	95	3.2	6.12
文化办公机械	261	252	52	188	8.1	7.29
机械行业总计	**16277**	**15763**	**4177**	**23400**	**438.8**	**1290.60**

注：工业总产值、工业销售产值为当年价格。

附表 4　1999 年机械工业全部国有及销售收入 500 万元以上非国有工业企业情况（分地区）　单位：亿元、万人

地　区	工业总产值（90 年不变价）	工业销售产值	工业增加值	资产合计	利润总额	年末平均人数
北　京	390.27	386.17	114.84	833.69	11.25	36.44
天　津	580.00	521.01	106.65	865.88	9.44	37.06
河　北	444.69	450.7	139.76	702.75	15.20	54.35
山　西	105.75	106.63	33.48	271.1	－1.27	25.71
内蒙古	29.61	32.22	10.25	84.59	0.73	6.07
辽　宁	733.20	700.85	186.77	1535.84	14.37	81.53
吉　林	493.04	481.41	134.82	862.14	17.80	34.61
黑龙江	201.36	200.14	56.18	522.48	－1.97	38.04
上　海	1911.91	1849.43	501.93	2637.45	110.53	80.87
江　苏	2328.79	2372.49	595.51	2676.22	68.20	156.12
浙　江	1471.72	1286.12	316.57	1442.4	65.69	82.92
安　徽	334.92	306.66	87.54	495.53	5.73	28.23
福　建	284.75	281.58	73.56	404.71	12.12	19.97
江　西	180.40	170.38	48.24	360.83	1.29	24.07
山　东	1649.85	1625.1	426.97	1742.05	56.18	110.95
河　南	428.58	500.51	145.87	767.95	11.2	65.94
湖　北	765.28	731.91	225.83	1302.27	8.32	68.17
湖　南	213.76	229.22	58.57	476.2	0.45	35.88
广　东	2500.67	2285.06	566.46	2616.9	42.05	114.75
广　西	173.07	171.17	43.56	303.61	2.20	18.96
海　南	42.11	40.69	11.99	49.47	0.23	1.57
重　庆	295.82	263.62	66.82	429.28	7.65	25.71
四　川	298.41	301.81	88.35	677.56	－1.74	46.02
贵　州	67.39	65.84	18.96	202.52	－4.47	15.78
云　南	67.25	65.19	18.88	162.93	－0.77	10.84
西　藏	0.63	0.47	0.24	2.61	－0.01	0.28
陕　西	223.23	216.57	63.74	615.68	－4.11	41.01
甘　肃	51.94	52.81	19.46	160.29	－3.34	15.89
青　海	8.73	8.18	1.51	40.69	－1.81	3.36
宁　夏	20.52	23.88	7.29	68.89	－0.53	4.54
新　疆	33.45	37.1	8.66	85.66	－1.81	4.99

注：以上资料来源于《中国统计年鉴》。

附表 5　　1998～1999 年全国机械工业主要产品产量

产品名称	计量单位	1999 年	1998 年
工业锅炉	蒸发量吨	70545.98	74042.67
电站锅炉	蒸发量吨	37623.00	56490.00
内燃机	万千瓦	17801.62	16034.30
电站汽轮机	万千瓦	730.47	1123.14
电站水轮机	万千瓦	90.26	175.92
金属切削机床	万台	14.22	11.91
锻压设备	万吨	29.54	18.05
起重设备	万吨	48.57	48.26
气体压缩机	台	531632.00	479055.00
轴承	亿套	29.87	18.83
金属轧制设备	吨	60710.00	51797.49
冶炼设备	吨	38300.30	45505.66
炼油设备	吨	29015.28	38992.85
化工设备	吨	176286.23	169700.00
水泥设备	吨	99143.73	75364.49
大中型拖拉机	台	65400.00	67800.00
小型拖拉机	万台	205.52	187.40
收获机械	台	274759.00	342347.00
货车	辆	18594.00	23500.00
汽车	万辆	183.20	163.00
发电设备	万千瓦	1369.00	1608.00
变压器	万千伏安	17719.23	14909.58
电力电缆	万公里	112.33	136.48
自动化仪表及系统	万台（套）	3038.94	1922.36

附表 6　　1990～1999 年机械工业产品进出口贸易情况　　金额单位：亿美元

年　份	1990	1991	1992	1993	1994	1995	1996	1997	1998	1999
出口	76	96	127	150	202	275	299	364	395	769.7
进口	164	182	268	389	439	431	454	405	391	776.0
差额	−88	−86	−141	−239	−237	−156	−155	−41	4	−6.3
名义竞争力	0.46	0.53	0.47	0.39	0.46	0.64	0.66	0.90	1.01	0.99

注：1999 年统计数据中包含电子部分。

钢铁工业

钢铁工业是国民经济发展的基础产业，建国50年来，在党中央、国务院的领导下，在各有关部门的大力支持下，经过全行业广大干部职工的艰苦奋斗，我国的钢铁工业取得了举世瞩目的成就。

一、建国50年来钢铁工业的发展

我国是人类四大文明古国之一，有着悠久而辉煌的历史，很早以前我们的祖先就会运用铜、铁等金属工具，冶金技术在人类文明发展史上占有重要的位置，并且长期处于世界领先地位。但是我国的近代钢铁工业由于外扰内乱，同西方发达国家有了明显的差距。从1890年张之洞创建中国第一个近代钢铁厂——汉阳钢铁厂开始，现代钢铁冶金在我国已有百余年的历史，但直到1949年新中国建立前，始终在低水平上徘徊，发展速度十分缓慢。特别是从20世纪初到20世纪40年代，由于连年的战乱，钢铁冶金工业的发展遭到毁灭性的破坏，到了建国前的1949年，钢铁工业几乎成为一片废墟，当年的钢和钢材产量分别只有15.8万吨和14万吨，钢产量居当时世界第26位。

新中国建立以后，党中央和国务院高度重视钢铁工业的生产和建设。不仅迅速恢复了鞍钢、本钢、太钢、大冶钢厂等一批老企业生产，而且生产能力不断提高；之后新建了武钢、包钢、齐齐哈尔钢厂、新疆八一钢厂、攀钢等一大批大中型钢铁企业，这些企业相继投产，大大地提高了我国钢铁工业的整体实力。

但是新中国的钢铁工业的发展也几经波折，三起三落。从1949年新中国建立直到1979年“文化大革命”结束20多年间，虽然党中央、国务院始终把钢铁工业放在国民经济十分突出的位置上来发展，并取得了一定的成效，但是由于受“以阶级斗争为纲”的极左错误路线的干扰，钢铁工业的发展并未达到预期目标。从20世纪50年代“大跃进”时的全民大炼钢铁，到70年代前期的“三打两千六”，再到粉碎“四人帮”后，因出于把损失的时间抢回来的良好愿望而提出了不切实际的高产量指标，这些都影响了钢铁工业的健康发展。

中国现代化钢铁工业的真正发展，是从党的十一届三中全会后才开始的，尤其是“七五”以来，各地区把钢铁工业作为支柱产业从政策上加以扶持，才促进中国现代化钢铁冶金工业从无到有，从小到大持续、健康、稳定地发展起来。到1996年我国钢产量首次突破1亿吨，成为世界第一大钢铁生产国，1999年钢产量达到1.24亿吨，已连续4年实现钢产量超过1亿吨。

到目前为止，我国钢铁工业已经建起了从矿山采选、烧结、焦化、冶炼、压力加工、碳素、铁合金、耐火材料到冶金地质勘探、工程设计、建筑施工、科学研究等门类齐全完整的工业体系，形成了大中小相结合的符合我国国情的钢铁工业结构形式，铁、钢、材的生产能力均超过1亿吨，居世界第一位。

总结过去，展望未来，我国钢铁工业的发展道路，可概括为三个阶段：

第一阶段是从1949年新中国成立到1992年，主要是围绕钢铁工业产量不足的问题来扩大生产规模，以满足国民经济发展对钢材的需求。到1992年，钢铁工业从产能上来讲，已经基本满足国民经济发展的要求；

第二阶段是从1993年到1999年，主要是改善品种、提高质量、降低消耗、加强环保的优化结构阶段，重点是解决国民经济发展亟须的一些长期短缺的品种；

第三个阶段是从现在开始到下个世纪初期，重点是进行钢铁工业结构调整，推动钢铁工业生产工艺技术装备及产品的升级换代，实现从“钢铁大国”到“钢铁强国”的转变。

二、建国50年来钢铁工业发展的主要成就

从1949年建国到1999年，钢铁工业取得了非常惊人的成就。

1. 钢铁工业生产能力迅速增长，成为世界第一产钢大国。建国以后，以毛泽东同志为核心的党的第一代领导集体，高度重视钢铁工业的发展，提出了“工业以钢为纲”的发展战略，加大了对钢铁工业的投资力度，钢铁工业的产量得到快速发展。

钢产量从建国时的15.8万吨到1957年的钢产量就突破500万吨，达到535万吨；虽然从1958年“大跃进”到1979年“文化大革命”结束这一时期，钢铁工业发展经受了几次严重挫折，但总的趋势还是得到了很大的提高，到1976年，我国的钢产量达2045万吨，其中1975年达到2390万吨，居当时世界钢产量第五位；1979年党的十一届三中全会以后，在以邓小平同志为核心的第二代领导集体的坚强领导下，实行改革开放政策，钢铁工业真正走向了持续、快速、健康发展的轨道，钢产量从1978年的3178万吨，发展到1983年超过4000万吨，1986年超过5000万吨，1989年超6000万吨，达到6159万吨，用了10年时间钢产量翻了一番多，居世界第四位；1989年以后，以江泽民同志为核心的党的第三代领导集体，更是高度重视钢铁工业的发展，对钢铁工业在新时期的发展作出了许多重要指示，同时深入实际，到许多钢铁厂矿调研视察。不论是位处北国草原的包钢，还是地处南国的攀钢，也不论是地处西部边陲的八一钢厂，还是位于东方明珠的宝钢，都留下了他们的足迹。我国钢铁工业在党的第三代领导集体的亲切关怀下，得到了长足的进步和发展。一方面钢铁产量迅速提高，从1989年的6000万吨，发展到1991年超过7000万吨，1992年超过8000万吨，1994年超过9000万吨，1996年首次超过1亿吨，成为世界第一产钢大国，到1999年已连续4年产钢超过1亿吨，成为世界第一产钢大国。另一方面钢铁产品的品种和质量得到了极大的重视，特别是“科教兴国”战略提出后，钢铁工业加大了技术进步的力度，依靠先进科技改造传统钢铁工业，实现钢铁工业产品技术升级换代已经初现端倪。

1978年以后，我国钢产量每年平均都以200～300万吨的速度递增，当前，铁、钢、材全国的生产能力都在1亿吨以上，1999年铁、钢、材的产量分别达到1.25亿吨、1.24亿吨和1.21亿吨。而且产业集中度在不断提高，全国产钢在400万吨以上的钢铁联合企业有宝钢、鞍钢、首钢、武钢和包钢，这5家的钢产量之和占全国产量的1/3还多，产钢在200万吨以上的企业达到13家，50万吨以上的有50多家，它们的产量占全国总产量的92%。

2. 技术装备水平得到了较大提高。1949年建国时，我国的钢铁工业底子非常薄，基本上是在一片废墟上建立起来的。20世纪50年代在原苏联的援助下，建设了武钢、包钢、齐齐哈尔等钢铁厂。从60年代以后，国际上钢铁冶金工艺技术装备水平有了飞速的进步，但是由于当时的国际国内环境，我国的冶金工业在现代化发展道路上走的十分缓慢。直到1979年实现改革开放之前，具有现代化先进水平的装备几乎是空白。

党的十一届三中全会以后，钢铁工业积极贯彻“两种资源、两种资金、两个市场”的方针，加大了现代钢铁工业建设的步伐。先后通过引进先进技术建设了上海宝钢、天津钢管公司等具有世界先进水平的现代化大型钢铁企业。同时，一些老的大型钢铁企业如鞍钢、首钢、武钢、包钢等结合自身的技术改造，自行开发设计建设了一批具有现代化水平的高炉、转炉、大型超高功率电炉、无缝钢管轧机、高速线材轧机和型材连轧机等先进的工艺生产线或设备。目前，我国钢铁工业能达到世界先进水平的技术装备已经提高到25%左右，世界上已经推广应用的先进工艺技术我国目前都已经具备。特别是经过近几年来的发展，我国冶金科技工作者结合我国的实际，开发研制了许多具有自己知识产权的先进工艺技术，有些先进成套技术装备已经向世界其他国家出口。

3. 钢铁产品结构和质量得到较大的提高。钢铁工业在钢产量迅速发展的同时，产品结构和质量也得到较大的改善。如平炉钢产量由1978年的45%下降到1999年的不足2%，到2000年底全国将彻底淘汰平炉炼钢这种落后工艺；标志着钢铁企业综合技术水平的连铸比由1978年的2.6%提高到1999年的77%，2000年将达到81%以上，接近世界平均水平；钢材的板管比1999年达到39.38%。1999年国产钢材的市场占有率达到90%，基本上国产钢材在品种和质量上都能满足国民经济发展的需要，特别是航天、航空和军工等高精尖技术所需要的高技术产品国内都能生产，满足要求。当前有许多钢铁企业如宝钢、鞍钢、首钢、武钢等通过了国际ISO系列质量认证，1999年执行国际标准和国际先进标准的钢材比例达到83%，实物质量达到先进水平的钢材品种有150多个。

为了进一步改善品种和提高产品质量，从1999年开始，钢铁工业按照国家产业政策，加大淘汰落后生产工艺技术装备水平和关停“五小”钢铁企业的工作力度，目前淘汰落后和关闭“五小”企业的工作已初步取得成效。

4. 节能降耗取得较大的进展。随着科技进步的发展，我国钢铁工业不断加大技术改造工作的力度，在节能降耗方面取得很大进步，吨钢综合能耗由1978年的2.5吨标准煤降到1998年的1.105吨标准煤。特别是从“八五”开始，钢铁行业大力推广高炉喷煤、转炉溅渣护炉、全连铸、轧钢一火成材等先进技术工艺后，年均节能率都在10%以上，平均每年节能400万吨标准煤，能耗的降低率超过了钢产量的增长率。

钢铁能耗的降低大大降低了国产钢材的生产成本，使国产钢铁产品在国际国内市场上的竞争力明显增强。

5. 环境保护取得明显成效。为了实现国民经济可持续发展，冶金工业在自身发展的同时，非常重视环境的保护。特别是近几年来，钢铁企业环境保护意识不断增强，在环保方面的投资力度不断加大，使企业厂区周边的环境得到明显改善，出现了许多像宝钢、首钢等花园式的工厂。

目前钢铁企业平均水的循环利用率已达81%以上，外排水的达标率稳定在96%以上，钢渣等“三废”的利用率在83%左右，厂区绿化率在25%以上。

三、钢铁工业美好的明天

钢铁产品有着其他材料不可替代的良好性能，因此21世纪它仍将是国民经济发展的重要基础材料。而且我国是一个发展中国家，完善基础设施建设和实现工业化的任务还很艰巨，钢铁工业还必须加快发展。今后钢铁工业发展着力点在宏观上主要是搞好总量控制，培育完善社会主义市场体系，依靠科技进步，加大结构调整和结构优化的步伐；在微观上主要是推进企业深化改革和加强管理，提高经济效益，提高适应经济全球一体化和我国加入WTO后的市场竞争能力。

总之，钢铁工业今后的发展可概括为“控制总量、调整结构、整顿秩序、加强管理”，在21世纪初期，尽快实现我国从“钢铁大国”向“钢铁强国”的转变。

（撰稿：陈新良　核稿：李成群）

附表1　　**生铁、钢、钢材历年产量统计表**　　单位：万吨

年份	生铁	增长率（%）	钢	增长率（%）	钢材	增长率（%）
1949	25		15.8		14	
1952	193	33.1	135	50.0	113	68.7
1953	223	15.5	177	31.1	151	33.6
1956	483	24.8	447	56.8	327	44.7
1957	594	23.0	535	19.7	436	33.4
1958	1369	130.5	800	49.5	620	42.2
1959	2191	60.0	1387	73.4	935	50.8
1960	2716	24.0	1866	34.5	1175	25.7
1961	1281	−52.8	870	53.4	658	−44.0
1962	805	−37.2	667	−23.3	469	−28.7
1963	741	−8.0	762	14.2	539	14.9
1964	902	21.7	964	26.5	697	29.3
1965	1077	19.4	1223	26.9	895	28.4
1966	1334	23.9	1532	25.3	1051	17.4
1967	963	−27.8	1020	32.8	740	29.6
1968	857	−11.0	904	−12.1	687	−7.2
1969	1280	49.4	1333	47.5	956	39.2
1970	1706	111.4	1779	33.5	1223	27.9
1971	1100	−59.3	2132	19.8	1441	17.8
1972	2355	114.1	2338	9.7	1561	8.3
1973	2490	5.7	2522	7.9	1684	7.9
1974	2062	−17.2	2112	−16.3	1467	−12.9
1975	2449	18.8	2390	13.2	1622	10.6
1976	2233	−8.8	2045	−14.4	1466	−9.6
1977	2505	12.2	2374	16.1	1633	11.4
1978	3479	38.9	3178	33.9	2208	35.2

（续表）

年　　份	生　铁	增长率（%）	钢	增长率（%）	钢　材	增长率（%）
1979	3673	5.6	3449	8.5	2497	17.1
1980	3802	3.5	3712	7.7	2716	8.8
1981	3417	—10.1	3560	—4.1	2670	—1.7
1982	3550	3.9	3716	4.4	2902	8.7
1983	3738	5.3	4002	7.7	3072	5.9
1984	4001	7.0	4384	9.5	3372	9.8
1985	4679	9.6	4679	6.7	3692	9.5
1986	5064	15.5	5221	11.6	4058	9.9
1987	5503	8.7	5628	7.8	4386	8.1
1988	5704	3.7	5943	5.6	4689	6.9
1989	5820	2.0	6159	3.6	4859	3.6
1990	6237	7.2	6535	6.1	5153	6.1
1991	6765	8.5	7100	8.6	5638	9.4
1992	7589	12.2	8093	14.0	6694	18.7
1993	8738	15.1	8954	10.6	7707	15.1
1994	9741	11.5	9261	3.4	8423	9.3
1995	10659	8.1	9536	3.0	8980	6.5
1996	10721	1.8	10124	6.2	9338	4.0
1997	11511	7.4	10891	7.6	9987	7.0
1998	11852	3.0	11459	5.2	10738	7.5
1999	12532	5.74	12395	8.17	12102	12.7

附表 2　　**中国钢产量居世界位次的变化**

年　　份	钢产量居世界位次	钢产量占世界的比重（%）	人均钢产量的比较（kg）	
			世界	中国
1965	8	2.66	138	17
1978	5	4.42	169	33
1980	5	5.16	162	38
1985	4	6.50	148	44
1988	4	7.62		54
1989	4	6.58	151	55
1990	4	8.49	146	57
1992	4	11.37	130	69
1993	3	12.34	130	76
1994	3	12.76	130	77
1995	2	13.02	131	79
1996	1	13.46	130	83
1997	1	13.64	137	88
1998	1	14.78	134	92
1999	1			

附表 3　**钢铁工业历年几个重要比例变化情况**　单位:%

年　份	铁钢比	连铸比	低合金钢比	合金钢比	板管比
1952	1.43				12.3
1962	1.21		0.5	9.6	29.3
1965	0.88		0.8	6.7	27.9
1970	0.96		10.9	8.1	30.8
1971	0.98		8.9	8.3	31.0
1972	1.01		8.3	7.1	39.7
1973	0.99		9.3	7.1	31.4
1974	0.98		7.9	7.5	31.0
1975	1.02	3.9	8.3	7.7	30.7
1976	1.09	4.0	9.5	7.7	31.2
1977	1.06	3.9	8.2	7.6	29.8
1978	1.10	3.5	8.5	7.5	32.3
1979	1.07	4.4	8.4	7.2	29.7
1980	1.02	6.2	8.1	4.2	29.7
1981	0.96	7.1	7.7	5.6	34.5
1982	0.96	7.4	10.0	2.9	35.8
1983	0.93	9.0	11.6	6.9	36.0
1984	0.92	10.6	13.0	6.9	36.4
1985	0.94	10.8	13.2	6.2	34.3
1986	0.97	11.9	13.2	6.5	33.6
1987	0.98	12.9	14.3	6.7	39.2
1988	0.96	14.7	14.6	6.6	36.6
1989	0.94	16.3	14.1	6.4	37.0
1990	0.94	22.3	15.4	6.3	37.0
1991	0.95	26.5	16.0	6.4	37.2
1992	0.94	30.0	16.2	5.4	37.4
1993	0.97	33.9	17.2	5.6	36.7
1994	1.05	39.5	21.0	6.0	36.6
1995	1.10	46.4	20.2	5.5	39.2
1996	1.06	53.3	20.6	5.2	39.5
1997	1.06	60.7	21.7	5.0	41.0
1998	1.03	68.8	23.8	5.3	38.6
1999	1.01	77.38	24.43	4.81	39.38

石油和化学工业

1999年，石油和化工行业取得了显著成绩，为国民经济的发展做出了重要贡献。1999年，是石油和化工行业在深化改革中发展、在克服困难中前进、并取得显著成绩的一年。从全国石油和化学工业全年的生产经营形势看，总量调控基本到位，市场秩序明显改善，扭亏解困已见成效，清理整顿小炼油工作取得阶段性成果，运行情况明显好于上年。

据国家统计局1999年对全国销售收入500万元以上的企业统计，全国石油和化学工业企业有14607家，占全国工业的9.4%；资产合计16853亿元，占全国工业的15%；亏损企业3849个，占全国工业的8.7%；亏损面为26.7%，比全国工业亏损面29%低2.3个百分点；职工人数655万人，占全国工业的11.3%。

一、生产市场概况

1999年初预定的调控目标全面实现，生产稳步上升，销售收入和实现利润大幅度增加，亏损额和资产负债率下降，流动资产周转率加快，成本费用利润率和总资产贡献率提高，经济效益明显高于上年。

根据国家石化局统计，1999年石油和化学工业全年完成工业增加值2763.26亿元，同比增长15.25%，比年度调控目标7%高出8.25个百分点；完成工业总产值（不变价）5548亿元，同比增长11.41%，比5%的调控目标多6.41个百分点；全行业实现销售收入10360.47亿元，同比增长37.93%；完成销售产值8109.49亿元，同比增长12.39%；全年产品销售率为99.16%，同比提高1.34%，超过年度98%的调控目标1.16个百分点；利润总额309.32亿元，比去年同期的112.76亿元增盈196.56亿元，比年度调控目标高出109.32亿元。

在全国石油和化学工业总产值中，各行业所占比重为：化学工业55.61%，石油和天然气开采业19.22%，石油加工及炼焦业25.17%。

全年增幅高于20%的行业依次为，信息化学品制造业、天然钾盐采选业、石油制品业、聚烯烃塑料制造业、热固性树脂及塑料制造业、工程塑料制造业、合成纤维单（聚合）体制造业、放射化学产品制造业、橡胶制品翻新业等。

生产下降的行业是人造原油生产业、硫矿采选业、纯碱制造业、磷肥制造业、力车胎制造业、再生橡胶制造业、橡胶靴鞋制造业和石油工业专用设备制造业等。

原油产量和原油加工量控制适度，天然气产量增加。主要化工产品产量得到有效控制，生产平稳增长。

国内化工市场形势趋于好转。据对120种化工产品最高市场价格跟踪分析，1999年12月份化工产品最高价格比当年1月上升的有53种，占44.2%；下降的有61种，占50.8%；持平的有6种，占5.0%。

销售收入在100亿元以上的有：天然原油开采业、原油加工业、石油制品业、炼焦业、烧碱制造业、纯碱制造业、无机盐制造业等20个行业。其中，天然原油开采业、原油加工业销售收入超过千亿元。利润居前三位的企业是大庆石油管理局、辽河石油勘探局和中国海洋石油南海西部公司，其利润和占全国石油和化学工业利润总额的一半以上。1999年全国石油和化工总产值（不变价）、销售产值、销售收入按系统分类情况分见表1、表2和表3。

表 1　　1999 年全国石油和化工总产值（不变价）　　单位：亿元

系　　统	产值（不变价）	份额（%）
化工系统	3150.38	56.79
石油集团	1083.60	19.53
石化集团	1219.54	21.98
海洋石油	50.49	0.91
新星石油	43.83	0.79

表 2　　1999 年全国石油和化工销售产值　　单位：亿元

系　　统	销售产值（现价）	份额（%）
化工系统	3172.72	39.12
石油集团	2461.23	30.35
石化集团	2227.68	27.47
海洋石油	187.33	2.31
新星石油	60.82	0.75

表 3　　1999 年全国石油和化工产品销售收入　　单位：亿元

系　　统	销售收入	份额（%）
化工系统	2682.05	25.89
石油集团	3334.00	32.18
石化集团	4127.61	39.84
海洋石油	156.44	1.51
新星石油	61.13	0.59

1999 年原油、天然气和原油加工产量如表 4 所示。

1999 年 16 种主要化工产品产量如表 5 所示。

表 4　　1999 年原油、天然气和原油加工及油品产量　　单位：万吨

	全年生产量	同比上年增长（%）
原油	16021.54	−0.10
天然气(亿立方米)	251.98	7.70
原油加工量	18361.13	10.50
汽油	3741.27	8.20
煤油	719.46	17.80
柴油	6302.68	29.60
润滑油	341.59	7.80
燃料油	1959.39	−6.20

数据来源：国家石化局。

表 5　1999 年 16 种主要化工产品产量统计表　单位：万吨

产　　品	1998 年	1999 年	同比增长（%）
化工总产值（亿元）	2849.6	3150.6	10.6
硫铁矿（生产量）	1056.4	914.9	－13.4
（运出量）	993.9	872.6	－12.2
磷矿（生产量）	1575.2	1501.1	－4.7
（运出量）	1569.6	1414.7	－9.9
合成氨	3188.6	3452.0	8.3
大型	860.5	979.6	13.8
中型	603.5	599.5	－0.7
小型	1724.5	1873.0	8.6
化肥	2736.6	2938.4	7.4
氮肥	2192.5	2406.8	9.3
磷肥	515.6	499.1	－3.2
化肥（折标）	13418.9	14363.6	7.0
其中：氮肥	10440.3	11460.7	9.8
磷肥	2864.4	2773.0	－3.2
硫酸	1911.4	2029.1	6.2
浓硝酸	73.2	66.2	－9.6
烧碱	508.5	557.0	9.5
纯碱	736.3	736.4	0.0
电石	205.4	198.5	－3.4
农药	38.2	42.4	11.0
纯苯	136.1	164.9	21.2
精甲醇	148.9	124.1	－16.7
冰醋酸	57.0	72.0	26.3
染料	20.3	22.9	12.8
油漆	61.7	56.8	－7.9
轮胎（万条）	8585.0	7943.6	－7.5
其中：子午线轮胎	1821.0	2181.0	19.8
聚氯乙烯	154.6	190.7	23.4

二、化工上市公司概况

截止到 1999 年 12 月 31 日，沪深两市已经发行股票（或可转换债）的石油与化工企业（含化纤）已达到 120 家，其中 1999 年度新发行上市公司 11 家，有 2 家尚未在交易所挂牌。除发行上市之外，1999 年由于资产重组而改变主营业务的石油与化工上市公司 2 家，由于重组而新介入该领域的公司 2 家，此外，在上市石油与化工公司的成员中还有 1 家企业（PT 渝钛白）由于 3 年连续亏损而接近停牌。

到 1999 年底，石油与化工板块的总股本规模已扩张至 496 亿股，比上年增加 38 亿股，占两市总发行量 2966.7 亿股的 16.72%；总流通盘增加至105.55亿股，比上年增加12.55亿股，占两市总流通盘952.28亿股的11.08%。石油与化工板块的总市值在1999年12月31日已达到3296.17亿元，占沪深两市总市值26471.17亿元的12.45%，板块的流通市值788.75亿元，占沪深两市总流通市值8205.88亿元的9.61%。除石油开采和石化巨型企业拟在海外上市以外，沪深两市已上市的近120家石油与化工企业基本涵括了该领域的主流，像化肥、氯碱、轮胎橡胶等板块已经能够代表整个行业的发展状况。因此，可以说上市石油与化工企业的经营业绩和市场表现将成为整个石油与化工行业景气度的重要标志之一。

1999年度新发行上市公司如表6所示。

表6　　1999年度新发行上市石油与化工公司一览

代　码	名　　称	发行价	总股本	流通盘	融资规模（万元）	在行业中的地位简述
0956	中原油化	4.89	68000	14450	80645	中型油气田
0930	丰原生化	6.50	14698	6000	37560	国内最大柠檬酸企业
0953	河池化工	4.15	14851	5000	19741	中型氮肥厂
0950	民丰农化	4.63	15500	4950	24465	化工系统15家重点企业之一，西部地区最大农药企业
0949	新乡化纤	7.80	23080	5220	56752	粘胶长丝生产企业
0955	欣龙无纺	5.80	20500	5500	30840	国内新建的科技含量高的无纺布生产基地
600182	桦林轮胎	3.36	34000	12000	38640	国内最大轮胎生产基地之一
600176	中国化建	3.05	21000	7000	20776	塑料制品型企业的组合体
600146	大元股份	3.95	20000	5400	22740	位于宁夏的中型炼油化工厂
600500	中化国际	8.00	37265	12000	96000	国内最大化工国际贸易公司
*5302	茂炼转债	100	106400	*	146700	国内最大原油加工基地，加工进口原油比重超过60%

数据来源：中国信达信托投资公司证券总部

1999年度石油与化工企业在沪深两个市场总融资规模80.13亿元，占两个市场总融资规模750.12亿元的10.68%。其中，1999年度发行新股的石油与化工企业（包括发行未上市）共发行A股7.75亿股，可转换债券2.5亿元，共融资57.49亿元。1999年度共有14家上市石油与化工企业实施配股，共计配售6.68亿股（包括黔轮胎1307.08万股法人股配售），融资规模22.64亿元。

1999年石油与化工类上市公司的资本运营同上年相比异常活跃，截止到11月底已经发生的兼并重组案例40多起，其中实质性改变企业主营方向的重组8起，约占20%。

1999年度兼并重组案例如表7所示。

表7　　石油与化工上市公司1999年度主要重组事项一览表

公司简称	重组类型	主要措施内容
石油大明	增发法人股	向胜利石油管理局增发8500万股法人股，将其所属曲堤油田的油井等资产3.4亿元注入股份公司
石油龙昌	收购	①收购母公司委托经营的秦京输油管线经营性资产1.42亿元；②以3076.28万元转让房地产资产。
武汉石油	股权划转	①中石化集团公司将所持有的武汉石油5850万法人股无偿划转给湖北石油公司（占总股本的51.79%）；
	托管	②托管母公司在武汉地区的经营性总资产26784亿元，成品油批发总量25万吨，零售4.5万吨按税后利润的50%收取托管费。

（续表）

公司简称	重组类型	主要措施内容
天发股份	股权划转	属下股东荆州化工建材公司将原持有800万法人股（占5.44%）无偿转让给第一大股东天发集团公司
深石化	股权转让	将下属17家公司一次性转让给母公司，母公司以承债、现金和资产置换等方式受让。重组后深石化将成为以精细化工、新材料和生物工程为主的工业板块上市公司
燕化高新	股权转让	①燕山石油化工一厂和北京燕阳化轻公司原持有的585万股和780万股法人股以每股1.00元价格转让给北京燕化联营开发公司，使其成为第二大股东；
	对外投资	②投资3200万元参股中信证券。
牡石化	收购兼并	①拟投资1.9亿元收购圣方科技下属公司，该公司主营显示器、多媒体电脑、机顶盒等信息产品；
	股权转让	②牡石化集团拟将28%的控股权转让给圣方科技公司
大元股份	对外投资	投资5000万元参股宁夏证券
沈阳化工	收购兼并	①以2750万元收购开源造纸有限公司；
	资产置换	②以其他应收款债券置换母公司下属活络模具生产厂房
北京化二	股权受让	投资1000万元受让北亚实业11.36%的股权
锦化氯碱	股权受让	拟投资3493万元收购辽河氯乙烯有限公司34.94%股权，3507万元收购辽河聚氯乙烯有限公司34.94%的股权，每股价1元
明天科技	收购兼并	①发行9000万元短期融资债，以3000万元收购北普信息产业公司；
	股权转让	②第一大股东包头黄河化工集团将47%的国家股转让给北大明天资源科技有限公司
沧州化工	收购兼并	投资4000万元控股北京华夏新达高科技发展有限公司（占总股本的66.7%）
湖北中天	股权转让	①将下属长电实业70%股权、亨笛药业40%股权转让给母公司及关联企业；
	租赁经营	②将原湖北制药厂部分资产租赁给中天爱百颗有限公司经营
云天化	对外投资	①投资4830万元参股大鹏证券，拥有股份3500万股； ②出资4800万元收购广东发展银行4000万股权；
	受让股权	③以276万美元和418万元人民币受让重庆玻璃纤维厂持有的重庆国际复合材料公司70%股权；
	股权回购	④拟回购国有法人股2亿股，价格2.01元/股
昌九化工	收购兼并	变更募股资金用途，用1200万元收购江西农科化工有限公司0.3万吨丙烯酰胺60%股权，并投资1800万元与江西农科合作建1套1万吨丙烯酰胺装置，昌九占60%股份
福建三农	股权转让	①转让长春绿野酒业股份有限公司95%的股权，合计3230万元；
	收购兼并	②以承担债务方式整体兼并三明制药厂
丹东化纤	收购资产	收购集团公司热电厂，标的总资产9477万元
ST海虹	收购兼并	①投资4800万元增持“中公网”股权，使持股权由40%增持至60%，成为第一大股东；
	股权转让	③以不低于5.7元/股价格转让吉轻工330万法人股
ST粤富华	资产置换	将全资附属的富华化纤公司和富华大厦土地使用权置换港口集团所属中国外轮代理总公司珠海分公司、珠海外轮代理公司60%股权，报关行、货柜码头50%股权等资产
湖北金环	收购资产	以5798万元收购母公司2条化纤浆生产线，预计每年带来780万元利润
山西三维	对外投资	以自有资金1912.50万元出资，与国家广电总局网络中心下属中广有限信息网络有限公司、北京广教网信息技术公司共同设立北京中网数据有限公司，山西三维占51%的控股地位

（续表）

公司简称	重组类型	主要措施内容
美达股份	对外投资	出资400万元与广东太平洋技术创业有限公司、广东点津证券咨询有限公司共同成立广东通用数字融资咨询有限公司
华源股份	收购股权 股权转让	以765万美元收购华源化学纤维公司持有的常州华源蕾迪斯聚合物有限公司51%的股权，成为国内最大瓶级PET生产商；同时转让所持赫斯特华新纤维有限公司14%股权
PT渝钛白	资产剥离	拟将所属硫酸厂、自备水厂、热电厂及职工医院等非经营性资产（账面值11483.38万元）和所负中国长城资产管理公司债务74844.87万元以零价格转让给重庆化工厂
宁天龙	托管资产	①将控股50%的下属龙华汽车涂料公司托管给南京华源通实业有限公司；
	股权转让	②以2960万元价格转让下属12家公司的股权给南京化工控股集团
渝三峡	对外投资	①拟出资3000万元与北京华夏天网通讯合资组建卫星通讯网络公司；
	股权划拨	②重庆国资局将其全部持有的渝三峡5622.43万股(占总股本53.65%)作为市政府资本金全部划归渝三峡集团管理
灯塔油漆	托管资产	①受托管理海湾电源公司32.55%的股权，享有投资收益50%；
	股权转让	②以3800万元出售子公司涂料包装器材厂给母公司天津津联有限公司
双虎涂料	股权转让	以1998万元转让下属制漆三厂给西安新源房地产开发公司，剥离闲置资产
广州浪奇	股权转让	将亏损的宝洁洗涤用品公司股权及相应债权全部转让给P&G和记黄埔有限公司
南风化工	收购股权	①以1869万元收购贵州安顺洗涤剂厂持有的贵州南日化有限公司30%股份；②以1500万元收购本溪化工集团持有的本溪南风日化有限公司30%股份；③以2300万元收购山西运城盐化局制药厂；
	公司分立	④分立钾肥公司，引入中国烟草总公司出资8820万元（占49%），成立控股的山西钾肥公司
浙江凤凰	资产置换	①亚都科技拟将80%股权及其产品专有技术使用权转换为浙江凤凰持有的上海纺织国际科技产业城51%股权；②华源集团拟将持有的法人股3830.4万股全部转让给亚都科技；③亚都科技承诺在上述资产置换后，将上海纺织国际科技产业城的51%股份全部转让给华源股份
活力28	债权重组	①集团公司以佳兴房地产公司和益发公司评估后净资产1314万元抵偿所欠2.18亿元往来款中的部分；
	股权出售	②将亏损的湖北美洁时洗涤用品有限公司20%股份出售给集团公司，集团以楚星制药厂和清洁纸制品厂评估后的净资产支付上述转让款；
	股权划转	③荆州国有资产管理局将原持有5429.70万股(占总股本45.43%)划转给国有资产经营公司
ST峨眉	股权转让 资产置换	原第一大股东将国家股6000万股（占24.09%）转让给芜湖东泰实业有限公司，东泰实业以造纸资产3.215亿元置换峨眉集团非制盐资产3.1846亿元并承担3.1286亿元债务，主业变更。
焦作碱业	收购兼并	以170万元资产收购焦作制药厂，同时废除托管协议
武汉塑料	股权转让	①拟转让持有75%股权的楚鸿餐饮娱乐有限公司，同时增加原持有60%股份的武汉捷特塑料制品有限公司至80%；②原第一大股东武汉市国有资产管理公司将原持有的4297.53万股国有股以8809.94万元转让给武汉国际信托，武汉国际信托成为控股股东
三爱富	股权转让	原第一大股东上海有机氟材料研究所将其持有的法人股3249.79万股以每股1.77元价格全额转让给华谊集团
云南马龙	资产转让	①拟将黄磷1、3、4号炉转让给第一大股东马龙县国资局；
	资产托管	②托管昆明世博园游乐中心，时间为1999年10月1日起至2000年12月31日
民族化工	对外投资	将投资1000万元参股宁夏证券
乐凯胶片	收购兼并	将对上海新风铜网造纸厂实施整体兼并
巨化股份	对外投资	①与中国电信上海信息产业有限公司、上海浦东工业技术研究所及蒋宏业共同组建上海“好多”网站，巨化占51%股权；②出资600万元与浙江博联营养与工程研究所共同组建博联高新技术有限公司，共同开发生物化工和饲料添加剂等产品；
	收购股权	③以2044万元受让富春公司持有的浙江衢化氟化学公司25%的股权，使控股比例达98%

资料来源：《中国化学工业年鉴》编辑部。

三、进出口贸易

（一）总体情况

1999年全国化工产品进出口总额达到394.87亿美元，与1998年相比增长12.7%，占全国进出口总额的10.9%。其中，出口144.52亿美元，增长2.2%，占全国出口总额7.4%；进口250.35亿美元，增长19.8%，占全国进口总额15.1%。全年累计贸易逆差为105.83亿美元，增长56.6%。1999年化工行业进出口情况见表8。

表8　　1999年化工行业进出口情况（单位：万吨、千万双、千万米、千万个；万美元）

名称	进口				出口			
	1998年		1999年		1998年		1999年	
	数量	金额	数量	金额	数量	金额	数量	金额
总计	**14725.74**	**3219849.60**	**16858.81**	**3861412.24**	**5166.77**	**2209586.69**	**4759.58**	**2256749.64**
无机化工原料	297.61	93368.10	287.87	99505.71	538.67	218315.51	613.73	227554.85
有机化工原料	642.54	333474.97	1086.10	538054.37	117.68	230925.60	134.98	250084.91
化肥	1392.23	251787.00	1335.10	224636.53	11.653	14793.89	169.80	22131.31
涂、染、颜料	47.37	106984.19	55.36	129953.50	45.60	97078.27	51.99	96446.50
香精香料	0.31	2381.11	0.40	3680.76	0.92	5893.68	1.12	6742.55
助剂、表面活性剂	19.02	25325.80	20.08	29992.39	13.67	9279.83	12.66	7879.15
生物化学品	15.71	35259.10	26.13	36796.08	4.04	21484.33	6.21	9191.52
火工产品	0.01	13.39	0.00	16.51	1.41	2488.50	0.43	667.80
信息用化学品	95.95	39437.61	107.84	55659.10	165.18	43958.70	173.79	48706.94
农药	4.60	18724.00	4.77	24175.13	10.69	32440.19	14.73	44044.24
合成树脂	1052.54	820711.17	1258.56	910023.18	49.30	52524.84	33.65	41013.61
橡胶及制品	102.08	111471.77	136.32	146883.32	118.45	100647.67	120.79	117713.16
胶鞋类	0.12	209.16	0.12	236.57	222.40	398834.77	248.31	411757.52
化工机械	0.10	56425.66	0.18	68037.60	0.03	7004.87	0.04	10200.83
化学矿	104.39	7840.60	212.16	14567.40	753.97	45280.46	775.28	45789.05
杂项化学制品	186.47	162437.08	263.90	219871.70	415.88	100038.64	425.08	102547.91
油品加工制品	5323.22	640741.98	6298.33	853771.11	2249.53	245571.89	1614.09	207148.48
塑料加工制品	115.31	218485.90	120.47	243868.45	303.26	457972.15	332.12	469485.92
医药	0.41	8601.65	0.49	19900.65	6.64	93559.87	9.23	112667.88
其他	5325.75	286169.36	5644.63	241782.18	32.92	31493.03	21.55	24975.51

资料来源：《中国化学工业年鉴》编辑部，下同。

1999年化工产品进出口增幅超过前3年的水平，出口从上年的下降转为增长。尽管如此，1999年化工产品对外贸易在整体上仍处于低潮阶段，进口增速过快，出口回升缓慢，出口贸易占全国出口贸易额的比重下降。由于严厉打击走私，使过去许多隐性的进口（走私）显性化，化工产品进出口贸易逆差创记录地达到超过100亿美元的水平。

（二）进出口规模构成分析

1999年化工进出口行业构成变化不大，其进出口规模构成，按进出口总额分别分类如表9、表10所示。

表 9　　1999 年出口规模构成（按出口额分）

分　类	行　业	出口量（万吨）	同比增长（%）	创汇金额（亿美元）	同比增长（%）	占出口总额比例（%）
出口额超过 40 亿美元	胶鞋	24.83 亿双	11.6	41.17	3.2	28.5
出口额达到 22～25 亿美元	基本化工原料					33.1
	有机化工原料	135.28		25.08	7.1	
	无机化工原料	614.52	11.3	22.82	－2.3	
出口额在 10 亿美元水平						22.0
	橡胶及其制品			11.77		
	杂项化学制品	439.23		10.36		
	涂、染、颜料	51.99		9.64		
出口额在 1～5 亿美元水平						14.7
	信息用化学品			4.87		
	化学矿	775.28		4.58		
	农　药	14.72		40		
	高分子聚合物	33.75		4.13		
	化　肥	169.79		2.21		
	化工机械	36.7		1.02		
出口额在 1 亿美元以下						1.7
	生物化学品	6.21		0.92	－59.8	
	表面活性剂	12.67		0.78		
	香精香料	1.12		0.67		
	火工产品			0.067		

表 10　　1999 年进口规模构成（按进口额分）

分　类	行　业	进口量（万吨）	同比增长（%）	用汇金额（亿美元）	同比增长（%）	占进口总额比例（%）
进口额超过 90 亿美元	高分子聚合物	1258.8	19.6	91	10.9	36.4
进口额超过 50 亿美元	有机化工原料	1086.13	67.1	53.84	58.3	21.5
进口额在 20 亿美元						17.7
	化肥	1335.1		22.46		
	杂项化学制品	263.89		21.98		
进口额在 10 亿美元水平						15.5
	橡胶及其制品			14.7		
	涂、染、颜料	155.35		13.0		
	无机化工原料	287.98		9.98		
进口额在 5 亿美元水平						8.9
	信息用化学品			5.57		
	化工机械	179.8		6.8		
	生物化学品	26.12		3.68		
	助剂、表面活性剂	20.0		3.0		
	农药	4.77		2.42		
	化学矿	212.15		1.46		

（三）化工产品进出口分析

1999 年统计的 1119 种化工出口产品的主要表现是，出口数量规模扩大，出口价格同比降低。在 1119 种出口的化工产品中，与 1998 年相比，出口平均价格上升的品种达到 387 种，占 34.5%，其中 40%的品种出口量同时保持增长。1999 年化工出口势头表现最优的前 5 种产品如表 11 所示。该 5 种优势产品全年的出口额达到 16 亿美元，占全国化工产品出口总额的11%。

在1119种出口的化工产品中，出口价格下降的有695种，占化工全部出口品种的62%，其中约31%的品种表现了价格与数量同时下降的出口弱势。这批弱势品种出口额为18亿美元，占全国化工产品出口总额的12%。排名前6名的弱势出口产品如表12所示。

表11　1999年化工产品出口势头强劲的前5名产品

产　品	出口量（万吨）	同比增长（%）	出口额（亿美元）	同比增长（%）	净增创汇（万美元）
未列名新的充气橡胶轮胎	1860万条	13.2	1.14	29.9	2632
过磷酸钙	32.58	36.4	0.46	89.6	2184
非零售包装杀菌剂	2.71	32.2	0.92	51.7	3146
癸二酸及其盐与酯	1.93	32.3	0.50	57.5	1838
聚酯油漆与清漆	1.94	36.9	0.33	67.0	1316

表12　排名前6名的弱势出口产品

产　品	出口量（万吨）	同比增长（%）	出口金额（亿美元）	同比增长（%）	净减创汇（万美元）
五氧化二钒	0.62	−18.7	0.28	−65.9	5424
稀土金属化合物（税则号28469090）	1.88	−36.9	0.52	−51.1	5415
钼的氧化物及氢氧化物	0.80	−53.5	0.25	−65.9	4911
聚酯切片	2.13	−70.3	0.11	−81.3	4591
录音带（宽度>6.5mm）	242万盘	−97.3	41万美元	−98.9	3876
石蜡	44.8	−14.7	0.19	−16.0	3562

与1998年相比，1999年统计的1143种化工进口产品的表现，进口量规模扩大，进口产品价格水平有所下降。

1143种化工进口产品中，进口价格上升的品种有593种，占全部化工进口产品的52%，其中有近一半品种的进口价格与进口量同时增长，属于进口势头强劲的品种，其进口额达到67亿美元，占当年化工产品进口总额的27%。主要品种见表13。

表13　1999年进口增势强劲的10种化工产品

产　品	进口量（万吨）	同比增长（%）	进口额（亿美元）	同比增长（%）	净增用汇（亿美元）
对苯二甲酸	154.23	111.7	6.26	133.2	3.58
苯乙烯	102.69	76.0	5.06	112.6	2.68
异氰酸酯	27.12	97.0	4.01	104.4	2.05
其他塑料的废料及下脚料	124.17	147.8	2.11	195.0	1.40
硫化橡胶避孕套	0.015	255.2	1.25	806.9	1.11
氯乙烯	37.89	101.3	1.58	172.2	1.00
石油沥青	147.01	68.2	1.99	78.6	0.87
其他聚醚	15.74	50.1	1.72	56.8	0.62
钛白粉	10.90	37.9	1.84	51.2	0.62
摄影感光纸及纸版（宽度>610mm）	1.38	340.2	0.58	392.6	0.47

与1998年相比，进口价格下降的化工产品有519种，占45.4%，其中进口量同时下降的品种有115种，进口额达到36.86亿美元，占全国化工进口额的15%。进口降幅最大的9种产品见表14。

表14　　1999年进口降幅最大的9种产品

产　　品	进口量（万吨）	同比增长（%）	进口额（亿美元）	同比增长（%）	净减少用汇（亿美元）
PE（比重＜0.94）	163.68	－9.8	10.44	－13.7	1.65
磷酸氢二铵	528.22	－3.9	11.29	－11.0	1.38
硫酸钾	19.72	－63.1	0.40	－64.8	0.74
PP	147.27	－4.7	9.29	－6.4	0.63
烟胶片	12.94	－28.2	0.85	－34.9	0.46
未列名含氮基化合物	1.25	－64.1	0.18	－68.4	0.40
尼龙66盐	0.95	－67.4	0.11	－73.5	0.31
未录制录音带（宽度＞6.5mm）（亿盘）	1.00	－40.8	0.08	－77.8	0.30
磷酸及偏磷酸、焦磷酸	7.39	－51.4	0.18	－54.0	0.21

进口量的增加对1999年化工进口影响很大，进口量增加的主要品种，除表13所列的10种进口价格与进口量同时大幅增长的品种外，约35%的品种在进口价格下降后，进口数量明显增高，例如，ABS、正丁醇、PE（比重＞0.94）、PS、1，2－乙二醇、聚碳酸酯、PVC、甲醇等，其中正丁醇进口量增长5.3倍。

从进出口贸易总额来看，东南亚、北美、欧盟是我国化工产品进出口的主要贸易地区。对这3个地区的进出口贸易额达到257.4亿美元，占全年化工贸易总额的65.2%。1999年我国化工产品的主要贸易国家和地区见表15。

表15　　1999年我国化工产品的主要贸易国家和地区　　（单位：亿美元）

国家（地区）	贸易总额	进口额	同比增长（%）	出口额	同比增长（%）	贸易逆差
美　国	68.29	35.59	14.8	32.70	8.3	2.89
日　本	66.88	48.52	26.0	18.35	2.6	30.17
韩　国	45.20	38.54	5.2	6.67	22.1	31.87
中国台湾	40.27	36.70	18.1	3.58	7.7	33.11
中国香港	21.08	6.25	32.7	14.83	－21.1	－8.58
德　国	12.84	8.16	21.4	4.68	－8.2	3.50
俄罗斯	12.16	10.63	20.5	1.53	－3.9	9.10
泰　国	10.57	8.30	18.3	2.27	28.7	6.03
新加坡	10.11	8.12	12.8	2.00	14.4	6.11
荷　兰	7.57	2.61	56.7	4.96	－23.3	－2.35

四、压缩过剩的生产能力取得进展，清理整顿小炼油厂工作初战告捷

清理整顿小炼油厂、依法取缔土炼油场点、规范原油生产秩序，是石化行业1999年的一项重要工作。经过一年来的努力，在各级有关部门的大力支持下，清理整顿小炼油厂和取缔土炼油厂工作有计划、有步骤地进行，并已取得了阶段性成果，共

取缔土炼油场点5600多个，关闭小炼油厂70家；列入国家原油配置计划小炼油厂的质量监测工作基本完成，未申请质检的33家小炼油厂的配置计划指标已经取消，其原油配置指标也进行了调整；环保检测工作进入实地监测阶段，将于2000年初结束；取缔非法开采、规范原油生产秩序工作方案即将组织实施。通过大量艰苦、细致和有成效的工作，较好地完成了全年的清理整顿任务。

五、扭亏解困工作已见成效

1～10月份，石化集团亏损企业数已由1998年的34户减少到10户，亏损额由25.4亿元降到15.65亿元。石油集团亏损企业数已由28户减少到24户，同比减少4户；亏损额由1998年的60.14亿元降到了55.79亿元。化工系统亏损面同比下降了4.6%，亏损企业亏损额同比下降了24.44%。山东、江苏、浙江等7个省共增加盈利11.5亿元，山西、辽宁、北京、湖南、吉林等11个省共减亏11.6亿元，云南、四川、贵州省已经实现全行业扭亏为盈。

六、化工科研院所完成体制改革

1998年12月16日，以国务院副总理李岚清同志主持召开的国务院办公会为序幕，研究提出了国家经贸委归口管理的10个国家局所属科研机构管理体制改革的意见。根据这次会议的精神，1999年2月22日，国务院办公厅下发了《国务院办公厅转发科技部等部门关于国家经贸委管理的10个国家局所属科研机构管理体制改革意见的通知》（国办［1999］18号），明确了委管国家局所属242个科研机构的改革目标和方向。其后，科学技术部、国家经贸委、中央机构编制委员会办公室、财政部、国家计委、劳动和社会保障部、人事部、教育部、对外贸易经济合作部、国家税务总局、国家工商局、国家质量技术监督局等12个部委联合制定下发了《关于印发＜关于国家经贸委管理的10个国家局所属科研机构管理体制改革的实施意见＞的通知》（国科发政字［1999］143号），进一步明确了242个科研院所转制的实施方案、配套政策、组织实施等具体问题。5月20日，根据国务院的批复，科技部、国家经贸委下发了《关于印发国家经贸委管理的10个国家局所属科研机构转制方案的通知》（国科发政字［1999］197号），242个科研院所的转制工作由此进入了实施阶段。

化工直属科研院所共计31家，其中北京化工研究院已于1998年9月进入中国石油化工集团公司。根据国科发政字［1999］197号文精神，31家科研院所全部转为企业，其中1家转为中央直属科技型企业，29家进入企业集团，1家交地方管理。6月30日，科研院所的干部管理、党的关系的交接工作全部完成，清产核资、产权变更、工商注册、内部管理体制改革等项转制工作也陆续全面展开。详见表16：

表16 **科研设计机构转制一览**

院所名称	转制方式
化工部沈阳化工研究院	转制为中央直属大型科技企业
化工部科学技术研究总院	进入中国昊华化工（集团）总公司
中国化工信息中心	进入中国昊华化工（集团）总公司
化工部标准化研究所	进入中国昊华化工（集团）总公司
化工部西南化工研究院	进入中国昊华化工（集团）总公司
化工部晨光化工研究院（自贡）	进入中国昊华化工（集团）总公司
化工部大连化工研究设计院	进入中国昊华化工（集团）总公司
化工部天津化工研究院	进入中国化工建设总公司
化工部常州涂料化工研究院	转为科技企业，划归江苏省
化工部化学矿产地质研究院	进入明达化工地质有限责任公司
化工部沈阳橡胶研究设计院	进入中联橡胶（集团）总公司

（续表）

院所名称	转制方式
化工部北京橡胶研究设计院	进入中联橡胶（集团）总公司
化工部株洲橡胶塑料工业研究设计院	进入中联橡胶（集团）总公司
化工部曙光橡胶工业研究所	进入中联橡胶（集团）总公司
化工部炭黑工业研究设计院	进入中联橡胶（集团）总公司
化工部感光化工研究院	进入中国乐凯胶片集团公司
化工部光明化工研究设计院	进入中国化工新材料总公司
化工部锦西化工研究院	进入中国化工新材料总公司
化工部海洋化工研究院	进入中国化工新材料总公司
化工部黎明化工研究院	进入中国化工新材料总公司
化工部涂料工业研究设计院	进入中国化工新材料总公司
化工部上海化工研究院	转为科技企业，划归上海市
化工部连云港设计研究院	进入中国蓝星化学清洗总公司
化工部长沙设计研究院	进入中国蓝星化学清洗总公司
化工部合成材料研究院	进入中国蓝星化学清洗总公司
化工部晨光化工研究院（成都）	进入中国蓝星化学清洗总公司
化工部西北化工研究院	进入中国蓝星化学清洗总公司
化工部化工机械及自动化研究设计院	进入中国化工装备总公司
化工部北京化工研究院	进入中国石油化工集团公司
化工部职业安全卫生研究院	进入中国石油化工集团公司

（华鉴）

轻工业

1999年，轻工业战线广大干部职工在党中央、国务院的正确领导下，同心协力，团结拼搏，扎扎实实地做好轻工业工作，克服和解决了错综复杂的国内外环境带来的各种困难和问题，推动和促进了轻工业的改革与发展。轻工业生产继续保持了较快的增长速度，轻工产品出口取得较大幅度的增长，轻工业经济效益显著提高，结构调整迈出新的步伐，轻工业企业深化改革、强化管理取得成效，轻工业行业管理也得到进一步加强。

一、轻工业生产继续保持较快增长

从1999年全年看，轻工业生产和销售都保持了较快的增长速度。但在前3个月，轻工系统内产销状况并不理想。1～3月份轻工系统工业总产值增长虽然达到10.1%，但产销率分别仅为86.76%、86.79%和88.33%，反映出轻工系统内存在着产销脱节的问题。针对这种情况，国家轻工业局及时召开了轻工业生产座谈会，总结一季度轻工业经济运行情况和存在问题，分析上半年轻工业经济运行走势和全年发展趋势，交流各地管理部门抓紧抓早轻工业经济运行的经验和做法，调查了解轻工业生产中存在的突出困难和问题，研究提出抓好轻工业生产和市场营销的意见和措施，有力地促进了轻工业经济运行速度和质量的提高。1999年轻工业完成工业总产值28872.45亿元，同比增长10.9%；完成工业增加值8690亿元，增长8.3%；产销率达到96.64%。轻工系统内完成工业总产值5613.96亿元，增长9%；完成工业增加值1465.21亿元，增长6.2%；产销率达到96.26%，实现了产销平衡，保持了快速增长。

二、轻工业出口取得较大幅度增长

1999年前4个月，轻工产品出口一直是负增长，形势比较严峻。国家轻工业局和各地轻工业管理部门对此非常重视，及时反映轻工业出口工作中遇到的困难与问题，积极争取国家政策扶持，积极引导企业多元化开拓国际市场，加之国家鼓励出口、提高部分产品出口退税率，宏观政策逐步到位，使轻工业产品出口下降幅度逐月减小。1～2月份比1月份减少3.29个百分点，1～3月份比1～2月份减少2.72个百分点，1～4月份比1～3月份减少1.38个百分点。5月份轻工产品海关出口首次实现正增长。在国家宏观政策的扶持下，在轻工企业的共同努力下，1999年轻工业出口取得较大幅度增长。据海关统计，全年轻工业产品出口达到584.06亿美元，比上年增长6.26%。其中，轻工机电产品出口达到175亿美元，增长10.16%，这表明轻工业出口产品结构有所改善；一些传统的劳动密集型产品出口也出现较强劲的回升势头。轻工产品出口增幅较高的大类产品有：照明器具出口23.81亿美元，增长29.66%；家用电器出口41.09亿美元，增长20.36%；家具出口16.96亿美元，增长17.44%；自行车及其零件出口12.2亿美元，增长15.31%。在轻工产品出口中，来料加工贸易出口为142.24亿美元，增长16.33%。轻工产品出口额在全国外贸出口总额中所占的比重为29.96%。

三、轻工业经济效益显著提高

针对1998年轻工业整体经济效益下滑的状况，国家轻工业局从深化改革、依靠科技、调整结构、强化管理等方面入手，抓住制糖、皮革、罐头、陶瓷等重点行业和列入国家重点企业的轻工企业，采取积极措施，抓好轻工全行业的扭亏增盈工作，收到了较为明显的效果。1998～1999榨季，制糖行业通过压缩糖料种植面积，关闭破产部分亏损严重、扭亏无望的制糖企业，压减制糖生产总量等措施，实现了制糖全行业减亏15亿元的目标。皮革、罐头、陶瓷等行业加大结构调整和企业管理的力度，也实现了扭亏。同时，加大对轻工国有大中型重点企业扭亏脱困工作的指导，对列入全国6599户国有及国有控股大中型亏损企业中的1143户轻工企业，进一步落实了扭亏脱困指导责任，建立了定期报告和联系制度。引导轻工亏损企业认真学习邯钢、亚星和轻工“十佳”企业的经验，认真研究制定扭亏脱困方案，采取有力措施，努力做好扭亏工作，一些重点亏损企业已实现了扭亏或减亏。经过努力，1999年轻工系统实现利税总额433亿元，比上年增长10.17%；盈亏相抵后实现利润84.4亿元，增长69.34%；企业亏损面比上年缩小1.25个百分点，亏损金额比上年减少19.01%。轻工业经济运行的质量与效益得到显著提高。

四、轻工业结构调整迈出新的步伐

国家轻工业局加大了结构调整的工作力度，促进轻工业结构调整迈出新的步伐。以制糖、造纸、食品、家电、皮革、塑料制品等行业为重点，加大结构调整力度。把制糖行业作为结构调整和扭亏解困的重点，在1999年初召开轻工业工作会议期间，召开了重点产糖省区座谈会，确定了压缩制糖总量、压缩糖料种植面积、扭亏减亏的工作目标；加强了对重点产糖省区的调研和指导，积极向有关方面反映行业面临的共性问题，帮助解决一些实际困难。经过艰苦努力，1998～1999榨季，实现了压缩糖料播种面积16%、压缩制糖能力10%、制糖全行业减亏15亿元的目标。对造纸行业，积极争取国家的政策支持，将造纸行业作为国家财政债券技术改造专项的重点行业之一，在国家财政债券支持的三批技术改造项目中，共安排造纸项目23个，造纸配套项目5个，总投资170余亿元，贷款110余亿元。通过实施这些项目，对新闻纸、文化用纸、包装纸板三大纸种的重点骨干企业进行技术改造，将在2～3年时间内实现上述纸种的替代进口，使产品质量档次达到国际先进水平，增加有效生产能力，淘汰落后技术装备，调整造纸原料结构，促进造纸行业的结构优化。同时积极鼓励外商投资造纸行业，促进造纸行业加快结构调整、产业升级的步伐。加强了对家电、皮革行业发展和结构调整的调研，提出了抓住国际产业转移与结构调整的机遇，促进我国家电、皮革行业从生产大国向生产强国发展的工作思路。召开了塑料节水灌溉器材发展规划研讨暨现场会，进一步明确了塑料节水灌溉器材的发展方向。继续加强了轻工行业总量控制和关闭“五小”的有关工作，对小制革、小制浆、小酿造等污染严重的企业进一步进行了清理。淘汰和禁止生产、销售直排式燃气热水器的工作全面展开，并取得了较为明显的成效。

轻工业产业结构调整也取得较为明显的成效。一些符合规模经济要求的轻工行业的生产集中度不断提高。据统计，电冰箱行业居前6位企业的产量已占到全国电冰箱总产量的75%，洗衣机和空调器前6位企业的产量分别占到全国总产量的74.6%和68.5%。啤酒行业生产规模在10万吨以上企业的产量总和已占到全国啤酒总产量的一半，青岛啤酒集团和燕京啤酒集团的产销量均已突破100万吨。轻工业已发展形成一批大型企业和企业集团，其中海尔集团的年销售额已突破200亿元。

五、轻工企业深化改革、强化管理取得成效

按照国家经贸委的统一部署，轻工业继续稳步推进现代企业制度试点工作。各地轻工企业特别是试点企业按照“产权清晰、权责明确、政企分开、管理科学”的要求，制订和实施切实可行的方案，采取措施，克服困难，积极探索和实践，进行了多种形式的改制，取得了积极的进展。他们坚持制度创新、管理创新、技术创新并举，把改革、改组、改造和加强管理相结合，通过深化内部改革，加强企业管理，激发了企业的活力，增强了企业的市场应变能力、竞争能力和发展后劲。据对77户轻工重点企业的统计，改制为股份有限公司的45户，占58.4%，其中上市公司34户，上市募集资金177.5亿元；改制为有限责任公司的32户，占41.6%，其中30户为国有独资形式。针对轻工业中小企业多、集体企业多的特点，国家轻工业局先后召开了轻工中小企业改革与发展座谈会和轻工集体企业改革与发展座谈会，了解中小企业和集体企业在深化改革中面临的突出问题，总结交流轻工中小企业和集体企业深化改革、放开搞活的经验，提出了“深化联社改革，加强联社建设，放开搞活集体企业，壮大集体经济实力，努力开创轻工集体经济工作新局面”的工作思路，推动了轻工集体经济的改革与发展。还召开了部分省市联社主任座谈会，研讨了总社和各级联社的生存与发展的问题。

轻工业科技体制改革也取得重大突破。按照国务院的统一部署，以推进科技与经济紧密结合为目标，深化科技体制改革，推动轻工科研院所按照转为科技型企业、整体或部分进入企业、转为技术服务与中介机构等方式，加速进入市场，促进以企业为主体的技术创新体系的加快建设。通过深化改革，国家轻工业局直属的25个科研所有10个进入企业（集团），4个转为科技企业实行属地化管理，3个转为科技中介机构，8个划转到高等院校或其他部门。

加强了对轻工企业深化改革、加强管理有关情况的调研，发现了一批在深化改革、优化结构、强化管理、科技创新等方面取得突出成绩的新典型。在1999年底召开的全国轻工业工作会议上交流了青岛啤酒集团公司、上海老凤祥公司、珠江啤酒集团公司、广西贵糖集团公司、中国标准缝纫机集团等一批企业的典型经验，还进一步总结了轻工“十佳”企业的发展经验。引导轻工企业积极推进从生产型向生产经营型、资本经营型的转变，从对生产过程管理向生产经营全过程管理的转变，努力实现管理方法多样化、管理手段现代化，努力提高轻工企业管理水平和整体素质。轻工企业在实践中创造出一批符合市场经济要求和企业经营管理实际需要、能够促进企业发展的管理方法和经验。一大批优秀的企业管理现代化成果获得认定和奖励，已有873项企业管理现代化成果项目获全国轻工业企业管理现代化成果奖，有25项获全国企业管理现代化创新成果奖。

六、轻工业行业管理进一步加强

一是加强了对重点地区、重点行业、重点企业的调查研究。国家轻工业局领导亲自带队，深入到广东、浙江、上海、新疆、安徽、山东、黑龙江、云南、陕西、广西、湖南、江苏、北京、天津、内蒙古等省区市，对轻工业改革和发展中的新情况、新问题进行调查研究。特别是加强了对重点行业跨世纪发展战略的研究。如家电、皮革行业如何实现从生产大国向生产强国的转变；制糖业的总量控制和结构调整；塑料节水器材的推广应用及发展规划等等。二是突出重点抓大事。按照国家的统一部署，研究提出轻工业“十五”计划和2015年长期规划的基本思路。根据我国加入WTO谈判进程，抓紧对加入WTO对我国轻工业影响及对策的研究。6月底，组织各行业协会进行了初步研究，向国家经贸委上报了有关材料。我国与美国签订双边协议后，抓紧组织各行业协会进一步研究加入WTO我国轻工业面临的机遇与挑战，有针对性地提出了对策措施，向国家经贸委上报了《我国加入WTO对轻工业的影响及应对措施研究报告》。三是进一步加强对行业的服务、指导与协调。为积极争取国家对轻工重点行业、重点企业技术改造、结构调整的支持政策，国家轻工业局向国家计委、国家经贸委上报了一批技改项目；对国有和国有控股大中型亏损轻工企业进一步落实了扭亏脱困的指导责任，建立了跟踪联系和监测体系；积极为重点国有轻工企

业争取“债转股”政策，有29户轻工企业已经国家经贸委审批批准，并向有关金融资产管理公司推荐，拟转股额130亿元；积极争取兼并破产优惠政策，初步落实3批26户轻工企业，可核销呆坏账27亿多元；提出制糖结构调整的初步工作方案并得到国务院领导的认可，将关闭、破产近150户制糖企业，核销呆坏账140多亿元；积极争取扩大出口退税范围、提高出口退税率政策，有21个行业、近500个税号提高了退税率，有力地促进了轻工产品出口的增长；积极争取对轻工业部分的税收减免政策，经过努力，洗发香波消费税由17%降为8%；牛羊皮农业特产税继续给予免征；召开民生银行与部分轻工中小企业的座谈会，积极为中小企业取得流动资金贷款牵线搭桥；参与起草制定《城镇集体企业改革和发展若干意见》，积极为轻工集体企业争取政策扶持。四是转变职能，探索新形势下行业管理的途径与方法。针对各地轻工业管理部门即将进行机构改革的现状，更加注重突出重点，实现思想观念和工作职能的转变。加强了与重点地区、重点行业、重点企业及省会城市轻工业管理部门的联系与沟通，适时召开轻工业工作会议，研究轻工业改革和发展的重大问题，探讨轻工行业管理如何适应改革新形势的问题。在研究制定《轻工业“十五”计划和到2015年长期发展规划》中，注重适应经济全球化的新形势和国内外市场环境的新变化，研究提出轻工重点行业结构调整意见和相应政策措施，形成轻工主要行业产业技术政策，以进一步加大对轻工行业的宏观指导力度。在研究提出2000年轻工业工作任务时，注重突出重点，抓重点行业，集中精力加强对行业共性问题的研究；注意依靠行业协会，把一些行业管理的职能委托给行业协会，充分发挥行业协会的作用。

1999年轻工业经济工作虽然取得了较好的成绩，但轻工业发展中仍存在着一些突出的矛盾和问题。一是结构调整步伐缓慢，结构性矛盾仍较突出。二是国内消费品市场需求不旺，制约了轻工业的发展。三是出口形势虽有好转，但由于国际市场价格普遍下降及东南亚国家出口的恢复，轻工产品出口形势依然严峻；四是经济效益虽有较大提高，但发展不平衡，且其中含有降息、提高出口产品退税率等政策措施效应因素，基础并不牢固。企业亏损面仍较大，尤以中小企业困难更大。五是地区差距进一步拉大，中西部地区轻工业发展面临较大困难。

（撰稿：赵欣）

附表1 1978～1999年全国轻工业系统工业总产值 单位：亿元

年份	轻工业系统总产值（按1990年不变价）	集体经济
1978	1124.3	503.8
1979	1181.0	506.0
1980	1350.5	587.5
1981	1493.5	623.3
1982	1613.2	667.1
1983	1718.8	708.1
1984	1906.8	801.5
1985	2060.6	990.4
1986	2226.3	1095.7
1987	2388.1	1054.9
1988	2758.5	1337.7
1989	2868.6	1386.6
1990	2966.4	1264.1
1991	3332.9	1413.6
1992	3831.7	1604.8
1993	4390.3	1813.7
1994	4960.9	2011.1
1995	5335.7	2024.4
1996	5728.3	2231.0
1997	5928.0	2266.8
1998	6043.5	1556.3
1999	6223.7	1380.9

注：1．“轻工业系统总产值”统计范围为轻工业系统内全部工业企业。
2．“集体经济”产值统计范围1994年以前为全部工业企业，1994～1997年为独立核算工业企业，1998年以后为年产品销售收入500万元以上的独立核算工业企业。
3．“工业总产值”1995年以前是按原规定计算，1995年以后是按新规定计算。

附表 2　　1978～1999 **年轻工业系统利税总额**　　单位：亿元

年　份	轻工业系统利税总额	利润
1978	185.89	79.43
1979	195.69	81.55
1980	216.50	94.63
1981	239.92	98.45
1982	248.64	97.09
1983	257.13	98.52
1984	283.07	106.96
1985	248.74	121.32
1986	243.66	118.63
1987	258.15	125.75
1988	312.24	155.56
1989	284.89	116.26
1990	202.09	41.41
1991	230.28	47.46
1992	271.02	53.50
1993	314.39	55.88
1994	344.77	47.53
1995	382.69	73.13
1996	371.15	26.15
1997	379.12	29.58
1998	363.99	32.25
1999	424.11	86.47

注：1998 年以后统计范围为全部国有和年销售收入 500 万元以上非国有工业企业。

附表 3　　1978～1999 **年全国轻工业产品出口创汇**　　单位：亿美元

年　份	全国出口总额	轻工业产品出口额	轻工产品占全国比重（%）
1978	97.45	21.13	21.7
1979	136.58	28.49	20.9
1980	180.35	37.74	20.9
1981	208.93	40.88	19.6
1982	218.19	36.12	16.6
1983	221.97	38.77	17.5
1984	244.16	37.10	15.2
1985	259.15	37.89	14.6
1986	309.42	50.70	16.4
1987	394.37	65.46	16.6
1988	475.16	100.54	21.2
1989	525.40	124.84	23.8
1990	620.90	157.57	25.4
1991	718.40	191.76	26.7
1992	849.40	260.46	30.7
1993	917.44	299.97	32.7
1994	1210.06	355.94	29.4
1995	1487.70	402.26	27.0
1996	1510.66	445.71	29.5
1997	1827.92	533.43	29.2
1998	1838.09	549.63	29.9
1999	1949.31	584.06	30.0

注：1985 年以前为外贸部统计口径；1986 年以后为海关统计口径。

附表 4　　1999 年全国轻工业系统独立核算

类　　别	企业数（个）	1999 年工业总产值		1998 年工业总产值		1999 比 1998 年总产值增长（%）
		绝对值(亿元)（按 90 年不变价）	比重（%）	绝对值(亿元)（按 90 年不变价）	比重（%）	
总　　计	**13963**	**5558.03**	**100.0**	**5374.59**	**100.0**	**3.4**
一、按登记注册类分组						
其中:1. 内资企业	12427	4160.17	74.8	4139.97	77.0	0.5
其中:国有企业	5103	1271.17	22.9	1387.97	25.8	−8.4
集体企业	4614	1380.85	24.8	1556.28	29.0	−11.3
2. 外商投资经济	650	868.83	15.6	720.10	13.4	20.7
3. 港、澳、台投资经济	886	529.04	9.5	514.52	9.6	2.8
二、按轻重工业分						
轻 工 业	11479	4759.60	85.6	4611.27	85.8	3.2
以农产品为原料	6232	2349.73	42.3	2317.90	43.1	1.4
以非农产品为原料	5247	2409.87	43.4	2293.37	42.7	5.1
重 工 业	2484	798.43	14.4	763.32	14.2	4.6
三、按生产规模分						
大型企业	1204	2742.78	49.3	2427.81	45.2	13.0
中型企业	2686	1209.60	21.8	1243.59	23.1	−2.7
小型企业	10073	1605.65	28.9	1703.19	31.7	−5.7
四、按轻工业主要行业分						
(一)制浆造纸	821	401.06	7.2	359.35	6.7	11.6
(二)日用机械	277	211.10	3.8	206.67	3.8	2.1
(三)日用硅酸盐	542	151.27	2.7	144.27	2.7	4.9
(四)日用化学制品	461	328.66	5.9	333.28	6.2	−1.4
(五)制　盐	172	50.37	0.9	45.20	0.8	11.4
(六)食品、饮料	2417	1246.92	22.4	1205.56	22.4	3.4
(七)皮革、毛皮及其制品	505	156.20	2.8	157.91	2.9	−1.1
(八)木材加工及竹、藤、棕、草制品	118	29.47	0.5	21.94	0.4	34.3
(九)家　具	230	49.45	0.9	48.77	0.9	1.4
(十)文教体育用品	254	69.02	1.2	66.43	1.2	3.9
(十一)工艺美术品	464	152.52	2.7	147.26	2.7	3.6
(十二)塑料制品	959	349.64	6.3	338.21	6.3	3.4
(十三)金属制品	830	245.43	4.4	238.79	4.4	2.8
(十四)日用电器	217	779.52	14.0	612.20	11.4	27.3
(十五)照明器具	193	97.46	1.8	85.85	1.6	13.5
(十六)衡器	33	7.86	0.1	7.24	0.1	8.6
(十七)日用杂品	66	18.00	0.3	20.37	0.4	−11.6
(十八)轻工机械	403	108.66	2.0	109.63	2.0	−0.9
(十九)其他工业	5001	1105.44	19.9	1225.65	22.8	−9.8

注:1. 本表“比重”按各类别各项指标绝对值占全国总计值计算。
2. 本表统计范围:1999 年全国轻工业系统内全部国有和年产品销售收入 500 万元以上非国有独立核算工业企业(与往年
3.“出口交货值”指标计量单位为人民币亿元。

工业企业生产、销售完成情况

1999年（按当年价格计算）（亿元）					工业增加值占产值比重（%）
工　业 总产值	工　业 增加值	工　业 销售产值	其中： 出口交货值	产销率 （%）	
5582.98	1502.68	5404.73	707.4	96.8	26.9
4239.30	1150.05	4108.53		96.9	27.1
1465.46	416.72	1430.20		97.6	28.4
1281.53	316.07	1229.77		96.0	24.7
836.52	217.72	803.14		96.0	26.0
507.16	134.91	493.07		97.	26.6
4871.38	1324.35	4720.98		96.0	27.2
2708.26	769.54	2614.76		96.5	28.4
2163.13	554.82	2106.22		97.4	25.6
711.60	178.33	683.75		96.1	25.1
2780.13	774.60	2708.25		97.4	27.9
1225.30	314.73	1191.50		97.2	25.7
1577.54	413.35	1504.99		95.4	26.2
448.78	116.75	441.04	6.5	98.3	26.0
190.59	33.49	189.04	37.1	99.2	17.6
155.92	50.96	147.63	29.3	94.7	32.7
377.92	91.22	365.69	36.5	96.8	24.1
55.88	27.28	53.94	1.4	96.5	48.8
1516.07	446.56	1473.73	50.8	97.2	29.5
160.83	38.98	154.15	81.5	95.8	24.2
29.47	6.49	27.80	3.1	94.3	22.0
50.77	14.01	47.50	16.5	93.6	27.6
74.72	20.55	72.82	36.0	97.5	27.5
140.57	38.33	137.95	69.7	98.1	27.3
288.70	66.28	281.16	29.0	97.4	23.0
226.40	54.15	219.67	59.2	97.0	23.9
613.29	138.64	592.57	49.5	96.6	22.6
69.69	21.50	67.44	25.0	96.8	30.9
6.64	2.29	6.34	0.6	95.5	34.5
17.88	5.49	17.27	8.8	96.6	30.7
97.56	30.02	93.65	9.0	96.0	30.8
1061.31	299.69	1015.36	157.9	95.7	28.2

该表口径不一致）。

附表 5　**1999 年全国轻工业系统分地区独立核算**

地　　区	企业数（个）	1999 年工业总产值		1998 年工业总产值		1999 比 1998 年总产值增长（%）
		绝对值（亿元）（90 年不变价）	比重（%）	绝对值（亿元）（90 年不变价）	比重（%）	
全国总计	**13963**	**5558.03**	**100.0**	**5374.59**	**100.0**	**3.4**
山　东	995	908.00	16.3	797.06	14.8	13.9
广　东	1084	780.40	14.0	929.52	17.3	—16.0
浙　江	955	498.90	9.0	433.14	8.1	15.2
江　苏	1037	477.17	8.6	427.32	8.0	11.7
上　海	443	309.99	5.6	301.21	5.6	2.9
湖　北	1064	269.15	4.8	250.74	4.7	7.3
河　南	589	241.91	4.4	226.08	4.2	7.0
福　建	830	229.13	4.1	215.28	4.0	6.4
安　徽	633	227.51	4.1	223.58	4.2	1.8
河　北	481	176.96	3.2	176.11	3.3	0.5
辽　宁	667	174.97	3.1	161.03	3.0	8.7
广　西	505	166.48	3.0	162.06	3.0	2.7
天　津	311	135.40	2.4	109.93	2.0	23.2
四　川	403	131.18	2.4	125.64	2.3	4.4
吉　林	270	121.46	2.2	107.93	2.0	12.5
黑龙江	583	121.12	2.2	118.19	2.2	2.5
湖　南	602	114.61	2.1	98.44	1.8	16.4
云　南	342	107.85	1.9	96.83	1.8	11.4
北　京	115	53.46	1.0	52.34	1.0	2.1
山　西	256	53.04	1.0	55.76	1.0	—4.9
江　西	304	52.18	0.9	58.88	1.1	—11.4
陕　西	443	45.31	0.8	42.66	0.8	6.2
重　庆	121	45.06	0.8	44.81	0.8	0.6
新　疆	306	31.06	0.6	32.27	0.6	—3.7
贵　州	227	26.12	0.5	22.16	0.4	17.9
海　南	83	23.17	0.4	22.13	0.4	4.7
甘　肃	237	22.77	0.4	21.77	0.4	4.6
宁　夏	39	6.84	0.1	7.18	0.1	—4.7
青　海	38	6.83	0.1	6.56	0.1	4.1
内蒙古				41.45	0.8	
西　藏						

注：1. 本表“比重”按各地区各项指标绝对值占全国总计值计算。
2. 本表按 1998 年总产值（90 年不变价）绝对值大小排序。
3. 本表统计范围同附表 4。
4. “出口交货值”指标计量单位为人民币亿元。

工业企业生产、销售完成情况

1999年（按当年价格计算）（亿元）					工业增加值占产值比重（%）
工业总产值	工业增加值	工业销售价值	其中：出口交货值	产销率（%）	
5582.98	1502.68	5404.73	707.44	96.8	26.9
917.48	244.47	896.87	100.18	97.8	26.6
714.97	190.83	682.82	139.88	95.5	26.7
444.65	117.88	436.76	94.75	98.2	26.5
455.10	116.96	440.73	80.92	96.8	25.7
305.93	72.73	307.96	52.01	100.7	23.8
274.39	74.05	265.66	8.46	96.8	27.0
247.55	60.80	239.55	14.16	96.8	24.6
244.73	66.08	232.60	92.74	95.0	27.0
249.42	70.24	235.27	12.97	94.3	28.2
191.04	63.13	186.11	20.70	97.4	33.0
173.42	49.03	167.08	9.84	96.3	28.3
165.55	44.71	154.74	10.61	93.5	27.0
109.05	24.10	105.95	20.57	97.2	22.1
168.36	60.19	164.73	4.72	97.8	35.8
128.13	24.05	123.61	8.18	96.5	18.8
142.80	36.95	140.24	1.56	98.2	25.9
131.18	37.53	125.89	10.92	96.0	28.6
114.53	34.00	111.72	4.65	97.5	29.7
56.28	17.38	55.73	2.45	99.0	30.9
55.79	16.99	53.35	3.26	95.6	30.5
59.98	17.94	57.08	4.53	95.2	29.9
51.76	13.50	49.74	2.21	96.1	20.1
44.47	13.56	42.92	1.40	96.5	30.5
35.02	6.89	32.10	1.91	91.7	19.7
31.76	10.17	29.80	2.24	93.8	32.0
27.27	5.48	25.75	0.42	94.4	20.1
26.82	7.77	25.58	1.19	95.4	29.0
7.62	2.80	7.23		94.9	36.7
7.91	2.50	7.15	0.03	90.4	31.6

附表 6　**1999年全国轻工业系统独立核算企业主要财务指标完成情况**　单位：亿元

类　　别	固定资产原值年末数	固定资产净值年平均余额	利税总额	其中：利润
总　　计	**4167.55**	**2954.42**	**424.11**	**86.47**
总计中：国有经济	2290.77	1627.92	201.61	14.82
大中型企业	1705.21	1229.12	170.81	23.29
集体经济	729.93	487.90	75.53	20.44
大中型企业	358.52	243.96	52.05	22.40
其他经济	1146.86	838.60	146.97	51.21
总计中：制浆造纸	612.74	434.60	29.97	5.56
日用机械	154.25	109.34	—0.76	—9.06
其中：自行车	54.26	33.40	—5.21	—6.19
缝纫机	22.44	12.50	0.36	—0.96
钟表	27.68	22.28	—1.56	—1.79
日用硅酸盐	201.03	131.04	8.28	—1.29
其中：日用陶瓷	82.82	53.55	2.66	—0.52
日用玻璃制品	77.65	52.01	4.39	0.01
日用化学制品	216.34	119.26	38.19	16.06
其中：肥皂及合洗剂	85.07	55.00	23.88	11.50
制　盐	116.84	78.81	6.86	—1.30
食品饮料	1210.31	911.34	194.86	37.95
其中：制糖	311.98	211.82	—4.96	—23.36
罐　头	45.72	30.36	3.11	0.82
白　酒	255.30	199.25	88.43	26.57
啤　酒	358.33	273.14	67.34	14.90
皮革、毛皮及其制品	75.64	49.22	1.01	—1.40
家　具	30.19	19.07	1.87	0.38
文教体育用品	29.76	19.88	3.52	1.29
工艺美术品	57.58	40.03	7.12	1.62
塑料制品	275.69	178.38	13.81	4.48
金属制品	148.18	87.94	8.11	—0.71
家用电器	210.61	165.67	35.49	13.39
照明器具	46.47	32.44	4.70	1.10
轻工机械	81.75	52.57	7.09	2.42
其　　他	702.37	526.58	55.05	12.90

注：1. 本表统计范围是全国轻工业系统内全部国有和年产品销售收入500万元以上非国有工业企业。
2. 由于内蒙古缺报，总计中含内蒙古数据而分行业中不包括，所以分行业数与总计数不等。

附表7 1999年全国轻工业系统分地区独立核算企业主要财务指标完成情况 (单位：亿元)

地区	固定资产原值年末数	固定资产净值年平均余额	利税总额	其中：利润
全国总计	**4167.55**	**2954.42**	**424.11**	**82.47**
山东	522.02	400.02	88.09	30.66
广东	564.37	376.84	56.83	15.64
浙江	311.41	219.34	53.06	26.69
江苏	282.97	197.22	31.45	6.61
四川	176.13	123.27	29.63	12.59
河北	193.63	143.07	20.71	4.21
安徽	123.10	85.06	20.49	3.58
上海	269.74	162.43	14.43	−0.18
河南	141.42	98.11	14.03	3.77
辽宁	153.04	135.32	11.61	0.27
湖北	131.03	93.80	11.58	3.07
福建	114.09	70.71	9.52	2.05
广西	205.48	146.29	9.28	−5.44
内蒙古			8.96	3.09
贵州	44.32	33.54	8.65	3.24
黑龙江	106.51	81.75	6.75	−1.09
吉林	93.73	64.03	6.67	0.95
湖南	75.05	51.34	6.49	0.42
山西	54.56	43.68	5.40	0.36
重庆	51.47	32.47	4.67	0.53
天津	107.91	80.39	3.23	−1.71
江西	59.85	40.95	2.70	−1.20
北京	49.22	33.85	2.03	0.23
陕西	68.34	65.26	1.54	−2.52
宁夏	12.80	7.85	0.45	−0.09
甘肃	31.00	22.98	0.35	−1.95
青海	10.23	6.18	0.14	−0.72
新疆	60.30	42.62	−0.05	−4.12
海南	21.84	14.13	−0.36	−1.44
国家局直属	21.23	11.69	−1.18	−1.40
云南	110.75	70.25	−3.02	−9.64
西藏				

注：1. 本表统计范围同附表6。
2. 本表按各地区利税总额大小排序。

附表 8　　　　**1999 年全国轻工业系统固定资产投资完成额**

类　　别	投资完成额（万元）			比重（以总计为 100）			总计与上年同期比增加（%）
	合　计	基本建设	更新改造	合　计	基本建设	更新改造	
总　　计	**3104735**	**903369**	**2201366**	**100.0**	**100.0**	**100.0**	**−7.9**
一、按隶属关系分							
中　　央	55023	4526	50497	1.8	0.5	2.3	−58.4
地　　方	2976349	876883	2099466	95.9	97.1	95.4	−3.0
其　　他	73363	21960	51403	2.4	2.4	2.3	−57.1
二、按登记注册类型分							
内资企业	2067442	249977	1817465	66.6	27.7	82.6	−14.6
其中：国有企业	877760	112262	765498	28.3	12.4	34.8	−27.8
集体企业	360553	39333	321220	11.6	4.4	14.6	−19.4
港、澳、台商投资企业	142673	6146	136527	4.6	0.7	6.2	−36.7
外商投资企业	894620	647246	247374	28.8	71.6	11.2	23.5
三、按项目规模分							
大中型（投资规模 3000 万元以上）	1773290	730908	1042382	57.1	80.9	47.4	−9.3
小　型（投资规模 3000 万元以下）	1331445	172461	1158984	42.9	19.1	52.6	−5.9
四、按国民经济行业分							
按轻工业行业分	3081627	889300	2192327	99.3	98.4	99.6	−7.0
（一）制浆造纸	901116	414769	486347	29.0	45.9	22.1	−4.0
（二）日用机械	45131	5772	39359	1.5	0.6	1.8	−37.5
缝纫机制造业	3879		3879	0.1		0.2	−60.6
自行车制造业	16948	4261	12687	0.5	0.5	0.6	187.6
钟表制造业	3478	1444	2034	0.1	0.2	0.1	−56.2
其他日用机械	20826	67	20759	0.7		0.9	−57.1
（三）日用硅酸盐	116177	10016	106161	3.7	1.1	4.8	−19.7
日用玻璃制品业	44394	3987	40407	1.4	0.4	1.8	−35.7
玻璃保温容器制造业	10686	354	10332	0.3		0.5	1480.8
日用陶瓷制造业	49831	2376	47455	1.6	0.3	2.2	−22.8
搪瓷制造业	1361	243	1118			0.1	−71.3
其他日用硅酸盐	9905	3056	6849	0.3	0.3	0.3	74.8
（四）日用化学产品	389062	268485	120577	12.5	29.7	5.5	102.8
肥皂及皂粉、合成洗涤制造业	37213	5669	31544	1.2	0.6	1.4	−16.5
香料、香精制造业	1476		1476			0.1	−88.0
化妆品制造业	16359	503	15856	0.5	0.1	0.7	−49.6
原电池制造业	28707	467	28240	0.9	0.1	1.3	−36.5
其他日用化学产品	305307	261846	43461	9.8	29.0	2.0	432.5
（五）制　盐	29081	4383	24698	0.9	0.5	1.1	−38.2
（六）食品、饮料	576078	75484	500594	18.6	8.4	22.7	−22.4
食品加工、制造业	185858	36392	149466	6.0	4.0	6.8	−18.7
制糖业	14834	1165	13669	0.5	0.1	0.6	−84.3
糕点、糖果制造业	4680	420	4260	0.2		0.2	−34.4
乳制品制造业	5153	407	4746	0.2		0.2	−53.7
罐头食品制造业	54979	2236	52743	1.8	0.2	2.4	306.6
发酵制品业	27735	4295	23440	0.9	0.5	1.1	0.2
冷冻饮品制造业	6073		6073	0.2		0.3	1243.6
其他食品加工、制造业	72404	27869	44535	2.3	3.1	2.0	−2.3
饮料制造业	390220	39092	351128	12.6	4.3	16.0	−24.1

（续表）

类　别	投资完成额（万元）			比重（以总计为100）			总计与上年同期比增加（%）
	合　计	基本建设	更新改造	合　计	基本建设	更新改造	
酒精制造业	6576		6576	0.2		0.3	−52.7
饮料酒制造业	301736	32302	269434	9.7	3.6	12.2	−29.4
白酒制造业	81951	9595	72356	2.6	1.1	3.3	−11.4
啤酒制造业	180772	9790	170982	5.8	1.1	7.8	−36.9
其他饮料酒制造业	39013	12917	26096	1.3	1.4	1.2	−20.1
软饮料制造业	49128	6510	42618	1.6	0.7	1.9	37.2
其他饮料制造业	32780	280	32500	1.1		1.5	−10.8
（七）皮革、毛皮及其制品	36674	5029	31645	1.2	0.6	1.4	11.5
制革业	7135	800	6335	0.2	0.1	0.3	−6.1
皮革制品制造业	28059	4229	23830	0.9	0.5	1.1	34.3
其中：皮鞋制造业	16621	1379	15242	0.5	0.2	0.7	16.8
毛皮鞣制及制品业	1480		1480			0.1	−66.5
（八）木材加工及竹藤棕草制品	13833	653	13180	0.4	0.1	0.6	85.9
（九）家　具	16535	2985	13550	0.5	0.3	0.6	−40.7
（十）文教体育用品	28676	6045	22631	0.9	0.7	1.0	35.9
（十一）工艺美术品	13466	5741	7725	0.4	0.6	0.4	−67.9
（十二）塑料制品	189626	15486	174140	6.1	1.7	7.9	10.2
（十三）金属制品	44225	3084	41141	1.4	0.3	1.9	−33.4
手工具制造业	9655	1041	8614	0.3	0.1	0.4	1.5
建筑用金属制品业	1591	360	1231	0.1		0.1	−88.4
日用金属制品业	12985	280	12705	0.4		0.6	−44.0
其他金属制品业	19994	1403	18591	0.6	0.2	0.8	−0.2
（十四）日用电器	198597	4530	194067	6.4	0.5	8.8	−34.7
洗衣机制造业	44071	2169	41902	1.4	0.2	1.9	−24.1
电冰箱制造业	73569	886	72683	2.4	0.1	3.3	−41.0
电风扇制造业	1682	536	1146	0.1	0.1	0.1	−41.9
空调器制造业	39851		39851	1.3		1.8	175.4
排油烟机制造业	110		110				−96.5
其他日用电器制造业	39314	939	38375	1.3	0.1	1.7	−61.1
（十五）照明器具	33201	6621	26580	1.1	0.7	1.2	9.9
电光源（灯泡）制造业	24528	6621	17907	0.8	0.7	0.8	−2.2
灯具制造业	678		678				96.0
其他照明器具制造业	7995		7995	0.3		0.4	66.9
（十六）衡器制造业	1156	500	656		0.1		72.8
（十七）日用杂品	4845	170	4675	0.2		0.2	18.8
（十八）轻工机械	46311	2621	43690	1.5	0.3	2.0	−11.3
（十九）其他工业	397837	56926	340911	12.8	6.3	15.5	−4.2
纸制品业	64174	14898	49276	2.1	1.6	2.2	146.3
印刷业	71487	7990	63497	2.3	0.9	2.9	−9.5
其他类未包括的产品	262176	34038	228138	8.4	3.8	10.4	−15.4
按行政、事业单位分	23108	14069	9039	0.7	1.6	0.4	−59.6
（一）教　育	11385	7777	3608	0.4	0.9	0.2	−46.8
（二）设　计	2		2				−85.7
（三）科　研	769	230	539				−86.2
（四）其　他	10952	6062	4890	0.4	0.7	0.2	−63.7

附表 9　　**1999年全国轻工业企业系统分地区固定资产投资完成额**

地　　区	投资完成额（万元）			比重（以总计为100）			总计与上年同期比增加（%）
	合　计	基本建设	更新改造	合　计	基本建设	更新改造	
全国总计	**3104735**	**903369**	**2201366**	**100.0**	**100.0**	**100.0**	**−7.9**
江　　苏	583068	376335	206733	18.8	41.6	9.4	11.3
福　　建	504175	269078	235097	16.2	29.8	10.7	154.1
山　　东	395713	18273	377440	12.7	2.0	17.1	−17.4
河　　北	340095	37397	302698	11.0	4.1	13.8	−3.5
浙　　江	189619	28798	160821	6.1	3.2	7.3	48.5
上　　海	140057		140057	4.5		6.4	7.5
广　　东	129291	21395	107896	4.2	2.4	4.9	−23.2
安　　徽	117706	4671	113035	3.8	0.5	5.1	−37.5
湖　　北	86216	13300	72916	2.8	1.5	3.3	−49.6
河　　南	63523	32143	31380	2.0	3.6	1.4	−40.8
广　　西	53362	25100	28262	1.7	2.8	1.3	−60.8
北　　京	49111	14415	34696	1.6	1.6	1.6	3.7
辽　　宁	47399	510	46889	1.5	0.1	2.1	−6.0
黑 龙 江	47274	13386	33888	1.5	1.5	1.5	−45.5
吉　　林	41164		41164	1.3		1.9	−30.0
新　　疆	37525	3338	34187	1.2	0.4	1.6	325.4
四　　川	37442	8986	28456	1.2	1.0	1.3	−57.6
江　　西	32512	1011	31501	1.0	0.1	1.4	10.4
天　　津	31428	705	30723	1.0	0.1	1.4	−58.1
湖　　南	27546	6147	21399	0.9	0.7	1.0	−23.7
宁　　夏	26339	2519	23820	0.8	0.3	1.1	1071.1
山　　西	23787	7035	16752	0.8	0.8	0.8	−21.0
贵　　州	22919	9143	13776	0.7	1.0	0.6	−8.5
重　　庆	19009		19009	0.6		0.9	−64.9
陕　　西	16121	2530	13591	0.5	0.3	0.6	−28.6
云　　南	15910	2401	13509	0.5	0.3	0.6	−85.7
甘　　肃	13916	3045	10871	0.4	0.3	0.5	14.7
内 蒙 古	5762		5762	0.2		0.3	−73.2
青　　海	3953	636	3317	0.1	0.1	0.2	−54.2
海　　南	2793	1072	1721	0.1	0.1	0.1	−59.1
西　　藏							

注：本表按各地区投资完成额大小排序。

附表10　　1999年全国轻工业主要产品产量完成情况

地区	机制纸（万吨）	其中		机制纸板（万吨）	缝纫机（万架）	自行车（万辆）
		新闻纸（万吨）	凸版纸（万吨）			
全国总计	**1256.61**	**112.92**	**71.46**	**902.69**	**483.03**	**2397.57**
北京	5.24			7.73	0.15	
天津	13.54	0.92	0.53	5.81	7.04	200.40
河北	109.64	1.82	10.08	93.02	11.16	6.16
山西	24.34	0.46	2.20	4.56	0.14	
内蒙古	8.22		0.78	6.05		0.16
辽宁	46.63	4.11	1.29	12.13	0.12	16.33
吉林	28.02	14.40	0.75	10.81		
黑龙江	30.96	7.25	0.11	7.73		
上海	22.53	13.94		22.89	161.08	371.67
江苏	48.90	5.00	3.75	74.40	61.90	480.55
浙江	66.79	1.22		179.16	126.24	311.97
安徽	22.21		3.62	23.49	16.65	0.54
福建	46.74	13.41		21.20		16.18
江西	22.62	4.42	1.19	5.34		4.09
山东	246.82	9.49	2.65	106.13	1.04	45.60
河南	151.43	0.54	13.44	127.42	2.32	48.40
湖北	34.99	2.93	10.26	16.38	0.67	0.73
湖南	52.68	4.07	8.84	6.56	0.95	
广东	94.99	17.35	0.14	99.05	71.10	881.68
广西	67.62	4.98	0.01	3.62		12.35
海南	0.50			0.82		
重庆	4.76			6.44		
四川	44.47	6.27	2.39	25.89		0.52
贵州	5.04			1.76		
云南	12.78	0.06		11.12		
西藏						
陕西	17.00	0.28	8.29	6.39	22.48	0.23
甘肃	5.02		0.21	3.06		
青海	0.76			0.81		
宁夏	13.48		0.14	4.59		
新疆	7.89		0.79	8.33		

（续表）

地　　区	日用陶瓷（万件）	日用玻璃制品（吨）	肥皂（万只）	合成洗涤剂（万吨）	火柴（标准件）（万件）
全国总计	**713755.56**	**5861585**	**56.14**	**284.85**	**1443.12**
北　　京	79.00	87755	0.09	5.76	12.39
天　　津		27845	3.36	8.22	
河　　北	62523.75	319560	3.95	1.32	336.89
山　　西	13344.71	133753	0.72	20.92	25.22
内 蒙 古	196.00	85025	0.19	0.23	4.06
辽　　宁	512.29	179193	2.00	6.31	47.00
吉　　林	0.01	106354	0.38	4.79	40.00
黑 龙 江	219.15	22285	0.10	2.37	97.41
上　　海		232349	7.35	26.98	0.49
江　　苏	17094.05	581527	5.71	16.78	3.79
浙　　江	7431.73	147329	13.36	18.70	39.50
安　　徽	11172.04	490412	2.18	36.05	135.05
福　　建	37634.30	129482	0.40	0.02	15.23
江　　西	52391.13	30098	0.56	2.47	25.82
山　　东	100212.78	1347427	3.50	20.59	70.29
河　　南	97018.90	280944	1.56	19.47	194.25
湖　　北	174.58	98588	1.41	15.80	32.55
湖　　南	111206.25	66249	1.20	6.79	47.00
广　　东	92489.77	468669	1.51	20.12	20.43
广　　西	77130.82	219045	1.74	3.75	59.98
海　　南	141.36		0.16	0.07	
重　　庆	4921.95	135733	0.96	5.53	12.94
四　　川	5258.00	487803	1.06	20.17	72.67
贵　　州	491.33	35919	0.47	5.57	11.59
云　　南	16794.35	37434	0.59	3.97	47.44
西　　藏				0.06	
陕　　西	1145.00	15182	1.37	6.23	23.57
甘　　肃	1096.83	7061	0.11	2.44	41.66
青　　海		6378		0.67	
宁　　夏	2523.48	11456	0.05	1.47	0.12
新　　疆	552.00	70730	0.10	1.24	25.77

（续表）

地　　区	原电池（折一号电池）（万只）	原　　盐（万吨）	机制糖（万吨）	乳制品（吨）	罐　　头（吨）
全国总计	**1209489.43**	**2812.36**	**852.90**	**690751.73**	**1690909.79**
北　　京	198.00			14255.00	1559.00
天　　津	8621.65	234.31		7920.00	218.00
河　　北	32048.70	403.26	1.22	96491.00	145003.70
山　　西	1234.68		3.73	13654.00	5582.00
内 蒙 古		132.07	11.95	54219.42	15697.00
辽　　宁		282.20	4.52	4220.00	26935.00
吉　　林			2.65	1025.00	1185.00
黑 龙 江	193.00		22.00	154918.00	14087.00
上　　海	39684.57			13691.20	34911.07
江　　苏	47370.98	300.12	4.00	28997.70	35591.13
浙　　江	108845.10	8.17		61063.43	240177.39
安　　徽	32171.59	32.83	0.19	12431.46	25683.00
福　　建	84219.00	37.56	14.72	8965.00	296367.92
江　　西	17663.07	2.61	8.37	19241.00	22986.00
山　　东	92573.63	613.07	0.38	52889.70	139555.00
河　　南	36256.20	36.16		9987.00	33389.90
湖　　北	27443.38	236.51		11827.20	28987.00
湖　　南	7698.82	69.44	10.13	4370.00	34776.03
广　　东	497202.15	22.28	142.99	6875.00	52785.00
广　　西	48816.00	15.30	374.30	2667.45	141810.65
海　　南	832.00	12.66	25.55	1980.00	157536.00
重　　庆	33114.75	35.47	0.03	17541.00	13384.00
四　　川	34362.48	203.50	7.02	16394.70	25699.00
贵　　州	13919.00		0.98	829.00	730.00
云　　南	38566.68	42.13	161.35	6621.50	6616.00
西　　藏					
陕　　西	399.00	7.60	0.02	29030.00	2072.00
甘　　肃	944.00	3.09	7.97	19247.97	1612.00
青　　海		48.93		1369.00	
宁　　夏		0.08	2.06	13858.00	975.00
新　　疆	5111.00	33.03	46.77	4172.00	185000.00

（续表）

地区	饮料酒（万吨）	其中		软饮料（万吨）	皮鞋（万双）	玩具（万元）
		白酒（万吨）	啤酒（万吨）			
全国总计	**2705.64**	**502.26**	**2098.77**	**1186.00**	**101321.11**	**2107840**
北京	150.10	9.89	138.86	56.85	167.00	17055
天津	12.18	4.81	7.38	45.21	1190.43	4071
河北	150.96	25.21	122.55	63.82	260.22	2708
山西	26.32	15.64	10.31	3.29	13.05	
内蒙古	55.84	16.16	39.65	9.41	63.48	5
辽宁	177.67	33.02	144.26	39.82	3430.81	2850
吉林	89.94	5.66	83.03	12.38	33.96	
黑龙江	152.50	15.94	136.55	6.15	30.87	
上海	29.83	0.39	28.80	102.32	2176.17	111032
江苏	115.49	30.23	68.54	61.14	5514.21	405963
浙江	200.19	3.10	146.81	231.36	13767.69	154539
安徽	160.01	40.48	122.99	9.93	127.29	45493
福建	115.87	2.11	110.81	34.90	17653.91	52403
江西	57.35	10.56	45.97	6.93	293.49	2214
山东	363.37	83.68	268.33	24.23	3167.31	162939
河南	147.05	36.49	103.04	29.94	1526.70	5582
湖北	113.33	19.65	90.22	50.33	557.62	21735
湖南	30.06	4.87	25.14	7.65	297.47	
广东	154.76	19.72	133.21	278.41	50110.25	1118792
广西	44.31	14.75	27.46	22.12	126.62	6
海南	5.55	0.24	4.75	22.81		
重庆	54.11	2.67	51.32	18.79	145.80	454
四川	149.61	60.63	85.42	30.65	39.81	
贵州	16.95	7.58	9.27	1.59	3.49	
云南	38.32	21.67	15.95	9.23	384.69	
西藏		0.06	2.41	0.14	3.01	
陕西	34.22	2.92	31.09	0.98	90.00	
甘肃	23.30	3.73	19.47	1.39	24.00	
青海	2.85	1.88	0.96	0.07	16.15	
宁夏	6.39	0.76	5.55	0.57	6.81	
新疆	27.21	7.75	18.69	3.60	98.80	

（续表）

地　区	塑料制品（吨）	日用精铝制品（吨）	家用洗衣机（万台）	吸尘器（万台）	家用电冰箱（万台）	冷冻箱（万台）
全国总计	**9375943**	**65440**	**1342.17**	**574.99**	**1210.00**	**392.01**
北　京	154007	14	20.00		5.82	0.06
天　津	98704		45.09	59.98	10.84	
河　北	349990	3531				
山　西	43481	48	28.74			
内蒙古	23197	108				
辽　宁	307952	2082	17.13	8.52	13.21	
吉　林	69599	361	1.45			
黑龙江	92543	108			10.56	
上　海	373814	620	57.03	28.55	43.03	1.30
江　苏	1047759	6514	185.59	251.00	107.92	82.70
浙　江	1252583	21829	128.06	94.85	36.74	122.62
安　徽	274707	342	145.72		138.17	0.65
福　建	549428	556				
江　西	50265				27.83	9.55
山　东	676073	752	280.15		242.65	113.60
河　南	539118	10806			123.92	35.06
湖　北	251428	5597	82.68			16.36
湖　南	70527	1581			28.60	4.64
广　东	2444674	7888	264.94	132.09	343.21	2.90
广　西	124672	646			0.03	2.21
海　南	12868					
重　庆	43382	809	30.04			
四　川	154765				18.24	0.04
贵　州	29293	383			16.87	
云　南	102731	130				0.32
西　藏						
陕　西	14900		14.50		28.70	
甘　肃	73627	84	41.05		3.00	
青　海	1152	243				
宁　夏	17373	55				
新　疆	131330	353				

（续表）

地　　区	电风扇（万吨）	房间空气调节器（万台）	微波炉（万台）
全国总计	**6158.14**	**1337.64**	**824.28**
北　　京	2.44	28.47	
天　　津	0.29	63.41	133.57
河　　北		0.09	
山　　西			
内 蒙 古			
辽　　宁	0.81	13.29	
吉　　林		1.59	
黑 龙 江	0.07	0.02	
上　　海	48.85	180.70	39.43
江　　苏	328.80	120.86	27.63
浙　　江	340.26	54.20	
安　　徽	18.19	62.79	4.10
福　　建	1.60	0.02	1.04
江　　西	31.86		
山　　东	130.85	255.07	15.23
河　　南	3.11	2.25	
湖　　北		38.93	
湖　　南	6.72	4.83	
广　　东	5120.88	463.51	603.28
广　　西	39.54	0.01	
海　　南			
重　　庆	83.10		
四　　川	0.76	46.90	
贵　　州			
云　　南			
西　　藏			
陕　　西		0.72	
甘　　肃			
青　　海			
宁　　夏			
新　　疆			

注：本表为1999年1～12月累计统计快报数字，统计范围为全部国有及年产品销售收入500万元以上非国有企业。

纺织工业

一、纺织行业基本情况

（一）纺织工业发展概况

建国五十多年来，我国纺织工业不断发展壮大，取得了巨大的发展成就，我国已成为世界最大的纺织生产国和出口国。建国初期，我国工业基础薄弱，财力有限，用较少的投入获得最大的产出是当时国家确定经济先导型产业的一个重要要求。纺织工业具有装备系数低、投资少、建设周期短、资金效益高、投资回收期短等特点，自然成为我国工业化过程中的先导型产业。同时，逐步解决人民的穿衣问题也是新中国面临的一个重要课题。因此，国家大力支持纺织工业的发展，1953～1983年间全民所有制纺织工业企业基本建设投资220亿元，占全国全民所有制工业企业基本建设投资总额4700亿元的4.7%，全国纺织工业年均增长8%。1983年全国取消布票，标志着我国已基本解决了国内人民的穿衣问题，在这样一个人口大国以这么快的速度解决这个问题是举世瞩目的。其后，我国纺织工业的发展从满足国内人民消费为主转向以两个市场并举。我国纺织产品逐步取消了统购包销制度，除棉花外，其他纺织原料逐步放开经营，我国纺织工业的市场竞争型产业特征日趋显著。在国家实行改革开放政策的大环境下，80年代中期提出了纺织工业“出口导向型”发展战略，外向依存度不断提高。同时，随着纺织行业投资项目审批权限下放，投资主体多元化，纺织乡镇企业和三资企业发展迅猛，逐步形成国有、乡镇和三资企业三分天下的局面。这一时期，纺织工业经济增长速度进一步加快，1983～1990年年均增长11%。

由于我国处于计划经济体制向市场经济体制转变过程中，纺织产业进入障碍很小，而退出障碍大，难以形成优胜劣汰机制，造成纺织产业日益膨胀，纺织产品供求关系由供不应求变为供大于求。到80年代末90年代初，纺织行业总量过剩和结构不合理的矛盾日益显现出来，经济效益下降，特别是国有纺织企业逐步陷入严重困境。从此，我国纺织工业进入艰难的结构调整时期，纺织工业经济增长速度减缓。这一时期，纺织行业积极进行改革、调整和重组，控制总量，优化存量，转换机制，减员增效，下岗分流，努力遏制纺织经济效益下滑的局面，促进纺织工业逐步摆脱困境。特别是1997年中央确定把纺织行业作为国有企业改革解困突破口，出台了一系列支持政策，加快了纺织行业深化改革、调整结构的步伐，国有纺织企业经济效益提高，到1999年国有纺织企业实现了整体扭亏为盈，纺织行业逐步走出困境，进入了产业升级的新阶段。

1999年全国纺织工业企业（包括国有企业和销售收入在500万元以上的非国有企业）18868个，工业总产值（90年不变价）7424.78亿元，占全国工业总产值的11.5%；工业增加值（当年价）1910.27亿元，占全国工业的8.9%；利税总额398.70亿元，占全国工业的5.9%；利润总额136.04亿元，占全国工业的5.9%；资产总额9660.00亿元，占全国工业的8.3%；从业人员777.18万人，占全国工业的13.4%；纺织品和服装出口430.6亿美元，比上年增长0.4%，其中纺织品出口130.0亿美元，服装出口300.6亿美元，纺织品和服装出口占全国商品出口总额的22.1%。

1999年全国纺织工业主要产品产量：化纤602万吨，纱570万吨，布250亿米，印染布160亿米，呢绒27548万米，丝7万吨，丝织品70亿米，针棉织品折用纱线量87万吨，服装161亿件（其中梭织服装95亿件，针织服装65亿件，其他服装1亿件）。

1999年纺织工业主要生产能力：化纤657万吨，棉细纱机3383万锭，棉布织机70万台（其中，无梭织机5.9万台），棉印染生产能力119亿米，毛纺锭382万锭，毛织机2.5万台，桑蚕缫丝机378万绪，丝织机19.7万台（其中无梭织机3万台）。

（二）纺织工业在我国国民经济中的地位

纺织工业作为传统支柱产业，在我国国民经济中占有重要地位，为积累建设资金，出口创汇，保障人民衣着消费和解决劳动力就业等方面都发挥着十分重要的作用。到80年代末，纺织工业一直是国家积累建设资金的支柱产业，纺织工业利税占全国工业利税的15%左右，90年代仍保持在11%

以上。1978～1999年间纺织工业共实现利税4800多亿元；纺织品和服装出口年均增长14.7%，累计出口创汇4200亿美元，净创汇2000多亿美元。

（三）我国纺织工业在世界纺织工业中的地位

我国是世界最大的纺织生产国。80年代我国纺织纤维加工总量年均增长6.3%，由1980年的341万吨增长到1990年的630万吨，占世界的比重由11.4%提高到16.6%，成为世界最大的纺织生产国。90年代我国纺织生产仍保持高于世界平均水平的速度发展，到1999年我国纤维加工总量已超过1000万吨，占世界的1/5左右。在主要纺织产品中，我国棉纱、棉布、丝织品、针织品、服装、化纤等产品产量均居世界第一位。

在世界纺织品服装贸易中，我国占有重要地位。90年代以来，我国已发展为世界最大的服装出口国和第三大纺织品出口国，成为影响国际纺织品服装贸易的重要力量。1998年我国纺织品服装出口占世界纺织贸易总额的13%，其中纺织品出口占世界的8.5%，服装出口占世界的16.7%。

（四）纺织工业结构

1. 产业结构。

1999年纺织工业中，纺织业产值4295.70亿元，占58%，利税196.10亿元，占49%；服装业产值1839.40亿元，占25%，利税113.41亿元，占29%；化纤业产值1142.14亿元，占15%，利税81.10亿元，占20%；纺机业产值147.54亿元，占2%，利税8.09亿元，占2%。其中纺织业中，棉纺织业是主体，1999年棉纺织业产值2114.03亿元，占纺织业产值的49%，利税110.09亿元，占纺织业的56%。

从纺织产品最终用途来看，90年代以来，装饰用和产业用纺织品比重有所提高。1990年我国衣着用、装饰用和产业用纺织品结构为77∶15∶8，1999年变为65∶25∶10，但与发达国家相比，还有相当差距。

2. 所有制结构。

1999年全国纺织工业中，国有及国有控股企业总产值2235.26亿元，占29.7%，增加值621.96亿元，占32.6%，利税109.67亿元，占27.5%，其中利润－3.73亿元；集体企业总产值1971.63亿元，占26.6%，增加值474.14亿元，占24.8%，利税97.66亿元，占24.5%，其中利润41.81亿元；三资企业总产值2134.53亿元，占28.7%，增加值584.19亿元，占30.6%，利税117.09亿元，占29.4%，其中利润55.53亿元。根据国家统计局统计，1999年末，全国外商投资和港澳台投资纺织企业共有5156家，外商和港澳台投资总额640亿元，其中纺织业企业2032家，外商和港澳台投资总额328.52亿元，占51.3%；服装业企业2864家，外商和港澳台投资总额197.90亿元，占30.9%；化纤业企业200家，外商和港澳台投资总额101.42亿元，占15.9%；纺机业企业60家，外商和港澳台投资总额12.34亿元，占21.9%。

3. 区域结构。

1999年，纺织工业中沿海地区企业总产值占83.0%，增加值占80.2%，利税占90.8%；中部地区总产值占12.4%，增加值占14.6%，利税占8.0%；西部地区总产值占4.6%，增加值占5.2%，利税占1.2%。纺织工业仍主要集中于东部地区，特别是服装工业和化纤工业更是集中于江苏、浙江、广东、上海、山东5省市，这5省市服装工业和化纤工业产值分别占全国的76.4%和70.1%。

4. 企业结构。

1999年全国纺织工业企业（包括国有企业和销售收入在500万元以上的非国有企业）中，大中型企业2796户，占14.8%，总产值3446亿元，占46%，利税69亿元，占17%。

二、纺织突破口工作

国有纺织企业从1993年起连续出现行业性亏损，逐步陷入了严重困境。针对这些矛盾，纺织行业着手调整结构，上海、青岛、常州等大中城市结合城市规划，进行纺织产业结构整体调整，取得了一定成效，但纺织工业从根本上摆脱困境却步履艰难。1996年预算内国有纺织企业盈亏相抵后亏损83亿元，企业亏损面达54%；成为全国工业中最困难的行业。国有纺织企业困难的根本原因是多年来重复建设形成总量过剩、债务重、富余人员多、社会负担重等。1986～1991年全国棉纺锭年平均增长12%，1991年底达到4192万锭，大大超过了市场需求。1996年预算内国有纺织企业平均资产负债率82%，实际上已资不抵债的企业将近一半。国有纺织企业富余人员比重达到30%以上，离退休职工平均为在职职工的30%，部分老企业超过100%。企业办社会，承担着学校、幼儿园、医院等各种社会负担。为了促进纺织行业摆脱困境，1997年10月底朱镕基副总理在上海调研时提出要以纺织行业作为国企改革解困的突破口，要求纺织企业为其他特困行业摆脱困境积累经验，对国有企业改革和发展起带动和示范作用。11月中央经济工作会议进一步明确纺织突破口的三年目标，要求从1998年起，用3年左右的时间，压缩淘汰落后棉纺锭1000万锭，分流安置下岗职工120万人，到2000年实现全行业扭亏为盈。其中1998年要完成压缩淘汰落后棉纺锭480万锭、分流安置下岗职工60万人、减少亏损30亿元的任务。

为了支持纺织突破口工作，国务院专门下发了《关于纺织工业深化改革调整结构解困扭亏工作有关问题的通知》（国发［1998］2号），制定了一系列支持政策，力度是前所未有的。党中央、国务院领导亲自关怀，国家有关部门和各级地方政府高度重视和大力支持，纺织行业内外认清纺织突破口工作的重大意义，统一思想，精心部署，抓住机遇，把纺织行业摆脱困境的生存压力和为国有企业改革解困突破的政治压力，转化为加快结构调整的强大动力，真抓实干，艰苦努力，1998年完成压锭512万锭，分流安置下岗职工66万人，减亏26亿元。纺织突破口工作初战告捷，为夺取突破口工作的全面胜利打下了坚实基础。1999年纺织行业再接再厉，累计完成压锭906万锭，分流安置下岗职工116万人，国有纺织企业实现扭亏为盈，赢利8亿元，提前一年基本完成了突破口目标。纺织突破口的实践表明：中央选择纺织工业作为国有企业改革解困突破口的决策正确，确定纺织行业扭亏解困的政策措施也完全正确。只要坚决贯彻党中央、国务院关于深化国有企业改革的方针、政策，用三年左右的时间，使大多数国有大中型亏损企业摆脱困境，大多数国有大中型骨干企业初步建立现代企业制度的目标，是完全能够实现的。

（一）纺织突破口政策

为支持纺织突破口工作，国家出台了一系列重要政策，政策力度可谓前所未有，政策得到全面落实也是前所未有的，为完成纺织突破口三大任务发挥了至关重要的作用。

——压锭财政补贴和贴息贷款政策。国有纺织企业每压缩淘汰1万落后棉纺锭，中央财政补贴150万元，地方财政补贴150万元，同时贴息贷款200万元，贴息由地方财政承担，贷款还款期为5～7年。三年压锭1000万锭，中央财政补贴15亿元，地方财政补贴15亿元。为便于中央财政补贴及时拨付到位，财政部和原中国纺织总会下发了《纺织压锭中央财政补贴资金使用管理暂行办法》（财工字［1998］28号）及其补充通知（财工字［1998］97号），明确了纺织压锭中央财政补贴资金的拨付条件和程序，并规定财政补贴资金主要用于压锭下岗职工安置和再就业，不得挪作它用。财政部将1998年480万锭的中央财政补贴资金于上半年和三季度分两次集中下拨，各地在接到完成压锭监销手续后都较及时地拨付到企业。地方财政补贴资金基本上是省财政和市县财政各承担一半，也都能按时足额到位。一些地区对困难市县，完全由省级财政承担。有的市县为帮助企业安置职工，提前将压锭补贴资金拨付企业，甚至提前垫付中央和省财政负担的补贴资金。

关于压锭银行贴息贷款，国家经贸委、财政部、中国人民银行、中国纺织总会及5个专业银行联合下发了《关于落实纺织压锭银行贴息贷款的通知》（国经贸［1998］154号）。中国人民银行办公厅还下发了《关于进一步落实纺织压锭贴息贷款有关问题的通知》（银办发［1998］129号），以推动有关专业银行进一步做好棉纺压锭贴息贷款工作。压锭贴息贷款主要用于企业更新设备，开发新产品，兴办三产，安置下岗职工。各地财政认真落实贷款贴息，银行系统支持落实压锭贴息贷款，积极衔接项目。但由于纺织企业长期亏损，资产负债率较高，难以满足商业银行贷款的基本条件，银行对申报的项目持谨慎态度，落实贴息贷款的压锭数占压锭总数的30%左右。

——兼并破产政策重点向纺织行业倾斜。国发［1998］2号文件要求“全国用于企业兼并破产、以产定人、下岗分流、减员增效核销银行呆坏账准备金规模的计划安排，要继续向国有大中型棉纺织工业企业倾斜”。国务院国有企业改革工作联系会议第五次会议就核销银行呆坏账准备金继续向纺织行业倾斜提出了具体意见。全国企业兼并破产和职工再就业工作领导小组对纺织行业非常重视，协调解决有关问题。1998年安排了兼并破产和减员增效纺织企业537户，计划核销规模126亿元，占全国总规模400亿元的31.5%。1999年全国企业兼并破产计划第一、第二批项目共安排纺织企业核呆规模76亿元，加上1998年结转项目，共计120多亿元。这些项目的执行，使得一批负债累累、扭亏无望的国有纺织企业退出，大大减轻了国有纺织企业的债务负担，降低了负债率，为国有纺织行业解困创造了条件。

——分流安置下岗职工政策。原劳动部与原中国纺织总会联合下发了《关于做好纺织行业压锭减员分流安置工作的通知》（劳部发［1998］37号），明确了各地三年分年度分流安置任务，把纺织下岗职工作为劳动部门促进再就业的重点，并对压锭企业下岗职工安置制定了提前退休、内部退养等支持政策。1998年全国压锭企业办理提前退休3.5万人。到1999年，基本完成了劳动部下达的提前退休的指标。《中共中央、国务院关于切实做好国有企业下岗职工基本生活保障和再就业工作的通知》（中发［1998］10号）下发后，各地认真组织贯彻落实，加快建立企业再就业服务中心，努力做到纺织行业有下岗职工的企业基本上都建立了再就业服务中心，下岗职工基本生活费可不同程度地领取，离退休人员养老金基本可以按时足额发放。

——土地支持政策。国发［1998］2号文件明确棉纺织工业企业在“压锭、减员、调整、增效”工作中，资产重组所置换出的土地，其使用权在处理后所得收益可全额用于企业分流安置下岗职工和减债。国土资源部和国家经贸委联合下发了《关于国有棉纺企业压锭重组中土地使用权处置管理意见的通知》（国土资［1998］53号），制定了具体操作办法，要求压锭企业划拨土地使用权的处置应优先纳入市、县人民政府土地出让计划，并免收土地出让金。

——出口配额分配向纺织自营出口生产企业倾斜。赋予纺织工业企业“两纱两布”自营出口权工作由试点转向正常审批。1998年从美、欧纺织品出口被动配额总量中安排15%以上（各品类均安排一定比例）直接分配给纺织自营出口生产企业。并赋予纺织自营出口企业主动配额和被动配额的投标资格。1998年纺织品被动配额分配中，安排纺织自营出口生产企业332户，配额量占协议总量的12.1%，出口被动配额直接分配给纺织企业是深化纺织外贸体制改革迈出的重要一步，对于纺织生产企业直接参与国际竞争、开拓国际市场具有重要意义。国家纺织工业局要求分配到被动配额的企业一定要用足用好配额，有关企业千方百计提高配额利用率和效益，出口效益明显提高。据测算，仅1998年分配给纺织自营出口生产企业被动配额，估计可为纺织行业增加效益约5亿元。1999年分配给纺织自营出口生产企业的被动配额占总量的20%。

——提高出口退税率。纺织品出口退税率在1997年9%的基础上，从1998年1月1日起提高到11%，从1999年1月起，再提高到13%。为鼓励纺织机械出口，对纺织机械产品实行出口信贷和零税率政策。

——棉花流通体制改革。为鼓励使用国产棉，对经批准从事进料加工的纺织企业，使用新疆棉抵顶进口生产出口产品实行零税率政策。国家加大了棉花流通体制改革力度，纺织企业从产棉县级棉麻公司直接购买棉花，降低了流通费用，棉花价格也有较大幅度的下降，1998年底的棉花到厂价格比1997年年中降低了30%左右。

——坚决控制新增棉纺生产能力。“九五”期间，各地区、各部门及所有企业都不得以任何理由新增棉纺锭，不得以任何理由转移落后棉纺锭。对棉纺细纱机生产、销售严格实行“生产许可证”和“准购证”制度，并严格限制进口棉纺细纱机。

——上市公司用壳重组。中国证监会为支持纺织突破口工作和提高上市公司质量，安排沪、深两市的龙头股份、申达股份、太极实业、上海三毛和深惠中5家纺织上市公司实施用壳重组试点工作，取得良好效果。5家公司在存量调整中，共注入优良资产11.89亿元，置换出不良资产9.11亿元，增发3.95亿元流通股，募集资金17.8亿元，为公司的发展注入新鲜血液。

（二）纺织突破口工作组织

中央明确纺织突破口工作由国家经贸委牵头负责，会同有关部门综合协调，国家纺织工业局（原中国纺织总会）负责监督实施，地方人民政府负责具体实施和落实。1997年底召开了全国纺织行业深化改革、调整结构工作会议，对纺织突破口工作做了全面部署，将三大任务逐一分解到各地区，落实责任制，确保三大任务的全面完成。

纺织突破口工作得到了中央领导的亲切关怀，在有关重要会议上，中央领导反复强调纺织突破口工作的重要性。朱镕基总理亲自研究确定纺织突破口的重要政策，始终关心突破口工作。吴邦国副总理多次对纺织突破口工作指示和批示。国家经贸委积极发挥牵头作用，针对突出问题及时研究、协调，保证突破口工作顺利进行。各地政府对纺织突破口工作高度重视，省（市）长亲自抓，落实行政首长负责制。同时，成立了以主管省市长挂帅的纺织压锭工作领导小组，召开专门会议研究推进突破口工作，协调解决工作中出现的各种问题，推动工作的顺利进行。全国大部分省市以政府名义召开了纺织工作会议，研究部署工作，将任务进一步分解到地市和企业，层层落实责任制，江苏、浙江、安徽、陕西等地还层层签订了压锭任务责任状。

纺织行业主管部门精心组织实施。原纺织总会和国家纺织局始终把纺织突破口作为中心工作，成立压锭调整扭亏工作领导小组，下设办公室，向每省派驻联络员，督促检查工作。各省市纺织行业主管部门分别向地市（县）派驻联络员。局派驻各地的联络员认真履行职责，不辞辛苦，奔走各地企业，严格进行压锭监销，帮助促进落实有关工作。

加强新闻宣传工作，充分利用《纺织突破口要情简报》和《中国纺织报》，对突破口工作做了深入及时的报道，宣传政策，推动各地工作，为纺织突破口工作营造了良好的舆论氛围，使突破口工作家喻户晓，深入人心。

（三）纺织突破口工作采取的主要措施

1. 从纺机源头入手，坚决控制新增棉纺生产能力。

国务院办公厅在1991年就发出文件，要求严格控制棉纺生产能力的发展，1992年国家又提出要压缩淘汰1000万落后棉纺锭，并实行了压锭贴息贷款进行技术改造的政策。但由于国内棉纺设备生产和销售没有控制住，进口棉纺细纱机没有堵住，致使1992～1996年5年间，在压缩淘汰了465万落后棉纺锭的同时，又新增了444万锭，5年实际只减少21万锭，教训十分深刻。纺织突破口工作吸取前几年压锭工作的经验教训，特别强调要严肃压锭纪律，在严格监销报废淘汰落后棉纺锭的同时，采取了各种措施坚决堵住源头，从根本上杜绝一边压一边涨的现象。对棉纺细纱机生产和销售实行监控，严格实行棉纺细纱机“两证”制度，并堵住进口，1998年未进口一锭。

成立控制源头小组，加强了对纺机企业库存、生产和销售的监控。同时，公布举报电话，发动全社会广泛监督，对举报情况立即调查，情况属实则予以严肃处理。

2. 兼并破产，资产重组。中央确定国有企业改革解困要走“鼓励兼并、规范破产、减员增效、下岗分流”的路子，完全符合纺织工业实际。同时纺织压锭也迫切需要与兼并破产、资产重组有机结合，既压缩淘汰落后设备，又使企业保持合理规模。1997年8月，原纺织总会成立了专门工作组，抽调人员，集中力量促进做好这项工作。各省市特别是中心城市都结合城市整体调整，把压锭与产业结构调整、资产重组结合起来，反复论证，优化项目，并争取有关部门和债权银行的支持。1997年全国核销呆坏账安排纺织86亿元，占全国300亿元的28.7%，1998年安排纺织核呆规模126亿元，占全国核呆总规模的31.5%，其中单个项目规模3000万元以上大中型企业的核销规模占总规模的76%，项目平均核销规模达3500多万元。经过认真细致的工作，纺织行业计划执行情况较好，1997年实际核销规模占原计划的88%，1998年实际核销规模占计划规模的98%，均大大高于全国平均水平。

通过兼并破产，既为国有纺织企业减亏发挥了重要作用，也促进了纺织产业结构调整，对于纺织工业从根本上摆脱困境步入良性循环意义深远。1997年国有纺织工业减少亏损25亿元，1998年减少亏损30亿元。到1998年底，通过兼并破产销号240多户长期亏损、扭亏无望、已丧失市场竞争能力的企业，还有170多户企业实现扭亏，又使具有发展前景的企业集团通过低成本扩张，获得发展壮大，涉及调整纺织企业的资产达500多亿元。实际资不抵债的国有纺织企业比1996年底减少了350家。

3. 严肃纪律，坚决查处压锭违纪现象。

针对1998年上半年压锭中出现的极少数违纪现象，国家经贸委下发了“关于严肃纺织压锭纪律、严格纺锭监销程序的紧急通知”，要求各地政府和有关部门要从政治高度认识纺织压锭调整工作，重申“九五”期间任何企业不得以任何理由、任何形式新增棉纺能力，严格按程序实施压锭，各个环节必须严格把关，坚决禁止擅自扩锭、移锭以及以各种形式的串换纺锭。同时，明确压锭申报单和监销单，必须经所在地市纺织压锭领导小组组长签字，实行责任制，一旦出现问题，首先追究领导责任。国家纺织工业局要求联络员进一步严格压锭监销程序，对江苏、河北、山东、湖北等压锭大省，增派了联络员，并成立了压锭举报督查组，对压锭过程中出现的问题坚决做到发现一起，查处一起，决不手软，以确保不折不扣地完成压缩淘汰落后棉纺锭的任务。1998年全年收到举报80个，其中经调查确有违纪行为的16个，对这些查实的违纪行为都做了严肃处理。

（四）纺织突破口工作成效

1. 棉纺压锭。1998年全国压锭512万锭，比原计划480万锭的目标超额完成32万锭，其中国有大中型企业压锭占到了81%。全年压锭超过30万锭的有江苏、上海、山东、河北、辽宁、湖北6省市，压锭占全国压锭总数的60%。1999年在国内外纺织品市场日趋见好的情况下，又压锭394万锭。两年累计完成压缩落后棉纺锭906万锭，其中沿海地区500万锭，占55%，中西部地区406万锭，占45%。

压锭取得实质性进展，意义深远。不仅扭转了多年来重复建设难以控制的局面，而且促进了纺织行业结构调整真正迈出实质性步伐，为纺织行业走出困境争取了主动。1998年全国棉纺锭3641万锭，比1997年减少了604万锭。棉纺企业中，落后棉纺锭所占的比重由1996年末的36.1%下降到23.2%；棉纺万锭用工由600人下降到300人左右。坚持压锭与资产重组相结合，67户企业实施了兼并重组，与资产重组压锭占1998年压锭总数的60%，资产向优势企业集中，出现了一批效益较好、有一定竞争力的大企业。在实施压锭的棉纺企业中，有50户丧失市场竞争力的企业被销号，退出了棉纺生产，消灭了亏损源。还有一些企业结合压锭减员，加强企业内部管理，转换了经营机制，使棉纺企业效益开始回升。1998年国有棉纺企业减亏额约占国有纺织企业减亏总额的60%，1999年国有棉纺企业实现整体扭亏为盈。

2. 下岗职工分流安置。下岗职工分流安置是纺织突破口工作的最大难点，也是重中之重。因此，纺织行业始终把人员分流安置工作放在突出位置，以确保突破口工作的顺利展开和社会稳定。1997年末纺织国有工业企业下岗职工共74万人，1998年因压锭和精简富余人员等又新增大批下岗职工，分流安置的压力非常大。原中国纺织总会与劳动部联合下发了《关于做好纺织行业压锭减员分流安置工作的通知》，将纺织行业下岗职工分流安置任务分解到各省市。各省市将分流安置计划分解到地市。纺织主管部门把计划进一步分解到企业，保证计划的贯彻落实。

1998年6月份劳动和社会保障部与国家经贸委又下发了《关于切实做好纺织行业压锭减员分流安置工作补充通知》（劳社部发［1998］6号），把压锭企业职工内部退养、提前退休的有关规定以及分省市提前退休的名额做了明确规定，促进了压锭企业的职工分流安置工作。各地认真贯彻落实中央10号文件精神，组建再就业服务中心，积极筹集资金保证离退休人员养老金和下岗职工基本生活费的发放，努力做到“两个”确保。有下岗职工的纺织国有企业基本建立起再就业服务中心，下岗职工基本生活费可不同程度地领取，离退休人员的养老金基本上按时足额发放，通过培训分流率在50%以上。许多下岗职工积极转变择业观念，涌现出一大批再就业的典型。

1998年和1999年两年国有纺织企业共分流安置下岗职工116万人，其中离退休（包括提前退休）和内退占34%，企业办三产、重新上岗和厂际调剂占22%，停薪留职和自谋职业占18%，解除终止合同和调出本系统占12%，其他占14%。

3. 扭亏增盈。1998年东南亚金融危机对近来我国经济的发展造成了较大的影响，出口增长相对减缓，纺织业受到的冲击较大，国际、国内市场不旺的双面夹击给纺织企业的生产经营带来了新的困难，给全年减亏30亿元带来更大难度。面对严峻形势，采取了以下主要措施：一是认真分析，详细测算，将扭亏指标分解至各省、区、市，并要求各地确保完成任务。二是用足用好各项政策与改革措施，力争各项政策足额到位，充分发挥效益。三是在全行业进一步深化学习邯钢经验，加强企业管理，深入挖掘潜力，提高效率，增加效益。四是开展行业自律、限制恶性竞争，遏止产品销售价格和企业效益进一步下滑的被动局面。五是积极参与和配合国家的打击走私的斗争，开展反倾销活动，用法律手段维护公正公平的市场秩序，保障企业和行业的正当利益与效益不受侵害。六是突出重点，分类指导，国家纺织局和地方行业主管部门分别对盈亏在1000万、500万元以上的盈亏大户进行按月、按季跟踪监测，重点给予关注和指导。

1998年国有纺织工业经受住了亚洲金融危机和国内特大洪涝灾害的严峻考验，经济效益明显好转。系统内国有企业完成产值1653亿元（90年不变价），比上年下降0.31%，增加值380亿元（90年不变价），比上年增长5.53%，销售收入1650亿元，比上年下降5.85%，盈亏相抵净亏损19亿元，比上年减亏26亿元，基本实现了减亏30亿元的目标。从行业来看，棉纺、印染、丝绸、复制行业同比减亏，化纤行业实现扭亏为盈，针织行业增利，麻纺行业由盈变亏。从地区来看，上海、河南、福建、河北、内蒙古5省（市，区）增利，山东保持盈利，浙江、广东、四川、江苏、吉林、江西、海南及山东丝绸实现扭亏为盈，在36个省级单位中盈利省市达到14个。截止到1998年末，国有纺织工业综合指数为56.73，比上年的52.94%提高3.79，企业平均资产负债率73%，比上年降低4.2个百分点；亏损企业亏损额减少了20%。

1998年国有纺织工业实现大幅度减亏，主要是政策性减亏，由于核呆和分流企业富余人员等使财务费用和管理费用减少了60亿元。企业经营性困难并未得到根本改善。1998年产销率95.36%，比上年下降1.33个百分点，流动资金周转次数0.99次，比上年减少0.2次，产成品资金占用增加7.24%，企业亏损面仍高达53.6%，总资产贡献率3.47%，比上年的4.16%下降0.64个百分点。

1999年纺织行业经济运行质量明显提高。国家统计局统计的18287户纺织企业实现销售收入6900亿元，比上年增长11.5%，利润132.3亿元，增长112.1亿元，资产负债率68.6%，下降0.9个百分点，亏损面28.5，下降6.1个百分点，产成品资金下降2.9个百分点，成本利润率同比提高1.6个百分点。其中，系统内国有企业实现销售收入比上年增长9%，亏损面46.5%，下降7.1个百分点，产品产销率98.9%，提高3.5个百分点，产成品资金减少14.5%，流动比率提高2.6个百分点，流动资产周转次数提高0.1次，全员劳动生产率提高26.7%，总资产贡献率提高0.9个百分点，经济效益综合指数由53.3上升到65.2，实现利润8亿元，提前一年完成扭亏任务。

非国有纺织企业与国有纺织企业相比还有相当差距。1999年非国有纺织企业亏损面27.7%，比国有企业低18.8个百分点，资产负债率64.5%，低9.2个百分点，两费占销售收入比重6.9%，低5.6个百分点，流动资产周转次数比国有企业高0.9次。国有纺织企业还要继续努力，进一步提高经济效益。

三、对外贸易和国内衣着消费

（一）纺织品和服装出口

改革开放以来，我国纺织工业实施了出口导向型发展战略，纺织品和服装出口持续快速增长，1978～1995年17年间年平均增长速度为16.2%。1996年因美国实行新的原产地规则和国内棉花价格连续上涨，纺织品和服装出口370.95亿美元，比上年下降了2.3%，这是改革开放以来的首次下降。1997年亚洲金融危机国家经济动荡，出口受到影响，为我国纺织品出口提供了一定机会，加上国家调整出口退税率等原因，纺织品和服装出口总额达到455.77亿美元，创历史最高水平。1998年由于亚洲金融危机对我国经济的影响逐步显现等因素，纺织品和服装出口428.82亿美元，比上年下降5.9%。1999年国家采取的相应政策措施发挥了重要作用，遏制了纺织品和服装出口下滑的局面，出口额430.62亿美元，比上年增长0.4%，其中纺织品出口130.04亿美元，增长1.4%，服装出口300.58亿美元，与上年基本持平。

近几年来，纺织出口产品结构有了新的变化。一是服装出口比重进一步提高，1995年服装出口占纺织品和服装出口总额的63.3%，1996年为67.3%，1997年69.7%，1998年70.1%，1999年69.8%，1999年比1995年提高了6.5个百分点。二是在纺织品出口中，棉纺织品比重下降，化纤纺织品比重上升。1998年棉纱和棉织物出口31.06亿美元，比1995年的38.01亿美元下降18.3%，占纺织品出口额由1995年的27.3%下降到1998年的24.2%。1998年化纤长丝和短纤纱线、机织物出口41.43亿美元，比1995年的32.53亿美元增长27.4%，占纺织品出口额比重由1995年的23.4%提高到1998年的32.3%。三是加工贸易出口比重经过持续上升后，1999年转而下降。1998年纺织品和服装出口中，加工贸易出口206.3亿美元，比1995年的167.5亿美元增长23.2%。1999年加工贸易出口203.3亿美元，比1998年下降了1.5%，加工贸易比重由1995年的44.1%上升至1998年的48.1%，1999年下降到47.2%。

从出口主要市场来看，香港地区、日本、美国、欧盟一直是我国纺织品服装出口主要市场。1998年我国纺织品和服装出口香港137亿美元，比1995年的120亿美元增长13.4%，但1999年出现大幅度的下降，比1998年下降18.5%，所占比重由原来的32%降为26%；1998年对日本出口87亿美元，比1995年的90亿美元下降3.3%，比重由1995年的24%降到1998年的20%；1999年比1998年增长16.7%，达102.9亿美元，所占比重基本恢复到1995年24%的水平；1998年对美国出口38亿美元，比1995年的39亿美元下降2.6%，比重由1995年的10%降为1998年的9%，1999年则比1998年增长5%，达到49.3亿美元，比重提高到11%；对欧盟出口，在1998年比1995年增长22.8%的基础上，1999年略有下降，下降0.3%，出口额为41.5亿美元，所占比重由1995年的9%提高到1998年的10%，1999年降为9.6%。按配额和非配额地区来分，1995～1997年我国纺织品和服装对非配额地区出口获得较快增长。1997年出口配额地区90.3亿美元，比1995年的80.2亿美元增长12.6%，出口非配额地区365.2亿美元，比1995年的299.5亿美元增长21.9%。出口非配额地区比重由1995年的83.1%提高到1997年的84.1%。1998～1999年由于亚洲金融危机，纺织品和服装对亚洲地区出口大幅度下降，使对非配额地区出口下降，1998年下降8.9%，1999年下降0.3%；而对配额地区出口增长，1998年增长6.4%，1999年增长3.5%。1999年出口配额地区97.3亿美元，占出口总额的23%，出口非配额地区333.32亿美元，占77%。

（二）纺织原料和产品进口

1999年，我国进口纺织纤维原料19.38亿美元，纺织品110.81亿美元，服装11.02亿美元，合计141.21亿美元，比1995年减少11.7%。我国纺织产品进口绝大部分是加工贸易进口，1999年占90%，一般贸易进口仅占6%。我国进口纺织纤维原料主要来自澳大利亚（占23.0%）、韩国（占18.0%）、日本（占11.9%）、台湾地区（占10.6%）、美国（占2.0%）。我国进口纺织品主要来自台湾地区（占26.1%）、日本（占21.3%）、韩国（占19.9%）和香港地区（占11.1%）。进口服装主要来源于香港地区（占49.8%）和日本（占28.1%）。

（三）城乡居民衣着消费

90年代中期以来，我国城乡居民消费结构发生了较大变化，消费重心由吃、穿、用明显转向住、行，正处于消费升级阶段，衣着类消费开始由数量型转向质量型，少数居民追求高档化、时装化和舒适化，开始进入选择消费阶段。而在农村人口中，绝大部分处于数量型的消费阶段。农村居民正处于家电消费普及的快速上升阶段，“用”是其消费热点，“吃、穿”仍是消费重心。1995～1999年间，城乡居民衣着消费比重呈下降态势。1999年与1995年按可比口径计算，城镇居民人均可支配收入增长24.2%，农村居民人均纯收入增长23.4%。城镇居民人均衣着消费支出1995年为479.20元，1996年为527.95元，1997年为520.91元，1998年为480.86元，1999年为482.37元，占其消费性支出比重由1995年的13.5%、1996年的13.5%降低到1997年12.4%、1998年的11.1%和1999年10.5%。农村居民人均衣着消费支出1995年为89.79元，1996年为113.77元，1997年为109.41元，1998年为98.06元，1999年为90.04元，占其生活消费支出比重由1995年的6.8%上升到1996年的7.2%，后降到1997年的6.8%、1998年的6.2%和1999年的5.7%。按可比价格计算，城镇居民衣着消费1999年比1995年下降了6.1%，其中1996年比1995年增长2.3%，1997年则下降了4.6%，1998年下降了6.8%，1999年比1998年增长3.1%；农村居民衣着消费1999年比1995年下降5.8%，其中1996年比1995年增长18.2%，1997年下降6.5%，1998年下降9.7%，1999年下降5.6%。随着人民收入水平和生活水平的不断提高，我国居民人均衣着消费出现下降。这是由于受收入预期较低、支出预期发生重大变化（如一些福利和社会保障相继由政府承担转向自己全部或部分承担）以及价格预期不断走低的影响，使居民即期消费有所顾虑，消费行为谨慎而趋低。

从服装消费特点来看，人们更加注重舒适而合身，注重品牌和流行趋势，强调个性特征，而且不同层次的消费者对不同产品与品牌的需求有较明显的差异，纺织服装需求呈多元化态势。高收入阶层队伍的壮大会使质量型需求增加，如沿海和开放地区注重品牌的消费群中，购买国外品牌的比例高于国内品牌；购买衬衫、西服、羽绒服、童装的消费者，相对集中于选择名牌。消费者对不同档次服装选购地点也有所不同。低档次服装一般以商场服装柜台、服装批发市场为主，有少量在街市地摊购买；中高档服装以大中商场服装柜台为主，专卖店和服装批发市场也有部分选购。

（四）国内纺织服装贸易

长期以来，我国衣着类商品零售额占全国商品零售总额的1/6左右。近年来这一比例持续下降，1999年衣着类商品零售额约3000亿元，占10%左右。从总体供求形势看，纺织品和服装呈供大于求的态势。国内贸易局统计的主要消费品中，供不应求的商品已经基本消失，纺织品和服装商品全部供大于求或供求基本平衡。

在服装零售方面竞争激烈，服装市场呈多元化、多渠道销售特征。国内服装零售的主要形式有：(1)大、中、小型的服装专业批发市场或日用品批发市场。据估算，这类市场有一定规模的至少在5000家以上，其中成交额超过10亿元的有10家。(2)大中型百货商店。据全国商业信息中心对全国大型百货商场主要针纺织品销售统计，1999年商品销售总额1143.26亿元，比上年增长10.0%，其中纺织品类12亿元，下降15.7%，针织品类40.0亿元，增长0.6%，服装类202.3亿元，增长19.1%。从数量看，布1682万米，比上年下降19.1%，其中棉布708万米，下降20.9%，呢绒506万米，下降11.4%，绸缎536万米，下降1.8%，服装1.2亿件，增长23%，针织内衣裤2801万件，增长16.6%。(3)专业服装商店，如一些针对不同消费者设立的妇女儿童用品商店、中老年服装商店等，也是消费者购买服装的重要渠道。(4)服装专卖店及其连锁店。一般是经营同一品牌服装，系列化，更新快，批发供应，统一配送，价格竞争策略灵活。(5)超市。不少超市卖服装，但也有不少退出服装经营。

（五）纺织产品价格

1996～1999年间纺织原料和产品价格均呈下降势头。1996年纺织原料价格指数为94.5（以上年为100，下同），1997年为94.7，1998年为94.3，1999年为96.8。纺织业产品出厂价格指数，1996年为96.0，1997年为98.0，1998年为94.1，1999年为96.0。也就是说，1999年与1995年相比，纺织原料价格下降了18.3%，纺织品出厂价格下降了15.0%。作为后道加工的服装业产品价格变化相对滞后，1996～1997年价格保持增长，1996年出厂价格指数为108.2，1997年为103.9，1998年转而下降，价格指数为97.7，1999年为98.0。衣着类消费价格在1996～1997年继续上升，价格指数分别为107.4和103.0，1998年则转而下降，价格指数为99.2，1999年为97.3。这表明纺织原料价格下降带动中间产品价格下降，但最终消费品价格变化相对滞后，而且下降幅度明显较低，有利于提高纺织行业经济效益。

四、技术改造和科技进步

（一）技术改造

近几年来，纺织行业固定资产投资逐年下降，由1995年的310亿元，降到1996年的328.17亿元、1997年的284.59亿元、1998年的266.02亿元、1999年的235.64亿元，1999年比1995年下降24%。1999年纺织行业固定资产投资中，基本建设53.68亿元，更新改造106.69亿元，其他75.27亿元。从行业结构看，纺织业126.66亿元，其中基本建设24.31亿元，更新改造64.41亿元，其他37.93亿元；服装制造业50.20亿元，其中基本建设11.31亿元，更新改造10.55亿元，其他28.34亿元；化学纤维业52.62亿元，其中基本建设15.17亿元，更新改造30.19亿元，其他7.26亿元。从企业经济类型看，国有经济77.95亿元，城镇集体经济27.08亿元，联营经济3.16亿元，股份有限公司经济22.15亿元，股份合作经济2.40亿元，有限责任公司经济20.07亿元，私营经济10.49亿元，其他内资经济3.87亿元，外商经济32.32亿元，港澳台经济36.15亿元。

“九五”以来，纺织工业技术改造主要围绕两个根本转变，以经济效益为中心，以市场为导向，以产品为龙头，积极调整结构，加大改革、改组、改造力度，重点研究编制技术改造专项规划。1996年制定并下达了一、二期“双加”导向计划和压缩改造计划，1997年以来又陆续制定并下达了重点产品结构调整，采用国产“两机”专项产品、中西部老工业基地项目三个导向性计划。“九五”前两年共下达纺织技改专项规划导向项目507项（不含压锭），总投资244亿元，其中专项贷款164亿元；两年下达开工196项，总投资56.7亿元，其中专项贷款39亿元。一期“双加”工程项目，到1997年基本实施完毕。二期“双加”共列印染后整理专项、纺织出口专项和化纤及产业用纺织品三个专项，从1996年开始实施，要求1999年实施完成。1999年针对我国出口服装使用进口面料比重较大的问题，技术改造的目标是实现顶替进口、扩大出口面料30亿米，开发生产差别化纤维20万吨。截止到1999年底，国家经贸委批准纺织财政债券贴息技改项目3批，共115项，总投资147.1亿元，贷款97.6亿元。这些项目完成后，预计可实现顶替进口、扩大出口面料14亿米，其中高档棉纺面料10.9亿米，高档毛纺面料0.24亿米，高档麻纺面料0.54亿米，高档丝绸面料0.92亿米，高档化纤仿真面料1.4亿米，增加替代进口差别化纤维14万吨。

通过技术改造，纺织技术装备水平有所提高。棉纺无结头纱比重达到近30%，无梭织机占棉织机的比重由1995年的4.7%提高到1999年的8.4%；丝织机中，无梭织机比重由1995年的10.1%提高到1998年的15.4%。纺织产品质量和档次有所提高，为促进纺织出口和提高国内衣着消费水平发挥了重要作用。

（二）科技进步

纺织科技进步工作围绕“九五”科技发展规划确定的重点，在化纤、染整、棉纺技术装备及新产品开发方面获得了可喜成果。粘胶短纤、锦纶长丝高速纺丝、涤纶长丝高速纺丝、复合纺纺丝、氨纶纺丝生产设备与技术开发取得重大进展，基本上实现了国产化；棉纺用自动落筒机、清梳联合机、无梭织机在引进、消化吸收的基础上，产品质量显著提高，市场竞争力增强。印染开发的高速高效短流程前处理设备、直辊丝光机、印花机、经轴染色机等，均达到国内领先水平，占领了国内绝大部分市场。

应用计算机、生物技术等先进技术改造传统纺织产业方面，取得突破性进展。纺织行业自主开发的计算机辅助设计系统，包括纹织CAD系统、服装设计排版CAD系统、纺织机械CAD设计系统、染色测色配色CAD系统、印花分色描稿CAD系统等，得到普遍应用，占领了国内绝大部分市场，在国内和东南亚地区有较强的市场竞争力。其他如粘胶、涤纶、腈纶、间歇染色等生产过程自动控制系统的开发也达到国外同类产品水平，在部分企业已开始应用。应用蛋白酶处理羊毛达到了国际先进水平，收到光泽好，柔软如羊绒的效果，并实现产业化生产，取得了非常显著的经济效益和社会效益。细旦纤维、超细旦复合纤维、抗菌纤维、导电纤维、远红外、麦饭石等保健纤维实现工业化生产，再生蛹蛋白纤维、大豆蛋白纤维的纺丝技术已经突破，通过后道产品的开发，一定能带动新型纤维的快速发展。丝绸产品经过几年攻关，开发了重磅真丝绸、强捻乔其皱、各种复合包缠丝等产品，使丝绸产品的穿着性能得到极大改善。

1999年纺织科技工作主要围绕建立以企业为主体的技术创新体系、解决行业重点关键技术进行。自1996年以来，国家经贸委认定纺织系统的神马帘子布集团公司、无锡太极实业集团公司、营口化纤厂、黑龙江龙涤集团公司、广东新会彩艳色母粒公司、湖北美尔雅纺织服装实业集团、山东如意毛纺集团、内蒙鹿苑羊绒纺织集团、哈尔滨亚麻纺织厂、吉林化纤集团、保定天鹅化纤集团、湖南华升集团、江苏阳光集团13家公司的企业技术中心为国家级技术中心。

为实施科教兴贸战略，落实科教兴贸行动计划，扩大我国高新技术产品出口，科技部、财政部、国家税务总局、海关总署共同组织编制了《中国高新技术产品出口目录》共有1900项，纺织系统的自动化纺织机械、纺织新型材料、特种纤维被列入目录。

1999年纺织行业共有7项成果获国家科技进步奖，其中二等奖2项，三等奖5项。获国家纺织工业局科技进步奖37项，其中二等奖2项，三等奖17项，四等奖18项。

1999年纺织行业发布标准178项，其中国家标准（GB）6项，行业标准（FZ）172项。行业标准中包括纺织部颁（FZ）标准、纺织专业（ZBW）转化为纺织行业（FZ）标准的90项，清理整顿国家标准（GB）转化为纺织行业标准（FZ）的44项。

五、茧丝绸行业

（一）茧丝绸行业概述

我国是世界上最大的茧丝绸生产国和供应国。1998年我国桑园面积为939.3万亩，占全国耕地面积的0.66%，约有2000万农户种桑养蚕。年产蚕茧43.3万吨，占世界蚕茧产量的80%；丝产量5.5万吨，占世界产量的75%；丝绸出口折丝量3.3万吨，占世界丝类贸易量的50%以上。然而产量占世界垄断地位的丝绸产业，生产能力低水平盲目扩张，总量过剩，价格扭曲，出口无序，在国际市场上的地位不稳，丝绸形象每况愈下。“蚕茧大战”，导致生产大起大落，桑园面积减少，农民心态不稳，丝绸工业严重亏损，出口持续下降等十分严重的后果。

茧丝绸行业出现的困难，引起了国务院的关心和重视。1996年3月15日，国务院副总理李岚清、吴邦国、姜春云共同主持会议，研究茧丝绸经营管理体制改革问题。为了搞好茧丝绸行业工作，决定成立国家茧丝绸协调小组，办公室设在国家经贸委。负责加强宏观调控，研究和实施体制改革，加强外贸出口管理，推动企业技术进步，制订法律、法规和政策。

国家茧丝绸办公室成立以来，加强了对茧丝绸行业的调控力度，积极推进各地区贸工农一体化；加强价格管理，整顿和规范茧丝流通秩序；压缩落后的生产能力，调整企业结构；建立国家厂丝储备制度和茧丝绸发展风险基金，加强调节手段；努力推动丝绸企业兼并破产和资产重组，落实职工再就业政策。通过上述工作，促使近三年来茧丝绸行业进入了相对稳定阶段。

（二）茧丝绸行业存在的主要问题

1．总量失衡。80年代后期，在利益驱动下，公司企业多头出口，凭借我国生丝在国际市场上的相对垄断地位竞相抬价，每吨生丝由2万美元炒到近5万美元。丝绸服装放开经营，扩大了出口，更加刺激国内蚕茧和生丝的生产。1991～1993年全国缫丝和制绸能力分别增长1/3和1/2，丝绸服装在丝绸出口总额中的比重从26%增加到68%，增长2.5倍。但是，一时的外贸效益增长并不能用于质量档次和技术水平的提高上，同时也冲击了国际同行，欧美一批后加工企业倒闭，一些国际丝绸经销商让位退出。1994年美欧对中国丝绸产品进口实施制裁，使丝绸国际贸易严重受挫，价格大幅下滑，厂丝跌价50%，坯绸下降45%，服装出口由1991年的2亿件减到1997年的1亿件。蚕茧生产受到沉重打击，弃桑毁桑成风，鲜茧产量由1994年的约70万吨减到1996年的40万吨，而此时的缫丝加工能力已达500多万绪，需鲜茧量100多万吨。能力与原料供应严重失调，产量与需求严重失控，投入与产出严重失衡，全行业走入困境。

2．技术落后。茧丝绸行业的基础是以分散的小农经济为源头。2000多万户桑农，900多万亩桑园，户均不足半亩，桑蚕产区分散，单产不高，质量偏差较大，长期形成的自然经济生产方式决定茧丝绸行业链基础薄弱。

丝绸工业技术装备大多数为60年代的水平，小企业为主，国营骨干企业比重不高，却每况愈下，困难尤为严重。1997年和1998年国有丝绸企业同全国乡以上丝绸企业相比，国企比重增加，产值下降，资产减少，地位下降，负债率居高不下。1998年国有丝绸工业企业亏损9.3亿元，占国有纺织工业亏损额的12%。

纺织品市场剧烈竞争，市场结构加速调整，化纤、棉、毛、麻产品积极推陈出新，取悦市场。多年来，丝绸产品的花色品种过于单调，技术开发后劲不足，抱残守缺，给人以老面孔之感。长期以来，丝绸产品在国际市场没有形成自己叫得响、立得住的品牌。总之，我国还只是丝绸原料生产大国，称不上丝绸强国。

3. 管理体制不适应市场经济要求。茧丝绸管理体制由统得过死到放得过快，形成利益割据，政出多门，难以发挥茧丝绸行业的整体优势。

1986年以前，茧丝绸的生产、销售、价格制定，统一由中国丝绸公司管理，形成独家垄断经营的全国性行政公司，虽是计划经济的产物，却在当时条件下起了很重要的作用。但是随着改革的深入，越来越不利于地方丝绸经济活力的发挥。1986年末，国务院撤销中国丝绸公司。蚕桑生产，丝绸加工，国内外贸易，分别由农业部、纺织工业部、商业部和外贸部负责，价格制定由国家物价局收回。在国际行情好的情况下，大大推动了茧丝绸生产能力的发挥和发展；行情走入低谷后，各自为政，宏观调控薄弱的弊端愈加显露，局部利益矛盾加剧，导致共同受损。

市场经济条件下，价格机制起基础性调节作用，总需求与总供给在市场上相互寻求平衡，达到资源最优配置。其前提：一是企业必须成为独立的经济实体，独立核算，自负盈亏，产权明确，自主经营；二是政企分开，公平竞争，企业不应有超越经济范畴的特权垄断；三是广泛联接、法制健全的完善的市场体系。

（三）茧丝绸行业的改革

1. 茧丝绸经营体制的主要弊端。

（1）建立在分散的小生产方式基础上，条块分割，区域割据，人为切断茧丝绸内在的经济横向与纵向联系。只顾当前，上规模，求数量，不讲综合效益。过于依赖行政命令进行管理，排斥市场机制的作用。

（2）政企不分，影响企业活力。国有企业依赖政府多，外贸企业依靠批文、特许权多。利用行政或行业权力实行垄断经营，剥夺企业的自主权，干扰企业的公平竞争，挫伤企业的积极性，造成经济上、技术上的停滞不前。

（3）生产要素不能完全市场化，严重阻碍企业经营机制的转换。受部门所有制约，企业兼并破产、资产重组、困难重重，资产不能合理流动，结构性资源浪费，行业整体不优，企业活力不足。

（4）法制建设相对滞后，经营活动缺乏法律约束和规范，行业行为缺乏法律指导和管理。

（5）政府管理机构职能不顺。国家茧丝绸办虽是联系农工贸的总协调部门，但不代行各部门对茧丝绸行业的职能，部门间职能交叉，利益冲突，影响茧丝绸行业整体协调、综合效益的发挥。茧丝绸行业有着内在的、紧密的、环节紧扣的系统性联系，割裂开后，形成松散、薄弱、负担重、困难多、贡献小的格局，宏观管理效力递减。加上信息不畅，对市场的变化反应迟缓，政策的不协调性时有表现。

2. 茧丝绸行业的深层次矛盾。

事实表明，茧丝绸行业的困难和问题是长期形成的，探寻改革出路，必须下决心，花力气，做长期细致的工作。特别是要认清茧丝绸行业的深层次矛盾，明确改革方向，制定配套改革政策，实施整体推进战略。

（1）结构性成本过高与激烈的市场竞争的矛盾。如前所述，分散的小农经济蚕茧原料生产，收购环节过多，成本刚性，质量难以控制，给后续加工造成困难。加工能力人为形成低水平重复建设，效益低下，恶性循环，完全不能适应竞争激烈、科技水平高速进步的国际市场。外贸依存度为0.8的茧丝绸行业，素质不高，结构不稳，协调性差，只能受制于人。从产业特性看，桑蚕的生产条件是相对稳定的，加工能力专用性又极强，价格对生产的弹性本应小于需求。运用供求蛛网理论分析，恰恰使本应收敛型的供求关系，更多地演变成发散型的供求不稳定性关系，导致市场竞争力不高。

（2）落后的生产方式与社会化生产的矛盾。作为我国的传统产业，丝绸及其原料的生产方式与化纤工业的社会化大生产方式形成强烈反差。丝绸工业生产在计划经济条件下，投资主体不明，权责脱节，以政代企；铺摊子多，上档次的少，在盲目竞争中，受局部利益的拉动，上项目多，求效益少；形成茧丝绸整体生产力水平低，与之适应的管理方式也较为落后。难以适应社会化生产的要求。只有造就原料生产产业化，工业成本降低，农工贸利益均衡，资本技术集中度较高，市场开发力较强的产业运作机制，才是根本发展方向。

3. 加快茧丝绸行业体制改革。进入新世纪，我国将在邓小平理论和党的基本路线指引下，继续实行推进改革和发展的一系列政策措施，重点抓好国有企业改革和发展，经济结构调整、科技进步和扩大内需，这为涉及农业、工业、商贸等环节的丝绸行业的发展，营造了有利的改革条件和外部环境。总的看，茧丝绸行业的确面对的是机遇与挑战、压力与发展并存的局面。

（1）我国很快要加入WTO，将面对一个越来越开放的国际市场，这是世界经济全球化的基本趋势。到2005年，全世界要同时取消纺织品和服装的进口配额许可证。目前纺织品出口占我国出口总额的25%左右，丝绸类产品70%以上用于出口。对产量、贸易量占国际垄断地位的中国茧丝绸业，无疑是个机遇，对缓解丝绸企业困难，加快产品结构调整，也是有利的。同时欧盟、美国已开始转向产品进口技术设限，发达国家越来越多地运用高技术标准衡量进口商品质量，如纺织染化料的使用标准已成为进口技术门槛，对于技术装备水平不高、后加工整理水平落后的丝绸服装印染业是新的挑战。要变压力为动力，加快技术进步，着重提高工艺水平和产品质量档次。

(2) 随着国民经济发展和人民生活水平的提高，国内消费市场潜力巨大。有数据统计表明，世界丝绸消费量年人均55克，日本最多达217克，瑞士70克，我国人均不足10克。作为丝绸大国，人均消费水平不到世界平均水平的1/5，欧美平均水平的1/10。近年来，丝绸商品在国内消费趋向增长，可以确信未来的中国也会成为消费丝绸的大国。当然，这个过程将充满商机、风险和竞争。

(3) 21世纪将是高科技迅猛发展的世纪。人类更加重视自己的生存环境。茧丝绸产业从全过程看应是仅有的“无缺点产业”。桑树是多年生木本植物，桑园既是经济林又有利于环保，桑蚕的生态过程都可以深加工和综合利用：蚕砂可提炼叶绿素和维生素K；蚕蛹可提取生物药品，又是很好的高蛋白保健食品；蚕丝除纺织成丝绸用于服饰外，还可提取丝肽、丝蛋白，广泛用于医疗、食品和美容护肤方面。除与其他纺织品一样在印染过程中有一定的污水产生外，该产业不对环境构成危害，相反更多的有利于保护生态环境。茧丝绸的这一产业特点，在新世纪必定会受到人们进一步的重视和发掘利用。

(4) 随着环保意识和健康意识的增强，崇尚自然已成为一种消费趋势。丝绸是生物天然蛋白质纤维，被誉为“人类的第二皮肤”和“皮肤的最佳卫士”。丝绸产品的基本特性，符合新世纪人们消费观念和消费趋势多样化和个性化的消费要求，也为丝绸行业呈现了广阔的发展前景。

(5) 飞速发展的科学技术将给古老的丝绸产业注入新的活力。新型的纺织品，先进的纺织技术，更加适合市场需求的变化，生物工程、转基因技术将给茧丝绸行业带来巨变。可以预测，茧丝绸行业将与高新技术结合，拓展出新的发展空间。

（四）茧丝绸行业改革的主要目标

近期茧丝绸行业改革的主要目标是：

(1) 深化茧丝绸经营管理体制改革，继续推动茧丝绸贸工农一体化。全面推广公司加农户模式，探索公司与农民的有效联结，从利益机制上建立稳固的蚕茧产销关系，以稳定蚕茧收购秩序，防止“蚕茧大战”。根据党的十五届三中全会《关于农村和农业若干重大问题的决定》中关于蚕茧等工业原料也要进一步深化流通体制改革的精神，在调查研究的基础上，按照社会主义市场经济发展的要求，对蚕种生产经营、鲜茧收购、茧丝价格、茧丝出口等管理体制进行改革，提出深化茧丝绸流通体制改革的意见。

(2) 加大结构调整力度，推动茧丝绸产业升级。一是调整丝绸行业的所有制结构，按照有进有退、有所为有所不为的原则，通过联合、兼并、租赁、承包、公司制改制等多形式引导非国有经济参与国有企业改革，推动多种经济成分共同发展。二是调整企业组织结构，培育一批大公司、大集团，引导中小企业向“专、精、新、特”方向发展，逐步形成大中小企业协调发展的格局。三是调整技术结构，加大技术改造力度，重点扶持一批企业建立技术开发中心，提高技术装备水平和工艺水平。四是调整和优化丝绸产品结构，推动企业主攻中高档服装面料，增加针织品种，发展装饰和保健产品等，开拓消费领域。五是调整产业布局结构，引导茧丝绸原料和原料初加工业由东部地区向中西部地区转移；调整东部地区现有的桑园面积，提高蚕茧质量，引导东部地区重点发展高附加值、高技术含量的丝绸后道加工业。

(3) 完成压缩缫丝100万绪的任务。压缩国有企业的落后缫丝生产能力要与破产政策相结合，坚决关闭没有前途的缫丝企业。依据《缫丝准产证制度实施办法》，对无准产证的企业依法吊销营业执照，停止贷款，停止供电等，迫使其停止生产，拆除设备，防止无证企业在市场环境适应时“死灰复燃”。

(4) 综合利用国家有关政策，实现国有企业扭亏为盈。积极争取有关部门的支持，对长期亏损、资不抵债的国有丝绸企业实行破产，彻底消灭亏损源。选择一批有发展前途、债转股后可以扭亏为盈的国有丝绸企业实行债转股。利用国家技改贴息政策，重点支持提高产品质量和档次、发展品种、扩大出口创汇的技术改造项目。争取适当增加丝绸自营出口生产企业的出口被动配额，扩大丝绸产品出口。

(5) 抓好茧丝绸行业发展规划，推动法制建设。为使贸、工、农各环节明确长远发展方向，促进茧丝绸行业协调、健康发展，在广泛调查研究和征求各方面意见的基础上，制定《茧丝绸行业十五计划和2010年规划》。在深化和完善茧丝绸流通体制改革和省市立法的基础上，继续进行茧丝绸业管理条例的研究。

（五）茧丝绸行业的发展

中国茧丝绸行业的发展，需通过改革、改组、改造和加强管理，也需要解决和克服当前的问题和困难，只有这样才能重振我国丝绸行业雄风，使之真正成为世界优势产业。

1. 近几年我国茧丝绸行业存在的问题和困难。

我国茧丝绸业是具有5000多年历史的传统产业，是为国民经济发展和出口创汇做出过重大贡献的产业，是在国际市场上处于垄断地位的优势产业。目前，丝绸工业年产值近700亿元，约占纺织工业产值的10%。

在过去较长时期内，由于茧丝绸行业宏观管理薄弱，种桑养蚕盲目发展，工业低水平重复建设，技术创新投入不足，技术进步缓慢，导致总量过剩，结构失调，产品难以满足国内外市场需要。由于经营管理体制上贸工农分割，产供销脱节，经营过度分散，造成国内茧丝市场秩序混乱，“蚕茧大战”时有发生，在国际市场上低价竞销，使丝绸行业经济效益严重下滑。1994年下半年起茧丝绸行业开始出现困难，1995年全行业亏损，1996年陷入了前所未有的困境，农民弃桑毁桑面积达40%以上，丝绸工业亏损26亿元，外贸企业亏损3.5亿元。

2. 促进茧丝绸行业发展的政策措施。

茧丝绸行业的困难和问题，引起国务院领导的高度重视，1996年研究茧丝绸工作，三年来，国家加大了对茧丝绸行业改革的力度，采取了一系列促进发展的政策措施。

(1) 积极推进茧丝绸贸工农一体化改革，正确处理农业、工业和贸易三者关系。1996年10月，国务院办公厅转发了国家茧丝绸协调小组《关于茧丝绸经营管理体制改革意见的通知》（国办发[1996]49号）。经过几年改革，目前大部分蚕茧主产县已组建了贸工农一体化的丝绸公司，山东、江苏、广东等省组建了省级一体化丝绸集团公司，公司加农户的产销方式广泛推行。

(2) 加强和改善宏观调控，保证茧丝绸行业平稳运行。从1997年起，每年制定下发蚕茧生产和桑蚕丝生产指导性计划，加强信息引导，防止种桑养蚕的盲目性；制定了《茧丝价格和流通管理办法》，坚持茧丝价格政策，加强价格管理，整顿和规范流通秩序，保证了蚕茧收购秩序的稳定；实行厂丝出口最低限价和配额有偿使用措施，制止低价竞销；建立了国家厂丝储备制度，通过储备吞吐，改善供求关系，稳定市场和价格；建立茧丝绸发展风险基金，保证国家厂丝储备制度的资金需要，加强茧丝绸行业的基础性科研与开发，强化贸、工、农中的薄弱环节。

(3) 实施企业兼并破产、减员增效和职工再就业政策。1997～1999年用于丝绸行业的核销银行呆、坏账准备金分别为10.4亿元、13.8亿元和10.36亿元，总计34.6亿元，涉及100多家企业。苏州、湖州、南充丝绸整体调整以及四川丝绸总公司兼并项目列为重大结构调整项目，从而促进了丝绸行业的调整重组，企业经济效益明显改善。

(4) 压缩落后生产能力，调整企业结构。1997年4月，国务院办公厅批转了国家茧丝绸协调小组、中国纺织总会《关于调整缫丝绢纺加工能力的意见》（国办发[1997]16号），要求压缩缫丝能力180万绪。经过两年努力，浙江省已率先完成了压缩46万绪的任务。但由于政策不到位，其他省市完成压绪任务仍有相当大的难度。

(5) 加大技术改造力度，巩固农业基础，推动产品结构调整，提高产品质量和档次，积极开拓国内外市场。1997～1999年用于丝绸工业技术改造投资24.7亿元。1998年从国家茧丝绸发展风险基金中投入2500万元，用于扶持种桑养蚕、科研开发和防治病虫害等；1999年从基金中投入3500万元，用于丝绸工业新产品开发，提高生产技术和开拓国内外市场。

3. 茧丝绸行业出现恢复性增长。

在国家采取有力措施和地方共同努力下，1997年至1998年上半年，茧丝绸行业出现恢复性增长。1997年丝绸产品出口32亿美元，比1996年增长28%，厂丝（3A级）出口价由1996年的2.1万美元/吨回升到2.8万美元/吨。1998年下半年以来，由于亚洲金融危机的影响，对以出口为主导的茧丝绸行业冲击很大，1998年出口下降到26亿美元。但由于国家坚持总量控制的方针，及时采取应对措施，茧丝绸行业没有出现大起大落，基本保持了平稳运行。近几年蚕茧年产量保持在调控目标800万担左右，1999年全国鲜茧平均收购价为630元/担，蚕农很满意。种桑养蚕的基础得到了加强，蚕茧单产、质量普遍提高，微粒子病得到了有效控制。在国家政策的扶持下，丝绸企业在困境中求生存，努力开发新产品，提高产品质量，亏损减少。丝绸工业亏损额由1996年的26亿元减少到1998年的3.8亿元，下降85%；亏损企业亏损额由1996年的37.9亿元减少到1998年的18.4亿元，下降

52%。由于实施兼并破产和人员分流，企业数量由1996年的3540家减少到1998年的1732家，下降51%；企业职工人数由1996年的134万人减少到1998年的81万人，下降40%。据国家统计局统计，1999年全国丝绸工业总产值683.4亿元，比上年增长5.6%；全行业实现利润4.4亿元，扭转了自1994年下半年起丝绸工业多年连续亏损的状况；企业亏损面为32.4%，比上年下降5个百分点。

但也应当看到，目前丝绸行业仍处困境，特别是国有丝绸工业企业。1998年国有丝绸工业亏损9.3亿元，占国有纺织工业亏损额的12%；亏损企业亏损额10.4亿元，占国有纺织工业企业亏损额的11%；亏损面60%，平均资产负债率87.7%。1999年国有丝绸工业总产值下降1.5%，销售收入下降2.1%，盈亏相抵亏损6.8亿元，企业亏损面达57.7%。

4. 振兴茧丝绸行业的目标、任务和措施。

(1) 振兴茧丝绸行业的目标。全面贯彻党的十五大和十五届四中全会精神，综合运用国家改革和发展的政策，加大所有制结构、企业组织结构、技术结构、产品结构及地区布局结构的调整力度，实现丝绸行业持续、稳定、健康发展，再现中国丝绸业的辉煌，使我国不仅是丝绸原料大国，更是丝绸强国。

(2) 振兴茧丝绸行业的任务。

①调整和完善丝绸行业所有制结构，促进多种经济成分共同发展。

改革开放以来，丝绸工业逐步形成了多种经济成分共同发展的格局，到1998年末非国有经济产值已占丝绸工业总产值的80%。由于丝绸行业不是关系国民经济命脉的重要行业和关键领域，在当前丝绸市场竞争日趋激烈、相当一部分国有丝绸工业企业经营困难的情况下，要加快所有制结构调整。按照有进有退、有所为有所不为的原则，进一步深化国有企业改革，通过联合、兼并、租赁、承包和公司制改革等形式引导非国有经济参与国有企业改革。

②调整企业组织结构，培育大公司、大集团，形成大中小协调发展的格局。

丝绸行业的特点是中小企业多，全国乡及乡以上丝绸工业企业共有1700多家，大中小企业分别占14%、24%和62%。在国家520家重点工业企业中丝绸企业有2家，在1000多家上市公司中丝绸企业有3家。近几年来，随着市场经济的不断发展，丝绸行业中也涌现出一批具有一定经济技术实力、发展前景较好的大型企业集团。

继续贯彻执行“抓大放小”方针，加快发展大型企业及企业集团，集中力量重点扶持15家左右丝绸大型企业，使其成为代表中国丝绸形象、具备参与国际市场竞争能力、带动丝绸行业经济增长的支柱和骨干。

积极引导中小企业向“专、精、特、新”的方向发展。重点支持一批在产品品种、科研开发、贸工农一体化等方面有特色的中型企业。众多的小企业与大集团及特色中型企业建立密切的协作关系，形成以大型企业集团为支柱、特色企业为中坚，大中小企业有机结合、优势互补、协调发展的格局。

③加快企业技术进步，推动茧丝绸产业升级。

目前我国丝绸企业技术装备总体水平仍较低，60%以上的设备处于70年代末的水平。自动缫丝机仅占缫丝机总数的21%，而日本、韩国、巴西等国则占85%以上。适应生产高档真丝绸的剑杆、片梭织机仅占织机总数的6%，远低于意大利、法国、瑞士等丝绸发达国家60%以上的水平。能加工高档产品、相当国际90年代先进水平的印染后整理生产线，仅占总生产线的6%。由于技术装备和工艺落后，丝绸产品出口仍以中低档为主，技术含量低、附加值低，我国丝绸服装的价格仅为韩国产品的1/2，意大利、法国产品的1/6。

为抢占国际市场制高点，要加大技术改造力度，淘汰一批落后的生产设备。用3年时间，使自动缫丝机比例达到50%，无梭织机达到20%，适合小批量、多品种生产的先进印染生产线达到100条。主要生产设备达到国际90年代初期水平，其中30%的设备达到90年代国际先进水平。重点扶持一批企业建立技术开发中心，推动以技术开发为主的科研院所以多种形式为企业技术创新服务，逐步提高技术装备的自动化水平和工艺水平。

④调整和优化丝绸产品结构，开拓消费领域。

调整和优化产品结构，主攻中高档服装面料，增加针织品种，发展装饰和保健产品。一是改进传统的真丝绸品种，如双绉、电力纺、斜纹绸、素绉缎、丝绒、绢纺绸等，提高产品质量，丰富花色品种；二是开发利用科技含量高的特细丝、蓬松丝、复合丝、包缠丝、疙瘩丝等各类真丝和真丝与其他纤维混纺、复合的新型质原料，生产质量高、风格各异的丝绸产品；三是积极开拓新的消费领域，如将茧丝原料加工用于室内和汽车装饰、商品包装，应用高技术发展卫生医疗、医药保健、食品、化妆品等。

⑤调整产业布局，形成东中西部地区优势互补、协调发展的格局。

统筹规划，因地制宜，促进地区合理分工与协作，发挥比较优势，形成加工业与原料基地的紧密结合，地区间优势互补，实现产业的区域化、专业化和商品化。

有计划、有步骤地引导茧丝绸原料和原料初加工业由东部地区向中西部地区转移，扶持中西部地区的种桑养蚕，给予必要的资金投入，培育一批上规模、上档次的蚕茧基地县，使中西部地区成为全国优质蚕茧资源基地。东部沿海地区要调整现有的桑园面积，提高蚕茧质量，重点发展高附加值、高技术含量、高档次的丝绸后道加工业，成为丝绸深加工生产的出口基地。

(3) 振兴茧丝绸行业的主要措施。

①深化企业改革，转换企业经营机制。

近年来，丝绸企业在改革方面作了很多有益的探索，并取得了一定成效。要继续深化企业改革，推动企业建立现代企业制度，建立规范的法人治理结构，健全决策、执行和监督体系；推动丝绸骨干企业实行规范化的公司制改革，有条件的可改制为多元股东的有限责任公司或股份有限公司；推动企业内部机制的转变及内部管理改革，深入学习邯钢及其他先进企业经验，加强质量、资金、成本、营销等方面的管理。亏损企业要把脱困和改革有机结合起来，在脱困的过程中，推进企业改革，转换经营机制。

②继续控制总量，加强宏观管理，保持稳定发展。

根据国内外市场需求情况，继续把种桑养蚕控制在适当规模，执行目前行之有效的各项宏观调控措施。包括：下达蚕种、蚕茧、桑蚕丝生产指导性计划和丝类出口计划；扶持种桑养蚕，防治微粒子病，推广先进的养蚕技术，不断提高蚕茧单产和质量；执行茧丝价格政策，维护蚕茧收购秩序；适时实施国家厂丝储备吞吐，稳定市场和价格；协调、监管出口价格，实行厂丝出口最低限价和配额有偿使用措施，统一对外，发挥我国丝绸在国际市场上的垄断优势，制止低价竞销，扩大丝绸出口等。与此同时，要把完成100万压绪任务放在控制总量、调整企业结构的首位，对淘汰的设备要坚决销毁，避免其在环境适宜时“死灰复燃”。

为保持茧丝绸行业的稳定发展，要重点整顿茧丝流通秩序，特别是蚕茧流通秩序。根据市场经济发展的要求及茧丝绸行业的特点，全面推广公司加农户模式，探索公司与农民的有效联结，包括服务、资产、二次收入分配联结等，从经济利益机制上建立稳固的蚕茧产销关系，确保蚕茧收购秩序的稳定，防止“蚕茧大战”。

③加大丝绸企业兼并破产、债转股力度。

丝绸企业规模小，中小企业多，地方在上报兼并破产及债转股等项目时往往很难顾及，纺织突破口又以棉纺为主，丝绸近几年享受兼并破产及债转股政策处于次要地位，建议在安排项目时，应考虑丝绸行业的特点，适当增加额度，重点解决丝绸中型企业资产重组问题。对长期亏损、资不抵债的国有丝绸企业实行破产，彻底消灭亏损源。选择一批有发展前途、债转股后可以扭亏为盈的国有丝绸企业实行债转股。针对国有丝绸企业负债结构的情况，通过兼并破产使资产负债率降低25个百分点，通过债转股降低10个百分点，使国有丝绸企业平均资产负债率从1998年的87.7%下降到50%左右。重点解决山东、重庆、四川、广东等困难较大的丝绸主产区，同时兼顾一般地区。

④集中力量，突出重点，加快技术改造。

重点安排两类技改项目：一是利用国家技改贴息政策，重点扶持优势企业进行技术改造，以提高丝绸织造和印染后整理水平，开拓丝绸新用途。二是采取以国家茧丝绸发展风险基金贴息、企业向地方银行贷款的方式，重点支持一批投入较少、效益较好、提高产品质量和劳动生产率、产品有市场的小项目。

⑤适当增加丝绸自营出口生产企业出口被动配额，扩大丝绸产品出口。

加强宏观调控，综合运用各项配套措施，重振我国茧丝绸行业雄风，使之真正成为世界优势产业。

（吴同兴　郑书伟　李清华
“茧丝绸行业”审稿人：杨和荣）

附表 1　　**纺织工业在国民经济中的地位**　　单位：亿元

年　份	纺织工业总产值（分期不变价）	比重（%）	纺织工业利税总额	比重（%）	纺织工业职工人数	比重（%）	纺织品服装出口额	比重（%）
1952	94	27.4	7.2	19.3	96.98	18.20		
1957	174	22.2	11.9	10.3	201.20	19.69		
1962	154	18.1	22.2	16.4				
1965	257	18.4	49.1	15.9	217.78	12.49		
1970	324	13.4	70.5	14.9			495	21.9
1975	469	14.6	78.7	13.5			1386	19.1
1978	720	17.0	110.4	14.0	396.34	9.10	2431	25.0
1980	871	17.4	179.8	16.9	501.51	10.53	4409	24.1
1981	1003	19.4	209.2	19.4	568.34	11.41	4544	20.7
1982	1009	18.1	170.9	15.3	599.39	11.72	4445	19.9
1983	1109	18.0	153.3	12.7	558.27	10.73	4966	22.3
1984	1262	17.9	156.5	11.5	554.33	10.37	6345	17.6
1985	1457	17.6	192.6	11.6	651.20	11.72	6440	23.5
1986	1561	17.4	192.0	11.5	1016.28	14.84	8570	27.7
1987	1755	17.0	209.7	11.1	1052.38	14.83	11338	28.8
1988	1992	16.4	257.4	11.3	1149.96	15.30	13085	27.5
1989	2138	16.5	260.0	11.4	1193.41	15.82	15138	28.8
1990	3325	16.1	219.3	11.3	1203.75	16.09	16786	27.0
1991	3659	15.6	202.1	9.1	1262.21	15.85	20153	28.0
1992	4399	15.6	229.4	8.2	1258.72	15.72	25335	29.8
1993	5516	15.6	243.0	4.8	1262.14	15.21	27132	29.6
1994	6659	15.6	353.0	6.8	1283.72	15.08	35548	29.4
1995	7035	14.5	266.0	5.3	1235.76	14.41	37967	25.5
1996	6606	13.0	219.0	4.3	1162.82	14.20	37095	24.6
1997	6967	12.3	284.0	4.9	1064.90	13.53	45577	24.9
1998	6844	11.9	243.0	4.4	858.34	13.85	42889	23.3
1999	7425	11.5	399.0	5.9	777.18	13.39	43062	22.09

注：1. 1979 年及以前税利总额统计范围为国有企业。

2. 本表“比重”按纺织工业各项指标绝对值占全国总计值百分比计算。

附表 2

1997～1999 年全国纺织工业主要经济指标

项目	单位	合计			纺织业			服装及其他纤维制品制造业			化学纤维			纺织专业设备制造业		
		1997	1998	1999	1997	1998	1999	1997	1998	1999	1997	1998	1999	1997	1998	1999
企业单位数	个	41648.00	19332.00	18868.00	21844.00	11276.00	10981.00	17224.00	6768.00	6611.00	1292.00	803.00	803.00	1240.00	466.00	454.00
工业总产值(当年价)	亿元	7636.08	7346.72	7684.67	4760.28	4376.37	4529.82	1845.28	2018.07	2038.59	861.98	836.52	975.28	161.97	120.85	134.22
工业总产值(不变价)	亿元	6959.99	6844.13	7424.78	4207.89	3970.15	4295.7	1625.3	1787.75	1839.4	95.42	958.35	1142.14	172.38	122.19	140.59
工业增加值(生产法)	亿元	1835.59	1716.06	1910.27	1116.67	1017.3	1117.12	463.79	481.93	505.97	209.52	184.62	252.55	43.45	30.69	32.86
职工人数	万人	1064.9	858.95	777.18	730.24	578.01	510.87	243.85	211.72	202.68	60.11	48.13	46.24	29.89	20.48	16.84
资本金合计	亿元	2420.23	2341.47	2446.88	1420.8	1330.82	1387.4	504.42	503.84	508.04	416.29	434.07	474.68	76.64	70.69	75.04
流动资产合计	亿元	4453.56	5085.52	4423.44	2877.72	3463.54	2738.74	889.44	842.64	956.07	530.64	648.79	578.94	150.33	127.63	144.99
固定资产合计	亿元	4180.25	4252.21	4274.64	2663.02	2617.25	2582.17	517.26	521.76	785.39	887.43	1007.71	1075.54	109.41	102.72	101.34
固定资产原值合计	亿元	5093.95	5338.01	5608.79	3296.63	3348.54	3428.29	630.78	663.38	677.84	1030.58	1195.51	1365.5	131.85	126.44	133.05
固定资产净值合计	亿元	3540.19	3693.87	3887.91	2298.53	2327.54	2378.8	460.34	471.8	477.34	693.66	810.79	943.76	85.16	81.11	85.46
产品销售收入	亿元	6717.55	6536.26	7071.79	4160.16	3862.9	4148.17	1600.18	1779.1	1847.43	806.92	779.46	642.8	144.74	110.5	127.94
产品销售成本	亿元	5831.17	5751.72	6167.04	3659.36	3440.59	3662.59	1369	1539.56	1596.36	685.01	676.9	797.07	114.26	91.06	106.34
产品销售税金及附加	亿元	34.74	34.62	35.16	19.43	18.59	19.54	8.67	8.5	7.82	5.7	6.91	7.05	0.89	0.59	0.71
产品销售利润	亿元	678.68	571.56	672.48	394.06	316.79	365.22	155.14	157.7	169.57	105.19	81.57	120.04	23.46	14.94	17.02
利润总额	亿元	36.54	8.63	136.04	−26.52	−32.33	23.4	38.14	41.75	61.76	23.64	1.69	33.68	1.16	−2.48	2.04
利税总额	亿元	284.02	242.79	398.7	130.52	109.61	196.1	84.15	90.59	113.41	60.5	39.78	81.1	8.5	2.57	7.85
工业增加值率	%	24.04	23.36	24.86	23.46	23.25	24.66	25.13	13.88	24.82	24.31	22.07	25.90	26.83	25.40	24.48
每百元固定资产原值实现利税	元	5.58	4.55	7.11	3.96	3.27	5.72	13.34	13.66	16.73	5.87	3.33	5.94	6.45	2.03	5.90
资金利税率	%	3.29	3.65	4.58	2.36	2.48	3.69	5.98	9.61	7.72	4.27	3.58	4.90	3.27	1.53	3.19
产值利税率	%	3.72	3.30	5.19	2.74	2.50	4.33	4.56	4.49	5.56	7.02	4.76	8.32	5.25	2.13	5.85
每百元销售收入实现的利润	元	0.54	0.13	1.92	−0.64	−0.84	0.56	2.38	2.35	2.34	2.93	0.22	3.57	0.80	−2.24	1.59
工业成本利润率	%	0.63	0.15	2.21	−0.72	−0.94	0.64	2.79	2.71	3.87	3.45	0.25	4.23	1.02	−2.72	1.92
流动资产周转次数	次/年	1.51	1.29	1.60	1.45	1.12	1.51	1.80	2.11	1.93	1.52	1.20	1.63	0.96	0.87	0.88
全员劳动生产率(增加值)	元/人·年	17237.00	19979.00	24580.00	15292.00	17600.00	21867.00	19019.00	22763.00	24964.00	34856.00	38359.00	54617.00	14537.00	14985.00	19513.00

附表 3

1997～1999 年全国国有纺织工业主要经济指标

项　　目	单　位	合　计			纺　织　业			服装及其他纤维制品制造业			化学纤维			纺织专业设备制造业		
		1997	1998	1999	1997	1998	1999	1997	1998	1999	1997	1998	1999	1997	1998	1999
企业单位数	个	4758.00	3564.00	4247.00	3391.00	2600.00	3011.00	935.00	623.00	792.00	204.00	176.00	260.00	218.00	160.00	178.00
工业总产值(当年价)	亿元	1851.98	1312.64	2271.78	1503.08	1056.38	1547.67	93.73	85.00	142.39	210.12	144.73	537.09	42.66	24.69	42.03
工业总产值(不变价)	亿元	1628.92	1254.58	2235.27	1262.06	971.91	1451.08	77.91	73.36	127.14	242.22	180.80	610.98	44.04	25.90	42.94
工业增加值(生产法)	亿元	420.10	305.25	621.97	340.35	350.63	416.98	24.43	21.75	40.36	41.79	25.76	154.56	12.44	6.32	9.27
职工人数	万人	417.21	301.12	337.31	356.03	253.79	272.09	20.63	19.23	23.98	25.85	17.73	31.16	14.3	10.05	9.77
资本金合计	亿元	649.14	517.78	977.60	488.45	381.57	571.98	32.57	30.80	57.68	97.18	81.46	303.78	30.20	23.35	42.70
流动资产合计	亿元	1453.07	1198.30	1934.14	1154.62	947.25	1316.24	77.82	70.34	120.05	163.12	129.72	413.52	55.27	48.92	81.37
固定资产合计	亿元	1660.80	1417.80	2228.93	1251.92	1040.77	1303.56	51.31	48.87	72.14	299.17	275.82	784.13	57.25	51.51	67.78
固定资产原值合计	亿元	2055.30	1774.15	2936.42	1561.64	1338.72	1751.50	65.31	62.56	96.64	358.42	309.18	1000.44	68.07	62.15	85.72
固定资产净值合计	亿元	1399.70	1179.92	1970.57	1069.45	903.75	1175.09	46.29	42.36	66.77	239.14	194.24	673.09	43.75	38.83	54.39
产品销售收入	亿元	1713.71	1180.23	2206.19	1382.18	939.97	1482.42	85.38	79.44	135.23	204.15	135.98	541.20	40.13	23.34	45.28
产品销售成本	亿元	1507.14	1056.96	1897.13	1224.76	847.5	1297.03	73.28	66.94	115.92	177.14	122.56	445.56	30.49	18.72	36.92
产品销售税金及附加	亿元	7.21	4.92	11.78	5.66	3.74	5.77	0.49	0.50	0.36	0.80	0.54	5.44	0.25	0.13	0.20
产品销售利润	亿元	173.50	95.40	249.69	132.22	72.66	147.04	9.13	8.11	14.04	23.61	10.72	81.55	8.18	3.69	6.72
利润总额	亿元	−72.69	−78.61	−3.74	−65.55	−61.76	−21.53	−1.38	−1.41	1.73	−3.53	−11.32	17.13	−2.24	−4.05	−1.01
利税总额	亿元	6.82	−23.77	109.67	−0.25	−18.02	50.98	1.09	1.27	5.67	5.53	−4.39	51.6	0.36	−2.62	1.39
工业增加值率	%	22.68	23.25	27.38	22.64	23.73	26.64	26.06	25.59	28.34	19.89	17.80	28.78	29.16	25.60	22.06
每百元固定资产原值实现利税	元	0.33	−1.34	3.73	−0.02	−1.35	2.91	1.67	2.03	5.87	1.54	−1.42	5.16	0.53	−4.22	1.62
资金利税率	%	0.22	−0.91	2.63	−0.01	−0.91	1.95	0.84	1.07	2.95	1.20	−1.08	4.31	0.32	−2.61	0.93
产值利税率	%	0.37	−1.81	4.83	−0.02	−1.71	3.29	1.16	1.49	3.98	2.63	−3.03	9.61	0.84	−10.61	3.31
每百元销售收入实现的利润	元	−4.24	−6.66	−0.17	−4.74	−6.57	−1.45	−1.62	−1.77	1.28	−1.73	−8.32	3.17	−5.58	−17.35	−2.23
工业成本利润率	%	−4.82	−7.44	−0.20	−5.35	−7.29	−1.66	−1.88	−2.11	1.49	−1.99	−9.24	3.84	−7.35	−21.63	−2.74
流动资产周转次数	次/年	1.18	0.98	1.14	1.20	0.99	1.13	1.10	1.13	1.13	1.25	1.05	1.31	0.73	0.48	0.56
全员劳动生产率(增加值)	元/人．年	10069.00	10137.00	18439.00	9560.00	9875.00	15325.00	11842.00	11310.00	16831.00	16166.00	14529.00	49602.00	8699.00	6289.00	9488.00

附表4　　1999年全国分地区

地区	企业单位数（个）	职工人数（万人）	利税总额（亿元）	利润总额（亿元）	总产值（1990年不变价）（亿元）	化学纤维产量（万吨）	纱产量（万吨）	布总产量*（亿米）	纯棉布产量*（亿米）	棉混纺布产量*（亿米）	化纤布产量*（亿米）	印染布产量（亿米）
合计	**18868**	**328.10**	**398.7**	**136.04**	**7424.78**	**602.04**	**570.48**	**250.00**	**118.46**	**80.30**	**51.24**	**160.45**
北京	421	4.52	2.13	－0.70	78.29	2.41	4.68	1.48	0.94	0.53	0.01	0.86
天津	632	5.23	9.43	5.92	141.9	11.16	8.05	2.47	1.37	1.02	0.08	2.11
河北	810	19.46	19.72	9.12	259.97	10.23	37.07	13.08	7.68	4.28	1.12	5.27
山西	105	7.22	1.25	－0.39	35.09	1.97	7.43	3.13	2.10	0.72	0.31	1.07
内蒙古	118	7.16	5.86	3.20	58.90		1.83	0.62	0.02	0.14	0.46	0.02
辽宁	455	12.18	4.82	1.10	139.55	29.31	15.12	5.29	1.98	1.90	1.41	2.92
吉林	152	4.42	1.93	－0.17	54.54	13.3	5.84	1.20	0.31	0.22	0.67	0.05
黑龙江	113	7.14	0.48	－1.72	50.99	16.78	5.65	1.11	0.18	0.61	0.33	0.04
上海	1554	10.66	39.18	16.03	489.59	49.27	12.57	2.91	1.20	0.88	0.86	2.98
江苏	3279	46.54	106.79	45.70	1639.23	170.03	103.80	31.80	15.72	10.88	5.20	21.88
浙江	2833	17.09	85.54	43.08	1406.24	116.28	31.66	12.42	2.73	1.65	8.04	65.23
安徽	442	15.04	1.86	－4.86	129.25	8.67	24.14	6.72	3.24	2.70	0.77	1.30
福建	618	2.98	13.56	6.94	235.56	36.56	11.16	4.77	0.42	1.49	2.85	5.54
江西	241	7.16	1.16	－0.95	55.60	7.65	10.91	2.63	1.19	1.15	0.29	0.57
山东	1395	44.18	48.59	21.28	678.31	38.40	79.40	30.28	13.84	8.57	7.87	11.07
河南	781	23.68	11.01	0.95	219.80	11.47	52.85	11.92	7.93	2.86	1.13	4.37
湖北	737	22.40	14.45	3.24	318.38	9.00	53.21	15.10	8.91	4.96	1.23	2.69
湖南	282	7.23	0.45	－2.40	62.64	6.56	13.95	2.87	0.57	1.76	0.54	1.06
广东	2821	10.86	30.40	6.40	1072.7	39.17	14.28	7.74	5.61	0.68	1.45	26.13
海南	21	0.67	1.76	1.12	19.17	3.01		0.18			0.18	0.07
广西	115	4.63	0.98	－0.49	28.39	2.68	8.50	0.84	0.19	0.62	0.03	0.18
重庆	130	4.03	－0.59	－2.27	33.91	2.17	4.51	2.36	0.62	1.54	0.19	0.53
四川	262	11.92	1.93	－2.17	80.84	6.87	13.46	5.84	1.74	3.46	0.64	2.73
贵州	51	1.70	－0.37	－0.59	6.18	0.22	1.79	0.62	0.09	0.49	0.04	0.11
云南	41	2.85	0.53	－0.31	12.30	1.73	2.13	0.62	0.17	0.24	0.21	0.19
西藏	26	0.01		－0.01	0.01							
陕西	150	10.02	－0.24	－3.32	53.17	2.09	15.02	7.09	2.85	3.61	0.63	1.20
甘肃	106	2.56	－0.36	－0.96	13.59	1.51	1.45	0.25	0.10	0.15		0.02
青海	21	1.26	－0.55	－0.75	2.88		0.53	0.24	0.05	0.19	0.60	
宁夏	18	0.45	－0.85	－0.97	2.33	0.36	0.06	0.01	0.01			
新疆	138	9.08	－2.17	－5.00	45.34	3.15	29.44	2.75	2.74	7.00		0.25

注：带*的产品产量全国合计按国家统计局统计，分地区按纺织系统统计。

纺织工业基本情况

针棉织品折用棉纱线量(亿吨)	毛线产量(万吨)	呢绒产量(万米)	麻袋产量(万条)	丝产量(吨)	丝织品产量*(万米)	服装产量(万件)	化学纤维生产能力(万吨)	棉纺锭(万锭)	毛纺锭(万锭)	棉印染生产能力(亿米)
86.84	39.61	27548	18404	71062	695600	1609011	657.41	3382.56	382.44	118.94
0.30	0.28	894			749	20261	4.10	31.56	9.30	0.85
0.42	0.29	901			707	29536	9.14	61.42	8.95	2.55
1.88	11.67	619	111	10	4126	55058	10.92	271.68	27.71	10.12
0.27	0.03	110	324	371	989	4267	4.48	53.09	2.12	2.82
	0.18	279	280			3322		14.95	4.93	0.06
1.58	0.17	606	495	1380	2777	38269	38.11	108.22	10.86	6.49
0.38	0.08	413	1026		24	6211	14.49	40.56	4.18	1.07
0.12	0.01	134	194		1091	1459	20.16	59.07	7.98	0.60
4.52	0.61	1736		401	2594	82414	61.34	127.06	27.34	5.45
6.81	12.22	14142		13566	129382	201970	184.34	440.83	119.83	16.09
10.75	1.63	2102	1006	32638	218447	251682	96.80	135.26	20.11	8.83
2.60	0.08	92	1209	2411	3771	17438	10.15	157.26	7.07	3.77
0.80	0.53	7			339	96647	35.89	47.21	2.58	3.07
0.51	0.04	117	38	359	2596	14665	8.34	66.16	3.03	2.68
11.65	5.51	2049	3254	4748	3427	128979	47.17	472.48	42.12	13.06
4.65	1.21	271	2367	917	1926	18787	13.28	254.04	10.61	6.72
2.25	0.24	322	5128	645	3618	52076	12.98	324.92	10.1	8.72
0.75	0.07	70	1201		17	8889	9.18	99.96	2.13	3.32
6.07	3.18	1021	123	996	3194	514359	43.03	72.92	21.79	5.84
0.09						1567	3.50		1.26	0.10
0.99	0.27	7	875	652	827	27186	4.35	56.21	0.72	0.74
0.23	0.06			2139	1289	3346	3.83	37.18	2.19	1.75
1.79	0.05	56	351	7948	4833	14726	8.48	94.21	1.3	3.04
0.02	0.03	1	40			2208	0.42	20.93	0.62	0.65
0.09	0.01	8	189	624	95	2735	1.69	24.74	0.77	1.23
0.30	0.05	63	190	987	2847	7382	3.42	103.85	5.99	5.32
0.03	0.85	579			1	810	3.78	17.82	7.92	0.13
	0.04	25				346		5.81	2.99	
	0.02					352	0.55	1.09	2.20	0.08
0.43	0.17	875		266	179	2048	3.47	182.05	13.73	3.81

附表 5

历年纺织工业主要产品产量（一）

年份	化学纤维（万吨）	其中		纱（万吨）	布（亿米）				印染布（亿米）
		粘胶纤维（万吨）	合成纤维（万吨）			纯棉布（亿米）	棉混纺交织布（亿米）	纯化纤布（亿米）	
1949				32.70	18.90				
1952			65.70	38.30					19.20
1957	0.02	0.02		84.40	50.50				29.40
1960	1.06	1.04	0.03	109.30	54.50	49.90			32.20
1961	0.53	0.51	0.02	66.90	31.10	28.20		0.97	18.20
1962	1.36	1.32	0.04	54.90	25.30	22.70	0.20	1.07	18.40
1963	1.89	1.80	0.09	67.80	33.40	30.70	0.20	1.26	23.40
1964	3.21	3.02	0.19	97.00	47.10	43.80		1.54	29.80
1965	5.01	4.49	0.52	130.00	62.80	57.40		1.95	35.90
1966	7.58	5.81	1.77	156.50	73.10	64.80		2.22	40.40
1970	10.09	6.47	3.62	205.20	91.50	78.00			53.00
1971	11.99	7.60	4.39	190.00	84.20	71.00			47.60
1972	13.73	8.70	5.03	188.60	83.50	70.00	6.57	1.97	46.50
1973	14.88	9.22	5.66	196.70	87.10	72.2	8.85	2.52	51.60
1974	14.26	8.53	5.73	180.30	80.80	66.50	8.37	2.94	51.25
1975	15.48	8.91	6.57	210.80	94.00	77.70	9.61	3.38	58.88
1976	14.61	6.77	7.84	196.00	88.40	71.70	10.36	3.26	53.57
1977	18.98	8.41	10.57	223.00	101.50	81.60	12.58	3.78	59.77
1978	28.46	11.52	16.93	238.20	110.30	81.50	20.23	4.68	65.00
1979	32.63	11.27	21.36	263.50	121.50	82.20	28.29	6.81	71.78
1980	45.03	13.62	31.41	292.60	134.80	87.1	33.69	9.69	80.71
1981	52.73	14.26	38.47	317.00	142.70	85.20	40.93	12.56	82.85
1982	51.70	14.16	37.53	335.40	153.50	101.20	37.77	10.18	80.77
1983	54.07	13.87	40.20	327.10	148.80	90.40	42.45	11.17	73.29
1984	73.49	15.91	57.58	321.90	136.90	70.10	46.43	15.03	68.10
1985	94.78	17.73	77.06	353.50	146.70	82.10	46.94	17.59	75.27
1986	101.73	18.66	83.07	397.80	164.70	99.10	45.41	20.26	79.47
1987	117.50	19.30	98.20	436.80	173.00	107.60	47.99	17.15	83.12
1988	130.12	17.66	112.47	465.70	187.90	118.70	51.47	17.65	95.23
1989	147.82	19.60	128.22	476.70	189.20	117.90	53.32	17.96	87.02
1990	164.82	21.64	143.18	462.60	188.80	108.20	56.21	24.38	91.55
1991	191.04	24.01	167.03	460.80	181.70	108.60	55.22	17.95	99.47
1992	211.12	24.91	186.21	501.40	190.50	111.70	57.55	21.16	124.55
1993	226.87	27.62	199.25	501.40	196.90	118.10	55.88	22.89	136.39
1994	280.33	33.61	246.72	489.50	211.30	115.70	64.02	31.50	136.39
1995	320.23	41.19	279.04	542.20	260.20	131.80	73.30	55.04	136.48
1996	375.81	38.34	337.47	511.91	208.20	105.18	68.28	34.73	120.68
1997	460.90	43.27	417.63	561.80	248.73	118.86	71.62	58.25	141.39
1998	510.00	48.15	460.42	542.00	241.00	114.27	81.58	45.15	146.52
1999	602.00	46.4	554.22	570.5	250.00	118.46	80.30	51.24	160.45

历年纺织工业主要产品产量（二）

年份	针棉织品折用纱量（万吨）	针织品折用化纤长丝量（万吨）	毛线（万吨）	呢绒（万米）	毛毯（万条）	麻袋（亿条）	苎麻布（万米）	亚麻布（万米）	丝（万吨）	丝织品（亿米）	服装（亿件）	纺织机械（万吨）
1949			0.18	544	22.2	0.10	9	9	0.18	0.50		
1952			0.20	423	71.7	0.67	2	66	0.56	0.65		1.99
1957			0.57	1817	86.2	0.83	126	2398	0.99	1.45		4.33
1960			0.95	2646	206.0	0.86	995	2487	0.83	2.83		11.81
1961			0.53	3092	161.6	0.59	775	1019	0.52	2.53	1.99	3.98
1962			0.78	3242	191.4	0.44	458	1098	0.47	2.25	2.35	2.23
1963			0.80	4369	188.9	0.50	1007	907	0.47	2.46	2.56	2.47
1964			0.96	4809	208.0	0.86	1276	1190	0.71	4.77	3.07	4.78
1965			1.10	4240	242.0	1.25	1299	1412	0.91	3.42	3.85	8.63
1966			1.25	4383	267.0	1.46	967	1848	1.18	3.79	4.41	10.68
1970			2.17	5776	445.1	1.84			1.67	4.32	3.66	11.47
1971			2.35	6153	398.8	1.81			1.93	4.48	4.14	12.01
1972			2.21	6046	382.8	1.32	1137	1455	1.95	4.48	4.86	11.13
1973			2.32	6211	434.8	1.69	731	1581	2.11	4.60	5.47	11.27
1974			2.36	6357	486.1	1.68	384	1592	1.82	4.22	5.68	11.18
1975			2.66	6943	513.0	1.91	729	1814	2.31	4.54	6.73	11.92
1976			2.78	7072	505.6	1.88	774	1534	2.28	3.60	7.18	10.53
1977			3.11	7840	539.0	2.45	691	1800	2.69	5.29	7.17	12.08
1978	40.72	1.99	3.78	8885	625.0	2.89	620	1931	2.97	6.11	6.73	19.25
1979	43.88	2.59	4.44	9017	690.0	3.39	1581	2081	2.97	6.63	7.44	19.47
1980	49.97	4.57	5.73	10093	883.7	4.25	1965	2097	3.54	7.59	9.45	24.53
1981	55.43	6.91	7.65	11308	1067.0	4.29	2963	2052	3.74	8.35	10.08	27.98
1982	63.53	6.64	9.25	12669	1378.8	5.00	4491	2110	3.71	9.14	9.85	32.81
1983	61.42	7.44	10.21	14291	1621.6	5.51	2858	1881	3.69	10.03	10.04	33.79
1984	59.10	8.58	11.00	18049	1745.4	5.48	4204	2056	3.76	11.78	11.06	30.18
1985	68.53	9.13	12.59	21816	2015.4	6.27	3936	2262	4.22	14.49	12.67	35.59
1986	76.69	7.58	14.91	25186	2421.8	7.60	4697	2657	4.72	15.01		39.77
1987	87.82	7.55	20.42	26540	3018.5	8.58	6988	2843	5.19	16.02	22.60	46.56
1988	100.59	8.09	22.44	28611	3515.6	9.31	7159	3070	5.15	17.11	29.11	66.86
1989	99.69	7.37	24.99	27963	3081.5	8.54	15358	3331	5.23	16.28	30.03	49.33
1990	96.02	6.95	23.79	29505	2295.6	7.40	7119	2733	5.66	17.12	31.75	44.42
1991	94.82	6.65	28.25	31143	2400.3	6.51	8053	3139	6.07	24.06	33.84	44.85
1992	102.08	6.17	35.06	33791	2457.1	6.15	9545	2864	7.33	25.24	42.66	42.16
1993	87.19	5.57	34.46	35252	3533.9	6.25	10013	3963	9.24	28.36	63.68	48.41
1994	78.08	6.51	43.96	41900	2861.3	5.59	9211	6403	10.64	31.28	78.16	59.09
1995	89.40		51.38	65392	3775.5	7.17	12062	5734	11.05	65.91	96.85	
1996	77.81	13.51	48.10	45861	3261.18	3.36	6899	3364	9.48	50.3	127.03	
1997	80.65	7.81	48.79	38808	3344.8	4.39	11089	3489	8.28	65.33	136.92	
1998	82.34	2.06	44.16	26810	1777.57	3.43	4284	3924	6.77	63.86	150.29	
1999	86.84	2.63	39.61	27548	1562.79	1.84	9353	3554	7.11	69.56	160.90	

建材工业

1999年在扩大内需等一系列国家宏观调控政策的影响下，建材工业生产经营形势出现转机，摆脱了连续两年全行业亏损的局面。控制总量，调整结构初见成效。国有大中型企业脱困工作取得进展。

一、工业生产稳定增长，经济效益明显改善

1999年建材工业生产平稳，市场销售处于稳定状态，行业经济效益明显改善。

1. 全年完成工业增加值803.91亿元，比上年同期增长9.6%，完成工业总产值按可比价格计算比上年增长12.61%。受产品结构调整和市场需求变化的影响，国家建材局统计的24种建材主要产品中，有13种产品产量比上年有不同程度的增长，有11种产品产量比上年有所下降。其中水泥产量5.73亿吨，比上年增长7.2%；平板玻璃产量1.79亿重量箱，比上年增长4.6%；卫生陶瓷产量2454万件，比上年增长1.44%；釉面砖和墙地砖分别比上年增长2%和10%。由于各地方政府加大市政建设的投入，修路架桥，铺设天然气管道和城镇上下水管道，使水泥压力管、水泥电杆、水泥排水管的需求大增，产量分别增长55.2%、37.9%和12.2%。城镇建筑限制实心粘土砖政策的施行，使得砖产量下降8.12%，而属于新型建材之列的加气混凝土制品的产量却比上年增长17.7%。新型防水材料如改性沥青油毡、合成高分子防水卷材和建筑防水涂料等新型防水材料的发展，逐渐取代了老材料，使得油毡油纸的产量下降了27.7%。这表明建材工业企业已逐步走向面向市场组织生产，按照市场经济规律调节生产的轨道。

2. 1999年建材工业产品市场形势逐步好转，工业产品销售率逐季提高。一季度为92.7%，二季度为95.8%，三季度为96.5%，到12月底，全年累计销售率为97.2%，比上年高0.6个百分点。其中大中型企业累计销售率为98.2%，比上年高0.3个百分点，产销衔接保持了良好的态势。

1999年建材工业主要产品出厂价格呈现缓步回升的趋势。水泥平均出厂价格在经历了3月份的快速回升和三季度的平衡运行后，到12月底基本保持在p.425#每吨250元，p. 525#每吨277元的水平上，与1998年底比，水平基本相当。平板玻璃在1998年开始的“三年不新建和扩建玻璃生产线”的行业总量控制下，1999年市场容量增大，企业共同制止低价倾销，实行限产保价，价格得以回升，特别是到第四季度，价格快速提高。到12月底，3mm本色玻璃每重量箱59.09元，比上年同期增加15.15元，5mm本色玻璃每重量箱73.65元，比上年同期增加19.7元，5mm彩色玻璃每重量箱71.19元，比上年同期增加17.24元。

3. 建材工业在经历了1997、1998连续两年全行业亏损的低迷时期后，从1999年7月份起整体扭亏为盈。到12月底，全行业工业企业减亏增利近41亿元，盈亏相抵后实现利润总额33.7亿元。全部大中型企业到11月底实现了整体扭亏为盈，年末实现利润6.26亿元。国有及国有控股大中型企业整体运行趋势也趋于好转，到12月底，累计完成工业总产值625亿元，按可比价格计算比上年同期增长5.3%，产品销售收入增长7.1%，盈亏相抵后实现利润3.24亿元，比上年同期减亏13.2亿元，也实现了整体扭亏为盈。1999年全行业产品销售收入比上年增长10.8%，亏损企业亏损额比上年下降24.3%。

按地区来看，1999年中部地区仍保持着1998年以来经济运行情况好于东部和西部地区的情况。按省（区、市）来看，全国有17个省（区、市）建材行业盈亏相抵后净盈利。其中四川、甘肃、吉林、重庆和贵州5个省（市）为扭亏为盈省（市）。全年实现利润总额5亿元以上的有山东、河北、河南3个省。仍有13个省（区、市）的建材行业亏损，净亏损额为18.23亿元，其中净亏损在亿元以上的有广东、广西、辽宁、海南、天津、湖南6个省（区、市），亏损额为15.12亿元，占13个省（区、市）净亏损额的83.2%。

1999年建材工业经济运行中存在的主要问题是：(1) 总量过剩，供大于求的状况仍然没有得到根本改变。1999年建材工业增加值增长速度为9.6%，销售产值的增长速度为6.9%，工业生产增

长速度高于销售增长速度2.7个百分点。产成品存货可供销售天数52天，仅比上年减少1天，而产成品金额却比上年增长10.5个百分点。(2) 建材行业重复建设问题仍然存在，个别地区不顾国家三令五申，扩大规模，盲目生产的现象时有发生。(3) 国有中小企业效益不高的局面未得到改善。1999年国有大中型企业的减亏幅度高达86.7%，而国有中小企业减亏幅度仅为20.9%和32.9%。从百元资金创利税、产成品存货销售天数和全员劳动生产率等各项指标分析，国有中小型企业的经济运行质量都低于非国有中小型企业。

二、控制总量、调整结构，关闭淘汰“小水泥、小玻璃”工作取得阶段性成果

为了有效地解决长期以来建材工业由于低水平重复建设所造成的总量过剩，结构失衡，市场无序竞争，行业总体经济效益低下的矛盾，贯彻落实国务院办公厅下发的《国务院办公厅转发国家经贸委关于清理整顿小玻璃厂小水泥厂意见的通知》精神，1999年国家建材局领导全行业实施了控制总量，调整结构，淘汰落后的小水泥厂、小玻璃厂的攻坚战。国务院下达的任务和目标是：1999年关闭、淘汰小玻璃生产能力1500万重量箱，小水泥生产能力4000万吨；2000年关闭、淘汰小玻璃生产能力1500万重量箱，小水泥生产能力6000万吨，两年共关闭、淘汰小玻璃生产能力3000万重量箱，小水泥生产能力1亿吨。为完成这一艰巨任务，国家建材局成立了清理整顿“两小”办公室，在国家经贸委的领导下，联合国家环保局、国家质量技术监督局、国家工商行政管理局、中国人民银行共同召开全国清理整顿小玻璃厂小水泥厂电视电话会议，进行全面动员和部署。经过各地政府和各级建材主管部门的大量细致工作，在基本摸清小玻璃厂小水泥厂的情况后，提出了应予以取缔、关闭的企业和淘汰落后生产线的名单，涉及水泥企业4241家，玻璃企业356家，并将关闭淘汰名单在《中国建材报》和中国建材工业信息网上公布，向各省（区、市）下达了淘汰任务。国家建材局与相关的综合部门和执法部门联合下发了相关文件10个，为地方依法组织实施清理整顿“两小”工作提供了配套法规。同时，国家建材局联合建设部向社会公布了质量信得过的大中型建材企业名单和名优建材产品目录，起到了规范建材产品市场的作用。为推动、督促淘汰“两小”任务的落实，国家建材局向建材主要生产大省（区、市）派驻了联络员，建立了重点地区责任制，在济南市召开全国清理整顿小玻璃厂小水泥厂现场会，及时指导、解决淘汰工作中出现的问题。全国大多数地区十分重视这项工作，浙江、河北、辽宁、北京、湖南、湖北、江苏、山东、山西、黑龙江等16个省（市）都成立了专门工作机构，出台了清理整顿“两小”的相关文件，有的省由副省长担任清理整顿领导小组的组长，有力地推动全国清理整顿工作的开展。经过一年的努力，清理整顿“两小”工作已经取得了阶段性成果。截至12月底，全国已关停属清理整顿范围的小水泥企业2159家，压减生产能力4200万吨；关停小玻璃企业157家，压减生产能力2300万重量箱（不含四川、甘肃、广东、广西四省区）。这些落后企业的关停可以减少煤炭消耗800万吨，减少粉尘排放量约140万吨，减少二氧化硫排放量1.2亿吨，节能和环保效果十分明显。但是，这项工作发展还不平衡，除浙江、北京、江苏、安徽、山东等省（市）走在了全国的前列外，只有1/3的省份按比例完成了压减生产能力的任务。2000年淘汰任务仍然十分艰巨。

1999年建材行业加大了制止重复建设工作力度，先后颁布了《建材工业控制总量，调整结构实施细则》等一系列法规规定，同时，对有的企业擅自重复建设小浮法玻璃和小立窑水泥的问题进行了严肃查处。

建材工业的产业结构调整，优化升级，是以“靠新出强”为指导方针的。经过多年的努力，通过采取技术创新，设计优化，装备国产化，业主负责等措施，山东水泥厂、白马山水泥厂、华新水泥股份有限公司和葛洲坝水泥厂等企业扩建新型干法水泥生产线的吨投资控制在400～500元，大幅度降低了建设投资，解决了长期困扰水泥行业发展的新型干法水泥投资过高的问题，为水泥工业以发展新型干法工艺为主要方向的结构调整奠定了坚实的基础。1999年，新型建材的科研、生产与推广应用有了新的进展。国家建材局与建设部联合召开全国新型建材及制品推广应用交流会，着重推广上海发展混凝土空心砌块的经验。1999年全国新型墙体材料的比重达到27%。

三、国有大中型企业改革脱困工作取得成效

1999年建材行业发展的经济目标是：力争做到国有大中型企业整体扭亏为盈，消除5000万元以上的亏损大户。为完成上述任务，各级建材主管部门抓紧做好国有大中型企业扭亏脱困工作。成立

了由主要领导同志负责的脱困工作领导机构，层层落实责任制，积极帮助企业用好国家的各项脱困政策。一是推进有条件的国有大中型企业实施债转股，北京水泥厂成为全国债转股首家企业。二是推进兼并破产工作，促成鲁南、浩良河等水泥厂进入国家兼并破产、核销呆坏账工作程序，改善了资产负债结构。三是帮助协调江苏巨龙集团等5家建材企业列入国家封闭贷款计划。四是推动企业资产重组，完成了中联水泥集团组建、北新集团兼并山东潍坊建筑陶瓷厂的工作。

国有大中型建材企业为扭亏增盈，深入开展学邯钢活动，进一步加强内部管理，严格控制支出，扎扎实实地工作。到12月底，原亏损5000万元以上的国有企业已摘掉了亏损的帽子。列入国家重点脱困的111户建材企业中有37个企业脱困，亏损企业的亏损额也比上年减少50%。国有企业改制，建立现代企业制度取得新的进展。列入原512户国家重点企业的30户建材企业中大多数已进行了公司制改革。中国化建、四川双马、天山股份、四维瓷业、牡丹江、秦岭水泥等6家企业股票上市，直接融资超过16亿元。

四、开拓市场取得新进展，出口呈恢复性增长

1999年建材企业克服了国内外复杂的政治经济形势带来的困难，努力开拓市场。上海市建立起水泥、砂石料、建筑门窗、墙体材料和电梯五个有形建材市场；北京市等地建材主管部门与技术质量监督部门配合，打击假冒伪劣产品，净化市场；江苏、广东等地与有关部门联合召开建材产品招标订货会，支持重点企业向重点建设工程提供优质产品。

1999年建材商品出口金额23.18亿美元，比上年增长6%。主要销售热点为：玻璃纤维织物增长89.5%，石棉制品增长77.1%，卫生陶瓷增长48.7%，钢化玻璃增长34.1%，夹层玻璃增长28%。水泥和水泥熟料的出口大幅度下滑，出口金额分别比上年减少31.4%和17.7%。建材出口主要省份仍是广东、福建、山东、上海和辽宁5省（市），其商品出口额占建材全部出口金额的75%以上。建材出口商品主要销往日本、香港、美国、比利时、韩国、台湾等国家和地区。其中销往日本的商品金额比上年增长27.2%，出口香港地区的商品金额增长21.8%，出口美国的增长14.6%，出口比利时的增长9.2%，出口韩国的增长4.5%。

（撰稿：谷东玉）

附表 1　1999 年建材全部工业

行业名称	企业单位数（个）		工业总产值（1990 年不变价格）	工业总产值（当年价格）	
	合计	其中：亏损企业		合计	其中：新产品产值
建筑材料及非金属矿工业	**13168**	**3534**	**25727362**	**29762462**	**677297**
建筑材料及非金属矿采选业	1347	189	1851718	2115955	5444
石灰石开采业	196	27	368158	385678	0
建筑装饰用石开采业	364	32	474965	545685	71
其他土砂石开采业	381	58	431515	491220	1372
石棉采选业	32	6	49393	56320	0
云母采选业	4	0	1263	1265	0
石墨采选业	44	4	95420	104208	1509
石膏采选业	74	13	77213	102683	0
宝石、玉石采选业	11	2	10987	14960	0
水晶采选业	1	0	27	31	0
滑石采选业	33	5	101496	128201	1197
其他类未包括的非金属矿采选业	207	42	241282	285706	1296
建筑材料及非金属矿制品业	11821	3345	23875644	27646506	671853
水泥制造业	4642	1775	9102877	12300918	64360
水泥制品业	1106	272	1695588	2119632	41489
砼结构构件制造业	512	79	675627	827895	15273
石棉水泥制品业	80	18	116408	141952	7039
其他水泥制品业	32	5	44221	56214	1966
砖瓦制造业	1634	307	1429851	1674838	16881
石灰制造业	170	29	161384	181355	0
建筑用石加工业	671	105	1136458	1236202	16449
轻质建筑材料制造业	222	41	417180	444713	92865
防水建筑材料制造业	187	29	230235	363284	8789
隔热保温材料制造业	166	31	265130	271758	20488
其他砖瓦、石灰和轻质建筑材料制造业	116	19	162302	193343	12015
建筑用玻璃制品业	245	70	1565177	1633697	100786
工业技术用玻璃制造业	118	30	447957	427016	53226
建筑、卫生陶瓷制造业	805	265	3875709	3098131	88253
石棉制品业	95	24	147607	160359	8808
云母制品业	28	4	51135	48044	455
玻璃纤维及其制品业	141	53	413733	404114	27692
玻璃钢制品业	241	41	691059	741615	48151
其他矿物纤维及其制品业	12	2	15303	17240	71
其他类未包括的非金属矿物制品业	598	146	1230703	1304188	46800

企业主要经济指标（一） 单位：万元

工业销售产值（当年价）		工业中间投入	工业增加值（当年价格）	资产总计	流动资产			
						其中：应收账款净款		
							其中：	
合计	其中：出口交货值				合计	小计	存货	产成品
28519296	**1461687**	22349570	**8770987**	**52654143**	**19443558**	**5852372**	**5812433**	**2888797**
2013681	172989	1543330	642851	1968171	924534	296045	222627	119188
371282	5987	285456	116789	264558	119332	41837	25263	13022
511128	21289	401356	158910	432708	220625	68384	50347	25930
471187	8214	345323	160655	373476	170908	49720	36859	20633
51892	481	40917	18115	118950	61095	19687	19337	10655
1148	0	796	476	1807	1415	94	328	315
96642	32048	73818	33675	138244	75514	25553	24220	10909
99547	1413	75421	32407	189850	81556	39212	12650	8833
14067	914	9806	5468	9076	4709	757	3038	2732
24	0	17	15	22	9	5	4	0
124178	37740	98219	33724	122124	39520	11947	9754	5812
272587	64902	212201	82618	317358	149852	38852	40827	20347
26505615	1288699	20806240	8128136	50685972	18519024	5556326	5589806	2769609
11946175	201866	9204982	3834045	26221275	8253415	2699299	2235751	943253
2017672	59207	1606515	597986	3157449	1473339	579679	461590	255319
772509	8467	628498	220829	1025829	613848	205699	221724	130521
131415	250	103233	43642	170018	82950	26518	30962	15418
53925	2996	38638	20116	80548	39573	15033	11694	6566
1591217	12874	1203650	517405	1786906	701838	171638	221694	124455
173617	0	138456	47929	132614	63436	26174	16186	7924
1205285	227326	919343	341566	1088137	492471	109104	214339	102149
422518	8384	344219	115668	767375	317098	110147	93726	47062
356058	4840	300267	77046	476903	202463	52344	84082	51811
257912	10104	210031	70985	368853	155275	55568	37231	19102
183441	2084	141676	58658	240735	133486	36979	41827	15387
1574298	146195	1294631	424769	4813737	1687582	359428	388607	168699
420697	80092	310411	130207	929640	434932	242090	97392	46186
2830584	54775	2326751	894425	5715818	2125797	369075	848455	529135
151597	9686	122368	44374	188068	95443	32544	33824	21113
45779	3470	35354	13978	56594	25210	9640	7456	4388
390347	103195	313014	105700	748508	272631	69430	92063	54317
718601	23124	551530	211307	649270	326250	89504	108991	34998
15931	1071	13584	4003	19482	8060	3923	1738	704
1246039	328694	999089	353498	2028214	1013929	292513	340476	191103

1999 年建材全部工业

行业名称	流动资产年平均余额	长期投资	固定资产合计	固定资产原价	
				合计	其中：生产经营用
建筑材料及非金属矿工业	**18755505**	**1876448**	**27545483**	**34292590**	**28491241**
建筑材料及非金属矿采选业	918194	70570	819830	1095950	830489
石灰石开采业	123083	23323	112641	164039	132462
建筑装饰用石开采业	222223	8177	171537	221922	161997
其他土砂石开采业	171273	11681	158911	205346	158777
石棉采选业	59443	3429	53166	82913	61758
云母采选业	1376	12	327	596	13
石墨采选业	69136	2855	54536	73059	55738
石膏采选业	83501	6674	90359	121588	86172
宝石、玉石采选业	4432	469	3703	4661	3530
水晶采选业	11	0	13	13	12
滑石采选业	39536	6646	38830	49854	31169
其他类未包括的非金属矿采选业	144180	7305	135808	171959	138861
建筑材料及非金属矿制品业	17837311	1805878	26725653	33196641	27660753
水泥制造业	8020064	908861	15161845	18668427	15526230
水泥制品业	1387945	91887	1423759	1857478	1504486
砼结构构件制造业	571745	27470	346543	464031	369828
石棉水泥制品业	64540	6073	71731	94222	74479
其他水泥制品业	37104	1941	34764	47874	43145
砖瓦制造业	690691	46890	922857	1142448	861803
石灰制造业	60593	3253	58454	80062	64747
建筑用石加工业	497508	26363	463422	573304	481469
轻质建筑材料制造业	307600	30730	397513	445321	319779
防水建筑材料制造业	199347	15816	227500	283759	248002
隔热保温材料制造业	150979	6795	175797	211000	174736
其他砖瓦、石灰和轻质建筑材料制造业	125318	6193	91202	123125	107310
建筑用玻璃制品业	1632390	353549	2372434	2892211	2533999
工业技术用玻璃制造业	434326	31177	391921	520013	481646
建筑、卫生陶瓷制造业	2011302	128856	3026259	3883395	3285582
石棉制品业	94197	6655	72351	102594	72483
云母制品业	25154	2714	26686	32866	27329
玻璃纤维及其制品业	260495	50142	360378	429152	382643
玻璃钢制品业	313797	14788	257365	307064	265802
其他矿物纤维及其制品业	8236	606	9390	11963	10433
其他类未包括的非金属矿物制品业	943981	45123	833482	1026331	824824

企业主要经济指标(二)

单位：万元

累计折旧		固定资产净值	固定资产净值平均余额	无形及递延资产	
合计	其中：本年折旧			合计	其中：无形资产
9679651	**1565897**	**24612940**	**24274797**	**2346894**	**1504678**
362083	49476	733867	735993	72241	43836
58736	6309	105304	107589	4055	2068
63738	9635	158184	157780	11572	2993
62633	9410	142712	144934	14066	5833
35702	3416	47212	47031	232	66
280	3	316	327	53	0
24662	2209	48397	47571	3144	626
39923	4022	81665	82459	6790	4100
1810	196	2851	2948	167	0
0	0	13	13	0	0
17157	2872	32697	34674	11086	10329
57443	11404	114516	110669	21078	17823
9317568	1516420	23879073	23538804	2274653	1460842
5326161	804494	13342266	13292937	1092332	695574
517029	93169	1340449	1334715	123692	83161
147013	24016	317018	321977	27517	18332
27876	2614	66346	61492	6526	4344
14200	1800	33673	33737	3353	2951
296541	40116	845907	841674	78216	49618
28696	2867	51366	41715	4190	3072
140827	29152	432478	428710	54614	31103
101291	21781	344030	327734	24926	15150
72989	8238	210770	163861	28245	17048
56671	11497	154330	158528	26057	13137
36704	7153	86421	89401	5603	4732
813869	132650	2078343	1998690	242084	138994
166419	32249	353594	343303	52332	37064
1046424	219182	2836971	2775039	281206	176613
39214	4976	63379	61741	12237	10678
8684	1202	24182	22418	1743	623
111821	16906	317332	305537	55896	37486
65623	13340	241441	220714	43699	35238
2877	397	9087	9141	822	464
296639	48620	729692	705742	109363	85461

1999 年建材全部工业

行业名称	负债合计	流动负债合计	长期负债合计	所有者权益合计
建筑材料及非金属矿工业	**34747180**	**23898023**	**10482051**	**17877038**
建筑材料及非金属矿采选业	1123823	874666	243741	844348
石灰石开采业	112642	93990	18332	151917
建筑装饰用石开采业	246145	204574	40878	186563
其他土砂石开采业	217830	165217	51193	155646
石棉采选业	77566	67894	9672	41384
云母采选业	1822	1640	182	—15
石墨采选业	108030	88888	18446	30214
石膏采选业	98556	67359	30837	91294
宝石、玉石采选业	4318	3365	953	4758
水晶采选业	3	0	3	19
滑石采选业	61787	40061	21727	60336
其他类未包括的非金属矿采选业	195125	141680	51519	122233
建筑材料及非金属矿制品业	33623357	23023356	10238311	17032690
水泥制造业	18242665	11765850	6294679	7978610
水泥制品业	1998015	1550937	414934	1159434
砼结构构件制造业	699372	621575	65098	326457
石棉水泥制品业	105496	90512	14874	64521
其他水泥制品业	46931	43229	3361	33617
砖瓦制造业	1093432	800032	272238	693475
石灰制造业	86404	71589	10998	46210
建筑用石加工业	611786	491184	115619	476352
轻质建筑材料制造业	427013	272138	153888	360362
防水建筑材料制造业	333053	256680	75882	143850
隔热保温材料制造业	214031	157104	46328	154822
其他砖瓦、石灰和轻质建筑材料制造业	143143	116051	22632	97592
建筑用玻璃制品业	2910816	1887732	1008516	1902922
工业技术用玻璃制造业	514246	334866	177152	415394
建筑、卫生陶瓷制造业	3810829	2737866	1013694	1904989
石棉制品业	140370	114722	24699	47697
云母制品业	45661	34259	11304	10933
玻璃纤维及其制品业	496634	328089	167856	251874
玻璃钢制品业	385745	319523	62608	263525
其他矿物纤维及其制品业	11176	8472	2704	8307
其他类未包括的非金属矿物制品业	1306544	1020947	279248	691745

企业主要经济指标（三） 单位：万元

实收资本						
合计	国家资本	集体资本	法人资本	个人资本	港澳台资本	外商资本
14047505	**4604404**	**2548161**	**2680502**	**1145901**	**1335224**	**1733313**
556440	235866	120081	74371	61153	26621	38349
80275	42171	21631	4642	10271	0	1560
142199	41488	38710	18929	23933	16218	2921
100447	33811	25906	18396	11558	3272	7505
39162	27462	3448	7467	495	291	0
255	240	0	15	0	0	0
20384	11681	1864	3727	2649	53	410
50287	29309	13069	6403	1224	181	100
3047	890	1580	280	0	297	0
10	10	0	0	0	0	0
31196	15184	1651	5877	2438	1083	4962
89179	33620	12223	8634	8585	5226	20891
13491065	4368539	2428080	2606132	1084748	1308602	1694964
6537876	2642242	1220541	1222741	566991	395764	489597
982961	255650	139957	232375	69634	91073	194273
231424	70816	63954	60997	16469	10288	8899
35017	11801	10578	5986	5631	0	1022
31553	4828	14206	150	1088	938	10344
394771	124181	142673	52119	40606	30667	4526
32341	5949	14913	5797	5606	21	55
438424	46369	74246	78151	44776	76704	118179
206197	63322	39226	25312	9005	13400	55931
101049	42500	15151	26154	6048	2366	8830
133824	15535	22807	29091	11136	1395	53860
76437	9225	15099	29096	8243	8929	5844
1317022	535731	113661	265317	39394	163720	199199
294705	27605	23184	102425	40643	46285	54563
1747304	282391	368054	237901	139983	436947	2852029
41820	23532	7567	6521	2926	636	638
12064	5143	1212	2938	2393	348	30
212487	32146	14207	65823	8651	6739	84920
193186	44820	30308	67424	24794	5661	20179
6315	1336	489	1563	1963	965	0
464288	123416	96047	88254	38768	15757	102046

1999 年建材全部工业

行业名称	产品销售收入				
	合计	销售成本	销售费用	销售税金及附加	销售利润
建筑材料及非金属矿工业	**27038227**	**22074706**	**1325759**	**303973**	**3192756**
建筑材料及非金属矿采选业	2128274	1675420	163580	47742	232801
石灰石开采业	345886	265417	29631	6794	42394
建筑装饰用石开采业	737516	583596	62856	24480	64920
其他土砂石开采业	449929	368212	24312	7662	47974
石棉采选业	47265	36590	2673	1008	6994
云母采选业	136	94	8	1	33
石墨采选业	89473	75296	3912	586	9294
石膏采选业	89046	66085	5103	2093	14545
宝石、玉石采选业	13308	10102	208	504	2494
水晶采选业	24	16	1	1	6
滑石采选业	102012	74770	13093	814	12005
其他类未包括的非金属矿采选业	253680	195242	21784	3801	32140
建筑材料及非金属矿制品业	24909953	20399286	1162179	256231	2959955
水泥制造业	11321271	9195187	581707	118817	1357818
水泥制品业	1846973	1526372	67225	17709	227101
砼结构构件制造业	730491	626911	17355	8941	74212
石棉水泥制品业	129969	103610	5486	860	19661
其他水泥制品业	51632	41574	2831	475	6751
砖瓦制造业	1453890	1202934	55799	19530	167820
石灰制造业	159168	134988	5107	2225	16669
建筑用石加工业	984148	805014	48654	15034	107698
轻质建筑材料制造业	394374	318866	24460	2990	45016
防水建筑材料制造业	332626	283147	12335	8656	28330
隔热保温材料制造业	239933	184606	16180	2289	36238
其他砖瓦、石灰和轻质建筑材料制造业	174254	140117	6696	1971	25276
建筑用玻璃制品业	1561571	1255184	59700	10705	234447
工业技术用玻璃制造业	405128	316152	22272	1508	64628
建筑、卫生陶瓷制造业	2686721	2224380	126659	21343	291145
石棉制品业	125840	101398	5832	1046	17503
云母制品业	43152	34583	2285	282	5952
玻璃纤维及其制品业	378763	326514	14049	1860	36218
玻璃钢制品业	653444	548665	25656	12114	66282
其他矿物纤维及其制品业	15954	12670	922	103	2259
其他类未包括的非金属矿物制品业	1220651	1016415	60972	7774	128931

企业主要经济指标（四）

单位：万 元

其他业务利润	管理费用				财务费用		营业利润
	合 计	其中：税 金	财产保险费	劳动待业保险	合 计	其中：利息支出	
150388	**2135502**	**85115**	**32042**	**228494**	**1108369**	**1038514**	**193823**
10676	129032	4298	1519	12081	35370	29126	90990
330	20291	547	239	1452	4282	3507	18640
2942	34670	920	238	2060	9039	6569	26307
2315	25128	873	468	1601	7589	6141	25131
2821	7758	64	127	2648	1874	1821	352
—3	62	0	0	0	17	5	—49
315	6161	279	71	431	1733	1467	1793
414	8570	840	91	983	2329	2132	4274
4	1227	222	30	23	232	96	1039
0	4	2	0	0	0	0	2
33	6752	132	33	693	1388	1120	4794
1505	18409	419	222	2192	6887	6270	8707
139712	2006471	80818	30522	216413	1072999	1009388	102833
56954	1000639	41022	17800	126502	605402	571537	—144917
19557	164813	5754	1359	17799	49683	69523	38949
5915	48843	1348	416	4985	12454	10678	20459
513	12701	355	92	1601	4043	3938	3636
—57	5181	57	14	237	1499	1043	15
4796	92780	5006	960	9184	33281	27879	51122
342	10158	440	56	368	2752	1838	4236
4353	44926	2515	819	2015	17894	12753	50594
417	31635	716	366	2746	10631	11815	4401
2283	22299	1031	537	3057	11194	10466	—761
977	20049	741	153	1005	5813	5135	11999
2295	12302	249	54	465	3014	2217	12267
9053	167822	5606	3315	16654	100253	89541	—24046
1812	36966	931	1009	2427	19376	20346	10575
17940	165544	7538	1425	7827	126165	112698	23726
482	12221	647	332	2455	4970	4997	797
300	3150	142	4	814	1872	1730	1262
2941	38334	854	310	5328	17821	12185	—16225
4873	30000	865	429	3207	10453	7979	32300
95	986	25	18	197	452	428	916
3875	85121	4980	1059	7544	33977	30661	21529

1999 年 建 材 全 部 工 业

行　业　名　称	补贴收入	利润总额	应交所得税	应付利润	亏损企业亏损总额
建筑材料及非金属矿工业	**132623**	**372579**	**188107**	**143713**	**853282**
建筑材料及非金属矿采选业	4391	85616	18049	22085	17905
石灰石开采业	976	17279	2594	4712	1282
建筑装饰用石开采业	848	28289	5077	8982	2919
其他土砂石开采业	418	19117	3544	2312	3716
石棉采选业	1173	696	760	948	2821
云母采选业	532	238	1	0	0
石墨采选业	0	1863	428	240	1344
石膏采选业	60	4707	1394	1587	1637
宝石、玉石采选业	0	825	406	336	108
水晶采选业	0	2	0	0	0
滑石采选业	0	5231	1780	1098	885
其他类未包括的非金属矿采选业	385	7369	2066	1870	3193
建筑材料及非金属矿制品业	128232	286963	170058	121628	835377
水泥制造业	81694	－51203	70236	37503	448729
水泥制品业	3911	42645	13047	9271	36980
砼结构构件制造业	1360	24440	3800	5893	5852
石棉水泥制品业	249	3656	472	253	1851
其他水泥制品业	323	537	396	611	2066
砖瓦制造业	6244	52643	11371	16182	24286
石灰制造业	137	4674	1000	633	2496
建筑用石加工业	510	48661	7825	8309	9542
轻质建筑材料制造业	2336	9494	3356	2322	11413
防水建筑材料制造业	1795	2105	2463	2154	9294
隔热保温材料制造业	820	12427	1811	2172	4039
其他砖瓦、石灰和轻质建筑材料制造业	568	13249	2241	1359	1886
建筑用玻璃制品业	4283	－11792	10376	－4968	87290
工业技术用玻璃制造业	1568	22349	2394	4978	3544
建筑、卫生陶瓷制造业	9246	49926	20352	18251	124042
石棉制品业	307	1155	1380	621	4930
云母制品业	245	1612	180	439	1432
玻璃纤维及其制品业	2053	－3229	2922	3225	24390
玻璃钢制品业	1698	33018	5075	5673	3449
其他矿物纤维及其制品业	72	944	35	542	230
其他类未包括的非金属矿物制品业	8815	29654	9329	6205	27637

企业主要经济指标（五）

单位:万元

利税总额	本年应付工资总额	主营业务应付工资总额	本年应付福利费总额	主营业务应付福利费总额	本年应交增值税	进项税额	销项税额	全部从业人员年平均人数(人)
2034646	**2418019**	**2249793**	**300425**	**276705**	**1358094**	**2142104**	**3314689**	**3660893**
203583	213969	201379	19113	16706	70225	94106	154790	274391
40640	27080	25012	3279	2725	16567	18078	31108	40532
67350	100257	97938	4817	4448	14580	15203	27817	64997
41538	28259	25812	3148	2874	14759	19914	32203	53336
4415	8769	5835	1220	497	2711	2781	5473	19648
247	36	36	5	5	8	5	12	283
5734	6367	6137	874	785	3285	8574	11684	14342
11945	15110	14445	2144	1981	5146	7271	12014	29973
1642	979	942	124	121	313	341	654	1718
4	10	10	0	0	1	0	0	12
9787	6638	6195	901	834	3743	6307	9683	10684
20283	20463	19017	2601	2437	9113	15633	24142	38866
1831063	2204050	2048413	281312	259999	1287869	2047998	3159899	3386502
805722	1117666	1045071	145675	135350	738109	952120	1598662	1782606
145223	160281	146007	20461	18575	84869	145206	215655	195764
54813	55122	48974	8472	7041	21432	50263	68264	78133
9439	11775	11458	1718	1673	4923	10583	14367	18268
3552	3720	3537	747	730	2540	2771	4875	4305
118390	176392	163607	19218	17503	46217	58447	94640	368353
11929	13377	12549	1485	1372	5030	8657	13058	26577
88402	55659	51872	6487	5091	24707	50920	71889	86518
27659	26631	24087	3727	3472	15175	32104	46407	38567
24789	20521	19007	2832	2668	14029	32701	45055	27713
23974	14990	14240	2495	2368	9258	22654	30678	20393
22211	12236	11655	1526	1460	6992	12651	18447	15343
84616	136308	128182	16588	15655	85703	151230	231633	171527
37459	25198	24537	3772	3726	13602	39463	50980	23083
194314	216207	194687	23720	22357	123045	257133	359332	288282
8585	11319	10167	1355	1206	6384	13534	18546	20914
3182	3358	2906	380	322	1288	2732	3934	4945
13231	36004	33753	5453	5157	14601	38322	51011	57768
66355	26439	25324	4011	3836	21223	35940	53339	36380
1393	1267	1224	129	129	347	1032	1396	2261
85827	79579	75571	11061	10308	48399	129535	167735	118802

附表 2　**全国水泥、平板玻璃历年产量**

年　份	水　泥		平板玻璃	
	产量(万吨)	环比增长率(%)	产量(万重箱)	环比增长率(%)
1949	66		91	
恢复时期	676		500	
1950	141	113.6	129	41.8
1951	249	76.6	173	34.1
1952	286	14.9	198	14.5
"一·五"时期	2623		1552	
1953	388	35.7	233	17.7
1954	460	18.6	292	25.3
1955	450	−2.2	313	7.2
1956	639	42.0	284	−9.3
1957	686	7.4	430	51.4
"二·五"时期	4993		2243	
1958	930	35.6	484	12.6
1959	1277	37.3	532	9.9
1960	1565	22.6	567	6.6
1961	621	−60.3	293	−48.3
1962	600	−3.4	367	25.3
调整时期	3649		1635	
1963	806	34.3	497	35.4
1964	1209	50.0	539	8.5
1965	1634	35.2	599	11.1
"三·五"时期	9143		3605	
1966	2015	23.3	719	20.0
1967	1462	−27.4	578	−19.6
1968	1262	−13.7	573	−0.9
1969	1829	44.9	807	40.8
1970	2575	40.8	928	15.0
"四·五"时期	18771		5427	
1971	3158	22.6	1051	13.3
1972	3547	12.3	1048	−0.3
1973	3731	5.2	1042	−0.6
1974	3709	−0.6	1024	−1.7
1975	4626	24.7	1262	23.2

（续表）

年份	水泥		平板玻璃	
	产量(万吨)	环比增长率(%)	产量(万重箱)	环比增长率(%)
“五·五”时期	32135		9075	
1976	4670	1.0	1261	—0.1
1977	5565	19.2	1481	17.4
1978	6524	17.2	1784	20.5
1979	7390	13.3	2083	16.8
1980	7986	8.1	2466	18.4
“六·五”时期	55532		18634	
1981	8290	3.8	2701	9.5
1982	9520	14.8	3154	16.8
1983	10825	13.7	3647	15.6
1984	12302	13.6	4190	14.9
1985	14595	18.6	4942	17.9
“七·五”时期	98245		34806	
1986	16606	13.8	5202	5.3
1987	18625	12.2	5803	11.6
1988	21014	12.8	7293	25.7
1989	21029	0.1	8441	15.7
1990	20971	—0.3	8067	—4.4
“八·五”时期	182127		56656	
1991	25261	20.5	8712	8.0
1992	30823	22.0	9359	7.4
1993	36333	17.9	10908	16.6
1994	42119	15.9	11954	9.6
1995	47591	13.0	15723	31.5
“九·五”时期				
1996	49212	3.4	16049	2.1
1997	51276	4.2	16627	3.6
1998	52706	2.8	17292	4.0
1999	56105	9.4	17479	5.1

烟草行业

一、概况

(一) 烟草行业管理体制及机构设置

中国烟草行业实行统一领导、垂直管理、专卖专营的专卖管理体制。国家烟草专卖局（中国烟草总公司）主管全国的烟草专卖工作及统一管理和经营全国烟草行业的产供销、人财物、内外贸业务。

针对烟草行业的特殊性，党和国家于1981年决定改革烟草管理体制，实行烟草专卖制度，并分别于1982年1月和1984年1月批准成立中国烟草总公司和国家烟草专卖局。1991年6月，全国人民代表大会常务委员会审议通过了《中华人民共和国烟草专卖法》，用国家立法的形式进一步确立和强化了国家烟草专卖制度，自1992年1月1日起施行。1997年7月3日，国务院颁布了《中华人民共和国烟草专卖法实施条例》，使《烟草专卖法》更具可操作性。

根据《烟草专卖法》及其《实施条例》的规定，卷烟、雪茄烟、烟丝、复烤烟叶、烟叶、卷烟纸、滤嘴棒、烟用丝束、烟草专用机械，均属烟草专卖品。国家烟草专卖局对烟草专卖品的生产、销售、进出口贸易及对外经济技术合作业务依法实行专卖管理。中国烟草总公司及所属2000多家工商企业依法组织烟草专卖品的生产经营活动。

国家烟草专卖局和中国烟草总公司在全国省、地、县设有各级烟草专卖局和烟草公司，全系统有50多万名职工，分别从事着烟草专卖行政管理工作和烟叶种植的技术指导和收购，烟叶复烤、卷烟、雪茄烟等烟草制品的加工，烟草机械和烟用辅助材料的生产，卷烟批发，烟草行业对外贸易与合作等工作。此外，中国大约近1000万户农民从事烟叶种植，有300多万个商户从事卷烟零售业务。同时，烟草行业通过横向联合的办法，组织全国近百家其他行业的企业生产烟草机械和辅助材料。全国烟草行业坚持改革开放，加强专卖管理，推进科技进步，致力于烟草制品的高质量、低焦油、多品种，不断提高烟草行业的社会效益和经济效益。

根据1998年国务院批准的国家烟草专卖局“三定”方案，国家烟草专卖局（中国烟草总公司）现内设8个职能司室和7个直属二级公司（中心）。8个职能司室是：办公室（外事司）、发展计划司、专卖监督管理司、经济运行司、政策法规与体制改革司、财务管理与监督司（审计司）、科技教育司、人事劳动司；7个直属二级公司（中心）是：中国烟叶生产购销公司、中国卷烟销售公司、中国烟草物资公司、中国烟草机械集团有限责任公司、中国烟草进出口（集团）公司、中国烟草交易中心、中国烟草实业发展中心。

（二）烟草行业经济发展和效益情况

全国烟草行业农工商贸一体化、产供销一条龙的经营管理体制，使各个生产经营环节都在国家烟草专卖局、中国烟草总公司的统一领导和组织管理下进行，从而有效地促进了烟草行业的发展和经济效益的持续增长。

高度重视卷烟原料生产，是烟草行业历来强调抓好的一个重要基础。中国烤烟种植面积和总产量都居世界首位。1999年全国烟叶种植面积为1484万亩，收购烟叶168.1万吨。烤烟的主要产区分布在云南、贵州、四川、湖北、湖南、陕西、河南、安徽、山东、辽宁、吉林、黑龙江等20多个省区的近900个县市。此外，白肋烟、香料烟和其他晾晒烟的生产也都得到了较好的发展。通过在全国普遍推行“良种化、区域化、规范化”的生产技术措施，吸收国外先进的烟叶生产技术，使中国烟叶的质量不断得到提高，全国良种化面积达到90%以上，烟叶库存一般保持够卷烟工业1年以上的周转用量，为卷烟工业的发展和产品质量的稳定提高奠定了较好的原料基础。

全国卷烟工业在“狠抓基础，稳中求进”方针的指导下，通过大力推进技术与管理进步，使卷烟质量不断提高。1999年全国共生产卷烟3285万箱，其中滤嘴烟3199.7万箱，占总产量的97.4%。卷烟工业企业通过推行膨胀烟丝、烟草薄片、激光打孔、复合过滤嘴、高透气盘纸等新工艺、新技术、新材料，改进加香技术，进行配方改革，降低卷烟的焦油含量，不仅使烤烟型卷烟质量有明显提高，而且研制开发出一批具有国际口味的混合型卷烟和含有中草药成分、具有中国特色的新混合型卷烟。我国烟草行业的名优卷烟产品，在国内外市场上越来越受到广大消费者的欢迎。

作为卷烟工业技术装备的烟草机械及与卷烟工业相配套的辅助材料的生产，近年来得到了长足发展。通过引进消化具有国际先进水平的烟机制造技术，已经具备了先进适用烟机设备的较强的设计、制造能力。中国烟草行业在卷烟纸、铝箔纸、透明纸、金拉线、水松纸等烟用辅助材料的生产方面，质量不断提高。特别是烟用丝束的国产化水平有了较大幅度的提高。目前，国内自主开发研制的聚丙烯丝束得到了较好的推广应用并已开始出口，国内醋酸纤维丝束生产能力也已达到较高水平。

卷烟质量的不断提高和产品结构的进一步调整，极大地改善和丰富了市场供应，1999年国内共销售卷烟3245.3万箱。中国烟草行业面对全国庞大的卷烟市场，建立和健全了卷烟销售机构，形成了横竖贯通的卷烟批发网络，通过全国卷烟交易中心和遍及全国城乡的卷烟销售网络体系，把市场需要的卷烟送到每个零售网点及广大消费者手中。

根据《中华人民共和国烟草专卖法》及其《实施条例》的有关规定，国家烟草专卖局对烟草进出口业务实行专卖管理，授权中国烟草进出口总公司根据国家外贸政策，具体负责全国烟草专卖品的进出口工作。自1985年成立中国烟草进出口总公司经营进出口业务以来，进口与出口贸易不断发展，与100多个外国公司建立了贸易和合作关系，1999年烟叶出口3.21万吨，卷烟出口11.78万箱，全行业实现出口创汇3.2亿美元。

自1982年实行国家烟草专卖制度以来，烟草行业在不断改革中取得了较大发展。特别是近些年来，在卷烟产量基本没有增加的情况下，年实现税利由1981年的75亿元上升到1999年的989亿元，增长12倍多，为社会主义现代化建设做出了积极贡献。实践证明，国家对烟草行业实行专卖管理制度以及所采取的一系列政策和措施是完全正确的。

（三）烟草行业对外技术交流与合作

中国烟草行业坚持对外开放，已经与世界各国近百家烟草同行在平等互利的基础上建立了友好的贸易与合作关系。中国烟草行业学习国际烟草界的先进技术与管理经验，不断引进国外先进技术和适当进口中国需要的产品。同时，烟草行业在长期发展中也有自己的科技成果与优质产品，并越来越受到国际市场的重视与欢迎。中外烟草界的贸易与合作不断扩大，呈现出良好的发展前景。

在烟叶方面，烟草行业曾经多次并正在继续与一些著名的国际烟草公司及专家共同进行科学种植的研究与试验。中国烟叶具有质量好、品种多、货源足、选择余地大、价格适宜等特点。中国烟叶产量约占世界总产量的三分之一，内在质量和外观质量都有了很大的改进和提高，既有烤烟，也有白肋烟、香料烟和其他晾晒烟；既有主料烟，也有填充料烟。中国烟叶的出口正在不断扩大。

在卷烟方面，烟草行业为了满足来华工作和旅游人员的消费需求，每年都进口适量的外国卷烟。同时，中国烟草行业不断与国外专家进行卷烟配方及调香技术的交流，开发了一批国际流行口味的卷烟新产品。在厦门建立了中美合资的华美卷烟有限公司，在济南建立了中英合资的山东—乐富门卷烟有限公司和在上海建立了沪港合资的高扬卷烟有限公司，还在境外创办了一些合资烟厂。中国卷烟有很多在国内外市场都享有较高知名度的优质产品，特别是中国烟草界与医药卫生界联合开发的，掺有中草药提取液、百分之百烟丝的新混合型卷烟，不仅保持了卷烟的吸味风格，而且对人体健康有一定良性作用，受到国际烟草界很多有识之士的赞赏。

在烟用辅助材料方面，中外烟草界也进行了友好合作。继中美合资的南通醋酸纤维有限公司于1990年5月正式开业之后，建设于西安、昆明和珠海的醋酸纤维合资工厂相继投入运营，目前国内的醋酸纤维生产已达到年产5.8万吨。对于高强度高透气度卷烟纸、香精香料、拉线等配套产品，中外之间技术交流或合资生产也取得了积极成果。如同中国烟叶一样，中国生产的烟用辅助材料也具有质量好、品种多、货源足、价格适宜等特点，为国内外卷烟工业的发展提供了很好的服务。中国烟草行业自主开发的烟用聚丙烯丝束，不但符合食品卫生标准，而且技术先进、成本较低、使用方便，具有广阔的发展和对外贸易前景。

在烟草机械方面，中国烟草行业几乎与世界上所有著名的烟机制造公司都建立了友好合作关系。中国烟草行业通过技贸结合的方式，已经引进消化吸收了43项先进烟机制造技术，大大提高了中国烟机的生产技术水平。生产烟草专用机械门类比较齐全，有些具有当代国际先进水平。中国烟机质量可靠、技术先进、经济适用，尤其适合发展中国家卷烟工业技术改造的需要。

在对外交流方面，中外烟草界的交往正在向广度和深度发展。中国烟草总公司作为国际烟草科学研究合作中心（CORESTA）的成员，积极参加了国际烟草组织的一系列活动，不仅多次参加了在国外举办的研讨会和贸易展览会，而且在国内也成功地承办过国际烟草科学大会和举办过国际烟草展览会。中国烟草总公司多次邀请外国烟草专家来华讲学和进行技术交流，并聘请了一些专家作为顾问，中国烟草学会也吸收外国会员，与国际烟草专家、学者保持密切联系。

二、1999年烟草行业工作情况

1999年，全国烟草行业在党中央、国务院和国家经贸委的正确领导下，在有关部门和地方各级党委政府的大力支持下，认真贯彻落实中央一系列重要会议精神和中央、国务院领导同志对烟草工作的重要指示，继续坚持“狠抓基础，稳中求进”的行业工作指导思想，紧紧把握“一要规范，二要改革”的工作重点，针对烟草生产经营中面临的各种困难和问题，坚持团结拼搏，“辣手治乱”，进一步加强宏观调控，深化行业改革，整顿经济秩序，强化专卖管理，推进科技进步，大力加强社会主义精神文明建设和党风廉政建设，总体上取得了较好的成绩。

1. 烟叶生产收购实现了“控得住、稳得住”的要求，压缩库存取得明显成效。

1999年是落实朱镕基总理提出的三年压缩全国烟叶库存2000万担（100万吨）任务的第二年，是从产销失衡转向平稳发展关键的一年。为了确保圆满完成三年压库任务，促进我国烟叶生产的稳定健康发展，全行业继续认真贯彻落实国务院和国务院办公厅的两个"紧急通知"精神，围绕"控制面积、稳定规模、提高质量"的方针，做了大量艰苦细致的工作。各烟叶产区严格按国家计划和烟叶价格政策组织生产收购，把签订产购合同作为落实国家计划、调控烟叶生产的基础性工作和根本性措施认真抓好落实。据统计，本农业年度全国共签订合同566万份，绝大多数产区能够坚持按合同规定进行种植和收购，使合同制走上了规范化、法制化的轨道。同时，各烟叶产区把改进和提高烟叶质量作为工作重点，积极推行一系列先进适用的育苗、种植、管理和烘烤加工技术，加强对广大烟农的技术指导和农用物资的供应服务，使"良种化、区域化、规范化"的科学种烟措施得到了进一步落实。据统计，截至1999年12月底，本农业年度全国共收购烟叶168.1万吨（3362万担），完成年度收购计划174.9万吨（3498万担）的96.1%。其中，烤烟163.6万吨(3272万担)，完成年度收购计划165万吨（3300万担）的99.2%。到2000年6月末全国烟叶库存在上一农业年度压缩1000万担（50万吨）的基础上，可再压缩500万担(25万吨）左右。这样，就为全行业如期完成三年压库任务，也为今后烟叶生产的稳定发展打下了较好的基础。

2. 狠抓"限产压库促销保价"工作，基本上保持了卷烟产销的协调发展。

1999年是卷烟产销形势严峻而且是波动较大的一年。为了提高烟草行业经济运行的质量和效益，全行业在抓好"限产压库促销保价"工作上比以往付出了更大的努力。国家局密切关注卷烟生产经营动态和市场变化情况，及时提出了明确要求和出台了一系列调控措施。针对一季度、上半年以及年底前出现的新情况、新问题，国家局专门召开了3次电视电话或电话会议，对限产压库促销保价进行具体部署。同时，还分别召开了重点卷烟企业的厂长座谈会和销售网络建设的现场会，总结推广南通市公司、金坛县公司等单位的典型经验，讨论研究应对严峻局面的措施。在调查研究和认真分析产销形势的基础上，国家局采取核定各省卷烟销售量和省际间卷烟交易量、整顿压缩工商"双亏"牌号、推行名优卷烟最低批发限价、下达卷烟限产计划指标和库存控制指标等一系列有效措施，规范卷烟生产经营行为，制止盲目超进度生产和低价竞销，使卷烟产销形势在总体上保持了稳定和协调发展。1999年全国共生产卷烟3285万箱，比上年同期降低1.9%；共销售卷烟3245.3万箱，比上年同期降低1.2%。产销降幅大体相当，产销率为98.8%。年末，全国卷烟工商库存为344万箱，达到基本合理的水平。

3. 坚持"一要规范，二要改革"的工作重点，在规范内部经营秩序和深化行业改革方面迈出了较大步伐。

为了巩固和完善专卖专营体制，促进烟草行业的健康发展，国家局在1999年全国烟草工作会议上明确提出把"一要规范，二要改革"作为全行业的工作重点。一年来在规范和改革两个方面都做了大量工作并取得了较好成绩。国家局各部门、各专业公司在认真调查研究、总结历史经验和分析现实问题的基础上，提出和制定了一系列加强管理、规范经营的有效措施和规章制度，明确了供产销年度计划的编制程序，改进了生产经营的考核奖励办法，制定了整顿卷烟生产流通秩序的规定，出台了加强对烟叶、卷烟纸、烟草专用机械、烟用滤嘴棒及聚丙烯丝束等专卖品的专卖管理办法和其他一些规范性文件，为全行业的规范运作提供了政策依据。进口卷烟纸长期以来一直是体外循环，经过全行业一年来的整顿和规范，已基本建立起由烟草系统控制的流通渠道，不仅避免了国家税收的流失，而且每吨价格平均下降了300美元。国家局加强和改进了全国卷烟交易的管理，考核省际间交易量，严格合同履约率，清理整顿交易牌号，并实行双卡打印合同，实现交易活动的计算机控制与管理，在很大程度上规范了卷烟交易行为。

在狠抓规范经营的同时，行业改革也迈出了较大步伐。按照建立现代企业制度的要求，国家局进一步研究论证了烟草管理体制改革的方案，初步提出了企业组织结构调整的思路，组建了烟机集团公司，开展了进出口口岸公司的改制工作，批复成立了10多家按现代企业制度组建的有限责任公司，推进了建立现代企业制度和综合配套改革的试点工作。全行业认真总结和推广红塔集团跨省兼并长春烟厂和四川省局实行资产重组的经验，使企业兼并、资产重组工作取得了新的进展。新疆烟厂已加入将军集团，龙岩卷烟厂兼并了云霄卷烟厂，上海与青海加强合作，使乐都卷烟厂得以顺利关停，岫岩卷烟厂平稳实现关停，庆阳卷烟厂依法进入破产程序。所有这些，都为进一步搞好行业改革，实施大企业、大集团战略，积累了宝贵的经验。特别是卷烟流通体制的改革进一步得到积极推进并取得明显成果，全行业推广了江苏南通市公司、金坛县公司加强卷烟销售网络建设和经验，并涌现出类似南通市公司的分公司一级先进典型57个，类似金坛县公司的县级公司先进典型110个，同时，上海、深圳、大连、武汉、杭州、重庆、长沙、兰州、郑州、福州等一批大中城市的网建工作也都搞得比较好，有效地发挥了城市网建对卷烟市场的调控作用。

1999年是完成国有大中型企业三年脱困任务的关键一年。全行业通过深化改革、强化管理，推进技术进步，加强具体指导，使企业脱困工作取得了明显进展。列入1999年脱困计划的10家卷烟企业，有9家实现脱困目标。同时，烟机集团所属的4家烟机厂全部实现扭亏为盈。

4. 积极推行"科教兴烟"战略，有效地促进了烟草行业的技术与管理进步。

全行业认真贯彻落实党中央、国务院的"科教兴国"战略和关于深化教育改革与加强技术创新的两个"决定"精神，结合烟草实际，积极推进"科教兴烟"战略的实施。国家局调整充实了行业科技工作领导小组和科学技术委员会，加强了对科技教育工作的领导；采取有效措施推进了行业技术创新体系的建设，与中国科学院签订了长期合作协议，全面开展产学研联合；启动了郑州烟草研究院的异地搬迁工程，努力将郑州院建成行业的技术中心；烟机集团技术中心和烟草科研教学实验基地开始建设，部署了12家重点企业技术中心的行业认定和国家认定工作；以提高烟叶香气质和香气量为主攻方向的技术研究取得积极进展，加快了烟叶品种的更新换代以及育苗、栽培、烘烤技术的改进与提高，中外合作的技术成果得到进一步推广；低焦油卷烟和混合型卷烟的研制开发全面启动，推动了产品结构的调整，提高了卷烟产品的科技含量。上海、江苏、福建、山东、河南、湖北、湖南、广东、北京等省级局（公司）成立了低焦油、混合型卷烟开发工作领导小组，加大了人力、物力和财力的投入，上海、玉溪、北京、长沙、昆明等卷烟企业在开发新产品、改造老产品方面取得了明显成绩。全行业重视和加强教育与培训工作，1999年烟草大中专院校共输送毕业生1157人，招收新生1409人，全体职工的在职培训率保持在38%以上。根据国家关于高等院校教育体制改革的方针政策，还积极推进并顺利实施了合肥经济技术学院与中国科技大学的合并工作，为烟草行业的人才培养提供了更加广阔的发展空间。

"科教兴烟"战略的实施和降焦、降耗等工程的深入开展，促进了全行业科学管理水平的提高。行业卫星专用网站工程的建设正在加快步伐，有25个省级局已经开始进行网站建设，卷烟工业企业和卷烟销售网络的计算机管理得到普遍应用。烟草工商企业在继续狠抓各项基础管理工作的同时，注意加强质量、设备、财务、安全等专项管理，涌现了一批强化管理的先进典型。经过对155家卷烟企业1835个牌号卷烟的质量监督检查，总合格率达到99.5%，总体质量水平稳中有升，卷烟焦油量的平均值降至每支16.62毫克。

5. 坚持"内管外打"方针，进一步加大专卖执法力度并取得明显成效。

全行业在规范经营秩序中，使行业内部的专卖管理得到明显增强。通过换发批发企业许可证，国家局基本取消了烟叶产区县级公司的烟叶跨省经营权，同时系统内各单位驻云南的办事机构也进行了清理撤销，为规范"两烟"流通秩序起到了积极的促进作用。国家局通过各省级局向全国144家卷烟厂派驻了驻厂员，全体驻厂员克服困难，顶住压力，积极有效地开展工作，在制止超产瞒产行为方面取得了较好成绩。各级专卖管理机构与纪检、监察、审计和有关业务部门密切配合，对系统内发生的各种违反专卖法规的案件进行了认真查处，各种烟草专卖品的专项治理工作继续得到加强。全行业高度重视专卖队伍的建设，为一线烟草专卖行政执法人员统一配备了烟草专卖行政执法标志，有22个省级局自上而下地组建了专卖稽查队，各级专卖稽查队员18000多名，已成为一支专卖执法的骨干力量。1999年，各级专卖管理机构以打击"假私非超"四种烟、特别是以打假为重点，围绕国家局提出的"三项阶段性工作目标"，不等不靠，主动出击，对各种违法生产经营活动进行了声势浩大的、连续不断的有力打击，进一步净化了卷烟市场，维护了国家和广大消费者的利益。1999年全国共查获假烟118万件，捣毁地下烟厂和制假窝点2427个，查获制假烟机设备1677台。其中捣毁地下烟厂和制假窝点的数量比1998年增加近2倍。1999年全国尚存52个非法卷烟批发市场，到年底除西藏、沈阳等特殊情况外，其他省区市的45个非法市场已经全部取缔。由于各级烟草专卖局态度坚决，措施得当，工作过细，严防死守，使一些多年难以取缔的非法市场得到平稳关闭，还没有出现死灰复燃的问题。

据统计，全系统各级纪检监察机构共受理群众来信、来访及电话举报3742件，初步核实1139件，立案620件，结案555件（含上年度遗留案件），立案涉及人员795人，结案处分人员676人，其中地厅级干部4人，县处级干部31人，挽回经济损失2.05亿元。

通过狠抓一系列工作，全行业较好地保持了经济效益的稳定增长。1999年，全国烟草行业共实现工商税利989亿元，超额完成了年初确定的980亿元的奋斗目标。同时，在全年税收不发生新欠的情况下，又完成清缴旧欠近50亿元。烟草出口创汇工作在竞争激烈、困难较大的情况下也取得了较好成绩，全行业共实现出口创汇3.2亿美元，特别是烟叶出口创造了历史最好水平。

（国家烟草专卖局办公室）

附表1　1982～1999年全国烟草行业主要生产经营情况

项目／年度	烟叶		卷烟		实现税利（亿元人民币）
	种植（万亩）	收购（万吨）	生产（万箱）	销售（万箱）	
1982	1333	173.8	1885.2	1608.3	97.6
1983	858	100.7	1937.8	1820.4	102.5
1984	1073	142.0	2119.6	2039.2	107.0
1985	1616	177.8	2359.5	2209.0	120.6
1986	1342	119.0	2560.5	2371.1	145.0
1987	1370	131.7	2848.5	2545.6	170.0
1988	1956	206.7	3050.7	2820.4	210.0
1989	2255	200.6	3152.0	2878.5	240.0
1990	2013	191.3	3260.4	3017.2	270.0
1991	2343	227.3	3226.2	3133.7	280.0
1992	2774	248.5	3279.9	3100.4	305.0
1993	2753	239.6	3336.2	3270.8	410.0
1994	1953	146.0	3397.7	3273.9	550.0
1995	1946	170.0	3480.8	3399.4	710.0
1996	2525	258.0	3401.7	3317.8	830.0
1997	3242	329.0	3368.4	3389.5	900.0
1998	1800	152.0	3349.5	3284.8	950.0
1999	1484	168.0	3285.0	3245.3	989.0

附表2　　1999年全国烟草行业主要指标

指标名称	计量单位	1999年	1998年	1999年比1998年±%
一、工业总产值（按现行价计算）	亿元	1261.0	1244.6	1.3
其中：卷烟产值	亿元	1226.6	1206.6	1.7
二、工业增加值（按现行价计算）	亿元	841.5	853.2	－1.4
三、复烤烟叶产量	万吨	129.7	154.6	－16.1
四、卷烟产量	万箱	3287.9	3349.5	－1.8
其中：一类	万箱	353.5	366.3	－3.5
二类	万箱	652.2	581.4	12.2
三类	万箱	972.3	1193.0	－18.5
四类	万箱	1175.0	1079.8	8.8
五类	万箱	134.9	128.9	4.7
其中：滤嘴烟	万箱	3223.6	3261.0	－1.1
丙纤嘴烟	万箱	825.1	883.6	－6.6
烤烟型	万箱	3076.5	3114.0	－1.2
混合型	万箱	130.0	154.4	－15.8
其中：名优烟	万箱	747.7	1096.4	
五、雪茄烟产量	万箱	12.0	13.8	－13.0
六、二醋酸纤维丝束产量	吨	54648.0	54208.0	0.8
七、技术经济指标				
卷烟质量抽检合格率	%	98.2	97.4	0.8
卷烟成品合格率	%	99.3	99.2	0.1
每箱卷烟耗用烟叶	千克	39.5	40.2	－1.9
每箱无嘴烟耗用烟叶	千克	48.4	49.5	－2.2
每箱滤嘴烟耗用烟叶	千克	39.3	39.9	－1.6
每箱卷烟耗用盘纸	米	3322.8	3343.0	－0.6
每箱无嘴烟耗用盘纸	米	3725.0	3714.0	0.3
每箱滤嘴烟耗用盘纸	米	3314.7	3333.0	－0.5
每箱滤嘴烟耗用嘴棒	支	8508.6	8538.0	－0.3
每箱丙纤嘴烟耗用嘴棒	支	8547.0	8585.0	－0.4
万元产值耗能源（按现行价计算）	千克	106.9	110.4	－3.2
八、复烤烟叶年末生产能力	万吨	445.5	447.2	－0.4
九、卷烟年末生产能力（二班）	万箱	3788.7	3762.6	0.7
十、烟叶收购量	万吨	170.8	155.5	9.8
其中：烤烟	万吨	165.9	151.8	9.3
十一、卷烟销售量	万箱	2907.4	2762.6	5.2
十二、卷烟期末库存量	万箱	344.3	297.1	15.9
其中：工业	万箱	41.3	34.0	21.5
商业	万箱	303.0	263.1	15.2
十三、固定资产投资完成总额	万元	631612.0	792452.0	－20.3
其中：基本建设投资	万元	214345.0	185354.0	15.6
国家局安排的基本建设投资	万元	67839.0	37567.0	80.6
其中：更新改造投资	万元	417267.0	607098.0	－31.3
国家局安排的更新改造投资	万元	85777.0	119762.0	－28.4

附表3　1999年全国烟草行业主要财务指标

指标名称	计量单位	工商合计	工业	商业
产品、商品销售收入	万元	52546748	12459779	40086969
销售成本	万元	41313618	5674237	35639381
销售（经营）费用	万元	1299691	70234	1229457
销售税金及附加	万元	5507642	5333032	174610
产品、商品销售利润	万元	4425797	1382276	3043521
管理费用	万元	1767080	692607	1074473
财务费用	万元	631650	146531	485119
利润总额（补贴后）	万元	2553476	1057713	1495763
应交增值税	万元	2118031	1294707	823324
期末资产总计	万元	36762158	17103707	19658451
期末流动资产合计	万元	23381372	7927352	15454020
存货	万元	9092393	2675281	6417112
应收账款净额	万元	5598755	1350970	4247785
长期投资	万元	2702911	2024906	678005
固定资产原价合计	万元	11757290	8293805	3463485
固定资产净值	万元	8562131	5888717	2673414
期末负债合计	万元	22006228	7626189	14380039
期末流动负债合计	万元	20470535	6612967	13857568
所有者权益	万元	14757437	9477518	5279919
全部职工工资总额	万元	767149	395800	371349
全部职工平均人数	人	501844	236327	265517
经济效益综合指数	%			76.44
总资产贡献率	%		47.53	15.71
资本保值增值率	%		114.63	108.25
资产负债率	%		44.59	73.15
流动资产周转率	次		1.61	2.69
成本费用利润率	%		16.07	3.89
产销率、销售利润率	%		99.43	3.73
全员劳产率、劳动效率	元/人		356077	117669

附表 4　　1999 年全国烟草工业企业主要指标（一）

指标名称	计量单位	总计	一、在总计中：大中型企业	二、在总计中（按经济成分分类）			三、在总计中（卷烟厂、雪茄烟厂）		
				国有经济	集体经济	其他经济	合计	原计划内企业	地方企业
产品销售收入	万元	12459779	11711665	11997038	238332	224409	12129908	12024516	105392
产品销售成本	万元	5674237	5287886	5416585	121468	136185	5453157	5390980	62177
产品销售费用	万元	70234	62721	68074	719	1441	65749	62876	2873
产品销售税金及附加	万元	5333032	5070721	5222310	92756	17966	5331925	5300925	31000
其中：消费税	万元	4812953	4572185	4710960	84128	17865	4812953	4786013	26940
产品销售利润	万元	1382276	1290338	1290069	23390	68818	1279077	1269735	9342
管理费用	万元	692607	637738	661186	13962	17460	651202	643768	7434
财务费用	万元	146531	126818	137783	7468	1280	138850	131143	7707
其中：利息支出	万元	144424	124909	135973	7463	988	136868	129174	7694
利润总额（补贴前）	万元	1020121	989143	962286	5082	52754	961594	964849	—3255
利润总额（补贴后）	万元	1057713	1023244	998618	6341	52754	999187	1001138	—1951
应交增值税	万元	1294707	1219607	1251983	22394	20331	1269793	1260442	9351
销项税额	万元	2172223	2037179	2094801	39573	37849	2115629	2092626	23003
应交税金总额	万元	6627739	6290328	6474293	115150	38297	6601718	6561367	40351
已交税金总额	万元	6863346	6535349	6718762	110210	34374	6838326	6802470	35856
工业总产值（不变价）	万元	8432114	7845611	8104942	159246	167926	8166643	8077213	89430
工业总产值（现行价）	万元	12609831	11857845	12137389	233119	239323	12290514	12185393	105121
其中：卷烟产值	万元	12265849	11553117	11998751	216853	50245	12265849	12160728	105121
工业销售产值（现行价）	万元	12537550	11774935	12078860	234552	224138	12230549	12123093	107456
工业增加值（现行价）	万元	8415054	7971576	8139957	142852	132246	8267255	8220558	46697
工业中间投入合计	万元	5485343	5105876	5245274	112661	127408	5293052	5225277	67775
期末资产总计	万元	17103707	15896338	16341922	455443	306343	16553818	16237825	315993
平均资产总额	万元	16472607	15294660	15700148	473120	299339	15935709	15633923	301786
期末流动资产合计	万元	7927352	7377472	7650665	154280	122407	7676938	7490445	186493
流动资产平均余额	万元	7758430	7197887	7469852	167185	121393	7511301	7330496	180805
存货合计	万元	2675281	2442967	2606050	11034	58198	2572862	2497166	75696
其中：产成品存货	万元	153819	125565	135121	2286	16412	115861	110734	5127
应收账款净额	万元	1350970	1234597	1293274	28530	29166	1269627	1230780	38847
长期投资	万元	2024906	1991890	2007838	17067		2018250	2013786	4464
固定资产原价合计	万元	8293805	7580095	7702213	321902	269691	7921858	7797961	123897
累计折旧	万元	2405088	2217599	2228089	76899	100100	2286434	2257831	28603
其中：本年折旧	万元	523001	488431	488806	15989	18206	501620	497405	4215
固定资产净值	万元	5888717	5362496	5474124	245002	169591	5635424	5540130	95294
固定资产净值平均余额	万元	5413252	4941084	5042721	230771	139760	5207510	5119003	88507
期末负债合计	万元	7626189	6805339	7253773	319074	53343	7406590	7160827	245763
期末流动负债合计	万元	6612967	5880601	6317134	245077	50757	6421031	6202056	218975
流动负债平均余额	万元	6683071	5972253	6368844	260306	53921	6477861	6277609	200252
所有者权益	万元	9477518	9090999	9088149	136369	253000	9147228	9076998	70230
总资产贡献率	%	47.53	48.63	48.46	27.26	30.75	48.56	49.20	15.27
资本保值增值率	%	114.63	114.77	115.16	104.86	102.73	114.76	114.85	103.61
资产负债率	%	44.59	42.81	44.39	70.06	17.41	44.74	44.10	77.77
流动资产周转率	次	1.61	1.63	1.61	1.43	1.85	1.61	1.64	0.58
成本费用利润率	%	16.07	16.73	15.89	4.41	33.74	15.84	16.07	—2.43
全员劳动生产率	元/人	356077	397365	360253	182722	516988	372938	392498	38160
产品销售率	%	99.43	99.30	99.52	100.61	93.66	99.51	99.49	102.22
工业经济效益综合指数	%						110.43	112.24	44.59

1999 年全国烟草工业企业主要指标(二)

指标名称	计量单位	总计	一、在总计中:大中型企业	二、在总计中(按经济成分分类)			三、在总计中(卷烟厂、雪茄烟厂)		
				国有经济	集体经济	其他经济	合计	原计划内企业	地方企业
企业单位数	个	203	114	187	9	7	155	129	26
其中:亏损企业	个	43	19	41	2		40	26	14
卷烟产量	箱	32879002	30355019	32060931	739831	78240	32879002	32425616	453386
滤嘴烟产量	箱	32236247	29829080	31431660	726347	78240	32236247	31807198	429049
其中:丙纤嘴烟	箱	8251236	7183699	8169577	81659		8251236	7945270	305966
软盒全包装烟	箱	20583217	18871690	20171557	336924	74736	20583217	20301659	281558
硬盒翻盖烟	箱	11253526	10606458	10865368	384808	3350	11253526	11134093	119433
一类卷烟[7500 元以上]	箱	3534523	3508658	3517130	1756	15637	3534523	3530896	3627
二类卷烟[5000—7500 元]	箱	6522281	5931628	6380455	79223	62603	6522281	6499580	22701
三类卷烟[2500—5000 元]	箱	9723345	9054518	9163186	560159		9723345	9595212	128133
四类卷烟[1250—2500 元]	箱	11749699	10657961	11679063	70636		11749699	11458139	291560
五类卷烟[1250 元以下]	箱	1349154	1202254	1321097	28057		1349154	1341789	7365
烤烟型卷烟产量	箱	30765337	28541837	30010962	730260	24115	30765337	30345122	420215
混合型卷烟产量	箱	1299545	1190933	1245420		54125	1299545	1270285	29260
雪茄型卷烟产量	箱	322682	167128	314506	8176		322682	318983	3699
其他型卷烟产量	箱	491438	455121	490043	1395		491438	491226	212
雪茄烟产量	箱	120118	67831	120118			120118	120118	
工业企业卷烟销售量	箱	32801685	30254170	31981076	743554	77055	32801685	32337661	464024
其中:自销量	箱	56813	24971	44821		11992	56813	39317	17496
卷烟期末库存	箱	412704	365715	400413	1093	11198	412704	393735	18969
其中:滤嘴烟	箱	409152	363040	396978	976	11198	409152	390487	18665
烟叶期末库存	吨	2085580	1725953	2023463	55236	6881	1891973	1851720	40253
复烤烟叶产量	吨	1296769	482419	1230305	35051	31413	405374	405374	
其中:打叶复烤	吨	535674	355257	489794	14467	31413	314884	314884	
二醋酸纤维丝束产量	吨	54648	54648			54648			
丙纤丝束产量	吨	5885	5885	3213		2672			
全部职工平均人数	人	236327	200611	225951	7818	2558	221679	209442	12237
生产工人平均人数	人	131170	108539	125364	4260	1546	121637	113267	8370
全部职工工资总额	万元	395800	357386	373825	13228	8746	371661	364711	6950
卷烟质量抽检合格率	%	98.17	98.24	98.15	98.60	100.00	98.17	98.33	96.11
卷烟成品合格率	%	99.31	99.29	99.30	99.39	99.50	99.31	99.30	99.75
单箱卷烟耗烟叶	千克	39.45	39.27	39.44	40.02	38.47	39.45	39.40	42.77
单箱无嘴卷烟耗烟叶	千克	48.40	48.27	48.46	45.91		48.40	48.41	48.16
单箱滤嘴卷烟耗烟叶	千克	39.27	39.11	39.26	39.92	38.47	39.27	39.23	42.46
单箱卷烟耗盘纸	米	3323	3318	3323	3314	3232	3323	3321	3430
单箱无嘴卷烟耗盘纸	米	3725	3646	3714	4217		3725	3730	3603
单箱滤嘴卷烟耗盘纸	米	3315	3312	3315	3297	3232	3315	3313	3420
单箱滤嘴卷烟耗嘴棒	支	8509	8502	8508	8529	8474	8509	8507	8633
单箱丙纤滤嘴卷烟耗嘴棒	支	8547	8537	8546	8608		8547	8544	8634
万元产值耗能源(按现价计算)	千克	106.9	103.8	93.2	111.3	797.4	90.3	89.6	170.8
月均全员实物劳产率	箱/人						12.36	12.90	3.09
月均生产工人实物劳产率	箱/人						22.53	23.86	4.51
月人均工资	元/人	1395.66	1484.57	1378.71	1410.01	2849.26	1397.14	1451.12	473.31

附表5 1999年卷烟工业分地区经济效益综合指数及经济效益指标完成情况

地区	综合指数(%)	总资产贡献率(%)	资本保值增值率(%)	资产负债率(%)	流动资产周转率(次)	成本费用利润率(%)	全员劳动生产率(元/人)	产品销售率(%)	工业增加值(万元)	利润总额(补贴后)(万元)
全国总计	**110.43**	**48.56**	**114.76**	**44.74**	**1.61**	**15.84**	**372938**	**99.51**	**8267255**	**999186**
北京	130.78	70.08	111.45	9.06	3.08	7.09	483873	102.62	45436	2821
天津	50.18	14.29	143.25	87.26	0.65	0.97	33168	99.98	11891	300
河北	73.90	38.58	115.39	73.07	1.45	2.24	125045	100.79	106989	3358
山西	84.66	34.05	133.30	69.74	1.09	13.79	162992	99.38	29404	4186
内蒙古	63.97	23.24	114.76	60.27	0.78	3.11	98066	100.05	24732	1054
辽宁	80.81	32.55	108.27	58.64	2.07	0.64	165108	100.30	36489	352
吉林	71.58	28.66	102.15	62.17	1.54	1.63	131565	100.00	38509	776
黑龙江	58.14	19.87	103.51	57.95	0.86	−2.44	116864	98.23	49831	−2044
上海	129.11	39.54	119.41	12.87	1.50	15.30	791144	99.61	511554	55981
江苏	177.22	91.01	124.38	40.78	3.98	22.10	744632	98.41	305076	37368
浙江	174.66	74.16	136.56	42.38	2.25	27.09	999523	97.93	285464	69136
安徽	94.57	53.10	104.92	55.57	2.20	1.08	228487	100.04	302242	3272
福建	153.36	81.06	116.64	46.88	2.59	17.91	702995	101.23	258421	35915
江西	87.83	43.01	166.20	84.41	1.17	8.87	212384	101.17	98674	7370
山东	134.82	55.65	112.75	30.70	2.64	34.52	277585	100.01	349396	98047
河南	72.10	29.08	130.67	72.48	1.20	4.68	126014	99.85	293967	20368
湖北	75.07	33.09	118.62	64.59	1.32	3.80	133366	100.53	236151	12296
湖南	115.79	63.14	109.59	41.13	2.06	8.34	427139	99.72	903441	52231
广东	123.32	64.01	112.03	42.59	2.14	9.31	520438	99.83	399488	27022
广西	75.05	39.96	108.66	78.06	1.07	4.44	212925	96.88	136783	5346
海南	−46.42	−1.43	41.04	87.54	0.26	-80.96	135938	83.45	7055	−10012
深圳	184.70	67.74	116.08	24.18	1.75	22.31	1435518	100.00	57134	11281
四川	96.20	54.82	114.44	67.88	1.42	6.28	326078	100.02	277069	17096
贵州	60.49	28.69	107.53	87.88	0.75	−0.36	211804	98.96	313301	−1250
云南	171.46	51.96	113.47	24.04	1.74	39.99	1022457	99.61	2807054	518805
重庆	86.84	37.72	114.96	73.09	1.23	8.66	301447	97.88	148674	14719
陕西	99.07	55.84	116.74	61.46	2.26	7.07	186920	96.95	192397	12680
甘肃	68.44	34.48	106.92	67.19	1.09	1.41	131870	97.58	35631	635
青海										
宁夏	64.73	22.74	121.09	28.05	1.04	1.21	62492	100.00	3687	51
新疆	74.88	44.36	103.93	42.05	1.74	1.27	15437	98.25	1317	27

附表 6　卷烟工业分地区经济效益综合指数及经济效益指标完成情况表（原计划内）

地　区	综合指数（%）	总资产贡献率（%）	资本保值增值率（%）	资　产负债率（%）	流动资产周转率（次）	成本费用利润率（%）	全员劳动生产率（元/人）	产　品销售率（%）	工　业增加值（万元）	利润总额（补贴后）（万元）
全国总计	**112.24**	**49.20**	**114.85**	**44.10**	**1.64**	**16.07**	**392498**	**99.49**	**8220558**	**1001138**
北　京	130.78	70.08	111.45	9.06	3.08	7.09	483873	102.62	45436	2821
天　津	50.18	14.29	143.25	87.26	0.65	0.97	33168	99.98	11891	300
河　北	73.90	38.58	115.39	73.07	1.45	2.24	125045	100.79	106989	3358
山　西	84.66	34.05	133.30	69.74	1.09	13.79	162992	99.38	29404	4186
内蒙古	63.97	23.24	114.76	60.27	0.78	3.11	98066	100.05	24732	1054
辽　宁	80.81	32.55	108.27	58.64	2.07	0.64	165108	100.30	36489	352
吉　林	71.58	28.66	102.15	62.17	1.54	1.63	131565	100.00	38509	776
黑龙江	58.23	19.90	101.80	57.99	0.86	−2.29	120786	98.21	49571	-1899
上　海	129.11	39.54	119.41	12.87	1.50	15.30	791144	99.61	511554	55981
江　苏	177.22	91.01	124.38	40.78	3.98	22.10	744632	98.41	305076	37368
浙　江	174.66	74.16	136.56	42.38	2.25	27.09	999523	97.93	285464	69136
安　徽	94.57	53.10	104.92	55.57	2.20	1.08	558487	100.04	302242	3272
福　建	156.63	80.98	116.81	46.25	2.65	17.62	758062	101.25	255164	34487
江　西	104.44	47.85	228.22	88.80	1.19	9.30	340034	100.00	90925	6583
山　东	134.82	55.65	112.75	30.70	2.64	34.52	277585	100.01	349396	98047
河　南	72.43	29.22	130.48	72.22	1.20	4.73	128181	99.84	294123	20592
湖　北	78.43	34.56	120.12	62.20	1.37	4.52	148379	100.55	222228	13497
湖　南	119.91	65.22	109.75	39.91	2.13	8.52	470515	99.73	899766	52795
广　东	128.22	67.16	112.17	39.95	2.31	9.44	554933	99.81	395944	26981
广　西	81.34	43.97	108.83	78.22	1.15	6.13	255985	96.99	134059	7117
海　南	−46.42	−1.43	41.04	87.54	0.26	−80.96	135938	83.45	7055	−10012
深　圳	184.70	67.74	116.08	24.18	1.75	22.31	1435518	100.00	57134	11281
四　川	99.93	56.86	115.44	68.00	1.47	6.41	366196	100.00	273512	17076
贵　州	61.45	29.14	108.92	89.02	0.76	−0.37	227462	98.81	305049	−1244
云　南	171.46	51.96	113.47	24.04	1.74	39.99	1022457	99.61	2807054	518805
重　庆	86.84	37.72	114.96	73.09	1.23	8.66	301447	97.88	148674	14719
陕　西	101.76	57.30	116.67	59.55	2.35	7.28	196914	96.87	192484	12998
甘　肃	68.44	34.48	106.92	67.19	1.09	1.41	131870	97.58	35631	635
青　海										
宁　夏	64.73	22.74	121.09	28.05	1.04	1.21	62492	100.00	3687	51
新　疆	74.88	44.36	103.93	42.05	1.74	1.27	15437	98.25	1317	27

有色金属工业

有色金属是国民经济建设的重要原材料。从人们的日常生活到工业、农业、国防和高新技术产业都离不开有色金属。

我国是有色金属资源大国。钨、锑和稀土金属储量居世界首位，锡和钼储量居世界第二位，铅锌储量居世界第四位。此外，铝、钛、铌、铍和锂等储量在世界上也有重要位置。丰富的矿产资源为我国有色金属工业发展奠定了基础。

经过半个多世纪、几代职工的艰苦奋斗，我国已经成为产量连续五年位居世界第二的有色金属生产大国，已经形成了独立的、较为完善的有色金属工业体系。拥有生产能力：矿山原料（金属含量）465万吨/年，冶炼产品750万吨/年，加工材600万吨/年。1999年末，有色金属国有及年销售收入500万元以上的非国有企业总计资产2900.23亿元，资产负债率66.86%。

1999年是我国有色金属工业改革力度最大的一年，也是近几年来经济效益最好的一年。有色金属战线广大职工在国家有色金属局党组的领导下，认真贯彻党的十五大和十五届四中全会精神，以搞好国有大中型工业企业为中心，以组建三大企业集团公司为重点，以全面完成脱困任务为目标，在控制总量、调整结构、开拓市场和加强管理等方面做了大量的富有成效的工作，完成了各项任务，实现了扭亏增盈和脱困目标，全行业提前一年走出了困境。

一、企业经济效益明显好转，全行业实现扭亏为盈

1999年，全国铜、铝、铅、锌等10种常用有色金属总产量694.71万吨，同比增长13%；铜、铅、锌等6种精矿含量同比增长9.96%；氧化铝同比增长15.44%；铜、铝两种加工材分别同比增长2.52%和17.22%。在有色金属产品产量增长的同时，销售量也同步增长，产销率达99.46%，同比增长0.9个百分点。全行业国有及年销售收入500万元以上的非国有企业完成产品销售收入1792.24亿元，同比增长12.36%；实现利税总额104.89亿元，同比增长85.19%；在上年亏损12.15亿元基础上扭亏为盈，实现利润总额23.13亿元；出口创汇32.54亿美元，同比增长6.76%。有色金属产量、实现利税和出口创汇总额均创历史新高，利润总额增长是历史上较快的一年。

二、圆满完成了三大集团公司的组建工作

1999年3月14日，国务院第33次总理办公会决定原中国有色金属工业总公司（已于1998年4月解散）所属企业事业单位分别组建成立中国铝业、中国铜铅锌和中国稀有稀土三大集团公司。经过几个月筹备，三大集团公司于8月6日正式挂牌成立，并进入正常运转。三大集团公司成立后，有色金属局继续推进政企分开，先后进行了原中国有色金属工业总公司所属10个地区公司、10个本部公司、11户建设施工企业、19个科研院所的脱钩、移交和分别进入三大集团公司的工作。

三、企业改制、股票上市和资产重组又有新进展

1999年，企业的改制和股票上市工作又有较大进展。兰州铝厂、宁夏有色金属冶炼厂和宝鸡有色金属加工厂3家企业改制为股份有限公司。有研硅股、山东铝业、云南锡业和东方钽业4只股票上市共募集资金24.4亿元。有色中金公司与岭南铅锌集团公司，金海股份公司与株洲硬质合金厂和自贡硬质合金厂等企业资产重组扩股增资4.9亿元。云南锡业股份公司、东方钽业股份和金海股份公司通过转让股权，收益6700万元。企业通过改制上市，不仅开辟了新的融资渠道，更重要的是促进了经营机制的转换。

四、关闭矿山、债转股和重点项目技术改造已经展开

在国家经贸委的领导下，1999年4月矿山关闭工作正式启动。到1999年底，辽宁省境内7户资源枯竭矿山全部闭坑，企业已经销号，职工解除了劳动关系，并得到妥善安置。其余38户末期矿山的关闭工作已列入全国第三批兼并破产项目计

划，待计划下达后组织实施。

按照国务院批准的《关于实施债权转股权若干问题的意见》要求，有色金属局分三批向国家经贸委共推荐了36户国有大中型有色金属企业安排债转股，转股金额289亿元，如果全额实现，可使这些企业每年减少财务费用23.6亿元，资产负债率将从81%降到45%。1999年末，有6家企业与金融资产管理公司和银行签订了债转股框架协议，协议转股金额73.76亿元。

有色金属企业列入国家财政债券支持的重点技术改造项目前三批36项，预计总投资108亿元，共争取贴息和投资补助10亿元。36个项目中，大型铜冶炼、铅冶炼和电解铝企业环保项目16个，占总投资的69%；氧化铝节能降耗项目5个，占总投资的13%；以产顶进的深加工项目1个，占总投资的18%。1999年末，已有34个项目下达计划，其中15个通过评审。

五、企业管理进一步加强，产品成本继续下降

1999年，企业眼睛向内，强化管理，管理水平又上了一个新台阶。管理基础工作更加扎实，以责任制为核心的各项规章制度更加完善，现代管理的方法和手段进一步推广应用。常用有色金属冶炼产品质量稳定在国际先进水平，铜铝两种加工材的质量有所提高。重点企业列入考核的38项技术经济指标，有23项不同程度好于上年，其中铝锭综合交流电耗、粗铜冶炼及锌选矿回收率等13项指标创历史最好水平。据测算，通过加强管理，全年降低产品成本15.48亿元。企业安全生产平稳，在职职工因公死亡率、重伤率比上年下降，是近几年来安全生产较好的一年。

六、科技体制改革和技术进步取得新成果

根据国务院关于应用型科研院所实行企业化转制的要求，顺利地进行了25个直属院所的转制工作。除19个院所分别进入三大集团公司外，北京有色金属研究总院、北京矿冶研究院和西北有色金属研究院已转为独立的科技企业，广东有色金属研究院划归地方管理。这些院所从1999年下半年开始，已全部按新体制运行。

国家计委批复立项的6个高新技术产业化项目已取得了可喜的成果。其中“年产100吨多晶硅工业试验项目”通过鉴定，“锌铟冶炼项目”已经投产。国家经贸委批准的7个国家重点技术创新项目取得较好的成绩。其中“32万安培大型电解槽开发项目”已取得阶段性成果，“6万安培自焙槽改造项目”通过鉴定。实施中的7个国家“九五”重点攻关项目进展顺利，其中“低品位及难选氧化铜矿直接提铜新工艺”等项目已完成攻关。国防科工委和科技部安排的30个军工配套和专项项目已有重大突破。此外，还完成了国防科工委安排的116项有色金属新材料的试制任务；取得了“选矿——拜尔法生产氧化铝新工艺”和“年产20万片8英寸硅单晶抛光片”等191项科技成果；新组建了7个企业技术中心。

与此同时，行业管理、人事劳资、社会保障、审计监察、对外交流等方面也取得了明显的成绩。精神文明建设得到加强，职工队伍的整体素质有了进一步提高。

1999年的效益回升是恢复性的。大多数企业虽然由亏变盈，但仍处在盈亏的边缘，客观环境略有变化，有的就可能复亏。国有及国有控股企业虽然盈亏相抵后已经盈利，但是仍然存在亏损企业的亏损额和亏损面大、企业管理费用上升过快等问题。企业的内部管理有待进一步加强。

（吴礼春）

附表1 1999年有色金属工业总产值 单位：千元

地区	现价工业总产值	九○年不变价工业总产值
全国合计	**186678462**	**166736005**
北京	513186	517504
天津	3471541	3339386
河北	4535929	4449325
山西	6267939	5118517
内蒙古	3236873	2781621
辽宁	11708903	10616981
吉林	1431220	1307178
黑龙江	1149313	956060
上海	6777106	6528882
江苏	19179797	18712978
浙江	11295737	11651831
安徽	6252209	5368180
福建	2942251	2710571
江西	5469860	5238109
山东	6282933	4838343
河南	12904215	9956889
湖北	6025247	5038880
湖南	10182029	8132528
广东	15055899	15969400
广西	10185679	8405262
海南	43925	46295
重庆	2346219	2225609
四川	4901571	4381783
贵州	4582276	3464837
云南	9021795	7852006
陕西	3644163	3376832
甘肃	10049185	8162140
青海	4069581	3000821
宁夏	2225406	1738058
新疆	926475	849199

附表 2　1985～1999 年有色金属工业主要产品产量

产　　品	单　位	1985 年	1990 年	1995 年	1996 年	1997 年	1998 年	1999 年
十种有色金属合计	万吨	155.77	239.32	496.62	523.10	581.01	616.41	694.71
（1）铜	万吨	41.25	56.16	107.97	111.91	117.94	121.13	117.42
（2）铝	万吨	52.47	85.43	186.97	190.07	217.86	243.53	280.89
（3）铅	万吨	22.25	29.65	60.79	70.62	70.75	75.69	91.84
（4）锌	万吨	30.62	55.18	107.67	118.48	143.44	148.63	170.32
（5）镍	万吨	2.27	2.75	3.89	4.46	4.33	4.01	4.44
（6）锡	万吨	2.84	3.58	6.77	7.15	6.77	7.93	9.08
（7）锑	万吨	3.51	6.00	12.95	12.82	12.01	8.20	8.45
（8）汞	吨	1005.00	930.00	779.00	508.00	835.00	225.00	195
（9）镁	万吨	0.29	0.54	9.36	7.32	7.60	7.05	12.07
（10）钛	吨	1577.00	1913.00	1723.00	2129.00	2342.00	2246.00	1659
有色金属矿产品								
（1）铜精矿含铜量	万吨	23.98	29.59	44.52	43.91	49.55	48.68	52.01
（2）铅精矿含铅量	万吨	23.05	36.39	51.98	64.31	71.19	58.05	54.89
（3）锌精矿含锌量	万吨	39.50	76.31	101.07	112.14	120.99	127.32	147.6
（4）镍精矿含镍量	万吨	2.72	3.32	4.18	4.38	4.66	4.87	4.95
（5）锡精矿含锡量	万吨	2.98	4.22	6.19	6.96	6.75	7.01	8.01
（6）锑精矿含锑量	万吨	4.60	5.48	12.50	12.89	13.11	9.74	8.96
（7）钨精矿（折三氧化钨 65%）	万吨	4.83	6.28	5.33	5.17	4.86	4.63	3.92
（8）钼精矿（折纯钼 45%）	万吨	2.02	3.29	7.33	6.58	7.40	6.67	6.61
（9）钴精矿含钴量	吨	283.00	249.00	981.00	192.00	196.02	39.00	249
（10）铋精矿含铋量	吨	417.00	1055.00	739.00	610.00	548.00	239.00	2682
中间产品								
（1）粗铜（矿产）	万吨	28.00	35.85	53.80	61.56	78.90	83.86	83.70
（2）粗铅（矿产）	万吨	20.30	26.42	35.99	36.53	46.65	56.68	59.66
（3）氧化铝	万吨	102.50	146.40	219.94	254.62	293.61	334.00	383.74
（4）高冰镍（含量）	万吨	0.00	3.34	4.26	4.64	3.99	4.70	5.01
有色金属加工材								
（1）铜材	万吨	38.37	45.18	157.19	135.10	146.33	125.20	128.19
（2）铝材	万吨	31.00	39.38	174.23	162.01	176.12	147.15	176.55
（3）铅材	万吨	0.99	0.70	3.70	2.64	1.86	0.43	0.28
（4）锌材	万吨	4.98	4.34	12.54	3.66	3.22	1.84	2.39
（5）镍材	吨	609.00	912.00	1008.00	535.00	567.00	187.00	448
（6）锡材	吨	596.00	556.00	5502.00	1312.00	14952.00	543.00	459
（7）镁材	吨	284.00	28.00	11773.00	139.00	15.00	7.00	24
（8）镉材	吨	15.00	7.00	17.00				
（9）双金属材	吨	8018.00	11237.00	98385.00	7625.00	2756.00	2863.00	3032
（10）铜盘条	万吨	20.70	15.06	29.26	31.17	35.84	28.01	29.17
（11）铝盘条	万吨	2.77	2.26	4.10	5.29	4.09	6.23	7.62
其他常用有色金属								
（1）镉	吨	915.00	1129.00	1471.00	1567.00	1982.00	2125.00	2154
（2）铋	吨	777.00	1058.00	803.00	747.00	757.00	818.00	855
（3）钴	吨	282.00	325.00	238.00	229.00	466.00	409.00	303
（4）硅	万吨	3.03	6.12	6.74	10.73	4.53	4.83	4.69
辅助材料及其他								
（1）碳素糊类（有色企业）	万吨	23.70	42.80	65.46	63.49	70.03	68.79	73.97
（2）氟化盐	万吨	4.50	6.05	9.38	10.80	10.60	7.51	9.04
（3）选矿药剂	万吨	1.60	2.34	2.84	3.12	3.47	2.26	2.64
（4）硫精矿	万吨	310.00	347.70	406.73	462.82	462.20	366.29	347.58
（5）硫酸（有色企业）	万吨	141.70	189.20	240.35	318.65	400.48	450.94	465.20
（6）商品硫酸铜	万吨	0.92	1.07	1.07	0.91	1.01	0.99	1.05
（7）商品硫酸锌	万吨	2.78	2.45	2.77	2.63	2.26	2.59	2.29
（8）商品硫酸镍	万吨	0.06	0.17	0.49	0.18	0.17	0.16	0.17
（9）发电量（有色企业）	亿度	0.00	11.54	17.72	18.70	21.32	22.10	28.59
（10）水泥（有色企业）	万吨	165.90	169.00	199.91	180.29	193.79	237.30	262.52

附表3 1999年全国及各地区10种有色金属产量总表 单位：吨

地区	10种有色金属合计	铜产量合计	铝产量合计	铅产量合计
全国合计	**6947077**	**1174249**	**2808894**	**918396**
各省统计未包括企业	260000	120000	140000	
北京	485	125	360	
天津	25692	25494	196	
河北	65156	26	57264	504
山西	262626	20386	154065	
内蒙古	190317	4878	144997	16762
辽宁	556070	80339	99576	59834
吉林	61616	110	60278	228
黑龙江	18589	6681	11908	
上海	70500	59667	18	9020
江苏	171540	80530	32813	53268
浙江	109199	42292	49789	
安徽	245080	210335	12018	18926
福建	32001		31828	
江西	184746	157640	7636	14344
山东	103869	31839	69965	2065
河南	578075	22703	376079	136952
湖北	273183	69032	147540	55771
湖南	667871	7616	34261	193233
广东	285052	33891		67121
广西	514294	200	165811	67178
重庆	43203	3820	30038	9113
四川	139406	5787	55139	10491
贵州	345822		259059	3680
云南	645305	131221	112851	151793
陕西	97903	801	56042	15413
甘肃	564273	56334	291760	27309
青海	292425		269911	4353
宁夏	106343		106343	
新疆	36436	2502	31349	1038

（续表）

地　区	锌产量合　计	镍产量合　计	锡产量合　计	锑产量合　计	汞产量合　计	镁产量合　计	钛产量合　计
全国合计	**1703209**	**44426**	**90840**	**84475**	**195**	**120734**	**1659**
各省统计未包括企业							
北　京							
天　津			2				
河　北	5047					2315	
山　西	4187					83988	
内蒙古	22585		1095				
辽　宁	316281						40
吉　林						1000	
黑龙江							
上　海	1413		382				
江　苏	1400					3529	
浙　江	17118						
安　徽	3801						
福　建	173						
江　西			4666	460			
山　东							
河　南	17855	17		569		23900	
湖　北	719			121			
湖　南	392425		2860	37150		326	
广　东	177514		1692	4833	1		
广　西	213562		36982	30561			
重　庆	29	203					
四　川	61965	4824		1200			
贵　州	76738			3933	194	599	1619
云　南	200631		43161	5648			
陕　西	25647						
甘　肃	151035	37835					
青　海	13084					5077	
宁　夏							
新　疆		1547					

附表 4　　1999年全国及各地区有色金属工业企业主要财务指标（一）　　单位：千元

地　区	资产总计	流动资产平均余额	应收账款净额	产成品价值	固定资产净值余额	负债总计
全国合计	**290023818**	**114269410**	**26152529**	**15307185**	**123498244**	**193907605**
北　京	1312168	463682	139580	80187	365684	1008293
天　津	2731019	1456974	201880	166500	627907	1989425
河　北	6508459	2674324	887053	419024	2893917	4945801
山　西	17572594	4735988	891979	436955	8752300	11750970
内蒙古	5029527	1787425	245285	310527	2791160	3123278
辽　宁	24109337	9866615	2063463	1201263	10178402	16002616
吉　林	3230389	1055837	210031	172133	1471777	2323924
黑龙江	2555470	1407236	586407	114728	967289	1755698
上　海	8460297	4349414	943968	591111	2373231	6057264
江　苏	13930069	7461733	2375887	1078109	4621794	8899737
浙　江	9347250	4417690	1033023	446390	3570109	5671815
安　徽	9574109	3597729	657857	337290	4178613	7502027
福　建	5145729	2430408	894632	226393	2091484	3659814
江　西	13971198	5140244	900772	694616	6759006	7703042
山　东	9471558	4206402	1170874	450522	3562393	6597519
河　南	19960433	7031534	1574359	941163	9010212	13350443
湖　北	7440232	2534485	513516	338459	3413950	5343538
湖　南	12254024	4937998	792862	850713	5165960	8142036
广　东	17919723	7425919	2291936	1477593	7705442	11904029
广　西	14466287	4442737	602460	860837	7536678	10747656
海　南	48667	18397	969	2210	23614	61769
重　庆	6112787	1546117	496195	140394	2242083	6241078
四　川	8437636	2975596	695298	575901	3334662	3192394
贵　州	7918040	2907572	633581	323902	4225592	4477164
云　南	18070123	6870018	1041470	832226	6904707	11474209
陕　西	8798337	3452792	860341	415776	3250508	5300023
甘　肃	23182194	9903089	2248455	1288710	10833737	16033999
青　海	7655429	3055638	689140	168746	2970268	5959496
宁　夏	2857782	1123753	341128	145123	975782	1134629
新　疆	1952951	992064	168128	219684	699983	1553919

1999 年全国及各地区有色金属工业企业主要财务指标（二）

单位：千元

地　　区	产　　品 销售收入	产　　品 销售成本	产　　品 销售费用	销售税金 及附加	管理费用
全国合计	**179224121**	**153841530**	**3266348**	**983213**	**12218093**
北　　京	497943	430008	10897	1067	44604
天　　津	2910113	2532205	49113	11306	75659
河　　北	4253462	3796188	127689	11886	197383
山　　西	5853759	4457043	67364	54003	290751
内 蒙 古	3159489	2578426	70136	14802	252022
辽　　宁	11253992	9850458	129384	45707	767904
吉　　林	1311468	1120762	17970	5189	115428
黑 龙 江	1134605	1028064	27420	4807	84674
上　　海	6887246	6263233	80722	12129	330183
江　　苏	16935326	15141572	298643	79504	653637
浙　　江	10604739	9582844	132855	66915	310049
安　　徽	7550812	6691943	97294	16056	418559
福　　建	2835702	2396736	56049	18444	162941
江　　西	6448822	5748684	78764	25369	611372
山　　东	5956198	4979979	147113	41880	451240
河　　南	12216378	10096564	218507	91189	1157439
湖　　北	5633010	4870727	93589	34257	366564
湖　　南	10074127	8464849	228238	56457	790754
广　　东	13708111	11753129	308248	123026	776135
广　　西	9415120	7602438	177217	54299	752923
海　　南	40826	37486	2058	203	3624
重　　庆	2205472	1916426	39880	6269	136728
四　　川	4566858	3853928	99490	18954	406072
贵　　州	3962880	3317718	77969	32668	354291
云　　南	9207272	7923501	200143	47396	823628
陕　　西	3226681	2619804	58468	17674	375137
甘　　肃	10094526	8517312	164604	62325	966486
青　　海	4203930	3216025	139620	15528	274571
宁　　夏	2187868	1767865	42706	10493	182986
新　　疆	887386	1285613	24202	3411	84349

附表5　　1999年有色金属工业进出口情况

项　　目	出口数量（吨）	出口创汇额（万美元）	进口数量（吨）	进口用汇（万美元）
合　计		**313152.77**		**642239.41**
一、有色金属矿山产品		6834.65		63886.12
其中：铜精矿	54	1.06	1250148	47436.43
铅精矿	22906	286.19	169669	2991.23
锌精矿	233150	3349.21	44003	835.44
镍精矿			79	0.98
锡精矿				
锑精矿	20	3.61	144	4.75
钨精矿	80	14.59		
钼精矿	9300	2982.19	15680	3130.96
钛精矿	12144	125.60	15540	141.34
钽铌精矿	129	39.77	4344	3386.74
锆精矿	330	32.43	130688	4975.31
钴精矿			7573	982.94
其他精矿				
二、有色金属冶炼产品		236951.06		218105.09
1. 十种有色金属	1598768	192410.62	1086978	151799.91
铜及铜合金	99814	15659.75	417727	66076.55
铝及铝合金	206602	27319.18	534004	67574.85
铅及铅合金	468368	24274.11	15774	659.53
锌及锌合金	527142	53905.02	107438	10763.04
镍及镍合金	14455	6909.68	4498	4047.63
锡及锡合金	64583	31448.24	3788	1488.50
锑	84017	9272.99	2580	549.22
汞				
镁	133464	23430.88	309	68.75
钛	323	190.77	860	571.84
2. 中间产品		6972.07		57893.97
粗铜	3495	612.45	129960	22326.75
氧化铝	14406	523.87	1623186	33791.18
氢氧化铝	35225	724.36	9605	420.60
氧化锌	68499	5109.63	10752	1134.09
氧化镍	24	1.76	634	221.35
3. 稀有金属		35007.59		4444.42
钨及钨制品	1629	2427.54	172	1106.54
氧化钨	9348	4499.06		
钨酸	1627	497.37		1.06
仲钨酸铵	10507	4418.02	5	2.79
钼及钼制品	65	183.04	148	317.25
氧化钼	7976	2537.61	166	80.53
钼酸铵	1367	648.25	1	0.68
稀土金属	8293	6387.41	162	626.67
锆	62	49.11	807	80.74
钽铌	164	3230.45	244	1208.25
稀散金属				
锂化合物	2796	766.26	3725	648.50
锗				

（续表）

	出口数量（吨）	出口创汇额（万美元）	进口数量（吨）	进口用汇（万美元）
其他	36676	9363.47	463	371.41
4. 其他常用金属		2560.78		3966.79
钴及钴制品	361	974.04	1446	3711.85
铋	2694	1584.60	95	25.39
镉	12	2.14	870	229.55
三、有色金属加工材		66241.56		284225.68
其中：铜材	94490	31478.64	631411	158513.51
铝材	94436	21644.43	426439	105778.01
铅材	1615	117.45	5730	371.14
锌材	12525	1535.09	43418	5120.50
镍材	529	376.70	6876	5862.84
锡材	9217	4321.38	14567	4799.26
镁材	1922	371.74	213	170.66
钛材	1058	2316.95	1401	2345.60
稀有加工材		4079.18		1264.16
钨材	317	270.23	139	555.78
钼材	965	1136.22	41	167.21
钽材	75	2354.35	13	252.18
锆材及制品	32	318.38	81	288.99
四、废杂金属		3125.50		76022.52
铜	11162	1591.28	1701391	47699.48
铝	6910	700.31	399268	26875.75
铅	1060	15.47		
锌	5955	265.22	42127	1427.95
镍	861	298.71	138	13.78
锡	20	0.22		0.02
镁	1634	253.39	21	2.32
锑				
钛	17	0.90	8	3.22

附表 6　　1999 年全国及各地区有色金属工业能源消耗

	电　力（万千瓦小时）	煤　炭（吨）	焦　炭（吨）	燃料油（吨）	柴　油（吨）	汽　油（吨）	天然气（万立方米）	其他燃料（吨）
全国合计	**5429738**	**11929658**	**1608877**	**426000**	**152260**	**51932**	**6238**	**660775**
北　京	3831	6916	226		932	151		
天　津	3971	18123	794	4103	107	154		
河　北	77252	58993	30739	5516	1510	636		22
山　西	269890	2036455	78598	48	7455	2785		
内蒙古	259219	138019	26786	76	2195	1914		63853
辽　宁	293795	1040397	116701	28236	7464	3314	557	23210
吉　林	114823	63150	987		745	652		196
黑龙江	45526	94802	24074	180	1015	996	10	
上　海	17307	26900	1144	7466	3442	928		1903
江　苏	52202	51518	33133	20400	5396	1511		
浙　江	53089	37855	16256	3820	7295	934		9763
安　徽	97539	101097	74654	39685	3858	1466		5110
福　建	107008	7291		6005	8324	256		14727
江　西	166682	218865	7717	24100	26067	3330	1791	3
山　东	200089	1375130	79039	60656	5722	1547		33591
河　南	385234	1927187	56140	92896	5217	2130		6547
湖　北	240922	91134	5570	7528	5852	1944		17
湖　南	203816	360200	309100	4225	3488	3219		3017
广　东	64127	586638	374653	11001	11505	2524		3990
广　西	345297	959427	66051		9413	1994		66288
海　南	1520		290		176	10		
重　庆	72315	9392	520		4536	515	3278	7
四　川	90386	59245	19352	28	1208	1523	602	15975
贵　州	445479	667958	58502	57415	3459	1537		391314
云　南	361475	405476	125766	3	9279	6232		5969
陕　西	135064	133813	5530	1210	6541	1824		90
甘　肃	652143	1135416	75463	47426	6125	5169		15111
青　海	437792	209242	4151		1147	1187		72
宁　夏	168166	19940	61	1037	434	412		
新　疆	63779	89079	16880	2940	2353	1138		

交通运输和邮电通信业

1999年交通运输和邮电通信继续稳定增长。交通运输和邮电通信业完成增加值4460亿元，比上年增长9.3%。交通运输方面1999年全社会各种运输方式完成客运量139.4亿人，比上年增长1.14%；旅客周转量11299.7亿人公里，比上年增长6.23%。完成货运量129.3亿吨，比上年增长2.01%；货物周转量40496亿吨公里，比上年增长6.44%。邮电业务总量完成3311亿元，比上年增长32.1%。全年新增局用交换机2300万门，总容量已达到1.6亿门。全国电话普及率达到13部/百人，比上年增加2.5部，其中城市电话普及率达到28.4部/百人，农村79.8%的行政村通了电话。移动电话用户达到3.5部/百人。全国计算机互联网络用户达到890万户。

一、交通运输业情况分析

1999年，交通运输行业针对运输市场货源不足、客流不旺的状况，以市场为导向，调整产品结构，加强市场营销，优化运输组织，大力开拓货源和吸引客源，保持了运输生产平稳发展的良好态势。全年各种运输方式完成货物运输周转量40496亿吨公里，比上年增长6.44%。其中，铁路12838亿吨公里，增长2.57%；公路5724亿吨公里，增长4.39%；水运21263亿吨公里，增长9.57%；民航42.30亿吨公里，增长26.46%。完成旅客运输周转量11299.7亿人公里，比上年增长6.23%。其中，铁路4135.9亿人公里，增长9.61%；公路6199.2亿人公里，增长4.31%；水运107.3亿人公里，下降10.78%；民航857.3亿人公里，增长7.13%。沿海主要港口完成货物吞吐量10.51亿吨，比上年增长14%。其中，外贸货物吞吐量3.88亿吨，增长13.77%。

（一）1999年交通运输市场特点

1. 货运市场启稳回升。1999年，受宏观经济环境的影响，大宗物资生产受到严格的总量控制，对运输生产影响较大。交通运输部门千方百计强化营销，最大限度地争取货源，使主要大宗货物运量仍有不同程度增长。

2. 外贸运输止跌回升。外贸形势的好转，有力地促进了外贸运输量增加。我国沿海主要港口完成外贸货物吞吐量3.9亿吨，同比增长13.77%。

3. 旅游客运发展迅猛。1999年9月，国务院颁布了《全国年节及纪念日放假办法》，节假日的增加和延长带动了旅游业的发展，给旅游客运业带来了可观的收益。

（二）各种运输方式情况分析

1. 铁路运输。1999年，铁路完成客运量10.02亿人（含合资铁路和地方铁路），旅客周转量4135.9亿人公里，分别比上年增长5.34%和9.61%；完成货运量16.72亿吨，货物周转量12838亿吨公里，分别比上年增长1.9%和2.57%。

1999年铁路运输呈现以下特点：

(1) 铁路客运保持较强的竞争力，货运止跌回升。铁路客运，全年完成客运量10.02亿人（含合资铁路和地方铁路），占全社会客运量的7.19%，比重增加0.2个百分点，比上年增长5.34%，增幅比全社会客运量的1.14%高出4.2个百分点。铁路货运止跌回升，货运量和货物周转量分别比上年增长1.9%和2.57%。

(2) 国有铁路稳定增长，提前扭亏。1999年全路完成客运量9.77亿人，比上年增加4734万人，增长5.09%，旅客收入332亿元，增加40.7亿元，增长13.97%；货运量15.7亿吨，增加3673万吨，增长2.4%，货运收入522.4亿元，增加19.7亿元，增长3.91%；实现利润27.2亿元，比上年增加26.9亿元，增长105倍。

(3) 合资铁路成效显著。1999年全国合资铁路营业里程达4696公里，比上年增加777公里，增长19.84%；完成客运量1911万人，增长30.49%；完成货运量3019万吨，增长6.34%。

(4) 地方铁路继续亏损。1999年地方铁路完成客运量528万人，比上年减少101万人，下降16.12%；货运量7296万吨，减少739万吨，下降9.2%；旅客周转量和货物周转量也分别为4.4亿人公里和37.60亿吨公里，分别较上年下降12.18%和25.87%；运输收入8.64亿元，下降18.32%，亏损1.77亿元。

2. 公路运输。1999年，在国家采取积极的财政政策拉动内需，刺激国民经济高速增长，公路运输能力进一步增强，运输量又有增长。1999年，全国公路运输完成客运量126.9亿人，比上年增长0.93%；旅客周转量6199.2亿人公里，比上年增长4.31%；货运量99.04亿吨，比上年增长1.48%；货物周转量5724亿吨公里，比上年增长4.39%。

1999年公路运输呈现以下特点：

(1) 道路运输场站增加，设施水平有了很大提高。1999年，全国已有青岛、宁波等六个汽车客运站通过了ISO9002国际质量体系认证。1999年投入使用的各类货运场站比1998年增加45个，可以提供货物的配载、集疏运、仓储、分拣和物流服务等，有的已经使用计算机进行场站作业管理。

(2) 快速运输蓬勃发展。随着公路通车条件的改善，快速运输进一步发展，全国已有快运公司30多家。交通部还组织开展了快速货运试点工作，促进了快速货运的进一步发展。

(3) 物流业稳步发展。随着对外开放的进一步扩大，外资流通企业逐步进入我国，客观上增大了对物流服务的需求，涌现了一批服务水平较高的中外合资物流企业，从而带动了国内物流业的发展。一些省市开始以公路主枢纽为基础规划和建设物流中心，为物流企业的发展提供良好的环境和便利条件。北京、上海、沈阳等地的物流中心先后进入建设和运作阶段。

3. 水路运输。1999年全社会水路客运量共完成1.92亿人，旅客周转量107.3亿人公里，分别比1998年下降6.79%和10.78%；货运量11.46亿吨，货物周转量21263亿吨公里，分别比上年增长4.61%和9.57%。沿海主要港口拥有码头泊位1392个，其中万吨级490个，分别比上年增加71个和22个，完成货物吞吐量10.52亿吨，其中外贸货物3.88亿吨，分别比上年增长14.01%和13.77%；内河主要港口拥有码头泊位7826个，其中万吨级52个，分别比上年减少667个和5个，完成货物吞吐量3.99亿吨，其中外贸货物0.38亿吨，分别比上年增长2.68%和29.53%。

1999年水路运输呈现以下特点：

(1) 水上货运整体呈现较快的增长趋势。尽管内河货运仍然低迷，仅增长2.68%，但国内外经济形势的好转特别是我国对外贸易的迅速增长，占外贸货物运输总量近85%的海运增长较快，带动了水上货运走出1998年的低谷，总体呈现较快的增长趋势。

(2) 水上客运量总体下降趋势难以扭转。水路客运量和旅客周转量分别比1998年下降6.79%和10.78%，但降幅开始减小。

(3) 沿海港口生产实现新突破。1999年沿海主要港口完成货物吞吐量首次超越10亿吨，达到10.52亿吨；外贸吞吐量扭转了1998年的下降局面，并出现了较大幅度的增长。

4. 民用航空。1999年航空运输共完成总周转量106亿吨公里，比上年增长14.13%；完成客运量6094万人，旅客周转量857.3亿人公里，分别增长5.89%和7.13%；完成货运量170万吨，货物周转量42.30亿吨，分别增长21.34%和26.46%。

5. 管道运输。1999年我国输油（气）管道里程为24887公里，比上年增加了1824公里。其中，输油管道12508公里，增加了1250公里；输气管道12378公里，增加了573公里。完成输油量1.89亿吨，输油周转量59.7亿吨公里；输气量128.58亿立方米，输气周转量31.41亿立方米公里。

（三）交通运输业发展建议

1. 加强和改善宏观调控，促进交通建设平稳发展。调整投资结构，在继续建设交通主干线的同时，加大支线及联络线的建设，以发挥主干线的作用。严格按照基本建设程序办事，防止出现重复建设，造成能力闲置。

2. 交通系统应加快运输企业向规模化、集约化方向发展步伐，进行多种形式的改组和资产重组，发挥规模效益。铁路系统应深入落实资产经营责任制，转变职能，牢固树立为市场主体服务的思想，扩大铁路局货运营销权。要运用经济手段优化运力配置，根据市场变化，加强车流调整，优化运用车分布。民航系统应实行政企脱钩，对航空公司进行结构调整。主要应由市场机制来推进航空公司的结构调整。

3. 加强运输的组织协调。铁路运输应抓好口岸和鲜活易腐货物的运输，加快发展集装箱运输。水路运输要重点抓好大宗物资和外贸货物运输的组织、监督和协调。公路运输要发挥优势，进一步提高市场组织化程度。

二、1999年邮政通信业情况分析

（一）邮政

1999年，以国家邮政局独立运行为标志，中国邮政进入了新的发展时期，中国邮政较好地适应了国民经济发展和社会各方面对邮政多层次的需求，国家邮政通信网整体实力增强，通信服务水平和服务质量进一步提高，邮政业务保持了持续、平稳的发展，总体运行情况良好。人均劳动生产率6.67万元，增长31%。全行业实现减亏63%。

1. 邮政业务持续、平稳地发展。全年完成邮政业务总量198.4亿元，比上年同期增长19.3%，邮政业务发展开始呈现出中部地区增长速度略高于东部地区的趋势。全年中部地区业务量增长21.3%，东部地区增长20.4%，中部地区业务收入增长33.4%，东部地区增长29.7%。邮递类业务有了较大的发展，年末邮递类业务扭转了年初以来持续下滑的趋势，实现了正增长。全年邮递类业务量比上年同期增长了1.6%，业务收入增长了14.8%；邮政金融类业务量比上年同期增长了18.4%，业务收入增长了48.1%；集邮业务增长了0.6%，业务收入增长8.8%。

邮递类业务中，函件完成60.5亿件，比上年下降7.6%。包件完成9741.8万件，比上年增长0.2%。特快专递业务快速增长，全年达到9091.3万件，比上年同期增长了18.6%。报刊期发数达2.5亿件，比上年同期增长8.9%。

1999年，集邮部门开发了建国50周年、澳门回归、世纪更始等题材的邮品，丰富了集邮品种，全年完成集邮业务量52.2亿枚，比上年增长0.6%。

2. 邮政网络发展迅速，邮政运输能力增强。1999年7个一级中心局和天津、重庆、乌鲁木齐、西宁、长沙、海口等6个二级中心局的业务功能和管理体制调整基本到位，成立了网路指挥调度中心，调整了干线运输体制和邮件的分拣封发关系，进行了北京—广州、北京—西安集装箱运输试点。基本建成7个区域快速网，实现了7个一级中心局与周边90个城市特快专递邮件的“次日递”。同时，在不降低服务水平的前提下，将业务量不大、效益不高的局所撤并或改为委代办，在经济发达、人口稠密的地区增设网点，使网点布局、结构更趋合理。全国已有一级中心局7个，二级中心局63个，三级中心局166个。邮路22133条，其中快速邮路已达到458条。全年新增邮路长度13万公里，邮路及农村投递路线总长度达到632.7万公里，比上年同期增长1.8%，其中汽车邮路达98.9万公里，铁路邮路达19.0万公里，航空邮路达156.97万公里，分别比上年增长6.29%、0.21%和5.88%。

1999年，邮政部门初步建成了集服务、生产、管理、决策功能于一体的邮政综合计算机网，进一步提高了邮政网络技术层次，不仅为现有的邮政业务提供了有力的支撑，还为今后开办电子信息业务奠定了基础。

3. 邮政业务覆盖全国大部分地区。1999年邮政通信服务水平和服务质量得到明显的提高和改善，各种业务已覆盖全国大部分地区，农村邮政通信服务取得新的进展。全国邮政局所已达到66649处，其中设在农村的局所50284处，提供邮政全功能服务的局所27712处，电子化局所14793处。邮政信筒信箱232674个，邮政储蓄点34027处。

（二）电信

1999年是中国电信发展史上具有里程碑意义的一年，中国电信体制继邮、电分营之后，对电信业进行了更深层次的改革和重组。全国移动通信、卫星通信从固定通信中分离出来，分别实现了专业化独立运营。国家加大对联通公司的扶持力度，将全国寻呼业务成建制划入联通公司。国家还批准成立了中国网络通信公司，并在部分城市开展宽带因特网实验。一批从事增值电信和信息服务业务的企业也快速成长。

1999年，我国电信业继续保持快速增长的势头，全年电信业务总量完成3132.4亿元，比上年增长38.3%。其中中央国有业务总量2368.4亿元，增长17.9%，地方国有业务总量199.2亿元，增长13.4%。到1999年底，固定电话用户总数加上移动电话用户，全国城乡电话用户总数达到1.52亿户，全国电话普及率达到每百人13部，增长23.46%；移动电话普及率达到每百人3.5部，增长85.19%；通电话的行政村比重达到77.9%。

1999年电信行业的特点：

1. 通信能力继续增长。1999年，我国继续重视通信能力的建设，通信能力继续保持增长态势。局用交换机总容量达到1.53亿门，新增1522万门，比上年增长11.01%。其中，中央国有达到1.11亿门，增长11.48%，地方国有达到4252万门，增长9.81%；长途自动交换机达到503.2万路端，增长12.03%；长话业务电路总数增加72.3万路，达到229.94万路，增长45.86%。

2. 电信业务进一步发展。

(1) 电信业务总量继续增长。虽然3月份和10月份分别大幅度降低了固定电话初装费和部分电信业务的资费，但电信业务总量仍比上年增长了38.3%。

(2) 固定电话业务快速发展。1999年，我国的固定电话用户新增2129.5万户，突破1亿户，达到1.09亿户，比1998年增长24.4%。固定电话普及率达到13部/百人，比上年提高2.5部/百人。其中，住宅电话增长26.7%；农村电话成为固定电话发展的重要力量，1999年，全国农话用户总数达到3408.4万户，增长37.3%，占全国固定电话用户总数的比重由1990年的21.4%上升到31.4%，其中的住宅用户的比重达到86.5%；全国行政村通电话的比重达77.9%，乡镇通电话的比重达97.7%。另外，公用电话事业持续快速发展，1999年底达297.4万户，增长14.6%。

(3) 移动通信、国际互联网通信等新型通信业务发展迅速。移动电话用户保持迅猛发展的势头，成为电信业新的增长点。1999年，移动电话用户数达到4329.6万户，新增移动电话用户1943.3万户，比上年增长81.4%，移动电话普及率达到3.5部/百人，增加1.89部/百人。1999年底无线寻呼用户达到4647.4万户，增长19.6%。国际互联网用户增加233.8万户，达到301.5万户，增长345.4%。

3. 电信行业的改革力度加大。

(1) 对中国电信进行重组。将原中国电信一拆为四，分别组建固定网络、移动电话、无线寻呼、卫星通讯等企业集团。电信重组有利于优化资源配置，加快技术进步，提高效率和服务质量，将使我国电信业在国内、国际市场竞争中不断发展壮大。

(2) 大力扶持联通公司。将全国最大的国信寻呼整体划归联通公司，原在北京、上海、广州、西安运行的长城CDMA网亦整体并入联通，增强了联通的实力。

(3) 成立了网通公司。由中国科学院、国家广播电影电视局、铁道部和上海市政府四家出资成立了网通公司，主要从事互联网协议主干服务和集成数据服务。

(4) 电信资费调整。1999年3月，全国电信资费进行了大范围、大幅度的调整，资费总体水平下降。降低了因特网、国内出租电路、国际和港澳电话资费、长途电话附加费及电话初装费、移动电话入网费，取消了本地网电话附加费。

（三）存在的问题

1. 国际竞争力仍很低，难以应付日益激烈的国际竞争。与国外的电信巨头相比，我国电信营运业存在着明显不足，难于应付国际电信服务企业的竞争。一方面国际同行的实力相当强大，另一方面，我国电信业由于长期的垄断，养成了经营管理粗放、服务质量差、竞争意识弱的习惯。一旦我国开放电信服务市场，国际电信巨头必将对我国的电信经营企业造成很大的冲击。

2. 我国的电信运营业的垄断局面并未打破。尽管我国对电信业进行了重组，并组建了几个大的企业集团，促进了电信行业的竞争，但是这只是业务上的划分，电信市场的竞争局面短期内不能形成，不利于电信服务业的发展。

3. 电信资费仍然偏高。尽管我国电信两次大幅度降低了电信资费，但是目前的电信资费仍然偏高。

（四）对策与建议

1. 进一步打破垄断，建立公平有效的竞争格局。

近几年，我国通过中国电信重组，成立联通、网通两个公司，打破了中国电信独家垄断的局面，但是尚未形成竞争格局。因此，要对增值电信和信息服务业进一步放松管制，培育有一定规模的信息服务企业；尽快出台电信法，完善市场准入制度，限制不正当竞争行为，形成公平、充分的市场竞争格局。

2. 继续降低资费，促进需求增长和新兴电信业务发展。

1999年，电话初装费、手机入网费的大幅度下降带来了用户的高速发展，同时也保证了电信总业务的增长。因此，应进一步降低直至取消电话初装费和手机入网费；降低市内用户中继线租费；逐步取消手机双向收费等。

3. 努力开拓农村电信市场。

1999年全国农村电话增长率为37.3%，远高于城市电话19.2%的增长率。随着启动农村消费市场政策的到位，农村电话特别是中西部农村对电话的需求将继续保持较高增速。因此，应加强农村电信网络建设，在广大农村地区采取不同的资费政策，大力发展农村增值电信业务。

（周敏）

附表 1　1996～1999 年全国交通运输业基本情况

指　　标	1996 年	1997 年	1998 年	1999 年
运输线路长度（万公里）				
国家铁路营业里程	5.67	5.76	5.76	5.79
#电气化里程	1.01	1.20	1.30	1.40
公路	118.58	122.64	127.85	135.17
内河	11.08	10.98	11.03	11.65
民航	116.65	142.50	150.58	152.22
#国际航线	38.63	50.44	50.44	52.33
管道	1.93	2.04	2.31	2.49
客运量总计　（万人）	1244722.00	1326094.00	1378717.00	1394413.00
铁路	94162.00	93308.00	95085.00	100164.00
国家	93550.00	91919.00	92991.00	97725.00
地方	612.00	659.00	629.00	528.00
合资		730.00	1465.00	1911.00
公路	1122110.00	1204583.00	1257332.00	1269004.00
水运	22895.00	22573.00	20545.00	19151.00
民用航空	5555.00	5630.00	5755.00	6094.00
旅客周转量总计（亿人公里）	9143.00	10055.48	10636.70	11299.70
铁路	3325.00	3584.90	3773.40	4135.90
国家	3322.00	3544.00	3691.00	4046.30
地方	3.36	4.72	5.01	4.40
合资		36.61	77.40	85.30
公路	4909.00	5541.00	5943.00	6199.20
水运	161.00	156.00	120.00	107.00
民用航空	748.00	774.00	800.00	857.00
货运量总计　（万吨）	1296200.00	1278087.00	1267200.00	1292650.00
铁路	168803.00	172019.00	164082.00	167196.00
国家	161678.00	161880.00	153208.00	156881.00
地方	7125.00	7854.00	8035.00	7296.00
合资		2285.00	2839.00	3019.00
公路	983860.00	976536.00	976004.00	990444.00
水运	127430.00	113406.00	109555.00	114608.00
民用航空	115.00	124.70	140.10	170.00
管道	15992.00	16002.00	17419.00	20232.00
货物周转量总计（亿吨公里）	36454.00	38368.00	38045.80	40495.60
铁路	12971.00	13253.00	12517.00	12838.00
国家	12922.00	13046.00	12261.00	12578.00
地方	49.00	51.00	51.00	38.00
合资		156.22	204.83	222.92
公路	5011.00	5272.00	5483.00	5724.00
水运	17863.00	19235.00	19406.00	21263.00
民用航空	24.90	29.10	33.50	42.30
管道	585.00	579.00	606.00	628.00
民用汽车拥有量　（万辆）	1100.08	1219.09	1319.30	1452.90
#载客汽车辆数（万辆）	488.02	580.56	654.83	740.23
载客汽车客位（万客位）	6191.82	7269.93	7621.47	9239.81
载货汽车辆数（万辆）	575.03	601.23	627.89	676.95
#普通载货汽车	558.16	582.45	609.31	655.74
载货汽车吨位（万吨）	2280.62	2287.51	2408.94	2730.42
#普通载货汽车	2167.10	2167.87	2280.74	2581.87
其他机动车（万辆）	1773.13	2214.83	2770.72	3456.96
#公路部门营运汽车（万辆）	28.81	29.89	31.88	501.77
#私人汽车拥有量（万辆）	289.67	358.36	423.65	533.88
民用运输船舶拥有量（艘）				
机动船	269879.00	215814.00	212093.00	194590.00
驳船	56128.00	49983.00	48115.00	47453.00
帆船	4946.00	6059.00	3368.00	
#私人运输船舶拥有量（艘）				
机动船	157370.00	147415.00	127130.00	113359.00
驳船	6533.00	9944.00	7290.00	7262.00
帆船	4556.00	3217.00	2934.00	
沿海主要港口货物吞吐量（万吨）	85152.00	90822.00	92237.00	105162.00

注：从 1999 年起，公路部门营运汽车统计口径变为全社会营运汽车。

附表 2　**历年客运量**　单位：万人

年份	客运量总计	铁路	国家	地方	合资	公路	水运	民用航空
1952	24518	16352	16352			4559	3605	2
1957	63821	31262	31262			23772	8780	7
1962	122154	75003	74067	936		30737	16397	17
1965	96334	41245	40708	537		43693	11369	27
1970	130056	52455	51646	809		61812	15767	22
1975	192969	70465	69648	817		101350	21015	139
1978	253993	81491	80729	762		149229	23042	231
1980	341785	92204	91246	958		222799	26439	343
1985	620206	112110	110913	1197		476486	30863	747
1986	688212	108579	107358	1221		544259	34377	997
1987	746422	112479	111414	1065		593682	38951	1310
1988	809592	122645	121595	1050		650473	35032	1442
1989	791376	113807	112798	1009		644508	31778	1283
1990	772682	95712	94888	824		648085	27225	1660
1991	806048	95080	94208	872		682681	26109	2178
1992	860855	99693	98788	905		731774	26502	2886
1993	996634	105458	104580	878		860719	27074	3383
1994	1092883	108738	108009	729		953940	26165	4038
1995	1172596	102745	102081	664		1040810	23924	5117
1996	1244722	94162	93550	612		1122110	22895	5555
1997	1326094	93308	91919	659	730	1204583	22573	5630
1998	1378717	95085	92991	629	1465	125733	20545	5755
1999	1394413	100164	97725	528	1911	1269004	19151	6094

附表 3　**历年旅客周转量**　单位：亿人公里

年份	旅客周转量总计	铁路	国家	地方	合资	公路	水运	民用航空
1952	248	200.64	200.64			22.64	24.50	0.24
1957	496	361.30	361.30			88.07	46.38	0.80
1962	1085	859.01	857.26	1.75		141.46	83.92	1.17
1965	697	478.99	477.81	1.18		168.20	47.37	2.48
1970	1031	718.19	715.94	2.25		240.06	71.01	1.79
1975	1435	954.09	952.59	1.50		374.48	90.59	15.39
1978	1743	1093.22	1090.81	2.41		521.30	100.63	27.91
1980	2281	1383.16	1380.37	2.79		729.50	129.12	39.56
1985	4437	2416.14	2412.51	3.63		1724.88	178.65	116.72
1986	4897	2586.71	2583.11	3.60		1981.74	182.06	146.31
1987	5411	2843.06	2840.00	3.06		2190.43	195.92	182.05
1988	6209	3260.31	3257.31	3.01		2528.24	203.92	216.95
1989	6075	3037.41	3034.38	3.04		2662.11	188.27	186.79
1990	5628	2612.63	2610.10	2.53		2620.32	164.91	230.48
1991	6178	2828.10	2824.84	3.21		2871.74	177.20	301.32
1992	6949	3152.24	3148.29	3.95		3192.64	198.35	406.12
1993	7858	3483.30	3479.38	3.92		3700.70	196.45	477.60
1994	8591	3636.05	3632.81	3.23		4220.30	183.50	551.58
1995	9002	3545.70	3542.61	3.09		4603.10	171.80	681.30
1996	9143	3325.37	3322.01	3.36		4908.79	160.57	747.84
1997	10055	3584.86	3543.53	4.72	36.61	5541.40	155.70	773.52
1998	10636	3773.42	3690.97	5.01	77.44	5942.81	120.27	800.24
1999	11300	4135.93	4046.26	4.40	85.27	6199.20	107.30	857.30

附表 4　　**历年货运量**　　单位：万吨

年　　份	货运量总计	铁路	国家	地方	合资	公路	水运	民用航空	管道输油（气）量
1952	31516	13217	13217			13158	5141	0.2	
1957	80365	27421	27421			37505	15438	0.8	
1962	85521	35261	34598	663		32794	17464	1.8	
1965	121083	49100	48358	742		48987	22993	2.7	
1970	150359	68132	66552	1580		56779	25444	3.7	
1975	202478	88955	86746	2209		72499	34987	4.7	6032
1978	248946	110119	107492	2627		85182	43292	6.4	10347
1980	546537	111279	108584	2695		382048	42676	8.9	10525
1985	745763	130709	127516	3193		538062	63322	19.5	13650
1986	853557	135635	132219	3416		620113	82962	22.4	14825
1987	948229	140653	136949	3704		711424	80979	29.9	15143
1988	982195	144948	140553	4395		732315	89281	32.8	15618
1989	988435	151489	146804	4685		733781	87493	31.0	15641
1990	970602	150681	146209	4472		724040	80094	37.0	15750
1991	985793	152893	147898	4995		733907	83370	45.2	15578
1992	1045899	157627	152317	5310		780941	92490	57.5	14783
1993	1115771	162663	156660	6003		840256	97938	69.4	14845
1994	1180273	163093	157155	5938		894914	107091	82.9	15092
1995	1234810	165855	159346	6509		940387	113194	101.1	15274
1996	1296200	168803	161678	7125		983860	127430	115.0	15992
1997	1278087	172019	161880	7854	2285	976536	113406	124.7	16002
1998	1267200	164082	153208	8035	2839	976004	109555	140.1	17419
1999	1292650	167196	156881	7296	3019	990444	114608	170.0	20232

附表 5　　**历年货物周转量**　　单位：亿吨公里

年　　份	货物周转量总计	铁路	国家	地方	合资	公路	水运	民用航空	管道输油（气）量
1952	762	601.60	601.60			14.49	145.75	0.02	
1957	1810	1345.90	1345.90			47.98	415.58	0.08	
1962	2236	1721.08	1719.08	2.00		62.13	452.59	0.15	
1965	3464	2698.69	2696.39	2.30		95.06	670.24	0.25	
1970	4566	3495.97	3491.35	4.62		138.05	931.34	0.35	
1975	7296	4255.65	4246.14	9.51		202.65	2574.67	0.60	262
1978	9829	5345.19	5333.46	11.73		274.14	3779.16	0.97	430
1980	12026	5716.87	5707.32	9.55		764.00	5052.76	1.41	491
1985	18365	8125.66	8111.60	14.06		1903.20	7729.30	4.15	603
1986	20148	8764.78	8750.09	14.69		2117.99	8647.87	4.81	612
1987	22228	9471.49	9455.65	15.84		2660.39	9465.06	6.50	625
1988	23825	9877.59	9860.19	17.40		3220.39	10070.38	7.30	650
1989	25591	10394.18	10372.95	21.23		3374.80	11186.80	6.90	629
1990	26207	10622.38	10601.20	21.18		3358.10	11591.90	8.20	627
1991	27986	10972.00	10948.07	23.93		3428.00	12955.40	10.10	621
1992	29218	11575.55	11548.51	27.04		3755.39	13256.20	13.42	617
1993	30510	11954.64	11923.42	31.22		4070.50	13860.80	16.61	608
1994	33261	12457.50	12426.20	31.44		4486.30	15686.60	18.59	612
1995	35730	12870.25	12836.01	34.24		4694.90	17552.20	22.30	590
1996	36454	12970.46	12921.85	48.61		5011.20	17862.50	24.93	585
1997	38368	13253.30	13046.41	50.67	156.22	5271.50	19235.00	29.10	579
1998	38046	12517.07	12261.52	50.72	204.83	5483.38	19405.80	33.45	606
1999	40496	12838.40	12577.91	37.57	222.92	5724.30	21263.00	42.30	628

注：从 1979 年起，公路运输包括社会车辆完成数量，从 1984 年起，还包括私营运输完成的数量。

附表 6 1978～1999 年邮电业务量

年份	邮电业务总量（亿元）			函件（亿件）	特快专递（万件）	报刊期发数（万份）
		邮政业务总量	电信业务总量			
1978	11.65			28.35		11250
1980	13.34			33.13		16431
1985	29.60			46.78		30172
1986	32.86			49.59		28731
1987	38.84			54.79		31005
1988	54.00			59.77	153.0	27443
1989	64.81			57.28	247.3	17704
1990	81.65			54.87	343.3	20078
1991	204.38	52.75	151.63	52.11	566.7	23277
1992	290.94	63.67	226.57	57.18	959.2	25104
1993	462.71	80.26	382.45	68.70	2156.2	25511
1994	688.19	95.89	592.30	76.50	4019.5	24096
1995	988.85	113.34	875.51	79.55	5562.7	21689
1996	1342.04	133.29	1208.75	78.68	7096.6	21157
1997	1773.29	144.34	1628.95	68.35	6878.9	21875
1998	2431.21	166.28	2264.94	65.51	7667.7	22989
1999	3330.82	198.44	3132.38	60.52	9090.9	25035

（续表）

年份	集邮业务（万枚）	长途电话（万次）	无线寻呼用户（万户）	移动电话用户（万户）	电子信箱用户（户）	国际互联网络用户（户）
1978		18574				
1980		21404				
1985		38254				
1986		42303				
1987		51525	3.09			
1988		64617	9.72	0.32		
1989		78462	23.73	0.98		
1990	71233	116292	43.70	1.83		
1991	123523	172921	87.38	4.75		
1992	167303	287380	222.02	17.69		
1993	210885	506853	561.40	63.93		
1994	236849	757639	1033.00	156.78	2329	
1995	239250	1013966	1739.15	362.94	6068	7213
1996	303436	1273951	2536.20	685.28	10107	35652
1997	451729	1554026	3254.61	1323.29	15246	160157
1998	502850	1825941	3908.16	2386.29	20959	676755
1999	522475	1782532	4674.47	4329.60	19855	3014518

注：国际互联网络用户为中国电信 INTERNET 拨号用户和专线用户合计数。

附表 8　　1996～1999 年邮电通信水平

指　　　标	1996 年	1997 年	1998 年	1999 年
全国邮电通信水平				
平均每人每年发函件数　（件）	6.62	5.56	5.27	4.90
平均每百人每年订报刊数　（份）	17.60	17.69	18.42	20.00
平均每百人拥有电话机部数（部）	6.33	8.11	10.53	13.00
农村邮电通信水平				
设有邮电局、所的乡(镇)比重(%)	78.2	78.7	77.6	79.4
通电话的乡(镇)比重　(%)	95.7	89.2	92.9	97.7
进入长话自动网的乡(镇)比重(%)	71.2	81.7	87.5	

中国经济贸易年鉴

第四篇

各省、市、自治区经济贸易发展概况

中国区域经济发展分析

中国是一个人口大国，国土大国，受自然条件、历史基础的影响，社会经济发展很不平衡。本章以统计数据为基础，分别从省级区域、六大经济区、三大地带等不同层次，透视各级区域的地域发展的总体特点。

中国各省级区域发展分析

（一）经济发展水平和类型

全国1999年人均GDP是6534元，以此为基础将31个省级区域分成低收入地区（人均GDP低于全国平均数的75%）、下中等收入地区（人均GDP介于全国平均数的75%～100%）、上中等收入地区（人均GDP相当于全国平均数的100%～150%）和高收入地区（人均GDP大于全国平均数的150%），并将其与改革开放以来典型年份进行对比，所得结果如表1所示。

表1 1978～1999年中国各省区经济发展水平分组

分组	1978	1985	1995	1999
低收入地区	8 贵州、云南、四川、广西、福建、河南、江西、安徽	8 贵州、云南、四川、广西、河南、江西、陕西、甘肃	13 贵州、云南、四川、西藏、河南、江西、安徽、湖南、陕西、甘肃、山西、宁夏、青海	13 贵州、云南、四川、重庆、西藏、江西、安徽、陕西、广西、甘肃、山西、宁夏、青海
下中等收入地区	11 湖南、湖北、广东、陕西、甘肃、山西、宁夏、新疆、河北、山东、内蒙古	10 安徽、福建、湖南、湖北、山西、宁夏、河北、青海、海南、内蒙古	5 湖北、河北、广西、吉林、内蒙古	6 内蒙古、河南、湖南、新疆、海南、吉林
上中等收入地区	4 吉林、江苏、青海、浙江	8 西藏、广东、新疆、山东、吉林、江苏、浙江、黑龙江	5 福建、新疆、山东、海南、黑龙江	4 河北、湖北、山东、黑龙江
高收入地区	5 天津、北京、上海、辽宁、黑龙江	4 天津、北京、上海、辽宁	7 天津、北京、上海、辽宁、广东、江苏、浙江	8 天津、北京、上海、辽宁、广东、江苏、浙江、福建
全国平均	375元	814元	4767元	6534元

注：本表数字来源：《中国统计年鉴》，2000，陆大道等主编：《1999中国区域发展报告》，商务印书馆，2000年，第7页。左上角数字是该组省区数。

20年来，相对地位变化最大的是福建，由低收入地区一跃而成为高收入地区；其次是广东，由下中等收入地区上升为高收入地区，青海由上中等收入地区下降为低收入地区；京、津、沪、辽等一直是高收入省份，但辽宁的位次已跌至浙、粤、苏之后；黔、滇、川、桂一直是低收入省份。总的说来，南方省份、东部省份地位相对上升，东北三省地位相对下降，西北、西南仍然是经济发展水平最低的地区。

从各组所包含的省区数量看，改革开放初低收入组包括8个省份，扣除重庆新增省区外，1999年低收入组包括12个省份，增加了4个省份；而同期高收入组所包括的省份由5个变成了8个，也在增多。说明这20年来，我国省级区域经济发展水平向两极分化。

（二）现代化进程

现代化表现在很多方面，目前比较流行的现代化水平测量方法是用10个最能反映现代化特征的指标对一个国家或地区进行综合测定，见表2。世界1999年平均现代化指数是101%，中国为82%，在120个人口在百万以上的国家中居第66位。中国的差距主要是收入水平和大学生入学率较低，城市化和第三产业也较落后。美国现代化水平最高，指数达278%。

表2　现代化指标及我国的整体情况

项　目	现代化标准	我国目前情况
人均GDP（美元）	＞3000	772.0
非农产业占GDP比重（%）	＞85	82.0
第三产业占GDP比重（%）	＞45	33.0
城市人口占总人口比重（%）	＞50	33.0
非农业就业人口占就业人口比重（%）	＞70	47.8
大学生占20～24岁年龄人口比重（%）	＞12.5	4.0
人口净增长率	＜1	1.1
人口平均预期寿命（岁）	＞70	71.0
平均多少人拥有一个医生（人）	＜1000	620.0
成人识字率（%）	＞80	83.0

资料来源：数字中国——我国现代化水平居世界第66位，北京青年报，2000年5月11日，第33版。

采用上述指标和公式Xi＝99×Ci/A＋1（其中Xi为i省区该项指标的得分，A为现代化标准，Ci为i省区该项指标的值，逆指标需作相应处理）评级各省区的现代化进程，所得结果如表3所示。

现代化水平最高的是上海182分，北京和天津也在100分以上。最低的为西藏不足47分，贵州得分也低于50。最高的上海与最低的西藏相比得分相差近4倍。

从整体来看，各省区的得分都比较高的指标是人口自然增长率、人均拥有的医生数及受过基础教育的人口比重。除少数西部省区外，人口自然增长率都低于现代化标准的1%，反映了我国计划生育工作卓有成效；另外，大多数地区人均拥有的医生数都高于1名医生服务1000人的现代化标准，这主要是中国“医生”的含义和国外不完全相同；受过基础教育的人口比重这项指标，除西藏特别低之外，其他省区都接近或超过80%的现代化标准，充分体现了九年制义务教育普及的成果。其余的5项指标则是大多数省区都低于现代化标准，其中大多数省区得分很低的指标项，即影响现代化水平的主要方面是人均GDP、受过高等教育的人口比重及城市化率。由于统计口径的原因，现有的统计资料中市镇人口并未包括在城市长期定居并且从事非农产业但没有城镇户口的那部分人，导致城市化水平比实际值偏低。按照通常的估计，如果把这部分人口计入，会使城镇化率上升7～10个百分点。但是，即使如此，很多省区的城市化水平距标准50%以上仍有很大差距。

根据综合得分＞100、100～74、74～60、60～50、＜50，将中国各省区按其现代化程度可分为5个等级类别：

第一等级：上海、北京和天津，基本实现现代化地区

这三个老直辖市无疑是目前中国发展水平最高的地区，上海的现代化水平得分为197分，列全国首位，而北京的得分也有160分。上海的各项指标都已超过现代化的标准，已经跨入了现代化的门槛。而北京人均GDP为2391美元，虽然在国内属于发展程度较好的，但仍低于现代化标准的人均3000美元。值得一提的是北京受过高等教育的人口比重为19%，为全国最高，也远远高于现代化标准的10%。天津虽然发展程度略逊于上海和北京，但也达到了100分以上，就是说，从整体水平的综合来看，已经初步达到了现代化的最低标准。天津有两项指标未达到现代化标准：人均GDP仅为1924美元，与标准还有较大差距；而受过高等教育的人口比重仅为7.9%，这也是它与上海和北京最大的差距所在。

第二等级：辽宁、吉林、黑龙江、江苏、新疆、广东、浙江七个省区，得分明显低于前一个等级，只有受过基础教育的人口比例、每千人拥有的医生数及人口自然增长率等三项指标达到或超过现代化标准。新疆的人口自然增长率为11.8%，超过标准1.8%，这是由于民族地区没有那么严格的人口控制政策。与现代化标准差距最大的两项指标则是人均GDP及高等教育水平，而这两项指标也是影响我国实现现代化的主要限制因素。这一等级中的吉林和黑龙江两省得分比较高的指标项是受过高等教育的人口比重、城市化水平及人均拥有的医生

数。广东、浙江人均GDP很高，但社会结构和教育方面得分不高。除吉林、黑龙江和新疆外，这一等级的区域如能迅速提高社会结构，8～10年可望实现现代化。

第三等级：山西、内蒙古、湖北、福建、山东、河北、海南、陕西、青海、湖南、宁夏、重庆、江西。这一等级包含的省区最多，因而内部差异也比较大。这一等级的区域大多数省区仅有受过基础教育的人口比重、人均拥有的医生数和人口自然增长率等三项指标达到或略有超过现代化标准，第三产业占GDP的比重得分多在80左右，非农就业比重得分多在60～70分，即非农就业人口比重为45～50%，与现代化标准还有很大的差距。这些地区发展的最薄弱环节也就是影响现代化水平的最关键因素是人均GDP、高等教育水平及城市化率，这几项得分多在50分以下，甚至30分左右，表明这些地区要实现现代化，还有很长的路要走，至少需要15年。

第四等级：四川、甘肃、广西、河南、安徽、云南。这一等级都是中西部省区，各方面发展水平都很低。除个别省区的基础教育、人均医生数和人口自然增长率等项指标达到现代化标准外，其他各项指标得分都非常低，特别是人均GDP都在600美元以下，受过高等教育的人口比重都在2.5%以下，城市化率均低于20%，与现代化的标准相去甚远。

第五等级：贵州、西藏。这两个省份基本上还没有脱离温饱水平，工业文明还相差很远，实现现代化还须较长时间。

表3 我国各地区现代化进程评价

	人均GDP得分	非农产值得分	第三产业比重得分	非农就业比重得分	基础教育状况得分	高等教育状况得分	城市化水平得分	预期寿命得分	医生数得分	人口自然增长率得分	总分
权重	0.22	0.05	0.12	0.09	0.12	0.13	0.10	0.05	0.08	0.04	1.00
上海	123.71	115.16	110.20	123.14	114.15	110.55	145.98	109.66	291.72	1354.79	181.82
北京	79.70	112.79	127.41	125.86	116.94	191.30	134.10	107.26	373.91	420.30	153.02
天津	64.16	111.76	102.24	114.86	114.96	79.03	115.06	107.20	281.54	246.15	114.46
辽宁	40.51	102.94	87.86	89.14	116.03	57.38	91.10	103.93	194.20	228.58	91.83
吉林	25.47	87.93	76.45	72.43	116.49	49.27	86.26	101.00	176.82	168.45	79.47
黑龙江	30.76	102.31	71.51	73.86	112.79	37.06	90.50	99.38	163.50	172.52	78.34
江苏	42.83	102.28	80.09	82.14	104.01	40.17	53.76	104.70	127.55	219.12	77.78
新疆	25.98	90.71	83.55	60.71	112.79	73.31	70.56	94.36	180.38	88.15	77.41
广东	47.10	103.41	83.45	84.00	113.46	36.84	62.38	105.33	112.79	102.09	74.99
浙江	48.34	103.75	75.81	84.86	105.38	24.76	40.80	105.26	118.44	193.66	73.93
山西	18.98	105.10	86.44	77.14	113.58	38.16	51.86	101.97	184.14	102.61	73.32
内蒙古	21.49	85.98	71.81	64.86	104.45	37.99	67.62	97.92	173.58	131.76	70.72
湖北	26.16	97.73	75.81	73.00	106.28	31.38	55.04	99.39	138.09	169.16	70.36
福建	43.36	96.84	88.51	73.57	101.93	22.59	39.70	100.78	96.50	168.92	69.26
山东	34.83	98.91	79.34	67.29	99.81	16.68	51.76	103.82	124.96	178.86	68.85
河北	27.84	96.93	73.91	73.43	110.73	28.22	37.26	103.58	119.44	139.47	66.34
陕西	16.47	96.53	86.37	61.43	102.14	33.04	43.62	100.41	132.67	149.78	65.86
青海	18.72	97.66	93.19	55.86	86.85	39.87	56.72	90.60	156.86	76.48	65.76
海南	25.63	73.86	94.25	55.71	106.78	36.59	50.76	101.40	118.11	86.70	65.22

（续表）

	人均GDP得分	非农产值得分	第三产业比重得分	非农就业比重得分	基础教育状况得分	高等教育状况得分	城市化水平得分	预期寿命得分	医生数得分	人口自然增长率得分	总分
宁夏	17.96	94.32	83.56	59.14	95.85	32.41	56.74	100.01	147.33	84.94	64.63
湖南	20.50	90.23	83.55	56.57	111.09	27.45	38.40	99.25	99.51	184.56	64.07
重庆	19.38	95.10	88.76	59.29	106.56	22.76	40.14	100.71	104.07	175.00	64.06
江西	18.72	89.91	83.82	64.00	108.56	24.39	43.62	98.49	101.63	105.92	61.20
四川	17.88	87.95	72.68	55.29	104.04	19.45	35.12	98.76	105.26	138.68	58.42
甘肃	14.73	93.57	75.58	58.71	92.95	26.18	37.32	100.58	110.11	108.96	57.83
河南	19.65	88.89	67.12	52.00	104.61	18.96	35.08	102.86	90.55	125.24	56.38
广西	16.66	84.40	79.98	49.43	109.56	8.59	34.90	101.74	95.48	121.37	56.17
安徽	18.90	87.79	67.89	56.29	99.65	16.18	37.46	102.56	83.37	114.83	54.96
云南	17.88	91.60	74.06	37.43	94.58	11.95	29.24	94.54	104.96	89.06	52.34
贵州	9.94	83.30	72.06	39.29	94.43	22.58	28.50	95.90	86.25	74.87	49.40
西藏	17.12	79.77	99.78	34.43	42.28	0.91	27.70	88.26	117.19	68.29	46.88

注：预期寿命(重庆此数据是推算的)是根据1995年各省区数据和全国1999年平均预期寿命推得的；人均GDP折算美元的汇率按8.3算。

资料来源：中国科学院可持续发展研究组，《中国可持续发展报告1999》，科学出版社，1999；国家统计局，《中国改革开放17年》，1996；《中国统计年鉴1999》，《中国统计年鉴2000》。

（三）可持续发展评价

区域可持续发展能力是区域资源供给能力、环境支撑能力、经济发展能力、社会支持能力和智力决策能力的综合体现。根据有关数据，我们用主成分分析的方法测算了各省区的可持续发展能力指数，所得结果如表4所示。

表4　**我国各地区可持续发展能力评价**

	生存保障能力	发展支持能力	环境支撑能力	社会支持能力	智力支持能力	可持续发展能力指数
北京	56.6	62.6	42.3	90.2	72.1	61.00
天津	52.5	51.9	51.1	75.2	51.1	53.92
河北	46.4	36.8	48.3	47.4	40.7	46.22
山西	30.6	28.6	39.1	48.4	38.2	33.37
内蒙古	35.3	25.4	48.0	44.3	36.4	35.48
辽宁	44.9	39.5	45.7	63.0	52.1	46.27
吉林	43.4	31.9	52.6	57.7	46.8	42.82
黑龙江	44.7	34.3	54.0	55.6	45.8	44.40
上海	63.3	78.7	52.1	86.4	69.0	70.00
江苏	53.0	53.3	51.8	58.1	50.1	55.66
浙江	56.1	48.4	57.5	57.5	43.0	55.46
安徽	43.3	33.3	52.4	40.8	40.3	43.58

（续表）

	生存保障能　　力	发展支持能　　力	环境支撑能　　力	社会支持能　　力	智力支持能　　力	可持续发展能力指数
福　建	57.0	47.4	53.8	42.8	41.1	56.48
江　西	47.2	29.0	50.7	40.6	40.4	44.80
山　东	49.0	44.9	48.5	49.7	47.6	50.88
河　南	44.0	33.9	53.4	40.3	37.5	43.94
湖　北	43.8	30.8	50.2	43.2	44.8	43.48
湖　南	51.3	30.7	56.6	40.3	42.5	48.17
广　东	54.0	56.1	55.3	51.0	52.0	57.80
广　西	45.7	32.3	53.8	32.4	39.1	45.23
海　南	45.2	42.0	61.6	37.6	35.7	47.11
重　庆	38.0	30.0	41.0	41.0	47.0	39.92
四　川	40.1	27.1	42.2	40.3	46.5	40.38
贵　州	34.0	21.3	48.0	25.6	35.2	34.51
云　南	39.7	32.8	49.8	25.2	38.8	41.99
西　藏	40.7	16.4	62.3	7.1	16.8	36.56
陕　西	32.6	27.8	45.8	38.5	44.0	35.66
甘　肃	26.4	22.1	45.2	29.6	38.5	30.00
青　海	31.7	21.9	48.0	29.6	29.6	32.37
宁　夏	27.4	24.4	39.6	34.0	36.1	30.78
新　疆	39.4	28.4	52.0	40.2	36.2	39.23

资料来源：根据中国科学院可持续发展研究组的《中国可持续发展报告1999》（科学出版社，1999）计算。

可持续发展能力最强的是三个老直辖市，广东、江苏、浙江等也名列前茅。西部地区、尤其是西北地区，可持续发展能力较差，甘肃、宁夏、青海倒数一、二、三名。可持续发展的主要限制因素，首先是资源供给保障，其次是发展支持能力，即资本投入水平。

六大经济区总体状况分析

六大经济区的划分如下：东北地区：辽宁、吉林、黑龙江；华北：北京、天津、河北、山西、内蒙古；华东：上海、江苏、浙江、福建、江西、安徽、山东；中南：广东、广西、海南、湖北、湖南、河南；西南：重庆、四川、贵州、云南、西藏；西北：陕西、甘肃、宁夏、新疆、青海。这样划分的区域，基本上是方位区域，但区内的自然条件，特别是气候、水文、土壤、植被等，有较大的相似性。六大区域基本情况如表5所示。

表5　　**六大经济区基本情况表**

项　目	总人口（万人）	面积（万平方公里）	GDP（亿元）	财政收入（亿元）	工业产值（亿元）	商贸业产值（亿元）	出口额（万美元）	外商直接投资（万美元）	接待海外旅游人数（万人）
东　北	10621	79	8739	551	3748	971	1017579	168121	105.79
华　北	14396	147	10969	813	4319	992	2072811	523711	372.18
华　东	35829	77	33182	1902	14046	3460	7448708	1701175	631.74
中　南	34602	100	22650	1520	8922	2249	8360271	1486708	1097.87
西　南	19783	231	8065	540	2760	761	310746	77469	186.61
西　北	8988	297	4068	269	1284	360	282972	36298	102.52

总量不说明问题，因为人口基数不一样。为此，我们计算了各指标的人均情况，如表6所示。

表6 六大经济区人均情况对比 单位：元/人，美元/人，%

	人均GDP	城镇居民可支配收入	农民人均纯收入	科技人员比重	人均出口额	外贸依存度（%）	人均外商直接投资	人均旅游外汇收入	人均全社会固定资产投资	工业化程度（%）	开发强度
东北	8228	4680	2328	3.53	102	32.90	15.83	4.68	2233	42.89	3320
华北	7619	6074	2326	3.47	122	66.55	36.38	20.78	3017	39.37	2205
华东	9261	6740	2840	2.41	212	67.33	47.48	9.77	2992	42.33	59988
中南	6546	6033	2392	2.07	245	98.47	42.97	11.51	2035	39.39	15947
西南	4076	5617	1643	1.85	16	11.21	3.92	3.21	1405	34.22	420
西北	4526	4834	1445	2.67	31	17.11	4.04	4.46	1908	31.55	79
全国	6534	5854	2210	3.09	151	31.51	32.02	9.54	2371	40.01	2840

从表中数字可以看出，东北地区工业化程度最高，人均GDP不低（仅次于华东），农民人均纯收入最低，城镇居民可支配收入也很低，说明东北仍然是国家重要的工业基地，但国有经济比例很大，经济效益差，人民生活水平不高。像改革开放前一样，东北地区仍然在为国家的工业化和现代化做着贡献，这也可以从科技人员比重（东北第一）得到说明。

华东地区的经济发展水平和居民收入水平都是最高，工业化进程也很快，特别是长江三角洲，一直是全国的经济重心所在。

中南地区和华北地区内部经济发展很不平衡，华北地区虽然有京、津、唐等全国最著名、最发达的城市，但山西、内蒙和河北的广大地区基础很差，水平很低；中南地区尽管有广州、深圳、武汉等中心城市的带动，但湘西、鄂西、粤北地区，以及海南的广大地区，经济发展速度不快，水平不高，使整个地区的平均状况不如华东，人均GDP甚至不如东北地区。当然，这两个地区的人均收入水平远高于东北。除农民人均纯收入外，西南地区各项指标都是最差的；西北经济发展较慢，但科技人员比例却很高，甚至高出华东地区。可见，过去沿海支援边疆，为西北大开发储备了一些人才。当然，这些人才中年龄结构是偏老的。

从外向性的角度看，中南地区，特别是华南地区外向性最大，人均出口额、外贸依存度等各项指标，几乎都名列第一；华东地区次之；最差的地区是西南地区。

从开发强度（单位面积固定资产投资额×单位面积所创造的GDP）的方面看，全国是极不平衡的，最高的是华东地区，其次是中南地区；最差的是西北地区和西南地区，最高地区是最低地区的700多倍，这是人口密度和经济密度共同作用的结果。

三大地带经济增长差异的系统分析

三大地带的划分如下：东部地带，也是沿海地带，包括辽宁、河北、北京、天津、山东、上海、江苏、浙江、福建、广东、海南、广西12个省区；中部地带包括：山西、内蒙古、吉林、黑龙江、安徽、江西、河南、湖北、湖南9个省区；西部地带：西北和西南，即陕西、甘肃、青海、宁夏、新疆、重庆、四川、贵州、云南、西藏10个省区。西部大开发中的西部包括西北、西南全部和内蒙古、广西两自治区，以及湖南的湘西和湖北的鄂西。因受统计口径的限制，湘西和鄂西放在中部地带。

中国三大地带经济发展的差距是客观存在的，但是，考虑到中国城乡差异的特殊性，笔者认为，以人均GDP作为衡量标准来进行国际比较不甚确切。本文以统计数据为基础，在考察了三大地带农民人均纯收入和城市居民可支配收入差异的基础上，对1980～1999年20年间三大地带经济不平衡发展作了系统的分析，得出了一些有意义的结论。

（一）三大地带之间差距的特点

新中国成立以来，中国的沿海和内地、东中西三大地带之间的差距经历了缩小——扩大的过程。从50年代到70年代末，内地一直是全国投资建设的重点。“一五”时期内地建设投资比例为55.9%，694个大型项目中，472个摆在内地，“二五”时期内地建设投资的比例为59.4%，“三五”时期达到70.6%，“五五”仍高达54.2%。投资倾斜的结果使沿海和内地的差距一度缩小。1952～1978年，东部工业产值占全国的比重下降了8个百分点，中部和西部上升了4.5和3.5个百分点；东部农业下降了2.7个百分点，西部上升了2.1个百分点，中部略有上升。1952年人均国民收入东部为西部的2.19倍，1978年为1.95倍，表明地区差距已有所缩小。改革开放以后，一度缩小的东中西差距又有了扩大，见图1。东部、中部对西部的比值都在增加，但东部西部增加得更快些，东部人均GDP已接近西部的2.4倍。

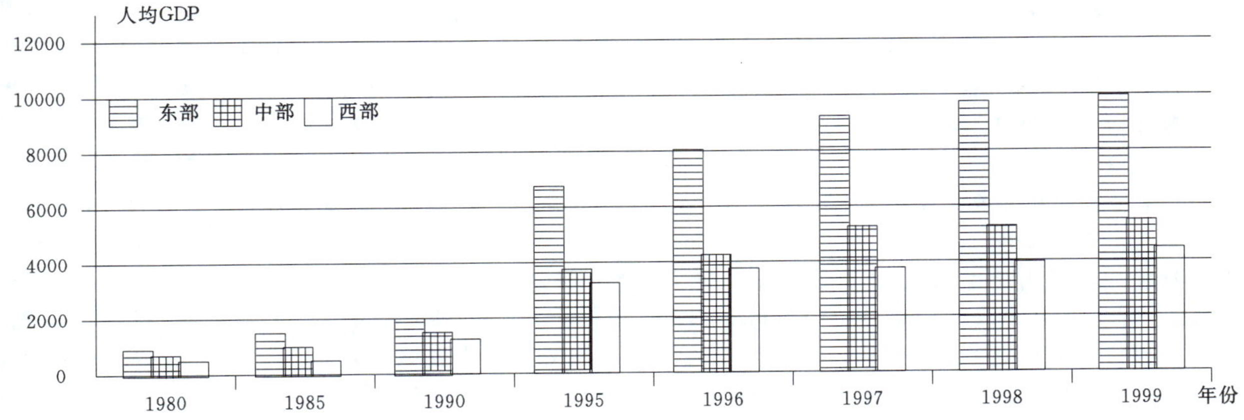

图1　东中西三大经济地带人均GDP(元/人)的变化

中国城乡之间存在着明显的差异，1999年全国城市人均可支配收入是农民人均纯收入的2.65倍。由于三大地带城市化水平的不同，为了避免城乡差异对三大地带差异分析的干扰，我们进一步分别考察农民人均纯收入和城市居民可支配收入的差别，计算结果见表7。

从表7中我们看到，用农民人均纯收入和城市居民可支配收入所揭示的三大地带的差距，远比用GDP所描述的差距小：农民人均纯收入，东部高出西部不到90%，高出中部不到50%；城市居民可支配收入东部比西部高出1/3，比中部高出不到50%；城市居民可支配收入西部高于中部。可见，中国三大地带的差异，在很大程度上是城市化水平的差异，三大地带同类型居民的收入差异，远较城乡差异要小。

表7　三大地带居民收入的对比　元/人

	东　部	中　部	西　部	东部/西部	中部/西部	东部/中部
农民人均纯收入	2996	2038	1587	1.89	1.28	1.47
城市居民可支配收入	7039	4847	5293	1.33	0.92	1.45

（二）三大地带经济发展速度差异的原因分析

1. 地理条件和历史背景的影响。

中国东部属于湿润地区，降水充沛，地形以冲积平原为主，土地肥沃，水土资源匹配较好。中西部自然条件差于东部，西北缺水，西南缺土，水土资源匹配欠佳，耕地多以中低产田为主；西北干旱，风沙严重，交通、通讯等基础设施明显落后于东部地带。中国经济不平衡发展是有客观原因的。

中国古代经济繁荣地区是从西向东、从北向南演变的，即从黄河流域的关中、中原地区向淮河、长江流域发展，最后达沿海地区。鸦片战争以后，东部地区最先接受了西方文明和近代工业。1949年新中国成立时，沿海12个省区集中了全国70%以上的工业产值（中国科学院国情分析研究小组，《机遇与挑战》，科学出版社，1995，第186页）。可见，沿海和内地发展不平衡是历史形成的。

下面我们着重探讨这20年来导致GDP增长速度差异的原因。决定经济增长的因素很多，经济结构基础，生产要素的投入，出口的变化等，都对经济增长有影响。

2. 结构的作用。

首先看一、二、三产业这个层次。无论是1980年，还是1999年，东中西三大地带GDP的结构差异都是明显的：东部地区二、三产业发达，所占比例很高；西部地区虽然二、三产业增长也很快，但基数小，份额有限。而在1978～1998年间，中国GDP增长主要靠二、三产业，一、二、三产业的增长指数（1978＝100）分别为263、917和739。东部地区二、三产业对GDP的增长贡献率分别达到47.96％和38.50％，而中西部地区的这两个数分别比东部少2～6个百分点。据此计算，东部地区经济发展速度将比中西部地区分别快0.0287和0.0377个百分点。

其次看工业中的轻重工业比重的差别。东部轻工业比重远大于中西部。而这20年来，中国的轻工业增长速度明显高于重工业的增长速度，1995年全国轻工业增长指数（1978＝100）是1118.83，而同期重工业是981.61，二者相差130多。中西部重工业比重大，当然工业总的增长速度相对较慢。工业增长一直是中国经济增长的主要因素，工业增加值对GDP增长（1978～1998年期间）的贡献率是41.71％，由此可以部分解释中西部GDP增长缓慢的原因。据此计算，东部地区经济发展速度将比中西部地区分别快0.0294和0.0371个百分点。

再来看看工业中所有制结构的差别。虽然东部地带国有及国有控股企业的从业人员很多，比重较大，但在产值构成上，东部地带的国有比例却大大小于中西部，甚至不到西部的一半。而在这20年里，工业产值平均年增长速度为14.83％，其中国有及国有控股工业的增长速度只有7.65％，工业的增长主要靠非国有工业，其对全国工业产值增长的贡献份额是73.58％，远远大于国有及国有控股企业的贡献率（26.42％）。据此计算，东部地区经济发展速度将比中西部地区分别快0.0372和0.1137个百分点。

但是，我们也应该看到，东部地区国有工业产值要比中西部高得多，说明东部地区的发展，国有企业也是功不可没的；目前东部地区工业总产值中，国有及国有控股企业所占的比例，却远远低于中西部地区，说明近年来，东部地区的非国有工业得到了更快的发展。考虑到今后相当一段时间内国有企业发展的困难，东部地区与中西部地区的差距仍将扩大。

3. 生产要素投入的贡献。

生产要素包括劳动力、资本（固定资产和投资）等，首先看固定资产投资情况的对比。1995～1998年东中西固定资产累计投资额的差别是十分巨大的，东部地区投资额超过了中西部地区的总和，人均投入额是东西部人均额的2倍多。据此计算，东部地区经济发展速度应比中西部地区分别快约0.8和1.1个百分点，其中有一半作用是国有单位投资发挥的。

外商直接投资的情况更是如此，中西部地区外商直接投资总额和人均额，没有东部地区的零头大。外商投资企业已经成为中国经济的重要组成部分之一，也是促进中国经济高速增长的动力之一。根据世界银行的研究结果，外商投资使中国1990～1994年的GDP增长提高了0.9个百分点，贡献率为8.6％（胡鞍钢，《中国发展前景》，浙江人民出版社，1999，第258页）。1990～1995年中国工业增长过程中，资金的贡献率是39.34％（吴殿廷，《区域分析与规划》，北京师范大学出版社，1999，第71页）。假定中国各行业的资金贡献率相似，根据外商投资占中国总投资的1/5，可以知道，外商投资对中国经济发展的贡献率是39.34％/5＝8％。两个结果差不多，即外商直接投资对中国经济增长的贡献率是很大的，近年可能还会高，估计可达10％甚至更多。据此计算，东部地区经济发展速度将比中西部地区分别快0.16和0.22个百分点。

投资是促进经济发展的最直接动力，东部地区固定资产投资多，外商直接投资多，经济增长自然要快。但是，有一个现象值得注意：东部地区的固定资产投资，虽然国有单位投入的也不少，但其所占的比例已经小于非国有单位了。相反，中西部地区的国有单位投入仍占主导。这就是说，东部地区发展得较快，并不完全是国家投入的差别所致，而且主要的也已经不是国家投入差别的结果，东部地区已经进入自我积累、自我发展的阶段，今后将主要靠自身的力量和外商来投入，国家的投入重点，可以逐渐地转向中西部地区。

劳动力的投入既表现为数量，也表现为质量。因为中国事实上存在的大量隐性失业，劳动力数量的变化对经济增长的意义不大。所以我们只考察劳动力的素质，着重从两个方面看：一是15岁以上人口中文盲、半文盲的比例，另一个是城市人口的比例。三大地带的对比情况，东部和中部城市人口比例差不多，文盲、半文盲比例东部还略高于中部，说明中部与东部发展的差别，不是劳动力素质的差别，而主要是结构，特别是国有经济比例和重工业比例太高，外商直接投资数量不大，新经济增长点没有更快地成长起来。

西部与中、东部的城市化比例及文盲、半文盲比例差别明显，不能排除人口素质、劳动力素质差别对西部经济发展的制约。另外，西部地区人口的自然增长率比中东部高出一些，这也是导致西部人均 GDP 增长缓慢的一个因素。

4. 进出口的作用。

进出口额和出口额的对比，东中西人均额之比目前大约是 15：1.5：1，中部与西部差别不是很大，但东部与中部、西部的差别则是巨大的。根据出口乘数定理，一个国家或地区出口的增加，可以成倍地促进国民经济的发展。东部地区进出口、尤其是出口能力比中西部地区高出许多，其经济发展速度和人均收入当然要高很多了。根据中国外贸依存度约为 40%、进出口大致平衡的事实和上述数据模型，可以推算出，由于出口能力的差异，东部地区经济发展速度将比中西部地区分别快 0.5231 和 0.9762 个百分点。

（撰稿：吴殿廷　田杰）

北　京　市

工业经济

1999 年，在北京市委、市政府的领导下，北京工业紧紧围绕十五大提出的国有企业改革脱困目标，以结构调整为重点，认真实施《北京市国有工业企业三年改革调整方案》，全市工业增速持续两年高于全国平均水平，工业经济运行质量和效益明显好转，工业结构调整取得实质性进展。

1999 年北京市工业经济运行呈现良好态势，各项指标全面完成。

全市全部独立核算工业企业 14385 户，平均职工人数 1610811 人，完成工业总产值 20810067 万元（90 年不变价）；完成工业销售产值 20817981 万元（当年价）；完成工业增加值 6352167 万元（生产法）；产品销售收入 22186280 万元；实现利税总额 1846310 万元；产品销售率 97%。国有独立核算工业企业 1964 户，完成工业总产值 5920611 万元（90 年不变价）；销售产值 7548563 万元；工业增加值 2473368 万元；产品销售收入 8423097 万元。

工业增加值稳定增长。全市第二产业中，工业增加值完成 650 亿元，比上年增长 13%。工业对全市经济增长的贡献率达 65%，比上年提高了 13.4 个百分点，成为拉动全市经济增长的主要力量。全市年销售额 500 万元以上的工业企业完成工业增加值 528.76 亿元，增长 12.72%。其中：中央工业完成 192.03 亿元，增长 21.5%；地方工业完成 336.73 亿元，增长 7.77%；国有及国有控股企业完成 385.05 亿元，增长 11.18%。工业出口势头强劲。全市工业出口销售总额完成 191 亿元，比上年同期增长 8.2%；工业直接出口 17.5 亿美元，比上年同期增长 11.1%，占全市出口总额的 53.8%；机电产品出口 13.59 亿美元，比上年同期增长 21.8%，占全市机电产品出口总额的 41.7%。

经济效益继续好转。全市独立核算工业企业完成销售收入 1611.8 亿元，同比提高 16.2%。实现利润 38.8 亿元，同比增长 44.4%，其中：中央工业实现利润 22.1 亿元，增长 22.3%；地方工业实现利润 16.7 亿元，增长 89.6%；国有及国有控股企业实现利润 31.3 亿元，同比增长 20.7%。全年工业实现利润超过 48 亿元，好于上年。

工业经济运行质量明显好转。纺织行业继续保持了国有企业整体扭亏的成果，一轻、二轻、农机 3 个行业实现行业整体扭亏。有色行业实现当期扭亏，结束了长达 6 年的当期亏损状况。汽车、机械、化工等 3 个行业和石景山、门头沟、房山、密云、延庆等 5 个区县比上年减亏。年初确定的各项经济运行目标全面完成。

铁路、发供电超额完成年度计划。全年铁路货运量完成 36836 万吨，客运量完成 13622 万人，分别比上年增长 3.51%和 5.85%，16 项运输指标全部好于上年。全年新增发电装机 72 万千瓦，年末装机总量达到 747 万千瓦。全社会用电量 318 亿千瓦时，最高用电负荷 609 万千瓦。各项指标均达到历史最好水平。居民用电改造工作进展顺利，一户一表共完成 105 万户。

企业扭亏脱困

北京市国有及国有控股大中型企业共计 400

户。到年底，亏损面降至25%以下，初步实现“三年两个目标”中确定的阶段性目标。全市完成兼并破产项目比上年增加18项。其中，计划内（享受国家有关政策）结转项目21项，新增兼并项目2项。全年核销银行呆坏账准备金9.7亿元；计划外破产项目37项，兼并项目15项。全年兼并破产工作除数量明显增加外，还有两个突出的特点。一是计划外破产进展较快。全年破产37户，计划外核销呆坏账7.4亿元，其中4户国有大中型企业。二是在跨地区、跨部门、跨所有制的并购重组方面有所突破，涉及资产10亿元。如，北京百万庄园实业总公司兼并北京二轻的聚友实业公司是本市首例民营企业兼并国有企业，造纸四厂破产后被旅游集团收购，首创集团兼并北京轮胎厂，中国蓝星化学清洗总公司兼并北京化工机械厂，汉骐集团有限公司兼并北京红狮涂料公司等。

债转股工作进展顺利。根据国家经贸委的工作部署，全市200余户工商企业进行了调查，并组织符合条件的企业制定债转股方案和项目申报。北京水泥厂成为全国第一家实施债转股的企业；首钢总公司、北京第三制药厂年底前已与资产管理部门签订了债转股框架协议；北京乙烯、北京重电机厂、牡丹电子集团等35户企业债转股方案已上报国家经贸委，其中14户企业已列入国家经贸委的建议名单，拟债转股总额达160亿元，实施后14户企业资产负债率平均将下降45个百分点，企业经营状况也将大改观。

减员增效、再就业工程稳步推进。为保证减员增效和再就业工作顺利进行，市委、市政府相继出台了一系列政策措施，取得了较好的效果。全市地方工业企业已分流11.69万人。其中，企业内部分流安置3.77万人；社会分流净减员5.55万人；进入再就业服务中心2.37万人。下岗职工再就业率达到65.9%，全市工业人均劳动生产率为4.1万元。全部超额完成年度目标。

企业“学邯钢、降成本”工作取得明显成效。在总结1998年“帮促”工作成效的基础上，北京市政府有关部门及总公司共抽调180名同志组成帮促组，深入到26户国有大中型重点亏损企业帮促扭亏脱困。在“帮促”小组和企业的共同努力下，通过开展学邯钢降成本活动，强化企业营销管理、资金管理、成本管理和质量管理，大部分企业成绩显著，其中16户企业年底实现了扭亏，8户实现减亏。全市工业企业经济效益综合指数达93.87%，同比提高7.38个百分点，独立核算工业企业从1月份就扭转了多年来年初亏损的状况，盈利企业盈利额增长12.8%；亏损企业亏损额下降9.5%，成本费用利用利润率达2.43%，同比提高0.44个百分点。资金周转次数为1.14次/年。与此同时，加大了对国有资产的监管力度，企业经营效果及财务统计数据真实性有所加强。

工业结构调整

高新技术产业快速增长，成为拉动全市工业增长的主要力量。由于近几年工业投资结构的调整，对高新技术产业的投资力度明显加大。据不完全统计，以中关村科技园区为代表的“一区五园”近3年新增工业投入达71.7亿元，为高新技术产业的增长奠定了基础。1999年以电子信息产业为龙头的高新技术产业继续保持快速增长的势头，据初步统计，全年完成工业总产值560亿元，同比增长25.6%，完成工业增加值165亿元，同比增长19%，占全市新增工业增加值的25.4%。随着企业创新能力不断提高，1～11月份全市工业新产品完成增加值86.2亿元，增长8%，已占全市工业比重的16.3%。压缩总量和淘汰落后生产能力迈出实质性步伐。市政府几个部门共同发布了高新技术及其他产业发展目录，同时根据国家经贸委的部署，全市部分行业的总量控制和压缩落后生产能力的工作进展顺利。在冶金行业总量控制方面，首钢全年达到国家压产10%的要求；全市棉纺压锭12.5万锭的任务，在市、区、县有关企业的共同努力和政策的大力支持下，已全部完成；煤炭关井压产工作，1～11月份全市已关闭小煤矿294个，压缩产量78.2万吨，全年完成压产120万吨任务；淘汰小水泥、小玻璃等项工作也按计划推进中，全市开展的整顿煤炭市场、油品市场等项工作进展顺利。

工业布局有序调整开始起步。根据发展首都经济和城市总体规划的要求，去年修改了《北京市推进污染扰民企业搬迁加快产业结构调整实施办法》，制订了《北京市工业布局调整规划》，均已获北京市政府批准并颁布执行。目前，以三环路以内企业搬迁为重点的一批项目正在启动，全年启动搬迁企业共15户，转让占地约70万平方米。为治理首都大气污染，全市推广使用优质低硫煤约440万吨，超额完成350万吨的任务。全市完成工业治理项目234项。

改制创新

工业管理体制改革进一步深化。按照四中全会提出的“国家所有、分级管理、授权经营、分工监督”的总体要求和中共北京市委“40条”的规定，制定了《关于深化工业管理体制改革试点工作的若干意见》已经市政府原则通过并下发。市政府已与电子、纺织、建材3个授权经营试点单位正式签订授权责任书，新改制的公司或集团开始规范运行。

国有大中型企业改制工作完成阶段性目标。全市58户国有大中型工业骨干企业中，累计完成改制34户，改制面达到58%，完成了预定的阶段性目标。北京市体改委、北京市经委等部门即将拿出规范企业改制的指导性意见，报市政府审批。在已改制企业中，大部分实现了投资主体多元化，建立了比较规范的法人治理结构，促进了企业经营机制的转换。双鹤药业、燕京啤酒、北汽福田等上市公司的发展势头看好。北京光学仪器厂在改制中组建了职工持股会，也取得了较好的效果。

中小企业划转区县，加快了中小企业改革步伐。根据市委、市政府的总体部署，1999年5月份，市属11个总公司（集团）的186户工业企业划转到所在区县，促进了这部分企业的进一步放开搞活或调整。各区县针对划转企业的具体情况，组织企业着手进行资产重组、结构调整和改革改制等工作，到目前为止，已有42户企业进行了资产重组、结构调整和改革改制工作。

在建立经营者的激励和约束机制方面取得新的进展。在总结工业企业现行年薪制办法和借鉴上海等地试行期股激励经验的基础上，市政府有关部门共同制定了《北京市国有工业企业经营者年薪制试行办法》和《北京市国有企业经营者实施期股激励试点的指导意见》，并已在北京开关厂、北京光学仪器厂等第一批10户企业中进行股份期权的试点。年薪制试点工作和规范工作近期将开始进行。

北京市的经济工作在1999年也存在一些不足。主要表现在工业增速较高是在近些年低速基础上实现的，效益增长也是恢复性的，全市工业经济运行质量和综合指标还不理想；在体制改革上，真正实现政企分开和授权经营到位还要有一个过程；在工业结构“有退有进”的调整上，“进”的难度还没有突破，“退”的机制也没有形成；国有企业目前亏损面仍然较大，相当一批企业仍处于十分困难的境地，尤其是部分长期亏损户仍未得到有效解决。

企业改革

1999年，全市国有及国有控股大中型企业的扭亏脱困工作取得阶段性进展。一是全市1997年末114户大中型亏损企业和地方46户重点脱困企业的扭亏脱困工作率先完成市政府提出的3年工作目标。114户企业亏损总额比去年同期减少1.4亿元，下降34.4%，其中中央工业亏损额下降5065.5万元，下降43.2%；亏损企业中累计已经有66户扭亏脱困或调整销号，占总数的57.9%，其中中央企业减少亏损户7个，占中央亏损企业的36.8%，地方亏损企业减少59户，占地方亏损企业的62.1%。在扭亏脱困和调整销号的企业中，破产企业有8户、兼并合并企业12户、组建集团5户，分别占12.1%、16.7%和7.6%。列入重点脱困企业名单的46户企业中已有35户完成了调整或实现了扭亏，占重点脱困企业的76.1%，已提前完成扭亏任务。二是全市国有及国有控股大中型企业动态亏损面上升局面得到控制，年底亏损面下降到近几年最好水平。1997年全市国有大中型企业的动态亏损面为26.7%，1998年为25.7%。1999年上半年，在全市国有企业亏损额大幅度下降，赢利大幅度上升的情况下，国有及国有控股大中型企业的动态亏损面也出现同步上升的严重局面，亏损面曾一度高达51.4%。市经委加强对新增亏损企业的监控，重新与有关总公司和企业订立目标责任，确定能准确反映国有企业扭亏脱困成绩的基准统计数字。到年底，全市400户国有及国有控股大中型企业亏损面已经下降到18.8%，其中地方企业亏损面为16.9%，中央企业为23%。超额完成年初制定的计划目标，提前一年完成市委、市政府确定的工作目标。

（一）企业改制

为推进企业改制工作的进行，年内召开了两次企业改制工作研讨会，下发了加快现代企业制度建设的文件，与各总公司、区县签订了今年企业改制工作责任书，并将20户骨干企业的改制任务分解落实到各个单位。截至12月底，58户骨干工业企业中已有34户企业按照《公司法》的要求完成了由工厂制向公司制改制的过程，初步建立了现代企业制度，使全市国有大中型骨干企业中改制面达到58.6%。超额完成全市下达的骨干企业改制计划。在已改制企业中多元投资主体的公司制企业有25户，占已改制企业的73.5%。

结构调整和资产重组取得新突破。全市工业共完成兼并破产项目75项，比上年增加18项，增长32%，共核销银行呆坏账准备金16亿元，比上年增加60%。在完成的75个兼并破产项目中，有计划内项目23项，核销银行呆坏账准备金9.74亿元，同比增加2.78亿元，增长40%。兼并破产工作有以下几个特点：一是跨所有制的兼并调整迈出实质性的一步。民营企业北京百万庄园通过承债收购的方式，成功地兼并了原二轻所属的国有企业聚友实业公司。首创集团兼并北京轮胎厂，实现金融资本与产业资本有效结合。二是在兼并破产资产变现取得突破。北京造纸四厂、北京铜厂和化工集团工程塑料厂依法宣告破产后，在资产变现中按照公开、公平、公正的原则公开拍卖。三是力度明显加大。全年按《破产法》破产的企业共47家，其中预算内的国有大中型企业就有4家，涉及资产7324万元，企业个数占总数的8.5%。通过破产，共核销银行呆坏账准备金约7.4亿元，约占全市工业全年核销银行呆坏账准备金16亿元的46.7%，相当去年计划外破产核呆规模的1.6倍。纺织总公司所属北京涤纶厂是全市第一家按民事诉讼法实施破产的大中型集体工业企业，核销银行呆坏账准备金约1亿元。

（二）债权转股权工作

9月2日，北京建材集团与中国信达资产管理公司签订北京水泥厂债转股协议，拟转股6.68亿元，成为全国第一家债转股签约企业。12月28日和30日，第三制药厂、首钢总公司的债转股签约仪式又相继举行，拟转股金额分别为1.74亿元和35.58亿元。到年底北京市共有14个项目25家企业列入债转股推荐名单，涉及电子、化工、冶金、医药、轻工、建材、有色、纺织、机械、煤炭10个行业，方案转股额约176.2亿元。年内债转股工作取得的阶段性成果，为在2000年实现国有大中型企业摆脱困境和建立现代企业制度的目标打下了坚实的基础。

（三）工业管理体制改革已开始起步

根据市统计局1999年底全市销售收入500万元以上独立核算工业企业的快报统计，根据市政府的统一部署，在上年市经委转变工作职能的基础上，1999年开始在纺织、电子、建材、汽车4个总公司推进深化工业管理体制改革的试点。按照政企分开、落实授权公司3项权利，特别是资本收益权、建立母子公司体制的基本要求和积极稳妥的原则，年底前纺织、电子、建材3家公司与市政府签订了授权经营责任书。

（四）大企业、大集团战略稳步推进

全市已有销售收入在4亿元以上的大企业、大集团56家，其中100亿元以上的2家，50亿元以上的4家，10亿元以上的14家，大企业集团的净资产占全市的53.2%，销售收入占全市的62.1%。加强企业管理、转换经营机制取得新进展。年内市经委、市委工业工委、市审计局、市财政局和各工业总公司抽调了180名干部，组成"学邯钢、降成本"帮促小组，分别下到26个亏损企业进行具体帮促。被帮促企业中有24户企业实现控亏、减亏或扭亏的目标，其中60%的企业实现扭亏为盈。为将学邯钢与学北开结合起来，一是派北开的专家参加各帮促小组进行具体帮促指导；二是利用多种形式，加大宣传力度，推出了学习黄国诚先进事迹的专题报道；三是帮助北开进一步找差距、补不足，使北开经验不断深化和完善。有60多个企业2000多人次到北开取经。为认真贯彻中央及市委关于实行厂务公开，加强民主管理的要求，结合工业实际，制定了《关于实行厂务公开加强民主管理民主监督的实施意见》，有17个局、总公司成立了厂务公开领导小组，有13个局、总公司制定了具体实施意见，有226个大中型企业实行了厂务公开，并涌现出一批推行厂务公开较好的企业，各企业根据各自实际情况，创造了形式多样、各具特色的做法。

（五）企业股票上市工作

首钢股份公司于9月份完成股票上市工作，共募集资金18.03亿元；万东医疗、双鹤股份公司增资配股获得成功，募集资金2.3亿元；建材股份公司、日化股份公司的重组方案已经制定，其中建材股份公司方案已经政府批准。截至12月底，全市市属国有工业企业已有10家上市公司，累计通过上市发行和配股已经募集社会资金62亿元。燕京啤酒在上年增资扩股的基础上，又兼并了江西吉安啤酒厂，1999年产销量已达104万吨，同比增长20%，继续保持全国第一；双鹤药业以承债方式整体兼并了江苏省昆山制药厂，进一步确立了其作为全国最大的磺胺类原料药生产企业的地位，同时，通过对北京制药工业研究所和北京制药机械设备厂的收购，实现了低成本扩张。1999年实现销售收入64277万元，比1998年同期增长83.3%；实现利润9721万元，比1998年同期增长14.74%。北汽福田1999年销售收入和实现利润也分别增长了46.4%和37.6%。经市政府批准，旨在调动经营者积极性的经营者年薪制和期权期股试点也已经启动。北京博飞、开关厂、金星制笔和北京同仁堂分公司4户企业已于12月开始按照批准的方案，进行股份期权试点。

（六）中小企业改革

全市有地方中小工业企业13990户，其中国有企业1583户，集体企业8313户，公有制企业合计9905户，占企业总数13990户的70.8%。全市地方中小工业企业中，隶属19个工业总公司（集团）的有886户（含具有法人资格的三产、劳服企业），其中有公有制企业477户，占总数886户的

53.84%，在公有制企业中有国有170户、集体303户、国有独资公司4户；隶属各区县的工业中小企业有11380户，其中公有制企业8847户，占总数11380户的77.74%，在公有制企业中有国有1052户、集体7793户、国有独资公司2户。中小企业的改革、调整重点在“搞活”上下功夫，用改组、联合、租赁、承包、出售、股份制和股份合作制等多种形式，促进企业发展，提高企业效益。1999年，市工业系统完成103户国有小企业多种形式改革，占列入全市1998～2000年全部计划112户的92%，比计划多完成2户，其中产权制度改革有61户。在国有小企业改革中，强调规范操作，及时出台了《关于对出售国有小企业政策修改补充的通知》，保证了国有小企业改革稳妥进行。为进一步推动集体企业改革，出台了《关于进一步加快城镇集体企业改革的若干意见实施细则》，提高了集体企业进行产权制度改革的可操作性，从而加快了集体企业改革的步伐。年内，有179户市属中小企业划转到区县管理。划转的原则是：以注册地为准，实行属地划转，将1997年底账面资产总额（不含土地价值）在5000万元（含5000万元）以下，职工人数在1000人（含1000人）以下的市属中小型工业企业成建制一次性划转到区县管理。企业隶属的三产、劳服、合资企业及学校等单位（不论有无法人地位），以及职工和离退休人员也一并划转。同时党、团、工等组织关系均随之划转为区县管理。企业划转到区县后，各区县政府对这些企业非常重视，指导企业调整改革，仅半年时间已对42户划转企业进行了资产重组、结构调整和改制工作，其中已有12户完成改制。主要做法，一是从区域经济发展总体考虑，具体制定企业改革措施。二是盘活厂房、土地等存量资产，解除债务。欧亚飞厂改造了4000平米厂房，建设综合市场，安排职工90多人，年收入可达180万元。元件四厂划转石景山区后，将闲置土地13亩出售，归还了贷款，解决了生产流动资金不足的问题。三是对严重资不抵债的企业依法破产。四是采取兼并、合并等方式进行资产重组，组建有限责任公司和股份合作制企业。北京鑫光材料公司划转怀柔后，由县房地产公司顺利实施兼并，出资200万元解决了职工工资、福利和统筹等拖欠问题，原厂搬迁后，投入140万元流动资金支持生产，解决了45名下岗职工就业问题，原厂址进行了新的开发项目。

能源生产

在有关部门的支持配合下，1999年北京市较好地完成了能源生产调度平衡工作，有力地保证了北京经济发展和人民生活需要。北京地区全年总耗电量344亿千瓦时，比同期增长8.16%；最大负荷607万千瓦，比同期增长23%。夏季，北京遇到百年来持续高温天气，致使电力负荷剧增，7月28日最大负荷突破600万千瓦，使整个华北电网经受了严峻的考验，在有关部门的积极努力下，基本保证了高温期间的电力供应。国庆期间，电力部门充分准备，周密安排，圆满完成了国庆保电的政治任务。

根据《北京市人民政府关于发布本市第二阶段控制大气污染措施的通告》要求和本市实际情况，颁布《北京市煤炭经营许可证管理办法》，对全市的煤炭经营企业进行审查整顿。并发布《关于全面推广使用低硫优质煤的通告》，确保了市政府控制大气污染各措施的落实和强制推广使用低硫优质煤工作的顺利开展。全年推广低硫煤440万吨，超额完成市政府下达350万吨的任务；回收销纳社会库存超标煤60万吨。全市关闭小煤窑294个，占国家下达关井指标213个的138%；全市压减煤炭产量143.9万吨，完成国家下达压产120万吨任务的119.9%。全年原煤产量792万吨，占国家下达833万吨的原煤生产指标的95.1%。

随着天然气进京置换量不断增多，煤气用量萎缩。全年煤气用量为5.88亿立方米，比同期下降11.3%。其中，民用4.4亿立方米，比同期下降18.6%；工业用气0.94亿立方米，比同期下降5.6%。全年重油消耗33.4万吨，比同期增加2.2万吨。液化气销售14.8万吨，与上年基本持平。

安全生产

北京工业落实中共中央总书记江泽民对安全生产工作的一系列重要指示，加强对安全生产的监督检查，落实安全生产责任制，组织“安全生产周”和“安康杯”竞赛活动，对重点部位和重大隐患制定监管措施，普遍开展安全生产培训。通过各级的努力保证了工业系统的生产安全，确保了重大节假日的安全，圆满完成了50周年大庆、澳门回归和迎接新千年3项重大庆典活动期间的安全生产任务。年内，工业系统共开展了9次大规模的安全消防检查。北京市经济委员会主任李岩岭、副主任徐和谊以及市其他委领导带队参加检查。各系统党政一把手多次带队组织检查。9月14～19日，国家安全生产检查组在国家经贸委副主任石万鹏的带领下，对全市进行安全生产检查。北京市副市长刘海燕、翟鸿祥，市经委主任李岩岭、副主任冯海以及市建委、市政管委、市公安局、市消防局、市劳动和社会保障局和市总工会等部门的主要领导分别参加了与检查组的座谈。检抽组共检查了民航、地铁、化工、供电、建筑、首钢等6个行业所属13个企业的40多个重点部位。

全年，各部门共筹集资金1411万元，共协调解决重大事故隐患6项，工业系统各类事故有所下降。全年共发生因工死亡事故18起，死亡22人，比上年减少10起，减少12人，达到20年来最低水平。火灾事故2起，直接经济损失6.4万元，比去年减少4起，减少损失37.6万元。

固定资产投资

1999年，北京市加大技改工作力度，重点抓好对国有大中型企业的支持，以国债贴息和市财政注入资本金、拨款等方式，加强对区县、乡镇企业的管理。全年工业技术改造、技术引进项目计划安排339项，总投资114.5亿元，当年用款35.8亿元；其中结转项目166项，总投资80.58亿元，当年用款16.05亿元；新开项目3批共173项，总投资33.9亿元，当年用款19.75亿元。实际完成投资56.01亿元，完成了市政府下达的55亿投资的102%。其中市属工业完成32.27亿元，乡镇集体工业完成3.49亿元，工业外商投资企业完成20.33亿元。计划竣工的重大技术改造项目共43项，总投资24.33亿元，当年计划用款4.75亿元，已全部竣工验收。这些项目达标后，可新增销售收入57.54亿元，新增利润9.09亿元，新增税金3.63亿元。从1999年下半年开始，根据北京市委、市政府领导的指示，完成了“北京工业布局调整规划”。其宗旨是解决北京工业可持续发展的空间问题，从发挥首都功能的需要出发，最大限度地提高土地的产出效益，形成行业相对集中、产业辐射有序的分布格局，实现改善首都环境与发展首都经济的统一。同时以工业布局调整为契机，加快企业技术进步和产业升级优化，推进国有企业改革和发展的进程，实现经济增长方式的两个根本性转变。“规划”经北京市政府第58次市长办公会审议通过，市政府以京政函[1999]44号文批复同意，市经委以（99）京经规划字第578号文下发执行。“规划”明确了北京环保产业近期发展方向及调整和政策措施，预计到2005年北京环保产业总产值（含工贸总收入）达到100亿元。同时对石景山地区工业发展规划提出产业、产品结构性调整工作，要求加快发展高新技术产业，积极采用现代技术改造传统产业，实现传统工业的可持续发展。“规划”还初步拟定了北京工业技术创新体系的构架、高新技术产业发展思路、目标和措施。根据市政府对“规划”的批复精神，四环路以内的工业企业除保留高新技术企业、方便人民生活的都市工业和大企业大集团的开发、销售中心外，其余企业都要分期分批、有序迁出。在规划市区四环以内，地方企业占地1000平方米以上。中央企业占地1000平方米以上的企业共有783户，现有占地面积2834万平方米，占规划市中心区324平方公里面积的8.74%。计划用5年时间，再腾出大约600万平方米的土地面积，使工业企业占城区的面积从8.74%降低到7%。2004年后，四环路内工业企业年耗煤量减少23%，SO_2排放量减少5700吨，烟尘排放量减少1400吨，废水排放量减少3000万吨，COD减少5000吨。1999年完成工业企业搬迁启动项目18项，转让占地面积80万平方米，协议转让总金额41.7亿元；完成有偿转让原厂址使用权项目11项，转让占地面积76.6万平方米，协议转让总金额31.1亿元。

技术创新

北京市技术创新围绕建立健全技术创新体系，加强新产品开发和应用，用高新技术改造、提升传统产业等方面开展工作，取得了较好的成绩。

企业技术创新机制和体系进一步完善。北京建材集团公司各企业按照集团公司科技攻关计划和科技承包任务，确定本企业的发展计划，大部分企业成立了领导机构，建立了科技奖励机制，对重点科技项目实行内部承包责任制，鼓励科技人员多出科技成果，尽快将优秀新产品推向市场，实现经济效益。同仁堂集团为推进科技创新，设立了发展委员会、技术中心及各生产厂的科研所3个层次的科研机构，分工协作，责任明确，进一步完善了企业创新体系。

用高新技术改造传统产业效果显著。北京光学仪器厂应用先进技术开发出新一代的光机电一体化产品，替代传统的经纬仪和水准仪，70%的主导产品具有国际90年代先进水平，形成了适应市场的产品系列。北京分析仪器厂瑞利公司在开发新型色谱及光谱产品的过程中，运用现代微处理技术升级传统的分析仪器，60%的主导产品达到了国内90年代先进水平。北京电子光学设备厂的连续变倍体视显微镜系列产品，应用新工艺、新技术，提高了产品技术含量，增加了规格品种和国际市场竞争力。

新产品的开发和推广应用取得了新成绩。新产品开发和实现新产品产业化为企业培育了一批新的经济增长点。北京恩布拉科雪花压缩机有限公司是全国惟一具备生产4种工质冰箱压缩机能力的厂家，年内开发的新型高效无氟冰箱压缩机，具有很强的市场竞争能力，当年销售145万台，实现销售收入45000万元。北京一轻研究所与北京明塑机电高技术有限责任公司、中科院化学所、中国包装食品机械总公司合作开发成功国内首创的全天然快餐盒生产线，具有全自动、大批量、低成本、无污染的特点，已正式签约生产九条生产线，合同金额达4320万元。

产学研工作深入开展。年内开始实施的12项产学研项目，已由原来单纯的技术合作发展到了以项目为纽带的“资本＋技术”的全面合作。在12月27日召开的“北京工业技术创新工作会议”上，首钢总公司与清华大学、建材集团与北京航空航天大学、清华紫光药业与军科院及北京医科大学、北京华盾塑料包装公司与北京化学工业研究院、北京第三制药厂与国家计生委计划生育研究所、时代集团与清华大学机械系签订了合作共建开发实体的协议，这一形式为企业提供了强大的技术支撑，将进一步推动产学研联合的发展。此外，部分1997年、1998年产学研成果开始产生经济效益。北京光学仪器厂的电子经纬仪、连续变倍体视显微镜等产品，1999年销售收入分别超过了500万元和1000万元以上。

技术中心建设得到了进一步的发展。北京建筑材料集团有限责任公司、巨龙信息技术有限责任公司、北京东方电子集团股份有限公司、北京建中机器厂、北京和利时系统工程股份有限责任公司、北京锦绣大地农业股份有限公司、中国石化长城润滑油集团有限责任公司、北京光学仪器厂、北京第七九七音响股份有限公司9家企业的技术中心通过了北京市市级技术中心的认定。北京工业企业已认定35个企业技术中心，其中国家级技术中心16家，市级技术中心19家。

企业结合自身条件，在创新工作中引入先进技术手段。计算机辅助设计等先进制造技术在仪器仪表总公司全系统深入开展，在CAD/CAM一体化和CAD三维技术使用上进一步普及，CAD技术人员培训普及率达到100%，目前全系统85%的企业在设计中甩掉了图版，初步形成了先进的设计和制造环境。北汽集团通过抓不同层面的人员培训，组织关于CAD/CAM技术推广应用的经验交流会，以及与社会上知名的软件公司、硬件公司联合举办企业如何开展CAD/CAM技术的研讨会等形式，发挥典型经验引路的作用，提高企业的创新能力。

对外经济贸易

1999年，北京市新批工业外商投资企业344户，协议投资总额6.6亿美元，协议利用外资4.8亿美元，实际利用外资3.6亿美元。到1999年底北京已累计批准成立工业外商投资企业10744户，协议投资总额156.8亿美元，协议利用外资91.4亿美元，实际利用外资66.8亿美元。工业利用外资呈现以下特点：一是总量下降。继1992～1995年利用外资高峰期，每年保持在协议投资总额20亿美元以上水平后，1996～1999年利用外资规模明显下降，基本保持在年利用外资6～7亿美元的规模上。二是水平提高。高新技术项目明显增多，高技术企业利用境外金融资本项目明显增多，跨国公司在京设立地区总部明显增多，而一般技术水平较低的外资项目明显减少。三是区域重点转移。中关村科技园区和区县成为工业利用外资重点区域，1999年中关村科技园区和区县协议投资总额分别占工业外资项目的25%和43%。而工业系统新批外资项目协议投资总额中87%为三产项目，工业项目只占13%。

北京工业三资企业开业3227户，实现工业总产值835亿元，销售收入935万元，直接出口13亿美元，盈亏总额18.2亿元，上缴税金59.8亿美元，分别比上年增长29.5%，41.5%，32.3%，扭亏增盈19.1亿元，增长23.5%。工业三资企业总产值，销售收入，直接出口，盈亏总额，上缴税金分别占全市三资企业的95%，67.5%，97.2%，122.3%。工业三资企业生产经营主要特点，一是高技术行业的三资企业生产发展迅猛，成为工业三资企业发展的重要因素。工业三资企业实现产值增长最快的5个行业是，电子通信业434亿元，仪器仪表业17.7亿元，专有设备制造业15.9亿元，电气机械业31.7亿元，医药制造业14.4亿元；分别比上年增长48%、48%、41%、35%和26%。这五个行业三资企业全年新增产值172亿元，新增销售收入257亿元，分别占工业三资企业新增产值和销售收入的91%和93%。二是一批技术含量高、经济规模大的企业迅速崛起。工业三资企业销售收入上亿元的已达109户，比上年增长36%，其中销售收入上百亿元的企业1户，销售收入上10亿元的企业12户，销售收入上10亿元的企业实现销售收入444亿元，实现利润23亿元，分别占全市工业三资企业的53%和47%。工业三资企业销售收入前4名的联想（北京）公司、诺基亚移动通信公司、爱立信移动通信公司、诺基亚航星通讯系统公司成为带动三资企业发展的新的经济增长点。三是中央在京企业和中关村科技园区三资企业长足发展，形成了工业系统、中央在京企业、中关村科技园区三资企业三足鼎立的局面。年内，工业系统三资企业实现销售收入267亿元，盈利额14.8亿元；中央在京单位三资企业实现销售收入189亿元，盈利额9.3亿元；中关村科技园区三资企业实现销售收入205亿元，盈利额10.2亿元。三个系统三资企业实现销售收入和盈利额分别占全市工业三资企业的72.4%和70%。四是一般技术含量较低的传统产业和企业发展停滞。

北京市完成工业出口销售额191亿元，比上年同期增长8.2%，其中：工业系统完成出口销售额88.6亿元，比上年同期增长9.7%；海淀新技术试验区完成出口销售额为44.8亿元，比上年同期增长63.4%；北京经济技术开发区完成出口销售额8.2亿元，同比增长35.1%；乡镇工业完成出口销售额43.7亿元，比上年同期增长8.2%；区县工业完成出口销售额6.5亿元，同比增长7.5%。全市工业直接出口17.5亿美元，比上年同期增长11.1%，占全市出口总额的53.8%。全市机电产品出口完成13.59亿美元，比上年同期增长21.8%，占全市出口总额41.7%。从企业性质上看：国有企业出口4.3亿美元，同比增长21.8%，三资企业出口9.2亿美元，同比增长24.32%。从贸易方式上看：一般贸易出口3.94亿美元，同比增长33.7%；加工贸易完成9.6亿美元，同比增长26.3%；保税库出境完成0.4万美元（上年同期6006万美元），同比下降100%。出口在3000万美元以上的企业有9家，占全市机电产品出口48.8%。北京诺基亚移动通讯有限公司15680万美元；中国航空技术进出口北京公司12853万美元；北京JVC电子产业有限公司8414万美元，首钢日电电子有限公司8206万美元；北京爱立信移动通信有限公司6209万美元；北京松下电子有限公司4380万美元；北京东方冠捷电子有限公司3770万美元；北京松下彩色显像管有限公司3608万美元；三菱四通集成电路有限公司3126万美元。

年内，北京市申请进口机电产品198915.75万美元，比上年同期增加98.02%。其中：登记产品137507.88万美元，比上年同期增加56%，上报机电产品审查61407.87万美元，比上年同期增加510.6%。全市登记的机电产品中，基建、技改、其他项目共21828.29万美元，比上年同期下降18.6%，单机、生产料件、维修配件进口115679.59万美元，比上年同期增长86%。全市上报机电进出口公司审批的机电产品中配额产品20079.94万美元，比上年同期增长500.2%；特定产品41327.93万美元，比上年同期增长376.48%。全市机电招标22项，其中国际招标20项，委托总额4594万美元，中标金额3572万美元，节汇率22.25%，节省资金1022万美元。国内招标2项，委托金额1130万元人民币，中标总额975.2万元，节约资金154.87万元，节约资金率19.7%。办理技改免税确认书75份，合同金额7399.57万美元，进口环节税如关税、增值税等按30%计，减免税金约1.8亿元人民币。重要工业品进口26868.04万美元，其中：配额产品7228.73万美元，限量登记6472.91万美元，登记产品13166.40万美元。

（李振兴）

附表1　　1999年北京市规模以上工业企业主要经济指标　　单位：万元

项　　目	企业单位数（个）	工业总产值（当年价格）	#新产品产值	工业总产值（1990年不变价格）	工业销售产值	出口交货值	从业人员平均人数（人）	工业增加值
总　计	**5225**	**19999706**	**3523503**	**19420577**	**19458384**	**1346811**	**1242186**	**5822116**
在总计中：								
中央企业	662	7161195	2225932	7491800	7104889	324127	211493	2149996
地方企业	4563	12838511	1297570	11928777	12353495	1022684	1030693	3672120
工业系统	782	6373820	908336	6188344	6196480	581819	486970	1763112
非工业系统	643	1291738	2866	817032	1268699	16644	90025	392537

（续表）

项目	企业单位数（个）	工业总产值（当年价格）	#新产品产值	工业总产值（1990年不变价格）	工业销售产值	出口交货值	从业人员平均人数（人）	工业增加值
区县工业	2798	4207226	144614	3960035	3996914	365246	364640	1246076
其他	340	965727	241755	963367	891402	58975	89058	270394
在总计中：								
内资企业	4285	12178080	2257959	10160065	11798264	542176	987345	3657385
国有企业	2829	7692409	1557770	5917619	7546001	255597	615095	2470318
集体企业	955	1681801	87358	1610120	1581734	124186	187026	479311
股份合作企业	102	178993	13750	164252	164395	7415	18097	59688
联营企业	71	256378	10051	26795	239933	29449	28247	65132
有限责任公司	149	1235075	204937	1070642	1173621	105506	90182	300850
股份有限公司	64	894203	353047	902975	874273	18658	36741	237566
私营企业	115	239222	31053	226962	218308	1366	11957	44521
港澳台商投资企业	372	2002787	304659	2665003	1982431	159047	120859	425191
外商投资企业	568	5795789	960879	6592517	5675122	645588	133787	1736489
在总计中：								
农村企业	1162	2155506	10816	2037072	2004060	240219	199532	676942
在总计中：								
国有绝对控股企业	3212	13393357	2713173	12923906	13034089	759443	820988	3845213
国有相对控股企业	97	1262859	71203	1282755	1337842	110480	80224	401060
在总计中：								
轻工业	2555	5409486	290584	4887190	5213181	583843	454267	1765099
重工业	2670	14590220	3232919	14533387	14245203	762968	787919	4057016
在总计中：								
大型企业	206	8265181	1439000	7705206	8006489	344755	501358	2198357
中型企业	266	2445509	1089120	2438283	2402455	179695	136074	688878
小型企业	4753	9289016	9868383	9277089	9049441	822361	604754	2934880

附表 2　　**1999年北京市按销售收入排序前100家大中型工业企业**　　单位：万元

企业名称	序号	销售收入
中国石化集团北京燕山石油化工有限公司	1	1308625.7
首钢总公司	2	1264766.9
北京北大方正集团公司	3	841416.6
联想（北京）有限公司	4	767228.9
中国华北电力集团公司（在京单位）	5	406766.3
北京化学工业集团有限责任公司	6	376463.8
北京松下彩色显像管有限公司	7	307356.0
北汽福田车辆股份有限公司	8	284434.5

（续表）

企业名称	序号	销售收入
北京国际交换系统有限公司	9	255380.9
中国北京同仁堂集团公司	10	220170.4
北京吉普汽车有限公司	11	200143.9
北京燕京啤酒集团公司	12	184450.4
北京建筑材料集团有限责任公司	13	179520.9
北京邮电通信设备厂	14	173027.0
中国石化长城高级润滑油公司	15	118240.4
北京化二股份有限公司	16	95385.9
北京牡丹电子集团公司	17	93579.7
长峰科技工业集团公司	18	85353.1
北京福田车辆股份有限公司怀柔车辆厂	19	84522.9
北京汽车摩托车联合制造公司	20	84455.4
清华同方股份有限公司	21	84194.7
北京市热力公司	22	80172.7
北京东方电子集团股份有限公司	23	78512.3
北京大唐发电股份有限公司	24	74316.6
北京市自来水集团有限责任公司	25	72201.1
北京市客车总厂	26	71805.1
北京卷烟厂	27	71613.2
北京四通集团公司	28	68906.0
北京矿务局	29	68904.6
北京 JVC 电子产业有限公司	30	68200.2
北京轻型汽车有限公司	31	67928.6
北京京棉集团有限责任公司	32	64824.2
北京市石景山热电厂	33	62667.6
北京松下电子部品有限公司	34	62438.9
北京首钢宝生带钢厂	35	61114.3
北京可口可乐饮料有限公司	36	60682.3
北京印钞厂	37	55955.9
首都航天机械公司	38	55333.0
北新建材（集团）有限公司	39	54007.9
北内集团总公司	40	53745.3
北京二七车辆厂	41	50277.0
北京市顺义区肉类联合加工厂	42	47946.8
中国大恒（集团）公司	43	47201.1

（续表）

企业名称	序号	销售收入
北京北方车辆制造厂	44	43796.8
北人印刷机械股份有限公司	45	42722.6
北京开关厂	46	42011.6
北京市汽车修理公司	47	41276.7
北京恩布拉科雪花压缩机有限公司	48	40470.7
清华紫光（集团）总公司	49	39878.2
北京轮胎厂（北京首创轮胎有限责任公司）	50	37425.6
北京星海乐器有限责任公司	51	36567.4
北京市牛栏山酒厂	52	34641.2
北京红星酿酒集团公司	53	32515.8
北京二七机车厂	54	31508.0
北京电力设备总厂	55	31241.5
北京四通松下电工有限公司	56	31171.2
北京双鹤药业股份有限公司	57	30794.2
北京煤矿机械厂	58	29319.0
北京顺美服装股份有限公司	59	28969.0
北京市顺义宏利钢管有限公司	60	25523.3
北京玻璃集团公司	61	24833.8
北京古桥电器公司	62	24266.2
北京亚洲双合盛五星啤酒有限公司	63	24139.3
北京市三露厂	64	23925.5
北京市液化石油气公司	65	23458.0
拜耳医药保健有限公司	66	22353.0
北京化工实验厂	67	22044.9
北京兆维电子（集团）有限责任公司	68	21830.8
北京健力宝太平洋包装制品有限公司	69	21504.8
北京北化精细化学品有限责任公司	70	21358.0
北京电视配件三厂	71	20394.6
北京第一机床厂	72	20261.9
北京爱立信通信系统有限公司	73	20233.7
北京万东医疗装备股份有限公司	74	19688.0
北京三环亚太啤酒有限公司	75	19567.9
北京敬业电工集团	76	19278.1
北京雪莲羊绒有限公司	77	19017.3
北京邮电电话设备厂	78	18971.9

（续表）

企　业　名　称	序号	销售收入
北京起重机器厂	79	18865.9
北京市电机总厂	80	18601.4
邮电部北京邮票厂	81	17833.4
丰台桥梁工厂	82	17555.0
北京京海集团公司	83	17309.9
北京第三制药厂	84	17299.8
北京市东方罗门哈斯有限公司	85	17222.2
北京重型电机厂	86	17079.6
北京市造纸包装工业公司	87	16554.3
北京合成纤维实验厂（北京华英纶化纤公司）	88	16419.7
北京广东健力宝饮料有限公司	89	16301.7
北京 ABB 电气传动系统有限公司	90	16081.3
北京雪花电器集团公司	91	15700.5
北人集团公司	92	15549.9
北京电研高技术实业总公司	93	15493.0
中国迅达电梯有限公司	94	15433.2
北京染料厂	95	15260.5
国营华北光学仪器厂	96	15076.0
北京天海工业有限公司	97	15026.8
SMC（中国）有限公司	98	14386.5
北京保温瓶工业公司	99	14341.4
北京平谷县化工总厂	100	13980.1

天　津　市

综　述

1999 年全市国民经济继续保持良好的发展态势。全年实现国内生产总值 1450.1 亿元，按可比价格计算，比上年增长 10.04%，继续高于全国平均增长水平。人均国内生产总值由上年的 14.808 元增加到 15.932 元，增长 9.1%。

产业结构发生明显变化：第一产业发展平稳，完成增加值 71 亿元，比上年增长 0.1%，占国内生产总值的比重为 4.9%，比上年回落 0.6 个百分点。第二产业发展明显加快，成为全市经济增长的主要推动力量，完成增加值 711.76 亿元，比上年增长 11.7%，高于全市国内生产总值增幅 1.66 个百分点，占国内生产总值的比重为 49.1%，其中工业增加值 640.06 亿元，增长 12.63%。第三产业继续稳步发展，完成增加值 667.34 亿元，比上年增长 8.89%，占国内生产总值的比重为 46.0%，比上年提高 0.9 个百分点。

经济体制改革稳步推进。以国有企业为重点的企业改革逐步深化,组建企业集团工作取得新的进展,截至1999年底,全市企业集团总数达到314家,企业规模效益逐步显现,增强了企业整体经济实力。粮食流通体制改革顺利完成,要素市场建设继续发展,住房制度改革已经展开。

劳动就业工作继续得到加强,就业结构有所变化,年末全市单位从业人员207.71万人,其中国有单位133.38万人,比上年减少10.8万人;集体单位31.12万人,比上年减少5.14万人;其他所有制单位43.21万人,比上年增加5.08万人。全市拥有职业介绍与人才交流机构272个,全年全市人才和劳务市场共有318.94万人次进场择业洽谈,62.53万人达成初步意向。国有企业下岗职工再就业工作取得显著成效,全年有9.96万下岗职工通过多种渠道实现再就业,当年再就业率为58.6%。全年城镇登记失业率为2.9%。

私营个体经济发展加快。截至1999年底,全市私营企业3.07万户,个体经济24.32万户;私营企业和个体经济从业人员分别为34.36万人和34.63万人;私营个体经济实现增加值204.46亿元,比上年增长26.2%,占全市国内生产总值的比重比上年进一步提高。

经济运行中存在的主要问题是:经济运行的整体质量还不高,结构性矛盾仍较突出,第三产业增幅趋缓,固定资产投资下降,部分国有企业生产经营困难,下岗职工再就业压力还比较大。

工业经济

1999年,全市工业认真贯彻党的十五届四中全会和市委七届四次、五次全会精神。工业战线广大干部职工坚持解放思想、更新观念、开拓创新、奋进向上的改革精神,围绕实现国有企业改革脱困目标,加大战略性结构调整与企业重组力度,认真落实搞好国有企业的各项措施,努力提高经济运行质量和效益,各项工作取得积极进展,工业经济保持了持续稳定发展态势。

(一)工业经济保持较好增长势头,对全市经济增长的拉动作用明显增强

全市工业完成工业增加值481.62亿元,同比增长13.21%,高于全国平均增幅4.21个百分点。其中轻工业增长15.78%,重工业增长11.56%;三资企业增幅最高,达到20.02%。经委系统累计完成增加值239.07亿元,同比增长9.5%,比市下达考核的增幅目标提高6个百分点。全市工业累计完成工业总产值2236.98亿元,同比增长15.18%,增幅在全国30个省市中居第5位,是近3年增长速度最快的一年。其中,国有工业完成产值482.29亿元,同比增长4.54%;集体工业完成557.24亿元,同比增长11.66%;股份制及股份合作制工业完成266.26亿元,同比增长11.19%;外商及港澳台投资企业完成883.9亿元,同比增长23.01%。地方工业增幅明显加快,累计完成1981.99亿元,同比增长15.76%,高于中央工业9.07个百分点;地方工业中工业系统增幅列第一位,达21.05%。

(二)工业产销衔接水平不断提高

全市工业累计完成销售产值2188.96亿元,同比增长8.14%,产销率逐月提高,一季度末94.6%,二季度末95.6%,三季度末97.6%,四季度末97.9%,全年产销率比全国平均水平高0.69个百分点。其中国有工业产销率超过100%,工业系统达到99.62%,同比提高1.48个百分点,高于全市工业1.77个百分点。产销同步增长有力地推动了工业稳步发展。

(三)工业出口继续保持较快增长

全市工业出口时售值累计完成474.2亿元,同比增长13.47%。工业系统完成出口交货值150亿元,同比增长34.5%,比全市工业出口增幅高21.03个百分点,机电产品出口125.14亿元,同比增长58.6%,占工业系统出口总额的83.43%。工业系统自营企业出口创汇3.2亿美元,同比增长14.3%,比预期目标提高6.5%。出口交货值占总产值比重达23.25%。

(四)工业企业经济效益明显好转,总体运行质量有所提高

全市4299户独立核算工业企业(年销售收入500万元以上,下同),全年经济效益综合指数达到104.25%,比去年同期提高10.5个百分点;销售收入利税率8.6%,同比增长1.22个百分点;全员劳动生产率人均提高2353元/人;利息支出下降16%;成本费用利润率同比提高1.64个百分点;全年实现销售收入2034.65亿元,同比增长10.5%;实现利润83.35亿元,同比增长78.8%;实现利税175.02亿元,同比增长30.7%;亏损企业亏损额下降24.1%;盈利企业盈利额上升17.6%。全市国有及国有控股大中型企业实现整体扭亏为盈,全年实现利润503万元。

结构调整与企业重组

1999年,天津工业坚持了以改革和发展统揽全局的工作方针,继续坚持以市场为导向,积极实施战略性结构调整,工业结构发生了明显变化。

（一）产业结构调整成效显著，工业增量持续增长

从1992年到1999年的七年中，工业增加值净增430.06亿元，年均增长12.5%。工业增加值占全市国内生产总值的比重达到44.14%。支柱产业保持了一定的增长势头。1992年至1999年，四个支柱产业总产值年均增长24%，增加值年均增长21%，利税年均增长20%，支柱产业工业总产值占全市工业的比重达到54%，比1994年提高了20个百分点。高新技术和新兴产业逐步发展。以微型计算机、数字程控交换机为代表的电子信息产业，以镍氢电池、高效节能产品为代表的新能源新材料，以柔性制造设备、数控机床、电力电子技术设备为代表的光机电一体化产业以及现代生物医药等高新技术产业产品产值587亿元，占全市工业总产值的比重由1992年的5%提高到20%。纺织、轻工传统产业的比重由1992年的20%下降到目前的10%左右。

（二）组织结构调整步伐加快

1999年，天津工业以建立现代企业制度为方向，本着从整体上搞活国有经济，加大企业整体实力，从组织结构上打破常规搞重组。一批有发展潜力的企业通过强强联合做大做强。到1999年底，全市工业企业集团达到210家，占全市集团总数的68%，集团总资产达到1400亿元，净资产550亿元，销售收入1000亿元。工业系统组建和完善企业集团42户，其中1999年新组建及重组7户。42户企业集团资产总额900亿元，占工业系统总资产的60%；净资产340亿元，占70%；年销售收入近500亿元，占59%。42户企业集团中，总资产在100亿元以上的有3户，分别是天汽集团、渤海化工集团和大港油田集团；总资产在50亿元以上的有2户，其一是天铁冶金集团；总资产在10亿元以上的有7户，分别是天钢集团、隆庆集团、海豚橡胶集团、摩托集团、长芦海晶集团、实发集团和机床集团。42户集团中，列入全国120户大型企业集团的有2户，分别是渤海化工集团和天汽集团。

工业系统185户国有大中型骨干企业累计有131户完成了公司制改革，占185户的70.8%。在131户改制企业中实现多元投资主体的82户，占已改制企业62.6%。中小企业积极探索公有制多种实现形式，工业系统886户中小企业已有766户完成多种形式改革，占87%。

（三）资本结构调整力度加大

天津市工业抓住国家对重点企业实施债转股等措施，加速推进全市工业资本结构调整。

1999年，国家首批实施企业债权转股权，天津市向国家经贸委分三批推荐了20户企业，有10户企业被国家经贸委推荐为债转股企业，这10户企业是：天津钢管公司、天津联化公司、天津东方红化工厂、天津振兴水泥公司、天津光电通信公司、天津汽车工业总公司、天津天一纺织集团有限公司、中纺机天津市纺织机械厂、天津天龙纸业有限公司。总转股额为220亿元。其中，天津钢管公司、联合化学公司已于1999年9月30日、11月2日分别与资产经营公司草签了债转股协议并同时实现了停息。

截至1999年末，天津市工业实施兼并、破产和减员增效的企业共有267户（其中兼并221户、破产34户、减员增效12户），盘活资产140.12亿元，核销呆坏账金42.51亿元。其中，1999年兼并21户，破产5户，盘活资产33.41亿元，核销呆坏账金5.89亿元（加上年结转余额1999年共核呆12亿元）。同时，在调整中，把优化资本结构和优化土地使用结构结合起来，按照工业布局调整规划，积极盘活土地存量。截至1999年末，天津市工业企业共有474户企业调整开发土地503.36万平方米，协议资金51.85亿元，到位资金29.3亿元。

通过引资嫁接、股份合作等形式，使一批国有企业焕发了活力。截至1999年末，工业系统利用外资项目644个，利用外资45亿美元。

通过实施股份制改造，到1999年底，全市上市公司已有15家，境内外共计发行上市17支股票，共融资67.42亿元。在这15家企业中，工业企业有6家，在境内外发行7支股票，其中A股5支，H股、S股各一支，合计融资29.5亿元。依次为天津磁卡、泰达股份（美纶）、灯塔油漆、渤海化工（A、H）、中新药业（S）、夏利汽车。1999年，工业系统企业上市工作取得了一定的进展。先后有一个企业挂牌上市（汽车公司于5月28日上市，募集资金13亿）；有两个高科技企业通过认证（天津药业8月、蓝天电源12月分别通过科技部、中科院高科技企业认证）；有三个企业通过预审（津泰橡胶核定公发额度7500万股，万华塑料核定公发额度4000万股，中外建核定公发额度3500万股）；有四个企业完成股份制改组（天津药业、蓝天电源、特精、隆庆分别完成股份制改组）。另外，已上市公司再融资与重组工作取得进展。天津磁卡获配股4000万股，募集资金4亿元，其中社会融资近2亿元；中新药业增发A股方案已获国家计委、经贸委原则通过。

（四）产品结构得到进一步优化

天津市工业经过嫁接改造调整和技术创新，产品结构进一步优化，一批名牌拳头产品成为新的经济增长点。已经形成以石油套管、农用子午胎、高负荷苯酐催化剂、彩管、空调器、无氟冰箱压缩机等为代表的一批新产品。新产品产值率已达24%。形成了以高速线材、工程机械、抵羊毛线等为代表的实施改造后已具有较强竞争力的传统产品。形成了以奥的斯电梯、灯塔油漆、复方丹参滴丸、王朝葡萄酒等为代表的在同行业具有相对优势的151个名牌拳头产品。新产品和高新技术产品发展加快。全市工业新产品产值445.75亿元，新产品产值率达20%；高新技术产品产值586.98亿元，同比增长19.8%，增幅比去年同期高14个百分点。工业系统完成新产品试制2028种，投产1656种，比1998年增长16.23%，新产品产值率达24.5%，比1998年提高2个百分点。

经过实施战略性结构调整，天津工业实力进一步增强。全市独立核算工业企业总资产1999年比1992年净增2554.7亿元。固定资产净值是1992年的4.74倍。全市工业总产值7年年均增长16.3%，工业增加值7年年均增长12.5%。1999年全市工业共上缴各级财政税收91.7亿元，其中国有工业上缴33.7亿元。

企业改革与脱困

根据国家划型标准，截至1997年末，天津市工、商、建、农、外经贸5个系统共有国有大中型企业429户，其中亏损企业184户，亏损面42.9%。按照国务院提出的“到2000年末，把国有大中型企业亏损面降到20%左右”的要求，到2000年末，全市184户大中型亏损企业要控制在85户，即三年内要使99户亏损企业摆脱困境。两年来，全市工业坚持“依靠创新求发展，立足发展抓脱困”的思路和一系列标本兼治的根本性措施，狠抓扭亏脱困责任制的落实，加强分类指导和政策引导，出台了扶植重点脱困企业扭亏脱困的12条政策措施，不断加大脱困工作力度，到1999年末共有70户大中型亏损企业摆脱困境。2000年9月底以前可以有30户亏损企业走出困境，能够提前一季度完成三年脱困任务。

1999年，国有及国有控股1204户企业（其中亏损605户，亏损面50.2%）实现销售收入750亿元，同比增长8.9%；实现利税52.3亿元，同比增长39.1%；实现利润盈亏相抵后净亏损2.2亿元，比上年减亏10亿元；其中盈利企业盈利额26.6亿元，与上年持平；亏损企业亏损额28.8亿元，上年为38.8亿元，比上年减亏25.8%。其中，国有大中型企业332户，实现销售收入652.3亿元，同比增长7.8%；实现利税51.1亿元，同比增长40%；实现利润503万元，比上年减亏增利9.6亿元。亏损面从42%下降到35%，为2000年三季度末完成脱困目标奠定了基础。

在具体工作中，围绕实现到2000年三季度末使100户国有大中型重点亏损企业摆脱困境，将亏损面降到20%以下的目标，一是狠抓了扭亏脱困责任制的“四级三落实”。建立了从市政府、各综合部门、总公司（集团）到企业的四级责任制，并从工经两委机关抽调了33名骨干，深入重点脱困企业开展支帮促。工业两委领导每人也都把1～2户脱困企业作为联系点，及时为企业协调解决脱困工作中遇到的诸如资金短缺等难题。二是加强领导班子建设，大力调整班子，实施重奖重罚。制定了对脱困企业经营者的奖罚办法。对当年扭亏的企业实施重奖，对由于主观原因不能按期扭亏的企业经营者，一年亮黄牌，两年就地免职。三是建立、完善了联席会议和工作进度报告制度，对脱困工作实施及时调度。四是加强分类指导和政策引导。对列入1999年脱困计划的重点企业加大了一厂一策、一厂多策分类指导的力度，准确把握运用国家各项政策，并实行政策倾斜，将债转股、持改贴息、兼并破产等政策用足用好。进一步为国有及国有控股大中型亏损企业实现扭亏脱困目标创造了良好的外部条件。

技术创新和引资改造

近几年的嫁接改造全面推进了技术进步，形成一批新的经济增长点，1999年发挥了明显作用。一是强化重点项目实施。20家企业技术中心自主开发投产的176个项目，实现产值72亿元，占工业系统新产品产值的40%。20个重点技术创新项目新增产值40亿元。一批产学研合作项目、新技术示范项目和重点新品试产项目也开始发挥效益，全年新增产值21.7亿元。二是狠抓技改项目投产。27个重点投产项目全年新增产值60亿元，比年初计划提高20%。如三星彩色显像管项目1998年10月份投产，1999年就实现产值20多亿元。同时加快61个在建项目建设。狠抓119个新开工项目，其中1998年开工70项。全年地方工业技术改造投资完成54.5亿元，同比增长2%。三是重点抓了迪尔拖拉机、丰田整车、霍戈文公司与铝合金厂合作、史克二期工程等一批利用外资项目的谈判审批进度。通过努力，全年完成协议外资额7亿美元，外资到位额4亿美元。已开工的合资合作企业，全年实现产值400亿元，增长28%；实现利税35亿元，增长17%；出口创汇9.5亿元，增长19%。

中小企业信用担保

为贯彻市领导关于加快建立天津市中小企业信用担保体系工作的指示，推动全市中小企业服务体系的建设，改善对中小企业的金融服务，解决中小企业融资难、特别是贷款难的问题，根据国家经贸委《关于建立中小企业信用担保体系试点的指导意见》，经市政府批准，天津市中小企业信用担保中心已于1999年9月28日正式揭牌成立。正式运营五个月以来，得到了市委、市政府及各有关综合部门的关心、指导和帮助，担保中心工作已从初期启动进入全面铺开阶段，并显现出积极发展的势头。

多年来，市委、市政府高度重视中小企业的发展，在抓好大集团、大企业的同时，把“放小”与“扶小”相结合，采取了一系列措施，扶持和促进中小企业发展。在全市独立核算的地方工业经济中，中小企业为5061户，占总户数的94.3%，全部职工85.99万人，占总人数的67.3%，资产总额1198.8亿元，占43%，销售收入943.1亿元，占55.9%，利税总额74.4亿元，占54.2%（其中利润总额45.4亿元，占69.2%）。中小企业在我市经济发展中起着举足轻重的作用。

担保中心运营以来通过采取大量的基础性工作，起草和修订了天津市中小企业信用担保的有关文件，包括《天津市中小企业信用担保管理办法》、《天津市中小企业信用担保中心章程》、《关于组建天津市中小企业信用担保体系指导意见》、《天津市中小企业信用担保中心会员章程》以及《天津市中小企业信用担保中心实施细则》五个文件。另外，为保证担保业务的可操作性、合法性，制定了担保业务的法律文件。同时，建立和完善担保中心内部管理制度，使担保中心从起步阶段就达到规范运作；通过加强协调工作，拓宽业务渠道，积极进行担保资金的筹措。按照国家经贸委《指导意见》关于担保资金的来源主要以财政拨款为主，社会筹资为辅，多元募集、滚动积累。到1998年底，担保资金规模已达7000万元，其中市财政拨款2000万元，市经委筹资500万元。并通过积极发展会员单位，扩大资金来源，现已有8户企业入会，缴纳入会保证金32万元，意向入会企业20户。担保中心已为32户企业办理了35笔担保业务，担保贷款额6450万元。在32户企业中，国有及国有控股企业22户，集体企业7户，科技民营企业2户，三资企业1户。担保期限一般为5～8个月，担保贷款额度一般每笔在200万元以下。目前，天津市担保中心提供担保的户数和贷款额在国家经贸委系统内的担保机构中居首位。担保中心的规范运营，为天津市中小企业的发展起到了积极作用。

市场开发

为了更好地应对市场约束不断增强的形势，1999年，天津市引导组织企业抓住国家扩大内需的有利时机，积极组织企业抓市场、抢市场、占市场、争市场、夺市场，围绕市场开拓，主动调整、优化产品结构，改善营销服务。根据年初要打好扩大产品市场、农村市场、出口市场和配套市场四个硬仗的部署，做了大量艰苦细致的工作。召开了“天津市工商联手共同开拓市场会议”和“天津市工业系统市场营销经验报告会”，推出了天津汽车东北销售有限公司等五个企业典型；组织了世博会、天交会等大型营销活动13次，累计销售天津产品30亿元；组织70多家重点企业跟踪建设项目，承接配套合同30多亿元；积极扩大与各地的经济协作，建立协作配套网络，网络单位达230家。通过努力开拓市场空间，在市场有效需求不足的情况下，工业系统完成销售收入668亿元，同比增长13.55%。在开拓市场工作中，天津市着重抓了100种销售额在1000万元以上的大产品和151个名牌产品的营销。100种重点产品实现销售收入462亿元，其中57种销售额在亿元以上的产品实现销售收入324亿元。151个名牌拳头产品实现销售收入350亿元，占全市工业销售收入的18%。

天津市在组织企业巩固传统市场的同时，积极引导企业与国内大企业、大集团形成合作伙伴关系。光电通信公司等在为摩托罗拉公司、LG公司、通广三星公司等企业的配套加工中，收到了较大的经济效益，同时也提高了自身的技术和管理水平。在去年的营销中，工业产品在本地市场的份额明显增加，全年配套额突破100亿元，同比提高10%，本地化率达70%。

天津市积极扶植钢管公司、药业公司、棉一集团等出口大户，培养支持针织公司、色织公司等出口能力较强的出口企业克服东南亚金融危机的影响，扩大出口。同时，帮助企业落实被动配额，促进了企业出口创汇和市场结构的调整。

解困再就业

两个确保工作取得了突破性进展。1999年，工业系统积极参与，主动配合市有关部门在确保下岗职工基本生活保障方面出台了一系列新的政策，在一些重点、难点问题上实现了新的突破。一是建立了随下随进再就业服务中心的机制。工业系统有762户企业享受“三三制”政策，8.1万名下岗职工进入了再就业中心。二是经市财政批准，工业系统有118户企业2万名下岗职工基本生活保障资金由财政兜底解决。三是各级领导进一步提高了对下岗职工基本生活保障和再就业重要意义的认识，增强了政治责任心，企业自筹资金的能力进一步加强。截至1999年末，已有455户企业能够自筹资金对3.5万名进入再就业中心的下岗职工能够按时按标准发放基本生活费，占全部进中心人数的44%，比1998年末提高了14个百分点。同时，对企业离退休人员统筹项目内养老金保证了按时足额发放。1999年，工业系统对不能足额发放统筹项目内养老金的困难企业借款1.38亿元。

加大再就业工作力度，努力开辟再就业渠道，较好地完成了再就业工作目标。1999年，工业系统把实施再就业工程作为从整体上搞好国有经济，实现国有企业战略性结构调整的重大举措。一是加强了再就业中心的管理，规范了运作。工业系统凡是有下岗职工的企业全部建立了再就业服务中心，配备了专职人员3600名，并建立了各项工作制度，设立了各种基础台账。二是积极开展下岗职工再就业培训工作。全年共开办裁剪、家电维修、家政服务、物业管理等培训班498期，培训下岗职工3万多人次。三是积极开拓再就业渠道，重点做好下岗职工分流安置工作。全年通过发展生产开展自救、加大结构调整力度、建立再就业基地等途径分流安置下岗职工7万人。截至1999年底，工业系统累计分流安置下岗职工24.6万人，分流安置率达到了77.8%。

（朱志刚　刘　理　朱智峰）

附表1　　1998～1999年天津市限额及以上工业总产值　　单位：亿元

项　　目	1998年	1999年	1999年比1998年增长%
全　市　总　计	**2068.51**	**2264.55**	**16.26**
#国有及国有控股企业	763.44	733.93	−5.53
按登记注册类型分组：			
一、内资企业			
国有企业	454.95	434.04	−3.87
集体企业	468.45	442.07	1.72
股份合作企业	88.40	114.90	37.54
私　营	11.06	38.43	2.89倍
股份有限公司	40.61	68.04	65.75
有限责任公司	119.84	133.43	27.59
#国有独资	102.53	110.85	24.70
联营经济	40.62	55.28	24.66
#国有与国有联营企业	15.16	27.46	31.76
集体与集体联营企业	3.38	3.18	−9.05
其他内资企业			
二、港澳台商投资企业	196.45	187.80	0.53
三、外商投资企业	648.12	790.56	28.81
按经济类型分组：			
国有经济	572.64	572.33	0.76
集体经济	560.23	560.15	7.09
私有经济	11.06	38.43	2.89倍
港澳台商投资经济	196.45	187.80	0.53
外商投资经济	648.12	790.56	28.81
其　他	80.01	115.28	48.95
按隶属关系分组：			
中央工业	236.71	249.71	−4.10

（续表）

项　　目	1998年	1999年	1999年比1998年增长%
地方工业	1831.80	2014.84	16.76
市属工业	1058.79	1276.75	27.21
#工业系统	589.68	671.62	25.27
县属工业	27.75	32.13	15.82
区属工业	92.06	48.20	−47.07
街属工业	2.26	2.51	19.29
乡、镇属工业	216.80	215.39	7.59
按轻重分组：			
轻工业	767.01	838.30	21.83
重工业	1301.50	1426.25	12.70
按规模分组：			
大　型	1043.72	1160.28	20.80
中　型	202.46	195.35	2.37
小　型	822.33	908.92	13.78

附表2　　1978～1999年天津市工业总产值及增长速度

年　　份	全部工业总产值	按轻重分		按经济类型分		
		轻工业	重工业	国有经济	集体经济	其他经济
绝对数(亿元)						
1978	157.90	81.47	76.43	127.49	30.41	
1979	175.52	89.73	85.79	141.43	34.07	0.02
1980	195.94	106.00	89.94	156.11	39.44	0.39
1981	205.87	121.92	83.95	161.96	42.84	1.07
1982	218.41	123.87	94.54	170.49	46.46	1.46
1983	235.33	127.83	107.50	182.47	50.90	1.96
1984	259.10	138.36	120.74	195.34	60.50	3.26
1985	319.47	164.22	155.25	230.34	83.89	5.24
1986	344.73	174.84	169.89	243.52	92.77	8.44
1987	405.49	205.51	199.98	273.06	119.98	12.45
1988	521.10	267.48	253.62	320.06	179.73	21.31
1989	635.22	318.41	316.81	386.40	221.93	26.89
1990	679.94	354.50	325.44	404.28	243.44	36.73
1991	786.60	392.29	394.31	436.43	295.72	54.45
1992	997.91	465.48	532.43	492.15	402.42	103.34
1993	1401.84	530.05	871.79	628.76	573.51	199.57
1994	1754.30	760.80	993.50	648.10	675.59	430.61
1995	1879.65	752.03	1127.62	582.51	704.36	592.78
1996	2177.42	1014.46	1162.96	587.86	798.77	790.79
1997	2450.21	1130.04	1320.17	636.94	963.77	849.50
1998	2562.62	1157.09	1405.53	572.64	731.59	1258.39
1999	2751.37	1128.47	1622.90	572.33	704.71	1474.33
比上年增长%						
1978	14.25	14.60	13.89	15.56	7.39	
1979	9.61	10.66	8.52	9.68	10.79	

（续表）

年　份	全部工业总产值	按轻重分		按经济类型分		
		轻工业	重工业	国有经济	集体经济	其他经济
1980	11.41	18.86	3.43	9.57	14.87	19.5倍
1981	6.5	15.08	－3.89	6.01	11.03	1.73倍
1982	6.37	4.10	9.73	5.11	10.54	32.74
1983	8.50	7.20	10.33	7.78	10.33	34.00
1984	11.27	11.76	10.61	8.19	20.09	69.15
1985	15.88	12.84	20.05	10.81	30.36	50.88
1986	6.54	7.27	5.58	4.39	9.16	58.87
1987	11.83	7.05	18.11	6.61	22.96	40.12
1988	18.40	19.67	16.89	7.99	38.00	57.88
1989	9.03	12.32	5.04	－0.95	23.48	37.10
1990	7.82	5.27	11.15	－0.07	16.02	38.35
1991	12.18	7.05	17.73	2.39	24.50	42.17
1992	24.23	22.49	26.33	7.32	37.21	90.00
1993	25.06	8.92	40.46	－1.63	37.50	95.71
1994	19.06	33.77	8.17	－6.60	28.98	99.06
1995	23.50	11.15	34.80	－3.30	－22.58	1.07倍
1996	24.66	31.76	19.50	4.90	45.79	18.74
1997	12.86	13.59	12.15	7.79	－8.75	48.24
1998	8.47	9.93	7.22	－2.10	－1.31	19.92
1999	13.03	5.90	19.39	－0.24	3.17	22.23

注：工业总产值绝对数按当年价格计算，增长速度按可比价格计算。

河　北　省

综　述

1999年，全省入统工业企业（国有及年销售收入500万元以上非国有工业，下同）共7418户，其中国有及国有控股工业企业3051户，占全部企业的41.1%；从业人员280.3万人，其中国有及国有控股工业182.8万人，占全部从业人员的65.2%；总资产4839.2亿元，其中国有及国有控股工业3734.3亿元，占全部总资产的77.2%。近年来，全省工业经济发展较快，主要经济指标在全国位次前移。1999年与1990年相比，全省入统工业实现销售收入由居全国第9位前移到第7位，实现利税由第14位前移到第7位，实现利润由第18位前移到第6位，技改投资由第6位前移到第3位，经济效益综合指数由第25位前移到第10位。

1999年，全省工业经济运行的主要特点是：增速较快，产销衔接较好，效益恢复性增长。

（一）工业生产稳定增长

1999年，全省入统工业企业实现销售收入2936.4亿元，同比增长10.92%，其中，国有及国有控股工业实现销售收入1709.6亿元，同比增长9.02%。全部工业完成增加值1950.2亿元，占第二产业的86.9%，占全省GDP的42.7%。入统工业企业完成增加值971.25亿元，同比增长12.1%，其中，轻工业完成310.52亿元，同比增长12.37%，重工业完成660.73亿元，同比增长11.51%；国有及国有控股工业完成580.7亿元，同比增长11.98%；集体企业完成218.93亿元，同比增长13.88%；三资企业完成210.12亿元，同比增长14.11%；大中型企业完成532.44亿元，同比增长11.08%，国有大中型企业完成344.79亿元，同比增长11.21%。

（二）产销衔接水平进一步提高

1999年，全省入统工业企业产销率达到97.71%，比上年提高0.21个百分点，高于全国平均水平0.55个百分点。其中，轻工业产销率97.65%，提高0.56个百分点；重工业97.74%，提高0.06个百分点；国有及国有控股工业98.34%，同比持平；集体工业96.95%，提高0.74个百分点；大中型企业98.8%，提高0.57个百分点；国有大中型企业98.8%，下降0.43个百分点。

（三）工业经济效益水平明显好转

1999年，全省入统工业企业经济效益综合指数为104%，同比提高4.5个百分点。其中，总资产贡献率为8.4%，同比提高0.1个百分点；资本保值增值率为105.7%，同比降低5.4个百分点；资产负债率为64.4%，同比提高0.9个百分点；流动资产周转次数为1.6次，同比增加0.1次；成本费用利润率为4.7%，同比提高0.5个百分点；全员劳动生产率为28314元/人，同比提高17.6%。

1999年，全省入统工业企业实现利税304.66亿元，比上年增长18.33%。其中，国有及国有控股企业完成187.32亿元，比上年增长18.88%；集体企业完成65.77亿元，比上年增长11.07%；外商和港澳台商投资企业完成24.09亿元，比上年增长51.11%；大中型企业完成181.69亿元，比上年增长17.49%，国有大中型企业完成113.78亿元，比上年增长19.35%。

1999年，全省入统企业实现利润129.15亿元，比上年增长24.11%。其中，国有及国有控股企业完成57.38亿元，比上年增长30.3%；集体企业完成42.76亿元，比上年增长11.6%；外商和港澳台商投资企业完成10.26亿元，比上年增长158.56%；大中型企业完成55.65亿元，比上年增长26.3%，国有大中型企业完成21.81亿元，比上年增长21.9%。

（四）主要工业行业指标完成情况

1999年，全省冶金、机械、建材、食品、化工（医药）等五大支柱产业和纺织、轻工等传统产业继续保持良好发展势头。(1)冶金行业。总资产866.41亿元，销售收入489.10亿元，实现利税43.89亿元，实现利润17.52亿元；总资产贡献率6.9%，总资产报酬率3.85%。(2)石油化工行业。总资产759.1亿元，销售收入406.77亿元，实现利税45.02亿元，实现利润16.69亿元；总资产贡献率7.43%，总资产报酬率3.7%。(3)电力煤气自来水行业。总资产742.55亿元，销售收入449.76亿元，实现利税51.85亿元，实现利润22.61亿元；总资产贡献率8.65%，总资产报酬率4.71%。(4)机械行业。总资产727.64亿元，销售收入435.25亿元，实现利税36.5亿元，实现利润16.38亿元；总资产贡献率6.96%，总资产报酬率4.19%。(5)建材行业。总资产395.35亿元，销售收入186.24亿元，实现利税22.48亿元，实现利润9.09亿元；总资产贡献率7.23%，总资产报酬率3.85%。(6)纺织行业。总资产348.36亿元，销售收入248.6亿元，实现利税19.35亿元，实现利润8.91亿元；总资产贡献率7.27%，总资产报酬率4.28%。(7)食品行业。总资产331.22亿元，销售收入282.84亿元，实现利税35.19亿元，实现利润9.67亿元；总资产贡献率12.79%，总资产报酬率5.08%。(8)轻工行业。总资产272.74亿元，销售收入226.29亿元，实现利税25.12亿元，实现利润16.12亿元；总资产贡献率11.18%，总资产报酬率7.88%。(9)煤炭行业。总资产243.29亿元，销售收入74.46亿元，实现利税7.27亿元，实现利润0.60亿元；总资产贡献率3.73%，总资产报酬率0.99%。(10)医药行业。总资产213.68亿元，销售收入109.58亿元，实现利税11.59亿元，实现利润6.26亿元；总资产贡献率7.31%，总资产报酬率4.81%。(11)电子行业。总资产54.75亿元，销售收入27.50亿元，实现利税1.8亿元，实现利润0.06亿元；总资产贡献率8.12%，总资产报酬率4.94%。

（五）培育了一批拉动力强的优势名牌产品

在激烈的市场竞争中，河北省通过积极调整产品结构，大力实施名牌战略，培育了一批关联作用大、拉动力强、具有较强竞争优势的优质名牌产品，一批产品产量位居全国前列。在国家工商局认定的全国驰名商标中，河北省有乐凯胶片、华北牌青霉素、三鹿奶粉、露露饮料、风帆蓄电池、华龙方便面和三利毛线等7种。此外，长城葡萄酒、旭日升饮料、妙士活性乳、天威变压器、宣工推土机、冀东水泥、SKF复合肥、辛集钡盐等在全国也有较高知名度。

1999年，在国家统计的12种主要产品中，河北省平板玻璃产量居全国第2位，纯碱、钢产量居第3位，发电量、成品钢材、布产量居第4位，原煤、农用化肥（折纯）产量居第5位，水泥产量居第6位，烧碱产量居第8位，原油产量居第12位。

1999年，从全省重点监控的80种主要工业产品完成情况看，增产或持平的有57种，下降的有23种。能源类产品中发电量、天然气保持了较快的增长势头，分别增长12.16%和11.82%，受限产政策、消费结构变化和市场制约影响，原煤和原油产量均有所下降，降幅分别为0.55%和1.03%；冶金类产品继续保持较高增速，钢增长18.94%，成品钢材增长16.84%，生铁增长15.47%，铝材增长16.64%；建材类产品中水泥增长22.59%，大理石板材增长42.9%，卫生陶瓷增长4.82%，平板玻璃下降3.37%；食品类产品总体上保持较高增速，乳制品增长22.9%，罐头增长27.86%，软饮料增长55.14%，白酒增长19.07%，啤酒增长12.06%，机制糖增长18.4%；支农产品中化学农药增长16.57%，化肥增长3.42%，小型拖拉机增长3.86%。其他增幅较大的产品有变压器增长11.16%，原盐增长24.77%，化学纤维增长10.83%，饲料增长17.02%，化学原料药增长29.83%，程控交换机增长526.82%，电影胶片增长72.44%，照相胶卷增长30.97%。一些市场竞争激烈、技术含量较低的轻工类产品产量降幅较大，合成洗涤剂下降54.58%，火柴下降14.87%，塑料制品下降1.94%。

（六）贸易系统发展势头趋好

1999年，全省社会消费品零售总额完成1458.8亿元，同比增长9.5%。全部商业企业实现利润1428万元，比上年增长34.8%。全省新增商业网点营业面积15万平方米，比上年增长5.15%；新设扩建批发市场9个，新增营业面积37.7万平方米。年成交额超亿元的批发市场达到11家，总成交额突破63亿元。

国有企业改革

河北省是国有企业较多的省份，到1999年底，全省列入国家520户重点企业的有36户，列入国家120户试点企业集团的有5户，在国家6599户重点亏损企业名单中，河北省有258户。国有企业改革是工业经济发展一项长期而艰巨的工作，近年来，河北省工业系统紧紧围绕国企三年改革与脱困总目标，坚持“三改一加强”，着眼于从整体上搞好国有经济，突出重点，择优扶强，抓大放小，加大兼并破产工作力度，深化国企改革，国有企业战略性改组和各项改革取得了明显成效。

（一）积极推进现代企业制度建设

从1994年开始，全省确定了212户企业作为建制试点企业。1998年由试点向面上推开，制定了《河北省国有大中型骨干企业1998～2000年初步建立现代企业制度实施规划》（冀政[97L95号]）。1999年按照公司法有关规定，对一批具备条件的国有企业进行了公司制改革，构建法人治理结构并规范运作。按照1999年底国家经贸委对国有大中型企业建立现代企业制度提出的新标准、新要求，确定了60户在全省工业经济中发挥重要作用的国有及国有控股大中型骨干企业，到2000年底初步建立现代企业制度。围绕抓紧建立和完善现代企业制度，切实抓好“一化三规范”，即大力推进企业股权多元化，规范公司制改革形式、规范公司法人治理结构、规范国有出资人制度，切实把现代企业制度建设落到实处。到目前，60户企业已全部进行公司制改革。其中，主体改为有限责任公司的56户（国有独资公司46户），股份有限公司的4户。

（二）大力推进股份制改造

按照《公司法》规定，对一批国有企业进行了股份制改造和公司制改革，逐步转换企业经营机制，构建和完善企业法人治理结构，提高企业管理水平，使企业真正成为自主经营、自负盈亏的法人实体和市场竞争主体，带动和促进了企业规模扩张和效益提高。到1999年底，全省国有企业有1182户完成了公司制改造，占总户数的29%，融资225亿元。其中改为股份有限公司的133户，融资156.5亿元。在全部股份制企业中，国有股占65.5%，社会法人股占20%，职工持股占11%，外商投资入股占3.5%。全省国有大中型企业有665户实行了股份制改造，融资187.3亿元，其中改为股份有限公司的128户，融资153亿元，在这些企业中，国有股占75.8%，社会法人股占11.3%，职工持股占6.2%，社会公众股占6.7%。截至目前，全省共有上市公司25户，发行股票26只，其中24只A股，1只B股，1只香港上市的红筹股，直接融资128.7亿元。

（三）择优扶强，实施大公司、大集团战略

从1994年开始按照分层次抓重点、扶强扶优的思路，组织百家优势企业实施“四提高一加快工程”，重点支持百家优势企业提高结构优化效益、规模经济效益、科技进步效益和科学管理效益，加快企业发展，促进了企业规模扩张和效益提高。在此基础上，认真组织实施大公司大集团战略，指导大企业大集团通过联合、兼并、控股、参股、上市等多种资本运营形式进行资产优化和重组，组建了邯钢、唐钢、华药、石药等30家大型支柱性企业集

团。到1999年底，全省30户大型支柱性企业集团的资产总量达到1063.9亿元，占全省入统工业企业总资产的25.7%，实现销售收入526.8亿元，占全省入统企业的17.9%；实现利税47.8亿元，占全省入统企业的15.7%；实现利润25.4亿元，占全省入统企业的19.7%。党的十五大及十五届四中全会后，进一步推进企业集团向跨地区跨行业跨所有制方向发展，组建了渤海水泥、天鹅化纤、耀华玻璃、三友碱业等4家强强联合型企业集团，河北煤业集团组建方案已通过论证，河北唐钢集团即将挂牌。

通过实施择优扶强，集中力量支持优势企业发展，河北省涌现了一批经济效益好、拉动力强的优势企业。在国家根据企业经济效益好、资产负债率低等条件筛选的520家重点企业中，河北省有36家。一些企业成为全国知名企业或行业"排头兵"。邯钢实现利润居全国钢铁行业第2位；保定天威集团效益居全国变压器行业首位；冀东水泥厂是规模最大、效益最好的水泥企业之一；耀华玻璃集团是全国最大的优质浮法玻璃和平板玻璃生产基地；乐凯胶片集团公司是我国产量最大、品种最多的感光材料科研与生产基地；沧州化工是全国生产PVC规模最大的企业；华北制药、石家庄制药集团是我国最大的抗生素生产基地；常山纺织集团是全国棉纺行业经济效益排头兵；宝硕集团经济效益居全国塑料行业第1位。

（四）放开搞活小企业

河北省国有小企业数量多，规模小，抗风险能力弱，效益差，针对企业的不同情况，因企施策，采取股份制、股份合作制、承包经营、出售、租赁等多种形式，加快搞活国有小企业步伐。到目前，全省国有小企业已通过股份制、股份合作制、兼并、联合、托管、租赁、嫁接改造等多种形式全部放开，其中进行改制的企业占80.4%。同时加强对小企业的指导、扶持，积极引导小企业向"专、精、特、新"的方向发展，形成小企业与大中型企业合理化分工、专业化配套、系列化服务的协作关系，提高生产的社会化水平。积极探索建立健全中小企业服务体系和信用担保体系，出台了《关于全省中小型工业企业贷款风险担保资金试运行方案》，为中小企业筹措资金开辟渠道。积极构建多功能技术创新服务体系，帮助中小企业解决生产经营中的技术问题，促进科技成果转化。通过放开、扶持，小企业经营状况好转，经济效益提高。

（五）企业脱困

一是不断加大兼并破产工作力度。1995年以来，河北省先后有唐山、石家庄、邯郸、保定、秦皇岛5个市被国家列为"优化资本结构"试点城市。几年来，重点在试点城市和重点行业的国有企业实施了兼并破产，取得了明显成效。仅在1997年后国家实行计划管理的三年中，河北省计划内共使用银行呆坏账准备金54.6亿元，涉及企业275户，累计盘活存量资产282亿元；另外，计划外还核销23.17亿元。其中，1999年国家批复河北省企业核呆准备金24.5亿元，其中新增的邯郸棉四、石家庄棉五等10个项目核呆额13.56亿元，结转项目95个，核呆额10.94亿元。另外，计划外核销4.37亿元。另有1个纺织、1个冶金、4个煤炭、1个军工项目已通过了国家经贸委审核，并与有关债权银行进行了协调落实。编制了军队、武警部队和政法机关移交企业兼并破产和撤销方案，到1999年底，国家已审核通过41户企业，共需核呆准备金2亿元。二是大力争取债转股成效突出。1999年，为确保如期完成脱困目标，国家出台了一系列政策措施，如债转股、技改贴息、国有资产变现等，被称为国企改革脱困的三大"杀手锏"。河北省把实施债转股作为促进企业改革和国企脱困的重要手段，把实施"债转股"和推进公司制改革、构建多元投资主体、规范法人治理结构、转换企业经营机制结合起来。经过反复论证，多次筛选，共对216户企业进行了资格认定，对198户企业的方案进行了审核，向国家申报推荐了110户企业。唐钢、开滦等28家企业通过国家经贸委审核，已向金融资产管理公司和银行推荐，共申请债转股金额209亿元。三是加强资金协调。在优势企业中大力实行主办银行制度，1999年，105户符合条件的企业到位资金46.18亿元。加大对亏困企业中有市场、有效益的产品实施封闭贷款工作力度，全省有68户亏困企业得到封闭贷款支持，申请贷款4.1亿元，到位资金3.28亿元。

（六）控制总量，淘汰落后生产能力

按照国家统一部署，下大力抓好纺织压锭，煤炭、钢铁、玻璃等行业的总量控制和关停"五小"工作。到1999年底，共压缩淘汰落后棉纺锭86万枚，超过国家下达计划4.1万枚。取缔、关闭、淘汰"五小"企业等都完成和超额完成了国家下达计划，其中累计关闭小煤矿1438处，压缩原煤生产能力1962万吨，超过国家下达任务。通过"关小"，一些技术落后、生产能力过剩、污染严重的企业得到一定程度控制。

固定资产投资

（一）固定资产投资适度增长，重点项目建设进展顺利

一是技术改造投资力度持续加大，占全部固定资产投资的比重较大。1999年，全省国有及其他经济类型单位完成固定资产投资1015亿元，同比增长10.5%。其中，技术改造投资325亿元，同比增长11.2%，占全部固定资产投资额的32%。其中地方技改完成投资236.3亿元，同比增长11.6%。二是工业技改投资占工业固定资产投资的比重提高。全年工业技改完成投资211.5亿元，增长9.8%，占工业固定资产投资的比重为53.6%，同比提高5.7个百分点。三是技改投资结构进一步优化。全省用于增加品种、提高质量、节能降耗的投资87.5亿元，占全部技改投资的比重由上年的21.8%提高到26.9%，用于增加产量的投资所占比重由上年的35.2%下降为30.2%。四是重点技改项目进展顺利。1999年，全省百项重点技改项目中邯钢中板轧机、唐钢120吨转炉、张家口长城葡萄酒2万吨干白、石家庄三鹿超高温灭菌奶、沧化实业23万吨PVC树脂、天威集团大型变压器及变电站系统改造等22项竣工投产，超额完成了全年竣工20项的任务目标。华药生物技术产品、河北电缆厂光缆改造等6项高新技术产业化技改项目竣工投产，超额完成了全年竣工5项的任务目标。

（二）用足用好国家支持企业技改的政策，促进企业技术进步

1999年，全省各部门、企业大力争取国家技改财政债券支持和“双高一优”技术改造项目计划，通过积极努力，全省有唐钢超薄热带改造、邯钢热轧酸洗镀锌板改造、保定天鹅6000吨长丝改造、冀腾纸业10万吨高档牛皮箱板纸改造等26个地方项目列入国家技改财政债券项目计划，总投资71.6亿元，贷款43.3亿元。这些项目实施后，将对河北省工业结构调整产生重大影响。另外，全省有40个项目纳入国家第一批“双高一优”项目导向计划，总投资82.4亿元，贷款45.4亿元。

（三）加强企业技术开发机构建设，推动产学研联合，不断增强企业技术创新能力

河北省把加强企业技术开发机构建设和产学研联合开展技术创新作为促进企业快速、持续发展，增强自身竞争力的动力来源和主要手段，强化企业技术创新主体地位，不断增强企业技术创新能力。目前，技术中心建设已越来越为企业所重视，截至1999年底，全省共建立国家、省认定的企业技术中心50家，其中，国家认定的11家。多年来，本着“政府搭桥、企院联合、互利互惠、共同发展”的原则，引导企业与省内外高等院校和科研院所建立多种形式合作关系，开展产学研联合开发，促进科技成果转化，推动企业技术进步。目前，全省产学研合作企业800家，涉及省内外高校250所，科研单位200个，合作交流5000人次。“九五”以来，全省共完成新产品开发项目6105项，其中省级以上新产品5070项，达到国际水平的501项，国内水平的4023项。实现新产品销售收入603.9亿元，利税87.7亿元，出口创汇4.4亿美元。

利用外资

1999年，面对亚洲金融危机的滞后影响、跨国投资形式变化以及出口下降等错综复杂的国内外经济形势，河北省经贸系统积极采取应对措施，实施引资多元化，优化外商投资结构，不断提高利用外资的质量和水平。

（一）三资工业企业已成为全省工业经济的重要组成部分和新的经济增长点

截至1999年底，全省已投产三资工业企业2145家，总投资73.57亿美元，其中，中方投资27.87亿美元，占全部投资的37.88%。1999年，全省入统三资工业企业完成增加值210.42亿元，实现利税24.09亿元，从业人员约26.86万人，约占全省独立核算工业企业职工人数的7%。随着投产三资企业逐年增多，大批外商投资企业已成为全省出口增长的重要源泉和最活跃因素，直接促进了全省对外经济快速发展，也带动了河北省产品大步伐进入国际市场。

（二）积极利用外资改造现有企业，促进产业升级和产品结构调整

利用外资改造现有企业既弥补了河北省建设资金的不足，又带动了河北省产业和产品结构升级，促进了科技进步。1994～1999年全省利用外资改造现有企业累计实际利用外资30.6亿美元，“九五”前四年（1996～1999年），技改实际到位外资22.25亿美元，占同期全省技改投资的近20%。1999年技改实际到位外资6亿美元，占全省当年技改投资的15.32%；实际利用外资占全省全部直接利用外资的41.58%，有效地缓解了建设资金紧张的矛盾。在引进国外资本的同时，注重紧紧围绕全省产业结构调整和国有企业改革，引进先进的技术、设备和管理，谋划一批关联度大、带动性强的项目，取得了较好效果，提高我省产业竞争力。如华药集团的基因工程、细胞工程科研生产基地项目、石家庄制药集团的Vc生产线改造项目、唐钢的年产25万吨焊管项目、沧化实业的年产23万吨PVC项目等一大批三资工业企业的建成投产，不仅使合资企业本身引进了技术和先进设备，也为老企业带来了相关的先进技术和设备，对省内其他企业提高技术水平产生了示范效应和连带效应，推动了省内企业的技术进步和产品结构升级，进而缩小了省内企业技术与国际先进水平的距离。目前，河北省大中型企业的主要专业生产设备达到国际水平的占11.8%，国内先进水平的占44%，两项相加超过50%，为大中型企业加快结构调整，参与国际竞争创造了条件。

（三）推动企业开展境外投资和加工贸易，开拓国际市场

积极实施“走出去”开放战略，进一步引导和支持国内具有竞争优势、生产能力较大的产业向发展中国家实施梯度转移，开展境外投资和加工贸易。按照国办发[1999]17号文《国务院办公厅转发外经贸部、国家经贸委、财政部关于鼓励企业开展境外带料加工装配业务意见的通知》精神，结合河北省实际，下发了《河北省关于鼓励企业开展境外加工贸易的实施意见》。积极组织有境外投资实力和意向的企业分赴南美、中南美和非洲等国市场开拓及境外投资项目的考察，发布、洽谈了一批境外加工贸易项目。目前，全省共批准境外非贸易企业66家，投资总额4594万美元，其中中方投资2871万美元，分布在蒙古、俄罗斯、越南等30多个国家和地区。同时，开始启动商业利用外资试点，已制定《石家庄市关于搞好商业利用外资工作的实施方案》，筛选了石家庄北国商城等5家企业对外发布商业招商项目。

（董文艺　王海英）

附表1　**1998～1999年河北省全部国有及年销售收入500万元以上非国有工业企业财务指标**　单位：亿元

项　　　目	1998年	1999年
企业单位数（个）	7597.00	7418.00
#亏损企业	1428.00	1349.00
产品销售收入	2706.81	2936.40
利润总额	97.87	123.90
亏损企业亏损总额	41.78	38.81
利税总额	257.97	300.05
流动资产年末占用额	1809.98	1898.23
#产成品	275.95	282.80
流动资产年平均余额	1783.30	1852.28
固定资产原值年末数	2887.67	3281.79
#生产经营用	2456.64	2817.30
固定资产净值年平均余额	1917.68	2117.03
累计折旧	864.03	1011.15
#本年折旧	133.02	174.75
资产负债率（%）	63.13	60.65
工业总产值（当年价格）	2719.10	2994.58
工业总产值（1990年不变价格）	2154.78	2444.38
工业增加值	889.07	976.57
全部职工年平均人数（万人）	293.67	280.32

附表 2　　1998～1999 年河北省国有及年销售收入 500 万元以上非国有工业企业总产值、增加值

项　　目	1999 年企业数（个）	工业总产值（亿元）		工业增加值（亿元）	
		1998 年	1999 年	1998 年	1999 年
总　计	**7418**	**2719.10**	**2994.58**	**889.07**	**976.57**
一、按登记注册类型分					
国有企业	2556	1098.75	1047.41	398.23	388.33
集体企业	2416	680.87	723.10	201.70	207.04
股份合作企业	225	39.85	54.07	12.76	16.99
联合企业	77	29.29	24.62	9.49	8.84
有限责任公司	354	261.96	403.08	81.72	125.11
股份有限公司	258	167.29	209.92	70.42	83.84
私营企业	868	136.06	202.94	37.73	56.56
其他企业	5	1.44	2.11	0.24	0.42
港、澳、台商投资企业	302	154.75	175.37	37.39	48.54
外商投资企业	357	148.84	151.96	39.39	40.90
外商投资股份有限公司	2	1.46	1.57	0.92	0.44
二、按轻重工业分					
轻工业	3332	958.20	1065.11	289.82	322.23
重工业	4086	1760.90	1929.47	599.25	654.34
三、按生产规模分					
大型企业	358	1082.62	1231.07	402.73	459.99
中型企业	796	357.73	415.19	113.16	126.20
小型企业	6264	1278.75	1348.32	373.18	390.38

山　西　省

综　　述

1999 年，山西省经贸系统认真贯彻落实增加投入、扩大内需等一系列促进经济增长的方针政策，努力克服市场需求不足和传统产业制约的重重困难，全省工业保持了稳定增长。全年全省国有企业、大中型企业和年产品销售收入 500 万元及以上非国有工业企业共完成工业增加值 400.65 亿元，比上年增长 4.2%。全部工业企业完成工业增加值 755.6 亿元，比上年增长 7.8%。工业经济效益出现好转。规模以上工业企业实现利税 86.93 亿元，增长 5.5%，亏损企业亏损额比上年减亏 2.2%。国有企业改革各项工作有序推进，全省出台了贯彻中央十五届四中全会精神的实施意见，34 户优势企业有 33 户初步建立了现代企业制度，有 25 户企业被推荐实施“债转股”，77.6%的国有小企业进行了不同形式的改制。产业结构调整迈出了新步伐，一批高耗能、高污染、低质量、低产出的小企业得到清理。全省全年取缔关闭非法和布局不合理煤矿 3018 处，压减生产规模 7078 万吨，一批重点技改工程项目相继开工建设，南风集团 10 万吨硫酸钾项目已投入试生产。受国家出台的降低利率、扩大消费信贷、调整收入分配政策及改善消费环境等一系列措施的推动，城乡居民消费保持了稳定增长的态势。全年社会消费品零售总额 587 亿元，比上年增长 7.3%，随着亚洲金融危机的逐步缓解和各项外贸扶持政策的贯彻落实，全省对外经济贸易出现了快速恢复发展的好势头，全年全省海关进出口总额完成 12.87 亿美元，比上年增长 15.9%。实际利用外资也创历史最好水平。全年全省实际利用外资总额 9.87 亿美元，比上年增长 66.7%。工业、财贸经济改革与发展的良好势头为全省调整产业结

构和保持经济持续快速发展奠定了基础。

工业经济

建国50年，特别是改革开放以来，山西省工业经济保持了较快的发展水平,初步建设成了以煤炭、电力、化工、机电、建材等为主导产业的国家能源重化工基地，形成了主导产业突出、门类齐全的工业经济发展体系,成为全省经济发展的主要动力，为全国经济发展做出了重大贡献。

从1978～1999年，全省工业经济（按90年不变价计算）年均增长12%，且呈现出加速增长的发展态势。1999年全省工业总产值比1978年增长8.65倍，在这20年内，全省工业基本保持了对全省GDP50%以上的贡献份额，作为国民经济发展的主导力量，发挥了较强的支撑和带动作用，成为全省经济高速增长的主要动力之一。

1999年，全省原煤产量达到2.49亿吨，占全国产量四分之一强，为1978年的2.54倍；年内外运煤炭1.99亿吨，比1978年增长2.63倍，煤炭工业发展为电力工业的发展奠定了良好的基础。到1999年底，全省发电装机容量达1180万千瓦，年发电总量569.87亿千瓦时，是1978年的5.32倍；年内外输电量110.9亿千瓦时，比1978年增长38.6倍。煤、电输出为支援全国经济建设做出了巨大贡献。

在大力发展煤炭、电力工业的同时，化工、冶金、机电等行业也取得了长足发展。焦化工业已形成了以天脊集团、太化集团、山焦集团、太原煤气化为核心的复合化肥生产、焦油加工、煤层气开发的发展体系；冶金工业形成了以太钢、长钢、临钢、阳钢为核心的钢铁工业发展体系和以山铝、关铝、太铝、阳铝为主体的铝工业发展体系，铝工业已成为我省新的支柱产业之一。机械电子工业形成了以太重集团、榆液集团、大齿集团、山汽集团为核心的发展体系。大力发展轻工消费品工业一直是全省产业结构调整的重大战略举措。十四大以来，全省形成了一批在全国具有较高知名度、市场竞争力较强的轻工企业，创出了杏花村汾酒、厦普赛尔黄梨汁、古城牌奶粉、澳瑞特健身器、东湖牌老陈醋、奇强牌系列洗涤剂等一大批知名品牌,为全省工业快速发展做出了重要贡献。

到1999年底，全省共有工业企业（规模以上）3345户，资产总额2916.68亿元，完成工业总产值（现价）1096.83亿元，工业增加值400.65亿元，实现利税91.72亿元。其中，国有控股工业企业1845户，资产总额2494亿元，完成工业总产值733.23亿元，工业增加值274.3亿元，实现利税61.9亿元，分别占全部工业企业的55.4%、85.5%、66.85%、68.5%和67.5%，国有及国有控股企业在全省工业经济中占有主导地位。到1999年底，全省国有控股工业企业中有大中型企业319户（其中：特大型工业企业15户，大一型企业45户，大二型企业65户，中一型57户，中二型企业135户），资产总额2027.6亿元，完成工业总产值599.86亿元，工业增加值223.69亿元，实现利税58.6亿元，分别占全省国有控股工业企业的17.2%、81.3%、81.8%、81.5%和94.7%，大中型企业在全省国有控股企业中占据优势地位，国有控股工业的规模优势十分显著。

从隶属关系看，全省国有控股中央企业109户，省属企业151户，地市属企业402户，县市属企业1183户，分别占到全省中央企业、省属企业、地市属企业、县市属企业的97.3%、89.9%、88.4%和80.1%。1999年全省国有控股工业中，资产总额、工业总产值、工业增加值和利税总额四项主要指标，中央企业分别占全省国有控股工业总计的31.7%、29.8%、30.5%和41.7%；省属企业分别占43.4%、41.3%、40.1%和32.4%；地县属企业分别占24.7%、28.5%、29.1%和25.2%。

从轻重工业看，全省轻工业企业中的国有控股工业企业共有677户，占国有控股工业企业的36.5%，占全省轻工业企业总数的69.2%；全省重工业国有控股工业企业1176户，占国有控股工业企业的63.5%，占全省重工业总数的49.7%。在轻工业国有控股工业企业中，以农产品为原料的轻工企业455户，其所占比重达到67.2%；在重工业国有控股工业企业中，采掘工业321户，原料工业368户，加工工业487户，其所占比重分别为27.3%、31.3%和441.4%。这些数据表明，就全省国有控股工业企业单位数看，轻重工业四六分成；轻工业中，以农产品为原料的企业居多，重工业中加工工业单位数多。从国有控股工业的行业结构看，主要分布在以农产品为原料的轻工业和采掘工业、原材料工业等重工业。这些部门的资产总额、工业总产值、工业增加值和实现利税占全部国有控股企业的比重都达到80%左右。1999年全省国有控股轻重工业总产值之比为11：89，轻重工业资产之比为8.5：91.5。在轻工业中，以农产品为原料的轻工业的资产和总产值比重分别为64.7%和70.7%；在重工业中，采掘工业的资产总额和总产值占重工业的比重分别为32.8%和27.5%；原料工业资产总额和总产值的比重分别达到47.7%和

51.3%，采掘和原料工业合计占到重工业总量78%以上，其所占地位十分显著，说明了山西省国有控股工业的“畸重型”和产品的初级化。

从工业行业构成看，全省国有控股工业主要集中在煤焦、冶金、电力、化工、建材、食品、纺织、机电、医药、造纸等十大行业。这十大行业的企业户数、资产总额、工业总产值、工业增加值和实现利税都占到全省国有控股工业企业的80%以上。

1999年，全省工业企业盈亏相抵实现利润11.05亿元，亏损企业户数886户，亏损面达26.5%，亏损企业亏损额34.8亿元。其中，国有控股工业企业盈亏相抵后实现利润4.1亿元，亏损企业户数554户，亏损面达29.9%，亏损企业亏损额29.7亿元。从隶属关系看，国有控股中央企业、省属企业、地市属企业、县市属企业盈亏相抵分别实现利润7.5亿元、—4.6亿元、0.25亿元和0.74亿元。从轻重工业看，全省国有控股轻工业企业和重工业企业盈亏相抵分别实现利润—1.1亿元和5.2亿元。从行业结构看，全省工业企业全行业盈利的有电力、蒸汽、热水的生产和供应业、化学原料及化学制品制造业、黑色金属矿采选业、黑色金属冶炼及压延加工业、有色金属冶炼及压延加工业、石油加工及炼焦业、饮料制造业、自来水生产与供应业和烟草加工业等，相当一部分企业生产经营困难。

国有企业改革

近年来，受各种因素影响，山西省国有工业企业困难较多，经营形势比较严峻。为扭转困难局面，完成国有工业企业三年走出困境的历史任务，省委、省政府制定了《山西省国有工业企业三年走出困境的“375”攻坚计划》和《中共山西省委关于贯彻＜中共中央关于国有企业改革和发展若干重大问题的决定＞的实施意见》。为实现“两个大多数”目标，配套出台了《加快山西省企业技术进步和产业升级实施意见》、《关于国有大中型骨干企业建立现代企业制度的指导意见》和《2000年山西省国有大中型亏损企业脱困工作的规划意见》，加强和改善企业经营管理水平，出台了《关于国有及国有控股企业经营者期股激励试点的指导意见》，加大治乱减负力度，先后出台了《关于对34户优势企业实行挂牌保护的意见》、《山西省控制对企业进行经济检查的实施意见》和《关于对优势企业和重点扭亏企业减征行政事业性收费的意见》等一系列改革措施，进一步加大国有企业改革与脱困力度，不断提高经济运行的质量和效益，全省工业经济出现了重大转机，国有企业改革与脱困取得了明显成效。

（一）建立现代企业制度有了新进展

全省34户优势企业已有32户进行了公司制改造，改制面达94.4%，其中：改制为国有独资性质的有限公司有13户，改制为股份公司的有10户，改制为一般有限责任公司的有8户，改制为中外合资有限公司的有1户，有力地促进了这些企业经营机制的转换。

（二）实施银行债权转股权工作扎实推进

在全国推荐的601户债转股企业名单中，山西省有太钢集团、西山煤电、大同矿务局、山西铝厂等25户企业，申请转股金额306.8亿元，这些企业实施债转股后，资产结构将得到优化，有力地促进全省国有企业整体扭亏脱困。

（三）兼并破产工作进展顺利

根据国家“成熟一批、上报一批、批准实施一批”的原则，全省对企业资产重组，按分级负责原则实行工作责任制。每个兼并破产案都做到方案、政策、进度、责任、消亏五到位，三年来，通过实施兼并破产进行资产重组，共核销银行呆坏账20.29亿元，涉及企业191户（其中破产企业35户、被兼并企业86户、减人增效企业70户）。同时，积极做好兼并破产企业的职工群众的思想政治工作，确保社会稳定。

（四）扭亏脱困工作效果明显

山西省对1997年底的81户地方国有大中型亏损企业加大扭亏脱困力度，按照靠管理减亏、靠分立扭亏、靠重组消亏的三条基本途径，对其中产品有一定竞争力，资产负债率不高，由于管理不善、超员太多等原因造成亏损，但尚有扭亏可能的企业，靠管理减亏，力争一年停亏、两年减亏、三年扭亏；对负债高、亏损大、整体扭亏难的企业通过内部优良资产重组，分块搞活，分块创新，靠分立扭亏；对连年亏损、资不抵债，靠企业内部管理和分立难以扭亏的企业，运用兼并破产等资本运营的手段，靠重组使亏损企业消号。经过两年的努力，在81户企业中，1998年扭亏消亏22户，1999年扭亏消亏24户。其中，大同糖厂、天脊煤化集团公司、太原变压器厂等15户企业靠管理实现了扭亏或大幅度减亏；山西涤纶厂、介休纺织厂等14户企业靠分块搞活、分块创新盘活了有效存量资产，实现了扭亏；临汾钢铁公司、太原矿机集团、临汾铸造厂等17户企业通过确定的10大资产重组案，落实兼并破产措施，从源头上消灭了亏损。

（五）治乱减负工作力度大，效果好

近年来，全省认真贯彻落实《中共中央国务院关于治理向企业乱收费乱罚款和各种摊派等问题的决定》精神，在狠抓落实上下功夫，实行了治乱减负目标责任制，明确了向企业收取的国定、省定收费基金项目及收取标准，在《山西日报》上全文公布。到1999年底，全省共取消收费基金项目1008项，涉及金额4.51亿元，加上整顿电价秩序，据测算共减轻企业及社会负担8.45亿元。全省严格执行《检查企业许可证制度》和各种登记卡制度，建立起比较完善的“两证一票一卡”执收制度，加大“三乱”案件的查处力度，有效地遏制了“三乱”现象的回潮和反弹，为国有企业的改革和脱困创造了良好的外部环境。

技术改造和创新

近年来，山西省经贸系统认真贯彻中央十五届四中全会和省委七届九次全会精神，按照省委、省政府确定的“以经济结构调整为中心，以改革开放为动力，推进五项创新，实现三个提高”的战略部署，狠抓调产项目启动，工业结构调整取得新的进展。列入全省工业结构调整“112”启动计划的项目中，有85项完成了可研编制，43项开工建设。这些项目分三个层面组织实施。第一个层面：一批采用高新技术改造传统产业的重大技改项目。其中太钢50万吨不锈钢系统改造项目已经国务院批复，项目总投资21.2亿元，建成后，生产工艺及技术装备达到国际先进水平，成为全国最大的不锈钢生产基地；三维集团引进美国雷泊法工艺技术及设备年产2.5万吨1，4—丁二醇项目已开工建设，项目总投资3.5亿元，建成后1，4—丁二醇及其下游产品国内市场占有率将达到60%以上，成为全国该类产品的生产基地。第二个层面：一批高新技术项目正在组织实施。山西广播电视网络股份公司有线广播网络综合信息开发项目，总投资2.8亿元；太原刚玉机电一体化仓储设备改造项目，总投资1亿元，建成后将满足电子商务物料配送及“CMS”制造体系日益发展的需要，成为全国仓储设备行业的排头兵；长城光电子光纤系列产品改造项目，公司拥有独立知识产权，项目总投资1.04亿元，建成后将成为国际同类产品最大生产基地。第三个层面：一批具有地方特色和优势的产品项目，如山西绿洲纺织公司的大麻短纤维纱技术、大麻靓蓝牛仔布、朔州亚麻纺织厂的亚麻纱和山西陈醋集团的保健醋等正在抓紧实施。这批项目的实施，将为调整山西产业、产品结构，充分发挥山西的特色优势，增强工业经济发展后劲提供了有力保障。

1978～1999年，全省累计完成更新改造投资633.8亿元，1999年全省完成更新改造投资85.8亿元，其中全省国有单位完成更新改造投资67.2亿元，是1978年的22.5倍，特别是1990～1999年期间，全省更新改造投资年均增长达13.2%，有力地推动了全省工业经济的快速增长。

市场流通

改革开放以来，深化改革，加强建设，扩大购销，强化服务，完善调控，流通体制改革进一步深化，宏观调控能力不断加强，市场体系逐步完善，城乡市场繁荣活跃，居民消费水平明显提高。

（一）流通体制改革迈出较大的步伐

山西国有商业从实行经营承包责任制入手，推行了三项制度改革。随着市场经济体制的建立，国有大型商业积极发展企业集团，探索连锁经营，走规模化、集约化道路，壮大自身实力。国有小型商业企业推行了国有民营、租赁、拍卖、联合、兼并、破产、股份合作、托管等多种形式的改革。与此同时，国有批发企业在困境中努力转变思想观念，转换经营机制，如实行“母体裂变，新老划断”，组建单体公司或向零售和生产延伸，发展工商、商商、农商结合的新的经营组织，相当一部分批发企业已走出困境，企业活力明显增强。

粮食流通体制改革迈出新的步伐。近年来，粮食问题始终是全省各级政府关注的重大问题。从中央对地方实行购销调包干体制，到价格、经营、市场三放开，再到目前实行“米袋子”省长负责制的重大决策，是全国粮食流通和管理体制长期演变、改革的必然趋势和结果，它对调动中央和地方各级政府的积极性，增强发展粮食生产的内在动力，促进粮食商品流通的发展，具有积极的推动作用。为了进一步加强政府对粮油市场的宏观调控，更好地组织实施粮油的总量平衡，保持粮油市场价格稳定，国家决定加快对粮食部门现行体制的改革，将粮食部门政策性业务和商业性经营分开，建立两条线运行机制。

供销社各项工作出现转机。供销社作为全省最大的农民集体所有的合作经济组织，在转换机制方面，针对实际情况重点解决“以包代管”、“以租代管”等问题，整顿和完善多种形式的经营责任制，使各项工作有了转机。特别是近年来，积极探索贸工农、产供销一体化的合作专业组织，以万荣农村专业合作社为榜样，发展了相当一批农村合作化组织，加速了农业产业化进程。同时，供销社在发展

外向型经济方面也迈出了新的步伐，如省供销社在深圳、厦门、天津、满洲里设有经营和办事机构，各地、市县供销社在沿海或沿边设有经营或信息窗口。

（二）流通渠道进一步拓宽

随着商品购销政策的逐步调整和流通管理体制改革的不断深入，企业经营方式灵活多样，商品流通呈现出多渠道、多形式、多经济成份并存的新型格局。从目前山西省流通产业的发展来看，有批零贸易业经营、产销一体化经营、贸工农一体化经营、连锁经营、代理制经营、内外贸结合经营等多种形式。1999年，全省社会消费品零售总额实现587.1亿元。按行业分，批发零售贸易业零售额387亿元，占65.9%；餐饮业零售额48亿元，占8.2%；制造业零售额33亿元，占5.6%；其他行业零售额119.1亿元，占20.3%。按销售地区分，市的零售额为344.5亿元，占58.7%；县的零售额为121.2亿元，占20.6%；县以下的零售额为121.4亿元，占20.7%。

（三）市场建设不断加强

1999年，山西省城乡集贸市场贸易成交额277.45亿元，其中：农村集贸市场贸易成交额104.35亿元，城市集贸市场贸易成交额173.1亿元，分别占全省城乡集贸市场贸易成交额的37.6%和62.4%。城乡集市贸易的发展，繁荣了城乡经济，扩大了商品流通，满足了城乡居民不同层次的消费需求。

基础设施建设初具规模。“八五”全省共安排粮油仓储设施投资2.7亿元，新增粮库设计容量26.6亿斤，新增食用油储备能力1万吨。到1998年底，全省粮库设计仓容量已达104亿斤，其中仓容量在亿斤以上的大型粮库13个，3000万斤以上的中型粮库72个，仓库网点总数达1379个，并且有38个仓库铺设了铁路专用线，初步形成了纵横贯通、布局合理、大中小相结合的仓储网络，与此同时，棉花库、食盐库、化肥库等基础设施建设也得到一定的改善。

（四）城乡市场同步繁荣，零售总额全面增长

1949～1999年，山西省社会消费品零售总额以每年11.95亿元的增量逐年递增，1999年达587.1亿元，比1949年增长344倍，平均每年增长12.66%。其中：市的零售额比1949年增长771倍，平均每年增长14.4%；县及县以下的零售额比1949年增长201.2倍，平均每年增长11.4%。

对外经济贸易

山西省对外开放工作取得了显著成绩，外贸、外资、外经等各项事业蓬勃发展。

（一）招商引资及外资利用情况

到1999年底，山西省历年累计批准设立外商投资企业约2000家左右，实际利用外资金额9.87亿美元，其中外商直接投资3.91亿美元。山西省历年吸引的外商投资，涉及40多个国家和地区，其中累计合同投资上亿美元的国家和地区有：香港、百慕大、美国、维尔京群岛、台湾等；5000万美元以上的国家和地区有：英国、加拿大、日本等；1000万美元以上的有：韩国、意大利、澳大利亚、德国、新加坡、苏丹、泰国等。

表1 1984～1999年山西省利用外资发展情况表

年份	批准项目（项）				总投资额（万美元）	协议投资额（万美元）
	总数	其中				
		合资	合作	独资		
1984	2	2			174.0	71.3
1985	4	4			286.4	85.4
1986	11	8	3		1338.0	331.6
1987	2	2			63.0	15.0
1988	19	16	3		2788.0	1346.3
1989	21	19	2		3116.9	915.4
1990	26	24		2	2061.4	1110.1
1991	54	43	1	10	6231.1	2785.4
1992	377	322	12	43	6.3	26127.0
1993	660	578	22	60	99755.0	40178.0
1994	241	197	9	35	48377.0	21477.0
1995	178	138	14	26	40058.0	23154.0

（续表）

年　份	批准项目（项）				总投资额（万美元）	协议投资额（万美元）
	总数	其　中				
		合资	合作	独资		
1996	115	79	12	24	222800	121166
1997	143	104	17	22	54413	35520
1998	102	68	17	17	64525	41242
1999	79	54	12	13	42810	23444
合计	2026	1657	123	246	651840	339374

（二）境外投资及对外经济技术合作

山西省到境外投资兴办非贸易性企业是从1986年开始的，到1998年底，共兴办32家，投资总额881万美元，其中中方协议投资额为443万美元，占投资总额的46.03%，分布在18个国家和地区，包括俄罗斯、蒙古、泰国、加拿大、乌克兰、玻利维亚、菲律宾、新加坡、印度尼西亚，投资领域涉及餐饮、羊毛加工、医药、彩扩、电器、装潢、汽车配件、服装加工、皮革制品、活性炭材料等。

山西省的国际经济技术合作业务起步于70年代末至80年代初，山西省政府外经办公室和山西省对外经济技术合作公司相继成立，1981年下半年首期派出47名技术劳务人员。

1999年，山西省国际经济技术公司、山西省建筑工程总公司、太原市国际经济技术合作公司、太原钢铁（集团）建设有限公司、山西省电力进出口公司、山西省送变电工程公司、山西省路桥建设公司、化工部第二设计院、山西省第四建筑工程集团公司、太原重型机器进出口公司、煤炭部太原设计研究院、中国第十三冶金建设公司等12家拥有承包劳务对外经营权的企业，共签订对外承包工程、对外劳务合作、对外设计咨询合同117项，合同金额4610万美元，营业额2475万美元，年末在外人数1340人，创历年来的较好水平。

（三）对外贸易

“八五”期间，山西省进出口总额从1990年的5.02亿美元，增长到1995年的13.69亿美元，年平均递增率为22.2%，比全国“八五”期间平均增长19.5%的水平高2.7个百分点。山西在全国出口总额排列位次由1993年的第24位上升到1995年的第20位。“八五”期间，全省进出口额按国家当期人民币汇率折算，占全省国内生产总值的比重由1991年的6.2%，上升到1995年的10.4%。1990年山西省年出口额在100万美元以上的出口商品有51种，出口额约3.8亿美元；1995年增加到108种，出口额10.96亿美元，上升一倍多。其中出口在500万美元以上的商品有25种，创汇9.24亿美元，占出口总额的79.9%。1995年山西焦炭出口389万吨，创汇2.97亿美元；煤炭出口740万吨，创汇2.65亿美元，均居全国同类商品出口的首位。机电产品出口有了较大增长，年出口额由1990年的3640万美元发展到1995年的8387万美元，增长一倍多。山西省的初级产品在出口商品中的比重由1990年的68.7%下降到1995年的55.4%；工业制成品的比重由1990年的31.3%增加到1995年的44.6%。

“九五”以来，山西对外贸易进一步发展。进出口额1996年为16.01亿美元，1997年为19.52亿美元。1998年因受亚洲金融危机的影响，出口额降至14.5亿美元。1998年全省对外贸易企业、单位已发展到258家，初步形成以专业外贸公司、工贸公司、地市县外贸公司、出口生产企业和“三资”企业为主体，商业流通企业、科研院所和乡镇企业为辅助的对外贸易经营新格局，一些具备实力的公司，依托本省的优势产业和优势商品，通过资产重组和优化组合形成外贸集团。

表2　1990～1999年山西省海关进出口贸易总额表

单位：万美元

年　份	进出口总额	出口总额	进口总额
1990	35000	26300	8700
1991	45900	32200	13700
1992	54600	37200	17400
1993	62700	38100	24600
1994	83900	65400	18500
1995	140769	114367	26402
1996	120865	97700	23165
1997	134632	113382	21250
1998	111113	89321	21792
1999	128739	83940	44799

目前，与山西省有进出口贸易关系的112个国家和

地区，遍及五大洲，排前10位的是：美、日、韩、澳大利亚、德、印度、英、荷兰、意大利和香港，1999年全省进出口贸易摆脱亚洲金融危机的影响，恢复了增长势头，全省海关进出口贸易总额12.87亿美元，比1998年增长15.86％，接近历史最好水平，其中出口总额8.39亿美元，进口总额4.48亿美元。

（王克建　薛晋生　崔元斌
翟肖锋　邓志蓉）

内蒙古自治区

综　述

1999年内蒙古自治区国民经济保持较快增长。全年国内生产总值1270.94亿元，比上年增长7.7％。人均国内生产总值5362元，增长6.9％；全年社会劳动生产率12064元/人，比上年提高7.4％。财政收支状况继续改善，财政收入稳步增长。全年财政总收入143.75亿元，比上年增长9.5％。其中，地方财政收入100.81亿元，增长12.3％。全年地方财政支出212.47亿元，比上年增长16.9％。全社会固定资产投资383亿元，比上年增长9.5％。交通运输增加值101.58亿元，增长9.1％。消费品市场稳中趋旺，社会消费品零售总额437.38亿元，比上年增长9.2％，考虑价格因素，实际增长11.5％。对外贸易进出口总额16.08亿美元，比上年增长16％。其中，外贸出口总额9.06亿美元，增长10.1％；外贸进口总额7.02亿美元，增长24.8％。年末全区从业人员1056.68万人，比上年末增加6.38万人。再就业工作取得明显成效，全年有20万下岗职工实现了再就业，全区有下岗职工的国有企业基本建立了再就业服务中心，通过各种渠道筹集下岗职工基本生活保障资金4.7亿元，为13.1万名国有企业下岗职工发放了基本生活费。

工业经济

1999年，全部工业增加值（当年价）完成405亿元，比上年增长10.4％。规模以上工业（全部国有工业及年销售收入500万元以上的非国有工业企业，下同）累计完成工业增加值224.64亿元，按可比价格计算比去年同期增长10.45％，超过全年增长目标2.95个百分点。产销衔接较好，产品销售率达到97.76％，比上年同期提高0.47个百分点；1999年，全区工业盈亏相抵后利润总额为64259万元，比上年同期增加利润4871万元，增长8.2％；国有及国有控股工业企业盈亏相抵后利润总额为30976万元，比上年减盈增亏8481万元，其中国有工业企业盈亏相抵后的利润总额为－73160万元，比上年同期增亏减盈29204万元。工业经济效益综合指数为77.01，比上年提高1.34个百分点。

内蒙古工业经济运行的主要特点：

（一）轻工业增速高于重工业增速

轻工业全年完成工业增加值67.07亿元，比上年同期增长16.21％，其中12月当月完成工业增加值8.78亿元，同比增长14.44％。从增长变化看，轻工产品中羊绒制品产销两旺，前景较好；内蒙古电视机厂被TCL电子集团兼并后，生产从10月份开始全面启动，目前生产运行正常；另外，内蒙古化肥厂的投产，对全区增加值增速也产生了较强的拉动作用。全区重工业由于受国家总量控制政策影响，部分产品产量下降，导致全年累计完成工业增加值157.57亿元，比去年同期增长7.68％，低于全区平均水平2.87个百分点。

（二）各种经济类型企业发展不平衡

全区各种经济类型企业生产均比去年同期有所增长，但增幅有高有低。增幅高于全区平均水平的有：股份合作企业增长10.63％，股份制企业10.8％。而国有企业、集体企业增幅均低于全区平均水平。所有制结构的调整已成为全区经济发展新的增长点。从企业规模看，全年大中型工业企业完成工业增加值178.82亿元，同比增长8.85％，低于全年平均增幅1.65个百分点。

（三）各地区生产发展不平衡

全区12个盟市中，工业增加值累计增速高于全区平均水平的地区有5个，按增速高低依次为伊盟（29.36％）、通辽市（17.84％）、乌盟（14.12％）、巴盟（13.28％）、呼市（11.84％）。其他盟市工业生产增速偏低，依次为乌海（9.48%）、兴安盟（8.72%）、包头（7.08%）、赤峰（6.61%）、呼盟（5.16%）、阿盟（－0.83%）、锡盟（－6.17%）。

（四）产销衔接较好，主要产品产量有升有降

1999年，全区累计完成工业产品销售率97.8%，比去年同期提高0.5个百分点，超过全年目标1.76个百分点。产销率呈上升的态势，完成情况较好，这说明内蒙古自治区工业企业市场意识增强，逐步适应了市场的需求，按市场需求组织生产，不再盲目追求产量。

在自治区重点统计的28种产品中，产量比去年同期增长的有18种，下降的有10种。产量增幅较高的产品主要有：乳制品增长58.83%、白酒增长12.47%、绒线增长34.55%、人造板增长36.23%、合成氨增长28.5%、农用肥料增长25.4%、水泥增长17.08%、小型拖拉机增长101.63%。产量下降的产品主要有：原煤下降9.80%、原油下降9.30%、木材下降17.92%、机制糖下降30.25%、卷烟下降9.43%；另外，生铁和钢产量也仅比去年同期增长3.98%和2.92%。1999年全区各行业把总量控制与结构调整、关闭“五小”等相结合，使此项工作全面深入展开，并取得了较好的成效。

（五）重点企业生产运行正常

全区37户重点企业1999年累计完成工业增加值115.9亿元，同比增长3.67%。工业增加值累计增长的有26户企业，其中包头铝业集团、通铝集团、通玻集团、河套酒业集团、海晶玻璃集团增幅超过50%。增加值负增长的有11户企业。37户企业产销衔接较好。从1～12月份的累计情况看，产品销售率在95%以上的有27户企业，其中达到100%的有13户企业，产销率最高的两户企业是内蒙古鄂尔多斯羊绒集团公司（147.62%）和包头草原糖业集团（114.66%）。重点企业利润、利税总额持续增长，且增长较快。1999年，37户区队企业实现利润120689万元，比上年同期增长49.04%，实现利税380650万元，比上年同期增长18.98%。37户企业中有33户盈利企业，其中利润超过千万元的有20户，利税超5000万元的有8户。如鄂尔多斯羊绒集团、草原兴发股份有限责任公司分别实现利润21248万元和12269万元，同比增长48%和48.61%，分别实现利税33572万元和13282万元，同比增长44.91%和36.24%。另外，宁城集团、草原糖业集团、华章纸业集团、黄河化工、河套酒业集团、亿利化工集团、北重公司、草原水泥集团实现利润、利税额均较高，增幅较大。

为了进一步扶持重点企业，使其成为自治区经济发展的主力军，全区采取了滚动发展、竞争上岗的管理办法，在1999年3月份召开的全区重点企业座谈会上筛选确定了37户“区队”企业，制定出台了《内蒙古自治区人民政府关于加强重点企业工作的通知》。同时，自治区分管副主席、经贸委领导与重点企业建立了联系制度。1999年，全区又有6户企业进入国家520户重点企业行列，进入“国家队”的“区队”企业已达13户，重点企业在全区工业企业中占有非常重要的地位，并以巨大的潜力在市场竞争中逐步发展壮大。

（六）能源供应、货物运输满足市场需求

全年原煤产量为7070.93万吨，比去年同期减产9.80%；原油产量为114.87万吨，比去年同期减产9.30%；全区发电量完成375亿千瓦时，同比增长8.71%。内蒙古西部电网完成发电量220亿千瓦时，同比增长5.84%，供电量完成190亿千瓦时，同比增长5.57%，其中送华北电量67亿千瓦时，同比增长3.24%。内蒙古西部电网地方售电量123亿千瓦时，同比增长6.89%。

呼铁局全年完成货物发送量4528.13万吨，比去年同期增长2.45%，其中煤炭发送量完成2020.86万吨，比去年同期增长4.83%。呼铁局全年货物发送量未完成计划，存在的主要问题是空车不足，货源不足。

内蒙古电力燃料公司、呼和浩特铁路局、西三局（乌达矿务局、海勃湾矿务局、包头矿务局）为完成全年“确保接卸西三局312万吨电煤”的任务，多次协商解决有关问题。经过各部门的艰苦努力，已按计划超额完成任务，全年内蒙古电力燃料公司共接卸西三局电煤312.6万吨。

企业改革

（一）“三年两大目标”工作取得阶段性成果

按照全区的整体部署和规划，针对建立现代企业制度过程中存在的问题，内蒙古自治区着力抓了规范工作，指导企业进行规范的公司制改造，重点解决企业法人治理结构不健全、出资人制度不完善、缺乏有效的监督和约束等问题。1999年初步建立现代企业制度的目标，已累计完成68户，建立现代企业制度工作已取得阶段性成果。全力以赴开展国有大中型亏损企业脱困工作。一是层层建立和完善了脱困目标责任制，明确了目标、责任。在全区工业经济工作暨脱困工作会议上，原自治区主席云布龙就脱困企业与有关盟市长再次签订了责任状；二是脱困企业逐户制定了脱困方案，并经多次论证予以不断完善；三是集中各种优惠政策向脱困企业倾斜；四是加强对脱困企业负责人的培训工作，并交流了经验，使脱困企业开阔了思路，学到了方法，掌握了政策。五是加强了对各盟市“三年两大目标”完成情况的指导、督查，确保措施落实到位。全区115户国有大中型亏损企业中已有78户企业达到脱困目标要求。

（二）积极采取措施，推进“抓大求强，放小求活”工作

一是加强重点企业工作。为了进一步扶持重点企业，使其成长为自治区经济发展的主力军，召开了全区重点企业座谈会，采取排队抓尾、竞争上岗的办法，重新筛选确定了37户“区队”企业，制定了《加快重点企业发展的支持意见》（内政发[1999]49号）。同时，与重点企业建立了联系制度，定期深入企业，帮助企业解决改革发展中的重大问题，为企业发展积极创造有利的外部环境。1999年，内蒙古自治区重点企业户数占限额以上工业企业户数的2.55%，工业增加值占53%，利税占65%，这说明内蒙古自治区重点企业在市场竞争中逐步发展壮大。二是重点抓了区直大企业的改革与发展。按照自治区政府的部署，由自治区经贸委牵头和有关厅局组成4个工作组，分赴内蒙古化肥厂、扎赉诺尔矿务局、大雁矿务局、平庄矿务局、包钢、包铝和电力公司开展工作。在充分调查研究、学习借鉴外地先进经验的基础上，研究制定了企业的改革发展方案。为了充分发挥资源优势，调整产业结构和布局，组建了呼伦贝尔煤业集团公司和内蒙古稀土集团公司。内蒙古商粮、物资、外贸集团总公司3户区直流通企业的改革发展方案已经政府批准。三是扶持中小企业发展工作出现新的局面。内蒙古自治区国有小型企业转制面已达到96%以上，多数小企业经过规范改制和“回头看”，取得了积极的效果。为了进一步搞好搞活内蒙古自治区中小企业，根据国家有关政策，在充分调研和反复论证的基础上，自治区经贸委提出了《关于大力扶持中小企业发展的意见》，经自治区党委常委会讨论通过，以内党办发[1999]24号文件印发执行。针对中小企业融资难，特别是贷款难的问题，自治区经贸委、计委、财政厅联合成立了自治区中小企业信用担保监管联席会议，建立了中小企业信贷担保基金，到1999年底全区已筹集基金近5000万元，其中自治区筹集3000万元。

（三）兼并破产力度加大，债转股工作全面展开

内蒙古自治区充分利用国家兼并破产政策，有组织、有计划地实施兼并破产工作。坚持把兼并破产工作同国有企业脱困和经济结构调整工作紧密结合起来，从毛纺和制糖行业入手，对国有企业进行战略性改组。内蒙古自治区共有44个项目列入国家1999年企业兼并破产计划，其中6个项目为新增项目，即内蒙古二毛、内蒙古三毛、包头新兴集团公司、赤峰二毛、赤峰双马集团等5户企业破产；鄂尔多斯集团公司兼并伊华联合毛纺织厂。全年计划内兼并破产项目共向银行申报核销呆坏账准备金15.7亿元，是核销呆坏账准备金额最多的一年。债转股工作进展顺利，内蒙古自治区已有20户企业被国家经贸委正式推荐给有关银行和金融资产管理公司，拟转股金额175亿元。

（四）加大对企业的优化重组力度

根据国家确定的结构调整重点，内蒙古自治区1999年着重在纺织压锭、煤炭关井、制糖压产方面进行调整，并坚决制止重复建设和低水平建设。纺织行业中突出了毛纺行业的结构调整，继内蒙古一毛破产，部分有效资产由金宇集团收购重组后，年内又有内蒙古二毛破产后并入仕奇集团；内蒙古三毛破产后由中国服装集团总公司收购重组；赤峰二毛破产后由中国华源集团收购并重组为新企业——赤峰华源毛业发展有限公司；伊华联合毛纺织厂被鄂尔多斯集团兼并重组。通过结构调整，可压缩工艺落后的纺纱能力2.8万锭、毛条能力4800吨，长期困扰内蒙古自治区经济发展的老大难问题得到解决，国有资产得到优化配置，优势企业进一步发展壮大。一个以鄂尔多斯、鹿王、仕奇等一批资产总量大、产品档次高、辐射带动作用强、经济效益好的企业集团为支撑的毛纺工业格局正在形成，纺织行业的结构调整取得了实质性效果。1999年，全区纺织行业实现利润22196万元，比上年同期增盈9128万元。根据国家关于煤炭行业实行控制总量，调整结构的总体部署，接收了中央下放地方的10户煤炭企业，经过积极协调，使西三局和准煤公司加入神华集团，组建了呼伦贝尔煤业集团公司，并采取积极有效措施关闭非法和不合理生产的各类小煤窑1681座，压缩生产能力2426万吨，超额完成了国家下达的关井任务。以制糖企业集中的巴盟、赤峰地区为重点，由点及面，推动整个制糖行业的结构调整，1999年在上年压缩日处理甜菜能力3800吨的基础上，又压缩日处理甜菜能力5300吨，解决了工业加工能力大于甜菜产量的问题，在西部地区组建了以包头糖厂为核心的包头草原糖业集团。根据国家经贸委制定发布的《淘汰落后生产能力、工艺和产品的目录》(第一批),关闭“五小”工作正在有组织有计划地稳步推进。

(五)加强国有企业的监督和管理,全面提高企业素质

深入学习邯钢经验,表彰了全区22户学邯钢示范企业,为全区工业企业通过抓管理实现扭亏树立了典型。认真贯彻《国有工业企业物资采购管理暂行规定》,全面推行山东亚星集团“购销比价管理”办法。与自治区监察厅、审计厅联合发文,对未实行购销比价管理的企业,作为重点监察和审计对象。通过这些措施,使企业堵塞了漏洞,提高了管理水平和经济效益。

(六)强化激励约束机制,加强领导班子建设

为适应现代企业制度的需要,建立企业经营者责权利相统一、奖惩分明的激励和约束机制,充分调动经营者的积极性和创造性,制定了包头铝业(集团)有限责任公司经营者年薪制实施办法(试行),在区直大企业开始了年薪制试点。对区直7户企业1998年度责任目标完成情况进行了考核,并制定了1999年责任目标。推行了厂务公开制度,对企业实行民主管理。对企业经营管理人员加强了培训,全年共举办工商管理培训班19期,共培训企业经营管理人员2377人次。在全区普遍开展了对企业领导人员的考核,对战斗力不强、不团结的企业领导班子进行了调整。

(七)充分发挥职能作用,加大对重点难点问题的协调力度

制定了《1999年全区经济运行调控纲要》,分析了经济运行的环境,确定了经济运行调控目标与工作重点,对主要行业的重点工作提出了要求。逐月对工业经济运行形势进行了分析,组织筹备了3次工业经济例会,针对问题提出了措施意见。对一些重点难点问题或事关全局的问题,加大了协调力度。一是完成了工业企业流动资金需求及到位情况的调查工作,积极同各商业银行衔接,为企业落实流动资金贷款13.88亿元。二是建立了大型企业工商管理自主培训机制,全年共培训各类人员2000多人次。三是积极协调煤电运平衡工作,督促企业抓好安全生产。制定了《自治区农村电力体制改革方案》,国家经贸委已对全区方案进行了审查,准备批复;协调解决了乌海高耗能产业园区以及包铝与电力公司铝电联营协议执行过程中的有关问题。四是积极协调、组织区内生产企业参加农网改造所需设备、材料招标,拉动了地方经济增长。五是为医药企业扭亏增盈做好协调服务。落实医药储备资金,建立全区医药储备制度。六是努力为军工企业的生产经营搞好协调服务工作,圆满地完成了为“9910工程”提供外部保障条件的任务,受到了国务院、中央军委阅兵装备工作领导小组的表彰。根据国家紧急启动技术改造项目的要求,配合自治区计委认真开展了自治区国防科技工业项目申报工作。七是制发了《1999年自治区交通邮电综合协调工作要点》,圆满完成了春运工作,积极组织协调了包头、赤峰国际集装箱中转站的建设工作。八是治理“三乱”工作在巩固成果的基础上,加强了督促检查,加大了对涉企“三乱”案件的查处力度。1999年,全区取消涉企行政事业性收费项目132项,年可减轻企业负担2.4亿元。至此,全区已共计取消涉企行政事业性收费项目1168项,每年可为企业减负6.9亿元。加上国家取消的收费项目,每年可减轻企业负担10.7亿元。

技术进步与结构优化

(一)以实施技术创新工程为突破口,不断提高科技对经济增长的贡献率

一是加强企业技术中心建设,积极推动企业建立和完善技术创新体系。1999年建成国家级企业技术中心1个,自治区级企业技术中心12个,自治区累计建成国家级技术中心4户,自治区级技术中心21户。27户自治区技术创新重点企业已全部建立了技术开发机构。二是促进产学研联合,加速科技成果的转化。全区重点企业和科技创新重点企业绝大多数已与科研单位或大专院校建立了长期稳定的合作关系,共完成产学研合作项目20项。三是完成了第五批企业技术进步奖评审工作,对73个项目、274人进行了奖励。四是组织实施了一批能够带动自治区产品升级和推动行业发展的技术创新项目。其中自治区级技术创新重点项目7项,国家级11项,争取到国家投资430万元。五是组织企业充分利用国家关于技术开发费税前列支的政策,加大对技术开发工作的投入。

(二)继续实施“名牌推进战略”

认真贯彻落实《1999年全区实施“名牌推进战略”工作意见》,重点抓了名牌产品生产企业的技术进步,强化对“名牌推进战略”的宣传。1999年,128种“内蒙古名牌产品”完成销售收入122亿元,实现利税1.5亿元,分别占限额以上独立核算工业企业实现销售收入、利税的20%和30%,出口创汇1.68亿美元,占全区出口创汇总额的18.5%。贯彻落实《内蒙古自治区贯彻国务院〈质量振兴纲要（1996～2010年）〉实施办法》，重点抓了工业企业的质量管理工作。一是鼓励并引导企业按照国外先进标准和国际标准组织生产，促进产品上等升级。1999年，全区累计升为优等品和一等品的产品有95个，产品质量等级品率达到80%，提前一年完成了《质量振兴纲要》确定的目标；二是深入扎实地推行科学的质量管理方法，重点抓了37户“区队”企业和名牌产品生产企业建立和完善质量保证体系工作，到1999年已有18户“区队”企业、60户名牌产品生产企业通过了ISO9000质量体系认证。同时，围绕质量体系认证，广泛开展了群众性的质量管理活动及全面质量管理知识培训工作，组织45000人参加了全国全面质量管理统考，15个质量管理小组荣获全国优秀质量管理小组称号。

（三）加大技术改造力度，促进结构调整

1999年，全区累计完成技术改造投资55.9亿元，比上年同期增长9.6%。实施技术改造引进项目36项，用汇3308万美元，所引进设备均达到国际90年代先进水平，极大地提高了全区企业的技术装备水平。如伊利集团引进无菌奶生产线，采用国际先进的“利乐包”包装技术，解决了鲜奶长期保鲜的技术难题，使鲜奶保质期提高到8个月，产品供不应求。鄂尔多斯、鹿王两大羊绒集团引进电脑织机开发生产的提花羊绒衫、羊绒针织内衣等产品，已成为国际市场上的抢手货，极大地提高了企业在国际市场上的竞争能力和出口创汇能力。另外，全区已有4个企业的5个项目列入国家债券贴息项目，项目总投资23.74亿元，其中银行贷款15亿元。同时争取到预算内贴息项目11个，贴息额1856万元；有5个项目列入国家工业环保专项，争取专项资金325万元。抓住国家扶持双高一优项目机遇，促进全区产业优化升级，全区筛选申报了44个标志性项目，这些项目的实施将对全区经济结构调整起到积极的作用。

（四）加强了资源节约综合利用工作

认真贯彻《节能法》，组织起草了《自治区节能条例（草案）》，拟列入2000年立法计划。按照国家《重点用能单位管理办法》，初步建立了重点用能企业分级管理和能耗指标统计制度，培训企业能源管理人员130多人。全年重点用能企业产值能耗比去年降低3.65%，行业降低面在60%以上。会同税务部门制定了《自治区资源综合利用认定管理细则》，对138户企业的182种综合利用产品进行认定，申报减免税额3886万元，可回收利用煤矸石、灰渣90.95万吨，林业废弃物46.76万吨。对全区工业污染治理和环保产业状况进行了调查，为制定环保产业发展规划和政策提供了依据。会同环保局、包头市政府制定了包头市氟污染治理方案。企业资源节约、环保意识增强，技改专项投入增加。1999年，全区用于资源节约和“三废”治理的技术改造投资完成1.51亿元，同比增长2.25倍。

对外经贸

对自治区确定的10项重点市场建设项目进行了督查，有8项已取得明显的进展。提出了建设呼和浩特市货源基地及开拓俄罗斯市场的意见，并与俄方达成初步意向，开始试营，促进了俄罗斯货物包机公司组建。利用外资工作稳步发展，不仅筹集了资金，而且为嫁接改造国有企业创造了条件。1999年，共批准外商投资企业68家，合同利用外资19344万美元，增长3%；实际利用外资9450万美元，增长4%，外资企业累计出口8285万美元。企业出口增长较快，全年自营出口2.49亿美元，比上年同期增长12%，占全区外贸出口总额的27%。全年又有33户企业获权，使全区拥有自营进出口经营权的企业总数达163户。开展国际化经营工作取得进展，到1999年底，全区已有12户企业在境外建厂。依据国家有关规定，制定了《内蒙古重要工业品进出口工作管理办法》，对原材料进口计划二次分配时，重点向使用进口原料的大中型生产企业倾斜。经向国家经贸委积极争取，国家为内蒙古自治区下达了一些急需物资的进口指标，特别是化肥和农药的进口，保证了农业生产。组织参加了自治区政府在大连、上海的招商活动，编印了《内蒙古招商引资项目册》，被自治区政府确定为开展招商活动的统一项目册。认真贯彻《机电产品国际招标管理办法》和《关于进一步扶持鼓励机电产品出口意见》，衔接和落实了呼包二市企业的指导性出口计划，加大了对招标工作的监管力度。1999年，全区机电产品出口2448万美元，比上年同期下降27%，进口完成1.45亿美元，同比增长39.42%。

（甄作明　吴津宽）

附表1

1999年内蒙古自治区规模以上工业企业主要经济指标

单位：万元

项目	企业单位数（个）	工业总产值（当年价）	工业销售产值（当年价）	工业增加值（当年价）	资产合计	流动资产小计	流动资产年平均余额	固定资产原价	固定资产净值	负债合计	所有者权益合计	产品销售收入	利润总额	利税总额	本年应付工资总额
总计	**1392**	**6406814**	**6305892**	**2356771**	**17821516**	**5725171**	**5735681**	**13568808**	**9662031**	**10999292**	**6822224**	**6372020**	**−6874**	**504584**	**613986**
在总计中：亏损企业	338	1129829	1113115	327177	5863596	138148	1351889	4971425	4056324	4491288	1372308	1067348	−289437	−209603	174223
在总计中：国有控股企业	955	5437118	5390068	2037563	16552489	5016845	5079015	12991200	9228228	10186320	6366169	5527231	−36792	430437	555469
在总计中：农村工业	69	266786	247527	74878	301610	169343	125343	121032	98733	149346	152264	236293	16494	25267	10071
在总计中：轻工业	606	1773927	1739748	598771	2967327	1578224	1523214	1401018	1007926	1776176	1191151	1630287	80995	214715	116291
重工业	786	4632888	4566144	1758000	14854189	4146946	4212466	12167790	8654105	9223115	5631074	4741733	−87869	289870	497695
在总计中：特大型企业	5	730784	722093	206996	4158642	906925	975569	3385881	2390315	2331183	1827458	826813	−17139	78642	104920
大一型企业	22	808732	814566	302485	3493090	650983	695975	3414621	2564354	2552844	940247	644687	−98676	−35443	90114
大二型企业	61	1056976	1081516	509482	3253847	1374579	1325968	2099784	1326472	1804326	1449520	1497927	62926	170256	132615
中一型企业	75	1447360	1425702	535929	2116109	826938	808458	1545457	1055226	1067231	1048878	1279473	77310	174743	78317
中二型企业	135	716152	706195	233400	1534936	617764	641758	1101777	750218	1056136	478800	618881	−6948	50883	66940
小型企业	1094	1646810	1555820	568479	3264891	1347982	1287954	2021287	1575447	2187571	1077320	1504241	−24348	65503	141080
按登记注册类型分组：															
内资企业	1313	5961883	5830409	2211909	16983047	5199266	5218511	13249400	9424500	10551221	6431826	5943000	−36783	451524	589445
国有企业	740	2527453	2504067	1108983	8488366	2723013	2721366	6955320	4827681	5120657	3367709	2726558	−13991	255350	334599
中央企业	42	752934	747083	339997	2990057	875837	803732	2619855	1784514	1628876	1361181	1322501	6162	128738	82742
地方企业	698	1774519	1756984	768986	5498309	1847176	1917633	4335465	3043167	3491781	2006528	1404057	−20153	126612	251857
集体企业	142	274307	256034	90167	312512	173715	163046	150766	108040	221760	90752	235270	3890	15076	21406
股份合作企业	37	60357	54374	22569	93000	38738	37161	48992	37584	50802	42198	53688	2210	5948	5832
联营企业	10	37902	34913	13284	66247	26738	17832	35850	28351	38729	27518	31293	1127	2193	2125
有限责任公司	187	1430342	1401045	408436	6241713	1419277	1519189	4987222	3709478	4329134	1912579	1478041	−158529	−15156	161214
股份有限公司	83	1378322	1341177	484335	1530599	662448	621765	974233	632780	631659	898940	1191521	113238	161283	53889
私营企业	114	253190	238798	84136	250610	155336	138153	97017	80586	158480	92131	226629	15273	26831	10381
其他企业															
港、澳、台商投资企业	41	256359	296122	80411	498293	354600	343920	137629	95503	246249	252044	265639	18890	32985	12526
外商投资企业	38	188573	179361	64450	340176	171304	173250	181779	142028	201822	138354	163381	11019	20075	12014

注：规模以上工业是指全部国有工业和年销售收入500万元以上的非国有工业。

附表 2　　1998～1999 年内蒙古自治区工业企业单位数和工业总产值

项　　目	单　位	1998 年	1999 年	1999 年比 1998 年增长%
一、工业企业单位数				
1. 规模以上工业企业单位数	个	1489	1392	−6.51
国有企业	个	894	740	−17.23
集体企业	个	186	142	−23.66
股份合作企业	个	28	37	32.14
联营企业	个	10	10	0
有限责任公司	个	143	187	30.77
股份有限公司	个	62	83	33.87
私营企业	个	81	114	40.74
港、澳、台商投资企业	个	40	41	2.50
外商投资企业	个	41	38	−7.32
其他企业	个	4		
在总计中:国有及国有控股企业	个	1080	955	−11.57
2. 规模以下工业企业单位数	个	140672	159868	13.65
二、工业总产值				
1. 规模以上工业总产值	亿元	574.63	640.68	9.46
轻工业	亿元	165.31	177.39	16.80
重工业	亿元	409.32	463.29	6.04
国有企业	亿元	265.70	252.75	−5.17
集体企业	亿元	38.90	27.43	−27.07
股份合作企业	亿元	4.75	6.04	32.82
联营企业	亿元	2.25	3.79	44.10
有限责任公司	亿元	155.56	143.03	−3.07
股份有限公司	亿元	54.01	137.83	76.19
私营企业	亿元	14.77	25.32	83.07
港、澳、台商投资企业	亿元	22.47	25.64	50.03
外商投资企业	亿元	15.94	18.86	27.41
其他企业	亿元	0.29		
在总计中:国有及国有控股企业	亿元	481.56	543.71	9.58
2. 规模以下工业总产值				
工业总产值(全面统计数)	亿元	561.93	462.29	11.61
轻工业	亿元	282.38	244.78	17.61
重工业	亿元	279.55	217.51	5.56
工业总产值(抽样调查数)	亿元	259.81	273.09	9.64

注:工业总产值按现价计算,增长速度均按同口径可比价格计算。

辽 宁 省

国有企业改革与制度创新

辽宁是我国以重化工业为主,工业门类比较齐全,城市化人口比例较高,经济较为发达的地区之一。全省拥有各类工业企业2.6万户,资产总额6876亿元。其中,国有企业4370户,资产总额5083亿元,占全省的74%。国有大中型企业431户,资产总额3870亿元,占我省国有工业的76%以上。辽宁省国有经济比重大、居主导地位是辽宁工业经济的一个显著特点。

总体上看,辽宁省国有企业改革大体上经历了三个阶段:

第一阶段(1978～1984年):扩大企业自主权阶段。改革的主要内容是,增加企业产品的市场销售自主权,减少指令性计划比例,解决传统计划经济体制下国家对企业管得过多、统得过死的问题。通过这一阶段的改革,国有企业开始改变完全按国家计划安排生产的状况,逐步由生产型向生产经营型转变。

第二阶段(1984～1992年):全面推行企业承包经营责任制阶段。改革的主要内容是,在保证国家对国有企业最终所有权的前提下,探索所有权与经营权相分离的具体形式,实行确定利税上缴基数,超收分成的办法,增加企业对超额利润的自主支配权。通过这一阶段的改革,扩大了企业经营权力,调整了国家与国有企业的利益分配关系,调动了企业和职工的积极性。

第三阶段(1992年～):转换企业经营机制,建立现代企业制度阶段。改革的主要内容是,按照市场经济要求,对国有企业进行经营机制和管理体制等方面的改革,建立"产权清晰、责权明确、政企分开、管理科学"的现代企业制度。特别是《中华人民共和国公司法》颁布以后,明晰产权关系,统一利率,统一税率,为建立市场经济体制奠定了基础,国有企业改革进入了制度创新、构造市场微观主体的新阶段。

特别是进入"九五"以来,辽宁省国有企业改革力度进一步加大,在七个方面取得了突破性进展。

(一)加快建立现代企业制度

按照《公司法》和建立现代企业制度的要求,全省选择了135户国有大中型企业率先进行了现代企业制度试点,并不断总结完善经验,在全省进行推广。特别是党的十五大和十五届四中全会召开以来,我们按照十五大和十五届四中全会精神,立足于从整体上搞活国有经济,在国有大中型企业中积极推进现代企业制度建设,突出抓了以下几个方面的工作:

一是进行规范的公司制改造。把企业改制的重点放在积极推进投资主体多元化方面上来,重点采取企业间合并、兼并,交叉持股,境内外上市,债权转股权,内部职工持股(包括经营者承债式持股),利用外资合资合作嫁接,出售变现和融资租赁等8种形式推进投资主体多元化。到目前为止,全省431户国有大中型企业中,有260户进行了公司制改造,占431户企业的60%。其中,改制为国有独资公司48户、有限责任公司173户、股份有限公司39户,分别占260户改制企业总数的18.5%、66.5%和15%。

二是完善企业法人治理结构。重点是按照《公司法》,规范企业的权力机构、决策机构、执行机构和监督机构,促进其相互制衡、相互协调。目前我省260户已改为公司制的企业都基本按照《公司法》建立了股东会、董事会、监事会和经理层,初步形成了权力责任体系的组织框架。辽宁国能集团股份有限公司原为铁岭市所属的国有企业,领导班子由市委组织部任命,改制后公司由中国节能控股有限责任公司控股。董事会成员由股东指派,对股东负责;总经理由董事会任命,对董事会负责,彻底改变了经营者责任不到位的现象。改制后,企业得以迅速发展,已成为辽宁省60户重点企业之一。

三是积极推进三项制度改革。在改制企业中大力推行了人事、劳动、分配三项制度改革,初步形成了职工能进能出、管理人员能上能下、收入能增能减的机制。在人事制度改革方面,对企业中的管理人员不再套用行政机关的干部级别,打破了企业中"干部"和"工人"的身份界限;在劳动制度改革方面,实行劳动合同制,增加了职工的危机感和紧迫感；在分配制度改革方面，积极推行经营者年薪制，大力推行科技人员项目工资制、销售人员销售大包干制、管理人员岗位工资制和职工岗位技能工资制。目前，全省431户国有大中型企业中，有80户已经实行了年薪制，有2户企业实行了股份期权的分配方式，有14户企业试行了经营者持股。沈阳市制定了《沈阳市国有大中型企业年薪制管理办法》和《沈阳市关于期权期股、管理股和技术股的暂行规定》，选择60户企业进行年薪制试点，选择18户企业实行期权期股试点。营口市将年薪制与通过市场选拔企业经营者结合起来，极大地调动了经营者的积极性，使企业与改制前相比有了明显变化，经济效益大幅提高。

四是大力实施企业主辅分离。把企业主辅分离作为建立现代企业制度工作的一项突出内容来抓，并提出到2000年末，全省60户重点企业要全部完成主辅分离工作，国有大中型企业的主辅分离工作要完成60%以上。

通过建立现代企业制度，国有企业彻底改变了政府附属物的身份，真正成为自主经营、自负盈亏的法人实体，企业领导体制和内部组织机构逐步完善，产权主体多元化步伐明显加快。全省有52户企业改制为上市公司，融资200多亿元。辽河化工集团公司、大连冰山集团公司等一批试点企业，比较成功地探索了通过上市兼并重组有发展前景的困难企业的新路子。

（二）对国有经济进行战略性重组

辽宁省坚持将企业兼并破产同国有经济布局战略性调整相结合，优化国有经济结构。通过有计划地组织优势企业兼并困难企业，实行低成本扩张，使得全省大批存量资产得到了盘活，相当一部分企业的生产要素得到了重新组合，一批困难企业实现了脱困；同时，有步骤地组织对资源枯竭、资不抵债的企业实施破产，从源头上消灭一批亏损企业，促进了优胜劣汰机制的建立和银行资本结构的优化。

党的十五届四中全会召开以后，辽宁省对如何调整辽宁国有经济布局和企业战略性改组进行了认真地研究，提出要立足于增强国有资本的控制力、影响力和带动力，把所有制结构的调整同国有企业战略性改组结合起来，促进国有资本向国民经济关键领域和重要行业集中，提高国有经济整体素质，更好地发挥国有资本的带动作用，给国有企业以正确定位。按照有进有退、有所为有所不为的方针，从三个层次上对全省国有经济布局进行了调整和优化：一是对涉及国家安全的行业、自然垄断的行业、提供重要公共产品和服务的行业，以及支柱产业和高新技术产业中的骨干企业，由国家垄断经营或控股；二是对一般竞争性行业企业，进行规范的股份制改造，采取多种形式调整股本结构，发展混合所有制经济，积极推进投资主体多元化；三是对产品没有市场、资不抵债、资源枯竭、长期亏损、扭亏无望的企业实行淘汰重组。

1999年，辽宁省以部分有色、煤炭企业关闭破产为契机，将企业兼并破产同推进国有经济布局战略性调整和建立优胜劣汰机制相结合，加大对资不抵债、长期亏损、工艺落后、资源枯竭的国有大中型企业淘汰重组工作力度。在具体操作中，注意抓好五个环节，一是充分听取债权银行和职工代表大会意见，依法规范运作；二是认真指导企业制定破产预案，做好项目实施前的各项准备工作；三是做好破产企业资产变现工作，最大限度保护债权人利益；四是妥善安置职工，强化再就业工作，维持社会稳定；五是积极做好破产后资产重组工作，明确重组后的企业，必须按新体制和新机制运行。1999年，全省共有104个项目列入国家第一、二批计划，实际完成核呆额31.2亿元，减少企业亏损近18亿元。纺织行业通过采取压锭改造、破产重组等综合措施，实现全行业扭亏为盈，率先走出困境。有色、煤炭行业通过对资源枯竭的矿山实施破产，消灭了长期亏损源。军工行业通过实施破产重组，提高了全行业的经济运行质量。

（三）组建大型企业集团

辽宁省重点发展和完善了60户对全省经济发展有较强牵动作用的大型企业或企业集团，60户重点企业约占全省国有工业经济总量的70%以上，在全省国民经济中占有举足轻重的地位。这些企业抓好了、发展了，辽宁经济就会形成新的竞争优势。围绕60户重点的改革和发展，辽宁省主要抓了以下工作：一是大力推进"一开三分"工作，即大力推进对外开放、主辅分离、下岗分流和分配制度改革。共组织了40多个专业招商小组赴国外招商，洽谈项目近100个，实际利用外资2.6亿美元。有43户企业兴办了不同的合资企业，累计实际利用外资14亿美元。有23户企业实行了经营者年薪制，占38%；销售人员大包干和企业员工岗位技能工资制已在60户重点企业全面推开，工程技术人员项目招标工资制在部分企业得到推行。二是制定政策，大力扶持60户重点企业的改革与发展。省政府制定了关于扶持国有大企业改革与发展的若干政策，促进其更快地发展壮大。在技术改造方面，鼓励企业发展高新技术产品，组织和支持各商业银行优先与企业签订银企协议；在技术开发方面，扶持建立企业技术中心，支持科研院所将资产和知识产权折价入股，与企业联合组建股份制开发机构；在减轻企业负担方面，除国务院和省政府规定的收费项目外，禁止对企业进行各种名目的收费，实行省政府对企业挂牌保护政策，建立收费手册制度，并由省减负办定期跟踪，及时处理有关乱收费问题。

通过采取上述措施，辽宁省以大显集团、瓦轴集团、凌钢集团、东北制药集团等为代表的一批国有大型骨干企业脱颖而出，在市场竞争中呈现出勃勃生机与活力，国有资本也逐渐向60户重点企业集中。60户重点企业资产总额、销售收入和上缴税金，已达到全省431户国有大中型企业的80%、82%和77%。成为辽宁省国有工业企业的中坚力量和财政收入的重要来源，必然对全省经济的持续快速发展发挥着越来越重要的牵动作用。

（四）放开放活国有中小企业

为调整和完善所有制结构，辽宁省对国有中小企业实施了改组、联合、兼并、租赁、承包经营和股份合作制、出售等多种形式的改革。到1998年底，全省国有中小企业改制面已达89%。四中全会首次提出把放开搞活的范围扩大到国有中型企业，明确提出放开搞活国有中小企业，这是政策上的一大突破。为此，辽宁省进一步提出要坚决、彻底地放开搞活中小企业，并坚持因地因企制宜，规范运作，多种形式推进中小企业改革。到1999年底，县区企业改革面已达96.1%，市属中小企业改革面已达80.1%。通过中小企业改革，明确了产权关系，基本实现了政企分开；吸引了社会投资，优化了所有制结构；改善了债务结构，降低了企业的资产负债率；启动了一大批停产和半停产企业，减轻了地方财政压力；绝大多数职工得到了妥善安置，促进了社会稳定。据对已改制的362户市属中小型工业企业统计，去年完成工业增加值、销售收入、利润和税金分别比改革前增长11.8%、8%、28.6%和30.2%。

针对有的地区在出售国有小企业过程中出现的国有资产流失等不规范的做法，辽宁省政府责成省经贸委、体改委深入县区进行调研，并制定了“关于深化县区企业改革指导意见”，指导和规范了县区企业产权制度改革，形成了有效的监管机制，保证中小企业改革的健康发展。

（五）大力实施再就业工程

为解决国有大中型企业人员包袱重的问题，按照“以产定岗、以岗定员”的原则，有计划地对企业的富余人员进行分流。通过完善社会保障体系和建立下岗职工再就业服务中心，由政府、社会保障机构和企业各出一部分资金，保障了下岗职工基本生活费。通过开辟多种就业渠道等措施，全省80%以上的下岗人员得到了妥善的安置，确保了国有企业下岗职工基本生活保障目标的落实，实现了社会基本稳定。

到1999年末，全省参加基本养老保险的在职职工总数为688万人，基本养老保险覆盖面为90.2%，比上年提高3.2个百分点；离退休人员总数为255.1万人，负担系数为37%；基本养老保险基金征缴收入107.9亿元，收缴率为91.4%，比上年提高3.5个百分点。1999年，全省应支付养老金138.9亿元，基本养老保险基金当期缺口31亿元。中央财政给予专项补助9.6亿元，地方政府采取财政补助、动用基金结余等多种措施筹集资金12.6亿元，尽最大努力保证企业离退休人员养老金的发放，但最后仍有8.8亿元的拖欠。在全力保证当期养老金发放的同时，全省还补发以前拖欠离退休人员的养老金19亿元。

同时大力促进下岗职工再就业。进一步发挥再就业服务中心保障基本生活、代缴社会保险、再就业培训和促进再就业的功能，认真落实鼓励下岗职工再就业的各项优惠政策，拓宽就业渠道，引导下岗职工转变择业观念，强化职业技能培训，促进下岗职工尽快实现再就业，努力实现再就业人数大于当年新增下岗职工人数，动员全社会力量，努力做好国有企业下岗职工基本生活保障和再就业工作。到1999年末，全省国有企业下岗职工总数为67.8万人，有54.5万下岗职工进入再就业服务中心并领取了基本生活费。全年共支付国有企业下岗职工基本生活保障资金20.1亿元。其中财政安排13.4亿元（中央和地方财政各占50%），占总支出额的66.7%；社会筹集3.3亿元，占总支出额的16.4%；企业筹集3.4亿元，占总支出额的16.9%。与此同时，各级政府引导下岗职工转变择业观念，努力开拓就业门路，搞好职业培训，下岗职工的就业领域开始由第二产业向第一产业和第三产业转移，由国有企业向非国有企业转移，由省内向省外和境外转移。全省共有50.6万名国有企业下岗职工通过各种途径实现了再就业。各地还加强劳动力市场建设，在完善市场机制、强化服务手段、拓宽服务领域等方面取得了进展。到今年6月末，全省国有企业下岗职工70.2万人，其中，有62.5万人进入再就业服务中心并领取了基本生活费。累计筹集下岗职工基本生活保障资金9.4亿元，其中：企业筹集2.2亿元，社会筹集1.3亿元，财政安排5.9亿元。实现再就业11.7万人。

（六）全面加强企业管理

针对全省国有企业在管理中存在的问题，辽宁省组织开展了以质量管理、成本管理、资金管理、现场管理为主要内容的企业管理整顿工作。省政府以辽政办发5号文件下发了企业管理整顿工作实施意见，分别召开了全省60户重点企业创建花园式工厂工作会议和全省企业财务整顿电视电话会议，制定了质量管理、现场管理整顿考核细则和财务整顿自查、验收标准，并组织了对全省100户国有大中型企业质量管理和现场管理整顿工作的检查，对60户企业创建花园式工厂工作进行了验收。认真贯彻国家经贸委第9号令关于《国有工业企业物资采购管理暂行规定》，在全省60户重点企业和100户脱困企业进行了推广。同时，总结推广了凌钢、东药、一汽金杯、大显等企业的典型经验。通过管理整顿，全省国有大中型企业管理状况得到明显改善，1999年底，在全省60户重点企业中，有54户通过了ISO9000标准认证，52户通过了省创建花园式工厂验收，企业厂容厂貌和现场管理普遍加强。60户重点企业存货周转率比上年提高6%，盘活存量资金68.8亿元。

辽宁省认真贯彻朱总理关于"从严治企"的指示精神，以加强企业成本管理、资金管理和现场管理为重点继续开展企业管理整顿工作。按照省政府关于"强化企业管理工作，要集中精力打战役"的总体部署，在全省重点组织开展了创建花园式工厂和实施比价采购两项工作，并取得了阶段性的成果。

（七）加强企业领导班子建设

企业经营管理者素质的高低，决定着企业的兴衰成败，辽宁省国有企业改革与发展的实践也充分证明了这一点。同样一个企业，有没有能够驾驭市场经济规律、精于经营、善于管理的企业家是大不相同的。没有这样的企业家，基础好的企业也难有较大的发展，甚至可能被搞垮；而有了这样的企业家，困难的企业也可能奋然腾飞。为此，辽宁省提出，要建立经营者市场选拔机制和约束机制，培育一批高素质的企业经营者。一是建立企业经营者资格认证制度和持证上岗制度。建立全省统一的企业经营者资质评价指标体系，组建全省企业经营者人才库，在部分企业试行经营管理者竞争上岗。二是把党管干部原则和董事会依法选择经营管理者以及经营管理者依法行使用人权结合起来，对企业及企业领导人不再确定行政级别，实行经营者能上能下。三是建立企业经营业绩考核制度，建立健全企业经营者业绩考核评价系统和决策失误追究制度，实行企业领导人员任期经济责任审计。凡是由于违法违规等人为因素给企业造成重大损失的，要依法追究其责任，并不得继续担任或易地担任领导职务。四是加强对企业经营者的培训。选拔一定数量、具有相关专业研究生以上学历的优秀后备干部出国研修。

目前，全省已对400多户地方国有大中型企业领导班子进行考核调整，对267名不称职的干部予以免职，新调整充实了860人，其中40岁以下的占40.3%。全省有5000多名企业领导和后备人员参加工商管理培训，已建立一支以40岁左右为主体、政治素质好、具有较高知识层次的近7000人的企业后备干部队伍。

固定资产投资

（一）投资规模

全年技术改造继续保持了较大的投资规模，继续保持了对全省经济增长的有效拉动，对国民生产总值保持较大的贡献。辽宁省全口径完成技术改造投资260.7亿元，比上年增长0.4%，其中中央企业完成投资133.0亿元，同比增长27.8%，地方企业完成投资127.7亿元，同比下降17.9%；国有单位完成投资209.4亿元，占全社会技改投资80.3%。石化、冶金、机械、电子四大支柱产业完成投资135.8亿元，占全社会技改投资52.1%，电子、机械工业分别增长93.3%和32.0%。支柱产业和国有企业继续保持较大的投资势头，巩固了国有大中型骨干企业的主导地位。全年实施技术改造项目2461个，其中当年新开工项目1897个，竣工投产1773个。新增固定资产141.8亿元，固定资产交付使用率54.4%。全年到位技术改造资金274.9亿元，增长0.3%，其中国内贷款60.4亿元，增长16.9%；利用外资26.1亿元，增长62.3%；国内预算内资金5.8亿元，增长794.7%。

（二）重点项目建设

"九五"规划重点项目进展顺利，截至1999年底，已起步实施110项，总投资460亿元，已竣工投产61项，其中当年竣工投产28项，形成了全省新的经济增长点。(1)锦西化工总厂的8万吨离子膜烧碱改造、本溪钢铁公司的板坯连铸改造一期工程等一批竣工的重点项目已经达产达效，全面发挥投资效益，对提高企业经济效益、拉动全省经济发展起到了重要作用；(2)鞍山钢铁公司半连轧总体改造、辽宁轮胎厂20万套子午胎改造、大连冰山集团公司的半封闭螺杆压缩机工程和营口化纤厂1.2万吨锦纶66长丝改造等一批重点技术改造项目当年竣工投产，并初步发挥投资效益；(3)本溪钢铁公司热连轧改造一期工程、东北输变电集团的500KV超高压变压器改造工程、丹东化学纤维有限责任公司的年产6000吨粘胶长丝改造工程等一批重点项目开工起步，进入了实施阶段；(4)一批重点技术改造项目前期工作进展顺利，其中本溪钢铁公司板坯连铸机二期改造、凌源钢铁公司连铸机高效化改造、小型连轧机组改造、沈阳水泵股份有限公司的石化用大型低温泵、耐酸泵改造、大连重工集团公司的固体垃圾处理设备改造等项目可行性研究报告已经批复，可以列入国家2000年第一批新开工计划；抚顺特殊钢集团公司的模具钢替代进口改造、辽宁华海电力电子有限公司的电力电子器件IGBT生产线改造、沈阳黎明服装集团公司的精纺呢绒面料替代进口改造、辽河石油勘探局的年产80万吨高等级道路沥青改造、抚顺石化公司的柴油加氢精制改造等项目可研已经上报国家待批，2000年上半年可以起步实施。

技术进步

“九五”期间，全省的企业科技工作紧紧围绕调整企业产品结构，积极开发新产品，大力推广新技术，努力推进产学研联合，加速科技成果转化，促进高新技术产业化，使企业的产品水平和技术档次都上了一个新台阶。建立了一批企业技术中心和科技开发示范点，大大促进了企业整体技术水平的提高。

（一）企业技术创新工程

“九五”期间，企业技术创新的“三个一活动”和“1245”工程在辽宁省工业企业全面开展，并取得显著成效。“三个一活动”，即在“九五”期间，全省每个国有大中型企业至少要开发一项省级以上的新产品，推广应用一项国内先进以上水平的新技术，转化一项当代水平的科研新成果。“1245工程”即在“九五”期间，全省要以本省产业结构调整的方向为指导，择优扶强，重点建设好100户技术创新示范点企业，开发200项重大新产品，建立和完善40个国家级、省级企业技术中心，组织实施50个重大技术创新项目。

技术创新活动的深入开展调动了广大工程技术人员的积极性。100户技术创新示范点企业按照国家和省《技术创新工程》的要求，在建立和完善产品开发的动力机制、创新机制和激励机制等方面进行深入探索和实践，率先成为技术创新决策的主体、开发的主体、投资的主体、利益分配的主体和承担风险的主体，并在建立技术创新支撑体系、营造技术创新氛围、提高技术创新能力、开展技术创新活动、实现技术创新指标等五个方面做出了示范。此外，技术创新工程规定的重大产品开发、企业技术中心建设和重大技术创新项目等也都超额完成。通过开展“三个一活动”，促进了企业新产品开发和新技术推广，提高了企业的整体技术水平。

（二）企业技术中心建设初具规模

“九五”期间，国家经贸委和辽宁省经贸委大力强化企业技术中心建设，在一批有条件的企业中认定了一批国家级和省级企业技术中心，同时通过调度、考察、评价、考核等办法，推进企业技术中心建设工作。1999年11月召开的全省企业技术中心工作会议，交流了瓦房店轴承集团、东北制药厂、本溪钢铁公司、东大阿尔派公司等10个企业技术中心的建设经验，加强了企业技术中心建设工作。目前，辽宁省国家级、省级企业技术中心总数已达67个，其中国家级企业技术中心22个，省级企业技术中心45个。沈阳变压器厂技术中心、大连造船厂技术中心、鞍山钢铁公司技术中心、抚顺钢铁公司技术中心、营口化学纤维厂技术中心等一批企业技术开发中心都成为企业的科研开发基地。企业技术中心的建立对于促进科研与生产的结合，提高企业的研究与开发能力，加速科技成果转化发挥着重要的作用。

（三）新产品开发成果丰硕

“九五”期间，全省工业企业共开发新产品22350项，其中有15380项已投入批量生产。5年来，新产品新增产值1400亿元，创利税180亿元，高水平的产品不断问世，在投产的新产品中，达到国际先进水平的4540项，填补国内空白的1860项。如沈阳鼓风机厂的30万吨乙烯用大型裂解气压缩机、大连造船新元术油割焊技术现场演示推广会，都是全国性的新技术推广会。

（冷长仁　宋嘉革　张书炜　高　建
钱洪明　任自权　金丰杰　赵海鑫）

附表1 1978～1999年辽宁省工业总产值 单位：亿元

年份	工业总产值	国有及国有控股工业企业	集体工业	个体工业	其他经济类型工业
1978	376.80	313.80	63.00		
1980	452.60	362.00	74.80	0.06	15.80
1981	461.10	362.80	78.75	0.23	19.44
1982	482.30	372.76	85.99	0.41	23.55
1983	527.71	412.39	103.87	0.69	10.76
1984	612.53	464.47	130.85	1.41	15.80
1985	774.57	530.95	163.00	12.18	21.12
1986	874.99	578.69	183.15	25.12	24.95
1987	1044.03	668.01	213.22	46.15	32.49
1988	1304.84	798.37	267.13	74.65	46.94
1989	1546.42	951.87	305.04	90.32	59.18
1990	1606.92	983.92	305.42	110.44	58.83
1991	1835.76	1121.03	341.09	134.87	82.26
1992	2278.43	1326.63	426.56	192.16	123.76
1993	3272.41	1813.61	551.94	357.78	244.44
1994	4100.50	1966.44	692.66	472.97	458.72
1995	4489.40	1876.53	716.28	672.64	463.09
1996	5602.17	2106.15	804.87	1240.36	602.69
1997	6498.81	2292.03	793.34	1772.07	821.45
1998	6674.14	2109.37	530.13	2000.56	1120.09
1999	7328.62	2208.77	337.14	2457.94	1452.45

附表2 1999年辽宁省全部国有及规模以上非国有工业企业主要指标 单位：亿元

	企业单位数(个)	工业总产值(现价)	工业增加值	资产合计	流动资产合计	流动资产年平均余额	固定资产合计	负债合计	所有者权益	产品销售收入	利润总额	利税总额
国有经济	2235	1600.7	482.3	3985.8	1424.3	1287.0	2290.0	2419.0	1566.8	1545.6	—10.7	104.9
集体企业	1324	337.1	84.5	338.0	202.6	193.8	112.7	236.0	102.1	289.2	9.3	22.8
股份合作企业	220	59.5	17.4	70.0	38.7	35.6	26.3	46.9	23.1	54.2	3.1	5.7
联营企业	50	10.8	2.8	20.5	11.5	10.9	7.5	15.9	4.6	9.7	—0.1	0.5
有限责任公司	248	399.6	91.9	1467.6	640.4	591.5	662.1	883.8	583.8	599.5	6.1	39.2
股份有限公司	141	165.5	49.9	381.5	197.7	188.8	149.2	222.6	158.8	153.1	19.0	30.6
私营企业	690	200.5	51.2	197.3	91.8	88.6	79.8	134.3	63.0	178.2	7.4	14.5
其他企业	3	8.6	2.7	3.9	3.5	3.1	0.4	3.2	0.7	11.2		0.2
港、澳、台投资企业	273	139.9	43.8	248.4	108.5	97.9	127.8	160.5	87.9	136.0	8.1	16.8
外商投资企业	632	468.0	109.3	720.8	264.1	244.7	403.2	363.9	356.9	453.2	16.0	33.1

大　连　市

综　　述

1999年，大连市全部国有工业和年销售收入在500万元及以上非国有工业(以下简称500万以上工业)有973个。按经济类型分：国有企业237个，集体企业170个，有限责任公司28个，股份有限公司13个，私营企业75个，联营企业9个，股份合作制企业42个，外商投资企业315个，港、澳、台投资企业84个。按轻重工业分：轻工业434个，重工业539个。按企业规模分：大型132个，中型159个，小型682个。全部从业人员年平均人数451668人，其中国有企业193105人，集体企业53138人，其他企业205425人。1999年，全市国有企业扭亏增盈工作取得很大进展：连续4年完成市政府下达的扭亏目标；连续5年经济效益居辽宁省首位。

大连市工业经济运行的主要特点：

(1)速度平稳增长。全市完成工业总产值1937.7亿元(当年价，下同)，按1990年不变价计算，比上年增长16.3%；工业增加值426.5亿元，增长13.5%，占国内生产总值的42.5%。全市规模以上工业实现产值842.6亿元，比上年增长14.8%，其中国有及国有控股工业实现496亿元，增长21.9%；工业增加值185亿元，增长16.8%，增速在全省14个地市中居第一位，在全国42个中心城市中居第十位；产品销售率98.9%，提高0.8个百分点，其中国有及国有控股工业完成97.9%。拉动全市工业经济增长的主要是大显、冰山、大钢、大化、锦达等大型地方国有企业和西太平洋石化、中国华录、石化公司、一汽大柴等中直企业，开发区、金州区的国有及国有控股企业生产总量也出现较大幅度增长。上述企业和地区工业产值比上年增加59亿元，拉动全市国有及国有控股工业产值增长率提高17个百分点，拉动规模以上工业产值增长率提高近8个百分点。

(2)经济效益出现好转。全部国有及国有控股工业实现利润(盈亏相抵)8.6亿元；亏损企业亏损额7亿元，比上年下降21.3%；亏损面为26.6%，减少8.1个百分点。其中：大中型企业亏损23个，比上年减少51%；亏损面24.3%，减少9.8个百分点。被列为当年省重点脱困的21个企业全部完成扭亏任务。

(3)一些支柱行业、企业和地区在连年高速度、高效益发展的基础上，仍然增产、增效。电子行业实现跳跃式发展，轻工、医药、化工以及冰山、大钢、大化等行业和企业在调整中稳定发展，推动全市工业水平提高。冰山、大显集团走合资合作道路，产品技术含量高、发展思路清晰，产值、利润近年来增长较快。其中，大显集团产值比上年增长73%，实现利润2.05亿元，增长46%；冰山集团产值增长18.3%，实现利润1.82亿元，增长6.9%；西太平洋石化公司走出多年高额亏损的困境，一举成为全市盈利大户，实现利润1.33亿元。中国华录电子公司提前1年脱困，自投产以来首次扭亏为盈，实现利润1552万元；金州区国有及国有控股工业企业实现利润达4000万元，在各区市县中独树一帜。这些行业、企业和地区的良好业绩，拉动了全市经济效益提高。

(4)出口形势看好。全市规模以上工业完成出口交货值295亿元，其中国有及国有控股工业完成92亿元，均比上年增长10%。全市机电产品出口创汇22亿美元，比上年增长11.7%，占全省机电产品出口创汇额的75%。工业经济发展中存在的主要问题：一是国有经济比重过大，战线过长，多数国有企业经营机制不活，法人治理结构不健全；二是结构性矛盾突出，技术创新能力薄弱，产品竞争能力弱；三是部分国有企业债多人多，困难比较大，一些企业虽然脱困，但未从根本上解决问题。

减员增效

1999年，大连市市属国有工业企业减员分流工作取得突破性进展，形成"快进快出，分流平稳"的局面，为国有企业改革和发展创造了有利条件。全年市属国有企业减员分流5.8万人，超额完成分流4万人的任务，其中工业企业分流4.1万人，非工业企业分流1.7万人。下岗职工生活保障面达100%。

市属国有工业企业减员分流呈现4个特点：

(1)企业组织结构调整幅度大。机械行业实施铸钢、锻造专业化重组，分流1746人；纺织行业实施压锭重组，分流3403人；25个企业停产整顿，整体分流9412人，其中5个厂办集体企业分流2481人，使企业组织结构、劳动力结构得到优化。(2)减员分流的企业户数多、人员多。市政府抓住减员分流社会氛围好，安置成本低的难得机遇，将列入计划的市属国有工业企业由上年的32个增加到130个，使市属国有工业企业分流的职工占职工总数的29%。(3)下岗职工自谋职业比重大。97%的下岗职工选择自谋职业，比上年提高12个百分点。(4)下岗分流实施再就业工程改变了人们的就业观念，敬业、爱岗、学习技术蔚然成风。

到1999年末，市属国有工业企业减员分流实现以下目标：(1)困扰国有大企业多年的厂办大集体问题基本得到解决；(2)市属国有工业企业提前1年实现职工总数减少1/3的目标；(3)利用减员政策，使一些企业久拖不决的深层次老大难问题基本得到解决；(4)国有企业成本费用大大降低，全年减少2.8亿元。

增资减债

1999年，大连市工业系统组织力量，集中开展工作，通过各种方式增资减债，取得很大成果。

（一）争取债权转股权

上报债转股企业18个，经国家经贸委审查批准14个。其中中直企业4个：中国华录电子公司、大连造船新厂、大连造船厂和大连华能化工厂；市属企业10个：大钢、大化、大机床、大重、瓦轴、大水泥、大起、锦达、冰山和大显集团公司。申请债转股总额73亿元，其中中直企业23亿元，市属企业50亿元，具体转股额度由有关金融机构独立评审后确定，将在下年实施。

（二）争取核销呆坏账

国家当年下达给本市核销银行呆坏账准备金规模13.2亿元。

（三）争取企业股票上市

由大钢集团公司控股的大连金牛股份有限公司的A种公众股票12月8日在深圳交易所上网发行，共发行1亿股，募集资金3.88亿元。

（四）集中力量清理不良资产

对企业进行地毯式清查，在摸清家底的基础上，处理个案146个，年末结案120个，结案率80.1%，处理个案金额37.8亿元，其中追索呆坏账、处理库存积压物资和闲置资产以及解除担保责任的金额就达25.5亿元。一些处理难度非常大，主要是大额及专业性强的闲置资产个案，也取得一定进展，其中大化新世纪大厦已结案。

（五）积极实施清欠工程

成立以副市长王承敏为组长，以市经委、法院、公安局、检察院和监察局有关领导为副组长的市属国有工业企业清欠工作协调小组，36个重点企业全部设立清欠办公室，形成全市范围的清欠工作网络，直接清回款项2200万元。

（六）大力压缩“三项资金”占用

市属国有企业应收及其他应收款压缩到64亿元，比上年减少10亿元，超额完成市政府下达的目标。

结构调整

1999年，大连市在加大国有企业改革脱困的同时，把工业结构调整作为重点，通过招商引资、搬迁重组、技术改造和科技创新等，推动产业结构、产品结构和组织结构发生深刻变化，为发展积蓄了力量。

（一）招商引资重点项目有重大突破

全市新批加工制造业利用外资项目363个，合同外资11.86亿美元，实际使用外资6.89亿美元。全市国有工业企业完成利用外资项目29个，合同外资2.06亿美元，实际使用外资2.29亿美元。

项目总投资超过1000万美元的大项目有12个，有3个项目投资额超过2000万美元：(1)大连橡胶总厂与美国固特异轮胎橡胶有限公司合资的大连固特异轮胎有限公司增加投资9860万美元，其中新增合同外资8135万美元，项目建成后可实现年产300万条子午线轿车胎的生产能力。(2)大连耐酸泵厂与瑞士苏尔寿公司合资兴办的大连苏尔寿泵和压缩机有限公司，总投资2407万美元，其中合同外资1301万美元，项目建成后可实现年销售收入5亿元。(3)大连三鼎轻机模具有限公司与美国国际电力投资公司合资兴办的大连开发区亚利桑纳电力设备有限公司，总投资2500万美元，其中合同外资2250万美元。大显集团投资70万美元从美国思科公司引进电缆调制解调器技术，从朗讯公司无偿引进数字无绳电话机技术，投资128万美元从美国摩托罗拉公司引进L系列和S系列手机技术等3个重点项目也获得成功。

另外，大染集团和大药集团利用OECF贷款改造项目完成可行性研究报告；机床集团的组合机床和数控车床项目、大化集团的硝铵和醋酸项目、水泥集团利用OECF贷款改造项目正在洽谈；大显集团与加拿大北电网络公司合作生产CDMA系统设备和网络产品有初步意向。

（二）搬迁改造重点企业动作大

年内完成大染、录音器材、二机床等17个企业的整体搬迁，腾出厂区土地110万平方米。完成大染、大纺部分厂区土地和全部录音器材、二机床等14个企业全部厂区土地转让，转让面积共60万平方米，企业可获资金10亿元。当年到位3亿元，加上财政垫款和催收往年合同欠款，实际到位资金4.7亿元。

（三）技术改造和技改贴息项目有进展

在市场变化快、技改项目不足、企业筹资困难的情况下，全市企业仍完成技改投资34.5亿元，比上年略有下降。列入市考核计划的11个重大技改项目进展顺利，有5项按计划竣工。此外，有5个项目列入国家脱困专项和“双高一优”专项计划，得到国家部分贷款贴息和拨款补助；有14个项目列入国家财政债券技改项目计划，总投资18.6亿元，其中贷款13.3亿元。有4个项目入围国家第四批日元贷款项目计划，总投资11.8亿元，其中利用日元贷款6099万美元。

（四）科技攻关、科技创新取得新成绩

认真贯彻国家科技创新大会精神，把科技创新作为推动企业技术进步的一项重要举措来抓。全市工业企业开发新产品1100种，其中投产550种。新产品中，居国内外先进水平的约占50%；年创产值1000万元以上、达到国内先进水平以上的重点新产品有45种。有42种产品获国家级重点新产品称号，使全市的国家级重点新产品达到357种。在重大装备国产化、新产品开发、新技术推广和工业性试验方面，有8个项目被定为国家级重点技术创新项目，共获贴息贷款1.34亿元，获拨款1170万元。石化公司技术中心获国家认定，使全市国家级企业技术中心达到10个。12种重点攻关产品实施顺利，42种子项目（子产品）中有30种完成攻关、研制，其中20种通过投产技术鉴定。

大连市有10个国家级企业技术中心：

（1）大连冰山集团有限公司技术中心

（2）大连造船厂技术中心

（3）大连机车车辆厂技术中心

（4）大连第二电机厂技术中心

（5）瓦轴集团有限公司技术中心

（6）大连大显集团有限公司技术中心

（7）中国华录电子有限公司技术中心

（8）大连石油化工公司技术中心

（9）大连盛道集团有限公司技术中心

（10）大连造船新厂技术中心

建立和完善现代企业制度

1999年，大连市围绕国有企业改革和脱困，进行企业资产重组、兼并破产和改制。

（一）放开搞活中小企业

市属企业中，完成公司制改制的5个，完成产权出售的7个，进行股份合作制改造的1个。到年末，累计有81个市属企业完成改制，大多数改制企业发展势头良好。

为扶持中小企业发展，积极筹建中小企业信用担保中心和中小企业服务中心，还就英国政府赠款中国国企改革项目开展工作，年底前形成改革代理机构和服务中心的组建方案，项目将在2000年初正式启动。

（二）实施企业工艺专业化重组

为解决长期困扰本市机械工业的大而全、小而全、高污染、低效率问题，市政府和市机械局对所属企业实施专业化重组。至年末，完成铸钢、锻造的专业化重组工作，成立大连重工铸钢有限公司和大连锻造有限公司，共腾出厂地8.7万平方米、厂房4万平方米，分流职工1406名，消灭市内5个污染源，形成优势互补，盘活了闲置资产，提高了企业规模效益和市场竞争力。

（三）实施企业破产、兼并和划转

对大连华录集团、氯酸钾厂、五二三厂和华铜矿等企业实施破产，对大连化工实验厂等8个企业实施兼并、划转，优化了国有资产的配置。

市场拓销

1999年，大连市开展“市场年”活动，组织企业积极开拓国内外市场。

对地方国有工业企业实施出口奖励政策，扩大出口创汇和开展投招标，取得良好成效。全年地方国有工业企业完成出口创汇3.84亿美元。全市工业企业中标280项，中标额13亿元，其中国际招标中标20项，中标额3.4亿元。

抓好国内外市场促销。大连市经委组织企业参加国内各类大型经贸展销活动11次，签订合同94项，合同金额19.1亿元。特别是随市政府组团参加太原、西安、长春、济南共4次展销暨经贸洽谈会，签订经贸合同81项，合同金额11.8亿元。组织企业赴荷兰、古巴、日本进行境外展销和经贸洽谈，签订意向、合同21项，金额1亿元。展销活动帮助企业结识大量新客户，认识了新市场，促进了订货量的增加，全市国有工业企业拿到全年生产总量53%的订货合同，比上年提高近5个百分点。

年内还建成工业品展示厅（设在星海会展中心）和“水晶宫”（盛道玻璃制品厂院内），作为本市旅游业“工业之旅”的一个重要景点，为来访的中外客商和团组提供全面认识大连工业的窗口。

大连市国有企业改革与发展工作会议

1999年12月6日，大连市委、市政府召开大连市国有企业改革和发展工作会议，贯彻党的十五届四中全会通过的《中共中央关于国有企业改革和发展若干重大问题的决定》，加快大连市国有企业改革和发展。

会议通过《中共大连市委、大连市人民政府关于贯彻〈中共中央关于国有企业改革和发展若干重大问题的决定〉的意见》。《意见》提出大连市国有企业改革与发展的指导思想与目标。

指导思想主要有：大连市国有企业改革与发展要坚持有进有退，有所为有所不为，坚决调整国有经济布局和实施国有企业战略性改组；以多元化投资主体形式改造国有企业，推进企业制度创新。大力改造传统工业和发展高新技术产业，形成双牵动的产业格局。国有企业积极挺进国际市场，逐步提高国际竞争力。坚决完成国有企业三年改革脱困任务，努力实现市委关于经济新突破的要求和“十五”奋斗目标。

主要目标分三段：到2000年，基本实现三年国有企业改革脱困目标，70％的国有大中型企业初步建立现代企业制度；到2005年，国有大中型企业全部完成公司制改革，形成一批国内行业举足轻重、国外有影响的企业集团，形成一批新兴产品群，高科技产业在总产值中占30％以上，建立较为完善的社会保障体系，养老、失业、医疗保险实现全覆盖；到2010年，全市国有经济布局和结构合理，产业优化升级，现代企业制度完善，全面建立起比较完善的适应社会主义市场机制的管理体制和经营机制。

（陈玉君）

附表1 1999年大连市全部国有及年产品销售收入500万元及以上非国有工业企业主要经济指标 单位：千元

	企业数（个）	资产合计	负债合计	所有者权益合计	产品销售收入	亏损企业亏损额	利税总额
总　计	**973**	**134354093**	**80848743**	**53505350**	**82053940**	**1355102**	**5719906**
国有企业	237	58441085	34929265	23511820	31258611	512824	1770138
中央企业	46	19324709	11661187	7663522	15379162	274560	809319
地方企业	191	39116376	23268078	15848298	15879449	238264	960819
集体企业	170	6903840	4456426	2447414	4746340	79701	316597
股份合作企业	42	2648441	1530799	1117642	1663941	37223	244663
联营企业	9	414112	238518	175594	209041	208	13958
集体联营企业	2	19279	11660	7619	22728	208	2277
国有与集体联营企业	5	125517	69819	55698	95627		7331
其他联营企业	2	269316	157039	112277	90686		4350
有限责任公司	28	16929171	10208630	6720541	8211159	53915	496503
股份有限公司	13	2791174	1449729	1341445	1421609	14042	403203
私营企业	75	1805316	1406239	399077	1106086	50626	35693
港、澳、台商投资企业	84	5444411	4434787	1009624	3264020	97666	290534
外商投资企业	315	38976543	22194350	16782193	30173133	508897	2148612
在总计中：亏损企业	307	29153988	19744676	9409312	16661588	1355102	－486944
在总计中：国有控股企业	306	93379569	55452268	37927301	48547302	660864	3898235
在总计中：农村工业	239	10287085	6850157	3436928	9748269	98780	555042
在总计中：轻工业	434	30329517	17986647	12342870	21561971	260528	1153002
重工业	539	104024576	62862096	41162480	60491969	1094574	4566904

附表 2　**大连市 1999 年度国家级新产品**

新产品名称	试产单位
高 SK 靠性铁路机车轴承(E32626QTY)	瓦房店轴承集团有限公司
(77752G)轧机用四列圆锥滚子轴承	瓦房店轴承集团有限公司
(22248CAF3/C9W33)新型调心滚子轴承	瓦房店轴承集团有限公司
(BJ105M)球笼式等速万向节	瓦房店轴承集团有限公司
新结构角接触球轴承(7314B)	瓦房店轴承集团有限公司
低噪音电机专用轴承(6228/P63Z1)	瓦房店轴承集团有限公司
Φ3－Φ20 高速钢轴	大连大显集团有限公司
Q23SG12－2 型高分辨率电子枪	大连大显集团有限公司
Φ1.0 微型精密轴	大连大显集团有限公司
XM－370×(6－60)密炼机	大连橡胶塑料机械厂
XJYS－430×700 双螺杆橡胶压片挤出机	大连橡胶塑料机械厂
DXJ－3 型橡胶挤压脱水机	大连冰山集团金州重型机械厂
JZJ5281GYQ 型液化气(CO_2)罐车	大连冰山集团金州重型机械厂
CZ44Y－150 150 磅弹簧平行式双闸板闸阀	大连高压阀门厂
CPD15 型蓄电池平衡重式叉车	大连叉车总厂
Q25 型牵引车	大连叉车总厂
11751(400KN)盘形悬式瓷绝缘子	大连电瓷厂
DY9431－9435 大方、圆坯连铸机液压系统	大连液压件厂
DYJF－9802500 吨单臂油压机	大连液压件厂
DYJF－9801CGL400 肋骨冷弯机	大连液压件厂
DT 型卧式多级筒形泵	大连耐酸泵厂
GDS 立式管线泵	大连耐酸泵厂
VP－5567D 示波器	辽宁无线二厂
(W7MoCr4V)新一代通用高速钢	大连钢铁集团有限责任公司
12000 吨多用途干货/集装箱船	大连造船厂
6S60MC(MK6)船用柴油机	大连船用柴油机厂
5S50MC(MK6)船用柴油机	大连船用柴油机厂
对夹式蝶止回阀	大连船用阀门厂
船用定螺距螺旋、大侧斜螺旋桨	大连船用推进器厂
GF11018 型高速平头锁眼机	大连服装机械总厂
TET/ON/PE 液体包装立体袋	大连大富塑料彩印总厂
YOCHJ1000/1500/700液力偶和器传动装置	大连液力机械总厂
YOTfc1050 调速型液力偶合器	大连液力机械总厂
240 柴油机新型喷油泵、喷油器	铁道部大连内燃机车研究所
TSK－2 型转速控制器	铁道部大连内燃机车研究所
TS－02 型(DN20、DN25)调节锁闭阀	大连开发区辽东节能环保设备开发公司
X(S)N－200×30 橡胶塑料加压式捏炼机	大连通用橡胶机械有限公司
纯化鼠肾细胞人用狂犬病疫苗	大连高新生物制药公司
LQZ.H－1－3 型轻型汽车双燃料转换装置	大连绿缘汽车双燃料转换装置有限公司
铜基镶嵌固体润滑剂轴承	大连金州复合轴承制造公司
DYM15 型 DYMB15 型 DYM 预应力锚固系	大连预应力机具厂
户外环氧树脂浇注型电流、电压互感器	大连互感器厂

吉 林 省

综 述

1999年，吉林省经贸战线广大干部职工，坚持以提高经济增长质量和效益为中心，抓住国家扩大内需、加大对老工业基地政策扶持力度的机遇，以实现国有大中型企业三年改革与脱困为重点，加大改革开放措施力度，努力开拓市场，招商引资，把经济增长的基点切实转到依靠科技进步和技术创新上来，调整工业结构，大力发展县域经济，加强企业管理，使全省工业经济在速度稳步提高的同时，效益大幅度回升，全面完成了年初确定的增效保速的各项目标。其主要标志是：(1) 全省规模以上工业企业累计完成工业总产值1212.97亿元，同比增长14.37%，比年初确定的9%的目标高出5.4个百分点。(2) 完成工业增加值411.99亿元，同比增长15.96%，比年初确定的7.5%的目标高出8.5个百分点。 (3) 工业产品产销率达到98.0%，达到历史最好水平，同比提高2.7个百分点，比年初确定的95%的目标高出3个百分点。(4) 经济效益大幅回升，扭转了连续42个月净亏损的局面。全省规模以上工业企业实现利润盈亏相抵后净盈利21.87亿元，减亏增盈25.64亿元；其中国有及国有控股工业企业盈亏相抵后实现净利润16.2亿元，减亏增盈20亿元。(5) 高新技术产品产值率达到10.5%，比年初确定目标高出0.5个百分点；吉林名牌产品达到172个；全年开发新产品362种，新产品产值比上年增长19.2%，新产品产值率达16.7%。(6) 技术改造完成投资99.42亿元，同比增长19.5%。(7) 必保脱困的36户企业除吉林造纸（集团）有限公司外，全部完成脱困任务。(8) 工业制成品出口完成4.29亿美元，同比增长11.4%；工业企业自营出口3.83亿美元，同比增长14.49%。(9) 全省有各类口岸26个，其中一类口岸11个，二类口岸6个，公务通道4个，临时过货点5个。

经济运行

（一）工业生产保持快速增长

全省国内生产总值完成1669.56亿元，同比增长7.18%。工业增加值完成411.99亿元，增长15.96%；规模以上工业企业完成工业总产值1212.97亿元（1990年不变价），同比增长14.37%；集体企业完成工业总产值86.94亿元，增长32.79%；国有企业完成产值659.88亿元，增长9.49%；股份合作企业、港澳台商及外商投资企业等其他经济类型企业增长较快，分别增长35.96%、59.02%和64%。

（二）轻、重工业增长比例基本协调

全年轻工业完成产值259.7亿元，增长16.65%；重工业完成产值846.53亿元，增长14.13%。而1998年同期轻工业增长20.2%，重工业增长7.3%，轻重工业比重分别为23.5%和76.5%，与1998年相比基本没有变化。

（三）工业产品销售率达到历史最好水平

全年全省完成工业产品销售率98.02%，同比提高2.67个百分点，超过全年目标3个百分点，从1998年的第27位跃居1999年的全国第4位。长春、吉林、四平、通化、白山、松原和延边等地的产销率均完成年初目标，其中，长春、吉林和松原的产销率均超过全省平均水平，分别达到98.48%、98.70%和99.20%；辽源和白城的产销率偏低，但也接近目标水平。

（四）机械、石化两大支柱行业和食品、医药、电子3个优势产业实力明显增强

5个行业全年累计完成产值809.88亿元，增长15.3%，占全省经济总量的73%。支柱行业的主要产品产量平稳增长。汽车完成27.54万辆，增长17.2%，其中，轿车完成9.8万辆，增长20.8%；成品钢材完成135.75万吨，增长13.9%；原油加工量完成663.9万吨，增长6.3%；化学纤维完成13.3万吨，增长66.7%；彩色电视机完成153.9万部，增长79.3%；乙烯完成44万吨，增长12.1%；中成药完成11.88万吨，增长7.3%；淀粉完成75.7万吨，增长62.7%。

（五）50个经济增量企业运行态势良好

全年累计完成产值474.69亿元，同比增长18.8%。其中，一汽集团公司完成产值247.7亿元，

增长19.5%；一汽大众112.3亿元，增长25.8%；吉化完成产值128.8亿元，增长9.5%；通钢完成产值19.37亿元，增长8.8%；吉林油田完成产值13.38亿元，增长1.5%。

（六）能源生产供应正常，铁路运输形势平稳

全年全省发电量299.57亿千瓦时，增长6.4%。其中工业用电207.7亿千瓦时，增长6.95%。煤炭产量1857.9亿元，下降12.45%。全年全省货物发送量完成6030万吨，增长3.6%；铁路货运发送量为5750.4万吨，增长4.6%。其中，煤炭1416.5万吨，下降11.7%；石油436.6万吨，增长7.3%；钢铁282万吨，增长8.0%；木材477.6万吨，下降10.4%；水泥198.7万吨，增长3.4%；化工168.3万吨，增长1.0%。铁路旅客发送量5950万人次，增长1.76%；民航旅客发送量115万人次，增长11.7%；邮电业务总量完成69亿元，增长30%。

（七）出口及新产品产值增长加快

全年全省工业制成品出口完成42.9亿元，增长11.4%；新产品产值完成228.26亿元，增长19.2%。新产品产值率为16.7%，比上年同期提高0.71个百分点。

（八）工业企业经营状况明显改善，经济效益大幅度增长

1. 资产增加，负债率下降。全年全省工业企业总资产为2920.21亿元，同比增加69.09亿元，增长2.4%；资产负债率为66.4%，下降3.3个百分点。

2. 企业支付能力有所增强。据全省金融机构统计，企业存款余额为41.99亿元，比年初增加55.49亿元，比同期多增加74.08亿元。工业流动资金中短期贷款余额为666.4亿元，比年初增加72.94亿元，比上年同期略有下降。

3. 工业企业经济效益大幅度提高。在上半年扭转净亏损基础上，全年盈利企业盈利额为62.37亿元，同比增利32.6%；亏损企业亏损额为40.5亿元，同比减亏15.5%。盈亏相抵后累计实现利润21.87亿元，与同期相比，减亏增利达25.64亿元。其中，国有及国有控股企业盈亏相抵后累计实现利润16.2亿元，与同期相比减亏增利达20亿元，占全省扭亏增利额的88.1%，是全省工业企业扭亏增盈的主要力量。

4. 全省14个工业行业经济效益均明显好转。其中，机械行业实现利润15.8亿元，医药行业实现利润7.08亿元，食品行业实现利润1.08亿元。其他行业也都有不同程度的增盈或减亏。

5. 大部分地区经济效益明显改善。全省9个市州中，有5个地区盈利，4个净亏损，但亏损均大幅度减少。其中，长春市盈利22.02亿元，通化市盈利5.92亿元，松原市盈利5.58亿元。

6. 地方工业利润明显增加。全省地方工业净盈利18.5亿元，同比增长2.3倍，效益呈现出大幅上升的趋势。中央企业实现利润1.92亿元，同比减亏增盈10.95亿元；省属企业实现利润2.66亿元；市、县企业实现利润11.65亿元，增盈9.56亿元。

7. 重点企业效益大幅度增加。全省重点调度监测的128户工业企业累计实现利润29.58亿元，同比增盈138.9%。大中型企业经济效益大幅度增长，全年实现利润21.59亿元，同比增长23.7倍。

工业经济形势全面好转，但仍存在一些不容忽视的问题：一是全省重点调度的50户亏损企业解困工作难度仍然较大；二是企业资金拖欠问题增加；三是经济增长很不平衡。

国企改革

1999年吉林省国有企业改革与脱困工业扭转了1995年以来连续42个月净亏损局面（其中1997年全省规模以上工业企业净亏损11.3亿元；1998年亏损3.8亿元）。在全国13个亏损省市中，率先扭亏为盈，到1999年末，全省规模以上工业企业净盈利21.87亿元，其中国有及国有控股工业企业盈亏相抵后净盈利16.2亿元。年初制定的扭亏脱困目标任务基本完成。列入国家考核吉林省三年脱困的（1997年在国家6599户亏损企业中）252户国有大中型国有企业，已有130户企业通过资产重组、转机建制、加强管理等各种方式实现了扭亏。36户必保脱困企业除去吉林造纸（集团）有限公司比1998年同期减亏1.27亿元，仍亏损5000万元外，其余35户企业均已实现扭亏。36户企业截至1999年末，实现利润6.13亿元，1998年同期亏损6.77亿元，扭亏增盈12.9亿元。据统计，36户企业挖潜增效5.3亿元，学亚星实行比价采购管理比1998年采购成本下降1.85亿元，减员10416人。争取扭亏的81户企业全部实现扭亏。81户企业1999年实现利润6.8亿元，1998年亏损6.7亿元，扭亏增盈13.5亿元。全省9个市州中，除吉林、四平、辽源、白城4个市外，其他5个市州实现盈利。行业扭亏出现好势头，全省除冶金、轻工、石化、煤炭4个行业亏损外，其他行业均已实现扭亏为盈。

回顾1999年全省国企改革脱困工作，主要有以下几个特点：

（一）从体制和机制入手，积极推进国有企业改革

几年来，吉林省按照“产权清晰、权责明确、政企分开、管理科学”的要求，加快对大中型骨干企业的公司制改造，深化企业内部改革，重点解决制约国企改革发展的体制和机制问题。

一是有计划地对全省170户国有大中型骨干企业实施公司制改造。鼓励企业法人、社会团体和自然人等投资主体入股、参股，实现投资主体多元化。已有102户企业完成了公司制改造，其中股份有限公司29户、多元投资主体的有限责任公司37户、国有独资公司36户。同时，规范改制企业的法人治理结构。依照《公司法》设立了股东会、董事会、监事会和经理层，并明确各自的职责。按照公司章程，定期召开股东会，充分发挥董事会的作用，一些企业聘请了专家学者及有经验的管理人员进入董事会，行使独立董事职能。企业董事长和总经理由一人兼逐渐改为分设，总经理由董事会提名或向社会公开招聘。积极推荐符合条件的绩优股份制企业上市。目前全省已有28家上市公司，募集社会资金180亿元。对上市公司加强了后期管理，规范运作，特别是对实施ST管理的企业，采取重组，强化内部管理等措施，使这些企业经营状况好转，恢复了配股权。一批老企业通过改制焕发了生机与活力。如“一五”时期156项重点工程之一的吉林炭素厂，1994年改制，1998年股票上市，募集资金5.6亿元，新上了具有国际领先水平的超高功率电极等一批技改项目，企业竞争力显著增强。

二是积极探索建立出资人制度的途径和有效形式，推动政企分开。采取国有资本营运决策会议这一特定组织形式，来行使国有资本出资人职能。省直工交商贸国有资本营运决策会议已经运行，金融投资、外经外贸、建筑工程、文化教育、农林水利等五个省直国有资本营运决策会议也将组建。相继成立了冶金、建设、商贸、机械等国有资产控股公司，管理和营运省直国有资产。同时，对吉化、吉林电子、通钢、吉林化纤、长铃等一批大型集团公司授权经营国有资产，建立以产权为纽带的集团母子公司管理体制。各市州也相继建立国有资产营运机构。全省已建立各类国有资本营运机构29个，开始行使对所投资企业的经营者选择、重大问题决策和资产收益三项权利。

三是深化企业内部“三项制度”改革。取消了国有企业职工的固定身份，实行全员劳动合同制，定岗定员，择优录用，双向选择；管理人员实行竞争上岗，动态管理，定期考核，推行末位淘汰制；在分配上提高“活工资”比例，允许和鼓励资本、技术等生产要素参与收益分配，积极探索员工持股的改革，充分调动企业员工的积极性。白城通业集团引入竞争机制，大力精减机构，分流人员。处室由14个减到8个，厂级班子成员由14名减到7名，中层干部由149名减到23名，管理人员由191名减到60名，去年依靠自身努力实现了扭亏脱困。

（二）采取“四个一批”措施，实施战略改组

吉林省按照有进有退，有所为有所不为的方针，坚持从整体上搞活国有经济，收缩战线，加强重点，提高素质，增加国有经济的控制力。具体采取了“四个一批”的措施：

一是扶优扶强一批。实施“大集团”战略，1999年全省已有97家企业集团。按照国家级、省级标准，在优势骨干企业中，确定30个大集团、14个大企业，在政策扶持、技改项目、资金、生产经营外部条件上重点倾斜。发挥大企业集团在资本运营中的优势作用，通过低成本扩张和低成本经营，尽快做大做强。通过提高技术装备水平，增强技术开发、市场营销、筹融资三个能力，形成集团的核心竞争能力。如一汽集团成功地进行了换型改造，高中低档轿车系列开发，中重型车国内市场占有率和轿车市场占有率都有提高。依托一汽集团，组织省内34家汽车零部件企业成立了汽车零部件集团，既支持了一汽的发展，也带动了地方经济。

二是重点改造一批。近几年，吉林省积极抓住国家在技改投入上向东北老工业基地倾斜的政策机遇，按照“质量、品种、效益和替代进口”的原则，积极组织具有全省优势和标志性的项目，上报国家，争取支持。全省已有34个国债贴息项目引入国家计划，项目总投资67.8亿元，专项贷款45.5亿元；有39个项目纳入国家“双高一优”重点项目计划，项目总投资54.6亿元，专项贷款35.8亿元。这73个国家重点技改项目，总投资122.5亿元，专项贷款81.3亿元。

三是放开搞活一批。全省组织实施了“小巨人”企业计划，在为大企业协作配套、农产品加工转化、高新技术等领域有重点地扶持一批小企业，推动其向“专、精、特、新”方向发展。结合实施县域突破战略，每个县（市）培育1～3户，每个市（州）培育3～5户，全省小巨人企业达到100户。对其他小企业采取改组、联合、兼并、股份合作、租赁、承包经营、出售等多种形式放开搞活，退出国有序列。列入规划的1705户中小企业，已有1487户放开，占87%。如临江市，坚持从实际出发，在“明晰产业权、落实债务、安置职工、一步到位”原则指导下，对全市272户小企业全部放开，欠税、欠费、欠工资、欠统筹现象得到了根治，经济效益显著提高。全省注意把“放小”和“帮小”、“扶小”结合起来，省市相继成立了中小企业信用担保公司，拓宽了中小企业的融资渠道。还在信息、法律、会计、人才培训和技术开发等方面为中小企业提供服务和指导。

四是淘汰破产一批。对产品无市场、扭亏无望和资源枯竭的企业，实施关闭、破产。按照国家统一部署，重点抓了煤炭、冶金、制糖三个行业的调整。1999年，全省关闭710口矿井，压产310万吨，关闭了41家无生产许可证、18家列入淘汰范围的小水泥生产企业，关闭了8家小轧钢企业，一批企业通过依法破产，消灭了亏损源。如新中国制糖厂，连续多年亏损，资不抵债，每年要靠财政补贴7000多万元才能维持生产，通过核销呆坏账实施破产。

（三）用好用足国企改革脱困政策，增强企业活力

为推动国企改革发展，国家出台了核销呆坏账、债转股、技改贴息等一系列力度很大的政策措施。吉林省积极抓住国家在政策上向老工业基地倾斜的机遇，加大工作力度，积极完善各项配套措施，充分发挥政策效应。

一是落实核销呆坏账政策。1997～1999年三年中全省共争取国家核呆资金88亿元，有130户企业通过享受核销呆坏账政策实施兼并、破产。盘活了130多亿呆滞资产，减少了亏损，增加了盈利。长春亚泰集团兼并双阳水泥厂，当年核销呆账准备金1.92亿元，使这户没有国有资本金的国有企业由累计亏损1.57亿元，变为盈利2200万元。同时亚泰集团将上市配股融资3.9亿元全部投入双阳水泥第二条生产线改造，目前该企业已形成140万吨生产能力，经济效益大幅度提高。通化东宝集团兼并已停产的葡萄酒厂，核销呆坏账9600万元，东宝投入4000多万元进行技术改造，企业当年实现利润3000万元，不但救活了这户国有老企业，安置了职工，还保住了享誉国内外的通化葡萄酒品牌。

二是争取支持，落实国家债转股政策。1999年，全省争取列入国家债转股推荐名单的企业共有18户，拟转股金额230多亿元。这些企业债转股实施后，预计一年可减少财务费用12.5亿元。必将对企业乃至全省工业经济的发展产生积极影响。

三是落实资产重组政策。全省纺织行业利用国家压锭政策，积极调整产品结构。长春银龙纺织集团利用压锭1.5万枚获得的750万元国家补助资金，与南京同创公司合资在长春生产电脑，实现了多元经营和产业转移，还争取到技改国债贴息项目，生产高附加值面料。对产品有销路、管理基础好，但由于债务、社会负担重等原因暂时处于困境的企业，根据国家相关政策实施了资产及债务重组。长春市采取用企业有效资产出资并带相应债务的办法，与境内外优势企业合资合作，使一批企业重现生机。长春车灯厂用有效资产与德国大众合资，产品迅速占领了市场。开山屯化学纤维浆厂以“断臂求生”的精神，实施分立经营，把一部分老厂资产分离出来，成立股份有限公司，一举扭亏为盈。

四是落实减员增效和再就业政策。截至1999年末，全省国有企业实有下岗职工34.4万人，其中协议进中心27.48万人，占79.9%。为落实“三三制”原则，筹集企业下岗职工基本生活保障资金，全省继续实行同级人大监督的办法，对没有足额安排下岗职工基本生活费的财政预算不予通过。为妥善处理下岗职工劳动关系，在辽源市17户国有企业中进行了试点，有1.18万名国有企业下岗职工与原企业终止或解除了劳动合同。

（四）强化企业管理，实现挖潜增效

吉林省各级经贸委针对企业管理中的现实问题，引导企业苦练从严治厂基本功。对面上企业，重点是整顿和加强战略、成本、财务和质量管理，深化企业内部三项制度改革；对大企业集团，重点是构造母子公司体制，理顺集权与分权关系，提高一个水平（技术装备水平），增强三个能力（技术创新、市场营销、筹融资），实行两低战略（低成本扩张、低成本经营）；对脱困企业，重点是引导企业在用好国家政策的同时眼睛向内，向精简机构、分流人员要效益，向节能降耗、增收节支要效益，向调整改造要效益。近两年，围绕转换企业经营机制，加强企业管理，全省大力开展了学邯钢、学许继、学亚星、学傅万才，创名牌产品的“四学一创”活动。学邯钢、学许继、学亚星，旨在推动企业深化内部三项制度改革，实行成本倒逼，推行购销比价管理，形成一个与市场竞争机制相适应的好机制；学傅万才旨在选好经营者，建立企业经营者激励约束机制和选拔、任用、考核机制，建设一个政治素质好、善经营、会管理、公正廉洁的好班子；创名牌产品，实施名牌战略，旨在使更多的名牌产品打入国内、国际市场，提高市场占有率。1999

年通过开展“四学一创”活动，省里重点调度的56户企业挖潜增效14.7亿元，其中仅采购环节就降低成本6.8亿元。此外，还组织全省列入脱困计划的26户企业参加全国首批培训班，组织了100多户企业300多人次参加了学先进经验的培训等等。使一大批处于困境的企业依靠加强管理、苦练内功实现了脱困目标。

（五）改善外部环境，创造良好条件

对国企改革脱困中遇到的现实困难，除一户一户地、一个难题一个难题地解决外，进行综合治理，尽力为国有企业创造良好的发展条件。全省加大治理“三乱”力度，整治经济发展软环境。从1997年开始，吉林省认真贯彻中央14号文件“切一刀”精神，狠抓取消不合理项目和已取消项目的落实工作。一些不符合中央文件规定的行政事业性收费项目得到清理。全省取消不合理涉企收费1480项，减轻企业负担14.6亿元。从1999年下半年开始，全省集中开展了经济发展软环境整治工作，对涉及审批、收费、处罚的地方性法规、政府规章及部门文件进行了全面清理，共清理1157件，第一批已废止195件；对重大决策的贯彻落实加大了督查力度，切实解决有令不行、有禁不止、推诿扯皮、搞部门利益及地方保护主义等问题。

技术创新

几年来，吉林省以企业技术中心为核心的技术创新体系已经形成，企业技术创新能力不断增强；开发投产了一批高科技重点新产品，有的产品达到了国际先进水平；推广应用了一批共性、关键新技术，高新技术产业化步伐明显加快；企业技术改造工作突出了先进适用成熟技术的应用，汽车、石化两大支柱产业得到巩固，电子、医药两个新兴产业框架基本形成。在全省企业技术创新工作显示良好发展趋势的基础上，1999年又在全省重点组织实施了以“五个一”为主要内容的技术创新工程计划，即完成10项对全省国民经济有重大影响的重大技术改造工程；发展10个高新技术企业；开发100种适销对路的重点新产品；应用高新技术重点改造100户传统工业企业；重点培育100个吉林名牌。对全省技术创新工作进行具体部署和组织实施。技术创新工作在全省广泛深入地开展起来，取得了新的成效。

（一）技术创新体系初步形成

1999年，全省大中型工业企业从事科技活动已达34087人，全省大中型工业企业科技活动经费年支出8.6亿元，全省大中型工业企业中建有技术开发机构254个，建成了一汽集团、吉化集团、吉碳集团等10户国家级技术中心，吉林制药、森工集团等35户省级技术中心。全省大中型工业企业每年实施研究与开发项目2000多项，其中高新技术项目和技术储备项目占30%以上。加强企业技术中心建设，增强了企业自主创新能力，企业正在逐步成为技术创新的主体。

（二）产学研联合开发结出硕果

吉林省自1994年开始实施产学研联合开发工程。省经贸委会同教委、中科院长春分院等部门成立了省产学研工作领导小组及办公室，加强了组织领导和合作交流。几年来，全省已有1000多家企业与42所大学、80多个科研单位建立了长期稳定的合作关系，联合开发、移植转化新产品、新技术2000多项，有76项产学研高技术产业化项目列入国家和省重点技术创新计划，全省共投入资金3亿多元，部分项目已经建成投产，为推动全省经济发展起到了积极作用。

（三）一批高新技术和高科技含量的产品面市

几年来，省经贸委会同行业、地区在充分调研和专家论证的基础上，在1200多种新产品中遴选出液晶显示器、基因工程人胰岛素、透析粉等20种产业关联度高、带动辐射作用强、市场发展前景好的高科技产品，作为全省重点扶持和加快发展的重点产品。全省共组织开发出填补省内空白、居国内先进水平以上的重点新产品1200多种，高新技术产品占20%以上，涌现了200公里电动客车、基因重组人生长素、表面生长因子、重组人胰岛素等一大批技术含量高、市场前景好、拥有自主知识产权的优秀产品。1999年，全省共开发填补省内以上空白的新产品362种，新产品实现产值首次突破200亿元大关，为228.26亿元，新产品产值率16.7%。1999年通过实施“五个一”工程，重点组织开发了100种适销对路重点新产品的全新小红旗轿车、电动铁路客车、抗癌新药等50种新产品，已有45项投产，取得了较好的效果。其中，奥迪A6及国内第一台时速200公里高速电动客车已开发成功，并正式上市运行，国内第一批彩色薄膜晶体管液晶显示器模块在吉林省投产，结束了我国不能生产高档彩色液晶显示器的历史；同时，“五个一”工程100种重点培育的名牌产品，实现产值484.4亿元，利润22亿元，占全省总产值的43.8%，占利润总额的35.3%。

（四）一批传统产业得到改造

1996～1998年，是吉林省技改投资增长较快的三年，全省在建技改项目1321项，完成技术改造投资203亿元，接近于“八五”期间全省5年完成的投资。而1999年又是吉林省历史上争取国家支持力度最大的一年，是争取国家项目最多的一年，也是技改投资完成额最高的一年。1999年全省企业技术改造累计完成投资994229万元，比1998年同期增加162225万元，同比增长19.5%，投资绝对额名列全国第17位，相当于吉林省“七五”技改投资的总和，是“八五”技改投资的一半。同时，1999年通过实施“五个一”工程，其中组织实施的10大重点技改工程的52个子项，已有11项建成投产，其余41个项目正在实施或进行前期工作；“五个一”工程中应用高新技术重点改造100户传统企业项目，已有39项建成，30项正在建设，到2000年80%的企业可完成预定改造任务；通过改造，不仅使一汽、吉化、吉林化纤、吉林碳素、通钢等一批老企业焕发了青春，提高了产品的技术含量；而且还培育了通化东宝、延边敖东、通化金马、长春基因药业、通化方大药业、通海高科、吉林华星等一批在全国同行业具有排头兵地位的高新技术产业群体，成为新的经济增长点。“五个一”工程中发展壮大的10个高新技术企业，1999年实施产值80亿元，利税8.5亿元。

（五）一批共性、关键技术得到推广应用

1996年以来，全省组织推广了170项新技术和新工艺，每年取得了直接经济效益9亿元左右。例如，在建材行业组织推广了机立窑综合节能13项技术，全省80%的机立窑应用了这项新技术，每年可增加产值10%，年节约标煤4.1万吨。在建筑、轻工等行业组织推广了化学建材新技术，每年节约钢材2万吨，木材5万立方米。在冶金行业组织推广了连铸连轧技术，节能效果十分显著。模糊控制技术的应用，提高了全省家电产品的市场竞争力。计算机辅助设计、辅助制造技术得到了普遍应用，全省大中型企业应用面达到70%以上。企业微电子控制设备总值已占全部生产设备比重的10%，比10年前提高4倍。通过近几年高新技术的推广应用和不断的创新改造，使20%的企业技术装备水平达到国际先进水平，一大批老企业重新展现新的生机和活力。

（六）技术创新对全省经济的贡献率增大

据统计，1999年全省新产品实现产值228.26亿元，是1990年的10倍，新产品产值率达16.7%；100种重点培育的名牌产品实现产值484.4亿元，实现利润22.08亿元，成为全省经济新的支撑力量；近三年建成投产的450个技改项目，1999年实现销售收入97.7亿元，实现利税14.92亿元。可以说，近年来全省70%以上的新增产值是依靠科技进步取得的。

（七）政策指导，扶持发展

为了进一步有效地推动企业技术创新工作，吉林省加强了政策法规支持体系的建设。先后出台了《关于鼓励扶持大中型企业建立技术中心的暂行规定》、《关于对省级以上新产品实行先征后退的税收优惠办法》、《吉林省新产品新技术鉴定验收管理办法》、《吉林省优秀新产品评审奖励办法》、《吉林省人民政府关于进一步推动企业技术进步的若干规定》、《关于实施“五个一”技术创新工程的意见》等文件，构建了比较完善的技术创新政策体系，对企业技术创新、成果转化和技术改造等方面加大了扶持力度，有效地推动了技术创新工作。自1996年以来，各类银行共投入科技开发贷款4亿元，技术改造资金203亿元，财政、税务部门在财政十分困难的情况下，对省级以上新产品给予退税总计4800多万元。全省有385项优秀新产品，1155名科技人员受到省政府表彰奖励。1999年，省政府为技改贷款贴息6000万元，高新技术创新补助1000万元等，充分发挥了政府的政策导向和宏观调控作用。

市场开拓

1999年，吉林省经贸委充分发挥政府的组织协调职能，加大产需衔接、工商衔接工作力度。抓住国家扩大内需的机遇，以重大项目和大宗配套产品为重点，政府搭台，企业唱戏，积极组织产销衔接活动，帮助企业开拓市场。制定并出台了《吉林省地产工业品产需衔接暂行办法》、《关于加强市场开拓、促进省内工业产品销售的意见》等政策，组织召开了一系列产需衔接、重点项目配套衔接会，举办了各种形式的展览交易会和全省工业产品定货及工商衔接大会，有效地促进了产需衔接和地产品销售。年初以来，围绕产需衔接，先后召开了5次专项消费品产需衔接会，包括服装面料、省内印刷用纸、省产计算机、部分化工产品、煤炭等，取得明显成效。召开了3次技改重点项目产需衔接会，进行原材料供应和产业协作配套。据统计，1999年，全省通过产需衔接实现销售收入480多亿元，约占全省全部工业销售额的36%。其中，在全省建设系统完成的投资中，采用地产材料80.06亿元，占78%；电网建设与改造订货金额中，省内订货7.3亿元，占66.3%；全省交通系统完成投资额中，

采购地产原材料费用19.6亿元，占总投资的38.5%；水利建设项目采用省产原材料3.5亿元，占投资总额的40.1%；围绕工商衔接，组织召开了工商衔接工作会议，省内有210户工商企业和供销社，530多人参加了大会，共签订购销省内工业产品合同金额6.8亿元。召开了全省工业产品订货洽谈会，有17大类517个品种参展，签约成交金额52.4亿元。此外，通过赴沪、苏、浙两省一市开展经贸交流活动，有574种工业品打入上海联华超市，进一步开辟了省外市场等等。全省各地普遍形成了狠抓销售、加强产需衔接和工商衔接，开拓市场的良好氛围。

在努力开拓市场的同时，积极进行市场整顿，为企业创造良好的市场环境。1999年，在全省开展了打击假冒伪劣商品的活动，保护省内名牌。对烟草行业加大打假力度，共办案16444起，查扣假冒伪劣卷烟1万余件，走私烟4000件，捣毁3个制假窝点和6个制丝厂。市场假冒伪劣卷烟明显减少。对煤炭市场下力量进行整顿。全省煤炭经销企业已由原来的3000余户减少到近600户，煤炭经营秩序有了初步好转。按国家统一部署，对成品油市场和加油站进行整顿，全省现有2741个加油站中已有2131户（占77.8%）初步完成整顿工作。此外，还有计划地对酒类市场、汽车市场、钢材市场进行清理整顿。通过整顿，全省市场秩序进一步好转，名牌产品竞争力增强。全省重点扶持的100个名牌产品，实现产值占全省工业总产值的40%以上。

技术改造

1999年，吉林省技术改造工作，紧紧围绕结构调整和提高企业竞争力，抓住国家扩大内需，鼓励扶持企业技术改造，促进经济增长的机遇。突出质量、品种、效益，重点实施10项重大技术改造工程和应用高新技术重点改造100户传统企业，积极组织申报国家债券项目，使全省企业技术改造工作出现了多年来没有的好形势。这一年，技术改造创投资规模最大、在建规模最大、投资效益最大、国家支持力度最大四项历史最好水平，为促进工业经济效益提高，实现国有大中型企业三年改革脱困的目标做出了应有的贡献。其特点为：

一是全省完成技改投资再创新高。1999年全省企业技术改造累计完成投资994229万元，比1998年同期增加162225万元，同比增长19.5%。投资绝对额名列全国17位。相当于全省“七五”技改投资的总和，是“八五”技改投资的一半。其中地方企业累计完成投资682336万元，比1998年同期增加233841万元，同比增长52.1%，完成技改投资情况较好的地区有长春市、吉林市等地区。长春市全年累计完成技改投资354915万元，占全省技改总额的35.70%，吉林市全年累计完成技改投资22.5亿元，占全省技改投资总额的22.7%。

二是单项投资增大，在建规模适度增长。全省企业在建项目1283项，比1998年同期减少151项，同比下降10.53%。其中地方企业技术改造在建项目786项，比1998年同期增加149项，增长23.39%。在建项目数量虽然减少，但平均单项建设总投资额由581万元增加到774万元，使全省在建项目总投资规模增加，全年达252亿元，比1998年同期增加48亿元，同比增长23.44%，其中地方企业在建总规模151亿元，同比增长11%。

三是投资结构趋于合理。1999年全省加大投资结构的调整，技术改造投资中用于一般原材料工业和一般加工工业的投资明显减少。化学原料工业全年完成投资68754万元，比1998年同期减少投资51873万元；普通机械加工工业比1998年同期减少25568万元，同比下降43%和17.9%。用于电子通信等科技含量较高的行业技改投资97736万元，比1998年同期增长22.6倍；在投资结构上单纯用于扩能增长的比1998年减少662万元，用于增加品种投资比1998年增加171385万元，用于提高质量的投资比1998年增加73748万元，用于节能和三废治理方面的投资比1998年增加29383万元，分别比1998年增长—17%、140%、221%和179%。

四是企业投资的主体地位显著增强。1999年技改资金到位1040431万元，比1998年同期增长13.6%。其中银行贷款到位131706万元，比1998年同期减少103363万元，同比下降43.97%；企业自筹资金到位470404万元，同比增长23.78%，利用外资74595万元，同比增长4%。技改投资来源主要依靠企、事业单位自筹资金。

五是重点技改工程建设进展顺利。1999年全省重点组织实施了以“五个一”为主要内容的技术创新工程，其中技术改造重点承担“吉林省10项重大技术改造工程”和“吉林省采用高新技术重点改造100户传统企业工程”。截至1999年底，10项重大技术改造工程52个子项中，已有11个项目建成投产，如长春高路华空调器有限公司合资生产空调器、一汽—大众奥迪A6轿车、吉林化纤长丝、吉林电子集团TFT—LCD先导工程等项目。另有吉林华星电子集团公司大功率电子器件改造等14个项目已全面开工建设，正在抓紧实施。有27个项目正在开展前期工作，其中辽源得亨股份有限公司1000吨氨纶生产线改造、吉林纸业股份有限公司10万吨低定量涂布纸生产线改造、吉林省轴承集团轿车轴承生产线改造、石岘造纸厂13万吨彩色胶印新闻纸改造、吉林嵩华纸业股份有限公司餐具纸育苗纸改造、白城纺织厂无梭织机改造等24个项目，前期工作都有较大进展，将于2000年开工建设。重点项目建设工作圆满完成了全年计划目标。同时，应用高新技术重点改造100户传统工业企业项目已经全面启动。已有52户企业的技改项目开工建设，其中双辽玻璃厂400吨/日浮法玻璃生产线改造、延吉插秧机厂年产4000台智能插、抛秧机生产线改造、延吉卷烟厂卷烟生产线及包装印刷设备改造、辽源松鹤袜厂引进袜机及配套设备改造等39户企业项目已建成投产，超额完成全年40%以上项目开工建设的目标。到2000年，80%的企业可完成改造任务。

六是已建成技改项目效益显著，成为新的增长点。据对全省近三年建成投产的450项技改项目进行跟踪考核，1999年全年共实现销售收入97.7亿元、利润7.64亿元、税金7.28亿元。分别比1998年同期增加30.1亿元、0.7亿元和1.03亿元，其中实现的销售收入和利润分别占全省工业新增销售收入和利润的73%和30%。如双辽玻璃厂1999年7月建成投产，仅5个月生产浮法玻璃75.7万重箱，实现销售收入3993万元，利税870万元。吉化公司10万吨苯乙烯项目，年初建成投产后，共生产苯乙烯10万吨，创利润1亿多元，实现当年达产达效，为吉化公司有机合成厂扭亏为盈做出了突出贡献。

七是列入国家重点技改项目多。1999年国家决定增发国债支持技术改造，给技术改造项目贴息，同时还确定对列入国债重点支持的技改项目给予多项政策扶持。为了不失这一加快吉林省老工业基地企业改造的有利机遇，经过全省技改战线同志的努力工作，全省共有34个项目纳入国债项目计划，取得了可喜成绩。此外，国家下达的“双高一优”计划，吉林省有39个项目列入计划，项目总投资54.6亿元，专项贷款35.8亿元。至此，吉林省1999年列入国家重点技术改造项目计划共计73个项目，总投资122.5亿元，专项贷款81.3亿元，预计将得到国家贴息资金10亿元左右。这是近年来吉林省技术改造得到国家支持最大的一年，其列入的项目之多，国家投资之大，都是吉林省技改史上从未有过的。这批项目建成后，将对吉林省工业结构调整和产品结构的优化升级，壮大全省经济实力起到重要作用。

招商引资

1999年吉林省把招商引资作为重点工作，省经贸委先后组织了三次大型跨省经贸招商活动，取得了积极效果。一是组织省内210户企业分12个分团参加在西安举办的东西部经贸洽谈会，对外发布招商引资项目1200个，签订各类合作项目45个，利用外资项目6个，利用金额7877万美元；内联项目23个，利用域外资金2.06亿元人民币；科技成果转让项目88个，协议贸易额3468万元。二是组织企业参加了香港经贸洽谈会，签约利用外资项目9个，总投资30亿元人民币，其中利用外资3.5亿美元；签订贸易项目4个，成交额513万美元。三是以吉林省党政代表团和经贸代表团形式，主动出省，走出去，组织了赴沪、苏、浙的“两省一市”的大型经贸交流活动，并取得了阶段性成果。成果之一：签约经贸合作项目235项，签约总金额212亿元，其中利用域外资金123亿元；成果之二：为招商引资又闯出一条新路；成果之三：思想、观念发生了深刻的变化。纵观这次招商活动有以下几个突出特点：(1)签约成果较实。这次在“两省一市”签约的项目中，吉林省把重点放在了合同项目和协议项目上。其中签约合同项目144项，项目总投资111亿元，利用域外资金69亿元，分别占总签约项目的61.5%和56%；签约协议项目83项，项目总投资97亿元，利用域外资金53亿元，分别占总签约项目的35%、45%和43%；签约意向项目只有8项，项目总投资为4亿元，利用域外资金1亿元，分别占总签约项目的3.4%、1.8%和0.1%。绝大多数意向性项目和成功性小的项目在签约活动中没有安排。(2)项目大，质量较好。据统计，在总签约项目中总投资在1000万元以上的项目有222项，占总签约项目的94%，其中总投资在5000万元以上的项目91项，占总签约项目的38.8%，亿元以上的项目54项，占总签约项目的23%；从签约项目的性质上看，工业项目135个，占总签约项目的57.7%；贸易项目46个，占总签约项目的19%；其他项目只有54项，占总签约项目的23%。一批技术含量高的项目，如TFT项目、超高功率石墨电极项目、汽车零部件项目、纳米级新材料项目以及粮食深加工等项目均找到了理想的投资伙伴。(3)优势互补性强。在此批签约项目中，利用吉林省农业资源优势的项目有64个，占总签约项目的27.5%。其中仅与上海菜篮子工程相结合而达成的合作项目就有35项，占总签约项目的15%。但在这次签约的项目中，利用吉林省优势，在上海投资的也不乏其人，如吉林碳素购并上碳、上海吉林实业有限公司与上海静安地产集团投资2亿元建造上海大厦等，充分体现了优势互补，互惠互利的原则。(4) 形式多样，内容丰富。这次签约活动中，不仅以省团组织的大型集体签约仪式为主，各经贸分团也都纷纷举办各具特色的招商活动，而且还组织了一些单独项目的专项活动，丰富了经贸交流活动的内容。

(李春波)

附表　　1999年吉林省销售收入500万元以上工业企业经济指标　　单位:万元

	企业单位数(个)	工业总产值	工业增加值(生产法)	工业销售产值	亏损企业(个)	企业亏损面
总　　计	**2793**	**13669157**	**4119993**	**13404439**	**1043**	**37.34**
一、按登记注册类型分组						
内资企业	2570	11412594	3392900	11439973	950	36.96
国有企业	1571	8154873	2292537	8311091	687	43.73
中央企业	114	5879959	1604644	5866283	39	34.21
地方企业	1457	2274914	687893	2444808	648	44.47
集体企业	482	936206	318613	889294	114	23.65
股份合作企业	54	75012	22919	71711	11	20.37
联营企业	17	73082	27730	68087	4	23.53
有限责任公司	138	874532	249017	848123	54	39.13
股份有限公司	147	1101652	412676	1068382	39	26.53
私营企业	159	197072	69337	182998	40	25.16
其他企业	2	266	70	288	1	50.00
港、澳、台商投资企业	75	385135	101020	372490	36	48.00
外商投资企业	148	1871329	626074	1591976	57	38.51
二、按经济组织类型分组						
独资企业	2175	9311549	2681489	9412765	834	38.34
合作、合伙企业	90	174297	57076	162997	22	24.44
股份有限公司	168	1119758	418223	1084434	47	27.98
有限责任公司	360	3063554	963206	2744244	140	38.89
三、按轻重工业分						
轻工业	1292	3208829	1034135	3033418	535	41.41
重工业	1501	10460329	3085859	10371021	508	33.84
四、按企业规模分						
特大型企业	7	4939006	1211109	4941596	2	28.57
大一型企业	48	2683086	885398	2429505	16	33.33
大二型企业	138	1980088	609226	1940051	51	36.96
中一型企业	115	734377	272552	698736	50	43.48
中二型企业	291	937530	309887	902472	128	43.99
小型企业	2194	2395071	831822	2492079	796	36.28

黑龙江省

工业经济

1999年黑龙江省紧紧围绕提高工业经济运行质量和效益这一中心,进一步加快国有企业改革和发展步伐,促进了全省工业经济持续、稳定和健康发展。工业增加值完成910亿元,比上年同期增长7.5%(新口径,下同),增幅高于上年同期0.9个百分点;实现利税和利润大幅度增长,分别同比增长48.3%和115.6%;亏损企业亏损额大幅度下降,同比下降21.9%。工业经济效益持续明显好转,实现利税和利润总额同比分别增长104.2%和54.9%。

生产稳定增长,增加值增幅高于上年0.9个百分点。1999年,全省共完成工业增加值910.0亿元,同比增长7.5%,增幅高于上年0.9个百分点。其中:中直企业完成工业增加值664.4亿元,同比增长2.9%;地方企业继续保持了较快的增长速度,完成工业增加值245.6亿元,同比增长14.3%,其中:省直工业企业完成工业增加值58.7亿元,同比增长7.0%;地市企业完成工业增加值186.8亿元,同比增长16.5%。

从产品产量看,1999年,全省重点考核的31种主要工业产品中,产量增长的17种,下降的14种。其中同比增长幅度较大的有:工业锅炉、汽车、十种有色金属、布、化学原料药、酒精、金属切削机床、彩电、人造板、水泥、啤酒、塑料制品、服装和原油加工量;同比下降幅度较大的产品有:轮胎外胎、生铁、木材、卷烟、乙烯、天然气、机制纸和纸板、钢材、原油、合成氨和化学纤维。

销售收入增幅达到两位数,产销率为历史较高水平。1999年全省工业企业完成销售收入1786.1亿元,同比增长10.4%。其中:国有工业企业销售收入1272.7亿元,同比增长10.7%;非国有工业企业销售收入513.4亿元,同比增长9.6%。中直工业企业销售收入1023.7亿元,同比增长15.1%;地方工业企业销售收入762.4亿元,同比增长4.6%,其中:省直工业企业销售收入156.5亿元,同比下降4.1%;地市工业企业销售收入605.9亿元,同比增长7.2%。

12月份,工业产品产销率达到109.8%,比上月当月提高13.9个百分点。全年累计工业产品产销率为96.8%,同比增加0.3个百分点。其中:中直工业企业产销率为98.5%,地方工业企业产销率为94.6%(其中省直工业企业产销率为95.1%);国有工业企业产销率为97.2%,非国有工业企业产销率为96.2%。

产成品资金占用同比略有上升,但库存产品可供销售天数同比减少2.9天。1999年,全省工业产成品资金占用203.0亿元,同比增长1.3%。其中:国有工业企业产成品资金占用123.1亿元,同比增长1.0%。中直工业企业产成品资金占用50.3亿元,同比增长18.2%。地方工业企业产成品资金占用152.7亿元,同比下降3.2%,其中省直工业企业产成品资金占用26.0亿元,同比下降7.5%,地市工业企业产成品资金占用126.7亿元,同比下降2.3%。

1999年,全省工业产成品库存可供销售天数为55.7天,同比减少2.9天。

应收账款同比略有增长,流动资金周转出现加快趋势。1999年,全省工业企业应收账款净额437.0亿元,同比增长2.9%。其中:国有工业企业应收账款净额276.4亿元,同比下降1.3%,中直工业企业应收账款净额119.1亿元,同比下降6.2%,地方工业企业应收账款净额317.9亿元,同比增长6.8%,其中省直工业企业应收账款净额105.7亿元,同比增长5.6%,地市工业企业应收账款净额212.1亿元,同比增长7.3%。

1999年,全省工业企业流动资产周转次数为1.14次,同比加快0.03次;周转天数达316天,同比减少8天。中直工业企业流动资产周转次数为1.88次,同比加快0.1次;地方工业企业流动资产周转次数为0.75次,同比减慢0.01次,其中省属工业企业流动资产周转次数为0.56次,同比减慢0.05次,地市工业企业流动资产周转次数为0.81次,同比加快0.01次。

全省工业经济效益持续快速增长,亏损企业亏损额大幅下降。1999年全省工业经济效益综合指数为130.0,同比增加28.3个百分点,其中中直工业为236.1,同比增加46.4个百分点;地方工业为48.8,同比增加6.5个百分点,其中省直工业为

26.7，同比降低11.2个百分点，地市工业为57.6，同比增加4.3个百分点。

1999年全省工业企业实现利税总额为365.0亿元，同比增长48.3%。其中，国有工业实现利税为332.8亿元，同比增长53.5%；非国有工业实现利税为42.2亿元，同比增长17.9%。中直工业实现利税为325.6亿元，同比增长43.7%；地方工业实现利税为39.4亿元，同比增长104.1%。其中地方国有工业实现利税1.5亿元，同比增长90.6%。省直工业实现利税为3.5亿元，同比增长206.1%；地市工业实现利税为35.9亿元，同比增长58.9%。

1999年，全省工业企业实现利润总额180.9亿元，同比增长115.6%，呈高速增长态势。在全部工业实现利润中，国有工业实现利润为172.0亿元，同比增长123.4%；非国有工业实现利润为8.9亿元，同比增长29%。中直工业实现利润193.3亿元，同比增长54.9%，其中地方国有工业实现利润21.3亿元，同比增长39.0%；省直工业实现利润8.0亿元，同比增长45.2%；地市工业实现利润4.3亿元，同比增长66.7%。

1999年，全省亏损企业亏损额为58.7亿元，同比减亏21.9%。其中，国有工业亏损企业亏损额45.4亿元，同比减亏26.3%；中直工业亏损企业亏损额20.7亿元，同比减亏12.4%；地方工业亏损企业亏损额38.0亿元，同比减亏26.3%，其中地方国有工业亏损企业亏损额25.2亿元，同比减亏35.6%；省直工业企业亏损额10.5亿元，同比减亏41.7%；地市工业企业亏损额27.5亿元，同比减亏18.1%。

全省工业企业亏损面为35.5%，同比减少2个百分点。其中：中直工业企业亏损面为32.7%，同比增加0.1个百分点；地方工业企业亏损面为35.8%，同比减少2.2个百分点；地方国有工业企业亏损面为41.8%，同比减少4.2个百分点；省直工业企业亏损面为49.7%，同比减少4.1个百分点；地市工业企业亏损面为34.7%，同比减少2.3个百分点。

企业改革

1999年黑龙江省把深化国有企业改革作为经济体制改革的中心环节，紧紧围绕实现国有企业改革脱困目标，以提高经济运行质量和效益为中心，大力推进以“三改一加强”为重点的各项工作，取得了较好的成效。

（一）各级领导高度重视国有企业的改革与发展

一是成立国有企业改革与发展专题推进组。为进一步加大工作力度，由省委、省政府领导同志牵头组织国企改革专题推进。省委书记徐有芳、省长田凤山多次深入到重点地市、重点行业和重点企业，进行专题调研，主持召开专题座谈会，听取省经贸委关于全省国企改革发展的专题汇报，对推进国企改革发展作出安排部署，并亲自联系重点企业，帮助解决实际问题。二是认真传达贯彻党的十五届四中全会精神。先后召开了省委中心组学习和常委扩大会议，举办了国有重点企业负责人改革培训班，部署开展了“解放思想、转变观念”系列教育活动，集中力量突破经济结构调整的思想障碍，积极创造解放思想、加快发展的经济社会环境；组织开展了大规模的专题和综合调研活动，召开了省委八届三次全会，讨论通过了《中共黑龙江省委关于贯彻〈中共中央关于国有企业改革和发展若干重大问题的决定〉的实施意见》，确定了黑龙江省国有企业改革和发展的跨世纪目标。

（二）地方国有大中型骨干企业公司制改革工作进展顺利

1999年，全省有19户企业完成了公司制改造。截至1999年底，全省两年已累计完成76户企业的公司制改革，为三年规划目标的93.8%。改制促进了企业发展。一是机制转换明显加快，按照《公司法》对已改制企业进行了规范和完善，促进了企业投资主体多元化和经营机制的转换。改制企业现代企业制度的基本框架已初步确立，法人治理结构正在逐步完善，已逐步成为自主经营、自负盈亏的法人实体和市场主体；改制企业进一步理顺了产权关系，股东会、董事会、监事会和经理层都建立了相应的工作制度，形成了一套比较完善的运行机制；人事、劳动、分配三项制度改革逐步深化，增强了企业参与市场竞争的能力。二是融资渠道不断拓宽，改制企业打破了单纯依靠国家投资和银行贷款的间接融资体制，开始进行直接融资。1999年又有桦林、牡水、阿继、哈空调等4个公司股票上市，全省累计已有16个上市公司，共募集资金47亿元。三是多数改制企业，特别是股份制企业的生产经营稳步发展，经济效益明显好于未改制企业，销售收入和实现利润分别比全省企业平均水平高7.3和6.5个百分点。初步形成了“产权明晰、责权明确、政企分开、管理科学”的法人实体和市场竞争主体。

（三）地方国有大中型亏损企业脱困工作取得显著成效

各地市进一步加大了扭亏增盈工作的力度，通过对部分企业进行技术改造、对一些企业进行产权制度改革使其退出国有经济、将资不抵债扭亏无望的企业依法破产等多种途径和方式推进亏损企业的脱困工作。在全省重点企业中，涌现出哈医药、龙涤、迪尔佳联、斯达造纸、牡药、西钢等一批扭亏增盈成效显著的典型企业，进一步增强了实现国有企业三年改革脱困目标的信心。1999年有60户列入全省三年脱困计划的地方国有大中型亏损企业摆脱困境。两年累计有140户企业摆脱困境，占三年脱困计划目标的77.8%。

（四）大型企业集团的组建和完善工作稳步推进

进一步支持发展大型企业集团。对哈电站设备、一重、哈医药等大型企业集团，在技术改造、债转股、资产重组等方面给予重点支持，使其进一步发挥了在全省工业经济发展中的骨干和带动作用。特别是哈医药集团与中药联营公司和一面坡制药厂实现资产重组后，使具有特色的双黄连粉针由产品优势变成了市场竞争优势，促进了规模效益提高。

（五）兼并破产、债转股工作取得了一定的成效

1999年鸡西矿务局4个矿和二毛等10个项目列入全国企业兼并破产计划，使这些长期亏损、资不抵债、扭亏无望和资源枯竭的企业退出市场，消除亏损源。这10个项目加上1998年结转的42个项目共核销呆坏账25.28亿元。截至1999年，三年累计核销呆账57.87亿元。全省已有哈电站设备集团、大庆石化总厂、双鸭山矿务局等24户企业进入全国债转股企业名单，债转股总额163亿元。其中，哈燃气化工总公司和海伦糖业集团公司与信达资产经营公司签署了债转股协议，可债转股11.3亿元。

（六）企业管理工作得到进一步加强

按照国家经贸委《关于围绕三年两大目标切实加强和改进企业管理工作的意见》，引导企业以学邯钢，实行目标成本管理为重点，进一步加强了企业管理。全省工业企业成本费用利润率和全员劳动生产率有较大提高。组织企业认真贯彻落实《国有工业企业物资采购管理暂行规定》，严格规范国有企业的采购行为，企业的采购成本有所下降。通过实行厂务公开，进一步加强了企业民主管理。积极推广应用现代化管理技术、手段和方法，企业的管理水平和经济效益有了很大提高。同时，进一步加强了对国有大中型亏损企业领导班子的考核，并对部分企业领导班子进行了调整，使部分亏损企业出现转机。另外，通过组织亏损企业经营者参加国家经贸委举办的扭亏脱困培训班、组织国有大中型企业厂长参加贯彻十五届四中全会精神学习班等形式加强对企业领导及管理干部的培训工作，全省共培训企业管理干部1.56万人次，有力地推进了管理创新。

（七）积极探索国有资产管理的有效形式

一是初步构建了国有资产管理的基本框架。按照“国家所有、分级管理、授权经营、分工监督”的原则及“允许和鼓励地方试点，探索建立国有资产管理具体方式”的要求，黑龙江省积极探索国有资产管理的有效形式，组织制定了《黑龙江省国有资产管理体制改革实施方案》并经省政府常务会议审议通过，成立了省国有资产管理委员会，确立了国有资产管理、监督和运营体系的基本框架。二是明确了国有资产出资人的权利、义务和责任，开始组建资本运营机构并进行授权经营。制定并以省政府名义下发了《黑龙江省企业国有资产管理办法（试行）》，拟先对省国资委成立前省政府已授权经营的6户国有大型企业集团进行规范，同时准备第一批组建2家资产经营公司，对现有的4家和拟新组建的3家大型企业集团进行授权。三是抓紧建立国有资产经营责任制和监管体制。正在组织制定《黑龙江省企业国有资产授权经营管理办法》等四个与国有资产管理体制改革相配套的管理办法。同时结合省级机构改革，决定从省直机关中抽调一批能力强、业务精的干部，派往省管国有企业担任监事会主席和财务总监。

固定资产投资

1999年黑龙江省共完成固定资产投资785.9亿元，比上年下降了2.0%。其中基本建设投资340亿元，比上年增长了10.2%；更新改造投资141.2亿元，比上年下降了35.7%。1999年黑龙江省工业基本建设投资93.0亿元，比上年下降了16.9%。其中采掘业基本建设投资为23.1亿元，比上年增长了16.1%；制造业为20.3亿元，比上年下降了28.0%；电力、煤气及水的生产和供应业为49.5亿元，比上年下降了17.8%。

1999年全省共实施更新改造项目866项，新开工项目612项，项目建成投产率为75.4%，完成投资141.2亿元，完成年初工作目标的94.1%，新增固定资产129.3亿元。其中采掘业实施更新改造项目88项，投资总额45.4亿元；制造业实施更新改造项目362项，投资总额56.3亿元；电力、煤气及水的生产和供应业实施更新改造项目32项，投资总额3.5亿元。今年共完成投资1000万元以上投产达产技术改造项目170项，其中竣工投产项目50项，达产项目120项。

1999年全省更新改造完成投资比上年下降的主要原因：一是邮电行业投资高峰期已过，投资计划锐减。去年邮电通信业仅完成技改投资27.4亿元，同比减少35.4亿元，下降56.3%。二是大庆石油管理局技术改造投资41.1亿元，比上年减少28.3亿元，下降40.8%。三是地方项目完成投资也呈下降趋势，地方项目完成投资36.19亿元，同比减少3.06亿元，下降9.7%。

1999年，黑龙江省共有三批22个项目列入国家财政债券技改专项，总投资69.1亿元，贷款46.9亿元。主要有：黑龙股份有限公司年产17万吨胶印新闻纸改造项目、哈尔滨电站集团30万千瓦超临界发电机组项目、第一重型机械集团公司特种优质轧辊和加氢反应器生产线改造项目、大庆石化总厂采用加氢精制技术的油品改造项目、哈尔滨制药总厂年产200吨7-ACA原料药技术改造项目、哈尔滨东安发动机制造公司合资生产1.3升4G1系列发动机项目、北满特钢股份有限公司高功率电炉、炉外精炼、连铸、连轧四位一体项目。

1999年，按照中华人民共和国国家经济贸易委员会第6号令《淘汰落后生产能力、工艺和产品的目录》（第一批）的指示，对市场供大于求，技术装备落后，产品质量低劣，污染环境严重，资源浪费大的落后生产能力，坚决予以淘汰。重点抓了纺织行业压锭改造工作。在1998年完成压缩落后棉纺锭171856锭，下岗分流21365人，减亏1.09亿元的基础上，今年又完成压锭72344锭，分流11172人，减亏5179万元，两年共完成压缩锭244200锭，分流32537人，减亏1.6亿元，超过国家下达给黑龙江省压锭任务9200锭，受到国家压锭工作领导小组的表扬。

技术创新

1999年，黑龙江省技术创新工作取得了新的进展，主要体现在以下几个方面。

（一）建立了有利于企业技术创新的政策保障体系

建立技术创新机制是建立社会主义市场经济的一个重要目标。1999年国家在推进技术创新工作方面采取了一系列重大措施。召开了全国技术创新大会，中共中央、国务院做出了《加强技术创新发展高科技实现产业化的决定》，特别是党的十五届四中全会，把技术创新作为提高国有企业竞争力，加快建立现代企业制度的关键。黑龙江省积极组织了对这些方针政策的贯彻落实工作，制定了《黑龙江省人民政府关于用高新技术改造传统产业的若干意见》以及贯彻国家政策的实施意见等8个政策性文件，召开了全省技术创新大会。各级经贸委和行业厅（局）的技术进步管理部门通过转变职能和工作方法，从直接依靠行政手段向依靠经济和法律手段间接干预转变，特别是注重了用政策和信息手段引导企业开展技术创新，使黑龙江省企业技术创新的政策环境得到了较大改善，有力地推动了全省技术创新工作。

（二）加强企业技术创新体系建设

技术开发机构是企业技术创新的主要力量，是企业技术创新体系建设的重要环节。为了切实加强黑龙江省技术中心建设，黑龙江省制定了《黑龙江省技术中心考核办法（试行）》及《企业技术中心评价体系》，对技术中心建设有了明确的规定。截至1999年，全省已认定企业技术中心达29户，其中国家级技术中心9户。1999年当年，全省认定企业技术中心7户，其中国家级技术中心1户。全省645户大中型企业，有267户建立了技术开发机构，占总数的41.3%。一批中小企业通过依托大中型企业技术中心，也得到了有效的技术支撑，初步形成了黑龙江省企业技术创新体系。

（三）实施以企业为主体的产学研联合，提高了技术创新项目的起点和水平

1999年我们多次组织企业参加产学研对接和技术交易等活动。如在'99全国产学研联合洽谈暨展示会（青岛）上，黑龙江省共展示科研成果333项，签订引进技术和成果转让合同及意向协议24项。在'99中国东西部合作与投资贸易洽谈会上，共签订科技成果转让项目6项，金额1.03亿元。这些活动对黑龙江省产学研联合工作起到了积极的推动作用，使全省产学研联合得到普遍开展，并涌现了一批好的典型。如哈尔滨海格集团与哈工大联合成立了黑龙江省"敏捷制造中心"产学研联合体等。1999年我们共总结7个产学研合作成功的典型，并在全国会议上进行了交流，起到了典型引路的作用。

（四）加强重点技术创新项目的推进，培植了新的经济增长点

1999年黑龙江省共有36个项目列入国家重点新产品试产计划，通过认真组织实施，这些项目都按期完成，并获得国家级新产品证书。全省还开发重点新产品200项，其中重大项目23项。为了鼓励和支持企业新产品开发，组织了全省第二届优秀新产品的评审，共评出优秀新产品102项，并以省政府的名义给予了奖励。这些新产品都具有较高的科技含量，成为企业新的经济增长点。

对外经济贸易

1999年全省完成进出口总额21.91亿美元，比上年同期增长8.9%。其中出口完成9.5亿美元，比上年同期增长12.2%。一般贸易完成9.54亿美元，比上年同期增长1.2%；边境贸易完成7.71亿美元，同比增长27.1%；加工贸易完成3.26亿美元，同比下降4.3%；其他贸易完成1.39亿美元，同比下降41.5%。

1999年全省实际利用11.13亿美元，其中对外借款2.94亿美元；外商直接投资8.19亿美元。利用外资主要有工业7.8亿美元，建筑1045万美元，运输邮电业54万美元。截至1999年，黑龙江省有外商投资企业3788户，外商实际投资8.19亿美元。其中中外合资企业2321户，利用外资3.51亿美元；中外合作企业198户，利用外资3885万美元；外商独资企业126户，外商投资1.13亿美元，国际融资31.6亿美元。

1999年全省境外投资项目4个，合同金额461万美元，均为境外带料加工项目。

1999年全省共有203个国际合作项目，合同金额2.486亿美元，完成营业额1.9985亿美元。其中，对外承包工程项目31个，合同金额2.3915亿美元，完成营业额2.3915亿美元；对外劳务合作项目172个，合同金额9507万美元，完成营业额4760万美元。

交通运输

铁路：1999年，哈尔滨铁路局共完成货物发运量14943万吨，同比增长5.0%。其中：煤炭发运6627万吨，同比增长1.1%；木材发运1960万吨，同比下降7.2%；粮食发运1183万吨，同比增长24.1%；石油发运1064万吨，同比增长4.0%；矿建发运1558万吨，同比增长19.5%。全局旅客发送量共完成10625万人，同比下降3.2%。

公路：1999年，货物发送量完成38685万吨，同比增长1.03%。货物周转量完成1566743万吨，同比增长11.3%。全省旅客发运量共完成38562万人，同比增长2.9%。客运周转量完成2066923万人公里，同比增长10.4%。

航运：1999年，全省水运货运量完成825万吨，同比增长28%。全年航运客运量完成41.4万人，同比减少11%。

民航：1999年全省货邮吞吐量完成27492.9吨，同比下降2.34%。全年旅客吞吐量完成1488006人次，同比下降10.89%。

管道：1999年，管道运输共完成3946.14万吨，同比增长5.1%。

（周平　陈杰　赵文华　于梦非　藏毅）

附表1　　1978～1999年黑龙江省独立核算工业企业主要经济效益指标

项　目	单位	1978年	1980年	1985年	1990年	1995年	1996年	1997年	1998年	1999年
企业单位数	个	11263	12829	14268	14684	19006	18641	17272	3534	2957
#亏损企业	个	1715	2067	1709	2891	4110	3356	3100	1273	972
亏损面	%	15.2	16.1	12.0	19.7	21.6	18.0	17.9	36.1	32.9
产品销售收入	亿元	187.8	209.6	344.3	647.2	1636.1	1793.3	1938.0	1663.7	1793.5
产品销售税金及附加	亿元	14.2	15.4	32.7	54.9	55.8	55.9	56.9	53.0	53.6
利润总额	亿元	53.9	52.2	86.9	99.1	105.5	107.0	133.9	82.7	195.8
利税总额	亿元	64.9	67.6	119.6	135.9	266.1	274.3	325.8	249.6	380.4
亏损企业亏损额	亿元	3.4	3.1	2.9	26.6	53.9	54.4	60.2	78.2	43.5
固定资产原价	亿元	211.8	251.5	429.7	853.1	1927.5	2143.4	2438.9	2507.5	2572.0
累计折旧	亿元	70.3	85.8	140.9	252.1	666.1	751.2	881.2	897.9	959.4
固定资产净值	亿元	141.5	165.7	288.8	601.0	1261.4	1392.2	1557.7	1609.7	1612.6
流动资产平均余额	亿元					1042.8	1305.7	1494.4	1463.6	1502.5
资金总额	亿元	207.0	239.4	403.7	862.0	2258.4	2596.8	2978.3	3030.3	3687.8
工业总产值(现价)	亿元	203.1	226.3	368.5	779.3	1662.0	1896.1	2063.9	1739.7	1854.6
工业增加值	亿元					681.7	801.2	849.8	814.7	923.1
百元固定资产原价实现利税	元	30.6	26.9	27.8	15.9	13.8	12.8	13.4	10.0	14.8
资金利税率	%	31.4	28.2	29.6	15.8	11.8	10.6	10.9	8.2	10.3
产值利税率	%	32.0	29.9	32.4	17.4	16.0	14.5	17.1	14.3	20.5
百元销售收入实现利润	元	28.7	24.9	25.2	15.3	6.4	6.0	6.9	5.0	10.9
工业成本费用利润率	%					7.1	6.5	6.9	5.0	12.5
流动资产周转率	次	2.9	2.8	3.0	2.5	1.6	1.4	1.3	1.1	1.19
全员劳动生产率	(元/人)					17711	22556	24033	20197	42260

附表 2 **1999年黑龙江省工业企业主要经济指标** 单位：万元

类别	工业企业		工业增加值	产品销售收入	工业总产值		所有者权益合计	从业人员年平均人数（人）	利润总额	利税总额	亏损企业亏损总额
	单位数（个）	#亏损企业			90年不变价	当年价格					
总计	**2957**	**972**	**9230578**	**17934761**	**11271134**	**18545720**	**13245035**	**2184217**	**1957775**	**3804220**	**434892**
#亏损企业	972	972	660184	2772995	2045056	3014498	1852412	759391	−434892	−225330	434892
#国有及国有控股企业	2015	782	8408229	15304488	8569765	15607530	11776661	1890978	1884948	3582868	365451
#农村工业	305	29	219098	742399	774466	827086	336634	63633	37765	65231	3071
一、按登记注册类型分											
内资企业	2801	912	8881501	16900868	10167596	17424331	12581537	2128105	1946199	3722031	400432
国有企业	1662	666	7492446	11588073	5957728	12540571	8172809	1548517	1856503	3284392	295145
#中央企业	237	77	6531051	8965568	3888577	9641884	6660568	476716	2028339	3278894	87062
集体企业	439	76	310474	947049	844024	1026597	292619	149593	25506	76372	13682
股份合作企业	74	20	41215	136286	133035	162107	55003	16587	2551	12134	1985
联营企业	10	3	9287	22940	23521	27770	11304	2749	684	1416	665
有限责任公司	366	106	743271	3093749	2024696	2449672	2960151	290502	6216	220502	67093
股份有限公司	98	24	222164	931036	1011728	1011946	977072	97451	45335	107618	19517
私营企业	152	17	62645	181736	172865	205670	112581	22706	9405	19596	2345
私营独资企业	72	6	21464	66737	64123	79044	45133	8777	3743	7581	259
私营合伙企业	14	1	4268	9422	9045	10841	2653	1179	405	674	25
私营有限责任公司	58	10	31041	90981	89272	98617	54030	11772	4992	10191	2061
私营股份有限公司	8	0	5872	14595	10425	17169	10766	978	265	1150	0
港、澳、台商投资企业	64	28	154646	476889	507588	472037	269351	22221	4595	44490	12869
外商投资企业	92	32	194432	557004	595951	649352	394147	33891	6982	37699	21591
二、按经济组织类型分											
独资企业	2187	757	7840112	12663108	6920976	13715909	8534175	1710320	1878263	3362719	316976
国有企业	1662	666	7492446	11588073	5957728	12540571	8172809	1548517	1856503	3284392	295145
集体企业	439	76	310474	947049	844024	1026597	292619	149593	25506	76372	13682
私营独资企业	72	6	21464	66737	64123	79044	45133	8777	3743	7581	259
港澳台商独资经营企业	5	3	13034	47248	39439	51549	12131	780	−3363	−2077	3460
外资企业	9	6	2695	14001	15663	18149	11485	2653	−4126	−3549	4430
合作、合伙企业	109	27	59958	179343	172043	211883	74873	21546	3290	14392	3836
股份合作企业	74	20	41215	136286	133035	162107	55003	16587	2551	12134	1985
国有联营企业	1	0	36	28	153	186	380	140	0	−7	0
集体联营企业	2	0	6513	11913	14902	15822	10143	825	1149	1230	0
国有与集体联营企业	5	3	1713	9279	6495	8770	238	1342	−606	−75	665
其他联营企业	2	0	1026	1720	1971	2991	543	442	141	268	0

（续表）

类　别	工业企业单位数（个）	#亏损企业	工业增加值	产品销售收入	工业总产值 90年不变价	工业总产值 当年价格	所有者权益合计	从业人员年平均人数（人）	利润总额	利税总额	亏损企业亏损总额
私营合伙企业	14	1	4268	9422	9045	10841	2653	1179	405	674	25
港或澳、台资合作经营企业	1	0	166	882	730	730	1046	150	1	45	0
中外合作经营企业	10	3	5022	9812	5711	10435	4868	881	−351	123	1161
其他企业（内资）											
股份有限公司	111	27	230624	952625	1030124	1037359	991021	99541	44903	108329	20332
股份有限公司(内资)	98	24	222164	931036	1011728	1011946	977072	97451	45335	107618	19517
私营股份有限公司	8	0	5872	14595	10425	17169	10766	978	265	1150	0
港澳台商投资股份有限公司	2	1	861	1250	1879	1866	1934	331	−498	−393	499
外商投资股份有限公司	3	2	1726	5745	6093	6379	1250	781	−199	−47	316
有限责任公司	550	161	1099885	4139685	3147992	3580569	3644966	352810	31320	318781	93749
国有独资公司	62	22	442112	2120450	1225199	1395940	2228276	148668	2138	145809	40839
私营有限责任公司	58	10	31041	90981	89272	98617	54030	11772	4992	10191	2061
港澳台合资经营企业	56	24	140584	427509	465540	417892	254241	20960	8455	46915	8911
中外合资经营企业	70	21	184989	527446	568484	614388	376544	29576	11658	41173	15685
其他有限责任公司	304	84	301159	973299	799497	1053732	731875	141834	4078	74694	26254

注：本表统计口径为全部国有和销售收入500万元以上非国有工业企业。

上　海　市

综　述

1999年，上海市完成国内生产总值4025亿元，比上年增长10.2%，比全国高3.1个百分点，这是自80年代以来上海工业经济增长率首次居全国各省市之首。自6月份起，居民消费价格水平连续7个月保持上涨势头，结束了持续11个月负增长的态势。而且使今年的居民消费价格指数达到101.5，涨幅比上年有所回升。全年商品零售价格指数97.3，下降幅度比上年明显缩小。第二产业对全市经济增长的贡献率为40%；第三产业对经济增长的贡献率为59.6%。国内外市场走强，对外贸易与市场销售均创历史新高，全年上海外贸出口总值完成187.85亿美元，比上年增长17.7%。全年完成社会消费品零售总额1590.38亿元，为历史最高水平，比上年增长8.1%；考虑价格下降因素，实际增长11.1%。

工业经济

1999年，上海市工业经济实现了较大幅度增长。主要体现在三个方面：

（一）工业总产值和工业增加值继续实现较大幅度增长

1999年全市实现现价工业总产值6307.12亿元，按90不变价口径计算比上年增长11.1%；实现工业增加值1758.68亿元，比上年增长9.6%。1999年上海工业总产值和工业增加值增长较快的一个主要原因是地方工业、中央工业生产全面增长。从地方主要各集团来看：有7个工业集团工业总产值实现了两位数百分率增长，其中汽车集团536.5亿元，增长19.1%；广电集团373.9亿元，增长37.9%；电气集团338亿元，增长10.1%；医药集团145亿元，增长14.6%；仪电集团142.4亿元，增长25.9%；计算机公司增长32.8%，建材集团增长10.2%。从区县工业来看：1999年上半年由于受亚洲金融危机和国内通货紧缩的影响，区县工业增幅滑坡，下半年各区县积极落实区县工业工作会议精神，生产增幅开始回升，有8个区县实现了两位数增长，其中浦东新区462亿元，增长19%；松江区342亿元，增长16%；青浦区314亿元，增长10.3%；宝山区194.26亿元，增长13.5%。在市区各区中增长10%以上的有普陀、虹口、黄浦区。从中央工业来看：宝钢492亿元，增长6.6%；上海石化140亿元，增长23%；高化117亿元，增长27%。航天、华虹、贝尔都大幅度增长，电力、烟草、航空、船舶也保持了一定的增幅。

（二）工业经济效益明显回升

由于高新技术产品、“三有”产品、新产品快速增长，进一步扩大了市场销售，1999年全年工业产销率达到98.10%，比上年提高0.33个百分点。全市工业经济效益综合指数为124.25，比上年上升10.70点。全市独立核算工业企业全年实现利润257.70亿元，比上年增长30.2%。其中国有及国有控股企业实现利润156.58亿元，增长21.2%。一批企业集团通过资产重组、技术进步、产品开发和成本控制等手段，成为上海工业盈利大户，其中广电集团、电气集团、汽车集团、宝钢集团、石化集团分别同比净增利润10.01亿元、6.89亿元、10.35亿元、8.35亿元和5.59亿元，5大集团共计净增利润41.19亿元，占全市工业新增利润的68.9%。1999年，全市亏损企业亏损额比上年减少10.3%，净减9.70亿元；企业利息支出比上年减少2.4%，净减2.56亿元；企业负债增幅低于企业资产增幅2.1个百分点。这些都是全市工业经济效益明显回升的重要因素。由于工业增加值增长较快，1999年工业劳动生产率人均增加值达到5.7万元，比1998年净增8000元。

（三）工业出口创汇增长较快

1999年，上海工业直接出口128.14亿美元，比上年增长26.3%，占全市外贸出口总额的68.5%。机电产品和高新技术产品出口比重从1998年的38%上升到44%，出口创汇超过5000万美元的重点机电产品达到25种，其中集成电路以及微电子组件出口增长2.15倍，船舶增长86%，空调器增长77.8%。

扭亏解困

1999年初，在上海全市849户国有及国有控股大中型工业企业中，亏损企业有310户，亏损面为37%。上半年，一方面由于扭亏无望企业的市场退出机制不够完善，亏损企业长期积淀，另一方面受宏观经济形势影响，不少企业出口受阻，内销不畅，亏损企业增加，造成亏损面不降反升。至5月份，全市国有及国有控股大中型亏损企业由年初的310户增加为345户，亏损面从37%上升到41.1%。

按照党中央关于用三年左右时间，使大多数国有大中型亏损企业摆脱困境的重大战略部署，中共上海市委和市政府十分重视国有企业的扭亏解困工作。3～7月，市政府连续五次召开全市会议，把扭亏解困列为市府的一项重要工作，明确提出了增盈的目标和任务，动员和部署扭亏解困工作。在指导思想上，要求不回避矛盾，不做表面文章，啃硬骨头，扎扎实实地工作，确保扭亏解困取得实效，坚决打好这场攻坚战；在组织领导上，市经委成立了推进国有企业扭亏增盈和脱困工作领导小组，重点加强对各亏损企业的规划研究和实施分类指导。各控股、集团公司也成立了由一把手挂帅的扭亏解困领导小组，对亏损企业逐个制定扭亏解困方案，明确扭亏解困目标，落实扭亏解困责任制；在工作方法上，明确责任，分解目标，多管齐下，综合治理，针对企业实际情况，实行一厂一策，确保扭亏解困取得实效，重点是解决连续多年亏损的企业、亏损额大的企业和全行业亏损的集团；在分工职责上，主要分三个层面推进：在委办层面上，着力点是努力为企业提供政策支持和服务；在集团层面上，着力点是形成优胜劣汰机制；在企业层面上，着力点是加强内部管理。通过各层面以及社会各方面的努力，在思想上、政策上、工作上形成了合力；在具体措施上，市经委提出了10条扭亏解困的措施，对产品结构尚属合理，但因“人多、债多、社会负担多”而亏损的企业，采取切实措施，帮助摆脱历史包袱；对产品无销路、发展无前途的扭亏无望企业，坚决实施破产兼并、关停并转；对领导班子经营无方造成的亏损企业，坚决调整、充实领导班子；对生产“三有”产品，但缺乏资金的企业，给予资金支持，帮助企业增加发展动力。同时，对当年新产生的亏损企业，及时落实责任，及时通过资源、资金和市场配置加以调节，力争减少新增亏损企业户数。

在实施国有工业企业扭亏解困中，对建立市场退出通道方面作了进一步探索。一是劣势企业退出通道。通过按政策破产依法破产、兼并、合并、就地关厂等办法，使劣势企业退出市场。二是过剩生产力退出通道。通过关闭“五小”、压锭压线、淘汰三废企业等途径,压缩不符合市场需求的过剩生产能力。三是多余劳动力退出通道。通过实施再就业工程，采取兴办三产、提前退休、转岗培训、自谋出路等方式，让多余劳动力分流安置。四是企业坏账退出通道。通过企业债务中坏账和所有者权益中泡沫资产核销、破产兼并、债转股、核销呆坏账准备金等渠道，大幅度调整企业负债结构。

经过努力，到1999年年底，亏损企业户数减少为156户，亏损面降为20.5%，其中主要地方国有及国有控股大中型工业亏损企业由232户减少为98户，亏损面由37.9%降为17.4%。成效特别明显的是电气、仪电、华谊、医药、轻工、纺织等6个集团。如电气集团年初亏损企业有40户，亏损面30%以上，到年底已降至15%以下。仪电集团在过去几年加大结构调整力度的基础上，1999年集中力量打扭亏解困攻坚战,企业亏损面从年初的37%降到10%以下，净减27个百分点。轻工集团年初大中型企业有92户亏损，亏损面高达51.7%，集团调整充实了新的领导班子后，上下齐心合力抓扭亏，到1999年底亏损企业已降到39户，净减53户，亏损面已降至25%左右。医药集团企业亏损面从年初的37%降到15%以下。此外，汽车、广电、长江计算机集团都已消灭了亏损企业。

技术进步

按照市委、市政府对上海工业提出的“面向新世纪，建设新高地，再创新辉煌”的要求，1999年上海工业加大了投资技术改造和技术创新的力度，取得了新的成绩。主要特点如下：

（一）工业投资继续增长

全年完成工业固定资产投资602.7亿元，比上年增长11.1%，占全市固定资产投资总额1852亿元的32.5%。完成地方技术改造投资305.17亿元，比上年增长5%。其中，工业投资目标完成较好的有医药、纺织、广电、仪电、轻工、电气、汽车、高化、建委、商委和20个区县。

（二）重大工程按时建成

1999年，全市建成工业重大骨干项目9项，其中包括上海一钢公司2500立方米高炉项目、上海扎努西公司冰箱压缩机项目、上海奈科明制药公司张江新厂建设项目、上海纳铁福等速万向节传动轴项目、上海永新彩管公司大屏幕彩管项目、上海麒麟鲲鹏(中国)生物药业有限公司药品制造项目等。这批项目竣工投产后，每年将新增利税12.8亿元，新增175万吨优质铁水，100万支注射用重组γ干扰素、50万支注射用重组人红细胞生产素、700万支生物制剂、40万只大屏幕彩管、10万套轿车传动轴生产能力。同时，全市完成工业重点竣工项目40项。这批重点竣工项目投产后将新增销售收入50亿元、利税12.4亿元，年新增80吨头孢唑啉、20万台H系列空调压缩机、50吨高档工业用呢、2000台非晶合金变压器、10万辆为上海通用轿车配套灯具、6000吨混凝土增强用钢纤维、8万件中高级轿车零部件等的生产配套能力。

（三）企业技术开发力度加大

反映在：新产品产值达到1450亿元，同比增长18%；新产品产值率上升到22%；独立核算工业企业的技术开发经费投入率上升到2%，实际投入达到113亿元，比上年增加17%，已经占到同年技改投资的1/3以上；技术进步对工业经济增长的贡献率上升到47%，比上年增长了3个百分点。全市工业系统已累计建立了70个重点企业技术中心，其中国家级23个，市级47个。这些中心在工业技术开发和技术创新工作中正在发挥积极的作用。

（四）利用外资情况较好

1999年全市共批准工业外资项目834个，合同外资20亿美元，在全市批准的外资项目数和合同外资额中的比重分别达到56.6%、48.7%。其中总投资超过1000万美元的工业外资项目有52项。

由于工业投资和技术开发力度的加大，推动了以信息、现代生物与医药和新材料为重点的高新技术的高速发展，全年高新技术产业产值达到1330亿元，占全市工业总产值的比重由上年的16.5%提高到20.1%，其中信息产业产值881亿元，比上年增长1.1倍。

资产重组

1999年，上海工业系统围绕实现国有大中型企业三年改革和脱困目标，进一步加大了国有企业资产重组的力度。通过兼并破产、债转股、利用资本市场筹资改制、各类国有企业存量资产重组变现、核销不实资产等方式，全年国有资产重组运作总规模超过300亿元。

在兼并破产工作方面，着重探索了国有企业市场退出机制，在实施正常的计划破产的同时，积极探索按《破产法》依法破产的路子。1999年，共有26户破产企业由法院全部终结。其中，10户企业经国务院批准实施有计划按政策破产，16户企业实施计划外自费安置职工的依法破产，加上1户兼并企业，全年共核销银行呆坏账42.9亿元，减少各类债务70亿元。

在债转股工作方面，为了用好国家债转股政策，上海工业系统比较早地选择了30户生产“三有”产品、企业领导班子较强、内部管理较好但债务负担很重的企业列入“债转股”方案，经国家经贸委批准，转入资产经营公司申报额度的有320亿元。到1999年底，华谊、宝钢、电气、轻工、有色集团所属企业已签约总额的1/5以上。

在上市公司资产重组方面，通过上市公司定向扩股、发起设立、市场配股筹资、上市公司股权转让等途径，共募集资金53亿元。如上菱和电真空公司在增扩股中募得27.29亿元，金陵股份等配股筹资10亿元，自仪、广电股份等通过股权转让筹资5.66亿元。

在国有资产存量调整方面，各类国有及国有控股企业通过资产重组，全年筹资约20多亿元。如联合利华等非上市公司股权转让取得收益7.25亿元。各控股公司、集团公司还申请核销不实资产68亿元，进一步夯实了企业资本，也为企业结构调整提供了有力支持。

（黄奇帆）

附表1　　1999年上海市独立核算工业主要经济指标　　单位：万元

	单位数（个）	从业人员年末人数（人）	工业总产值（1990年不变价）	工业总产值（当年价格）	出口交货值	年末资产总计	利润总额	税金总额	年末所有者权益
一、总计	**20290**	**2574400**	**54477803**	**56656522**	**10746636**	**91972107**	**2615394**	**3161856**	**42982948**
二、按登记注册类型分									
1.内资	15645	1765140	23421357	27975897	2946870	53920782	1033946	1773826	24525203
国有企业	1638	627452	10255121	13027490	1529522	32087474	301446	1155704	15027043
集体企业	8738	541662	4939257	5928000	384920	6378160	232932	234754	2364085
股份合作企业	1960	134636	1311742	1556774	98205	1518777	85205	67454	563799
国有联营企业	621	28537	351838	444059	21252	1227318	1380	25329	492190
集体联营企业	307	28727	328024	394864	60955	354550	15027	13406	138260
国有与集体联营企业	925	1232310	1212514	1447433	160222	1578290	24618	56427	682631
其他联营企业	84	12148	154030	187744	14735	216297	9499	6688	109782
国有独资公司	93	76447	894688	1032045	280627	3058551	−14995	46141	1053164
其他责任有限公司	751	110864	1636867	1720839	170979	2559737	69473	67310	1069632
股份有限公司	67	57167	1844260	1747396	200964	4578770	284626	88367	2876611
私营独资企业	222	6846	101252	104024	9084	77488	5732	2614	30487
私营合伙企业	39	2384	44431	44869	6406	21585	1880	1133	9202
私营有限责任公司	173	13711	314409	303041	6842	239072	16087	7609	96774
其他内资企业	27	2249	32923	37319	2157	24712	1034	890	11532
2.港澳台商投资	2017	338886	8350063	8587987	2225936	12602671	345154	349647	6178251
与港澳台商合资经营企业	1037	158934	4081193	4000784	1003944	4940845	181453	140100	2134200
与港澳台商合作经营企业	532	60301	1110887	1289358	404594	1531962	42431	31427	657983
港澳台商独资企业	430	52574	1133224	1087942	446942	1466228	42658	25705	637453
港澳台商投资股份有限公司	18	67077	2024759	2209903	370456	4663635	78604	152415	2748615
3.外商投资	2628	470374	22706383	20092638	5573830	25448654	1236304	1038383	12279494
中外合资经营企业	1423	286656	17409697	14536520	2975668	18164565	1025027	875905	8870023
中外合作经营企业	480	62020	1264843	1586656	712973	1757873	56665	42557	761978
外商独资企业	715	103690	3715055	3640914	1858154	4165214	101694	98846	1761678
外商投资股份有限公司	10	18008	316787	328548	27034	1361001	52918	21075	885814

资料来源：上海市统计局

附表 2　1999 年上海市外贸出口额最大的 50 家企业

企　业　名　称		出口总额(万美元)
1	上海丝绸(集团)有限公司	64061
2	英特尔科技(中国)有限公司	55609
3	宝钢集团国际经济贸易总公司	38208
4	中国华源集团有限公司	30117
5	上海索广电子有限公司	26953
6	东方国际创业股份有限公司	26845
7	飞利浦电子元件(上海)有限公司	23720
8	上海市工艺品进出口公司	22432
9	东方国际集团上海市针织品进出口有限公司	22347
10	东方国际集团上海市家用纺织品进出口有限公司	21525
11	东方国际集团上海市纺织品进出口有限公司	19887
12	上海轻工国际(集团)有限公司	18796
13	上海兰生股份有限公司	18294
14	上海新锐实业有限公司	17457
15	上海东方航空进出口公司	16071
16	江南造船(集团)有限公司	15948
17	上海新康电子有限公司	15330
18	上海美蓓亚精密机电有限公司	15201
19	上海新联纺进出口有限公司	14174
20	金朋(上海)有限公司	13354
21	上海 JVC 电器有限公司	13266
22	中国抽纱上海进出口公司	12873
23	上海服装(集团)有限公司	11985
24	上海畜产(集团)有限公司	11983
25	上海市食品进出口公司	11413
26	上海市五金矿产进出口公司	11350
27	上海汉森进出口有限公司	11180
28	上海机械进出口(集团)有限公司	11096
29	东方国际集团上海市对外贸易有限公司	10392
30	富士通将军(上海)有限公司	10166
31	上海申达股份有限公司	10066
32	上海夏普电器有限公司	9841
33	上海振华港口机械有限公司	9754
34	惠普计算机产品(上海)有限公司	9360
35	上海轮胎橡胶(集团)股份有限公司	9018
36	上海远东集装箱有限公司	8981
37	中化上海进出口公司	8277
38	上海华申国际企业(集团)有限公司	7526
39	上海新格有色金属有限公司	7516
40	上海八达纺织印染服装公司	7236
41	上海对外经济贸易实业公司	7215
42	上海钟表进出口有限公司	7113
43	上海朗讯科技通信设备有限公司	7036
44	上海大霸实业有限公司	6909
45	中国烟草上海进出口公司	6897
46	上海太平国际货柜有限公司	6752
47	上海市机械设备进出口有限公司	6584
48	上海市土产进出口公司	6475
49	上海市医药保健品进出口公司	6393
50	飞利浦照明电子(上海)有限公司	6374

附表 3　　1998～1999 年上海市高新技术产业基本情况　　单位:万元

	工业总产值(90年不变价)	工业总产值(当年价格)	工业销售产值(当年价格)	工业产销率(%)	资产总计	产品销售收入	利润总额	税金总额	工业增加值
1999 年上海市高新技术产业总计	**14722327**	**11300322**	**11000863**	**97.35**	**13741176**	**1198725**	**1157086**	**680985**	**3356751**
按经济类型分									
国有经济	1416988	1066842	1048618	98.29	1772649	1029585	36117	51200	278195
集体经济	653965	726856	695504	95.69	738844	684881	49124	33095	228368
股份制企业	896292	545562	554025	101.55	1537443	600287	112732	27882	156982
“三资”企业	9604449	7098672	6884763	96.99	8594044	7191168	805611	304744	2082678
按高新技术领域分									
一、电子及信息领域	8992223	5750156	5542000	96.38	5997417	5108474	597820	368156	1498840
二、生物、医药技术	1882151	1529568	1480767	96.81	1666680	1511651	115708	113477	428359
三、光机电一体化	1403986	1370866	1349095	98.14	1623351	1142593	79437	55763	341488
四、新材料	2108150	2192565				2132052			
五、环境保护	19152	22199	23247	104.72	33318	22463	2391	1251	7609
六、航空航天	69947	68407	67275	98.35	184467	51459	784	734	14003
七、地球、空间及海洋工程	5458	6102	6168	101.09	10150	6206	300	470	3636
八、核应用技术	337	358	403	112.47	2202	408	32	22	203
1998 年上海市高新技术产业总计	**11939501**	**9802530**	**9640788**	**98.3**	**12394074**	**9919167**			**2783919**
按经济类型分									
国有经济	1195363	1007475	981092	97.4	1630877	983408			273181
集体经济	767191	866056	839893	97.0	797447	806590			240998
股份制企业	793866	597987	619006	103.5	1553294	737912			170633
“三资”企业	7648903	5784194	5697009	98.5	7382944	5781595			1621149
按高新技术领域分									
一、电子及信息领域	6612933	4565350	4516957	98.9	5172491	4119737			1300211
二、生物、医药技术	1656665	1380271	1327934	96.2	1385622	1394940			384129
三、光机电一体化	1301434	1336890	1328106	99.3	1910505	1281020			361047
四、新材料	1737713	1861023				1964843			
五、环境保护	15100	17978	16926	94.1	28261	15772			5211
六、航空航天	85177	87204	79118	90.7	214654	65919			29560
七、地球、空间及海洋工程	4274	4659	4419	94.8	8688	4447			2337
八、核应用技术	404	398	411	103.3	2086	395			196

资料来源:上海市统计局

江　苏　省

综　　述

1999年,在省委、省政府的领导下,江苏省认真贯彻党中央、国务院的重大决策部署,积极落实扩大内需、调整结构、深化改革、增加出口等一系列政策措施,努力克服困难,开拓进取,经济保持较快增长,各项经贸工作取得新的成绩。全年完成国内生产总值7697.8亿元,比上年增长10.1%,增幅高于全国平均水平3个百分点。其中第一产业增长4.5%,第二产业增长11.3%,第三产业增长10%。全省人均国内生产总值10665亿元,比上年提高9.6%。全年全社会固定资产投资2742.65亿元,增长8.2%,考虑物价因素,实际工作量增长10%。其中国有经济投资增长10.9%,城乡居民个人投资增长20.5%。消费品市场稳定,全年社会消费品零售总额2394.1亿元,增长7%,考虑物价因素,实际增长10.4%。外贸出口在严峻的国际市场环境下仍然保持较高增幅,全年出口总额183.1亿美元,增长17%。财政收支情况较好,财政总收入680.2亿元,同口径增长12.7%。同时,经济发展中也存在一些问题,主要是有效需求仍然不足,投资增长乏力,消费品市场偏淡,实际利用外资下降,经济结构性矛盾仍较突出。

工业经济运行

1999年,面对比较复杂的经济发展环境,江苏进一步加强对经济形势的分析和监控,及时了解和把握经济运行中的问题,采取多项措施加强全省工业经济的组织和调节。全省规模以上工业完成增加值2228.5亿元,增长11.7%,工业在保持较快增长的同时,效益明显改善。产销衔接状况趋好,产品销售率达96.7%,提高0.5个百分点,产成品库存617.5亿元,下降24.5%。国有及年销售收入500万元以上非国有独立核算工业企业实现利税623.42亿元,增长26.8%,全年工业经济效益指数为105.87,上升8.8个百分点。

(一)加快培育新的增长点

为保持全省经济持续稳定发展,江苏不断地根据经济运行状况,选出一批新的增长点,加大政策扶持力度,确保新增长点尽快对全省经济发展产生带动作用。1999年全省确定了255个新增长点项目(产品)新增销售208.9亿元、新增利税14.2亿元的指标。为确保完成新增长点计划,确定了具体的扶持政策,逐月监控,按季通报,对存在的困难与问题及时协调解决。经过一年的努力,全省新增长点项目共完成新增销售收入428.8亿元,新增利税43.6亿元,超额完成年初确定的目标。

(二)加强总量控制

根据国家下达纺织、冶金、煤炭、建材、成品油等行业的总量控制指标,省有关部门多次研究协调方案,并组织召开全省总量控制工作电视电话会,下发了钢铁、钢材、建材总量控制指标的文件,并检查落实进展情况,协调工作中存在问题。根据国家要求,下半年对小玻璃、小水泥的关闭开展了一系列工作,对违反国家要求的个别市及企业提出批评。全年关闭小煤矿97处,压减产量150万吨。同时做好糖精生产企业的限产压产工作。全年除冶金行业外,基本完成国家下达的总量控制任务。其中纺织业1998年及1999年两年累计压锭101.46万锭,为国家下达计划的107%,占全国压锭总量的十分之一,提前一年全面完成纺织压锭任务。分流安置下岗职工24.37万人,全省纺织行业一举扭亏并实现了增盈3亿元目标。

(三)大力开拓市场

推进企业市场部建设,制定并下达了《江苏省企业市场部工作标准》以及《关于推进企业市场部建设工作的意见》,确定了10家省级市场部建设示范企业,在全省范围内推动企业市场部建设工作。组织企业参加了'99中国东西部经贸洽谈会。洽谈会内贸成交76.4亿元,外资成交近5000万美元。同时组织了江苏经贸代表团赴西北五省开展招商、宣传活动,组织各市企业参加了昆明世博会经贸活动,并举办了世博会江苏活动周。成立了江苏省电子商务有限公司,加大电子商务工作力度。组织专家委员会赴全省各地进行营销培训,实施万人培训工程。

(四)加强生产要素的调度

为了扶持重点产业、重点企业和集团的发展,确定了133户重点企业，签订银企协议。制定了封闭贷款操作办法，全年共发放封闭贷款10亿元。根据国家要求认真做好债转股企业的筛选、方案审查、上报衔接和争取工作，江苏列入国家经贸委推荐名单的企业达34户，转股金额达138.3亿元。推广镇江市建立中小企业担保基金的经验，加快建立全省中小企业信用担保体系。全省有10个省辖市建立了担保基金，建立省级再担保基金的具体方案也已批复。此外，在重油、电力、煤炭、运输等方面，也加强了调度，保证了全省生产和生活的需要。

企业改革与制度创新

1999年，全省按照党的十五大和十五届四中全会精神，结合江苏实际，集中力量加大国有企业改革与脱困工作力度，圆满完成了年初确定的目标任务。

（一）国有企业改革取得突破性进展

国有大中型企业改制顺利推进。1999年是国有大中型企业建立现代企业制度的第二年，在总结上年改制经验的基础上，全省重点抓了132户企业的改制。对具备整体改制条件的国有企业，按照建立现代企业制度的规范要求，整体上推进改制；对尚不具备整体改制条件的国有企业，拿出部分优质资产分块改制，分块搞活。到1999年底，全省国有大中型企业改制面达到75%。

调查研究制定政策。江总书记发表对国有企业改革与发展的六次重要讲话之后，为了进一步推进企业改革与发展，多次组织人员对全省国有大中型企业的情况进行调查，在深入调研的基础上，形成了《关于进一步加快全省现代企业制度建设若干问题的实施意见》、《关于深化全省国有企业改革的若干意见》、《2000年全省国有企业改革与管理工作意见》，以及深化企业内部三项制度改革的三个文件，即《江苏省企业经营者年薪制试行办法》、《江苏省国有企业内部职工持股暂行办法》和《江苏省鼓励科技成果参与收益分配的暂行规定》，这些文件和政策对推进全省国企改革与发展发挥了积极作用。

狠抓政策落实。1996年以来，省委、省政府下发了10个关于国有企业改革与脱困的政策性文件，对全省的改革与脱困工作进行组织指导。1999年江苏省有关部门对10个政策性文件进行归类梳理，检查这些政策落实到位情况，并举办了国有企业改革与脱困政策讲座，全省大型企业的厂长（经理）、省各工交厅（局）负责人参加。通过讲解、讨论和交流，使企业更好地了解政策、把握政策、用好政策，促使有关部门将政策落到实处。

总结推广先进经验。1999年，对无锡市分类指导搞好国有大中型企业的经验进行了总结。召开了全省企业改革经验交流会，重点推广了南京市在实行投资主体多元化、鼓励经营者和技术骨干持大股等方面的经验，推广镇江市推行先重组、后改造的经验，在全省起到了重要的示范作用。

放“小”与扶“小”结合，推动中小企业改革与发展。鼓励中小企业以股份制、股份合作制为主要形式，进行产权制度改革。省委、省政府出台了《关于进一步加快全省小企业改革与发展的意见》，对中小企业在制度创新、技术创新、资产重组、融资、税费、社会服务等方面提出了政策措施。按照国家经贸委中小企业工作思路和关于出售国有小企业工作重点要求，对全省小企业改革和发展工作进行部署、检查、落实。

（二）国有企业扭亏脱困取得阶段性成果

根据“三年两项任务”，1999年全省确定了确保84户国有大中型企业扭亏脱困的目标。年初召开了全省脱困工作会议，进行全面部署，建立健全脱困工作责任制，省与各市及有关部门签订了扭亏脱困责任状，形成各市、省有关厅局及脱困企业工作网络；下发了全省国有大中型重点亏损企业脱困工作意见，制定了十条政策及具体的工作方案和措施；制定下发了省级扭亏资金使用奖励办法，全省安排扭亏贷款2.355亿元，完成国家5000万元扭亏贴息资金的落实和发放；及时转发国家经贸委关于1999年国有大中型亏损企业脱困工作的规划意见，进一步明确了全省脱困工作的目标、任务、责任和措施。对全省重点脱困企业方案逐户过堂论证。7月份，针对脱困名单的增加、调整和脱困难度的增大，在总结上半年脱困工作的基础上，又下发关于做好1999年全省国有大中型亏损企业脱困工作的补充意见，对脱困工作进一步加强指导。经过一年的努力，这84户国有大中型企业全部走出困境。全省国有工业已实现了整体扭亏为盈。

（三）企业管理工作进一步加强

召开全省企业管理工作会议，推动面上企业的管理现代化进程；召开全省现代化管理10户示范企业经验论证会，做好典型宣传。在加强企业各项基础管理同时，着重抓好物资采购管理，推动企业降本增效。为此，制定下发了在全省推广原材料比价采购、公开采购和招标采购的意见，确定了全省国有企业通过实行比价采购、实现降本增效20亿元的目标，并将目标分解到各市。对比价采购的情况加强督促检查，对7月底前仍不实行比价采购的国有企业，通报批评；对9月15日前不实行比价采购且管理不善的企业，除通报批评外，各市要采取必要的组织措施。除兼并、破产、停产、改组等不具备条件的企业外，1999年，全省有2090户的国有工业企业实行了比价采购，降本增效20亿元的目标顺利完成。抓好对管理落后企业的整改。围绕企业脱困任务，对84户重点脱困企业中管理落后的企业，要求并帮助他们制定整改方案。

技术改造与技术创新

1999年，全省紧紧围绕结构调整主线，加大技术改造和技术创新工作力度，大力推进高新技术产业化和产业高新技术化，择优扶强保证重点项目投入，全省技术进步取得新的进展。

（一）技改投资稳定增长

全年全社会技术改造完成投资927亿元，比上年增长11.7%。国有及其他单位投资297.6亿元，增长0.5%，其中地方国有及其他单位投资增长21.2%。投资结构继续优化，工业投资有所回升。全社会技改投资中工业投资占70%以上。国有及其他单位技改投资中，工业技改投资增长12.9%，高于国有及其他单位技改投资平均增幅12.4个百分点，为近年来首次。技术引进持续增长。全省技术改造引进确认项目438项、用汇4.58亿美元，分别增长87.17%和10%。工业企业引进项目增长迅速，确认项目295项，用汇3.1亿美元，同比增长76.64%和68.47%。

1999年，全省进一步加强以企业为主体的技术创新体系建设。经过积极争取，春兰集团和小天鹅集团列为国家技术创新试点企业，同时开始首批江苏省技术创新示范企业的认定工作。无锡市和泰州市进入国家技术创新试点城市。组织实施了一批重大高新技术产业化项目和重大技术创新项目。1999年立项的国家重大高新技术产业化项目共38项，总投资20.3亿元，国家承诺专项拨款和国债专项资金共2.44亿元。其中产业化示范工程和专项项目17项，高新技术产业化推进项目21项。国家重点技术创新项目和国家重大技术装备国产化创新研制项目共47项，总投资11.23亿元。大力抓好新产品的开发和投产，新产品销售率达到22%。在国家经贸委下达的国家级重点新产品试产计划中，江苏有209项，占全国的15%，位居全国第一。成功举办了'99中国江苏电子信息、生物医药、新型材料新技术新产品展示交易会，总成交额达50.43亿元，签订科技项目2991个，其中正式签署合同517个。

（二）实行重点项目全过程管理

进一步健全和完善技改项目库，在库项目达1000多项，选择了300多项在Inter网上招商。邮电改造项目全年建设任务完成，新增多媒体通信网注册用户19.4万户，完成计划的194%；开通了宁苏锡常远程教育、医疗宽带多媒体综合数字业务网；新增移动通信信道2万个。狠抓重点调度和竣工项目的实施管理，全省100项重点调度项目和100项重点竣工项目，新开工80项，竣工113项，列入省政府20件实事的50项重点竣工项目都已竣工投产。加快了国债项目实施进度，建立国债项目台账。对90项已经竣工投产的重点项目进行效益跟踪，当年这批项目实现新增销售收入105亿元、利税20.27亿元，对1995～1998年144项国家限上项目进行了分类清理，对425项一、二期“双加”项目进行了全面调查，项目开工率达68.5%，开工项目竣工率达73.2%，均高于全国平均水平，至年底开工项目已基本竣工投产。

（三）重点企业集团和成长型企业技术改造

全年省级重点集团实施各类技改项目66项，完成投资25亿元。实施了以省级重点企业集团为主体的21项重大改造项目，分50个子项实施，总投资76.7亿元，至年底累计完成投资41.1亿元，其中当年完成19.5亿元，25个子项新开工，22个子项竣工投产。积极争取重点集团技改项目更多地纳入国债和“双高一优”项目计划，阳光、南钢、徐工、熊猫、常柴5个企业的项目列入国家国债项目计划。经银企“双向选择”，落实省重点企业集团改造项目11项，银行安排贷款2.34亿元。加快实施成长型企业“九五”后三年技术改造计划，全年实施改造项目430项，完成投资65亿元，技改面达90%，均高于前两年水平。1999年省级重点企业集团及200家成长型企业实现销售收入1571亿元，增长17%；利税158亿元，增长13.4%；其中利润82.8亿元，增长9.6%。全省成长型企业中，销售收入在5亿～10亿元的有37家，10亿～20亿元的有21家，20亿元以上的有3家。

（四）多元化筹措资金

召开了四次技改项目融资协调会议，分三批向省各银行推荐导向性项目320项，银企“双向选择”命中率为51.8%，初步形成了推荐好项目、落实好政策、建立好信誉的“三好机制”。大力推进全省技改投资多元化，促进企业直接融资，重点抓好亚星、大亚、华西村、威孚、中天、扬子江药业、索普等项目审批工作，引导江动、永鼎、徐工等公司增资扩股。7家企业新股上市和8家上市企业配股募集改造资金27.8亿元。全年全省上市企业实施改造项目44项，投入资金14.3亿元。发行企业技改债券2.4亿元。积极开展技改项目投资主体多元化试点，探索工业投资项目公司制、股份合作制，吸引社会资金进行改造有机结合。加快利用外资嫁接改造步伐，全省新签利用外资嫁接改造项目1400项，合同利用外资44亿美元。

（五）争取国债项目和资金

积极贯彻落实中央进一步扩大内需、拉动经济增长的政策措施，加强与国家有关部门工作联系与衔接，争取国债改造项目。在国家安排的三批国债项目中，通过银行初评的前三批国债改造项目55项，总投资99.6亿元，申请银行贷款63.8亿元，国债资金6.7亿元，项目数、资金数额均居全国各省市前列。按照国家《国家重点技术改造项目办法》等7个文件要求，加快了项目实施力度，14项已经批复可研，其中6项已开工实施，总体进展情况良好。积极做好国家贴息申报工作，共有76个项目争取到国家贴息资金1.23亿元，占全国总量13.6%，居全国首位；争取国家更新改造措施拨款688万元，也居全国前列。

（六）探索技改工作新路子

加强对全社会投资引导，拓宽管理覆盖面。开展了对非公有制企业的技改引导和扶持工作，选择了一批技术水平高、项目载体实力强的项目，列入导向性计划向银行推荐，对部分民营企业改造项目安排了贴息，切实帮助民营高科技企业创造平等竞争的外部环境。对省技改项目贴息管理办法进行了修订，设立了实施贴息、奖励贴息和竣工贴息三种贴息方式，全省安排两批技术改造贴息项目209项，省市财政贴息资金1.96亿元。加大了省级重点企业集团、成长型企业和高新技术项目贴息比重，同时安排了机床创新项目5项和境外项目13项。加大技术改造工作宣传报道力度，组织编写《中国投资与建设》杂志“江苏技改专题报道”，配合《新华日报》，为国家经贸委4月在江苏召开全国技术改造工作会议做好服务和宣传报道。

对外经济贸易

1999年，面对亚洲金融危机带来的严重影响，江苏开放型经济继续保持快速、稳定发展，对外贸易较快增长，协议利用外资扭转下滑势头，对外经济技术交流与合作取得了好成绩。

（一）对外贸易

1999年，江苏围绕扩大对外贸易，大力扶持生产企业扩大自营进出口，积极解决企业流动资金短缺的困难；协调安排大宗农产品包括大米、棉花的出口，支持纺织企业开拓国际市场；贯彻落实国家关于推动钢材以产顶进的措施，引导企业适应市场需求，提高产品的国际竞争力。在比较严峻的形势下，外贸进出口继续保持快速、稳定发展。据海关统计，全省外贸进出口总额312.6亿美元，比上年增长18.1%，其中进口129.5亿美元，比上年增长20.2%；出口183.1亿美元，增长17%，高于全国平均水平10.9个百分点，出口额占全国出口总值的9.4%，出口规模仅次于广东省和上海市，列全国第3位。

外商投资企业出口高速增长。全年外商投资企业出口总值达98.6亿美元，同比增长22.3%，占全省外贸出口总值的53.9%。其中出口超过1000万美元的外商投资企业达160家，超5000万美元的达33家，超1亿美元的有11家。希捷国际科技（无锡）有限公司以出口6.2亿美元的实绩居全省出口企业第一。

自营生产企业出口后劲较足。至1999年底，全省获自营进出口经营权的生产企业达1784家，占全国获权企业数的1/7。全年自营生产企业出口19.9亿美元，同比增长27.3%，占全省出口总额的10.1%。其中出口超过1000万美元的自营生产企业43家，超3000万美元的自营生产企业7家。江苏晨风集团出口5239亿美元，为全省自营生产企业中出口创汇最多的一家企业。

出口商品结构进一步改善。按照国际贸易标准分类，全省初级产品出口7.6亿美元，占全省出口额的4.2%，比上年4.5%下降0.3个百分点；工业制成品出口175.5亿美元，占全省出口额的95.8%。全省机电产品出口76.9亿美元，占全省出口总额的42%，比上年增长24%。“双高”产品出口33.7亿美元，占全省出口总额的18.4%，比上年增长20.2%。

对主要市场的出口稳步上升。对日本和美国市场的出口分别增长了20.4%和22.3%，对香港、欧盟的出口由年初的负增长分别回升到增长2.5%和6.5%。对日本、美国、香港、欧盟出口分别占全省出口总额的24.5%、20.8%、7.8%和18.7%。

一般贸易与加工贸易同步增长。全年全省一般贸易出口81.5亿美元，增长15.3%，加工贸易出口98亿美元，增长18.7%。

（二）利用外资

1999年江苏进一步加大对外招商力度，改进招商方式。结合全省结构调整，选定了"九五"第四批重点对外招商项目119个、总投资30.93亿美元。根据形势发展的新要求，积极拓展利用外资的新方式和新领域，在搞好间接利用外资、扩大商业领域利用外资试点、引进外资高技术项目，以及通过BOT和项目融资方式利用外资，在加快基础设施和基础产业建设等方面实现了新的突破。同时加强对外商投资企业的服务和管理，不断改善投资环境。成功地组织举办了全省外商投资企业产品配套协作洽谈会，签约项目411个，总金额37.5亿元。利用外资在困难条件下仍取得较好成绩。

全省新批利用外资项目数、新批协议利用外资额分别比上年增长5%和17.3%。全省新批准成立外商投资企业1925家，合同外资额69.8亿美元，外商实际投资达到64亿美元。外商独资企业成为外商直接投资的主要形式，外商独资企业合同利用外资和实际利用外资分别为39.8亿美元和29.5亿美元，分别占全省外商直接投资合同外资总额和实际投资额的57%和46.1%；间接利用外资成为全省利用外资的重要拉动力量，全省间接利用外资协议额达20.3亿美元，占全省协议利用外资总额的22.5%；开发区仍是利用外资的主要载体，全省开发区协议利用外资43亿美元，占全省协议利用外资总额的47.7%；利用外资的领域进一步拓宽，南京市、苏州工业园区被国家确定为进行商业领域利用外资试点。至年底，全省累计批准外资项目4.05万个，协议外资金额804.7亿美元，其中外商直接投资3.8万个，协议外资额749.3亿美元。

（三）对外经济合作与交流

1999年江苏抓住国家调整外经合作政策的机遇，拓宽对外合作渠道，提高对外合作层次，外经工作有了新的进展。

有重点、有步骤地推动省内有条件的企业开展境外加工贸易业务。根据国务院办公厅转发国家外经贸部、国家经贸委、财政部关于鼓励企业开展境外加工贸易业务的通知，结合自身实际，在开展境外投资的行业导向、投资产品、投资主体、投资区域、投资方式的选择，以及项目立项、论证审核、上报程序和鼓励措施等方面提出了一系列操作性强的意见，鼓励企业开展境外加工贸易。为了加强规划与引导，有目标、有重点、有步骤地推进境外投资，建立了"全省境外加工贸易备选项目库"和"全省境外加工贸易实际项目库"。建立境外加工贸易项目中方投资贴息资金，选择了13个项目，贴息资金318万元。向国家上报了10个境外加工贸易项目，其中有7个已获国家正式批准。1999年底，全省已经国家正式批准和确认的境外加工贸易企业有31个，总投资4118万美元，其中中方投资2290万美元。

促进省内企业尤其是中小企业加强对外合作与交流。为了克服亚洲金融危机给利用外资和出口带来的困难，1999年加大了对外合作与交流的力度，利用各种方式、各种机会，广泛开展对外合作与交流活动。成功举办了第九届"江苏—巴符州友好省州混委会"及庆祝省州正式结好五周年活动，在食品加工和包装、环保、人员培训等领域取得了实质性的成果。参加了10月份在日本神户举办的"中国商务良机洽谈会"，与日方客户达成合作项目意向或协议14个，协议金额2190万美元。10月份参加在俄罗斯举办的'99莫斯科中国中小企业产品展览会，结识了一批客户，达成了一批合作项目，共成交1200万美元，为江苏企业产品进入俄罗斯市场打下了良好的基础。1999年全省对外承包劳务完成营业额6.1亿美元，比上年增长17.4%。

（张庭熹）

附表 1　　1999 年江苏省经济社会发展指标

指　　标	单　位	1999 年	比 1998 年增减(%)
年末总人口	万人	7213.13	0.4
年末城镇登记失业率	%	2.90	
国内生产总值	亿元	7697.82	10.1
第一产业	亿元	1003.51	4.5
第二产业	亿元	3920.15	11.3
第三产业	亿元	2774.16	10.0
工业增加值	亿元	2228.54	11.7
#国有工业企业	亿元	444.33	8.3
集体工业企业	亿元	510.90	7.7
股份制企业	亿元	439.84	8.0
外商港澳台投资企业	亿元	544.04	21.4
#轻工业	亿元	995.73	11.1
重工业	亿元	1232.81	12.9
工业企业实现利税总额	亿元	623.42	26.8
工业亏损企业亏损额	亿元	93.80	−18.0
工业产品销售率	%	96.70	0.5
建筑业增加值	亿元	532.16	10.6
全社会固定资产投资总额	亿元	2742.65	8.2
#基本建设	亿元	748.99	2.4
更新改造	亿元	297.86	0.6
邮电业务总量	亿元	221.19	31.8
社会消费品零售总额	亿元	2394.14	7.0
商品零售价格指数		96.90	
居民消费价格指数		98.70	
进出口总额	亿美元	312.60	18.3
出口	亿美元	183.10	17.0
进口	亿美元	129.50	20.2
实际利用外资总额	亿美元	66.40	−4.5
金融机构存款余额	亿元	7470.43	13.6
#居民储蓄存款	亿元	4131.98	13.0
金融机构贷款余额	亿元	5535.15	9.3
财政总收入	亿元	680.23	12.7
#地方财政收入	亿元	384.78	16.2
财政支出	亿元	528.60	12.4
人均可支配收入	元	6538.20	8.6
农民人均纯收入	元	3495.20	3.5

附表 2　　1999 年江苏省限额以上工业企业主要指标　　单位:亿元

	企业数	工业总产值	工业销售产值	出口交货值	工业增加值	利税总额	利润总额
总　计	**18001**	**8915.4**	**8601.67**	**1618.6**	**2228.5**	**623.4**	**234.1**
按登记注册类型分							
内资企业	14983	6694	6447.9	808.1	1684.5	464.5	155.5
＃国有企业	2416	1553.2	1513.7	142.5	444.3	121.6	18.2
集体企业	5635	2247.6	2151.5	297.4	510.9	134.4	52.9
有限责任公司	983	924.6	899.5	105.5	246.6	67.9	20.6
股份有限公司	423	557.58	548.6	59.7	156.2	57.79	33
港澳台商投资企业	1467	790.14	760.2	256.9	201.1	55.8	26.9
外商投资企业	1551	1430.9	1393.6	553.5	343.0	103.2	51.7
按轻重工业分							
轻工业	8894	4047.5	3891.3	959.6	995.7	277.8	105
重工业	9107	4867.9	4710	658.9	1232.8	345.6	129.1
按企业规模分							
大型	610	2754.97	2699.6	334.6	780.6	283.8	120.9
中型	1596	1357	1308.4	250	330.8	84.3	25.8

浙　江　省

综　述

1999 年浙江省经济保持较快增长，实现国内生产总值 5350 亿元，比上年增长 10%，其中一、二、三产业分别增长 4.3%、11.3%和 9.4%；完成财政总收入 477.4 亿元，其中地方财政收入 245.5 亿元，按可比口径比上年增长 12.5%。农业和农村经济稳定发展，全年粮食总产量达到 1393 万吨，农、林、牧、渔业总产值 1005 亿元，效益农业成效开始显现。工业结构调整取得新的进展，经济效益明显回升，全年完成工业总产值 5300 多亿元，比上年增长 11.2%。第三产业发展水平有了提高，全年完成第三产业增加值 1808 亿元，比上年增长 9.4%。城乡市场繁荣，社会消费品零售总额 2075.8 亿元，比上年增长 8.7%。全年商品零售价格总水平和居民消费价格总水平分别比上年下降 2.3%和 1.2%。城乡人民群众的吃、住、行等生活条件进一步得到改善，城镇居民人均可支配收入和农村居民人均纯收入分别达到 8428 元和 3948 元，实际收入分别比上年增长 8.0%和 5.6%，收入绝对额分别居全国第四位和第三位。

工业经济

1999 年末，浙江省全部工业企业单位有 69.3 万个，其中国有企业 1872 个，集体企业 28218 个，股份合作制企业 32995 个，股份制企业 5086 个，外商及港澳台商投资企业 3352 个，私营企业 95066 个，个体企业单位 526007 个。国有企业和年销售收入 500 万元及以上非国有企业 13301 个，大中型企业 1370 个，从业人员 300 万人。1999 年，全省全部工业增加值为 2630 亿元，比上年增长 11.7%。据国有企业和年销售收入 500 万元及以上非国有企业统计，全年完成工业总产值 5300 多亿元，比上年增长 16.2%，同比增幅提高 6.6 个百分点；11 项经济效益考核指标综合得分 170.2 分，比上年高出 14 分。工业生产和经济效益明显回升，具体表现在四个方面：

一是大多数地区和行业运行情况好于上年。11 个市（地）工业增长率在 13%～25%之间，64 个县（市）中有 62 个实现增长，经济效益均有不同程度提高。38 个行业大类的生产，除有色金属矿和其他矿采选业外全面增长；大多数行业实现利润好于上年。

二是产品出口增势较强。各地和企业努力克服亚洲金融危机的影响，充分利用产业比较优势和国家提高出口退税率、改进出口配额分配制度等有利因素，共完成工业产品出口交货值 1105.6 亿元，比上年增长 17.4%，同比增幅提高 12.7 个百分点；产品出口对工业销售增长贡献率上升到 25.3%。

三是经济效益明显改善。全省工业利税总额和利润总额分别达到 486.7 亿元和 235.5 亿元，比上年增长 30.9%和 48.1%。产成品存货增幅之低（增加 4%）、产销率之高（96.8%），均为 1990 年以来最好水平；企业亏损额处于降势（比上年下降 21.5%），是 1993 年以来首次出现的现象。

四是经济效益指标处于全国领先水平。全省国有企业和年销售收入 500 万元以上非国有企业工业总产值增长率比全国平均增长率高出 4.7 个百分点，增幅列各省、市、自治区第二位；国家考核的 7 项经济效益指标综合得分比全国平均水平高出 25 分，居各省、市、自治区前列。

工业结构调整

1999 年，浙江省继续贯彻“强化基础、优化结构、提高素质、再创优势”的经济工作方针，着力在提高经济的整体素质和竞争力上下功夫，培育和发展主导产业，大力改造传统产业，加大对发展高新技术及其产业化的支持力度，优势行业、优势企业和优势产品对经济增长的带动作用明显增强。

1999 年，浙江省政府确定的机械、电子、石化、医药四个主导产业，进一步形成一批有较强竞争力的大企业和大产品，行业龙头企业的技术进步和创新能力逐步提高，行业主要经济指标多数居全国同行前列。四大主导产业在工业产值中的比重由 37.5%上升到 39.2%，其销售收入、利润分别比上年增长 15.9%和 32.6%。

（一）机械工业

1999 年，浙江省机械工业厅系统工业总产值比上年增长 31.1%，销售收入增长 26.8%，出口交货值增长 22.1%，实现利税增长 38.0%，利润增长 50.0%，亏损额下降 18.4%。在国家机械工业局系统排序中，浙江省机械工业总产值从上年的第七位升至第四位，销售收入从第六位升至第五位，工业增加值从第五位升至第四位，出口交货值从第四位升至第三位，利税、利润从第三位升至第二位。

（二）电子工业

在连续 9 年高速增长的基础上，1999 年继续保持了快速、健康发展的态势。据对 220 家归口电子工业企业统计，工业总产值比上年增长 13.8%，销售收入增长 20.6%，实现利税增长 59.4%。其中利润增长 74.3%；产销率达到 98.1%，比上年增加 7 个百分点；全行业亏损面比上年减少 5.5 个百分点；亏损企业亏损总额下降 50.9%。主要经济指标处于全国同行业先进水平。

（三）石化工业

1999 年全系统实现工业总产值比上年增长 9.4%，实现产品销售收入增长 9.1%，实现利税增长 17.6%。全系统已连续 11 年实现产值、效益同步增长。据国家石油化学工业局统计，浙江省化工经济总量居全国第三位，利税和利润均居全国第二位。

（四）医药工业

1999 年工业总产值比上年增长 28.1%，销售产值增长 22.9%，产销率达 96.88%，比上年提高 3.27 个百分点，产品出口交货值增长 27.5%。医药商业总销售额增长 17%，医药工商利税增长 31.0%，医药工商利润增长 28.1%，医药工业总产值、产品出口交货值、商业总销售额、工商利税和利润均占全国医药行业的 1/10 以上。据国家经贸委医药司统计，1999 年我省医药经济的 12 项主要指标，8 项居全国第一，4 项居全国第二。

1999 年，浙江省“九五”期间重点培育的“五个一批”重点骨干企业（即一批大企业集团、一批“小型巨人”企业、一批名牌产品生产企业、一批出口创汇大户、一批高新技术企业），整体状况明显好于面上工业企业。通过积极的培育工作，使“五个一批”企业的总体素质和实力得到进一步加强，充分体现了加大“五个一批”企业培育力度，促进产业集中、产业升级的总体思路。1999 年，307 家“五个一批”企业实现工业总产值（1990 年不变价）1415.9 亿元，比上年增长 14.9%，产品销售收入 1327.0 亿元，增长 15.4%；利税总额 197.8 亿元，增长 34.1%；利润总额 102.5 亿元，增长 48.2%。307 家“五个一批”工业企业数只占同期全省国有企业和年销售收入 500 万元及以上非国有工业企业数的2.3%，实现工业总产值、产品销售收入、利润总额、利税总额却占到26.3%、27.6%、43.5%和40.6%。

1999年全省工业领域不断加大技改投资力度，加快改造传统行业、特别是传统优势行业的步伐，立足中小企业群，依托遍布各地的专业市场和营销网络，凭借区域产业规模和比较优势，加强浙江工业在全国的产业分工地位和竞争力。在注重发挥产业优势的同时，按照国家产业政策，采取总量控制措施，压缩一批过剩落后的生产能力。棉纺和丝绸行业提前完成国家下达的压锭任务，累计压缩34.3万锭落后棉纺锭，淘汰2.5万台落后缫丝机；水泥行业拆除机立窑生产线69条，煤炭行业关闭小矿井71处；与此同时，对小电炉、小炼油、小火电等进行了整顿，企业经济效益有较大改善。

技术创新和技术改造

1999年，浙江省把技术创新和技术改造作为推进结构调整的重要手段，强化企业在技术创新中的主体地位，构建企业技术创新体系和运行机制，促进了浙江经济从量的扩张向质的提高转变。在上年确定的第一批技术创新试点县的基础上，1999年又确定了5个县（市）和10家企业作为扩大试点单位，有力地推进了区域和企业的技术创新工作。全年全省列入国家重点技术创新项目10项，总投资3亿多元，新开工省级技术创新重点项目61项，在项目的数量和质量上，都较往年有较大的提高。企业技术中心建设取得成效，继万向集团公司、杭州汽轮动力集团公司、东方通信有限公司和西湖电子集团公司4家企业建立国家级企业技术中心之后，1999年杭州制氧机集团公司技术中心成为浙江省第五家国家级技术中心。全年有9家企业申报建立国家级技术中心。有111家企业申报省级企业技术中心，其中认定省级企业技术中心37家。至年末，全省已认定53家省级企业技术中心。1999年，全省向国家经贸委申报国家级新产品101项，列入国家级重点新产品试产计划项目68项，比去年增加了17.2%。在列入国家级重点新产品试产计划的项目中，有13%达到国际先进水平，31%达到国际水平，56%达到国内先进水平。安排全省工业新产品试制试产计划项目1600项，比去年增长了44%。

1999年，杭州锅炉厂450吨/日生活垃圾焚烧处理成套装备产业化项目和浙江杭州锦江集团有限公司、浙江大学800吨/日大规模清洁焚烧处理城市生活垃圾项目列入了环保高技术产业化重大专项；浙江省煤炭集团公司的洁净煤添加剂、杭州天元药业有限公司的流行性出血热双价灭活疫苗、新昌制药厂的天然维生素E三个高技术产业化示范工程项目已完成可行性研究，浙江嘉兴电子陶瓷厂的片式陶瓷滤波器件和浙江华莹电子公司的片式表面滤波器两项数字移动通信产品国产化专项也在实施中。上述7个重大项目总投资71885万元。

1999年全省技改投资继续保持良好增长态势。全年全社会技改在建项目15303项，累计完成投资额502.3亿元，比上年增长11.1%。全省国有等单位技改完成投资209.6亿元，同比增长22.4%。重点技改项目实施进展顺利。1999年度浙江省重点技改项目二批共128项，总投资72.8亿元。至年末累计开工建设121项，占项目总数的94.5%；累计完成投资额40.2亿元，其中当年完成投资25.9亿元，为年度计划的103.7%。万向集团新增25万套等速万向节、浙江新昌制药200吨天然VE技改等57个技改项目已建成或基本建成。全年共上报国家专题技改项目252项，总投资224亿元，申请专贷137亿元。其中有34项（不含宁波市6项）列入国债专项资金项目计划，总投资47.3亿元，专项贷款31.5亿元；有42项（不含宁波市）列入重点技术改造“双高一优”项目导向计划，总投资43.2亿元，专项贷款27.7亿元。1999年技改引进项目731项，投资总额73.3亿元，用汇额6.9亿美元，分别比上年增长138%、70%和83%。

为进一步推进全省企业技术改造工作，引导企业和金融机构的资金投向，浙江省政府已连续三年每年新增7000万元财政贴息资金支持改造项目，加上其他贴息资金，近年省财政每年用于支持企业技术改造的贴息资金已达1.4亿元以上。财政贴息力度的加大，调动了企业实施技术改造项目的积极性，也对市地政府加大地方财政贴息力度产生了积极的导向作用。1999年全省由国家和省市县各级财政安排企业技改财政贴息资金近6.8亿元，带动银行贷款和其他配套资金200亿元，重点用于扶持优势产业、优势企业和优势产品。

高新技术产业

1999年1月，省政府发布了《关于大力推进高新技术产业化的决定》，并于3月底召开全省高新技术产业化工作会议，对全省高新技术产业的发展产生了积极的导向与推动作用。省政府决定，从1999～2002年，省财政投入3.2亿元，用于高新技术的研究开发和产业化项目，同时出台了一系列扶持政策。

1999年高新技术产业开发区（园区）发展势头良好。杭州高新技术产业开发区全年实现技工贸总收入128亿元，利税13.1亿元，创汇7903万美元；国家级杭州高新软件园已有40多家企业，实现软件销售额11亿元。东方通信城建设进展顺利，创业大厦已基本完工。10个高新园区全年实现工业总产值167.1亿元，利税12.4亿元，出口创汇8.5亿美元。1999年新认定84家省级高新技术企业（其中区外65家、区内19家）、10个高新技术产业化项目，18项高新技术成果，并按省政府有关文件精神落实了有关扶持政策。全省281家区外高新技术企业全年实现产值384.2亿元，利税51.7亿元，创汇6.3亿美元。为促进技术升级和产业升级，重点发展电子信息、生物与医药、机电一体化和新材料产业，经省政府批准，1999年启动了东方通信和奉化波导公司的移动通信手机、卧龙公司的智能型无刷类电机及控制装置等14个重大高新技术产业化项目，总投资15亿元以上。这些项目完成后可新增产值200亿元，利税42亿元。

积极扶持科技型中小企业发展。浙江省在高新技术产业化专项资金中设立科技型中小企业技术创新专项，安排了首批92个项目，资助金额约2700万元。组织上报了60多个国家科技型中小企业创新基金项目，争取国家资助约3000万元。科技投入进一步加大，科技成果转化步伐加快。1999年全省评出省科技进步奖303项，其中一等奖6项；星火奖33项，其中一等奖2项；省级技术进步优秀企业56家。10月初在深圳举行的全国高新技术交易会，全省在参展人数、成交项目上居全国前列。

企业改革

1999年，浙江省国有大中型企业改革和脱困“三年两目标”工作基本完成年度目标任务。141户现代企业制度试点企业，在多种形式改制，多渠道增资减债、建立和完善法人治理结构、明确国有资产投资主体、分流富余人员、分离企业办社会职能等方面，进行了积极探索，并取得明显成效。到1999年底，141户企业中有80%进行了公司制改造。列入国家“三年两目标”考核的203家国有大中型亏损企业，累计已有124家通过多种形式扭亏脱困，其中由市地政府签订扭亏责任书的40家企业有38家实现脱困目标。积极争取国家的改革脱困政策，实施兼并破产和职工再就业工程，共核销银行呆坏账准备金18.9亿元，并申报实施企业债转股方案，16个企业的方案经国家经贸委审查通过，向金融债权机构推荐。实施省政府对大企业（集团）的培育方案，15家大企业1999年实现销售收入631.2亿元，比上年增长26.7%；利润35.1亿元，比上年增长38.3亿元。国有及国有控股企业生产经营状况好转，工业总产值和利润总额分别比上年增长10.6%和79.3%。其中全省424家大中型国有及国有控股企业年实现利润增长75.5%。在全省10家盈利最大的企业中，国有及国有控股企业占7家，依次为镇海炼油化工股份有限公司、杭州娃哈哈集团公司、宁波卷烟厂、东方通信、杭州卷烟厂、浙江钱江摩托集团有限公司和杭州钢铁集团公司。

作为浙江省国企改革的一个重要组成部分，1999年省属企业改革全面展开。在由叶荣宝副省长任组长的领导小组领导下，通过调查研究、摸清家底、理清思路，制订了加快省属企业改革的13项政策措施，其中包括资产核销、提留和剥离、土地使用权处置、内部职工持股、减轻企业历史负担、盘活存量资产、增资减债、妥善安置下岗职工等。一年中列入改制计划的省属企业有97%完成了改制方案的制订工作，大部分进入实施阶段。

市（地）、县（市区）国有、城镇集体企业改制工作基本完成。截至1999年底，全省20649家国有、城镇集体企业中，已有16396家进行了公司制和股份合作制改造，改制面为79.4%，比上年同期增长约13个百分点，其中已改制的国有企业4882家，改制面为79.6%；已改制的城镇集体企业11514家，改制面为79.3%。从地区进展情况看，国有企业改制面超过80%的有温州市（96.3%）、嘉兴市（95.6%）、舟山市（93.4%）、衢州市（92.8%）、金华市（89.3%）、丽水地区（82.7%）、台州市（81.9%）、绍兴市（81.7%），城镇集体企业改制面超过80%的有衢州市（92.9%）、嘉兴市（92.4%）、舟山市（91.1%）、金华市（88.2%）、宁波市（86.8%）台州市（86.3%）、丽水地区（84.6%）、湖州市（81.2%）。

1999年，全省改制和存量资产调整涉及企业7884家，共盘活存量资产191.0亿元，吸收增量资产57.7亿元。国有企业通过各种形式进行改制涉及877家，共盘活存量资产58.1亿元，吸收增量资产10.5亿元；城镇集体企业通过各种形式进行改制的涉及1623家，共盘活存量资产36.4亿元，吸收增量资产10.1亿元；乡镇企业通过各种形式进行改制涉及4643家，共盘活存量资产94.3亿元，吸收增量资产36.4亿元。

企业劳动与分配制度改革

为进一步转换改制企业经营机制，实现减员增效，浙江省有50个左右的市（地）、县（市）在依据《劳动法》转换劳动关系、建立市场化的用人新机制方面进行了一些有益尝试。如余姚市制订出台了《关于国有城镇集体企业改制中职工分流安置的若干规定》和《关于国有企业改制中有关职工劳动关系处理和社会保障的实施办法》等政策性文件，规定凡企业改制，首先必须按《劳动法》的有关规定变更、终止或解除企业职工的原有劳动合同，转换原有国有、城镇集体企业职工身份，然后通过资产重组，由新的产权主体与职工进行双向选择，签订新的劳动合同；对改制企业职工，无论是到期终止劳动合同的，未到期终止劳动合同而失业的，还是自愿要求自谋职业的都按规定给予一定的经济补偿，彻底打破原先国有、城镇集体企业职工身份，实现劳动力的社会化、市场化。余姚市还制订出台筹措改制成本的配套政策，采取“六个一块”的办法，即存量资产盘活筹集一块，行政划拨土地出让金返还一块，土地增值收益金额划转一块，住房周转金拨入一块，直管公房转让收入返还一块，政府财政直接注入一块。同时，健全和完善社会保障制度，做到断身份不断保障。

金华、杭州等地积极探索经营者年薪制和股权、期权激励，湖州、绍兴等地实施“要素股”，鼓励经营者持大股和技术骨干入股，也有实质性进展。如杭州市出台了《杭州市国有企业经营者期权激励试行办法》，在已经改制和正在改制的国有及国有控股工商企业中试行。湖州、绍兴两市在企业改制中实施“要素股”，探索技术、管理要素入股的办法。湖州市在第二毛纺厂（湖州喜盈盈纺织有限公司）改制过程中，设置经营者才能股和技术股，鼓励经营者持大股，促使生产要素向优秀企业家集聚。上虞市制订了《关于进一步完善股权结构，促进科技进步，加快建立现代企业制度的若干意见》，引导和鼓励企业尤其是集团公司的经营者和技术骨干通过增资扩股持大股，鼓励技术要素参与分配。衢州市出台了《衢州市公司制企业经营者股权激励的试行办法》，试行智力资本入股，鼓励企业经营层控股和经营者持大股，通过股权奖励，带动经营者和经营骨干现金入股，优化企业股权结构；通过增资扩股，增加经营者和经营层的持股比例。

1999年，全省各级党委、政府高度重视下岗职工基本生活保障工作，切实加强领导，落实工作责任制，保证了下岗职工基本生活费的按时足额发放。按照“三三制”筹资原则，全省共筹集国有企业下岗职工基本生活保障资金5.0亿元，全年共支付国有企业下岗职工基本生活资金4.9亿元。同时，各级政府继续加大再就业工作力度，落实和完善促进再就业的各项优惠政策，大力发展第三产业特别是社区服务业，引导和支持下岗职工实现再就业。1999年，全省国有企业有11.4万人实现再就业。年末，全省企业下岗职工为11.3万人，比上年同期下降43.1%。其中，国有企业为6.5万人，下降43%；城镇集体企业为4.6万人，下降42.6%；其他企业为0.3万人，下降51.9%。此外，失业保险制度逐步完善，享受失业保险的人数增多。12月份，全省领取失业保险金的人数为11万人，比上年同期增加5.5万人。养老保险、失业保险的扩面和基金征缴工作取得重要进展。年末，全省参加养老保险、失业保险的职工分别有425.1万人和365.5万人，分别比上年增长13.7%和21.8%；基金征缴率分别达到95%和90%。

对外贸易

据海关统计，1999年浙江省进出口总额达到183.1亿美元，比上年增长23.3%，其中出口128.7亿美元，增长18.5%；进口54.3亿美元，增长36.3%。出口增幅在全国6个出口额超100亿美元的省市中列第一位，高出全国平均增幅12.4个百分点，外贸出口额继续保持全国第四位。我省出口额占全国出口总额的比重为6.6%，比上年提高0.7个百分点。全省国民经济对外贸的依存度为28.3%，对出口的依存度为19.9%，分别比上年提高3.6个和1.9个百分点。

坚持实施“大经贸”战略，积极扩大外贸经营主体，大力支持中小企业特别是私营企业开拓国际市场，参与国际竞争。1999年新批获得进出口经营权企业869家，比上年增加2倍，其中私营企业43家。全省已有441家集体和私营企业获得进出口经营权，出口额占全省出口额的12%。至1999年底，全省各类外贸企业（不含外商投资企业）已超过2000家，并出现国有企业、外商投资企业、集体企业和私营企业出口全面增长的良好态势。1999年国有企业出口79.5亿美元，比上年增长10.2%，占全省出口总额的61.8%，继续保持出口总量和增量两项第一，仍是我省出口的主力军；外商投资企业出口33.3亿美元，增长24.0%，占全省出口总额的25.9%，比上年提高1.2个百分点；集体企业出口14.4亿美元，增长54.4%，占全省的

11.2%；私营企业出口1.5亿美元，增长4倍多，占全省的1.1%，已成为我省外贸出口新的增长点。

浙江省一般贸易出口继续保持较快增长，在全省外贸出口中的主导地位越来越明显。1999年，全省一般贸易出口首次突破100亿美元，达100.1亿美元，比上年增长22.1%；占全省出口总额的77.8%，比上年提高2.3个百分点。浙江省一般贸易出口额仅次于广东省，名列全国第二位。1999年我省加工贸易遏制了下滑趋势，出口有所增长，全年出口28.4亿美元，比上年增长10.1%，占全省出口总额的22.1%。

重点企业出口保持较快增长。1999年列入全省外贸、生产、外商投资企业等三类共150家重点企业的出口保持较快增长，共出口71.5亿美元，比上年增长24.5%，高于全省平均增幅6.0个百分点，占全省出口总额的55.6%。省丝绸进出口公司等50家外贸公司出口51.6亿美元，增长18.8%，占全省出口总额的40.1%；宁波维科集团股份有限公司等50家自营出口生产企业出口9.1亿美元，增长32.8%，占全省出口总额的7.1%；茉织华实业（集团）等50家外商投资企业出口10.9亿美元，增长50.7%，占全省出口总额的8.4%。全省出口额超1亿美元的各类企业有21家，比上年增加3家。

出口商品结构调整的步伐加快，商品结构进一步优化。1999年浙江省工业制成品出口114亿美元，占出口总额的88.6%，比上年提高1个百分点。高新技术产品、机电产品、服装、纺织品等重点商品出口增幅较大。全年高新技术产品出口10.1亿美元，占全省出口总额的7.8%，比上年增长5.9%；机电产品出口36.1亿美元，增长24.8%，已成为浙江省最大一类出口商品，占全省出口总额的28.1%，比上年提高1.6个百分点，在全国各省市机电产品出口中列第四位；服装及衣着附件出口34.7亿美元，增长14.6%；纺织品出口13.4亿美元，增长25%。全省出口超5000万美元的商品有29个，比上年增加5个，名列出口额前五位的单个大类商品是：服装、纺织品、鞋类、水海产品和旅行用品及箱包。

1999年全省进口贸易快速增长，全年进口额54.3亿美元，比上年增长36.3%，提前一年实现“九五”规划确定的进口50亿美元的目标。进口贸易中，国有企业和外商投资企业平分秋色，一般贸易占主导，加工贸易比重继续下降。全年国有企业进口26.9亿美元，增长52.1%，占进口总额的49.5%，比上年提高5.1个百分点，超过外商投资企业进口额。外商投资企业进口23.4亿美元，增长15.4%，但占全省进口贸易的比重继续下降，从上年的50.7%下降到42.9%。一般贸易进口保持较快增长，进口额达31.5亿美元，增长111.5%，占进口总额的57.9%，比上年提高20.6个百分点。加工贸易进口16.3亿美元，增长7.9%，但占进口总额的比重从上年的38.0%下跌到30.0%。浙江省进口的商品以工业制成品为主，占总量的74.2%，进口额达40.3亿美元，增长34.9%；初级产品进口14亿美元，增长40.3%。主要进口商品有：机电产品、塑料、钢材、纺织机械、纸浆、原油、电视机、收音机及无线电讯设备、纸及纸板、原木、棉机织物等，以上商品的进口额均超过1亿美元。1999年浙江省从各大洲的进口全面增长，特别是从非洲进口增长291.6%。另外，从亚洲进口增长30.3%，从欧洲进口增长70.5%。从亚洲的进口额达30亿美元，占进口总额的55.1%。从欧洲的进口额为13亿美元，占23.9%。浙江省从115个国家和地区进口商品和物资，最大的进口国仍是日本，从日本进口11.5亿美元，比上年增长24.0%。另外，从欧盟进口11.4亿美元；从韩国进口6.5亿美元；从美国进口5.8亿美元；从台湾省进口4.2亿美元。浙江省从以上五个贸易国家和地区共进口39.4亿美元，占全省进口总额的72.4%。

利用外资

1999年，全省新批外商投资企业1113家，合同利用外资21.5亿美元，实际利用外资130.9亿美元，分别比上年增长15.3%、17.1%和16.3%。截至1999年底，全省累计批准外商投资企业16697家，总投资395.2亿美元，合同利用外资219.6亿美元，实际利用外资98.9亿美元。其中总投资1000万美元以上项目862个，总投资223.7亿美元，合同利用外资130.9亿美元，分别占总数的56.6%和59.6%。1999年外商实际投入15.3亿美元，占全省当年全社会固定资产投资总额1854亿元的6.3%。外商投资企业销售收入1380.2亿元，较上年增长21%。以外商投资企业为主的涉外税收收入72.0亿元（不含关税和土地使用费），比上年增长31.5%。全省外商投资企业实现利润86.8亿元人民币，增长125%。外商投资企业出口33.3亿美元，较上年增长24%。外商投资企业已经成为浙江省国民经济的重要组成部分和国民经济新的增长点。

1999年利用外资出现五个特点。一是大项目和现有外商投资企业增资成为浙江省扩大利用外资的重点。1999年全省利用外资中，总投资在1000万美元以上的项目78个，比上年减少9个，但总投资和合同利用外资都比上年有所增长，分别达到261491万美元和130067万美元，占总额的66.8%和60.6%。批准增资项目413个，增资额68575万美元，合同利用外资增资额53421万美元，分别占总额的17.5%和24.9%。其中增资额在1000万美元以上项目21个。二是亚洲地区来华投资呈恢复性增长。1999年浙江省吸收亚洲地区外资情况大为好转，香港、台湾省、日本的合同利用外资分别比上年增长了114.2%、18.6%和82.2%。三是沪杭甬高速公路沿线仍是外商投资重点。公路沿线的宁波、杭州、绍兴、嘉兴地区的项目合同外资占全省总额的83.4%，实际利用外资占86.9%。四是第三产业利用外资大幅度增长。1999年第三产业合同利用外资和实际利用外资分别较上年增长76.5%和116.5%，投资重点主要是交通、运输和电信业。外商投资第三产业的比重，由1998年的不足20%上升到30%。五是私营企业利用外资有较大增长。1999年浙江省新批利用外资的私营企业达到301家，总投资额39100万美元，合同利用外资13004万美元，分别占当年全省新批项目数、投资总额和合同利用外资总额的40.8%、15.8%和13.9%。

进一步加大招商力度。1999年度浙江省在稳定吸收香港、澳门、台湾地区和东南亚国家投资的基础上，大力拓展北美、日本、欧盟等发达国家和地区的投资来源。按照国家政策，结合本地实际，研究制定了鼓励高新技术产业吸引外商投资的政策措施，罗纳布朗克、金光纸业、哈根达斯、欧尚、家乐福等跨国公司纷纷来浙江投资。同时加强对外商投资方向的引导，重点鼓励外资投向农业、高新技术产业、基础设施、环保产业和出口创汇型产业，努力优化外商投资产业结构。6月8～10日，浙江省在宁波市成功地举办了'99浙江投资贸易洽谈会，洽谈会期间共签约项目457个，总投资44.4亿美元，合同利用外资23.9亿美元。

外商投资软环境进一步改善。1999年浙江省有关部门专门下发了《关于下达向外商投资企业减半收费目录的通知》，明确了对外商投资企业合理的收费项目和收费标准，减轻了企业负担。加强了对外商投资企业合同、章程履约的管理和各种纠纷的调解工作，严厉打击走私、骗汇、逃套汇、侵犯知识产权等非法行为。全省各级政府强化对外商投资企业的服务意识，规范管理，简化程序，帮助外商投资企业用足用好国家鼓励出口的各项政策，促进外商投资企业扩大出口。

境外投资

1999年浙江省在扩大境外投资、推动省内企业走出国门开拓市场方面取得新进展。全省新批境外非贸易性投资项目23个，总投资1003万美元，其中中方投入878万美元，主要涉及服装、食品、家电、建筑、化工等行业，分布在柬埔寨、香港、新加坡、越南、约旦、埃及、尼日利亚、博茨瓦纳等18个国家和地区。截至1999年底，全省累计批准非贸易性投资项目241个，投资总额23331.6万美元，中方投资11485.0万美元。全年新批境外贸易机构56家（含宁波14家），比上年增加22家，总投资1676.3万美元（其中宁波495.6万美元），较上年增加976.3万美元；中方投资1400.5万美元(其中宁波388.6万美元)，较上年增加720.0万美元。在新批的56家境外贸易机构中，贸易公司36家、办事处（包括常驻贸易小组）20家。新开设贸易机构的国家有南非、蒙古、意大利。截至1999年，全省累计批准境外贸易机构362家，投资总额11609.4万美元，中方投资10632.0万美元，机构设置分布在59个国家和地区。

1999年，浙江省境外投资出现三个特点：

1. 兴办境外加工贸易企业取得成效。1999年全省经外经贸部批准（确认）的境外加工贸易企业共有9家（其中新批3家），投资总额816万美元，中方投入697万美元，分布在7个国家，其中有5个在东南亚，主要涉及轻纺和机械行业。虽然平均每个项目投资额仅84万美元，但其综合效益明显，全年带动国内出口2500万美元，带动劳务输出近400人。

2. 推动商品专业市场向国际市场转移迈出新步。继1998年浙江省设立首家境外商品专业市场——巴西中华商城之后，1999年浙江省又有南非、尼日利亚的“中华门商业中心”和匈牙利的“中国商城”等3家市场获得批准。其中巴西的“中华商城”和南非的“中华门商业中心”已经试营业。这两家境外市场吸纳国内企业63家（巴西43家、南非20家），人员约100人，带动出口1500万美元，完成营业额7000多万美元。

3. 私营企业成为浙江省境外投资的新兴力量。1999年全省共有13家私营企业经批准赴境外设立贸易机构，占全省新批境外贸易机构总数的23.2%，其中公司4家、办事处9家；投资总额

83.5万美元，中方投资75.8万美元。同年，浙江省新批私营企业非贸易性境外投资项目8个，总投资178万美元，中方投入114万美元，分别占总数的35%、18%和13%。但从总体上看，私营企业赴境外投资项目规模偏小，大大低于全省平均水平。

1999年浙江省对外经济技术合作取得良好业绩，共签订对外承包工程和劳务合作合同额28132万美元，完成营业额33824万美元，分别比上年增长12%和12.6%，营业额居全国第六；当年派出劳务人员11532人次，年末在外劳务人员21904人，比上年增长16%，列全国第七位。

市场建设

1999年，全省有商品交易市场4347个，总成交额3606亿元，比上年增长12.4%，连续九年居全国第一。其中，年成交额超亿元的市场409个，比上年增加32个；超10亿元的市场69个，增加11个；超百亿元的市场3个。全省共有生产要素市场118个，成交额81亿元，比上年增长19.2%。

工业消费品市场持续繁荣兴旺。到1999年底，全省共有工业消费品市场790个，年成交额1688亿元，比上年增长13.1%。其中工业消费品批发市场187个，年成交额1441亿元，增长7.0%。义乌的小商品、绍兴的轻纺产品、海宁的皮革、嵊州的领带等商品成交量连续多年稳居全国同类市场第一。义乌中国小商品城五次搬迁、八次扩建，拥有摊位24350个、经营户2.6万户，地产品比重不断提高，外贸出口成为市场新的增长点，该市场全年成交额连续八年居全国榜首，成为“中国第一市”。绍兴中国轻纺城依托当地轻纺产业，发展成为东南亚最大的布料交易中心，1999年全年成交额191亿元，成交量17.1亿米，分别比上年增长1.2%和12.0%。嵊州市领带城成交领带1亿条，成交额15亿元，占全国领带交易量的80%。路桥小商品批发市场投资1000多万元改造交易区，市场面貌焕然一新，全年成交额达到71亿元。据统计，浙江省政府确定的20家省重点市场和40家区域性重点市场1999年成交额达到1887亿元，占全省市场总额的52.3%，比上年增长12.8%。

农副产品批发市场有新发展。农副产品批发市场是浙江省商品市场体系中的“短腿”。近年来，各地在大力推进效益农业、加快农业产业化进程中，十分重视农副产品批发市场的培育建设。义乌农贸城、长兴农批市场、慈溪农批市场、余姚农批市场、温州浙南农批市场、省农都农批市场等一大批新的农副产品批发市场迅速崛起。庆元香菇城、诸暨珍珠市场、黄岩柑橘市场，温岭松门和象山、舟山的水产品市场，以及江山的家禽市场等稳步发展。杭州三里亭农批市场组织经营大户，带种子、技术到本省安吉、江山和海南、甘肃等地开发高山蔬菜和反季节蔬菜基地1.33万公顷，既丰富了城市蔬菜货源，又促进了市场发展，还带动了农户富裕，走出了一条“市场联基地、基地带农户”的发展路子。1999年，全省2433个农副产品市场成交额910亿元，成交量1808万吨，分别比上年增长20.2%和17.4%，其中358个农副产品批发市场，年成交额达到321亿元。全省农副产品注册商标6543只，其中著名商标14只。

生产资料市场走出低谷，趋于活跃。1999年底，全省共有生产资料市场577个，年成交额833亿元，比上年增长20.8%。其中，机动车成交39亿元，增长18.3%；钢材成交130亿元，增长31.4%。生产要素市场118个，年成交额81亿元，分别比上年增长24.5%和19.2%。绍兴钱清轻纺原料市场年成交额达96.8亿元，成为全国轻纺原料市场的“龙头”。湖州南浔建材市场成交额70.1亿元，成为本地的“龙头”市场。余姚塑料城、绍兴染料城、温州皮革城、平阳南方皮革城和嘉兴茧丝绸市场等也呈现良好的发展态势。

开拓省外市场取得较大进展。至1999年底，浙江省专业市场已在外地开办分市场30个，在国外开办市场3个。义乌小商品城在乌鲁木齐、兰州设立分市场4个；路桥日用品商城在上海、四川、天津、哈尔滨等地设立分市场5个；瑞安商城投资6800万元，在昆明、南京等地设立分市场3个；绍兴轻纺城1999年在中越边界开设了东兴轻纺市场，当年成交额就达21亿元。

其他要素市场也有较大发展。(1)技术市场。自1998年12月21日～1999年12月20日，全省经认定登记的技术合同25497项，合同金额188496.5万元，分别比上一年度增长17.0%和16.2%。其中，技术交易额176001.5万元，占合同总金额的93.4%，比上年增长17.2%。(2)劳动力市场。到1999年底，全省共有1751家职业介绍机构，其中劳动部门办754家，非劳动部门办997家（个人办750家）。1999年全省各级各类职业介绍机构接受求职登记173.0万人次，招聘登记148.9万人次，介绍成功95.5万人次，成功率为64.2%。(3)证券市场。至1999年底，浙江省共有44家上市公司，其中A股企业39家、B股企业3家（1家同时发行A股）、H股企业2家。浙江省上市公司家数居全国各省市前10位。1998年浙江省上市公司平均每股收益0.31元，净资产收益率达到12.4%，分别为全国的第四、五位。至1999年末，全省（不含宁波）共有112家证券经营机构，24家具有从事证券业务资格的中介服务机构。截至1999年6月，在省证券登记中心开户的已达150余万户，其中机构12245户，个人149万余户。(4)期货市场。1999年，国内期货市场总成交量和成交额进一步下降。浙江省辖区内12家期货经纪公司全年代理手续费收入3770万元，成交金额1845亿元，分别比1998年下降18%和19%。到1999年末，客户保证金余额为2.6亿元，与上年基本持平。(5)信息市场。1999年末，全省共有信息咨询服务企业6108家（不含分支机构），比上年末减少65家；拥有资产54.5亿元，比上年末增长32.3%。企业数下降，资产总额上升，表明浙江省信息咨询服务企业开始向规模化方向发展。据有关部门抽样调查推算，1999年末全省上网人数超过40万，月上网费用近1亿元，其中个人自费占一半左右。(6)房地产市场。1999年全年房屋买卖成交183816起，比上年增长84.5%；成交建筑面积2792.2万平方米，增长71.8%；成交金额274.0亿元，增长56.4%；上缴契税17991万元，上缴土地收益金1764万元。房屋租赁鉴证103989起，比上年增长29.6%；租赁面积707.8万平方米，增长138.1%；租金额23.3亿元，增长228.5%。办理房地产抵押220105起，抵押面积35608万平方米，抵押金额685.5亿元，分别比上年增长74.5%、36.6%和8.0%。

个体私营经济

1999年浙江省个体私营等非公有制经济发展环境进一步改善，发展水平有了新的提高，一些个体私营企业开始涉足高科技产业和参与国有企业、集体企业的改造。个体私营企业工业总产值和社会消费品零售总额分别比上年增长25.9%和11.9%，个体私营经济在全省工业和商业中的比重已分别达到49.1%和57.7%。

1999年，浙江省个体私营经济投资势头较好。截至年底，全省投资兴办个体工商户的户数和人数分别比上年底净增6.0万户和13.6万人，增长3.8%和5.1%。个体工商户总户数达到164.4万户；从业人员281.4万人。新增私营企业4.6万户，总户数达到14.6万户；投资者人数34.0万人，雇工157.9万人。全省绝大部分市（地）个体工商户数均比上年增长，其中宁波、嘉兴、金华等地增长率超过5个百分点；11个市（地）私营企业全面增长，其中9个市（地）增幅在10%以上，杭州、温州、嘉兴等地增幅超过20%。在注册资本方面，至年末，全省个体工商户注册资本达到289.3亿元，户均1.8万元，分别比上年增长13.1%和23.9%；私营企业注册资本总额1114.3亿元，户均76.1万元，分别比上年增长99.7%和36.7%。在技改和新产品开发投入方面，全省个体私营企业技改立项2708项，投入技改资金49.5亿元，较上年增长4.1倍；新产品开发投入资金9.7亿元，增长近1倍。之所以出现投资增长的好势头，究其原因：一是《宪法修正案》对个体私营经济法律地位的确认，排除了群众投资个体私营经济的思想顾虑，各地党委、政府领导着力改善个体私营经济投资环境，吸引了大批投资者从事个体私营经济。二是企业改革进一步深化，1999年全省共有3746家戴“红帽子”企业摘帽还原为私营企业；1105家中小国有、集体企业被拍卖，经营者转而投资兴办个体、私营企业；1892户个体工商户扩大投资规模转办为私营企业。三是加大取缔无照经营力度，疏导登记了一批合法个体工商户。全省通过“工商百日执法大行动”等活动，共查处无照经营10.5万户，疏导登记合法个体工商户8.5万户。四是部分下岗职工转变观念，加入个体、私营经济队伍。据统计，1999年全省新增8.2万名下岗职工从事个体私营经济。

规模型、科技型、服务型私企发展势头较好。全省注册资本100万～500万元的私营企业已达26628家，500万～1000万元的9214家，1000万元以上的1517家，其中有6家企业的注册资本超过1亿元。1999年年产值（销售额）1000万～5000万元的私营企业有1886家，增长103.9%；5000万～1亿元的172家，增长48.3%；1亿元以上的61家，增长69.4%。1999年全省确定作为重点培育的科技型私营企业201家。中央和省关于“除法律法规规定禁止个体私营企业经营外，其他行业都允许经营”的重要政策规定出台后，个体私营经济中新兴行业不断出现。全省首家由自然人投资组建的典当行在衢州注册登记。填补全省个体私营经济会计服务行业空白的会计服务所在常山成立。

1999年，全省外向型个体私营经济快速发展。至年底，全省共有5856家个体私营企业产品出口创汇，全年出口交货值223.2亿元，分别比上年增长102.6%和116.9%，再创历史新高；共有653家私营企业与外商合资，累计引进外资3.1亿美元；有336家私营企业获得自营进出口经营权，私营企业设立境外机构54个。

个体私营企业的品牌意识增强。据统计，全省个体私营企业1999年新注册商标3082只，累计达到17774只，比上年增长33.6%，“德力西”、“正泰”、“康奈”3只私营企业产品商标获得国家工商局认定的“中国驰名商标”称号。在1999年认定的89只“浙江省著名商标”中，私营企业产品商标占了34只。全省已有328家私营企业通过ISO9000系列认证，33家企业获得欧洲CE认证。

流通领域改革

1999年，全省商业系统企业改制力度进一步加大。至年末全省商业系统企业改制面达到82%，其中金华、丽水、绍兴、嘉兴、衢州、宁波等市(地)在90%以上。改革形式上，采取因企制宜做法。对资产质量和发展前景较好的企业，通过重组兼并，注入优质资产，组建国有资产控股或参股的股份有限公司或有限责任公司，这类企业占20%左右。对大多数中小型商业企业在核实资产的基础上，将资产转让给职工，或以零资产出售，重新组建有限责任公司或股份合作制企业，国有资产全部退出，职工身份也予置换，这类企业占50%左右。大多数县级商业采取这一形式。对严重资不抵债、扭亏无望的企业，实行破产、拍卖、歇业、解散、兼并等办法，努力使之摆脱困境。据不完全统计，1999年全系统实施这类办法进行改革的企业有180家。

新型营销方式不断发展。1999年浙江省商业系统连锁、配送、超市、便利店、专卖店、仓储式销售等现代营销方式和组织形式发展迅速，逐渐成为新的经济增长点。特别是连锁经营，已扩展到百货、食品、粮油、医药、烟草、餐饮、服务等行业，并从城市推向农村集镇，形成了多种所有制共同参与的格局。据统计，全省已有连锁企业273家，连锁门店1965个，涌现出一些初具规模、管理规范、有一定知名度的连锁企业，如杭州金龙集团万家福超市公司、宁波三江集团股份有限公司、浙江中义集团有限公司、杭州华商集团家友超市公司、舟山千岛食品城等。杭州金龙集团万家福超市通过兼并浙江兴合超市，门店总数达到39家，全年销售额达到5亿元；杭州家友超市和宁波三江购物俱乐部的销售额分别达到3.2亿元和4.9亿元。全省连锁商业零售额已占同期社会消费品零售总额的5%左右。

浙江省连锁经营发展的特点：一是杭州、宁波两大城市的连锁经营发展遥遥领先。据统计，两市共有连锁企业60多家，其销售额占全省连锁企业销售额的50%左右；门店850多个，占全省门店总数的43.6%。其中杭州市区连锁企业的销售额占全市社会消费品零售总额的10%以上。二是连锁企业的规模化经营初步形成。据中国连锁经营协会统计，1999年浙江省营业额超5000万元的连锁企业有9家，其中4家进入全国50强行列。三是连锁企业呈现向农村市场辐射的态势。供销社系统的连锁企业，依托基层供销社的优势，大力开拓农村市场，颇有成效。全省供销社系统连锁企业共有48家，连锁经营门店1312个，其中分布在县市城区的161个，分布在农村集镇的1151个。四是其他业态发展比较快。营业面积超万平方米的大型仓储超市相继在宁波、杭州出现。医药、家电、摩托车、卷烟专卖、洗染、彩扩、音像制品连锁专卖店也在兴起。五是特许加盟连锁正在崛起。一些上规模的连锁企业已开始通过特许经营的方式，抢占市场，输出管理，走低成本扩张发展的路子，如杭州千家伴便民连锁公司通过此种途径，门店数已超过50个。

在发展连锁经营的同时，各地继续大力推广总经销、总代理、特约经销方式。嘉兴市商业系统“两总一特”的品牌商品、重点商品销售额已占销售总额的60%以上。温州市积极推行名品进名店、名店卖名品，全市商业系统销售额中，有80%以上是总经销、总代理的商品。专业市场的辐射能力继续增强，全省共有市场4347个，年成交额3606亿元，各项指标继续位居全国前茅，义乌中国小商品城、绍兴中国轻纺城分别以199亿元、191亿元的成交额继续名列全国前两位。

国内经济合作

1999年，浙江省党政领导先后出访了四川省、重庆市和上海市。同时，内蒙古、黑龙江、吉林、江西、四川及新疆和田地区、西藏那曲地区党政代表团对浙江省进行了访问考察。这些高层、大型代表团互访，对于浙江省的国内经济合作工作起到了积极的推动作用。1999年，国内经济合作呈现三个特点：一是从区内合作向区外合作延伸；二是形成了政府引导、行业搭台、企业唱戏的格局；三是从单纯的经济合作逐步向人才、技术等多领域合作以及研讨发展思路、战略目标、互动政策发展，区域合作进入新的更高的层次。

1999年，浙江省招商引资、招才引智取得新的成绩。据不完全统计，全年全省组织产品展销会56次，推销浙江省地方产品80亿元，引进资金100多亿元，引进合作项目150多个，还引进了一批国内高新技术企业及大型企业分支机构。浙江省嘉兴、湖州等地接轨浦东的工作取得新进展。嘉兴市举办"接轨上海系列活动"以来，引进资金33亿元，签订合作项目90个，其中52个项目已经实施。温州市做好进京招才引智工作，1999年共有7830人填写招聘登记表，达成意向的有5236人。9月，温州市组团分赴上海、天津、南京、沈阳、西安、乌鲁木齐、厦门、深圳等8市，举办了8场投资环境说明会，仅在上海、厦门、深圳三地就签订投资协议17个，项目总投资6.5亿元。

1999年浙江省对口支援和对口帮扶的"双对口"工作又有新举措。对口支援方面，在三峡库区和重庆、湖北累计合作项目已达30个。据不完全统计，浙江省在涪陵的对口支援企业累计已实现产值15.0亿元，实现利税3.0亿元，安置移民6000多人。对口帮扶方面，1999年浙江省在四川南充、广元地区协议投资5亿多元，启动合作项目83个。

投资环境

1999年，浙江省政府下大力气改善经济发展软环境取得积极成效。6月，确定省计经委、省外经贸厅、省人事厅、省劳动厅、省文化厅、省工商局、省土管局等7个部门和宁波市进行审批制度改革试点，下发了《关于开展省级政府部门审批制度改革试点工作的通知》，在试点的基础上，全面推开省级政府部门审批制度改革。全面清理政府及部门的规范性文件，其中仅省政府和省政府办公厅就废止了116个已不适用的规范性文件。清理整顿各类收费。出台电价改革方案。撤销10个公路收费站点，通过合并减少11个站点。对全省1043个农村合作基金组织进行清理整顿，有效控制了金融风险和维护了农村稳定。切实加大打击走私和制售假冒伪劣商品等工作力度，促进了企业之间的公平竞争。

（黄京秀）

附表　　1999年浙江省独立核算工业企业主要财务指标　　单位：亿元

指　标	总　计	国　有	集　体	其　他
企业单位数（个）	13301.00	1400.00	3013.00	8888.00
其中：亏损企业	2308.00	566.00	522.00	1220.00
工业总产值（当年价格）	5191.56	699.98	1234.33	3257.25
工业增加值	1267.75	241.55	254.59	452.52
流动资产合计	2947.00	684.13	573.68	1689.19
固定资产合计	2678.43	766.28	484.81	1427.34
流动资产年平均余额	2814.05	667.67	544.32	1602.06
固定资产原值	3346.06	970.03	608.82	1767.21
固定资产净值平均余额	2351.22	647.81	427.15	1276.26
资产总计	6415.78	1828.66	1172.18	3414.94
产品销售收入	5036.53	846.11	1150.46	3039.96
产品销售成本	4219.08	705.00	986.22	2527.86
产品销售税金及附加	68.87	27.38	10.72	30.77
利润总额	251.19	42.72	47.83	160.64
本年应交增值税	202.13	44.87	38.72	118.54
利税总额	522.39	114.97	97.27	310.15

宁　波　市

工业经济

改革开放以来，宁波工业经济快速发展。已形成行业门类较多，以临港型工业、传统比较优势行业和高新技术产业为主体，以非公有制中小企业为依托，区域优势和特色经济比较明显的工业体系。初步完成了工业化中期阶段的基本任务，正加速向工业化后期推进。目前宁波已成为浙江省乃至华东地区重要的工业城市。

1999年，宁波工业经济工作取得显著成绩，超额完成年初确定的各项主要经济目标，为全市国民经济健康发展和社会稳定做出了重要贡献。工业经济实现较大幅度增长。全市完成工业增加值547亿元，增长12.4%。其中，国有及年销售收入500万元以上非国有工业企业完成产值1062.29亿元，增长20.2%；完成工业增加值260.42亿元，增长23.6%。工业产品产销率达到96.52%。整体经济效益创历史最好水平。全年独立核算的国有及年销售收入500万元以上非国有工业企业，实现利税总额达到118.65亿元，增长38.3%，其中利润总额61.22亿元，增长68.4%；经济效益考核综合得分达到176.7分，比上年增加35.7个分值；工业劳动生产率达到44595元，比上年增长82.3%。扭亏脱困工作取得重大进展。列入国家和省、市脱困规划的36家企业，已有25家实现了脱困和基本脱困。其中，列入国家脱困规划的17家企业，已有12家实现了扭亏脱困；列入省重点脱困计划的3家企业，圆满完成了脱困任务。外向型经济发展势头良好。全市新批工业嫁接企业172家，同比增加48家，总投资2.89亿美元，增长16.1%；合同利用外资1.5亿美元，增长23.6%。完成外贸出口交货值284.01亿元，增长20.9%；新增自营出口企业315家，累计达到580家，自营出口企业出口额达到11.3亿美元，增长26%，列全国42个省、市、自治区和部分大城市第9位；机电产品出口超额完成目标，达到13.2亿美元，增长24.2%。技改投入任务超额完成。全年共有工业在建技改项目3020项，计划总投资130.77亿元，实际完成投入69.77亿元，增长22.2%。企业改革取得重大突破。全市国有(集体)企业转制面已达85%以上，其中，市属企业转制面达到83.7%。全市国有工业企业资产负债率降到55.9%。

企业改革

扶优扶强，大力实施国有经济战略性重组。加快推进国企战略性重组。利用电子信息集团的部分优质资产，与民营高科技企业奉化波导公司实行跨所有制、跨地区联合重组，成立了宁波波导股份有限公司。维科集团通过向敦煌集团注入部分优质资产，明显改善了上市公司敦煌集团的资产质量。中元公司利用“壳”资源优势，引入了外地优质资产，改造成为宁波成功通讯股份有限公司。积极实施大企业集团战略，培育了30家大企业集团。以建立现代企业制度为方向，加快企业改制步伐。加快建立法人治理结构，大多数国有控股公司已基本建立较完善的企业法人治理结构。加大放开搞活中小企业力度，市属中小企业又有17家基本完成改制。深化市属工业管理体制改革。对原宁波市二轻企业集团总公司与宁波轻工集团有限公司、宁波机械控股(集团)有限公司与宁波市冶金工业公司(局)所属企业实行重组、合并，分别组建为宁波轻工控股(集团)有限公司和宁波机械冶金控股(集团)有限公司；撤销市医药总公司，成立了市医药管理局，组建了宁波医药控股(集团)有限公司。大力实施再就业工程，分流安置下岗职工7550人，分流安置率为63.4%，占当年新增分流职工201%。

结构调整

强化宏观调控，实施产业发展指导工程。编制并组织实施《1999～2000年宁波市工业企业技术进步纲要》和《1999年宁波市工业经济运行调控纲要》。认真落实棉纺压锭政策。率先完成了棉纺压锭任务，累计压缩落后棉纺锭9.1万。实施总量控制，积极淘汰落后。制定了《宁波市清理整顿小水泥厂实施意见》，已基本完成5家企业5条窑折窑压产工作，压缩小水泥生产能力25万吨，超额完成国家、省下达的任务。加大投入，实施技改工程。去年共安排50项重点技改项目，总投资35.59亿元。实际开工建设的有42项，完成财务投入11.73亿元。推进企业技术进步，实施技术创新工程。加快以企业为主体的自主创新体系建设。大力开展技术创新试点，推动企业技术中心建设，正式确认了11家市级企业技术中心。组织申报国家级技术创新计划项目。有2个项目列入国家计划名单，改变了宁波市过去没有国家级技术创新项目的局面。推动“产学研”联合。中科院、浙大等与宁波市的产学研联合有了新的突破。实施质量振兴工程，进一步提高产品质量。加强企业ISO9000贯标认证的指导工作。全市已有266家企业通过了认证。大力实施名牌战略。新创省级名牌12项。目前，全市已有市级以上名牌产品151项，其中省级名牌39项。积极开展“打假治劣”，惩治区域性产品质量问题。实施新产品开发工程，努力提高产品档次。开发市级以上新产品530项，其中达到国际先进水平的占18.3%，达到国内先进水平的60.2%，高新技术产品35项；全市新产品产值达到70.6亿元，新产品产值率为6.9%。

市场开发

宁波市积极组织各类大型展销活动。先后举办'99宁波名特优新产品展销会暨经济技术洽谈会和第三届宁波国际服装博览会暨首届中国国际男装博览会，累计成交额达到50.55亿元。加快现代营销网络建设。重点是加快电子商务网建设，推动企业上互联网。据初步统计，全市已有1000多家工业企业上网。实施外向带动战略，多元拓展国际市场。积极组织企业参加'99浙江省投资贸易洽谈会。共签约项目24项，总投资1.8亿美元，协议利用外资1.02亿美元。通过拓展国内外市场，大大提高了宁波工业产品的知名度和市场占有率，增进了宁波与兄弟省市和国外企业界的交流与合作。

（赵海洋　阎　慧　徐孝昶）

附表　1999年宁波市国有及年销售收入500万元以上非国有工业企业主要经济指标　单位：亿元

主要经济指标	1999年累计	增长率±%
工业总产值（现价）	1062.29	20.2
工业增加值	260.42	23.6
工业销售产值	1020.69	18.0
出口交货值	284.01	20.9
利税总额	118.65	38.3
利润总额	61.22	68.4
企业单位数（户）	2498.00	
工业产品产销率（%）	96.52	

安　徽　省

工业经济

改革开放以来，特别是进入90年代以来，安徽经济发展进一步加快，工业生产取得长足进步。能源、原材料工业显著加强；交通、邮电、通讯等基础设施建设取得突破性进展；轻工、纺织、机械等传统行业在调整中进一步提升；信息电子、生物工程技术及新医药等高科技、高附加值的新兴产业迅速崛起，煤炭、电力、冶金、建材、家电、酿酒、棉纺等行业已成为全国重要的生产基础地，长期偏重于能源、原材料的工业经济结构得到改善，地区生产力布局趋于合理，形成了门类比较齐全，大中小型企业兼备，国有经济为主导、多种经济成份共同发展，具有一定地方特色和行业优势的工业体系。1978～1999年的21年，全省工业产值增长近38倍，实现利税增长8.66倍，占GDP比重由31.82%上升到39.06%，工业在全省国民经济中的主导作用和工业发展对全省国民经济的支撑、带动作用越来越突出。主要表现在：

（一）工业生产持续快速健康发展

改革开放之后，安徽工业经济“五五”时期，年均递增8.5%，“六五”时期年均递增14.8%，“七五”时期年均递增13.1%，“八五”时期年均递增26.2%。1999年全省完成工业增加值1135亿元，是1990年的5倍，年均增长17.1%，占全国总量的2.3%，工业增加值占全省GDP的比重为39%，比1990年提高3个百分点，已处于工业化中期阶段。

（二）工业经济整体实力增强

到1999年底，全省拥有各种经济类型工业企业37.6万户。国有及年销售收入500万元以上非国有工业企业3784户，资产总额2797.40亿元；国有及国有控股工业企业1414户，资产总额2195.88亿元；大中型企业671户；国有及国有控股大中型企业460户，资产总额1886.20亿元。

（三）工业经济结构不断调整和优化

安徽工业依托科技、资源两大优势，在稳定、加强能源、原材料等基础产业的同时，着力改造提升传统产业，培植和发展新的加工业，特别是高科技含量、高附加值的加工业，使全省工业经济结构不断调整，产业素质不断提高。轻重工业之比也由1978年的1.02：1调整到0.76：1，趋于合理。近些年来，全省初步形成了四大支柱产业：一是以合力、江淮、安凯、飞彩、全柴集团为代表的机械行业。1999年按产值排序，安徽省机械行业位居全国第10位。其中，叉车、小缸径柴油产量居全国第1位。二是以美菱、荣事达集团为代表的家电行业。其中，洗衣机产量居全国第3位，电冰箱产量居全国第4位。三是以海螺、马钢、铜陵有色、淮南和淮北矿业集团为代表的矿产资源开发利用行业。其中，十种有色金属居全国第9位（铜产量居全国第1位），水泥产量居全国第9位，钢产量居全国第9位，煤炭产量居全国第10位。四是以华茂、丰原、古井、金种子集团为代表的农副产品深加工行业。其中柠檬酸产量居全国第1位，白酒产量居全国第3位，啤酒产量居全国第4位，纺织行业产值居全国第9位。同时，区域生产布局初步展开，大体形成了三个各具特色的工业区域：省会合肥及沿江环湖区域，以机械、电子、家电、纺织、建材、冶金工业为主，具有一定的科技优势；沿淮南、淮北区域，以煤炭、电力、化工、酿酒、食品工业为主，在能源和农副产品加工转化上具有一定的优势；皖南区域，以建材、农用机械、茧丝绸、文化旅游产品为主，其中建材、农机在全国具有一定优势。

（四）工业技术水平提高，名牌产品不断涌现

1979～1999年，全省国有企业累计完成技改投资908亿元，建成项目23131个，新增固定资产730亿元，是1979年国有企业固定资产原值89.2亿元的8.2倍，技术引进项目累计用汇33.4亿美元。技术改造和技术引进使企业的技术装备水平得到了很大提高。到1999年底，全省工业企业设备属90年代出厂的占53.7%，在已安装使用的设备中，进口设备达到国际先进水平的占17.6%，其中国际先进水平达到30%以上的行业，有钢铁工业、化学工业、建材工业和烟草工业等。生产技术水平不断提高，使安徽工业企业开发了一批适应市场需要，在国内外市场具有竞争优势的名牌产品。1985～1999年，全省工业企业累计开发新产品26031项，实现新增产值814.1亿元。其中，达到国内先进水平的有6584项，达到国际水平的637项。先后获国家优质产品奖88项，其中金牌类16项，银牌类72项，产品奖1281项，省优产品奖达3269项。自1995年开始，省政府连续5年向社会郑重推荐了216个“安徽名牌”产品。同时，企业技术开发机构建设得到较快发展。从1995年起，全省已认定企业技术中心114家，其中国家级企业技术中心5家，省行业技术开发基地2家，工业企业拥有技术开发机构近500家。

（五）经济外向度显著提高

到1999年底，全省出口生产企业483户，1999年自营出口额已达3.01亿美元；累计批准利用外资项目4736个，实际利用外资额56.85亿美元，其中，外商直接投资项目4428个，实际利用外资28.25亿美元。目前，全省登记注册“三资”企业已达2439家，投资总额90.6亿美元，注册资本58.25亿美元，外方到汇32.11亿美元。丰原、合力、全柴、江淮汽车集团等企业已逐步走出国门，到境外投资办厂，积极参与国际竞争。

（六）工业企业改革不断深入，多种所有制格局初步形成

近年来，安徽改革力度不断加大，建立现代企业制度试点稳步推进。到1999年底，全省共有140户国有大中型企业建立现代企业制度。20户企业通过优良资产上市，共募集境内外资金140多亿元。蚌埠、合肥、芜湖、安庆、铜陵、滁州先后进入国家优化资本结构城市试点。几年来，得到国家批准实施的兼并破产、减员增效项目176个，呆坏账准备金累计核销达35亿元，盘活存量60多亿元。大企业、集团战略初见成效。全省已拥有合力、海螺、美菱、荣事达、马钢、飞彩、全柴、丰原等18户省级重点企业集团，其中马钢、全柴、丰原等12户已成为上市公司。集体经济、股份合作制经济保持旺盛的生命力。个私经济发展迅速，1999年，全省个体经济146.1万家，从业人员337.4万人，注册资金98.7亿元；私营企业3.7万家，从业人员55.1万人，注册资金165亿元。非公有制经济产值所占比重由1978年的2.2%上升到1999年的16.2%。

（七）企业职工队伍结构不断改善

改革开放以来，全省职工素质逐步提高，大中型工业企业人才和技术优势突出，具有高级技术职称、中级技术职称和初级技术职称的职工均高于中小企业。培养和造就了一支适应市场经济发展要求的社会主义新型企业家队伍。

企业改革与制度创新

1978年，安徽以首倡农村“大包干”的壮举为发端，拉开了改革开放的帷幕，安徽工业企业改革伴随着农村改革起步，揭开了崭新的一页。1978～1999年，安徽工业战线始终坚持深化改革，不断扩大开放，把增强国有企业特别是国有大中型企业的活力作为经济体制改革的中心环节，把对外开放作为加快工业发展的重大举措。企业改革随着对外开放的不断扩大，大体上经历了放权让利、扩大企业自主权，全面推行承包经营责任制和厂长（经理）负责制，建立现代企业制度，转换经营机制，由重点突破到整体推进等五个阶段，并朝着社会主义市场经济体制的改革目标不断向前迈进。

（一）放权让利、扩大企业自主权

1979～1983年，安徽企业改革的主要目标和任务是通过放权让利来解决传统计划经济体制下国家对企业管得过多、统得过死，企业缺乏经营自主权问题。改革的主要形式是实行以“利润包干、超收分成、亏损自补”为基本内容的经济责任制，目的是扩大企业的经营管理权，调整国家与企业责权利关系，调动企业的积极性。1979年10月，当时的安徽省革命委员会发出了《关于扩大企业自主权试点工作的通知》，要求改变企业干好干坏一个样，盈利亏损一个样的“大锅饭”状况，把经济利益、经济效益和经济责任结合起来，扩大在人、财、物、产、供、销方面的权力。全省先后有174户工商企业进行了扩权试点。

1980年全省开始推行经济责任制，主要是国家对企业实行利润留成、盈亏包干和定额补贴。在部分企业发放“资金”，并成为考核激励职工的重要经济手段之一。1981年8月，安徽省委发出了《关于工商企业实行经济责任制问题的通知》，进一步要求建立企业内部经济责任制，把职工所承担的经济责任与物质利益紧密结合起来，做到按劳分配，多劳多得，促使企业形成内在的经济动力。全省一大批企业先后实行计价工资、超额计价工资、浮动工资等形式，较大的厂、店实行分级核算，划小核算单位，条件较好的工商企业开始实行包干制。通过改革，国有企业开始改变通过那种完全按国家指令性计划安排生产经营的状况，开始逐步由生产型向经营型转变，全省工业经济呈现恢复性增长。到1982年，全省1382户县属以上全民所有制工交企业中，有586户企业实行了经济责任制，占全省总数的42.4%；并重点整顿了246户企业，按责、权、利相结合的原则，把企业对国家承担的经济责任，层层分解到科室、车间和班组，直到每个职工。企业经济责任制的普遍推行，取得了显著成效，大多数企业实现了增产增收，有的减少了亏损。省辖市1981年100户实行利润留成的企业中，大部分企业的实现利润、上交利润和留成利润都比上年有较大幅度的增长。

1983年1月起，在国有企业开始实行第一步“利改税”，主要内容是对有盈利的国营大中型企业根据其实现的利润，按55%的税率征收所得税，缴纳所得税后的利润，一部分上缴国库，一部分按照国家核定的留利标准留给企业，对国营小型企业，按照八级超额累进税率征收所得税。当年全省第一步“利改税”企业有3018户，占企业总数的85%。

（二）全面推行承包经营责任制和厂长（经理）负责制

从1984年起，经济体制改革的重心由农村转向城市，以增强企业活力为主线的改革在安徽进一步向前推进。1984年10月对企业进行了第二步“利改税”，主要内容是把工商企业上缴国家财政的利润按11个税种向国家缴税，把国家与企业的核改分配关系用税法的形式固定下来。当年全省1365户预算内国营工业企业实行了承包。通过两步“利改税”，基本完成了企业收入上缴由利润形式向税收形式的过渡，形成了一个比较规范的分配模式，初步稳定了国家与企业在利润分配上的关系，有利于国家财政收入的稳定增长，进一步扩大了企业的财权，增强了企业自我改造、自我积累和自我发展的能力，促使企业向独立的商品生产经营者方向迈出了新的一步。

80年代中期，安徽开始在一部分企业中试行厂长（经理）负责制，1986年起全面推行，初步建立了以厂长（经理）为中心的企业经营管理指挥系统。部分企业还实行了厂长（经理）任期目标管理责任制和厂长（经理）离任审计制度。对一些全民所有制企业则实行集体经营、自负盈亏的管理方法，或租赁、承包给个人经营。从80年代中期开始，安徽省一些地方已经按照经营权与所有权适当分开的原则，进行了企业承包经营的探索。经过几年试点，第一轮企业承包经营责任制于1987年在全省全面推开。其主要内容是包死基数、确保上交、超收多留、欠收自补。1990年，全省工业企业开始落实第二轮承包经营责任制，到1991年底，全省大中型企业承包面已达82%。承包形式主要有上交利润递增包干和基数包干超收分成等。企业承包经营与全面推行厂长（经理）责任制、厂长任期目标责任制、完善企业内部经济责任制相结合，对调动企业经营者和职工的积极性，增强企业活力起到了积极作用。

（三）建立现代企业制度

从1992年起，安徽企业改革逐步向纵深推进，改革的主线由减税让利转向制度创新，改革的内容由单项改革转向转机建制，改革的方式逐步走向规范。安徽省委、省政府及时作出了加快企业经营机制转换的决策，并首批确定了524户工业企业进行试点。同年7月，国务院颁布了《全民所有制工业企业转换经营机制条例》，安徽各级政府把《条例》规定的14项企业经营自主权下放给企业，清理了与此相抵触的文件和规章制度，允许企业放开经营，为企业真正成为市场经济主体创造条件，由此，拉开了以建立现代企业制度为主线的新一轮改革序幕。到年底试点企业扩大到717户，其中，大中型企业244户，超过大中型企业总数的一半。70%的企业开展了内部劳动、人事、分配三项制度改革，探索建立干部职工能上能下、能进能出、工资薪金能高能低的新机制。企业经营形式进一步多样化，除承包、租赁外，还开始实行股份制、组建企业集团、公有民营、一厂多制、兼并破产等形式。1992年10月，党的十四届三中全会以后，安徽企业改革在多年放权让利的基础上，进一步向建立现代企业制度的方向迈进。到1993年底，全省已有股份制试点企业377户，核定股本85.48亿元，其中，股份有限公司36户，股本总额77.94亿元；有限责任公司341户，股本总额7.94亿元。1993年8月美菱股份有限公司成功发行了安徽首只股票。到1999年底，全省有140户企业进行了公司制改革试点，其中国有大中型骨干工业企业有100户。有56户已经由省、市政府授权经营；有18户初步理顺了内部资产关系，进行母子公司制体制改革，成为省级重点企业集团；有16户企业的核心子公司改制为股份有限公司并成功上市；改制企业内部的人事、用工、分配制度明显优于一般国有企业，运行机制初步得到转换，展现出明显的体制优势。

1994年，国务院决定进行优化资本结构城市试点，并陆续实施一系列改革政策。安徽省先期试点的蚌埠、合肥、芜湖市抓住机遇，1996年通过各种途径共对国有企业增资24.93亿元，增加技改投入21.6亿元，分流富余人员5.62万人，分流企业办社会单位数259个；破产终结企业82户，核销呆坏账4.48亿元，被兼并企业4户，停息免息1094.3万元。同年国家又扩大试点城市范围，铜陵、安庆、滁州被批准进入优化资本结构试点城市行列。

1996年以来，安徽国有企业改革继续从“点”和“面”两个方面向前推进。“点”包括建立现代企业制度试点，推进优化资本结构城市试点，组建大公司、大集团和支持重点企业；“面”则通过“抓大放小”、公司制改造、推行资产经营责任制和加强企业管理来推动。1996年全省共选定了62户企业（其中国家级2户）进行现代企业制度试点。按照“抓大放小”、“扶优扶强”的原则，省政府确定马钢、铜陵有色等56户大型企业作为省级“扶优扶强”重点支持企业，并在资金、信贷等方向给予一系列特殊政策，优先促其发展。1997年，进一步加大了“扶优扶强”的力度，组建了15个省级企业集团，到1999年省级企业集团已达18个。省重点企业集团的资产总额由1998年的760亿元增加到1999年的931亿元，实现销售收入421.89亿元，实现利税55.23亿元，分别占全省500万元以上销售收入工业企业（3505户）资产总额的35.2%，销售收入总值的37.27%，利税总额的44.91%。中小企业的多种形式的改革在安徽始终是热点。1995年9月，省政府下发了《关于加快国有小型企业改革的若干问题的通知》，提出“九个一批”的小企业改革形式和三年改革目标。到1999年底，全省国有和集体地方工业小企业已有15000户实行了“九个一批”的改革，改革面达到93%，其中，实行股份合作制的面达到44%。到1997年底，商业系统2677户国有中小企业多形式的改革面也已达到97%。1999年全年共有225户中小企业采取多种形式退出国有序列。

1997年党的十五大提出，要用三年左右的时间，使大多数国有大中型亏损企业摆脱困境，大多数国有大中型骨干企业初步建立现代企业制度的“三年两个大多数”目标。到1999年底，安徽克服国内通货紧缩和亚洲金融危机等困难，国有企业改革与脱困工作取得明显成效。在建立现代企业制度方面，共有140户企业初步建立现代企业制度，出台了国有企业年薪制试行办法，选择了39户企业开展试点工作，一些企业用期股期权的办法将企业经营者与职工的长远利益以及企业发展紧密挂钩，努力探索解决国有企业激励不足、约束不够的问题。在推进工业企业改革的同时，其他经济领域的国有企业改革也在深入。全省2233户国有商业企业改革面达到94.7%，全省已有50个县的国有粮食企业完成政企分开改革，减员4517人；12户省级国有外资企业中的7户盈利企业初步实现产权多元化；90户大中型国有建筑企业已有37户改制；国有物资企业体制转换初见成效。在国有企业扭亏脱困方面，到1999年底，列入国家考核的209户重点脱困企业中，已有100户企业通过多种形式走出困境。其中，自主扭亏44户，破产23户，改制退位22户，兼并11户。另有28户因长期停产，按国家要求不再列入大中型企业统计口径。

1999年，全省拥有各类工业企业数37.6万户，比1997年增加了1.4万户。同期国有及国有控股企业1414户，比1997年减少548户，占统计规模内企业的比重由37.4%下降到35.3%，下降2.1个百分点；国有及国有企业资产2195.9亿元，占统计规模内企业的比重由1997年的73.8%增加到1999年的78.5%，提高了4.7个百分点；实现利税由1997年的98.8亿元增长到1999年的110.3亿元，占统计规模内企业的比重由61.6%增加到80.2%，提高了18.6个百分点。国有及国有控股企业的骨干带动作用明显提高，对经济的贡献率大大增加。

1997年以来，共争取列入国家计划实施政策性破产项目18个，兼并项目15个，核销本息项目1个，减员增效项目10个，共可核销银行呆坏账45.3亿元；组织实施企业购并91起，盘亏资产46亿元；共争取国家债转股项目23个，涉及56个企业，可转股金额140亿元；投入技术改造资金235.3亿元，其中，总投资在3000万元以上的重点竣工投产项目45项，总投资32.1亿元；实施国家重点技术创新项目62项，总投资13.4亿元；给予脱困企业贷款财政贴息2000万元。授予自营进出口权企业达483户。这一系列政策的实施，有力地支持了安徽国有企业改革、调整和扭亏脱困，为夺取“三年两个大多数”决战胜利提供了坚实的物质基础。

企业技术改造及投资

据统计，1979～1998年全省累计完成技改投资782.8亿元，建成投产项目21700个，新增固定资产626.5亿元；1996～1999年四年间全省技术改造共实施项目9287项，累计完成投资452.98亿元，年度投资均超百亿元（1996年102.35亿元、1997年115.33亿元、1998年109.7亿元、1999年125.6亿元、2000年预计141亿元），预计“九五”投资将是“八五”的2倍，竣工的大项目明显增多。“九五”期间，3000万元以上的重点竣工投产项目预计有138项，总投资106亿元，达产后可年增销售收入239亿元，利税49亿元。其中，美菱集团140万台无氟冰箱改造项目、开元集团30万套全钢子午胎项目、海螺集团PVC塑料门窗项目、合肥昌河汽车有限责任公司微型汽车项目、安徽华茂公司引进喷气织机项目、龙津啤酒厂年产5万吨纯生啤酒项目、安徽铜峰电子公司2500吨年产电容器膜生产线引进项目、荣事达模糊控制洗衣机项目、丰原集团柠檬酸项目、铜陵精达集团家电铜材项目、马钢公司年产60万吨棒材生产线项目、淮南田家庵电厂30万千瓦发电机组改造项目等一批竣工项目，为安徽工业的跨世纪发展增添了后劲。

回顾历程，安徽企业固定资产投资与技术改造大体上可分为四个阶段：

（一）1979～1983年，起步阶段

1979～1981年，技术改造工作称为“挖、革、改”。当时，国家明文划分技术改造与基本建设的区别，强调“挖、革、改”资金必须用于企业的固定资产更新，综合利用原材料，处理“三废”，增加劳动安全措施，采用新技术、新工艺和新设备。但是，以增加生产、改进质量和增加品种而进行的局部性技术改造，计划已经单列。1980年金融体制进行改革，工商银行正式进入固定资产投资领域，承办技术改造贷款业务，重点支持老企业技术改造。这段时期，全省主要对全民所有制工业企业实行填平补齐的小改小革，项目小，投资少，技术进步含量较低。三年累计完成共投资7.36亿元，年平均仅2.45亿元，资金来源主要依靠国家拨款。全

省技术改造管理工作由省经综合处负责，审批权在100万元以内。1982～1983年，技术改造全面铺开。为了贯彻国务院《关于对现有企业有重点有步骤地进行技术改造的决定》，国家经委于1982年召开了全国技术改造座谈会，提出了在经济工作的指导思想上，要由过去重基建、轻技改，重外延、轻内涵，热衷于铺新摊子，转移到依靠技术进步，依靠技术改造，搞内涵扩大再生产，提高经济效益的轨道上来。从此技术改造正式成为我国国民经济建设的一个重要方针和战略措施。随着扩大企业自主权不断深入，投资主体开始全面转移，技术改造资金实行拨改贷，资金来源主要由企业自筹和银行贷款。省委、省政府及时贯彻国务院精神，提出了发展安徽工业必须坚持四个为主，即集体经济为主，轻纺工业为主，中小企业为主，内涵改造为主，强调技术改造是发展和振兴安徽工业的重要措施，从而有力地推动了全省技术改造工作的展开。1983年，根据全国第一次技术进步会议关于技术进步工作由经委统一规划和指导的精神，在省经委正式设立技术改造处，具体负责全省技术改造工作，各地市经委也相应成立了技术改造科，技术改造在全省范围内全面铺开。两年累计完成技术改造投资15.14亿元，年平均7.57亿元。项目逐渐增大，水平逐步提高，其中列入国家机电550项中2项，“三为主”34项。

（二）1984～1988年，稳步发展阶段

这一阶段，全省技术改造突飞猛进。广大企业在提高对技术改造认识的基础上，积极推进技术改造，抓紧项目前期工作，项目越来越多，越来越大，技术改造盛况空前。1985年全省技术改造引进项目223项，投资额达到13831.5万美元。1986年，为了进一步推动技术引进工作，省政府决定从省集中的地方留成外汇中每年拿出10%供技术改造使用。为了适应大规模、大范围蓬勃兴起的技术改造新局面，鼓励和支持企业搞技术改造，国家先后召开了四次技术进步会议，着重解决指导思想、政策、规划和模式问题，组织编制三年技术进步规划，采取了一系列简政放权和增强企业活力的政策措施，包括下放审批权限，国家不再集中30%折旧基金，实行分类折旧，减免调节税，部分企业上缴利润包干，减免技术引进关税等。这一阶段，全省技术改造主要有三个特点：一是在计划管理上，实行指令性计划与指导性计划相结合，专项贷款与一般贷款相结合，并逐步缩小指令性计划，扩大指导性计划，初步建立了一个有效的宏观计划管理机制。二是在组织形式上从单纯依靠企业自身或本部门、本地区的技术力量，发展到广泛开展企业与科研单位、大专院校、军工部门的横向联合。三是在资金来源上，从银行贷款和企业自筹资金为主，发展到多方利用，包括外资在内的多种资金，并采取租赁和企业联合集资等多种方式。五年共实施项目7295个，竣工投产5837个，投产率达80%；共完成投资67.34亿元，年平均完成投资16.83亿元。其中全民单位完成投资59.31亿元，占全国技术改造完成投资的2.5%左右，比起步阶段提高1个百分点。

（三）1988～1995年，调整、提高阶段

1988年国家在经济领域进行治理整顿，紧缩银根，压缩固定资产投资，严格控制新开工项目，全省技术改造也由全面铺开转向重点支持。为促使技术改造由粗放型、速度型向集约型、效益型转变，全省各地、各部门按照国务院的要求和省政府的部署，在产业政策和行业规划的指导下，采用经济手段和行政手段相结合，加强行业管理，鼓励技术进步，控制重复引进和限制不必要的进口，调整投资结构，优化产品结构，使全省技术改造实现了向更高层次的转轨。全年实施项目3041个，完成投资29.25亿元。1989～1990年，企业技术改造的投资约束条件增多，导致连续2年全省技改投资下降。其中，1989年完成投资25亿元，下降7.9%，1990年完成投资23亿元，下降8%。1991年，省委、省政府提出把加快企业技术改造和发展乡镇企业作为“八五”时期“振兴安徽经济的两翼”，确定了技术改造在工业发展中的战略地位。省委、省政府主要领导亲自抓全省的技改工作，并以省政府的名义下发抓好“高、新、快”和“十条龙”重点技改项目的实施意见和项目计划，设立了省、地两级技改发展基金，股票融资工作取得较大进展。同时，企业技术改造在利用外资上取得了突破性进展。据统计，1991～1995年全省实施项目10239个，完成技改投资303亿元，年均增长35%，其中，引进用汇7.79亿美元。

（四）1996～1999年，转轨阶段

进入“九五”，面临新的形势、新的任务，全省确立了技术改造新的指导思想：坚持以企业为主体，以结构调整为重点，以质量、品种、效益和扩大出口、替代进口为中心，围绕培育支柱产业、优势行业、骨干企业和名牌产品，突出重点，扶优扶强，选择一批对优化全省经济结构起关键作用的国有大中型企业，加大投资力度，加快技术改造步伐。主要措施是实行“四个一批”，即优化壮大一批，巩固提高一批，开拓创新一批，调整改组一批；抓好“三个重点”，即抓好“551”工程，也就是培育5个支柱产业，扶持50家强优企业，实施100个重点项目；促进两个方面的突破，就是促进乡镇企业技术进步水平的突破，促进资源综合利用和环境保护方面的突破。这一时期，开展的主要工作是：1998年组织编制了安徽省工业结构调整规划，包括10个大行业结构调整规划、37个小行业结构调整规划和39个强优企业技术进步规划，以及铜陵、宣城等地市的区域结构调整规划；1999年《安徽省工业企业技术进步条例》经省人大通过并颁布实施；成立了安徽省重点项目督查办公室，对国债贴息项目等省重点项目实行监管；组织实施了100个用先进适用技术改造传统生产线项目和省100个技术改造示范工程规划项目。

企业技术开发与技术创新

改革开放以来，安徽工业企业技术开发经过拨乱反正，获得快速发展，新产品水平普遍提高，经济效益显著。进入90年代，全省工业企业坚持"科学技术是第一生产力"的思想，大力推进"科教兴皖"战略的实施，特别是1994年以来，通过建立企业技术中心，推动产、学、研联合，促进企业技术创新能力的迅速提高，对全省工业经济的发展起到了积极作用。大体分为三个阶段。

（一）1978～1984年，获得新生，稳定发展阶段

十年动乱，全省工业企业科技开发工作受到严重破坏，处于停滞、甚至倒退的境地。1976年10月粉碎"四人帮"反党集团后，根据党中央有关文件精神，省委召开了"向科学进军"大会，制定政策，采取措施，调动广大科技工作者献身于科技事业的热情，尽快把科技研究搞上去。1980年，安徽省委转发《全省科技干部工作会议纪要》，要求各级党委把科技工作提到突出位置上来抓，由此，全省工业企业的科技开发机构相继得到恢复、建立和发展，科研成果大量涌现。1984年全省工业部门开发工业新产品1300多项，已投产的450项，其中达到国内先进水平的54项，达到或接近国际水平的18项。还有一大批产品提高了档次，改进了包装，提高了竞争能力。全年获国家优质产品奖82项，获部优质产品奖75项，获省优质产品奖325项(部优、省优产品数都是1983年的3倍)。

（二）1985～1993年，企业科技开发快速发展阶段

1985年，中共中央颁布了《关于科学技术体制改革的决定》，为科技事业进一步发展注入了新的强大动力。为了贯彻党中央《决定》精神，6月，省委、省政府印发《关于贯彻＜中共中央关于科学技术体制改革的决定＞的若干意见》，提出了贯彻科技体制改革的8条意见。以此为标志，全省工业企业科技开发进入了深化科技体制改革的快速发展阶段。在"经济建设必须依靠科学技术，科学技术必须面向经济建设"方针指导下，全省工业企业技术开发取得可喜成果。1985年开发的轻纺新产品档次高、品种多、款式新。蚌埠光学仪器厂的笔式显微镜、安庆制革厂的水牛皮正面革等14个项目获得了国家轻工业部优秀新产品奖；安纺一厂、安庆纺织厂、安徽印染厂共同试制并批量生产了高线密高档织物——纯棉横贡，获得了显著经济效益。在机电新产品开发方面多数是引进技术、消化吸收，微机应用与机电一体电产品，可以取代国外同类产品，减少进口。合肥锻压机床厂的微机控制63吨肘杆全自动塑料机获国家机械部八五年春燕一等金质奖，屯溪自动化元件厂开发的GD系列红外光电开关，完全采用国产化元器件，可替代日本、美国的同类产品，被全国160多家企业、单位采用，取得良好的经济和社会效益。全年开发工业新产品1541项，其中达到或接近国际水平的有16项，达到国内先进水平的199项；投产1009项，投资率65.5%；增加产值5.26亿元，增收利税9729.71万元。

进入"七五"，全省工交系统普遍加强了新产品开发工作，通过开展"一厂一新"和技术成果交流转让等项活动，努力开发新产品，取得了显著成绩。"七五"期间新产品开发的主要特点，一是新产品比重增大，经济效益明显。五年间，共开发工业新产品7506项，投产5582项。其中有161项达到国际80年代先进水平，1568项达到国内先进水平。五年实现新产品产值71.02亿元，利税10.94亿元。二是瞄准市场，开发适销对路产品，保证有效供给。比如合肥电冰箱总厂引进意大利生产开发的美菱——阿里斯顿双门电冰箱达到国外同类产品水平。三是科研与生产进一步相结合。充分利用大专院校和科研单位的技术优势与企业联合开发新产品取得好成绩。合肥高压开关厂同中国科技大学联合开发的高效工辅具受到国内外市场重视。蚌埠化工机械部与机械局通机所共同试制的Dy—1000型带式压榨过滤机，国内首次用于冶金污泥脱水获得成功，提供了当时国内最先进的设备。淮南化工机械厂与中国石化总公司北京设计院共同开发的ZZG50A转鼓真空过滤机、淮南光纤通信公司与机电部八所共同研制的1.3um波长多模梯度光纤预制棒都达到国际先进水平。天长化工二厂在上海有机化学研究所指导下开发的钛交联剂、淮北开关厂与兖州煤矿设计院合作开发的节电大分断低压成套配电装置等填补了国内空白。四是引进消化吸收、开发出口创汇产品取得较好成绩。合肥叉车厂引进日本TCM技术开发了CP型叉车，达到日本产品水平。淮北矿机厂的CPM200带式压滤机、合肥锻压机床厂的RPT100快速液压机等均为顶替进口或出口的好产品。仅“七五”后三年全省工交系统就节汇、创汇1.36亿美元。同时，还积极开发了一批较好的支农产品、节能降耗产品，利用资源优势，开发深加工产品；应用电子技术改造老产品、开发新产品等方面都取得较好成绩。“七五”时期，全省工交系统共获得国家技术开发优秀成果奖8项，评出安徽省优秀新产品553项，引进消化吸收优秀成果20项，39个企业被评为安徽省技术开发先进单位，9个单位获安徽省技术开发先进管理集体奖励。到1990年，全省工交系统已拥有工程技术人员45848人，从事技术开发人员13262人，厂办研究机构236个，研究机构覆盖面56%，筹集技术开发资金总额24648.6万元，支出资金总额22086.7万元。

进入“八五”，全省工业技术开发又迈上新台阶。1991年，围绕开展“质量、品种效益年”活动，增强了全省工交企业新产品开发意识，加快新产品的开发步伐，促进了产品和产业结构的调整。在财政、银行、税务等部门的大力支持下，通过多渠道筹措资金支持企业开发新产品，有重点地组织实施了技术进步“十条龙”、100项省重点新产品开发项目和“短、平、快”开发项目，取得较好成绩。全年开发工业新产品1835项，其中投产1338项，投产率72.9%，达到或接近国际水平的36项，国内先进水平的482项；新产品产值33.8亿元，实现利税3.5亿元，节汇、创汇共3660万美元。为了保证技术进步“十条龙”的开发项目以及100项重点项目的实施，全年共筹集技术开发贷款9712万元（其中回收再贷3842万元），列入国家重点开发项目的专项拨款515万元，陆续下达了6批省级技术开发贷款实施计划，共170个项目，项目平均投入31.36万元。市场竞争使工业企业对技术开发工作日益重视，技术开发机构建设得到加强。据不完全统计，在345户大中型工业企业中，有200户企业设立了专门的技术开发机构，比1990年增长24.22%，覆盖面由1990年的46.6%提高到57.9%。这些开发机构共组织实施万元以上技术开发项目862项，在200户开发机构中共有技术人员12696人，比1990年增长15.42%。1991年成立了省产学研联合开发工程领导小组并设立办公室，建立了8个产学研结合的开发实验技术中心，组织了3次技术洽谈、技术交流和技术咨询活动，近3000人参加。据统计，在这些活动中，共签订科技成果转让合同、意向书和建立技术协作点的协议123项。在举办“七五”全省企业技术进步成就展览会期间，邀请了省内外26所大学和科研单位，共展示科技成果247项。通过这些活动，不仅推广了技术成果，而且加深了生产企业与科研单位的配合，促进了技术成果尽快转化为生产力。

1992年，全省工交系统继续着力抓重大新产品、新技术的开发，改变了以往项目小、资金分散，不能形成规模的状况。一些重大开发项目技术含量高、附加值高，大都是最新科技成果，投产达产后均能达到千万元产值及百万元以上的利税，经济效益显著。组织实施了产学研联合开发工程。据统计，全年开发工业新产品1837项，其中投产1428项，投产率77.7%，有42项达到或接近国际先进水平，有476项达到国内先进水平，实现新产品产值48.9%亿元，利税5.7亿元，节汇、创汇7660万美元。

1993年，全省工交企业科技工作紧密围绕产业结构、产品结构调整，加强和改善企业技术开发管理工作，以现有科技成果转化成生产力为主线，狠抓科研与生产的结合；以增强企业技术开发能力建设为目标，推动产学研开发工程的实施；坚持用激励机制推动企业技术开发工作。全年开发工业新产品1977项，其中投产1558项，投产率78.8%；实现新产品产值63.3亿元，新产品利税6.8亿元，出口、顶替进口创节汇8480万美元。有572项达到国际先进水平，有471项达到国内先进水平。评出全省优秀新产品奖130项，技术开发先进单位27个，优秀管理工作者24人。

（三）1994～1999年，科技开发取得长足进步阶段

1994年6月，省委、省政府召开全省科学技术大会，作出《关于促进科技经济一体化的决定》，提出到本世纪末全省科技进步的总体目标。同年7月，省人大颁布了《安徽省科学技术进步条例》，标志着全省科技事业发展走上了法制的轨道。为了保证全省经济社会发展实现历史性跨越，安徽省委六届二次全会正式提出“科技兴皖”战略，并置于实施跨世纪赶超目标的三大战略之首。全省工交企业认真贯彻党的十四届五中全会和《中共中央国务院关于加速科学技术进步的决定》精神，以及省委、省政府制定的《关于贯彻＜中共中央国务院关于加速科学技术进步决定>的实施意见》，谱写出技术创新的新篇章。

根据国家经贸委开展技术创新工作“突出重点、试点起步、全面推进”的思路，全省技术创新工程开始启动，制定了《安徽省大力开展企业技术创新工作若干意见》和《安徽省技术创新工程方案》，明确全省“九五”技术创新的工作思路、目标和具体做法。技术创新工程的实施，推动了新产品、新技术的开发。1994年全省开发工业新产品1937项，投产1550项。其中，达到国际先进水平的56项，达到国内先进水平的573项，新增产值76.55亿元，新增利税8.92亿元，节创汇7124.91万美元。1995年开发工业新产品1978项，投产率76.5%，新增产值79.4亿元，新增利税10.2亿元，节创汇9824万美元。经过1994、1995年两年努力，为“八五”科技开发工作划上了一个圆满句号。“八五”期间，全省共开发工业新产品9564项，其中，达到国际先进水平的248项，达到国内先进水平的2597项，分别比“七五”提高29.3%、79.7%和71%；新增工业产值302亿元，利税36.8亿元，分别比“七五”提高3倍和2.5倍。

进入“九五”，安徽省充分发挥产学研联合优势，加快科技成果转化，积极培育典型，进一步加强了企业技术中心建设，使企业自主开发能力得到提高，尤其是计算机应用为重点的新技术推广，提高了企业自理、生产技术水平，增强了企业市场竞争能力。1996年全省开发工业新产品2046项，其中投产1648项，投产率80.5%；新增产值95亿元，新增利税11.4亿元，节创汇8222.3万美元；新产品、新技术中达到国际先进水平的有56项，国内先进水平的553项。1997年全省开发工业新产品2100项，投产1675项；新增产值117.68亿元，利税14.5亿元，节创汇1.07亿美元；有73项达到国际先进水平，620项达到国内先进水平。省经贸委与省教委联合实施“百十工程”，有效地促进了企业与高校、科研院所的联合与合作。共签订合作项目500个，完成300个。制定了《安徽省企业技术中心评价考核办法（试行）》，编制了《安徽省新技术推广指南》。1998年，全面实施技术创新工程，开发工业新产品2104项，其中58项达到国际先进水平，583项达到国内先进水平；新增产值131.7亿元，利税18.1亿元，争取国家下达技术创新项目28项，落实贷款总额28780万元；国家级新产品70项，争取国家技术创新项目拨款2140万元。进一步加强了企业技术中心建设，编制了《建设100家企业技术中心工程方案》，积极引导企业走产学研联合开发的道路；举办了全省产学研交流洽谈会，共签订协议140多项。进一步深入做好国家级技术创新试点城市合肥市的技术创新工作，围绕城市功能建设，重点加强了技术创新中介服务机构建设和区域技术创新信息系统建设；努力开展了新技术推广工作，为企业开发新产品和应用新技术提供信息。

1999年全省开发工业新产品2220项；新产品产值为169亿元，利税为18.2亿元，节创汇1.3亿美元。全年组织实施国家技术创新项目34项，重大技术装备国产化创新研制项目2项，总投资75050万元，其中贷款49580万元；认定国家级重点新产品67项；实施省级技术创新项目357项，其中新产品268项，新技术28项，工业性实验11项，新技术推广32项，高新技术产业化18项。这批项目的实施和开发，促进了全省产品结构的调整，增强了企业和产品的市场竞争能力。如：江淮汽车集团公司开发的独立悬挂前桥总成和高档客车底盘，合肥兆峰科大药业公司开发的抗血小板溶栓素，美菱集团开发的纳米抗菌保鲜材料等。组织一批软课题研究，《安徽省软件产业发展战略研究》、《安徽省中药产业现状与发展对策研究》、《安徽省纺织工业发展战略研究》和《安徽省线缆行业现状及发展对策研究》等课题通过了专家论证，这些研究成果为扶持省重点行业、重点企业、重点项目提供了科学依据。积极推进企业技术中心建设。1999年省经贸委、省国税局、省地税局、省财政厅和合肥海关共同认定了43家企业为省级技术中心，2家为省级行业技术开发基地，海螺集团被国家经贸委等部门认定为国家级企业技术中心。到目前，全省共有114家省级企业技术中心，其中省行业技术开发基地2家，国家级技术中心5家。依据《安徽省企业技术中心评价考核办法》和《安徽省企业技术中心评价考核指标》，对现有的企业技术中心进行全面评价、科学管理，动态推动企业技术中心建设；运用政府宏观调控手段，通过财政拨款，引导企业增加技术中心建设的投入，选择了17个建设项目予以支持，总投资1020万元，省市财政配套支持340万元，加大了企业技术中心建设的力度。强力推进产学研合作。省经贸委会同省教委、财政、科委、中科院合肥分院、金融等部门充分发挥高等院校、科研院所的技术优势，坚持以企业为技术创新主体，着力实施10个重大产学研合作项目，取得初步成效；成功开展了安徽叉车集团“企业技术创新院士行”活动。

目前，全省产学研联合按照“优势互补、风险共担、利益共享、共同发展”的原则，共建技术中心、经济实体、实验室或实验基地。如合肥美菱集团与中国农大共建技术中心食品保鲜技术研究所，开发了保鲜电冰箱；飞彩集团与吉林大学共建皖南农用车研究所，促进了企业开发能力和产品档次的提高；江淮汽车集团与合肥工业大学建立了硕士生流动站，加速培养管理和技术人才。着力抓好国家技术创新城市试点工作。安徽省国家技术创新试点城市——合肥市，在国家、省、市经贸委及地方人民政府从政策指导、项目安排、资金注入等方面给予大力支持和帮助下，通过努力，正式成立了技术创新促进中心，技术创新网也正式开通，为企业开展创新工作提供了良好的外部环境，推动了合肥市乃至全省技术创新工作。同时，抓好技术创新企业试点工作和大集团母公司的技术创新工作。选择11家企业为技术创新试点企业，制定规划，明确发展方向，确定发展重点，扎实有效地开展技术创新活动，总结经验并进行推广，带动了全省企业技术创新工作顺利进行；通过加强大集团母公司的技术创新功能建设，带动集团全资、控股、参股子公司的技术创新工作，实现集团科技资源的优化配置，促进技术创新能力的整体提高。

对外经贸

（一）外向型经济发展

全省利用外资从80年代中期起步，经历了三个阶段，即起步、发展和加速发展阶段。

1984～1991年，起步阶段。全省利用外资规模小，水平低。全省批准设立的外资企业只有276家，实际利用外资1亿美元；签订对外借款合同70个，到位外资2.89亿美元。

1992～1995年，发展阶段。全省共批准外资企业3123家，实际利用外资11.65亿美元，签订对外借款合同33个，到位外资7亿美元，并在香港成功发行马钢股票，筹集资金33亿港元。

1996～1999年，加速发展阶段。省政府发布了《关于加快利用外资的决定》，全省利用外资得到快速发展，1996～1999年共批准外资外商投资企业1029家，实际利用外资16.2亿美元，对外借款9.44亿美元，外商其他投资2.35亿美元，上市外资股票4只，筹集资金3亿美元。至1999年底，全省累计利用外资项目4736个，实际利用外资56.87亿美元，其中，外商直接投资项目4428个，实际利用外资28.85亿美元。利用外资，促进了全省的经济建设和社会发展。主要表现在：一是缓解和弥补了省建设资金的不足，支持省重点工程建设。通过利用外资建设了一大批基础设施、重点工程和基础产业项目，如安庆石化总厂丙烯腈和腈纶项目、合铜公路、铜陵长江大桥项目等。二是引进了先进的生产技术和设备，促进了产业结构调整和产品的更新换代。全省累计实际到位的外资总额中，用于购置生产设备的资金占较大比例，对促进企业技术改造和技术进步发挥重要作用。如铜陵有色金属公司利用外资完成了电解铜冶炼技术改造，荣事达集团利用外资引进三洋的人工智能模糊控制技术，大大提高了产品的档次，生产的洗衣机在国际上都处于先进水平。三是促进了全省经济的增长，提高了出口创汇。1999年全省外商投资工业企业全年完成工业增加值43.9亿元，增长17.8%，增幅比全省工业高出9.6个百分点。全省“三资”企业出口和出口所占比重逐年增长。1999年外商投资企业出口2.92亿美元，同比增长10.3%，占全省出口额的17.4%。四是增加了税收，扩大了劳动就业。1999年实现涉外税收11.4亿元，同比增长23%。在外资企业工作的职工达到40多万人，既促进了社会稳定，又培养了一批外向型人才。

（二）对外贸易与境外投资办厂

1978年全省出口总额为1062万美元，无自营进口。改革开放后，全省对外贸易取得巨大发展。90年代，安徽对外开放步伐进一步加快。1990年，全省出口额为6.54亿美元，进口额为8259万美元。从1992年开始，生产企业开始获得自营进出口权，自营出口得以迅猛发展，对促进全省外贸出口的增长起到重要作用。1993年，全省共有自营企业37家，自营出口额为2704.4万美元，占全省外贸2.8%。1995年，全省累计获自营进出口权的生产企业51家，自营出口额为1.8亿美元，占全省外贸出口的11.4%。到1999年，安徽省出口16.8亿美元，比1990年增长了156%；进口9.7亿美元，比1990年增长了10.7倍。至1999年底，全省累计获自营进出口权的生产企业已达483家(其中大中型企业354家)，自营出口3.01亿美元，占当年全省外贸出口的17.9%。同时，按照国家有关鼓励企业境外加工贸易的精神，大力推动机械、家电、化工等行业的优势企业到境外办厂。到1999年底，安徽叉车集团、合肥江淮汽车有限公司、全柴集团、荣事达集团、丰原集团公司等企业，分别到俄罗斯、阿根廷、越南、美国、柬埔寨等国家开展境外投资办厂，实施国际化经营，均取得良好的社会效益和经济效益。

（叶传柏　余要火　娄铁军　吴明）

附表　1978～1999年安徽省国内生产总值

年份	国内生产总值（亿元）	第一产业	第二产业	工业	建筑业	第三产业	交通运输邮电仓储通信业	批发和零售贸易餐饮业	人均国内生产总值（元/人）
1978	113.96	53.77	40.51	36.26	4.25	19.68	3.67	7.38	244
1979	127.31	61.16	44.76	40.31	4.45	21.39	3.44	8.77	268
1980	140.88	64.68	50.06	44.09	5.97	26.14	4.98	10.30	291
1980	140.88	64.68	50.06	44.09	5.97	26.14	4.98	10.30	291
1981	170.51	88.44	52.48	46.32	6.16	29.59	5.71	11.20	346
1982	187.02	89.97	59.66	51.70	7.96	37.39	7.43	13.78	375
1983	215.68	96.55	73.20	61.99	11.21	45.93	10.01	15.59	428
1984	265.74	116.26	92.83	79.30	13.53	56.65	12.19	17.58	523
1985	331.24	140.97	117.84	101.37	16.47	72.43	15.56	21.27	646
1986	382.76	155.91	137.57	117.26	20.31	89.28	20.02	24.50	738
1987	442.35	176.35	157.74	135.59	22.15	108.26	23.99	32.48	842
1988	546.94	210.53	200.95	174.27	26.28	135.46	29.90	42.46	1026
1989	616.26	225.39	227.85	205.32	22.33	163.01	30.44	54.58	1136
1990	658.02	246.17	251.48	223.31	28.17	160.37	32.36	43.94	1182
1991	663.60	190.48	280.28	245.34	34.94	192.84	44.03	50.51	1164
1992	801.16	230.51	333.00	293.01	39.99	237.65	47.96	67.28	1386
1993	1096.84	284.06	494.85	441.90	52.95	290.93	54.65	90.32	1831
1994	1488.47	336.72	744.16	680.76	63.40	407.59	77.30	120.96	2521
1995	2003.58	581.24	908.87	822.25	86.62	513.47	92.14	155.47	3357
1996	2339.26	665.44	1067.25	972.08	95.17	606.56	111.92	195.16	3881
1997	2669.95	732.37	1214.82	1102.96	111.86	722.76	137.29	232.41	4390
1998	2805.45	739.70	1253.53	1112.97	140.56	812.22	152.29	258.60	4576
1999	2908.59	741.14	1278.91	1135.98	142.93	888.54	162.94	283.55	4707

注：本表按当年价格计算。

福　建　省

1999年福建经贸工作，在福建省委、省政府的正确领导和国家经贸委的指导下，认真贯彻中央十五届四中全会和福建省委六届十一次全会精神，紧紧围绕全省经济工作重点和实现国有企业三年改革与脱困的目标，以市场为导向，以企业工作为中心，以结构调整为重点，突出“减、压、调、改、拓”五项主要任务（即减人增效、减轻负担、减少亏损；压缩过剩生产能力和无销路产品，改变重复建设状况；调整产业布局结构、行业结构、产品结构、技术结构；加快企业改革、改组、改造步伐，改进企业管理，提高企业整体素质；拓展市场，拓展全省企业发展空间），统一思想、坚定信心、抓住机遇、知难而进、团结一致、艰苦奋斗，充分调动全省经贸战线全体干部职工的积极性，努力工作，全面、超额地完成了全年经贸各项指标和任务，为全省国民经济持续快速健康发展做出了应有的贡献。

工业经济

（一）工业经济保持较快增长，运行质量和效益明显提高

1999年福建省在受亚洲金融危机与国内市场需求不足影响比较严重的情况下，积极采取措施，努力克服国内外市场制约和结构性矛盾以及自然灾害造成的困难，全省工业经济继续保持较快增长，运行质量和效益明显提高。全年工业完成总产值4787.63亿元，比上年增长14.3%；增加值1268.95亿元，比上年增长13.09%。全省国有及产品销售收入500万元以上非国有工业（以下简称规模以上工业）完成产值2210.28亿元，比上年增长12.9%；增加值665.0亿元，增长14.8%；实现利税201.05亿元，增长26.0%；实现利润87.38亿元，增长56.7%；经济效益综合指数116.18%，比上年提高12.53个百分点。

1. 在国家增加投资的拉动下，重工业增长快于轻工业。

在国家加大基础设施投资、严打走私、启动内需等多项政策措施的综合作用下，1999年福建省重工业始终保持强劲升势，增长速度明显快于轻工业。全年重工业完成产值1813.19亿元，轻工业2974.44亿元，分别比上年增长20.56%和10.87%，重工业所占比重达37.87%，其中规模以上工业中重工业占规模以上工业产值46.0%，为近5年最高水平。重工业快速发展对全省工业的稳定增长起到了积极的推动作用，体现出了工业化加速阶段所特有的重化工业发展加快、比重逐步上升的特征。主要重工行业增长较快，冶金工业增长33.6%，化学工业增长25.1%，石油工业增长29.4%。多数重化工业产品保持较快增长，如汽油增长8.5%，柴油增长43.4%，钢增长9.0%，成品钢材增长18.9%，铝材增长26.7%，化学农药增长34.2%，汽车增长48.9%。“两网”建设有力地带动了相关机电产品产量的大幅增长，其中，低压开关板增长1.38倍，电力电缆增长1.62倍，电线增长66.3%，钢芯铝绞线增长26.7%。与此同时，受市场因素制约全省轻工行业增速低于重工业增速也低于全省工业平均增长水平，食品工业增长1.0%，纺织工业增长7.6%，皮革工业下降7.5%，文教艺术用品下降1.0%，反映出福建省大多数日用消费品需求不足，竞争力不强的状况。重工业与轻工业增长的较大反差，揭示了福建省产业结构变动的新趋势，使福建省以轻型为主的工业结构出现一些新变化，从而对今后福建省工业的发展将产生十分深远的影响。

2. 交通运输能力增强、运输量增加，邮电通信继续保持高速增长。

水陆空运输量均有所增长。铁路发送旅客1504.7万人次，增长5.6%；发送货物2401.7万吨，增长2.9%。公路客、货运输量分别完成62570万人次和25600万吨，增长8%和0.8%；客、货运输周转量分别完成287.48亿人公里和173.66亿吨公里，增长11%和5.5%。全省沿海港口货物吞吐量完成5268.01万吨，增长16.9%；其中国际集装箱吞吐量达到126.83万标箱，增长31%。民航客运量完成326.6万人，增长9.1%；货邮运输完成72066吨，增长10.94%；货邮吞吐量153063.1吨，增长8.1%；机场旅客吞吐量完成596.13万人次，比上年下降3.82%。邮电通信保持高速增长势头。全省邮电业务总量完成168.45亿元，同比增长40.96%。其中，电信业务量完成160.6亿元，增长42.62%；邮政业务量完成7.85亿元，增长14%。

3. 电力生产增加，煤炭生产下降。

全年全省电网累计发电355.997亿千瓦时，增长10.59%，其中水电发183.82亿千瓦时，下降0.53%，火电发172.17亿千瓦时，增长25.57%；全年全省电网供电企业累计完成售电量247.52亿千瓦时，增长14.18%，较好地满足了全省工业生产和社会、居民生活用电的需要。受总量控制、关井压产的影响，全年全省累计产煤573.3万吨，下降21%，其中省属局矿产煤306.91万吨，下降0.41%；乡镇煤矿产煤266.39万吨，下降36.2%。12月底全省原煤存量25.52万吨，比上年底减少18.89万吨，其中省属局矿原煤库存量为16.36万吨，比上年减少17.47万吨；县（市）、乡镇煤矿原煤库存量为9.16万吨，比上年底减少1.42万吨。

4. 工业出口继续增长，尤其是机电产品出口

增幅大。

1999年规模以上工业出口交货值完成727.86亿元，比上年增长6.06%，比上年增幅提高0.53个百分点；出口交货值占工业销售产值的比重达34.16%；净增41.58亿元，占销售产值净增额的22.57%。据海关统计，全省机电产品出口32.17亿美元，增长24.9%，比全国机电产品出口增幅高10个百分点；出口额占全省外贸出口比重30.9%，突破历史最高点。机电产品中出口超千万美元的产品36种，累计出口额27.3亿美元，占全省机电产品出口总额85%；超亿美元产品有8种，分别是船舶、航空器及其零件、显示器、变压器及变流器、灯具及照明装置、电热器具、金属家具、电动玩具，这些产品的出口增幅均在30%以上，有力地支撑了全省机电产品出口的增长。机电产品出口中加工贸易出口21.9亿美元，比增18.8%，其中来料加工贸易出口20.1亿美元，比增19%。出口市场结构日趋多元化，在传统出口市场增幅较为平稳的基础上，对欧美等出口有所突破，出口欧美市场的增幅高于亚洲市场。

5. 在各种所有制经济中，外商及港澳台投资企业增长较快，拉动经济增长作用十分明显。1999年，外商及港澳台投资企业完成现价产值1353.02亿元，增长14.78%；产值占全省规模以上工业总产值比重为61.21%，比上年增幅高0.8个百分点。外商及港澳台投资企业产值增幅高于全省平均0.48个百分点。其他各种所有制的增幅与上年同期相比，国有企业、集体企业、股份制上升，其他经济类型企业及大中型企业下降。国有企业适应市场经济能力有所增强，生产保持5.9%的增长，且增幅比上年有所上升，对全省工业经济发展起着一定的推动作用和明显的稳定作用。

6. 工业经济综合效益提高，销售收入、利润等增幅居全国前列。

1999年，全省规模以上工业企业经济效益综合指数为116.18%，比上年提高12.53个百分点。七个分项指标除资产负债率上升外，其余各项均好于上年。其中产品销售率96.39%，提高0.87个百分点；资本保值增值率114.67%，提高4.57个百分点；资产负债率57.35%，提高1.25个百分点；成本费用利润率4.5%，提高1.37个百分点；劳动生产率44967元/人，提高6717元/人；流动资产周转次数1.78次，提高0.02次。产品销售收入2287.26亿元，增长11.49%；实现利税总额201.05亿元，增长25.96%；实现利润总额87.38亿元，增长56.71%。全省国有及国有控股工业产品销售收入753.47亿元，增长16.13%；实现利税116.03亿元，增长20.99%；利润总额44.07亿元，增长43.83%。全省工业品销售率96.39%，轻重工业分别为96.01%和96.84%，分别比上年提高1.03和0.56个百分点。各种经济所有制企业（除其他经济类型企业外）的销售率比上年均有提高，销售率最高的是国有企业达100.35%，国有及国有控股企业98.89%，大中型企业97.5%，外商及港澳台投资企业95.41%。

（二）工业经济运行中存在的问题

1999年，全省工业经济取得较好的成绩，但工业经济运行中也存在一些不容忽视的问题，主要表现在：

1. 工业品出厂价格偏低。1999年工业品出厂价格比上年下降3.5%，其中轻工业品价格下降4.8%，重工业品价格下降2.2%；生产资料价格下降2.6%，生活资料价格下降4.9%。生产资料中加工品、采掘和原料价格分别下降5.6%、2.6%和0.8%。生活资料中，耐用消费品、衣着、一般日用品和食品分别下降10.7%、9.3%、4.1%和1.1%。

2. 两金占用偏高。1999年底，全省规模以上工业企业应收账款353.73亿元，比增16.13%；产成品资金占用147.01亿元，比降2.87%；两金合计500.74亿元，比增9.8%。其中国有及国有控股工业企业应收账款120.46亿元，比增4.9%；产成品资金占用44.53亿元，比增0.7%；两金占用164.99亿元，比增4.0%，占流动资产年末数32.45%。

3. 流动资金缺口偏大。由于两金占用偏高，再加上银行商业化进程加快，困难企业较多，大部分工业企业流动资金较为紧张。

1999年底，全省工业贷款余额比上年末增加13.75亿元，较上年少增19.29亿元；同时工业贷款主要集中在效益好、有发展前景的大中型企业，众多小企业贷款难度较大。

4. 工业品市场需求总体偏淡。

福建省工业品市场需求依然偏淡，明显的买方市场态势没有改变。煤炭、钢材、水泥、生铁销售平平。化工产品平销居多，碳铵、普钙、钙镁、磷供大于求的矛盾一直未解决。除浆板、聚乙烯醇、聚乙烯树脂等少数产品好销外，大部分轻工产品销势不旺，纸袋纸、自行车、化妆品、毛线、毛毯、工业盐等滞销，罐头一畅一平（蘑菇罐头好销、芦笋罐头平销），糖市十分低迷，糖价一降再降。火爆一时的VCD在出口和农村有销售空间，在城市已出现饱和，录放机、收音机仍然滞销。

国有企业改革

“九五”期间，福建省国有企业改革按照“先活小、后抓大，先放开、后扶持，先减负、后改制，先调整、后解困”和“企业改革与对外开放、配套改革、加强管理、扭亏脱困相结合”的“四先四后、四个结合”的思路，进行了大胆的探索和试点。1999年，福建省认真学习深入贯彻执行中央12号文件和党的十五届四中全会《决定》，深刻领会江泽民总书记就国有企业改革与发展的五次重要讲话精神，进一步落实国有企业改革和脱困的三年目标任务，加大国有企业改革的力度，加快企业重组和结构调整的步伐，大力实施企业兼并破产、减员增效，全面推进企业分离办社会职能工作，加强和改进企业管理，促进企业扭亏增盈。

（一）制订出台政策措施

为了贯彻落实党的十五届四中全会精神，福建省委召开了六届十一次全会，作出了《中共福建省委关于贯彻落实党的十五届四中全会精神，加快国有企业改革与发展的决议》。《决议》根据中央《决定》的精神，结合福建省实际提出了全省国有企业改革和发展目标，并就加快国有经济布局战略性调整，增强国有经济的控制力；实施国有企业战略性改组，增强国有企业的竞争力；推进现代企业制度建设，造就高素质企业经营管理者队伍；全面加强和改善企业管理，实现管理创新；建立健全技术创新体系，加快国有企业技术进步和产业升级；完善社会保障体系，加快配套改革步伐；努力创造良好的外部环境，切实减轻企业负担；发挥政治优势，切实加强党对国有企业改革和发展工作的领导等8个方面提出了31条政策措施。为了落实国有企业改革与脱困的三年目标，省政府和各有关部门相继出台了《福建省人民政府关于扶持小企业发展的若干意见的通知》、《福建省人民政府关于分离国有企业办社会职能的若干意见的通知》、《福建省人民政府关于批转省经贸委1999年福建省国有企业改革与管理工作意见的通知》、《福建省人民政府关于印发〈福建省国有企业改革工作程序〉的通知》、《福建省国有工业企业大宗物资采购招标管理试行办法》、《关于10家省属重点企业实行减员增效和下岗职工再就业工作的实施意见》、《关于分离移交企业办居委会中有关人员、资产、经费等有关问题处理意见的通知》等一系列配套政策措施，这些文件的颁布执行，为国有企业改革提供了政策依据，也为全年工作的开展争得了主动。

（二）推进国有小型企业放开搞活和大中型企业深化改革

1999年在认真总结三年来放开搞活国有小型企业的经验、教训的基础上，加大力度继续推进国有小型企业的放开搞活。对一般竞争性国有小型企业中尚未实现改革的，采取各种有效形式实现放开经营，大力发展混合型经济，建立政企分开、产权明晰、运转灵活的经营机制，使其顺利走向市场，提高企业市场竞争力。对供水、电力、矿山、化肥等特殊行业的特殊、基础性小企业，进一步理顺与政府的关系，分类指导，因企制宜地放开经营。同时，结合政府机构改革和社会保障制度改革的要求，妥善处理解决“事业单位企业化管理”和“企业单位参照事业管理”这类企业政企分开、事企分开的问题。到1999年底，全省已有1900多家国有小企业进行了改制，改制面达70%。在推进小企业放开经营中，注意抓住关键，妥善解决重点难点问题，严把“三关”：一是资产关。做好资产评估和确认，力求做到公开、公平、公正，防止国有资产的流失；二是职工安置关。妥善安置职工，制定职工分流安置方案要事先听取工会和职代会的意见，不强迫职工入股，确保每一位职工都有明确去向。同时通过改革，建立起国家与企业、企业与职工的有限责任关系和新型劳动关系；三是债权债务关。即注重落实金融债权，防止逃废银行债务。制定企业改制方案时，充分听取债权人的意见，实施改制过程中，主动请当地主要债权金融机构参加。在放小的基础上，省政府又出台一系列扶持中小企业的措施，在融资担保、投资风险、技术改造、人才培训等方面给以资助，使小企业放开后能健康发展。从总体上看，通过改革，基本上达到预期目的，保住了大量劳动岗位，减少了就业压力，维护了社会稳定。在抓好放小的同时，继续推进国有大中型企业的转机建制工作。进一步完善公司制企业的内部法人治理结构，指导企业建立与现代企业制度相适应的财务、劳动人事、分配等经营管理制度，落实董事会与经营班子分离、董事长与总经理分任，并加强对国有和国有控股大中型企业的监督，抓好派出稽察特派员的试点工作。到1999年底有近200户国有大中型企业按公司法要求进行改制，占全部大中型国有企业总数的70%多；厦门、泉州、南平、三明等城市已初步建立了国有资产投资运营公司；企业董事会、监事会和经理班子初步形成了相互制衡、相对独立运作体系，内部机构设置更加科学合理。

（三）加大企业兼并破产、减员增效力

度，积极开展优化资本结构和债转股工作

1999年，根据国家对企业兼并破产政策的调整要求，福建省结合实际，加大企业兼并破产、减员增效力度。全年新增破产项目4个，被兼并项目2个，可核呆坏账准备金5.22亿元，加上结转项目，共可核呆9.4亿元。与此同时，继续抓好城市优化资本结构试点和债转股试点工作，福州、厦门、南平、三明四个全国优化资本结构试点城市，1997～1999年三年共实施企业兼并、破产、减员增效计划98项，其中破产25家，被兼并52家，减员增效21家，核销银行呆坏账准备金25.57亿元，2.2万名职工进入再就业服务中心，得到妥善安置，盘活了76亿元的存量资产，使3万名职工保住了就业岗位。根据中央12号文件和国家经贸委、人民银行联合发布的《关于实施债转股若干问题的意见》精神，福建省积极推荐符合条件的企业实施债转股。从基础调查入手，初步摸清全省九地市、十个省属行业共有要求实施债转股的企业127家，涉及企业资产总额313亿元(98年底)，负债总额247亿元，平均资产负债率78.9%。并向国家经贸委上报了符合条件的9家申请债转股企业的实施方案，其中青州造纸厂、南平铝厂、南平水泥厂、漳州糖厂、龙岩造纸实业公司、大田水泥厂、马尾造船厂等7家企业通过国家经贸委的初审，被推荐到金融资产管理公司，申报债转股额25.61亿元。

（四）全面推进企业分离办社会职能工作

1999年，在总结、完善第一批分离企业办学校工作的基础上，继续抓好其他企业办学分离工作，并认真贯彻落实省政府《关于分离国有企业办社会职能的意见》，全面推进企业设立的公安、居委会、生活服务、技工学校、幼儿园、托儿所、医院、退休管理等社会职能的分离。有关部门相继出台了实施细则。7月份福建省政府召开全省企业工作会议，重点部署进一步推进国有企业分离办社会职能工作。到1999年底，除煤炭系统外，其他符合条件人员的考试、录用及分离移交工作已经结束；分离企业办医院完成了前期准备工作，出台了分离的具体办法，企业医院的等级自评阶段基本结束；90多个居委会大部分已移交地方管理；全省企业办技工学校88所，有5所技工学校分离并移交劳动部门管理，27所不必独立办学的技工学校，已从当年秋季开始不再招收全日制学生，逐步改为内部职工技术培训中心，其余的也已做好撤销或分离的前期准备工作；全省141个退管机构的职能逐步移交给社区退管组织，厦门、南平两个试点城市分别建立了社区退管服务机构，纳入试点企业的职工1.4万名（厦门9000名、南平5179名），并已移交给社区化服务机构管理；全省已有90%的企业生活后勤服务机构与生产主体分离，建立独立核算的经济实体。福建省分离国有企业办社会职能工作得到了国家经贸委的充分肯定。10月25日，国家经贸委在福建省南平市召开了“全国国有企业分离办社会职能工作座谈会”，总结并充分肯定了福建省及南平市的工作经验。

（五）加强和改进企业管理，努力提高企业素质，增强市场竞争力

一是推行厂务公开，在深入调查研究的基础上，制定了《福建省国有工业企业大宗物资采购招标管理试行办法》，改革物资采购办法，堵塞采购环节的漏洞，有效降低了采购成本。根据对五个地市、四个省直总公司49户企业的调查，招标采购物资金额占总采购物资的44%，降低采购成本10%～20%；二是严格财务管理和监督，全面推行会计基础工作规范化，强化资金使用管理；三是深化企业内部人事、劳动、分配制度改革，建立竞争上岗、动态组合和职工岗位技能工资制，促进劳动力资源的优化配置。举办重点脱困企业经营者培训班，加强企业领导班子建设。四是为促进省属国有企业深化内部改革，加强管理，提高效益，省经贸委与省劳动厅、财政厅、总工会联合出台了《关于10家省属重点企业实行减员增效和下岗再就业工作的实施意见》，要求10家企业用3年时间完成富余人员的分流安置工作。到1999年底，各企业都已不同程度地分流了一批冗员，共下岗、分流8592人，其中下岗进中心936人，创办新的实体分流387人，分离办社会分流408人，分离辅助机构分离410人，自谋职业173人，劳务输出分流93人，其他分流3106人。通过减员逐步建立起企业内部人员流动机制，企业工资成本明显下降。

（六）狠抓扭亏增盈，国有企业解困脱困取得较好成绩

根据国家经贸委扭亏脱困考核范围扩大和考核目标的要求，福建省经贸委与省统计局联合对国有及国有控股工业企业名单进行了一次全面的核实，进一步明确了扭亏考核的对象和重点脱困企业，并有针对性地开展工作。一是加强领导，建立和完善扭亏脱困责任制；二是制定脱困计划，突出重点，分类指导，对重点脱困企业逐户落实脱困形式；三是加大资金扶持力度，重点支持省属大中型亏损企业和重点脱困企业，主要用于职工的安置；四是用好用足国家优惠政策，推动企业组织结构调整；五是建立信息跟踪反馈制度，及时通报扭亏增盈工作情况。通过以上措施，全省国有及国有控股工业企业扭亏增盈情况良好，与1998年相比，利润总额有较大幅度的增长，亏损企业亏损额有所降低，企业经济效益呈现稳步增长的势头。到1999年底，全省国有及国有控股工业企业（不含中央属企业），实现利润总额38.1亿元，比上年增长23%；亏损企业亏损额10.5亿元，比上年降低12.3%。

技术进步和技术创新

为尽快贯彻落实党中央、国务院《关于加强技术创新，发展高科技，实现产业化的决定》和福建省委《关于加快实施科教兴省战略的决定》，加快实施科教兴省战略，进一步推进全省企业技术进步和技术创新，福建省经贸委牵头会同福建省科委、财政厅等部门，制订了《关于推进企业技术创新的实施意见》，确定了今后工作的指导思想和工作目标，提出了为建立健全技术创新“三个体系”和大力促进企业开展技术改造的一系列保证措施，要求着力于发展支柱产业和重点产业，通过高新技术产业化和传统产业高新技术化，加强产学研联合，加速科技成果产业化、商品化，增强企业的技术创新能力，提高产品的技术含量、附加值和市场竞争力，促进全省产业结构的优化升级，提高工业经济的整体素质，把经济建设真正转移到依靠科技进步和提高劳动者素质的轨道上来。主要措施如下：一是通过择优扶持86家重点企业建设高起点企业技术中心，加强产学研紧密联合，继续开展“五新”项目推介应用工作，以及建立健全企业人才评价管理办法和改革人才管理体制，积极培养和引进企业技术创新人才，从而促进建立健全以企业为主体的技术创新体系。二是通过提高企业对技术创新的投入比例，建立“五新”项目推介应用专项资金和“科技三项经费”，落实国家有关鼓励企业开发新产品的优惠政策，从而促进建立和完善企业技术创新保障体系。三是通过积极培育各类中介组织和服务机构，进一步营造有利于科技进步、科技创新的社会环境，从而促进建立技术创新服务体系。四是通过制订技术改造、技术引进规划实施计划，鼓励外资参与企业技术改造和择优扶强倾斜支持等工作，大力促进企业自觉开展技术改造和加大技改的投入，从而提高企业的竞争力，把科教兴省战略落到实处。

1999年福建省企业以技术进步为纲，以工业经济结构调整优化升级为主要目标，以提高质量、效益、扩大出口为中心，全面加强技术改造、技术引进和技术创新工作。一年来，认真抓好资金到位的落实工作，确保国家和省重点技改项目顺利实施；全面落实引进设备免税政策，促进技术引进和加强消化吸引；大力开展“五新”推介，开发新产品，推广应用新技术、新工艺、新材料、新设备工作，推进产学研联合；培育名牌产品；建立企业技术中心，加快建立技术创新“三个体系”，加速科技成果转化为现实生产力等方面工作，都取得了明显的成效，使全省企业技术进步工作跃上了一个新台阶。

（一）多方筹资，加大投资

1999年全省共下达百万元以上技改项目投资计划三批，项目合计609项，计划总投资181.05亿元，其中当年计划投资141.16亿元。技改投资占全省技改、基建总投资的32.65%，与上一年持平。实际总到位资金178.37亿元，比增6.08%。除上年末结余资金13.56亿元外，全年到位资金164.81亿元，其中国内贷款31.75亿元，比重为18.40%；利用外资5.59亿元，比重为3.24%；自筹资金117.85亿元，比重为68.30%，其中发行股票用于技改投入资金2.54亿元，为上年的75倍。技改投资有如下主要特点：

一是各地市投资普遍增长。全省九个地市中，除泉州市、龙岩市基本持平外，其余地市均有不同程度增长，增长幅度为：宁德地区63.01%、三明市49.65%、福州市18.82%、南平市16.15%、漳州市14.16%、莆田市9.53%、厦门市7.21%。二是制造业投资总体增长，各行业发展不平衡。全年制造业技改投资完成59.96亿元，占全省技改投资比重达34.75%，比上年增长7.39%；其中，轻纺工业完成30.03亿元，比增74.76%，机电工业完成10.61亿元，比降11.68%；原材料工业完成18.21亿元，比降29.04%；其他工业完成12.05亿元，比降9.42%。按产业分类，第一产业完成5726万元，比增121.59%；第二产业完成60.46亿元，比增7.91%；第三产业完成111.52亿元，与上年基本持平。三是用以增加品种、提高质量的投资比重明显增大。全年用以增加品种、提高质量的技改投资完成32.04亿元，比重由1998年的9.08%上升至1999年的18.57%，而用以增加产量的投资由1998年的33.11%下降至1999年的27.69%。四是基础设施投资增长趋缓，所占比重仍然较大。全年基础设施技改投资完成101.66亿元，比上年增长1.08%，所占比重达58.92%，其中邮电技改投资完成73.66亿元，比上年增长6.55%，所占比重达42.69%。五是开工实施、投产项目好于上年。

全年新开工项目1608项，比上年多538项；实施项目2294项，比上年多760项；投产项目1228项，比上年多297项。六是重点技改项目进展顺利。1999年初福建省经贸委制定了“1211”技改项目计划。该计划包括10个重点投产项目、20个重点实施项目、10个重点开工项目、10个重点前期项目，计划总投资82.63亿元，含外汇2.32亿美元。

10个重点投产项目已完成总投资的89.1%，除2个项目因资金、市场等问题仅部分投产，1个项目停缓建外，有7个项目基本竣工投产见效。20个重点实施项目总投资32.34亿元，已完成总投资的48.5%，有5个项目已竣工投产，其余项目正常实施。10个重点开工项目中，已有8个项目正常开工，其他2个项目正在抓紧项目前期工作。10个重点前期工作项目中，有3个项目已经开工，6个项目在做前期工作，有1个项目因属于国家制止重复建设项目而被取消。七是国家“双高一优”项目和财政债券技改项目进展顺利。国家下达福建省“双加”项目已投产17个，列入国家第一、二批结构调整的7个项目、国家重点工业产品扩大出口的14个项目、国家财政债券技改项目8个以及对福建省重点支持稀土项目进展顺利，2000年大部分可以投产。八是应用电子信息技术改造传统产业工作。36项重点电子技术应用推广项目总投资达8468万元，“118”国民经济信息化工程进展顺利，其中“金宏工程”、“政府上网工程”及“金卡工程”项目完成进度目标。

（二）认真落实引进设备免税政策，技改引进工作取得明显成效

1999年福建省继续认真贯彻落实《国务院关于高速进口设备税收政策》等有关文件精神，对技改引进工作加强指导、把关、协调和服务，促进了全省技改引进工作取得较大的发展，得到了海关和企业的一致好评。全年全省技改引进项目达119项，比上年多43项，总投资19.19亿元，用汇1.35亿美元，其中中外合资项目12项，总投资3.42亿元，用汇2582.3万美元；国内投资项目107项，总投资15.77亿元，用汇1.09亿美元。引进设备的行业主要是邮电、建材、轻工、纺织、冶金、电力、化工、机械、林工、电子、金融、保险、税务等。通过引进设备和加强消化吸收，有效地提高了福建省企事业的技术装备水平，对改善其产品质量、经济效益和社会效益及社会服务功能发挥了明显作用。

（三）技术中心建设与名牌培育

一是认真做好“五新”（新产品、新技术、新工艺、新设备、新材料）项目推介工作。1998年成功地举办了’98福建省“五新”项目推介洽谈会，1999年着重做好推介会上签约项目的后续跟踪服务工作。对签约的项目给予立项，组织专家对各个项目的市场需求、经济效益、技术水平等情况进行评审，并对签约后项目的落实和实施情况进行现场考察，对好的、落实的项目给予一定的资金扶持。共安排“五新”项目资金235项，总资金2488.9万元，有效地保证了签约项目的顺利实施。到1999年底，大部分项目进展顺利，并开始发挥效益。与此同时，积极筹备，并于1999年11月8日～11日在福州国际会展中心成功地举办了’99福建省“五新”项目推介洽谈会。这届推介会主要侧重于电子信息、生物工程、新型材料、机械装备和环保等产业，有90多所省内外、国内外高校、科研单位参展，提出4410多项可供推广应用项目。全省有1124家企业，1万多名企业干部、职工、工程技术人员参加，提出390多项技术难题。会上福建省企业与省内外、国内外高校、科研单位共签约672项“五新”项目，其中合同项目570项，协议意向项目102项，预计这些项目投产后年可新增产值190亿元，新增税利40亿元，为全省企业产品结构的优化和调整注入了生机。二是大力推进企业技术中心建设。按照国家经贸委关于加大以企业技术中心为主要形式的企业技术创新体系建设的精神，福建省认真组织对列入国家520户重点企业和福建省大中型企业组建技术中心的工作。按照国家认定企业技术中心的评价办法，认定了福建省南平铝厂、福州大通机电股份有限公司等10家企业技术中心为福建省第三批省级企业技术中心，并向国家经贸委申报国家级企业技术中心3家，其中，福建省南纸股份有限公司被确认为国家级技术中心。至此福建省已确认了25家省级企业技术中心，3家国家级企业技术中心。三是积极引导、鼓励企业开发新产品，加强产学研联合。为了进一步鼓励企业以市场为导向，开发适销对路、节能降耗、高附加值的新产品，全年共下达了新产品项目计划6批，258项；产学研联合开发项目5批，420项；积极申报国家重点技术创新项目和国家重点新产品试产项目，有9个项目列入国家重点技术创新项目，4个项目列入国家重点新产品试产项目，下达扶持资金3000多万元，有力地促进了一批科技成果转化为现实生产力和高技术含量、高附加值和具有自主知识产权产品的开发及商品化。与此同时，积极开展新产品确认和优秀新产品奖评定工作，评审认定并经省政府批准授予26项产品为1998年度福建省优秀新产品，其中二等奖2项，三等奖24项。确认1999年省级新产品79项，其中国内领先水平以上39项，占总数的一半，表明福建省新产品开发的水平和质量有了较大的提高。四是加强名牌产品的规划和培育，推动企业实施名牌战略。1999年通过企业开展争创名牌活动，又有41个产品被福建省政府授予省名牌产品称号。同时，为了扩大福建省名牌产品的知名度，福建省经贸委会同省委宣传部组织全省主要新闻单位深入名牌产品企业进行采访报道，组织了福建名牌产品免费上网，加大了名牌产品的宣传力度。恒安、实达、厦新、南孚、万利达、惠泉、厦华等企业花巨资在中央台进行广告宣传，有力地树立了福建省名牌产品的形象，也为企业带来了显著的经济效益。至1999年底，福建省企业已拥有220个名牌产品，1999年名牌产品销售额可达469.8亿元，占规模以上企业产品销售收入22.2%，实现利税69.29亿元，占全省独立核算工业企业的24.39%。

市场流通与国内贸易

1999年，全省各级内贸部门认真贯彻落实中央和省经济工作会议精神，以扩大内需、开拓市场为重点，提高经济运行质量与效益为中心，积极推进流通体制改革和企业改革，健全商品市场流通体系，促进内贸经济进一步发展。在通货紧缩、需求不旺的市场态势下，全省社会消费品零售总额继续保持了较高速度的增长，消费品市场供需结构性矛盾有所缓解，消费品市场亮点开始出现。全年实现社会消费品零售总额1246.25亿元，比上年增长10.08%，城乡市场基本同步增长；但物价仍处于低位运行，全省商品零售价格指数同比下降3.5个百分点。

（一）努力扩大内需，大力开拓市场

1999年，各地都把扩大内需、开拓市场作为全年的重点工作来抓。福建省政府专门召开了“扩大内需、开拓市场专题座谈会”，省及有关部门领导、高校和科研机构专家学者共80多人出席会议，发表论文23篇。省政府还投入了大量的人力、物力，举办了全省第三届工业品博览会；省经贸委组织全省工商企业参加“上交会”；省乡镇企业局受省政府委托牵头在“世博会福建周”期间举办了昆明福建精品展销会。各地开拓市场工作做得有声有色，成效明显。1999年全省各地市共举办各类展销会、贸洽会、交易会等242场，有18237个企业参加，现货销售21.07亿元，合同交易额388.53亿元；通过办展新设经销网点2124个。其中地市主办64场，现货销售4.59亿元，合同交易额186.6亿元；县级举办62场，现货交易14.5亿元，合同交易额133.23亿元。组织企业参加各类会展116场，现场交易1.98亿元，合同成交70.7亿元。各地市还把会展业作为开拓市场、拉动地方需求、提高经济实力的重要举措来抓，出台了促进与规范会展业的政策措施，投入资金改造完善展馆、会展中心等。如福州成立福州会展有限公司，建设国际会展中心，成功举办了各种大型会展15场，其中全国性的大型会展4场，总成交额上百亿元。各级内贸部门在重视开拓市场的同时，还积极采取措施抓好商品结构、业态结构、商业布局、商业功能的调整优化，大力拓展新的消费领域和培育新增长点。福州市在对全市153个乡镇经济发展情况进行调研的基础上，选择了20个商贸基础好、交通便利的周边乡镇，培育和营造年销售额上5亿元的农村商贸旺镇，在探索开拓农村市场的新形式、新途径方面迈出了可喜的一步。厦门市以发展早餐工程等形式完善社区服务带动商业功能调整，对促进消费需求起到了积极作用。

（二）继续推进内贸企业改革和脱困工作

1999年，福建省内贸企业以产权制度改革为重点，采取股份制、租赁、拍卖、破产、兼并、国有民营等多种形式进行改制、改组，减员增效，并加强企业管理，努力拓展经营。1999年底，全省商业系统已有95%以上的企业通过各种形式进行改制。53家国有大中型商业企业有13家实行公司制改造，占24.5%。“三改一加强”给企业带来新的生机。泉州华联集团、漳州糖酒副食品公司、宁德地区商业总公司等一批困难企业，经过改革不但摆脱了困境，而且获得了新的发展。三明商业集团公司、福州民天集团公司等企业通过联合兼并，做大了企业，取得了良好的规模效益。福建东百集团公司、南平百货公司等企业通过股份制改革，转换了企业经营机制，效益上升。龙岩紫金商业集团公司、福州糖酒副食品总公司等企业大胆走连锁经营发展路子，也取得了一定成效。各地在加快搞活国有内贸企业同时，还积极鼓励发展民营流通企业，促进民营经济继续保持快速增长的势头。如福建华榕超市集团公司连锁超市门店达到103个；泉州丰泽华大奇龙物流有限公司建成了全省最大的物流配送中心，仓储面积2万平方米；泉州超市年销售额占全市社会消费品零售总额达到10%。

新型营销方式与业态的发展，促进了商业经济结构进一步得到优化调整。

（三）加快建设商品流通市场设施和配套服务体系

1999年底，全省共有各类商品交易市场1298个，其中批发市场167个，零售市场1122个，工业品综合市场50个，农产品综合市场825个，其他综合市场167个。各地有规划地在主要商品集散地建设新市场的同时，加强对现有重点市场的改造和完善，提高管理水平，增强市场功能，扩大交易规模，增强辐射能力。福建省还调剂部分资金用于扶持部分边界县市的边贸市场建设，以调整优化我省商品市场设施建设的总体布局。全省75个地、市、县组建了农产品信息服务中心，并实现了全省联网。福建农产品信息网于1999年8月正式开通，到年底就接收信息30万余条，发布供求信息2万多条，在引导生产，搞活流通，促进农民增收方面发挥了积极的作用。

（四）继续加强副食品产销工作

一是全面完成基地生产目标任务。1999年全省城市副食品基地饲养生猪170万头，提供调控上市110万头，分别完成年计划的130.77%和115.79%；提供上市蛋品4500万公斤，完成年计划的104.65%；上市肉牛1.10万只，山羊5万只，分别完成年计划的110%和111.11%；种植蔬菜20.6万亩，上市量83.2万吨，分别完成年计划的103.5%和110.9%；发展库湾网箱养鱼6100个，上市水产品26.4万吨，分别完成年计划的203%和120%。二是加强基地生产建设，提高基地生产规模化、集约化水平。至1999年底，全省城市建有年出栏商品猪万头以上的直控基地场76个，年存栏5000只以上的蛋禽直控基地75个，500亩以上的连片蔬菜直控基地100片，50亩以上的水产品直控基地80个。基地产销管理和建设工作日趋规范。多数城市基地实现了生猪规模自繁自育，增强了科技应用能力，提高了集约化水平；喷灌自动化、栽培大棚化、耕作精细化的蔬菜生产基地增多。不同形式、不同层次规模的副食品生产基地已在全省形成，并得到了巩固和发展。三是推动基地研究、应用、推广科技成果。1999年全省直控生猪基地全部实现了计算机管理。晋江、南安等部分基地与科研院校合作的生猪预混饲料科研项目和多种蛋黄抗体研制项目取得进展。福州、诏安等地蔬菜良种繁育基地培育的良种蔬菜已获成功，并得到推广应用，初步扭转了福建省蔬菜种子大量依靠省外、国外调入的局面。四是加快建设完善以副食品批发市场为中心的市场体系。

各地继续加快"菜篮子"批发市场建设，新建一批批发市场陆续投入使用。在1999年第14号强台风灾害中，蔬菜批发市场对稳定灾区市场物价发挥了重要作用，短短一个星期左右时间，灾区的菜量、菜价就基本恢复到正常水平，得到社会各界的称赞。

（五）充分发挥社会中介服务组织功能

1999年各地积极探索、发展社会中介服务组织管理全社会商业的途径和方式，增强对社会大流通的管理能力。各地一方面积极促进建立各个专业性协会，一方面加强对中介服务组织的引导和管理，促其规范运作，发挥其作为政府和企业之间的桥梁与纽带、行业内部的协调管理、企业互助、行业自律等方面作用，对政府管理全社会商业、企业经营的拓展和民间贸易的繁荣活跃起到了重要的促进和推动作用。南平市政府为长远解决闽北农副产品流通问题，组建了农副产品营销协会，到1999年底，全市已建立粮食、食用菌、蔬菜、木材、笋竹、特色水产、茶叶、水果、药材等10个农副产品营销专业协会和市、县、乡分会160多个，民间购销队伍16万多人，各类专业推销队伍7万多人，1999年组织推销各类土特农副产品达30亿元。但是福建省内贸流通领域也存在一些不容忽视的问题，地市发展不平衡，市场增长幅度差别较大，国有内贸企业经济效益总体不理想，深层次矛盾日益突出，改革难度加大等。

经济联合和合作

1999年，全省认真贯彻福建省委、省政府《关于进一步加快山区发展的决定》，大力推进外引内联、山海协作，经济技术联合与合作项目增多、规模增大，有力地促进了区域经济的共同发展。全省1999年共签订经济技术协作和联合项目3000多项，投资总额超过800亿元。

1. 区域经济联合发展步入有序、健康、迅速发展的阶段。

1999年继续加强闽浙赣皖13地市协作区和闽粤赣13地市经济合作区建设，完善运行机制，使协作区的功能得到进一步的发挥，特别是在一些难度高、投资大的项目联合和实施中发挥了举足轻重的作用。1999年，区域经济联合发展计划正按照既定的目标顺利实施，合作共建的铁路和高等级公路等大型项目进入全面实施阶段。

2. 内联在对外联合招商中的比重不断上升。

1999年，继续加大厦门中国投资贸易洽谈会、福州国际招商月中的内联力度，厦门贸洽会首次专门设立了内联组，部分山区内陆省地市联合在厦门贸洽会和福州国际招商月上开展招商引资,有力促进了内联的发展。厦门第三届中国投资贸易洽谈会，达成的内联合作协议126个、金额47.21亿元人民币，其中合同项目38个、金额7.7亿元；在福州招商月中，莆田、三明、宁德、南平四地市共签约项目110个，其中内联项目77个。

3. 省际间交流合作在开拓市场中发挥了积极作用。

各地协作系统充分发挥网络和组织优势,积极组织企业走出省门,加强交流合作,促进了商贸流通。福州市先后组织了福州名优特产品到南宁、银川、沈阳举办了三场展销会，共签约订货项目475项，总金额达40多亿元；厦门市组织企业到西安举办商品展销会，成交18亿元，同时还签约合作项目100项，总投资7亿多元；漳州市到哈尔滨、龙岩市到汕头、南平市到上海、莆田市到成都分别举办经贸会、展销会，都取得较好成效。

4. 个私经济参与经济技术联合与合作得到发展。

1999年，在加强产业结构调整和相关配套政策出台推动下,个私经济积极参与经济技术联合与合作。如莆田市与福州、三明、南平开展的24个合作项目中，个私经济参与了23个项目；福州市个私企业投入合作领域的资金近30亿元，表明了个私经济在经济技术联合协作中的独特优势。

5. 山海协作、对口帮扶力度加大。

山海协作、对口帮扶是福建省进一步加快山区经济发展的一项重要措施。各地市按照省里和地市的部署都相继建立了对口帮扶对子,成立了山海协作领导小组办公室，编制了山海协作重点项目，在政策上予以倾斜扶持。龙岩市确定了47个山海协作重点项目,建立了帮扶项目65个;南平市近2年共签订山海协作项目212项（已实施187项），确定了重点项目50项，其中千万元以上项目16项。

6. 对口支援较好地完成了任务。

在出色完成第一期援藏任务基础上,第二批援藏工程项目已开工82项，总投资1.62亿元，已完工53项，完成投资8163万元。福建省与三峡库区开展经济技术合作成功项目达58项，其中实业项目48项，总投资15492万元，福建省投入9423万元。自1993年以来，我省共接收了三峡库区大中专毕业生1830名，帮助就业2582人，安排劳务人员840人;无偿捐赠三峡库区教育和社会公益事业75项，折合人民币2815.84万元，其中捐建希望小学及幼儿园10所;培训库区各类干部450多人，挂职交流干部共5批37人；建立省级对口支援基金2000万元，已到位1600万元。援疆工作开始起步，20位进疆干部已到达昌吉州开始工作，有多批昌吉州代表团先后来闽参观考察。

7. 驻闽机构和内联企业进一步壮大发展。

驻闽机构和内联企业不但为福建引进了一些技术含量高的项目，也带进了一批资金，为福建经济发展做出了贡献。1999年，厦门市新增内联企业151家，引进内地资金4.9亿元，实现工业总产值5.6亿元，实现利税4000多万元。到年底，在厦注册内联企业已达3867家，注册资金99亿元，引进内地资金76亿元；各类驻厦办事处655家，其中政府部门388家，企业257家。在福州设立的外地驻榕机构1999年新增60家，累计达572家。

（陈国樑　戴文益　林明光）

附表1　**1978～1999年福建省国内生产总值**　单位：亿元

年份	国内生产总值	第一产业	第二产业	其中：工业	第三产业	其中：批发零售贸易餐饮业	人均国内生产总值（元）
1978	66.37	23.93	28.19	23.85	14.25	3.47	273
1980	87.06	31.95	35.68	29.55	34.44	5.08	348
1985	200.48	68.13	72.56	62.09	59.79	15.17	737
1990	522.28	147.01	174.47	150.55	200.80	49.53	1763
1995	2145.92	464.82	910.56	764.64	770.54	201.42	6787
1996	2560.05	537.38	1065.79	895.90	956.88	253.23	7990
1997	2974.50	576.63	1267.64	1066.29	1130.23	299.87	9282
1998	3286.56	610.04	1401.11	1165.13	1275.41	332.59	10066
1999	3350.24	628.86	1507.29	1268.95	1414.09	353.48	1079

附表2　**1978～1999年福建省独立核算工业企业主要经济指标**

类型	年份	固定资产产值率（%）	固定资产利税率（%）	产值利税率（%）	销售收入利税率（%）	资金利税率（%）	年末资产总额（亿元）	固定资产净值年平均余额（亿元）	流动资产年平均余额（亿元）	产品销售收入（亿元）	利税总额	上交税金利润总额（亿元）
全部工业企业	1978	123.68	27.23	22.02							12.21	6.75
	1980	126.56	25.43	20.09	21.47		84.84	38.80	28.06	67.25	14.44	8.26
	1985	136.74	24.89	18.20	18.85	17.28	164.30	68.36	60.90	136.58	25.74	13.55
	1990	160.96	18.39	11.42	12.76	11.13	451.91	165.93	189.07	352.56	44.97	16.09
	1995	173.15	13.16	7.60	8.04	7.69	1927.61	677.17	813.89	1624.22	130.54	48.16
	1996	162.88	12.13	7.45	8.15	8.18	2253.46	852.88	922.83	1780.74	145.20	55.12
	1997	140.43	11.80	8.40	8.74	8.19	2579.63	1048.14	1032.84	2043.26	170.38	68.62
	1998	132.31	10.36	7.83	7.78	7.43	2626.33	1092.93	1054.48	2051.62	159.61	55.76
	1999	124.97	11.37	9.09	9.76	8.27	2890.62	1272.41	1157.92	287.26	201.05	87.38
国有工业企业	1978	107.56	25.23	23.46				28.29			10.25	5.53
	1980	111.72	24.43	21.87	22.95		71.49	34.16	21.84	52.86	12.13	6.82
	1985	117.32	25.18	21.46	21.31	18.29	124.80	55.52	40.97	99.06	21.10	11.07
	1990	129.76	19.10	14.72	15.56	12.20	297.59	118.45	116.61	213.01	33.14	11.91
	1995	100.88	12.22	12.11	12.59	8.50	771.57	302.33	266.83	512.99	58.91	15.17
	1996	91.61	13.19	14.40	16.59	10.69	816.10	383.94	297.21	508.63	72.80	25.28
	1997	71.22	12.81	17.99	17.99	10.94	869.78	413.13	272.35	479.80	75.02	30.24
	1998	62.30	11.41	18.31	15.77	10.35	803.44	402.62	248.74	427.69	67.44	17.86
	1999	58.79	11.19	19.03	18.23	10.24	836.82	453.90	246.32	458.11	71.71	20.91
集体工业企业	1978	278.91	46.45	16.65							1.96	1.22
	1980	229.73	32.40	14.10	16.06		13.15	4.64	6.02	14.38	2.31	1.44
	1985	196.99	23.06	11.71	12.93	13.65	32.63	11.51	15.37	30.79	3.98	2.15
	1990	203.23	15.44	7.60	8.72		76.75	25.35	33.50	68.65	5.98	1.79
	1995	284.10	19.47	6.85	7.84	10.70	190.83	66.38	93.41	248.98	18.30	5.35
	1996	289.48	17.50	6.05	7.72	10.64	202.95	76.63	99.39	266.54	18.73	5.31
	1997	240.08	17.15	7.14	8.13	10.64	237.35	95.51	85.30	294.00	21.96	6.40
	1998	253.23	16.09	6.35	6.38	9.49	137.09	47.40	68.79	172.75	11.03	3.43
	1999	230.29	16.07	6.98	7.67	9.56	126.21	47.26	64.51	155.94	10.69	3.80
其他经济类别工业企业	1978						0.20		0.20	0.01		
	1980	503.70	107.41	21.32	27.10		6.87	1.33	4.56	6.73	0.66	0.33
	1985	390.09	28.45	7.29	9.81	14.95	77.57	22.13	38.96	70.90	5.85	2.39
	1990	277.93	18.13	6.52	8.25	9.48	965.21	308.46	453.65	862.26	53.33	27.64
	1995	231.91	12.83	5.53	6.49	6.72	1189.41	392.31	526.23	1005.57	53.67	24.53
	1996	210.18	9.97	4.75	5.74	5.84	1472.50	539.50	675.19	1262.33	73.40	31.98
	1997	178.41	10.04	5.63	6.27	6.17	1685.80	642.91	736.95	1451.18	81.14	34.47
	1998	169.92	9.22	5.42	4.95	5.23	1927.59	771.25	847.09	1673.21	118.65	62.67
	1999	158.32	11.18	7.06	7.77	7.33						

注：本表流动资产年平均余额，1993年以前为流动资金年平均余额；产品销售收入含销项税。

厦 门 市

综 述

1999年，厦门市国民经济受到亚洲金融危机余波和国内市场有效需求不足的影响，又遇到四十年来最大的强台风正面袭击。在这种严峻的形势面前，全市人民在中共厦门市委、厦门人民政府的领导下，团结拼搏，千方百计克服各种困难，继续坚持“减负、增投、促销、增效、节支”的经济发展方针，促使国民经济保持快速发展。1999年全市实现国内生产总值458.29亿元，按可比价格计算，比增14.9%。其中第一产业增加值21.0亿元，下降2.7%，第二产业增加值246.02亿元，增长20.8%，第三产业增加值191.27亿元，增长6.5%，人均国内生产总值34735元，比增14.8%。在经济增长的同时，积极培育重点税源，加强税收征管，全市财政收支状况良好，为经济建设和社会事业发展提供有力保障。全年实现财政总收入66.24亿元，比上年增收9.57亿元，比增16.89%。其中，地方级财政收入41.88亿元，上划中央“两税”收入24.36亿元，分别增长19.25%和13.06%。全年财政支出45.57亿元，增长17.93%。

国企改革与制度创新

厦门经济特区自创建以来，随着外资企业的不断发展和激烈的市场竞争，国有企业在长期的计划经济体制下造成的一系列问题，越发显露出来，面临严峻挑战和考验。为此，国企改革已成为厦门市经济体制改革的重中之重。

为了从根本上搞活国有企业，厦门按照中央关于国有企业改革的总体部署，适时提出“大处着眼、小处入手、因地制宜、分类指导、重点突破、全面推进”的改革思路，始终围绕发展这条主线，以资本运营为纽带，努力从整体上搞活国有企业，逐步建立起适应社会主义市场经济要求的国有工业运行新机制，实现了国有工业资产的快速增值和运行质量的显著提高。通过盘活存量资产，调整国有资产的分布结构，使国有资产不断往支柱产业和优势企业集中，国有资产总量不断增加，国有资产增值率有所提高。1999年全市独立核算的国有及国有控股工业企业151家。固定资产净值91.89亿元，比1981年增长40倍；流动资产101.57亿元，比1981年增长45倍；实现利润总额24.92亿元，比1981年增长12倍；实现利润总额10.26亿元，比1981年增长10倍。工业国投公司1993～1999年7年间，国有资产保值增值率分别达108.3%、108.9%、111.2%、112.8%、118.3%、109.1%和110.2%。

几年来，随着各项改革的不断深化，国有企业利润在税收、利息、社会保障、交通运输、水、电和工资等方面转移的幅度明显增加，国有企业负担改革成本与对社会的贡献远高于其他企业，对社会稳定和经济发展起到了重要作用。

厦门市国有企业改革与制度创新主要体现在以下几个方面：

1. 从产权制度改革入手，构建国有资产管理运营新体系。

2. 推进企业公司制改革，促进建立现代企业制度。

3. 对国有企业实行战略性重组，从整体上搞活国有企业。

4. 加大国有企业改造力度，促进企业技术不断进步。

5. 加强企业管理，不断提高企业经济效益。

6. 适时推出改革配套措施，为深化企业改革创造宽松环境。

(1) 增资减债，为企业减轻历史负担。

(2) 健全和完善保障体系，确保改革的稳健推进。1999年全市完成养老登记单位7082户，登记职工32.51万人；失业保险登记单位8108户，登记职工39.22万人，基本实现了社会保险全覆盖。全市社会保险基金收缴率达92%以上。1999年末城镇登记失业率为3.26%。从而在全市逐步建立以社会保险为核心，以社会最低生活保障线为中心，以社会互助救济为补充的具有厦门地方特色的新型社会保障体系。

(3) 实施再就业工程，保障企业改革的稳步发展。1999年下岗2587人，其间1334人再就业，再就业率为51.6%，其余下岗未就业的也分别进入了再就业服务站点。

技术创新与技术改造

1999年厦门市认真贯彻落实中央12号文件精神，中共中央《关于国有企业改革和发展若干重大问题的决定》，中共中央、国务院《关于加强技术创新，发展高科技，实现产业化的决定》，以及市委、市政府《关于贯彻中共中央、国务院〈关于加强技术创新，发展高科技，实现产业化的决定〉的实施意见》的精神，进一步实行"减负、增投、促销、增效、节支"等一系列措施，全市共完成固定资产投资192.46亿元，完成年计划的96.7%，增长5.9%。其中基本建设投资77.76亿元，增长13.6%，占全社会固定资产投资的比重提高到40.4%；更新改造投资完成20亿元，增长6.8%，比重提高到10.4%。全年共下达技术改造项目计划5批71个，总投资29亿元；共安排重点基本建设项目48个，年度投资69.33亿元，实际完成56.28亿元，完成计划的81.0%。全年主要工业企业开发新产品113项，新产品现价产值55.08亿元，新产品利税5.33亿元，分别比去年增长55%和47.6%。新产品率为13.11%。

主要工作与措施如下：

1. 加快城市基础设施建设。国家重点工程海沧大桥建成通车，海沧铁路、厦门港十万吨级航道一期、环岛路二期、白鹭洲路、鹭江道改造等基础设施项目，以及厦华电子工业城一期、太古飞机维修二期等新经济增长点项目的建成，国际会展中心主体封顶，为厦门市今后的经济发展和改善城市形象创造了良好的条件。

2. 突出重点行业、重点企业、重点项目，加强技术创新、技术改造项目的引导和扶持。围绕厦门市的机械、电子、化工三大工业支柱产业以及优势行业、重点联系的150家重点企业的增加品种、改进质量、提高效益、替代进口、扩大出口以及高新技术产业化的项目；制定技术创新、技术改造年度工作计划，加大引导和扶持力度，实行项目"一条龙"管理，以提高企业的技术开发能力和市场竞争力，增强重点行业、重点企业优势的发挥。实施了宏发继电器、法拉电容器、厦新数字无绳电话、三圈日化镍—锌电池等25个重点技改项目，会同市财政安排950万元用于技术改造、技术创新和产学研资金。

重点支持了厦华电子公司保密手机、鼎炉实业总公司的中成药御制平安丹、锻压机床有限公司的伸拉式压力机等18个技术创新项目；厦新的多功能四合一办公设备、建发制药心脑血管药物开发、通士达大功率高功率一体化节能灯等10个产学研项目；厦华、厦新、宏发、华联、通士达、三圈日化、造船厂、特宝、中药、涌泉等企业的16个技术改造项目。

3. 积极推进产学研联合。为了充分发挥产学研联合在现行企业技术创新中的作用，1999年4月份由厦门市政协和西安市政协共同举办'99海峡两岸产学研合作洽谈会。这次会议共签订合同、协议、意向书69项，其中涉及联合生产29项，合作攻关15项，技术转让17项，洽谈项目总投资20亿元。有效促进了厦门市企业与高校研究所的联系与合作，促进科技成果的产业化和商品化。11月份，全市有20个企业600多人参加了福建省"五新"项目推介洽谈会，推出技术难题54项，并围绕电子信息、机械装备、生物工程、新材料等4个主导产业，与有关机构签订合作意向、合同等34项，为厦门市产学研合作和高新技术的产业化注入生机。

4. 按照国家"增投"的方向和要求，积极争取国家财政债券技改专项和"双高一优"计划。为扩大内需，加快产业升级，保证国民经济持续健康发展，党中央、国务院决定，增发600亿国债，其中90亿用于贴息、补助，支持重点行业、重点企业、重点产品的技术改造。厦门市在申报列入国家"双高一优"技术改造计划28个项目的基础上，申请国家财政债券技改专项。至1999年为止，厦华电子公司手机、厦华电子公司电脑、宏发电声公司继电器、法拉电子股份公司电器、华联电子公司光耦合等5个项目，已列入国家第一批、第二批和第三批财政债券项目，5个项目总投资7亿元，专项贷款4.5亿元；厦华手机、宏发继电器两个项目，国家已下达资金计划，专项贷款1.7亿元已获中央、地方的补助。

5. 加强国家技术创新、技术改造项目的衔接，争取国家资金的支持。做好厦门化肥厂制酸工艺改造、厦华冰蓄冷空调、华联控制器、宏发继电器、金鹭钨粉、碳化钨等5个项目竣工验收，并获得国家技改贴息1028万元。积极争取国家环保专项措施资金的支持，华纶印染等3个项目获得国家补助200万元。宏发超小型电磁继电器、厦华保密手机、涌泉马尾松脱脂深加工、厦新数字无绳电话、三圈日化镍—锌电池、锻压机床的压力机等6个项目，列入国家技术创新计划，总投资13670万元，专项贷款7950万元，并获得国家补助。中成药御制平安丹、电控厂开关柜、厦华多媒体彩电和传真机、华联遥控放大器和冰箱控制器等6个项目，列入国家新产品试产计划，也获得国家补助。1999年，厦门市的企业技术创新、技术改造项目，共获得国家、省补助1528万元。有效地降低了这些企业技术改造的成本和技术创新的风险。

6. 认真落实国家、省、市推进企业技术进步的税收政策，引导企业用好用足国家关于引进设备的优惠政策，对符合国家产业政策的国内投资项目，进口设备免征关税和进口环节增值税，共办理引进设备确认书30份，用汇3699.6万美元，免税约1480万美元。有效地支持企业技改，提高了企业技术装备水平；引导企业用好新产品增值税地方新增部分返还的政策，有27家企业100种新产品，获得退税3000多万元。

7. 加强技术创新、技术改造项目的宏观管理，提高项目的水平和效益。重点围绕电子信息、机械装备、生物工程、新材料等新兴技术，做好项目的调研和选择，防止低水平的重复建设，把技术创新、技术改造的重点调整到"质量、品种、效益"和"替代进口，扩大出口"上来。引导企业利用当前银行利率低、建材成本低的机会，加大对技术创新、技术改造的投入。

对外经济贸易

（一）引进境外资金与外商投资企业的发展情况

1. 1999年，厦门市共批准直接利用外资项目209个，比上年减少14.69%，协议利用外资12.87亿美元，减少23.79%，实际直接利用外资13.42亿美元，减少2.84%。全年累计增资扩产项目126项，增加协议外资5.8亿美元，占全年协议外资总额的45%。从协议利用外资国别和地区看，美国3.79亿美元、香港3.34亿美元、台湾2.03亿美元、英国1.63亿美元，分别占全市协议利用外资总额的29.43%、25.93%、17.16%和12.64%。

2. 至1999年底，厦门市已累计批准外商投资企业4731家，协议利用境外资金165.23亿美元，实际到资104.2亿美元，引进了一批知名跨国公司如美国柯达、波音、通用电器、DELL，德国林德，瑞士ABB，荷兰飞利浦，日本松下、富士、东芝，香港和记、黄埔等的投资项目和翔鹭纺纤、灿坤实业、进雄企业、正新橡胶、华亚管材、明达玻璃、翔鹭PTA、胜特兰秦岭宇航、ERC镍锌电池等大型外商投资企业。

3. 外商投资企业对推动厦门市工业经济快速发展发挥了重要作用。1999年全市实现工业总产值698.83亿美元，比上年增长24.1%，其中外商投资企业完成工业产值478.55亿元，比上年增长24.1%，占规模以上工业企业（即国有企业及年销售收入在500万元以上所有工业企业）实现产值的83.96%。1999年全市工业产值净增在5000万元以上的企业30家，净增86.49亿元，其中外商投资企业27家，净增83.21亿元，占全部净增额的96.2%。在生产快速发展的同时，外资企业总体盈利水平明显提高，1999年厦门华侨电子企业有限公司、厦门灿坤股份有限公司、厦门ABB开关有限公司、厦门正新橡胶有限公司、厦门华夏电力投资有限公司等企业盈利大户实现利润大幅度增长。1998年亏损的翔鹭（厦门）涤纶纺纤有限公司、厦门明达塑胶有限公司、厦门华亚塑胶有限公司和厦门华懋织染有限公司等企业实现扭亏为盈。

（二）涉外投资与国际合作

1. 为推动境外加工贸易合作，厦门市认真贯彻执行国办（1999）17号《国务院办公厅转发外经贸部、国家经贸委、财政部关于鼓励企业开展境外带料加工装配意见的通知》，出台了《厦门市关于积极促进境外企业和境外加工贸易发展的若干意见》（厦府［1999］综102号），对于每个境外加工贸易项目，只要经厦门市经发委、贸发委共同审核上报的，由财政资助10万元作为前期经费，对项目贷款厦门市政府再贴息2个百分点。1999年厦门市第一个境外加工贸易项目——厦华南非公司于9月正式投产，总投资120万美元，厦华电子股份有限公司以技术和设备投入，占60%的股份，主要生产和销售彩显、彩电、电脑和其他关联产品。同时，建立了厦门市境外加工贸易项目库，以进一步搞好此项工作。

2. 对外承包劳务新签合同增加，企业规范经营得到增强，主要市场经过拓展得到恢复，厦门市外派劳务人员增加，呈现良好的发展势头。1999年厦门市新签对外承包劳务合同额4658万美元，比增74%；完成营业额7069万美元，派出人员2974人次，其中厦门市劳务人员1581人，同比增加11%，期末在外人数8547人。香港、澳门、以色列、毛里求斯、越南、柬埔寨等劳务市场出现较大幅度的增长。

（三）对外贸易

1. 根据海关统计，1999年厦门市对外贸易进出口额为796252万美元，比1998年增长4.76%。其中出口总值443587万美元，比增3.42%；进口总值352665万美元，比增6.49%。全市进出口贸易顺差 90922 万美元。

1999 年进出口贸易的主要特点：一是外贸结构得到优化。1999 年，工业制成品出口占出口总额的 90.4%，比上年提升 1.2 个百分点左右；机电产品出口增长了 14.25%，占出口总额的 40.6%，比重提高了 3.9 个百分点；高新技术产品出口增长 26%，达到 7 亿美元。一般贸易出口增长达 15.6%，比全国一般贸易出口增长高出 9.6 个百分点；出口收汇率 83.8%，保持较高的收汇水平。对欧美等发达国家出口增幅达 15.47%，对东南亚和日韩的出口由 1998 年年底下降 20.21%回升为正增长 8.3%，对 10 个新兴市场的出口增长 16.46%。二是千方百计扩大出口作为外经贸工作的中心任务，抓紧、抓实，始终保持良好的精神状态，面对困难，百折不挠。三是用好用足各项扶持外经贸政策，最大限度地发挥政策整体集成效应。四是多方出击，重点扶持，充分发挥各类企业扩大出口的积极性，以大经贸战略创造出口新优势。

2. 1999 年与厦门市有进出口贸易往来的国家或地区共 169 个，其中进出口额逾千万美元的国家或地区有 48 个，进出口总额 780812 万美元，占全市总额的 98.06%。1999 年厦门市的 10 大贸易伙伴分别为美国、日本、台湾、香港、韩国、德国、新加坡、英国、马来西亚和泰国，进出口总值 620359 万美元，占全市进出口额的 77.91%。

3. 1999 年厦门市初级产品进出口额为 69678 万美元，占进出口总额的 8.75%，进出口工业制成品 726575 万美元，占进出口总额的 91.25%。其中进出口逾千万美元的商品有 163 种，进出口额 479544 万美元，占全市各种商品进出口贸易额的 60.23%。

4. 1999 年厦门市进出口贸易方式：一般贸易进出口 305434 万美元，占全市的 38.36%；加工贸易进出口 384429 万美元，占全市进出口的 48.28%；其他贸易方式进出口 106389 万美元，占全市进出口的 13.36%。

5. 对台贸易工作取得了新的突破。1999 年第三届“台交会”取得圆满成功，签订出口合同和协议约 2 亿美元，其中合同金额近 4800 万美元，到会客商展示商品、洽谈成果明显好于前两届。通过加强对台小额贸易的协调服务与规范管理，有效地调动了企业从事对台小额贸易的积极性。厦门市大嶝对台小额商品交易市场，自 1999 年 5 月 1 日开业以来，共组织进口台湾产品货值 300 万美元。厦台经贸交流日趋活跃，1999 年共接待台湾经济界人士 26 批 274 人次，组织 5 批 52 人次赴台考察市场。通过举办对台贸易培训，开展贸易咨询和信息服务，促进了全市乃至祖国大陆对台贸易的发展，1999 年全市对台进出口贸易比增 7.23%。

（林琪梅　周雪燕　杨新法
徐华堆　曾华山　林　瑜）

附表 1　　1978～1999 年厦门市工业总产值　　单位：万元

年　份	国有经济	集体经济	私营经济	联营经济	股份制经济	外商投资经济	港澳台投资经济	其他经济
1978	57876	16893						
1979	62785	19801						
1980	72644	24035						11
1981	80511	26005						20
1982	86436	25292				1410		39
1983	91660	27040				1422		88
1984	110447	32059		1770		4512	1469	62
1985	130646	40753		35070		4083	6208	1762
1986	150235	40279		32537		5607	14540	3663
1987	169063	46290		71083		10117	26241	5772
1988	189044	65772		153497		26854	39186	7218
1989	209634	54528		177644		41016	63037	19546
1990	338268	68173		234759		89326	101063	27702
1991	354466	82483		24816		123811	458772	50370
1992	404809	107312		18475		176462	615924	64709
1993	393000	143400	1400	34700	297300	315700	513000	157900
1994	394881	151624	5239	29444	265204	423196	969367	253513
1995	414923	171534	2041	51520	59501	551077	1743001	238197
1996	398958	195323	45367	51195	62064	752302	2223778	304540
1997	426082	221401	52415	51214	57005	818851	2925806	456322
1998	330406	225566	152302	123008	86517	984266	3313150	661491
1999	416394	184216	121672	128366	110312	5014070		10119

附表 2　　1980年以来厦门市独立核算企业主要指标

项　　目	单位	1980年	1985年	1990年	1995年	1996年	1997年	1998年	1999年
职工人数	人		104837	144409	252983	252225	277939	239524	259066
#国有企业	人		61002	66483	52085	47741	45443	34686	27648
集体企业	人		38382	32710	30433	27891	26349	9434	9005
三资企业	人		1012	39879	159075	163746	189556	177225	194857
总产值（现价）	万元	84012	213840	745863	3328218	3789746	4447169	4799969	5751124
#国有企业	万元	66084	136498	316463	489999	451140	490146	418531	416394
集体企业	万元	17928	34367	63349	177329	188995	189997	119007	126295
三资企业	万元		37993	343322	2514775	2955841	3581352	3960145	4831577
总产值（不变价）	万元	84181	205961	820370	2982822	3588728	4318684	4913306	6247079
#国有企业	万元	65677	125797	330885	409159	392762	422137	330406	302122
集体企业	万元	18504	35639	66705	168231	193609	220348	152412	129417
三资企业	万元		39363	399680	2292370	2843586	3518044	4132933	5322616
资本金合计	万元				201386	222192	252945	2797140	3126255
#国有企业	万元				54686	57100	72841	518989	563303
集体企业	万元				1095533	1339792	1613712	52504	43821
三资企业	万元							1998262	2219654
流动资金合计	万元				2276309	2454465	2830934	2886440	3403812
#国有企业	万元				390005	384989	435918	350500	357684
集体企业	万元				114850	111785	125456	71467	60965
三资企业	万元				1680453	1822354	2134906	2239523	2688554
流动资产平均余额	万元	25617	68109	392312	2080616	2299187	2613842	2693347	3175187
#国有企业	万元	19381	38426	180610	362241	384143	396907	360382	335583
集体企业	万元	6236	11525	33406	105327	105216	124304	68585	56238
三资企业	万元		3132	163785	1530220	1690796	1967630	2052421	2493223
固定资产净值平均余额	万元	24716	58069	319963	1377603	1898368	2376290	2580500	3071621
#国有企业	万元	21104	40245	192674	393335	464841	590024	440977	503490
集体企业	万元	3612	8746	16648	42280	47772	58639	37610	22439
三资企业	万元		1652	101669	890430	1312250	16547019	2000976	2368624
资产总计	万元				4492864	5441665	6352051	6487526	7590715
#国有企业	万元				991981	1084651	1309738	1045407	1118295
集体企业	万元				188499	191308	228294	123295	101019
三资企业	万元				3103009	3880833	4531681	4875500	5770039
产品销售收入	万元	78543	187377	672192	3076214	3547418	4210337	4491361	5507220
#国有企业	万元	62718	133351	292571	531875	461523	491788	427900	457196
集体企业	万元	15825	32431	60935	176984	177176	173651	114659	120862
三资企业	万元		713	298395	2238387	2739158	3395390	3680275	4556249
利税总额	万元	18951	44139	89742	225908	240508	286052	412941	584391
#国有企业	万元	16796	37698	51083	89634	82765	86352	113070	135180
集体企业	万元	2155	4388	4761	12790	10795	17111	11282	11467
三资企业	万元		115	31871	104079	124639	168731	263622	403436

江　西　省

综　　述

江西属中部省份，地处沿海内腹，内地前沿。面积16.69万平方公里，人口4231.17万。江西地下矿产丰富，在全国已探明储量的155种矿产中，江西就有98种。铜、钨、铀、钽、稀土、金、银被誉为江西的“七朵金花”。

（一）国民经济概况

改革开放以来，江西国民经济取得了突飞猛进的发展。到1999年，全省完成国民生产总值1981.73亿元，比上年增长7.7%，同1978年相比，增长了7.09倍。1999年完成国内生产总值1962.98亿元，比上年增长7.8%，比1978年增长6.86倍。其中，第一产业增加值464.4亿元，比上年增长6%，占GDP的23.7%；第二产业增加值758.15亿元，比上年增长6.7%，占GDP的38.6%；第三产业增加值740.43亿元，比上年增长10.7%，占GDP的37.7%。

（二）工业总体情况

江西工业经过50年的发展，已经形成比较齐全的工业体系，轻重工业均得到长足发展，总量规模不断扩大，工业内部结构得到调整，行业实力有所提高，企业竞争力有了增强。医药、电子、汽车等行业在全国排位相对靠前，昌河飞机工业公司、江西铜业公司、江铃汽车集团公司、华意电器总公司、江中制药厂等企业在改革中不断发展壮大。

到1999年底，全省有全部工业企业293926户，其中规模以上3730户。乡及乡以上独立核算工业企业12527户，其中规模以上工业企业3634户。大中型工业企业461户。独立核算工业企业资产总额1878.62亿元，负债总额1300.48亿元，所有者权益575.32亿元，职工人数153.32万人，总资产贡献率5.27%，资本保值增值率116.19%，资产负债率69.23%，全员劳动生产率18683元/人。

到1999年底，全省规模以上工业企业资产总额1748.43亿元，负债总额1217.77亿元，职工人数120.84万人，总资产贡献率5.14%，资本保值增值率114.98%，资产负债率69.65%，全员劳动生产率20724元/人。

（三）工业主要产业情况

在全省细分的38个产业中，销售收入居前的有交通运输设备制造业、电力、蒸汽、热水生产供应业、食品加工业、有色金属冶炼及压延加工业等，前10个行业加上电子及通讯设备制造业，“九五”前四年销售收入、增加值年均增长5.26%和9.42%，高于全省平均水平2.21和1.75个百分点。其中，有色金属冶炼及压延加工业、化学原料及化学制品制造业和纺织业基础较好，有色金属冶炼、交通运输设备制造业、医药制造业等在全国具有一定的相对优势。

表1　　1999年江西省独立核算工业主要产业基本情况

产业分类	销售收入（亿元）	工业增加值（亿元）	固定资产原值（亿元）	利税总额（亿元）	实现利润（万元）	资产负债率（%）
总　　计	**889.89**	**286.44**	**1177.41**	**61.48**	**−8401**	**69.23**
交通运输设备制造业	100.28	25.54	82.91	5.74	1767	67.87
电力、蒸汽、热水生产供应业	91.71	31.92	246.67	5.49	−22332	59.95
黑色金属冶炼及压延加工业	61.97	9.91	66.87	4.60	9922	76.07
非金属矿物制品业	60.49	22.21	94.68	3.89	−2327	71.20
食品加工业	59.91	19.20	37.56	0.21	−10322	80.28
有色金属冶炼及压延加工业	57.15	11.91	111.77	1.62	−7941	52.29
石油加工及炼焦业	55.02	14.49	57.35	6.47	−8241	61.12
化学原料及化学制品业	52.66	13.36	76.48	1.86	−2480	78.13
纺织业	31.15	9.20	43.75	0.14	−13923	87.13
医药制造业	27.00	10.17	19.91	3.32	12340	65.21
电子及通讯设备制造业	11.40	5.46	13.84	1.11	4771	88.92

表2 "八五"以来江西省独立核算工业主要产业增长情况 单位:%

产业分类	工业增加值		固定资产		利税总额	
	1991～1995年	1996～1999年	1991～1995年	1996～1999年	1991～1995年	1996～1999年
总计	**19.48**	**7.67**	**23.09**	**11.74**	**16.43**	**3.16**
交通运输设备制造业	24.18	12.92	24.32	23.53	14.40	10.14
电力、蒸汽、热水生产供应业	40.02	8.25	28.01	16.99	24.46	—4.50
黑色金属冶炼及压延加工业	11.53	15.65	25.60	10.52		
非金属矿物制品业	21.18	3.49	25.51	8.92	24.05	—4.77
食品加工业	16.86	17.07	13.04	13.20	9.77	—42.79
有色金属冶炼及压延加工业	20.62	19.86	17.66	42.66	15.98	—4.03
石油加工及炼焦业	39.25	9.72	20.59	48.69	16.69	—4.20
化学原料及化学制品业	9.57	12.03	25.76	16.10	—6.59	9.79
纺织业	12.43	—1.72	23.09	2.19	1.99	—38.20
医药制造业	29.64	4.71	32.61	2.55	34.21	4.07
电子及通讯设备制造业	9.84	6.09	19.07	0.75	14.43	1.64

(四)工业主要产品情况

"七五"以来,围绕调整结构、扩大规模、提高质量,江西省新建、扩建、改建了一大批工业项目,大部分产品生产能力有了扩大,技术水平有了提高。汽车、无氟压缩机、照相机、钢材、水泥、烧碱、新闻纸等产品发展较快。汽车、中成药、日用瓷、硫酸、水泥等产品产量占全国的比重达到2%以上。江西铜业公司电解铜能力达20余万吨,硫酸能力达85万吨;昌河微型车已达到16万辆的生产能力,在同类型产品中全国规模最大;九九九厂、八九七厂的电子元器件规模在全国名列前茅。

表3 1980～1999年江西省主要工业产品产量

产品名称	单位	1980年	1990年	1999年
化学纤维	万吨	1.33	2.00	7.65
纱	吨	61791.00	80749.00	109102.00
布	万米	30011.00	30566.00	26315.00
机制纸及纸板	万吨	12.69	25.59	27.96
日用瓷	万件	33087.00	44969.00	52391.00
合成洗涤剂	吨	6298.00	17083.00	24696.00
机制糖	万吨	7.14	10.59	8.37
卷烟	万箱	22.32	47.02	41.20
成品钢材	万吨	46.65	92.32	228.60
原煤	万吨	1490.31	2027.11	1730.73
硫酸	万吨	4.00	43.59	62.77
烧碱	万吨	3.07	5.88	12.76
化学肥料	万吨	25.73	31.07	54.55
化学原料药	吨	860.00	10140.00	2594.00
交流电动机	万千瓦	36.02	88.45	48.51
汽车	辆	1463.00	9711.00	119915.00
照相机	万架	1.40	9.00	37.61
水泥	万吨	201.00	469.13	1315.02

工业经济

最近几年，国民经济和社会生活发生了显著变化，商品由短缺转为相对过剩，卖方市场逐渐转向买方市场。工业发展的市场制约日益增强。江西省在认真研究国内外市场变化的基础上，积极调整工业内部结构，充分挖掘企业的生产潜力，采取得力措施，保证工业生产较快增长，效益稳定提高。

（一）生产发展较快

1999年，全省全部工业总产值（总产值按当年价，下同）完成1806.61亿元，比上年增长8%（发展速度按可比价格计算，下同），是1978年的30倍。其中，轻工业810.79亿元，比上年增长7.9%，占全部工业的44.9%；重工业995.82亿元，比上年增长8%，占全部工业的55.1%。

乡及乡以上独立核算工业实现工业总产值974.23亿元，其中，国有工业584.38亿元，集体工业208.12亿元；轻工业352.85亿元，重工业621.39亿元。乡及乡以上独立核算工业实现工业增加值286.44亿元，其中，国有工业171.66亿元，集体工业63.00亿元；轻工业107.81亿元，重工业178.63亿元。

乡及乡以上独立核算工业规模以上实现工业总产值838.89亿元，其中国有工业584.38亿元，集体工业85.18亿元；轻工业291.24亿元，重工业547.65亿元。规模以上工业实现工业增加值248.87亿元，其中国有工业171.66亿元，集体工业25.32亿元；轻工业89.26亿元，重工业155.72亿元。

（二）效益有了好转

1999年，全省独立核算工业企业产品销售收入889.89亿元，比上年增长5.11%。实现利润8401万元，上年为76940万元，减亏89.08%。实现利税总额61.48亿元。其中国有工业实现产品销售收入546.82亿元，实现利润83409万元，实现利税35.42亿元；集体工业实现销售收入173.29亿元，实现利润46496万元，实现利税13.56亿元。轻工业实现产品销售收入287.76亿元，实现利润33185万元，实现利税25.68亿元；重工业实现产品销售收入602.12亿元，实现利润41587万元，实现利税35.80亿元。

（三）脱困有了进展

围绕“三年脱困”目标，充分利用国家政策，狠抓扭亏责任制、结构调整、制度创新、开拓市场、技术改造和加强管理等工作，扭亏脱困有了进展。列入国家6599户脱困企业名单的187户国有大中型亏损企业（中央直属43户，地方所属144户）中，已有70户企业取得阶段性进展，其中，36户通过兼并、破产被消灭了亏损源，34户企业扭亏为盈。

（4）总量得到控制

在扩大优势产品规模、提高效益的同时，对一些长线产品实行总量控制。坚持“关闭五小”，淘汰落后，减少工业污染源，促进经济总量平衡。到1999年底，煤炭关井2551处，超额完成了国家下达的任务，共压减生产能力1058万吨；小火电机组关停37.7万千瓦；淘汰小玻璃生产能力90万重量箱；小水泥拆窑56台，压缩生产能力31.7万吨；压缩淘汰落后棉纺锭27.11万锭。

通过一手抓生产的快速发展，一手抓效益的稳定提高；一手抓优势产品规模的扩大，一手抓长线产品的总量控制，江西工业经济运行逐渐走上良性循环的轨道。

结构调整和企业改组

江西省一直把工业结构调整作为工业工作的重心。“八五”时期，实施了旨在调整结构、提高素质、增进效益的工业调整提高攻坚战，五年五个战役，八大行业调整计划在汽车、医药、烟草等行业取得明显突破。“九五”时期把主攻工业的着力点放在扶优限劣，抓大放小，加快国有经济布局的调整和国有企业的战略性改组，利用优良资产的扩大带动存量资产的重组上，主攻结构效益、经济效益和科技进步效益。

（一）加快国有经济布局调整

加快国有企业的改革改组，收缩战线，加快退出，腾出空间供非国有企业投资经营。国有经济除了在少数行业和领域继续发挥作用，以及少数支柱产业和高新技术产业中的重要骨干企业保留外，其他行业和领域国有企业通过实施资产重组和产权制度改革，逐步退出。以便集中力量，加强重点，搞好大的，放活小的，提高国有经济整体质量和素质。省医药集团公司在抓好几家直属大型工业企业的股份制改造的同时，通过股权转让、债务重组等方式，退出部分中小医药企业，改变了医药行业国有企业一统天下的局面。南昌市抓了一批国有企业的“退出”，提出在市直国有（控股）工业企业中国有资产总额退出6%、力争8%的目标。宜春市按照“不求所有，但求所得，更求所活”的原则，不仅把国有经济从一些效益不好、规模较小的竞争性企业退出，还将一批有效益的市县国有骨干企业出让给民营和股份制来经营。通过国有经济的布局调整，国有比例有所下降，但是精干了主体。通过股份制等多种公有制有效实现形式，吸引和组织了更多的社会资本，国有经济在全省经济中的主导作用和控制力增强了。

（二）促进非国有经济加快发展

江西省非国有工业占的比重很小，外商和外资进入的不多，因此需要积极发展个私和民营经济。为了加强对非公有制经济发展的指导，省委、省政府专门下发了《关于进一步加快发展个体私营经济的决定》，要求提高政策水平和改进服务，为个私经济发展创造公平的竞争环境，引导和鼓励私营企业上规模、上水平，促进全省经济所有制结构的调整。在医药、电子等高技术、高利润、高风险行业以及食品等充分竞争行业，民营企业迅速壮大，涌现出像汇仁集团、清华泰豪公司、煌上煌实业有限公司等民营企业，汇仁集团1999年销售收入已达10亿元。龙南、武宁等一批原有工业基础较薄弱的县，个私经济通过加快发展已初具规模，成为县域经济的重要支柱。

（三）扶优扶强抓好"大"的

结合江西省情实际，突出扶优扶强，大力推进大公司大集团战略，继续实施"双百双十工程"，即"九五"期间培植100个江西名牌产品，在此基础上扶植形成10个在全国有影响的龙头名牌产品；相应抓好100户年销售收入超亿元的优势企业，在此基础上形成10户在全省具有领头作用、在全国同行业排名较前的大企业或企业集团。为进一步壮大我省企业规模，促进生产要素向优强企业集中，省政府专门出台了《江西省扶持重点企业集团的政策措施》，从证券融资、国际经贸合作、科技进步、增资减债等方面加大了对大公司、大集团的扶持力度。截至1999年底，全省共组建各类企业集团230户。

着眼于提高大企业的竞争力，积极推进大企业招大、靠大、联大，资产重组进展顺利。吉安啤酒厂、赣州酒厂先后靠上燕京啤酒集团公司，燕啤先后注资8000万元和5135万元成立吉安燕啤和赣州燕啤，企业生产能力有了很大提高。江铃汽车股份公司与福特公司联合，昌河公司与东安公司合作，华意压缩机股份公司与广东科龙股份公司股权置换，江西纸业公司兼并抚州造纸厂等都提高了企业的实力。华意无氟压缩机在全国最早形成批量投放市场，经过不断扶植发展，生产能力仍居前列；江西铜业公司电解铜在国内外处领先地位，并较早打入国际市场。大企业、大集团对经济发展的带动作用和辐射作用日益显现。

（四）配套搞活放好"小"的

根据国有中小型企业占绝大部分和中小企业主要分布在县市一级的实际，江西省把放小改革工作的重点放到地市县，省一级主要负责政策方面的指导，地市一级主要把握放小的规范化操作，防止放小过程中国有资产的流失，县市一级负责具体操作。在具体实践中始终注重抓三个环节：一是抓好配套改革。按照"总结、规范、完善、提高"的方针，从实际出发，坚持改组、联合、兼并、租赁、承包经营和股份合作制、出售等多种方式并举，宜售则售、宜包则包、宜租则租，实行一厂一策，不刮风，不搞一刀切。到1999年底，全省国有中小企业改制面达到90%，其中股份合作制占30%，有限责任公司占11%，租赁占21%，出售占5%，破产占4.6%。二是切实解决好债务问题。积极探索一些行之有效的办法，比如对欠银行的款项，实行竞价出售资产偿还债务，引资嫁接搞活债务，产权转让一并转移债务，实物折价抵偿债务等等。同时严格规范操作程序，杜绝暗箱操作，严把资产评估监督关，防止国有资产流失，防止悬空银行债权。三是合理安置人员。制定改制方案过程中充分尊重职工群众意见，涉及职工切身利益的事情要经过职工大会或职工代表大会讨论通过。放开不等于丢开，改制的目的是要搞活。四是认真做好服务。采取积极措施，扶持中小企业特别是科技型企业，使它们向"专、精、特、新"的方向发展，同大企业建立密切的协作关系。积极培育中小企业服务体系，建立中小企业信用担保中心和区域性技术服务中心，为中小企业提供信息咨询、市场开拓、筹资融资、贷款担保、技术支持、人才培训等服务。全省已有6个市成立了中小企业信用担保中心，其中有4家已开始运营。

企业改革与制度创新

体制创新和技术创新是企业发展的动力。近几年，江西省大力推进现代企业制度建设，推进兼并破产、减员增效和再就业工作，推进企业全面加强管理，为企业发展提供良好的体制和机制条件。

（一）现代企业制度建设股权多元化

江西省已在35户企业开展了建立现代企业制度试点工作，取得一定成效。省有关部门出台了《关于加快推进国有企业股份制改革促进投资主体多元化的意见》，明确要求全省大多数国有大中型企业原则上都应进行股份制改造，力争用3年左右时间，将省内大多数国有大中型企业改制为规范的多元投资主体的有限责任公司和股份有限公司。为理顺政企关系，党政机关同所办经济实体彻底脱钩。各地市在现代企业制度建设工作中进行了大量有益的探索。新余市制订下发了《新余市关于建立和完善国有资产管理、监督和营运体系的实施意见》,探索建立市场经济新形势下的国有资产管理、监督和营运体系。为此专门成立国有资产管理委员会和企业工委,下设办公室,履行国有资产管理监督职能,组建4家资产营运公司和2家授权经营的一类企业,同时下放企业干部人事任免权。

(二)运用国家政策,改善企业资本结构

积极运用国家"优化资本结构"等方面的优惠政策,推进兼并破产、减员增效与再就业工作,着力改善企业的资本结构,改善国有企业进入市场的基本条件。到1999年止,全省共核销银行呆坏账32.4亿元,其中1999年当年核销新增兼并破产项目4个,核销呆坏账22724万元。1996～1999年,通过兼并,实现了国有资产存量的优化盘活,被兼并企业35户,优化存量资产67亿元;通过破产,淘汰了46户长期亏损、资不抵债的企业,盘活资产10.3亿元。减员增效效果明显,新余钢铁公司通过实施精干主体、分离辅助、分块搞活的战略,人员从1994年的48000余人逐步减少到了目前的29000人,公司也连续三年享受国家减员增效政策,由1996年的亏损1.9亿元转为盈利8304万元。下岗职工基本生活保障、失业保险和城市居民最低生活保障制度三条保障线的相互衔接正在进行,有关政策措施正在落到实处。地方各级党委、政府从讲政治的高度,想方设法帮助下岗职工再就业,在工商登记、场地安排、资金信贷、就业信息等方面制订再就业的优惠政策,积极发展和规范劳动力市场,鼓励企业利用自身条件实行主辅分离、转岗分流、创办经济实体安置富余人员,吸纳下岗职工。

(三)分离企业办社会职能,减轻企业负担

积极利用国家政策,认真做好债转股工作。1999年,签订债转股协议的有25户企业,转股金额76亿元,转股以后,资产负债率由转股前的平均76.59%下降到转股后的36%。分离企业办社会负担,南昌市将市属国有企业所办的26所中小学全部一次性分离出来,每年减轻企业负担1300万元;九江市把企业所办的规模较大的医院由市卫生部门一次性接收,企业所办学校在两年内交市教育部门接管,其他市的剥离工作也正在进行当中。坚决制止"三乱",切实减轻企业负担,截至1999年底,全省累计取消各类收费项目1570项,减轻企业负担6.6亿元。

(四)以深化改革为动力,全面加强企业管理

推进企业按照"分步走,抓重点,求实效"的原则全面加强内部管理。企业的管理意识进一步增强,管理方法手段多样化,从管理中要到了效益。新余钢铁公司针对冶金系统大宗原燃料采购中的弊端,率先在全省冶金系统实行大宗原燃料招标、投标制,使生产成本大幅度下降。江西涤纶厂对二线人员实行全员竞争上岗,精简动力、锅炉等辅助岗位人员充实到新项目车间,同时出台新的分配制度方案,取消原档案工资、奖金,实行岗位业绩工资、出勤工资和工龄工资三部分组成的分配办法,能计件的全部计件,对中层干部实行模拟年薪制,责任人缴纳风险金,考核与工作业绩和企业效益挂钩。

企业技术创新

近几年,江西省认真贯彻中央关于加大投入、拉动内需的方针,大力推进企业技术进步,用高新技术改造传统产业,全省企业的整体竞争力有了增强,产业结构得到了优化升级。

(一)加大投入力度,加快技术改造

1980～1999年,全省全社会固定资产投资共完成3111.96亿元,其中"七五"时期固定资产投资平均增长14.3%,"八五"时期平均增长34.0%。1999年,全省全社会固定资产投资491.48亿元,比上年增长8.1%。其中基本建设投资173.15亿元,与上年基本持平,新增固定资产110.71亿元;工业基本建设投资52.90亿元,新增固定资产29.55亿元。全省更新改造投资69.45亿元,比上年增长4.97%;其中,地方国有单位完成56.62亿元,比上年增长22.3%。

技改投资围绕"质量、品种、效益",在选项、立项上为企业严格把关,在市场研究和项目工程管理上对企业加强指导,在增强企业技术改造主体意识和投资热情上给予正确的引导,在资金筹措、政策扶持上给企业实际的帮助,为企业技改营造有利的外部环境。安排的三批国家财政债券专项资金计划中,江西省有12项,总投资35.2亿元,专项贷款25.22亿元,当年国债资金1.51亿元;国家"双高一优"项目计划中我省有33项;1999年预贴息计划有15项,总投资5.8亿元,专项贷款3.88亿元,国家财政贴息2340万元;重点脱困技术改造项目计划江西省有5项,总投资1.69亿元,专项贷款1.15亿元,国家拟贴息750万元。

组织实施了昌河飞机工业公司微型车涂装和

装配车间改造、江中制药厂草珊瑚、博洛克生产线改造等30项重点技改项目，其中新开工16项，续建14项，总投资32.55亿元。江西燕京啤酒有限责任公司新增5万吨啤酒生产线等9项重点技改项目竣工投产，预计年新增销售收入13.03亿元，利润8467万元，税金7277万元。

（二）提高核心竞争力，促进技术创新

围绕开发生产适应市场需求的新产品，提高企业技术装备和工艺水平，降低消耗，提高质量，大力开展企业技术创新工作。通过抓产学研联合和企业技术中心建设，加快新产品开发步伐，促进科技成果转化，同时提高企业自主创新能力。1996～1999年，江西省完成省级计划新产品开发2066项，实现新增销售收入176.9亿元，创利税23.93亿元；企业新产品开发、重点新产品试产各80项；共评选出省优秀新产品599项，其中达到国内先进水平的326项。1999年完成新产品开发400余项，完成重点开发18项，完成重点试产31项。新产品开发促进了企业产品的升级换代，提供了新的利润增长点。江西光学仪器股份有限公司开发的“DC型MD卡口系列35MM单反相机”已成为公司的主导产品之一。

到1999年底，全省共认定了江西铜业公司、清华泰豪、汇仁集团等14家企业技术中心为省级企业技术中心，并对江西省电力技术中心和江西省药物技术中心两家专业性技术中心进行了省级认定。继续推进产学研活动，江西省与清华大学、北京大学、华中理工大学等全国名校的合作进展顺利，成效明显。厂校合作的一批高新技术项目产生良好的经济效益和社会效益。像七一三厂和清华同方公司的合作，不仅使七一三厂摆脱了困境，而且成为了清华同方在南方的一个军品科研成果的生产基地。南昌、赣州、景德镇等地的高新技术开发区的建设步伐进一步加快，在技术创新中的示范和先导作用进一步体现。

（三）改造与提高相结合，推进产业升级

用高新技术改造传统产业，加快高新技术产业的发展。高新技术产业以电子信息及机电一体化、新材料及精细化工、生物技术及新医药为重点发展领域，1999年产值达150亿元，占全省工业总产值的8.2%，正在成为最具活力的经济增长点。对传统产业升级问题，对传统产品、传统工艺的技术提升问题，也在组织积极有效的摸索，并且取得了一定的突破。比如机械行业的主机带动，通过整机产品技术换代来带动行业标准加工水平的提高；水泥行业的扶大限小，逐步由立窑转到旋窑大水泥为主；在腌制品和茶叶保鲜中采用生物保鲜新技术；照明灯产品采用稀土节能新技术等等。

市场与物价

1999年，江西省继续开展了规范市场秩序和整顿流通渠道的工作。下发了“规范啤酒市场工作的通知”、“重点投资产品采购管理办法”，集中开展了对全省啤酒市场的专项整治，制止低价倾销行为。对煤炭市场和成品油批发进行清理整顿，重新批准具有煤炭批营资格的企业107户，成品油批发企业由去年的152家减少到55家，使得成品油市场秩序明显好转。

在全省范围内加大了打假保名牌力度，全省共查处假冒伪劣商品标值总额2.5亿元。特别是打击假冒商标卷烟，捣毁制假售假窝点，净化了烟草生产和流通市场。

全省消费品销售继续保持平稳增长。全年社会消费品零售总额650.47亿元，比上年增长7.5%，扣除价格因素，实际增长11.1%。分城乡看，城市消费品零售额302.5亿元，比上年增长8.6%；县及县以下消费品零售额348亿元，增长6.5%，扣除价格因素，实际分别增长11.6%和10.6%。

1999年，全省商品零售价格比1998年下降3.2%，其中城市下降2.7%，农村下降3.7%。居民消费价格比上年下降1.4%，其中城市下降0.9%，农村下降1.9%。工业品出厂价格指数96.1%。

对外经贸

在对外贸易方面，出口下降，进口上升。1999年全省进出口贸易总额达到131387万美元，其中，出口总额90611万美元，比上年下降11.12%；进口总额40776万美元，增长78.5%。其中机电产品出口10677万美元，比上年增长31.7%；自营进出口企业出口创汇17466万美元，比上年增长12%。

利用外资下降。1999年当年实际利用外资56829万美元，比上年下降19.8%。全年新签利用外资项目250项，下降26.9%。签约外资金额38147万美元，下降38.9%。

全省新登记注册的“三资”企业189家，其中，合资企业75家，合作企业9家，外商独资企业105家。年末实有“三资”企业2149家。

（张礼仁）

附表　1999年江西省独立核算工业企业经济及效益指标

项　　目	单　位	全部独立核算工业企业	集体工业企业	股份制工业企业	外商投资企业
企业单位数	个	12527	8745	302	319
#亏损企业	个	2549	1067	106	140
资产总计	万元	18786234	1978986	1941321	1493618
流动资产合计	万元	7575116	926552	675804	684407
流动资产年平均余额	万元	7301898	873546	657192	655272
固定资产合计	万元	9349017	865734	1148180	646368
固定资产原值	万元	11774132	1053483	1373623	718566
固定资产净值年平均余额	万元	7958245	757164	1059474	549116
负债总计	万元	13004781	1360576	1265479	901804
流动负债合计	万元	8664032	1031885	709787	626301
长期负债合计	万元	4188936	300032	554958	273882
所有者权益	万元	5753171	598935	675843	585244
产品销售收入	万元	8898850	1732920	768449	804568
#产品销售税金及附加	万元	204748	33244	6258	9409
产品销售费用	万元	360524	90358	55157	35821
产品销售利润	万元	969879	173953	100029	98340
利润总额	万元	−8401	46496	4520	20536
利润和税金总额	万元	614779	135552	56892	58053
职工年平均人数	人	1533158	427566	96202	60014
工业总产值（按当年价格计算）	万元	9742338	2081186	845230	837056
工业总产值（按1999年不变价格计算）	万元	2864415	630021	284291	787798
工业增加值（按当年价格计算）	万元	2864415	630021	284291	196585
总资产贡献率	%	5.27	8.82	5.79	6.06
资本保值增值率	%	116.19	98.68	124.37	117.80
资产负债率	%	69.23	68.75	65.19	60.38
流动资产周转率	次	1.22	1.98	1.17	1.23
成本费用生产率	%	−0.10	2.84	0.58	2.63
全员劳动生产率	元/人	18683	14735	25991	32756
产品销售率	%	96.94	93.89	98.29	95.87
工业经济效益综合指数	%	70.68	90.92	82.80	93.82

山　东　省

综　　述

1999年，山东省以提高经济效益为中心，以搞活国有大中型企业为重点，以抓大放小、深化国有企业改革为突破口，积极通过技术进步调整优化产业结构，进一步扩大对外开放，努力提高经济运行的质量和效益，使全省工交经济呈现出生产较快增长、经济效益较大幅度提高、企业亏损下降的良好局面，速度和效益继续走在全国前列。

工业经济

1999年，全部国有工业和年销售收入500万元以上的非国有独立核算工业企业完成增加值2027.53亿元，比上年增长13.11%。其中，国有及其控股工业企业完成增加值970.7亿元，增长10.9%；集体工业完成增加值579.6亿元，增长13%；股份制工业完成增加值332.8亿元，增长12.7%；股份合作制工业完成增加值60.2亿元，增长17%；外商及港澳台投资工业完成增加值256.5亿元，增长15.9%；其他经济类型工业完成增加值65.2亿元，增长20.4%。重工业生产快于轻工业。轻工业和重工业分别完成增加值841.4亿元和1186.2亿元，增长12.6%和13.5%。大中型工业完成增加值1459.8亿元，增长13%。

工业产销基本衔接，产销率提高。全部国有和年销售收入500万元以上的非国有独立核算工业实现产品销售收入6558.8亿元，比上年增长12.8%。全省工业产品销售率为97%，比上年提高0.2个百分点。其中，国有工业产销率为98.6%，大中型工业为97.8%。非国有工业中，集体工业产销率为96.2%，股份制工业为96.6%，股份合作制工业为95.7%，外商及港澳台投资工业为96.4%，其他经济类型工业为95.9%。轻、重工业产销率基本持平。轻工业产销率为96.9%，重工业产销率为97.1%。

市场制约作用强化，主要产品产量增降明显。在重点统计的124种产品中，比上年增长的有92种，占74.2%。在轻工产品中，保证人民日常生活供给的基本消费品大都保持了一定增长。其中，乳制品增长22.6%，啤酒增长13.7%。市场需求较旺的一批名优高档耐用消费品依然增长较快。其中，房间空调器增长66.6%，彩色电视机增长48.7%，家用洗衣机增长23.4%。但自行车、吸尘器、照相机、钟表等产品市场需求减弱，生产均有不同程度下降。纺织行业通过近几年的调整已取得初步效果，主要纺织产品生产有所加快。其中，纱增长22.3%，布增长14.1%，服装增长20.0%，化学纤维增长3.3%。重工产品中，发电量增长9.5%，原煤增长2.2%。主要原材料产品仍保持较快增长。其中，钢材增长26.6%，水泥增长11.9%，硫酸增长17.3%。投资类机电产品扭转了低迷局面，工业锅炉增长8.7%，金属切削机床增长15%，内燃机增长16.4%，发电设备增长5.3%。支农类产品保持较快增势。其中，化肥增长28.9%，化学农药增长14.9%，合成氨增长23.7%，小型拖拉机增长15.0%。随着邮电通讯事业的发展，相关的科技含量较高、附加值较高的产品增长较快。其中，微型电子计算机增长25.3%，程控交换机增长25.6%。

全部国有和年销售收入500万元以上的非国有独立核算工业实现利润285.09亿元，增长26.59%；实现利税652.02亿元，增长16.57%。其中，国有及其控股工业企业实现利润100.4亿元，比上年增长31.1%，实现利税333.4亿元，增长12.5%。全省经济效益综合指数为109.5%，比上年提高5.8个百分点。其中，总资产贡献率为9.6%，提高0.2个百分点；资本增值保值率为109.6%，下降1.4个百分点；资产负债率为63.4%，下降0.8个百分点；流动资产周转率1.8次，加快0.07次；成本费用利润率为4.6%，提高0.6个百分点；全员劳动生产率达到28832元/人，增长17.2%；产品销售率97%，提高0.2个百分点。全省工业企业亏损面为15.56%，比上年降低2.54个百分点，亏损企业亏损额51.95亿元，比上年减少17.54%。

企业改革

山东国有经济比重相对较大，国有大中型企业较多，是国民经济的主要支柱。到1999年底，全省有限额以上工业企业11436户，职工539万人，资产总额8820亿元。其中，国有及国有控股工业企业2986户，职工271万人，资产总额5553亿元，平均资产负债率62.9%。在国有及其控股企业中，大中型工业企业有1357户，小型企业占1629户。国有及国有控股工业企业在全省限额以上工业企业中所占比重：户数占26.1%，资产占62.9%，销售收入占47%，利税占51.1%，利润占35.2%。国有大中型工业在全部国有工业中所占比重：户数占45.4%，资产占90%，销售收入占91.6%，利税占96.3%，利润占100.5%。山东省重点抓的111户重点国有企业在全部国有工业企业中所占比重：户数占3.7%，资产占77%，销售收入占66.5%，利税占73.2%，利润占74.3%，是全省国有工业中的“关键少数”。

1999年，全省国有及国有控股工业企业完成工业增加值970.7亿元，比上年增长10.9%；实现利税333.4亿元，增长12.5%，其中实现利润100.4亿元，增长31.1%；企业亏损面为26.3%，下降4.4个百分点，亏损企业亏损额32.95亿元，下降12%，生产和效益均达到近几年的最好水平。

（一）现代企业制度建设

一是公司制改革步子加快。全省国有工业企业公司制改造面达到67%，其中，国有大中型企业改制面达到65.8%；111户省重点国有企业的核心企业完成整体改制的90户，改制面达到81.1%，比年初提高11.7个百分点，111户企业所属1035户子企业，已改制674户，改制面达到65.1%。二是公司法人治理结构初步形成。改制的重点国有企业，普遍健全了由股东会、董事会、监事会和经理层组成的公司法人治理结构，70%以上的董事会能较好地依据《公司法》行使职权，国有工厂制的管理体制开始打破。三是国有资本出资人制度建设有所突破。全省已对50个国有独资的大型企业集团母公司实行了国有资产授权经营，赋予其国有资本出资人职能，同时实行资产经营目标责任制，落实国有资产保值增值责任。济南、青岛、淄博、泰安、威海、德州6个市组建了不同形式的国有资产经营（控股）公司，经政府授权，由资产经营公司对权属企业行使国有资本出资人的职能。四是国有企业增资减债取得一定成效。通过调整优化资产负债结构、多渠道吸纳国内外投资、落实国家关于减轻企业债务负担及增补国家资本金等各项政策，到1999年底，111户重点国有企业平均资产负债率降到53.17%，比年初下降2.39个百分点。截至年底，全省677家股份有限公司通过发行股票共筹集资金480多亿元。其中，51家上市公司共有55只股票在海内外证券交易所上市，共募集资金284亿元，在这当中，1999年通过发行新股、配股等形式，共筹集资金69亿元。企业债券的发行规模进一步扩大，全年通过企业债券直接融资达8.9亿元。省和部分市地相继成立了企业信用担保机构，在企业和金融机构之间架起一条新的桥梁。省政府首期拨付3.3亿元担保资本金，成立了省企业信用担保有限公司，已为11户企业提供了8130万元的流动资金贷款担保。有8个市地成立了担保机构，为企业提供贷款担保额近亿元。

（二）国有企业扭亏脱困工作

1999年底与中央提出国有企业改革与脱困三年目标时的1997年底比，山东国有及国有控股工业亏损企业的户数由1157户减少到785户，亏损面由27.6%降低到26.3%，其中国有及国有控股大中型工业亏损企业由371户减少到269户，亏损面由24.1%降低到19.68%。重点行业扭亏脱困成效明显。1999年，纺织、电子、化工、机械、冶金、轻工、医药等行业都呈现出利润大幅度增长、亏损额下降、亏损面降低的良好势头，建材、汽车行业实现了扭亏减亏。纺织行业通过限产压锭、挖潜增效，实现利润5.2亿元，同比增长2.7倍，亏损面下降6.8个百分点，亏损企业亏损额下降67%。重点亏损企业调整、扭亏步子加快。列入全国重点考核的371户国有大中型亏损企业，1999年底仍然亏损的减少到133户，占36%。

（三）企业管理水平稳步提高

作为政府来说，突出抓了发现、总结、推广在改革实践中涌现出来的加强管理的典型经验，用以指导面上企业加强管理工作。1999年先后总结推广了海尔集团的市场化经营管理机制、兖矿集团的建立科学决策体系、济南钢铁公司的节能降耗、莱芜钢铁公司的分离分流、青岛港务局的职工思想政治工作、潍坊亚星公司的购销比价管理、山东水泥厂和济南锅炉集团的两本管理、青岛啤酒公司的母子公司体制、鲁能电缆的投资主体多元化等不同方面的典型经验，在全省广泛开展了“学邯钢、学海尔、学亚星”活动。作为企业来说，普遍把学典型、强管理放到了重要位置上，强化各项基础管理，促进了企业效益的提高。据对100户大企业抽样调查，有95户已不同程度地应用了亚星经验，1999年降低采购成本10.4亿元，占企业采购总额的2.7%，相当于这些企业实现利润的27.4%。据对100家重点用能企业“降耗增效”情况统计，年节能节材综合利用降低成本10多亿元。全省普遍重视了闲置设备调剂工作，全年完成闲置设备调剂量（原值）达到了15.6亿元。部分企业在优化物流管理上进行了探索，在降低仓储费用、利用社会专业化物流力量上取得了较大进展。全省企业把大力压缩两项资金占用放到了重要位置来抓，提高了企业的资金使用效益。到1999年底，全省限额以上工业企业产成品存货和应收账款两项资金占用共1445亿元，仅比上年增长2.83%，其中产成品存货588亿元，增长3.94%，应收账款857亿元，增长2.08%。两项资金绝对额比1998年底增加39.8亿元，比上年少增53.5亿元，为5年来的最低水平。

（四）改善企业改革和发展的外部环境

全省各级各部门围绕推进现代企业制度建设、加强企业管理，密切配合，协调动作，在国有资产授权经营、保值增值、企业增资减债、推进投资主体多元化、治乱减负等方面，制订了一系列配套办法和措施，有力地优化了国有企业的发展环境。社会保障体系逐步完善。全省共有599.7万名企业职工参加了养老保险，年末养老保险社会覆盖率达到89.4%；700万职工参加了失业保险，比上年增长33%。139个县市区建立了城市居民最低生活保障制度，年投入保障资金1.1亿元，共保障城市居民11.2万人。全省普遍调整了企业最低工资标准，最低工资标准提高到220～320元之间。

通过全省上下的努力，国有经济的控制力、辐射力和带动力明显增强，在整个国民经济中的支配地位和主导作用日益巩固。国有经济总资产稳定增加，国有资本增值率达到4.5%，成为全省技术进步、产业升级的骨干支撑和带动经济发展的先导力量。国有工业企业提供的财政收入占全省财政收入的43%以上。国有企业职工队伍比较稳定，保持了较好的精神状态。

技术进步与结构调整

1999年，山东省确定了以市场为导向，以效益为中心，坚持有进有退、有所为有所不为的原则，以产品结构调整促进产业结构优化升级，实施改造一批、壮大一批、培植一批、转移淘汰一批的三年产品结构调整工作思路。改造一批，就是对造纸、酿酒、化肥、水泥、农机、纺织、塑料七个传统骨干行业采用高新技术进行改造，促其升级换代；壮大一批，就是对省内技术含量较高、市场竞争力较强、发展前景较好的家电、石油和化工、机电、汽车摩托车及汽车零部件四个骨干优势产品集中的领域，选择重点产品进行集中扶持，促其发展壮大；培植一批，就是对电子信息、生物技术及制药、新材料、精细化工、机电一体化和节能环保六个有发展潜力的高新技术产业加大扶持力度，力争形成新的经济增长点；转移、淘汰一批，就是把山东省的优势产品或在省内生存空间狭窄但到省外、国外有发展前途的优势企业、长线产品生产能力向省外、国外进行转移，使优势产品得到扩张，长线产品得到新的生存发展空间，同时，根据国家产业政策，整顿、关闭技术装备落后、产品质量低劣、能耗高、污染重、不符合安全生产条件的小煤矿、小水泥、小炼油、小火电、小炼钢。为落实好这次结构调整规划，初步确定用三年时间，投资660亿元，其中山东省重点规划了220家企业的316个项目，投资358亿元。三年共限制淘汰52种落后工艺产品，涉及企业2765家，生产线977条，资产34亿元。

围绕"四个一批"工业结构调整方案的实施，全省主要采取了这样几条措施。

（一）抓好新上项目的论证工作

根据投融资体制改革和银行商业化的要求，山东省对在新形势下如何做好企业技术改造工作、还技术改造的本来面目，进行了积极的探索，在充分调研讨论的基础上，逐步理出了技改管理"三步走"的改革路子，并开始付诸实施。第一步是专家论证，对年度技改项目进行充分衔接和科学论证。年初，省经贸委、行业主管部门和市地对1999年的技改项目进行了会审，精心筛选，好中选优。1月底，请了国家有关部门、行业协会和省内的大专院校、科研机构等单位的专家进行科学论证。提交论证的353个项目，经过增减取舍，最终通过了340个项目，总投资252.56亿元，需要企业外部投资165.36亿元。第二步是社会推介。于3月10日召开了大型的项目推介会暨新闻发布会，将这340个项目向省内金融部门、投资公司和国内外的投资商进行了推介，帮助投资者选项目，也帮助项目企业选投资者。第三步是项目招标。对一部分关系全局、在全省结构调整中有重大作用的大项目进行公开招标，优选项目企业，优化投资方案，优选投资者。投资额较大的项目由省组织试行银团贷款。这三步走是一个系统工程，进行这一探索的基本目的是，政府站在全局和国家产业政策的高度，依靠专家的科学论证，把项目优选出来，进行年度的技改投资导向，为各方面的投资者牵线搭桥，广开资金渠道，把好项目迅速组织实施，抓住市场机遇。1999年，在省经贸委论证推介的项目中，有107个技改项目入选国家"双高一优"计划，总投资246亿元，居于全国前列。

（二）积极抓好资金投入，扩大投资渠道

山东省在结构调整中，注意充分发挥了银行在资金供给方面的主渠道作用，引导企业利用国家和省里的鼓励政策，大力争取银行支持。在1999年国家安排的前三批国债技改专项项目中，山东列入54项，银行贷款额106亿元；利用省财政的6000万元高新技术产业化技改贴息资金，安排了63个项目，总贷款20.4亿元，通过贴息拉动银行贷款11亿元。与此同时，加强了对企业上市融资投向的监督管理，加强了引进外资、外省市投资的力度，加强新上项目的投资主体多元化工作，疏通投资渠道，保证结构调整规划的实现。在外资方面，1999年利用外资形势转好。全年新签利用外资项目1745项，比上年增长21.7%；合同利用外资额42.1亿美元，增长14.8%；实际利用外资37.4亿美元，增长3.7%。新批准外商直接投资项目1717个，实际利用外商直接投资24.7亿美元，分别比上年增长25.7%和11.1%。1999年，全省企业共完成技改投资571.7亿元，同比增长5%。

（三）工业结构调整

主要是采取以贸促经的方式，在努力开拓省外境外市场、扩大本省产品外销的同时，积极推进优

势产业和长线生产能力向省外、境外转移。贯彻国家西部大开发战略，省里经过实地考察，研究做出了具体规划，确定以轻工、机械、纺织、化工、电子、建材等优势行业为主力军，三年内向西北地区转移200家以上的企业。向境外的转移以东南亚、独联体、南美、南非等地区为主，1999年共实施15个项目，总投资5492.8万美元，同时带动了更多的相关产品出口。截至1999年底，全省境外投资企业总数已达508家（独资的472家，合资的36家），其中办事处101家，贸易公司298家，企业境外投资办厂109家，境外投资额2.6亿美元。山东的境外投资企业分布在70多个国家和地区，较为集中的是日本、美国、独联体；投资行业以机械加工、摩托车组装及生产、电子原配件及家电、纺织服装、轻工食品、远洋捕捞和水产加工等山东具有比较优势的行业为主，并在向其他领域辐射。这些企业已成为山东省对外开放的窗口和基地，对扩大对外开放起到了多方面的积极作用。

（四）“五小”企业的关停工作

按照国家的要求，对不符合产业政策的“五小”企业进行了关停，完成了预定的任务目标。全年取缔、关闭、淘汰小水泥生产线261条，涉及194家企业，压缩生产能力695.3万吨；关闭小玻璃厂13家；小炼油厂关停14家，转产8家；小炼炉、小火电机组的关停、转产工作也进展顺利，均完成了全年的整顿任务。积极实施总量控制，全年关闭小煤井403处，压减产量200万吨。

（五）强化技术中心建设

到1999年底，全省已建立省级以上企业技术开发中心127家，其中国家级技术中心34家。在工作上，以这100多家企业技术开发中心为主要对象，实施了百家企业技术创新工程，开展了创建“海尔式”企业技术中心活动，发挥其龙头带动作用，促进了全省企业技术开发中心上档次、上水平。到年底，已有5家企业技术中心获认定为“海尔式”中心。全年各类型企业累计完成技术创新成果5000多项，实现新产品销售收入720亿元、利税75亿元，有800余项创新成果达到填补国内空白以上的高水平，一批创新成果转化为达到国际先进水平的拳头产品，形成了新的经济增长点，对优化结构、提高经济增长的质量和效益起到了重要的推动作用。

（六）开展多种形式的产学研合作

山东已连续举办了十届产学研洽谈会，对促进科技经济协调发展发挥了重要作用。在’99山东省产学研洽谈会上，共签订正式合作协议192项，并由山东省经贸委与中国科学院、西安交通大学等国内重点院校签订了长期合作协议，促进了产学研联合的经常性、规范化，提高了合作效率。青岛市承办了全国产学研洽谈会，济南、威海、济宁、泰安、枣庄等市组织了形式多样的产学研洽谈活动。据统计，全年各市地共签订重大产学研合作项目255项。三是狠抓了引进技术消化创新。全省企业在数控技术、电子信息技术、洁净煤技术、纺织设备、造纸设备、工程机械、建材机械、橡塑机械等8条线和环保节能综合利用技术设备、关键零部件等2个方面进行了有选择、有重点的引进消化创新，完成了热转印打印机、玻璃瓶罐机械等30个重大消化创新项目。

（七）所有制结构调整与个体、私营经济发展

1999年底，全省个体工商户发展到299.5万户，从业人员671.9万人，注册资金230.9亿元，分别比上年增长3.9%、4.8%和13.1%；私营企业发展到12.1万户，从业人员174.3万人，注册资本518.4亿元，分别增长23.6%、22.6%和33.7%。私营企业大户迅速增加。全省私营企业中雇工在100人以上的已达到702户，比上年增加60户；注册资本在100万元以上的业户达到8217户，增加1989户，其中超过亿元的有6户；私营企业集团发展到165户。

市场开发

1999年，山东省在全省工业企业中全面推行了市场部、营销网络、营销队伍“三大工程”建设。通过树立典型、交流经验、组织培训等多种方式，引导企业转变经营观念，调整经营战略，把工作着眼点由抓生产放到抓市场上，按照市场需求调整生产经营活动，面向国内外市场搞好营销。从政府指导的角度，在一手抓好企业营销素质提高的同时，一手抓了政府搭台、企业唱戏，省里主要通过组织一系列经贸洽谈、展销活动，促进了企业对省外、国外市场的开拓。一是6月份组织了’99哈尔滨山东商品展销会。省内有200多户企业1000多人参加，会上签订商品交易合同、协议意向2107个，总额24.38亿元，签订经济技术合作项目101个，资金总额2.18亿元。二是8月18日～23日组织15个市地及省医药、工商联系统的160多家企业参加了黑龙江省黑河市对俄出口商品展销洽谈会。有家用电器、纺织服装、工艺美术、食品酒类、建材、机械、医药等七大类600多个品种的商品参展，展品受到当地消费者和俄罗斯客商的欢迎，为开拓俄罗斯远东市场打下了良好基础。三是9月11日～17日在'99昆明世界园艺博览会上成功举办了山东经贸活动周。省里精选了家电、食品、纺织、旅游工艺品等行业53家企业的500多种名优产品，以及部分优质农产品，在世博交易中心举办了山东名优商品展。与此同时，还组织了300多个经济技术合作项目、设备转移和对外招商项目到会洽谈。据不完全统计，活动周期间共达成商品代理经销协议、意向160多个，现场展品多销售一空。四是充分利用多媒体等先进技术手段，省政府组织了哈尔滨和重庆山东家电新品推介会，在当地进行了新闻发布、新品展示和优惠促销活动，扩大了山东家电类产品的知名度。五是10月份组织参加了国家经贸委在莫斯科举办的'99俄罗斯中国中小企业产品展览会。山东以轻纺、家电、食品为主，兼顾机械、建材等产品，突出名、优、特、新的原则，把真正代表山东水平的产品拿到莫斯科参展，开拓俄罗斯市场取得新成绩。六是在11月份以进军上海超市为目标，组织80多家消费品类生产企业参加了上海商品交易会，并组织开展了鲁沪工商企业恳谈会、座谈会和客户走访活动。由于企业准备充分，产品对路，成交活跃，共达成合同协议2.54亿元，有20多家企业同上海超市建立或扩大了联系，巩固了上海市场。在搞好经贸活动的同时，山东省还组织对国内外重点市场进行了调研，国外市场重点考察了南非、南美、澳大利亚等市场，初步研究确定了向这些地区拓展市场的重点产品。组织系统分析了世界500强工业企业在山东的投资状况、发展前景预测，提出了扩大与国际大公司、大集团合作的对策措施，并在实际工作中加以落实。

经过全省经贸系统的共同努力，1999年，山东省限额以上工业企业实现产品销售收入增长12.8%，全省工业产品销售率达到了97%。特别是在对外出口方面，全省紧紧抓住亚洲金融危机有所缓和的有利时机，加大政策扶持力度，进出口实现较快增长。全年实现进出口总额182.7亿美元，比上年增长9.9%，其中出口115.8亿美元，增长11.8%，进口66.9亿美元，增长6.7%。全年贸易顺差48.9亿美元。在全部出口中，一般贸易出口54.1亿美元，增长18.1%；加工贸易出口61.4亿美元，增长8%；1560户自营进出口生产企业完成出口创汇23.8亿美元，增长27.6%；机电产品出口21.05亿美元，增长7.2%。全省出口对经济增长的拉动作用进一步增强。

交通运输

1999年，全省高速公路通车里程达到1359公里，比上年净增446公里。济南至泰安、潍坊至莱阳、博山至莱芜、化马湾至临沂、济南绕城高速及黄河二桥建成通车，标志着山东高速公路建设达到了一个新水平。客货运输有较大增长。全省公路旅客运输量完成7.8亿人次、311亿人公里，比上年增长17.6%和16.1%；水路旅客运输量完成862.5万人次、4.1亿人公里，分别比上年下降1%和16%。公路货物运输量完成6.8亿吨、周转量353.5亿吨公里，分别比上年增长4.6%和3.1%；水路货物运输量完成1956.2万吨、周转量183.3亿吨公里，货运量增长3.1%，货物周转量下降1.9%。沿海港口货物吞吐量完成1.4亿吨，增长6.9%。中央与地方铁路旅客发送量完成3670万人次，比上年增长13.9%；旅客周转量完成205.7亿人公里，增长12.2%；货物发送量完成1.1亿吨，增长3.2%；货物周转量完成735.9亿吨公里，增长7.2%。其中，省地方铁路通车里程达307公里，全年发送货物675.4万吨，周转量4.5亿吨公里，比上年有所增长。航空业进一步发展。全年航空货邮量达到7万吨，比上年增长18.5%；客运量达到373.7万人次，增长8.2%。

邮电通信

1999年完成业务总量176.6亿元，比上年增长31.9%。年末全省长途电路11万路，比上年净增1.5万路；长途自动交换机容量1052万门。电话普及率达到10.6部/百人，比上年增加2部。移动通讯迅速扩张，年末移动电话户数已达248.9万户，其中当年新增100多万户。

（温日明）

附表 1　　1952～1999 年山东省国内生产总值　　单位：亿元

年　份	国内生产总值	第一产业	第二产业	工　业	建筑业	第三产业	#交通运输仓储邮电通信业	#批发和零售贸易餐饮业	人均国内生产总值（元/人）
1952	43.41	28.55	7.87	7.38	0.49	6.99	1.01	2.72	91
1953	45.79	28.23	9.30	8.78	0.56	8.26	1.20	3.22	94
1954	52.98	32.48	10.98	10.38	0.60	9.52	1.31	3.92	106
1955	57.78	35.52	11.42	10.81	0.61	10.84	1.40	4.62	113
1956	63.13	35.67	16.34	14.98	1.36	11.12	1.44	4.53	121
1957	61.39	31.95	17.59	16.62	0.97	11.85	1.61	4.38	116
1958	72.97	33.94	23.73	21.29	2.44	15.30	3.28	4.88	135
1959	75.96	28.73	27.86	25.16	2.70	19.37	4.55	5.56	141
1960	71.37	20.61	31.07	28.11	2.96	19.69	5.38	4.68	135
1961	63.40	26.44	20.19	19.04	1.15	16.77	4.02	3.64	121
1962	64.38	30.42	16.91	15.90	1.01	17.05	3.89	3.93	120
1963	67.61	33.47	19.09	17.65	1.44	15.05	2.84	3.16	123
1964	71.66	33.05	23.43	21.74	1.69	15.18	3.25	2.64	128
1965	86.25	42.24	28.96	25.99	2.97	15.05	3.67	2.00	152
1966	97.58	46.99	34.44	31.34	3.10	16.15	3.98	2.67	169
1967	99.44	46.71	35.43	32.78	2.65	17.30	3.92	3.66	168
1968	99.34	44.46	37.43	34.72	2.71	17.45	3.77	3.77	165
1969	108.17	50.16	39.56	36.22	3.34	18.45	3.99	4.15	175
1970	126.31	52.23	53.71	50.16	3.55	20.37	4.84	4.69	199
1971	139.69	56.33	61.50	57.65	3.85	21.86	5.45	4.49	215
1972	146.52	59.11	63.22	58.57	4.65	24.19	6.07	4.51	221
1973	154.33	61.92	65.99	60.67	5.32	26.42	6.15	6.31	229
1974	130.81	59.19	47.44	42.70	4.74	24.18	5.15	4.60	191
1975	166.19	65.54	75.31	69.76	5.55	25.34	5.63	4.77	240
1976	179.58	68.88	84.70	78.23	6.47	26.00	6.27	4.40	242
1977	207.07	79.01	95.34	88.05	7.29	32.72	7.81	3.92	293
1978	225.45	75.06	119.35	108.53	10.82	31.04	8.27	3.29	316
1979	251.60	91.12	127.68	114.67	13.01	32.08	9.50	4.18	350
1980	292.13	106.43	146.11	130.55	15.56	39.59	10.07	6.39	402
1981	346.57	132.21	155.41	138.09	17.32	58.95	13.18	16.56	472
1982	395.38	154.07	166.05	147.10	18.95	75.26	14.10	22.39	531
1983	459.83	185.57	178.75	159.15	19.60	95.51	17.12	32.07	611
1984	581.56	222.13	239.27	214.20	25.07	120.16	22.25	37.97	765
1985	680.46	235.96	293.07	259.42	33.65	151.43	28.22	46.12	887
1986	742.05	252.73	313.21	274.80	38.41	176.11	34.03	49.85	956
1987	892.29	287.31	384.57	341.31	43.26	220.41	47.45	60.58	1131
1988	1117.66	331.94	497.10	435.51	61.59	288.62	55.50	86.71	1395
1989	1293.94	359.14	579.65	513.97	65.68	355.15	66.55	108.51	1595
1990	1511.19	425.29	635.98	568.25	67.73	449.92	81.87	132.83	1815
1991	1810.54	521.85	745.90	663.90	82.00	542.79	98.97	161.00	2122
1992	2196.53	534.62	999.11	889.59	109.52	662.80	120.18	200.93	2556
1993	2779.49	596.63	1358.94	1204.58	154.36	823.92	141.35	234.81	3222
1994	3872.18	775.03	1900.46	1700.31	200.15	1196.69	214.36	325.90	4473
1995	5002.34	1010.13	2372.67	2113.34	259.33	1619.54	297.71	439.79	5758
1996	5960.42	1200.17	2810.72	2500.07	310.65	1949.53	364.71	528.40	6834
1997	6650.02	1195.00	3185.05	2830.05	355.00	2269.97	424.36	599.02	7590
1998	7162.20	1215.81	3457.03	3052.44	404.59	2489.36	442.20	665.33	8128
1999	7662.10	1221.00	3705.44	3251.77	453.67	2735.66	490.90	720.56	8673

注：本表按当年价格计算。

附表 2　　1998～1999 年山东省限额以上工业总产值　　单位：万元

分　组	1998 年	1999 年	1999 年为 1998 年（%）
总　计	**63983861**	**69445186**	**109.86**
一、按登记注册类型分			
内资企业	55148539	59585072	108.70
国有企业	21777337	20584859	99.69
中央企业	5884903	6465145	104.67
地方企业	15892435	14119714	98.36
集体企业	22066380	22189927	99.89
股份合作企业	2012423	2509596	127.92
联营企业	488585	408106	67.10
有限责任公司	2398994	5388191	207.48
股份有限公司	4744718	6045962	117.69
私营企业	1512467	2317973	138.30
其他企业	147633	140457	95.32
港、澳、台商投资企业	2452925	2603079	106.41
合资经营企业（港或澳、台资）	1898235	2123406	109.14
合作经营企业（港或澳、台资）	202931	268065	137.94
港澳台商独资企业	295183	169950	66.99
港澳台商投资股份有限公司	56576	41658	88.55
外商投资企业	6382397	7257035	120.56
中外合资经营企业	3419481	3845121	113.10
中外合作经营企业	155.378	190738	105.90
外资企业	2632969	2962597	129.41
外商投资股份有限公司	174570	258579	155.30
二、在总计中：亏损企业	5384380	4606154	87.70
在总计中：国有控股企业	26957289	28716110	109.66
在总计中：农村工业	18741419	19589584	99.88
在总计中：轻工业	29842292	32311815	108.91
重工业	34141569	37133371	110.80
在总计中：特大型企业	8345752	10665764	157.27
大一型企业	7468026	13263370	178.01
大二型企业	8594486	11251990	126.68
中一型企业	4862546	5780632	123.50
中二型企业	4725204	4346829	91.99
小型企业	29987848	24136600	79.15

注：本表发展速度按可比价格计算，绝对额按现价计算。

青岛市

综　述

青岛市1984年4月被列为全国14个进一步对外开放的沿海港口城市之一；1986年10月15日被国务院正式批准在国家计划中实行单列，1994年2月被列为全国15个副省级城市之一。在党和国家的正确领导下，青岛市经贸事业发展迅速，经济实力显著增强。

1999年，青岛市国内生产总值完成990亿元，比上年增长13.6%。其中，第一、二、三产业增加值分别为137.3亿元、469.5亿元和383.2亿元，分别增长4.1%、14.5%和15.1%。

1999年底，青岛市国有及年销售收入500万元以上非国有工业企业(以下简称限额以上工业企业)1511个。完成工业增加值285.1亿元，比1998年增长15.6%；完成工业总产值958.6亿元，增长19%；实现销售收入1155.7亿元，增长15.9%；完成工业产品出口交货值307.8亿元，增长8.9%；产销率达98.2%，提高1个百分点；实现利税86.94亿元，增长23.3%，其中实现利润33.7亿元，增长50.3%。

全市共有财贸企业1144户。按规模分，大中型企业74户，中小型企业1070户。按隶属关系分，市属企业286户，各区市属企业858户。按行业分，商业441户，物资111户，粮食279户，供销社313户。

1999年青岛市经济运行有以下几个特点：

(一)工业生产在改革和调整中继续保持较快增长

1999年，全市完成工业增加值416亿元，比上年增长15.1%。国有及年销售收入500万元以上非国有工业企业完成工业增加值285.1亿元，增长15.6%。在市场经济发展进程中，大中型工业企业表现出明显优势，完成增加值227.5亿元，增长17.6%，占限额以上工业增加值的79.8%。轻重工业协调发展，轻工业增加值181.0亿元，重工业增加值104.1亿元，分别增长16.2%和14.4%，轻重工业的比例为63.5：36.5。

(二)工业产销衔接较好，工业企业经济效益状况明显改善

大力开拓国内外市场，全市限额以上工业企业实现销售收入1155.7亿元，比1998年增长15.9%；工业产品出口交货值完成307.8亿元，增长8.9%；自营出口创汇完成7.8亿美元，增长11.4%；产品销售率98.2%，提高1个百分点。工业经济效益综合指数为105.75%，提高9.94个百分点；实现利税86.94亿元，增长23.3%，其中利润33.73亿元，增长50.3%，利税、利润增幅分别高于工业增加值增幅7.7和34.7个百分点。国有企业效益状况进一步好转，实现利税20.6亿元，增长13.8%，其中利润5.2亿元，增长36.2%。

(三)消费品市场运行平稳

随着增加居民收入、降低银行利率、扩大信贷消费、开征利息税等一系列刺激消费政策的实施，城乡消费品市场仍然保持稳定增长。全年社会消费品零售额实现270.3亿元，比1998年增长11.7%。按城乡分，城市消费品零售额206.3亿元，增长12%。其中，个体经济38.78亿元，增长47.8%；私营经济93.9亿元，增长17.6%。按行业分，批发零售贸易业实现195.1亿元，餐饮业实现22.65亿元，分别增长16.9%和13.5%。按消费结构分，吃的商品实现114.44亿元，穿的商品实现47.58亿元，用的商品实现108.3亿元，分别增长了8.8%、14.8%和13.5%。

(四)大力开拓城乡市场，商品交易市场成交活跃

组织完善农村流通网络，搞好农资供应、工业品下乡和农副产品购销，使前几年一直低迷的农村市场出现良好发展势头，全市县及县以下实现社会消费品零售额64亿元，增长10.6%。制定了开展个人消费贷款的指导意见，推出住房、汽车、大件耐用消费品等十几种消费信贷业务，全年消费信贷余额占新增贷款的15.4%。推动连锁企业向规模化、规范化方向发展，大力发展总经销、总代理和代理配送，规范发展旧货、拍卖业，开展了“大众筵席”活动，实施小吃街建设规划，举办了“海洋

美食节”，抓住元旦、春节、国庆等节假日开展形式多样的促销活动。这一系列工作取得积极效果，全年市直财贸系统完成销售收入54.2亿元，实现利润5834万元。全市商品交易市场855处，成交额384.3亿元，比上年增长18.5%。其中，消费品市场783处，成交额336.9亿元，增长18.1%；生产资料市场72处，成交额47.4亿元，增长22.7%。

企业改革与制度创新

（一）国有企业公司制改革

突出重点，抓好国有骨干大中型企业的试点。1994年，确定了首批30户企业进行现代企业制度试点，1995年后，每年扩充10户。1998年，按照中共十五大提出的“三年两个目标”（力争在1998～2000年，实现大多数国有大中型骨干企业建立现代企业制度、大多数国有企业走出困境）的要求，认真落实当年制定的《青岛市大多数国有大中型骨干企业三年初步建立现代企业制度实施方案》，重点在落实企业法人财产权、国有产权人格化、资产经营公司改革、激励约束机制等方面取得新的突破。1999年初，围绕全面实现“三年两个目标”，制定了《关于我市50户国有大中型骨干企业进行公司制改造和规范的实施意见》。到年末，基本完成了改制任务。年内，全市新设立股份有限公司12户，累计达138户（含6户上市公司），股本总额64.3亿元；市属工交、基建、流通企业改为有限责任公司的累计238户。从改制企业情况看，多数企业开始按照现代企业制度的要求，逐步建立和完善法人治理结构，转换经营机制，深化内部各项改革，从体制上为企业注入了新的活力，经济效益明显好于其他未改制企业。

积极推行股权多元化。随着建立现代企业制度工作的深入开展，全市企业改制规范化程度逐步提高。一是把企业上市作为实现企业股权多元化的重要措施来抓，扩大上市企业培养面，积极开发新的上市资源。二是打破部门、区域、所有制界限，通过购并、联合、相互入股等资本运作方式，在进行有效资产重组的同时，促进企业规范改制，实现多元持股。三是积极引导国内外企业法人出资购买国有股权，鼓励企业员工购买企业股份，形成企业新的利益主体，在企业产权制度改革中，实现多元持股。四是最大限度地推进青岛市企业之间的债权转股权，积极推进本市企业与外地企业间的债权转股权。年末，在企业改制形式上，多数企业改为多元投资主体持股的公司制企业。

在建立规范的公司法人治理结构方面，由国有资产出资单位派出产（股）权代表，代表公司中的国有股，实现国有资产出资人到位和规范行使职权。在层次上，依照《公司法》健全股东会、董事会、经理层、监事会，形成权力机构、决策机构、执行机构、监督机构分工明确、相互独立、相互制衡、协调运转的机制。在运作方式上，制定并执行了青岛市公司董事会、监事会和总经理工作细则，促进法人治理结构各层次规范运作。在职能上，严格界定董事会、董事长和总经理的职能，实行总经理由董事长提名，董事会聘任（解聘），严格按《公司法》建立企业内层次分明的人事管理制度，构建权责明确的企业人事管理体系。在任职规定上，制定并施行了《青岛市企业经营管理者任职资格制度试行办法》，全面推行董事长与总经理分设，减少董事会与经理层交叉任职，改变部分企业董事会成员与经理、副经理高度重合的状况。到目前为止，全市大多数国有大中型企业都实行了董事长与总经理分设。

（二）企业上市工作

已初步形成上市一批、推荐一批、储备一批的格局。至1999年底，青啤、海尔等6户上市企业累计募集资金40.89亿元，其中上市发行募集资金18.70亿元人民币、8.89亿元港币；配股募集资金13.29亿元，其中1999年海尔电冰箱股份有限公司和东方贸易大厦股份公司配股筹资6.3亿元。这6户公司每股收益平均值为0.12元，每股净资产平均值为3.1元，净资产收益率平均值为4%，各项指标平均值接近全国平均水平，其中海尔、海信、青啤3户企业进入沪市50强。年内，本市共向中国证监会推荐3户拟上市企业。其中，青岛碱业股份有限公司重组上市工作已获中国证监会核定的9000万股A股发行额度，并批准公开发行股票；澳柯玛股份有限公司被认定为高科技企业，通过中国证监会预选，待验收合格后，可申请公开发行股票；华联商厦股份有限公司重组上市申报材料已上报中国证监会，正争取获准预选。对青岛橡胶二厂和青岛港务局集装箱公司进行改制，准备向中国证监会推荐。已与中国证监会就公用事业发行B股工作进行沟通，并开始着手研究公司制改制问题。初步筛选出一批企业作为上市备选企业。

（三）中小企业改革

1999年，青岛市中小企业改制完成163户，累计改制4849户，市财贸系统的中小企业已基本完成各种形式的改制。改制企业中，涉及产权制度改革的2372户，占已改制企业的49%。制定了规范发展股份合作制企业的意见，重点对企业注册资本、改制文件、股权管理、法人治理结构、利润分配和资产负债等方面组织了自查、确定和验收。全市应规范的股份合作制企业507户，已规范验收456户企业，占应规范企业的90%。

为扶持中小企业发展，逐步建立起全市中小企业服务体系，为量多面广的中小企业提供信息交流、技术扶持、投资咨询、贷款担保、人才培训等综合性配套服务。作为该体系重要组成部分的市中小企业担保中心已开始运作。同时，专门为中小企业服务的企业投资咨询中心、中小企业服务中心、技术创新中心、培训中心也进入试运行阶段。

县域企业改革在全市中小企业改革中力度大、进展快，效果较明显。即墨市在调整国有经济布局、实施有进有退方面思想解放，工作力度大，其市属和乡镇企业已基本完成改制，有效促进了经济发展，财政收入比上年增长30.8%。平度市以“引大靠大”为重点，胶州市、黄岛区、崂山区以嫁接改造为重点，城阳区以乡镇企业为重点并向村办企业延伸，都取得较好效果。

（四）国有资产管理和运营体制改革

青岛市国有资产管理体制改革较早，以对原企业主管部门转体为突破口，首先构建国有资产管理体制的中间层次。1992年开始试点，到1994年末，先后撤销了所有工业和商贸企业主管局（公司），分别组建为企业性质的国有资产经营公司或企业集团，这些公司受市政府委托，运营原所属企业的国有资产，对集体资产进行管理，同时相应成立了行业管理办公室，负责相应的行业管理工作。1999年，在过去几年工作的基础上，将工作重点转移到资产经营公司资产监管不到位、资产运营职能不到位、企业法人财产权和责任不到位、法人治理结构不到位等问题的解决上，促进国有资产经营公司逐步发展为集团公司或控股公司，成为纳税主体和投融资主体。主要采取了以下措施：剥离了国有资产经营公司的非资产运营职能，将行业管理办公室从资产经营公司中分离出来，划归市经委管理。将行政管理职能移交市有关行政管理部门；按属地管理原则，将社会管理职能移交市有关部门和区政府。国有资产经营公司（企业集团）在深化自身改革的同时，加快对所属企业的改制、改组步伐，规范与企业的关系，重点搞好对所属企业存量资产的重组和调整，积极支持鼓励所属企业的改革、改组和改造，壮大重点企业，搞活中小企业。政府分批委派专职监事会主席、审计特派员和财务监事，强化了对国有资产运营的监督。

（五）建立健全有效的企业激励和约束机制

在激励机制方面，主要是以企业分配制度改革为主线展开的。出台了《关于实行企业经营者年薪制的施行意见》，在青岛啤酒集团等20个企业试点。具体做法是：年薪分为基薪和风险收益，基薪按企业的资产规模、销售收入和利税额划定的类型确定。完成考核指标的，得全额基薪；超额完成考核指标的，其超出的收益作为风险收益全部留给企业，按不高于风险收益总额30%的比例，作为主要经营者的风险收入，其中现金兑现原则不超过基薪数额，剩余部分转为本人股份。未完成考核指标的，依次从风险抵押金、基薪和风险收入转增的股份中扣补。当年未完成考核指标的，给经营者黄牌警告，连续两年未完成的，予以解聘。对聘期内擅自离职的，由企业无偿收回其风险收入转增的股份。

在建立约束机制方面，一是普遍实行经营目标责任制，建立了相关的考核奖惩制度。二是大力推行厂务公开制度。先在40户市属企业进行了试点。公开的内容重点放在容易引发矛盾和滋生腐败现象的问题、群众反映的热点问题以及群众普遍关心的问题上，包括企业生产经营和管理的重要事项、与职工切身利益直接相关的事项、领导干部廉洁自律情况、业务招待费使用情况等，同时确定了公开的原则、方式和考核标准，促进了企业领导班子建设和党风廉政建设。三是强化国有资产监管力度，建立“两个层次、区别两种情况、三种模式”的联动互补的监督体系。两个层次指市国资委对资产经营公司进行监管和各资产经营公司（企业集团）对所属企业进行监管。区别两种情况是指对改制的国有全资和控股企业与未改制国有企业，分别采取不同的监管模式。三种模式是指针对不同的情况，分别向市国有资产经营公司（企业集团）及所属国有、集体企业派出专职监事会主席、财务总监、审计特派员。为切实落实好向企业委派监督人员的工作，制定了《关于公开选聘青岛市国有资产监督人员的实施意见》，分两批选聘了监督人员。监督人员派出后，为保证发挥监督作用，促进法人治理结构到位，制定了监督人员工作制度，并实行严格的封闭式报告工作方式，使市委、市政府多渠道获取信息，同时注意维护被监督企业的商业机密。从实际情况看，监督人员派驻企业后，能深入实际，围绕国有资产监督这个核心，认真履行职责，有效地实施事前、事中监督。监督人员的工作也得到了企业的认可和密切配合，形成了工作合力，共同维护了国家所有者的权益。

（六）企业组织结构调整

坚持改革与改组紧密结合，通过兼并、合并、划归、投资控股等方式，内联外扩，发展壮大企业集团。多年来，初步培植起海尔、海信、青啤、双星、颐中、澳柯玛等一批实力较强的全市“十大”企业集团。1999年海尔集团销售收入突破200亿元，海信集团突破100亿元，青啤集团销售量突破100万吨，“十大”企业集团的销售收入和实现利润分别占全市的41%和65%。1999年继续加大企业组织结构调整和兼并破产力度，澳柯玛集团列为市直企业，青岛啤酒集团公司托管崂山啤酒厂，对青岛医药总公司进行集团化改造。青岛第九棉纺厂破产项目列入国家计划，解决不良债务3亿元；青岛国棉二厂被山东联大集团兼并，涉及资产6亿元；青岛轴承厂被西北轴承厂兼并，盘活资产2亿元。近几年兼并破产工作成效明显，到1999年底，全市已有县以上201户优势企业兼并了237户劣势企业，使55.3亿元闲置资产得到有效利用，主体企业承担债务56.97亿元；已对114户企业实施破产，共涉及资产总额25.04亿元，负债总额42.4亿元，职工6.3万人。

（七）国有大中型亏损企业扭亏脱困

近几年，青岛市政府有关部门和企业以改革促进脱困，实行一厂一策，综合整治，为全面实现国有大中型企业的整体脱困打下了良好基础。1999年底全市共有地方国有及国有控股大中型企业106户，其中亏损企业23户，亏损面为21.7%。列入国家6599户重点脱困范围的59户国有大中型企业，扭亏脱困面到年底为70%，基本完成国家提出的脱困目标。采取的主要措施：一是实行分类指导政策。对当前有困难但有发展前景的企业，通过分立重建、整体出售等方式盘活存量；对资不抵债、扭亏无望、符合破产条件的企业，依法实施破产；对产品结构类似，经营上关联互补的企业，引导优势企业以多种形式进行兼并重组；对符合国家产业政策，发展有望的企业，通过包装上市、组建集团、合资嫁接、封闭贷款等方式，搞好搞活。二是加大对亏损企业的扶持力度。出台了一系列扭亏脱困政策，对亏损企业盈利产品实行封闭贷款、技改贴息等支持。积极推荐符合条件的国有企业债转股，已有7户企业列入国家计划，债转股额度27亿元。三是实行目标责任制，对1999年下达了扭亏脱困责任目标的企业进行考核，严格兑现奖惩。建立扭亏脱困奖励基金，对完成脱困目标的企业经营者及其主管部门负责人进行奖励。三年来市财政共拿出1亿元，用于支持困难企业脱困。

固定资产投资与技术进步及创新

（一）固定资产投资

1999年，青岛市继续采取了加大固定资产投资以促进经济增长的一系列政策措施，使全市固定资产投资在上年的基础上继续保持较快增长。全年全社会完成固定资产投资278.95亿元，比上年增长15.1%。其中，国有经济投资139.4亿元，增长15.5%，县及县以上单位共完成投资220.59亿元，增长15.5%。在县及县以上投资中，基本建设投资85.6亿元，增长14.3%；更新改造投资57.07亿元，下降1.9%；房地产开发投资62.97亿元，增长43.8%。全市新开工项目622个，比上年增加13个；施工项目1077个，竣工项目573个；在建项目总投资规范633.6亿元，比上年增长15.1%。投资效益有一定提高。项目建成投产率53.2%，新增固定资产200.96亿元，新增固定资产交付使用率91.1%，提高9.4个百分点。商品房屋竣工面积473.1万平方米，增长82.5%。全年销售商品房建筑面积236万平方米，增长32.5%。商品房销售额42.34亿元，增长20.3%。

表1　1999年青岛市固定资产投资新增主要生产能力

炼铁	40万吨/年
家用空调器	126万台/年
移动通信基站设备	1632信道/年
程控交换机	4.8万线/年
新建公路	83.3公里
改建公路	258.1公里
新建公路桥梁	1座
城市道路扩建长度	39公里
城市道路扩建面积	74.3万平方米
城市永久性桥梁	3座

（二）工业技术改造

紧紧抓住国家实施积极的财政政策，包括财政债券贴息、进口设备免征关税和增值税、取消投资方向调节税、购买国产设备投资额按40%抵免企业所得税等鼓励投资政策的有利时机，进一步加大技术改造投资力度，取得了较为显著的效果。1999年，工业企业在建技改项目1165项，完成投资78.5亿元，比上年增长18.4%，全市技术改造投资保持了良好的增长势头。其中国有企业完成40.1亿元，增长14.2%；竣工项目520个，完成投资29.5亿元。

抓产业政策研究和产业规划指导。根据国家产业政策和我市产业、产品结构调整的需要，进一步修订完善了《青岛市工业产业、产品和技术投资指导目录》，明确了鼓励投资、限制投资和禁止投资的项目，很好地引导了银行、企业和社会资金的投向。积极研究跨世纪支柱产业的确定和发展规划，编制了《青岛市工业产业结构调整规划方案》，确定了“三大板块”的调整思路，即：通过实施“名牌战略、集团战略、创新战略和外向带动战略”，调整工业布局，发展特色园区和临港工业，逐步形成电子信息、新型家电、化工橡胶、饮料食品、车辆船舶、生物及海洋制药六大支柱产业。以这一调整思路指导技改投资。

抓企业发展战略研究和项目融资方式的转变。组织召开了’99青岛企业技术改造项目推介洽谈会及企业发展战略研究报告会，积极探索多渠道融资之路。技术改造项目推介洽谈会由国内外金融机构、世界著名大公司、国内投资及中介机构、我市项目企业参加，并首次采取了网上推介的方式，取得了良好的效果。企业发展战略研究报告会进一步拓宽和启迪全市经济管理部门和企业经营管理者的思路，把握国际、国内经济和科技发展的脉搏。这些工作，都得到了国家和省经贸委领导的高度评价。

抓国债项目的争取和大项目的拉动。按照“择优扶强、突出重点、发展一个、带动一片”的原则，近几年每年确定30个符合产业结构调整方向、投资较大、带动作用强的重点技改项目，集中财力、人力、物力抓紧促进，每年都有一批重点项目如期完成投产并发挥效益。1999年，争取了11个国债项目，总投资30亿元，专项贷款21亿元。年内，市政府确定的30个单项投资5000万元以上的重点技术改造项目，完成投资占全市的1/5，其中海尔集团的特种钢板项目、MRV空调项目，青岛石油化工厂250万吨炼油配套改造项目等5个项目竣工投产。

近几年通过连续不断较大规模的技改投入，全市国有大中型企业全部得到改造，企业技术装备水平有了很大提高。“九五”前四年技改投资250亿元，为“八五”的1.37倍。至1999年末，全市工业企业20%以上设备达到国际90年代先进水平，40%达到80年代先进水平。

（三）技术创新

青岛市被确定为全国技术创新试点城市以来，优势企业技术创新能力不断增强，城市技术创新服务体系构筑起初步框架。1999年，成立技术创新专家咨询委员会，组织院士行活动，建立技术经纪人队伍，进一步完善了城市技术创新体系。海尔集团、海信集团被确定为全国技术创新试点企业。推广海尔等技术中心经验，完善技术中心考核评价体系，组织青岛橡胶集团等6户企业申报国家级企业技术中心，青岛大洋食品集团等7户申报省级企业技术中心，34户申报市级企业技术中心，又有一批企业技术中心晋升为国家级、省级，累计已建立市级以上企业技术中心51家，其中国家级7家，省级14家，市级30家。1999年，这51家技术中心企业实现销售收入占全市限额以上企业销售收入的49.2%；技术开发费占销售收入比例的平均值达到3.3%。

大力推进“产学研”联合。到1999年，本市企业与国内几十所高等院校科研院所建立了长期合作协议，已连续9年举办了新技术新成果交易会，上千个高科技项目落户我市。市政府与有关单位全面合作，成功举办了首届全国产学研联合洽谈会，累计签订正式合同126项，达成合作协议279个，营造起空前的技术创新氛围。推进产学研联合，促进了科技向现实生产力的转化。年内，全市完成新产品、新技术开发项目1140项，新产品完成现价产值295.3亿元，增长28.8%，新产品产值率25.7%。积极争取国家政策支持，全市有20个技术创新项目和57个重点新产品列入国家计划。

加快高新技术产业化步伐。一是提出并开始实施全市高新技术产业化的发展规划，努力实现高新技术产业化。按照市工业企业技术创新规划，集中力量在电子信息、生物技术和海洋科技、新材料实现突破，同时重视光机电一体化、环保等高新技术产业发展，形成了一批高新技术支柱产业。重点抓好125个产业化创新项目，集中力量攻关突破。这些项目建成投产，可实现销售收入266亿元，利润56亿元，税金23亿元。重点培育海尔、海信等全市十大高新技术企业，使其逐步成为带动全市高新技术产业发展的主要力量。二是加快用高新技术改造传统产业，对纺织服装、冶金建材、包装印刷、皮鞋制革、室内装饰五个传统产业，通过引进新技术，开发新产品，提高市场占有率。三是实现支柱产业高新化。把新型家电、化工橡胶、食品饮料、车辆船舶、机械电气五大优势产业作为依靠先进技术发展壮大的重点。到1999年末，全市累计高新技术企业290家，高新技术企业集团3家。其中，新认定高新技术企业54家，高新技术企业集团1家。高新技术产品完成现价产值305亿元，增长30.1%，高新技术产品产值率26.5%。同时，全市列入国家级计划的科技项目有68项，完成重大科技项目590项。其中，达到国际先进水平的130项，国内先进水平的260项，推广应用率达80%。同时市政府还建立了高新技术产业化资金，其中有2000万元用于高新技术产业化项目的贴息。建立了科技成果转化风险基金，制订发布了《青岛市科技成果转化风险基金使用管理暂行办法》，年内已有5个项目通过评审，并于12月底举行基金担保签字仪式。

积极发展科技型中小企业。重点培植10个重大高新技术项目，包括铝塑复合管、变频空调控制器、IGBT逆变电焊机、手持计算机、三坐标测量仪等，产值总数达10亿元以上；认定中小型高新技术企业40多家，培植新的经济增长点；积极组织国家“科技型中小企业技术创新基金”申报，共申报项目30多项，已有7个项目立项，争取国家拨款和贷款贴息近千万元。

此外，全年专利申请量1607件，比上年增长18.8%；专利授权量1427件，增长41%。截至1999年底，全市累计申请专利8643件，授权5321件。

外经外贸

1999年，面对世界经济遭受亚洲金融危机滞后影响的冲击和全球市场萎缩、贸易保护主义抬头以及国内市场需求不足的矛盾突出的严峻形势，市委、市政府及有关部门、企业适时统一认识，克服重重困难，紧紧把握发展机遇，及时调整工作思路，采取了相关应变政策和措施，全市对外开放工作又迈上了一个新的台阶。

（一）引进外资与发展外商投资企业

表2　1999年青岛市利用外资情况表

利用外资方式	批准外资情况			实际利用外资	
	项目数(个)	合同外资(万美元)	金额比上年±%	金额(万美元)	金额比上年±%
对外借款	1	2398	−43.15	2069	−77.72
外商直接投资	714	172734	75.46	91742	25.97
中外合资企业	206	55284	128.16	27390	7.53
中外合作企业	45	19363	27.81	5810	87.78
外资企业	463	98087	66.06	58542	32.26
外商其他投资	4	116		224	
对外发行股票					
补偿贸易				129	
国际租赁					
加工装配	4	116		95	
合计	719	175248	70.70	94035	14.51

1999年，提出在更高层次上把握利用外资的主动权，调整产业结构、市场结构，迅速变单一国别、单一产业、单一招商方式为多国别、多产业、多方式招商，实现外资来源多元化，推动一、二、三产业全面对外开放。以现代化办事效率按国际惯例办事，适应新的利用外资方式。以外商投诉和纠纷处理为突破口，以优化法制环境和服务环境为重点，大力改善了全市的投资环境。深化“安商扶商”工程，建立并实行了重点外商投资企业跟踪服务责任制，促进了外贸出口和外商增资；举办了外商投资服务月活动，实行外商对涉外部门评议制度，理顺了外商投诉体制。加大对外宣传和招商力度，精心组织了德国“青岛日”、加拿大“山东青岛周”、北京和上海“青岛日”等一系列重大招商活动。全市新批外商投资项目719个，合同外资17.5亿美元，实际利用外资9.4亿美元，分别增长27.7%、70.7%和13.2%。

利用外资工作呈5个特点：(1)新批大项目较多，合同额较大。总投资超过千万美元以上的大项目44个，合同外资8.9亿美元，占全市合同外资总额的51.4%。(2)利用外资以第二产业为主。其中，第一产业合同外资0.9亿美元，占5.2%，实际利用外资0.1亿美元，占1.3%；第二产业合同外资12.3亿美元，占71%，实际利用外资7.2亿美元，占78.7%；第三产业合同外资4.1亿美元，占23.7%，实际利用外资1.8亿美元，占20.2%。(3)欧美国家投资增长较快。全年欧盟和美国投资合同额分别增长119%和158%。(4)各县区仍是利用外资的主体。其中，五个县级市和经济技术开发区新批外资项目合同额占全市总量的55.2%。(5)外商投资企业增资支撑作用较大。全年外商投资企业共增资2.2亿美元，占合同外资总额的

13%。

1999年，来青岛直接投资的国家和地区达50个。按合同外资额排列，前5位依次是：香港4.8亿美元、美国3.4亿美元、韩国2.5亿美元、台湾1.3亿美元、加拿大6911万美元。

截至1999年末，全市累计批准利用外资项目8964个，合同外资124.8亿美元，实际利用外资67.6亿美元。按合同外资额排列，来青岛直接投资的国家和地区前5位依次是：香港35.24亿美元、韩国23.66亿美元、日本8.74亿美元、台湾8.62亿美元、新加坡7.48亿美元。全市已投产经营的外商投资企业累计3143家。这些企业全年实际出口32.99亿美元，增长9.1%；缴纳税金13.3亿美元，增长20.91%；实现销售收入464亿元，增长12.08%。

开展了一些重大招商活动：

外商投资服务月为改善投资软环境，确定自1999年起，每年5月份为外商投资服务月。届时将组织各有关部门和单位集中1个月时间，宣传落实全市对外开放有关政策，为外商提供综合服务，营造有利于外企投资、生产、经营和健康发展的良好环境，推进全市对外开放。1999年外商投资服务月的主题是“外企与青岛共繁荣”。主要有7项活动，分别是咨询服务大会、表彰1998年度全市先进外商投资企业、市长与外企代表见面会、举办国际经贸论坛、邀请在青外商参观考察各市区投资环境、组织有关部门现场办公解决外企遇到的问题、组织在青外商对市涉外部门进行问卷评估。其中，国际经贸论坛活动举行了13次报告会，邀请国内外专家就地区形势与国别政策、吸引外资等作报告。

’99中国青岛对外经济贸易洽谈会7月12～18日举行。青岛代表团外贸成交1.16亿美元，其中外贸企业成交9221万美元、外商投资企业成交2402万美元。签订利用外资合同、协议162项，其中合同118项、合同外资3.9亿美元；签订对外经济技术合作合同11项，合同金额656万美元，合同派出劳务664人。

青岛代表团在本届青洽会上的经贸洽谈和成交签约有6个特点：(1)项目质量进一步提高，高科技和农业项目取得突破。累计签订高新技术项目6个，外资金额7628万美元，分别占本市签约总数的4.4%和15.6%；累计签订农业项目15个，外资金额5850万美元，均超过往届。(2)大项目拉动作用明显，独资项目所占比重上升。累计签订总投资超过1000万美元的大项目24个，外资金额40397万美元，分别占14.8%和72.2%。(3)重点区域吸引外资突出，经济技术开发区、高科园再次成为投资热点，签约项目均超过1亿美元。欧美投资仍呈增长态势，累计签订项目48个，外资金额2.99亿美元，分别占29.6%和53.4%。(4)自营进出口企业成交活跃，累计成交7711万美元，占66%。本市生产的海尔冰箱、空调，澳柯玛冰柜、洗碗机，海信电视，双星运动鞋，青岛啤酒等名优产品成交量增多。(5)参展企业成交面扩大，轻纺、机电产品成交增加。(6)新客户、新产品成交较多，新市场开拓取得新进展。

’99中国（青岛）国际葡萄酒、蒸馏酒技术贸易博览会由法国波尔多展览委员会和青岛市对外经济贸易委员会共同主办，法国波尔多展览委员会具体承办。10月27～29日举行。期间，举办了“世界葡萄种植、葡萄酿酒信息技术交流论坛”、“西方企业如何进入中国市场”讲座。

“青岛日”大型招商活动6月23～25日，青岛市政府经贸代表团在德国法兰克福市举办了题为“青岛日”的大型招商活动。11月9日，’99北京“青岛日”招商推介会在北京梅地亚中心举行，共有18个项目举行签约仪式。11月27日，在上海世博会大酒店举办了’99上海“青岛日”招商推介会，380多人出席。

（二）对外贸易

1999年，青岛市在新的认识高度上以更大精力抓好对外贸易。调整外经贸战略，先后制订出台了本市扩大外贸出口的8条鼓励措施和进一步加快外经贸发展的意见。建立了国际经贸论坛，邀请国内外专家来本市举行专题报告会，组织专门力量对实施经济国际化、加入WTO对本市影响、设立出口加工区、吸引跨国公司投资、发挥市场龙头作用等事宜进行了系统的调研和总结，起到了良好的指导作用。完善落实外经贸工作责任制，强化了督查，兑现奖励，进一步调动了各区市、各部门和企业的积极性。抓住市场开拓、出口产品结构调整、外贸企业改革、政策支持等五个关键，着力抓突破。同时，进一步加强银贸、税贸、关贸等方面的合作，形成了对外经济贸易工作的合力。1999年全市累计进出口总额77.56亿美元，同比增长13.8%。其中，出口44.63亿美元，增长8.9%，占全市国内生产总值的37.3%；进口32.93亿美元，增长21.1%。

1999年全市外贸出口呈4个特点：(1)外贸企业和外商投资企业出口“同步前进”。外贸企业出口11.6亿美元，增长8.5%；外商投资企业出口32.99亿美元，增长9.1%。(2)一般贸易出口高速增长。共完成11.3亿美元，增长21%。加工贸易出口33.1亿美元，增长7.4%。(3)主要市场出口势头良好。日、韩、美和欧盟四大主要市场出口额占全市出口总额的82.9%。(4)初级产品出口增幅下降，机电产品出口继续增长。初级产品出口5.87亿美元，增长0.5%。工业制成品出口38.7亿美元，增长10.3%。其中，机电产品出口9.67亿美元，增长3.4%，占全市出口比重的21.7%。市十大骨干商品出口32.1亿美元，占全市出口总额的73%，增长7.4%。

出口商品销往178个国家和地区。出口额居前10名的国家和地区依次是：日本12.36亿美元，占出口总额的27.7%；美国12.26亿美元，占27.5%；韩国5.65亿美元，占12.7%；德国1.90亿美元，占4.3%；香港1.72亿美元，占3.9%；比利时1.04亿美元，占2.3%；荷兰9078万美元，占2%；英国8495万美元，占1.9%；加拿大7007万美元，占1.6%；法国6079万美元，占1.4%。

1999年青岛市出口商品结构表

项　目	出口额（万美元）	占出口总额比重	
		1998年	1999年
初级产品	58747	14.3	13.2
工业制品	387513	85.7	86.8

1999年青岛市出口1000万美元以上的商品情况表

金额分类	商　品　名　称	出口金额(万美元)	占出口总额%
5000万美元以上（11种）	冻鱼片 箱包 皮革服装 涤纶布 汗衫背心 鞋靴 假发制品 集装箱 填充玩具动物 健身器械 塑料制品	172316	38.6
2000～5000万美元（26种）	干蔬菜 鱼 花生 调味品 橡胶轮胎 牛皮革 缆绳 棉混平纹布 套头衫 运动服 棉制男衬衫 帐篷 仿首饰 空调器 家用冷藏箱 软盘驱动器 变压器 耳机耳塞 音像设备零附件 铝电解电容器 电路开关 非机械驱动车辆及零件 医疗器械 家具 电子游戏机 钓鱼狩猎用品	74366	16.7
1000～2000万美元（38种）	冻鸡块 冻对虾仁 冷冻蔬菜 辣椒干及辣椒粉 花生仁 鸡肉 啤酒 鳞片石墨 焦炭 二氧化硅 碳酸钠 碳酸钡 藻酸类产品 木制画框 植物编结品 纸袋 棉纱线 棉布 地毯 化纤花边 女式上衣 防寒衣 毛制男式西服套装 胸罩 毯子 钻石 钢铁 洗衣机 计算机及部件 电热设备 电力控制盘 娱乐用品 床上用品 台布 毛巾 不锈钢厨房用具	53854	12.1
合　　计		300536	67.4

进口商品的国家和地区共89个。主要进口商品的国家和地区依次是：韩国15.69亿美元，占进口总额的47.6%；日本5.57亿美元，占16.9%；美国3.14亿美元，占9.5%；台湾1.28亿美元，占3.9%；俄罗斯1.10亿美元，占3.3%；香港6909万美元，占2.1%；意大利6872万美元，占2.1%；泰国4523万美元，占1.4%；新加坡4196万美元，占1.3%；德国3919万美元，占1.2%。

1999年青岛市进口3000万美元以上商品情况表

商品名称	进口金额（万美元）	占进口总额%
生皮及皮革	37107	11.4
冻鱼	12513	3.8
压缩机	10250	3.1
程控电话交换机零件	8005	2.4
铁矿砂	6825	2.1
鞋靴零件	5506	1.7
制冷设备	4531	1.4
对苯二甲酸	3457	1.0
尼龙染色布	3251	1.0
塑料制品	3027	0.9
计算机及零附件	3015	0.9

（三）海外投资与国际合作

全年全市完成对外承包劳务合作项目482个，合同金额9036万美元，增长52.6%；营业额6851万美元，增长26.8%；派出5149人次，增长17.2%；期末在外人数7874人，增长10.1%。对外承包工程和劳务合作伙伴已达58个国家和地区，主要为日本、新加坡、以色列、韩国、巴拿马、莱索托、塞舌尔等。全市境外投资企业已达48家，总投资达到8596万美元。

（侯方敬　杨勇祥）

河南省

综　述

1999年河南省国民经济稳步增长。全省国内生产总值4576亿元，比上年增长8.0%。其中，第一产业增加值1123亿元，增长7.2%；第二产业增加值2071亿元，增长7.8%；第三产业增加值1328亿元，增长9.3%。人均国内生产总值4893.7亿元，比上年增长7.2%。市物价总水平继续下降。全年居民消费价格总水平下降3.1%。

1999年，全省工业经济在保持一定增长的基础上，经济效益状况得到明显改善，保持了良好的运行态势。全年全部工业增加值1790亿元，比上年增长7.9%。国有工业企业及年产品销售收入500万元以上的非国有工业企业（简称规模以上工业企业，下同）完成工业增加值993.6亿元，增长7.5%。其中，国有及国有控股企业完成工业增加值587.3亿元，比上年增长7.9%；集体企业完成工业增加值249.11亿元，增长2.8%；外商及港澳台投资企业完成工业增加值70.61亿元，增长10.1%。分轻重工业看，全年轻工业完成工业增加值333.79亿元，增长7.4%；重工业完成工业增加值659.83亿元，增长7.6%。

工业经济效益明显提高。全年规模以上工业企业实现产品销售收入2864.09亿元，产销率达97.21%，比上年提高1.4个百分点。利税总额269.43亿元，比上年增长7.0%；利润总额82.08亿元，比上年增长15.3%；亏损企业亏损额47.22亿元，下降11.0%；亏损面21.7%，下降1.2个百分点。工业企业经济效益综合指数89.3，比上年提高3个百分点。

企业改革与制度创新

1999年，河南省企业改革工作，紧紧围绕实现国有大中型企业三年改革与脱困目标，重点抓了企业脱困、建立现代企业制度、企业兼并破产、企业管理、下岗职工基本生活保障等各项工作。

1. 一是建立了组织机构，成立了脱困工作领导小组。二是签订目标责任书，实行分级负责。制订了《河南省国有及国有控股大中型亏损企业脱困工作指导意见》，落实了脱困企业名单。6月份，组织召开了全省国企脱困扭亏增盈暨学习许继现场会议，与市地签订了脱困目标责任书。8～9月，河南省经贸委又相继分片在开封、郑州、安阳、驻马店召开了国企脱困工作座谈会，逐市地逐企业检查脱困工作进展情况及面临的困难和问题，督促各市地认真贯彻落实许继会议精神，把国企脱困工作作为经济工作的重中之重来抓。三是分类指导，逐户企业研究制订脱困途径及措施。截至年底，全省列入全国6599户重点脱困企业名单的299户通过兼并、破产、合资合作等途径已消号的111户，57户实现了扭亏，脱困面已达56.2%，完成了省定的年度工作目标。

2. 按照全国建立现代企业制度试点工作的部署和要求，河南省从1995年开始在全省选择了百户企业开展了现代企业制度试点工作，到1999年取得明显成效。一是科学化、规范化的公司制框架初步形成，有限责任制度基本确立。截至1999年底，全省国有大中型企业中已有381家建立了公司制基本框架，其中，改为股份有限公司的108家，改为有限责任公司的186家，改为国有独资公司的87家。一拖、新飞、许继等一批骨干企业通过改革，适应市场的能力进一步提高。二是企业内部所有者、经营者和劳动者相互促进、相互制衡的机制逐步形成。全省百户试点企业中，有84家企业成立了董事会，76家企业成立了监事会，45家股份有限公司和有限责任公司成立了股东大会。三是建立健全了企业内部的各项管理制度，企业管理工作得到加强，大多数企业自办的学校、医院以及后勤服务机构首先在企业内部实行了分离，独立核算，定额补贴，逐步由福利型转为经营型，为向社会进行分离创造了条件。四是逐步建立了企业与职工之间的新型劳动关系，大部分企业都实行了全员劳动合同制。

3. 1999年国家下达的第一、二批企业兼并破产及结转项目计划，以及第三批企业兼并破产建议项目，全省共有106个，涉及银行呆坏账准备金33.79亿元。其中，已有87个项目正式付诸实施，其他项目前期准备工作已全部就绪，待与有关部门进一步协调后和全国领导小组正式批复后付诸实施。实施企业兼并破产工作，促进国有企业改革与发展。一是更新了观念，促进了优胜劣汰机制的建立；二是盘活了一批闲置资产，使其得到优化配置，并重新发挥作用；三是化解了企业不良债务，使一批企业获得新生；四是促进了一批优势企业低成本扩张。

4. 为促进大企业的改革和发展，河南省委、省政府制订了"抓大放小"24条政策，进一步加大对重点企业的支持力度，在兼并联合、债务重组、技术改造、科技进步、股票上市、债券发行等方面实行重点支持。列入国家财政债券贴息的35个重点技改项目中，重点企业项目有23个，总投资52.2亿元，银行贷款31.9亿元，占83%。全省37户债转股企业中，重点企业23户，申报债转股额度157亿元，占全省总数的65.7%，安排冲销银行呆坏账准备金计划中，涉及重点企业13亿元，占全省总规模的39%。通过落实各项扶持政策，重点企业的骨干带动作用进一步增强。

5. 为进一步加快中小企业发展与改革步伐，促进中小企业改革和发展，河南省制定下发了《关于促进我省国有中小企业发展与改革的意见》，积极推进中小企业服务体系和信用担保服务中心的建立。截至1999年底，全省独立核算国有工业小企业改制面已达70%以上。通过放开搞活中小企业，一是明晰了企业产权关系；二是盘活了存量资产，培育了新的经济增长点；三是优化了企业资本结构，降低了企业负债；四是促使企业面向市场，加强经营管理，提高了经济效益；五是推动了其他配套改制的深入，改制企业已有90%以上实行了全员劳动合同制、岗位技能工资制，打破了干部、职工的身份界限。

6. 一是以开展管理示范活动为切入点，夯实企业基础工作，不断完善健全各项规章制度；二是以开展学邯钢"模拟成本核算，实行成本否决"为切入点，改革企业成本管理制度，降低了企业生产成本；三是大力推行亚星购销比价管理经验，8月在灵化集团召开了全省国有企业物资采购现场会，在全省大力推进了国有企业物资采购工作，努力降低采购成本；四是在广泛调查研究的基础上，起草制订了建立国有企业经营管理者激励和约束机制的试行意见，大力推进企业厂务公开，把激励和约束结合起来，目前全省国有企业推行面已达60%，强化对企业管理费、业务招待费等的民主管理和民主监督，堵塞了漏洞，取得了明显效果，有200户企业实现了管理达标，34户企业评为管理示范企业。涌现了一批管理创新企业，总结了许继有限公司制度创新、技术创新的经验，报经省政府批准在全省开展了关于向许继集团有限公司学习的决定，并被全国树为管理创新、制度创新、技术创新的典型。国家经贸委先后在该厂举办了三期由各省市有关企业参加的学习许继经验培训班，有力地促进了企业管理工作制度化、规范化和科学化。

7. 近年，河南省委、省政府高度重视国有企业下岗职工基本生活保障和再就业工作，各地党委、政府都把做好国有企业下岗职工基本生活保障工作作为一把手工程，明确任务，落实责任，克服困难，采取措施，千方百计筹措资金，确保下岗职工基本生活费按时发放，促进了社会稳定。截至1999年底，全省实有下岗职工人数32万人，其中，进入再就业服务中心29万人，占下岗职工总数的90.6%，足额发放基本生活费的25.5万人，占89.9%。

固定资产投资

1999年，技术改造工作紧紧围绕结构调整，狠抓技术改造项目资金落实和计划的组织实施，全年完成技术改造投资159.47亿元，同比增长−0.2%，比全国技改增幅低2个百分点。

1. 始终把搞好全省技术改造的统筹规划作为基础性工作来抓，不断理清全省技术改造投资的思路、方向和重点，不断优化投资结构，为争取国家专项支持创造条件。一是按照国家实施"双高一优"（即：高新技术产业化、采用高新技术改造传统产业、优化产品）专项规划的部署，在认真总结"九·五"计划前三年实施情况的基础上，着眼于国内外经济技术发展的新情况、新特点，通过认真调研、科学论证、严格筛选，规划出300多个重点项目上报国家，补充完善了项目库。二是按照国家财政债券支持技术改造的方向和重点，结合河南实际，及时下发了《关于抓紧编制重点行业结构调整规划的通知》（豫经贸改［1999］552号），即以质量、品种、效益和顶替进口为主攻方向，围绕全省重点行业性目标，对进一步做好全省机械、轻工、纺织、石化、冶金、建材、有色、电子、煤炭、医药等十个重点行业的规划工作做了全面部署，6个重点行业编制完成了总体规划初稿。初步储备了一批质量水平较高的投资项目，充实完善了项目库，为争取国家进一步支持和明年做好"十五"规划创造了条件。

2. 一是在全面贯彻落实《河南省工业产品结构调整意见》的基础上，又不断进行了修改完善，并在日常工作和项目审批中严格贯彻落实，对促进全省结构调整工作的开展起到了积极的引导作用；二是抽调精干人员，充实河南省工业结构调整办公室，充分发挥河南省经贸委的职能优势，在制订政策措施，筛选重点项目，确定优势产品和骨干企业等各项工作中发挥了积极作用。共安排下达两批21个短平快项目，同时，10～11月份，通过对全省18个地市近150家企业的产品结构现状进行了一个多月的调查研究，找出了突出矛盾和问题的症结，提出并经省政府研究确定了第一批重点支持的19类42种优势产品和55家骨干企业，初步制定了相关扶持政策及措施。下步计划是提出一批发展前景广阔、成长性好、潜在优势明显、通过集中力量重点扶持可以迅速壮大，形成新的经济增长点的产品和企业。

3. 按照国家财政债券支持技术改造的方向和重点，经过精心准备，对近300多个初选项目进行反复论证和对比分析后，筛选出150个项目上报国家经贸委。经过努力，已有35个项目（总投资62.9亿元）列入了国家计划。

4. 对于已列入国家专项计划和省重点扶持的项目，尤其是国家财政债券重点项目，千方百计加大前期工作力度。按照国家有关规定和要求，制订了严格的申报审批程序，明确提出了各环节审查、审批时间要求，建立了工作台账，根据项目的成熟度和合理建设工期，倒排出每个项目前期进度网络计划，加强了同金融、环保等部门的沟通协调，落实项目建设条件。积极赴京向国家经贸委有关部门进行汇报争取，取得了较好成效。全年共争取国家安排计划2批4个项目，总投资30.78亿元，其中当年投资12.8亿元。其中下达财政债券技改项目计划2个，总投资2.95亿元，当年投资1.32亿元。目前已下达省结构调整项目计划21个，总投资5.05亿元，其中省结构调整资金2.3亿元，引导银行贷款2.75亿元。

5. 一是对未开工项目，积极主动同各级金融部门加强协调沟通，尽早邀请银行参与项目的筛选、论证等前期工作。经过认真筛选准备，将24个开工条件成熟的重点项目提交给省分行，向银行介绍项目情况，取得了较好的效果，这批省重点项目已陆续开工建设。目前周口电厂、尉氏化肥、洛阳轴承、河南金雀、豫光金铅等6个项目已完成开发银行评估，60%的国债项目已列入银行评估计划或正在进行评估，为尽早开工创造了条件。二是对已开工项目，通过多次邀请银行通报和座谈项目实施情况，积极帮助企业落实贷款资金和银行搞好贷款本息的收回工作，调动了银行支持技改项目的积极性，保证了已开工项目的顺利实施，促进了一批项目的尽快投产达效。争取到国家一般财政贴息技改项目32个，贴息金额8800万元，占全国9亿元的9.7%，远远高于全国平均水平。

6. 在'99河南产品（乌鲁木齐）展销会期间共签约经济技术合作投资项目41项，总投资额42558万元。为下一步深入广泛开展同西部地区经济技术合作积累了经验，打下了基础。豫沪合作初步签约各类合作项目6项。

1999年，河南省企业技术创新工作，围绕工业经济结构调整和高新技术产业化，以加快企业技术中心建设和加大产学研联合工作力度为重点，加强以企业为主体的技术创新体系建设。

1. 1999年全省新组织认定了46个省级企业技术中心。目前，全省企业已经建立国家级技术中心12个，省级技术中心79个，共有91个。为着重加强企业技术中心的有效运行，组织召开了全省企业技术中心工作座谈会，交流了工作情况、经验和运作方法，提出了进一步加强企业技术中心建设的意见和要求。5月中旬在山东省青岛市举办了“河南省企业技术中心培训班”，100多人参加了培训，促使企业技术中心工作逐步朝着规范化、制度化方向发展。

2. 先后组织市地、企业和科研单位、大专院校参加了乌鲁木齐河南商品交易会、'99河南科技成果交易会和青岛全国产学研成果交流交易会三次大型科技成果交流交易活动。通过这些产学研交流活动，各市地、各行业都初步建立了产学研信息库，在征集企业难题的基础上，面向市场为企业牵线搭桥。探索了企业、高等院校、科研院所的多种合作模式与利益分配关系，鼓励企业与高等院校、科研院所广泛开展产学研联合，合作建立技术中心、进行技术开发和共建高技术产业及经济实体。从项目和资金方面重点支持了一批产学研联合的技术中心和高技术产业化项目，促进了企业技术创新能力和市场竞争力的提高。平顶山天鹰集团、洛阳耐火材料集团、南阳天冠集团、普康集团化学制药厂等一些企业开始与高等院校、科研院所建立长期稳定的产学研合作关系。

成功地举办了河南省与清华大学技术经济合作洽谈会。全省200多家企业的500多名代表，91家国家和省级企业技术中心的负责同志参加了会议。有36家企业分别与清华大学签订了技术开发或技术合作协议，涉及项目总投资1亿多元。河南省政府李克强省长，张以祥、陈全国副省长和清华大学校长王大中院士、常务副书记陈希教授、副校长龚克教授、校长助理、企业集团荣泳霖董事长等省校领导亲临会议。开创了河南省与国家重点高等院校和科研院所的产学研合作的良好开端。通过现场洽谈，清华大学代表团接待企业咨询、洽谈逾500人次，企业提出难题和需求上百项，其中近40项达成初步意向。

3.1999年，河南省省委、省政府根据河南经济发展面临的困难和问题，作出了加快工业经济结构调整和高新技术产业化的决定，在财力十分紧张的情况下，挤出了5亿元的结构调整资金，5000万元的高新技术产业化贴息资金。通过高新技术产业化项目的选报，共有65个项目被认定为高新技术产业化项目，其中部分项目完成并通过了验收。加强对部分国家和省技术创新项目执行情况的检查，为加强项目全过程管理积累了经验。全省有20个项目被国家选列为重点项目，还有一批重点新产品列入了国家计划，共争取国家拨款补助1270万元。提高技术创新项目的前期工作水平，重点筛选和储备了一批技术创新项目。

4.1999年全省可以完成新产品开发800项以上。其中，一批高水平的新技术和新产品将为河南经济注入新的活力。如河南轮胎股份有限公司研制生产的低断面超宽基无内胎沙漠轮胎填补了国内空白，质量达到国外同类产品的先进水平；许继集团公司10种高新技术产品通过国家两级、WCK2微机直流系统测控装置、SDJ－32数字电力交换机都达到国内先进水平；南阳防爆集团公司开发的YCYJ系列高滑差三相异步油田采油机专用电机，在国内市场占有率稳居第一，高起点研制开发的YX系列、YX2系列高效率三相异步电动机等，满足了澳大利亚、美国、新西兰等国际市场的需求，创造了可观的经济效益。一批中小企业在开发专、新、特、精产品方面，取得了可喜的进展，如新乡水暖器材厂开发出膨胀自锁式管路连接工具，将传统的螺纹连接，改为膨胀自锁式连接，管道使用寿命长达15年以上，与传统的管道连接相比，可节省原材料30%，安装效率可提高10倍以上，被有关专家称为管道安装史上的一次重大技术革命；焦作市联明电子有限公司与武汉汽车工业大学共同研制生产的霍尔磁感型通用高能汽车电子点火厚膜模块和许昌阀门厂开发的燃气平板闸阀系列产品，填补了国内空白，各项性能指标达到了国内外先进水平；平顶山电吸尘器厂BS930型电吸尘器达到90年代国际先进水平。

5.洛阳和平顶山两市的技术创新试点方案都已经由政府批准实施。洛阳组织参加了由国家经贸委、教育部、中国科学院产学研联合办公室和青岛市人民政府联合举办的'99全国产学研联合洽谈暨展示会，取得了较好效果。平顶山市从财政拿出了专项资金用于支持企业技术创新。企业试点工作也取得了新的成效，天鹰集团今年有5个新产品通过了国家级鉴定，其中LW6B双端口SF6断路器已批量生产；神马集团完成14个技术创新项目，其中增韧尼龙等项目居国内领先水平；平煤集团完成12个技术创新项目，其中综采工作面切眼新型支护国内领先并已用于采煤生产；双汇集团去年投放市场的新产品达36个，新产品产值率达到50%以上；焦作制动器有限公司研制开发的YWZ8、YWZ12电力液压块式制动器，达到了国际水平。

6.通过推行全面质量管理，完善质量保证体系，组织有条件的企业开展质量认证工作。依靠质量协会等社会中介组织推动群众性的质量管理活动，组织企业开展QC小组活动，努力降低不良品损失。

技术改造与技术创新

全年完成技术改造投资159.5亿元，与上年基本持平，比全国技改增幅高0.2个百分点。

根据全省工业经济结构调整的方向和重点，结合国家“双高一优”专项规划，经过科学论证，严格筛选，上报国家项目300多个，还从中安排下达了3批21个短平快项目，总投资5.05亿元，安排省结构调整资金2.3亿元，银行贷款2.75亿元，部分项目已完工投产。

在技术创新方面，通过召开会议、举办培训班等多种形式，着力培育企业技术中心。组织认定了46家省级企业技术中心，并对原有的企业技术中心进行了考核和规范。目前，全省已建立国家级企业技术中心12个，省级技术中心79个；为推进产学研联合工作，积极为企业和科研院所、大专院校牵线搭桥，先后组织了3次大型科技成果交流交易活动，尤其是经过近半年的准备，于12月份成功地举办了河南省与清华大学技术经济合作洽谈会，省校签订了联合协议书，建立了省校全面合作关系，共有36家企业与清华大学签订了技术开发或合作协议，涉及项目总投资1亿多元，还达成了40项技术难题合作意向；推进了国家技术创新试点城市洛阳和省技术创新试点城市平顶山的试点工作，出台了试点方案，为企业政策、资金、信息和管理等方面提供了更加有利的外部环境；重点支持了一批技术领先、市场前景广阔的技术创新项目，共争取国家重点技术创新项目20个，拨款1270万元；采取多种方式支持企业新产品开发和新技术推广工作，全年完成新产品开发项目800项。

市场开拓

为强化贸易工作，引导企业加强营销管理，出台了《关于加强经贸委贸易工作的意见》和《关于加强企业营销工作的意见》；召开了全省企业营销工作会议。支持鼓励企业积极开拓市场，组织了多种形式的展销活动。洛阳牡丹花会期间，组织了全省工业品展销经贸活动，总成交额10500万元；商丘'99京九首届食品博览会和开封菊花花会期间，成交额分别达到28.6亿元和14.6亿元；'99河南产品（乌鲁木齐）展销会，全省参展企业1287家，实现成交额104.1亿元，其中，签订合同64.5亿元，达成意向39.2亿元，零售3300万元；组织了豫沪经济技术合作，并在上海成功举办了豫沪经济技术合作洽谈会，初步签约了一批合作项目，取得了明显效果。

十分注意开拓国际市场，全省自营进出口企业截至年底已达550户，比上年增加150户。在机电产品进出口方面，积极实施《机电产品出口推进计划》，落实各项鼓励政策，全年全省机电产品出口完成1.84亿美元，增长39.3%，占全省外贸出口总额的16.2%，完成国家和省定目标的136.3%。

整顿重要工业品进口管理和市场，完善和改进了钢材、柴油"以产顶进"实施办法，加大了钢材、化肥等重要工业品进口的争取力度，改善了进口结构。在全国钢材进口计划减少30%的情况下，全省钢材进口计划由7万吨增加到10万吨，化肥由12万吨增加到20万吨，农药及纺织原料等省内短缺物资也都有较大幅度增加。同时，通过加强市场秩序的规范和整顿，行业自律不断改进，企业无序竞争、相互压价的状况有所缓解。

对外经贸

1999年，河南省对外开放工作，认真研究加入世贸组织（WTO）对河南经济的影响及对策，努力开拓国际市场，进一步加强科技、教育、文化、外宣工作的对外交流合作，吸引外商投资，扩大外贸出口，发展旅游事业等方面，取得了新的成效，对外开放步入了一个新的发展时期。

1. 全省共派出因公出访团组18602人次，其中省领导率团出访16批150多人次，分别访问了加拿大、墨西哥、法国、奥地利、越南、新加坡、俄罗斯、芬兰等22个国家和地区，省级领导会见来访外宾55批510人次；全省共接待应邀来访的来自美国、加拿大、俄罗斯、日本、德国、法国、新加坡、以色列、罗马尼亚、哈萨克斯坦等50多个国家和地区的外宾7700人次，其中副部级以上代表团30批237人次，金融界代表团70批1000多人次，促进了全省的对外交往，扩大了河南省的国际知名度。与去年相比，来访人员增加22批360人次。友好省州新增加了奥地利蒂罗尔州，总数达到了34对。此外，出国审批工作简化了程序，规范了规章制度，缩短了企业出国人员的出国任务审批时间。为支持企业开拓国际市场，对企业急需出国洽谈业务人员给予特事特办，有力地支持了全省对外开放工作。

1999年，努力把旅游业培育成为新的经济增长点，实施了《河南省旅游管理条例实施细则》，注销经营服务质量差的旅行社10家，取消挂靠单位30家。组织了海峡两岸旅行社联谊会，昆明世博会河南周等大型活动，来旅游的人员和旅游收入明显增加。全年共接待境外旅游者30.013万人次，比上年增长9.3%。实现国际旅游收入1.135亿美元，比上年增长11.9%，创历史最好水平。

2. 全年全省共派出出国（境）团组468批1404人次，分别到51个国家和地区进行科技考察、科技培训，参加国际学术会议和国际科技展览会；并经科技部批准分别在洛阳和郑州召开了第一届仪器科学与技术国际研讨会和第二届高分子与高分子络合物学术研讨会，举办了第二期秸秆畜牧业国际培训研讨班，为科研界了解技术研究的新动向，同国际同行进行交流与合作，起到了重要的推动作用。实施"河南省国际科技合作计划"，建立了两个国际科技合作项目示范基地；组织实施了科技部批准的7个新项目；完成了"河南农业对外科技交流与合作现状及对策研究"。

1999年共派出出国留学人员269人次，有21人获得国家留学金200多万元的资助。审批具有接受来华留学生资格的学校2所，长、短期留学生569人次，比上年增加219人次，接待国外教育界来访120人次。

全年邀请国外及港澳台记者60余批300多人次来访，组织重点对外新闻报道稿件5000多条（篇），对外宣传专版40个，制作对外电视节目700多集，河南电视台向美国斯克拉电视台提供了1040分钟的52集电视节目。组团参加了'99德国柏林"亚太节"活动，在柏林成功举办了"中国河南文化艺术展"，包括河南摄影展、河南书画展、河南工艺美术展、河南汉画拓片展、河南文物精品图片展等5个展项400多件展品。

全年全省派往海外进行文化交流的项目43项，引进文化交流项目13个，接待团组18个，与美国、加拿大、法国、德国、英国等30多个国家和地区进行的文化交流，涉及考古、文物、歌舞、书画、武术、杂技、盘鼓、工艺美术、少儿书画等领域。

3. 全省外经贸工作出现转机。据海关统计，全省外贸进出口1999年累计完成17.5亿美元，较上年增长1.2%，其中出口完成11.3亿美元，下降4.9%；进口完成6.2亿美元，增长13.7%。一般贸易出口8.77亿美元，增长1.9%；机电产品出口18545万美元，比上年增长39.7%；国有生产企业自营出口3.38亿美元，比上年增长15.4%。

全省出口市场多元化格局初步形成，对美国出口增长3.9%，对加拿大出口增长21.3%，对东盟出口增长29.1%，对非洲出口增长5.2%，对拉美出口增长8.4%，对大洋洲出口增长5.2%。

利用外资保持了一定规模，合同外资金额实现恢复性增长。到1999年底，全省累计批准外商投资企业6396家，合同外资额累计达到81亿美元，实际利用外资累计达到38.3亿美元，已投产开业的企业2000多家。全年利用外商投资合同金额6.46亿美元，增长22%；由于上年合同额较少，本年实际利用外商直接投资5.31亿美元，比上年下降14.6%。此外，外商直接投资大项目有所增加，外商投资领域进一步拓宽，投资企业呈现出数量减少、规模增大、项目水平提高等特点。

对外工程承包和劳务合作取得新的进展。全年新签对外承包工程和劳务合作合同11454万美元，比上年增长3%；完成营业额8607万美元，增长23%；年末在外人数12683人。企业境外加工贸易进展顺利。1999年海南省组织了对南亚、非洲、东南亚等国家和地区的境外加工贸易项目考察洽谈活动，一拖集团、郑州金牛集团等企业境外投资项目取得了较大进展。到1999年末，境外投资项目90个，涉及到26个行业和门类，总合同投资额为2307万美元，累计投资2018万美元，累计汇回利润121万美元。经营的行业主要集中在贸易服务业、建筑业及一般加工制造业。

（曹占涛）

湖 北 省

综 述

1999年，湖北省实现国内生产总值3857.99亿元，比1978年增长24.5倍，年均增长10.7%，比上年增长8.3%。反映省情省力的总量指标和生产水平位居全国前列。1978年，湖北省国内生产总值在全国的位次居第10位，1999年上升到第9位，人均国内生产总值由1978年的332元，提高到1999年的6514元。1999年全省财政收入325.2亿元，比上年增长12.19%，三次产业结构顺序由建国初期“一、二、三”到改革开放初期的“二、一、三”演化为目前的“二、三、一”的格局。1999年，全省二、三产业比重达83%，其中第三产业比重已达34.1%。

在工业总产值中，1978年国有与非国有经济之比为77.3：22.7，到1999年二者之比变为38.59：61.5，在批发零售贸易销售额中，1985年国有与非国有之比是43.7：56.3，到1999年二者比例变为18.18：81.82。在固定资产投资中，集中计划时期的1978年，国有经济投资占绝对份额，国有经济与非国有经济之比为98.8：1.2，到1999年，国有经济投资比重已下降到57.24%，整体经济已形成以公有经济为主体、多种经济成份共同发展的格局，产生了国有经济、集体经济、个体经济、私营经济、联营经济、股份制经济、外商投资经济和港澳台投资经济等不同形式的经济主体。

工业经济

（一）工业生产规模与经济实力

1999年末，全省工业企业6874个，比1998年的7399个减少525个，完成工业总产值2831.70亿元，比1978年的168.99亿元增长16倍，比1998年2733.06亿元增长3.6%，在全国的位次逐步前移，工业总产值由1978年第10位上升到

1999年的第8位。1978年以前，湖北工业总产值占全国的份额均在3.8%以下，1979年以后，工业总产值占全国的比重逐步上升到5%以上。特别是邓小平南巡重要讲话和十四大以来，全省工业经济跃上了一个新的台阶，发展步伐进一步加快。1993～1999年，全省工业总产值年均增长23.1%，是建国以来少有的高速增长时期之一。

1999年，全省工业企业实现利税232.24亿元，利润68.82亿元，同比分别增长18.5%和53.9%，企业亏损面比全国低3个百分点。分行业看，利税增长10%以上的有军工、机械、医药、建材、纺织、二轻；分市州看，包括武汉、荆州、孝感、黄冈、鄂州、恩施、仙桃、天门、潜江、随州等。

工业生产规模迅速扩大、生产飞跃发展的同时，工业经济实力日益增强，工业企业新创造的财富不断扩大。1999年全部工业新创增加值达945.54亿元，按可比价格计算，是1990年的3倍，工业总产值占全省国内生产总值的73.3%。工业经济实力增强，主要得益于大规模的工业投资。1949～1999年，全省工业企业累计完成固定资产投资达3835.78亿元。全部工业企业拥有职工人数250.07万人，比1998年减少24.353万人。

（二）工业结构调整

1. 能源、原材料等基础产业蓬勃发展。1999年能源、原材料工业总产值530.37亿元，占全部工业总产值的比重为18.7%。继葛洲坝水利枢纽工程1988年投产后，汉川电厂、隔河岩电站、阳逻电厂、鄂州电厂相继兴建投产。到1999年，全省6000千瓦及以上电力装机容量已达到1372.03万千瓦，比上年增长6.5%，发电量达508亿千瓦时，比上年增长6.7%。其中水电装机容量达583.08万千瓦，占42.49%。1999年生产原油78.51万吨，比上年增长3.7%。湖北炼油工业和石油开采基本是同步发展的。冶金工业是湖北的传统工业，“一五”时期，国家在湖北兴建了武汉钢铁公司，70年代又从国外引进了具有世界先进水平的一米七轧机系统。在1998年12月，武钢在全国率先淘汰了延续40年的平炉炼钢工艺，采用了先进的转炉炼钢工艺，实现了先进的连铸炼钢生产，将中国钢材品种和生产技术手段推向了一个崭新的阶段。1999年，全省拥有冶金工业企业52家，钢及钢材产量851.55万吨和762.03万吨，分别比1998年增长5.18%和6.47%；实现工业总产值180.07亿元。

2. 新兴产业迅速发展，产业结构正逐步由初级化向高级化演进。作为国内特大型汽车生产企业的第二汽车制造厂，实施“百万辆工程”、“重心东移”战略，建立十堰—襄樊—武汉三点一线式的汽车工业走廊。1999年全省共拥有汽车专业厂家和零部件、元器件、配套件生产厂家149家，整体生产能力已达40万辆，品种达200多种，配套能力达30万～40万辆。目前武汉神龙公司年产30万辆轿车一期工程已竣工投产，年生产能力达15万辆。1999年，生产汽车22.39万辆，比上年增长15.7%。汽车工业共完成工业总产值309.32亿元，占全部工业产值比重达10.9%，居各类工业之首，汽车工业已逐步成为湖北工业的第一大支柱产业。电子工业既是湖北的传统工业，又是近几年发展较快的新兴产业，传统加工产品已逐步为精加工产品所代替，行业结构开始由劳动密集型为主逐步转向资金技术密集型为主，在工业经济增长方式上实行由粗放型向集约型转变。目前，在电子信息、生物工程、新材料、机电一体化、精细化工领域开发出了一批高新技术产品。特别是电子通信产业更具实力，形成了总产值56.92亿元的生产规模。1999年，全省电子行业全年工业总产值94.0亿元，光纤光缆、光电端机、电信器件和移动通信等一批高新技术产品，已在全国居领先地位。在生物工程领域，除武汉生物制品研究所的多种生物制品的市场占有率已居全国前列外，武汉和宜昌等地还有一批生物工程制品正逐步形成规模，并呈现出强劲的市场冲击力。在新材料领域，全省已开发出一批极具市场前景的高新技术产品。如“高压合成绝缘子”已在全国30个省、市输电线上挂网运行；高强度电瓷系列产品大量出口国外；省化学所开发的化肥催化剂的国内市场占有率高达60%。与此同时，超纯超细材料、生物陶瓷材料和铝基复合材料等一批高新技术产品正逐步形成产业规模。

3. 轻重工业协调发展。20年前相当一段时间里湖北曾偏重于发展重工业，忽视了消费品工业产品的生产，导致市场商品供应紧缺，相当多的基本生活品凭证供应。近20年来，湖北工业部门为适应市场需求，努力转变观念，积极调整产业结构和产品结构，促进轻重工业的协调发展。1999年轻工业完成工业总产值1109.92亿元，重工业完成工业总产值1721.78亿元，1999年轻工业占全部工业的比重为39.2%，重工业占全部工业的比重为60.8%。

4. 工业布局逐渐趋向合理。过去相当长的时间里，湖北工业主要集中在长江沿岸地区，特别是集中在鄂东地区，其他地区工业基础普遍较为薄弱。随着工业生产迅猛发展，特别是进入1978年以后，全省认真贯彻执行改革、开放的方针政策，在发挥大中城市综合功能的同时，通过实施调整投资增量结构和配套倾斜等战略措施，使工业布局逐渐形成以武汉为中心，向鄂西北、鄂西南延伸和展开的新格局。其主要表现在：

——鄂东与鄂西地区的发展差距明显缩小。1999年，鄂西地区（包括襄樊、十堰、宜昌、恩施州、神农架）实现工业总产值占全省工业总产值的24.6%，比1978年提高18.3个百分点。同期鄂东地区（包括武汉、黄石、黄冈、鄂州、咸宁、孝感）实现工业总产值占全部工业的50.4%，比1978年降低9.4个百分点。鄂东地区与鄂西地区工业总产值差距由1978年的89.5%缩小为51.2%。

——工业区域“大三角”的格局基本形成。全省已基本形成了以武汉、黄石、鄂州为中心，以冶金、机械、电子、建材、化工、纺织工业为主体的鄂东经济区；以十堰、襄樊为中心，以汽车、电子、纺织工业为主体的鄂西北经济区；以宜昌、荆州、荆门为中心，以电力、化工、纺织工业为主体的鄂中、鄂西南经济区的“大三角”工业格局。

企业改革

1992年以来，全省工业企业围绕实现两个根本性转变，开展股份制和股份合作制的改造，对企业实行“抓大放小”，推进现代企业制度的建立，实行以国有资本营运，优化资本结构为主要内容的改革，收到了一定的成效。

（一）企业改制情况

据对全省10494家公有制企业调查，已改制企业8757家，未改制企业1737家，改制面为83%。已改制企业中，国有工业企业2022家，国有商贸企业1830家，集体工业企业3385家，集体商贸企业1520家。未改制企业中，国有工业企业617家，国有商贸企业271家，集体工业企业672家，集体商贸企业177家。8757家改制企业中，改制为股份合作制的2409家，占全部企业数的23%，占已改制企业的27.5%。股份合作制已成为中小企业改制的主要形式。目前，全省共设立股份有限公司853家，股本总额为529.38亿股，其中国家股119.08亿股，占总股本的22.5%；法人股301.57亿股，占总股本的56.9%（据不完全统计，职工持股会持股41.69亿股，占总股本的7.9%）；其中上市公司53家，直接募集社会资金160多亿元。内部职工股67.73亿股，占总股本的20.6%。按区域划分，武汉市有200多家，位居全省第一位；按行业划分，工业类企业占60%以上；按设立方式划分，《公司法》出台前，以募集方式设立的398家，占总数的46.7%，其他都以发起方式设立的。

（二）“抓大放小”取得突破性进展

到1998年底，全省共组建工业企业集团91个，其中5家企业集团已进入了国家试点集团行列。在全省涌现的一批特大型企业和集团中，1998年销售收入超过10亿元的有16家，其中超过20亿元的有8家。武钢、东汽、武汉石化、荆门石化总厂、东风实业开发公司、江汉石油管理局、神龙汽车有限公司、武汉卷烟厂等企业已成为支撑全省工业经济发展的巨头。1998年这几家企业实现工业总产值431.21亿元，分别占全省独立核算工业企业和大中型工业的15.8%和33.6%；资产总额达1034.05亿元，分别占23.7%和30.9%；销售收入为448.61亿元，分别占5.43%和30.9%。在全国进行的111个优化资本结构试点中，湖北的武汉、黄石、襄樊、十堰、宜昌等5个城市也被纳入试点单位行列。目前，有23个大型工业企业已跻身于国家512个重点扶持的对象行列，其中21户与有关银行签订协议贷款67.58亿元，且到位贷款资金达79.88亿元，超协协议18.2%。在放小方面，全省因地制宜放开、放活了一部分中小工业企业，通过调整结构，对劣势企业实行托管、兼并、出售、破产、联合、租赁等多种形式的改革，促进了中小型企业的发展，对增强工业企业的活力起到了一定作用。1998年全省工业企业负债率比1994年降低2.6个百分点。

（三）加大企业改革的力度，稳步推进现代企业制度改革

全省围绕着建立“产权明晰、责权明确、政企分开、管理科学”的现代企业制度进行了全方位的改革。1995年开始，首先对45户企业进行了现代企业制度改革的试点。目前现代企业制度的建设在面上已扩大到250多户，现在已有100多户进入了实质性的运作阶段。不少企业对解决增资减债、调整企业负债结构等重点、难点问题进行了积极的探索，并有所突破。

（四）推进国有资本营运取得了明显的成效

1997年武汉作为全国10个资本营运的试点城市之一，率先在推进资本营运的工作中取得了许多经验。各地在改革国有资产管理体制、构建国有资产监管与营运新体系和实施资本营运的方式、途径、形式上创造了“扎木成排”、“水果拼盘”、“强手领跑”、“千斤顶效应”、“重新排队”、“高点集合”等行之有效的运作经验。

工业产品由原来大范围的计划调拨、计划供应，发展到目前的基本放开，由市场调节。国家对多数商品的价格调控，由价格管制变为价格指导，由市场调节。大多数消费品和相当部分生产资料形成由市场供求关系决定价格的机制，买方市场已经形成。投资主体日益多元化，投融资机制已由单一财政拨款变为由银行贷款、社会集资，经济主体自筹和利用外资等多种形式。在市场机制引导下，金融、技术、劳动力、信息、土地、产权等要素市场逐步建立和发展，股票、债券和期货市场逐步走向规范。

固定资产投资

湖北是全国投资建设的重点地区之一。为适应经济发展的需要，湖北的投资规模由小到大，51年间全社会固定资产投资累计达8021.09亿元，年度投资规模由1949年的0.01亿元发展到1999年的1302.17亿元。

新中国成立初期，国家从国防战略和发展、增强内地大中城市经济实力的总体设想出发，为了把武汉建设成为以冶金、机械制造工业为主体的城市，在“一五”时期，将原苏联援建的156项工业重点工程项目中的3项（武汉钢铁公司、武汉重型机床厂和青山热电厂）安排在武汉。随后，国家又相继安排了武汉长江大桥、武汉肉类联合加工厂、武昌造船厂、武汉锅炉厂以及华新水泥厂、汉丹铁路、大冶有色金属公司冶炼厂等国家大中型项目的建设。与此同时，湖北省还依靠地方财力，兴建了鄂城钢铁厂、沙市电厂、汉阳造纸厂，以及改造、扩建了一批纺织、轻工企业。通过这些基本建设，湖北省经济实力大为增强，主要生产能力比1949年增长近9倍。

“三五”至“五五”时期是湖北大规模开展基本建设的时期，建设投资达319.3亿元，其投资规模，在全国各省市中位居前列。建成大中型项目200多个。从生产力布局的角度看，根据“三线”建设，即加强国家战略后方的指导思想和要求，湖北省的建设重点开始由武汉地区为中心逐步向鄂西、鄂西北地区转移。在武汉及鄂东地区，国家建设项目仍以重工业为主；在鄂西、鄂西北地区，国家重点安排了电力、铁路、汽车制造、石油化工等部门建设。同时，调整了产业结构，促进了轻纺工业的发展。由于这一时期建设和部分建成了一大批工程项目，大大增强了工农业的生产能力，1980年工业总产值达到224亿元（包括集体所有制工业企业产值41.26亿元），比1965年增长3.7倍。

改革开放后，湖北投资管理体制取得了重大突破，打破了僵化的旧体制，出现了投资决策多层次、投资主体多元化、投资形式多样化、资金来源多渠道的新格局。在国家建设重点转移，中央投资减少的情况下，各级地方投资能力大为加强，集体投资、私人投资以及外商等其他经济类型投资迅速成长为一支重要的建设力量，投资领域呈现出百舸争流、万马奔腾的喜人局面。特别是“八五”时期以来，随着京九铁路、三峡工程的开工建设，湖北投资总量快速增长。据统计，1979～1999年湖北累计投资达7875.8亿元。其中“八五”以来，年均递增达34.7%。国有、集体、个体和其他各种经济类型投资比例分别达到61∶10∶15∶14，中央项目与地方项目投资比例是28∶72。与之相适应，随着改革开放的不断深化，建设资金来源已由过去的以国家预算内投资为主逐步转变为预算内资金、国内贷款、利用外资、债券、自筹以及其他等多种资金形式并存的局面，融资渠道得以拓宽。1999年各种资金来源所占的比重已分别发展为：预算内资金8.3%、国内贷款15.9%、利用外资2.8%、自筹资金56.1%。

技术改造投资也在改革20年中得到快速发展。1979～1999年湖北技术改造投资累计达1519.12亿元，年平均递增28%。全省的技术改造投资是从“五五”时期初起步的，这时期投资比重仅为8.1%，1981～1999年迅速上升为20%。1981～1999年建成投产的技术改造项目2.89万个，新增固定资产1056.89亿元。技术改造投资的增加，推动了企业技术进步，优化了产业结构和产品结构。

技术改造

（一）技术改造步伐加快，工业设备技术性能不断提高

技术引进和对老工业企业的技术改造使工业装备水平不断提高。1999年全省独立核算工业企业拥有固定资产原值2893.38亿元。据第三次工业普查资料，1995年在已安装使用的设备中，90年代出厂的占40.3%，80年代出厂的占46%，比1985年提高9.5个百分点；70年代及以前出厂的占13.7%，比1985年减少49.8个百分点。进口设备所占比重大幅度上升，1995年进口设备原值353.51亿元，占已安装使用设备的37%，比1985年上升15.1个百分点，其中90年代出厂的占47.4%，80年代出厂的占46.1%，比1985年增加28.4个百分点，70年代以及以前出厂的占6.1%，

比1985年减少75.7个百分点。

(二)技术力量和技术开发能力逐步增强

据1998年统计，全省工业企业拥有工程技术人员18.7万人，比1978年增加245倍，占全部职工的比重由2.8%上升到6.8%。其中，具有高、中、初级职称和本科以上学历的50.7万人，占全部职工的比重18.5%。据936家大中型工业企业统计，有563家大中型工业企业建立了自己的开发机构，占全部大中型工业企业的60.1%，并有9家企业的技术开发中心进入国家级技术开发中心行列。一些中小企业普遍与大专院校、科研院所、大型企业联手进行技术联姻，开展技术合作，形成自己的技术依托和后盾。技术开发人员也由1995年的63340人增加到79529人。在技术开发人员中，科学家工程师所占比重逐年增加，占36.5%。

(三)工业科技活动成效显著

1998年全省工业企业开发新产品项目2866项，新产品产值达到113.67亿元。随着科技投入的加大和技术进步的加快，全省产品质量总体水平有所提高。据1995年对大中型工业企业700多种主要工业产品质量状况的普查，全部合格品中，达到国际先进水平的占15.6%，达到国际一般水平的占11.2%，分别比1985年提高6.7和19.8个百分点。1978～1998年，全省工业部门科研项目获省科技进步奖占全省获奖项目总数的64%，仅1998年工业企业技术开发成果获奖就达793项，其中国家级64项、省部级244项，占获奖项目总数的38.8%。工业企业技术开发活动普遍展开，科技成果不断转化为生产力。

交通运输

51年来，全省累计完成交通运输固定资产投资571.38亿元，占同期全部固定资产总投资的7.5%。先后建成了武汉长江大桥、汉丹铁路、焦枝铁路、枝柳铁路、京九铁路、郧县汉江大桥、老河口汉江大桥、沙洋汉江大桥、武汉长江二桥、武汉长江三桥、黄石长江大桥、宜黄和黄黄高速公路、天河机场、武汉港、汉江航道建设等在国内甚至亚洲有一定影响的重大工程，成为湖北交通运输发展史上的一座座里程碑。

湖北交通运输基础设施不断完善，运输线路里程成倍增长。到1999年末，湖北省拥有铁路、公路、水运、民航和管道等五种方式的综合运输里程18.27万公里，比建国时的1.6万公里增长11.4倍。不仅如此，交通运输基础设施在质量方面也得到了较大的改善，运输线路技术等级、质量状况有了较大提高，线路通过能力显著增强，各种运输工具和运输能力日渐提高，运输结构不断优化，已经初步形成了国家、集体、个人共同发展，具有多种运输方式、能基本适应社会经济要求的运输市场体系，多年困扰湖北社会经济发展的交通“瓶颈”矛盾基本得到缓解。

改革开放极大地解放了生产力，为社会经济发展注入了强大的活力，也促进了交通运输事业的发展。社会经济和人民生活的巨大变化使人们对交通运输的基础作用有了更进一步的认识，“要想富，先修路”成为全社会的共识。这一时期，全省上下协力同心，多方筹措资金，加快了交通运输事业建设，带来了运输业的大发展。21年来全省交通运输累计完成固定资产投资536.5亿元，相当于建国51年交通总投资额的93.9%。湖北省21年来的各种运输线路综合运输里程净增加20.18万公里。1999年完成货物周转运量696.27亿吨公里，旅客周转量300.38亿人公里。

邮电通信

党的十一届三中全会以后，湖北邮电通信业抓住机遇，不断引进高新技术，扩大建设规模，使湖北邮电通信事业进入了迅猛发展的崭新历史时期。1999年邮电业务总量达到了99.14亿元，是1978年的178倍，1990年的21倍，基本已形成了以武汉市为中心，联结广大农村、沟通国内外、四通八达的通信网络。

(一)通信能力实现了历史性的大跨越

1991～1999年，全省邮电业固定资产总投资达238.19亿元，固定资产原值达到230亿元，通信能力大幅度增长，局用交换机总容量已达到601.71余万门，长途自动交换机总容量达到21.4万路端，长途业务电路达到8.37万路，无线寻呼总容量达到268.8万户，数模两网经过几次扩容，已覆盖全部县市和部分发达乡镇。完成了京九广、汉宁沪光缆和汉洪福数字微波等国家一级干线在湖北境内的建设任务。目前省长途光缆长度已达7644.11公里，省内建成了东环和西环两个二级干线传输网，并全部采用SDH传输系统。全省比部定计划提前一年建成扩大本地网，公用网电话号码全部升七位，标志着湖北省长途通信网完成了由四级网向三级网的演变。建成开通了“武汉热线”、“楚天热线”和省内本地网管网。完成了“九七工程”。增值网和支撑网建设步伐明显加快，电子信箱系统、传真存储转发系统和公用计算机互联网已在大部分城市投入使用。邮政方面，全省新建邮电局所131处，新增邮政生产用房28.8万平方米，邮运汽车565辆，新建成电脑化支局140个，新开汽车邮路18条。全省主要通信能力在这八年间，几乎每年都以超过前100年或前40年总和的幅度增长，实现了以邮电通信翻三番保国民经济翻二番的战略目标。

（二）新兴业务迅猛发展

1991～1999年，全省邮电通信业务量连续八年以超过全省国民经济发展速度的态势发展，业务总量和业务收入的平均增长速度均在40%以上。全省城乡电话用户已达445.5万户，全省电话普及率接近8%，城市电话普及率达到25%，农村电话普及率达到2.5%，55%的行政村通了电话。与此同时，许多新业务迅速发展，移动电话和无线寻呼从无到有，分别达到83.3万户和198.1万户，磁卡电话数量列全国榜首；数据通信、声讯服务、会议电视、108号业务、200号业务均有了长足的发展，其中DDN用户达到7500户，分组交换网用户达到2170户，多媒体用户达到6700户，从根本上改变了以往业务种类单一，用户数量少的局面。此外，特快礼品专递、广告信函、邮购等新的邮政业务也迅速拓展并普遍受到用户的欢迎。

（三）通信服务质量不断提高

全省在加快通信建设和发展的同时，十分重视改善通信服务，在全国率先建立了面向市场、面向用户的服务方式。通过抽样调查，全省通信用户服务满意度达到93%以上，社会满意率达到78.5分。全省电话"装机难"已基本缓解，电话平均装移机历时短到一个月以内，移动电话即买即通，电话修机及时率达到98%。全省加强了运行维护管理和网络优化，网络运行质量稳步提高。全省长途来话接通率达到57%，去话接通率达到49%，长途电话可利用率达到99.4%，武汉落地来话接通率达到62%，武汉至省内长话接通率达到53.1%，移动通信模拟网接通率为50%，信道可用率为98%，全部超过邮电部下达的指标要求。

市场流通

（一）市场商品供应充裕，买方市场基本形成

建国初期，由于高度集中的计划经济体制严重地制约了社会生产力的发展，全省社会产品短缺，供给明显不足，呈典型的"短缺经济"特征。改革开放以来，全省经济持续快速增长，经济总量大幅度增加，市场供求关系发生根本性转变，绝大部分商品的市场供应已满足或超过市场需求，买方市场格局基本形成。

1. 经济总量持续快速增长给市场提供了充裕的货源。1999年全省国内生产总值达3857.99亿元，按可比价格计算，为1978年的7.96倍，年均增长9.95%。经济总量的增长为市场提供了充裕、稳定的货源。1999年全省社会消费品零售额达1617.14亿元，比上年增长9.16%。

2. 农业生产稳步发展，极大地丰富了居民的"米袋子"和"菜篮子"。以联产承包责任制为先导的一系列农村改革，给沉睡的农村大地注入了活力，全省农业生产保持稳步发展。进入90年代以来，为适应人们日益增长的物质生活需要，全省农业产业结构调整步伐加快，产品品种不断更新换代，农副产品供应的档次和质量也逐步提高。湖北的东坡银粘、京山乔米、黄梅香米等优质大米所占市场份额不断增大，北方的红富士苹果、南方的荔枝、西部的葡萄等优质水果在全省城乡市场随处可见。

3. 工业生产快速增长，工业消费品市场供应充分。全省工业随着经营管理体制改革、扩大企业自主权、实行股份制改造、吸引外资、发展乡镇企业等系列改革的深入而获得快速发展。1999年完成工业总产值比1978年增长21倍，年均递增14.3%，其中，轻工业产值比1978年增长22.9倍，年均递增17.2%。昔日"走后门"凭票供应的老"三大件"由于市场需求转换而备受冷落，一些适应现代人们生活消费需求的新型、高档、多功能的工业消费品成为市场新宠，如大屏幕彩色电视机、家用洗衣机、电冰箱、热水器、微波炉、VCD影碟机等工业消费品不断推陈出新，工业品市场呈现空前的繁荣。

（二）市场购买力较旺

建国初期，全省居民生活消费受供给和需求双重因素的制约，消费长期在低水平徘徊，束缚了经济的增长。改革开放以来，伴随经济的快速增长，居民收入水平显著提高，人们的消费观念和消费心理发生了很大变化，丰富的商品使人们即期购买欲望增强，市场总体保持了比较旺盛的需求。

居民在消费方式和消费行为上，既保持中国人崇尚节俭的传统美德，又充分显示出其鲜明的个性和日趋成熟的理性。

在消费结构上，居民吃、穿类支出比重逐渐下降，日用品、娱乐用品、医疗、书报杂志等类支出比重明显提高。1999年全省社会消费品零售额中，食品类消费比重由1998年的42.35%降至

42.12%，衣着类消费比重由14.1%降至14%，用的支出比重35.15%。

在吃的方面，1999年吃的商品零售额为681.30亿元，居民主食比重下降，副食比重上升，各种高蛋白、低脂肪的营养食品销售明显增加。随着人们生活节奏的加快和可支配收入的增加，居民吃的形式朝方便、经济、实用的方向发展，方便食品和一些粮食、蔬菜精加工半成品销售逐渐成为市场销售的主流。人们在外用餐的消费支出由少量的早餐向经济快餐、中低档宴席等多层次消费发展。1999年全省餐饮业营业额达157.14亿元，比上年增长11.3%，占全省社会消费品零售额比重的9.7%，比改革开放初期的比重上升近8个百分点。

在穿的方面，1999年全省穿的商品零售额为226.40亿元，居民穿着一改以前那种式样单一、款式陈旧、颜色沉闷的穿着模式，呈时装化、个性化、多样化的趋势。西装、羊毛衫、茄克、大衣、裙子等销售量大增，而布料销售明显下降，服装的款式不断翻新，色彩纷呈，人们的穿着可以按需求充分张扬自己的个性。进入90年代，随着消费水平的提高，人们在穿着方面更注重大方、舒适及回归自然，改革开放初期被人们视为高档、时尚的化纤布及其成衣逐渐成为大路货，纯棉、纯毛料及制品、中档休闲装成为人们追逐的新目标。

在用的方面，1999年全省用的商品零售额为568.42亿元，消费热点顺应时代发展潮流不断转换，耐用消费品需求旺盛。改革开放初期凭票供应的老“三大件”中，缝纫机已基本淘汰，自行车和手表的款式经过多次更新。改革开放前居民尚未见到的彩电、冰箱、洗衣机等高档耐用消费品销售成倍增长，电脑、电话、手机、寻呼机等代表现代化社会发展的信息服务用品也悄然进入寻常百姓家庭。据1998年统计，全省每百户城镇居民拥有彩色电视机99.12台，电冰箱84.33台，洗衣机92.17台，空调器25.96台，热水器42.06台。每百户农村居民拥有电视机96.91台，电风扇135.34台，自行车113.81辆。居民消费水平提高还表现在金银及珠宝饰品需求长盛不衰，其品种由改革初期单一的黄金饰品发展为银、珍珠、钻石、水晶等多种多款式的首饰系列。

对外经贸

90年代以来，湖北实施沿江开放开发带动战略，初步形成了全方位、多层次的开放格局。

近年来，湖北省重点抓好以武汉为龙头、以沿江和沿线地区为主轴的对外开放。经国家批准，武汉市、黄石市、宜昌市相继成为对外开放城市，享受沿海开放城市的优惠政策。1994年建立的包括目前川、渝、鄂17个县市在内的长江三峡经济开发区，实行沿海经济开发的政策。武汉市青山港、白浒山港、黄石港对外轮开放，使湖北成为能直航海外的内陆省份。到目前为止，湖北省内设有口岸12处，设立海关的城市已从改革开放前的一个（武汉）增加到7个，71个市（县）对外国人开放，约占全省市（县）总数的90%。湖北省共有投资环境较优越的省级以上开放区27个，其中国家级开发区3个。

（一）对外经贸关系与出口规模

到1999年，湖北已与世界上140多个国家和地区建立贸易往来，全年湖北进出口总额268107万美元，比上年下降4.7%。其中出口总额151378万美元，下降11.3%，占全省国内生产总值3857.99亿元（相当于466.5亿美元）的3.24%。1999年外贸出口的特征是：(1)国有企业出口下降，外商投资企业出口上升，但外商投资企业出口占总额的比重较低。全年国有企业出口11.52亿美元，下降18.7%，占全省出口总额的76.1%；外商投资企业出口3.1亿美元，增长21.8%，占全省出口总额的20.5%。(2)一般贸易和加工贸易出口均下降，一般贸易出口仍占大头，加工贸易出口比重偏小。全年一般贸易出口10.95亿美元，下降9.7%，占全省出口总额的72.3%；加工贸易出口4.19亿美元，下降15.4%，占全省出口总额的27.7%。(3)对亚洲、欧盟市场出口下降，对北美出口保持增长。全年对亚洲市场出口9.63亿美元，下降9.2%，占全省出口总额的63.6%。其中，对香港地区出口2.43亿美元，净减少1.83亿美元，下降43%，其中减少额占全省出口下降绝对额的94.8%。对日本出口2.59亿美元，增长20.3%，首次超过香港，成为湖北省第一大出口市场。对欧盟出口2.03亿美元，下降11.9%，占全省出口总额的13.4%。对美国出口1.59亿美元，增长22.2%，占全省出口总额的10.5%。对非洲、拉美、大洋洲出口之和不足全省出口总额的10%。(4)出口商品结构有所改善，高新技术产品出口占全省出口总额的比重在上年突破1亿美元的基础上又增长35%，占全省出口总额的6.9%。机电产品出口达到3.2亿美元，增长16.27%，占全省出口总额的21.17%。全年初级产品出口16349万美元，占出口总额的10.8%；工业制成品出口135029万美元，占出口总额的89.2%。出口额在1000万美元以上的商品有31种，其中在1000万美元以上至

2000万美元以下的有19种；2000万美元以上至3000万美元以下的有6种；3000万美元以上至9000万美元以下的有6种。外贸进出口总额居全国第10位。港澳台、日本、美国、法国、德国、韩国已成为湖北的主要贸易合作伙伴。在此基础上，湖北已与世界上一些国家的市、州建立了38对友好关系。境外在湖北设立的常驻机构已有300多家，外资银行在汉设立机构的已有9家，其中分行2家。多次在美国等国成功地举办了湖北对外宣传周活动和对外经贸洽谈会，扩大了湖北在海内外的影响。

（二）利用外资

湖北把利用外资、引进技术管理作为加快现代化建设的重要手段。1999年，全年新批外商投资项目260个，比上年下降21%；合同外资金额9.31亿美元，比上年增长31%；实际使用外资10.29亿美元，比上年增长1.5%；占湖北当年全社会固定资产投资总额的12%。

截至1999年底，全省累计批准外商投资企业7781家，合同外资金额86.36亿美元，实际利用外资54.89亿美元，位居全国第11位，居中西部省市区之首。全年新批外商直接投资中，生产型项目193个，非生产型项目67个。按行业分：农林牧渔业7个，采掘业5个，制造业166个，电力煤气及水供应业6个，建筑业9个，交通运输仓储业4个，批发零售贸易餐饮业7个，房地产业18个，社会服务业34个，卫生体育福利业2个，科技服务业1个，其他行业1个。外商投资来源于36个国家和地区。主要有美国27项24328万美元，日本9项23115万美元，中国香港126项18189万美元，新加坡15项4855万美元，英国7项3042万美元，中国台湾39项1481万美元，维尔京群岛3项1450万美元，马来西亚3项1319万美元。年底，外商投资企业已开业投产的有3144个，销售营业出口30997万美元。

（三）对外经济合作

全年签订对外承包和劳务合同项目227个，金额18099万美元，比上年增长4%；营业额12173万美元，比上年增长28%；当年派出劳务人员2908人次，年末在外人数5718人。派往的主要国家和地区有新加坡、毛里求斯、尼泊尔、孟加拉、美国、保加利亚、乌克兰、中国香港、中国澳门等。承包工程的主要项目有瑞典的船舶制造工程、斯里兰卡电力机厂、广州内环公路建设、宁夏古王一级公路建设。

全年承担援外项目有5个，受援的国家有几内亚比绍、缅甸、佛得角、喀麦隆和刚果。涉及的行业有建筑业、医疗卫生和农业等。全年派出援外人员50人，年末在外人数30人。全年接受联合国人口基金和独立基金、日本的与欧盟的多边及双边援助项目4个，即联合国的妇女参与发展项目1个，贫困地区社会发展项目1个，日本粮食增产项目1个，欧盟援助技术项目1个，共计金额347万元。全年在海外兴办企业1个，即尼日利亚纺织厂。中方用1.5万纱锭及配套纺织设备作价145万美元作投资，项目正在筹建中。

（肖诗其）

附表　**1998～1999年湖北省工业产销总值**　单位：亿元

项　目	工业总产值（不变价）			工业总产值（现价）			工业销售产值（现价）		
	1998年	1999年	±%	1998年	1999年	±%	1998年	1999年	±%
总　计	**2248.38**	**2507.24**	**11.50**	**2614.64**	**2830.08**	**8.20**	**2526.23**	**2763.68**	**9.40**
#轻工业	900.15	1034.22	14.90	1019.60	1129.15	10.70	978.56	1095.34	11.90
重工业	1348.23	1473.02	9.30	1595.04	1700.93	6.60	1547.67	1668.34	7.80
#国有企业	895.36	945.71	5.60	1142.05	1172.53	2.70	1111.64	1149.66	3.40
集体企业	548.85	610.65	11.30	615.54	677.31	10.00	588.03	654.10	11.20
股份合作企业	37.86	40.80	7.80	41.46	44.90	8.30	40.10	43.64	8.80
股份制企业	479.16	560.40	17.00	523.89	592.36	13.10	508.98	580.00	14.00
外商及港澳台投资企业	252.41	306.99	21.60	248.69	292.90	17.80	236.78	288.46	21.80
其他经济类型企业	34.74	42.69	22.90	43.01	50.08	16.50	40.70	47.82	17.50
总计中：									
国有及国有控股企业	1351.81	1492.01	10.40	1626.90	1724.23	6.00	1578.91	1694.24	7.30
大中型工业企业	1266.71	1365.47	7.80	1489.80	1560.03	4.70	1455.62	1540.42	5.80
其中：国有企业	701.4	735.33	4.80	897.33	917.63	2.30	881.24	906.74	2.90

注：本表统计口径为全部国有及销售收入在500万元以上的非国有工业企业。

湖 南 省

综 述

湖南省自改革开放以来,奋发图强,艰苦创业,取得了经济建设和社会发展的辉煌成就,国民经济综合实力显著增强,全省国内生产总值从1949年的17.65亿元增加到1999年的3326.75亿元,年均增长7.7%,经济总量居全国第12位。

经过九个"五年计划"时期的建设和三年调整,50年来,特别是改革开放以来,湖南工业发生了翻天覆地的变化。

(一) 工业企业

1998年,工业企业数达119.14万户,其中规模以上独立核算工业企业4554户,分别比1949年增长850倍和663倍。在全社会总产值中,国有、集体和其他经济类型企业产值之比,由1978年的74.2:25:8.0转变为1998年的24.8:33.4:41.8。工业行业发生了根本性变化。在现行国民经济40个行业大类212个中类中,湖南除石油和天然气开采业外,已拥有其余39个大类、188个中类,形成了门类较为齐全的重化工型工业体系。

(二) 工业生产增长

到1998年,工业总产值达到4237亿元,比1978年增长13倍,年均增长14%,是1949年的663倍。工业已成为湖南国民经济的主导产业。1998年与1952年相比,工业增加值占国内生产总值的比重由10.57%提高到33.4%,工业提供的财政收入比重由11.1%提高到62.9%,工业劳动者在社会劳动者中的比重由5.4%上升到18.8%。

(三) 技术进步加快

到1998年,全省工业企业累计固定资产总投资达1321.96亿元,比1952年增长3304倍;全省乡及乡以上独立核算工业企业固定资产原值为1806.62亿元,比1978年增长13.7倍,年均增长14.4%;人均装备水平5.52万元,比1978年提高3.3倍。目前,在列入国家统计的51类(种)重要工业品中,湖南有近四分之一的产品产量在全国居优势地位。其中,卷烟、农药居第2位,铁合金、水力发电量居第4位,平板玻璃居第5位,原煤、木材、水泥、硫酸、化肥居第8位,交流电机、电石、烧碱居第10位。

(四) 工业结构调整

50年来,湖南省工业先后经历了四次大的结构调整,这次调整,以发展壮大支柱产业、企业集团、名优产品为重点。到目前,全省已初步培育并形成有色冶金、机电、建材、石化、食品5大支柱产业和33个大型企业集团(优势企业),涌现出一批像"酒鬼酒"、"芙蓉王"、"远大中央空调"、"益鑫泰"、"中国虎"等享誉省内外的名优产品。1998年,全省大中型工业企业达703户,拥有固定资产原值1116.43亿元,分别比1978年增长3.5倍和13倍。虽然企业个数仅占规模工业企业总数的15.4%,但职工人数、资产总计、工业总产值、实现利税所占比重却分别高达57.5%、68.7%、60.1%和79.9%。

工业经济

1999年,湖南工业在中央促进经济增长的一系列宏观政策的积极影响下,紧紧围绕实现国有企业三年改革与脱困目标,继续坚持稳中求进,提质增效,克服各种困难,实现了产销同步增长的目标。

(一) 工业生产稳步增长

1999年全部国有及年销售收入500万元以上非国有工业企业完成工业增加值(现价)446.67亿元,比上年增长9.4%。实现工业总产值1114.32亿元(1990年不变价,下同),增长10.8%。其中,轻工业产值407.89亿元,增长6.6%,占36.6%;重工业产值706.43亿元,增长13.3%,占63.4%。大中型工业企业实现产值627.35亿元,增长9.6%,占56.3%。按经济类型分,国有企业完成总产值637.17亿元,增长6.7%;集体企业198.63亿元,增长7.9%;股份合作制企业20.1亿元,增长20.7%;股份制企业149.45亿元,增长25.8%;外商及港澳台商投资企业69.89亿元,增长19.2%;其他经济类型企业39.08亿元,增长27.9%。

(二) 工业产品销售率保持较高水平

全年全部国有及年销售收入500万元以上非国有工业企业产销率为98.14%,比上年提高0.74

个百分点。其中轻工业产销率为97.96%，下降0.55个百分点；重工业产销率为98.25%，提高1.57个百分点；大中型工业企业产销率为98.74%，下降0.25个百分点；国有企业产销率98.77%，提高0.32个百分点；集体企业96.36%，提高1.67个百分点；股份合作企业96.43%，提高0.51个百分点；股份制企业98.24%，提高2.05个百分点；外商及港澳台商企业96.68%，下降2.31个百分点；其他经济类型企业100.30%，提高5.57个百分点。

（三）提高工业经济效益

消灭净亏损，实现净盈利，提高经济效益，打一个效益翻身仗，成为1999年湖南经贸工作的主要奋斗目标。为此，通过充分利用国家政策为企业减轻债务包袱，狠抓企业外部环境的改善，提供资金支持，以及狠抓企业内部管理，挖掘内部潜力等一系列措施，一举摘掉了净亏损的帽子。全省国有及国有控股工业企业实现利润7.73亿元，比上年减亏增利12.58亿元。经济效益综合指数为81.25%，比上年上升7.77个百分点。

全省独立核算工业企业实现利税171.11亿元，实现利润15.74亿元，分别比上年增加29.01亿元和17亿元；企业资产负债率64.56%，降低了1.31个百分点。全省14个市州中，有6个市州的全部国有及国有控股工业企业实现了整体盈利（长沙、株洲、湘西自治州、常德、岳阳、娄底）；8个市净亏损（湘潭、衡阳、邵阳、张家界、益阳、郴州、永州、怀化）。全省11个主要行业中，4个行业净盈利（电子、医药、轻工、冶金）；7个行业净亏损（机械、军工、煤炭、化工、建材、纺织、二轻）。亏损主要集中在煤炭、机械、纺织等传统行业，电子、医药等朝阳工业效益较好。

（四）总量控制和关闭“五小”工业

湖南的总量控制和关闭“五小”工业，主要集中在纺织、煤炭、烟草、钢铁4个行业。由于领导重视，措施得力，基本完成了国家的控制指标。

纺织行业，年内压缩落后棉纺锭18.5万锭，分流下岗职工1.8万人。到1999年底，已累计压缩27.04万锭，完成了国家下达任务的92.9%。

煤炭行业，全省累计取缔、关闭非法和布局不合理煤矿2743处，压减产量1406万吨，完成国家下达任务的106.7%和100.1%。

烟草行业，采取了派驻厂组、发放卷烟工厂认可证等有效措施，严格控制地方小烟厂的无计划生产，保证烟厂的生产计划。全省共完成卷烟生产228.5万箱，完全按国家计划执行。

钢铁行业，重点淘汰落后工艺和生产设备。1999年减产钢36.2万吨。其中，关停50m^{3}小高炉4座，5吨以下小电炉7座，10吨以下小转炉4座，平炉3座，横列式线材轧机11套，180KVA及以下铁合金电炉17座等，地方小钢厂基本处于全停状态。

企业改革

（一）“抓大放小”，实施国有企业战略性改组

针对湖南工业“散、小、差”问题十分突出的状况，1999年，湖南把调整优化结构作为改革的一项重要措施，从战略上调整国有经济布局和改组国有企业，取得了明显成效。

一是通过“抓大”做强一批。以资产为纽带，依托优势企业，组建、培育和壮大企业集团。1999年，经动态调整，确定了22户企业集团和10户优势企业，这些重点企业集团和优势企业基本上涵盖了省内重要行业的龙头企业或企业集团。在工作中，紧紧围绕国有经济布局的调整思路，着眼于提高国有经济在国民经济中的控制力，以提高集团整体竞争力和控制力，形成和发挥集团的品牌、营销、科研开发等竞争优势，在调整产权结构、完善母子公司管理体制、科学实行集权与分权管理等方面进行了大胆探索与实践。同时，从项目资金、核采规模、国有资产划转、债转股等方面实行重点倾斜。通过“抓大”，促进了国有资本向优势企业聚集，重点企业集团和优势企业对全省经济发展的拉动和支撑作用明显增强。1999年，22户企业集团和10户优势企业完成销售收入522.34亿元，实现利税123.4亿元，实现利润21.74亿元，比上年分别增长11.5%、22.1%和1.85倍，三项指标分别占全部国有及国有控股工业企业的53.66%、85.82%和2.81倍。

二是通过“放小”放活一批。湖南省各地坚持从实际出发，以产权制度改革为突破口，以“三个有利于”为标准，放开搞活中小企业。主要形式有股份合作、公司制改造、破产、兼并、出售、租赁、承包、联合、分立等。到1999年末，全省共有1710户国有中小企业进行了改制改组，改革面达75%。大多数中小企业在改革后突出转换经营机制，坚持把改革改组与产业和产品结构调整相结合，注重改善内部管理。政府则将工作重点逐步转向规范化运作，建立中小企业信用担保体系，将“放小”与“扶小”、“帮小”结合起来，从而使一批中小企业实现了制度创新，经济效益明显回升。全省国有中

小企业实现利润5.40亿元，比上年减亏增利6.69亿元。一批县市通过放小、扶小，区域经济得到发展，焕发出了活力。

（二）建立现代企业制度，转换企业经营机制

截至1999年底，已改制的地方国有大中型工业企业达161户，从实际效果看，建制企业出现了可喜变化：一是公司制框架基本建立。多元投资主体的股份有限公司或有限责任公司成为大多数改制企业的选择。161户改制大中型工业企业中，国有独资公司42户，多元股东持股的有限责任公司78户，股份有限公司41户。其中，有47户企业改制为集团母体，并以产权为纽带，组建了379个子公司、163个参股公司。改制企业初步建立了出资人制度，国有资产实现了股权化，投资主体得以明确，法人治理结构在逐步建立。二是企业制度开始创新。改制企业精简管理机构485个，精简管理人员4789人，分别为改制前的31.1%和15.9%；分流富余人员56000人，占职工总数的11.75%；相应降低费用2.6亿元，为建立高效运作的内部管理机制奠定了基础。三是资产负债结构有所优化。通过吸纳社会资本、职工入股、政策支持等途径，改制企业获得了新的资本来源。据统计，161户改制企业及其子公司通过贷改投、债转股、税收返还，吸纳社会法人股、公众股、职工入股，引进外资等途径，增加资本金100.3亿元。截至1999年底，与改制前相比，161户企业总资产507亿元，总负债247亿元，平均资产负债率由改制前的60.44%下降为48.7%，降低了11.74个百分点，比面上企业下降16.3个百分点，企业资产负债结构趋向合理。

（三）推进企业兼并破产、增资减债、分离分流

1999年，湖南省在运用国家政策，化解企业债务负担方面做了不少工作，也取得了显著效果。

一是兼并破产核销呆坏账工作力度加大。1996年以来，湖南省先后有株洲、长沙、湘潭、岳阳4市入选全国“优化资本结构”城市试点。到1998年的3年中全省共实施破产53项、兼并20项、减员增效47项，完成核销呆坏账25.02亿元。1999年，企业兼产破产工作转到面上重点脱困行业和企业，湖南省共获批准破产项目74项，涉及核销呆坏账金额30.89亿元。4年来，全省共计实施兼并、破产、减员增效项目161个，累计完成核销呆坏账额度62.28亿元，相应化解企业债务84.28亿元。一批重点脱困企业通过实施兼并破产，在很大程度上改善了企业资产负债结构，从根本上消灭了一批亏损源，促进了资产结构和产业结构的调整。特别是114户进入全国核销呆坏账计划的企业，通过兼并破产，使76亿元的存量资产向优势企业聚集和转移；通过优势企业注入5.6亿元资金，激活近60亿元的闲置资产，一批亏损企业在资本重组中实现扭亏为盈。

二是认真组织实施债权转股权工作。“债转股”是1999年刚开始实施的一项新工作，政策性强，影响很大。到年底，湖南有28户企业通过了国家经贸委的审核，并向相关金融资产管理公司推荐进行债转股。1998年底，28户企业资产总额353.56亿元，负债总额274.43亿元，平均资产负债率77.62%，银行长期借款136.22亿元，占负债总额的49.64%；国家经贸委推荐债转股金额为108.43亿元，预计转股后，企业平均资产负债率降至43.93%，当年可减少利息支出约7亿元。截至年底，28户企业中已有岳阳石化、鹰山石化、衡阳钢管、株化集团、湖南人造板5户企业与相关金融资产管理公司签订债转股协议，15户企业的转股额经主债行评估上报，8户企业的转股额主债行正在评估核定。

三是积极推荐重点企业上市融资。1999年湖南省有13户企业获准上市发行股票，其中，华菱钢铁、国光瓷业、南方建材和亚华种业4户已成功发行上市，募集资金近20亿元。还有华银电力、正虹饲料、南方摩托、湘计算机、湘酒鬼、古汉集团等9户上市企业取得配股权。近几年，湖南共有16家工业企业上市，累计融资50多亿元。

配合改革的需要，分流富余人员和分离企业办社会职能两项工作进展也较为顺利。到1999年底，湖南省国有企业（包括非工业企业）下岗职工总数为52.45万人，占国有企业职工总数的20.16%。这些下岗职工已全部进入再就业服务中心，并签订基本生活保障和再就业协议，按规定发放了基本生活费。为妥善安置下岗职工，全省组建了再就业服务中心8958个，通过拓宽再就业渠道，再就业率达到48.45%。全省改制企业共分离办社会职能机构140个，年降低费用3524万元，分别为改制前的40%和10.5%，企业负担大为减轻。特别是长沙市一次性全面分离企业所办子弟学校的经验得到国家经贸委的肯定。

（四）加强企业科学管理

1. 把深化企业改革同加强企业管理紧密结合。湖南把加强管理作为深化企业改革的重要内容，注意克服“以改代管”的错误做法。以改善管理推动改革发展，巩固改革成果。企业的管理理念、管理思想和管理方法也发生了深刻变化。面向市场抓管理的思想逐步确立，利润最大化的管理理念逐步增强，以人为本的管理思想开始形成，资本营运已成为重要的管理手段，现代管理方法也在越来越多的企业中得到应用和推广。

2. 注重管理机制的创新。多数企业已形成决策、执行和监督机构各负其责、相互制衡的机制，一批企业集团正积极探索建立适应市场经济要求的母子公司管理体制，有效的激励机制和约束机制正逐步建立。株洲市对经营者实行持大股试点，长沙、湘潭等市对经营者实行年薪制，极大地调动了经营者的积极性。同时，通过推行厂务公开、开展效能监察、建立会计委派制、加强对企业经营活动中重点环节的检查，强化对企业经营者的约束和监督，取得了明显的成效。据不完全统计，全省企业效能监察的推行面达到了57%，其中国有大中型企业达76%；1999年完成效能监察项目1821项，提出并采纳实施改进管理建议2601条，减少损失和增加效益14695万元。

3. 广泛开展“学邯钢、学亚星”活动，重点强化成本管理。1999年，全省总结推广了安江塑料制品公司“追求资本最大增效”和国光集团“转换机制、低成本扩张”等本省典型，开展“远学邯钢、亚星，近学安塑、国光”活动和目标成本管理，培训了1万多名企业管理骨干，使先进典型的经验在全省推广，全省涌现出安江塑料、国光集团、岳阳纸业、湘江涂料、千金药业等一批管理的先进典型。通过强化成本管理，产生了明显的经济效益。据对全省553户国有大中型工业企业调查统计，1999年通过开展学邯钢、学安塑管理经验活动，共节约成本支出21.49亿元。其中：管理费用同比下降2.29亿元，销售费用同比下降0.76亿元，财务费用同比下降2.15亿元，主要产品能源及原材料消耗同比下降节约成本7.6亿元，采购成本同比降低8.67亿元。

技术改造与技术进步

（一）运用先进技术改造和提升传统产业

1999年，湖南省紧紧围绕加快经济结构调整和促进国有企业改革，加大技术改造投资力度，取得可喜成绩。全省企业技术改造投资完成144.06亿元，比上年增长24.7%。其中，地方项目投资增长40.5%，中央项目投资增长18.3%；用于增加品种的投资增长30.7%，用于增产适销对路产品的投资增长25.8%；电力投资增长30.3%，邮电投资增长26.5%。

1. 加强跟踪调度和协调服务，加快重点项目建设速度。年初，省经贸委确定148个技改项目为全省重点项目，并对其实行逐月调度，针对项目建设中的问题和困难，组织协调各方面的关系，为企业排忧解难。到年底，148个重点技改项目已开工101项，项目开工率68.2%。36个项目已竣工投产，其中包括涟源钢铁有限公司130平方米烧结机、7319工厂3万辆越野车、湘酒鬼“2020”一期工程等投资较大的项目。

2. 一批重点技术改造项目列入国家财政债券贴息计划。1999年，国家安排90亿元财政债券资金用于重点技改项目贴息。湖南省按照国家产业政策要求共向国家上报申请项目171个(项目总投资186亿元，其中贷款102亿元)。同年，有16个项目经批准列入国家财政债券贴息计划，项目总投资43.54亿元，其中贷款26.66亿元。这些项目正常启动后，可拿到财政债券贴息5.17亿元。主要项目有：岳阳纸业集团有限公司12万吨胶印书刊纸、华升工贸集团高支薄型苎麻面料、湘潭钢铁公司平炉改转炉及线材轧机改造、株洲冶炼厂铅烧结烟气治理、南方动力机械公司发动机零部件生产线改造、株洲硬质合金厂高性能可转位刀片生产线改造、水口山矿务局铅冶炼环保治理、海利化工股份有限公司苯噻酰草胺改造工程等。

（二）发展高新技术产业

1999年，湖南省进一步把加快发展高新技术产业作为一项重要措施来抓，成立了领导小组，出台了新的政策，建立了由财政出资的高新技术产业发展引导资金，每年3亿元，连续3年，滚动发展。

为了扶持高新技术产品的生产，加强对传统产业的技术改造，湖南省经贸委积极推荐32个重点技改项目进入省高新技术引导资金计划，企业共获得高新技术引导资金2.38亿元。资金计划于1999年4月、8月分两批下达，所有项目均已开工在建。其中洞庭麻纺厂的细旦涤麻、岳阳康神药业集团的克拉霉素等项目已竣工投产。1999年，全省高新技术产品产值达421.7亿元，比上年增长38.5%。长沙、株洲、湘潭、岳阳、衡阳5个高新区实现高新技术产品产值201.6亿元，接近全省高新技术产品产值的一半。

（三）实施技术创新工程

1999年，湖南省的企业技术创新工作紧紧围绕“两个根本性转变”，抓好以建立企业技术中心为主要形式的技术创新体系建设，大力开展技术创新活动，抓点促面，着重在营造技术创新环境、鼓励创新、政策扶持和资金投入等方面下功夫。1999年，全省共完成省级以上新产品开发项目650项，完成新产品产值176.28亿元，新产品产值率12%；完成新技术推广项目76项，实施企业308家；有15个项目列入国家重点技术创新项目计划，22项新产品列入国家级新产品试产计划，并得到国家财政拨款590万元。

1. 重点抓好以建立企业技术中心为主要形式的技术创新体系建设，加大技术创新工作的宣传力度，为企业技术创新工作创造良好氛围。

按照江泽民同志关于"建立以技术中心为主要形式的企业技术创新体系"的讲话精神和国家经贸委的部署，湖南省经贸委对在湘的国家重点企业和部分省重点调度企业，加强了指导督促和协调服务。按照标准，通过现场考察和测评，分批认定了湖南计算机股份有限公司、株洲电力机车厂、株洲冶炼厂、浦沅工程集团公司等15户企业技术中心为省级技术中心。按照国家经贸委关于进一步加强技术创新宣传工作的要求，积极为新闻媒体提供新闻素材，组织有关宣传活动，对省级技术中心、省新技术推广应用示范企业的授牌以及国家经贸委组织的企业技术创新院士行等活动，都通过电视、报刊等媒体进行了广泛的宣传报道；在《湖南日报》头条发表了提高全省企业技术创能力的系列评述文章。

2. 积极引导和支持企业开发技术含量高、市场前景好的新产品，推广应用新技术、新工艺，加快运用高新技术改造传统产业的步伐。

1999年，湖南省经贸委依据国家经贸委颁布的"重点新产品开发导向目录"和"近期行业技术发展重点"，结合湖南省重点发展5大支柱产业、20种（类）拳头产品的实际，下达了两批重点技术创新项目计划共449项。其中，新产品、新技术开发项目395项，新技术推广项目54项。属产学研联合开发的项目约占项目总数的38%。全年下拨技术开发资金790万元，支持了电动车用镍氢电池、微机控制管切割机、自然色棉制品、铜砷分离技术等57个重点项目的开发和省级企业技术中心的建设。通过计划引导和重点扶持的有机结合，一批技术含量高、市场前景好的新产品脱颖而出。其中，高纯低硒电解金属锰、无汞电解二氧化锰、DTZ80F塔式起重机、三合一罐装机等多项新产品达到国际水平；1万伏交联电缆、声纳材料、ER50-6焊丝等200项新产品达到国内先进水平；克拉霉素、带状光缆、仿粘胶长丝、颗粒黄丹、玉清妇科系列产品、甲基嘧啶灵等新产品的扩大生产项目，已被推荐列入国家"双高一优"项目计划。

在新技术推广工作方面，湖南主要运用市场机制，充分发挥技术中介机构的作用，重点抓了无功就地补偿、工业CAD/CAM、机床减振器、振动时效等新技术的推广，并分别在岳阳、益阳、长沙等地召开了现场推广会。据不完全统计，全省重点调度的工业企业有32户采用了CAD/CAM三维设计、工业过程自动化控制、工业窑炉综合节能改造以及原材料综合利用等现代工业新技术，均收到良好的效果。

3. 加强产学研联合，提高企业的创新能力，促进企业通过技术创新实现扭亏增盈。

1999年，湖南省开展了一系列旨在推动科技资源优化组合，加强产学研联合的活动。通过这些活动，全省产学研联合工作取得一定进展。涟源钢铁集团有限公司与鞍山热能研究院合作的"炼焦煤风动选样粉碎和水分控制技术"、株洲电力机车厂与株洲电力机车研究所合作的"交流传动电力机车的研制"等5个产学研联合项目列入了国家重点技术创新项目计划。有68%的省重点调度企业与大专院校、科研院所建立了合作关系，仅与华中理工大学合作开发的项目就有20余项。湖南电子信息产业集团有限公司与信息产业部电子第48研究所合作，成立了湖南塞西传感技术有限公司，合资生产合金薄膜压力传感器。湘计算机集团、株洲无线电五厂、华南光电仪器厂、常德有线通信集团等13户企业先后与国防科大、浙江大学、北京理工大学、南京理工大学、中科院等11所院校、研究所建立合作关系，一批技术水平高，有市场前景的项目正在合作开发中。滨湖柴油机股份有限公司、株化集团公司、湘维集团有限公司、临湘氮肥厂、华中水泥厂、湘潭锰矿等企业通过开展技术创新活动，开发生产的新产品增多，对企业的扭亏为盈起了重要作用。

市场流通

1999年，湖南紧紧围绕扩大内需、启动消费这个中心搞活流通，取得较好成绩。消费品市场稳步增长，全年完成社会消费品零售总额1229.21亿元，比上年增长9.2%，其中城市增长12.4%，农村增长5.1%。城乡市场贸易成交活跃，总成交量达800.72亿元，比上年增长11.4%。

1. 始终把开拓市场特别是农村市场作为市场流通工作的重中之重来抓。省里重点抓了临湘、衡山、资兴和邵东4县市开拓农村市场的工作试点，总结推广了衡山县"四依托一加强"（即依托流通主体，依托专业市场，依托个体经营企业和个体户，依托基础设施建设，加强领导）的工作经验；邵东县“五个一”（即成立一个专门班子，制定一个实施方案，围绕一个增产增收的中心工作，推出一个销售信息网络的新举措，打好一个落实政策的基础）的工作经验。突出节假日庆典、休闲娱乐效应，不断掀起促销热潮，积极促进城乡居民消费。据统计，到12月份，全省县以下农村商品零售额增幅已由4月份的－1%上升至9.6%。全年累计，农村消费品实现零售总额368.35亿元，比上年增长5.1%。城镇居民消费支出比上年增长9.8%，提升了8.6个百分点。

2. 加强调控措施，确保市场稳定。十大重点蔬菜基地建设有新的进展，推广普及了蔬菜大棚等设施，完善和扩建了大中型蔬菜批发市场，基本实现了均衡供应。在全省所有县市全面实行了生猪定点屠宰，加强了人员培训和考核。在抗洪救灾期间，加强了灾区生猪收购，并及时调运外地蔬菜供应市场，保证了灾区居民生活的稳定。

3. 稳步推进国有商业企业改革，积极发展现代营销方式。长沙友谊、阿波罗商场、株洲百货公司等企业加强科学管理，强化内部经济责任制，实行减员增效，保持了稳步发展的势头。中小型商贸企业按三年改革规划，积极实行股份合作制、租赁、承包经营和拍卖等多种形式的改革。一些现代营销方式如连锁经营、代理制、拍卖业等，均有所发展。到年底，全省已发展连锁公司102家、店铺2180个，旧货交易市场15个，拍卖企业48家。大型零售商店长沙阿波罗商业广场还开通了“网上购物”。

对外经济贸易

1999年，湖南省各级各部门各企业积极应对外贸面临的困难形势，千方百计扩大出口，积极有效地利用外资，全省共完成进出口总额19.56亿美元，比上年增长9.8%。其中，出口12.82亿美元，同比减少0.1%；进口6.74亿美元，增长35.0%。对外签订利用外资协议项目335个，比上年减少23.3%；对外签订利用外资协议金额9.19亿美元，下降38.8%；实际利用外资10.70亿美元，下降15.1%。

（一）千方百计扩大出口

湖南省研究制订了贯彻落实国家关于进一步提高出口退税率、设立专项资金采用贴息的方式支持中小企业扩大出口、完善外贸企业封闭贷款办法、简化出口企业结汇程序、提高出口企业保留外汇限额等政策的措施，并积极帮助国有、集体生产企业和科研院所争取获得国外经营权和扩大出口经营范围，还清理和规范了进出口环节的收费，减轻企业负担。为了集中力量抓重点，湖南省采取了“五突出”工作方法。即突出重点企业，对年出口额2000万美元以上的外贸企业、1000万美元以上的生产企业和500万美元以上的三资企业实行跟踪调度，并实行配额、许可证、进出口信贷、出国推销等政策倾斜；突出重点商品，大力推进有色金属、大米、棉花、纺织品、服装、陶瓷、茶叶、烟花、鞭炮等大宗商品扩大出口；突出重点市场，巩固欧美市场，大力开拓东盟、俄东和非洲市场；突出重点项目，加强分类指导和跟踪调度；突出重点区域，切实抓好长沙、岳阳、常德、衡阳、株洲、湘潭、郴州和全省各类开发区的招商引资和出口工作。

（二）努力扩大生产企业自营进出口

到1999年底，湖南省获权自营进出口生产企业达424户。其中，有出口实绩的企业183户，出口超过1000万美元的企业有株洲冶炼厂（1.38亿美元）等，出口300～1000万美元的生产企业有东方锰业股份有限公司等15户；出口100～300万美元的企业有锡矿山矿务局等30户。全年累计，全省生产企业自营出口4.21亿美元，占全省外贸出口总额的32.8%；自营进口1.69亿美元，占全省外贸进口总额的25.1%。为了支持生产企业扩大出口，省经贸委先后组织部分企业参加了“昆明世博会”、“全国少数民族和民族地区名优产品博览会”和“俄罗斯中国中小企业产品展览会”；组织部分企业赴美国进行了市场营销培训和考察，组织年自营出口100万美元以上企业参观了第86届广交会。省经贸委还和海关、外汇、外经贸、银行等部门通力合作，在加快出口退税、分配配额和扩大出口信贷等方面，给自营进出口企业以重点支持。

（三）积极开展境外加工贸易

1999年，湖南省积极响应国家关于开展境外加工贸易的号召，立足现有企业的优势、特色和较成熟技术，提出了近期境外加工贸易以越南、缅甸、老挝、柬埔寨、前苏联中亚各国、埃及、苏丹、阿尔及利亚等十几个国家为主攻市场的设想，先搞成几个项目，把这项工作卓有成效地开展起来。省经贸委、外经贸委等部门密切配合，召开了全省开展境外加工贸易的工作会议，作出了统一部署，还组织部分企业进行了培训，并派人深入企业了解情况，进行具体的帮助和指导。年内，已协助湘潭神州龙服装有限公司、沅江造纸厂和永州客车厂做好到阿尔及利亚、埃及、缅甸办厂的前期准备，并已将这些项目向国家经贸委进行申报。在此以前，湖南株洲一户企业已在阿联酋开办了轮胎厂和拉丝厂。

（李醒民　向曙光　李会群）

附表 1　　1999 年湖南省经贸主要指标完成情况　　单位：亿元

指　标	总计	比上年±%	指　标	总计	比上年±%
1. 国内生产总值	3326.75	8.3	产品销售率（%）	98.14	0.74
第二产业	1297.74	9.3	国有企业	98.77	0.32
工业	1096.56	9.0	利税总额	171.11	20.40
第三产业	1250.76	10.9	国有企业	143.82	17.53
批发零售贸易餐饮业	315.04	10.5	利润总额	15.74	减亏增利 17 亿元
2. 工业企业单位数（户）	4790	5.2	国有企业	7.73	减亏增利 12.58 亿元
国有企业	2531	−1.5	3. 全社会固定资产投资	953.30	12.3
大中型企业	612	−12.9	更新改造投资	143.30	24.0
工业总产值（90 年不变价）	1114.32	10.8	新增固定资产	97.03	16.4
轻工业	407.89	6.6	4. 社会消费品零售总额	1229.21	9.2
重工业	706.43	13.3	国有	209.19	6.1
国有企业	637.17	6.7	集体	160.78	17.3
集体企业	198.63	7.9	个体	575.54	13.4
大中型企业	627.35	9.6	5. 进出口总额（海关数，单位：亿美元）	19.56	9.8
工业增加值（生产法）	446.67	9.4	出口	12.82	−0.1
国有企业	323.10	10.85	进口	6.74	35.0

注：1. 本表所指工业企业口径为全部国有及年销售收入 500 万元以上非国有工业企业；
　　2. 国有企业指全部国有及国有控股工业企业。

附表 2　　1999 年湖南省独立核算工业企业主要经济指标　　单位：亿元

指标名称	企业单位数（个）	亏损企业	工业总产值（现价）	工业增加值（生产法）	工业中间投入	本年应付工资	本年应付福利费	全部职工年均人数（万人）
总　计	**4790**	**1965**	**1414.12**	**461.82**	**1030.72**	**125.42**	**17.12**	**177.99**
按登记注册类型：								
内资企业	4599	1894	1323.23	435.48	961.59	120.92	16.43	172.94
国有企业	2290	1245	677.47	270.53	454.67	73.39	10.75	108.30
中央企业	133	77	279.15	154.32	151.93	20.73	2.90	21.87
地方企业	2157	1168	398.32	116.20	302.75	52.66	7.85	86.43
集体企业	1444	386	232.72	62.76	177.21	22.16	2.22	31.44

（续表）

指标名称	企业单位数（个）	亏损企业	工业总产值（现价）	工业增加值（生产法）	工业中间投入	本年应付工资	本年应付福利费	全部职工年均人数（万人）
股份合作企业	223	75	33.09	8.54	25.81	2.54	0.34	4.67
联营企业	17	5	2.55	0.71	2.00	0.20	0.03	0.35
有限责任公司	194	77	211.11	47.60	174.15	13.25	1.96	15.68
股份有限公司	125	40	90.88	25.38	69.48	6.34	0.80	7.62
私营企业	289	56	72.90	19.27	56.32	2.84	0.30	4.44
其他企业	17	10	2.52	0.69	1.94	0.21	0.02	0.43
港、澳、台商投资经济	115	43	41.70	11.35	32.28	1.77	0.22	2.34
外商投资企业	76	28	49.19	14.99	36.85	2.73	0.47	2.71
按经济组织类型：								
独资企业	3910	1665	957.48	345.92	668.83	97.52	13.18	142.34
合作、合伙企业	328	104	54.30	14.21	41.96	3.62	0.47	6.63
股份有限公司	142	50	94.91	26.35	72.61	6.44	0.81	7.84
有限责任公司	410	146	307.44	75.35	247.32	17.84	2.66	21.17
在总计中：国有控股企业	2531	1350	948.85	336.52	673.43	91.30	13.27	130.26
在总计中：农村工业	1040	211	184.51	47.07	143.26	17.47	1.55	21.83
在总计中：轻工业	1997	812	508.69	199.12	339.43	32.12	4.24	51.76
重工业	2793	1153	905.43	262.70	691.28	93.30	12.88	126.22
在总计中：特大型工业	1		104.92	23.02	87.83	4.52	0.63	3.66
大一型企业	67	18	411.05	164.11	275.67	30.37	4.66	32.89
大二型企业	158	67	165.69	66.25	111.90	23.02	3.04	30.46
中一型企业	124	66	62.38	19.32	46.27	7.05	0.97	10.54
中二型企业	262	148	82.19	23.75	62.74	9.13	1.26	16.47
小型企业	4178	1666	587.90	165.37	446.30	51.32	6.56	83.97

注：本表统计范围为全部国有工业企业及年产品销售收入500万元及以上的非国有工业企业。

广　东　省

综　　述

1999年，广东省实现国内生产总值8464.31亿元，比上年增长9.5%。其中，第一产业增加值1021.30亿元，增长4.0%；第二产业增加值4264.32亿元，增长10.4%；第三产业增加值3178.69亿元，增长9.6%。全社会固定资产完成2985亿元，增长11.9%。其中，基本建设投资1255亿元，增长17.0%；更新改造投资354.44亿元，增长8.3%；房地产开发投资676.13亿元，增长12.2%。社会消费品零售总额3656.03亿元，实际增长14.0%。外贸进出口总额1403.5亿美元，增长8.1%。其中，进口总额626.7亿美元，增长15.6%，占全国进口总额的37.8%；出口总额776.8亿美元，增长2.7%，占全国出口总额的39.9%。实际利用外资144.74亿美元，比上年下降4.1%；外商直接投资122亿美元，增长1.5%。地方一般预算收入761.68亿元，增长18.9%。年末全社会金融机构存款余额15018.85亿元，增加1723.84亿元。

1999年，广东跟随着共和国成长的步伐，在建国50周年之际，迎来了经济建设的丰硕成果。

新中国成立时，广东经济基础十分薄弱。1949年，全省人均GDP只有70多元，经济以农业为主，第一产业占国内生产总值的比重达60%，全省基本没有什么像样的工业，大都是采掘、食品和日用品小企业，生产能力很低。基础设施十分落后，人民生活十分困难。

建国50年来，广东发展虽经历过曲折，但全省人民在中国共产党领导下，最终战胜了各种困难，克服了种种障碍，不断发展进步。特别是改革开放20年来，广东经济和社会发展更是跻身全国前列，主要表现在以下几个方面。

（一）经济迅速发展

1999年同1949年相比，全省国内生产总值增长了81倍，年均增长9.2%；而改革开放以来的1979～1999年，年均增长达到13.7%，比同期全国平均增速高出4.2个百分点。全省GDP按可比价格计，21年来已翻了近4番。

（二）经济实力雄居国内前列

1999年，广东国内生产总值8464亿元、全社会固定资产投资3027亿元、社会消费品零售总额3656亿元，进出口总额1403亿美元、外商直接投资122亿美元、邮电业务总量542亿元、城乡居民储蓄存款余额7350亿元，分别占全国的10.3%、10.1%、11.7%、38.9%、30.2%、16.3%和12.3%，均高于广东省人口占全国5.8%的比重，而且不少指标值已连续多年居全国各省市首位。

（三）传统产业不断进步，新兴行业正在崛起

改革开放以来，通过调整产业结构，广东已初步建立起一个具有宏大生产能力、外向度很高、新兴产业不断崛起的工业体系，“广货”饮誉中外。1999年，广东工业总产值达到14703亿元，按可比价计是1949年的1472倍，是1978年的54.4倍。全省工业结构已发生了很大的变化，原有的纺织、食品等主导地位已被电子通信、家用电器、石油化工、机械、汽车、电力、建材等取代。广东不少新兴行业和产品在国内已占有重要地位。

（四）基础设施日新月异，发展条件日臻完善

改革开放使广东的交通、邮电业得到前所未有的大发展。1999年铁路里程2028公里、公路里程95610公里，分别比1950年增2.6倍和20.6倍；民航里程45.65万公里，比1955年增874倍。邮电业务总量542.65亿元，是1952年的2713倍。广东的金融保险业已成为经济的重要组成部分。

工业经济

1999年，广东省工业经济出现增长加快趋势。全年完成工业增加值3694.6亿元，比上年增长11.1%。其中国有及年销售额500万元以上的非国有工业企业完成工业增加值2669.69亿元，增长12.5%；完成工业总产值10215.27亿元，增长14.7%。从所有制结构看，增长较快的是股份制企业（25.15%）和其他类型企业（22.15%）；增长较慢的主要是集体企业（4.25%）和国有及国有控股企业（7.27%）。从行业分布看，发展较快的主要是电子及通信设备制造业（26.23%）、电气机械及器材制造业（23.75%）。从产品结构看，增长较快的仍是高新技术产品和部分投资类产品，以及部分家电产品。程控交换机、半导体集成电路和微型电子计算机分别比上年增长25.7%、105.3%和71.8%。高新技术产品已逐渐显示出广东经济新增长点的作用。家电产品中，黑白电视机增长3.4倍、彩电增长54.4%、家用洗衣机增长51.2%、录像机增长47.0%、吸尘器增长39.6%、家用电冰箱增长9.4%。重工业增加值完成1196.4亿元，增长15.6；轻工业增加值1473.3亿元，增长10.6%。电力、建材、冶金等投资类产品的增长是带动重工业较快增长的主要动力。全年发电量增长11.7%，水泥增长8.3%，钢增长13.3%，成品钢材增长20.6%，十种有色金属增长12.2%。

（一）工业产品出口保持稳定增长

1999年，广东省完成工业出口产品产值3664.76亿元（不变价），比上年增长10.6%，占工业总产值的比重达35.87%；完成出口交货值3344.07亿元，占工业销售产值的比重达33%。工业产品出口成为拉动经济增长的主要动力，其中机电产品出口是带动工业产品出口增长的主力军。据海关统计，1999年全省机电产品出口388.69亿美元，比上年增长11.2%，占全省外贸出口总额的50%，所占比重比上年提高了3.94个百分点。

（二）工业经济效益出现了较好的发展势头

主要表现为利润总额有较大幅度上升，亏损企业亏损总额下降。1999年，全省工业企业盈亏相抵后实现利润308.6亿元，比上年增长24.7%；亏损企业亏损总额为190.85亿元，比上年下降8.1%；工业经济效益指数111.09，比上年提高5.13个百

分点；工业产品销售率96.1%，提高0.1个百分点。

商品流通

1999年，广东省按照中央提出的扩大内需，促进国民经济持续稳定增长的总体要求，采取了一系列宏观调控措施，积极开拓市场，使全省消费品市场平稳增长，商品供应丰富，购销趋于活跃。全年社会消费品零售总额3656.03亿元，比上年增长10.2%；剔除价格因素实际增长14%，高出年初预期目标2.5个百分点。物价持续下跌的态势减缓，跌幅收窄。全年物价比上年下降3.3%，居民消费价格下降1.8%，其中服务项目价格上升6.4%。物价跌幅与上半年比较有所收窄，从8月份开始，商业零售价格和居民消费价格月环比指数出现上升，反映广东物价下降的态势得到初步扭转。

从消费行业分布看，餐饮零售业零售额559.17亿元，增长12.5%；批发零售贸易业零售额2433.44亿元，增长11.4%；制造业零售额184.40亿元，增长8.9%。从消费的地域分布看，农村消费增长快于城市。其中县以上零售额2596.39亿元，增长8.8%；县以下零售额1059.64亿元，增长14.1%。1999年广东消费品市场比预期好，主要有如下因素：一是国家增加了投资需求，增发国债并带动银行贷款增长，使国有单位固定资产投资有较大的增长。二是城乡居民收入增加，全年城镇居民人均可支配收入9126元，农村居民人均纯收入3629亿元，扣除价格因素比上年分别增长4.9%和6.2%。三是1999年是福利分房的最后一年，购房、乔迁的居民明显增加，带动了装饰材料、家电和其他家居用品的消费。四是开拓农村市场的力度加大，各级政府采取了一系列促进农村消费的措施，如降低电价、清理和整顿对农村各种不合理收费和摊派等，有效地调动了农民的消费需求。

1999年，全省各级各部门通过多种形式拓展广货市场，各种经贸洽谈会、展销会此伏彼起，推动了广货的销售热潮。5月，广东省计委在郑州举办经济洽谈会，效果很好。6月，由省贸易委牵头，会同省经委、省经协办在四川成都举办'99广东商品（成都）博览会，各市和省直单位组团29个，约2000家企业参加，展出广东名优产品22个系列，共2万多种商品，向西南地区展示了广货的总体水平。同月，由省经委会同湖南省经贸委、长沙市政府联合主办，广东省家具协会、广东省陶瓷协会、广东省家电（五金）协会共同承办，在湖南长沙市举办'99广东（长沙）名优家居用品博览会，总成交金额19.74亿元，其中销售合同16.5亿元，展场面积达三层楼、2万多平方米，是广东省历年来在省外举办展销博览会展场面积之最。这次博览会上，广东家具行业近20家名牌企业以及陶瓷行业3家名牌企业与展销场馆湖南华夏家天下家居广场签订了长期租场经营的协议书。8月，又以省政府主办、辽宁省政府协办、省经委承办的形式，在沈阳举办'99广东（沈阳）经贸洽谈暨工业产品展示会，为近年来广东在省外举办各类经贸活动成交金额、签订实业合作项目之最。其中总成交金额218.5亿元，签订实业合作项目合同65个，金额47.3亿元；签订购销合同1142个，金额171.2亿元。与此同时，全省许多市都由市领导带队，到省外举办各种形式的经贸洽谈和展览活动，积极开拓省外市场，取得了显著成效。据统计，全年在省内外举办的各种类型洽谈、展销活动达38次，协议成交金额约1000多亿元。

国有企业改革

根据十五届四中全会对国企改革的部署和实现“三年两大目标”的要求，近几年来，广东省采取有效措施，大力推进国企改革和发展。

（一）精心组织脱困攻坚战

一是抓规划，先后制定了煤炭、纺织、制糖三个特困行业的脱困实施办法。二是抓责任，把脱困任务分解到各市县和有关部门，并且定期进行考核通报。三是抓政策，省、市、县三级政府均在事权范围内制定了支持国企脱困的具体政策措施，仅省财政当年就安排了7.91亿元，帮助安置下岗职工。四是抓领导，加强对亏损企业领导成员的培训，组织60户重点脱困企业的负责人到邯钢参加国家经贸委举办的管理培训班，还举办了三期共423户的亏损企业经营者培训班，把全省国有大中型企业的主要负责人全部培训了一次。

（二）继续抓好大企业集团

1999年全省重点大企业集团已发展到83户。为了增创产业新优势，又从9个重点重要产业中选定了50户工业龙头企业作为“抓大”的重点。1999年大企业集团工作的着力点是完善法人治理结构和提高综合竞争能力。大集团普遍进行了公司制改革，进一步完善法人治理结构，建立了以资本联结为主要纽带，集权与分权相结合的母子公司体制。同时，引导和帮助每个集团以“六个有”（即有竞争力强的名牌产品、有主业突出的产业结构、有创新能力强的技术中心、有自主知识产权的专有技术、有开拓力强的营销网络、有开放度大的融资渠道）为目标，针对自身薄弱环节认真进行整改，努力提高综合竞争力。到年底，66户工业类大集团中有53户建立了技术研究开发中心，34户被认定为省级技术创新优势企业，80个产品被认定为省级名牌产品，9个集团的商标被认定为中国驰名商标。各项主要经济指标连续四年实现全面增长。1999年，66户工业类大集团工业总产值、销售收入、利润总额和税收分别比上年增长22.13%、15.09%、0.27%和1.39%。以上四项指标，分别占全省工业的19.02%、21%、37.51%和23.86%。

（三）加大中小企业改革力度

在强调“把好三个关口”（即资产关、债务关和稳定关）的前提下，着重从以下两个方面进一步加大国有中小企业改革的力度：一是加大“转”的力度。提倡和鼓励国有中小企业通过注资经营、转让产权、承包租赁、股份合作制和整体出售等多种形式，探索公有制的有效实现形式。到1999年底，全省国有中小企业转制面已达70%以上，其中肇庆市达85%。二是加大“带”的力度。采取有效措施，大力推进中小企业社会服务体系的建立。一些先行地区针对中小企业贷款难的突出问题，进行了建立中小企业信用担保体系的探索，深圳、珠海两市已成立了中小企业信用担保机构。

（四）加快结构调整步伐

1999年底，煤炭行业已取缔关闭矿井869处，压减产量351.8万吨；关闭窑径2.2米以下立窑生产线100条，淘汰关闭小水泥厂80家，压减生产能力350万吨；全省12家小炼油厂和4家小玻璃厂已全部关闭，小火电的关停工作正逐步展开。与此同时，结合优化资本结构试点工作，加大对特困企业的兼并破产力度。1999年，共有146户企业列入兼并破产和减员增效项目，其中新增8户，结转138户。新增项目中，破产5户、兼并3户，核销呆坏账总额19.78亿元。

（五）增强企业技术创新能力

首先，指导和帮助企业建立技术创新机制，总结、推广了深圳市和风华集团技术创新的经验。其次，鼓励和支持企业建立技术开发中心，提高核心竞争能力。省财政对50户龙头工业企业建立的中心每个给予200万元的支持。至1999年底，全省共有23户企业技术中心被认定为国家级企业技术中心，71户企业技术中心认定为省级工程技术研究开发中心。第三，加大对重点技改项目的扶持力度，全省共有24个项目分别列入国家国债技改项目计划，总投资37.77亿元。第四，积极推动企业技术创新活动。1999年列入省级技术创新项目142项，其中25项进入国家技术创新计划。全省共完成新产品2248项，新产品产值154.6亿元，实现利税26.3亿元。1999年评选出230项广东省优秀新产品，其中有21.3%达到90年代国际先进水平，21%为国内首创。

（六）国有企业改革与发展初见成效

1. 脱困成效显著。主要表现在：(1)三个特困行业的脱困取得突破性进展。至1999年底，省属煤炭行业已关闭资源枯竭、不具备生产能力的煤矿11个，安置分流10516人，分别完成三年目标的68.4%和28.6%；纺织行业累计完成了压减落后棉纺锭18.32万锭，提前一年完成国家下达的三年压锭目标；制糖行业累计关闭糖厂27户（其中1999年关闭15户），压减生产能力5.06万吨/日，分流安置职工15000人，分别完成三年目标的64.3%、89.7%和75.9%。(2)国有大中型亏损企业脱困取得阶段性成效。至1999年底，全省1997年确定的482户国有及国有控股大中型亏损企业，已有185户实现了脱困、209户实现减亏，脱困和减亏面达到81.74%；其中，国家考核的143户重点脱困企业（有10户为中央企业），已有35户实现脱困、54户实现减亏，脱困和减亏率为69.23%。

2. 产销稳定增长。1999年，全省国有及国有控股工业企业产销呈现逐季稳定增长的势头。全年完成工业增加值930.53亿元，同比增长14%；工业总产值(现价)3025.67亿元，同比增长14.99%；销售收入3153.04亿元，同比增长15.59%；产销率达到104.21%，比上年提高了0.54个百分点。

3. 经济效益显著提高。1999年，全省国有及国有控股工业企业实现利润总额170.67亿元，同比增长52.78%；税收总额205.44亿元，同比增长13.55%。亏损企业亏损额81.36亿元，同比下降21.28%；销售利润率5.06%，比上年提高0.96个百分点。

4. 主导作用继续发挥。1999年，全省国有及国有控股工业企业实现销售收入、利润总额和税收总额分别占全省工业的30.88%、47.83%和48.66%。同时，全省国有及国有控股工业企业的主要经济效益指标，继续居于全国先进水平，销售收入居全国第一位，利润总额和税收总额均居全国第三位。

技术进步

1999年，广东省组织实施了一批重大项目，为产业技术升级和高新技术产业的发展提供技术支撑。继续在电子信息、生物技术、新材料、精细化工、先进制造技术、节能与新能源等领域，有计划地组织一批关键技术的攻关，并在一些领域取得突破。如电子信息技术领域的数据压缩与传输技术、多媒体技术、光纤通信技术、移动通信技术等；新材料领域的MLC材料技术、超细粉末技术、冶金新材料技术等；新能源与节能技术领域的高能电池技术、太阳能利用技术等；生物技术领域的植物细胞培养及工厂化生产技术、基因工程生物农药技术等。锂离子电池中试、片式电子元器件等一批关键技术也取得了较大突破。

（一）高新技术产业快速发展

据初步测算，1999年广东省高新技术产品产值可达2000亿元，比上年增长近30%，占全省工业总产值的比重达13.9%，比上年上升了2.7个百分点。全省经认定的高新技术企业937家，其中超亿元企业230家，超10亿元企业30家。全省有50多家高新技术企业（集团）建立了国家级和省级工程技术研究开发中心，大部分高新技术企业建立了研究开发机构，有部分高新技术企业还在境外建立了研究开发合作机构。在1999年认定的163家高新技术企业中，平均每个企业就有2～3项专利。近年来，全省高新技术产业发展呈现如下趋势：一是一批有自主知识产权、有市场竞争力的高新技术成果实现了商业化、产业化。如数字化彩色多普勒超声显像诊断仪，是一种集高分辨力超声检测技术、数字信号处理技术、新型微电子技术于一体的高新技术产品，由汕头东方集团与清华大学联合研制生产，其技术性能达到国际90年代先进水平，但价格只有国外同类产品的60%。二是培植了一批有较强出口能力或替代进口的高新技术产品。如广东蓝宝制药有限公司承担的“洛伐他汀”项目，技术主要从加拿大引进，通过消化吸收创新，使大部分原材料及设备配件国产化，而各项生产技术指标均达到90年代国际先进水平。三是提高了企业技术创新和新产品开发能力。如广州分析测试中心与河源富马硬质合金公司合作，研究开发等离子体制备纳米晶体管材料及微晶超硬质合金项目，已在产业化方面取得了突破。四是用高新技术改造和提升传统产业的步伐加快，CAD（计算机辅助设计）和CAM（计算机辅助制造）在大中型企业中积极推广应用，全省培育了65家CAD应用示范单位，有14家企业列入国家863/CIMS的试点，其中3家已通过验收，其余试点单位已通过中期检查。1999年，广东省被列入倍增计划（全国电子信息系统推广计划）有19项，总投资12亿元，其中大部分属于高新技术对传统产业的改造和渗透。

（二）重点新产品开发取得明显效果

1999年，全省共有366个项目列入省级重点新产品计划，并获批准享受新产品研究开发的有关税收优惠政策。其中有115项列入当年国家重点新产品计划（含深圳市23项），在全国各省市中排第三位；有28项获得国家重点新产品财政补助或贷款利息补助，补助金额达970万元。这批新产品项目主要涉及电子信息、机电一体化、新材料、生物医药工程、节能及环保等重点发展的产业领域，普遍具有技术先进、规模化、效益好的特点。其中，约占总数85%的项目属高新技术产品，约70%的项目达到国内领先以上技术水平，约85%的项目年产值可达1000万元以上。

外贸出口和利用外资

据海关统计，1999年，全省进出口总额为1403.5亿美元，比上年增长8.1%。其中出口776.8亿美元，增长2.7%，占全国出口总额1949.25亿美元的39.9%。出口构成方面，按贸易方式分：一般贸易出口154.1亿美元，增长1.0%；加工贸易出口604.4亿美元，增长3.5%。按企业性质分：国有企业出口357.5亿美元，增长5.0%；“三资”企业出口394.0亿美元，增长0.5%；集体企业出口20.4亿美元，增长5.2%；私营企业出口1.68亿美元，增长333.3%。全省21个市，出口增长的有8个市，其中深圳增长6.8%、东莞增长16.1%、广州增长4.5%、惠州增长9.6%、肇庆增长17.3%、中山增长3.3%、江门增长0.8%、潮州增长5.0%。出口在经历上半年的持续下降后，从7月份开始转降为升，增速加快，实现了预期增长目标。7、8、9、10、11、12当月出口分别增长6.5%、18.6%、18.9%、27%、30%和3.4%，到11月首次实现累计出口增长2.4%，自7月起连续6个月月均出口达75亿美元以上。

（一）一般贸易出口实现增长，出口商品结构逐步优化

一般贸易自7月份起首次实现单月出口增长，降幅逐月大幅减缓，从年初降幅达53.37%扭转为年底增长1%；加工贸易累计出口也从7月份起止跌回升，到年底累计出口604.4亿美元，增长3.5%。随着出口退税率的提高，机电产品出口保持高速增长，服装及衣着配件单月出口明显上升。机电产品自6月份起累计出口实现增长，全年出口388.5亿美元，增长11.4%，占全省出口总值的50%。服装及衣着配件出口98.7亿美元，下降

8.6%，但 11 月当月出口 9.8 亿美元，增长 68.8%，12 月当月出口 10.8 亿美元，增长 39.4%。主要出口市场大部分实现增长。广东对美国出口自 6 月份起实现增长后，到 12 月累计达 202.2 亿美元，增长 9.2%；对香港出口 263.7 亿美元，下降 0.5%，而上年下降达 9%；对日本出口 67.8 亿美元，下降 2.0%；对欧盟出口 109.1 亿美元，增长 9.1%；对东盟出口 33.8 亿美元，增长 7.7%。

（二）高新技术产品成为技术出口的重要支撑

1999 年，广东技术出口面临严峻的不利形势，省委、省政府及时推出《关于依靠科技进步推动产业结构优化升级的决定》，把发展高新技术产业和以高新技术改造传统产业作为第一经济增长点。在深圳和东莞分别举办了全国首届高交会和电脑资讯产品博览会，对广东的高新技术产品出口起到极大的推动作用。据不完全统计，全年技术出口合同总金额 123.71 亿美元，比上年的 23.67 亿美元增加 4.2 倍，占全国技术出口总值 247 亿美元的 48.7%，连续多年名列全国首位。广东已成为全国高技术产品出口生产基地，1999 年，全国高新技术产品出口额超亿美元的 22 家企业中，广东企业有 16 家，占全国同类企业的 72.7%。以深圳、东莞为龙头的珠江三角洲国际性加工制造业高技术产业群正在崛起。积极利用加工贸易方式，鼓励提高综合效益，逐步形成上水平、成规模的高新技术产品配套体系，高技术产业加工制造基地的优势已初见端倪。同时，技术出口市场逐渐增长。1999 年，广东高技术产品出口达 159 个国家（地区），出口结构趋向优化，直接出口比例提高，出口市场相对集中在美国、日本和欧洲等发达国家。而自有知识产权和适用工业产权带设备出口，则多以发展中国家为主。加工贸易成为高技术产品出口的主要形式，1999 年，广东加工贸易出口的高技术产品为 113.3 亿美元。

（三）电子信息类高技术产品出口增长突出

受全球经济发展的影响，全省外贸出口逐月下降，但是高技术产品出口受影响较小，保持了稳定的增长。据海关统计，全年高技术产品出口 120.3 亿美元，占全省技术出口合同总金额的比重较大。深圳市高技术产品出口达 60 亿美元，出口增长迅速。其中微型计算机增长 86.6%，计算机磁头增长 39.9%，激光拾音头增长 65.9%，程控交换机增长 82.3%，大屏幕彩色显像管增长 65.5%。当年该市高新技术产品产值达 646 亿元，占工业产值的 40.8%，拉动 GDP 增长约 4 个百分点。

（四）技术引进保持良好发展势头

据统计，全年累计对外签订技术引进合同 222 宗，比上年增长 93.04%；合同总金额 14.32 亿美元，增长 21.26%。技术引进合同项目个数和合同金额都创历史新高，其中在所引进技术金额中技术费 12.68 亿美元，设备费 1.64 亿美元。引进技术包括电子、轻工、邮电、化工等 28 个行业，其中电子、轻工两个传统行业仍然是引进大户，引进金额分别为 8.14 亿美元和 3.29 亿美元，共占引进总额的 79.81%；邮电通讯为 1.16 亿美元，占总额的 8.1%；化工机械为 0.48 亿美元，占总额的 3.3%。国外先进技术的引进有力地推动了广东产业结构调整和升级，成为高新技术发展的重要源泉。引进国别（地区）涉及 24 个国家和地区，其中美国引进的项目 47 宗、日本 75 宗、香港 29 宗、台湾 20 宗、法国 10 宗。上述 5 个国家（地区）引进合同金额为 9.96 亿美元，占合同总金额的 69.6%。技术引进中纯技术引进占主导的势头不减。全年 222 宗技术引进项目总计 14.32 亿美元，其中技术费为 12.68 亿美元，占合同总金额的 88.54%。说明企业在引进设备的同时已越来越注重引进软件技术、进行技术人才的培训和国外专家的现场指导、咨询。

（五）技术引进工作已实现以国家为主体向以企业为主体的转变

在进行技术引进的企业中，外商投资企业约占 80%～90%，它们不仅引进相关领域内的国际先进生产技术、制造工艺等硬件技术，而且还大量引进计算机管理等软件技术，技术引进已从单纯进口生产线和成套设备向引进软件技术和必要的关键设备实现转变，技术许可和技术服务成为最主要的引进方式。有实力的非国有企业则以开发新产品、新市场为目的，积极引进国外先进技术，成为技术引进的生力军。如广东美的集团与日方签订空调技术合作合同，引进国际 90 年代后期先进水平的智能变频一拖多空调技术，填补了国内市场的空白，抢占了国内市场销售的先机。

（六）外商直接投资仍保持相当规模

1999 年共签订各种利用外资合同 14824 宗，比上年下降 4.1%；合同外资额 87.16 亿美元，下降 29.6%；实际利用外资 144.74 亿美元，下降 4.1%。其中外商直接签订合同 3013 宗，下降 30.72%；合同外资额 61.75 亿美元，下降 32.61%；实际吸收外商直接投资 122.03 亿美元，比上年增长 1.52%，达到历史最高水平。广州、深圳、东莞等16个市实际吸收外商直接投资比上年增长，江门、韶关市实现签订合同外商直接投资和实际外商直接投资双增长。外资投入进一步向多元化发展，1999年，吸收欧美日等国家的外商直接投资同比增长15.26%，而来自港澳台地区的直接投资同比下降8.09%。主要来源国家和地区依次是：香港、维尔京群岛、日本、台湾、新加坡、美国、澳门、德国、韩国、荷兰。

（七）外商投资产业结构有所改善

第一产业实际吸收外商直接投资比上年增长21.69%，第二产业中制造业实际吸收外商直接投资增长9.26%，第三产业中服务贸易业实际吸收外商直接投资增长8.49%。对外加工装配仍是利用外资的有效形式，继续保持较大增长。1999年，全省累计签订对外加工装配协议（合同）11743宗，合同利用外资15.4亿美元，实际利用外资12.35亿美元，比上年分别增长6.8%、17.99%和24.84%；工缴费银行结汇22.7亿美元，比上年增长25.84%。

（八）来料加工出口保持稳定增长

1999年，来料加工出口总值为236.02亿美元，比上年净增加出口33.48亿美元，增长16.53%（海关口径），占全省外贸出口总值的30.38%，占全国来料加工出口总值的65.97%，有力地确保了当年全省外贸出口的增长。同时，来料加工出口产品结构不断优化和升级。据海关统计，1999年，全省来料加工企业机电产品出口为119.81亿美元，占来料加工出口总值的50.76%，比上年增长19.89%。

（刘俊兴）

附表1 **1978～1999年广东省国民经济主要指标**

指标名称	单位	1978年	1980年	1985年	1990年	1995年	1998年	1999年
国内生产总值（当年价）	亿元	185.85	249.65	577.38	1559.06	5733.97	7919.12	8464.31
其中：第一产业增加值	亿元							1021.30
第二产业增加值	亿元							4264.32
第三产业增加值	亿元							3178.69
人均国内生产总值	元	369.00	480.00	1025.00	2537.00	8495.00	11143.00	11728.00
财政收入	亿元	39.46	36.10	65.46	131.02	383.34	640.75	766.19
财政支出	亿元	27.03	24.93	60.84	150.69	525.63	825.61	965.90
城乡居民储蓄存款余额	亿元	17.56	30.01	154.88	752.16	3457.98	6653.39	7350.15
全社会固定资产投资	亿元	27.23	38.29	184.59	381.47	2327.22	2668.13	3027.56
社会消费品零售总额	亿元	79.86	117.67	289.23	667.36	2304.15	3316.28	3656.03
外贸出口总额	亿美元	13.88	21.95	29.53	105.60	556.67	756.18	777.05
其中：机电产品出口	亿美元							388.70
实际利用外资	亿美元		2.14	9.19	20.23	121.00	150.99	144.74
工业总产值（不变价）	亿元						12190.38	14703.18
工业总产值（当年价）	亿元	200.25	223.02	532.71	1902.25	9720.54	13799.16	15303.33
工业增加值	亿元							3694.9
工业利润总额	亿元							356.79

附表 2　1998～1999 年广东省工业企业数和总产值　单位：亿元

项　目	企业单位数（个）		工业总产值（当年价格）		工业总产值（1990 年不变价）	
	1998 年	1999 年	1998 年	1999 年	1998 年	1999 年
全省合计	**471319**	**454068**	**13799.16**	**15303.33**	**12190.38**	**14703.18**
轻工业	352541	340615	8838.98	9669.40	7726.37	9488.61
重工业	118778	113453	4960.18	5633.93	4464.01	5214.56
按经济类型分（规模以上工业）						
总　计	**17980**	**18879**	**9738.55**	**10538.17**	**9063.73**	**10376.37**
国有企业	3683	3303	1453.79	1427.42	1040.47	963.13
集体企业	4338	4277	1480.13	1273.75	1417.61	1255.27
股份合作企业	130	218	139.79	165.26	183.34	250.08
联营企业	388	348	161.41	133.13	137.81	122.48
有限责任公司	375	524	217.51	308.87	225.98	330.95
股份有限公司	212	236	516.77	626.98	595.78	775.46
私营公司	969	1859	254.23	500.47	231.89	472.22
其他企业	41	70	12.09	51.48	11.43	46.99
港澳台商投资企业	6508	6560	3863.63	4170.16	3481.13	4158.18
外商投资企业	1336	1484	1639.20	1880.68	1738.29	2001.61
按企业规模分（规模以上工业）						
大型企业	751	727	2933.97	3383.82	2747.66	3511.91
中型企业	1358	1347	1235.19	1328.12	1313.27	1331.50
小型企业	15871	16805	5569.40	5826.23	5002.79	5532.94

注：规模以上工业是指全部国有工业及年销售收入在 500 万元以上的非国有工业。

深　圳　市

综　述

深圳经济特区自 1979 年成立以来，坚持以先进工业为基础的经济发展战略，大力开展外引内联，使深圳工业从无到有、从小到大、从低到高，形成了迅速发展的电子信息、生物医药、新材料等高新技术产业，优势传统产业稳定提高的高新技术型、产品外向型、经济形态混合型、区域经济特色比较鲜明，产业结构比较合理的现代化工业体系。

深圳工业总产值从 1979～1999 年，由 7092.0 万元猛增至 2079.21 亿元，增长 2930.8 倍，年均增长 49.02%，深圳已由一个边陲小镇一跃成为全国的大型经济中心城市，工业在国民经济中发挥了主导产业应有的支柱和基础作用。20 年来，深圳工业经济发展主要分三个阶段：

（一）起步阶段

1979～1985 年，工业企业由 224 个，增加到 1441 个，增长 75.0%；工业总产值从 7092.0 万元，增长到 8.43 亿元，增长 0.9 倍；工业固定资产投资增长 5.8 倍；这一时期轻工业产值远大于重工业产值，轻工业占全部工业总产值比重在 86.53%～79.97%之间，主要产品有电视机、录放机、电子计算器、服装等。主要发展以外来原材料加工和出口外销产品为主的电子、服装、纺织、皮革等劳动密集型工业。

（二）快速发展阶段

1986～1990 年。到 1990 年全市有工业企业 5758 家，工业总产值 195.26 亿元。这时期轻重工业结构和产品结构有所调整，工业集约化程度有所提高，但工业生产水平的提高很大程度上仍是以扩大加工规模来实现。

（三）巩固提高阶段

1990 年以来，“以高新技术产业为主导，以结构调整、企业改革为重点”。工业重点项目建设步伐加快，一批骨干项目建成投产，以微型计算机、程控交换机等为代表的电子信息产业迅速发展，工业经济呈现出强大的生命力和发展潜力，并成为深圳经济的第一增长点。1999 年全市工业实现 2000 亿元大关。

工业经济

1999 年深圳工业经济继续保持了稳定、快速、健康的发展势头，取得了显著的成绩。全年累计实现限额以上工业总产值（90 年不变价，下同）2079.21 亿元，增长 25.1%，居全国大中城市第四位；实现工业增长值 587.46 亿元，增长 16.9%；工业对全市 GDP 增长的贡献率达 57.9%，拉动全市 GDP 增长 8.2 个百分点；全年加工贸易出口 238.64 亿美元，增长 4.8%，占全市外贸出口总值的 84.6%。1999 年深圳工业发展的特点是：

（一）工业生产增长速度继续领先全市国内生产总值增长速度

工业总产值和工业增加值增幅分别高出 GDP 增幅 11 个百分点和 2.8 个百分点。继 1996 年深圳市工业产值突破 1000 亿元大关后，1999 年突破了 2000 亿元大关，工业在全市国民经济中的支柱和基础支撑作用更加明显。

表 1　　1999 年深圳市国民经济主要指标

指标名称	单位	本年累计	去年同期	增长%
国内生产总值	亿元	1436.03	1289.02	14.1
人均国内生产总值	元/人	35896	33282	7.85
工业增加值	亿元	587.46	517.45	16.9
工业总产值（现价）	亿元	2036.83	1848.54	
#高新技术产品产值	亿元	819.79	655.18	25.1
工业总产值（不变价）	亿元	2079.21	1848.54	25.2
工业产品销售率	%	98.28	97.23	1.5
进出口总额	亿美元	504.28	452.74	11.4
#出口总额	亿美元	282.08	263.96	6.9
#加工贸易出口额	亿美元	238.64	227.80	4.8

1999 年国内生产总值构成中，第一产业、第二产业和第三产业分别实现增加值 16.53 亿元、727.11 亿元和 692.38 亿元，分别比上年增长 0.05%、12.80%和 10.25%，三大产业比重为 1.2 ：50.6 ：48.2。

（二）加工贸易出口对全市外贸出口实现增长继续起决定性作用

1999 年，加工贸易出口占全市出口比重达 84.6%，特别是来料加工增长强劲，同比增长 15.7%，出口额达到 100.80 亿美元，分别占全市外贸出口和加工贸易出口的 37.8%和 42.2%，成为今年加工贸易出口整体增长的重要支撑点。

（三）支柱产业骨干企业增长势头强劲，在全市工业中继续发挥龙头作用

以电子信息产品制造产业为代表的高新技术产业成为我市的支柱产业，1999 年实现工业总产值 1277.20 亿元，首次突破千亿元大关，同比增长 32.1%，占全市工业总产值的 61.4%，比全市工业增速高出 7 个百分点，继续发挥产业龙头作用。深圳市工业百强企业利润总额约占全市工业企业利润总额 60%。

企业改革

深圳经济特区经过 20 年的改革开放，市属国有企业从无到有、从弱到强，经济实力和经济效益得到巨大的超常规的发展。1980～1999 年，市属国有企业的总产由 1.60 亿元增加到 1617.10 亿元，年均递增 46.5%，国有净资产由 0.61 亿元增加到 367.30 亿元，年均递增 45.5%，实现利润由 0.51 亿元增加到 46.60 亿元，年均递增 37.5%。全市 63 家一级企业中有 53 家盈利，亏损面为 12.6%，亏损额比上年下降 31.1%。从 1995 年到 1999 年，市属国有企业的资产报酬率、净资产利润率、资本收益率、销售利润率、获利倍数等主要经济指标在全国地方国有企业中连续 5 年名列第一。

（一）全市国有、国有绝对控股及国有相对控股企业扭亏增盈

全市国有、国有绝对控股及国有相对控股企业（以下称国有控股企业）472 户中亏损企业为 95 家，占全部亏损企业数的 20.0%，亏损面 20.1%，较同期的 24.7%下降 4.4 个百分点；亏损额 5.53 亿元，较同期下降 35.4%。国有微亏企业 5 家（亏损额 10 万元以下），亏损额 20.0 万元，平均每户 4 万元。

（二）抓大放小

深圳一批重点工业企业被列入国家、省重点企业。特发、三九被列入国家 120 户试点企业集团；特发、赛格、石化等列入国家 512 户重点企业；特发、石化、莱英达、赛格、能源、建材、华强、宝安、南油、建设控股、奥康德、先科等 13 家企业列入广东省 84 户重点大型企业集团。

1999 年市属一、二、三级企业共完成“放小”

1121户，占原计划总数1052户的106.6%，占新制定的计划1132户的99.0%。其中，一级企业"放小"31户（投资管理公司11户、建设控股公司9户、商贸控股公司11户），二级企业"放小"517户（投资管理公司235户、建设控股公司123户、商贸控股公司159户），三级企业完成"放小"573户（投资管理公司311户、建设控股公司110户、商贸控股公司152户）。

在完成放小的1121户企业中，出售187户，兼并59户，股份合作56户，承包65户，破产25户，划转99户，合资合作21户，员工持股32户，托管66户，关停320户，注销89户，其他形式13户。

在1121户中，涉及产权变更的有636户，占总数的57.6%。其中，完成工商变更手续登记的有327户，完成工商注销手续的67户，完成破产清算的10户，合计404户，占产权变更户数636户的63.5%，尚有232户企业仍然处于办理放小手续的过程之中。

（三）债转股工作

1999年，深圳市向国家经贸委推荐了9家企业，涉及债转股金额为70.38亿元。先科、赛格、特发、龙飞、建材集团5家企业列入国家经贸委推荐的601户债转股企业名单，共涉及债转股金额45.80亿元，占银行负债总额的45.7%。到目前为止，五家企业全部与金融资产管理公司签订了债转股正式协议，转股总额为33.60亿元。

（四）兼并破产

1997～1999年三年深圳市利用国家的兼并破产政策，核销呆坏账损失近6.12亿元，如先科集团一次减债8800万元，医药总减债7000多万元。

（五）解困资金

几年来市政府为支持大集团化解金融风险设立的企业风险基金达6.06亿元。

技术进步

1999年技术进步工作取得显著成效。完成制定《工业企业技术中心认定和考核管理办法》、《关于1999～2002年深圳市产业技术发展和技术改造的实施意见》，成立"深圳市产学研联合工程领导小组"。批准实施技术改造项目48个，完成技改投资20.23亿元，新增产值41元，利税6.80亿元。列入国家和广东省重点新产品试产计划项目分别为30个和88个，列入国家重点技术创新计划项目17个，获广东省优秀新产品奖42个。6家企业被省经委认定为"广东省技术创新优秀企业"，8家企业申报国家级技术中心。1999年新确认高新技术企业25家，项目78个，新确认先进技术企业10家。

1999年，深圳已注册登记的技术引进合同共38项，合同总金额9.15亿美元。技术费占合同总金额的比例达98.0%。技术引进工作的主要特点：一是以美国为首的西方发达国家，仍是全市技术引进的主要来源国；二是高新技术引进占据主导地位；三是技术许可和技术服务是技术引进的主要方式；四是技术引进与出口相结合，以进带出成效显著；五是企业行为突出，"三次"企业占主导地位。

（邱小南　李松梅）

附表　　1979～1999年深圳市主要经济发展指标　　单位：亿元、亿美元

年份	国内生产总值	增长%	#工业增加值	工业总产值		#电子信息制造业产值	社会消费品零售总额	全社会固定资产投资	实际利用外资
				不变价	现　价				
1979	1.96		0.23	0.83	0.71		1.13	0.59	0.15
1980	2.70	62.7	0.37	1.24	1.06		1.96	1.38	0.33
1981	4.96	53.8	0.83	3.12	2.67		3.42	2.97	1.13
1982	8.26	58.4	0.95	4.54	3.88		5.42	7.38	0.74
1983	13.12	58.3	2.25	8.89	7.60		12.38	10.83	1.44
1984	23.42	59.9	5.18	20.14	17.21		20.11	19.46	2.30
1985	39.02	24.5	10.21	31.88	24.67		26.56	33.32	3.29
1986	41.65	2.7	10.66	42.77	34.02		27.37	24.86	4.89
1987	55.90	25.4	16.44	68.66	55.83		32.44	28.52	4.05

（续表）

年份	国内生产总值	增长%	#工业增加值	工业总产值		#电子信息制造业产值	社会消费品零售总额	全社会固定资产投资	实际利用外资
				不变价	现　价				
1988	86.98	35.9	27.48	106.13	101.27		50.24	43.62	4.00
1989	115.66	18.7	40.06	156.59	147.75	(47.90)	54.57	49.99	4.58
1990	171.67	32.5	64.49	218.13	220.22	(74.91)	66.76	57.92	5.19
1991	236.66	36.0	92.88	296.66	315.40	(101.74)	82.83	79.36	5.80
1992	317.32	36.0	117.61	410.02	434.70	(147.31)	114.89	141.01	7.15
1993	449.29	30.0	183.21	578.54	677.80	(212.07)	160.51	195.05	14.32
1994	615.19	30.1	264.88	801.28	1063.74	(328.24)	221.14	230.96	17.30
1995	795.69	23.0	326.28	1047.22	1226.49	(475.12)	259.33	275.82	17.35
1996	950.05	16.4	382.39	1230.32	1427.70	(547.06)	297.02	327.52	24.22
1997	1130.01	16.0	447.60	1456.67	1666.14	(676.76)	326.48	393.07	28.72
1998	1289.02	14.5	517.45	1745.96	1943.52	966.80	419.64	480.39	25.52
1999	1436.03	14.1	587.46	2208.43	2163.39	1277.20	467.44	569.59	27.54

广西壮族自治区

工业经济

按核算口径统计，1999年广西壮族自治区实现全部工业总产值1667.33亿元（当年价，按1990年不变价1469.35亿元），增长7.8%，实现工业增加值593亿元，增长6.6%。其中：全部国有企业及年产品销售收入500万元及以上非国有工业企业（以下简称规模以上工业）实现工业总产值910.99亿元（当年价，按1990年不变价802.83亿元），增长7.0%，实现工业增加值281.80亿元，增长6.0%；国有及国有控股工业企业实现工业总产值636.77亿元（当年价，按1990年不变价554.10亿元），增长6.5%，实现工业增加值202.95亿元，增长6.0%。全区经济运行呈现以下特点：

（一）股份制、外商及港澳台商投资企业发展较快

股份制企业实现工业总产值108.26亿元（当年价，按1990年不变价98.17亿元），增长13.8%，增幅比去年高出5.9个百分点。外商及港澳台商投资企业实现工业总产值99.38亿元（当年价，按1990年不变价96.01亿元），增长12.0%，增幅比去年高出0.3个百分点。这些企业均保持了较高的发展速度。

（二）重工业增幅高于轻工业

重工业实现工业总产值524.76亿元（当年价，按1990年不变价439.40亿元），增长7.6%；轻工业实现工业总产值386.24亿元（当年价，按1990年不变价363.42亿元），增长6.4%。重工业增幅高于轻工业1.2个百分点。在全区39个工业行业大类中，有9个行业产值增幅达到10%以上，其中包括造纸及纸制品业、有色金属冶炼及压延加工业、黑色金属冶炼及压延加工业和电子及通信设备制造业等较大的行业；但也有13个行业产值下降，这些行业主要分布在采掘业和部分轻工行业。

（三）四大支柱行业均保持了一定速度的增长

制糖业，1999年产糖374.3吨，实现工业总产值98.06亿元（当年价，按1990年不变价104.67亿元），工业增加值26.60亿元，产品销售收入91.92亿元。有色金属工业，1999年10种常用有色金属产量51.53万吨，实现工业总产值76.11亿元（当年价，按1990年不变价63.44亿元），增长18.7%，工业增加值27.79亿元，增长36.9%，产品销售收入70.41亿元。建材工业，1999年主要产品产量：水泥2062万吨，平板玻璃185.3万重量箱，墙地砖480.12万平方米，卫生陶瓷1.48万吨，水泥压力管3.86万吨，实现工业总产值55.22亿元（当年价，按1990年不变价48.05亿元），增长4.2%，工业增加值16.69亿元，减少0.3%，产品销售收入56.88亿元。机械工业，1999年完成工业总产值187.25亿元（当年价，按1990年不变价190.90亿元），工业增加值46.91亿元，产品销售收入104.91亿元。

（四）能源、原材料及一些重要工业产品保持增长

全区全年完成发电量247.3亿千瓦时，比上年增长0.94%。其中火电97.59亿千瓦时，比上年下降0.62%；水电为149.71亿千瓦时，比上年增长1.98%。全区电力消费量302.70亿千瓦时，比上年增长10.24%。其中：主电网消费200.74亿千瓦时，增长8.93%；工业电力消费218.90亿千瓦时，增长6.46%。另外，从主要产品看，产量增幅较大的有：机制糖（374.3万吨，增长8.6%）、平板玻璃（185.3万重量箱，增长1.6倍）、化学纤维（2.7万吨，增长42.7%）、成品钢材（108.3万吨，增长14.6%）、十种有色金属（51.53万吨，增长18.2%）、微型电子计算机（1.2万台，增长1.7倍）和小型拖拉机（11.2万台，增长9.3%）；而布、原料、木材、化肥、汽车等5种产品产量则出现下降，降幅分别为13.9%、19.6%、3.9%、5.2%和12.4%。

（五）产销衔接水平提高

全年全区产品产销率96.95%，比1998年高出0.35个百分点。其中国有及国有控股企业产销率为97.68%，比1998年高出0.84个百分点，比全区平均水平高出0.73个百分点。

（六）经济效益明显回升并实现整体扭亏为盈

1999年全区工业经济效益综合指数为77.9，比上年提高11.9个百分点，其中：国有及国有控股企业、大中型企业综合指数分别为74.4和90.8，比上年分别提高12.1和24.2个百分点。全年全区规模以上工业实现销售收入871.47亿元，利税74.91亿元；实现利润3.81亿元，比去年同期净亏损13.30亿元减亏增盈17.11亿元，结束了自1996年以来一直处于净亏损的被动局面，整体上实现扭亏为盈。其中：国有及国有控股企业实现利润1173万元，比上年同期净亏损10.96亿元减亏10.84亿元，虽然仍属净亏损，但已实现大幅减亏；大中型企业实现利润3.64亿元，比去年同期净亏损9.15亿元减亏增盈12.79亿元。全年全区规模以上工业亏损面45.96%，比上年下降了4.3个百分点，其中：国有及国有控股工业企业亏损面54.51%，大中型工业企业亏损面47.10%，国有及国有控股大中型亏损面49.09%。

（七）多数行业效益好转

在全区39个行业大类中，有28个行业经济效益好转，其中：有11个行业盈利有不同程度增加，有8个行业实现扭亏为盈，有9个行业实现减亏。实现扭亏为盈的行业分别是食品制造业、木材加工及竹、藤、棕、草制品业、化学原料及化学制品制造业、化学纤维制造业、有色金属冶炼及压延加工业、普通机械制造业、武器弹药制造业、电子及通信设备制造业等。

国有企业改革

（一）进一步深化企业内部三项制度改革

1999年，全区继续深化以分配制度改革为核心的企业内部三项制度改革。据统计，全区规模以上工业95%以上的企业都开展了三项制度改革。各地市按照《广西壮族自治区企业三项制度改革阶段性考核评分办法》普遍加大了对企业的督促检查，到12月底止，全区共抽查企业1670户，其中：达到优秀的512户，占31%；合格的996户，占59%；不合格的162户，占10%。在收入分配中，大多数企业活工资的比例已占70%以上，最高的达90%。三项制度改革的逐步到位，使全区大部分企业基本实现了员工能进能出、收入能高能低、管理人员能上能下的目标，职工的积极性得到极大地调动，“两个大锅饭”的问题基本上得到解决，初步建立了适应市场竞争的企业内部机制。

（二）扎实推进以产品和产品质量为中心的全面整顿

既讲改革又讲整顿，是全区推进国有企业改革与发展的一个特别措施。1999年，广西自治区国有企业在深入开展三项制度改革的同时，扎实推进以产品和产品质量为中心的全面整顿，并制定出《广西国有及国有控股工业企业以产品和产品质量为中心的全面整顿考核评价体系（试行）》。全面整顿包括整顿产品、整顿产品质量、整顿成本、整顿管理、整顿领导班子、整顿员工队伍等六个方面的内容，其中首要集中力量整顿产品质量、整顿成本、整顿管理。在整顿产品质量方面，一是抓好质量宣传、教育和培训。通过在全区开展“打假保真、扶优汰劣”等活动，营造全社会重视质量的社会环境，不断提高企业员工的质量意识。二是发动广大职工分析企业的产品状况和质量状况，查找出影响产品和产品质量的原因，加大整改力度。三是开展全面质量管理，建立健全国际认证的质量保证体系，以全员的工作质量来确保产品的质量，逐步创造出消费者满意、有竞争力的名牌产品。通过努力，全区企业主要产品质量逐步提高，1999年全区主要产品等级品率达94.8%。在整顿成本方面，一是广泛推广“邯钢”、“亚星”经验，招标采购，降低物资采购成本。要求企业认真贯彻国家经贸委9号令，根据市场变化不断降低采购成本。二是坚持成本核算和分析，全面实施成本控制，将重点从事后控制过渡到现场控制和事前控制。通过整顿成本，一些行业、企业实现了减亏扭亏。如制糖业，1998/1999年度榨季吨糖不含税销售成本由上榨季的3160元/吨，降至2287元/吨，平均降低成本873元/吨，共降低成本费用25.84亿元。柳州钢铁（集团）公司开展比价采购，年降低物资采购成本1亿多元等。

（三）切实开展国有企业扭亏脱困工作

主要措施，一是加强对脱困工作的领导。全区各地市、部门、企业层层成立脱困领导机构，层层落实脱困目标责任制。二是理清思路，分类指导，一厂一策，按“八个一批”，即“优势企业购并盘活一批，规范破产淘汰一批，企业改制退位一批、债权转股权救活一批、上市公司辐射一批、发展集团带动一批、改革整顿加强管理扭亏一批、分离分流解困一批”，制定切实可行的脱困方案。三是积极做好企业债转股工作。通过努力，1999年全区有6户企业列入国家经贸委向有关金融资产管理公司推荐实施债转股的601户企业名单中，涉及转股金额33.7亿元。四是加大兼并破产及关停“五小”力度。如利用国家优化资本结构试点城市的政策，1999年安排了3户企业实施政策性兼并破产；纺织行业累计压锭是12.68万锭，煤炭行业关闭煤井994处，压产303.45万吨，电力行业关停8台小火电机组等。五是认真做好脱困企业的监控、监测、检查和督促工作等。通过采取上述措施，全区国有企业脱困工作取得了重大进展。到1999年底，全区列入国家考核范围的245户亏损大中型企业已有82户脱困，静态亏损面由50.1%下降至34.8%，亏损企业亏损额由20.65亿元下降至7.3亿元，减亏64.6%。另外，继制糖行业实现大幅减亏之后，纺织行业提前一年完成国家下达的压锭任务，实现全行业整体扭亏为盈。

（四）推进现代企业制度建设

广西自治区建立现代企业制度试点工作是从1994年开始的。1999年，在总结原有试点的基础上，又在97家企业进行了建制的试点。据统计，截至1999年底，全区共有63家国有大中型企业按《公司法》进行了改制，占全部大中型企业数的13%，其中：改制为有限责任公司的10家，占改制企业的15.9%；改制为股份有限公司的28家，占改制企业的44.4%；改制为独资公司的22家，占改制企业的35%；改制为股份合作制的3家，占改制企业的4.7%。在试点中大多数企业都按《公司法》的要求建立了规范的法人治理结构，明确了企业的国有资产投资主体和保值增值责任，规范了法人治理结构的行为，从而为下一步全面推进现代企业制度建设创造了有利条件。

（五）坚持“抓大放小”，放开搞活国有中小企业

在抓大方面，主要是以优势产品为龙头或以优势企业为基础组建有广西地方比较优势的企业集团。经过一年的努力，逐步理顺了几个核心企业的相关关系，广西鱼峰水泥集团、广西糖业集团和广西锰业集团的组建正在实施中。在放小方面，全区各地市按照“一厂一策”、“一厂多策”的原则，结合自身的实际情况，探索出了股份合作制、兼并划转、公司制改造、嫁接外资，切块分立、租赁、托管等多种形式，放开搞活中小企业，取得了较好的效果。据1999年底对全区1670户国有中小企业检查统计，已放开1417户，占总户数的88.2%，已基本搞活647户，占放开企业数的46%。

（六）加强领导班子建设，提高企业经营管理者素质

自1998年5月开展企业改革整顿以来，广西自治区始终把企业领导班子建设，特别是配备好一把手，作为搞好搞活国有企业的重点和关键来抓。具体做法，一是加强培训，提高企业经营管理者的理论知识水平。截至1999年底，全区共举办了8期企业改革整顿培训班，有800多名厂长、经理参加了学习培训班。二是坚持在动态中考察、整顿领导班子。全区将企业的经营成果与企业经营者的政治经济待遇直接挂钩，对不会搞市场经济、不懂经营管理、长时间经营亏损和软、懒、散、贪的领导班子和成员，及时进行整顿，该撤换的撤换，该调整的调整。同时，建立厂长（经理）及班子成员的任期目标和年度目标责任制，提出量化考核的具体办法，严格考核，奖优罚劣。两年来，全区共有870户企业调整了领导班子，涉及班子成员2800多人。三是改革企业经营者选拔、任用机制。充分发扬民主，依靠职工群众，采用招聘、竞聘、选举等多种形式，选拔使用企业经营者，逐步实现企业经营者的职业化和市场化。据统计，1998年以来全区有254人通过公开招聘、竞争上岗走上了企业领导岗位。四是试行企业经营者年薪制。为了充分调动企业经营者的积极性和创造性，至今全区已在34户企业中试行了年薪制。这不仅促使经营者的积极性得到了充分发挥，而且还促进了企业领导班子的廉洁自律和责、权、利的统一。五是实行财务总监派驻制。为了加强对企业财务活动的日常监督，特别是事前、事中监督，支持和引导企业正确运用各项理财自主权，全区对国有及国有控股企业实行了财务总监派驻制。这既是对企业财务活动的直接监督和指导，也是加强国有企业领导班子廉政建设的重要举措。1998年以来，全区已向358户企业派驻了326位财务总监。通过派驻财务总监的监管，避免了乱投资3.2亿元，制止了可能产生对派驻单位造成经济损失的贷款担保风险4243万元，为派驻企业索回了在合资企业应属于国有资产收益和差价2421万元，抵制了乱摊派、乱收费1000多万元。六是加快培育企业经营管理者人才市场，建立企业经营管理人才库。如柳州市规定从1999年下半年开始，国有独资、国有控股公司经理层人员，原则上面向市场选聘；全市国有中小企业的经营者，实行面向社会公开选聘；未满50周岁的市属国有企业经营者，必须获得“评荐中心”的资格认定方可上岗。

（七）稳步实施各项配套改革

为了促进国有企业改革与发展，广西自治区进一步加大了各种配套改革的力度。一是切实做好国有企业下岗职工的再就业和基本生活保障工作。1999年全区国有企业共有下岗职工26.92万人，当年退出再就业服务中心14.14万人，其中：实现再就业12.68万人，再就业率为47.7%。到1999年末，有下岗职工12.78万人，其中：进入中心的12.4万人有98.95%领取了基本生活保障金。二是剥离非生产单位，解决企业办社会以及政企不分的问题。这是一项非常复杂的改革，全区各地在推进这项改革时，都采取了稳步推进、分步实施的办法。随着改革的不断深入，各地政府和企业的紧迫感普遍增强，“分离”的步伐也逐步加快。1999年，全区响应党中央和国务院提出的军队和武警部队不再经商办企业的决定，共接收部队和政法机关移交地方企业51家，这些企业都得到了妥善安置。至1999年底，全区已分离企业办学校143所，分离企业办医院38间，分离企业办其他社会服务机构121家。通过分离企业办社会职能，减轻了企业社会负担近亿元，为国有企业扭亏脱困、建立现代企业制度创造了有利条件。

市场流通

（一）社会消费品市场平稳，物价总体水平有所回升

1999年，广西自治区增加投资，活跃流通，促进消费，扩大内需，消费品市场保持了平稳增长。全年实现社会消费品零售总额791.27亿元，比上年增长7.8%。其中：城市消费品零售额381.36亿元，比上年增长8.2%；县城消费品零售额157.86亿元，增长7.5%；农村消费品零售额252.05亿元，增长7.3%。在市场物价方面，全区商品零售物价总指数为97.2，居民消费价格总指数97.7，虽仍属在低位徘徊，却已比上年有所回升，从而结束了多年来持续下降的局面。

（二）加强营销工作，努力开拓城乡市场

为了扩大产品销售，压缩成品库存，广西自治区印发了《关于加强广西企业营销工作的通知》，出台了一系列加强企业营销工作及充分调动营销人员积极性的优惠政策。同时，利用’99南宁国际民歌艺术节的时机，举办规模盛大的经贸洽谈商品展销会，并取得了丰硕成果。大会共签订国内横向联合投资项目合同185个，总投资额27.5亿元，引进区外资金17.5亿元；签订利用外资项目合同共46个，总投资额2.6亿美元，其中外资额2.17亿美元；签订科技成果转化交易合同74个，交易额1亿多元；内贸商品成效总额84.4亿元；外贸合同成交额1034万美元等。另外，随着流通体制改革的进一步深化，连锁经营、代理制、物流配送等新的营销方式继续得到了发展。

（三）市场秩序进一步规范

1999年，广西自治区进一步加大了市场监督与管理的力度。全区重点贯彻《广西壮族自治区家畜屠宰管理条例》、《广西壮族自治区酒类管理条例》和国家经贸委等五部门制定的《关于清理整顿成品油流通企业和规范成品油流通秩序的实施意见》，加强生猪定点屠宰管理、酒类管理和成品油流通企业管理。自治区家畜定点屠宰推行面达到86.9%，市、县两级全部推行定点屠宰，各地初步建立定点屠宰执行机构和执法队伍。实行酒类经营许可证6.44万份，其中酒类批发许可证800份，酒类零售许可证6.36万份（含进口酒类特种零售许可证720份）。清理整顿成品油批发企业，经国家经贸委批准，自治区内取得成品油批发经营资格的企业有49家，其中中国石化集团企业35家，中国石油天然气总公司系统企业2家，社会批发企业12家。

技术改造与科技创新

（一）围绕“质量、品种、效益、替代进口”原则，开展技术改造

1999年，广西自治区共下达并开工的技术改造项目1582项，计划总投资180.8亿元，当年计划投资67.42亿元。全区全社会完成技改投资100.6亿元，其中：按统计口径完成技改投资77.1亿元，同比上年增长10%。特别指出的是，在国家经贸委的支持下，全年共获国家专项贷款和技改项目23项，总投资9.18亿元，其中：有7项列入国家财政债券重点技术改造项目计划，项目总投资44367万元，贴息贷款28562万元。

（二）以项目为中心，加大工业结构调整力度

《广西工业结构调整方案》经一年多时间于1999年元月完成编制工作，并由国家经贸委聘请中国国际咨询公司组织专家进行咨询评估后，于1999年3月正式批转实施。该方案提出了一批共200多项广西工业结构调整重点发展项目，项目总投资232.31亿元。到1999年底已开工项目67项，计划投资40亿元，开展前期工作83项，计划投资91亿元。1999年初组织有关人员完成了《广西汽车工业结构调整方案》的编写工作，于5月经评审后正式宣布实施。该方案共提出了整车及零部件技改项目35项，总投资44.16亿元，其中：挑选18项作为1999年汽车工业结构调整启动项目，总投资90457万元。到1999年底，这批项目中已有7个项目开工，共完成投资15682万元，其余项目正在抓紧开展前期工作。1999年11月，又组织专家编写了《广西糖业结构调整方案》、《广西造纸工业结构调整方案》、《广西医药工业结构调整方案》和《广西食品工业结构调整方案》，这些方案共提出重点调整项目71项，总投资212.54亿元。

（三）以企业为主体，加大技术创新、产品创新力度

首先，加紧政策研究。1999年，广西自治区制定了与《加快新产品开发办法》相配套的《优秀新产品奖励实施细则》、《新产品税收返还实施细则》、《企业技术中心考核办法》等几个政策性文件。其次，围绕《广西工业结构调整方案》，重点支持了汽车及零配件、电子信息、高新技术改造传统产业等方面的产品创新项目。据统计，1999年国家经贸委下达给广西自治区国家级创新项目59项，总投资45928万元，其中：重点技术创新项目42项，总投资39106万元，获国家拨款1230万元。下达自治区级项目计划403项，总投资71862万元，其中自治区财政拨款1000万元。

（四）加快技术中心建设，提高企业技术开发能力

截至1999年底，广西自治区共有国家级企业技术中心4家、国家级区域技术中心1家、自治区级企业技术中心25家、自治区级区域技术中心1家、自治区级专业技术中心1家，合计共32家。共有企业开发机构208个，技术开发人员7764人，研究开发经费60336万元，开发出新技术、新产品1395项（个），新产品产值率28.9%，研究开发费占销售费的2.27%。

（五）加强“产、学、研”联合机制建设

1999年广西自治区与华中理工大学举行了经济、科技、教育合作协议签字仪式，建立了一种长期合作关系。同时，以项目为纽带，组织攻关，解决企业技术难题。1999年共实施产学研项目82个，占项目总数的22%，投资额10101万元，占项目总投资额的16%。

对外经贸

（一）外贸出口下降

1999年上半年，广西外贸出口受亚洲金融危机的持续影响，出现大幅下滑，与上年同期相比，下降56.7%。随着亚洲地区经济复苏和世界经济的逐步好转，以及国家和自治区制定的一系列鼓励出口政策措施的落实，7月起，自治区外贸出口扭转下滑局面，呈逐月增长的回升态势。全年完成出口总额12.47亿美元（海关数，下同），比上年下降30.8%。虽未能改变全年出口下降的局面，但出口收汇率、出口毛利率比上年有所提高，外贸运行态势总体好转。另外，在外贸出口中，服装出口大幅减少，机电产品出口略有增加。年内，服装出口1.16亿美元，比上年减少4.8亿美元，下降80.6%，影响全自治区出口下降26.6个百分点。主要原因是代理服装出口大幅减少。1998年，广西大量代理广东等省市服装出口，使当年服装出口猛增到6亿美元，出现超常规增长。1999年，这一偶然性因素消失，造成服装出口大幅下降。机电产品全年出口1.67亿美元，比上年增加400万美元，增长2.5%，扭转从1996年起连续三年滑坡的局面，带动全自治区出口增长0.2个百分点。主要出口产品有摩托车、手扶拖拉机、柴油机、家用电器、电子计算器、金属加工机床等。

（二）生产企业出口保持增长

1999年，广西有自营出口生产企业213家，比上年增加19家。全年完成进出口总额3.16亿美元，比上年增长32.2%，占自治区进出口总额的18%。其中：出口2.81亿美元，增长32.6%，占自治区出口总额的22.5%；进口0.35亿美元，增长34.6%，占自治区进口总额的6.9%。出口额在1000万美元以上的自营出口生产企业有6家，依次为：北海强盛实业公司、柳州华锡集团有限责任公司、广西八一铁合金厂、柳州水泥厂进出口公司、梧州松脂厂和柳州有色冶炼进出口有限责任公司。这6家企业全年出口1.24亿美元，占自治区出口总额的9.9%。

（三）利用外资稳步回升

1999年，广西批准外商投资项目223项，其中合资106项，合作42项，独资75项；合同外资额6.74亿美元，比上年增长4.9%；实际直接利用外资6.35亿美元，下降28.3%。受亚洲金融危机等因素的影响，年内外商直接投资到位资金减少。面对不利形势，各有关部门加强协调合作，建立并完善招商项目库，优化投资环境，加大招商引资宣传力度，促使合同外资额稳步回升并超过上年。据统计，年内，有出口实绩的外商投资企业287家，出口总额2.2亿美元，比上年下降30.9%。出口商品主要有：家用电器、化肥、农药、滑石、服装、鞋帽、有色金属制品、珠宝首饰、陶瓷等。

对外经济技术合作取得一定进展。随着东南亚经济的复苏，广西对外经济技术合作进一步活跃。1999年，广西签订对外承包工程和劳务合作项目合同61项，其中工程合同19项，劳务合作合同42项；合同总金额2106万美元，比上年增长49%；完成营业额4568万美元，增长50.9%。全年派出劳务635人次，年末在外劳务人员913人。对外承包工程为房屋、公路等土建施工及企业生产设备技术改造等，主要分布在孟加拉、越南、柬埔寨、肯尼亚等9个国家；劳务合作以对外提供制衣和珍珠插核工为主，分布在波利尼西亚、澳门、柬埔寨、塞班等16个国家和地区。此外，非贸易性海外投资530万美元，接受国际无偿援助76万美元。

（邱镇林　黄爱兴）

海　南　省

综　　述

据初步统计，1999年海南国内生产总值471.23亿元，按可比价计算，比上年增长8.6%，比计划目标高0.6个百分点，比上年经济增长速度高0.3个百分点。分产业看，第一产业增加值176.42亿元，增长10.8%；第二产业增加值94.95亿元，增长8.0%，其中工业增加值59.43亿元，增长9.5%，建筑业增加值35.52亿元，增长5.6%；第三产业增加值199.86亿元，增长7.0%。从产业结构的变化看，第一产业增加值占国内生产总值的比重由上年的36.3%提高到37.4%；第二产业增加值占国内生产总值的比重由20.7%下降到20.2%，其中工业增加值占国内生产总值的比重为12.6%，和上年基本持平；第三产业增加值占国内生产总值的比重由43.1%下降到42.4%。

国有企业改革与脱困

按国家统计局提供的数据，国家经贸委审查并报国务院审定，海南省1997年国有（含国有控股，下同）大中型工业企业77户，其中亏损42户，亏损面54.5%。国家经贸委脱困办锁定这42户亏损企业，要求到2000年底大多数企业实现脱困。通过加大结构调整力度、深化企业改革、加强企业内部管理，到1999年底，已实现扭亏脱困20户，占47.6%。其中一汽海南汽车有限公司、海南省琼州饲料厂、海南省农垦华利家具厂、海南宏业毛纺有限公司等4户企业被兼并后实现扭亏为盈；海口火电股份有限公司、轻骑海药实业股份有限公司、海南中宝制药股份有限公司、海南省编织袋厂等4户企业通过加强企业内部管理实现扭亏为盈；琼山市美安糖业有限责任公司、琼山市红旗糖业有限责任公司、儋州市那大糖业有限责任公司、龙力糖厂等4户企业改制为股份合作制企业或由民营企业控股；加积糖厂、海口乳胶厂等2户企业转让资产、安置职工后停产。富达科技实业公司、省轻工机械公司、省明珠实业公司、省金龙实业公司、大凤糖厂、联华电路板厂等6户企业，按国家统计局、国家经贸委《关于企业规模变化及企业划型中有关问题处理规定的通知》(国统字［1999］105号)要求，经省统计局与省经贸厅共同审查，不符合国有大中型企业条件，予以核销。1999年末全省84家国有大中型企业中，已有48家进行了公司制改组。公司制企业已经成为海南省经济的龙头和骨干，在全省销售收入和利润排在前50位的工业企业中，公司制企业占80%左右。海南省股份有限公司已经发展到130家，其中上市公司22家。海南省将股份制引入电力、高速公路、机场、管道燃气等基础设施建设，取得较好成效。

资产重组和结构调整

1999年，海南省两个列入国家兼并计划的大型兼并项目——海南金轮实业股份有限公司和海南鹏达联合钢板有限公司，按计划完成核销呆坏账9亿元，兼并后可盘活资产19亿元；结转1997～1998年兼并项目20个，核销呆坏账24074万元。新增和结转项目共核销呆坏账114098万元，其中核销当年利息35000万元，极大地促进了海南省工业的发展和企业扭亏增盈。

省工业厅经积极向国家经贸委等部门争取，海南省国投海南水泥有限公司、海南大广坝水电有限公司、海南省农垦三亚木材厂、海南鹏达联合钢板有限公司、海南椰海仿真实业有限公司、海口市电子工业总公司等6个债转股项目获得国家经贸委审核批准，列入全国债转股计划，目前已有5个项目签订了债转股协议，债转股额214152万元。

1996～1999年海南省优化资本结构基本情况表　　单位：个、万元

年份	兼并		破产		减员增效		债转股		总计	
	项目数	核销额	项目数	核销额	项目数	核销额	项目数	核销额	项目数	核销额
1996			6	57047					6	57047
1997	16	11402	5	12262	5	2204			26	25868
1998	4	34332	2	4137					6	38469
1999	2	114197					5	214152	8	320136
小计	**22**	**159931**	**13**	**73446**	**5**	**2204**	**5**	**214152**	**46**	**441520**

1999年全省“放小”工作坚持以盘活资产、激活机制、用活人员为目标，成熟一家放开一家，放开一家搞活一家。全年共放开搞活国有中小企业14户，累计放开搞活130户，占全省市县属277户国有中小工业企业的47%，改制面比上年提高5个百分点。其中澄迈金江糖厂、东方感城糖厂、通什味精厂破产已进入法律程序，这些破产案的实施，将为海南省国有企业正常破产探索道路。

扭亏增盈

1999年海南继续紧紧抓住对全省工业影响大的盈亏大户的扭亏增盈工作，落实扭亏增盈责任制，促进全省工业扭亏增盈。4月份召开的全省扭亏增盈工作会议上，对1998年23户盈亏大户进行了考核兑现，加大了奖励力度。经省政府批准，共奖励16户企业，奖励经营班子成员共计奖金194万元，获得特等奖的海口火电股份有限公司、海南富岛化工有限公司、海南琼港摩托车开发有限公司3户企业各奖企业经营班子40万元。同时对1999年25户盈亏大户下达了扭亏增盈目标责任计划，坚持跟踪、监督、考核和协调服务。

1999年列入重点考核的14户盈利大户，到年底有7户企业增盈、6户减盈、1户由盈变亏，盈亏相抵后共盈利4.65亿元，同比减盈34.3%；11户亏损大户，有1户扭亏为盈、8户减亏、2户增亏，盈亏相抵后共亏损3.8亿元，同比减亏15.7%；25户企业盈亏相抵后盈利8555万元，同比减盈74%。

1999年省政府颁发了《海南省国有企业亏损责任追究办法》(海南省政府令第122号)，加大了对国有企业经营者的监督管理和控制约束力度。

企业管理工作

经海南省企业管理协会推荐，全国企业管理现代化创新成果评审委员会审定，并经国家经贸委批准，海口火电股份有限公司创建的“企业增效管理

工程”荣获全国第六届企业管理创新成果二等奖。

海口火电股份有限公司在学习亚星比价采购管理经验的基础上，根据企业的实际情况，对公司每年需要100多万吨、费用近3亿元的燃煤采购采取“三分一统”，对1000多个品种、费用3000多万元材料和备件采购采取“三统一分”的办法，控制物资采购成本，年节约采购成本5000万元。

海南省农垦三亚木材厂在生产经营管理上推行“企业内部市场化管理模式”，对生产车间实行“成本买断法”管理。具体做法是：第一步核定企业产品单位生产成本，建立成本管理责任制；第二步根据不同等级产品的市场销售价格差异制定各等级产品的厂内结算价，实行优质优价，等外品不予结算；第三步工厂按月度与生产车间进行核算，年终结算，全年产值按厂内决算价计算减去全年的生产成本即为车间的生产效益，盈或亏按相应比例奖罚；第四步实行全员抵押经营风险金，车间主任年上交风险金为1万元，承担的风险系数为车间平均数的5倍，如季度核算车间生产出现亏损，风险金不够扣除时，从下个月的工资中扣除。实行“成本买断”的同时，生产车间把厂下达的产量、质量、成本等控制指标分解到各工段、班组，并制定出各岗位与材料消耗等成本控制挂钩的工资报酬办法，各岗位职工根据自己的当班完成的产量、质量和物耗（成本情况），可以清楚地计算出自己当班能拿到多少工资，改变了过去流水线作业工人只要开机生产，不管效果好坏照样拿工资、责任全由工厂承担的状况。

技术创新

1999年，海南省加大了技术创新工作力度，在全省范围内大力实施技术创新工程。

首先，积极组织实施国家下达的技术创新项目。1999年，国家下达给海南省的重点技术创新项目共8项，总投资14680万元，安排贷款额度8730万元，企业自筹资金5950万元。在8个项目中，技术开发项目5项——高纯度高级炭化硅超细微粉开发、金芦荟精华素含片、胶囊研究与开发、SCW水刺布系列产品开发、仙人掌保健产品综合开发、隐形数码防伪技术及产品开发；工业性试验2项——年产5000吨的包膜肥料工业性试验、年产500吨杀螟丹（巴丹）原药工业性试验；产学研联合项目1项——摩托车快速设计与快速制造。同时，海南省有3个产品——高纤维椰果、蔓特金芦荟口服液和新大洲300DT型轻便两轮电动摩托车被列入1999年度国家级重点新产品试产项目计划，落实了国家贷款贴息、科技拨款等经费530万元。

其次，通过发布海南省的行业发展方向、发展重点和指导性计划，积极引导企业的技术创新活动，并给予重点扶持；围绕广开技术来源，广泛开展产学研联合等工作，进一步推动海南省技术创新工作的发展。1999年，海南省工业厅下达了19项重点技术创新项目，项目总投资33604万元。其中，技术开发项目13项，总投资23054万元；工业性试验项目5项，总投资10500万元；新技术推广1项。同时，海南省工业厅申报的11个项目被列入了省重点科技项目计划，并从省财政争取到了80万元的科技三项费用拨款。

三是高标准、高起点地抓好企业技术中心的建设工作，推动企业的新产品开发。本着“少而精”，不能“滥而全”的原则，在认定省级技术中心时严格考核，层层把关，评价标准尽量向国家标准靠拢，同时，鼓励和支持已认定的省级企业技术中心不断完善其软硬条件，积极向国家级技术中心看齐，争取再上新的台阶。海南省的上市公司海南欣龙无纺股份有限公司对技术创新工作非常重视，1999年投入600万元新建了一个2000多平方米的企业技术开发检测中心，目标是要把该中心建成全国一流的无纺布技术开发中心。海南新大洲摩托车股份有限公司在已认定的省级技术中心的基础上，又投入了约8000万元新建了全国一流水平的摩托车试验检测中心和理化计量中心，提高了企业的技术开发能力。正是由于海南省大多数企业重视技术开发中心的建设，同时技术开发中心的建设又大大促进了新产品的开发，增加了企业新的经济增长点。1999年，海南省开发出了“南派果酒系列”、“天然椰纤维弹性材料”、“可降解塑料”等具有海南特色的新产品。据不完全统计，海南省50户重点工业企业共开发生产了112个新产品。

四是积极组织推广应用新技术。1999年，海南省工业厅重点组织推广了燃气汽车、汽油焊割技术、水泥生产新配方和水泥助磨剂4项新技术的应用。燃气汽车的推广应用是降低汽车尾气排放污染、改善大气质量的有力举措。1999年，海南省共改装了燃气汽车73辆（其中公交车57辆），从1995年至1999年为止累计改装了136辆燃气汽车（其中公交车102辆）。鉴于海南省燃气汽车工作的开展情况，1999年被国家认定为全国12个示范城市（地区）之一。汽油焊割技术是由国家经贸委推荐的一种高效节能、经济实用、不污染环境、能取代乙炔割炬的新型技术，海南省除了在全省范围内召开各种推广会外,还组织有关人员深入企业进行现场演示,推动了该项技术在海南省的推广应用。目前,海南省的海南铁矿等10多家企业使用了该技术,取得了良好的社会效益和经济效益。兰洋水泥厂引进矿岩内部潜能理论,采用先进的钙基配方,使产品质量得到提高,煤耗也下降了15%,水泥成本可降15元/吨以上。水泥助磨剂在多家水泥厂试验的结果表明,该产品具有提高磨机台时产量25%～38%、降低能耗等效能,对海南省水泥厂降低成本,提高效益有着积极的推进作用。

技术改造

1999年全省共完成技术改造投资9.6亿元(含农电改造2.6亿元),竣工重点技术改造项目19项。

1999年海南省技术改造资金投放重点主要在以下几个方面:

一是增加化纤产品和非织造布品种;二是增强摩托车发动机加工配套改造和完善检测设施,提高产品质量;三是扶持支柱产业医药企业发展,开发生物药和新特药品种;四是利用资源优势,提高轻工产品包装装潢质量档次和发展优势产品。

通过技术改造,提高了优势主导产品质量,增加了花色品种,增强了企业市场竞争能力。

初步统计,重点竣工项目增加的主要生产能力有:人血白蛋白4吨;种类针剂1500万支,片剂5亿片,胶囊2亿粒;无纺布3000吨;椰棕纤维软垫3000吨;高纤维椰果3000吨;大功率摩托车发动机5万台。

1999年海南省工业企业技术改造工作的主要特点是:

(一)对企业加强了产业政策导向,防止低水平重复建设

1999年初,出台了《关于海南省产业政策工作的意见》,针对全省的实际,选择急需发展和当前结构矛盾较为突出的建材、制糖、饮料等行业作为实施产业结构调整的重点,以加快结构调整和产业升级,提高经济增长的质量和效益。同时,转发国家鼓励发展、限制发展乃至禁止淘汰的产品目录,防止低水平重复建设。还组织力量对当前全省产能及设备利用率较低的行业进行研究,及时向社会公布,引导投资。

(二)认真抓好重点技术改造项目向国家申报国债贴息计划

海南省列入国家1999年第二批国债计划的项目仅有一项:兴业聚酯公司新增2万吨/年熔体直纺多孔细旦长丝,总投资19500万元。

(三)组织企业上报“双高一优”

(即高新技术产业化,采用高新技术改造传统产业,优化重点产品和技术结构)技改项目,共12项,国家经贸委确定下达6项。其中:(1)民生燃气(集团)股份有限公司,开发燃气汽车转换件,发展环保型无污染燃气汽车,投资19694万元;(2)欣龙无纺实业公司引进设备,开发复合木浆水刺无纺布替代进口,年产3000万米,投资7000万元;(3)海德纺织实业股份公司开发HOY差别化取向丝,年产5000吨,投资11000万元;(4)椰风食品投资有限公司提取羊胎素蛋白,投资18490万元;(5)金芦荟生物工程公司运用基因重组、脱毒快繁技术,扩大种苗生产和开发深加工产品,投资5000万元;(6)大众凌伟海洋产业有限公司用天然海藻麒麟菜通过生物技术提取卡拉胶和药用辅料,投资8700万元。六个项目总投资6.98亿元,其中申请银行贷款4.85亿元,自筹2.13亿元。这些项目符合国家颁布的产业政策,有资源优势和地方特色。项目完成后将成为海南省工业的重要和优势产业,成为新一轮的经济增长点。

引进外资与发展外商投资企业

1999年度海南省新批外商投资企业为158家,比1998年度下降9.2%,是1980年的14.8倍。1999年外商投资总额为127625万美元,而1980年只有83万美元,其中合同外资金额为79176万美元,比1998年度增长453%;外商直接投资金额为48449万美元,比1998年度下降32.4%。1999年度利用外资的主要特点:(1)外商投资方向更趋合理。投资农业开发项目42个,占全年新批项目的27%。投资方向显示,热带高效农业对外商投资仍有较大的吸引力。(2)外商投资企业出口呈现增长态势,出口创汇能力进一步提高。(3)港、台投资仍是海南外来投资的主要来源,1999年度新批外商投资项目中,港、台投资为115项,占全年新批项目的73%。此外,1999年度接待来琼考察、洽谈的经贸团有:日本兵库县投资环境调查团、瑞士生态农业集团考察团、日本长谷部株式会社房地产考察团等20多个国内外大型考察团,800多人次,并与多家跨国公司建立了联系。而1980年以前虽然香港、日本等客商开始进入海南,利用外资也进入了新的发展阶段,但由于投资环境不理想,利用外资只处于较低层次,数量、规模都很小,资金到位率也低。

海外投资与国际合作

1999年度海南省对外新签订承包工程、劳务合作项目合同14份，合同金额为2700多万美元，完成营业额为1100多万美元，派出劳务人员127人次；援外项目完成营业额为92万美元。争取得到国家援外合资合作基金130万美元，用于桑给巴尔农场项目建设。签订技术引进合同13项，总金额为980万美元，技术费占合同总额的100%，其中引进计算机软件合同18项。国家批准境外加工贸易项目2项，项目总投资金额为140万美元。执行国际无偿援助项目7个，涉及金额1364万美元。新上报项目2个，争取项目金额为290万美元。

对外贸易

1999年度全省进出口总额121867万美元，比1998年度实际进出口总额173859万美元下降近30%；是建省前1987年度进出口总值29241万美元的4.16倍。其中出口总额为74860万美元，比1998年度实际出口额76495万美元下降2.1%；进口总额为47007万美元，比1998年度实际进口额98082万美元下降52.08%。外贸进出口的主要特点：(1)全省外贸出口为上半年呈下降，下半年呈上升的态势。第一、二季度出口分别比1998年度同期下降28.7%和23.4%，降幅最大的是一月份，为51.6%。下半年降幅不断缩小，第三季度降幅变为一位数，特别是贯彻国务院［1999］71号文后，采取有力措施，第四季度出现了正增长。(2)一般贸易和加工贸易出口增长。1999年度一般贸易出口额为65211万美元，比1998年度增长3.66%；1999年度加工贸易出口总额为9452万美元，比1998年度增长0.92%，占全省出口总额的12.63%。(3)国有进出口企业出口大幅度下降。1999年度国有进出口企业出口总额为40834万美元，占全省出口总额的54.54%，比1998年度实际出口额51186万美元下降20.23%。(4)对亚洲出口有所增长，对其他五洲出口有不同程度下降。1999年海南省外贸出口已达六大洲的129个国家（地区），是1987年21个国家（地区）的6.1倍。1999年度海南省对亚洲出口额为52202万美元，比1998年度增长3.61%，占海南省出口总额的69.73%。其中：对香港出口额为30955万美元，比1998年度增长30.12%，占对亚洲出口总额的59.3%，占全省出口总额的41.35%。对其他五洲出口下降幅度较大的是拉丁美洲和欧洲，分别为29.53%和14.14%。(5)初级产品出口比重上升，工业制成品出口比重减少；海南地产品出口有所增长。1999年度海南省初级产品出口比重为26.78%，比1998年度增加6个百分点；工业制成品的比重为73.22%，比1998年度下降近6个百分点；出口额超千万美元的商品仅4种，比1998年度少了5种，比1987年度多3种。出口商品结构不良，利润低的初级产品出口比例大，高技术的产品出口比例小。海南地产品出口额为37109万美元，比1998年度增长9.05%。全年贸易顺差为27853万美元。

（杨　谦　张振青　孙于萍
石廷保　符诗积　符亚宁）

附表1　　1978～1999年海南省主要经济贸易指标

指　　标	单　位	1978年	1990年	1998年	1999年	同比增长%
一、国内生产总值	亿元	16.4	102.5	438.9	471.2	8.6
第一产业	亿元	8.7	46.0	164.0	176.4	10.8
第二产业	亿元	3.7	20.1	90.6	94.9	8.0
＃工业	亿元	3.4	12.9	55.7	59.4	9.5
第三产业	亿元	4.0	36.4	184.3	199.9	7.0
人均国内生产总值	万/人	314	1193	6022	6383	6.0
二、社会货物运输周转量	万吨公里	50390	170802	3067272	3244281	5.8
社会旅客运输周转量	万人公里	71818	573483	1189441	1256557	5.6
沿海港口货物吞吐量	万吨	544	929	1474	1682	14.1
邮电业务总量	万元	779	5073	185239	229481	23.9
三、全社会固定资产投资	亿元	3.4	35.6	183.3	190.1	3.7
＃基本建设	亿元	3.3	22.1	135.9	137.8	1.4
更新改造	亿元	0.1	4.3	6.3	7.6	20.6
房地产开发投资	亿元		4.1	10.2	6.2	－39.5
城乡集体、个人和其他	亿元		5.1	18.8	32.1	71.1

（续表）

指　　标	单　位	1978 年	1990 年	1998 年	1999 年	
						同比增长%
＃第一产业	亿元		2.5	15.1	16.7	10.8
第二产业	亿元		9.8	39.2	43.9	11.9
第三产业	亿元		23.3	129.0	129.5	0.4
四、社会消费品零售总额	亿元	8.5	37.2	144.7	157.7	10.4
城镇	亿元	4.0	25.4	109.2	118.3	6.7
乡村	亿元	4.5	11.8	35.6	39.4	5.8
五、对外贸易进出口总额	亿美元	0.6	9.4	19.1	12.2	－29.5
进口	亿美元	0.5	4.7	10.2	4.7	－52.0
出口	亿美元	0.1	4.7	8.8	7.5	－15.4
六、新签协议合同数	宗	6.0	261.0	187	170	－9.1
协议合同客商投资	亿美元	0.2	1.6	7.3	14.3	94.5
实际利用外资	亿美元	1.0	1.9	11.0	8.4	－23.3
＃外商直接投资	亿美元	1.0	1.0	7.2	4.8	－32.4
利用外资贷款	亿美元		0.9	3.8	3.6	－6.1
七、接待游客过夜人数	万人次		113.5	856.3	929.1	8.5
＃国内游客	万人次		94.6	815.9	883.6	8.3
海外游客	万人次		18.9	39.4	45.5	15.4
旅游收入	亿元		9.3	70.0	72.5	8.2
八、地方财政收入	亿元	1.4	7.4	36.5	42.1	15.3
地方财政支出	亿元	1.7	17.4	57.5	62.6	8.8
九、全社会存款年末余额	亿元	4.0	110.0	772.7	848.6	9.8
全社会贷款年末余额	亿元	5.3	156.9	801.7	883.1	10.2
十、商品零售价格指数(以上年为 100)	%		100.6	96.5	96.6	－3.4
居民消费价格指数	%		102.1	97.3	98.3	1.7
农业生产资料价格指数	%		109.1	98.4	97.1	2.9

附表 2　**1999 年海南省全部国有及年销售收入 500 万元以上非国有工业企业主要财务指标**　单位：万元

类　别	企业单位数(个)		应收账款净额	产成品	流动资产平均余额	资产合计	负债合计	产品销售收入				管理费用	财务费用		利润总额	亏损企业亏损额	利税总额	应交增值税
		亏损企业							产品销售成本	产品销售费用	产品销售税金及附加			利息支出				
总　计	**541**	**282**	**413772**	**146531**	**1715254**	**4426428**	**3089997**	**1722871**	**1363283**	**138024**	**28492**	**130787**	**110034**	**102394**	**2317**	**106517**	**112197**	**881389**
按经济类型分																		
国有企业	322	195	162406	58790	628723	2011557	1579293	519756	419871	30196	11522	57233	57993	55407	－36125	58801	5290	29893
＃中央企业	9	4	9746	1172	51869	81769	60993	18208	13919	390	4296	2896	2490	2488	－2892	3495	4748	3344
集体企业	21	9	6312	5375	20988	63897	43425	25604	22179	1014	250	3132	－706	541	－3909	5006	－2671	988
股份合作企业	9	4	6934	5128	35879	57646	43194	100756	78486	20725	293	2182	－338	184	1432	449	6688	4963
股份制企业	62	22	88089	35713	439683	1139665	733767	572315	470823	30636	11211	29768	26962	24388	28563	16451	64385	24611
外商及港澳台商投资企业	87	37	131255	33076	529336	936226	516554	392479	270384	51932	3997	33374	20718	18100	14701	16971	36971	18273
其他经济类型企业	40	15	18776	8449	60645	217437	173764	111961	101540	3521	1219	5098	3993	3774	－2345	8839	1534	2661
按轻重工业分																		
轻工业	299	148	205772	89527	1051547	2210237	1415198	1066920	852642	101759	19766	74278	41379	37977	3660	51084	69909	46483
重工业	242	134	208000	57004	663707	2216191	1674800	655951	510641	36265	8726	56509	68655	64418	－1344	55433	42288	34906
按企业规模分																		
大型企业	33	10	138054	53092	826819	1611224	1085555	568081	442287	41066	6689	31414	32887	31713	25794	18709	65118	32635
中型企业	86	51	111421	47531	498558	1677565	1251081	640081	524743	44612	16481	51477	53326	50762	－28897	53920	15615	28032
小型企业	422	221	164296	45908	389878	1137639	753362	514709	396253	52346	5322	47897	23821	19920	5420	33887	31463	20721
在总计中：国有控股企业	406	224	264316	105934	1152900	3385222	2496002	1225285	1002288	73048	24417	91173	88025	83500	－7923	78807	77458	60964
在总计中：农村工业	8	1	681	245	1166	3566	1554	5866	4850	199	141	124	129	112	892		1034	1

重　庆　市

综　　述

国家分别在1954～1958年、1963～1967年两次对重庆市实行计划单列。1983年2月，中共中央、国务院决定在重庆进行城市经济体制综合试点，第三次实行计划单列，并赋予相当于省一级的经济管理权限。1997年3月14日，全国人大八届五次会议批准设立重庆直辖市，重庆成为中国第四个直辖市。

重庆市有煤、天然气、锰、汞、铝、锶和建材用非金属矿的优势，天然气远景资源量5100亿立方米，渝东天然气田储量及开采量均居全国之首。锶矿已探明储量486万吨，居全国第一，世界第二。

1999年，重庆市国内生产总值1488亿元，同比增长7.8%，居全国第21位，人均国内生产总值为4853元。重庆的经济结构以二、三产业为主，第二产业占40.93%，第三产业占39.98%。经济结构变动的趋势是第一产业比重逐渐下降，第二产业相对稳定，第三产业比重不断上升。

工业是重庆国民经济的主体。1999年，重庆市工交战线广大干部职工认真贯彻落实党的十五届四中全会和市委一届六次全委（扩大）会议精神，在中共重庆市委、重庆市人民政府的领导下，集中力量打好国有企业改革和发展攻坚战，在深化改革、扩大开放、扭亏脱困、提高效益、维护稳定等方面取得重大进展，工业经济运行平稳，恢复性增长强劲，产销基本协调，经济运行质量有所提高，国有企业扭亏脱困取得明显成效。以汽车、摩托车工业为主体，天然气化工和医药化工为重点，优质铝材和钢材为代表的工业调整进程加快；以国家级高新技术产业开发区和经济技术开发区为主体，电子信息、生物医药、环保和新材料为领航的高新技术产业加快崛起。1999年，重庆市完成工业总产值（1990年不变价）1370亿元，同比增长17%，完成工业增加值497.4亿元，同比增长10.5%。其中轻工业198亿元，重工业299亿元，分别增长7.8%和12.4%。全市邮电业务总量完成50.7亿元，同比增长49%；完成货运量2.4亿吨，同比增长8.9%，其中铁路0.3亿吨，同比持平；货物周转量330亿吨公里，同比增长6.2%，其中铁路169亿吨，同比增长3.2%；旅客周转量240亿人公里，同比增长5.2%；港口吞吐量1095万吨，同比增长10.4%。

工业经济

（一）工业生产增长水平居全国首位

1999年，重庆市工业企业克服市场需求不旺、流动资金紧缺等不利因素的影响，摆脱近几年增长乏力的状况，工业生产出现增长速度高、产销率高、应收货款增幅较低和产品库存资金下降即“两高两低”的可喜现象。全市1975户国有及年产品销售收入500万元以上非国有工业企业，工业生产每月增幅保持在10%以上，累计增幅从9月份开始在全国31个省（市、自治区）中位居第一。全年完成工业总产值842.88亿元，同比增长18.9%，名列全国增幅第一；工业产品销售率97.7%，同比提高0.7个百分点，高于全国平均水平0.5个百分点；实现工业增加值240.7亿元，同比增长12.6%，高于全国平均增长水平3.7个百分点；年末产成品资金占用额84.2亿元，同比下降3.2%，低于全国平均增长水平7.7个百分点；应收账款净额为224.6亿元，同比上升8.5%，高于全国平均增幅1.4个百分点。新产品产值为123.9亿元，同比增长46.4%；新产品产值占全市工业现价产值的14.6%，同比提高3.6个百分点；工业产品出口交货值29亿元，同比增长9.4%。

重工业增长快于轻工业。重庆市1999年轻工业、重工业完成总产值分别增长12.2%和21.5%，均高于全国平均增长水平。重工业增幅比全市工业增长水平高3.5个百分点，净增92.6亿元，占全市工业总产值净增额的73.9%。

三大工业系统稳定增长。重庆市工交、国防和区县系统全年分别完成工业总产值283.2亿元、199.4亿元和309.3亿元，同比分别增长12.6%、33.4%和13%。三大工业系统总产值增长分别拉动全市工业增长7.2、4.6和5.1个百分点。其中工交系统中14个单位增长，市电子工业局、中国石化四川维尼纶厂、西南铝加工厂和市机械工业局同比分别增长194.2%、48.4%、25.9%和24.1%。

国有工业大幅度增长。重庆市国有及国有控股企业1999年完成现价工业总产值611.6亿元，同比增长23.1%；工业产品销售率98.29%，提高0.66个百分点。彻底扭转了1998年因国有工业生产下降而影响重庆市工业增长的被动局面。

高新技术产业加快发展，高新技术改造传统产业和产品取得一定效果。1999年，高新技术产品销售收入占全市国有及年销售收入500万元以上非国有工业企业销售收入的比重达11%。全市377家高新技术企业实现产值355.22亿元，实现利税29亿元，分别增长22.5%和62.5%，其中利润6.51亿元，增长25.4倍。

重点企业带动全市增长。1999年，70户重点工业企业完成工业总产值421.5亿元，同比增长32%；占全市工业的51.3%，拉动全市工业生产增长14.6个百分点。50强工业企业实现工业总产值290.67亿元，占全市工业的33.8%，成为工业经济的主要支撑。

重点产品生产完成较好，新产品产值增幅高。重庆市1999年生产汽车21.8万辆、摩托车174.9万辆，同比分别增长41.5%和33.2%；天然气产量36亿立方米，天然气化工产品产值18.1亿元，同比分别增长8.3%和48.4%；钢产量173.57万吨，钢材产量135.09万吨，同比分别增长5.9%和3.1%；铝材12.1万吨，同比增长13%；日用陶瓷4922万件，同比增长14.1%；水泥1197.6万吨，同比增长13%；发电量158.27亿千瓦时，同比增长6.6%。全市新产品产值123.9亿元，同比增长46.4%。12个单位（区县）新产品产值增幅高于全市平均水平，其中高新技术开发区同比增长263.8%，合川市增长196.7%，黔江开发区增长94.0%，渝北区增长87.5%，西南兵工局增长68.3%，市机械局增长65.7%，九龙坡区增长65.1%，沙坪坝区增长64.4%，船舶公司增长56.2%，烟草公司增长54.0%，双桥区增长53.0%，江北区增长52.8%。一批新产品快速增长，生产家用洗衣机30万台，同比增长30%；电风扇83.1万台，同比增长38.7%；新增彩色电视机27.3万部。

（二）有效遏制工业经济效益下滑的局面

中共重庆市委、重庆市人民政府高度重视工业经济效益的提高，采取措施狠抓国有工业企业扭亏增盈，加强企业内部管理，努力降本增效，遏制了效益持续下滑的局面。1999年，全市1975户国有及年产品销售收入500万元以上非国有工业企业经济效益综合指数为67.4%，同比提高9.8个百分点；总资产贡献率5.8%，同比提高0.3个百分点；成本费用利用率—0.8%，同比提高1.6个百分点；全员劳动生产率20176元，同比增长29.3%。实现利润盈亏相抵后亏损9.04亿元，同比减亏10.27亿元，下降53.2%；699户企业亏损，亏损面为42.63%，同比下降1.28个百分点。

国有工业减亏额占全市工业80.2%。1999年，重庆市976户国有及国有控股工业企业实现利润盈亏相抵后亏损14.9亿元，同比减亏8.24亿元，减亏35.61%，减亏额占全市工业减亏额的80.2%；476户企业亏损，亏损面为48.77%，同比下降10.53个百分点。其中301户国有及国有控股大中型企业实现利润盈亏相抵后亏损13.34亿元，同比减亏2.72亿元，下降16.92%；145户企业亏损，亏损面为48.17%，同比下降13.57个百分点。

工交系统大幅度减亏。重庆市工交系统有17个单位1999年实现利润盈亏相抵后亏损1.5亿元，同比减亏6.3亿元，减亏80.8%。其中市机械工业局、烟草公司增盈1.1亿元，市化学工业局、市电子工业局、市冶金工业局、中国石化四川维尼纶厂、西南铝加工厂、市煤炭工业局、中国四联仪器仪表集团、市纺织工业局等8个单位减亏7亿元，市医药工业局、市轻工业局实现盈利。

重点企业效益回升。1999年，70户重点增长企业实现销售收入411.7亿元，同比增长29%；实现利税43.6亿元，同比增长21.5%；分别占全市工业的50.4%和75.4%。实现利润4.27亿元，同比增长90%。工业50强企业实现利税47.47亿元，占全市82.9%。

70户重点增长企业生产效益占全市工业一半以上。在年初工业增长乏力、市场竞争激烈的情况下，重庆市坚持“重点企业无小事”，集中力量支持重点企业发展。1999年，70户重点增长企业完成总产值、实现销售收入、实现利税分别占全市工业的51.3%、50.4%和75.4%；实现利润4.27亿元，同比增长90%。百元销售收入创利税10.6元，创利润2.65元。涪陵三爱海陵公司、长江依之密公司、鼎发实业公司、跨越集团、隆鑫公司、宗申公司、迪马汽车公司、渝汇公司、赛诺制药公司等企业生产增长45%以上。长安汽车集团公司、庆铃汽车集团公司、中国嘉陵集团公司、建设工业集团公司、中国石化四川维尼纶厂、西南铝加工厂、重庆康佳公司等7户企业共完成产值225.8亿元，占全市工业的27.5%，净增69.3亿元，拉动全市工业增幅提高9.9个百分点。

重点企业加快产品结构调整，全年完成新产品产值106.4亿元，占总产值的25.3%，高于全市平均水平10.7个百分点。其中汽车、摩托车、天然气化工、彩色电视机、卷烟中的新产品产值占五大类产品的30%。庆铃多功能乘用车和新型皮卡车，长安羚羊、都市贝贝和长安之星，中国嘉陵新型猎豹、轻便摩托车等新产品产值66.1亿元，占3家企业应市产品的40%。

工业流动资金贷款同比少增加19亿元，是近3年增加最少的一年。1999年末，重庆市的各家商业银行向全市工业企业发放短期工业贷款和中期流动资金贷款，分别比年初增加110761万元和290379万元，合计比年初增加401140万元，同比少增加190379万元。按照全年工业增长目标测算需要增加工业流动资金贷款43亿元，扣除投向电信、房地产等基础设施资金贷款13亿元后，工业流动资金贷款实际增加仅有27亿元，为全年需求量的62.8%。贷款增量向重点增长企业倾斜。在资金紧缺的情况下，70户重点增长企业获得新增工业流动资金贷款18.2亿元，占全市贷款增加额的67.5%。

国有企业改革

1999年是国有大中型企业实现三年改革与脱困目标最关键的一年。为了扭转重庆工业经济增长乏力、效益滑坡和亏损严重的被动局面，打好工业经济发展和振兴的翻身仗，重庆市将1999年作为重庆工业经济“解困增效年”，实行责任制，扭亏脱困初见成效。

实行扭亏脱困目标责任制。加强和充实市级扭亏脱困工作班子，建立扭亏脱困联席会议制度。分解落实全市扭亏脱困的目标和工作任务，制定严格的奖惩办法，签订考核责任书。企业主管部门逐户与企业签订责任书，帮助落实各项政策。每个企业尤其是亏损企业相应制定改革与脱困方案，明确扭减亏的具体目标和措施。

全面开展扭亏脱困工作。对全市工业困难企业状况进行调查，出台了《重庆市人民政府关于印发1999年重庆市国有大中型亏损企业脱困工作方案的通知》，重新确定全市国有大中型企业名单。推进企业资金封闭贷款，封闭运行企业18户。申报44户企业债转股，24户企业获得国家经贸委推荐，申请转股149亿元，中国石化四川维尼纶厂在四季度签约停息。重点指导重钢集团铁合金公司、重庆川染化工总厂、长寿化工厂、重庆冶炼集团、钢丝绳厂、重庆铝厂、天原化工厂和轴承公司等企业的扭亏脱困工作。

加大企业资产重组力度。重庆万里蓄电池公司转让了“渝万里”的部分国有股权，中国四联仪器仪表集团公司出让了在“重庆川仪”中的全部国有股权，长城资产管理公司整体接收“渝钛白”，改变了“渝钛白”面临摘牌的困境，调整了公司的股本结构。指导有条件的高新科技中小企业积极争取在香港“创业板”上市，完成重庆金冠高科技公司、重庆大学高科技公司、重庆多泰生物公司等3户企业申报上市的材料会审和推荐申报工作。针对中小企业融资难的问题，开展中小企业信用担保体系的试点工作，南岸区、沙坪坝区、高新技术开发区的试点取得很好的效果。

推进企业兼并破产。充分用好国家政策，实施国家批准的兼并计划。山东潍坊柴油机厂实施对长江柴油机厂的兼并，重庆潍柴已正式运转。为了解决重庆特殊钢集团公司多年存在的巨额亏损，有助于冶金工业的结构调整，在国家采取兼并、债转股、国债技改等“多管齐下”政策的支持下，重庆钢铁集团公司启动对重庆特殊钢集团公司的兼并。重庆水泥厂因申请债转股终止了中国新兴建材集团对重庆水泥厂的兼并。完成了“老五户”破产企业中重庆矿山机器厂的破产收购。积极向国家有关部门汇报，争取优先支持重庆符合条件的企业纳入国家兼并破产计划。对全市国有亏损企业进行分类排队，测算了达到扭亏脱困目标的成本方案。开展破产企业分离社会职能的试点，提出全面推进的实施意见。

抓好现代企业制度建立。拟定重庆市企业集团管理暂行办法，对重庆钢铁集团公司、中国四联仪器仪表集团公司2户全国试点集团的工作提出规范性的意见。按照国家经贸委的新标准，对46户骨干企业进行调查摸底，聘请7位专家学者成立股份制公司改造专家小组。探索国有资本退出竞争性行业的路子，江津水泥厂将国有股变现，成功改制为地维水泥有限公司，完成重庆公路运输有限公司等2户企业的公司改制工作，初步实现了按照现代企业制度的框架运行。拟定全市地方大中型骨干企业推行现代企业制度工作方案，提出工作目标和任务。同时，重视面上企业的改制工作，对已改制公司按照“产权清晰、权责明确、政企分开、管理科学”的要求规范。部分区县（市）改制工作成效显著，铜梁县应改制企业414户，已改制399户，占98.8%；其中，国有企业41户、集体企业17户、乡镇企业341户全部改制。

组织企业学邯钢演讲报告团巡回演讲。根据中共重庆市委、重庆市人民政府《关于进一步开展学邯钢、抓管理活动的通知》精神，为了促进全市企业开展“学邯钢、抓管理、降成本、增效益”活动，市委工交工委、市经委、市总工会联合组织的企业学邯钢巡回演讲报告团，深入到国有大中型企业和区县（市），以重庆特殊钢集团公司等企业的典型实例，介绍了学邯钢的成功经验。学邯钢演讲团历时5个月，演讲110场次，听讲单位1750个（其中，中央在渝和市属国有大中型企业217个），直接听众102900人，印发演讲资料及交流材料2400份。部分单位对演讲报告现场录像、录音并实况转播。4月20日，演讲团在雾都宾馆为国家经贸委举办的第五期全国重点脱困企业经营者培训班进行专场演讲，400多名来自西南、西北地区的国有大中型企业和全国军工企业的厂长、经理对演讲报告给予了一致好评。

重庆市企业紧紧抓住降本增效这一关键，扎扎实实推进学邯钢、强管理的活动，取得明显的效益。长寿化工厂等5户企业学习山东亚星比质比价管理方法，对大宗原材料严格实行比质比价招标采购，全年节约采购成本2438万元。全市工业企业产品库存资金下降5.08%，资金周转加快0.03次，财务费用降低5.3亿元，经济效益综合指数提高9.78个百分点。

支持国有亏损企业继续实行封闭运行。1999年，重庆市有关银行对符合条件的19户国有工业亏损企业继续给予封闭贷款支持，全年发放贷款25730万元。从贷款封闭运行结果分析，16户企业取得较好的效果。其中，长寿化工厂、长风化工厂和晋林机械厂扭亏为盈，8户企业大幅度减亏。16户企业同比亏损下降18.9%，税金同比增长29.9%，为全市扭亏脱困做出了贡献。

关闭和清理整顿“五小”企业。按照国家产业政策的要求，1999年重庆市关闭小煤窑1968个，压产609.4万吨，完成计划的137.9%，并对小玻璃厂、小水泥厂、小火电厂进行了清理整顿。根据地区和企业的不同情况，制定了2000年底以前压缩小玻璃厂生产能力80万标箱，压缩技术落后水泥厂生产能力300万吨，关闭小火电厂14家、装机容量6.9万千瓦的方案。

技术创新与技术进步

为了促进科技成果转化，推动重庆高新技术产业发展，加快高新技术改造传统产业步伐，重庆市人民政府、国家国防科工委和中国发明协会于11月11日～14日在重庆汽车交易中心联合举办了’99中国重庆高新技术成果及产品展示交易会，成交274个项目，成交总额50.43亿元。市经委组织50家工业企业的150项高新技术成果及产品参加交易会，发布62个企业的140项技术难题，全市工业企业约5000多名代表参加了交易会。参展的成果中，有3项达到国际先进水平，147项填补了国内空白和达到国内领先、国内先进水平。交易会上，工业企业积极寻求科技成果和合作伙伴，与高等院校和科研单位签订合作合同或协议共67项（其中，上亿元的项目3项，3000万元以上的项目7项，1000万元以上的项目26项），占交易会成交项目总数的25%；成交金额10.3亿元，占交易会成交总额的20%。北碚玻璃仪器总厂与云南普光等14家单位签订了1.4亿元高硼硅玻管的生产合同；重庆无线电测试仪器厂与深圳康佳集团公司签署5000万元合作协议；西南铝加工厂与广东顺德顺威电器有限公司签订了价值1亿元空调用亲水铝箔的生产协议；宗申公司与意中顾问公司达成了560万美元“宗申”牌高速艇舷外机的出口合同；中国四联集团川仪一厂与深圳强微电子有限公司达成2511万元贵/廉金属复合材料的生产合同；获第三届爱因斯坦世界发明博览会国际发明金奖的重庆银钢内燃机公司的“摩托车双向可控超越滑行节能器”与中国嘉陵集团公司达成了8550万元的协议，与隆鑫集团公司签订了4275万元的正式合同。工业展团获得大会颁发的最佳组织奖、最佳设计奖、最佳成交奖等三大奖项。

推进CIMS应用工程。重庆市政府将CIMS应用工作列为“九五”期间的工作重点，制定了重庆市CIMS应用工程总体发展目标、《重庆市示范应用CIMS工作管理办法（试行）》。全市有数千家企业开展以CIMS工程为示范的企业信息化，如企业MIS、CAPP、MRPII、CAD/CAE/CAM、企业上网、企业实施INTERNET/INTRANET等。长安汽车集团公司、中国嘉陵集团公司、重庆兆峰陶瓷公司、涪陵卷烟厂等通过实施CIMS工程，连续被市政府评为工业50强企业和重点骨干企业，起到了良好的示范作用，有效地推动了企业的技术创新。

国家下达11项工业技改国债贴息项目。1999年，国家从增发的600亿元财政债券中安排90亿元用于重点行业、重点企业和重点产品的技术改造项目补助及贴息。市经委组织工业主管局和有关企业积极选择项目、制定方案和进京申报。国家经贸委对长安汽车集团公司G系列发动机和技术中心、长江轴承公司低噪音全密封轴承、重庆钢铁集团公司线材轧机改造和中国四联集团智能化仪表等11个地方项目下达了正式计划，这批项目总投资38.3亿元，专项贷款15.9亿元，可贴息2.9亿元。

为了促进重庆库区淹没工矿企业的迁建和产品结构、组织结构的调整，改善库区生态环境，重庆市经委牵头编制了《三峡工程重庆库区淹没工矿企业迁建修订规划》，中国国际工程咨询公司受国家经贸委的委托对《修订规划》进行咨询和评估，给予了较高的评价。《修订规划》提出了重庆库区1397户淹没工矿企业搬迁和关闭的意见，其中，破产、关闭、兼并、组合及补偿销号1008户，通过对口支援、组合搬迁等形成新企业389户，扶持企业重点发展一批名牌产品，可实现销售收入767亿元，利税41亿元。

工业固定资产投资同比继续下降。1999年，在重庆市固定资产完成投资同比增长12.4%的情况下，全市工业完成固定资产投资84.1亿元，同比下降19.3%。尤其是工业项目的更新改造投入严重不足，仅完成35.36亿元，同比下降15.5%，大大低于全市更新改造投资增幅20.9个百分点。工业项目占全市更新改造投资完成的投资比重由1998年的46.9%下降至37.6%，工业各行业更新改造投资均有不同程度的下降，其中制造业完成投资同比下降33%，投资比重下降13.4%。

对外经贸

1999年，重庆市对外经济贸易总体运行趋势向好的方面转变，取得了较好的成绩。外贸进出口总额12.1亿美元，同比增长17.2%。其中出口4.9亿美元，下降4.4%；进口到货7.2亿美元，增长38.5%。新批利用外资项目199个，合同外资金额7.01亿美元，实际使用外资3.27亿美元，分别下降6.64%和39.11%。其中，新批“三资”企业169家，合同外资金额5.07亿美元，增长6.54%，实际使用外资2.39亿美元，减少44.5%。新签对外承包工程、劳务合作和设计咨询合同额4591万美元，完成营业额3842万美元，分别增长133%和20%；新派劳务1509人，年末在外人数3006人，分别增长70%和168%。

截至1999年底，全市累计批准利用外资项目3477个(含重庆直辖前万州、涪陵、黔江历年批准的项目)，合同外资金额70.52亿美元，其中外商直接投资43.72亿美元，外商其他投资4.51亿美元，对外借款22.29亿美元；实际使用外资49.31亿美元，其中外商直接投资25.39亿美元，外商其他投资3.74亿美元，对外借款20.18亿美元；累计批准“三资”企业2840家。

经过近几年的结构调整，特别是1999年挤干了1亿美元的“买单”出口水分后，重庆市外贸出口总量虽然减少，但外贸出口结构已趋合理。一是商品结构发生重大变化，本地产品出口4.38亿美元，创历史最高纪录，增长17.3%，占出口总值的比重上升到89.3%；机电产品出口1.46亿美元，增长33.3%，比重提高到29.7%；化工、医药、矿产品、纺织原料、金属及其制品、食品等大宗产品出口大幅度增长。二是经营主体结构优化，各区县(市)出口增长17.3%，比重提高到29.6%，万州、涪陵、南川、巴南、江北等区县(市)出口超过1000万美元；全市国有自营生产企业出口增长21.8%，比重提高到26%；民营企业自营出口发展迅速，增长142%，比重达到10%。三是出口市场分布更趋合理，1999年对美国、韩国、东盟、欧盟和非洲出口大幅度增长，改变了过去对香港地区出口比重过大、市场畸轻畸重、风险较大的弊端，出口市场结构得到改善。

1999年，重庆市进一步扩大对外开放，以颁布实施“1+6”文件为新起点，全面启动“重庆投资软环境改造系统工程”，以首届中国重庆投资贸易洽谈会、首届高新技术成果交易会和首届农业洽谈会为标志，加大了招商引资的力度，新批直接利用外资项目197个，合同外资5.10亿美元，同比上升3.61%，取得了重庆直辖以来持续三年增长的好成绩。

1999年，外资企业工业产值和税收均大幅度增长。据统计，销售额达500万元以上的外商投资企业和港澳台资企业工业产值达到119.13亿元，同比增长28%，高于全市平均水平10.02个百分点，也高出全国同类企业9.7个百分点，外商投资企业工业产值占全市的14.5%，增加值占全市的54.6%。外商投资企业税收达到26.45亿元，同比增长132.22%，占全市税收的比重19.6%，提高9个百分点，外商企业税收已成为全市近年来持续增长且增幅最快的税源之一。

成功举办首届“中国重庆投资贸易洽谈会”。1999年4月28日～5月2日，在朝天门广场举办了重庆直辖后首届投资贸易洽谈会。洽谈会设贸易标准展位156个，招商展间41个，参展企业330家；推出招商项目1400多个和众多的重庆名牌出口产品；中外客商2000多人参会，其中外国及港、澳、台客人1104人;外贸进出口成交6331万美元,其中出口成交6318万美元;投资项目签约163项,总投资额222亿元人民币,其中外资11.8亿美元。洽谈会期间,工业分团签约25个项目,总投资32397万美元,引资额18764万美元,其中合同利用外资6051万美元。工业分团被市政府授予"成果奖"、"设计奖"和"组织奖"。25个签约项目中,引资额在500万美元以上的项目有11个,其中有5个1000万美元以上的项目。同时,工交系统上下齐心协力,把签约项目作为突破口,狠抓落实。11月已有9个项目注册登记(其中7个投产),到位外资金额2608万美元。

进出口贸易开始回升。1999年,重庆市外贸出口仍然面临严峻形势。上半年受国际市场需求不旺、价格下浮等因素的影响,出口贸易出现持续下滑局面。1～6月出口仅19005万美元,同比下降35%。针对严峻的局面,在国家出台关于提高出口退税率等一系列支持政策的同时,市政府也颁布了对本地产品出口的鼓励措施。各区县(市)、各类外贸经营企业充分发挥优势,积极调整结构,开拓市场,千方百计扩大本地产品出口。经过全市上下艰苦努力,下半年出口为上半年的1.58倍,有力地遏制了下滑势头,全年出口49028万美元。

1999年,重庆市235户出口企业中,国有企业出口37692万美元,"三资"企业出口6326万美元,民营企业出口5010万美元,分别占全市出口总额的76.88%、12.90%和10.22%。全市出口额达200万美元以上的重点企业53家,共出口392443万美元,占全市总额的80%。其中,出口超过500万美元以上的企业26家,重庆机械设备进出口公司是全市出口最多的企业,出口额3130万美元。

区县(市)出口大幅度增长。1999年,重庆市有27个区县(市)和经济技术开发区、高新技术产业开发区开展了外贸出口业务,总计出口14512万美元,同比上升173%,占全市出口总值的比重由1998年的24%提高到29.6%。

本地货源出口创历史纪录。1999年,重庆市外贸出口中的本地货源有43875万美元,占出口总值的89.3%,这是自1983年自营出口以来的最高纪录。出口的主要产品是:机电产品类的摩托车、汽油机和柴油机及其零件、电池、钢丝绳、汽车及零件、望远镜、手提式电动工具等;化工、医药类的合成药及中间体、肝素钠、染料、颜料、聚乙烯醇等;纺织原料类的桑茧丝、苎麻及其机织物等;金属及其制品中的钢材、铝材、锌材、锰材等;农业产品类的猪鬃、肠衣、榨菜、桐油、骨粉等;轻工产品中的鞋类、瓷餐具和玻璃器皿等。1999年,重庆市出口摩托车107399辆,金额5276万美元,同比分别增长376%和283%,创下了重庆市摩托车出口的历史最好成绩,成为全市出口最多的商品。据全国机电出口商会统计,重庆摩托车出口占全国同类产品出口额的42%。重庆市出口摩托车的企业有29家,比上年增加17家。重庆摩托车出口到62个国家(地区),比上年增加16个,其中向越南、印尼、阿根廷、科特迪瓦、秘鲁、阿联酋等国家的出口额达100万美元以上。

1999年,重庆市出口市场132个国家(地区),其中,对亚洲出口26611万美元,欧洲11875万美元,北美洲6614万美元,拉丁美洲1840万美元,非洲1774万美元,大洋洲325万美元。经过近几年调整,1999年重庆市对美国、韩国、东盟、欧盟和非洲的出口增长幅度较大,出口市场结构已趋合理。出口100万美元以上的重点市场44个,合计金额47052万美元,占全市总额的95.97%。出口额达1000万美元以上的国家(地区)共11个,出口美国6156万美元,美国取代香港成为重庆市第一大出口市场。

1999年,重庆市进口贸易大幅回升。据海关统计,全年进口到货72005万美元,比1998年增加20030万美元,增长38.54%。进口金额100万美元以上的企业已达50家,合计金额66345万美元,占全市进口总额的92.14%,其中1000万美元以上的有12家,合计金额55758万美元,占全市进口总额的77.44%。进口金额最多的是重庆对外贸易进出口公司,达28665万美元,占全市进出口总额的39.81%。

1999年,重庆市进口产品的国家(地区)有48个,分布在世界六大洲。其中,亚洲18个,进口金额58497万美元;欧洲22个,进口金额7070万美元;北美洲2个,进口金额4143万美元;南美洲3个,进口金额786万美元;非洲1个,进口金额617万美元。进口金额在100万美元以上的重点国家(地区)有22个,合计金额71218万美元,为全市进口总额的98.91%。从日本进口的产品金额最多,达46218万美元,占全市进口总额的64.19%。1999年,重庆市进口商品品种大量增加。进口额在100万美元以上的达82种,合计金额62628万美元,为全市进口总额的86.98%;进口金额最大的商品是汽车零件,达12590万美元,占全市进口总额的17.48%。

1999年,重庆市新批利用外资项目199个,合同外资金额70115万美元,实际利用外资32699万美元，占全社会固定资产投资比重的4.88%。其中，外商直接投资169项，合同外资50688万美元，实际利用外资23893万美元；外商其他投资28项，合同外资金额327万美元，实际利用外资242万美元；对外借款2项，合同外资金额19100万美元，实际利用外资8564万美元。截至1999年底，全市累计批准利用外资项目3318项，合同外资金额65.41亿美元，实际利用外资45.18亿美元；批准“三资”企业2715家，合同外资金额39.25亿美元，实际利用外资21.83亿美元。

在项目减少的情况下，投资大项目增加，项目规模扩大。1999年，重庆市外商直接投资项目中投资总额在1000万美元以上的大项目有25个，比1998年增加2个；合同外资金额增加了3111万美元，项目平均规模达到300万美元，比上年提高40%。

重庆市成为欧美国家外商投资新的热点。1999年，西欧、北美经济发达国家来渝投资兴办企业36家，合同外资金额14131万美元，同比增长50%，占全市合同外资总额的11.8%；实际利用外资7707万美元，增长12%，占全市实际利用外资总额的31%。

现有“三资”企业增资踊跃。1999年，重庆市现有“三资”企业中的增资项目共49个，合同外资增资金额11954万美元，分别增长53%和885%。增资金额在1000万美元以上的大项目有4个，其中3个项目的增资已全部到位，全年增资实际到位金额3228万美元。全年涉外税收完成26.45亿元，增长1.32倍，占全市税收总额比重达19.6%，比上年增加9个百分点。

第二、三产业仍是外商重点投资的行业。1999年，外商在重庆市直接投资的90%以上集中在第二、三产业，第一、二、三产业合同外资金额分别为2605万美元、27622万美元和20461万美元，分别占5.1%、54.5%和40.4%；第一、二、三产业实际利用外资分别为162万美元、15194万美元和8537万美元，分别占0.68%、63.69%和35.73%。1999年，外商在重庆市各区县（市）直接投资项目达133项，合同外资金额28531万美元，实际利用外资10228万美元，分别占全市外商直接投资项目总数、合同外资总额和实际利用外资总额的78.7%、56.29%和2.81%。主城区因地理位置优势明显，更成为全市外商直接投资中的热点，渝中、江北、沙坪坝、九龙坡等区合同外资金额均在2500万美元以上。特别是渝中区，投资项目35个，合同外资7486万美元，实际利用外资4214万美元，三项指标列各区县（市）之冠。

利用外资领域和方式出现新变化。1999年，重庆市利用外资领域出现新的亮点，计算机、教育和咨询服务业的合同外资金额分别增长158%、853%和953%；利用外资方式上的变化体现在沿海“三资”企业来渝再投资有新的突破，沿海地区著名“三资”企业来重庆再投资的项目有：重庆康佳电子有限公司和长安凌云汽车零部件有限公司。

两个国家级开发区聚集效应进一步发挥。1999年，重庆经济技术开发区和高新技术产业开发区兴办外商投资企业23家，合同外资金额分别达到7197万美元和6078万美元，实际利用外资分别达到4880万美元和4604万美元，在全市名列前茅。两个开发区迅速提高招商引资质量，不断增加兴办“三资”企业的高新技术含量，吸引世界500强和著名跨国公司来渝投资的示范作用和聚集效应得以进一步发挥。

1999年，重庆市新签对外承包工程、劳务合作、咨询设计和海外合营等项目225项，合同金额4621万美元，营业额3842万美元。全年新派出劳务人员1509人，年末在外人数3006人。截至1999年底，全市累计签订对外承包工程、劳务合作、咨询设计和海外合营项目533项，合同金额66996万美元，共派出劳务人员17547人次。

对外劳务合作大幅增长，各项指标创历史新高。1999年，重庆市对外劳务合作合同额3338万美元，占外经总额的72.7%，同比增长11.23倍；营业额2963万美元，占总额的77.12%，同比增长4.53倍；新派人数1410人，占总额的93.4%，同比增长73%，年末在外人数2842人，占94.4%，同比增长1.24倍。各项指标均创我市开展此项工作以来最高纪录。对外工程承包和劳务合作市场比上年增加10个，达到38个国家（地区）。外派劳务工种增加，技术含量提高。1999年，重庆市外派劳务工种共16种，其中新增海员等5个技术工种。

采取多种形式利用外资。1999年，重庆市工业利用外资的方式由以往单纯与境外企业的合资合作，逐步向“外引内联，兼并重组”多种方式发展。不仅引进诺基亚、爱立信、南亚塑胶、台湾航伟等境外高科技型企业，还引进了深圳康佳、上海白猫、上海汇丽等一批国内知名品牌。康佳集团与重庆无线电三厂的合资，为嫁接改造国有企业，盘活存量资产提供了一条可贵的经验，被誉为“康佳模式”。全市利用外资的领域不断扩大，外商投资于电子通信、生物制药、环保等高新技术领域的项目明显增多。

工交系统利用外资取得可喜成果。1999年，重庆市工交系统以“招商引资为主线，狠抓落实为突破口”，全年兴办生产型三资企业110家，合同利用外资金额26467万美元，实到外资金额5883万美元，同比分别增长28%、58%和20%。

继续完善外商投资一站式服务。为简化办事程序，提高办事效率，改进机关作风，进一步改善投资环境，重庆市对外商投资继续实行“一个窗口对外，一条龙服务，一个地点收费，一个中心投诉”的“一站式”集中办公制度。截至1999年底，“一站式”值班室共受理事项5351项，其中受理项目2590项，当日办结2126项（当日办结率达到82.08%），政策咨询2638次，投诉123项，占职能部门总受理事项的2.3%。市政府对“一站式”的工作给予高度重视，从首任值班长开始，先后有28位市领导到“一站式”值班室值班，共接待559人次，协调解决了许多重大事项，深受外商好评。

扩大内需，开拓市场

1999年，重庆市商业流通进一步加快改革和发展，以开拓城乡市场、扩大内需、促进消费为重点，深化改革，调整结构，商业总体运行呈上升态势，全市社会消费品零售总额达到596亿元，同比增长7.7%，扣除商品零售物价负增长因素，实际增长11.6%。从城乡分类比较，城市市场好于农村市场，城市社会消费品零售总额331.64亿元，增长8.6%，农村实现264.62亿元，增长6.5%。从行业分类比较，批发零售业为340.47亿元，增长14.2%，餐饮业48.62亿元，增长11.4%，其他行业207.17亿元，下降2.3%。全市有集贸市场2280个，其中交易额上亿元的市场38个，集贸总成交额461.33亿元，增长12.5%。重庆市商品零售物价指数为96.5%，下降3.5个百分点，居民消费品价格总指数为99.3%，下降0.7个百分点，自1997年以来已连续30个月呈现负增长。

举办各种大型产品展示展销会。1999年，重庆市政府组织全市工商企业积极开拓市场，举办一系列大型产品展示展销会，促进了工业的持续增长和效益回升。

为了把重庆产品推向市外，辐射中南，重庆市政府在湖北省体育展览中心举办了重庆名特产品展销会（1999武汉）。参展的重庆企业340家，近300个展位，有近万种产品，其规模是重庆工业有史以来最大的一次。展销会期间恰逢武汉市连降暴雨，但参观群众十分踊跃，累计高达17万人次。展销会第一天，庆铃汽车集团公司首开10300万元的汽车销售合同，长安汽车集团公司签订9800万元微车销售合同，重庆广捷摩托车集团公司签订13500万元的摩托车销售合同，50多个展位的产品卖完，全天成交额达16.8亿元。第二天武汉群众采购热情不减，展销产品销售额达4.63亿元。这次展销会盛况空前，三天累计签订各类产品销售合同549份，成交总额达243871万元。

重庆市人民政府和国家轻工业局于7月23日～8月1日在重庆珊瑚公园共同举办了1999中国重庆国际啤酒饮料节。重庆啤酒、百事天府以及苏格兰纽卡斯尔、青岛啤酒等中外知名啤酒饮料30余家企业、知名啤酒品牌28个、饮料品牌54个，共计82个品牌313种规格产品参加了首届啤酒饮料节。啤酒饮料节进场的观众人流如潮，达到10万人次，火爆场面随处可见。为期10天的啤酒饮料节，累计销售、赠饮和赠送的啤酒137.5吨、矿泉水38吨、饮料20吨，其中重啤集团产品占了2/3。这次活动连续安排10场大型文艺演出，邀请了一批著名歌唱、曲艺演员到场演出，将啤酒饮料节不断推向高潮。通过对消费者现场问卷调查，评选出重庆啤酒、山城啤酒、双桂啤酒等21个啤酒和百事可乐、冰点水等29个饮料共50个“消费者最喜爱的产品”品牌。

积极开拓市场。为了扩大重庆产品的影响，繁荣市场，重庆市主办了重庆第二届名特优新产品迎春展销会、’99金秋渝派名优服装大联展、重庆首届美足饰品博览会、重庆闲置设备及特价商品交易会，组织企业参加了“天津交易会”、上海工业博览会等全国和其他地区组织的大型交易会、博览会。’99金秋渝派名优服装大联展展示了荣获各种称号的男女各式西装、西裤、休闲装、裘衣、针织等10大类1000余个品种，接待参观群众10余万人次，零售总额达100多万元。大联展评选出27个’99重庆最受消费者喜爱的服装品牌，由市经委、市商委、市技监局、市消费者协会授予奖牌和证书，三和、维美、圣百庭等9家企业获得了布展设计奖。

连锁经营发展迅猛。1999年，人道美连锁公司强化管理、调整布局，销售额达到3920万元，同比增长23.7%；红蜻蜓色拉油专卖店销售额达到10097万元，增长13.7%；和平药房新增连锁店60个，店铺总数达到158个，零售额11000万元，增长44%。全市连锁店铺达到472个，新增91个，连锁销售额8.5亿元，增长44.56%。

商业广场和大型商贸设施建设稳步发展。重庆市1999年新建成南岸区宏声广场，九龙坡区杨家坪中心广场和高新区跃华广场及沙坪坝区文化广场等7个大型项目。以渝中区、九龙坡区、江北区、沙坪坝区、南岸区、大渡口区的商业组团构成了主城中心商贸区，6个区的大型商贸设施总量达到290万平方米。配置5000平方米以上大型零售商场61个，营业面积92.35万平方米，其中渝中区的大型零售商场30个，营业面积63.41万平方米，江北区7个，营业面积8.59万平方米。配置5000平方米以上的消费品市场80个，营业面积197.35万平方米，其中渝中区21个，营业面积38.81万平方米，沙坪坝区15个，营业面积38.52万平方米。

重点专业市场迅速发展。1999年，重庆市46个重点专业市场交易额达到291.5亿元，占全市集贸市场总成交额的63%。朝天门综合交易市场、盘溪观音桥农副产品批发市场、西南建材中心批发市场、重庆钢材中心批发市场等国家级重点市场和成交额10亿元以上的区域性重点市场，1999年总成交额达到206亿元，占全市集贸市场成交额的44.7%，成为全市商业流通最具活力的一批增长点。

（许　平）

附表　**1999年重庆市全部国有及规模以上工业企业主要经济指标**　单位：万元

类别	工业企业单位数（个）	工业总产值（现价）	工业总产值（1990年不变价）	工业增加值	资本金合计	其中：国家资本金	其中：外商资本金
总　计	**1975**	**8585525**	**8428788**	**2392220**	**4856375**	**2094157**	**455021**
#国有控股企业	976	6116334	5800555	1763243	4063554	2055309	347891
按登记注册类型分							
内资企业	1842	7468686	7214727	2085448	3746123	1934324	231041
国有企业	766	3108235	2577394	935226	1986960	1532828	8179
集体企业	443	649479	654611	184227	143208	1555	247
股份合作企业	111	217586	212201				
国有联营	7	16506	17840				
集体联营	7	13862	13703				
国有与集体联营	6	7122	8446				
其他联营	5	8788	8854				
国有独资公司	21	819978	779365				
其他有限责任公司	150	477806	525941				
股份有限公司	117	1494931	1720320				
私营独资	83	188020	184832				
私营合作	14	15008	14075				
私营有限责任公司	92	411410	456726				
私营股份有限公司	18	35351	37222				
其他内资	2	4604	3197				
港澳台商投资企业	57	276377	385959	59244	136606	43635	4930
外商投资企业	76	840462	828102	247528	973646	116198	219050
中外合资经营	67	821371	802892				
中外合作经营	4	15398	21790				
外资企业	5	3693	3420				
按轻重工业分							
轻工业	948	2924182	3110702	828333	1187480	686530	55642
重工业	1027	5661343	5318086	1563887	3668894	1407627	399380
按企业规模分							
大型企业	138	4753712	4577158	1321748	3137310	1405911	293032
中型企业	239	1422026	1537793	411104	720401	335066	68315
小型企业	1598	2409787	2313837	659368	998664	353180	93674

四　川　省

综　　述

1999年，四川省委、省政府认真贯彻党的十五大和十五届三中全会、四中全会精神，妥善处理改革、发展、稳定的关系，按照“稳中求发展，进中增效益”的总体要求，开拓进取，真抓实干，狠抓难点，国民经济保持了持续发展，各项事业全面进步，社会保持基本稳定。全年完成国内生产总值3711.6亿元，增长5.6%，经济增长率比全国低1.5个百分点。其中，第一产业增加值941.0亿元，增长3.2%；第二产业增加值1556.7亿元，增长4.4%；第三产业增加值1213.9亿元，增长9.5%。主要特点：

1. 农村经济稳步增长，粮食产量3668.4万吨，再创历史最好水平。

2. 工业增长率较低，但产销衔接好于1998年，工业经济效益进一步好转。年内各月生产降多增少且月度间稳定性差。全省国有工业及年销售收入500万元以上的非国有工业完成总产值1893.5亿元，增长2.6%，增幅比1998年低10.9个百分点。其中，轻工业生产大幅下降。轻工业完成产值809.0亿元，下降2.6%，与上年增长18.9%相比，相差21.5个百分点。重工业生产形势稍好，全年完成产值1084.5亿元，增长7.8%，比上年增幅低0.7个百分点。全年工业销售产值1827.3亿元，增长4.3%，工业产品销售率96.5%，比1998年提高2.5个百分点。全年限额以上工业盈亏相抵后实现净利润42.36亿元，增长1.1%，实现利税189亿元，增长9.45%，亏损企业亏损额46.56亿元，下降21.31%，亏损面37%，下降3个百分点。

3. 投资增幅呈高开低走态势。全年全社会固定资产投资1220.7亿元，增长3.0%，比上年增幅回落21.8个百分点。

4. 消费品市场平稳增长。全年社会消费品零售总额1382.6亿元，增长6.5%，考虑物价下降因素，实际增长9.5%。

5. 外贸出口下降。据海关统计，全年外贸进出口总额24.7亿美元，增长18.0%。

6. 财政金融运行平稳。1999年，完成地方财政收入210.7亿元，增长9.8%；地方财政支出363.9亿元，增长13.4%。全省金融机构年末存款余额3922.4亿元，比年初增加599.6亿元；贷款余额3924.2亿元，比年初增加873.5亿元。

7. 城乡居民收入继续增加。全年城镇居民人均可支配收入5478元，增长6.8%，考虑物价下降因素，实际增长8.9%；城镇居民人均消费性支出4499元，增长2.6%，实际增长4.6%。全年农民人均纯收入1843.5元，比上年增加54.3元，增长3%，实际增长5.9%；农民人均生活费支出1426.1元，比上年减少1%。

8. 市场持续走低。全年市场物价一直保持低位徘徊的运行态势。全省商品零售物价比上年下降2.7%，居民消费价格下降1.5%。

企业改革与制度创新

四川省建立现代企业制度工作起步较早。1993年就在全省范围内选择了22户企业进行探索建立新体制改革试点，1995年在总结经验的基础上，又扩大了试点范围，选择了80户企业进行现代企业制度试点。中共十五大以后，四川省又对全省677户国有大中型企业改制情况进行了全面调查，提出了全省公司制改革和建立现代企业制度的规划。中共十五届四中全会后，按照《决定》要求，四川省又制定了《关于加快建立和完善现代企业制度的实施意见》。

按照《实施意见》的要求，四川省在建立现代企业制度方面，狠抓了企业脱钩、剥离企业办社会职能，促进政企分开；抓了国有资产管理委员会、资产经营公司和授权经营的试点，积极探索国有资产管理的有效形式，促进出资人到位；抓了以股权多元化为特征的公司制改革，进一步规范法人治理结构，促进企业建立和完善决策、执行和监督体系；还抓了企业经营机制转换和强化企业管理等工作。通过抓这一系列工作，四川省建立现代企业制度的步伐进一步加快。截至1999年底，全省479户地方国有及国有控股大中型企业中，已有191户企业进行了公司制改革，改制面为40%，据对其中121户企业的典型调查，改制企业初步建立了法人治理结构，产权不明晰的状况开始有所改变。其中，设股东会的96户，占79.4%；设董事会的113户，占93%；设监事会的116户，占96%；产权明晰的82户，占68%。

中小企业以产权为核心的改革全面推进。全省7888户国有中小企业，已有7178户初步完成了改制，占91%。县属小企业改制后普遍活起来，各项经济指标明显高于全省工业企业增长幅度。到1999年底，全省中小企业工业总产值占全省的62.99%，占上缴税金的52.17%，占吸纳就业人数的84.62%。

四川省还狠抓了促进上市公司加快发展和规范运作的工作。四川目前共有上市公司56家。针对部分控股股东与上市公司的产权关系不清，法人治理结构不健全，"壳"资源利用较差等问题，四川省政府出台了《关于促进上市公司发展和规范运作有关问题的通知》的文件，按照建立现代企业制度的要求，提出了23条政策措施。省上市公司中有18家公司产权关系明晰。上市公司中，已有44家实现了董事长与总经理分设，法人治理结构正在完善。

在建立现代企业制度中，四川省从自身实际出发，注意抓好六个方面的结合：

一是建立现代企业制度与国有企业的结构调整相结合。针对产业结构、产品结构、企业组织结构、所有制结构等方面存在的矛盾和问题，四川省制定了《四川省工业结构调整规划纲要》，重点培育水电业、电子信息业、机械冶金业、医药化工业、饮料食品业等五大支柱产业，建设八大工业基地，培育壮大50个市场占有率全国第一、100个全国第二、第三位的拳头产品，100个在西部地区市场占有率第一的优势产品。壮大80户优势企业，培育100户小巨人企业，优胜劣汰，关闭破产一批。

二是建立现代企业制度与实施大集团、大公司战略紧密结合。建立现代企业制度是大集团、大公司得以健康发展的机制保障，大公司、大集团的快速发展对建立现代企业制度也起到了较大的推动作用。四川省从1996年开始选择37户扩张型企业作为重点扶持培育对象，在资金、项目、税收等方面给予重点支持。

三是建立现代企业制度与中小企业改革、改制结合起来。四川对中小企业的发展非常重视。从1991年宜宾、金堂等地的中小企业改革试验开始，经历了封闭试点、普遍推广、提高发展和深化完善几个阶段，采取了兼并、破产、转租等方式，以产权制度为突破口，因企施策，多种形式，综合配套，规范操作，有序推进，促进中小企业转换机制，职工转换身份，政府转变职能，在中小企业改革方面创造、总结了宜宾经验、营山经验，并在全省推广。

四是建立现代企业制度与坚持市场导向促进企业优胜劣汰相结合。1997～1999年，四川省计划内共实施企业破产59户，企业被兼并59户，盘活了存量资产259亿元，优化了资源配置，为工业经济步入良性发展轨道奠定了较好基础。

五是建立现代企业制度和建立企业改革发展的良好外部环境相结合。为创造建立现代企业制度需要良好的政策环境和社会环境，全省狠抓了政府职能转变、配套政策的制定出台、社会保障体系的建立和完善等工作，确保企业改革的顺利进行。

六是建立现代企业制度与对外开放紧密结合。对外开放可以引进新观念、新机制，推进现代企业制度建立。为克服地处内陆的区位劣势，全省更加注重对外开放，采取积极措施加大开放力度，广泛吸引国内外的资金、技术、人才和管理。

通过努力，四川省企业改革与制度创新取得了阶段性成果，改制企业已初步建立了法人治理的结构框架；企业经营管理者的激励、约束机制初步建立，加快了企业经营管理者选聘市场化、任职职业化的进程；企业产权单一的状况有所改善，国有及国有控股企业由1997年的732户减少到1999年的597户，优势国有企业不断得到发展壮大；企业经营机制进一步转变，企业自主经营、自负盈亏，职工能进能出、能上能下，竞争机制初步形成；部分企业全面加强了以财务和营销为重点的企业管理，成效明显。

扭亏脱困

近年来，四川省委、省政府为加强对扭亏脱困工作的领导，从思想上、政策上、资金上加大了扭亏脱困工作力度，运用行政的、经济的、法律的手段，"三管齐下"，组织和动员各方面的力量，全力打好这一攻坚战。为使这项工作落到实处，四川省委、省政府出台了《1999～2000年国有及国有控股大中型亏损企业扭亏脱困工作意见》（川委办[1999]19号），实行扭亏目标责任制，各地党政一把手和工业主管厅局主要领导定点联系重点亏损大户制度、领导干部联系亏损企业制度，分地区扭亏督导制度等，并加强了亏损企业领导班子建设和对亏损大户的专项审计工作。

1999年是实现国有企业扭亏脱困目标的关键一年，在加强扭亏脱困工作中，四川省坚持了六个结合：一是扭亏脱困工作与国有企业改革相结合；

二是扭亏脱困工作与推进国有企业战略性改组相结合;三是扭亏脱困工作与加强和改善企业管理相结合;四是扭亏脱困工作与为国企改革和发展创造良好外部环境相结合;五是扭亏脱困工作与加快国有企业技术进步和产业升级相结合;六是扭亏脱困工作与党的领导相结合。

在推进国有企业扭亏脱困的工作中,四川省具体抓了以下工作:

一是加大了企业兼并破产力度。四川省的红光集团、成都无缝、四川长虹集团、四川什化集团、广元纺织厂等15户企业列入了全国兼并破产计划,全年全省共争取国家核销呆坏账指标39.54亿元,位居全国第一。通过这些兼并破产项目的实施,可以消灭11户严重亏损企业,使4户困难企业走出困境,亏损额减少8.07亿元,盘活存量资产90亿元。通过重组,提高了资源的使用率,如攀钢兼并无缝、四川宏达收购什化集团、中恒集团收购广元纺织厂等,这些重组使产品关联度大、生产工艺接近、销售渠道基本一致的企业存量资产向优势企业集中,优化了资源配置,也促进了优势企业的低成本扩张。

二是积极争取国家债转股、技改贴息、扩大直接融资等政策支持。在债转股方面,四川共上报了69户企业申请债转股,到1999年底,国家经贸委已审查通过了26户企业并向银行和金融资产管理公司推荐,申请债转股金额146亿元,其中四川聚酯、宜宾天原已与资产经营公司签订了债转股协议。在技改贴息方面,到1999年底,四川省向国家经贸委上报了三批共200多个申请国家技改专项贷款贴息项目,总投入180亿元,全省已有攀钢等22户企业的23个项目列入国家重点技改计划,总投资29.43亿元,专项贷款19.51亿元。在扩大直接融资方面,四川加大了从资本市场的直接融资力度,首先加快上市发行,泸天化、双马水泥上市发行2.08亿股份,共募集资金11.5亿元,还推荐了大西洋焊条等6户企业占用1997年额度上市;其次做好新股发行工作。同时,不失时机地配股,先后有5家工业类上市公司实施了配股,配股筹资23.4亿元。这些措施到位,可为我省工业增资减债200多亿元,工业资产负债率可降到60%以下,年可减少利息15亿元,可使一大批企业减轻债务负担,促进企业扭亏脱困。

三是深化内部改革,加强企业管理。对一批扭亏有望的企业,省上积极支持其深化内部改革、加强管理、搞好技术改造和新产品开发,努力实现扭亏为盈。

四川省国有扭亏脱困已取得初步成效。1997年末国家以统计报表确定的6599户国有大中型亏损企业中,四川有281户,到1999年末,还有地方国有大中型亏损企业191户。从面上企业来看,亏损企业亏损额逐年降低,到1999年底,全省规模以上工业亏损企业亏损额46.56亿元,比1997年减亏10.67亿元;国有亏损企业亏损额34.9亿元,比1997年减亏5.35亿元;国有大中型企业亏损额24.19亿元,比1997年减亏397亿元;省列278户亏损企业,亏损额17.9亿元,比1998年减亏7.4亿元。

固定资产投资

1999年,四川省继续加快了基础产业和基础设施的建设步伐,大力调整投资结构和投资方向,固定资产投资保持了平稳增长。全年全社会固定资产投资1220.7亿元,增长3.0%。其中,基本建设投资556.1亿元,下降6.3%;更新改造投资168亿元,下降14.4%;房地产开发投资141.5亿元,增长17.3%;其他各项投资355.1亿元,增长29.5%。

在固定资产投资中,农林牧渔水利业投资增长25%,仓储业投资增长1.2倍,以城市基础设施建设为主体的社会业投资增长38.5%,能源工业投资下降20.5%;基本建设投资下降6%,主要原因是电力交通等一批骨干项目如二滩电站、宝珠寺电站、广安电厂和达成铁路、成绵高速公路等已先后投产或建设接近尾声,投资高峰期已过,投资大幅度减少,全年基建投资中,电力投资下降33.5%,交通运输投资下降22.3%。

技术改造和技术进步

1999年,经过四川省各级各部门的共同努力,全省技术改造和技术进步取得了比较明显的成效。在推进全省技术进步方面,四川主要抓了以下工作:

1. 积极推动了全省"双优"项目的实施工作。1999年,四川省编制出了全省优势企业、优势产品技改项目计划,共有"双优"技改项目141个,企业108户,总投资145.5亿元,其中银行贷款42.9亿元,到年底,一批项目已投产见效,形成了全省工业经济新的增长点。竣工投产效果显著的项目主要有:长虹年产100万台空调技改项目,使长虹公司空调生产技术达到了国际先进水平;长虹年产2.59亿只无汞碱锰电池项目,使长虹公司无汞环保电池生产能力居国内第一位,形成了一定的规模效益；长虹年产1200万只高频器件技改项目，增强了长虹公司彩电配套能力，实现了高频器件的技术升级换代；四川大西洋集团1万吨二氧化碳镀铜焊丝项目，确保了企业在本行业中的优势；威远白塔集团400万平方米高档瓷砖、200万平方米新型外墙砖项目，弥补了我省高档墙地砖的不足；此外，雅安三九药业公司、沱牌曲酒、攀钢集团、托普集团、地奥制药集团等企业的一批技改项目的竣工投产，大大推进了全省技术改造步伐，提高了全省工业的技术水平。

2. 积极做好国家重点项目财政技改贴息项目的前期准备和申报工作。中央决定1999年发行的600亿元财政债券中安排90亿元用于技术改造贴息，四川共上报了三批共200多个项目，总投资180亿元。到年底，国家经贸委共下达了三批计划，四川共列入项目23个，总投资29.43亿元，其中贷款19.51亿元。截至12月底，这批项目大部分已编制可行性报告，部分已通过可研评审。其中攀钢的热轧板项目已到位2.5亿元国债贴息专项贷款资金。

截至12月底，四川省已确定了2000年首批重点企业技术改造项目，各企业正积极做好前期准备工作，银行已开始介入。这批项目总投资64.1亿元，其中银行贷款33.5亿元，项目全部达产后，年可新增销售收入184亿元，利润27亿元，税金11.5亿元，出口创汇4.99亿美元。26户重点企业技改项目的建设，将使全省企业在一些关键技术工艺和装备上取得重大突破，一批产品将上规模、上档次、上水平，将培养出一批全国单打冠军。

经过努力，四川省全年共完成技术改造投资167.99亿元，投资完成额居全国第十一位，西部第一位。全省技改投资主要有以下三个显著特点：一是制造业技改投资完成回升；技改投资结构趋于合理。全年全省制造业完成投资67.7亿元，同比增长14.4%，占全省技改投资的比重由1998年的32.43%上升到1999年的40.3%，初步扭转了制造业投资比重连续下降的局面。二是银行投资大幅度增加，投资重点向制造业转移。1999年，银行加大了对技术改造的投入，银行技改投入资金的比重由1998年的16.72%上升到23.84%，投资重点也开始转向制造业，1999年银行贷款投向制造业16.88亿元，占全部银行投向技术改造贷款的40.41%。三是技术改造项目含金量提高。1999年，全省共建成投产技改项目1071项，其中大部分为省地优势企业的优势产业项目，一批项目已投产见效，形成了工业经济新的增长点。

技术创新

1999年是企业技术创新工作不断深化的一年，四川省紧紧围绕国有企业改革与三年脱困目标以及全省经济发展战略和工作重点，积极推进企业技术创新工作。

1. 继续围绕《四川省技术创新工程方案》，提出、细化和落实各项政策、措施。为保证技术创新工作的顺利开展，进一步规范企业技术创新工作，四川省制定了《四川省新产品新技术鉴定验收管理办法》（川经贸［2000］科技229号），作为全省新产品新技术鉴定验收和技术创新项目管理工作的规范性文件。印发了国家经贸委关于《企业技术中心认定与评价办法》及《企业技术中心考核评价指标体系》（川经贸［1999］科技935号），进一步规范了企业技术中心的建设工作。并制定了《四川省企业技术开发费税前扣除管理办法实施细则》（征求意见稿）。

2. 大力推进企业技术中心建设和技术创新试点工作。根据国家经贸委的要求和全年工作安排，上半年四川省经贸委将华神科技、九州集团、二重等企业向国家经贸委申报国家级企业技术中心，并对申请省级企业技术中心的企业进行了全面考核，推动了企业技术中心的建设步伐。与此同时，又增加成都为第三个省级技术创新试点城市（第二个为绵阳、内江）。绵阳市设立了总额达3000万左右的“高新技术产业化资金”，内江与中科院成都分院等院校签署了“技术创新与产学研合作协议书”。成都市已建立了26家省级以上企业技术中心。

3. 抓好产学研突破口工作。10个产学研联系示范点工作进展正常。在川的242所（共10所）已按改革方案进行了企业法人登记，进入了企业集团或重新由中央部委直属。与中科院产业局、中科院成都分院达成了“院地合作协议”，就三方共建企业技术中心、人才交流、技术转让等方面进一步加强合作形成共识。

4. 积极推进高新技术产业化。四川在推进科技创新过程中，加强企业专利工作，推进专利产业化进程。抓了19户国家与省级企业专利试点工作，并实施“促进专利技术产业化示范工程”，确定了首批25个具有自主知识产权或共有产权的专利项目实施。同时，积极推进中药产业化进程。编制了《四川省2000～2005年中药产业发展意见》，提出中药产业2000～2005年发展目标，重点产品与重点企业应采取的措施。积极推动《中国现代化科技产业（四川）基地》的建议工作。

5. 编制了《四川省1999年技术创新项目计划》和《四川省1999年重点技术创新项目计划》，并对重点技术创新项目给予资金支持。共列入技术创新项目计划869项，重点项目86项。通过筛选、评估，全年共完成10项对国民经济和人民生活有较大影响的消费类重点新产品、10项结合技改的重点技术创新项目、技术中心建设、高新技术产业化项目等共计130项技术创新项目的支持，省经贸委与省财政厅共同下达了技术创新项目科三费1640万元用于支持以上项目。

1999年，四川省技术创新工作取得明显成效，全年全省新认定了21户省级企业技术中心，下达了技术创新科三费（技术中心专项）315万元。到年底，省级以上企业技术中心达到74家。全省共争取国家技术创新项目计划40项（含重大装备国产化6项），争取了国家级新产品试产计划52项，是近两年来最多的一年。两项合计共获经费支持2630万元。

技术创新工作的全面展开为四川工业的发展起到了积极的推动作用。初步统计，1999年全省共开发新产品2400余项，新产品产值264亿元，利税30亿余元，创节汇1.5亿美元。全年共推广新技术300余项，新增利税3.77亿元。列入国家重点新产品试产计划的52个项目，已全部投放市场。据统计，这批项目全年完成销售收入20.73亿元，上缴税金1.53亿元，利润2.43亿元，可创、节汇1.7亿美元。

引进外资与发展外商投资企业

1999年，四川在对外招商引资上狠下功夫，引进外资与发展外商投资企业取得了一定成效。全省合同利用外资15.67亿美元，比1998年减少0.6%；实际到位外资10.69亿美元，比1998年增长0.4%；新批三资企业195家；涉外税收预计12.5亿元人民币，增长13%；截至1999年底，全省累计合同利用外资132.66亿美元，实际到位外资68.38亿美元，批准三资企业5188家，三资企业从业人员30多万人。世界500强公司中有30家在川投资，另有20多家在川设立了办事机构。

全年主要做了以下几方面的工作：

1. 改善了投资的硬、软环境。1999年底，以成都为中心的省内主要城市高速公路网初步形成，双流国际机场飞行区改造完毕，宝成铁路复线正式投入运行，进出川运输能力大大增强，二滩电站六台机组全部建成发电，电力供应充足，通讯网覆盖面不断扩大，移动电话大幅增加，这标志着四川的投资硬环境上了一个新台阶。

在投资软环境方面，根据国家有关政策的调整，四川省修订、公布了《四川省鼓励外商投资优惠政策》，制定、颁布了《鼓励外商投资企业再投资的优惠政策》、《关于加强对外商投资企业金融支持的指导意见》和《四川省涉及外商投资企业收费明白卡管理办法》，并组织了法规、政策的专项检查。“省情展示中心”于1999年1月正式对外服务，方便了外来投资者查询省情和项目资料。全年共召开了三次外商投资企业座谈会，进行了外资企业投资环境问卷调查和台资企业税负情况调查。处理了60件外商和台商的投诉。加快了成都、绵阳、泸州等地的口岸建设，提高了口岸通关能力和服务水平。

2. 加强了项目的基础工作。四川省在1998年初确定的七个重点招商领域内，经过充分筛选、论证，推出了260个省级重点招商项目，制作了150个项目的中英文单项资料，部分项目的工作深度达到项目建议书或预可研报告阶段。完善了招商项目审定制度，改进了对外推荐项目的方式，把重点招商项目输入国际互联网，制作了计算机演示系统和《四川省项目投资指南》光盘。在年底召开了全省招商项目工作会议，安排了2000年的项目准备工作。

3. 扩大了招商引资的对外宣传。召开了全省对外引资宣传工作联席会议和数次新闻发布会，邀请全省新闻记者随团赴欧洲、香港和陕西、厦门、东北等地采访，编印了《’99四川投资指南》、《四川经济概览》、《’99四川对外经济贸易年鉴》、《锦绣天府》画刊，制作了《中国西部的投资热土——四川》省情光盘，拍摄了反映外国大公司在川投资情况的12集电视系列片——《有朋自远方来》，在国外和香港的报纸、电视上宣传四川的投资环境和招商引资政策，宣传质量比上年有所提高。同时，在互联网上设立了四川招商网站，推出四川省情和项目资料，开展与国外大公司、大财团的网上对话。通过宣传，扩大了四川在海外的知名度，促进了项目的洽谈工作。

4. 进一步加强了对台和侨务工作。加大了对台工作力度，积极开展对台联络，切实维护台商的合法权益，重点扶持了德阳鼎天科技产业园的建设。全年共组织24个团组赴台考察，引进台资在川新办企业20家，利用台资6265万美元。四川省还加强了与海外华人、华侨和华人社团的联络，突出了招商引资工作，开展了“为侨资企业服务行动年”活动，推进了“侨心工程”，促成了成都华侨高科技园区的起步建设。全年共促进签约项目11个，实际引进外资3014万美元。

国际合作

近年来，四川省加大了对外交往和国际合作的力度，对欧洲、北美、亚太等重点地区的招商和与国际大公司的合作取得了一定的成效。

为了促进对外交往和国际合作，1999年，四川省委、省政府的领导多次带队到北美、欧洲和亚洲进行了访问，拜会一批著名公司，推进了一批合作项目。并在境内外举办和参加了一些重大活动。3月，在北京召开了有20多家世界著名大公司代表参加的座谈会。4月，在挪威、英国举办了4次投资说明会。9月，到厦门参加了“第三届中国投资贸易洽谈会”，同月，张中伟省长带队到上海参加了“财富经济论坛”会议。10月，四川组团赴深圳参加了“第一届中国高新技术产品交易会”。11月，在香港举办了“'99四川投资贸易洽谈暨名牌推介交流会。”12月，赴新加坡参加了“第四届新加坡——四川贸易与投资委员会年会”。通过这些活动，扩大了对四川的宣传，结交了一批朋友，洽谈和签署了一批合作项目。一些省级部门和地区针对具体项目，也派出小分队外出招商，取得了较好的效果。

同时，四川还跟踪了一批国际大公司、大集团，促进与这些公司和集团的国际合作。1999年，四川接待了80多家世界知名的跨国公司和10多个国家官方机构的高级代表，其中包括美国安然公司董事长主席兼首席执行官肯尼斯·L·雷和高级顾问基辛格、日本丰田公司名誉会长丰田章一郎、世界银行常务副行长彼得·沃奇等一批重要客人。四川省政府驻北京、上海等办事处与100多家外国大公司驻华机构建立了较紧密的工作联系，积极推进了四川与摩托罗拉、纽约人寿、新世界、华润、正大五个联工委的工作。四川还在总结1998年重点跟踪外资项目经验的基础上，筛选出1999年全省26个重大外资项目，逐个落实了负责跟踪的领导和承办人，经常派员到项目单位调研，帮助企业解决困难，有力地促进和加快了这些项目的合作进程。

全省利用外资的重大项目大都进展顺利。都江堰市与法国拉法基公司合资建设的120万吨水泥项目，总投资1.59亿美元，其中外资1.33亿美元，工程已于1999年5月正式开工。省电力局与美国安然公司合资的成都热电厂项目，总投资23亿元人民币，外方占51%，于1999年9月签署合同，由法国通用水务——日本丸红联合体全额投资的成都自来水六厂四期BOT项目，总投资1亿美元，工程于11月动工。川旅厂与丰田公司投资9900万美元，生产1万辆中型车项目进展顺利，首台组装车已于12月下线。摩托罗拉公司已在成都设立研发中心，并初步决定在成都高新区建立软件中心，乐山菲尼克斯第三期工程进展良好。纽约人寿保险公司已参与都江堰拉法基水泥厂银团贷款，并初步选定投资成都污水处理厂和购买青龙场立交桥经营权。香港新世界集团与四川签署了中药现代化产业基地合作框架协议，泰国正大集团继续扩大在川投资。新加坡海景投资有限公司投资熊猫商城海底世界项目合同正式签署。甘孜州与加拿大贝肯利公司合资的白玉银多矿项目，总投资1亿美元，其中外资7000万美元，已经国家计委批准立项。安宁河流域农业开发扶贫项目3月份与世界银行正式签约，贷款额为1.2亿美元。四川城建环保项目已经世界银行批准贷款1.5亿美元，项目可研报告正在报批。国际金融公司在四川投融资的第5个项目——成化2万吨钾碱工程，已于5月签署合同。与新加坡大华银行合作的境外产业投资基金（1亿美元）已于1999年5月向国务院申报。

对外贸易

1999年，面对国际多变的政治经济形势，四川省不断克服困难，千方百计扩大出口，大力开展对外经济技术合作，较好地完成了各项外经贸任务。

1999年四川外经贸工作主要有以下特点：

1. 突出工作重点，加强指导协调，努力扩大出口。一是大力推进“大经贸”战略的实施，壮大了外贸队伍。截至1999年底，全省已有491家企业获得进出口经营权，仅去年就新批有进出口权企业105家，其中：私营企业38家，列全国前茅；生产企业55家，科研院所1家，流通企业11家。二是推动了交易会改革，加强了协调服务，全年新增广交会摊位16.5个，新增参展企业7家。参展的科技含量高、附加值高的商品有所提高。除积极组织各类企业参加广交会外，沪交会、昆交会和厦洽会以及网上交易会都取得了较好的成绩。三是抓好重点企业和重点商品出口。列出了全省30户重点机电产品出口企业名单，建立重点联系制度，采取政策扶持等办法给予重点支持，全年机电产品出口4.76亿美元，比上年增长17.8%。尤其可喜的是，私营企业获权后第一年出口即达到6000多万美元。实行了加工贸易网上审批，方便、快捷、服务于企业，去年加工贸易出口15.8亿美元，比上年增长18.3%。四是大力开拓重点市场。在恢复和巩固传统市场的同时，着重对南美市场、东欧市场和非洲市场的开发，举办洽谈会，加强与世界各国企业、商界的联系。到1999年底全省共审批外国机构驻川代表处371家，其中1999年新批39家。五是抓好外商投资企业出口。各级外经贸部门始终把扩大外商投资企业出口作为新的增长点来抓，落实责任，突出重点，加强协调，搞好服务，在进出口配额、许可证方面积极争取外经贸部的支持，建立了银行、税务、海关、外汇、工商、商检等部门定期联系会议制度，帮助外商投资企业解决了生产、经营和出口中的一些问题。全年外商投资企业出口3.07亿美元，比上年同期增长22.4%。六是积极争取出口扶持政策。在中央71号、73号文件基础上，出台了《四川省人民政府关于进一步鼓励扩大外经贸出口的通知》，在财政、税务、金融、外管、企改等方面支持和鼓励企业扩大出口，发挥了重要的政策导向作用。

2. 突出市场开拓，扩大外经队伍，促进外经业务发展。一是进一步扩大外经队伍。全省有对外承包劳务经营权的企业34家，已初步形成了成套项目、土木工程、化工、路桥、电力、纺织、电信工程、石油天然气等行业走向国际承包劳务市场且实力较强的专业外经队伍。二是积极开拓对外经济技术合作业务。全省外经公司保持了对外承包劳务业务稳步发展的良好势头，特别是在承担大型成套工程项目方面取得了可喜成绩。三是强化对外劳务管理。四川加强了对全省外派劳务经营秩序的规范化管理，出台了《四川省对外劳力合作管理办法》。四是积极争取国际无偿援助项目，通过大量深入细致的工作，共争取了外援金额达1600多万美元的项目，是历史上争取外援最多的一年。

3. 狠抓企业改革，推进企业改制，努力搞活国有外经贸企业。一是做好企业“三改一加强”工作，完成了深圳通富达公司与中川国际公司的资产重组，省嘉陵贸易投资发展有限公司兼并省茶叶进出口公司，省联嘉公司兼并省边贸公司的工作和山东三鑫集团公司兼并省化工进出口公司的改革。二是重点抓好外经贸企业内部职工持股股份制工作。邀请河北轻工公司来川向企业介绍了内部职工持股的改制研讨会。省纺织品进出口公司和省基地公司顺利地进行了职工持股试点，省粮油进出口公司、省五矿机械公司正在制定和完善职工个人出资的内部职工持股的改制方案。三是组建中外合资贸易公司有了初步进展，邀请了上海东方集团公司为川介绍了组建中外合资外贸公司的经验，有3家外贸公司同外商进行了洽谈，有的已有了合作意向。四是各市地州经贸行业在当地政府的统一部署和指导下，外贸企业改革方面取得了明显成效，绵阳、德阳、宜宾、攀枝花等市地的外贸企业改革有了较大突破。五是企业脱钩的基础工作比较扎实，在对省级外经贸企业的摸底调查的基础上，制定并向省脱钩办上报了委属外经贸企业的脱钩方案。

1999年，通过外贸系统干部职工的共同努力，四川对外经贸工作取得了新的成绩。对外贸易平稳增长。据统计：全省进出口总额完成30.45亿美元，比上年增长6.6%。其中出口17.39亿美元，比上年增长3.8%，进口13.1亿美元，比上年增长10.5%，外经合作继续扩大。全省全年新签对外工程承包劳务合同金额3.82亿美元，比1998年增长24.4%，对外劳务输出1万人次，比上年增长10.9%。

（巫绍玲）

附表1　　**1952～1999年四川省国内生产总值**　　单位：亿元

年　份	合计	第一产业	第二产业			第三产业			人均国民生产总值（元）
			合计	工业	建筑业	合计	邮电通信业	贸易餐饮业	
1952	31.69	21.18	4.55	3.46	1.09	5.96			69
1957	56.57	36.87	11.63	9.78	1.85	8.07			111
1962	58.39	34.96	10.63	9.41	1.22	12.8			125
1965	86.49	48.62	20.76	16.37	4.39	17.11			168
1970	102.32	55.03	26.91	18.41	8.5	20.38			169
1975	136.94	58.97	48.95	42.34	6.61	29.02			213
1978	184.61	82.2	65.55	59.4	6.15	36.86	6.17	10.77	262
1979	205.76	91.95	72.31	65.43	6.88	41.5	6.74	12.1	290

（续表）

年　份	合计	第一产业	第二产业			第三产业			人均国民生产总值（元）
			合计	工业	建筑业	合计	邮电通信业	贸易餐饮业	
1980	229.31	101.68	81.05	73.18	7.87	46.58	7.39	13.45	321
1981	242.32	108.02	83.36	74.58	8.78	50.94	7.82	15.04	337
1982	275.23	125.36	92.84	82.49	10.35	57.03	8.49	17.62	379
1983	311	138.17	105.69	93.71	11.98	67.14	9.75	21.37	426
1984	358.06	156.11	121.68	105.97	15.71	80.27	11.32	26.84	488
1985	421.15	172.9	148.11	127.13	20.98	100.14	14.28	34.52	571
1986	458.23	181.2	160.62	138.12	22.5	116.41	18.22	40.05	616
1987	530.86	202.26	187.88	160.49	27.39	140.73	24.64	48.74	705
1988	659.69	241.95	238.32	206.44	31.88	179.42	30.45	65.54	863
1989	744.98	263.15	266.16	234.88	31.28	215.67	38.82	78.71	963
1990	890.95	321.41	313.64	277.08	36.56	255.9	48.71	85.12	1138
1991	1016.3	339	378.48	333.37	45.11	298.83	60.96	91.58	1289
1992	1177.3	372.04	441.57	378.67	62.9	363.66	68.7	111.91	1484
1993	1486.1	449.38	580.38	495.24	85.14	456.32	82.18	139.3	1863
1994	2001.4	597.37	802.77	687.85	114.92	601.27	105.71	183.87	2491
1995	2505	725.46	1020.91	873.17	147.74	758.58	133.01	231.68	3095
1996	2985.2	860.02	1229.01	1050.68	178.33	896.12	159.83	275.82	3662
1997	3320.1	919.28	1385.38	1175.27	210.11	1015.45	179.08	308.36	4048
1998	3580.3	941.24	1527.07	1272.41	254.66	1111.95	196.27	328.46	4339
1999	3711.6	941.02	1556.68	1293.53	263.15	1213.91	220.25	348.12	4473

附表 2　　**1999 年四川省全部国有及规模以上非国有工业企业主要指标**　　单位：亿元

行　业	企业单位数(个)	工业总产值		工业增加值	资产总计	流动资产平均余额	固定资产原值	负债总额	所有者权益	产品销售收入	利润总额	利税总额
		90年不变价	当年价									
总　计	**4538**	**1691.28**	**1895.82**	**634.31**	**4468.41**	**1711.60**	**2915.58**	**2845.92**	**1622.5**	**1874.60**	**26.42**	**180.82**
按经济类型分												
国有企业	1655	456.45	655.46	264.94	2153.75	748.40	1614.72	1353.74	800.01	714.89	－7.87	74.11
集体企业	794	171.70	187.45	53.26	216.02	101.87	112.07	151.88	64.15	172.91	2.43	10.89
股份制企业	1234	811.01	792.74	237.34	1750.49	706.99	1010.93	1127.46	623.04	748.14	25.79	77.98
外商投资企业	129	85.91	87.40	29.05	131.13	57.37	71.59	79.48	51.64	80.63	2.47	6.56
港澳台投资企业	98	37.58	38.68	11.13	80.44	34.63	36.03	43.48	36.96	37.33	0.95	3.07
按轻重工业分												
轻工业	2011	822.46	815.11	253.33	1216.65	606.63	554.08	700.93	515.72	751.19	35.1	115.37
重工业	2527	868.82	1080.71	380.98	3251.76	1104.97	2361.50	2144.99	1106.80	1123.50	－8.68	65.45
按企业规模分												
大型企业	302	900.08	1006.75	356.04	2911.33	1112.65	2004.50	1770.04	1141.30	1021.30	20.01	111.84
中型企业	534	286.46	323.75	110.24	663.26	242.45	394.13	455.66	207.61	315.15	6.68	38.68
小型企业	3702	504.74	565.32	168.03	893.82	356.50	516.85	620.22	273.59	538.23	－0.27	30.30

贵　州　省

综　述

1978～1999年,贵州省国内生产总值由46.62亿元增加到907.33亿元,年均增长9%;财政总收入从14.2亿元增加到133.75亿元,年均增长11.3%;粮食产量从643.35万吨增加到1125.21万吨,基本实现农村人口粮食自给。农村贫困人口从1993年的1000万,减少到1999年的300万左右。

贵州是全国自然资源丰富的资源大省之一,资源种类多、藏量富、分布广、开发条件好。全省已发现110多种矿产,其中已探明储量的76种,有40种储量居全国前10位,磷矿、重晶石、铝土矿、黄金、锑、锰等矿产资源优势明显。能源资源具有煤炭、水能"水火互补"为特点的明显优势,水能蕴藏量1874.5万千瓦,列全国第6位;煤炭探明储量527.06亿吨,列全国第5位,超过江南九省区之和,煤层中还富集大量可开发利用的煤层气。全省生物资源众多,森林覆盖率达30%以上,各类建设用材和桐油、生漆、楠竹、松香等林产品享誉四方;有3800多种野生植物,其中珍稀植物70多种;药用植物3700余种,占全国中草药品种的80%;宜人的气候为发展烤烟、油菜、辣椒等食品加工业、生物制药等特色产业提供了良好基础条件。

贵州工业自党的十一届三中全会以来迅速发展,规模不断扩大,产业结构不断改善,装备水平不断提高,整体实力不断增强,成为带动贵州国民经济发展的火车头。到1999年,全省工业总产值达到741.89亿元,比1978年增长8.3倍;1999年工业增加值达到284.16亿元,比第一产业增加值高6.2%,占国内生产总值的31.1%。

依托丰富的自然资源和人才技术优势,贵州工业形成了以轻工业、能源、原材料、机械电子为主体的结构体系。

轻工业以卷烟和饮料酒为主。烤烟和卷烟创造的地方税收约占财政收入的45%;黄果树烟草集团公司和驰宇烟草集团公司是国家大型烟草企业集团;国酒茅台誉满全球,贵州醇、董酒、习酒、鸭溪窖酒等都是国家名优酒。烟酒的发展带动了造纸、印刷、玻璃、包装、运输等行业的发展。天然果蔬饮料、矿泉水、魔芋、刺梨、猕猴桃、中草药及医疗保健品具有独特的优势。1999年轻工业总产值达到267.98亿元。

能源工业以煤炭、电力为主。煤炭工业企业有盘江煤电(集团)有限责任公司、水城矿业集团公司、林东矿务局等骨干企业。电力工业以清镇、盘县、水城、贵阳、遵义、都匀、凯里等一批火电厂和乌江渡、东风、天生桥、猫跳河等一批水电站为骨干,实现了"水火互济"并形成了完整的发送电网络,已成为南方主要的电力输出省之一。

原材料工业以有色金属、钢铁和化工、建材为主。贵州铝厂是中国最大的电解铝生产企业,生产能力为23万吨/年;贵阳钢厂是国内钎具科研、生产和出口基地,年产钎钢和钎具4800吨,出口量占全国的70%;遵义铁合金厂集采、选、烧、冶为一体,年生产能力为20万吨;开阳磷矿和瓮福磷矿等一批磷矿企业,磷矿石生产能力为750万吨,占全国总能力的30%;以水城、贵州、贵阳、都匀、遵义水泥厂为骨干的建材企业遍布全省;水城钢铁公司、贵州钢绳厂、遵义钛厂、赤水天然气化肥厂、贵州有机化工厂、贵州化肥厂、遵义碱厂、天河磷业公司等是国内知名的大中型企业。

机械电子工业以汽车及其零部件、磨料磨具、通讯设备、低压电器、大型机床和航天、航空、雷达等军工产品为主。江南航天工业公司、贵州航空工业集团公司、中国振华公司三个国家重点大型企业集团,具有较强的技术装备和人才优势,先后有1000多项科研成果获国家和省部级奖励。在保证国家军品生产的同时,大力发展民用产品。重离子回旋加速器、同步辐射加速器、石油探测仪器、真空断路器、程控交换机、卫星通讯收发设备、新型电子元器件等是国内领先高科技产品。贵州航空工业公司的云雀牌微型轿车和江南航天工业公司的航天牌轻型汽车是国家计划内定点生产车型。航空、航天和地方企业生产的汽车前后桥、动力和变速齿轮、铝质水箱、雨刮器、玻璃升降器、转向器、联轴节、汽车门锁、启动器、蓄电池、连杆、密封件、液压件、轮胎、内饰件等十多种汽车零部件为全国排头兵,是桑塔纳、捷达、切诺基、东风、解放等汽车的重要配套供应基地。长征电器公司、新天光学仪器公司、贵阳仪表公司是国内光学仪器、低压电器、电工仪表的重要科研、生产基地。第七、第三、第六砂轮厂是国内磨料磨具和人造金刚石的生产出口基地，出口量占全国的1/2。贵州轴承产量居全国第4位。险峰机床厂主导产品轧辊磨床、导轨磨床处于国内领先地位。

1999年全省规模以上工业企业单位数为2199个，其中大中型企业225个，国有企业1417个。

经济运行

1999年在中央关于加快基础设施建设，扩大内需政策的带动下，贵州省工业经济继续保持持续、快速、稳定增长，企业经济效益逐步改善，经济运行质量明显好转。

（一）工业生产保持较快增长

全年全部工业增加值完成284亿元，比1998年增长8.3%，其中规模以上工业完成增加值196亿元，增长6.1%。重工业是贵州省拉动经济增长的主要因素，全年完成总产值474亿元，比1998年增长14.5%。受卷烟生产下滑的影响，轻工业生产增幅比较平缓，全年完成产值268亿元，比上年增长3.8%。从所有制结构看，国有经济仍然发挥主导作用。全年国有及国有控股企业完成产值453亿元，增长5.6%；集体企业完成产值45亿元，增长2.6%；股份合作制企业完成产值6亿元，增长11.9%，私营企业完成产值15.6亿元，增长1.1倍，外商投资企业（含港澳台）产值增长11.3%。从行业结构情况看，建材、冶金、有色、化工、电力、工程机械等投资类产品的增幅较大，是拉动经济增长的主要行业。全省主要产品产量中，全年原煤产量4025万吨，比上年下降38.7%；白酒7.6万吨，增长9.7%；卷烟187.6万箱，下降4.2%；化肥73.1万吨，增长0.4%；磷矿石（生产量）494万吨，增长13.2%；钢材118.8万吨，增长54%；轮胎外胎219.1万条，下降4.8%；水泥710万吨，增长27%；铁合金52.8万吨，增长35.6%；铝锭25.9万吨，增长14%；发电量334.5亿千瓦时，增长14.6%。

（二）企业经济效益继续好转

1999年，全省规模以上独立核算工业企业实现销售收入508亿元，比上年增长9.7%；盈亏相抵实现利润总额0.65亿元；利税总额65.8亿元。国有经济总体效益明显改善，国有及国有控股企业实现了整体扭亏，国有及国有控股企业实现销售收入430亿元，比上年增长8%；盈亏相抵实现利润总额1.5亿元，利税总额61.7亿元；国有大中型企业实现利润总额3.95亿元，利税总额56亿元，各项经济效益指标比上年同期均有不同程度提高，企业效益情况逐步好转。按综合经济效益评价指标考核，全年工业总资产贡献率9.16%，资本保值增值率104%，总资产负债率69.2%，工业成本费用利润率3.39%，流动资产周转次数0.76次，工业产销率95%。

国有企业改革

（一）企业兼并破产和减员增效力度加大

贵州省企业兼并破产和减员增效工作与国有企业改革和脱困目标紧密结合，以冶金、纺织、煤炭、军工、有色等五个行业为重点，围绕重点行业和国有大中型企业加大扭亏解困、调整产业结构、盘活存量资产、淘汰落后生产能力力度。1999年经国家批准全省计划安排5户企业破产、1户企业减员增效和24户企业兼并破产减员增效结转等共27个项目，计划核销银行呆坏账准备金12.336亿元。至年末，贵州清镇纺织印染厂、六枝矿务局、遵义二化厂、凯旋厂、永华厂已依法破产终结。水钢经国家经贸委批准继续实施减员增效，核销银行呆账准备8000万元，经与有关债权银行协商，已由相关银行分别承担其核销额度。其余结转项目均已按计划实施。

1998年以来，贵州省认真贯彻全国国有企业下岗职工基本生活保障和再就业工作会议精神，在国家有关部门的大力支持下，基本确保了国有企业下岗职工基本生活费和企业离退休人员养老金的按时足额发放。截至1999年末，全省有国有企业下岗职工10.96万人，其中进入再就业服务中心的9.44万人，签订基本生活保障和再就业协议的8.42万人，对7.62万人按期足额发放了基本生活费。有5.12万人实现再就业。全省养老保障参保职工共111.12万人，离退休人数37.93万人，养老保险基金收缴率95.29%；发放养老金1994万元，足额发放率为90.5%；全省失业保险参保人数129万人，失业保险基金收缴率73%。

（二）企业负担进一步减轻

1999年国家经贸委批准贵州省冶金、煤炭、化工、机械、食品和军工等行业中15户国有大中型骨干工业企业（集团公司）实施“债权转股权”，申请债转股总额为104.5亿元。贵州省15户债转股企业是盘江煤电集团公司、水城矿务局、水城钢铁（集团）有限公司、遵义铁合金（集团）有限公司、贵阳特殊钢有限责任公司、贵州钢绳（集团）有限公司、遵义钛厂、贵州宏福实业开发有限公司、开磷集团、贵州化肥厂、中国七砂集团公司、贵州长征电器集团有限公司、贵州通力汽车零部件集团有限公司、贵州达康食品工业有限公司和贵州航空工业（集团）有限公司。

这批企业产品具有一定的市场竞争能力，技术装备较先进，生产经营管理工作较规范，搞活这些企业有利于发挥贵州能源、原材料资源的比较优势，有利于发展贵州煤电铝、磷化工、军工机电等优势产业。由于企业在“七五”、“八五”期间，实施国家重点工业基本建设和重大技术改造项目时，因企业资本金严重不足，其项目投资来源主要是商业银行贷款，项目建成后贷款利息包袱沉重，导致部分企业出现严重亏损，一些企业虚盈实亏，难以为继。例如，遵义铁合金（集团）有限公司在90年代初贷款引进德国80年代中的先进技术和装备，过重的利息负担使企业陷入困境。通过债转股并同时将地方政府对企业技改、基本建设投入的财政基金转增为企业资本金，可明显降低企业负债水平和财务支出，促进企业分离辅助和分流富余人员，进一步减轻企业负担，实现企业增资减债。

突出重点开展治乱减负工作。认真贯彻落实中发14号文件和国务院减负办一系列文件精神，进行治乱减负工作大检查，实施专项治理，在清理期间对控制向企业收费的新项目出台严格把关，继续清理并取消了一批面向企业的收费项目。贵州省政府再次公布取消了32项收费项目，涉及减轻企业和社会负担5亿多元。通过对电价搭车收费问题的清理，取消了全省各地违反国家规定附加在电价上的各种收费、基（资）金等共计73项，减轻企业负担1300多万元。接到国家六部委《关于公布第三批取消的各种基金（资金、附加、收费）项目的通知》后，立即要求停止征收“新增车辆公路建设费”，每年可减轻企业和社会负担7200多万元。严格控制对企业的各类检查评比和严禁强制企业订购书报刊物。自1997年开展治乱减负工作以来，全省已先后取消收费项目342项，每年可减少企业和社会负担11亿元。进一步建立健全监督制度，规范收费和交费行为，严防已取消的收费项目死灰复燃。1999年在前两年对近千户企业实行《企业交费登记证》和《企业监督员证》的基础上又增加了613户企业，扩大了对行政事业性收费、罚款的监督面。对已经取消的收费项目进行汇编并印发至企业和有关部门。

（三）建立现代企业制度进一步规范

贵州省建立现代企业制度工作始于1994年。1995年省委、省政府印发《关于选择部分国有企业进行现代企业制度试点的意见》（省发［1995］3号），明确了全省现代企业制度试点的目的、原则及工作安排，确定了22户工商企业作为全省建立现代企业制度试点单位。为保证建制工作的顺利进行，省政府为试点企业的分离分流、增资减债制定了一系列配套的政策措施。省经贸委还先后印发了《贵州省现代企业制度工作组织实施意见》和《贵州省现代企业制度试点工作操作阶段的指导意见》。全省各有关部门和试点企业坚持大胆实践、坚持制度创新、坚持配套改革，试点工作实现了阶段性目标。

1998年在认真总结试点工作经验的基础上，贵州省经贸委起草了《贵州省大多数国有大中型骨干企业初步建立现代企业制度三年规划》，提出了贵州省2000年建立现代企业制度的指导思想、主要目标、工作任务、计划安排和有关的政策措施，选择了一批大中型骨干企业规范推行现代企业制度。1999年省经贸委下发了《关于进一步做好建立现代企业制度工作的通知》，加快工作进度，召开工作座谈会，对企业有关人员进行培训。各企业方案编制工作全面展开，振华公司制定的试点方案国家已批复，盘江煤电集团、贵阳钢厂、水城矿务局、贵州钢绳厂等企业的建制方案已通过省级论证，金沙黄磷厂、永力橡胶公司、贵阳电池厂、金凤凰糖业烟酒公司、贵阳棉纺厂的建制方案已通过地区级论证，贵阳车辆厂以建立现代企业制度为契机已改制为股份上市公司。贵州轮胎股份有限公司被批准为国有股配售试点公司。

1. 国有企业进行公司制改革的步伐加快。30余户工厂制企业改制为公司制企业，其中21户企业按母子公司体制组建了企业集团，使集团的管理和发展初步建立在产权纽带的基础上，为企业的发展壮大打下了基础。

2. 企业产权关系逐步明确，国有出资人制度初步建立。8户资产规模较大、内部管理制度健全、经营状况较好的大型国有独资企业或集团，经政府授权，行使国有资产投资主体职能。企业国有资产的股权化，促进了国有资产的流动、重组和优化配置，并与其他所有制经济结合，扩大了国有资产的控制力。

3. 企业法人财产制度开始形成。建制企业在清产核资、界定产权的基础上，普遍核清了企业资本金数额，理清了产权关系和债权、债务，核定了企业法人资本占用量。

4. 初步建立现代企业法人治理结构。建制企业均成立了董事会，并在《公司章程》中明确了股东会、董事会、监事会、总经理享有的权力及相应的义务和责任，奠定了企业经营机制转变的制度基础。

5. 劳动用工制度取得进展，建制企业均实行了全员劳动合同制，分流了企业部分富余人员。

6. 投资主体多元化初步实现。在建制企业中，有24户企业通过合资、债转股、股票上市等多种形式，实现了投资主体多元化。1999年赤天化股份公司、南方汇通股份公司等企业的股票已在上海或深圳上市交易。

7. 列入建制规划企业中的中央级拨改贷和各级地方财政投入的技改资金、财政基金等全部转为国家资本金，降低了企业负债。

（四）东西部大跨度企业重组初见成效

近几年，贵州省一批企业充分利用深圳、青岛、大连、宁波四城市对口帮扶的有利时机与东部企业合资合作，通过东西部联合重组，开发新品、拓展市场、强化管理，提高了效益。困境中的遵义董酒厂被深圳振业集团公司兼并后，1999年销售收入比上年增长3倍；山西南风集团公司控股半停产的安顺市洗衣粉厂，其生产的奇强牌洗衣粉销往全国；海尔集团公司控股停产多年的贵州风华冰箱厂，1998年贵州海尔电冰箱产量达到了8万台，1999年15万台；资金不足的贵州航空公司被南方航空公司控股后，营运情况大为好转。青岛红星化工集团利用出口渠道和技术管理优势，利用镇宁县三城搬迁企业留下的厂房及煤炭、电力、重晶石成本低的优势，合资生产彩电玻壳的重要原料碳酸钡等系列产品，1999年产量达7万吨，其中6万吨出口，销售收入1.3亿元，税利3700万元。

（五）国有中小企业改革全面展开

1999年，贵州省委、省政府下发了《中共贵州省委关于贯彻落实党的十五届四中全会精神推进国有企业改革和发展的决定》和《关于放开搞活国有小型企业的决定》，按照“放开搞活”的原则，下放改革决策权，放开改革形式、放宽政策限制、放手试验探索，有力地推进了全省国有企业的改革进程，进行了有益的探索，取得了新的成果。

贵州省现有县以上国有中小企业3100余户（不含公益性、政策性企业），到1999年底，约2500户进行了不同形式的改革，改制面在80%以上，比1998年提高5个百分点。其中，进行产权制度改革的企业占已改革企业数的45%，比1998年提高5个百分点。各地因地制宜采取的改革形式20余种。在产权制度改革中，全省实行股份制、股份合作制改革的企业有559户，实施兼并135户，破产126户，出售、转让151户，分离重组120户，采取其他方式进行产权制度改革的企业41户。在经营方式改革中，抵押承包480户，租赁261户，国有民营150户，易地置换52户，参股联合104户，托管36户，引资嫁接38户，关停29户，其他220户。在全省九个地市中，产权制度改革所占比例超过全省平均数的有遵义市、贵阳市、安顺地区及六盘水市。

为改善中小企业负债结构，减轻中小企业负担，进一步加大了对国有中小企业改革的政策扶持。多年来投入企业的省及省以下技术改造基金、工业企业中的基本建设基金余额经批准转为资本金；国有中型企业也可享受国有小型企业享有的所得税优惠等政策；全省位于城区的国有企业逐步将所办学校、医院和其他社会服务机构移交当地政府，运行所需经费，第一年仍由企业负担，以后逐年递减，3～5年后全部转由当地政府承担；不在城区的国有企业自办学校、医院的，地方征收的教育费附加和城市维护建设税全部返还给企业；企业转让土地使用权和变现资产的收益，用于企业的增资减债和结构调整，并且经批准，上述转让和变现可以返还地方所得税费。同时要求各地按照中央有关文件精神，切实减轻中小企业负担，取消县（市）国有中小企业上交的管理费，适当降低国有中小工业企业缴纳的电力建设基金，降低国有中小企业贷款抵押品登记费用。

1999年贵州省及贵阳市、遵义市、六盘水市已建立了中小企业信用担保机构，全省已进行1亿元以上的贷款担保。

在税收政策上体现公平赋税、平等竞争的原则。要求各地在执行中小企业税收政策上废止所有制和企业隶属划线的做法，对福利型、安置下岗职工的企业及高新技术企业，财政实行先征后返或定项补贴的办法支持其发展。

工业结构调整

（一）总量控制和关停“五小”得到落实

1999年，全省纺织压锭完成1.3万锭。全省煤炭关井压产进展情况较好，全年全省原煤产量4025万吨，比上年减少2111万吨，比1997年压产2572万吨，超额完成全年煤炭压产计划（2460万吨）；关停小煤窑5764处，其中分布在国有井田范围内的矿井831处。

由省人民政府副省长刘长贵任组长，省人民政府副秘书长张建华、省经贸委副主任金隆昆、省建材局局长刘秀全为副组长，各有关部门负责同志为成员，成立了“贵州省清理整顿小水泥小玻璃厂工作领导小组”。1999年7月经省人民政府审定后省经贸委会同省建材局印发了《贵州省建材工业控制总量调整结构实施细则》，11月省经贸委印发了《关于坚决制止小水泥低水平重复建设的紧急通知》和《关于公布第一批取缔无生产许可证小水泥企业和淘汰小玻璃企业（生产线）名单的通知》，清理工作全面展开。

1999年贵州省计划用四年左右时间完成关停单机容量5万千瓦及以下小火电机组62.75万千瓦的任务。到1999年底，全省已累计关停单机容量5万千瓦及以下的役满、退役和替代机组12万千瓦。

（二）国有经济开始退出不具竞争优势的行业

由于历史原因，贵州省纺织、轻纺、化工、医药、机械等部分行业的国有中小型企业，机制不活，企业办社会的包袱沉重、历史欠账多、技术装备和管理水平整体落后于全国同行业的平均水平，亏损较严重，在市场竞争中处于劣势。1997年至1999年，贵州省经过先行试点，探索总结，采用多种改革措施，国有经济先后从部分行业中不具竞争优势的国有中小型企业退出。通过资本置换，安顺制药厂等部分国有中小型制药厂易主为非公有制企业，都匀毛麻纺织厂退出国有经济由私营业主接手经营，一批地、县原国有小型企业也通过改组、兼并及拍卖转为非公有制企业。

（三）优势产业发展加速

1999年贵州工业经济积极实施产业结构调整，扶优扶强，以优势产品开拓市场，发展速度、运行质量都有明显提高，卷烟、煤炭、电力、化肥、有色金属等省内优势产业发挥了积极的推动作用，贵州优势产业在全省经济中的支柱地位不断巩固和增强。

面对国内外市场竞争，调整产品结构，积极拓展市场，加速资源优势向市场优势的转化。卷烟、白酒产业主动调整产品结构和扩展省内、省外两个市场，提高产销率，烟草加工业和酒类的增值税分别增长10.5%和52.4%，在全国产量的排位有所提高。煤炭行业认真落实关停“小煤窑”的措施，引导各地煤矿开展深加工，扩大适销对路煤种的生产和当年在社会总产量减少35%的情况下，销售收入保持增加，上缴税收增长17.6%，凸现了“压产、提质、争效益”的良好势头。以中成药为主力军的医药业，在1999年得到长足发展，当年总产值增长38.9%，产销率达90%，体现了贵州后续支柱产业的发展潜力。

贵州传统的优势产业不断深化改革、加快技术进步和加强管理，比较优势进一步增强。1999年，加快凯里电厂等电力企业的技术改造，增大全省发电生产能力。全省发电量同比增长14.6%，在全国排位上升到第15位。电力工业对财政的贡献率上升到全省第三位，仅次于烟草业和商业。能源产业的快速增长，促进省内耗能产业的发展，1999年电力消耗同比增加17.5%。这批依托于本省资源优势的产业为全省提供了源源不断的财政收入，铝业和黑色产业的增值税分别增长47.6%和44%，化学制品业增值税增长53.2%，建材业增值税增长23.4%。优势产业的健康发展，支持了全省工业增加值和工业增值税的提高，同时分别增长6.1%和21.5%。

开阳磷矿、遵义铁合金集团有限公司、贵阳特殊钢有限责任公司、盘江煤电集团公司经国家经贸委推荐实施债转股，增资减债；贵州铝厂、贵航集团、振华电子集团公司、贵州轮胎股份有限责任公司、镇宁红蝶钡业公司进行技术改造，提质降耗，提高优质产品的市场占有率；水城钢铁（集团）有限公司、贵阳车辆厂、贵州黄果树烟草集团公司、贵州水晶有机化工（集团）有限公司等企业加强管理，不断提高经济效益。

特色食品、医药、环保产业等贵州省后续支柱产业取得长足发展。

1999年，立足于贵州丰富的生物资源，加快了食品工业内部结构的调整，加大了与人民生活密切相关的食品加工、食品制造和饮料制造业的开发力度，辣椒制品、猕猴桃饮料、方便卷粉、方便米饭、苦丁茶、山野菜等特色食品得到较快发展，食品制造、饮料、油脂加工增长20%以上。

“八五”～“九五”期间，贵州省医药工业立足本省中药材资源优势，突出地域特色，取得了较快发展。目前全省有药品生产企业183家，已实施GMP改造的企业19家，其中有4家企业（神奇、益康、汉方、黔峰）已通过国家GMP认证；有5家企业（民族、威门、新天、安平、高原彝药）被国家确定为民族药品生产定点企业。全省医药工业总产值从1990年的1.38亿元上升到1999年的25.03亿元，年均增长38%，成为贵州省国民经济发展较快的行业之一。其中以中成药、民族药的发展最为显著，中成药工业各项经济指标均接近全国同行业平均水平。中成药产品剂型由原来只能生产丸、散、膏、丹四大传统剂型发展到可生产滴丸、片剂、胶囊、水针剂、冲剂、泡沫剂、口服液等十多个剂型。1999年全省医药工业增加值完成8.69亿元，同比增长42.3%，产品产销率90%，其中中成药工业产值完成20.05亿元，同比增长38.6%，占医药工业总产值的80.1%；化学药工业产值完成4.63亿元，同比增长24.6%。医药工业产值超亿元的企业有神奇、益康、信邦、益佰、新天、安顺、特色等7家企业。

环保产业列为贵州省重点发展的新兴产业，已初具规模。到1999年底，新型袋式除尘器、三元催化汽车尾气净化器等技术及产品已开发成功并形成生产能力。

（四）非公有制企业发展加快

改革开放以来，贵州省坚持把发展非公有制经济作为发展全省经济的突破口和重要战略措施。

贵州省非公有制经济的发展随着改革开放的不断深入和整个经济的持续发展，经历了三个发展阶段：一是起步阶段（1978～1988年）。这一阶段表现为经济总量少，从事和生产的行业、品种分散、单一，以流通领域、第三产业为主，而且主要集中在农村，发展规模小，处在资本的原始积累过程。二是调整治理阶段（1989～1993年）。这一阶段，在国家加强宏观调控中，非公有制经济发展平稳。三是加速发展阶段（1993年）。在此期间，贵州省先后制定和颁布了《关于加快个体、私营经济发展的意见》、《关于进一步加快个体、私营经济发展的决定》、《贵州省股份合作企业条例》、《贵州省民营科技企业条例》及《贵州省个体工商户私营企业条例》等一系列重要的政策法规，为推动全省非公有制经济的快速、健康发展，创造了宽松的政策环境，推动了非公有制经济的全面发展，企业开始形成规模化生产和经营，多产业、多层次、多行业齐头并进，并在一些行业和产业中逐步超越了国有经济占绝对优势，整体实力有所增强，出现了一些外向型、科技型、混合型，上规模、上档次、有市场竞争力的经济实体和企业，非公有制经济走上了新的发展时期。

经过近20年的努力，全省非公有制企业从小逐步发展壮大，对满足人们多样化需要，增加就业、培育税源、活跃市场、安定社会，促进整个国民经济的结构调整与发展，起到了重要的作用。

非公有制经济初具规模。到1999年底，全省共有215户规模以上的非公有制工业企业，占全省规模以上工业企业的10.2%，其中销售收入在1000万元以上的91户，产值1亿元以上的已达10户，形成了少数规模较大的私营企业与众多的中小企业共同发展的格局。1999年全省个体工商户43.29万户，从业人员66.63万人，注册资金39.37亿元，比1998年分别增长0.3%、4.69%及22.15%。全省个体工商户中7585户从事第一产业，有46761户从事第二产业，从事第三产业的378574户。1999年全省城乡私营企业17619户，从业人员178462人，注册资金1108961万元，比上年分别增长10.7%、9.1%和21.3%。其中，城镇私营企业12805户，农村私营企业4814户。

非公有制经济在国民经济中的地位得到增强。1999年非公有制工业总产值约占全省全部工业总产值的三分之一。非公有制经济上交税收逐年上升，已连续多年以25%以上的比例增长，成为地方财政收入的重要增长点。1997年非公有制经济税收10.33亿元，比1996年增长32.9%；1998年13.44亿元，比上年增长30.1%；1999年17.19亿元，比1998年净增3.75亿元，增长27.9%。1999年全省实现115.51亿元的税收中非公有制经济占了14.88%。

贵州省非公有制经济的经营范围和领域已拓展到国家政策准入的所有行业和领域，并在不少的行业和领域逐步占据了主导地位。在全省医药行业的220多家企业中90%为私营企业，1999年全省医药工业的20亿产值中有18亿是私营企业创造的，以私营企业为主的医药业正逐步成为贵州省的支柱产业。

贵州省个体工商户主要从事第三产业，1999年从事第三产业的个体工商户占总数的87.44%，从事第二产业的占总数的10.8%，从事第一产业的占总数的1.75%。近年来由于国家宏观调控和产业政策的力度加大，贵州省采取了一系列扶持绿色产业等特色经济发展和加强环境保护的政策措施，个体工商户开始逐步向农、林、牧等第一产业拓展。

私营企业以商业贸易型为主，1999年从事第三产业的私营企业10721户，占总户数的60.8%，第二产业有6076户，占34.4%，第一产业有822户，占4.7%。近几年，私营企业逐步从单一的商业贸易型向教育、科技、信息、环保、旅游、文化等方向发展，并且投资于第一产业的比重也在不断上升，并开始进入基础设施、通讯产业等国家逐步放开准入的领域。

企业技术进步

（一）技术改造投资增长较快

1999年，贵州技术改造投资取得显著成效，超额完成了年初安排的各项任务，完成全社会50万元以上技改项目投资65.8亿元，比当年工作目标61亿元超额完成7.9%，比上年同期增长10.2%。其中地方项目完成投资45亿元，比工作目标39亿元超额完成15.4%，比去年同期增长18.8%，贵州省技改投资增幅列全国第9位。

1. 一批重大技改项目开工建设和竣工投产，为推进工业结构调整发挥重要作用。1999年全省共有167个技改项目建成投产发挥效益，其中省重点项目51项，总投资58.13亿元，预计可实现新增销售收入43.8亿元，利税14.3亿元。贵州铝厂一电解环境治理改造，凯里电厂二期2×125MW发电机组改造，振华（集团）科技股份公司陶瓷外壳真空开关管改造，水钢6000Nm^3/h制氧机改造，铜仁、桐梓、毕节、遵义4个复烤厂12000kg/h打叶复烤线改造等15个重大技改项目建成投产。省重点项目新开工49项，项目总投资20.88亿元，建成达产后可新增产值25.8亿元、利润4.2亿元、税收2.98亿元、创汇1565万美元，其中贵州轮胎股份有限公司30万套全钢载重子午胎技改、贵州铝厂氧化铝节能改造、盘县电厂2×20万kW机组二期改造、镇宁红蝶钡业公司钡盐三期技改、中山包水电站3万kW机组改造等15项重大项目的顺利实施，将对增强全省经济发展后劲，调整工业结构，发挥重要作用。

2. 用好国家优惠政策，推进企业结构调整和产品升级。1999年，贵州铝厂氧化铝节能改造、碳素系统改造、贵州轮胎股份有限公司30万条全钢载重子午胎、贵州钢绳厂回火胎圈钢丝改造、贵州航空工业集团飞机发动机零部件转包生产线改造、振华电子集团公司片式电阻改造等15项列入国债重点技改项目。总投资26.55亿元，其中银行贷款18.24亿元，获国家财政债券贴息总额3.06亿元，占国家经贸委当年安排贴息资金130亿元的2.4%。到年底已有5个项目下达资金计划，获得中央贴息补助12085万元。同时，有34项技改项目列入国家经贸委安排的各专项规划，总投资23.62亿元，银行贷款8.65亿元，获国家贴息额度0.6亿元，已到位贴息资金4605万元。落实国家鼓励发展的内外资项目引进设备减免关税政策，全年共批准引进技术改造项目34项，办理免税项目确认书34件，用汇5182万美元，引进设备及生产线310余台套，共计免税1.24亿元。

（二）技术创新工程迈出新步伐

1999年把提高企业的技术创新能力摆到改革与发展的突出位置，推进以技术中心为主要方式的企业技术创新和产学研联合的体系建设，重点支持了一批技术上水平、增强竞争力的技术创新项目，组建并开通了国家经贸委中国技术创新信息网贵州网站并列入国家首批技术创新基地建设，使全省技术创新工程迈出了新步伐。

加快技术中心建设步伐，提高企业自主创新能力。全省1999年投入技术中心企业的财政资金达674万元。全省已有险峰机床厂等5个企业建立了国家级技术中心，同时贵州铝厂、赤天化集团公司和贵州轮胎股份有限公司三个省级技术中心已申报国家经贸委，请求认定为国家级技术中心。

全省按照国家开始实施西部大开发战略部署和国家经贸委要求，1999年申报的国家级技术创新项目15项、新产品29项中，国家下达的技术创新项目有6项、另4项创新项目获国家拨款，列入国家新产品试产计划的有险峰机床厂MQK84150型轻型数控轧辊磨床等18项。

1999年组织实施省技术创新项目108项，下达投资15177万元，投资向大型骨干企业和关键技术领域倾斜，重点是提高产业科技水平和竞争力，主要项目有贵州铝厂的大型预焙槽智能模糊控制系统在生产上的推广、振华科技股份有限公司的独立一体化可视电话、贵州力源液压股份有限公司的大型农机具HST液压传动装置等。全年完成了省级新产品试产任务308项，其中机械110项、电子23项、冶金15项、化工46项、有色金属4项、轻纺70项、医药18项、建材8项、商业等8项。其中贵州茅台酒（集团）公司开发的茅台液、九月九的酒等新产品一投入市场就受到广大消费者欢迎。

为促进科技力量向经济主战场的转移，加快科技成果转化和高技术的产业化进程，贵州省经贸委、省教委、省科委及产学研领导小组共同制定了《贵州省关于加快产学研联合的若干意见》。重点实施了长征电器八厂与山东工业大学为配合城乡电网改造而合作开发的110KV及以下变电站微机保护及监控系统、锦屏山明绿色企业总公司与中国农科院蜜蜂所利用本省野桂花蜜资源合作开发野桂花蜜系列产品等共11项产学研示范项目，下达投资3900万元，其中省级财政资金394万元。

企业管理

（一）学邯钢活动取得实效

贵州省在学邯钢活动中，主要从加强发展战略和重大决策管理、降低消耗和加强成本管理、加强财务及资金管理、加强质量管理、应用先进管理技术和完善管理手段等五个方面入手，抓好企业管理。通过学邯钢，全省企业管理工作跃上了新台阶，并涌现出一批先进企业，在省内及全国产生了较大的影响。水城钢铁公司采取了国家政策扶持、调整企业领导班子、国内同行业先进企业帮扶、加大技术进步力度、狠抓节能降耗、加强企业管理、强化责任制及实施“精干主体、分离辅助、减员增效”等措施，多管齐下，三年来水钢一年一个台阶，进入了全国冶金行业的先进行列，为全省国有大中型企业走出困境树立了榜样。贵阳车辆厂、赤天化集团公司、贵州铝厂、清镇发电厂等一批企业眼睛向内，从严治厂，消化了大量增支减利因素，实现增加盈利并保持了良好发展态势。

实施节能降耗上水平的“一四二”工程，是贵州省根据本省实际情况开展的一项以赶超国内同行业先进水平、不断提高全省重点产品能源原材料消耗指标水平为目标的活动，已纳入到省委、省政府对企业加强管理、扭亏脱困的总体工作要求中。通过各级管理部门对重点监控指标进行日常考核，强化企业基础工作，把消耗指标逐级分解落实到车间、班组和个人，贯彻实施贵州省企业节能降耗上水平工作考评标准，加强节能基础管理，开展降耗技术攻关，企业浪费现象明显减少，能源、原材料利用水平进一步提高。贵阳铁路分局、贵州铝厂、水钢、遵义铁合金公司等企业在加强用能监督监察、加大节能奖励、严格处罚浪费、组织重点技术攻关等方面都取得很好效果。贵阳钢厂等企业在坚持节能降耗工作与企业降本提效相结合，开展节能降耗指标成本管理，提高企业节能降耗价值管理工作水平方面，进行了富有成效的探索。1999年，贵州省“一四二”工程100项省重点监控的能源、原材料消耗指标中已有70项达到国内同行业平均以上水平，其中37项达到国内同行业先进水平，全年实现经济效益2.3亿元以上。

（二）对国有企业的监管得到加强

1999年工作重点放在国有企业领导干部廉洁自律上，认真贯彻中纪委三次全会、国务院廉政工作会议、贵州省纪委二次全会、省政府廉政工作会议和全国“企廉”工作座谈会精神，严格执行《廉政准则》、党风廉政建设责任制、制止奢侈浪费的八条规定，紧密结合实现国有企业三年改革与脱困目标和生产经营实际，加大从源头上预防和治理腐败的力度，结合厂务公开制度的实施狠抓落实，已取得显著成效。省企业廉政办公室对部分地区进行抽查，全省有约90%共887户企业召开了企业领导干部廉洁自律专题民主生活会。全省国有企业取消新建、缓建项目4项，节约资金1500多万元；取消装修豪华办公楼1栋，节约资金300多万元；取消不必要的出国（境）学习、考察34人次，节约资金70余万元。

对外经贸

（一）招商引资成效显著

1999年，贵州省在省委、省政府的领导下，在贵阳市举办了'99贵州优势产业投资融资洽谈会和'99贵州民营企业投资贸易洽谈会等两次较大规模的招商引资活动，并组织参加了西安'99中国东西部投资贸易洽谈会、厦门第三届中国投资贸易洽谈会以及在日本举行的'99东京投资洽谈会和大坂世界商务大会。同时，贵阳市也举办了中国医学医药科技成果交流暨贵阳医药产品展示会、'99贵阳市高新技术“产学研”结合项目洽谈会、'99阳明文化节投资贸易洽谈会。通过这些活动，宣传了贵州，使贵州在国内外的影响有所增强。全省全年利用外资19000万美元，其中合同利用外资6685万美元，外商实际投资4090万美元，完成全年2500万美元目标任务的163%。

（二）外贸进出口总额由降转升

据贵阳海关统计，1999年贵州省实现进出口总额54761万美元，为全年目标任务的107%。其中出口额为35779万美元，是全年目标任务的102%；进口额18982万美元，为全年目标任务的119%。进出口贸易的特点：一是出口逐季回升；二是一般贸易占主要份额，占到了全省出口总额的80%；三是出口商品仍以资源性产品和初级产品为主；全省生产企业自营进出口完成22000万美元，比上年增长19%。贵州轮胎股份有限公司、遵义铁合金有限责任公司、开磷（集团）有限责任公司和贵州宏福实业总公司出口创汇均超1000万美元，保持了出口增长的好势头，扭转了外贸出口下降的局面。全省机电产品进出口额13649万美元，其中出口5240万美元，与上年持平；进口登记为8409万美元，比上年略有增长。

（三）进口招标工作取得新进展

1998年国家经贸委授予贵州省机电设备招标中心从事进口设备的国际资格。1999年贵州省机电设备招标中心全年共完成国际招标项目15项，原批准用汇额1426万美元，招标中标金额1166万美元，节约外汇260万美元，节汇率为18%。

（李平　王光绮　徐荣）

附表 1　　1978～1998 **年贵州省国内生产总值**　　单位：亿元

年份	国内生产总值	第一产业	第二产业			第三产业			人均国内生产总值（元）
				工业	建筑业		#交通运输仓储业	#批发零售餐饮业	
1978	46.62	19.42	18.73	15.24	3.49	8.47	1.68	3.59	175
1979	55.28	23.29	22.41	18.33	4.08	9.58	1.86	3.40	204
1980	60.26	24.86	24.00	19.37	4.63	11.40	2.01	3.17	219
1981	67.89	29.90	24.95	20.36	4.59	13.04	2.56	3.93	242
1982	79.39	37.37	27.44	22.58	4.86	14.58	2.74	4.02	278
1983	87.38	37.76	33.14	28.16	4.98	16.48	3.76	5.33	302
1984	108.27	45.73	43.51	36.85	6.66	19.03	4.66	6.39	371
1985	123.92	50.45	49.88	41.96	7.92	23.59	5.86	8.16	420
1986	139.57	56.46	50.96	43.57	7.39	32.15	7.34	8.54	467
1987	165.50	66.46	60.11	49.93	10.18	38.93	7.74	10.33	546
1988	211.79	85.20	78.63	68.32	10.31	47.96	9.78	12.60	683
1989	235.84	92.88	86.74	77.26	9.48	56.22	12.36	9.52	750
1990	260.14	100.10	92.83	82.15	10.68	67.21	11.69	18.20	810
1991	295.90	115.71	101.54	88.96	12.58	78.65	13.98	20.97	896
1992	339.91	121.18	122.08	106.41	15.67	96.65	19.00	25.53	1034
1993	416.07	133.40	155.47	135.35	20.12	127.20	24.82	32.40	1255
1994	521.17	183.52	195.78	172.89	22.87	141.89	17.13	39.16	1553
1995	630.07	227.06	234.10	208.50	25.60	168.91	21.11	46.41	1853
1996	713.70	254.43	257.82	225.00	32.82	201.45	24.22	55.01	2021
1997	792.98	271.83	293.47	250.60	42.87	227.68	20.72	63.97	2215
1998	841.88	264.89	326.03	273.16	52.87	250.96	25.04	69.97	2318

注：本表按当年价格计算。1949～1995 年人均国内生产总值按公安年报人口计算，1996 年后按常住人口计算。

附表 2　　1999 **年贵州省规模以上工业企业主要经济指标**

指标	单位	1998 年	1999 年	1999 年比 1998 年增长（%）
产值	亿元	507.91	551.93	8.4
其中：大中型企业	亿元	318.52	352.05	
国有及国有控股企业	亿元	423.18	453.49	5.6
工业增加值	亿元	181.80	196.04	
其中：大中型企业	亿元	119.88	126.65	
国有及国有控股企业	亿元	154.92	164.17	
企业个数	个	2048	2119.00	
其中：大中型企业	个	230	225.00	
国有及国有控股企业	个	1556	1518.00	

（续表）

指　标	单　位	1998年	1999年	1999年比1998年增长（%）
企业职工人数	万人	72.95	70.45	
其中：大中型企业	万人	45.73	36.45	
国有及国有控股企业	万人	63.48	60.40	
固定资产原值	亿元	680.27	766.88	
其中：大中型企业	亿元	527.03	575.91	
国有及国有控股企业	亿元	636.50	709.54	
固定资产净值	亿元	443.69	500.09	
其中：大中型企业	亿元	329.99	366.46	
国有及国有控股企业	亿元	412.47	458.98	
资产总值	亿元	1166.76	1328.55	
其中：大中型企业	亿元	873.24	960.37	
国有及国有控股企业	亿元	1063.37	1201.73	
负债总额	亿元	794.10	913.32	
其中：大中型企业	亿元	593.50	647.18	
国有及国有控股企业	亿元	724.11	829.38	
利润总额	万元	16436.00	6483.00	
其中：大中型企业	万元	24366.00	35665.00	
国有及国有控股企业	万元	22831.00	14669.00	
利税总额	万元	622531.00	658103.00	
其中：大中型企业	万元	518589.00	560253.00	
国有及国有控股企业	万元	586894.00	616721.00	
亏损企业亏损总额	万元	206263.00	184332.00	
其中：大中型企业	万元	141642.00	104899.00	
国有及国有控股企业	万元	178711.00	151082.00	
工业品产销率	%	91.21	94.70	
其中：大中型企业	%	97.77	96.48	
国有及国有控股企业	%	94.89	95.96	
主要产品产量				
其中：钢	万吨	100.28	140.09	39.7
铝	万吨	22.72	25.91	14.0
磷矿石（生产量）	万吨	436.51	493.92	13.2
原煤	万吨	6561.00	4025.05	—38.7
发电量	亿千瓦	291.77	334.46	14.6
化肥（100%）	万吨	72.82	73.12	0.4
水泥	万吨	559.42	710.29	27.0
卷烟	万箱	195.79	187.60	—4.2
白酒	万吨	691	7.58	9.7
铁合金	万吨	38.96	52.83	35.6

云　南　省

建立现代企业制度

1999年，是云南省国有企业改革和发展工作持续推进的一年，也是实现党中央、国务院提出用三年左右的时间，到本世纪末，使大多数国有大中型企业初步建立现代企业制度，大多数国有大中型亏损企业摆脱困境（即“三年两个大多数”）目标的关键一年。

1999年，全省面临的主要任务是：在几年来取得成效的基础上，稳步地把工作推向深入，既要注重改制企业的数量，更要提高改制质量，特别要在转换企业经营机制、处理好重点难点问题、解决结构性矛盾等方面取得新的突破，为到本世纪末大多数国有大中型企业初步建立现代企业制度打下坚实的基础。为此，云南省经贸委及时会同各有关地区和部门，对全省大中型企业建立现代企业制度工作的进展情况进行了调查摸底和逐户分析，制定并下发了全省1999～2000年国有大中型企业建立现代企业制度规划，并就如何完成这一规划作出了具体安排。

按照全省的统一部署和安排，各有关地区、部门和企业都加大了工作力度。已经改制的企业普遍就如何进一步规范、完善和提高做出了安排；未改制企业中，除了有特殊困难的、特别是重点脱困企业外，都先后制定了本企业建立现代企业制度工作的实施意见，逐步开展了改制的有关工作。全省1999年建立现代企业制度工作在具体做法上主要有两大特点：

一是继续坚持了前几年实践中形成的行之有效的做法和经验。在企业的组织形式方面，年内改制企业中仅有昆明钢铁总公司等个别情况特殊的企业改制为国有独资公司，其余企业都改制为多元投资主体的有限责任公司或股份有限公司；在改制的具体模式方面，有的企业实行整体改制，有的企业则将资产进行适当剥离并进行重组，既确保了新组建的公司具有足够的活力，又通过多种途径逐步盘活了一些非经营性资产和低效甚至无效的资产；在调动职工积极性方面，继续推行了职工持股制度。改制企业基本都实行职工投资入股，有的企业还实现了职工持股会控股，如后所煤矿改制后组建的东源实业股份有限公司，职工持股会的股份比例达72.42%；在处理好改革、发展、稳定的关系上，所有改制企业都以“三改两加强”为重点，以促进发展为目的，并妥善地安置在职和离退休职工。据对改制企业的调查，企业的发展速度和经济效益指标通过改制都普遍有所提高，均没有出现不稳定现象。

二是调整了工作思路，从比较重视改制企业的数量，转变到切实提高改制质量上来。针对公司制的企业组织形式已被越来越多的企业所接受的实际，全省上下逐步把建立现代企业制度的着力点放到切实提高改制的质量上来。在政企分开方面，政府及其有关部门对改制后设立的公司的直接指挥逐步减少，基本上不再对公司的正常生产经营活动进行干预，同时要求改制后的企业自主经营、自负盈亏；在理顺国有资产产权关系上，明确由政府的出资人代表机构行使企业国有股的股权，昆明钢铁集团有限责任公司等企业则实行国有资产授权经营；在建立法人治理结构方面，各改制企业都严格依据《公司法》，分别组建了权力机构、决策机构、监督机构和生产经营指挥机构，逐步形成了有本企业特色的工作制度和议事规则；在转换企业经营机制方面，各改制企业都深入进行了内部劳动用工、人事和分配制度改革，并围绕行之有效的运行机制、独立的自负盈亏机制、相互制衡的监督约束机制和充满活力的技术创新机制等，进行了大量卓有成效的探索。

经过全省上下的一致努力，至1999年末，云南省236户地方国有大中型工业企业中，已经有103户完成了公司制改革工作；云南省交通厅所属企业中，已有23户改制为公司；云南省医疗器械工业总公司、昆明市药材公司等一批商贸企业已完成公司制改革并挂牌运营；云南航空公司、云南光学仪器厂、中国水利水电第十四工程局、西南有色昆明勘测设计院等一批中央在滇单位，也积极开展了建立现代企业制度的有关工作。

企业脱困

随着国家和云南省结构调整力度的不断加大，一批产品结构和经营结构不合理、技术水平低、机制不活、管理混乱、负担过重的企业逐渐陷入困境。促使这些企业尽快脱困已经成为国有企业改革和发展中面临的一项重大任务。云南省于1998年起将大中型企业中的亏损企业列为重点脱困企业(其中：国家级重点脱困企业32户，省级重点脱困企业32户)，并突出抓了纺织、机械、冶金、化工、轻工等行业的国有大中型亏损企业，分别按扭亏、减亏、破产、兼并等思路开展了脱困工作。

1999年云南省主要从三个方面抓了企业脱困工作：一是落实责任、明确任务。主要由云南省政府和有关部门、地区签订责任状，层层建立脱困目标责任制。每位在职的省级领导都负责联系若干户困难企业，帮助企业搞好脱困工作。二是因企制宜、分类指导。各重点脱困企业都制定了相应的脱困实施方案，采取不同的措施摆脱困境：产品有市场但面临暂时困难的，主要采取加大改革力度、实施技术改造、加强内部管理等措施实现扭亏为盈或大幅度减亏；亏损严重、资不抵债、无力偿还债务的，依法实施破产；部分产品仍有市场，但负担过重，扭亏难度大的，主要通过兼并或分块盘活等办法实现脱困。三是对脱困企业给予必要的政策支持。主要政策有：省地县各级财政加大了对重点脱困企业的资金扶持，据统计，云南省各级财政全年对重点脱困企业的资金支持达2亿元以上；有关银行对部分重点脱困企业有效益的项目实行了“封闭贷款”；对重点破产企业省里积极向国家争取列入计划，破产时冲销银行呆坏账准备金，并将拍卖资产所得优先用于安置职工。

通过采取上述措施和政策，至1999年底，国家级32户重点脱困企业中，田坝煤矿、曲靖化工厂、昆明化肥厂等7户扭亏为盈，云南化工厂、云南磷化学工业(集团)公司等4户比上年大幅度减亏，扭亏无望实施破产和兼并的有昆明冶炼厂、勐糯铅锌矿等14户，增亏的只有7户；省级重点脱困的32户企业中，曲靖重型机械有限公司、陆良造纸厂等10户扭亏为盈，沾益毛纺厂、昆明人造板机器厂、个旧高压电瓷厂等12户比上年大幅度减亏，扭亏无望实施破产和兼并的有云南仪表厂、昆明啤酒厂等5户，增亏的只有5户。这64户重点脱困企业1999年累计亏损2.16亿元，比上年减亏3023万元，减亏幅度达12.2%。

在重点企业脱困取得成效的同时，面上亏损企业的脱困工作也有了新的进展。1999年，云南省1387户地方国有工业企业中亏损542户，比1998年减亏20户，亏损面已控制在省政府要求的40%以内。

抓大放小

1999年，云南省重点培育的40户大型企业和企业集团都按照省委、省政府的要求并结合自己的实际加快了改革和发展的步伐。在体制改革方面，至1999年末，共有31户企业进行了改制改组，有的改制为规范的公司，有的改组为以资本为主要纽带的母子公司体制的企业集团。其中，年度内完成改制改组的有昆明钢铁总公司、云南维尼纶厂等企业，云南英茂集团股份有限公司等企业还对股权结构进行了较大调整；在进入资本市场融资筹资方面，有云天化、云内动力、大理造纸、云维股份、南天信息、云白药、昆百大、华一股份、锡业股份九支股票分别在深、沪两个证券交易所发行并上市。此外，昆明制药股份有限公司、昆明水泥股份有限公司、云南变压器(集团)股份有限公司、昆明电缆股份有限公司等企业也积极开展了申报股票发行上市的有关工作；在加强战略管理、实施资本运作方面，云天化集团有限责任公司、昆明钢铁集团有限责任公司、玉溪红塔集团有限责任公司、昆明制药股份有限公司、云南建工集团有限责任公司、云维集团有限责任公司、云南电力集团有限责任公司、昆百大集团股份有限公司、昆明百货集团股份有限公司等企业制定了发展战略方案并组织实施，其中，云天化集团有限责任公司、玉溪红塔集团有限责任公司等企业还在与省内外工业、金融、证券等企业之间的投资参股、兼并收购、联合重组等方面迈出了较大步伐；在减轻负担方面，各级财政对重点培育的大型企业和企业集团加大了有偿使用资金转为投资的力度。同时，经积极争取，昆明钢铁集团有限责任公司、云南锡业公司、云南铜业有限责任公司易门矿务局、云南磷化学工业(集团)公司、云南沾益化肥厂等15户企业列入了国家经贸委确定的债转股企业建议名单，涉及债转股金额80多亿元。

云南省放开搞活国有小企业工作，从1995年开始起步以来，经过选择一些企业和地县进行试点，并逐步扩大试点范围，到1998年已在全省全面推开。

1999年，云南省各地县进一步加大了放开搞活国有小企业的力度，主要做法：一是明确工作责任，把放开搞活国有小企业的主要责任落实到地县各级政府;二是采取多种形式推进国有小企业的改革,有的实行公司制改制或股份合作制改组,有的实行承包或租赁,有的进行兼并、重组,有的实施破产、关闭;三是鼓励和支持一批有条件的企业进行联合、重组,有的改组为企业集团,成为本地区的小巨人,有的进入大型企业或企业集团,成为大企业大集团的重要组成部分;四是坚持放小与扶小相结合,积极培育中小企业服务体系。在放开搞活国有小企业的过程中,各地县都积极创造条件,对产品有市场、合理利用资源、符合环境保护、有效益和发展潜力的企业在政策、资金和技术三个方面加大了扶持力度,曲靖等一些条件较好的地区还在建立中小企业信用担保体系、风险投资机制、技术支持体系方面进行了积极探索。由于目标明确、措施有力,截至1999年末,全省放开搞活国有小企业工作又比上年取得了新的进展,全省国有小企业改革面已超过70%,大理、保山、曲靖、玉溪、怒江等地州市小企业改革面超过80%,放小工作走在全省的前列。

加强企业管理

在省委、省政府的领导下,云南省在1999年以“指导、推动、引导、督促”为重点,努力探索在新形势下加强企业管理的有效途径。为了搞好企业管理工作,云南省政府下发了《关于加强国有工业企业管理工作的通知》,明确了企业管理工作的思路及目标,工作重点及相应的激励措施,促使企业眼睛向内,苦练内功。各企业,特别是大型企业和企业集团,围绕建立现代企业制度,重点抓好以财务成本管理和质量管理为中心的各项基础管理,积极推进管理的科学化,取得了较好的效果。

一是深入开展“远学邯钢、近学玉烟”活动,涌现了一批管理好、效益好的先进企业。在企业管理评价达标工作中,1999年有108户大中型企业达到管理评价一、二级企业标准,其中,昆明制药股份有限公司等20多户企业连续两年保持了云南省管理评价一级企业水平。继云天化等11户企业成为云南优秀管理达标企业后,1999年又有43户企业申报管理达标企业,其中有8户申报优秀管理达标企业。

二是管理示范工程初见成效。云南省在总结推广邯钢、亚星、玉烟经验之后,1999年又总结了云汽实业有限责任公司的经验,在全省推广。昆明钢铁集团有限责任公司学邯钢以来,吨材成本连年降低,1995年至1998年,吨材成本累计降低了249.24元,1999年又比上一年下降141.29元。红河州磷肥厂学邯钢以来,累计降低成本2458.75万元,1998年6月推出亚星采购管理经验后,仅2个月就节约采购成本134.56万元。

三是培育了一批管理人才。为提高管理者的素质,全省于1999年多次举办管理培训班,培训管理者300多人。还组织大中型骨干企业的厂长经理到海尔、亚星等企业学习管理经验,开拓了管理者的思路,有力地促进了管理工作的开展。

四是加强了国有资产管理。1999年省政府对签订1998年度资产经营责任制的12个行业和单位进行了奖惩兑现,对实行资产经营责任制过程中出现的问题,分别采取惩罚、中止责任书、适当调整责任目标等方式进行了处理。

五是加大了监督约束力度。重点是根据中央提出的从体制上、机制上建立和完善国有企业监督机制的要求,继续开展了对国有企业选派监事会成员的工作。

努力提高经济运行的质量和效益

一是强化经济运行分析和协调会议制度,对经济运行中的重大问题及时反映并提出建议和措施。1999年,云南省政府通过与16个地州市和8个重点行业厅局签订目标责任书,并连续组织召开经济运行座谈会,研究解决突出的问题,确保了全年经济增长目标的实现。

二是对影响蔗糖等重点行业实施了重点监控。在对20多个糖厂进行深入调研和分析的基础上,提出了对制糖业进行总量控制、调整结构和控制内销量的建议,成为全国主产糖区工作会议决定的重大举措,在指导糖厂脱困方面发挥了重要作用。同时,云南省政府还召开蔗糖工作座谈会,提出实行甘蔗收购最低保护价、减轻企业税费负担和切实搞好食糖储备等工作措施,促使产糖企业的效益总体上开始好转。

三是针对企业流动资金紧缺的问题,大力开展了“封闭贷款”工作。省政府于1999年8月订立了“封闭贷款联系会议制度”,并重新制定了《云南省封闭贷款实施细则》,完善了管理制度。同时,对云磷化学工业(集团)公司、昆明电机厂等企业进行跟踪调查,对搞好“封闭贷款”提出了若干合理的建议,有利地促进了工作的开展。截至年底,全省已有42户企业获得“封闭贷款”资金2亿多元,为企业发展注入了活力。

四是搞好电力优惠让利工作,切实减轻企业负担。通过与电力部门协调,1999年共有化工、有色、冶金等行业的42户重点企业获得电价优惠,实际让利5273万元，帮助高耗能企业渡过难关，实现了增产增效。截至1999年末，云南省累计生产黄磷18.57万吨，同比增长16.8%，生产10种有色金属60.7万吨，同比增长35%。

五是开展了以纺织压锭和煤炭关井压产为重点的清理整顿重复建设工作。

技术进步

1999年，云南省技术进步工作面临较大困难，技改投资完成情况并不十分理想。全年完成技改投资89.77亿元，其中，地方完成53.18亿元，分别比上年同期下降31.0%和33.4%。造成云南省技改投资完成不好的主要原因：一是受效益和宏观经济环境的影响，企业自筹资金的能力继续减弱，加之工业投资回报率低、投资风险增大，企业与其他主体的投资意愿下降，从而造成技改投资增长乏力；二是世博会开幕后，全社会固定资产投资放缓，加之烟草、邮电等重点行业的大规模技改基本结束，技改投资的总量下降；三是为防止盲目投资、重复建设，各方面均在严格控制新开工项目，使新开工项目的数量明显减少；四是银行贷款少、资金落实难。面对这种状况，我们一方面继续做好工作，在项目的质量上下功夫，另一方面，抓住国家增大技改投资力度的机遇，积极争取得到国家的支持。

1.1999年，经过认真筛选，有8个项目列入国家重点技改项目计划。这批项目总投资为55.7亿元，银行专贷29.6亿元，能争取国家财政债券贴息3.53亿元。这批项目的实施，将对云南省的产业结构调整、工业整体技术装备水平的提高等起到十分重要的作用。

2.在抓好国家重点技改项目的同时，组织实施了一批省管重点技改项目。着重抓好了昆机数控机床、云变“九五”技改、云光非球面光学镜头、昭通建材集团30万吨水泥及邓川奶粉厂保鲜牛奶等一批重点项目的实施。

3.以企业为主体的技术创新体系建设取得进展。在完善技术创新宏观调控体系的同时，积极推动以技术中心为核心、以产学研联合为有效形式的企业技术创新机制和以企业为中心的技术创新体系建设，全省已认定省级以上技术中心16个；以省院省校合作为重要标志的产学研联合开发工作深入推进，企业在产学研联合中的主导作用不断增强；积极组织了一批重大技术创新项目的实施。全年共安排省级技术创新项目14项，总投资1544万元。国家经贸委下达1999年国家重点技术创新贷款项目计划3项，总投资7200万元；拨款项目计划6项，拨款430万元。与此同时，积极推动中心城市开展城市技术创新试点工作，引导城市技术创新与产学研的有机结合。

（殷照平）

附表1 1949～1999年云南省国内生产总值

年份	国内生产总值（亿元）	第一产业	第二产业	工业	建筑业	第三产业	#运输邮电业	#商业
1949	8.93	6.26	0.97				1.70	
1950	9.53	6.44	1.11				1.98	
1951	10.54	6.76	1.41				2.37	
1952	11.78	7.27	1.82	1.59	0.23	2.69	0.48	1.58
1953	14.86	8.87	2.88	2.34	0.54	3.11	0.53	1.68
1954	17.03	9.92	3.57	2.91	0.66	3.54	0.66	1.81
1955	18.34	10.44	4.13	3.41	0.72	3.77	0.76	1.88
1956	21.33	11.60	5.11	3.99	1.12	4.62	0.85	2.30
1957	22.53	12.47	5.43	4.32	1.11	4.63	0.94	2.25
1958	23.21	9.57	7.99	5.71	2.28	5.65	1.43	2.06
1959	25.35	9.00	10.01	7.27	2.74	6.34	1.68	1.93
1960	25.43	8.83	10.50	7.66	2.84	6.10	1.60	1.66

（续表）

年份	国内生产总值（亿元）	第一产业	第二产业	工　业	建筑业	第三产业	#运输邮电业	#商业
1961	22.90	11.16	7.28	5.91	1.37	4.46	1.41	1.76
1962	24.50	13.64	6.55	5.81	0.74	4.31	1.26	1.76
1963	25.63	14.01	7.11	6.10	1.01	4.51	1.24	1.72
1964	29.25	16.18	8.19	6.54	1.65	4.88	1.39	1.78
1965	33.62	17.31	11.01	7.28	3.73	5.30	1.55	1.70
1966	36.39	18.37	12.18	7.86	4.32	5.84	1.64	1.82
1967	34.18	18.49	10.17	6.93	3.24	5.52	1.08	1.99
1968	26.51	17.36	4.74	2.55	2.19	4.41	0.58	1.01
1969	34.34	18.63	10.01	7.15	2.86	5.70	1.29	1.67
1970	38.52	18.87	13.38	9.65	3.73	6.27	1.56	1.95
1971	43.47	21.99	14.57	10.71	3.86	6.91	1.68	2.22
1972	49.50	24.84	16.89	12.73	4.16	7.77	1.91	2.54
1973	54.57	27.23	18.85	14.43	4.42	8.49	2.13	2.78
1974	51.78	24.29	18.98	14.58	4.40	8.51	2.12	2.92
1975	54.29	26.34	19.12	14.47	4.65	8.83	2.23	2.53
1976	49.27	25.70	14.96	10.79	4.17	8.61	1.94	3.34
1977	55.84	24.36	21.45	16.82	4.63	10.03	2.49	3.37
1978	69.05	29.46	27.58	20.91	6.67	12.01	2.34	4.49
1979	76.83	32.38	30.50	23.56	6.94	13.95	2.72	5.21
1980	84.27	35.89	33.98	25.86	8.12	14.40	2.80	5.16
1981	94.13	41.23	35.80	28.62	7.18	17.10	3.33	6.09
1982	110.12	47.04	42.39	34.21	8.18	20.69	4.01	7.41
1983	120.07	49.33	47.28	39.08	8.20	23.46	4.56	8.37
1984	139.58	57.33	54.38	44.14	10.24	27.87	5.42	9.94
1985	164.96	66.07	65.41	52.51	12.90	33.48	6.51	11.94
1986	182.28	71.23	70.83	61.09	9.74	40.13	7.84	14.20
1987	229.03	84.06	84.30	73.30	11.00	60.67	11.80	21.66
1988	301.09	103.47	112.40	99.19	13.21	85.22	14.57	33.01
1989	363.05	119.01	138.06	124.73	13.33	105.98	18.47	39.48
1990	451.67	168.13	157.80	142.77	15.03	125.74	19.82	40.44
1991	517.41	169.48	179.56	162.32	17.24	168.37	23.70	52.76
1992	618.69	186.80	219.03	193.90	25.13	212.86	25.19	73.64
1993	779.21	191.71	327.06	283.64	43.42	260.44	30.41	93.55
1994	973.97	237.51	429.66	381.88	47.78	306.80	38.72	110.58
1995	1206.68	305.27	536.63	477.84	58.79	364.78	49.33	128.41
1996	1491.62	364.27	672.82	595.26	77.56	454.53	66.87	151.75
1997	1644.23	391.48	750.01	651.72	98.29	502.74	76.02	158.29
1998	1793.90	408.43	828.37	699.46	128.91	577.10	88.90	170.15
1999	1855.74	412.17	825.12	680.01	145.11	618.45	107.95	179.57

附表2　　1949～1999年云南省全部工业总产值　　单位：亿元

年份	全部工业企业总产值	按经济类型分				按轻重工业分	
		国有单位	集体	个体	其他	轻工业	重工业
1949	1.95					1.24	0.70
1950	2.34	0.11	1.12	1.10		1.49	0.84
1951	3.01	0.80	0.89	1.31		1.83	1.17
1952	3.81	1.39	0.88	1.53		2.29	1.51
1953	6.03	22.22	1.14	2.66		3.93	2.09
1954	7.60	3.06	1.66	2.87		4.76	2.83
1955	8.66	3.98	1.73	2.94		5.24	3.41
1956	9.64	4.71	2.61	2.31		5.16	4.48
1957	11.19	5.66	3.44	2.08		6.35	4.83
1958	17.64	9.35	7.95	0.34		7.97	9.66
1959	24.45	20.71	3.74			9.78	14.67
1960	27.77	24.84	2.93			9.58	18.19
1961	15.70	13.68	2.01			6.31	9.38
1962	14.46	10.51	3.93	1.00		6.39	8.07
1963	14.74	12.45	2.26	2.00		6.10	8.63
1964	16.36	13.77	2.56	2.00		6.64	9.71
1965	20.31	15.86	4.42	2.00		8.97	11.33
1966	23.46	20.49	2.96			9.10	14.35
1967	21.59	17.48	4.10			9.34	12.24
1968	7.04	5.98	1.05			3.04	3.99
1969	24.01	20.97	3.03			9.60	14.40
1970	30.82	27.06	3.75			10.23	20.58
1971	32.74	28.86	3.88			12.77	19.97
1972	36.94	32.58	4.35			14.62	22.31
1973	41.32	34.49	6.83			16.61	24.71
1974	41.59	34.53	7.05			18.25	23.33
1975	42.33	36.05	6.27			18.62	23.70
1976	32.69	23.36	6.23			16.56	16.04
1977	46.21	36.32	9.89			21.67	24.54
1978	55.43	46.96	8.46			23.83	31.59
1979	62.38	53.45	8.93			26.26	36.12
1980	65.35	55.35	9.98	0.10		29.53	35.81
1981	72.54	61.88	10.46	0.20	0.16	35.18	37.35
1982	83.60	71.31	12.00	0.40	0.24	41.29	42.30
1983	95.11	80.80	13.86	0.11	0.32	47.36	47.74
1984	112.27	89.42	22.25	0.28	0.30	55.12	57.14
1985	136.25	109.11	24.29	2.23	0.61	65.92	80.33
1986	147.01	114.28	25.15	7.00	0.56	67.71	79.30
1987	181.84	140.25	31.66	9.12	0.79	85.52	96.31
1988	244.62	185.54	51.63	6.10	0.34	121.63	122.98
1989	304.91	323.33	63.26	7.36	1.94	154.61	152.30
1990	345.25	264.87	69.04	9.41	1.92	181.14	164.11
1991	393.62	300.44	80.68	10.40	2.09	203.85	189.77
1992	477.07	363.34	98.74	13.12	1.85	240.84	236.22
1993	690.07	516.21	144.02	19.88	9.94	333.28	356.79
1994	948.70	696.62	189.12	40.47	22.48	514.68	434.02
1995	1079.53	736.79	231.84	68.43	42.46	584.60	494.93
1996	1291.37	802.07	300.74	120.13	68.43	695.55	595.82
1997	1440.10	784.69	344.35	192.20	118.86	751.15	688.95
1998	1503.23	703.00	309.00	284.22	207.00	774.71	728.51
1999	1561.08	663.74	248.73	345.89	302.70	792.88	767.20

西藏自治区

综 述

在自治区党委、政府领导下，西藏经贸工作坚持以企业工作为中心，以国有企业改革和脱困为目标，解放思想，开拓创新，全区经贸体改工作迈出了新的步伐。全区经济运行持续稳定发展，国有企业改革取得了明显成效，已从单个企业向行业、地区发展，经济效益普遍提高，企业对自治区财税的贡献突出，企业职工收入水平有所提高，国有企业改革和发展已进入一个新的阶段。

1999年，全自治区国内生产总值达到105.61亿元，比上年增长9.6%；完成工业总产值16.6亿元，比上年增长8.7%。主要工业产品产量：发电量6.33亿千瓦时，增长1.6%；水泥39万吨，增长8.0%；黄金1000公斤，增长9.6%；铬铁矿21.45万吨，增长0.4%；啤酒24400吨，增长81.5%。

全区各项税收6.95亿元，比去年增长22.6%，其中：工商税收58148万元；国有及国有控股企业完成税收46463万元，占全区工商税收的79.9%；国有及股份、联营企业所得税10334万元，同比增长46%；9家股份制企业（包括上市公司）完成各项税收已达10105万元；全区纳税前20名企业1999年纳税额达23934万元，占全区工商税收的41.16%。

自治区30家重点调控企业的作用和影响更加突出。1999年，自治区30家经济运行重点调控企业完成销售收入32.01亿元；工业增加值2.46亿元；产品销售率93.29%；盈亏（包括政策性亏损）相抵后利润总额1.32亿元；上缴税金2.19亿元，占全区工商税收的37.66%。

自治区84户国有骨干企业，按照“三改一加强”的原则，根据自治区政府的要求，落实责任，深化改革，加强管理，提高效益，取得了较大的成绩。这84户国有及国有控股企业，1999年完成销售收入30.99亿元，比1998年增长3%；盈利企业61家，盈利2.57亿元，盈亏相抵后利润总额1.47亿元；亏损企业23家，亏损面降低了5.9个百分点；完成税收2.57亿元，占全区工商税收的44.12%，比去年增长25.37%，已建立和正在建立现代企业制度的41家，达到了48%。

企业改革

（一）企业改革与西藏经济发展战略

1994年，中央召开了第三次西藏工作座谈会，确定了“一个中心，两件大事，三个确保”的新时期西藏工作指导方针，制定了西藏经济发展战略和促进经济发展的一系列优惠政策和措施。自治区党委、政府根据中央决策，制定了“九五”规划和资源转化战略、科教兴藏战略、双开推进战略、支柱带动战略以及大力发展五大支柱产业的决定，同时实施了“510”工程，为西藏国有企业的快速发展创造了一个从未有过的良好机遇。西藏经贸委成立4年多来，牢牢抓住这个机遇不放松，认真贯彻党的“解放思想，实事求是，一切从实际出发”的思想路线，坚定不移地贯彻党委、政府关于经济和企业工作的有关决定和部署，以建立社会主义市场经济为目标，以企业工作为中心，大规模、连续地开展企业调查，制定规划和措施，创造性地开展工作，对于符合国家和自治区产业政策，产品有市场、有资源，生产有效益，可持续发展的企业，在股份制改造上市、技术改造、利差返还、核销呆坏账、安排重要商品进出口计划和“中西部”优势工程等方面，给予大力的支持，政策上给予倾斜，培育了一批我区优势企业，成为西藏基础产业、五大支柱产业和新兴优势产业、高科技产业的重要依托。例如：矿产业的西藏矿业股份有限公司、西藏矿业开发公司、山南地区铬铁矿等；旅游业的西藏明珠股份有限公司、西藏圣地股份有限公司等；建筑建材业的西藏建设集团、拉萨水泥厂、藏南建工建材科技有限公司；轻纺民族手工业的拉萨啤酒股份有限公司等；藏药业的西藏诺迪康药业股份有限公司、自治区藏药厂、奇正藏药公司；交通行业的西藏天路股份有限公司；机械行业的西藏珠峰股份有限公司等等。这些企业有的已上市，有的已改制，有的正在改制，均成为西藏的龙头企业、利税大户。例如：企业改革的排头兵，拉萨啤酒股份有限公司，1999年纳税又创新高，达1742万元，比去年增长73%；

珠峰股份有限公司继续保持纳税第一名的荣誉，纳税高达5236万元。对工业企业项目加大指导、协调、服务和扶持力度，仅1999年就核销了9个企业的26.25亿元银行贷款本息，减轻了企业负担，增强了企业活力，这些企业将在今后西藏经济发展中发挥重要作用。同时，对一些产品无市场，资源无依托，管理混乱，经济效益差的一般性加工企业，进行了产业结构调整，采取兼并、破产、关闭、售卖等措施，对自治区百货公司、交通旅行社、拉萨市东风副食品厂、昌都地区皮革厂、日喀则皮革厂、山南铁合金厂、松赞公司等一批企业依法实施了破产；对自治区电机厂、自治区塑料厂、通天公司、昌都地区机械厂、山南地区物资公司、那曲地区矿业开发公司等一批企业由优势企业进行兼并；对山南地区外贸公司、昌都地区洛隆县贸易公司、那曲地区建筑公司等企业进行了售卖；对土门煤矿、门士煤矿进行了关闭。在四年中先后对40多家企业实施了兼并、破产、关闭、售卖等工作。随着形势的发展和国家政策的调整，企业改革和发展的难度越来越大，1999年对森工、药业、农畜产品深加工、建材企业的股份制改造以及内贸一些企业的破产等我区国有企业改革和发展的“老、大、难”问题进行冲击，进行了大量细致的调查研究、向国家有关部门汇报、并争取支持等工作，基本完成了基础性工作，2000年将陆续进入实质性操作阶段。

（二）建立现代企业制度与抓“大”和放“小”

党的十五大提出了国企脱困和改革的“三二”目标，制定了抓“大”放“小”的方针政策。按照国家企业划型标准，西藏只有几家够中型企业标准，其余都属小型企业，这样西藏就没有国有企业脱困和改革的任务。西藏经贸委根据区内的实际情况，确定抓大放小的标准和内容，落实责任，有步骤、分阶段地展开。根据自治区党委、政府的部署，在1996、1998、1999年三次全区较大规模企业调查的基础上，基本上摸清了西藏国有企业的家底，明确了抓“大”放“小”的内容和对象。抓“大”，首先从1997年开始，将区内经济有较大影响的20家区直国有骨干企业确定为经济运行重点调控企业，由区经贸委负责，采取有力措施，强化对企业经济运行的监测、分析、协调、服务，并实行动态管理。1999年经自治区人民政府同意，将20家重点调控企业调整为30家（包括中直企业）。经过1999年一年的运行，全区30户重点企业运行情况保持了平稳协调发展的良好势头，各项经济指标基本趋于合理，经济运行质量进一步好转，企业经济效益有较大幅度提高，亏损面进一步减少，成为全区企业的重中之重。

1998年，自治区将以前确定的66家重点国有企业调整为84户，确定为自治区的骨干企业。这些企业资产均在2000万元以上，对地区和行业经济发展都有重要影响，作为全区国有企业三年脱困和改革的主攻目标，并实行了目标责任制，由各地市、行业主管部门负责。由于责任明确，1999年这些地区、行业从实际出发，大胆开拓，把抓“大”放“小”有机结合起来，出现了可喜的局面。作为全区地市国企改革学习榜样的山南地区，1999年全地区国有企业实现利润2400万元；昌都地区以股份合作制为改制主要形式，对42家企业进行改制，第一次实现了整体扭亏为盈；阿里地区在非常困难的条件下，狠抓管理，地直4家国有骨干企业全部盈利；自治区交通厅领导重视，深入调查，大胆开拓，厅属企业全部实现盈利；旅游局所属骨干企业，也全部实现了盈利；外贸厅所属企业工作踏实细致，减亏工作取得显著成效。

实践证明，坚持一切从实际出发的原则，以“三个有利于”为标准，把中央关于国企改革和发展的方针、政策和本地区、本行业的实际结合起来，解放思想，大胆实践，落实责任，创造性地开展工作，国企脱困和改革的目标一定能够实现。

（三）增资减债结合，促进企业技术进步

西藏国有企业曾为社会主义经济建设做出过重大贡献，但在计划经济向市场经济转轨过程中，国有企业资本金严重不足，负担沉重，产品和技术都比较落后，企业技术改造和创新能力不足等问题表现越来越突出，如这些问题不解决，不仅影响国有企业在国有经济的主导地位，而且直接影响财政收入，因此，在“三改一加强”的基础上，增加对国有企业的资金注入，减轻企业负债，增加企业活力，推进企业技术进步，增强企业发展后劲，是国家的一项重要政策，也是经贸委的一项重要工作，4年多来，主要采取了以下一些措施和办法：

1. 增资方面：

（1）改制上市募集资金。企业股份制改造并公开上市是优势企业募集资金、增强活力的途径，从1995年开始全区共有6家上市公司，共募集社会资金9.6亿元，仅1999年西藏诺迪康股份有限公司上市，募集资金就达2.6亿元，全部用于企业的技术改造、新产品开发和企业的发展。

（2）技术改造和新产品开发资金投入。技术改造和新产品开发是推动我区国有企业技术进步和实施名牌战略的一项重要工作。4年来，每年技术改造总投资规模都在2亿元以上，1999年实际批准技术改造项目36个，总投资额达41000万元。批准新产品开发项目7个，项目总投资3050万元。1999年，根据国家有关规定，研究制定了《关于国有企业技术改造贷款贴息和财政优惠政策的暂行规定》（藏政办发［1999］101号），将建立国有企业发展基金，实行国有企业技术改造项目贷款贴息制度和财政优惠政策，进一步扩大我区技改规模，加快我区国有企业技术改造和技术创新步伐。

（3）利差返还政策。截至1999年底，1997、1998、1999三个年度利差返还金额累计达5400万元，返还的企业计120多家。利差返还政策的实施，解决了一部分企业流动资金困难的问题。

（4）培植骨干财源政策。1997年，自治区制定了扶持企业发展、培植骨干财源的政策，1998年度向企业返还资金4600万元。

四年中，共为企业增加资金达11.13亿元。

2. 减债方面：通过核销企业呆坏账、建设项目贷款核销等工作，4年共计减负资金约29.65亿元。

3. 贷款方面：通过中西部优势工程贷款，为企业落实项目低息贷款共计6200万元。协调、促进银企合作，加强银企合作是现代企业发展的必然要求，这几年银行对企业的扶持力度明显加大，1998年，由区经贸委、人民银行拉萨中心支行、各商业银行、企业联合签订了“企业贷款授信协议”，各商业银行加大了对企业的扶持力度，1999年，各商业银行按照协议向20家授信企业发放贷款共计6.6亿元，向84户骨干企业发放贷款11.4亿元。中行西藏分行还在日喀则地区开展了封闭贷款试点工作，取得成功，并将逐步推广，为一些困难企业摆脱困境开辟一条新路。

通过增资、减债和加强银企合作，为西藏企业改革和发展创造了条件，4年来为企业增资和减债总金额达40.78亿元，仅1999年，各商业银行向授信企业和84户骨干企业贷款达17.7亿元，增强了企业活力，西藏区的一些优势企业已开始向高科技方向发展，加大了技术改造和创新的力度，创出了一批科技含量高的名优产品，有些产品不仅在国内有了一定的知名度，而且开始向国际市场进军。

（张申良）

附表1　1978～1999年西藏自治区国内生产总值　单位：亿元

年　份	国内生产总　值	第一产业	第二产业			第三产业	人均国内生产总值（元）
				工　业	建筑业		
1978	6.65	3.37	1.84	0.61	1.23	1.44	375
1979	7.30	3.50	2.02	0.67	1.35	1.78	404
1980	8.67	4.64	2.18	0.8	1.38	1.85	471
1981	10.4	6.3	1.68	0.7	0.98	2.42	560
1982	10.21	5.82	2.09	0.79	1.3	2.3	544
1983	10.29	5.5	2.59	1.09	1.5	2.2	538
1984	13.68	6.38	2.8	1.01	1.79	4.5	702
1985	17.76	8.87	3.08	1.23	1.85	5.81	894
1986	16.93	7.95	2.18	1.01	1.17	6.82	842
1987	17.71	8.07	2.13	1.09	1.04	7.51	863
1988	20.25	9.65	2.41	1.28	1.12	8.19	964
1989	21.86	10.04	2.84	1.58	1.26	8.98	1021
1990	27.7	14.1	3.57	1.92	1.65	10.03	1276
1991	30.53	15.5	4.17	2.27	1.9	10.86	1358
1992	33.29	16.59	4.46	2.56	1.9	12.24	1468
1993	37.28	18.27	5.51	2.69	2.82	13.5	1618
1994	45.84	21.1	7.92	3.43	4.49	16.82	1957
1995	55.98	23.44	13.33	4.09	9.24	19.21	2352
1996	64.76	27.15	11.39	4.38	7.01	26.22	2679
1997	76.98	29.18	16.95	8.13	8.82	30.85	3134
1998	91.18	31.31	20.24	9.02	11.22	39.63	3653
1999	105.61	34.19	24.00	9.97	14.03	47.42	4166

注：本表按当年价格计算。

附表 2　　**1999 年西藏自治区独立核算工业企业经济效益指标**

类　别	工　业 增加值率 (%)	总资产 贡献率 (%)	资本保值 增值率 (%)	资　产 负债率 (%)	工业资金 利税率 (%)	销售收入 利税率 (%)	工业产品 销售率 (%)	流动资产 周转次数 (次/年)
总　计	**56.2**	**4.8**	**123.6**	**34.5**	**9.6**	**28.3**	**85.0**	**0.9**
按经济类型分								
国有企业	57.9	2.8	131.7	31.9	6.5	22.1	86.2	1.1
集体企业	42.4	12.8	108.1	19.3	30.7	37.0	90.8	2.7
股份合作企业	57.6	−2.5	152.0	64.8	−0.1	−0.7	84.8	0.4
联营企业	57.8	7.7	91.4	45.7	19.7	43.5	92.0	0.7
有限责任公司	37.9	−5.5	26.4	83.9	−10.3	−51.4	40.2	
股份有限公司	42.6	7.7	107.9	41.7	11.3	35.6	82.8	0.5
私营企业	75.3	17.4	128.6	22.5	38.2	44.9	75.5	1.0
中外合资经营企业	39.3	0.2	163.4	13.4	1.0	3.3	87.9	0.7
按轻重工业分								
轻工业	57.1	4.9	92.5	38.2	10.5	29.6	81.8	0.8
以农产品为原料	57.8	5.9	122.6	40.2	11.9	30.5	81.3	0.8
以非农产品为原料	50.7	1.4	42.4	26.5	4.3	21.4	81.9	0.6
重工业	55.6	4.8	143.6	32.9	9.2	27.7	86.9	0.9
采掘工业	57.9	8.7	185.3	42.1	13.9	28.4	76.3	0.8
原料工业	54.8	3.6	140.7	26.8	7.6	29.4	92.2	1.2
加工工业	50.6	0.4	65.2	51.9	2.0	6.9	91.2	0.6
按企业规模分								
中型企业	44.9	1.9	158.8	33.1	4.1	9.9	102.7	1.5
小型企业	57.1	5.0	121.7	34.6	10.0	29.9	83.5	0.9
在总计中：								
国有及国有控股企业	55.2	4.1	124.7	35.4	8.0	26.3	86.0	0.8
亏损企业	55.9	−1.9	138.2	39.6	−1.3	−10.0	74.9	0.4

陕　西　省

综　述

1999 年，陕西省规模以上工业完成工业增加值 310.26 亿元，比上年增长 8.3%，增幅比上年提高 2.1 个百分点；完成工业总产值 882.45 亿元，增长 9.2%。全省现价工业总产值突破了千亿元(1034.21 亿元)。从总体上看，陕西省 1999 年工业生产呈现增长幅度提高、运行质量改善、企业效益好转的较好发展趋势。

企业改革与制度创新

（一）全面推进现代企业制度，促进企业转换经营机制

1998年陕西省政府确定的100户建立现代企业制度的重点企业，1999年绝大多数实行了公司制改造，其中80%的企业负债率有不同程度的下降，75%的企业实现了投资主体多元化。1999年底召开的省委九届三次全会上，省委、省政府又进一步提出了200户国有大中型骨干企业到本世纪末初步建立现代企业制度的任务。为此，省经贸委会同企业主管部门，根据企业的不同情况，对不同类型企业采取不同形式的改制，有的实行整体改制，有的将优良资产剥离出来分立重组，分块搞活。对已改制的企业，按照《公司法》做好规范和完善。重点是将已组建的独资公司进一步改制为多元股东结构的公司制企业。同时，按照现代企业制度的要求加快了以人事、用工、分配制度为重点的企业内部改革，切实转换经营机制。

（二）“抓大放小”，着力实施“大公司、集团化”战略

1999年，以名牌产品和优势企业为龙头，以资本为纽带，先后组建了彩虹集团、黄工集团、宝光集团、西安利君集团、延长石油工业集团、陕西有色集团等33个规模较大、在全国有一定影响的企业集团。年销售收入超过100亿元的集团有2户，超过20亿元的4户，10～20亿元的5户，5～10亿元的9户。推荐了9户企业进入国家520户重点企业行列，重点扶持了60户优势企业，采取多种形式放开搞活国有小企业4578户，占全省国有小企业总额的81.23%。

（三）加大破产兼并力度，推动国有资产重组

从1997年至1999年，全省对114户企业实施了兼并破产和减员增效，其中破产14户，兼并60户，减员增效40户，从国家争取到核销呆坏账准备金指标34.2亿元。1999年启动的4户破产企业已有3户破产终结，1户基本完成。

（四）加强企业管理，提高企业竞争力

一是深入开展“学邯钢、抓管理、练内功、降成本”活动，今年重点抓了营销、财务、质量管理，向国有大中型企业推广了山东潍坊亚星集团购销比价管理的经验。二是在省委、省政府安排部署下，加强企业领导班子建设，对企业领导班子状况进行了考察调整。派出的稽查特派员进驻8户企业开展工作。三是加强企业领导干部和管理干部培训。以工商管理培训为主体，广泛开展了多层次、多形式、有针对性的企业管理人员培训。1999年全省共举办工商管理培训班52个，培训企业高层管理干部近2000人。组织专家学者，为重点脱困企业会诊。组织了50多名专家教授，对30余户国有大中型脱困企业进行咨询，综合评价企业现状，找准制约企业改革脱困的症结所在，为省委、省政府制定国有大中型企业改革脱困实施意见提供决策依据。

企业脱困

（一）完善实施《关于我省国有大中型企业脱困工作的实施意见》

1999年，出台了《实施意见》，落实扭亏脱困目标责任书，与10个地市和9个主要工业厅局签订了扭亏脱困目标责任书，对全省国有大中型企业摸底排队，按照脱困难易程度分为三类，确定了三年脱困目标，到2000年底确保127户国有大中型亏损企业脱困，并制定了有关政策和措施并及时进行督促检查。

（二）认真做好债转股的工作，为企业走出困境创造条件

经调查，全省基本符合债转股条件的企业有112户，需要债转股金额219.58亿元。经过努力，到1999年底经国家经贸委正式推荐的达到30户。30户债转股企业按照国家经贸委初审方案转股额132亿元，1999年剥离债转股额108亿元，占初审方案转股额的82.3%。

（三）落实纺织压锭改造方案，控制总量，清理整顿“五小”企业

为了加快淘汰落后工艺、压缩过剩生产力、控制生产总量，到1999年底，全省压缩淘汰落后纱锭34.6万枚，关闭非法和布局不合理矿井1066处，关闭小炼油厂8家，摧毁土炼油炉2500个。

（四）抓好企业稳定工作，保证企业改革顺利进行

1999年，全省经贸系统潜在不稳定因素较多。为此，我们针对实际情况采取了相应措施：一是认真落实领导责任制，坚持一把手亲自抓和“谁主管，谁负责”的原则；在要求各部门维护稳定工作的办事机构24小时值班的同时，还特别要求领导干部必须亲自值班。二是要求全系统必须把维护稳定放在当前一切工作的首位，把保证企业稳定作为维护社会稳定的重大政治任务抓实、抓细、抓好。三是要求各级领导必须深入企业，调查研究，多为企业办实事，切实帮助企业职工解决实际困难，正确妥善地处理好各种矛盾。四是对一些不稳定因素较多的行业和部门，积极认真地研究和制定了处置突发事件的应急预案。特别是省冶金局在本行业不稳定因素较多的情况下，研究和拟定了较细的预案，分别成立了处理突发事件的领导小组和工作机构，有办公室、信息组、后勤组及疏导组，明确了各自分工和任务。五是保障敏感时期的信息、通讯畅通。六是全力以赴组织协调好工交生产和经济运行工作。通过经贸系统各级领导和广大职工的团结奋斗，克服各种困难，确保了工交生产的稳步增长。

技术进步和技术创新

（一）利用高新技术改造传统产业，提高企业的竞争力

1999年，重点扩大了应用计算机技术、信息技术、先进制造技术、高效节能技术、清洁生产技术等，使高新技术改造投资占全省技改投资的比重达到50%以上。通过高新技术对传统产业的改造，列入国家520户大型企业和120户重点企业集团的大企业和企业集团的产品质量、工艺技术、生产装备、劳动生产率、企业规模等方面达到或接近世界先进水平，全省形成50个有较高技术水平和产品附加值高、在国内外市场具有竞争力的大企业和企业集团。

（二）继续实施“名牌战略工程”，推动企业技术创新的进程

1999年陕西名牌产品完成销售收入258.84亿元，实现利税38.8亿元，创汇2.55亿美元，为全省经济的稳定增长做出了突出贡献。为扩大名牌产品范围，认定了3个果品名牌，包括果业在内，全省名牌产品达231个。

（三）积极组建企业技术中心，使企业成为技术创新主体

为了增强企业技术开发与创新能力，促进科研与生产紧密结合，加速高技术产业化，1999年全省共认定了64家企业技术中心，其中包括8家国家级企业技术中心。这8家是：长岭集团、彩虹集团、西飞公司、庆安集团、陕鼓集团、西电集团公司、秦川机床、西安仪表厂。

（四）加速科技成果转化，构筑转化桥梁，继续完善产学研信息服务网

1999年，省产学研联合会组建了陕西产学研信息服务网。该网设有科技成果转让、难题招标、产学研动态、技术创新、陕西名牌等栏目，收录了1000条信息，已有2.26万余人次访问了该网。为了使其更好地发挥作用，年底又组织人员对信息进行补充、更新。再增收2000余条信息，并增设“对外开放实验室名录”、“高精尖设备名录”两个栏目。

（五）筛选重点产品，参与西部大开发

为了抓住西部大开发的机遇，根据省委、省政府的安排部署，省经贸委调研了100多家企业的120多个产品，以市场容量大、科技含量高、产业链长、实现利税多为标准，初步筛选出七大类68个产品，作为迎接西部大开发重点发展产品。68个重点发展产品基本集中了我省优势行业、优势企业生产的拳头产品，其中20%的产品具有国际先进水平，80%的产品达到国内先进水平，30%的产品生产企业是民营企业。特别是一些高新技术企业生产的、具有自主知识产权和市场竞争力的高科技产品，代表了当前我省企业最高水平，如大唐电信生产的M30移动交换机、SP30全带交换机、西安捷普科技有限公司生产的广域网路电器、杨凌沃林国际降解树脂发展有限公司为解决白色污染开发生产的生物降解淀粉树脂及制品、西安开米股份有限公司开发生产的无磷环保型开米涤王多功能中性洗涤液、西安金珠近代化工有限责任公司开发生产的替代氟里昂、保持大气臭氧层的产品HFC—134a制冷剂、陕西巨川富万钾化工有限责任公司生产的富万稼有机钾肥、603所研制的城市垃圾资源化处理系统等。

对外贸易

（一）努力开拓国际市场，加大机电产品出口

1999年，陕西省在巩固稳定港澳和东南亚市场的基础上，积极开拓西欧和中东市场。4月份在阿联酋的沙加中国机电产品展览中心召开陕西省机电产品展销会，7月份在俄罗斯的莫斯科召开陕西省贸易展览会等，都收到了良好效果。1999年，全省机电产品自营出口3.97亿美元，比上年增长7.6%，机电产品出口占全省外贸出口总额的36%。机电产品进口4.44亿美元，比上年增长71.07%。

（二）扩大引进外资规模，提高利用外资水平

改革开放以来，全省引进外资规模逐年上升，为全省工业发展起到了积极的促进作用。截至1999年底，全省累计批准外资项目3300个，总投资123亿美元，合同外资85亿美元，实际利用外资47亿美元。其中借用世界银行、亚洲银行和外国政府优惠贷款协议借款额28亿美元，已经实际使用17亿美元。

（三）积极办好1999年东西部经贸洽谈会

1999年，陕西省在国家经贸委和国内贸易局的领导下，积极办好'99东西部合作与投资贸易洽谈会。会议的规模和成交额是历届洽谈会较好的一次。据统计，共有20多个省市区组成29个代表团参加这次洽谈会。参会客商25000余人，其中外商447人。参会企业6200多户。共签订国内横向联合项目合同414个，总投资额88.29亿元；国内横向联合项目协议290个，总投资额97.35亿元。内贸合同成交额131.71亿元，内贸协议成交总额71.49亿元。签订利用外资项目合同131个，总投资额10.75亿元，其中外资额6.91亿美元，利用外资项目协议127个，总投资额22.47亿美元。

（杜晓林）

附表　**1999年陕西省按所有制结构划分的规模以上工业企业主要指标**　单位：万元

企业性质	企业数（个）	总产值	增加值	固定资产	销售收入
国有企业	1513	6196064	2266696	9931305	5875388
集体企业	425	737927	200171	298911	634093
私营独资企业	52	78140	19307	46378	74661
港澳台独资企业	6	44658	12892	30213	38797
外资企业	1	437	178	281	437
合作合伙企业	149	406882	144368	548995	384056
股份有限公司	110	731806	213004	481265	693445
有限责任公司	333	2229935	621870	2038085	1802703

甘　肃　省

综　述

1999年，面对比较复杂的国际国内环境，甘肃省人民在省委、省政府的正确领导下，认真贯彻中央关于促进经济增长的一系列重大决策，努力克服有效需求不足、结构性矛盾突出等问题，积极稳妥地推进各项改革，使全省经济保持了平稳发展的态势。全年全省国内生产总值完成931.98亿元，比上年增长8.3%。其中，第一产业增加值191.2亿元，下降0.6%；第二产业增加值423.8亿元，增长9.5%；第三产业增加值316.98亿元，增长11.6%。一、二、三产业占国内生产总值的比重由1998年的23.25∶43.92∶32.83调整为1999年的20.52∶45.47∶34.01。二、三产业呈上升态势。全省人均国内生产总值达到3668元，增长7.31%。农业生产在大灾之年仍然保持了基本稳定，粮食总产量达814.93万吨，是历史上第三个高产年。财政金融运行平稳。大口径财政收入完成103亿元，增长5.67%。财政支出147.79亿元，增长17.91%。金融机构各项存款余额1220.9亿元，增长13.4%，其中城乡居民储蓄存款余额737.4亿元，增长11.2%。各项贷款余额1210.7亿元，增长9.68%。人民生活有所改善，城镇居民人均可支配收入达到4476元，增长11.6%，农民人均纯收入达到1413元，增长1.4%。全省经济运行的主要特点是：

工业经济

工业生产稳步增长。1999年，全省工业结构调整力度进一步加大，对市场严重过剩的产品坚决实行了总量控制，对浪费资源、污染严重、生产工艺落后、无证经营、扰乱市场、质量低劣、效益低下的小煤窑、小土炼油、小水泥、小玻璃、小火电等“五小”企业实行了关停，支持有市场、有效益的重点企业开足马力生产。截至1999年末，全省共关闭小煤窑638处，压减原煤产量463.8万吨；取缔和关停小土炼厂（点）192处；关闭和淘汰小水泥企业50户，小玻璃5户，压缩水泥产量127万吨，玻璃86万重量箱；关停小火电机组2台（套）；关停5吨以上小电炉5台，落后轧机2套。

通过进一步加强工业经济运行监控和综合协调，全省工业发展速度逐步加快。全年工业增加值完成327.68亿元，比上年增长8.2%。其中，轻工业完成77.41亿元，增长5.29%；重工业完成250.27亿元，增长9.02%。国有企业完成203亿元，增长4.77%；集体企业完成76.59亿元，增长7.54%；其他企业完成48.09亿元，增长11.91%。

（一）能源、原材料和一些重要工业产品保持增长

原煤因国家实行总量控制，生产1891.8万吨，比上年下降18.32%。其余大多数能源、原材料比上年有较大增长。其中：原油加工量782.78万吨，增长21.6%；发电量262.42亿千瓦时，增长3.47%；十种有色金属54.94万吨，增长1.48%，其中铝锭28.63万吨，增长0.63%，镍3.78万吨，增长12.84%，锌15.10万吨，增长14.39%；钢227.89万吨，增长27.78%；钢材154.9万吨，增长24.88%；生铁194.55万吨，增长30.83%；水泥705.03万吨，增长10.11%；化肥61.62万吨，增长20.47%。一些附加值较高的产品，虽然面临市场激烈竞争，生产也有了较大幅度增长或明显回升。如彩色显示器54.33万部，增长14.90%；集成电路9706万块，增长1.27倍；轴承969.54万套，增长4.54%；卷烟27万箱，增长6.89%。优势产品持续增长，增加了有效供给，促进了全省工业经济和财政收入稳步增长。

（二）产销衔接状况良好

通过以销定产，以销促产，工业产品产销率明显提高。全省产销率达到95.90%，比上年提高0.18个百分点。其中，国有企业产销衔接水平进一步提高，产销率达到99.07%，比上年提高1.51个百分点；国有大中型企业产销率达到99.29%，提高1.86个百分点。

（三）企业经济效益状况明显改善

全部国有及规模以上非国有企业综合经济效益指数达到57.26%，比上年提高4.13个百分点。实现销售收入720.72亿元，增长17.02%。国有及国有控股工业企业盈亏相抵后净亏损9.38亿元，比上年减亏10.53亿元，下降52.89%，实现了省政府要求全年减亏50%，净亏损额不突破10亿元的预定目标。“两项资金”占用大幅度上升的趋势有所遏制，增幅明显回落。

（四）铁路运输稳定增长

全省完成铁路货物发送量2691.3万吨，比上年多运145.4万吨，增长5.7%。关系国计民生的重点物资的运输完成较好。12个品类物资运输中，有8个品类增长。石油、金矿、钢铁、非金矿、矿建、化肥、盐及其他分别比上年增长26.8%、9.6%、22.3%、5.0%、41.2%、48.6%、2.0%和1.7%。铁路运输部门一举扭转了上年负增长的局面，实现了全行业扭亏为盈。

市场消费

（一）社会消费品零售总额增长加快

在国家扩大内需政策的刺激下，居民消费信心有所增强，消费市场渐趋活跃。全年城镇居民人均消费性支出达3681.5元，比上年增加582.14元，增长18.8%，高于收入增幅7.2个百分点。全社会消费品零售总额完成332亿元，增长9.17%，比上年提高0.17个百分点。其中，城市212.04亿元，增长10.03%；县及县以下119.96亿元，增长8.06%。国有及国有控股企业消费品零售额完成60.4亿元，增长5.72%；集体经济完成35亿元，增长0.46%；私营及个体经济完成166.1亿元，增长12.86%；其他经济类型完成70.5亿元，增长9.18%。各经济类型实现零售额占社会消费品零售总额的比重分别为18.19%、10.54%、50.03%和21.24%。国有和集体经济比重略有下降，私营及个体经济比重有所上升。

（二）物价摆脱长期低迷的状态，开始回升

全省居民消费价格指数和商品零售价格指数在100以下连续运行17个月和20个月后，从9月份开始出现回升，全年居民消费和商品零售价格指数分别为97.6和97.2，比上年分别下降1.4和1.8个百分点，下降幅度明显减缓。在居民消费价格中，城市下降2.8%，农村下降1.8%，城市下降幅度高于农村1个百分点；服务项目价格呈上升趋势，比上年上升4.9%；下降幅度较大的是食品类中的肉禽及制品（—10.6%）、蛋类（—9.7%）和水产品（—8.6%）。其他价格中，固定资产投资价格上升1.0%，工业品出厂价格下降1.9%，农业生产资料零售价格下降4.2%。

（三）市场体系建设逐步规范

形成了国家、集体、个体、私营、外资共同投资建设市场的格局。市场建设开始向网络化、专业化、大型化发展，比较健全和完善的各级各类市场体系初步形成。截至1999年底，全省共建成各类商品交易市场1092个，其中生活消费品市场1028个，生产资料市场64个。建成商品批发市场176个，其中年成交额上亿元的批发市场55个。省会兰州市作为国家建设商贸中心试点城市之一，已基

本形成了大商贸、大流通、大市场的基本框架。建成了320个各类商品交易市场，其中年成交额过亿元的市场有30个，市场吸引辐射能力波及全国20多个省市区。

（四）现代流通组织形式逐步推广

连锁经营企业已发展到30多家，连锁门店500多个。连锁经营的范围进一步扩大，除商业、粮食系统外，供销、医药、烟草系统也开展了连锁经营。物资代理取得了一定进展，在推进钢材、汽车代理销售的基础上，逐步增加了代理品种，扩大了代理范围和规模。省物资系统与省内外近80家生产企业建立了代理销售关系，代理销售额已占总销售额的70%以上。

（五）市场流通秩序明显好转

在全省范围内对烟草、成品油、医药、化肥、煤炭、农机等六大市场继续开展了整顿。烟草市场在过去整顿的基础上，通过上路督查，严厉打击假冒伪劣和走私贩私等违法行为，使非法经营活动大大收敛，促进了地产烟的销售；成品油市场从控制源头入手，打击走私贩私、低价倾销等违法行为，使乱建、重复建设加油站的势头得到遏制，省石油公司的主渠道作用得到加强；医药市场集中力量对兰州黄河药材市场进行了清理整顿，并逐步向地州市非法药市和零售企业延伸，取得明显成效；化肥市场采取产销联合，鼓励产销直接见面，加快销售，促进了省内大化肥的销售；通过加强煤炭经营资格审查，推行代理销售，使煤炭市场秩序明显好转；通过对农用机械实行经营资格审查认定等措施，使农机市场无序竞争的局面很快改变，省内农机销售量开始回升。

（六）市场开拓力度进一步加大

一方面，通过组织企业积极参加“昆明世博会”、“天津交易会”、“西安交易会”等全国性商品交易会，赴温州等沿海发达地区进行招商引资、经贸合作与洽谈，宣传甘肃，扩大了甘肃产品知名度。另一方面，全力以赴举办好一年一度“中国兰州投资贸易洽谈会”，吸引国内外客商来甘肃投资。1999年度“兰洽会”共签约合同177项，总投资35.02亿元，引进国内外资金25.26亿元，比上届兰交会增加17亿元，其中引进国外资金8991万美元，引进国内资金17.83亿元；签订协议55项，总投资107.87亿元，协议引进国内外资金56.98亿元。签订产权交易项目合同40个，合同金额2.57亿元；签订协议16个，协议金额2.8亿元。签订技术转让项目合同46个，合同金额4342.83万元。商品总成交额达到25.8亿元。

国有企业改革

（一）国有企业扭亏脱困取得阶段性成果

1997年，全省242户国有及国有控股大中型企业中，有102户亏损企业，亏损面为42.1%，亏损额14.47亿元。为了实现使大多数国有及国有控股大中型亏损企业摆脱困境的三年目标，全省多管齐下，打好国有大中型亏损企业扭亏脱困的攻坚战。一是建立扭亏目标责任制，对列入当年扭亏的重点企业，都签订了责任书，落实了帮扶措施。二是强化各部门的服务意识，上下左右一齐动，都为企业脱困创造宽松的条件，形成合力攻关的氛围。三是制定有利于扭亏增盈的政策，对现有亏损企业实现盈利的，从盈利当年起，三年内所得税全部返还。四是规范破产，鼓励兼并。1997年以来，全省共有86户国有企业列入《全国兼并破产和职工再就业工作计划》。其中，被兼并企业36户，破产企业19户，减员增效企业31户，共计核销呆坏账准备金28.4亿元，优化了企业资本结构。五是下岗分流，实施再就业工程。1997年至1999年，全省国有企业累计下岗分流职工49.5万人，实现再就业33.8万人。六是加快建立覆盖面比较广、制度统一的社会保障体系。七是强化企业管理，引导脱困企业转换经营机制，深化内部三项制度改革，苦练内功，从严治企，依靠企业自身努力实现扭亏脱困。1999年末，102户国有及国有控股大中型亏损企业中，有36户扭亏脱困。全省1103户国有及国有控股工业企业亏损面下降到36%，比上年下降0.9个百分点；亏损企业亏损额下降了35.29%，比上年减亏10.4亿元。

（二）国有企业战略性改组步伐加快

按照有进有退，“有所为，有所不为”的方针，“抓大放小”同产业结构调整相结合，多种途径推进了存量资产重组。抓大方面：一是始终如一地支持石化、有色等部属企业的发展，在资源配置、协调服务、外部环境等方面提供必要的条件，使中央企业继续保持了在全省国民经济中的支撑地位。二是组建了20户省级大型企业集团，这些“省级队”通过兼并、联合、收购等多种形式，实施资产优化重组，兼并了80户企业，重组资产252亿元，带动了一批企业的发展。1999年，20户企业集团总资产达到312.5亿元，占全省规模以上工业的18.9%；实现销售收入104.1亿元，占全省规模以上工业的21.5%；利税总额12.2亿元，占全省规模以上工业的35.4%。当年企业集团无一亏损。放小方面：通过改组、联合、兼并、租赁、承包经营和股份合作制、出售等多种形式放开搞活小企业，全省90%以上的小型企业进行了改制。在放活国有小企业中，改制为股份合作制、有限责任公司的占50%以上。各地、各部门自下而上主动推进，结合实际，能股则股，能并则并，宜售则售，宜租则租，小企业改革呈现出方兴未艾、健康向上的态势。

（三）建立现代企业制度稳步推进

省政府通过制订建立现代企业制度的一系列规范指导意见，有力推动了全省建立现代企业制度的进程。到1999年底，185户地方国有大中型企业中已改制改组企业累计95户，占51%。其中，改制为有限责任公司的44户，占46.3%；改为股份有限公司的5户，占5.3%；改为国有独资公司的25户，占26.3%；改为股份合作制的4户，占4.2%；被兼并破产17户，占17.9%。企业上市有新进展。截至1999年末，全省共有11家A股上市公司，发行募集资金23.64亿元，配股募集资金9.98亿元，共计33.62亿元。企业内部职工持股试点取得成效。到1999年底，进行试点的企业累计12户，入股职工21.5万人，募集资金1.86亿元。大多数企业在分配制度、干部制度和用人制度三项制度改革上进行了大胆尝试和探索。经过不断实践，建立现代企业制度不断完善。一是改制企业在明确投资主体、明晰产权上向前迈了一大步，普遍建立了资本金制度，进行了产权登记，明确了投资主体或暂定投资主体。二是通过多种形式改制，大多数实现了投资主体多元化，已改制的78户企业中，改为多元投资主体的有53户，占68%。三是改制企业普遍建立了法人治理结构，按照《公司法》，都制定了《公司章程》，设立了股东会、董事会、监事会和经理层等新的领导组织形式。四是许多改制企业加强了产品开发和市场开拓，面向市场的经营机制正在形成。五是一些企业在剥离办社会职能上进行了新的尝试，探索了“企社分开”的路子。

（四）企业资产负债结构有所改善

债转股作为搞好国有大中型企业的重大举措之一，在国家有关部门的支持下，全省共有金川有色金属公司、白银有色金属公司、四〇四厂、酒钢集团等19户企业进入了国家债转股盘子，计划转股金额158亿元。其中已有17户企业与资产管理公司签订了协议，签约转股额96亿元。通过债转股，这些企业平均资产负债率将由原来的77.47%降至39.89%，企业的资产负债结构进一步优化，市场竞争力进一步增强。通过巩固治理“三乱”成果，防止反弹，开展专项治理，企业负担进一步减轻。全省已宣布取消涉企收费、基金、摊派、集资等项目1170项，涉及金额13.7亿元；降低收费标准70项，涉及金额7693万元。年减轻企业负担14.5亿元。

（五）企业管理得到加强

一是通过改制强化了管理。许多企业把实现管理体制和管理机制创新作为建立现代企业制度的重要内容。兰州三毛集团通过改制，建立了企业管理机制市场化、管理内容精细化、管理方式法规化的机制，实现了企业的制度创新，使企业在激烈的市场竞争中增强了抗风险能力。二是大型企业集团内部组织结构和管理模式得到改进和完善。省政府对酒钢集团和兰州三毛集团进行了授权经营国有资产的试点工作。酒钢集团按照权力机制、决策机制和监督机制既分离，又统一，相互制衡的原则，规范了集团公司法人治理结构，企业组织体制改制为母子公司体制，提高了科学管理水平，保持了较好的发展势头。三是学邯钢，抓管理活动继续深入开展。1999年，省委宣传部和省经贸委总结了全省国有企业改革和管理上具有典型意义的“四种精神”，即酒钢集团“勇于进取、敢于碰硬”的精神；兰新通信设备集团“敢创敢试、开拓创新”的精神；兰州铝厂“严格管理、苦练内功”的精神；省电子公司“以人为本、求真务实”的精神。通过推广这些典型经验，用典型引路的方法，推动学邯钢活动向行业化、本地化发展，取得了较好效果。四是山东亚星集团比质比价采购管理经验得到推广。兰州铝厂制定了物资采购比价管理的一整套制度，严格责任制，认真进行考核，降低了物资采购成本。五是企业经营管理者培训工作受到重视。1999年，举办了重点脱困企业厂长、书记培训班，对300多名大中型企业的厂级领导和管理干部进行了高级工商管理培训。通过培训以及召开全省深化企业改革经验报告会，使先进企业的经验得到广泛传播，困难企业找到了自身差距，提高了认识，振奋了精神，增强了信心。

技术进步与技术改造

1999年，在国家政策的支持下，全省技术改造紧紧围绕“质量、品种、效益”和扩大出口，全年完成技改投资86.87亿元，比上年增长12.7%，占全省全社会固定资产投资总额的22.6%。其中，中央企业完成50.26亿元，增长20.7%；地方企业完成36.61亿元，增长3.35%。资金来源中，银行贷款17.72亿元，增长40.4%，比重由上年的16.4%

上升到20.4%；自筹及其他资金66.13亿元，增长8.98%。全省技术改造在建项目1260项。其中当年新开工802项，一批省列重点项目如刘家峡水电厂5号机组改造、窑街劣质煤热电厂改造、张掖地区化肥厂尿素“6改10”、兰州—成都输油管道工程、金川有色金属公司选矿系统改造、奇正集团系列藏成药改造、天水海林轴承厂冶金矿山轴承改造、西固热电厂老机组环保改造等相继启动实施。年内有刘家峡水电厂3号机组改造、靖远电厂2号锅炉改造、酒钢三轧厂一火成材、兰州三毛集团引进2000吨澳毛制条生产线、永红器材厂小外型封装集成电路改造、兰州真空设备厂大型真空钎接设备改造等803个技改项目建成和陆续投产。全年通过技术改造新增固定资产45.16亿元，新增销售收入30亿元，新增利税8.5亿元，增强了全省经济发展的后劲。全省企业技术改造和技术进步主要在以下几个方面取得进展：

（一）筹措资金的渠道进一步拓宽

在金融部门大力支持的同时，各级财政的支持力度加大，政府宏观引导作用进一步发挥。国家对全省一批重点技改项目给予了贴息资金和技改专项措施经费的支持。在省财政极为紧张的情况下，除对技改专项资金补助外，安排了重点技改项目资本金，调动了企业技改的积极性，加快了技改项目工程进度。

（二）国家重点技改项目进展顺利

全省列入国家国债专项计划的项目11项，总投资51.5亿元，其中贷款29.3亿元，贴息补助5.3亿元，分别占全国的1.7%、2.98%、2.75%和4.06%。列入国家第一批“双高一优”计划的项目15项，总投资43亿元，其中贷款11.9亿元。在财政、银行、环保等部门密切配合下，国债技改项目和“双高一优”项目实施进度加快，项目前期工作进展顺利，部分项目已陆续开工建设。

（三）强化项目全过程管理

通过对天水二一三机床电器厂新型机床电器改造、甘肃华煤（集团）洗煤厂120万吨/年原煤入洗能力改造、甘肃凉州葡萄酒厂3000吨/年葡萄酒生产线改造、甘肃稀土公司氧化钕生产线改造等一批竣工项目进行全过程管理和验收，促进了建成项目达产达标，使一些项目开始发挥经济效益，提高了主要行业和重点企业的技术水平和市场竞争力。

（四）产学研相结合，技术创新取得了成效

全省已建立国家级工程技术研究中心2家，省级技术中心19家。快中子治癌机、二次电池镍钴储能材料开发、铝及铝合金毛化板箔材工艺研究与开发等一批国家级重点技术创新项目取得新进展。兰新通信设备集团依托企业技术中心，自1995年研制开发出铁路专用无线列调通讯产品以来，已开发生产出A、B、C三种制式无线列调通讯系列产品，产品在国内市场的占有率达到70%以上，给企业带来很好的经济效益。长风信息科技集团通过产学研合作开发出技术领先的变频调速洗衣机。金川有色金属公司通过企院合作，正在建设国内最大的镍氢电池基地。通过实施以“陇货精品”为重点的名牌战略，产品结构调整力度不断加大。全省陆续推出了44个“陇货精品”，省财政每年拨出专项资金重点培育市场前景看好、品牌竞争力强的名牌产品，使名牌产品形成了一定规模。1999年，44个“陇货精品”销售收入达到215.6亿元，利税13.1亿元，分别占全省规模以上工业企业的48.7%和55.2%。

（五）资源节约和综合利用成效显著

省人大通过颁布了《甘肃省实施〈中华人民共和国节约能源法〉办法》地方性法规，节能工作开始走上制度化、规范化、法制化的轨道。资源节约综合利用技术改造项目投入增加，其投资占全省技改总投资的比重达到17%，高于上年。重点用能企业能耗定额责任制进一步完善，节能监测、计量、标准等基础管理得到加强，重点用能企业节能降耗取得明显成效。1999年，全省万元产值综合能耗由上年的3.74吨标准煤下降到3.66吨标准煤。全年节约能源60万吨标准煤，其中，节电5亿千瓦时，节约钢材1万吨。主要工业产品单耗稳定降低率达到70%。

外经外贸

（一）外贸出口下降幅度较大

1999年，受国际经济环境影响和出口商品结构的制约，对主要出口市场的出口大幅减少，占全省出口总值65%的亚洲市场减少8%，其中对香港出口下降51%。主要出口企业的出口下降幅度较大。全年外贸进出口总额完成40623万美元，比上年下降10.86%。其中，出口额31699万美元，下降10.1%；进口额8924万美元，下降13.47%。实现顺差22775万美元。出口结汇12139万美元，增长43%。为了遏制出口下滑的势头，全省上下做了多方面努力。一是继续做好企业进出口经营权的审核与申报工作，进一步壮大外贸队伍。到1999年末，全省自营进出口生产企业发展到99户，其中有68户企业已承担了出口任务。二是建立外贸出口联席会议制度，加强协调与服务。通过落实国家出口退税和省上出口奖励和补贴等优惠政策，协调解决企业在外贸出口中遇到的困难和问题，在资金、电力、运输等方面对出口企业给予支持，全省外贸出口从8月份止跌回升。三是推进出口产品结构调整，增加机电产品出口。通过加大机电产品出口企业技改投入，提高出口机电产品的技术含量、质量和档次，增强了机电企业的出口实力。全年机电产品出口完成2689万美元，占全省出口总额的比重达到8.48%。四是把开展境外加工贸易作为扩大出口的突破口。努力促进兰州石油化工机器厂对外承包工程、甘肃轻工机械厂在吉尔吉斯斯坦建设塑料纺织包装袋生产线等境外加工贸易业务，取得了较好的效果。五是发挥地区经济和资源优势，加紧规划建设十大出口产品基地，增强外贸出口的后劲。

（二）外贸进口进一步规范，技术引进得到加强

通过对钢材、纺织原料等进口产品直接安排到生产企业，对化肥、农药等由国家指定公司代理，进口由省农资部门统一经营，使外贸进口进一步规范。1999年，全省技术引进和设备进口项目完成14项，总金额1656.42万美元；机电产品进口47批（次），总金额1676.3万美元，促进了重点企业技术装备水平的提高。

（三）利用外资有所扩大

1999年，全省新批外商投资企业68家，协议利用外商投资9442万美元，增长23.18%；实际利用外资额4104万美元，增长6.21%。全省累计共有外商投资企业1492家，投资总额25.9亿美元，协议外资额12.9亿美元，实际利用外资5.4亿美元。外商投资结构进一步改善，在第二产业继续增加的同时，一、三产业也有较大发展。

（四）对外经济合作取得新进展

全省对外承包工程和劳务合作、合同共33项，合同金额6208万美元。实现营业额5664万美元，增长54.42%。派出各类劳务人员1000人，增长10.1%。全年境外项目达到342项，合同金额2645万美元，增长9%，其中中方投资额1869万美元，增长11%。全年共执行多、双边援助项目54项，完成执行金额860万美元。通过组织企业参加白俄罗斯中国商品贸易展、'99荷兰中国贸易投资洽谈会和莫斯科中小企业商品展等国际贸易洽谈活动，签订合同500万美元，协议1700万美元，进一步扩大了对外经贸合作。接待来自加拿大、美国、日本、澳大利亚、匈牙利、香港等国家和地区的各类团组10多批、100多人次，加强了相互间经贸往来。口岸建设速度加快。兰州陆运口岸（二类）正式运营，实现了兰州—青岛的进出口货物集装箱直通式铁海联运，兰州—香港包机实现正常航班，有力促进了全省对外开放。

非公有制经济

在党的“十五”大精神的指引下，全省以“三个有利于”为标准，使非公有制经济得到快速发展。一是政策扶持力度不断加大。省委、省政府先后出台了《关于进一步加快发展个体、私营经济若干政策规定》、《关于大力发展非公有制经济的决定》和《关于大力发展非公有制经济的补充规定》等政策性文件。支持非公有制经济“不限速度，不限规模，不限比例，不限数量，不限方式，不限范围”发展，有力地推动了全省非公有经济的较快发展。二是各类人员兴办个体私营企业的积极性提高。许多党政机关、企事业单位工作人员，大中专毕业生、复转军人纷纷从事个体私营经济，或到个体私营企业中就业。三是资金筹措渠道进一步拓宽。通过建立个体私营企业贷款担保金，实行抵押贷款，商业银行的资金支持力度进一步加大。四是非公有制企业积极参与国有企业资产重组，以多种形式吸收国有企业下岗职工，为全省经济结构优化做出了贡献。五是个体私营企业的合法权益进一步得到保障。非公有制企业的财产、业主产品权属关系都得到合法保护。乱收费、乱罚款、乱摊派、乱检查得到有效制止。六是非公有制经济的整体水平有了很大提高。出现了一批技术含量高、市场竞争力强的非公有制企业，如兰州威信制药厂、甘肃奇正集团、兰州鹏达实业有限公司等。七是在大中城市非公有制经济加快了产业升级步伐，向新兴产业和高新技术产业发展。经济发展相对落后的地区，非公有制经济依托资源优势，加大开发力度，逐步形成了一批优势产业。1999年，全省非公有制经济实现国内生产总值220.04亿元，占全省国内生产总值的比重为23.61%。在全省一、二、三产业增加值的比重达到了31.15%、15.93%和29.32%。非公有制工业企业达到6.55万家，实现工业增加值48.09亿元，占全部工业增加值的14.68%。个体工商户发展到52万户，比上年增长5.23%；从业人员96万人，增长6.9%；注册资金39.4亿元，增长17.1%。私营企业发展到15110户，增长24.4%；从业人员20.8万人，增长17.5%；注册资金91.4亿元，增长57.1%。经过近几年的快速发展，全省非公有制经济已成为协调经济关系、开拓市场、增加财政收入、创造就业机会、提高人民生活水平的重要途径，成为全省国民经济持续发展的重要力量。

1999 年，全省经济运行中也存在许多困难和问题：一是经济结构矛盾比较突出，工业结构调整和优化升级进展不快。中小企业发展水平低，非公有制经济规模小、比重低。二是国有大中型企业亏损面和亏损额仍然很高，国有及国有控股大中型工业企业脱困任务十分艰巨。三是市场约束增强，一部分企业生产经营十分困难。企业内部管理存在问题还比较多，经济运行质量不高。四是技术改造投入不足，不少企业的技术装备严重老化。技术含量高、附加值大的产品和高新技术产业化项目投资比重不高，选择技改项目的难度加大。五是外贸出口下降，利用外资规模还很小。这些矛盾制约了全省经济的发展。为了使甘肃经济不断适应国际国内经济发展的变化趋势，还需要一个艰难的调整过程。

（刘书衡）

附表 1　　**1978～1999 年甘肃省国内生产总值**　　单位：亿元

年份	国内生产总值	第一产业	第二产业	＃工业	＃建筑业	第三产业	＃交通运输仓储邮电通信业	＃批发和零售贸易餐饮业	人均国内生产总值（元）
1978	64.73	13.21	39.04	34.66	4.38	12.48	3.23	4.55	348
1979	67.51	12.89	40.98	36.90	4.08	13.64	3.26	4.83	359
1980	73.90	16.46	39.85	35.25	4.60	17.59	3.27	6.86	388
1981	70.89	17.63	35.30	31.33	3.97	17.86	3.50	7.07	367
1982	76.88	19.68	38.54	33.63	4.91	18.66	3.74	7.18	393
1983	91.50	27.65	42.92	37.52	5.40	20.93	4.07	8.63	462
1984	103.17	27.83	49.98	43.65	6.33	25.36	5.14	10.16	515
1985	123.39	33.08	58.81	50.54	8.27	31.50	7.36	11.40	608
1986	140.74	38.02	65.27	56.01	9.26	37.45	9.33	12.71	684
1987	159.52	45.27	68.40	58.26	10.14	45.85	10.67	15.67	764
1988	191.84	52.77	81.33	67.28	14.05	57.74	10.94	22.55	905
1989	216.84	59.01	91.79	77.62	14.17	66.04	11.82	29.08	1007
1990	242.80	64.06	98.33	83.93	14.40	80.41	12.01	30.64	1099
1991	271.39	66.55	111.91	97.19	14.72	92.93	12.45	31.17	1204
1992	317.79	74.20	128.66	110.21	18.45	114.93	14.18	39.15	1384
1993	372.24	87.43	159.96	136.74	23.22	124.85	15.03	43.11	1600
1994	451.66	103.81	199.32	174.62	24.70	148.53	20.22	50.26	1925
1995	553.35	110.53	258.51	226.45	32.06	184.31	25.64	67.23	2288
1996	714.18	187.81	314.96	276.66	38.30	211.41	28.39	79.29	2901
1997	781.34	189.79	343.40	287.10	56.30	248.15	34.87	90.19	3137
1998	869.75	202.21	382.00	311.80	70.20	285.54	39.32	99.23	3456
1999	931.98	191.21	423.79	327.68	96.11	316.98	42.89	108.32	3668

附表2 1978～1999年甘肃省国有工业独立核算企业效益指标 单位：万元

年份	平均职工人数（万人）	总产值	固定资产原价	利税总额	资产总额	负债总额	产品销售收入
1978	58.70	632824	1078367	172666	1021734		
1979	58.45	658301	1111725	183174	1024454		618939
1980	60.83	701041	1291578	185600	1146231		661672
1981	62.81	678632	1421748	170531	1237369		643097
1982	65.04	735019	1497386	174576	1284907		695296
1983	67.06	795619	1586722	197432	1332213		768360
1984	69.93	917700	1688789	230014	1395680		857452
1985	73.46	1108997	1778210	259977	1510754		1053055
1986	76.61	1226946	1926789	267018	1636416		1174475
1987	77.87	1390876	2121593	292603	1819729		1367066
1988	81.31	1673382	2332810	311379	2023999		1582271
1989	84.42	1978412	2502086	332027	2253096		1803458
1990	86.07	2150342	2737057	281474	2564787		1886575
1991	85.22	2412548	2989024	293560	2810991		2189902
1992	87.57	2766184	3456688	324507	3929154		2594059
1993	89.63	3731159	4201961	425082	6400982	4062656	3889412
1994	91.05	4563662	5093188	416273	7692076	5066331	3872525
1995	90.45	4687921	6953981	406913	9357701	6276904	4575610
1996	87.76	4838695	7801693	353288	10652728	6707591	4726437
1997	82.53	5136153	8966535	302506	12471948	8303417	4918664
1998	74.77	5080766	10815051	261428	14674741	9862293	5008473
1999	72.33	5709362	12034369	466147	15616285	10548572	5594997

附表3 1998～1999年甘肃省全部国有及限额以上非国有企业单位数及总产值

指标	企业单位数（个）		工业总产值（万元）	
	1998年	1999年	1998年	1999年
总计	**1614**	**2245**	**6615615**	**7470741**
一、国有经济	1089	1088	5080766	5709312
中央	82	91	3436179	3995374
地方	1007	997	1644587	1713938
二、集体企业	347	750	819610	914443
#县（市、区）属企业	32	84	81839	93361
三、私营经济	23	90	25068	85991
四、联营经济	12	13	14767	17105
五、股份合作制经济	56	105	84296	99164
六、外商投资经济	8	9	58789	35065
中外合资经营企业	5	6	29605	9270
中外合作经营企业	3	3	29184	25795
外资企业				
七、港、澳、台商投资企业	19	23	209079	195581
与大陆合资经营企业	11	16	175736	169219
与大陆合作经营企业	2	2	21400	21940
港、澳、台独资企业	5	5	10871	4422
八、其他经济	87	167	323240	414026
在总计中：轻工业	705	935	1006873	1111153
重工业	936	1310	5608742	6359588
在总计中：大型企业	93	87	4482533	4931133
中型企业	163	120	589431	468829
小型企业	1385	2038	1543651	2070779

青 海 省

工业经济

1999年，青海省认真贯彻落实中央12号文件和全国经贸工作会议精神，加大国企改革力度，推进技术进步，强化市场流通建设和经济技术协作，积极做好综合协调工作，各方面经贸工作都取得了新的进展。工业生产稳步增长，完成工业总产值比上年增长9.41%，完成工业增加值增长9.04%；实现销售收入同比增长12.44%，增幅比上年提高9.67个百分点；实现产销率95.46%，比上年提高1.03个百分点。扭亏增盈工作成效显著，全省规模以上企业比上年同期减亏6.07亿元，全省消费品零售总额增长6.5%。

企业改革与制度创新

1999年，青海省紧紧围绕国有企业改革与脱困目标，以企业工作为中心开展工作，国有企业改革和发展迈出了重大步伐。

（一）脱困工作扎实，企业经济效益好转

建立三年改革与脱困目标责任制，是1999年经贸工作实施三年两大目标的重要举措。年初，制定了《国有大中型亏损企业脱困工作意见》，成立了由省经贸委、省委组织部、财政厅、劳人厅、国资局、总工会等部门共同组成的全省企业脱困工作指导和考评小组。省经贸委代表省政府与有关地区和部门签订了国有企业脱困目标责任书，明确了脱困的具体任务和责任。考评小组各成员单位对34户国有大中型企业实行联点指导，一户一户落实脱困方案，并确定其中的7户为重点指导企业，由各成员单位抽调专人组成7个联络组，深入企业，指导脱困工作。各地区、各部门也按照省上的统一部署，扎实开展工作，逐户落实亏损企业的脱困责任，取得了明显成效。全省上下左右基本建立了脱困工作网络，形成了上下互动、左右配合，共同推动企业脱困工作的良好局面。

在各方面的共同努力下，企业总体经济效益明显好转。

一是工业企业减亏幅度大。从1992年我省工业总体出现净亏损以来，亏损额逐年上升，1999年这种局面有所改观。规模以上独立核算企业盈亏相抵后净亏损1.2亿元，比上年减亏6.7亿元，下降84.81%。其中，亏损企业亏损额7.6亿元，下降22.11%；盈利企业盈利额6.3亿元，增长2.5倍。据省财政厅统计，地方工业企业中，除海西、海南两州净亏损上升外，其他地区和部门都有不同程度的减亏。

二是大中型企业经济效益明显好转。全省大中型工业企业盈亏相抵后净赢利2.3亿元，比上年减亏141.14%。特别是青海铝业公司、黎明集团等大型重点企业已扭亏为盈。还有一大批企业大幅度亏损。

三是国有商贸企业总体效益也有所好转。粮食企业减亏40.26%，物资企业减亏17.98%，供销社减亏33%，商业增亏10.41%。

（二）结构调整与企业重组

近两年来，我们以机电、纺织、化工等困难行业脱困为突破口，把调整结构与行业脱困紧密结合起来，取得一定进展。特别是1999年，调整、重组的力度是近几年来比较大的一年。一是加大了兼并破产力度。将核销银行呆坏账准备金集中用于重点脱困企业，使一批长期亏损、资不抵债、扭亏无望的企业退出市场，消除了一批亏损源。1999年国家安排青海省核呆规模7.78亿元，其中青海天源纺织集团项目核呆3.08亿元，上年结转项目核呆额4.7亿元。青海工程机械厂的债务重组项目已列入全国兼并破产计划。另外，还有一批重大结构调整项目正在争取审批之中。1997年底，82户国有大中型企业中，亏损企业61户，截至1999年底通过兼并破产的方式整治了8户，从根本上解决了一些企业年年扭亏年年亏的问题。二是积极争取国家支持，改善企业资产负债结构。对产品有市场、发展有前景，由于债务过重而陷入困境的部分大中型国有重点脱困企业，争取国家债转股政策。1999年，青海省共向国家经贸委推荐上报了10个债转股项目，其中有3户中央企业，7户地方企业。10户企业资产总额200亿元，负债总额164亿元，申请债转股金额58.8亿元。1999年底前，有6户企业作为国家经贸委推荐企业，已进入金融资产公司

评估阶段。这6户企业申请债转股金额55.2亿元。三是对一批浪费资源、技术落后、质量低劣、污染严重、不符合基本安全生产条件的“五小”企业，进行整顿关闭。已关闭小煤矿82处，压缩煤炭产量87万吨，关井压产工作基本结束。已淘汰5条土窑水泥生产线。

（三）转机建制与百业管理

转换经营机制建立现代企业制度的基本要求，也是搞好国有企业的关键环节。1999年，青海省制定了《青海省进一步深化国有企业内部三项制度改革指导意见》、《国有企业经营者考评和奖惩办法》、《在重点脱困企业中进行管理整改的意见》。督促所有企业，特别是国有大中型亏损企业，制定三项制度改革方案，扎实推进内部劳动、人事、分配制度改革，建立人员能进能出、干部能上能下、工资能高能低的机制。涌现出了青海制药厂、第一机床厂、省路桥集团公司、省第三建筑工程公司等一批经营机制转换快、效益稳步上升的企业。在狠抓转机制的同时，下大气力加强和改善企业管理工作的指导，进一步开展学邯钢活动。广大企业把加强成本管理和资金管理作为管理整改的主要内容，使近几年企业管理出现不同程度滑坡的现象有了一定改善。同时，从建立企业经营者激励、约束机制入手，在省级34户重点企业实行了经营者业绩考评制度，落实了相应的责任和奖惩措施。2000年上半年我们将严格考核，兑现奖惩。认真开展企业经营者和管理干部的培训工作。配合国有企业改革与脱困，组织和参加不同层次学习班，共418人次得到了培训。据不完全统计，各省各地区、各部门和企业自主培训人员达7000多人次。通过这些措施的落实，企业整改素质有了较大提高，为保证国有企业改革与脱困工作的顺利进行奠定了良好基础。

固定资产投资与技术进步及创新

（一）固定资产投资

1999年青海省技术改造投资计划为13亿元，当年实际完成投资14.36亿元。其中：贷款3.73亿元；自筹11.89亿元，实际完成投资为年计划的110.45%，比上年同期增长4.99%。其中：地方企业完成9.07亿元，比上年同期增长－8.31%；共完成技术改造项目146项。

按照“九五”计划的要求，“九五”期间全省计划完成技术改造投入60亿元，1996～1999年已实际完成技术改造投入52.15亿元，完成计划的86.92%。其中：1996年完成技改投资10.0043亿元，比上年增长21.22%；1997年完成14.162亿元，比上年增长41.1%；1998年完成13.675亿元，比上年下降3.19%；1999年完成14.3579亿元，比上年增长4.99%。

（二）青海省技术改造投资的特点

1999年全省技术改造投资具有以下几个显著特点：

1. 技术改造投资集中在石油天然气、盐湖化工、有色金属、冶金、邮电通讯等行业，充分体现了我省支柱产业加大技术改造投入的实力，为拉动全省经济的增长做出了突出的贡献。

2. 技术改造投资由主要依赖政府支持、依靠银行贷款逐步转向多元融资、争取各种资金投向技术改造的方向发展。企业逐渐认识到，要尽快适应市场经济体制，增强市场竞争能力，就必须加大技术改造的投入，而加大技改投入单纯依赖政府支持既有限，也有难度，全部依靠银行贷款肯定会背上沉重的包袱。因此，通过招商引资、合资合作、转让股权、争取外国政府低息贷款等多种方式筹措资金投入技改成为当前技改投入的新趋势。

3. 非国有经济成份的企业对技术改造的投入出现明显的增长趋势。近几年，由于非国有经济成份企业的不断壮大和发展，这类企业在技改投入上也有较大的动作，特别是一批国有企业逐渐退出竞争性领域，而非国有经济企业迅速介入，也弥补了这块下降的趋势，成为新的投资群体。

4. 技术改造成为促进工业结构调整的有力手段。当前工业结构方面存在的突出问题在改革深入的过程中反映非常明显，除了组织结构、产品结构、机制上需要进行改革、改组外，企业要在市场上取得竞争力，就必须在技术改造上下功夫，在提高企业的技术、装备水平、增强产品的市场竞争力上下功夫，这方面市场引导技术改造投入的趋势在增强，技术改造也在促进工业结构的调整。

（三）青海省技术改造的问题和困难

技术改造对促进企业的技术进步和加快工业结构调整具有十分重要的作用，但当前的技术改造工作也存在着一些具体问题和困难。

1. 技术改造投资的增长赶不上工业发展的需要，一些重点行业投资后劲不足，项目前期工作不到位，有些已列入计划的项目由于资金、前期工作等问题不能及时开工建设或建设期拉长，这些情况都影响了投资的增长。

2. 市场机制的增强对技改项目的选择和技改投入的要求越来越高，企业普遍感到对市场的适应能力远远不够，在竞争残酷的市场条件下找不到良好的感觉，项目难选，决心难下。

3. 资金来源不足是困扰技改投入的一大难点，其原因一是企业自身经营状况不好，自有资金筹措十分困难；二是银行加强了信贷风险管理后，对放贷持审慎态度，特别是对业绩不佳的企业控制更为严格；三是企业融资渠道不畅。

4. 企业的结构调整还没有到位，发展方向不确定，投资方向也不好确定。近几年国有大中型企业正处于结构调整、资产重组的关键时期，主要的精力还放在企业的组织结构、资产结构和机制的转变上，新一轮投资启动还有一个过程，特别是一些列入破产的企业和经济结构调整难度较大的行业如机电、轻纺等，技术改造工作基本处于停滞状态，没有新的更多的投入。

5. 一些技术改造项目由于前期工作不扎实、对市场预测不准确，或由于项目实施阶段管理不善，影响了项目预期的经济效益，甚至给企业背上了沉重的包袱，对技改投入蒙上了阴影。

（四）技术创新

围绕青海优势资源，重点支持盐化工、有色金属、冶金、中藏药等行业的技术创新，培育新的经济增长点。全年共安排重点技术创新项目42项，总投资2.1亿元，其中国家重点技术创新项目5项，投资额1.3亿元。

1. 加强企业技术中心建设工作，逐步建立和完善以企业技术中心为主要方式的技术创新体系，提高企业自主创新能力，研制开发拥有自主知识产权的技术和产品，形成核心竞争力。1999年我省企业技术中心建设工作有较大进展，一是西宁特殊钢股份有限公司技术中心被国家经贸委等部门认定为国家级技术中心；二是青海省经贸委会同有关部门认定青海铝业有限责任公司等8户企业技术开发机构为省级技术中心；三是制定出台了《青海省企业技术中心认定、管理暂行办法》及《青海省企业技术中心评价指标体系》。

2. 大力开发研制新产品，提高产品档次，增加产品附加值，优化企业产品结构，促进产业升级。1999年开发新产品31项，其中4项达到国际先进技术水平，10项达到国内先进技术水平。有7项新产品被国家经贸委评定为国家级新产品。

3. 深入开展产学研联合开发工作，加快科技成果转化，弥补青海省企业技术力量的不足。鼓励和支持企业通过成果转让、共同开发、委托开发等多种形式与省内外的高等院校、科研院所合作。

对外经济贸易

青海省从1980年起开始自营进出口业务，当年进出口额887万美元，其中：出口402万美元，出口商品9种，出口地区为港澳。1993年全省出口首次过亿元。1995年出口达到13807万美元，为历史最高年份。1996年全省进出口总额达到22497万美元，其中出口13480万美元，进口9017万美元，进出口总额和进口总额均创历史最好水平。1997年以来，由于受亚洲金融危机等因素的影响，对外贸易有所下降。1999年全省进出口总额为10785万美元，其中出口8686万美元，进口2099万美元。1999年国有企业出口占全省总值的98.92%，非国有企业占1.08%；出口国别地区60个，对亚洲出口占总值的61.63%，欧洲占16.65%，北美和拉美占16.03%，其他国家和地区合占5.69%；出口商品145种，工业制成品出口的比重为79.7%，初级产品为20.3%。

（一）利用外资

1992～1999年，青海省累计利用外资66358万美元。其中直接利用外资：总计审批外商投资企业197家，投资总额54700万美元，协议外资22400万美元；间接利用外资：已经执行和正在执行的外国政府贷款项目19个，外贷总额28571万美元；利用国际金融组织贷款项目9个，外贷金额3138万美元。近年来，青海省利用外资渠道从初期的单一外商直接投资逐步扩展到外国政府贷款、国际农发基金贷款、世行贷款等。

（二）外经工作

青海省外经工作从1982年起步，1992年组建了青海省国际经济技术合作公司。1994年该公司承建了在赞比亚打井工程的援外项目，工程合同额340万元人民币，并于当年竣工。劳务合作方面，我省主要通过“搭车”或“勤工俭学”等方式，先后向中东、日本等派出劳务人员170人次。接受捐赠方面：到1999年底全省累计接受国际组织、外国政府和民间组织无偿援助以及友好人士捐赠项目150多个，受援总金额12249万美元；外援项目涉及农业、畜牧业、渔业、科技、教育、卫生、妇女发展等重要领域，为全省的经济发展和社会进步做出了贡献。

（陈方勇）

附表1 1999年青海省国有及年销售收入500万元以上非国有工业企业主要经济指标（分行业）

单位：万元

项目 行业	工业产值		工业增加值		产品销售收入		利税总额	
		较上年增长		较上年增长		较上年增长		较上年增长
轻工业	178160	2.96	55043	−1.9	143771.0	19.03	30.0	
纺织	19221	−27.65	4935	−48.6	12185.0	−10.60	−8415.0	
建材	71774	−3.10	21897	−20.0	64510.3		300.6	114.0
医药	16711		5842		12501.0		4281.0	

附表2 1978～1999年青海省独立核算工业企业效益指标

单位：万元

指标 年份	利税总额		利润总额		销售收入	
	实际值	增长%	实际值	增长%	实际值	增长%
1999	120295	461.50	−15497	−80.62	1536122	12.44
1998	21424	160.79	−79954	−17.06	1410337	4.24
1997	8215	−127.21	−96400	−2.75	1352913	33.81
1996	−30195	−165.07	−99123	75.37	1011076	−15.89
1995	46401	−46.55	−56521	1080.47	1202133	17.61
1994	86817	49.68	−4788	−60.10	1022094	13.09
1993	58000	8.17	−12000	1578.32	903800	50.61
1992	53619	11.93	−715	−141.62	600100	15.86
1991	47903	−23.88	1718	−90.56	517937	15.03
1990	62928	−12.35	18198	−47.07	450246	7.97
1989	71795	−1.37	34380	−23.36	417003	10.44
1988	72794	98.89	44857	207.26	377583	47.55
1987	36600	11.25	14599	−8.36	255900	13.33
1986	32900	12.01	15930	10.75	225800	20.50
1985	29373	48.93	14384	11.50	187381	19.98
1984	19723	27.43	12900		156181	12.40
1983	15477	3.62			138955	11.60
1982	14936	9.02	6056		124508	14.33
1981	13700	−16.34			108900	−4.17
1980	16376	−20.82	7862		113644	9.49
1979	20682	−20.12			103792	−4.53
1978	25890				108718	

宁夏回族自治区

企业改革与制度创新

纵观宁夏的国有企业改革，大体经历了两个阶段。1996年以前，重点是组织贯彻《企业法》和《转机条例》，进行内部机制改革，推行厂长经理负责制，落实企业经营自主权。期间根据国家经济体制改革的总体部署，实行了两步“利改税”，推行了承包经营责任制，使所有权和经营权适当分离。1997年以来，按照十五大提出的“产权清晰、权责明确、政企分开、管理科学”和“抓大放小”的要求，重点进行了以产权制度改革为核心的改革。这一阶段的改革，是国有企业改革从理论到实践的又一次重大突破，也是企业实现制度创新，放开搞活的必由途径。自治区党委、政府制定了一系列切实可行的方针、政策和措施，实行分类指导，一厂一策，分级实施，全面推进，取得了明显成效。

（一）国有大中型企业改革全面推进

宁夏原有国有大中型企业89户，其中大型企业27户，中型企业62户。通过紧紧围绕产权多元化改造，坚持多种形式并举，到1999年底，有68户完成了改制，改制面为76.4%。其中：29户进行了规范的公司制改革，占全部大中型企业的42.6%；15户进行了股份合作制改革，占22.1%；7户合并，占10.3%；破产、兼并14户，占20.6%；分立重组和租赁经营3户，占4.4%。从运作情况看，改制企业内部人事、用工、分配制度整体上明显优于未改制企业，产权结构单一的现状得到改善，经营机制逐步转换，促进了国有大中型企业经济效益的不断提高。

（二）国有小型企业改革基本完成

在十五大精神指导下，宁夏小型企业改革以放开搞活为目标，以产权制度改革为重点，积极大胆探索，多种形式并举，规范操作，注重实效。通过股份合作制、出让、参股、控股、引资嫁接、资产重组等实现产权多元化，提高非公有制经济在国民经济中的比重。对基础好，市场有潜力，负债率不高，职工承受力强的中小企业采取“先出售、后改制”的形式，改造为规范的股份制和股份合作制企业；对那些无主导产品，债务包袱较重的小企业采取联合、兼并、租赁、出售、分立、合资、托管、“退二进三”、“退二进一”等办法放开搞活。全区原有国有小企业500户，截至1999年底，企业改制面已达到84%，基本完成改革任务。从改革情况看，涉及产权制度改革的股份制和股份合作制占大多数，改制企业产权清晰，活力不断增强，竞争力不断提高。

（三）国有企业扭亏脱困取得重大突破

宁夏国有企业连年亏损，1998年亏损额高达4.67亿元，扭亏脱困形势严峻，任务艰巨，难度极大。在自治区党委、政府的领导下，各地各部门认真查找问题，分析成因，采取措施，在国家政策的有效推动下，加快改革步伐，加大改革力度，大力实施兼并破产重组。经过多方面的不懈努力，国有企业扭亏脱困取得重大突破，生产经营形势全面好转，对全区经济增长起到了重要的作用。一是工业生产基本上扭转了低速运行态势。1999年底，全区完成工业总产值252.3亿元，比1998年同期增长6%；完成工业增加值80.7亿元，比1998年同期增长8%，在全区国内生产总值中的贡献达到33%。二是从经营状况看，1999年底实现利润—4.04万元，比1998年减亏4.7%。

经过多年来的改革，宁夏国有企业制度创新取得了明显的阶段性成果，企业活力明显增强，市场竞争力明显提高。以西北轴承、民族化工、吴忠仪表、恒力钢铁等企业为代表的40户“自治区建立现代企业制度试点”单位的成功改制，为全区国有大中型企业的进一步深化改革积累了经验，奠定了基础。

（四）重点突破转入整体推进

经过先易后难，重点突破，由点到面，由浅入深，由大企业到小企业，建立现代企业制度工作全面推开，无论是广度、深度，还是内容、形式，都发生了显著的变化。

（五）规范的公司制度逐步确立

结合企业的实际，宁夏改制企业按《公司法》的基本要求，建立起了包括股东大会、董事会、监事会和经理层在内的法人治理结构，以及适应社会主义市场机制要求的内部人事、劳动、分配制度。

（六）企业法人财产制度逐步建立

改制企业在清产核资、界定产权的基础上，按照《公司法》规定，明确了出资人，使原政府主管部门与企业之间的行政隶属关系转变为出资人与被投资者的关系，投资主体多元化格局也在逐步形成。

技术改造和技术创新

1999年，宁夏紧紧抓住国家实施西部大开发，以及增发国债用于支持企业技术进步的难得历史机遇，技术改造和技术创新工作认真贯彻执行国家产业政策，围绕自治区支柱行业和重点企业，组织了一批对产业和产品结构调整有重大带动作用的项目；加强对列入国家和自治区重点规划项目的跟踪管理、协调衔接及组织实施，确保年内可竣工投产项目的达产达效。

（一）加大技术改造投资

1. 技术改造投资完成情况好于上年。1999年自治区重点项目计划总投资18.12亿元，比上年计划投资14.8亿元，增长21.6%。其中银行贷款6.97亿元，自筹及其他资金11.15亿元。全年实际完成投资19.25亿元，比上年完成投资18.59亿元增长了3.55%。竣工投产或试生产的重点技术改造项目16项，分别是：宁夏制药厂的600吨盐酸四环素、宁夏青铜峡水泥厂1000吨水泥熟料、解放军九七九五工厂的制浆系统改造、西吉傻傻公司3.5万吨马铃薯精淀粉、美利纸业公司的三期工程、明盛染化公司的4000吨乙酰苯甲醚、宁夏电机有限责任公司的中高压电机、宁夏有色金属冶炼厂的高比容钽粉、超细径钽丝、长庆石油马家滩炼油厂的10万吨催化裂化、宁夏圣雪绒集团公司的80吨羊绒纱、夏进乳品公司的砖型包装奶、吴忠仪表集团公司投资2850万元的“二期双加”技改项目、吴忠仪表集团公司宁光电工厂投资1100万元的电子式电能表项目、石炭井矿务局投资3400万元建设矸石电厂项目、石嘴山矿务局投资2800万元建设矸石电厂项目、宁馨儿生物工程有限公司建设4000吨/年无水柠檬酸技改项目。这些项目计划投资4.25亿元，实际完成投资4.17亿元。项目建成后，新增销售收入6.65亿元，新增工业增加值1.93亿元。

2. 技术改造争取国家政策支持成绩显著。1999年，宁夏抓住国家加快技改步伐的良好机遇，不失时机地组织各行业企业规划并审查上报了27个项目，进入国家经贸委立项的国家重点项目规划或“财政债券专项”、“双高一优”专项和“国有企业脱困专项”，总投资33.53亿元。这些项目中，有3项已列入国家财政债券专项，总投资7.9亿元。具体项目是：宁夏有色金属冶炼厂投资1.5亿元的片式固体电容器项目、银川橡胶厂投资5.7亿元的30万套全钢子午胎项目、吴忠仪表集团公司投资6900万元的智能调节阀项目。5个项目列入“双高一优”专项，总投资8.5亿元。具体项目是：宁夏恒力投资8000万元的柔性抽油杆项目、宁夏美利纸业集团投资1.77亿元的环保综合治理项目、宁夏赛马集团公司投资1.99亿元的日产2000吨水泥节能改造项目、西吉傻傻集团投资1.98亿元的马铃薯变性淀粉项目、宁夏有色金属冶炼厂投资1.98亿元的钽铌铍合金冶炼生产线技改项目。有19个项目正在继续申报国家“双高一优”专项。宁夏还有2个项目已列入国家脱困专项规划；6个竣工投产的国家规划内项目得到国家贴息支持。以上这些项目技术起点高，瞄准国内外先进水平，有较强的产品竞争力和显著的市场优势，建成后将对进一步壮大骨干企业的优势，调整优化产业产品结构，提高工业经济整体实力发挥十分重要的带动作用。

3. 一批竣工投产项目，以其技术和市场优势，形成新的经济增长点。1999年实施完成的技术改造项目，技术起点高，立足于国际市场，取得了先机，项目一经投产即产生显著的经济效益，形成强有力的经济增长点。1999年8月竣工投产的宁夏制药厂600吨盐酸四环素技术改造项目，使该企业拥有技术优势的盐酸四环素生产总规模达到2000吨/年，雄居世界盐酸四环素生产企业规模之首，占世界总需求量的65%以上。该厂有技术、资源优势和旺盛的国际市场需求，再加上企业通过技术改造形成的规模优势，1999年当年实现销售收入1.68亿元，实现利税3076万元，出口创汇861万美元，分别比上年增长53%、250%和75.7%。

4. 企业技术改造项目招投标工作取得成效。根据国家及自治区招投标的有关规定，加强和规范国有企业技改项目的招投标工作，要求自治区国有企业重点技改项目必须按照有关规定进行招投标，并加强对此项工作的管理，成效显著。通过招投标，有效地降低了项目投资成本，保证了项目质量。企业从中尝到了甜头，招投标意识和积极性普遍提高。

（二）加强技术创新工作

1. 自治区党委、政府对技术创新的政策支持力度加大。1999年，自治区党委、政府提出了突出抓好工业的指导思想，支持工业技术创新的力度不断加大，先后制定了《关于加速科技进步的决定》，《关于进一步加快工业企业改革与发展的决定》，自治区有关部门配套制定了《自治区企业技术中心认定办法和指标评价体系》、《关于新产品和重大技术创新项目返还增值税有关问题的通知》等政策措施，逐步形成了有利于企业技术创新外部环境。

2. 一批重点技术创新和新产品试产项目计划的实施，提高了企业技术创新的水平和能力。1999年组织实施的宁夏有色金属冶炼厂40000～50000μFV/g超高比容钽粉产业化、宁夏大荣化工冶金有限公司单氰胺生产新工艺等国家重点技术创新项目计划9项，投资额2.45亿元，项目完成后可新增销售收入3.06亿元，新增利税6940万元；组织实施自治区重点技术创新项目计划39项，投资额4.6亿元，项目完成后可新增销售收入12.9亿元，新增利税3.2亿元。宁夏有色金属冶炼厂的超高比容钽粉产业化、铌系列高新技术产品、吴忠仪表集团智能电—气阀门定位器、大型电站智能调节阀不仅形成了区内最有优势的经济增长点，还代表了国内同行最高技术水平。组织实施的西北稀有金属研究院的Φ0.2～0.17mm超细径钽丝、宁夏西北奔牛机械有限公司的SGZ960/800s中双链刮板输送机等国家重点新产品试产项目计划13项，项目完成后可实现销售收入1.82亿元，实现利税3400万元，节汇创汇2200万美元；组织实施了自治区重点新产品试产项目计划68项，项目完成后可新增销售收入6.2亿元，新增利税1.6亿元，节汇创汇3800万美元。1999年，重点技术创新和新产品试产项目计划的投资额，新增销售额、新增利税均比上年增加40%以上。在项目的组织实施过程中贯彻了《国家技术创新项目指南》和自治区大力调整优化产业、产品结构的要求，重点技术创新项目中的75%都是用新技术改进工艺、提高产品档次及发展高新技术产业化；新产品试产项目，具备国际水平的占20%，国内先进水平的占60%。

3. 重点技术创新和新产品试产项目计划的完成，提高了科技进步对经济增长的贡献程度。宁夏有色金属冶炼厂（东方钽业）的40000～50000μFV/g超高比容钽粉、Φ0.2～0.17mm超细径钽丝产业化两个项目的完成，使该企业在同类产品技术水平和产量规模方面跃居世界领先行列，1999年生产高比容钽粉139吨，实现销售收入3亿元，利税8400万元，出口创汇3366万美元，虽然产量只比上年增长7%，但由于产品技术含量的提高，销售收入、利税、出口创汇额分别比上年增长37%、81%和86%。企业抓住国际市场对钽丝需求强劲的有利时机，扩大规模，1999年生产超细径钽丝62.7吨，比上年增长40.3%，销售收入2.1亿元，利税额6457万元，出口创汇额2418万美元，销售额、利税、出口创汇分别比上年增长33.2%、45.4%和37%。到1999年末，东方钽业的钽粉销量占世界市场份额的15%；钽丝销量占世界市场份额的30%以上，为中国和宁夏在国际高科技领域占据了一席之地，赢得了荣誉。源于稳步的推进企业技术创新，1999年全区科技进步对工业经济增长的贡献率达到34.5%，比“八五”时期提高了2.9个百分点。

4. 一批在国内同业中技术领先的国家级、自治区级企业技术中心的建立，使企业技术创新体系建设有了实质性的突破和进展。1999年，宁夏有色金属冶炼厂技术开发中心被国家经贸委认定为国家级企业技术中心；吴忠仪表集团公司技术开发中心、宁夏恒力钢铁集团公司技术开发中心、宁夏贺兰山铁合金厂技术开发中心通过审定，被确认为自治区级企业技术开发中心。至此，全区国家级企业技术开发中心已发展到2户，自治区级企业技术开发中心从无到有建立了3户，标志着实施技术创新工程，推进优势企业成为技术创新主体的构想已开有了建设性的发展。

5. 产学研联合开发继续发展，成效显著。1999年，在自治区政府的支持和倡导下，宁夏和西安交通大学签订了《宁夏回族自治区和西安交通大学合作协议》，由此，使全区产学研联合开发工程进入了高层次、大范围的新阶段。全区实施技术创新项目计划的企业中有60%的企业和一个以上的高校和科研院所建立了稳定的合作开发关系，以技术上的优势互补，推动全区经济发展。

6. 技术创新的投入进一步加大，促进了企业技术创新积极性的提高。1999年，国家支持和宁夏各级财政用于引导企业技术创新的资金投入累计为1300万元，比上年增加了近30%，适应市场经济条件下企业技术创新内涵和主体的变化，企业及有关各方用于技术创新的资金投入，较1998年的总体水平有了很大的提高。但和东部地区相比仍有较大的差距，统计资料显示的结果，1999年末，宁夏大中型企业技术创新经费投入仅占销售收入的0.56%，低于同期国内平均水平。

对外经济贸易

1999年，宁夏坚定不移地实施以质取胜、市场多元化和大经贸三大战略，对外经济贸易工作的后劲明显增强。一是大宗骨干商品的出口稳定增长，一些具有相对优势的出口产品正在形成规模；二是市场多元化有了新的进展；三是国有大中型工业企业自营出口发展较快，全区国有大中型工业企业大多数已获得了自营进出口经营权；四是进料加工、带料加工开始起步。

（一）引进外资

1999年宁夏利用外资项目总数29个，合同外资6228万美元，实际利用外资1031万美元。其中：合资企业项目数15个，合同外资772万美元，实际利用外资618万美元；合作企业项目数11个，合同外资5424万美元，实际利用外资304万美元；外资企业项目数3个，合同外资32万美元，实际利用外资109万美元。截至1999年底，宁夏地区利用外资合同项目数510个，合同外资40425万美元，实际利用外资13827万美元。其中：合资企业项目数317个，合同外资21047万美元，实际利用外资9218万美元；合作企业项目数46个，合同外资12195万美元，实际利用外资1980万美元；外资企业项目数147个，合同外资7183万美元，实际利用外资2629万美元。实有登记注册外商投资企业392个。其中：中外合资企业250个，中外合作企业29个，外商独资企业113个。

（二）境外投资

截至1999年底，全区累计批准境外投资企业17家。目前正常运转的有7家，所在国家和地区有：美国、罗马尼亚、蒙古、泰国、博茨瓦纳，境外投资共632万美元，主要产品有建材、医药、纺织、服装等。

（三）对外贸易

1999年宁夏进出口总额为38214.33万美元，比1998年的31302.35万美元增长了22.08%。其中：出口总额为31614.33万美元，比1998年的28224.35万美元增长12.01%，占全区国内生产总值的12.82%，占全国出口总额的0.16%；进口总额为6600万美元，比1998年3078万美元增长114.42%。从主要出口商品情况看，初级商品出口额为4418.37万美元，占出口总额的13.9%；工业制成品的总额为27195.96万美元，占出口总额的86%。出口额在500万美元以上的产品有无毛绒、羊绒衫、钽粉、钽丝、活性炭、双氰胺、轮胎、煤炭、硅铁、金属镁、铸铁件、裘皮制品等，主要销往日本、美国、韩国、香港、新加坡、德国、法国等70多个国家和地区。从主要进口商品情况看，宁夏主要进口钽泥矿砂、天然橡胶、无毛绒、钢材、农药、纺织原料、食用油、医疗设备、化肥、制造业设备及配件等，进口商品主要来自俄罗斯、韩国、日本、美国、德国等20多个国家和地区。全区现有进出口经营权的企业户数93家。其中：专业外贸公司20户，国有及控股、集体生产企业73户。1999年生产企业自营出口总额为15025.3万美元，比1998年增长48.5%，占全区外贸出口总额的47.5%，有5户企业出口总额过千万美元，其中1户企业过5000万美元。

（吕重光　李日辉　温怀礼
周　江　乔　亮　骆国强）

附表1　1978～1999年宁夏回族自治区国内生产总值　单位：亿元

年份	国内生产总值	第一产业	第二产业	工业	建筑业	第三产业	人均国内生产总值（元）
1978	13.00	3.06	6.60	5.59	1.01	3.34	370
1979	14.36	3.41	7.36	6.37	0.99	3.59	399
1980	15.96	4.26	7.27	6.17	1.10	4.43	433
1981	17.42	5.47	6.97	5.64	1.33	4.98	460
1982	18.22	5.66	7.02	5.69	1.33	5.54	469
1983	20.79	6.62	7.87	6.35	1.52	6.30	525
1984	24.78	7.82	9.46	7.46	2.00	7.50	615
1985	30.27	8.90	12.12	9.32	2.80	9.25	737
1986	34.54	10.36	12.97	9.99	2.98	11.21	823
1987	39.63	10.44	15.77	12.44	3.33	13.42	922

（续表）

年份	国内生产总值	第一产业	第二产业			第三产业	人均国内生产总值（元）
				工业	建筑业		
1988	50.29	13.39	19.74	16.14	3.60	17.16	1143
1989	59.21	14.80	24.39	20.91	3.48	20.02	1317
1990	64.84	16.84	25.34	21.29	4.05	22.66	1393
1991	71.78	17.90	27.77	23.12	4.65	26.11	1511
1992	83.14	18.31	34.05	27.74	6.31	30.78	1718
1993	103.82	20.84	45.52	37.15	8.37	37.46	2123
1994	133.97	29.93	55.78	45.89	9.89	48.26	2685
1995	169.75	35.39	74.14	62.45	11.69	60.22	3328
1996	193.62	43.24	79.74	67.64	12.10	70.64	3731
1997	210.92	44.82	87.65	73.18	14.47	78.45	4025
1998	227.46	48.69	94.01	76.07	17.94	84.76	4270
1999	241.49	48.01	102.68	80.70	21.98	90.80	4473

注：本表格当年价格计算。

附表 2　　**1998～1999 年宁夏回族自治区规模以上工业企业单位数和工业总产值**

指　　标	企业单位数（个）		工业总产值（亿元）			
			当年价格		1990 年不变价格	
	1998 年	1999 年	1998 年	1999 年	1998 年	1999 年
全区总计	**520**	**496**	**183.2**	**197.66**	**130.17**	**139.18**
一、按经济类型分						
国有企业	313	291	106.09	108.96	68.63	67.76
中央企业	22	22	56.03	62.07	31.38	32.14
地方企业	291	269	50.07	46.89	37.25	35.62
集体企业	75	59	10.18	9.31	8.42	7.85
股份合作企业	12	10	2.75	1.71	2.12	1.57
私营企业	29	37	6.75	12.35	5.9	10.26
联营企业	5	4	0.91	0.9	0.63	0.57
股份制企业	62	71	38.99	49.3	26.09	36.16
外商投资企业	14	12	15	12.05	16.08	13.1
港、澳、台商投资企业	10	12	2.52	3.08	2.3	1.93
二、按轻重工业分						
轻工业	210	207	27.41	31.69	22.49	25.7
重工业	310	289	155.79	165.97	107.68	113.48
三、按企业规模分						
大型企业	28	30	84.05	97.95	62.19	72.2
中型企业	63	63	39.12	36.72	26.13	25.34
小型企业	429	403	60.03	62.99	41.86	41.64

注：1. 规模以上工业系指全部国有工业企业及年销售收入 500 万元以上非国有工业；
　　2. 本表中的股份制企业包括有限责任公司和股份有限公司。

新疆维吾尔自治区

1999年，新疆维吾尔自治区深入贯彻中央扩大内需、促进经济增长的各项政策措施，紧紧围绕国有企业改革脱困的三年目标，加大扭亏脱困工作力度，推进技术进步，调整结构，加强管理，大力开拓市场，促进了国民经济的持续健康发展。

企业改革与制度创新

（一）坚持“抓大放小”方针，重组、优化大中型企业集团，放开搞活小企业

1. 在“抓大”方面，实施大集团、大公司战略，以优势企业为龙头，培育了一批具有竞争力的企业集团。从1997年开始，自治区按照现代企业制度要求和行业相关、产品相近、优势互补、具有特色的思路，组建了建材、化工、纺织、冶金等一批企业集团，促进了生产要素向优势企业的流动，实现了优化配置。对棉纺、制糖等以农副产品为原料的企业积极探索贸工农结合的路子，探索建立了以资本为纽带的母子公司体制。到1999年底，自治区统计的主营业务销售收入和资产在5亿元以上的8户企业集团占全部大中型企业的户数不足5%，注册资本为64.6亿元，总资产329.4亿元，约占全部大中型企业的1/3左右，实现利税4.5亿元，约占全部大中型企业的12.7%，资产保值增值率达108.2%。

2. 中小企业改革步伐加快。对量大面广的国有小企业，一是放开改制形式，多种改制形式并举，由企业自主选择；二是放开改制范围，在全疆除中央和自治区抓的一些骨干企业以外，其余都在放开之列；三是放开出让对象，不论区内区外，不管内资外资，谁能控股谁控股，谁能经营谁经营，使一大批国有小企业寻找到适合自身发展的具体形式，促进了经营机制的转换，增强了市场竞争力，社会承受能力也明显增强。自治区相继出台了《放开搞活国有小企业的意见》和《推进股份合作制的暂行办法》等政策措施；总结推广了昌吉等地州放开搞活国有小企业的经验；为了进一步改善企业外部环境，积极探索建立中小企业服务中心和担保中心，自治区成立了面向中小企业提供服务的投资信用担保公司，伊犁、哈密等地区推行中小企业投资担保试点工作取得进展。进一步加大了为中小企业提供信息、技术和人才培训服务工作力度。在推进小企业改革中，坚持放开搞活与扶持发展相结合，各级领导分级负责，因地制宜，分类指导，采取股份合作、租赁、兼并破产等多种形式，不刮风，不搞一刀切，注重实际效果。全区7000多户各类公有小企业中，改制面已接近2/3，进度快的地州已达80%以上。一批小企业通过改革转换了机制，焕发了生机，提高了效益。

结构调整与扭亏脱困

（一）实施兼并破产，优化资产配置和企业组织结构

1999年，自治区共有18家企业列入全国企业兼并破产工作计划，加上历年兼并企业结转项目，共涉及核销银行呆账23.5亿元。其中新增项目18家企业（地方企业12家，生产建设兵团6家）。核销银行呆坏账21.2亿元；结转项目核销2.3亿元。自1997年以来全区共有110家企业享受了兼并破产政策，共核销银行呆坏账42.8亿元，涉及资产总额174亿元，职工18万人。

（二）认真做好债权转股权工作

1999年，自治区对地方国有工业企业债务及债权转股权情况进行了摸底调查，按照国家选择债权转股权企业的范围和条件，选择了52家企业向国家经贸委推荐。截至1999年底，自治区已有17家企业列入国家实施债转股试点企业名单，拟债转股62.5亿元（其中地方12家，拟债转股48.9亿元；生产建设兵团4家，拟债转股9.8亿元；中央企业1家，拟债转股3.8亿元），列入国家经贸委第一批推荐名单的新疆博湖苇业集团年内已与中国信达资产管理公司签订了债转股框架协议。

（三）切实加强企业管理，提高效益

总结推广邯钢、亚星经验，提高企业竞争能力。1999年，自治区重点加强了企业的成本管理、财务管理、质量管理和营销管理。各地、各行业对管理薄弱的企业加强指导，特别是加大了压库促销清欠工作的力度。一批企业学习借鉴山东亚星公司购销比价管理和新疆特变电工公司面向市场、坚持“三

改一加强”相结合的经验，强化基础管理，认真堵塞漏洞，降低成本。积极推进企业民主管理，全区约有一半企业实行了厂务公开制度，加强了企业民主监督、参与和管理。1999年进一步加强了企业党建和职工思想政治工作，突出了企业领导班子建设。实行扭亏脱困目标责任制，对重点脱困企业跟踪监测，自治区经贸委等有关部门组织力量深入重点脱困企业进行调研指导，对1300多名厂长、经理和其他管理人员进行了工商管理培训，组织自治区重点脱困企业主要领导参加了国家经贸委举办的脱困培训班，重点选派一批少数民族企业管理人员进行了培训，使企业管理水平进一步提高。

由于采取了一系列措施，自治区工业企业经济效益逐步好转，到1999年底，自治区统计的1694户工业企业净亏损额同比下降90.6%，考核的7项经济效益指标均好于上年。

技术进步和技术创新

（一）认真抓好技术改造工作

自治区及时出台了技改专项资金、投资担保、土地转让投入技改等政策，同时争取国家对新疆重点技术改造项目的支持。1999年自治区有11个重点项目列入国家财政贴息专项计划，总投资23.8亿元，重点支持了一批特色产品的发展，加大了棉纺行业产品结构调整力度，加快了对特色名优产品专项的投资。其中，新疆八一钢铁公司电炉改造、新疆屯河集团和凯泽番茄制品公司番茄酱生产线改造、新源糖厂改造、新疆罗布淖尔棉纺集团库尔勒棉纺厂、新疆天山棉纺织公司精梳生产线改造等地方企业重点技术改造项目等70项，当年投资16.5亿元。1999年自治区加强了重点技术改造项目的宏观指导协调，狠抓了金融、财政资金的及时到位和项目责任制的落实，全区技术改造取得明显成效。自治区确定的10个重大技改项目中，新疆八一钢铁公司70吨电炉改造、新疆广汇集团公司石材、新疆屯河集团公司番茄酱等6个已开工，年内新投产项目37个。全年技术改造完成投资稳中有升，尤其是地方企业增速较快。1999年地方企业完成投资23亿元，比上年增长21.7%，比全社会平均投资增长高10个百分点，成为全区完成投资增长的重要拉动力量。

（二）实施名牌战略

积极实施名牌战略，编制新产品开发及技术创新计划，加强名牌特色产品的宣传、报道，组织参加国内外产品展示会，提高新疆产品知名度，做强做大优质棉、优质纱、葡萄酒、番茄、红花等一批特色产业。同时，从自治区财政拿出5000万元专项资金，重点用于特色优势产品的技术改造。1999年，自治区把实施名牌战略作为技术创新工作的重要内容，编制了近三年自治区新产品开发、新技术推广指导性意见和1999年度技术创新项目年度计划，加强了培育特色名牌产品的工作，先后发布了两批培育特色名牌产品导向目录，召开了新闻发布会。狠抓了20个重点培育的特色名牌产品项目，将项目落实到人，组织力量帮助企业抓落实，确保项目的顺利实施。加强对名牌特色产品的宣传。自治区党委宣传部、经贸委组织新闻单位，对重点特色名牌产品进行专题宣传报道，努力提高产品知名度。组织新疆名牌产品企业参加’99昆明世博会、全国少数民族和民族地区名优产品博览会、’99莫斯科中国中小企业产品展览会等，扩大了新疆名牌产品在国内外市场的知名度。加强对名牌产品的管理工作，修订了《新疆维吾尔自治区名牌产品认定管理办法》，审定了1999年度新疆名牌产品。

（三）组建企业技术中心，增强企业技术开发能力

1999年，自治区加快企业技术中心建设，在已认定的3家国家级企业技术中心、11家自治区级企业技术中心的基础上，年内又认定了10家自治区级企业技术中心。这些技术中心的建立，为全区大中型企业建立健全技术开发机构，增强企业技术开发能力，增强发展后劲，起到了良好的示范和导向作用。据24家企业技术中心统计，科技投入经费比上年平均增长10%以上，其中新疆特变电工股份有限公司、天山棉纺厂、新疆天业股份有限公司、石河子八一棉纺厂、伊犁酿酒总厂等骨干企业增长幅度超过30%，约有50%的企业用于研究开发的经费占销售收入的比重达到2%以上，有些企业还采取重奖、技术入股等方式激发科技人员技术创新热情。

（四）进一步加强产学研联合

1999年自治区组织高等院校、科研院所的专家、教授与企业达成23项合作意向，建立了20个产学研联系点。推广应用微电子技术、节能降耗技术、环保技术等30项新技术。自治区申报1999年国家重点技术创新项目12项，获得国家批准的有10项。

对外经济贸易

（一）对外贸易增长较快

1999年，自治区实现进出口贸易总额17.65亿美元，同比增长15.76%；出口突破10亿美元大

关，同比增长37.4%，比全国平均速度高了5倍；继1998年实现贸易顺差后，去年贸易顺差大幅度增长，达到2.9亿美元；边境贸易额实现10.23亿美元，首次突破10亿美元，增长速度达到74.2%；出口收汇增长14.4%，首次突破4亿美元。一般贸易扭转了降势，进出口增长8.3%。但进口仅完成7.38亿美元，同比下降5.1%。

（二）吸引外资和促进境外加工贸易取得成效

1999年自治区共批准外商投资项目52个，同比增长11.5%，合同外资金额6151万美元，同比下降56%；实际吸引外资金额2404万美元，同比增长9.8%。除合同外资金额下降外，其他两项基础指标均有所上升。三资企业进出口额达14107万美元，同比增长22.05%，其中出口9636万美元，同比增长13.38%。

自治区积极落实国家关于境外加工贸易的优惠政策，新批准境外投资企业7个，累计合同金额1009.7万美元（其中利用我国政府贷款和国家合作基金566万美元，占投资总额的67.4%）。新批对外承包劳务合同10个，合同金额672万美元，较上年增长7.3倍，营业额801万美元，派出各类劳务人员389人次，较上年增长4.8倍；争取国际无偿援助项目5个，金额达4880万元人民币。

（三）利用地缘优势，促进贸易发展

’99乌洽会共签订外贸进出口合同金额8.9亿美元，对外成交国别达39个国家和地区；共签订外资项目45个，总金额达3.16亿美元，较上届增长2.5%；国内经济技术合作发展势头强劲，共签订国内贸易合同金额95亿元人民币，较上届增长1.6倍，“内引外联，东进西出”的格局得到巩固。

（邓树齐　彭以强）

附表　　1978～1998年新疆国民经济重要统计资料

年份	工业增加值(亿元)	工业增加值同比增长(%)	国内生产总值(亿元)	国内生产总值同比增长(%)	人均国内生产总值(元)	进出品总额(万美元)
1978	14		39.0		313	
1979	17	11.3	46.0	12.3	359	
1980	17	8.4	53.0	7.2	410	
1981	18	—0.9	59.0	8.5	450	
1982	18	4.7	65.0	9.8	488	
1983	23	12.4	79.0	13.4	583	
1984	26	15.1	90.0	14.0	661	
1985	32	16.1	112.0	16.9	820	29197
1986	37	11.0	129.0	11.5	924	
1987	41	8.6	149.0	9.7	1053	
1988	54	13.6	193.0	9.6	1347	
1989	60	6.9	217.0	5.9	1493	
1990	68	6.4	274.0	11.7	1799	41025
1991	84	13.1	336.0	14.4	2101	45933
1992	106	12.6	402.0	13.1	2477	75039
1993	156	11.3	506.0	10.3	3019	92210
1994	190	11.1	674.0	10.9	3953	104053
1995	219	13.6	825.0	9.0	4764	142798
1996	239	7.2	912.0	6.4	5167	140367
1997	303	13.0	1050.0	11.0	5904	144667
1998	300	3.2	1117.0	7.3	6229	153214
1999	318	6.5	1168.6	7.1		

第五篇

重点（骨干）企业介绍

第五篇

NANJING 南京钢铁 GANGTIE

回辊轧机

南京钢铁集团有限公司始建于1958年，经过42年的建设，已发展成为集矿石采选、钢铁冶炼、钢材轧制于一体，运输、动力、机修辅助设施配套齐全的钢铁联合企业，具有年产300万吨钢的综合生产能力。是江苏省最大的钢铁联合企业、国家特大型工业企业，也是家重点扶持的512家国有企业之一。

南钢位于江苏省南京市东北方向，地处南京长江大桥和南京长江二桥之间的长江北岸，公路、水路、铁路交通便利。南钢从矿山到冶、轧钢共有17个生产厂矿、7个辅助生产单位，公司职工总数1.7万余人。目前拥有长短两条流程线生产线，长流程生产设备主要集中老区，新区拥有一条由一座100吨电炉和一条高速线材生产线组成的短流生产线。

南钢已开发拥有板、带、型、线等钢材系列300多个品种规格的产品，产品多次获得部、省、市优称号。高速线材、螺纹钢被江苏省南京市定为免检产品和名牌产品。船板成为国内首家通过8个国家船级社认证的产品。中板、中高碳盘条、优质钢带获冶金部实物质量杯奖。螺纹钢、中板、线材荣获1999年“江苏省名牌产品”称号。热轧圆钢、薄钢板、中厚板、等边角钢被评为南京市免检产品。中被评为全国合金钢板实物质量第二名、服务质量第一名。螺纹钢获中国质量管理协会冶金分会、全国用户委员会颁发的“服务质量十佳”号。公司钢材产品生产线质量体系全部通过ISO9002质量体系认证。在中国质量管理协会全国用户委员会1997年组织的用户评比中，司被评为“全国用户满意企业”。1999年，公司又荣获“江苏省质量管理先进企业”和“江苏省营销十强企业”称号。

1996年 7月，经江苏省人民政府批准，以南京钢铁集团有限公司为核心组建省级重点企业集团—南钢集团。经过几年的发展壮大，团总资产已达112亿元，净资产达44亿元；拥有全资及控股子公司24家，参股公司9家。南钢集团与江苏淮钢集团实施紧密联合，联合后的南钢集团将通过资产重组、通过优势互补，可形成年销售收入过百亿元，跨地区、跨行业、跨所有制经营，经营范围涉及生产、流通、设计、运输、文化旅游和进出口领域，在省内外有较大影响的特大型企业集团。

南钢长期坚持“两手抓”方针，不断加强精神文明建设，1994年被中宣部、中组部、国家经贸委和全国总工会联合授予“全国思想政治工作优秀企业”称号，已分别连续11年和连续10年保持“江苏省文明单位”和“南京市文明单位”的荣誉。

董事长、法人代表：肖国友　　总经理：杨思明

100吨超大功率大电炉

南钢之夜

首钢集团

SHOUGANG GROUP

首钢党委书记 董事长：罗冰生

首钢党委副书记 总经理：朱继民

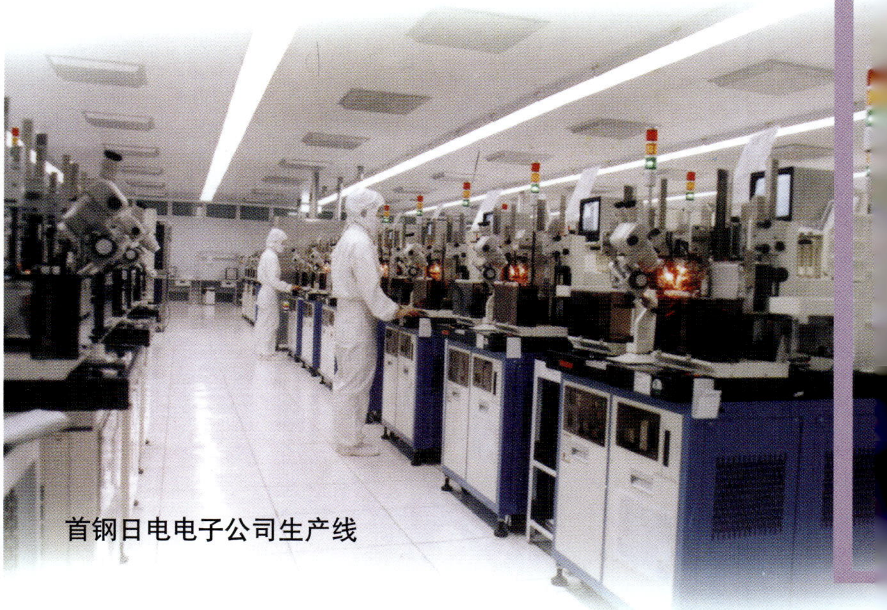

首钢日电电子公司生产线

首钢 始建于1919年，经过新中国成立以来特别是改革开放20多的发展，已经从一个单纯生产型的钢铁企业，发展成为以钢铁业为主，兼矿业、机械、电子、建筑、房地产、服务业、海外贸易等跨地区、跨行跨所有制、跨国经营的大型企业集团，被国务院确定为全国120家试点企集团和512家重点企业之一。

首钢集团以首钢总公司为母公司，现有成员单位82家，分布在国内个省、市、自治区和海外5个国家、地区，其中境内有全资子公司和独立48家，控股中外合资企业12家，控股联营企业14家，境外有控股企业6集团资产总额570亿元，员工20万人。1999年，首钢集团销售收入337.6元，其中非钢产业和海外营业额164.1亿元，占集团总销售额的48.64%

首钢集团现有钢铁综合生产能力800万吨，拥有包括秘鲁铁矿在内的个大型现代化矿山、5座高炉、4个炼钢厂、19个轧钢厂，形成了从矿到

首钢日电电子公司

从普碳钢到特殊钢的现代化联合生产体系，产品覆盖板、管、型、带、线、丝等，主导产品的实物质量达到国际先进水平。船板通过了中国、美国、英国、德国、挪威五国船级社认证；混凝土用热轧带肋钢筋、低碳钢无扭控冷热轧盘条、船体结构用钢板，分别获得“冶金产品实物质量金杯奖”；适应国际市场需要，按国际标准和国际先进标准生产的钢材 1999 年达到 93.94%。全集团已有 62 个单位通过 ISO9000 质量体系认证。

近年来，首钢大力进行结构调整，以高新技术产业为主的非钢产业得到迅速发展。其中，电子业以制造工业控制设备、仪器仪表、计算机元器件和软件开发为主，同时从事冶金及其它行业的自动化工程安装调试。与日本NEC合资的首钢日电电子有限公司，是技术先进、规模宏大的集成电路生产厂；与日本株式会社电装、丰田织机株式会社、丰田通商株式会社合资生产的汽车空调器，具有国际先进水平和环保效果，已配套装备了多个品牌的国产汽车；与日本株式会社安川电机和岩谷产业株式会社合资兴建的首钢莫托曼机器人有限公司，是中国第一家从事机器人制造和销售的公司。机械制造业拥有包括精密、数控和大型机床在内的各种金属切削设备 1847 台，可以承接钢铁、矿山、化工等大型成套设备的设计、制造、安装和调试。建筑业拥有自己的设计院、勘察院、施工单位及上万台施工机械，可以承接国内外冶金、矿山、机械、动力、能源、环保及民用等技术复杂、施工难度大的建设项目。经国务院批准成立的中国首钢国际贸易工程公司，可以直接对外从事各类进出口贸易，以及在海外兴办实业、经办海外工程承包和劳务输出等业务。目前，首钢正进一步推进战略型结构调整和优化升级，以发展芯片设计、芯片生产为代表，建设具有一流水平的芯片设计、芯片生产基地。在此基础上，向上下两头延伸，向上发展软件生产，向下发展触摸电脑等各种整机产品，形成有自己特点的微电子产业链，使首钢成为以高新技术为主体的企业集团。

首钢莫托曼机器人

首钢触摸屏电脑为“两会”提供信息服务

上海宝钢集团公司

SHANGHAI BAOGANG JITUAN GONGSI

宝钢高炉

热轧厂景

上海宝钢集团公司，前称宝山钢铁（集团）公司和上海宝山钢铁总厂。1998年11月17日，上海地区钢铁企业实行战略性重组，以宝钢为主，吸收上海冶金、梅山组建了上海宝钢集团公司，是我国现代化钢铁联合企业。装备具有技术新、自动化程度高、大型化、连续化、能源省、环境保护好等特点。一期工程主要引进国外的技术和设备，引进率为88%；二期工程冷轧、热轧、连铸工程，国产化率为44%；二期高炉、烧结、焦炉工程以国内设计制造为主，设备国产化率达88%；三期工程总体国产化率达到80%。

宝钢可生产各类汽车用钢、家电用钢、耐大气腐蚀钢、耐海水腐蚀钢、油井管、高压锅炉管、输油（气）管线用钢等260多个品种2000余个规格的钢铁产品，年产钢能力1100万吨。宝钢已收回一期工程投资，还清二期工程所借的国内贷款和利息，并自筹资金623.4亿元建成三期工程。

宝钢实行“集中一贯管理和社会化协作”管理体制，实施一套以“作业长制”为中心的基础管理制度，坚持高质量、高效率、高效益的生产经营方针，走出了一条以高起点的技术创新、管理创新、制度创新，不断赢得国内外市场竞争优势，创建世界一流企业的发展道路。

1999年宝钢实现利润15.03亿元，比上年增长48%。原来经营困难、严重亏损的老企业出现了减亏、止亏和扭亏为盈的良好势头。全年出口钢铁产品175.3万吨，约占全行业出口量的32%，实施“以产顶进”钢材133.8万吨，约占全行业“以产顶进”总量的44%。

宝钢大厦

组一年多来，宝钢的联合优势开始显现：

原料码头

一、资信优势 宝钢在国内外资本市场上具有良好的商业誉。借助这一优势，通过贷款担保，融通46.85亿元建设资金和流资金，使一些资金短缺技改工程得以建设。1999年4月，梅山公炼钢连铸建成投产；10月一钢公司2500立方米高炉项目建成投，启动乏力的上海克虏伯不锈钢工程项目国际融资成功，正式动；宝钢控股益昌公司注入资本金后，下降了财务费用，为扭亏创了外部条件。

二、管理优势 重组联合后，宝钢向老企业派出优秀经营理者，推广现代管理理念、管理方法和管理模式。具体做法是不仅输入资金而是充分发挥宝钢管理优势，推广宝钢管理理念、方和运作机制加强企业内部管理；扎扎实实学邯钢、降成本；充分用宝钢大营销网络开拓市场。益昌公司连续亏损5年，亏损额高达8.86亿元。1998年9月，宝钢控股益昌后，充实加强了益昌领导班。新班子提出了全新的经营管理理念。同时，改过去卖现货为按期货组织生产，牢牢掌握销售和生产组织主动权。产品出口上，建立适应市场经济的营销管理机制。还重点抓了资金回笼，使货款全部回笼，没有拖欠款。益昌公司重组后第3个月开始扭亏。1999年，完产销率101.25%，实现销售收入16.62亿元，实现净利润1258.78万元，超额完成全年利润目标。严重亏损的浦钢公司生产经营出现转机。他们有信心大幅度减亏，在2000年下半年实现止亏。

三、营销网络优势 宝钢经过近15年经营，已形成遍布国内和世界相关主要市场的销售网络。这个网络正在为上海宝钢所属各公司提供服务。集团公司在更大范围内调节资源，充分发挥网络使用效率。1999年，利用这个网络，销售了益昌、浦钢和五钢等子公产品，浦钢公司物物串换“顽症”得到根治。

四、科技和人才优势 1999年通过资产和科技人员重组组建了上海宝钢研究院，目的是集研制开发和产业化于一体，进一步提技术创新实力。五钢和上海钢研所科研人员研制高温合金材料，被用于“神舟”号火箭发动机和喷注器等主要部位，满足了耐高温、耐蚀等性能要求。发挥重组联合综合优势搞联合开发初见成效：利用五钢公司电炉坯，在宝钢钢管分公司轧制超临界电站机组使用高压炉管，实现顶替进口；宝钢与五钢开展轴承钢、不锈钢和特种高压锅炉管试验，与益昌公司开展镀锡板试验等联合开发项目，进入了面合作试验开发。有的取得了阶段性成果。

五、结构调整优势 上海地区老企业曾经为中国钢铁工业作出过突出贡献，但由于生产力水平参差不齐，特别是50～60年代大生产设备得不到改造，使成本居高不下，质量难以提高，优势产品难以形成真正优势。集团公司成立后第一项工作就是部署编制战略展规划。经过市场前景分析和技术方案周密论证，拟定了建立汽车用钢、造船板、不锈钢、电工钢、石油管和高效建筑用钢6大精品地发展战略。依据这一规划，五钢合金模块工程等一批技术改造项目已经正式启动。

上海宝钢集团公司战略发展目标

通过科学规划、重组改造、优化结构、技术创新把上海宝钢建成汽车用钢、石油管、造船板、不锈钢、电工钢、高效建筑用钢精品地，高新技术及新材料开发重要基地。争取在几年时间内，通过技术创新，拥有一批世界一流技术。至2010年，在世界钢铁界拥有宝重大专有技术和独创技术。从而带动我国钢铁工业水平的提高，成为我国乃至世界最具竞争力的大型钢铁企业。

宝钢厂景

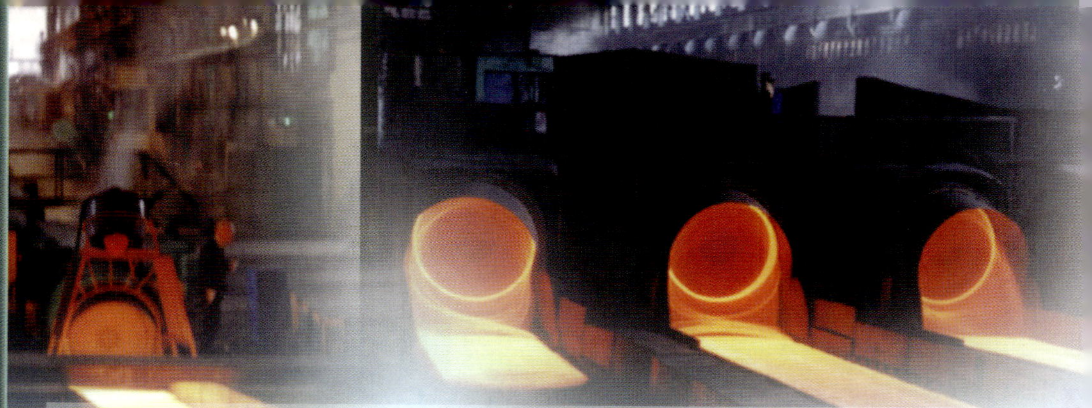

水城钢铁

水城钢铁（集团）有限责任公司

1999年末，水钢共有职工27587人，其中各类专业技术人员6604人。主要设备有：115平方米烧结机3台，633立方米高炉1座，1200立方米高炉1座，36孔焦炉1座，50孔焦炉1座，25吨转炉3座，连铸机5台，3200立方米／小时制氧机1套，6000立方米／小时制氧机2套，线材和小型材轧机机组3套。已具备年产120万吨钢、120万吨铁、100万吨钢材的综合生产能力。主要产品有生铁、钢坯、线材、热轧带肋钢筋、水泥以及焦炭、煤化工产品等20余种。1999年共生产钢113万吨、铁121万吨、钢材93万吨，分别比上年增长49.01%、38.42%和60.06%；工业总产值15.27亿元(90不变价)，同比增长45.15%；工业增加值7.13亿元，同比增长2.88%；资产总值41.85亿元，同比增长3.13%；流动资产16.87亿元，同比增长3.88%；产品销售收入21.44亿元，同比增长27.19%；全年在消化减利因素2.3亿元的基础上，实现利润6750万元，同比增长235.65%。

1999年水钢能源、物料消耗大幅度降低，技术经济指标进一步改善。在行业同类型企业可比的技术经济指标中，水钢的主要技术经济指标均达到平均先进水平。入炉焦比降至472kg／t，同比降低78kg／t，高炉喷煤达到102kg／t，同比提高36kg／t，转炉钢铁料消耗降至1089kg／t，同比降低12kg／t，其中铁水消耗957kg／t，同比降低33kg／t。三座转炉平均炉龄达到5292炉，同比提高1962炉，其中最高炉龄达9543炉，在

1999年9月8日国家经贸委主任盛华仁到水钢视察，水钢总经理朱继民（左一）和副总经理王黎明（左三）向领导汇报工作

水钢产品生产采用国际标准，并
SO9002质量体系和完善计量检测
认证，获得证书

水钢二轧厂加强科技含量投入引进切合轧制生产工艺，成材率达96.31%

无溅渣护炉工艺技术条件下，居行业较高水平，连铸比100%；线材成材率提高到94.85%，同比提高2.84个百分点；小型材成材率提高到96.31%，同比提高1.50个百分点。吨钢综合能耗达到1048千克标煤，比上年降低247千克标煤。水钢通过广泛开展“学邯钢、降成本”的低率达6.4%。吨钢、吨铁、吨材制造成本分别比上年下降120.62元、32.58元和86.01元。

水钢的科技进步与新产品开发，一是建立健全科技进步的组织结构，初步形成了以技术中心为核心的科技开发体系；二是打破专业技术职务终身制，根据科技人员的工作能力、贡献程度确定聘任等级，充分调动科技人员的积极性；三是利用科技进步承包基金方式，完成了15项科技进步项目，年可创效7814万元；实施合理化建议186件(项)，创效近亿元。四是根据市场需求，加大新产品开发力度，成功开发出高速线材等新产品。年内共有五项科技成果荣获贵州省科技进步奖，获奖项目之多、等级之高是水钢建厂以来的首次。

1999年，水钢按照建立现代化企业制度的方向，把改革、改组紧密结合起来，不断优化产业结构、组织结构和劳动力结构，进一步完善集团母子公司的框架和运作；加大了资产重组和结构调整的力度。在搞好市场定位的基础上，对26家分、子公司进行重新整合，促进了非钢铁产业的发展。在管理上，水钢围绕“创品牌，塑形象，挖潜力，增效益”的目标，大力实施以贯标为主线的标准化管理，初步建立了科学的全员全过程的各项管理标准体系，通过强化质量管理，严格按高于国家标准的内控指标组织生产，产品质量得到大幅度提高。炼钢生铁、铸造生铁、螺纹钢获得采用国际标准产品标志证书并通过了ISO9002国际质量体系认证。产品质量的提高，增强了企业的市场竞争力，全年产销率、货款回笼均保持100%。

通过开展“识厂情、找差距、敢追求、上水平”主题教育活动，进一步弘扬了“自强、开放、创新、追求”的企业精神，增强了企业的凝聚力和向心力。水钢先后获得贵州省“五一劳动奖状”、贵州省“企业文化建设先进单位”、全国冶金系统思想政治工作先进企业等荣誉称号。

撰稿：姚志荣

董事长、总经理、党委书记：朱继民
党委副书记、纪委书记：赵松桓
副总经理：王黎明　唐　勇　张槐祥
　　　　　潘明祥　丁祖国
总工程师：黄震泽
总会计师：杨本善

水钢高炉雄姿

大连钢铁集团有限责任公司

DALIANGANGTIEYOUXIANZERENGONGSI

大连钢铁集团有限责任公司是国有特殊钢生产骨干企业。1999年末，拥有全资子公司11家，控股子公司2家，参股子公司1家。在岗员工总数7200人。资产总额41.2 亿元，比上年末增长15.20%。1999年，工业总产值完成91432万元，比上年提高28.78 %；钢产量358964吨，比上年提高12.16%；钢材产量280175吨，比上年提高 15.39%。人均年产钢量50吨，比1995年增长了150%；全员劳动生产率10万元/人·年，比上年增长30%。以上指标均创公司历史最高纪录。销售收入135883万元，比上年增长了15.78%。实现利润1115万元，比上年增长4.7%；实现利税总额5579万元，比上年同期增长11.58%。资产负债率69.2%，比上年降低4.6 个百分点。

冷轧镀锌卷板

1999年，公司加大力度调整产品结构，压缩低档产品，优先生产高技术含量、高附加值的品种。全年不锈钢产量达到19252吨，比上年增长35.56%；轴承钢产量达到104387吨，增长33.87%。合金弹簧钢产量达到19999吨，增长18.41%；全年钢材合金比达到73.10%，比上年提高了10.17 个百分点；高合金比达到5.63%，比上年提高1.59 个百分点。在国内首家开发出的以300系列和400系列为代表的不锈钢大盘重线材、轴承钢大盘重线材和高质量的合金弹簧钢棒线材，已成为三大拳头品牌，成为替代进口的国内市场首选产品，处于供不应求状态。

全年技术改造在建项目74个，其中重点项目有：第一炼钢厂第二台LF炉和24吨VOD炉改造工程、第二炼钢厂10#电炉改造和第二台LF炉工程、750主电机和均热炉改造工程、棒线材后部精整热处理工序一期、二期建设工程、两个炼钢分厂电炉除尘工程等，使主体装备水平有了很大提高。

全年签定新产品技术文件73份，试制新钢号78个，新产品交货量达9980吨，销售收入7490万元，新产品技术含量、品种、数量、销售额均达到历史最好水平。全年承担部级课题研究9项，其中两项为“九五”攻关项目。“轿车悬挂弹簧用钢的研制”全部完成，并通过了部级鉴定；“发动机用非调质钢开发”课题也已通过预鉴定。

经营管理方面，利用公司的技术、规模和品种优势，稳固重点大用户，积极开辟国际市场；用好“以产顶进”的行业优惠政策，努力开发新产品。全年订货量达到339433吨，比上年净增50155吨。销售总公司全年发出产品金额83891万元，收回83989万元，回款率达100.11%；现款回收比上年增长42.21%。

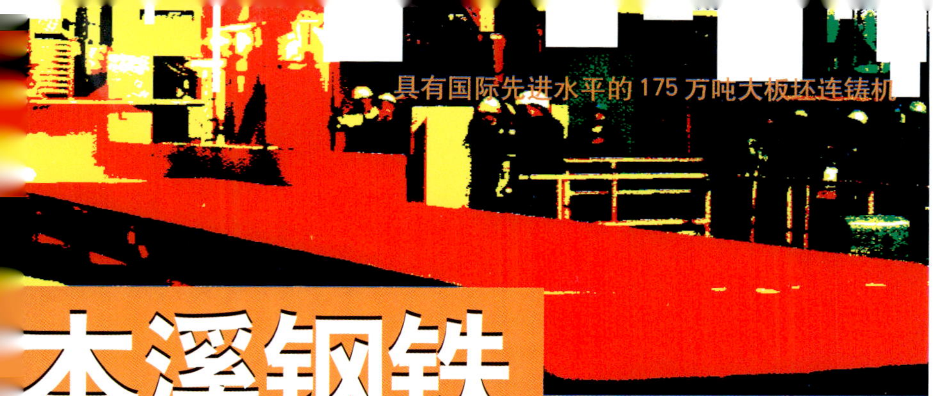

国家主席江泽民出席本钢2号板坯连铸机引进合同签字仪式

本溪钢铁（集团）有限责任公司

BENXIGANGTIE

本溪钢铁（集团）有限责任公司（以下简称本钢），始建于1905年，是我国钢铁行业历史最悠久的老企业之一。1996年，经国家批准，以国有独资形式改造为本溪钢铁（集团）有限责任公司，1999年，与北台（集团）有限责任公司联合重组，实力进一步增强。

目前，本钢集团是以板材为主，拥有优质建筑用棒材、普特结合、多业并举的跨行业、跨地区、跨所有制、跨国经营的一流的现代化大型企业集团。拥有采矿、选矿、烧结、炼铁、炼钢、轧钢、动力、运输、机修、科研和产品开发等配套齐全的生产和科研部门，并兼营机械加工制造、建筑、房地产开发、旅游、贸易等多种产业。1999年，本钢集团实现工业总产值71.64亿元，工业增加值33.39亿元，销售收入173.18亿元，利税11.69亿元，利润8859万元。年产生铁471万吨，钢388.5万吨，热轧板261.46万吨，冷轧板65.73万吨，热镀锌板18.2万吨，棒材12.39万吨，特钢材21.86万吨，铸管6.4万吨。截至1999年底，共有职工107227人，其中集团母公司2.4万人，下属二级子（分）公司及直属单位50多个，企业资产总额304.26亿元。主导产品热轧卷板、冷轧板、热镀锌板在国内市场占有率分别为16.06%、4.81%、7.08%，并远销美国、法国、加拿大、西班牙等国家和地区。围绕开发品种，增加效益，新产品开发形成了以石油管线用钢、压力容器用钢、深冲用钢、结构用钢、链条用钢、耐候用钢、模具用钢、热镀锌用钢为主导的八大系列产品，已研制开发出75个牌号的新钢种，逐步实现由普通产品为主导向高附加值、高科技含量的高新产品为主导的产品结构转变。

1999年，本钢集团公司进一步加大深化改革力度，以母子公司为体制框架的现代企业制度进一步完善和推进。通过主辅分离、下岗分流，年人均产钢量达到122.4吨。开展了低成本战略和对标挖潜等工作，企业参与市场竞争综合实力进一步增强。企业思想政治工作和精神文明建设不断前进，1999年本钢获“全国精神文明建设工作先进单位”荣誉称号。

冷轧成品库

“十五”期间本钢的发展目标是：到2005年，工业总产值达到135亿元，比“九五”末增长67%；工业增加值达到65亿元，比“九五”末增长75%；销售收入260亿元，比“九五”末增长44%；利税28亿元，比“九五”末增长1倍；利润8亿元，比“九五”末增长7.3倍；“双高”（高技术含量、高科技附加值）产品比例达70%；冷、热轧板比例达60%、40%，成为国内一流的精品板材基地。

广西柳州钢铁（集团）公司（简称柳钢）属国有大型钢铁联合企业，集冶金、科研、工程设计、建筑、疗养、商贸、旅游业为一体，是广西钢铁生产基地。公司位于柳州市北郊，距市中心9公里。现有职工21000人，各类专业技术人员4000人，资产总值52亿元。

柳钢主要生产中板、小型材、中型材、线材、薄板、无缝管六大系列产品。有10个系列80个品种规格的产品荣获冶金部、广西优质产品称号。1999年中厚板、线材、型钢、热轧带肋钢筋、连铸坯通过了ISO9002质量体系监督审核。船用钢板已获得中国、德国、英国、法国、挪威五国船级社工厂的认可。1999年，成功开发出市场畅销的特轻槽钢、390D中板、新Ⅲ级螺纹钢等10多个新产品。产品销往全国各地，还出口日本、德国、韩国、泰国、越南及港澳地区。

投资9000万元先进的连续棒材生产线

柳钢生产的优质螺丝钢

投资5亿元，先进的2.8米中板四辊轧机，可生产多种规格的优质中厚板

柳钢 1997 年 6 月实现全连铸生产

GUANGXI
LIUZHOU GANGTIE GONGSI

1999年，柳钢继续深化改革，加强整顿。进一步完善竞争上岗机制和科技进步激励机制，对取得中级以上职称的科技人员实行评聘分开制，拿出300万元奖励推动科技进步和开发新产品的有功人员 开展主要技术经济指标追赶全国前三名活动。全年降低生产成本2.4 亿元，实现利税2.44 亿元、利润 4512 万元，利税和利润分别比上年增长 41% 和 80%。

柳钢重视物质文明建设，同时加强精神文明建设。作为全区爱国主义教育基地，柳钢在企业文化建设上树立了良好的企业形象。公司先后建成文化宫、科技大楼、职工培训中心、水上公园、游泳场、足球场等文化体育设施，创办《柳钢报》、有线电视台、《学习与宣传》、《柳钢科技》等宣传文化阵地。公司充分利用人才和设备优势，与广西工学院等多所区内外大专院校协作，提供实习基地；与某地炮旅结成军民共建单位，培养军地两用人才；把设备先进的转炉连铸和中板四辊生产线开辟成“工业旅游线”，让广大游客尤其是青少年学生参观“钢铁是怎样炼成的”。公司文化宫、图书馆、游泳场、足球场等文体娱乐设施向社会开放，丰富了社区居民的精神文化生活。

42年的艰苦奋斗特别是近年来锐意改革整顿，柳钢创造了辉煌的业绩。1998 年以来，连续入选国有企业 500 强，1995 年荣获国家计量先进单位称号，1997 年荣获广西优秀科技型企业称号和广西先进党委及柳州市红旗党委称号，1999 年荣获“全国精神文明建设先进单位”称号。

目前，柳钢正以崭新的姿态、高昂的斗志向新世纪迈进。柳钢将抓住开发大西北的机遇，做优做强钢铁主业。积极推进科技创新，淘汰冶炼、轧钢五六十年代落后工艺设备，引进国内外90年代先进工艺设备，提高整体装备工艺水平，开展主要技术经济指标追赶全国先进活动。加速新产品开发步伐。同时，积极开发非钢高新技术产业。力争在2005年建成年销售收入达 50 亿元的国有特大型企业集团。

撰稿：黄日德

法人代表、董事长、党委书记：吴集成
地　　址：柳州市北雀路 117 号
电　　话：（0772）2593911
传　　真：（0772）2313416
网　　址 http://www.liuzhousteel.com
电子信箱 lggsb@public.lzptt.gx.cn

抚顺新抚钢有限责任公司

FUSHUN XINFUGANG

坐落于清王朝发祥地——辽宁省抚顺市西部的抚顺新抚钢有限责任公司，是全国冶金行业78户大型企业之一，国家二级计量单位，始建于1958年，现有主体员工5000人，资产总额22亿元，年可生产铁70万吨、钢120万吨、钢材95万吨。

公司生产的主要产品

企业致力于实现现代管理，掌握现代技术，1999年10月通过了ISO9002质量体系认证。目前，可向社会提供6大类近500个规格的钢铁产品，主导产品螺纹钢筋、弹簧扁钢、钎具钢、优质棒材、超薄、精密带钢和工、槽、角等型普钢及合金钢系列，畅销全国，远销泰国、韩国及港澳等国家和地区，享有盛誉。这里交通便捷，沈抚高速公路直通陆海空口岸，厂内设有25公里自备铁路与国铁相接。

新抚钢公司将秉承用户第一、信誉第一、精诚合作、共同发展的经营理念，借新世纪良时，铸新抚钢辉煌。董事长、总经理王宁偕全体员工热忱欢迎海内外朋友来人来函联系业务。

地址：辽宁省抚顺市望花区沈抚南线18号
电话：0413—6691078　6691088
传真：0413—6691781　6691686
邮编：110032

棒材连轧线

高效连铸机

高炉群

QINGDAOGANGTIE

青岛钢铁控股集团有限责任公司

基本情况 青岛钢铁控股集团有限责任公司(以下简称青钢)于1958年建厂，截止到1999年末，累计生产钢1383.02 万吨，钢材1131.90 万吨，利税总额12.78 亿元，上缴利润2.13 亿元，现有干部职工2万人，各类专业技术人员3100人。经过40多年的建设发展，已成为一个以钢铁产品为主线，具有16个法人资格单位，30个生产厂的跨地区、跨行业，以资产为纽带，集科、工、贸为一体的大型企业，是山东省三大钢铁基地之一，青岛市十大企业集团之一。40多年来，青钢走过了不平凡的发展历程，是由粗放经营到集约经营、由曲折徘徊到新形势下加快发展的40年。在由计划经济向市场经济转轨的过程中，由于原有的经营体制，管理观念不适应市场经济的要求，所以应变力、竞争力和自我发展能力都十分脆弱，出现了连年亏损，经济效益严重滑坡的局面，成为山东省的亏损大户。进入1997年以来，在董事长王玉科的带领下，确立了“三年三大步”(1997～1999)的生产经营发展目标，发扬“求新、求异、求变”的企业精神，按照“安全为天、质量为命、育人为本、科技为先、管理为头、市场为家、用户为主”的治厂方针，靠舍命以赴和勇往直前的工作作风，克服了由计划经济向市场经济转轨过程中遇到的各种困难，克服了连年亏损，企业发展困难重重、步履艰难的不利局面，实现了由粗放型经营向集约型经营的转变，实现了全方位、多层次的产品开发、生产、销售“一条龙”的生产经营格局，实现了全员、全过程的“五个日”(日目标、日反馈、日分析、日考核、日工资)全控管理模式，使各项工作实现了历史性的飞跃。1998年1月通过了中国冶金工业质量体系认证中心ISO9002质量体系认证，企业经济实力和竞争力明显增强。3年多来，青钢发生了脱胎换骨的变化，生产经营规模不断提高，1997年扭亏盈利，实现利润1306万元，结束了自1995年以来连续26个月亏损的被动局面；1998年实现全集团盈利，1999年实现了稳步提高的发展目标，使

青岛钢铁控股集团有限公司董事长　　王玉科

青钢进入了快速、健康发展的新阶段，达到了发展历史上的最高峰。目前，青钢各项经济技术指标70%达到全国同类企业前5名，并以每年20%的速度发展，在全国钢铁企业中所占的地位由1997年的108位上升到目前的第33位。

生产经营情况 1997年以来，青钢始终坚持以“市场为家、用户为主”的营销理念，建立了以市场为导向，以销售为龙头，以产品开发为中心，以质量为保证的销、开、产、供一条龙经营机制，坚定不移地走质量效益型道路，以现代化的控制方式，现代化的管理模式，对整个投入产出过程进行科学控制，实现了“五个日”全过程管理。生产经营一年一个台阶，顺利实现了“三年三大步”的生产经营发展目标。1999年生产铁98.6 万吨，钢107.8 万吨，钢材83.3 万吨，焦炭7.9 万吨，全年集团销售收入34 亿元，比上年增加12.83 亿元；实现利润2800万元，比上年增利1552万元。全年28项主要经济技术指标有10项进入全国同类企业前5名，占35.7%，比上年提高7.1%，其中

蓝天映衬下的青钢厂区之——现代雕塑群

银钢高炉利润系数平均达到2.78，综合焦比547公斤/吨，生铁一级品率90%；第一炼钢厂钢铁料耗1085 公斤吨，品种率达到22.08%，炉龄由1417 炉增加到3000 炉以上，连铸坯实际成本为1356元/吨，降低率为8%；第一线材厂品种率为48.49%，成材率为93.11%，吨材成本1633元，比上年降低125元，降低率为7.6%；第二线材厂成材率为95.2%，吨材成本为1422元，比上年降低110元，降低率为7.7%；第二小型厂圆钢、螺纹钢成材率为97.23%，圆钢实际成本为1523元/吨，比上年降低141元，降低率为8.5%；螺纹钢实际成本1585元/吨，比

青钢

高炉出铁

上年降低151元，降低率为8.7%。

主要设备与产品　有2座350立方米高炉，1座420立方米高炉，2台50平方米烧结机，3座20吨氧气顶吹转炉，3台2BLC—504小方坯连铸机，1套45度无扭高速线材轧机，1套半连铸280复二重线材轧机，1套小型钢轧机，1套半连续小型轧机，3台3200立方米制氧机，1台1500立方米制氧机等。现拥有资产30亿元。主要产品有线材、热轧螺纹钢筋、小型圆钢、螺纹钢、冷轧钢强度带肋钢筋及焊网、小型冷轧带钢、冷变型钢、异型钢管、小断面连铸方坯、冶金焦炭及其它焦化产品、各类三星牌钢钉等. 其中拉碳法冶炼650毫米直径45号钢无扭控冷热轧盘条，气体保护焊焊丝用盘条，低碳无扭控冷热轧盘条先后获得国家级新产品、省市级名牌产品称号.

炼钢生产车间

1997年以来，坚持以市场为导向，以产品开发为中心，加大了产品技术开发的力度，不断增加产品的科技含量，成立了技术开发中心，充分调动科技人员的积极性，用科学的管理手段，加强生产过程控制。改进高效品种钢工艺，根据市场需要，不断开发新产品，新规格，为企业增加新的经济增长点。从以普线为主，品种规格单一的局面发展到现在具有品种多样化、规格系列化的上千个品种规格产品，形成了焊丝用钢系列、焊条用钢系列、硬线系列、软线系列、新三级螺纹系列等产品体系，高附加值产品由1997年的19.8%上升为现在的50%左右。仅1999年开发硬线系列、45号棒材系列、三级螺纹系列等6个系列，高附加值品种钢22.7万吨，占钢材总量的27.2%，比上年增加7.5%，高效品种钢销售利润6300万元。

企业文化　以“求新、求异、求变”的精神，大力加强具有青钢特色的企业文化建设，采取多种形式，多渠道全方位地搞好干部职工的教育培训工作，狠抓职工的素质提高，转变工作作风，升华理念，从机制、管理、科技、分配制度等方面不断地进行创新，全面推行“五个日”为内容的管理机制，建立了多层次、多元化的人才开发和激励机制，使公司的管理思想、理念不断提高，使企业文化建设不断升华，并为企业形象的内涵和外延形成强大的精神力量，推动企业各项工作不断发展并取得了显著成绩。1999年职工的生活水平得到了大幅度的提高，职工工资在固定一级、普调一级的基础上，平均每人又上调208元，固定一级浮动工资，近千户职工分房和调房，董事长王玉科被青岛市工交工委、市经委授予1999年青岛市“十大功勋”荣誉称号。

高速线材生产线

冷轧钢筋焊网生产线

撰稿　盛贤正　　肖爱东

酒泉钢铁

集团·有限责任公司

一、 企业基本概况

酒泉钢铁（集团）有限责任公司，是我国西北地区规模最大的联合企业，始建于1958年8月1日，位于万里长城西端的甘肃省嘉市。1992年以来先后兼并了河西堡铁厂、兰州长虹电焊条厂、兰州环保厂、兰州钢厂、西安钢厂等企业，1997年10月23日以原酒钢为母体成立了酒泉钢铁（集团）有限责任公司，初步实现了跨行业地区的战略调整。

经过40多年的建设和发展，酒钢本部已经形成从“采矿、选矿结”到“炼铁、炼钢、轧材”完整配套的生产体系和以钢铁产品为主化产品、钢铁产品深加工、建筑安装、机电制造修理、建材工业及产业为补充的多元化经营格局，为全国520家重点国有企业之一，肃省的利税大户。在国有企业500强中曾排名第90位。

酒钢公司本部占地14.5平方公里，设备总重15.4万吨，共有30000多人，具备年产铁矿石500万吨、生铁200万吨、钢200万吨材180万吨的综合生产能力。截止1999年末，已形成固定资产原值7亿元，净值55.61亿元，企业总资产99.91亿元。

二、 产值、销售额及利税情况

1999年实际生产生铁180万吨、钢186万吨、钢材116万吨。2000年可完成生铁186万吨、钢193万吨、钢材165万吨。

自1985年以来，酒钢的工业总产值、销售收入和利税，平均每年19.66%、20.55%和25.19%的速度递增，1999年分别达到21.64亿元、65亿元和4.8亿元。预计2000年可实现工业总产值24.5亿元、销售38.5亿元、利税6.5亿元。

三、 主导产品与市场

酒钢的主要产品有线材（包括钢棉钢盘条、热轧带肋钢筋、焊钢盘条、冷墩钢、棉花打包丝、普碳钢盘条、优质碳素热轧盘条）、（包括普通碳素板、45#优质碳素板、Q345B低合金板、20 锅炉板碳钢板、16MR压力容器板、B级船板、16Mnq桥梁板、X60管线方坯、板坯、钢丝、钢丝绳、螺纹纲、小型材等20多个品种，加上产品、耐材、建材及其它非钢铁产品，产品品种已达百余种，并全到国家和行业标准。

主导产品于1998年通过了ISO9000系列贯标审核，并得到中国工业质量认证中心GB/T19002－ISO9002认证注册，B级和D级船2000年初通过了中国船级社认证。有18种产品荣获省优、部优称号，中普通高速线材被原冶金部和甘肃省分别评为实物质量“金杯奖”和货精品”。热轧带肋钢筋、H08Ab焊条钢、16MnL汽车大梁板等几品已达到国际先进水平，ER70S-6焊丝钢盘条、82B高碳钢盘条等

高速线材

中原板材

可以按照美国钢号、日本钢号等国际标准组织生产。

目前，酒钢的产品已覆盖全国28个省区的860多家用户，部分产品已打入国际市场，并远销韩国、印度尼西亚、日本、美国、香港、台湾等国家和地区。

四、技术创新与产品开发

酒钢十分重视科学技术在企业生存和发展中的重要作用，认真贯彻“科技是第一生产力”的思想，尊重知识，尊重人才，不断完善内部科技体制，加强企业技术改造，积极研究和推广应用新技术、新工艺。近十年来，酒钢科技人员完成了200多项科研项目，其中有45项荣获国家、部、省、市科技进步奖。此外，还开发成功了SAE1006冷墩钢、X60管线钢等多种钢铁和化工新产品。

五、职工培训

由于特殊的地理环境，酒钢历来十分重视职工培训和再教育工作。尤其是近年来，随着企业改革的逐步深化和建设现代企业制度，对企业职工的整体素质提出了更高的要求。为此，酒钢开展了大规模的职工技能考核鉴定工作，对不合格者进行下岗再教育和技能培训；对处级干部和一般管理人员进行工商管理轮训和计算机技能培训，以适应现代化管理的要求。

六、企业文化

在漫长的建设过程中，酒钢形成了具有自身特色的企业精神，这就是“艰苦创业，坚忍不拔，勇于献身，开拓前进”的铁山精神。1997年，铁山精神被原国家冶金部命名为中国冶金行业的六大企业精神之一。

七、未来展望

在“十五”期间，酒钢将本着“多品种、精产品、高效益”的原则，积极推广应用新技术、新设备，淘汰落后生产工艺和装备，拟投资数十亿元对冶金厂区进行大规模的技术改造和建设，完成矿山改造、炼钢炼铸改造、电厂改造、高速线材改造和炉卷轧机建设等一系列重大项目，对产品结构进行优化组合，以全面提升企业竞争实力。

在新的世纪，酒钢将以崭新的面貌和更加强劲的实力，为我国钢铁工业的发展和地方经济的腾飞做出更大的贡献。

撰稿：陈武林

焦化产品

冶金厂区俯瞰

钢丝绳

热轧带肋钢筋

董事长、总经理、法人代表：马鸿烈
地址：甘肃省嘉峪关市雄关东路12号
电话：0937—6713294、6713816、6715297
传真：0937—6226872
电报挂号：3932
网址：www.jiugang.com
电子信箱：jiugang@jiugang.com

鄂钢集团公

ECHENG IRON &STEEL GROUP CO.,LTD

鄂城钢铁集团有限责任公司是湖北省属大型钢铁联合企业。位于长江中游南岸的鄂州市，西距武汉40公里，南临武（昌）九（江）铁路和沪蓉高速公路，地理位置优越。

鄂钢建于1958年，经过40多年的建设和发展，现不仅具有从矿山采选、冶炼、轧材到产品深加工等整套钢铁联合企业生产流程，而且具备机械制造、氧燃动力、货物运输、建筑安装等行业的生产经营能力，已成为一业为主、多种经营的企业集团。公司年生产能力为：生铁130万吨、钢150万吨、钢材140万吨。

鄂钢技术装备精良。从料场配料到烧结、炼铁、炼钢、连铸、连轧等主体生产设备全面实行电子计算机控制，实现了生产过程连续化、自动化，高速线材、连轧棒材、500热带等项目，引进应用了德国、意大利、美国、英国、瑞典等国的先进技术，公司的主要装备技术居90年代全国同类型企业先进行列。

鄂钢是湖北省最大的建筑用钢材基地，品种规格齐全，主要产品有：Ⅱ、Ⅲ、Ⅳ级热轧带肋螺纹钢筋；热轧高速无扭控冷碳素钢盘圆、碳结及弹簧盘圆；碳素结构、合金结构圆钢；碳素、碳结、

厂区一瞥

公司办公大楼

合结热轧带钢；冷轧带钢；热轧碳素扁钢和弹簧扁钢、型钢；高频直缝焊管；汽车钢板弹簧等八大系列。公司于1998年通过ISO9000认证，产品生产工艺先进，检测手段完善，管理严格，质量优良。产品获省、部以上优质品率为80%以上，并多年保持国家质检市场抽检合格率100%。其中，主导产品热轧带肋螺纹钢获国家金杯奖，线材、热轧碳素钢圆钢、热轧钢带、冷轧钢带等多次获冶金部和湖北省优质产品称号，汽车钢板弹簧获机电部和湖北省优质产品称号，其它产品获湖北省优质产品或金奖产品称号。鄂钢产品广泛用于长江三峡工程、武汉长江二桥和三桥、广州地铁、长江堤防等重点工程和高层建筑，畅销国内市场，部分产品远销美国、日本、东南亚、港、澳等国家和地区，深受国内外用户好评。

鄂钢是国家首批重点支持的300家优势企业之一。1996年在全国500家最大工业企业排序中居第216位，在中国企业综合评价500优排序中居第70位；在湖北省属企业中居第1位。近十年来，多次被评为湖北省经济效益先进单位、湖北省优秀企业、湖北省最佳文明单位、湖北省管理示范企业、全国绿化先进单位，1997年被授予全国“五一劳动奖状”企业的荣誉称号。

云南冶金

YunnanYejin

公司本部大楼

云南冶金集团总公司

董事长、总经理、党委书记：陈　智

云南冶金集团总公司是集采矿、选矿、冶炼、化工、加工、勘探、教育、科研、设计、工程施工及内外贸为一体的大型企业集团，1999年被列为国家520户重点企业（集团）之一。

1989年，云南冶金集团总公司经云南省政府批准，首家由工业管理局（原冶金工业厅）改制为经济实体，并于1993年被授予国有资产经营权，1995年和1997年先后被省政府列为全省第一批建立现代企业制度试点单位和全省第一批重点培育的大企业集团以来，各项事业获得了长足发展。集团现有成员单位及控股参股企业27个，其中，全资子公司7个，中外合资企业4个，直属事业单位4个。截至1999年底，集团总公司全资及控股企业总资产达到57亿元，净资产18.7亿元，在职职工2万多人，各类技术人员6000多人，其中高中级科技人员1700多人。集团现有采矿能力86.85万吨，选矿能力76.4万吨，有色金属冶炼能力28.8万吨，有色金属深加工能力6.25万吨，锰矿及锰加工产品能力27万吨，各类石墨产品生产能力6.5万吨，硫酸生产能力10万吨，主要产品有铝、锌、铅、锗等有色金属及黄金、白银以及锰系列产品，其中铝、铅、锌、锗产量分别位居全国同行业第5、第4和第1位。主要产品中，“金沙”牌铅锭被国家统计局经济景气监测中心、国家经贸委评为国家改革开放20年来最具有影响力的品牌之一，“云海”牌重熔用铝锭、铝合金、铝型材、铝铸轧卷、“金沙”牌铅锭、已在伦敦金属交易所（LME）注册，“云海”牌重熔用铝、“云鑫”牌电锌、“云晶”牌锗系列产品都是省名牌产品。集团所属的云南铝业股份公司、会泽铅锌矿、集团进出口公司、建水锰矿等一批企业已通过ISO9000系列质量体系认证。

云南会泽铅锌矿生产区

YUNNAN 云南冶金集团总公司 YEJIN

云南铅业股份有限公司
处于国内先进水平的186KA预焙阳极电解槽

1999年，云南冶金集团总公司共生产10种色金属22.69万吨，完成工业总产值（90年不价）18.7亿元，销售收入23.6亿元，实现利润00多万元。

1. 云南铝业公司节能技改续建工程项目，拟用国际先进的300KA预焙阳极电解槽冶炼技术行技术改造，使电解铝生产能力达到20万～25吨／年。

2. 兰坪公司引进外资，建设年产电锌25万采选冶工程。

3. 会泽铅锌矿深部资源开发及10万吨／年锌矿建工程。

4. 6万～8万吨／年粗铅引进高新技术环保节能技改工程。此项工程可回收烟气制硫酸6万吨／年，等量淘汰集团总公司所属企业后的粗铅冶炼生产设备。该项目已被国家经贸委列入国家重点技术改造“双高一优”项目导向性计划。

云南冶金集团总公司还将抓好澜沧铅矿高铁硫化锌精矿加压直接酸浸新工艺高新技术产业化工程。保山公司矿山资源勘探和技术造、扩建电锌产量1.2万～2万吨工程等项目的建设，力争在形成和发展云南省有色金属支柱产业中发挥龙头作用。

撰稿：周昌武　周　鸿

董事长、总经理、党委书记、法人代表：陈　智
单位地址：云南省昆明市白塔路208号
邮　　编：650051
电　　话：0871-3164500
电　　挂：6200
网　　址：www.ymggc.com
电子信箱：info@ymggc.com

YUNNANYEJIN

云南新立有色金属有限公司获得国家质量银质奖的“金沙”牌电铅

中国七砂
集团有限责任公司
ZHONGGUOQISHA
JITUANYOUXIANZERENGONGSI

棕刚玉生产二厂

七砂集团

QISHA
JITUAN

棕刚玉、白刚玉、绿碳化硅、黑碳化硅及制品

中国七砂集团是国家大型企业，拥有资产12亿元，专业从事磨料磨具与超硬材料生产并兼营其他行业的大型企业集团，拥有全资子公司5个，控股子公司7个，占地面积120万平方米，拥有先进生产线20余条以及世界水平的生产设施，是国家生产磨料磨具及超硬材料的基地，是机械工业的重点骨干企业基地。1999年末，企业资产总额达到121566万元，实现工业总产值18229万元，工业增加值2477万元，产品销售收入17729万元，利润总额117万元 。

企业主要产品有棕刚玉、白刚玉、锆刚玉、黑碳化硅 、绿碳化硅、人造金刚石、金刚石制品、陶瓷磨具、树脂磨具，兼营绿色产品、房地产开发、旅游汽车出租等。主要产品服务于机械、电子 、石 化 、建筑、冶金、航 空 、交通 、铁路等国民经济行业。棕刚玉磨料的技术水平达到国际先进水平，被评为国家银质奖（同类产品最高奖 ），其它产品白刚玉 、黑碳化硅 、绿碳化硅 ，陶瓷磨具、树脂磨具，人造金刚石等先后获省级和部级优质产品称号。生产工艺过程严格执行高于国家标准的内控标准。曾荣获国家质量管理先进企业称号，并通过 ISO9002 质量认证。

公司设有省级技术中心，开发了填补国内空白，具有世界先进水平的锆刚玉磨料、重负荷树脂磨具，开发了国内先进水平的棕刚玉微粉、碳化硅微粉、涂敷磨料、人造金刚石磨具。采用国际先进水平的倾倒法棕刚玉冶炼炉，无介质自磨机等生产技术，产品各项性能指标控制稳定，原材料与能源消耗低于行业平均水平。

企业建立较为全面的信息管理系统，各部门均设有网上接收点及信息发出点，做到了信息资源共享。积极参与政府组织的企业上网工程，收集与集团公司相关的技术信息、经济信息、政策信息。

公司有遍布全国的销售网络，在深圳、杭州、天津、北京、上海、武汉、广州、成都、东北等地设有经销点。拥有企业自营进出口经营权，设立了进出口公司。

公司 按照“产权清晰、权责明确、政企分开、管理科学”的总体要求，坚持改革、改组、改造和加强管理，建立现代企业制度。同时组建以集团公司控股，其他法人联合的“贵州中国第七砂轮股份有限公司”。公司1998年6月在深圳证券交易所挂牌上市并直接向社会融资1.56 亿元，成为集团的中坚力量。以集团的技术优势与管理优势开发新产品，参与融资活动，与地方经济实体联合设立了“清联山牌磨料联合公司”、“贵州余庆七砂绿色产业开发公司”等。积极筹备小项目参与地方政府财政基金的融资活动，争取地方财政资金的支持。

“十五”期间，准备开发纳米材料金属镓及有关产品，拟投资12.5 亿，届时，集团将以崭新的姿态迎接21世纪的到来。

山西铝厂生产厂区全景

山西铝厂

SHANXILUCHANG

厂长：张程忠

党委书记：冯玉山

定代表人：张程忠
讯地址：山西省河津市山西铝厂
政编码：043304
系电话：(0359) 5044046
文传真：(0359) 5261700
址 www.jinlu.com.cn
-mail:JLJH@mbox.center.gb.
om.cn

山西铝厂位于山西省河津市境内，西傍黄河水，北依龙门山（为吕梁山南麓），占地面积1.8万亩。山西省是我国的铝资源大省，铝土矿储量占全国的45%，河津市境内煤炭、石灰石资源丰富，又是山西省境内少有的富水地区之一，108国道和侯西铁路经过厂区，交通运输便利。

在国家“优先发展铝”的方针指引下，山西铝厂于1972年开始筹建，1983年7月1日正式开工，是国家“六五”至“八五”期间连续三个“五年计划”的重点建设项目之一，被誉为中国有色金属工业的“天字第一号”工程。

山西铝厂远景规划为氧化铝200万吨，电解铝30万吨，铝型材10万吨，水泥180万吨。其中，设计年产20万吨氧化铝的一期工程经过4年建设，于1987年7月取得一次试车成功；设计年产100万吨氧化铝的二期工程分两步建设，一步工程于1992年12月建成，二步工程于1994年8月建成，共投资51亿余元人民币，使山西铝厂基本形成了120万吨氧化铝年产规模。

山西铝厂始终以达标达产为主攻方向，竭力追求规模效益。同时，产品质量稳步提高，其主导产品“劲旅”牌氧化铝与“劲旅”牌氢氧化铝多次荣获“山西省优质产品”和“山西省名牌产品”称号。从1987年7月投产至1999年，山西铝厂已累计生产商品氧化铝660多万吨，累计上缴税金约15亿元人民币，1999年被评为“山西省利税大户十佳单位”。目前，铝厂氧化铝产量及国内市场占有率均保持在30%左右。

在国有企业三年脱困攻坚战中，山西铝厂通过深化改革，强化管理，使企业成本及各项消耗指标显著降低。他们的“三四一一”管理法曾荣获有色企协现代化管理成果二等奖。无泄漏、安全标准化、标准化车间、党支部活动的开展，使企业各项管理走向规范化、科学化、制度化的轨道。山西铝厂多年来坚持严抓管理、深挖内潜的努力在1999年得到最充分的展示：铝厂圆满完成扭亏增盈奋斗目标，结束了连年亏损的局面，成为该厂生产经营史上具有历史意义的突破。

自建厂以来，山西铝厂一直得到中央、省、地、市各级政府的关怀与支持，国家经贸委、山西省政府、国家有色金属工业局多次在山西铝厂召开现场办公会，研究解决企业生产经营和发展中的各项重大问题。1997年，山西省铝厂被国务院确定为全国512户重点企业之一，1998年，成为国务院稽察特派员进驻的首批企业之一。

站在新世纪起跑线上的山西铝厂，如今正面临着广阔的发展机遇：全球经济的复苏，带动了铝消费量的增加，铝工业市场空间良好，氧化铝生产技术逐步成熟及山西省煤电铝产业结构调整等等，为山西铝厂的发展创造了良好环境。为了把握机遇，领导班子提出了山西铝厂新世纪初期的战略构想：走规模化经营之路，继续扩大生产规模，提高产品质量，向总体规划年产200万吨目标迈进；走可持续发展道路，建成24万吨电解铝及62.5万千瓦自备电站配套项目和80万吨水泥环保综合利用项目；走高科技产业化道路，在提高拟薄水铝石生产能力的基础上，再开发2至3条多品种氧化铝生产线，提高产品技术含量及附加值；走标准化、规范化的道路，建立现代企业制度，建立规范的公司制企业。

撰稿：王秀梅

大型歌舞晚会

企业办公实现自动化管理

GUIZHOU LUCHANG

贵州铝厂

碳素制品

贵州铝厂始建于1958年，现已形成年产铝土矿90万吨、石灰石矿65万吨、氧化铝40万吨。电解铝23万吨、碳素制品17万吨、铝型材5000吨的综合生产能力。拥有总资产60亿元、净资产31.5亿元，资产负债率48%，是全国大型铝联合生产企业之一。

电解铝产品

铝厂主导产品氧化铝（氢氧化铝、粉体材料等）、电解铝（精铝、高纯铝、铝线杆 、铝母线、铝合金等）、碳素制品（阴极、阳极、高炉碳块等）以及铝型材四大产品系列中，优质产品产值率达95%以上，10种产品分获省、部、国优称号，铝锭、阴极碳块、氢氧化铝等五种产品为贵州名牌产品。其中，砂状氧化铝为国内首创，高纯铝为国内独家生产，“华光牌”电工铝获国家质量金奖，“乌玉牌”半石墨质阴极碳块获国家质量银奖，P1020铝锭为国内首家获伦敦金属交易所注册。铝厂1997年5月在同行业中率先通过ISO9002质量体系国家认证，先后获得“中国质量信誉五星级”、“全国100家用户满意产品企业”、“全国质量效益型先进企业”和“全国推行全面质量管理先进企业”等殊荣。铝厂为国家一级计量企业，产品畅销海内外，产销率连年保持100%。

1999年，铝厂完成氧化铝产量46.76万吨，比上年增长11.31%，超过设计产能16.90%；完成铝锭产量22.69万吨，比上年增长16.31%，仍然保持全国电解铝厂中铝锭产量第一的优势。全年完成工业总产值21.07亿元，实现销售收入26.76亿元，实现利税3.49亿元。其中实现利润8101万元，上缴国税19683万元，上缴地税4103万元。

近几年来，铝厂以中央关于建立社会主义市场经济体制的一系列重大决策为指针，按照“三改一加强”的部署和建立现代企业制度的目标，以改革为动力，以强化管理和技术进步为主题，依靠自我积累，坚持滚动发展，内转机制，外拓市场，全心全意依靠职工群众，基本实现了从依靠国家贷款建设到利用自有资金进行技术改造，从引进国外先进技术到自主开发创新，从传统管理到科学管理，从粗放型经营到质量效益型发展的转变。

电解生产干法净化系统

贵州铝厂总厂办公大楼

GUIZHOULUCHANG

一是科学决策，实施正确的经营展战略。在企业改革和发展思路上提出了“自我积累、滚动发展，壮大企业实力，加快步伐建立现代企业制度，加快发展，提前实现小康”的三大目标；在治厂方略上，制定了“以科技为先导，以管理为基础，以人才为根本，以市场为导向，以效益为中心”的经营战略；在营销策略上，实施以增加品种适应市场，以降低成本占领市场，以提高质量扩大市场，以搞好售后服务巩固市场的营销策略；二是深化改革，加快转机建制步伐。在巩固企业“三项制度”改革成果的基础上，调整组织机构，对与企业生产经营不十分密切的辅助单位和后勤单位进行人员分流、放开经营，并在全厂两级机关推行竞争上岗，精简了机构，提高了效率，促进了管理、人力、技术等生产要素的合理配置；三是严格管理，苦练内功。以巩固、提高“两化”、现场管理为基础，把以标准制修订为主要内容的标准化管理，以“创建无泄漏工厂”为主要内容的设备综合管理，以强化ISO9002标准运行、内审为主要内容的质量管理，以“成本双重否决”为主要内容的成本管理，作为管理工作的重点，进一步加大力度，使企业的综合管理素质提高到一个新的水平；四是以科技为先导，大力推进技术进步。坚持“高起点、高效益”的原则，把技术引进与技术创新结合起来，先后成功开发了“180KA级大型预焙电解槽技术及设备”、“电解槽模糊控制技术推广应用”和“氧 化铝板式降膜蒸发技术及设备”等一大批拥有自主知识产权的技术开发创新项目，使这些技术创新成果投入工业化生产，迅速转化为现实生产力；五是加速技术改造，加快传统产业升级。通过技术改造，电解铝技术跻身国际先进水平，氧化铝生产的技术指标进入全国同行业先进行列。碳素生产系统改造完成后，不仅品质显著提高，能耗大幅下降，而且环境污染将得到彻底治理，产生十分显著的经济效益、社会效益和环保效益；六是以人为本，切实抓好职工教育培训。坚持开展领导干部工商管理培训、专业技术人员继续工程教育，技术工人和操作工人职业技能培训、“五特”工种培训取证、转岗和“一岗多能”培训以及工资晋升业务考试等全方位培训，不断提高职工队伍素质，为实现生产经营目标和企业发展目标提供了可靠保证。

氧化铝

近年来，贵州铝厂先后荣获“全国五一劳动奖状”、“全国优秀企业金马奖”、“中国管理企业杰出贡献奖”、“国家级企业管理现代化创新成果一等奖”和“国家技术创新优秀项目奖”，厂党委荣获全国先进基层党组织称号，厂长殷毓符被授予“全国劳动模范”、“全国五一劳动奖章”和“贵州省有突出贡献的国有企业经营管理者”称号。在邓小平理论和党的十五大精神指引下，贵州铝厂正以其雄厚的实力和坚实的步伐，走进市场，迈向未来，开拓前进，再创辉煌。

CHENGZHOU KUANGYE

成州矿冶

股份有限公司

公司董事长、法人代表：武　成

成州矿冶股份有限公司，以铅锌骨干企业强强联合发起改制，成为一个以铅锌采、选、冶、加工为一体的大型工业企业，被省政府命名为“甘肃省大型骨干企业集团”。总资产2.246 亿元，. 净资产1.437 亿元，总股本1.2 亿元。现有员工731人，平均年龄35岁，其中高中以上学历人员占80%以上，各类专业技术人员120人。公司主要生产铅锌原矿、铅锌精矿粉、粗铅锭、颗粒氧化铅等产品，现已形成年产铅锌原矿30万吨，处理原矿26万吨，生产铅锌精矿粉3.3 万金属吨，硫精矿粉2万吨，粗铅锭5000吨，氧化铅3000吨的生产能力，年销售收入1.4 亿元。

成州矿冶的发展和成州矿冶一班人的不懈追求，为公司创造和积累了参与市场竞争的多方面优势。

资源优势：国土资源部批准划归公司开发的铅锌矿床，地处中国第二大铅锌矿床，即西成铅锌矿床腹地，铅锌矿石远景储量为2500万吨，金属量为250万吨。矿区交通运输便利，水电资源充分，开发条件极为良好。

体制优势：公司完全按股份公司的规范运营，有全新的企业体制和科学的管理机制，有完善的法人治理结构，形成了各司其职、各负其责、协调互动和多层管理互相制衡的运行新格局，极大地解放了企业生产力。

管理优势：公司拥有一批从事铅锌产业多年的人才群体，实行了人员能进能出、职务能高能低的新型用人机制，建立了一级核算，二级管理，实行内部成本核算和责任管理的经营机制，企业管理已逐步走上了科学化、规范化、制度化轨道。

设备技术优势：公司资产负债率低，技术成熟、设备优良、工艺先进、产品质量高。主产品铅精粉和锌精粉金属品位分别在65%和55%以上，粗铅含铅≥96%，颗粒氧化铅中一氧化铅≥99.5%，均达到国家质量认证标准。铅锌精矿以其质量稳定，一直在市场上占居优势，颗粒氧化铅全部出口日本等国。

企业创新优势：公司从无到有，从小到大，发展壮大的灵魂和不竭动力，就是靠不断艰苦创业形成的，“团结拼搏，开拓创新，依靠科技，追求卓越”的企业创新精神，通过不懈地实践和发扬，已成为成州矿冶人共同的精神财富。

公司被甘肃省人民政府批准为“甘肃省大型骨干企业集团”

省委书记孙英同志视察公司技改工程

在面临市场激烈竞争和知识经济严峻挑战的世纪之交，公司将充分发挥和利用已经具备的优势，紧紧抓住西部大开发的机遇，坚持以矿冶系列开发为主，逐步实现多元化经营，扩大规模优势，提高企业技术装备和产品科技含量，促进产品升级换代，搞活资本运营，提高企业整体素质和综合效益，实施好发展的三大战略，把公司建成集科研、工业、贸易一体化、产品多元化、高科技现代企业。

一、规模扩张战略。一是加快小厂坝铅锌矿1000吨／日采矿工程建设，力争提前于2001年建成；二是把在建的年产1万吨电解锌项目扩建为年产3万吨电解锌，实现公司采、选、冶配套，建立链式经营模式；三是加快公司上市工作的进程，争取在2001年底公司发行股票，以项目扩张拓宽融资渠道，以充足的资金保证新项目建设。

二、科技兴企战略。进一步加强与高等科研院所的联系与合作，积极培养和引进一批高层次、高水平的科技人才和管理人才，论证开发一批高科技、高附加值的工业项目，优化产品结构，建立“高、优、精、尖”新产品开发创新机制，加强“产、学、研”科技协作，真正发挥科技是第一生产力的作用。

选矿车间一角

三、可持续发展战略。始终坚持开发与保护并重的原则，积极实施矿山地质环境治理恢复工程，通过加大投放，加快工作进度，促使工业与环保协调发展。同时，在发展铅锌工业的同时，进一步调整思路，逐步把产业向化工、食品、生态农业、电力、旅游等领域延伸，实现多元化发展。

成州矿冶股份有限公司的企业体制是全新的，经营理念是开放的，对世界上先进的企业管理经验和科技成果，都会积极学习和采用，欢迎有真才实学、有过硬本领的人才来本公司；有识之士的大胆投资，都会在这里得到回报。蕴涵着巨大发展潜力，拥有辉煌明天的成州矿冶股份有限公司，已经崛起在陇原大地上。

小厂坝铅锌矿一号矿井

地址：甘肃成县南部南桥路3号
电话：0939—3218669　3212258
传真：0930—3218558

重庆 XINANLUJIAGONGCHANG

西南铝加工厂

SWA

西南铝加工厂（企业字号“西南铝”）是我国60年代为生产国防工业所需大规格铝及铝合金加工材而建设起来的大型铝加工企业，通过80年代末、90年代初的大规模改扩建，已成为中国生产规模最大、技术装备最先进、品种规格最齐全的综合性特大型铝加工企业，是国务院确定重点支持的国有骨干企业之一。

西南铝主要生产铝及铝合金板、带、箔、管、棒、型材和模锻件、自由锻件、压铸件、焊管及铝锂合金、高温合金等产品，形成了航空航天、交通运输、电子家电、包装、印刷、建筑装饰用铝材等6大支柱产品。企业技术开发实力雄厚，是国内唯一获得美国波音公司精密航空模锻件和锻坯生产许可证的企业，在国内特大型企业中首家通过ISO9002质量体系国际认证，是国家有色金属工业和重庆市唯一拥有中国工程院院士的企业.

投产以来，西南铝为国民经济各部门提供了各类高质量铝合金材料上百万吨，先后有10多项军工配套产品和技术填补了国内空白。多次荣获全国军工协作配套先进单位，在我国经济建设和国防军工中发挥着不可替代的作用。

西南铝是中国第一个出口铝材的企业，出口量一直位居全国首列，出口创汇在同行业和重庆市工业企业中名列前茅。1999年，西南铝坚持“开拓市场，深挖内潜，管理创新”的方针，实现了全年各项目标。共完成商品产量9.24万吨，其中铝材量8.76万吨，比1998年增加1.11万吨，同比增长14.5%；实现销售9.27万吨，同比增长22.7%，产销率、贷款回收率均突破100%；销售收入14.12亿元，同比增长22.15%；出口创汇1256万美元，同比增长4.7%；主导产品的市场份额增幅较大，达49%。产品开发和科技成果取得实效，成功开发了亲水箔（素箔）生产工艺，解决了罐盖涂层板涂蜡难关，开发新合金系列天花吊顶涂层板；有3个项目获得国家有色金属工业局科技进步二等奖、三等奖。

西南铝按照“产品经营与资产经营并举，质量一流，用户至上，上联下延，分块搞活，管理创新，规模经营”，的战略方针，以先进的技术，优质的产品和优良的服务，广交海内外朋友，携手共创美好明天。

1850MM特薄板生产线

法人代表：肖亚庆
地址：重庆市九龙坡区西彭镇
电话：023－65808812　65809556
邮编：401326

西南铝加工厂工业园

金隆铜业有限公司

铜陵有色金属

TONGLING
YOUSEJINSHU

铜陵有色金属（集团）公司坐落在中国古铜都安徽省铜陵市，是中华人民共和国成立后建设的第一个铜工业基地，有当代中国铜工业之母的盛誉。

经过半个世纪的发展，铜陵有色金属（集团）公司已成为一个以铜产品为主，跨行业、跨地区的国有特大型联合企业。公司现有 6 座铜矿山、4 个铜冶炼厂、4 个铜材加工厂等24个厂矿、事业单位及 16 家控股企业。1999 年在岗职工 26365 人，拥有资产总额 73 亿元，实现销售收入 55 亿元，为全国有色行业及安徽省利税十强之一。1999年生产粗铜19.57 万吨，占全国总产量 23.38%，居全国第一；电解铜 19.38 万吨，占全国总产量的 16.50%，位居全国第二；矿山铜金属含量 2.96 万吨，占全国总产量 5.7%，名列全国第四位，其铜的综合生产能力位居全国第二位。公司连续3年被授予中国进出口额最大的500家企业称号，1999 年进出口额达35451万美元，以所属公司序列排列，位于全国 500 强企业第 24 位；以各企业进出口总额单序排列，名列第83位，居安徽企业之首，获“安徽省 1999 年度收汇荣誉企业”称号，是全国有色系统第一个获得国际经济技术合作经营权的企业。公司生产的铜冠牌系列铜产品，在国内外享有广泛的信誉，铜冠牌无氧铜杆、电解铜、塑料电缆等 5 种产品荣获安徽省名牌产品称号，金豚牌电解铜已在 LME 注册成功。

在改革开放的大潮之中，铜陵有色金属（集团）敢于创新，勇于争先，善于探索。采用采矿高强度、作业高效率、经济高效益；矿山用人少、辅助设施少、矿山包袱少的三高三少办矿新模式建成了全国有色行业第一座年产万吨的现代化的安庆铜矿。公司与日本国住友金属矿山株式会社合作，投资20多亿人民币，引进当今世界先进水平的闪速熔炼工艺，建成年产10万吨电解铜的安徽省最大的中外合资企业金隆铜业有限公司。这些在国内外有着重要影响的重点发展后劲项目的相继建成投产，增强了公司铜生产体系中的高科技含量，其采选冶技术处国内领先水平。公司还对部分资产进行结构调整，组建安徽铜都铜业股份有限公司，并于 1996 年上市，铜都铜业股票成为国内铜业第一股。1999 年铜都铜业经营业绩在深交所名列第 72 位。

公司具有第一流的区位优势、交通便捷、矿产资源丰富。境内现已探明的铜金属储量达 250 多万吨，与铜共生伴生的金、银、硫、铁及铋、镉、铟、钼等金属和稀有元素 20 余种。目前公司新一轮经济发展业已凸现，生产经营有声有色。拟投资 17 亿元年产 3 万吨国内最大的坑采铜矿冬瓜山铜矿正在建设之中；投资2亿元的金昌冶炼厂治污技改工程和投资1.8 亿元的金隆铜业公司挖潜改造工程已经开工。总投资7亿元的铜板带项目及投资7.02 亿元的多层高密度印刷电路板项目已经列入公司“十五”发展计划。

撰稿：翟明亮

法人代表：杨振超（高级工程师、工商硕士）
地　　址：安徽省铜陵市五公里
电　话：0562—2833457
传　真：0562—2833696
邮政编码：244000
网址：WWW.TNMG.COM.CN

全国有色系统率先采用新模式办矿的安庄铜矿

ZWZ轴承 承起旋转的世界

瓦房店轴承集团有限责任公司简介

瓦房店轴承集团有限责任公司的前身是瓦房店轴承厂，位于美丽滨城——大连北郊的瓦房店市，始建于1938年，是中国最大的轴承制造企业和520户重点企业之一，注册商标为“ZWZ”。

公司的主导产品是工业轴承，生产能力为2500万套，能够制造和开发20mm～5000mm范围的各种类型普通用途和高速、准高速、耐高温、耐腐蚀、耐冲击、低噪音、高精度等特殊用途的轴承，全部轴承产品通过了英国劳氏船级社(LRQA)的ISO9001质量体系认证，出口的铁路轴承、汽车轴承分别通过了美国铁道协会ARR和GE公司的二方审核。目前，公司已有30%的产品达到了国际先进水平，60%的产品达到了国内的先进水平。其它重点产品还有等速万向节、精密滚珠丝杠副、模具磨料和轴承专用设备等。

在国企三年改革脱困与发展中，瓦轴始终坚持以市场为导向，以技术创新为先导，以管理进步为主线，大力实施改制、改组与改造，推进和完善现代企业制度建设，保持了经济效益和各项事业的稳步发展。公司占地面积204万平方米，现有总资产40亿元，资产负债率为44.6%，员工18000人，1999年，实现工业总产值12亿元，销售额18亿元，其中出口创汇2000万美元，利税1.4亿元。拥有子公司22家，最大的子公司瓦房店轴承股份有限公司，是专门生产和销售工业轴承的B股上市公司。先后与日本KOYO、THK、美国GBC、INTERPARTS、瑞典SKF等世界知名公司组建了8家合资公司，吸引和利用外资总额达8814万美元。

坚持用高新技术改造传统产业，坚持以高档次的产品参与经济全球化的竞争，坚定不移地实施企业发展、技术创新和市场营销“三大战略”，是公司把握“入世”的机遇与挑战，赢得快速发展的重大举措。如，为满足我国铁路运输“提速重载”的发展方向，研制开发的提速铁路客车轴承不仅通过了铁道部的鉴定，而且已成为国内最大的批量生产商和供应商；轿车轮毂轴承、轿车离合器轴承、新型汽车轴承、850轧机轴承、2050精轧机轴承、高速线材轧机轴承的实际使用寿命已经达到或超过了世界知名企业的同类产品，完全实现了产品的进口替代；出口美国的铁路机车轴承已多年安全可靠地在其干线上运行；为“9910工程”配套的130多种军工产品，经受了建国50周年国庆阅兵式的检验；为三门峡工程研制的闸门用自润滑关节轴承，通过了河海大学陆上试验，可靠度达到了40年，成为继SKF之后国际上第二个能生产同类产品的厂家；为某自动化研究所试制的机器人轴承，一次性成功并填补了国内空白；为国防工业装备——某卫星地面跟踪站研制的大型回转支承产品，不仅填补了国内空白，而且受到了俄罗斯专家的高度评价。中国企业品牌调查委员会和中国企业品牌推进委员会已将“ZWZ”牌轴承和等速万向节产品确认为“中国驰名品牌”。

处在世纪之交的瓦轴，已被国家确定为“十五规划”全国重点技术改造企业。面对中国即将加入WTO的机遇和挑战，瓦轴将积极投身和参与全球经济发展，实现“品种全、品质优、品牌响”的目标，承担起行业发展使命、促进区域经济振兴。同时将继续秉承团结、诚信、奉献、进取的优良传统，与国内外用户真诚合作，用一流的产品和服务回报用户和社会各界的支持，以无止境的探索和创造，赢得共同的繁荣与进步，迈向新世纪，谱写新篇章。

广州市建筑集团有限公司

GUANGZHOUJIANZHUJITUAN

广州市建筑集团有限公司（广州建总）成立于1950年，是国家520户重点企业和建设部33家重点抓好的大型建筑业企业之一，是广东省83家和广州市58家重点发展的大型企业集团之一。下属有10多家全资子公司、100多家孙公司，各类专业技术、经济管理人员5000多人，集建设投资、房地产开发、建筑设计、工程施工、机电安装、市政地下工程、建筑装饰、建机生产、建材供应、工程监理、科学研究、大中专教育、造价咨询、物业管理以及外经为一体，具有工程总承包一级、建筑一级、工程监理甲级、建筑设计甲级、建筑装修一级、市政施工一级、幕墙装饰一级和房地产开发、对外工程承包、隧道工程施工等资质。50年来，累计竣工房屋建筑面积3000多万平方米，相当于再造了近三座旧广州城。被评为1994年度广州地区企业（集团）综合实力120强第2名，全国"中国的脊梁"国有企业500强，1995年度全国先进建筑施工企业，建设部"八五"期间工程建设管理先进单位，"信用特等企业"和"连续十年重合同守信用单位"。

企业一直坚持技术和质量取誉。继80年代初承建的白天鹅宾馆工程荣获国家优质工程金质奖后，又建成了获国家优质工程三等奖的中国大酒店和获全国建筑工程质量最高荣誉鲁班奖的花园酒店、天河体育中心、广州世界贸易中心、广州城市大厦、天河城广场、好世界广场等11项现代工程，成为全国获得建设工程质量最高奖项最多的企业之一。随着80层、超400米高的中信广场（原名中天广场）的建成，广州建总这支老牌的建筑队伍，也向世人展示了施工技术的高度。到目前为止整个集团共获得省、市级样板工程奖200多项，科研技改项目获得国家、省（部委）、市各级奖励表彰共58项（次），注册专利产品（技术）共12项，QC小组活动成果及集体（个人）获得市级以上各种奖励共95项（次），获得国家级工法1项，省级工法11项。

坚持改革、集约经营使企业获得持续快速发展。到1999年止，企业经营运作总规模连续7年达100亿元，综合销售连续6年超过50亿元（1999年超过70亿元），利税总额连续6年在2.5亿元水平，形成了以建安施工、工程总承包、房地产开发、工业生产、境外业务为主骨架的大建筑规模经济架构。

企业注重管理和技术创新工作，近年通过技术进步进行产业结构优化升级，已培育了地下工程施工、钢结构工程、市政路桥工程和新型建材研究开发与生产等多个经济增长点。1999年经省、市政府批准组建了广东省重点建筑工程技术研究开发中心，成为广东省建筑行业新技术、新产品研究开发与推广应用的依托单位。

董事长兼总经理：陈如桂

公司地址：广州市广卫路4号
联系电话：020-83331899
电子邮箱：gzmcg@21cn.com
邮编：510030
传真：020-83322747
联系人：利荣根

图为80层、超400米高的中信广场

上海仪电控股（集团）公司

公司党委书记、董事长：张林俭

上海仪电控股（集团）公司是经上海市人民政府批准，接受上海市国有资产管理委员会授权，在原上海市仪表电讯工业局基础上改制而成的国有资产运营机构，1993年12月成立时企业名称为上海仪电国有资产经营管理总公司，1995年5月改名为上海仪电控股（集团）公司。公司是具有独立法人资格的国有独资有限责任公司，注册资本为人民币23.1亿元，1999年净资产66亿元，总资产149.7亿元，工业总产值142亿元，销售收入92.2亿元，利润总额7亿元，资产负债率49.11%，从业人员4.7万人，其中工程技术人员4690人，公司占地面积多万平方米，建筑面积148.76万平方米。目前，由上海仪电控股（集团）公司直接投资的企业有61个，其中，直接管理的全资公司7个、上市公司4个。由各子公司投资以及由仪电集团资委托各子（分）公司管理的企业有338个，其中中外合资企业124个，还有研究所、设计7个，培训中心、学校5所。公司所属企业生产经营的产品有：集成电路、IC卡产业链、各仪器仪表及系统、电子元器件、照明器件、通讯、计算机类产品等5900多个品种。

1999年经济工作情况

1999年，仪电系统广大干部、职工坚持以邓小平理论为指导，精神振奋，齐心协力，解放思想，“加快科技开发，加快机制换，加强基础管理”，打了一场发展的攻坚战和调整的歼灭战，保持了稳定增长的好势头，巩固了结构调整和资产重组的成果，育壮大了企业的综合实力，取得了有效益可持续发展的新成绩。**生产经营持续增长**：全系统经过六年调整，1999年，进入“立发展”的新阶段，公司在生产经营上“五个加强”：一是加强各子（分）公司实体部分重点产品的营销策略制定工作。特别是做大微电子、IC卡产业链、智能化自控仪表及系统、新型分立元器件、绿色照明产品五大类名列国内前茅的产品。二是加强销网络建设。建立和完善营销管理新机制，吸收优秀营销人才，举办营销培训班和开展经验交流，促进了整个销售的发展；三是强企业采购成本管理。实施采购成本基础管理规范，在降低产品成本上有新的突破；四是加强市场开拓。密切跟踪扩大内需投资目进展情况，跟踪农村电网改造、交通通讯、城市设施、农村水利、国家粮库、经济住房等内需重点建设项目和大企业配套工作展开，完成8亿元内配套的目标，比1998年增长4.3倍；五是加强经济运行分析。把生产、财务、资产、投资及仪电综合经济标的分析工作纳入经常化、制度化、规范化，不断促进经济运行质量的提高。**经济运行质量提高**：1999年，全系统广大职工眼

上海仪电的照明电子产品是我国绿色照明电器产业的重要基地之一，这是“亚”字品牌璀灿的灯光使天安门城楼更加金碧辉煌

上海仪电控股（集团）公司
法人代表、董事长、党委书记：张林
单位地址：上海肇嘉浜路746号
邮编：200030
传真：（021）64676000

向内，苦练内功，加强企业基础管理，加强经济运行分析，实现了“三升三降”的目标，“三个上升”是：一是工业生产速度有较快增长，超过全市平均水平十余个百分点，比目标提高10.8个百分点；二是产品出口增长25%，比目标增长15个百分点；三是重点产品市场占有率提高1%以上，达到了预定目标。“三个下降”是：一是国有企业和股份制企业应收款有一定幅度的下降；二是库存下降9.2%，比目标多下降8.2个百分点；三是采购成本下降同比减少支出8900万元。提高了企业整体素质和经济运行质量和经济效益。**科技开发有新拓展：** 1999年3月，全系统召开了科技工作大会，会上提出“一个为主，三个加快”的工作目标，即以引进技术为主来提高科技水平，努力加快形成适合控股公司特点的科技管理体制，加快形成能够不断激励水平提高的新机制，加快形成自己的技术基础。进一步明确三年工作目标，形成上海仪电工业新高地。一是继续保持大规模集成电路、IC卡产业链、智能化仪器仪表及系统产品、新型分立元器件产品、绿色照明产品在全国的领先地位，加速拓展数字化信息产品和软件产品，形成新的增长点，建立科技开发的相对高地。二是科技开发要形成“三个一批”，即确定一批能扩大现有产品市场占有率的新产品开发项目；确定一批引进技术消化吸收项目，确定一批新技术跟踪项目，研究新的切入点。以软件技术、数字技术为重点推进智能化产品及通讯网络系统集成，加强电子、信息微电子、新型元器件、智能型仪器仪表、照明电器、汽车电子、环保等七个产业的科技开发工作。三是通过三年努力，使新产品产值率保持在60%以上；科技投入率达到8%以上。并制定了科技发展的十条措施，有力地推进了全系统的科技工作。全年完成重点新产品开发72项，累计完成新产品产值率达43.8%，围绕产业发展方向，启动了12项“切入点”项目，并提出了2000~2002年141项重点新品开发项目。

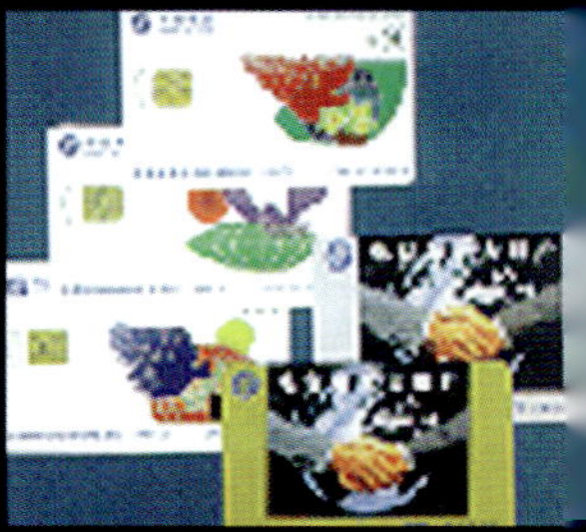

解困扭亏成效明显： 一年来，控股公司实施了规模较大的组织结构调整，把“有效部分”组合到发展类型的子公司中去，把需要解困的或最终要“销号”的企业集中到电子仪表分公司，打了一场解困歼灭战，企业解困扭亏工作取得了新进展。至1999年底，列入国家经贸委26户重点扭亏的名单的大中型企业已仅剩3户亏损，取得了较大成绩。1999年，该公司再就业工作取得重大突破。从1996年7月成立的上海仪电控股（集团）公司再就业服务中心共进站下岗职工61972人，已于1999年12月22日全部平稳出站。至此，仪电系统实现了不把滞留在中心的人员拖入21世纪，为撤销仪电再就业服务中心奠定了基础。**项目完成情况良好：** 1999年该公司共有项目16项，其中技改13项，基建3项。1999年技改项目计划工作量1.8亿元，实际完成工作量3.3亿元，为计划的183%，完成情况较好；1999年基建项目计划工作量2759万元，实际完成6304万元，为计划的228%，超额完成预计工作量，3项基建项目全部完成。此外，还完成了其它技改工作，如上海自仪股份有限公司的“自动化仪表现场总线”和上海飞乐股份有限公司的“汽车继电器电子元件”技改项目已得到国家经贸委批准予以实施。完成了上海金陵股份有限公司工业电度表厂、上海电度表厂电度表、微电机厂IEC电机、上海汇龙电子有限责任公司贴片加工、上海良标智能终端股份有限公司技术开发中心等项目。

上海仪电系统IC卡产业链属国际上的新型产业，在全国名列前茅，这是IC卡产品系列

撰稿：糜靖亚

上海仪电智能化自控仪表及系统集成产业名列国内同行前茅，这是为秦山核电站提供的核岛自控系统

大连大起

集团有限责任公司

大连大起集团有限责任公司，是由原大连起重机器厂改制注册的多法人集团公司。资产总额15亿元，占地面积74万平方米，员工4984人。公司始建于1948年，从949年为中国研制出第一台桥式起重机至今，已经历了50年的发展与建设，企业已成为中国规模最大的设计、制造起重机的大型专业化公司和全国同行业最具代表性的公司。被国务院领导誉为“中国起重机的摇篮”。公司在技术装备、产品制造、企业管理及综合实力等方面在中国起重运输机械行业中位居首位。公司目前拥有世界同行业中最大的2万平方米的大型铆焊厂房和1万平方米的产品总装厂房，1万多平方米的大型港口机械、料场堆取机械的预装工地，近7000平方米的大型机加工件厂房，5000吨级产品滚装发运码头，2000平方米的钢材预处理厂房和设备齐全、技术力量雄厚的技术开发中心、理化计量中心、质量检测中心以及各种实验设备。

大起集团公司于1996年在全国同行业中独家通过ISO9001质量保证体系认证，为公司更好的参与国际国内市场竞争，奠定了坚实的基础。

公司主要产品为：起重量5-600t桥式起重机；起重量5-500t门式起重机；各种抓斗、吊钩、挂梁、两用、三用、电磁、防爆、绝缘、慢速等桥式、门式起重机；各种冶金起重机；核电站、核工业特殊专业起重机；集装箱起重机；港口装卸机械；料场堆取机械等。产品种类达500多种，规格2000多个。其中已有百余项产品技术分别获得国家科学发明或科技进步一、二等奖及科技进步重大成果奖，部分产品被国家确定为替代进口产品。公司于1985年被国家批准为机电产品出口基地。

从1979年开始，公司先后与德国、美国、日本、英国、法国、芬兰、韩国等著名起重机、装卸机械设计、制造公司、厂商建立了技术合作和贸易关系，通过联合设计、联合投标、合作制作，为国内外港口、铁路、冶金、能源、航天、核能以及机器制造领域研制开发了以岸边集装箱起重机、轮胎式集装箱门式起重机、门座起重机和装船机、卸船机为主的成套港口起重装卸机械及料场、核电站、核工业用起重机、冶金起重机、电站用起重机等多种高技术含量的新产品。产品已广泛地应用在国内外二十几个港口以及出口美国、日本、泰国、香港等30多个国家和地区。在国内外市场上赢得了广泛的认同和赞誉。公司年创汇1000万美元以上。

在1996年国务院发展中心市场研究所主办的中华之最调查评价中，公司荣获“中国最大的起重机设计制造专业厂”和“中国最大的卸船机（2100t/h）生产企业”两项中华之最，并列入《中华之最荣誉大典》。

2100t/h抓斗卸船机用于宁波北仑

550/250t吊钩桥式起重机用于中国东方电机厂

5-32/5t单主梁吊钩门式起重机系列

公司名称：大连大起集团有限责任公司
地　　址：大连市沙河口区五一路97号
传　　真：（0411）4603564
网　　址：http://www.dcw.com.cn
法定代表人：刘一丁
邮　　编：16022
电　　话：（0411）4644934
电子信箱：dcw@dalian-gov.net

大连重工集团有限公司

DALIAN HEAVY INDUSTRIES,LTD.

大连重工

DALIANZHONGGONG

国家520户重点企业之一的大连集团有限公司（简称大连重工）在全国重机行业中一枝独秀。大连重工的服务领域广泛，产品覆盖面大。先后为冶金、矿山、能源、交通、化工、建材、粮储、城建等国民经济基础产业提供了百万吨的工程成套设备，主导产品市场占有率在70%以上。国家基础产业诸多的重点工程，都矗立着大连重工的“丰碑。”

大连重工以一流的质量、严格的管理著称国内外。1993年率先在全国同行业获得ISO9001质量体系认证合格证书。按国际规范和市场竞争四个要素的要求，加强工期、质量、价格、服务的管理，特别是内部严格的财务管理，大大地提高了企业的管理水平，1999年被确定为全国机械工业仅有的16家管理进步示范企业之一。

大连重工坚持按市场经济的发展要求调整产品产业结构，注重技术创新，不断壮大企业实力。具有全国重机行业惟一的出海口基地，具备大型产品整机发运能力。

大连重工是国家第一批具有出口自营权的企业。产品出口日本、美国、新加坡等18个国家和地区，年出口创汇额1500万美元以上。

大连重工经济运行质量在全国重机行业中最佳，利税总额、资产负债率等各项经济指标连续7年获同行业第一名，人均劳动生产率比全国同行业平均水平高出一倍。

永不知足的大连重工以在改革中调整，在调整中创新，在创新中发展的新思路，适应中国加入WTO后的经济发展潮流，不断提高企业的国际竞争能力，拥抱新世纪，创造新业绩。

为秦皇岛港煤码头三期工程制造的QL6000·50型取料机

为北京焦化厂制造的6米焦炉推焦机

为鞍山钢铁公司第二炼钢厂制造的R5.25m 六流方坯连铸机

地址：中国大连市沙河口区汉阳街10号
电话：0411-4604201　4602789
传真：0411-4604760
邮编：116022
网址:www.dhi.com.cn
E-mail:dhi@dhi.com.cn

全柴厂容厂貌

安徽全柴集团有限公司

全柴 集团有限公司是一个融教育，科研，生产，经营，外贸于一体的国家大型一档企业。现拥有全柴动力股份有限公司，顺风运输公司，顺昌塑料工程公司，顺兴贸易公司等多个控股全资子公司。经营范围涉及内燃机、农用车、工程机械、环保机械、收获机械、生物工程机械、塑料制品、建筑材料等。由全柴集团有限公司独家发起，以募集方式设立的全柴动力股份有限公司是个上市公司。

全柴 由一个资产不足百万元的小型县属企业，发展成为资产逾10亿的全国知名国有大型企业集团，是全柴人发扬全柴精神（即立足自我、艰苦创业的拼搏精神，抢抓机遇快速发展的开拓精神，和衷共济众心拱月的团结精神，着眼大局、服务社会的奉献精神）的结晶。

全柴 在产品开发、生产、技术、经营等方面实力雄厚。"全柴" 牌产品已发展为单、多缸并重，有5大系列60余个品种，功率覆盖2～90马力。尤其是N系列多缸机的开发和批量生产，为全柴的发展带来了新的经济增长点。全柴单缸系列及N485，N490Q（DI）型柴油机被安徽省政府推荐为名牌产品。S1120、S1125、N490、N490Q（DI）型柴油机被列为国家级新产品。全柴被列为省技术创新试点企业，省级企业技术中心。被国家技术监督局评为全国质量管理先进企业。

全柴 拥有数十条具有先进水平的专业化生产线，拥有完善的市场营销网络和售后服务体系，产品覆盖全国30个省、市、自治区。产销量居全国同行业前茅。

全柴 积极发展外向型经济，参与国际市场竞争。1993年被列为国家机电产品出口基地，获得自营进出口权。产品出口到东南亚、南亚、非洲、南美、欧美等地市场。"全柴" 品牌已在越南、柬埔寨、缅甸等主销国注册成功。全柴被国家外经贸部列为全国重点机电产品出口企业。

全柴 在稳固主业的同时，积极发展跨行新兴项目。研制开发各种环保多缸机和适应市场需求的大马力单缸柴油机，同时开发多缸柴油机的下游产品联合收割机。从德国全套引进的铝塑复合管生产线，可生产 ϕ16- ϕ32 五种管径规格的冷热燃气、管材，具有年产1260万米的生产能力。全柴还出资控股组建环保科技有限公司，进军环保工程及环保设备领域。

全柴 是全国520户重点企业集团之一、安徽省18家重点企业集团。党和国家领导人江泽民、李鹏、朱镕基、乔石、万里、吴邦国、温家宝、李铁映等曾先后视察过全柴。

每一种产品的研究设计都凝聚着全柴人的智慧与精力，每一种产品的生产成型都融进了全柴人的汗水与努力，每一种产品的推广应用都代表了全柴人的信心与实力。全柴正在按照 "高品质、大市场 、大集团" 的发展战略，实施 "单缸、多缸并重"，"内销，外销并举"，"规模经营与资本运营并行" 的发展规划，不断增强市场竞争力。

ANHUIQUANCAIYOUXIANGONGSI

撰稿：姚　兵

全柴多缸机生产线

从德国引进的铝塑复合管生产线

最新推出的精品R175A型单缸柴油机

最新环保产品 N490Q（DI）型多缸柴油机

法人代表、董事长：肖正海
地址：安徽省全椒县建设东路70号
电话：0550-5018888
传真：0550-5015888
电挂：2693
网址 WWW.QUANCHAI.COM.CN
电子信箱 QUANCHAI@EMAIL.MEI.NET.CN

内第一条具有国际当水平的气缸套柔性加自动线

为“一汽大众”提供的加工捷达轿车离合器壳体，变速箱壳体的两条自动线

大连机床

DALIANJICHUANG

大连机床集团有限责任公司

董事长、总经理：陈永开

大连机床集团有限责任公司是一个有50多年发展历史的大型现代化机床生产企业，是全国组合机床的生产基地和排头兵。占地面积67.2 万平方米，主要生产设备2372台，资产总额165665万元，现有职工6777人。主要产品有组合机、自动线及辅机、加工中心及柔性单元、工业机器人及数控车床、普通车床、金属带锯床、锻压机床、多刀车床、铲齿车床以及轴承建材行业专机等10多个系列300多个品种。建厂至今，累计生产各类机床12.6 万余台，自动线242条；出口机床1.2 万余台，产品覆盖全国并销往世界90多个国家和地区。

公司拥有雄厚的技术力量和制造能力，工程技术人员706人，高级职称133人，工人技师150人；各种金切设备1020台，拥有DIXI510、DIXI310、五面体、瓦格利希导轨磨、玛格磨齿机、三座标测量机等一批精、大 、关、稀工艺装备。1991 ~ 1999年共开发新产品429种，其中有83个品种达到了当代国际水平， 填补了国内空白。普车40系列为市优产品、63系列为部优产品，组合机床自动线是省优产品。C7620型车床、CW8925型铲齿车床均获国家优质产品银奖及新产品“飞龙奖”，D-K003数控机床分别获国家“春燕奖”、“优秀造型”、“金马杯”、“最佳销售” 4个一等奖。

根据中央关于实现国企三年脱困精神，大连机床集团公司及时调整了产品结构、组织结构和营销策略，采取了工艺创新 、比价采购、精品工程等活动，企业的管理水平不断提升，市场占有率迅速提高，企业的经济运行质量日趋好转。2000年是实现国企改革脱困的决战之年，机床集团公司确定了新一年的经营指标：现价工业总产值6.8 亿元，比1999年增长120%，销售收入7.1 亿元，比1999年增长130%。

大连机床集团有限责任公司致力于未来的发展，根据汽车、内燃机、农机、工程机械、通用机车、轻工机械、建材机械、环保机械、航天航空、军工等行业发展的需要，进一步与国内外高等院校和科研单位合作，将科学技术转化为生产力，加快新一代机床装备的研究和开发，形成一批拥有自主知识产权、高附加值、高技术含量的名牌和专利产品，做到生产一批、储备一批、开发一批，使主要产品技术性能达到国内领先并接近国际先进水平，以满足用户对高精化、高速化、数控化、柔性化、成套化装备的需要。同时，加强与国外知名机床制造公司的合资合作，规划到2005年，建成三大系列产品合资厂，把大连机床集团公司发展建设成为产品一流、效益一流的大型企业。

为沈阳航天三菱汽车发动机公司提供的主轴承盖数控加工自动线。

公司地址：大连市沙河口区鞍山路38号
电子信箱：djcbgs@mail.dlptt.ln.cn
传　　真：3631305　　邮　　编：116022

5000辆“节油王”签字.投放仪式在首都人民大会堂隆重举行

1999年5月27日－28日江泽民总书记分别视察神龙公司襄樊总厂和武汉总厂

神龙汽车有限公司

Dongfeng-Citroen Automobile Co.,Ltd

神龙公司是中法合资兴建的生产经营轿车的大型企业，成立于1992年5月18日，建设规模为年产30万辆轿车，40万台发动机，一次规划，两期建设。第一期工程投资为103.58亿元人民币，2000年11月神龙项目一期工程正式通过国家验收，目前已形成年产15万辆、20万台发动机的生产能力。一个具有现代化管理水平的轿车生产经营基地已经建成。

神龙公司下设5部（人事公关部、财务规划部、技术采购部、商务部、生产部），武汉工厂、襄樊工厂隶属生产部管理。武汉工厂位于武汉市经济技术开发区，襄樊工厂位于襄樊市汽车产业开发区。

党委书记 康 理

神龙公司具有国内最先进的生产手段，进口设备占总投资的一半以上，全部设备达到国际90年代先进水平。神龙富康轿车造型典雅、外观新潮、动力强劲、操纵灵活、乘坐舒适、安全可靠、高效省油、经济实用，是理想的家庭、出租和公务用车。

神龙公司高度重视新产品开发，目前富康轿车已形成四大系列，38个品种，18种单色车和8种双色车等，能充分满足市场需求的产品结构。

神龙公司坚持“以质量为基础，以市场为中心，以效益为目的”的生产经营方针，在引进雪铁龙最新产品的同时，全面引进其先进的制造工艺和经营管理方法，结合公司实际建立起了科学、严格的质量管理体系，公司先后投资6.3亿元加强质检设备硬件建设，并把质量控制向两头延伸到产品设计开发和售后服务各个环节，确保产品和服务的高质量。1998年8月，神龙公司顺利通过中国汽车产品认证委员会质量体系认证中心(CAQC)和法国国际质量认证有限公司(BVQI)的第三方质量认证。1999～2000年，神龙富康轿车连续两年被中国质量管理协会用户委员会评为“全国用户满意产品”。

近几年来，通过实施“精品名牌”的战略，神龙公司取得了“一撞、一漂、一贴、一认证”等一系列成果，展示了公司的整体实力和富康轿车的经济性、安全性和环保性，树立了神龙富康高品质的信誉，取得了消费者的信任和青睐。精品名牌已成为神龙的主要优势。

SHENLONGQICHE

冲压分厂

目前，神龙公司已在全国建立了9个销售大区，一个分公司，31个省级经理部，600多家销售服务网点，形成了覆盖全国的销售、服务、信息及公路、水路、铁路运输等四大网络，富康轿车的市场占有率已从1996年的1.89%上升到目前的9%。神龙正以不可阻挡的步伐走向全国，富康正如滚滚春潮涌向神州大地。

党群工作

各级党群组织高举邓小平理论伟大旗帜，认真学习贯彻党的十五大和十五届四中全会精神，紧扣公司生产经营目标，创造性地开展工作，积极探索合资企业党建思想政治工作的新路子，充分发挥基层党组织的战斗堡垒作用和广大党员的先锋模范作用，大力培育和弘扬企业精神，涌现出了以全国职工职业道德百佳班组面漆班、全国“青年文明号”生产线内饰一线等为代表的一大批先进典型；大力开展班级建设、合理化建议，增收节支和巾帼建功活动。合理化建议全年共提出35685条，实施27083条，创经济效益1.45亿元；关心员工生活，维护职工权益，开丰富多彩的文体活动，增强了企业的凝聚力，促进了双文明建设的协调发展。

焊装分厂

涂装分厂

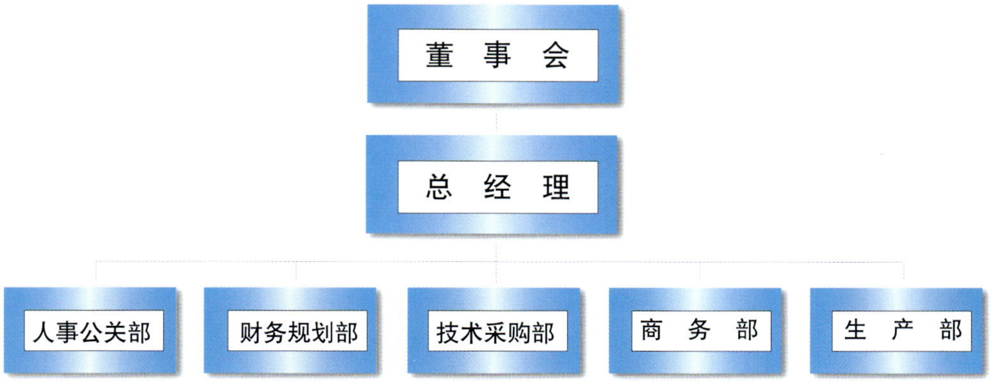

经营发展方针

经营方针

以质量为基础，以市场为中心，以效益为目的

质量方针

以人为本，一丝不苟，争创名牌，围绕市场，让用户更满意

中长期发展规划

一年打基础，三年上台阶，五年大发展

企业精神

忠诚，务实，拚搏，创新

经营理念“五坚持”

坚持以质量为基础，千方百计满足客户需要
坚持新产品开发，变技术优势为产品胜势
坚持以市场为中心，营造四大网络
坚持以效益为目的，加大成本控制力度
坚持以人为本，塑造神龙人精神

合肥江淮汽车有限公司

HEFEI JIANGHUAI AUTOMOTIVE CO., LTD

JAC 双排座客货两用车

捐助林业生态建设（JAC向社会承诺，每销售一台JAC轻卡，向国家林业生态工程捐助100元）

合肥江淮汽车有限公司（简称JAC）是国家定点客车专用底盘、客车及载货汽车的生产企业。成立于1997年4月，其前身是有30多年汽车制造历史的合肥江淮汽车制造厂。1990年以前，作为内陆地方性生产企业，规模较小，技术力量和资金投入严重不足，经济效益不佳，企业亏损严重。1990年以左延安为代表的新一届领导班子走马上任，带领全厂职工，根据中国的道路状况和汽车的使用情况，经过5年艰苦奋斗和拼搏（“八五”期间），成功开发HFC6700系列客车专用底盘，为国家级重点新产品，市场占有率为80%推动江汽冲破重重困难。之后的5年，继承客车底盘在“八五”期间所形成的优势，重点在客车专用底盘的升级和换代，使产品的品种、水平、质量在国内一直处于领先地位，目前已具有6-9米全系列产品，并形成“长中短（轴距）高中低（档次）前后置（发动机）汽柴油（动力）”格局，满足全国100多客车厂家不同层次的需求 。

“九五”期间，公司消化吸收国外先进技术，开发出具有国际90年代水平的1061系列轻型载货汽车，完成载货汽车产品换型工程，HFC1061系列载货汽车为国家级重点新产品。在此基础上先后开发了1035、1046、1048、1063系列载货汽车、厢式车、邮政车、自卸车、工程车等多层面产品，拓宽了产品族谱。为进一步满足用户个性需求，公司在1061载货汽车的基础上，开发了适应农村的窄体HFC1030系列载货汽车和适应城镇运输的中体车、双排1032系列载货汽车，使轻卡型谱更趋完善。

1991～1999年企业的销售收入在9年内增长了38倍，JAC不但在国内取得良好的销售业绩和品牌知名度，而且在国际市场也享有较高声誉，近期向欧盟国家一次性出口380台JAC汽车更令世人刮目相看。

JAC 江淮底盘

连续10年的高速发展验证了一条道理，JAC的价值观，政策及使命是企业永续发展的基础。以“江汽大厦”为模型的“系统思考”统领着JAC的价值观，企业的目标是缔造学习型组织，“金字塔”式的人才架构，全员培训的“40+4”工程等等都在培育着JAC的不可模仿的核心竞争力—学习力。

同时JAC永远关注着社会的进步和人类的发展，矢志不渝地实践着“制造更好的产品，创造更美好的社会”的企业愿景。

380辆JAC轻卡出口土耳其

法人代表、董事长：左延安
地址：合肥市东流路176号
电话：0551 － 3415133
传真：0551 － 3411171
邮编：230022
Http://www.jac.com.cn
E-mail:jacqb@mail.hf.ah.cn

大连新船重工有限责任公司

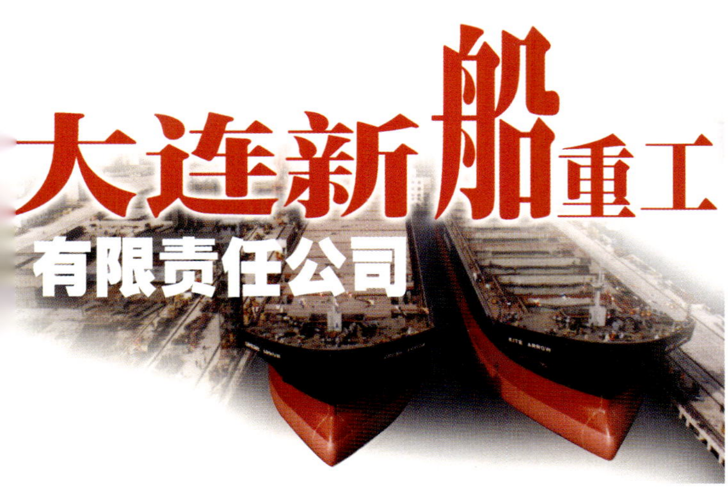

为伊朗建造5艘30万吨超大型油轮（VLCC）合同签字仪式在北京人民大会堂隆重举行。国务院副总理吴邦国等出席仪式。

大连新船重工有限责任公司（简称大连新船重工），由原大连造船新厂整体改制，于2000年8月18日正式成立。

大连新船重工拥有被誉为神州第一坞的20万吨级船坞，“亚洲第一吊”的900吨龙门起重机，国内最大的10万吨级半坞式船台，最大的船台施工用580吨龙门起重机，最大的钢材预处理流水线，以及国内生产能力和产量最高的船体平面分段制作流水线等先进的生产设备和设施，年造船能力已达60余万载重吨，是国内目前最大规模、最具现代化和惟一能建造15万吨至30万吨大型或超大型船舶的造船企业。1999年末，有职工4960人，占地面积116万平方米，总资产42.1亿元。实现工业总产值16.04亿元（1990年不变价），工业增加值3.2亿元，产品销售收入20.6亿元；造船交工48万吨，占全国交船总量的1/4，连续3年位居全国第一；出口创汇2.8亿美元，创历史最好水平，列全国同行业首位；利税2225.3万元，超额完成辽宁省政府下达的利税指标任务。在激烈的国际竞争中，成功进入国际船舶市场超大型油轮、大型生产储油轮和大型集装箱船3大热点领域，新承接船舶订单10艘，共201.8万载重吨，合同总额达44.75亿元，接单总量和手持合同额分别是中国船舶工业集团和船舶重工集团总和的41.4%和18%。其中凭借技术设备优势和良好的国际商业信誉等，战胜日、韩等国5个强劲对手，承接了为伊朗国家油轮公司建造5艘30万吨超大型油轮（VLCC）合同，使中国造船工业实现VLCC建造上“零”的突破，成为中国造船史上一个划时代的里程碑。

国家级新产品－为挪威建造的世界第五代最大吨位的BG－9000型半潜式海洋石油钻井平台（一期工程），在900吨吊车的牵引下成功漂浮出坞。

大连新船重工可以按中、英、美、法、日等10余个国家船级社规范、标准和国际公约，建造、修理和改装各种船舶、海洋工程等，船体质量保证体系和军工产品质量体系，均通过ISO9001标准认证。1990～1999年，累计建造交工具有世界先进水平的船舶47艘，总吨位332.6万载重吨。其中有中国第一艘9.8万吨、11万吨成品油轮，第一艘15万吨原油轮，第一艘15万吨散货轮，第一艘5.2万吨大舱口多用途轮，第一座40米自升式气垫组合钻井平台、第一座海上石油钻井沉箱、第一座世界最大的第五代BG-9000型半潜式钻井平台（一期工程）等。产品出口到10余个国家和地区，获国家科技进步奖11项，被列为国家级新产品9项。

大连新船重工技术实力雄厚，拥有全国造船企业中惟一的中国工程院院士沈闻孙为学科带头人的科技群体。大连新船重工将以企业改制为契机，把公司建设成为更具有国际竞争力的大型现代化造船企业。

国家级新产品－15万吨散货轮荣获国家科技进步二等奖，并被评为辽宁省、大连市名牌产品

撰稿：李德　　摄影：郭长新

联系电话：(0411)4411821-2582

东大阿尔派数字医疗设备生产基地

东方软件有限公司

DONGFANGRUANJIAN

东方软件有限公司是以投资高科技企业和软件关键技术的以研究、开发为主营业务的企业。公司创立于1991年，现有员工3000余名，其中学士、硕士、博士及留学归国人员占85%，注册资本5.6亿元，总资产22亿元。目前投资并拥有国内首家上市软件企业——沈阳东大阿尔派软件股份有限公司，以及沈阳东东系统集成有限公司、商用中间件公司、网络服务公司、辽宁东方信息产业创业投资公司等多家控股企业。公司拥有国家命名的第一个计算机软件国家工程研究中心、国家数字化医学影像设备工程技术研究中心，承担着大量国家863课题、九五国家科技攻关项目、国家高技术产业化项目等国家重大科研项目，同时也是国家技术创新试点企业、首批863计划产业化基地。

作为应用软件的供应商和解决方案的提供者，东软一直致力于国家基础信息设施建设与企业信息化建设，以“为用户应用信息技术提供全面的解决方案”为基本定位，开发各种软件支撑平台、中间件群、开发工具以及行业应用系统，将软件向国家经济发展的主导产业领域渗透，并率先通过ISO9001质量认证。目前，公司已有40多种软件产品在全国1400多家企事业单位得到应用。还与日本、美国、韩国、芬兰、荷兰、台湾、香港等国家和地区建立友好合作关系，开拓国际市场，承接国际合作项目，多项软件产品及数字医疗产品出口到国际市场。

东方软件有限公司在推动软件产业规模化、国际化发展的同时，非常注重产业孵化基地的建设和培育。公司先后建设了东大科学园、东大软件园沈阳园区及东大软件园大连园区三大基地。其中沈阳东大软件园是国家科委首批命名的国家火炬计划软件产业基地。

软件产业是智慧型的产业，东软始终保持“以人为本，追求个人与社会的共同发展”的企业理念，吸引和培养了一大批软件人才，成为公司面向未来的重要力量。一方面，公司制定并执行了一套严格的管理制度，建立了人员的培训和学习制度，创造了一个良好的企业文化氛围，不断提升员工的创新能力，增强企业核心竞争能力。另一方面，公司通过各种保险、股票期友权、在职研究生进修、出国培训等机制激励员工，使员工真正感受到公司发展给每一个员工带来的发展机会，为公司人才的稳定奠定了基础。

未来，东方软件有限公司将紧随时代的步伐，继续施以机制创新和知识创新，建立一个既适合中国国情，又能与国际接轨的运行机制和管理体系，提高知识对社会的贡献率，不断为中国软件产业的发展做出自己的努力和贡献。

江总书记观看公司产品演示

东大阿尔派与IBM建立全球软件战略合作伙伴关系

第八届、第九届全国人民代表大会代表、全国劳动模范、全国“五一”劳动奖章获得者、优秀企业家、公司董事长兼总经理：谭功炎

湖北 福星科技 股份有限公司

FUXINGKEJI

湖北福星科技股份有限公司是集电子信息、生物工程、房地产业、金属制品的研制、开发、生产和经营于一体的高科技企业。主导产品有：载波（扩频）通信系列芯片、新型低压电力线载波集中抄表系统、子午轮胎钢帘线、PC钢绞线、镀锌钢绞线、航空钢丝绳、胶带钢线绳、操纵杆用钢丝绳、光面和镀锌钢丝绳、线接触钢丝绳、多层股钢丝绳、镀青铜回火轮胎胎圈钢丝、光纤光缆增强用碳素钢丝、碳素弹簧钢丝、钢芯铝绞线用镀锌钢丝等60多个品种、1000多种规格，以及福星肝宝等生物医药系列产品，广泛应用于电力、交通、通讯、航空、航海、石化、农林、矿山、建筑、轻工、医药等部门，在国民经济中占有十分重要的地位，产品市场极为广阔。

公司是国家大型企业、高新技术企业、湖北省“巨人工程”企业，被国家对外贸易经济合作部赋予产品自营进出口业务权。公司主导产品全部是引进世界一流的设备和技术，采用国际标准生产，工艺先进，科技含量高，产品质量优良。公司通过了ISO9002质量标准认证，获中国船级社（CCS）工厂认可证书，获国家技术监督局颁发的《采用国际标准产品标志证书》。“福星”牌回火轮胎胎圈用钢丝、系列圆股钢丝绳、弹簧钢丝分别荣获全国第三届科技成果金奖、湖北省名牌产品、湖北省优质产品和湖北省工业精品名牌产品展销会金奖，“福星”牌商标被评为“湖北省著名商标”。企业在全国各大中城市设有70多个经销部、办事处，拥有国内外稳定客户千余家，销售渠道畅通，产品覆盖全国并出口东南亚、欧美、港澳等国家和地区。产品产销率、产品合格率和资金回收率均达99%以上。公司生产规模、经济效益位居同行业前列，企业1996年获全国“五一”劳动奖状，被农业部授予“全国最佳经济效益企业”称号，1998年被中共湖北省委、湖北省人民政府评定为“最佳文明单位”，连续十二年被湖北省农行认定为特级信用企业和AAA级信用企业，被湖北省工商局评定为“重合同、守信誉”先进单位。公司董事长兼总经理谭功炎先生是第八届、第九届全国人大代表、全国劳动模范、全国优秀经营管理者和全国“五一”劳动奖章获得者。

公司股票于1999年6月18日在深圳证券交易所隆重上市，企业的发展步入了一个新的里程。今后，公司将继续坚持“以市场为导向，以科技为依托，大力发展主业，积极拓展高科技产业，优化产品结构，提高科技含量，强化经营管理，狠抓挖潜增效”的指导思想，大力实施高新技术、精品名牌、系列产品三大战略，实现产业升级和效益最大化目标。

胎圈用钢丝

中国海运

ZHONGGUOHAIYUN

由德国AKER公司为中海集团建造的2478TEU全集装箱船“厦门号”投入远东－欧洲航线营运

中海集团集卡队伍

中国海运集团总公司

中国海运集团（简称中海集团 ）是一家以航运为主、多元发展的跨地区、跨行业、跨所有制和跨国经营的大型企业集团。是国务院确定的120家企业集团试点单位之一，也是中央管理的41家国有重要骨干企业。目前，拥有总资产308亿元，各类船舶近400艘，880多万载重吨，职工4.6 万余人。

以中国海运（集团 ）总公司为核心的中海集团成立于1997年7月1日 ，它由中国沿海最大的三家航运公司：上海海运（集团 ）公司 、广州海运（集团 ）有限公司、大连海运（集团）公司 以及中国海员对外技术服务公司、中交船业公司等原交通部直属单位重组而成。集团主要承担涉及国计民生的水上货物、旅客运输。承运了我国沿海地区70%以上煤炭运输和90%以上的石油运输。年货运量逾1.5 亿吨，周转量2千多亿吨海里，每年还有200多艘船舶参加远洋运输，航线遍及世界600多个港口。

由日本NAMURA造船厂为中海集团总公司建造的74269吨散货船“天柏峰”轮

重组后的中海集团按专业化分工的原则，对原有的产业结构进行了调整，分别成立了油品运输、散杂货运输、集装箱运输、旅客运输、特种运输等五大专业公司，并在香港成立了中海香港航运有限公司。为保障和支持集团运输产业主体，发展集装箱运输，集团还成立了为船舶提供船务服务，货源支持的中海船务、中海物流（货代）等公司，在国内沿海港口设立了30多个代理公司，在全国建立了100多个揽货网点；将船舶供应、修船工业、通信导航、劳务输出、贸易往来、财务结算、投资发展等陆上产业进行统一归并，成立了专业化公司，形成了陆上产业体系。与此同时，集团对原有各单位在海外的资产进行重组，在日本、韩国、香港、新加坡（东亚）、美国（北美）、德国（欧洲）、澳大利亚等地成立了控股公司和代理公司近40家，统一经营和管理境外的资产和业务。

为确立全球承运人的地位，重组后的中海集团大力发展集装箱运输和相关产业。首先是发展集装箱内贸运输，开辟了国内南北大通道，经过三年多的努力，已基本确立了中海集团内贸集装箱运输的主导地位；之后又发展了外贸内支线、近洋航线等；在1999年，又成功地开辟了中国—澳大利亚和远东—欧洲、地中海、美西、美东等中远程集装箱班轮航线。目前中海集团经营着集装箱船达103艘，12万TEU箱位，航线达40余条，位居世界班轮公司的第15位。预计到2003年，中海集装箱运输能力和规模将进入世界班轮公司前列。其次在船代、货代发展的同时，又建立仓储、集卡运输、集装箱码头等独资和合资企业。

由中海集团控股的中海发展股份有限公司和中海（海盛）海南船务有限公司的股票，分别在香港和上海上市。

中海集团以其丰富的航运经验，先进管理水平，优秀的人才队伍，良好的服务信誉，同国内外航运和社会各界互惠互利，携手并进。

国内最大的5500TEU全集装箱船“中海上海”号（CSCL SHANGHAI）投入远东至美洲航线营运

年产 30 万吨合成氨装置

大化集团有限责任公司董事长兼总经理 张积泮

大化集团

大化集团是以国有特大型企业大化集团有限责任公司为核心企业组成的大型企业联合体。1999 年末，有下属 7 个分公司、15 个国有全资子公司、2 个集体全资子公司，1 个控股子公司和 2 个参股公司。从业人员 15679 人，总资产 80.18 亿元。

全年实现工业总产值 18.22 亿元（1990 年不变价），比上年增长 15.3%（按可比口径计算，下同）；工业增加值 2.79 亿元，增长 3.2%；产品销售收入 23 亿元，增长 6.2%；产品销售率 102.1%，提高 4.2 个百分点；利税 1.24 亿元，增长 67.6%，其中利润 1368 万元，增长 10%；出口交货值 3.36 亿元，增长 11%；出口创汇 3961 万美元，增长 30.8%；资产负债率 67.1%，提高 2.7 个百分点。

调整企业领导班子 集团公司领导班子进行了较大幅度调整，由 10 名成员组成，全部具有高级职称，新班子制定的"转变观念、严格管理、改革创新、增加效益"的方针，在较短的时间内形成企业改革脱困和发展的核心。

加强市场营销 成立以总经理为组长的供销管理委员会及销售工作领导小组，同时成立市场部。强化产品外销，全年出口纯碱 16.8 万吨，占全国纯碱出口量的 20% 以上；允许部分生产厂直接进入市场，开辟新的产品销售市场。全年综合销售回收率达到 101.2%，其中现金回款率达到 68.7%。成立清欠办公室，负责全集团陈欠货款的清欠、呆死账的处置及抹账等工作，全年清欠 5700 万元。

强化企业管理 狠抓以财务预算制为核心的财务管理工作，加强生产工艺控制和档消耗定额管理，生产总成本比上年降低 14738 万元（不含重油涨价），消耗定额比上年降低 5647 万元。修订招（议）标、比价采购办法，并用计算机实现价格监控，全年降低采购成本 4836 万元。在全集团范围内进行了资产清查，并根据清查结果对各单位的利润指标和资产增值保值率进行了核定，为加快建立以资产为纽带的现代企业制度打下了基础。4 月，集团公司通过了 ISO9002 质量保证体系的年度复审。股份公司、工程公司、机电安装公司、机械厂和油漆厂也于年内通过了 ISO9000 质量体系认证及复审。

积极招商引资 建立集团招商引资网络。与美国己弟公司签定年产20万立方米粉煤灰承重砖项目合同与芬兰富腾公司签署热电厂新机组股全转让项目框架协议；与台湾石化合成公司合资的年产 15 万吨醋酸项目正在争取国家计委的批复 与挪威海德鲁公司合资的年产 15 万吨硝酸及 12 万吨多孔粒状硝铵项目做完市场调研报告；扩产二氧化碳、合资生产船舶漆及集装箱漆等项目也与外方进行了广泛的洽谈、合作。当年利用外资项目总投资 2.44 亿美元，其中合同外资 1.3 亿美元。

积极争取国家政策扶持 在国家及地方政府的支持帮助下，11 月 11 日与国家开发银行、中国信达资产管理公司、中国华融资产管理公司等签定 14.3 亿元的"债转股"框架协议，成为大连市首批签订"债转股"框架协议的企业之一。

地址：大连甘井子区工兴路 10 号
邮编：116032
电话：0411 — 6672312
传真：0411 — 6671199
网址 WWW.DAHUAG.COM

热电生产装置

MAOMING 茂名 石油化工

1350 万吨／年炼油厂

茂名石油化工公司是隶属于中国石油化工集团公司的特大型综合性石油化工企业。创建于1955年，开始主要开采利用茂名地区油母页岩矿资源，提炼人造石油，1963 年以后逐步转向以加工天然石油为主。1996 年 30 万吨／年乙烯工程建成投产后，实现从以炼油为主体向以炼油为龙头、石油化工为主体的转变，同时兼营油页岩综合利用、建材生产、机械制造、建筑安装、港口运输、石油化工科研和工程设计等多种行业，1997 年进行企业改制，以炼油厂、动力厂为基础，对主业经营部分资产进行改制重组，于1999年5月12日成立了茂名石油化工股份有限公司。1999年该公司销售收入138.8 亿元，向国家交纳税金13.6 亿元，在全国500家经营规模最大企业排序上居于前列。

茂名石油化工公司是中国第一家千万吨级含硫原油的加工基地，原油加工能力1350万吨／年；润滑油生产能力25万吨／年；乙烯生产能力38万吨／年，每年可生产合成树脂、化工原料、橡胶等产品 100 多万吨。同时还拥有炼油化工生产所配套的原油储输、产品外运设施，有25万吨级单点系泊原油储输系统，水东港成品油码头和厂内铁路等配套系统。

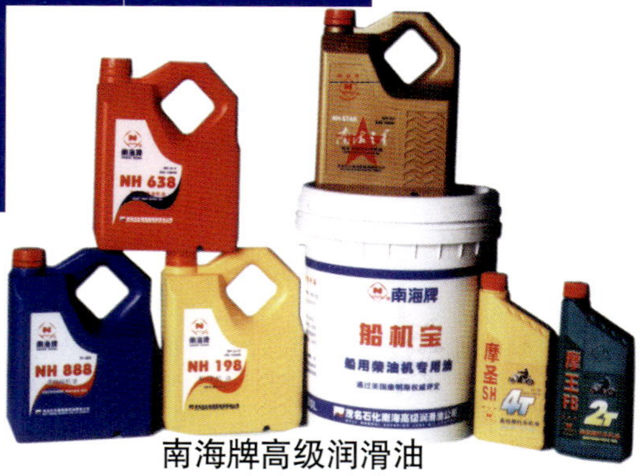

南海牌高级润滑油

实行改革开放以来，茂名石油化工公司以学
引进国外先进技术为契机，推进科技进步，加强
业管理，采用国际标准组织生产，主导产品有
海牌”汽油、煤油、柴油、润滑油、高压聚乙
全密度聚乙烯、聚丙烯、合成橡胶、苯乙烯、乙
醇等300多种石化产品。全部产品出厂合格率保
在 100%，创出了一批在国内外市场享有盛誉的
牌产品，产品不仅畅销华南、西南等地，而且还
国际市场大量出口，每年创汇 1 亿多美元。

茂名石油化工公司坚持“两手抓，两手都要硬”的方针，坚持改革创新，企业经营规模不断扩大，取得了良好的经济效益和社会效益。多年来，该公司大力弘
“艰苦奋斗、自力图强、严细求实、团结创新”
企业精神，大力塑造良好的企业形象，增强企业
凝聚力和向心力，提高职工对企业的认同感、归
感、荣誉感，使职工的命运与公司的改革发展紧
相连，不断提高企业的整体素质和市场竞争力，
成了企业的整体价值和品牌文化。公司先后被评
广东省先进企业和企业管理优秀企业，中国石化
团公司和全国经营管理优秀企业，中国石化集团
司和全国经营管理先进单位，荣获全国“五一”
动奖状、全国企业管理优秀奖（金马奖）、全国
能先进企业、全国先进基层党组织称号。并先后
全国思想政治工作先进企业、广东省文明单位、
东省职业道德先进单位等称号。

25 万吨级海上原油单浮系泊

展望未来，前景光明。根据国家的规划，“十五”期间，茂名石油化工公司炼油加工能力将由 1350 万吨／年扩大到 1800 万吨／年，乙烯加工能力将由 38 万吨／年扩大到 70 万吨／年。届时，公司将成为我国南方最大的石化工业基地及南方重要的能源基地。茂名石油化工公司还将成为一个管理先进、技术一流、、具有规模经济、充满生机活力的一个现代化企业。

企业名称：中国石化集团茂名石油化工公司
经　　理：何德先
地　　址：广东省茂名市红旗北路 2 号
邮　　编：525011
电　　话：0668—2264248
传　　真：0668—2269317

38万吨／年 乙烯厂

陕北地区最大的加油站——榆炼石油城

陕西省延长石油工业集团公司

SHANXISHENG YANCHANGSHIYOU GONGYEJITUANGONGSI

公司董事长兼党委书记：李升堂

公司总经理：梁　平

西安延炼工贸有限公司开发的西安桃园湖高级别墅小区

1998年，经陕西省人民政府批准，中国陆上发现和开发最早的油田延长油矿、陕西最大的炼油企业延安炼油厂和榆林惟一的炼油企业榆林石油助剂厂合并组建为陕西省延长石油工业集团公司（简称延长石油集团），成为继中国石油、中国石化、中国海洋石油三大集团之后中国第四大石油工业集团。

中国陆上第一口油井—延长油矿延1号油井

YANCHANGSHIYOU

延长石油集团以改革促管理，坚持开展“学邯钢”、“学亚星”和“管理效益年”活动，改革传统的粗放管理，建立了以财务管理为中心的现代企业管理模式。大力推广经济目标责任制，模拟市场核算，实行成本否决，增收节支，挖潜增效。切实加强物资、资金、安全、质量、计量、信息、标准化管理，加快各环节微机管理步伐，基础管理不断迈上新台阶。集团所属的延炼和永炼通过了ISO—9002质量体系认证。0#、10#、-10#柴油、石油液化气等产品荣获省优、部优或陕西名牌产品称号。

延长石油集团在加快主业发展的同时，积极开展多种经营。在油气终端销售、广告、装潢、旅游、餐饮、商住、房地产和生物工程技术开发等领域开辟了广阔的市场。在北京、上海、武汉、深圳、珠海等中心城市设有驻外公司和办事机构。特别是以“公司加农户”、“农户连基地”的方式开发延安土特产品，使具有延安特色的苹果、土豆等土特产品广销东南沿海和华东、西南诸省市，出口新加坡、马来西亚、香港等地，收到了良好的经济效益和社会效益。

延长石油 源远流长

YANCHANGSHIYOU

延长石油集团拥有得天独厚的企业文化资源。1905年满清政府创办延长石油官厂、1907年中国陆上第一口油井和第一个炼油房在延长诞生，结束了中国大陆不产石油的历史。1944年毛泽东同志为延长油矿题词“埋头苦干”，鼓舞了几代石油工人为中国革命和建设奉献青春。1989年江泽民总书记视察延长油矿管理局南泥湾油田、1994年李鹏总理题词“埋头苦干、再立新功”，成为新一代延长石油人开拓前进的精神动力。“延长石油——源远流长”已成为全体员工迈向新世纪的战斗号角。

延长石油集团充分发挥国有企业党组织的政治优势，加强了企业领导班子和领导干部的监督与管理，保证了党和国家方针政策的贯彻执行。坚持文明创建和“创佳评差”活动，培育“四有”职工，丰富企业文化，绿化美化环境，创造了良好的文化氛围，所属企业荣获全国、全省文明单位、无泄漏工厂、清洁文明工厂等荣誉称号。

面向二十一世纪，延长石油集团将在中国加入WTO与西部大开发的机遇和挑战中，解放思想，更新观念，抢抓机遇，开拓前进。公司继续以油气勘探、开采、炼化为主，以第三产业和多种经营为辅，以生产经营为基础，以资本运营为依托，进一步深化内部改革，建立现代企业制度，激活内部经营机制，加快技术改造与创新步伐，强化企业管理，提高经济效益，在“十五”至2015年，把延长石油集团建设成掌握先进技术、拥有高素质人才、竞争实力雄厚的跨地区、跨行业、跨所有制的大型石油集团。

延长油矿管理局永坪炼油厂罐区一角

YANCHANGSHIYOU

延长石油集团

延长石油集团作为陕西省人民政府的直属国有独资企业和授权投资机构，实行母子公司管理体制。设有延长油矿管理局、延炼实业集团公司、榆林石油助剂厂、西安延炼工贸有限责任公司、陕西省石油化工贸易公司5个子公司和山西延炼石化工贸有限公司1个分公司。主营业务是石油和天然气勘探、开采、炼制、化工等。主要产品是原油、汽油、柴油、煤油、石油液化气、苯、甲苯、二甲苯、聚丙烯等。主要销售市场分布在陕西、山西、内蒙、宁夏、河南、河北、云南、贵州等省(市、区)。截至1999年底，延长石油集团有资产总额64亿元，职工1.7万余人；累计探明石油地质储量2.77亿吨，面积590平方公里。年原油生产、加工和催化加工能力分别达到270万吨、430万吨和210万吨。1999年完成工业总产值21亿元（90年不变价），实现销售收入43亿元，实现税金9亿元，利润1160万元。延长石油集团已成为陕西经济的支柱和陕北革命老区脱贫致富的龙头企业之一。

职工春节秧歌大联欢

延长石油集团依靠科技进步与创新，总结近百年的油田开发历史，并与石油院校联合研究勘探开发新技术，形成了一套适合陕北特低渗油田勘探开发的工艺，在国内同类油田开发中得到推广。炼油企业以经济效益为中心，以市场需求为导向，不断进行技术改造，引进现代管理技术，提高加工能力和技术水平，各项经济技术指标在国内同行业中位居前列。

延炼实业集团公司炼油装置夜景

大连西太平洋石油化工有限公司

厂区全景

500万吨常减压蒸馏

大连西太平洋石油化工有限公司 简称WEPEC，是经国务院批准，由中法七家股东共同投资兴建的目前我国最大的中外合资石油化工企业。厂区位于风景秀丽的大连经济技术开发区海青岛，总投资10.13亿美元，占地面积2.5平方公里，年加工原油能力500万吨。于1992年5月动工建设，1996年9月全面建成并陆续投料试车。1997年8月31日，全部生产装置一次开车成功，转入正常生产。

作为燃料化工型企业，WEPEC拥有12套先进的生产装置和完善的共用工程系统，形成了90#、93#、95#、97#系列无铅汽油、－20#、-10#、0#、+5#轻质柴油、军用柴油、航空煤油、石脑油、液化气、聚丙烯、硫磺、燃料油等10余个品种、30余个牌号的产品生产能力。WEPEC用高质量的产品，一流的售后服务 赢得了广大用户的信赖，各种产品不仅畅销国内市场，而且远销到韩国、日本、东南亚、中东、欧洲等10多个国家和地区。

WEPEC特点突出，一是装置布局合理、加工手段齐全、产品质量好，是目前我国惟一一家可加工高含硫原油和为数不多的全加氢型炼油企业。二是单套装置处理能力大、工艺技术先进、自动化控制水平高；500万吨/年常减压、200万吨/年重油催化裂化、10万吨/年硫磺回收等，都是目前国内单套处理能力最大的装置，生产管理全部采用先进的DCS控制系统，生产控制水平高；三是实行新模式、新机制、新体制，坚持走社会化服务道路；四是地理位置优越，三面临海，港口运输条件十分便捷；五是环保设施配套齐全，环境优美，被誉为“花园式工厂”。

1999年，WEPEC全年加工原油426万吨，实现销售收入61.5亿元，实现利润1.33亿元；产品出口突破100万吨，达到102万吨，创汇1.9亿美元。截止1999年底，WEPEC已累计加工原油1200万吨，实现销售收入160亿元，利税17亿元，人均创利税60万元，为国家和地方建设发展作出了积极的努力和贡献。

“十五”期间，通过对现有装置挖潜改造，消除瓶颈，并配套建设相应深加工及产品精制装置，WEPEC加工能力将达到1000万吨/年，从而成为技术先进、国际一流的现代化石化企业。

总 经 理：蔺爱国

公司地址：大连经济技术开发区海青岛

电　　话：0411－7510177

传　　真：0411－7510033

邮　　编：116600

罐区

年产30万吨的磷酸厂

贵州宏福

实业开发有限总公司

GUIZHOUHONGFU
SHIYEKAIFA YOUXIANZONGGONGSI

总经理（法人代表）　王国文

年产 300 万吨磷矿的露天矿

磷铵厂氨罐

贵州宏福

GUIZHOUHONGFU
SHIYEKAIFA
YOUXIANZONGGONGSI

硫酸厂中控室

统计资料表明：中国80%以上的土壤缺磷，每年不得不花大量外汇进口磷肥。中国政府决心解决土壤严重缺磷问题，“八五”和“九五”期间，投资200多亿元兴建了五个大型磷矿肥基地。其中规模最大的就是贵州宏福实业开发有限总公司。贵州宏福实业开发有限总公司包括国家两个重点项目：翁福磷矿和翁磷肥厂。

瓮福磷矿位于贵州省中部的瓮安县和福泉市境内，矿区长 17.5 公里，宽 3～4 公里，面积 58 平方公里。地质储量 8.2 亿吨，工业储量 5.8 亿吨，可供露天开采的储量2.3 亿吨。经挪威NorsHydro公司进行制酸、制肥试验，瓮福的磷矿石五氧化二磷含量高，有害元素含量低，化学反应活性好，是生产磷酸、磷铵、PNA 复合肥的优质原料。

贵州宏福实业开发有限总公司以国家投资 57 亿元建设的瓮福磷矿和瓮福磷肥厂为主体，包括年产 300 万吨露天磷矿、210 万吨磷精矿的选矿厂、80 万吨的硫酸厂、30 万吨的磷酸厂、1.5 万吨的氟化铝厂、50 万吨磷铵和50万吨NPK复合肥的磷肥厂、3万千瓦的热电厂、年吞吐能力345万吨的自备铁路专用线，是目前亚洲最大的矿肥结合的磷化工企业，也是世界上大型磷矿肥企业之一。

宏福总公司利用世界银行和日本海外协力基金贷款，集中了世界上最先进的磷矿肥生产技术：包括德国鲁奇技术、日本同和技术、比利时普莱昂第四代二水法工艺、挪威海德鲁料法生产工艺、美国阿尔科公司技术，多个国家的DCS自控技术，由日本三菱公司、三井公司、美国雷森公司提供基础设计和引进关键设备，其工艺技术、设备及自控系统在磷肥生产中均为 90 年代国际先进水平。

年产 50 万吨磷酸二铵和 50 万吨NPK
复合肥的磷肥厂

贵州宏福实业开发有限总公司包括国家两个重点项目：

瓮福磷矿和瓮福磷肥厂

GUIZHOUHONGFU SHIYEKAIFAYOUXIANZONGGONGS

在国家经贸委关心支持下，宏福总公司已同中国信达公司签订了30.2亿元的债转股协议，资产负债率下降54个百分点，并积极准备股票上市；同清华、四川大学、重庆大学等著名院校合作，积极开展磷矿的深加工、精加工和综合利用，大力开发新产品；为了充分利用矿山每年富余的100多万吨磷精矿，正在积极筹措资金，扩建60万吨磷铵。宏福总公司坚持以人为本，科技兴企，十分重视人才的引进、培养和使用，同四川大学合作开办了两个研究生班，积极引进高级的科技和才管理人才。3000余名职工中目前已具有高级或中级职称386人，有近百名在读的硕士研究生，70%以上职工有大中专学历。几年来，先后派出40多个团组到美国、日本和欧洲各国培训，学习、引进、吸收、消化世界上先进的磷肥生产和农化服务技术，运用世界上先进的技术设备对瓮福的优质磷矿进行合理科学的加工。

年产80万吨硫酸的硫酸厂焙烧工

宏福总公司生产的宏福牌磷酸二铵，总养份≥64%，在东北、华北、华东、西南、新疆进行的肥效比试验表明，宏福二铵的肥效和进口的磷酸二铵相比毫不逊色。宏福总公司在全国各地设有销售分公司，时学习美国、新西兰、澳大利亚等国机械化耕作和测土配方的办法，引进美国ＢＢ肥生产设备，大力推广ＢＢ肥生产，拟在全国建31个ＢＢ肥厂，大力开展测土配方，科学施肥，使用户以最小的投入获得最好的报。根据与各地土肥站配合开展的肥效试验报告，宏福牌ＢＢ肥现场测土，区分作物，配方科学，肥效显

合理开发，科学利用磷矿资源，促进农业经济发展，是宏福总公司的根本宗旨；向客户提供优质产品服务，千方百计让客户满意，是宏福总公司的不懈追求。

宏福总公司竭诚希望与国内外客商团结合作，互惠互利，共谋发展。

年吞吐345万吨的自备铁路专用线

企业名称：贵州宏福实业开发有限总公司

法人代表：王国文（总经理）

联系地址：贵州省福泉市马场坪镇

联系电话：0854-2184522

传　　真：0854-2444190

邮　　编：550501

生产210万吨磷精矿的选矿厂

南风化工
集团股份有限公司

南风化工集团股份有限公司（简称南风集团），是一个跨全国八省区、跨轻工、化工和药业三大行业，拥有5个分公司，9个异地子公司的国家级大型企业集团。南风集团组建于1996年4月，1997年发行股票，成为国有控股上市公司。

南风集团拥有世界第三大硫酸钠型内陆盐湖——山西运城盐湖和丰富的苏、川芒硝矿资源，具有可持续发展的资源优势。南风集团生产和销售的无机化工、日用化工、钾肥三大系列产品100多个品种。公司年产无水硫酸钠（元明粉）130万吨，合成洗涤剂45万吨，硫酸钾（复混肥）25万吨，分别占到全国市场份额的60%、20%和40%，是全国最大的无机盐、洗涤剂、钾肥生产基地和新兴的中成药生产基地。

南风集团现有总资产25亿元，净资产10.5亿元，年销售收入22亿元，利税2.2亿元，利润1.2亿元，是中国最大工业企业500强和国家重点扶持的520家企业之一。

1996年，南风集团收购辽宁本溪石油化学总厂55%的股权，组建了本溪南风日化公司，通过联合控股，使洗衣粉生产能力从8万吨迅速提高到20万吨。党的十五大后，南风集团跨地区、跨所有制购并了四川彭山元明粉厂、安徽安庆洗衣粉厂、西安牙膏厂、内蒙古呼和浩特日用化学工业公司，中外合资贵州顺达日化有限公司等5家企业，形成了65万吨元明粉，45万吨洗涤剂和6000万支牙膏的生产能力。1998年，南风集团实施了对我国元明粉第三大、第二大的江苏洪泽元明粉厂、四川同庆元明粉厂的控股经营，使南风集团的元明粉生产能力由1997年的65万吨扩大到120万吨，占全国市场份额的2/3。南风集团成为全国元明粉行业的排头兵。

重组使南风集团步入了资本运营与发展的快车道。南风集团拥有覆盖全国，功能齐全，体系完备的营销网络，设有300多个经销部和1000多个经销点，销售队伍3000多人。目前，日化、化工产品销售量居全国同行业之首。“奇强”牌洗衣粉销量连续三年位居全国前茅，公司设有自营进出口公司，产品出口世界24个国家和地区。

南风集团建有国家级企业技术中心，在集团本部山西运城建有一座1200m^2的科研大楼和一座1000m^2的设计大楼。在西安南风子公司建有一座850m^2科研大楼。配备有较完善的无机化工产品小试、中试、检测分析装备以及洗衣粉、液洗结构、剖析、测试、去污评价等日化开发设施。公司每年用于技术开发投入达到8000万元以上，占到销售收入的4～5%。

公司坚持走产、学、研一体化道路，与清华大学、无锡轻工大学、华北工学院、北京理工大学、广州绿色化学品开发研究中心等著名院校和科研单位，建立了高新技术研究开发基地，新产品不断开发，目前已达100多种，形成了以“运”字牌为代表的无机化工名牌产品和以“奇强”为代表的日化名牌产品，在国内外市场上享有很高的声誉，奇强品牌被国家认定为“中国驰名商标”。

主要产品硝酸磷肥成品包装线

天脊煤化工

TIANJIMEI集团有限公司

HUAGONGJITUAN

合成氨装置一角

位于山西省潞城市的天脊煤化工集团有限公司（以下简称天脊集团）是国家“六五”期间重点建设项目，是80年代初引进德国、日本、法国、挪威等国家先进技术和设备建设的以煤为原料生产高效氮磷复合肥的大型现代化企业。主要产品年生产能力为：30万吨合成氨、54万吨硝酸、90万吨硝酸磷肥、20万吨硝铵、28万吨水泥，330万条塑料纺织袋，是目前亚洲及国内最大的复合肥生产基地。

天脊集团于1997年10月 由原山西化肥厂改制成立，由母公司和7个子公司组成。总资产28.7亿元，员工近6000人，是山西省优势企业之一。主产品天脊牌硝酸磷肥和天脊牌水泥是山西省名牌产品。

硝酸装置一角

改革开放以来，天脊集团坚持“自强不息 、自加压力、自觉奋斗、再攀高峰”的企业精神，深化改革，科学管理，生产效益连上新台阶，经营管理连创新水平，改革发展不断迈出新步伐。三大主要生产装置合成氨、硝酸、复肥已达到和超过了设计生产能力，年产值近10亿元，1999年实现利税5000余万元。管理上以全国化工系统推行的“三创”为目标，1995～1997年分别建成“无泄漏工厂”、“清洁文明工厂 ”、“学吉化先进单位”，实现了三年管理三级跳，1999年一次通过ISO9002质量体系认证。天脊集团在1997年改制后，抓住机遇，进一步深化改革，先后完成了劳动工资、医疗保险、住房改革、后勤服务部门剥离改革，同时按《公司法》和现代企业制度要求，完成了水泥厂、塑料厂等7个单位的公司制改造，注册了“天脊集团 ”，组建成了符合规范的“一母七子 ”的母子公司体制。面对竞争日趋激烈的化肥市场，天脊集团把工作重心由生产转向营销，由产量增长型转向质量效益型，在华北、西北、中原、东北及华东广大地区建立了直销网络，多年来基本上实现了产多少销多少的目标。为了进一步优化产业结构，天脊集团近年来自筹资金4亿多元，用于技术改造和新增锅炉、气化炉、硝铵三大完善配套，形成了多元化生产规模。1999年成立了技术中心，通过走产学研道路，已初步形成了技术创新体系。

根据市场经济的不断发展以及入世后的新情况，天脊集团在新世纪一个时期的发展设想是实施名牌战略，塑造企业形象，进一步提高企业知名度，把天脊品牌做大、做优、做强。进一步优化产业结构、发展高附加值、高技术含量、高市场占有率、以产顶进的产品。

撰稿：李果林

法人代表 董事长 总裁：王孝书
电话：（0355）6765000转009
传真：(0355)6763015
网址：www.tianjigroucom
电子信箱：tianji@tianjigroup.com

年产20万吨硝铵的厂房

江西新余纺织
有限责任公司

JIANGXI XINYU FANGZHI

江西新余纺织有限责任公司前身是建于1969年的江西新余纺织厂。原系国家投资957万元建立的一个小型棉纺织厂，经改革开放和建厂30年的发展，现已建成集纺纱、织布、针织、服装为一体的国有棉纺织大型企业，总资产已达3亿元。企业拥有自营进出口权。1999年工业总产值2.4亿元，销售收入2.4亿元，利税总额1642万元。公司几年来共投资8000余万元，引进先进技术，进行技术改造，继1995年在省内首家引进具有国际先进水平的西德气流纺机2套，捷克气流纺机2套，1996年引进清梳联3套，1997年全面推广电清和引进意大利美斯丹空捻器，实现全厂纱、线经电清并达到无结头，1999年又引进德国福克曼倍捻设备20台。

质量体系认证证书

公司十分重视产品开发，注重产品质量和企业信誉。“科星”和“远东”牌纯绦纶股线系列产品获江西省名牌产品，中国消费者基金会“信得过产品”，第十届中国新技术新产品博览会金奖。纯涤纶股线产品系列完全可按照用户要求生产8-80支双股、多股至30股等规格，月生产能力达1000吨，成为全国最大的涤纶股线生产企业。该产品适用于高速服装缝纫、制革、制鞋、化工等行业。产品使用意大利产清梳联设备和电子清纱器以及空气捻接器生产，采用国际检测方法检测，优等品率达96%以上，并具有强力高、伸长率适中、无结头、条干均匀、珠露风格好等特点，经热定型后无皱、不起结，深受国内外用户好评。

公司倍捻生产线

江西新余纺织有限责任公司是江西省最早的棉纱出口企业，纱、线、布远销香港、日本、韩国、西欧、美国等二十多个国家和地区，产销率保持在98%以上，被评为：“重合同、守信用”、“用户满意”、“特级信用”、“全国企业最佳形象AAA级”企业，1998年10月通过ISO9002国际质量体系认证。

江西新余纺织有限责任公司始终坚持“高、严、精、细”精神办企业。以“优质、高产、低耗、高效、安全文明”生产为宗旨，成为江西省棉纺织行业排头兵，多次荣获江西省经济效益先进企业、优秀企业称号。1995、1996两年连续被中国纺织总会授予“全国纺织工业双文明建设优秀企业”称号，1997年被评为全国纺织行业“质量效益型先进企业”，1998年荣获江西省“五·一劳动奖状”、江西省第六届省级文明单位称号，1999年荣获江西省优秀企业、质量管理先进单位称号。

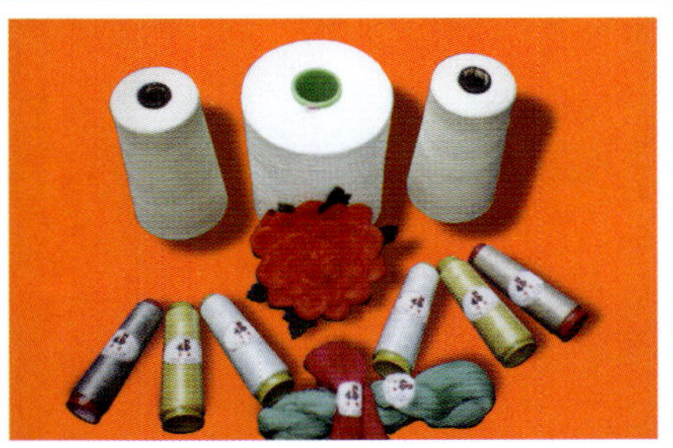

主导产品“远东”纯涤纶股线系列

撰稿：张正根

董事长、总经理：王英兴
副董事长、经销公司总经理：刘翠军
地址：江西省新余市劳动北路
电话：0790—6441194　传真：6441191
经销公司电话：0790—6441198　传真:6447263
邮编：338003

山西三维

集团股份有限公司

SHANXI SANWEI

山西三维集团股份有限公司系全国520户重点企业之一，属国家大型一类高科技企业，是山西省历次国企改革的试点企业和实施重点发展的优势企业。公司前身——山西维尼纶厂是70年代初国家同期兴建的9个维纶企业之一。1996年2月设立山西三维集团股份有限公司。1997年6月，山西维尼纶厂整体改组成为山西三维集团股份有限公司的最大股东。

山西三维集团股份有限公司目前拥有资产总值12亿元，是国内电石乙炔法生产聚乙烯醇产量最大、工艺控制最先进，产品品种最多的企业；同时也全国生产能力最大的白乳胶生产基地。企业的生产经营和研究开发基地设在洪洞县和太原高新技术开发区内。公司下辖5个分厂、16个直属车间、1家合资公司与1家控股公司，40余个产品经销、代理机构组成的营销服务网络，辐射全国。业务范围涉及建材、化工、网络信息、外贸代理、证券投资等多个领域。主导产品聚乙烯年产30000吨、白乳胶年产25000吨，此外，季戊四醇、丁炔二醇、甲醛等也具有一定的生产能力。自1989年以来，企业连续12年利税在2000万元以上，是山西省利税大户和骨干企业。1999年，公司完成工业总产值26054万元，产品销售收入28405万元，全员劳动生产率56626.8元/人，全年实现利税7633.5万元，利润5316.5万元。

董事长、总经理：仝立祥

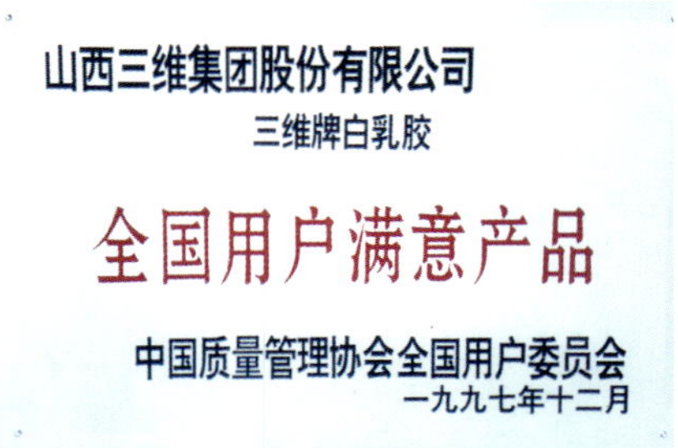

1997年白乳胶系列产品被授予“全国用户满意产品”

1997年公司被授予“全国五一劳动奖”

公司主导产品聚乙烯醇生产系统（局部）

能化全自动立体仓储系统

1994～1996年，山西三维连续三年被评为"全国质量效益型先进企业"，1997年首批进入山西省"管理现代化企业"行列，并荣获"全国五一劳动奖状"，1998年、1999年连续两年被省委、省政府命名为"山西省优秀企业"，1999年通过ISO9002国际质量体系认证。

十余年来，山西三维集团股份有限公司坚持以市场为取向，引进新技术、开发新产品，形成了引进、开发、改造一体化技术创新体系，促进了企业经济效益的攀升和科技水平的提高。他们先后投资2亿元，完成了新产品开发项目7个，实施技改项目500余项，提高生产能力2倍，实现了一厂变三厂的跨越。

在实施技术创新的实践中，三维坚持做好"两个统一，三个结合"。即：技术创新与市场需求相统一，技术创新与管理创新相统一，解放思想与审慎决策结合，引进、联合与自立开发结合，技改开发与自身优势结合。

经过30年的发展，公司人才培育、选拔、管理机制的逐步建立和完善，一大批学有所长，有志于企业生产、科研、管理与经营的专业人才脱颖而出，在企业各个不同的岗位发挥着重要的作用。

公司办公大楼

太原胶粘剂厂2000吨／年白乳胶先进装置

SHANXSANWEI

在世纪之交，山西三维的决策者在进一步解放思想、更新观念中，将企业的发展取向定位在强化科学管理、优化产品结构、推进技术创新的座标上来。目前公司正积极致力于山西省重点工程、国家"双加"项目——年产25000吨1，4丁二醇项目的建设，该项目投资4亿元，建成后将彻底改写国内丁二醇产品长期依赖进口的被动局面，并积极带动丁二醇下游产品在国内的产业化发展。被列为山西省潜力产品的10000吨双乙酸钠项目正在加紧建设中，还有25000KVA密闭电石炉改造等多个大型技改开发项目。这些项目建成后，企业的生产规模将在现有基础上再扩大1倍，年销售收入将达到7亿元以上，公司的技术水平和盈利能力也将大幅提高。

法人代表：仝立祥（董事长兼总经理）
地 址：山西省洪洞县赵城镇
电 话：0357—6663401 6663444
传 真：6663566
网 址：www.sxsanwei.com
E-mail：swbgs@sxsanwei.com

三维牌白乳胶系列产品

先进的三号纸机

岳阳纸业集团公司

YUE

YANGZHIYEJITUANGONGSI

法人代表、总经理　王祥

岳阳纸业集团有限公司始建于1958年，地处万里长江和洞庭湖交汇的三江口处，北枕长江黄金水道，西临烟波浩渺的八百里洞庭；东依京广铁路大动脉、京珠高速公路和107国道，加上城陵矶两个5000吨级外贸码头，占尽通江达海辐射全国的地势之利。三湘大地众多的山区丘岗和浩瀚的洞庭湖区，生长着浓茂的速生松木，意大利杨木和荻苇，为公司提供着取之不尽的造纸原料。便利的水陆交通与丰富的淡水资源，原料资源，使雄踞大江之畔的城陵矶，被国内外造纸专家喻为造纸企业的黄金宝地。

经过40多年的发展，岳纸集团公司已成为集制浆造纸，发电供热、碱回收、轻机制造、科研设计、进出口贸易、原料基地开发于一体的国有大型一类企业。公司拥有资产总值15亿元，现有员工7100多人，年产纸及纸板18万吨，产值超过10亿元，是全国系列胶印书刊纸、轻涂纸、新闻纸的重点生产企业，被国务院列入国家520户重点企业之一。

目前，公司生产的“岳阳楼牌”系列产品有轻量涂布纸、亚光微涂纸、表面施胶新闻纸、微涂新闻纸、胶印书刊纸、胶印新闻纸、胶版印刷纸、优质杂志纸和箱板纸等13个品种共80多种规格，产品畅销全国30个省、市、区和东亚、西亚、北非地区，深受新闻出版业、印刷业、广告业和广大客户的欢迎。其中公司生产的胶印书刊纸曾获“国家质量金奖”、“全国用户满意产品奖”。公司还先后获得全国质量管理先进单位、全国设备管理先进单位、全国环保先进单位、全国绿化先进单位、中国轻工业优秀企业等荣誉称号。公司技术装备与管理水平在全国造纸行业处于领先水平。

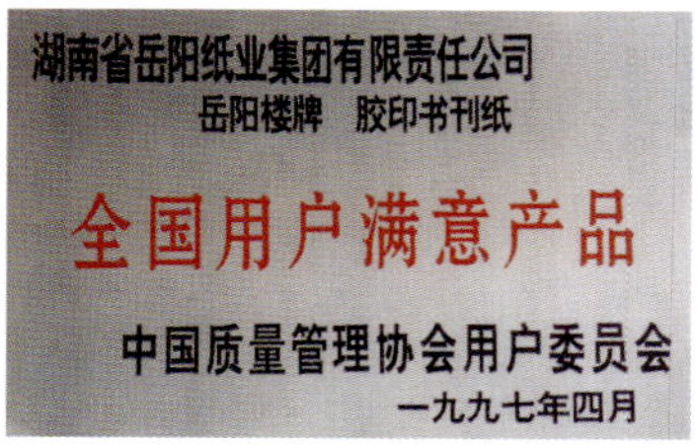

岳纸集团公司按照“规
改制，壮大母体，发展集团”
发展战略，近年来在企业资
重组和产权多元化上迈出坚
步伐。目前，已兼并岳阳市
材总公司和沅江造纸厂，并
速扭转了这两家企业多年亏
的局面，显示了岳纸企业理
和管理模式的勃勃生机。

在企业规模不断壮大的同时，岳纸集团公司始终坚持经
和环境“双赢”的发展战略，走可持续发展之路，率先在国
提出了“立足洞庭湖综合治理，拓展林纸结合的发展空间”
发展思路。公司正规划在洞庭湖区营建150万亩造纸林基地，
一期60万亩将于近期启动。工农联手，林纸结合，产供互补
林兴纸旺的喜人局面必将极大地促使中国传统的造纸业向朝
产业的转化，“岳纸一小步，中国纸业一大步”的蓝图必将现

岳纸集团公司12万吨系列高档书刊纸技改项目，投资14.
亿元，1999年10月，获得国家经贸委和国家计委批准立项后
项目可研报告已经国务院办公会审定通过，并开工兴建，预
将在2002年下半年建成投产。

在人类社会即将迈入新的世纪之际，岳纸也处于一个
大做强、赶超世界造纸先进水平的关键时期，公司领导班子
场“超越自我，追求卓越”的企业理念大旗，为岳纸架构了“
涵提高＋外延扩大”的发展模式：在3～5年内再兼并一些
小企业，使岳纸集团公司发展为年生产规模达到60万吨，年
售收入超过40亿元的大型企业集团。

铺长卷写风流　应时势续华章

地址：湖南岳阳城陵矶
电话：0730－8561622
传真：0730－8561262
邮编：414002
http://www.yypaper.com
E-mail:info-yz@yypaper.com

盘江煤电

PANJIANGMEIDIAN （集团）有限公司

公司中心生活小区

盘江煤电（集团）有限责任公司是由原盘江矿务局改制而成的国有独资公司，1997年7月1日挂牌运行。公司位于贵州省六盘县境内，与云南省富源县、宣威市接壤，因地处"攀西——六盘水"这个资源富集的"金三角"的最南端，又以丰富的煤炭资源称冠江南，被誉为"金三角下的一颗明珠"。

盘江煤电（集团）公司的前身盘江矿务局始建于1966年，经过30多年的开发建设，已发展成为以煤炭生产为主导，融建井施工、土建安装、地质勘测、机械制修、设备租赁、建材、发电、养殖、种植、商饮服务为一体的大一型国有煤炭工业企业，原煤生产能力和洗选加工能力均已超过600万吨/年，水泥生产能力达到6万吨/年，发电装机容量为3.75KW，是中国南方地区重要的大型炼焦煤和动力煤生产基地，是全国520户国有重点工业企业之一。公司原煤生产已基本实现机械化，原煤全部入洗加工，目前可根据市场需求生产灰份为9～19%、空干基发热量为6700～7700大卡/千克的各种产品（冶炼精煤、优质动力及化工用煤），煤炭产品销往国内9个省、市、区，还出口印度、韩国、日本、台湾等地。1999年，公司生产商品煤315.3万吨，销售煤炭310.6万吨（其中出口81.6万吨），工业总产值（1990年不变价）31423万元，销售收入53593万元，完成利税5174万元。

盘江煤电（集团）公司决心抓住国家实施西部大开发战略的机遇，发挥矿区资源和区位优势，按照以煤为本、综合发展的思路，在三年内，把盘江建设成为原煤生产能力和洗选加工能力均达到1000万吨/年的特大型煤炭工业企业；到2010年，把盘江发展为原煤生产能力和洗选加工能力均突破2000万吨/年，非煤产业有较大发展的跨行业、跨地区的大型企业集团。近期将采取直接融资、间接融资等多种方式多渠道筹措资金，发展煤与非煤产业。抓住国家建设"西电东送"工程和西南出海大通道的机遇，加快金佳矿井的建设步伐，抓紧开工建设响水矿井和松河矿井，扩大动力煤生产，增加主焦煤品种，适应市场需要。发展清洁煤事业，搞好煤炭精深加工，延长煤炭产业链，提高资源产品的附加值。重点抓好国家优质高效煤炭洗选产业示范工程——老屋基选煤厂、中日清洁煤技术示范工程——金佳选煤厂、火铺水煤浆示范厂、机焦厂的建设和火铺选煤厂的技术改造。搞好煤层气的开发利用以及煤泥、煤矸石、灰渣的综合利用，大力发展非煤产业。近期重点建设煤层气利用工程、火铺水煤泥发电厂、盘北煤泥发电厂。逐步将医院、后勤服务部门推向市场，提供社会化服务，加快第三产业的发展。

撰稿：李宗喜

公司办公大楼

法人代表、党委书记、董事长 张世新
总经理：郑 华
地 址：贵州省盘县
邮 编：561609
电 话：(0858)3700035
传 真：(0858)3700800
电子信箱 pjic @ public2.gy.gz.cn
网 址：Public2.gy.cn

盘江优质煤炭装车外运

北京市液化石油气总厂阎村分厂、液化石油气储

北京市燃气集团公司

RANQIJITUANGONGSI

首都北京的燃气事业始于50年代末，经过40余年的发展，目前已成为全国最大的燃气化城市。

1958年7月，北京市铺设了第一条地下煤气管道，同年年底北京市古城地区的居民，率先使用上清洁方便的人工煤气，从而结束了北京市没有燃气供应的历史。

1959年3月，北京市以“国庆工程”的名义开始建设以生产供应城市煤气为主要任务的焦化制气厂——北京焦化厂，并于1960年1月开始向中国革命历史博物馆等大型公共建筑供应煤气，拉开了首都北京大规模发展城市煤气的序幕。

从1971年年开始，以燃煤制成煤气的751厂和首都钢铁公司煤气净化厂先后投产运行。到1996年北京市城市煤气的发展已达到最高水平，形成了高、中、低压三级管网，管线全长2000多公里，覆盖面积400多平方公里，年人工煤气销售量达到7.48亿立方米。1964年，根据周恩来总理“要大力发展我国的油气资源综合利用事业”的指示，北京市开始了民用液化石油气的研制工作。1965年12月北京西部灌瓶厂建成投产，1969年北京房山县建设了东方红炼油厂，以后又相继建成了胜利、曙光等石油化工厂，为北京市提供液化石油气气源。1974年，北京市还修建了可储油1800吨和6000吨的凤凰亭储配厂和云岗储配厂。北京市的液化石油气供应发展到今天，已建成长度为180公里的液化石油气输气管线，起始北京房山石油化工，途经房山、石景山、丰台、海淀及朝阳5个区，进入北京市液化石油气公司的西、南和北郊灌瓶厂，完成灌装和检测后，运送到遍及全市城内和近郊区的近百个液化气供应站，供应着北京市120多万户居民和部分社会团体用户的生活用气。另外，还有百余家小液化气供应站为郊区、县居民提供服务。

1987年，北京市开始引进清洁燃料华北油田天然气。1997年10月，陕甘宁天然气披荆斩棘行程860多公里落户京城，不仅燃旺了首都居民的万家炊火，也改变了北京市燃气气源长期不足的局面。

从陕甘宁天然气进京后到1999年，首都燃气事业创出了历史的最好水平。全市新发展燃气居民用户近30万户，是北京市41年年均燃气居民用户发展数量的5倍。天然气的使用已达到每年7亿立方米，天然气的居民用达到105万户。全市燃气居民总户数达到268万户。

由于燃气气源充足，北京市从1998年开始加快改善大气环境污染状况。城市燃料结构已经发生了根本的变化，三环路以内的燃煤锅炉都开始改烧燃气，大部分的公共服务设施、工业用户只要燃气管网到达的地方都已经使用上管道燃气，还未铺设燃气管道的用户也能使用上清洁的液化石油气。

BEIJINGSHI RANQIJITUANGONGSI

目前，北京市天然气、人工煤气和液化石油气三种燃气管线的总长度已经超过3200多公里，城市燃气管网已覆盖了北京市各城区及大兴、顺义等部分远郊城镇。除少数平房居民户以外，基本上实现了城市居民的炊事燃气化。

承担着北京燃气供应、服务工作的北京市燃气集团有限责任公司成立于1999年9月，是国有独资的大型企业，拥有国有资产总额42亿元，员工12000人。北京市燃气集团公司组建一年来，积极增强企业的竞争力和国有资产控制力，努力实现国有资产保值增值，1999年底销售收入达15.48亿元，工业总产值达3.10亿元。

北京市燃气集团公司作为北京市改变燃料结构、减轻大气环境污染的重点行业，还将积极开发、运用新技术，通过科研创新将燃气供应向制冷、采暖、汽车燃料等领域扩展。

撰稿：郭景琪　徐春芳

正在建设中的小屯输配厂天然气储罐

地址：北京市朝内大街130号
邮编：100010
电话：010—65125589

焦化煤气总厂生产区一角

焦化煤气总厂厂区夜景一隅

JINGDEZHENSHIJIAOHUAMEIQIZONGCHANG

景德镇市焦化煤气总厂

景德镇市焦化煤气总厂是江西省“六五”计划重点工程项目，投资1.03亿元，始建于1983年9月，1986年底建成投产。这对于改变景德镇市陶瓷燃料结构，提高陶瓷烧成质量，改善城市大气环境具有重要意义。

总厂现有职工4200余人，拥有总资产12.25亿元，固定资产3.32亿元，占地近百公顷，主要生产焦炭、煤气、炭黑系列、电瓷系列、高低压开关系列、碳化硅棚板系列、脑复康、精苯系列、塑钢门窗系列、复合肥系列和药用安瓿系列等产品。投产14年，通过扩建技改、企业兼并、新产品开发，企业的规模不断壮大，实力不断增强。销售由1990年的7200万元增加到1999年的5亿元，逐步形成了“相关多元化”的产业格局，由一个单一的炼焦制气企业发展到拥有煤化工、精细化工、硅酸盐化工、塑料加工、农资产品和第三产业的大型企业集团。拥有：市煤气有限公司、蓝天工业陶瓷有限公司、药用化工有限公司、农用化工有限公司、岚山物贸公司、蓝天药用玻璃厂、蓝天塑钢建材总厂、景东招商场、岚山工程机械厂、蓝天钢化玻璃厂等十余家下属企业。1997、1998年被江西省人民政府评为“江西十强工业企业”，1999年10月跻身520户国家重点企业行列，成为景德镇市地方企业纳税首户。1999年，实现销售收入50068.6万元，比上年增9.65%；上缴税金1830.88万元，同比增长1.27%；实现利润2064万元；国有资产增值率5.8%。

焦化煤气总厂综合大楼

在壮大企业规模的同时进，坚持“三改一加强”，通过学习邯钢经验，强化企业管理，挖潜改造，节能降耗，减员增效，以市场为导向，比价采购原燃材料，采取灵活多样的市场营销策略，使企业在激烈的市场竞争中游刃有余。

千年之交，企业提出了以“立足焦化求稳定，跳出焦化求发展”的第二次创业战略方针，大力调整产品结构，实现与高科技的嫁接，采用现代管理技术、方法和手段，改造传统产业，实现规范的公司制改造，组建企业集团，并将绩优资产改制上市，力争2005年销售收入达到10亿无，利税8000万元。

撰稿：曹 华

地址：江西省景德镇市历尧
法人代表：郝来春
电话：0798—8399166
传真：0798—8391618
电挂：3542
邮编：333000
E-mail: cggf@public.jdptt.jx.cn

湖北化纤
HUBEIHUAXIAN

湖北化纤集团有限公司

湖北化纤集团有限公司是以生产粘胶纤维产品为主，兼营制浆、化工、机械加工、生物工程、基建建筑等，实施跨产业经营的国有大型一档企业，是国家原纺织工业部布点兴建的国内重点化纤生产基地。现为国家重点扶持的520家骨干企业、全国百家建立现代企业制度试点单位。

公司现有资产12.11亿元，净资产5.72亿元，辖有12个子公司和8个生产经营单位，占地200万平方米。主要生产设备6500台（套）。公司拥有员工8023人，其中专业技术人员1300人，与国内40多所大专院校、科研单位及国外10多个国家和地区有广泛的技术交流。由集团公司控股的湖北金环股份有限公司是鄂西北地区首家上市公司。上市以来，经营业绩优秀。

公司拥有年产3.5万吨化纤浆粕、1.5万吨粘胶短纤维、10000吨粘胶长丝、1500吨玻璃纸、5000吨二硫化碳、2000吨涤纶工业丝、2000吨丙纶工业丝、3000吨复合微生物肥料、6000吨涤纶帘子布一条龙生产加工能力，以及每小时供汽325吨和装机容量2.4万千瓦的自备热电站、日供水20万吨的水场、日处理化纤生产污水2万吨的污水处理场等公用设施。部分重要岗位采用微机控制，从国外引进的压洗、卷绕、闪蒸、浸胶等关键设备具有国际先进水平。

纺捻

UBEIHUAXIANJITUANYOUXIANGONGSI

公司质量体系于1996年10月通过了ISO9002的标准认证，主要产品按国际标准组织生产，主导产品“银环”牌粘胶长丝是国内外用户公认的名牌产品，其织物具有吸湿透气、悬垂飘逸、不带静电、着色艳丽等特性，是丝绸工业的优良原料，并获得湖北省优质产品和国家级新产品称号，产品畅销国内29个省、市，出口欧、美和东南亚地区。

公司注重新产品开发，开发的高白度短纤、棉型、毛型、中长及有光、消光、半消光等短纤产品适应了市场，其中高白度短纤荣获湖北省新产品称号。开发的120D、300D以及超细旦丝（50D、75D）等新产品提高了市场竞争能力。开发的国防用粘胶基碳纤维原丝受到国防科工委的表彰。

1999年，公司实现工业总产值52499万元，同比增长19.46%，销售收入60099万元，同比增长26.09%，利税3809万元，同比增长87.27%。出口创汇1005.8万美元，列襄樊市出口创汇前茅。

公司厂景

公司法人代表：赵双桂
电话：0710-3225390 转
传真：0710-3225398
邮编：441133

青岛纺联

青纺联集团家用纺织品供货厂

青岛纺联集团有限公司

青岛纺联集团是经国家批准的工贸一体化的综合性大型企业集团，是中国青岛市国际贸易出口创汇大户，年创汇1亿多美元，在全国同行业中名列前茅。以原青岛纺织品联合进出口公司为母体的青岛纺联集团已被确定为全国1000家、山东省111家重点企业集团，是青岛市重点支持发展的十大集团之一。

青岛纺联集团有限公司现有子公司7个，分别是：青岛纺联集团一棉有限公司、五棉有限公司、六棉有限公司、八棉有限公司、青岛美好巾被股份有限公司以及青岛纺联家用纺织品有限公司和青岛款特曼制衣有限公司。

集团母公司——青岛纺联集团有限公司由青岛纺织品联合进出口公司（简称青纺联）改制设立。青纺联是1982年经国务院批准成立的全国首批拥有“两纱两布”进出口权的、工贸结合的大型外向型企业，是国家和省市重点企业。青纺联成立以

在青岛对外贸易洽谈会上的青纺联摊位

来，先后与40多个国家和地区、200多家贸易公司建立了稳定、友好的贸易关系。公司主要经营纺织系列产品，纱、布、针织品、家用纺织品、服装以及其它非纺织品类产品等进出口贸易，并承办来料、来样加工，合资经营，补偿贸易，技术和设备引进等业务。在国际市场上久负盛誉。1999年进出口总额1.56亿美元。

青纺联公司曾先后获得"全国对外经贸优秀企业"，青岛海关"信得过企业"，山东省外经贸企业退税"标兵单位"和"青岛市文明单位"。

为了适应国际市场变化，促进对外贸易的发展，青纺联集团有限公司将最大限度地发挥集团优势，进一步拓展国际市场，加大深加工、高附加值产品出口能力，增强企业创汇能力，同时加强企业管理，加快技术创新和技术改造，使企业加入世贸组织后能具有较强的竞争力。目前已经实施和即将实施的技术改造项目主要有：染纱，Tencel纤维高档棉料后整理项目（该项目已列入财政债券支持技改专项）；纺部1万锭配套改造项目；高档提花印花毛巾产品，集团信息，产品技术开发中心项目。以上项目完成后可新增销售收入9.81亿元，新增利润1.4亿元，新增创汇3215万美元。

加入WTO后，青纺联集团国际市场将得到进一步的拓展。青纺联集团正在实施结构调整，深化企业改革，实现企业升级。同时，通过资产重组，发挥工贸结合和出口市场优势，加快实施资本运营步伐，为实现纺联集团的跨国经营创造条件。

青岛纺联集团将以热情的服务，真诚欢迎世界各国及地区的客户前来洽谈贸易，技术交流，投资合作。

青岛纺联集团愿以商会友，共同发展。

QINGDAOLIANFANG

撰稿：付斌

各种花色、花型的纺织品

董事长：王　磊
总经理：林得知
电　话：(0532)2800412

同仁堂

科技发展股份有限公司

制药厂

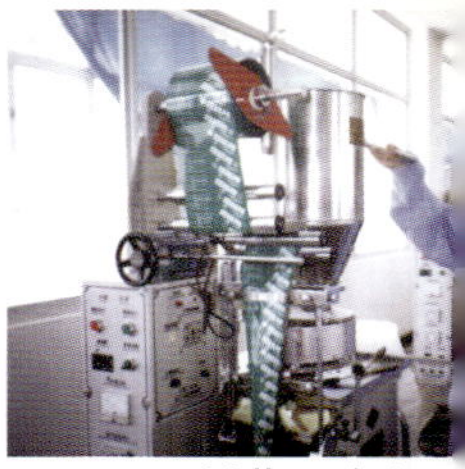

制药厂车间

同仁堂

同仁堂是中国中成药生产经营企业之一，在中药行业久负盛名。始创于1669年，至今已有331年历史。1992年经北京市人民政府批准，以同仁堂产品为龙头，以北京中药为主体组建的集团公司正式成立。1997年，同仁堂股份有限公司隆重挂牌，并在上海证交所上市。嗣后，同仁堂股份有限公司又组建高新科技企业——同仁堂科技发展股份有限公司。

同仁堂科技发展股份有限公司主要由制药厂、进出口公司、销售分公司组成。而制药厂，是由原北京同仁堂制药二厂、同仁堂提炼厂合并而成。药厂位于北京南三环中路，占地面积4.6万平方米，建筑面积3.6万平方米，其中30万级净化车间面积5000平方米。1999年工业总产值2.22亿元，销售收入1.6亿元。

科技公司制药厂是严格按照GMP标准设计、改造和运行的现代中药生产企业，有11个生产车间，有蜜丸、口服液、颗粒、片剂、胶囊剂等多条生产线，其中颗粒、片剂及软胶囊三条生产线于1997年通过了澳大利亚GMP认证。主要产品有感冒清热冲剂、六味地黄丸、牛黄解毒丸、感冒软胶囊等。共有275种产品获得生产批准文号。其中10种产品取得国家颁布二级中药保护品种。主要产品以集团公司拥有的“同仁堂”商标作推广销售。

产品质量为同仁堂持续成功之重要因素，科技公司在恪守同仁堂“炮制虽繁必不敢省人工，品位虽贵必不敢减物力”的古训，坚持“配方独特、选料上乘、工艺进展、疗效显著”的特点的同时，不断创新发展，实现工业现代化，企业全面实施GMP管理，建立起严格的质量保证体系和先进的质量检测系统。

科技公司根据国内外市场需求，在保持传统中药剂型的同时，增加新剂型的生产与发展，并不断向产品现代化、剂型多样化、质量国际化、工艺工程化、生产规范化进军，研制开发疗效确切、副作用小的药品。开发产品的重点为抗病毒、心脑血管疾病、消化系统疾病、恶性肿瘤等常见病和疑难病；在保持和提高疗效的基础上，改变传统中药服用量大、服用不方便的缺陷，采用先进的剂型。在遵从中药特点的基础上，以国际普遍药品标准为目标，有计划地对现有优势产品的药效、毒理、质量标准等开展研究及提升，确保中药的安全性、有效性及可控性，使中药逐渐以国际认可的药品身份进入国际药品市场。

同仁堂科技发展公司将同仁堂品牌和高新技术结合起来，有着十分广泛的发展前景。它将始终尊奉同仁堂的经营哲学和道德精神，以“修合无人见，存心有天知”，“做人以德为先，待人亲合友善”的道德观，将祖国中医药不断发扬光大，为同仁堂走向世界做出贡献。

大连美罗

药业股份有限公司

董事长、总经理：张成海

大连美罗药业股份有限公司由辽宁省和大连市医药行业的龙头、新中国最早成立的国有医药企业—大连医药集团有限公司发起设立，是一个集科工贸于一体的大型医药企业，主营药品的生产和销售。几年来，在邓小平理论和十五大精神指导下，牢牢把握企业改革的方向，坚持以制药工业、医药商业为主业的专业化、规模化总体发展战略，以医药商业为龙头、医药工业为核心的水平整合和垂直整合为经营战略以改制，上市，融资为资本经营战略，以人才，知识，高科技的投入，生产高附加值产品为品牌战略，走出一条科工贸相结合的医药产业化道路。总资产8.71亿元，净资产5.26亿元，现有员工1660人，“九五”期间共实现销售收入21.63亿元，利税1.03亿元，年平均分别增长26.88%和7.79%。实现利润1998年为1225.2万元，1999年为1725万元，经济效益连续5年名列全国同行业前茅，先后被授予“全国医药系统优秀企业”，“全国质量效益型先进企业”等30多个荣誉称号，在国内医药市场享有较高的知名度和较好的美誉度。

大连美罗药业股份有限公司是个实力强大的医药家族，拥有1 5家分公司和两家控股子公司。根据大连市城市整体布局调整的要求，1999年美罗大药厂从市内搬迁至大连高新技术产业园区，公司抓住这难得的发展机遇，在搬迁中开展技术改造和产品结构调整，淘汰落后的生产工艺和附加值低的产品，很快开发生产出了欣美罗，仙林纳，为可安，奇通胶囊，阿奇霉素注射液等一批疗效好的产品，深受市场欢迎。

与一般的医药企业不同，美罗药业是一个工商一体，产销分立的“联合舰队”，除美罗大药厂外，公司其它14家分公司主要从事药品及相关产品的批发和零售，销售网络遍及国内10多个省市，这些企业全部在辽宁省内率先达到GSP标准，并实现了商品经营专业化，批发经营规模化、零售经营连锁化，经营管理微机化。其中，大连美罗股份医药大厦主要从事药品的统购分销，大连美罗股份药品公司主要经营国产药及普通药，大连美罗股份新药特药公司主要经营进口商品及合资药品，这三家分公司的年销售额占公司内从事医药流通企业总的年销售额的70%，利润的80%。

公司的两个控股子公司—大连美罗药业有限公司，大连药房有限公司是两家在国内较有影响的企业。大连美罗药业有限公司以全国销售为主，具有庞大的市场营销网络，在全国建立了8大销售区域、29个办事处、50个区域营销网络，开发了2000个目标医院和160个重点批发商。大连药房有限公司作为全省第一家，大连市惟一一家通过国家医药商业经营质量管理规范GSP达标的零售企业，销售额占本地零售市场的60%以上。

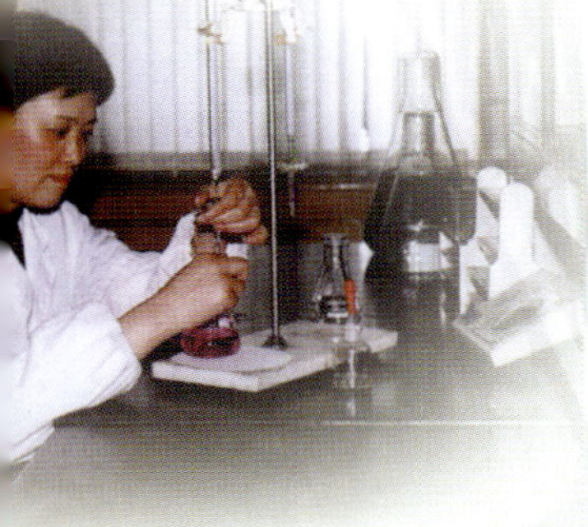

国家一类新中药金水宝

董 事 长：邓跃华
副董事长、总经理：许靖
地　　址：江西省南昌市解放西路80号
电　　话：0791－8200246
传　　真：0791－8213314
电　　挂：3508
电子信箱：jsbzygs@public.nc.jx.cn

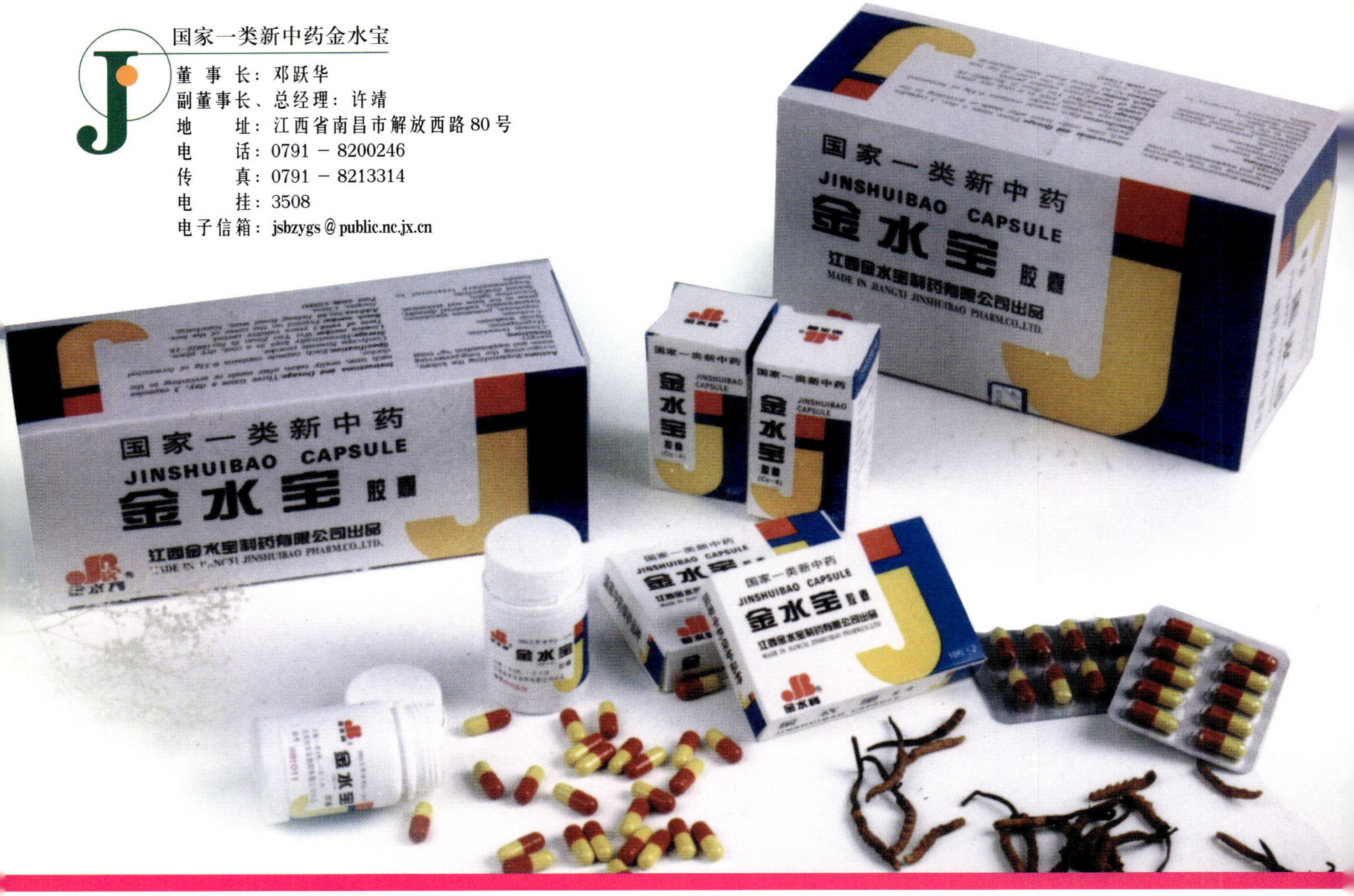

JINSHUIBAO

金水宝制药有限公司

ZHIYAO YOUXIAN GONGSI

江西金水宝制药有限公司，是国家大型医药企业江西国药有限责任公司与菲律宾宝禄士投资公司于1992年合资创建的集科研、生产、销售为一体的两个密集型高科技医药生产企业。公司拥有一流的制药设备和先进的质控仪器，严格按照GMP和国家部颁标准 WS_2-C_1-0001-95(Z)制定的生产工艺流程及检测手段。主要生产、经营由中国医学科学院药物研究所历经18年研究、开发，国家卫生部批准独家生产的国家一类新中药——金水宝胶囊、片剂及系列产品。

“以人为本，科技领先”的经营理念使企业内部汇聚了一批高素质、高效率的生产、管理、策划、营销人才队伍，推动企业实现了超常规的发展速度。金水宝的生产规模已达到年产4.5亿粒，年销售额超亿元，产品市场抽检合格率一直保持在100%，质量一直处于国内同类品种的领先地位。金水宝胶囊先后荣获国家级科技成果三等奖、江西省科技进步二等奖、国家中医药管理局科技进步二等奖等10个奖项，并列入国家基本药物目录。公司在生产、经营中不断优化工艺，提高产品质量，采用高压液相色谱仪控制腺苷和甘露醇含量，使单位腺苷含量从每克内含1.36～2.27毫克提高到1.67～3.03毫克。国家药典委员会专家认可为疗效可靠、质量可控、安全，能代表我国药物研究和制造的特色与水平，作为天然虫草代用品载入中华人民共和国2000年版药典。在疗效定位上，新药典认定金水宝产品除治疗肺肾两虚的一些中药症候外，还确认治疗范围为：慢性支气管炎、慢性肾功能不全、高脂血症、肝硬化。

符合GMP标准的生产车间

公司从创建至今，坚持以“创精良产品，造福全人类”为己任，以实现产业报国为奋斗目标，八年来，在为人民的健康事业做出了卓越贡献的同时，经营也创造了辉煌的业绩，到1999年末，企业产值、销售收入、实现利税分别比1992年增长了15倍、35倍、240倍。

江西金水宝制药有限公司的营销网络已覆盖全国，并开辟了美国、澳大利亚、俄罗斯、日本、东南亚等国家和地区的销售渠道。金水宝以其安全可靠的疗效和精良的品质深受国内外医学专家与患者的信赖和好评。被德国专家誉为“金水宝——中国的象征，江西的骄傲”。

大连华农

大连华农 DALIANHUANONG 集团有限责任公司

大连华农集团有限责任公司（以下简称“华农集团”）是中国最大的油脂加工企业之一。始建于1989年，是一个以民营资本占控股地位的现代股份制企业。

华农集团经过11年的飞速发展，由最初年赢利351万元到现在年创得税9092万元，年均以38.46％的速度递增，已由一个乡镇企业小厂裂变为一个拥有三大核心企业、九大控股子公司、占地面积30万平方米、资产总额超过6亿元的大型企业集团。华农集团以大豆加工及副产品深加工，相关高科技产品开发、生产、销售为主；集运输、仓储、国际贸易、计算机软件开发等为一体。集团主要产品有三大系列：食用油系列（色拉油、一级大豆油、二级大豆油）；磷脂产品系列（磷脂胶囊 、磷脂混合料、标准化大豆磷脂）；豆粕。集团全面推行ISO9002国际产品质量体系和进出口商品质量体系的双重认证。以精细化的管理铸造了“汇宝”和“华农”两大品牌。其产品不仅长期供给大成、正大、希望等国内大型企业集团，还远销日本、新加坡、泰国等十几个国家和地区，赢得了国内外客户的广泛信赖。

华农集团以其独特的企业文化，超前的经营理念，科学的管理机制，造就了“人才、管理、企业文化、供销网络、技术、功能管理”等优势；华农集团创立的“三合控制法”（合理、合法、核算）以守法用法，稳健经营，诚信至上，高效有序，挖潜增效为核心 ；追求物流、资金流、信息流的良性循环；采用DP结算法与国外大公司合作。

创新的管理为华农创造了效益，也为华农赢得了荣誉。公司多次被评为：全国乡镇企业管理先进单位，全国出口创汇先进单位，全国500家最大乡镇企业，辽宁省百家著名企业集团，被国务院七部委评为：农业产业化国家重点龙头企业。所有这些都离不开华农的掌舵人——总裁李广富，他不仅是华农思想的传播者，还是一位优秀的现代企业家，大连市人大代表，全国劳动模范。

华农集团现有员工2026人，专家、教授16人，具有大中专以上学历和中高级专业技术职称人员占员工总数的22％。为迎接全球经济一体化的挑战，华农集团确立了“内培为主，外聘为辅”的人才战略。以华农文化为精髓，为断注入新鲜血液是华农集团持续发展的根本保证。

华农集团愿以和商、多赢、全面合作开放的态势，与志存高远者真诚合作，共谋发展，共创伟业。

地址：大连市金州区石河镇
电话：+86-411-7261888
传真：+86-411-7260282
E-mail:huanong@ec.com.cn

利君制药股份公司

（西安制药厂）

利君集团董事长、利君制药股份有限公司董事长、西安制药厂厂长　吴　秦

西安利君制药股份公司是在原西安制药厂的基础上按照现代企业制度规范组建。总资产5亿多元，总股本21090万股。员工2000余人，其中专业技术人员近千名。主要生产经营原料药、各种医药制剂、食品保鲜剂等，是我国西北地区规模最大、品种最多、发展速度最快、效益最好的科技型制药企业。

公司的前身西安制药厂，1938年始建于陕甘宁边区，是我党我军在艰苦的革命战争岁月里创建的第一个制药厂。毛泽东、朱德等老一辈革命家对企业非常关心，曾先后来厂视察并题词。这个具有光荣历史的企业，始终继承和发扬艰苦奋斗的延安精神，在62年历程中，为新中国的诞生，为祖国的社会主义建设事业和人类健康事业做出了巨大贡献。

公司有竞争的产品基础 拥有疗效好、规模大的制剂产品257个。年产片剂70亿片、水针1.5亿支、粉针3000万支，还有一定规模的胶囊和颗粒剂。原料药有“四个全国第一”：年产红霉素160吨，市场占有率32%；琥乙红霉素290吨，市场占有率98%；异VC钠600吨，市场占有率45%；盐酸四环素250吨、美国FDA产品，占美国市场的65%。特别是名牌产品“利君沙”深受全国患者青睐，该产品是科技部等国家五部委认定的“国家重点新产品”，被国家工商局列为“全国重点保护商标”，市场占有率92%。“利迈先”、“利喜定”、“多贝斯”、“阿托氟啶”等一批国家级新药正在成为企业新的竞争性产品和新的经济增长点。

公司有雄厚的科技实力 一流的医药科研中心，承担着新品开发和技术进步任务，“九五”期间完成新产品开发项目21项，共获国家级新药证书10个，生产批文号26个。有与国际标准接轨的质量保证体系和制药设备，全国最大的固体制剂车间和粉针车间已通过国家GMP认证，连续15年国家药品抽检合格率达到100%。

公司有很强的市场营销 有200人组成的营销队伍，30家销售分公司，180家区域销售代理商，产品畅销全国30个省市区、200多个大中城市及广大农村，企业有自营进出口权，在美国设立了贸易公司，产品直接销往欧美市场。公司年销售收入8亿元，年利税1.2亿元。

杭州 娃哈哈 WAHAHA

杭州娃哈哈集团有限公司这个诞生于1987年，靠3个人、14万借款起家的年轻企业，1999年在产量、利润、利税、资产规模等经济指标上继续雄居行业榜首：生产饮料176万吨，完成产值45.12亿元、实现销售收入45.06亿元，实现利税12.40亿元，分别比去年同期增长89%、45.53%、57.27%和71%。饮料产量约占全国饮料总量的15%，占全国“饮料十强”产量的37%。主导产品果奶、AD钙奶、纯净水、营养八宝全国销售量第一，尤其乳酸奶饮料、瓶装饮用水的产销量已跻身世界大厂行列。1998年6月份推出的以“娃哈哈非常可乐”为代表的系列碳酸饮料，受到消费者的青睐，成为碳酸饮料市场的一匹黑马，不但改写了国产可乐被水淹七军的历史，并且激发了民族饮料工业奋发图强挑战外国品牌的勇气和信心。

意气风发的知识员工队伍

娃哈哈系国务院确认的520家国家重点企业之一，1997年公司就通过ISO9001国际质量体系认证，公司注册商标“娃哈哈”也被国家认定为中国驰名商标。公司被杭州市委评为党建工作“四好企业”，被中国食品协会和饮料协会评为优秀企业，并荣获“全国质量效益型企业”，“中国企业管理杰出贡献奖”、“全国食品卫生先进单位”、“全国食品工业科技进步优秀奖”、“全国对口支援三峡工程移民工作先进单位”等殊荣。

娃哈哈将现代企业管理模式融汇于娃哈哈的具体实践之中，实施具有娃哈哈特色的科学、严格、高效、集权的管理。采用以“母子公司结构”为基础的直线职能制的集团管理模式，由集团公司统一控制人、财、物、产、供、销等关键环节，在此基础上，实施授权分级管理，按责权利相结合原则，将权力下放至每一个具体的部门、岗位，从而在公司内部自上而下形成一条不脱节的目标责任锁链与管理权限阶梯。这种管理模式有利于娃哈哈在全国10省市25家子公司中实现资源的有效配置，优化组合，真正形成规模化、集团化。

与此同时，娃哈哈大量采用信息技术等先进手段，对企业各部门进行信息化改造，在财务、质量、生产、设备等关键领域实现了电脑化管理；通过建立公司内部网站，使公司内部所有信息都实现了共享；内部网络使娃哈哈各分公司、各部门、各岗位联成一体，打破了部门、岗位之间的壁垒，实现了公司内部的有效沟通，使组织结构扁平化、信息化，提高了管理效率。科学、高效的管理方式使娃哈哈能够快速、高效地对市场作出反应。

依托“励精图治、艰苦奋斗、勇于开拓、自强不息”的企业文化所拥有的凝聚力、向心力、激励力，娃哈哈在激烈的市场竞争中所向披靡。在企业文化的塑造中，娃哈哈注重“以认为本”，将具有几千年历史的追求宽厚、仁爱的儒家精义和现代企业所必需的竞争、进取精神结合起来，体现在“领导干部同心力，中层干部向心力，职工群众凝聚力”的“三力”工程和干部能上能下、职工竞争上岗等娃哈哈特有的竞争激励机制之中。积极向上、创新求实的企业文化已成为企业发展的原动力。

娃哈哈一直以强有力的科研开发促使企业健康发展。1993年，公司组建了专职科研开发机构——娃哈哈科研检测中心，该中心拥有国际一流水准的实验设备和先进仪器，拥有一支由博、硕士组成的专业技术队伍，在原科研检测中心的基础上成立了科学技术委员会，下设乳饮料研究所、碳酸饮料研究所、罐头食品研究所、分析中心、计算机中心，并将各种类型研究所，创造条件建立国家级企业技术中心，以便更好地研制出满足消费者需要的新产品。

占地三百亩的花园式的生产基地

琳琅满目的产品系列

企业名称：杭州娃哈哈集团有限公司
法人代表、总经理：宗庆后
地址：杭州市秋涛北路128-1号
电话：0517-6031318
传真：6951532
邮编：310020

WAHAHAJITUAN

娃哈哈营销的最值得称道之处在于拥有自己的营销网络。娃哈哈通过联销体制度和全国各地的经销商合作，营建了一个仅次于邮政电信的销售网络，该网络涵盖了全国各大中城市的所有销售渠道并延伸至乡、镇级农村市场，密如蛛网的销售网络保证了全国城乡每一个角落的消费者能够便捷地买到娃哈哈产品，极大地提高了产品的竞争力。同时，通过“联销体”制度，合理分配了厂商之间的利益，使厂商之间利益共享、风险共担，从而变一家企业孤军奋战为合千家之力与人竞争，大大加强了市场的竞争力，牢牢把握住了市场的主动权。娃哈哈现在正积极关注电子商务的进展，随时准备采取更为先进有效的方式占领市场。

面对中国入世、全球经济一体化所带来的机遇与挑战，杭州娃哈哈集团有限公司自信且从容，决心抓住历史的机遇，巩固已有竞争优势，继续走品牌输出、资本运营之路，争取销售收入进入全国100强，利税50强，进而进军国际市场，组建跨国公司。

世界一流的生产设备

1997年7月22日，深圳青岛啤酒朝日有限公司开业庆典

青岛啤酒集团公司

TSINGTAO BEER

青岛啤酒集团是国家特大型企业集团，始建于1903年，是我国最早的啤酒生产企业之一。1993年，青岛啤酒股份有限公司成立，1997年，青岛啤酒集团有限公司成立。1999年，集团公司实现啤酒产销量107万吨，比1998年增长了92%，销售收入24.5亿元，比1998年增长了42%，利税5.2亿元，比1998年增长了36%，工业总产值（不变价）15.8亿元，比1998年增长了57%。近几年来，青岛啤酒集团以市场为导向深化改革，努力探索国有企业发展的新路子，在市场的风浪搏击中不断发展壮大。

TSINGTAO BEER

一，引入竞争机制，夯实管理基础

1999年1月9日，中共中央政治局常委、国家副主席胡锦涛同志（左三）视察青啤公司，前排左二为青啤公司总经理彭作义，左四为青岛市委书记张惠来，左五为青啤公司董事长李桂荣。

1996年新一届领导班子上任以后，从引入竞争机制入手，首先对公司机关进行了大刀阔斧的改革，把过去300多人庞大的管理机构精简为五部三室82岗，实行干部竞争上岗、职工优化组合和“末位调整制”，一年进行两次述职和两次民主评议，对不合格的干部出示“黄牌”或“红牌”，在全公司内营造了一种“今天工作不努力，明天努力找工作”的竞争氛围。除挖掘、激活公司现有人才外，还通过招聘的方式，广纳社会英才，实现“人才社会化”。此外，公司建立了人才培训中心，抽调专人负责教育培训，加大培训力度。通过走出去、请进来、短中长期相结合的方式，对干部职工进行工商管理、市场营销和外语培训，提高了干部职工的政治素质、业务素质。其次，为进一步提高公司的管理水平，公司建立了“成本控制和效益保证体系”和“多目标跟踪控制体系”，实现全方位、全过程、多层次的目标管理，对瓶子、易拉罐、纸箱等大宗物资的采购采取竞价议标的方式，使各项成本费用指标均大幅度下降。再次，建立健全质量管理体系和科研开发中心的优势，不断研究开发新产品和新技术，有效构筑起品牌系列化和品种层次化的产品结构。严把质量关，提高产品的一次性合格率，使公司的产品质量始终保持稳定，维护了青岛啤酒百年的声誉。

二、实施“大名牌”发展战略，把企业做大做强

在从计划经济向市场经济转轨过程中，青岛啤酒受到来自市场机制和行业竞争等多方面的冲击而使发展变缓。为了探索在市场经济形势下企业发展的新课题，1998年4月，青岛啤酒集团组织了由高层次专家参加“大名牌”发展战略研讨会，确立了以“名牌带动”式资产重组为核心的“大名牌”发展战略。即以名牌为核心，通过资本运营，实现低成本、高效益的扩张，扩大企业规模：以品牌系列化的方式，形成高中低档兼顾的名牌系列产品，提高市场份额。

为实施“大名牌”发展战略，青岛啤酒集团抓住有利机遇，坚定地推行“高起点发展，低成本扩张”。“高起点发展”的典型代表是青岛啤酒啤酒与日本朝日啤酒公司等合资建立的深圳青岛啤酒朝日有限公司。该公司引进了世界最先进的纯生啤酒生产设备，被专家誉为“面向21世纪具有高新技术的样板工厂”。瓶装纯生青岛啤酒自上市以来，市场发展非常迅速，前景广阔。“低成本扩张”则通过充分利用青岛啤酒所具有的品牌、资金、技术、政策、规模等五大优势，寻找适合战略需要的扩张对象，通过“破产收购、政策兼并、控股联合”等手段进行资本运营，迅速壮大实力，扩大市场占有率。自1994年10月收购扬州啤酒厂以来，青岛啤酒公司先后收购兼并了西安、平度、鸡西、日照、薛城、黄石、菏泽、荣成、芜湖、潍坊、马鞍山、珠海、上海、三水和廊坊等12个省市的20多家企业，形成了区域产销集团化的战略优势，实现了由“产地销”向“销地产”的战备转变。

TSINGTAO BEER

1999年12月27日青岛啤酒产销量突破100万吨新闻发布会

三、实施营销创新 大力拓展全国市场

青啤公司通过市场调研认识到，中国啤酒市场呈现“金字塔”状，中、高档啤酒占不足10%的市场份额，其余是大众消费市场。所以青岛啤酒要适应这种市场格局，必须以相应的高、中、低档产品的“金字塔”适应市场需求。于是以品种系列化的青岛啤酒占领中、高档市场，以并购厂生产的青岛啤酒系列产品占领大众市场，这样将“青岛啤酒”的无形资产与地方品牌的优势有机结合起来，既充分利用了名牌效应，又提高了地方产品的竞争力，拓展了市场份额。

与此同时，青岛啤酒集团实施了“新鲜度管理”模式，减少产成品的流通环节和流通时间，严格限制各分公司和办事处的啤酒库存量，让青岛市民可以喝上当天的或几天之内的青岛啤酒，山东及临近省份市场上可以喝到当周青岛啤酒，边远市场上则可以喝到当月青岛啤酒。“新鲜度管理”模式的实施，使市场上的青岛啤酒新鲜度大大提高，有效地促进了啤酒销量的增加和市场的拓展。为保障产品快速有效地供应，青啤公司投巨资加快了销售网络的建设，推行销售的“直供模式”。现在，青岛啤酒集团已在全国大中城市设立了40多个销售分公司和办事处，初步建成了覆盖全国的市场销售网络，全国市场占有率由原来的2%提高到5%，正向10%的目标迈进。

青啤一厂厂貌

青啤公司新的发展思路和策略的实施，为企业的发展带来了显著的业绩，青岛啤酒步入了发展的快车道。青岛啤酒年产销量从1996年的30多万吨发展到1998年的56万吨，1999年青岛啤酒产销量率先在全国同行业突破100万吨，居全国第一位，实现了历史性的跨越。青岛啤酒的品牌价值增长到46.83亿元，并是中国内地惟一入选”亚洲五十大品牌“的产品。这一切不但维护了青岛啤酒作为中国啤酒第一品牌的形象，而且实现了企业效益和规模的同步增长。

TSINGTAO BEER

企业名称：青岛啤酒集团有限公司
董事长、党委书记、法人代表：李桂荣
地　　址：青岛市香港中路五四广场青啤大厦
电话：0532—5711119
传真：0532—5714719
邮政编码：266071
网　　址 www.tsingtao.com.cn
电子信箱 info@tsingtao.com.cn

柳州两面针

LIUZHOU LIANGMIANZHEN

董事长：梁英奇

企业名称：柳州两面针股份有限公司
法人代表：梁英奇　董事长
地址：广西柳州市长风路2号
电话：(0772)2513750
传真：(0772)2513419
网址 www.tooth-paste.com
电子信箱 lz lmz@public.lzptt.gx.cn

柳州两面针股份有限公司的前身是柳州市牙膏厂，创建于1980年元月，1994年6月改组为股份有限公司。历经20载风雨，公司已发展成为中国最大的牙膏生产厂家之一，经济效益排名中国牙膏行业榜首是首家通过ISO9001国际质量体系认证的中国牙膏厂家，两次荣获全国“五·一”劳动奖状。

公司以“开发民族资源，以市场需求为本，两面针人与消费者共创世界名牌”为企业理念，艰苦奋斗，改革创新，努力扎根民族沃土，培育民族品牌。坚持走科技兴企道路，不断加强技术更新改造和产品创新，根据市场需求适时调整产品结构，推出适应消费者需求的产品。大力加强企业内部管理，大力推进建立现代企业制度，使企业持续、稳步发展。

公司拥有员工800余人，固定资产3.2亿元，自有资金近2亿元，3个生产厂区，共占地19万平方米。有从德国、瑞士、瑞典、美国、意大利等国引进的具有90年代世界先过水平的制管，灌装，制膏和卫生巾生产线，主要产品有口腔卫生用品、洗涤用品、妇女卫生用品三大系列近100个规格品种；具有年产牙膏6亿支、牙刷200万支、妇女卫生巾2亿片、香皂8000万块的生产能力。

公司的主导产品两面针牙膏，采用广西特有的两面针植物研制而成，具有消炎镇痛，去瘀解毒，止血防臭，防龋健龈等多种功效。曾两次荣获国际博览会金奖，1992年～1995年连续四年获全国最畅销国产商品“金桥奖”，从1983年至今产销量稳居全国同类产品首位。产品销往全国31个省市自治区，并出口到美国，乌干达，肯尼亚，捷克，香港等20多个国家和地区。

公司从1990年起跨入全国500家最佳经济效益工业企业行列，1992年成为中国100家最大化学工业企业，中国企业200强之一，1993年在中国化学原材料及化学制品制造业中列第一位。1990年至今，公司的收入、税利及以年平均30%的速度递增，1999年实现工业产值5.12亿元，销售收入7.64亿元，税利2.32亿元，为国家512户重点企业之一。

公司从1990年起跨入全国500家最佳经济效益工业企业行列；1992年成为中国100家最大化学工业企业，中国轻工企业200强之一；1993年在中国化学原材料及化学制品制造业中列第一位。1990年至今，公司的销售收入、利税及利润以年均30%的速度递增。1999年实现工业产值5.12亿元，销售收入7.64亿元，利税2.32亿元，为国家512户重点企业之一。在21世纪，公司将秉承以人为本，求实创新的管理理念，循着多元化的发展轨迹，努力实现投资主体多元化、产品多元化、经营方式多元化。在产品发展上将以牙膏、牙刷、香皂、卫生巾等四大类产品为主，以高科技改造传统产业，增加产品附加值。努力拓展生物制品、绿色环保产品、健康保健品的产品空间，把企业发展成为中国最大的日化企业，将两面针这个中国驰名商标发展成为世界知名品牌。

1999年以来，武烟集团加快了城市网建工作的步伐，实行“全面访销、全面配送、访送分离、专销结合”的十六字方针，对卷烟经营户实行户籍化管理。现已建成67个基层批发网点，拥有400人的访销员队伍，90台送货车。目前的访销覆盖面逐步扩大至80%～100%，访销配送率达90%以上。武汉已被选为2000年全国城市网建现场会的主办地，武烟人正以百倍的努力，争取让武汉的卷烟销售网络建设更上一层楼。

“务实求精、争创一流”的武烟人将在以董事长康永胜、总经理彭义政为首的领导班子带领下，本着“名牌兴业、回报社会”的企业宗旨加大改革力度，加快改革步伐，以更强的态势跨入21世纪。

第六篇

经济贸易统计资料

国民经济和社会发展总量与速度指标

指标	总量指标				速度指标(%)				
					指数(1999比以下各年)			平均增长速度	
	1990	1995	1998	1999	1990	1995	1998	1991～1995	1991～1999
人口与就业									
人口 (万人)									
年底总人口	114333	121121	124810	125909	110.1	104.0	100.9	1.2	1.1
市镇人口	30191	35174	37942	38892	128.8	110.6	102.5	3.1	2.9
乡村人口	84142	85947	86868	87017	103.4	101.2	100.2	0.4	0.4
男性人口	58904	61808	63629	64189	109.0	103.9	100.9	1.0	1.0
女性人口	55429	59313	61181	61720	111.3	104.1	100.9	1.4	1.2
就业 (万人)									
从业人员数	63909	67947	69957	70586	110.4	103.9	100.9	1.2	1.1
#职工人数	14059	14908	12337	11773	83.7	79.0	95.4	1.2	-2.0
城镇登记失业人数	383	520	571	575	150.1	110.7	100.7	6.3	4.6
宏观经济									
国民核算 (亿元)									
国民生产总值	18598	57495	76967	80423	237.8	137.6	107.1	11.6	10.1
国内生产总值	18548	58478	78345	81911	242.7	137.7	107.1	12.0	10.4
第一产业	5017	11993	14552	14457	141.8	115.7	102.8	4.2	4.0
第二产业	7717	28538	38619	40418	324.9	145.8	108.1	17.4	14.0
第三产业	5814	17947	25174	27036	220.4	137.1	107.5	10.0	9.2
支出法国内生产总值	18320	58511	79003	82430					
#最终消费	11365	33635	46406	49685					
居民消费	9113	26945	36921	39399					
政府消费	2252	6691	9485	10286					
资本形成总额	6444	23877	29546	30496					
固定资本形成	4732	20301	27631	29476					
存货增加	1712	3577	1915	1021					
固定资产投资 (亿元)									
全社会固定资产投资总额	4517.0	20019.3	28406.2	29854.7	660.9	149.1	105.1	34.7	23.3
#国有单位	2986.3	10898.2	15369.3	15947.8	534.0	146.3	103.8	29.6	20.5
集体单位	529.5	3289.4	4192.2	4338.6	819.4	131.9	103.5	44.1	26.3
个体经济	1001.2	2560.2	3744.4	4195.7	419.1	163.9	112.1	20.7	17.3
财政 (亿元)									
国家财政收入	2937.1	6242.2	9876.0	11444.1	389.6	183.3	115.9	16.3	16.3
中　央	992.4	3256.6	4892.0	5849.2	589.4	179.6	119.6	26.8	21.8

（续表）

指　　标	总量指标				速度指标（%）				
					指数（1999比以下各年）			平均增长速度	
	1990	1995	1998	1999	1990	1995	1998	1991～1995	1991～1999
地　方	1944.7	2985.6	4984.0	5594.9	287.7	187.4	112.3	9.0	12.5
国家财政支出	3083.6	6823.7	10798.2	13187.7	427.7	193.3	122.1	17.2	17.5
中　央	1004.5	1995.4	3125.6	4152.3	413.4	208.1	132.8	14.7	17.1
地　方	2079.1	4828.3	7672.6	9035.3	434.6	187.1	117.8	18.4	17.7
物价总指数　（上年＝100）									
商品零售价格总指数	102.1	114.8	97.4	97.0					
居民消费价格总指数	103.1	117.1	99.2	98.6					
农产品收购价格总指数	97.4	119.9	92.0	87.8					
利用外资　（亿美元）									
签订利用外资协议额	120.9	1032.1	632.0	520.1	430.2	50.4	82.3	53.6	17.6
实际利用外资额	102.9	481.3	585.6	526.6	511.8	109.4	89.9	36.1	19.9
能源生产与消费　（万吨标准煤）									
能源生产总量	103922	129034	124250	110000	105.8	85.2	88.5	4.4	0.6
能源消费总量	98703	131176	132214	122000	123.6	93.0	92.3	5.9	2.4
产　业									
农　业									
耕地面积　（千公顷）	95673	94971							
农林牧渔业劳动力　（万人）	33336	32335	32626	32912	98.7	101.8	100.9		
农林牧渔业总产值　（亿元）	7662.1	20340.9	24541.9	24519.1	185.3	129.5	104.7	7.4	7.1
主要农产品产量　（万吨）									
粮　食	44624	46662	51230	50839	113.9	109.0	99.2	0.9	1.5
棉　花	450.8	476.8	450.1	382.9	84.9	80.3	85.1	1.1	
油　料	1613.2	2250.3	2313.9	2601.2	161.2	115.6	112.4	6.9	5.5
甘　蔗	5762.0	6542.0	8343.8	7470.3	129.6	114.2	89.5	2.6	2.9
甜　菜	1452.5	1398.4	1446.6	863.9	59.5	61.8	59.7		
茶　叶	54.0	58.9	66.5	67.6	125.2	114.8	101.7	1.8	2.5
水　果	1874.4	4214.6	5452.9	6237.6	332.8	148.0	114.4	17.6	14.3
肉　类			5723.8	5949.0			103.9		
水产品	1237.0	2517.2	3906.5	4122.4	333.3	163.8	105.5	15.3	14.3
工业									
工业总产值　（亿元）	23924	91894	119048	126111	443.6	162.9	111.6	22.2	18.0
主要工业产品产量									
布　（亿米）	188.8	260.2	241.0	250.0	132.4	96.1	103.7	6.6	3.2
机制纸及纸板　（万吨）	1372	2812	2126	2159	157.4	76.8	101.6	15.4	5.2
糖　（万吨）	582	559	826	861	147.9	154.0	104.2		4.4
家用电冰箱　（万台）	463	919	1060	1210	261.3	131.7	114.2	14.7	11.3
彩色电视机　（万台）	1033	2058	3497	4262	412.6	207.1	121.9	14.8	17.1

（续表）

指　　标	总量指标				速度指标（%）				
					指数（1999 比以下各年）			平均增长速度	
	1990	1995	1998	1999	1990	1995	1998	1991～1995	1991～1999
家用洗衣机（万台）	663	948	1207	1342	202.4	141.6	111.2	7.4	8.2
房间空气调节器（万台）		683	1157	1338		195.9	115.6		
照相机（万架）	213	3326	5522	4832	2268.5	145.3	87.5	73.3	41.5
原　煤（亿吨）	10.8	13.6	12.5	10.5	97.2	77.2	84.0	4.7	
原　油（万吨）	13831	15005	16100	16000	115.7	106.6	99.4	1.6	1.6
发电量（亿千瓦小时）	6212	10070	11670	12393	199.5	123.1	106.2	10.1	8.0
钢（万吨）	6635	9536	11559	12426	187.3	130.3	107.5	7.5	7.2
成品钢材（万吨）	5153	8980	10738	12110	235.0	134.9	112.8	11.7	10.0
水　泥（万吨）	20971	47561	53600	57300	273.2	120.5	106.9	17.8	11.8
国有及限额以上非国有工业企业财务指标									
固定资产原价（亿元）	14390	44989	64832	71847	499.3	159.7	110.8	25.6	19.6
固定资产净值年平均余额（亿元）	10139	32287	44137	47281	466.3	146.4	107.1	26.1	18.7
利润总额（亿元）	560	1635	1458	2288	408.6	140.0	156.9	23.9	16.9
建筑业									
建筑业企业人数（万人）	1717	2512	2779	2766	161.1	110.1	99.5	7.9	5.4
建筑业总产值（亿元）	1947.6	9505.0	13740.7	15151.5	778.0	159.4	110.3	37.3	25.6
施工房屋面积（万平方米）	37923	89863	137594	147263	388.3	163.9	107.0	18.8	16.3
竣工房屋面积（万平方米）	19553	35666	65683	73925	378.1	207.3	112.5	12.8	15.9
交通运输									
货运量（万吨）	970602	1234810	1267200	1292650	133.2	104.7	102.0	4.9	3.2
铁　路	150681	165855	164082	167196	111.0	100.8	101.9	1.9	1.2
公　路	724040	940387	976004	990444	136.8	105.3	101.5	5.4	3.5
水　运	80094	113194	109555	114608	143.1	101.2	104.6	7.2	4.1
管　道	15750	15274	17419	20232	128.5	132.5	116.1		2.8
空　运	37	101	140	170	459.5	168.3	121.4	22.2	18.5
客运量（万人）	772682	1172596	1378717	1394413	180.5	118.9	101.1	8.7	6.8
铁　路	95712	102745	95085	100164	104.7	97.5	105.3	1.4	0.5
公　路	648085	1040810	1257332	1269004	195.8	121.9	100.9	9.9	7.8
水　运	27225	23924	20545	19151	70.3	80.0	93.2		
空　运	1660	5117	5755	6094	367.1	119.1	105.9	25.3	15.5
沿海主要港口货物吞吐量（万吨）	48321	80166	92237	105162	217.6	131.2	114.0	10.7	9.0
邮电通信业									
邮电业务总量（亿元）	155.54	988.85	2431.21	3330.82	2141.5	336.8	137.0	44.8	40.6
函　件（亿件）	54.9	79.6	65.5	60.5	110.2	76.0	92.4	7.7	1.1

（续表）

指　　标		总量指标				速度指标（%）				
						指数(1999 比以下各年)			平均增长速度	
		1990	1995	1998	1999	1990	1995	1998	1991～1995	1991～1999
报刊期发数	（万份）	20078	21689	22989	25035	124.7	115.4	108.9	1.6	2.5
局用交换机容量	（万门）	1232	7204	13824	15346	1245.6	213.0	111.0	42.4	32.3
中央国有		826	5456	9951	11094	1341.1	203.3	111.5	45.9	33.5
地方国有		406	1747	3872	4252	1047.3	243.4	109.8	33.9	29.8
电话机	（万部）	1233	5762	13123	17567	1424.7	304.9	133.9	36.1	34.3
中央国有		1026	4346	7963	9505	926.4	218.7	119.4	33.5	28.1
地方国有		205	1152	2774	3732	1820.5	324.3	134.5	41.2	38.0
国内商业										
社会消费品零售总额	（亿元）	7250	20620	29153	31135	429.4	151.0	106.8	23.3	17.6
对外经济贸易										
进出口总额	（亿美元）	1154.4	2808.6	3240.5	3606.3	312.4	128.4	111.3	19.5	13.5
进口额		533.5	1320.8	1402.4	1657.0	310.6	125.5	118.2	19.9	13.4
出口额		620.9	1487.8	1838.1	1949.3	313.9	131.0	106.0	19.1	13.6
国际旅游										
来华旅游人数	（万人）	2746	4639	6348	7280	265.1	156.9	114.7	11.1	11.4
旅游外汇收入	（亿美元）	22.2	87.3	126.0	141.0	635.1	161.5	111.9	31.5	22.8
金融保险										
金融机构各项存款	（亿元）			95698	108778.9			113.7		
金融机构各项贷款	（亿元）			86524	93734.3			108.3		
中外资保险公司保险金额	（亿元）				666427					
中外资保险公司保费	（亿元）				1406.17					
中外资保险公司赔款及给付	（亿元）				508.2					
教育、科技、文化										
教育										
专任教师数	（万人）									
普通高等学校		39.5	40.1	40.7	42.6	107.8	106.2	104.7	0.3	0.8
中等学校		349.2	388.3	431.2	459.6	131.6	118.4	106.6	2.1	3.1
小　学		558.2	566.4	581.9	586.1	105.0	103.5	100.7	0.3	0.5
在校学生数	（万人）									
普通高等学校		206.3	290.6	340.9	413.4	200.4	142.3	121.3	7.1	8.0
中等学校		5105.4	6191.5	7340.7	8002.7	156.7	129.3	109.0	3.9	5.1
小　学		12241.4	13195.2	13953.8	13548.0	110.7	102.7	97.1	1.5	1.1
教育经费支出	（亿元）		1878	2949						
科技										
科学家、工程师数	（万人）		155.4	149.0	159.5		102.6	107.0		

(续表)

指标		总量指标				速度指标(%)				
		1990	1995	1998	1999	指数(1999比以下各年)			平均增长速度	
						1990	1995	1998	1991～1995	1991～1999
研究与发展经费支出	(亿元)	125.4	348.7	551.1	678.9	541.4	194.7	123.2	22.7	20.6
技术市场成交额	(万元)	750969	2683447	4358228	5234123	697.0	195.1	120.1	29.0	24.1
文化										
出版数量										
图书	(亿册.张)	56.4	63.2	72.4	73.2	129.8	115.8	101.1	2.3	2.9
杂志	(亿册)	17.9	23.4	25.4	28.5	159.2	121.8	112.2	5.5	5.3
报纸	(亿份)	211.3	263.3	300.4	318.4	150.7	120.9	106.0	4.5	4.7
故事影片产量	(部)	134	146	82	82	61.2	56.2	100.0	1.7	－5.3
电视节目制作时间	(小时)	91572	383513	477893	526483	574.9	137.3	110.2	33.2	21.5
家庭、生活、环境										
家庭										
家庭总户数	(万户)	27738	31676	33297	34153	123.1	107.8	102.6	2.7	2.3
城镇居民平均每户家庭人口	(人)	3.5	3.2	3.2	3.1	88.6	96.9	96.9		
农村居民平均每户家庭人口	(人)	4.8	4.5	4.3	4.3	89.6	95.6	100.0		
婚姻										
结婚数	(万对)	948.7	929.7	886.7	879.9	92.7	94.6	99.2		
离婚数	(万对)	80.0	105.5	119.0	120.2	150.3	113.9	101.0	5.7	4.6
居住										
城市居民人均使用面积	(平方米)	9.9	11.8	13.6	14.2	143.3	120.3	104.3	3.6	4.1
城市居民人均居住面积	(平方米)	6.7	8.1	9.3	9.8	146.0	120.7	105.2	3.9	4.3
农村居民人均居住面积	(平方米)	17.8	21.0	23.3	24.2	136.1	115.4	104.0	3.4	3.5
生活										
城镇居民人均可支配收入	(元)	1510	4283	5425	5854	182.0	124.2	109.3	7.9	6.9
农村居民人均纯收入	(元)	686	1578	2162	2210	152.2	123.4	103.8	4.3	4.8
城乡储蓄存款余额	(亿元)	7034.2	29662.3	53407.5	59621.8	847.6	201.0	111.6	33.4	26.8
工资和福利										
工资总额	(亿元)	2951	8100	9297	9876	334.7	121.9	106.2	22.4	14.4
职工平均工资	(元)	2140	5500	7479	8346	168.7	127.1	121.1	5.8	6.0
职工保险福利费	(亿元)	937.9	2361.3	3360.7					20.3	
离休、退休、退职职工人数	(万人)	2301	3094	3594	3727	162.0	120.5	103.7	6.1	5.5
离休、退休、退职费	(亿元)	396.2	1305.6	2073.7	2420.9	611.0	185.4	116.7	26.9	22.3
医院、卫生院	(个)	62454	67807	67081	66935	107.2	98.7	99.8	1.7	0.8

（续表）

指　　标	总量指标				速度指标（%）				
	1990	1995	1998	1999	指数（1999 比以下各年）			平均增长速度	
					1990	1995	1998	1991～1995	1991～1999
卫生									
医生　（万人）	176.3	191.8	200.0	204.5	116.0	106.6	102.3	1.7	1.7
医院、卫生院床位数　（万张）	262.4	283.6	291.4	292.8	111.6	103.2	100.5	1.6	1.2
市政建设									
自来水供应量　（亿吨）	382.3	496.6	470.5	467.5	122.3	94.1	99.4	5.4	2.3
下水道长度　（公里）	57787	110293	125943	134486	232.7	121.9	106.8	13.8	9.8
城市煤气和天然气供气量　（万立方米）	2389354	1940248	2363826	2121481	88.8	109.3	89.7		
公共汽（电）车总数　（辆）	62215	136821	189002	209884	337.4	153.4	111.0	17.1	14.5
铺装道路长度　（公里）	94820	130308	145163	152385	160.7	116.9	105.0	6.6	5.4
绿地面积　（公顷）	474613	678310	745654	778161	164.0	114.7	104.4	7.4	5.6
环境、灾害									
污染治理项目本年完成投资额　（亿元）	45.4	98.7	122.0	152.7	336.3	154.7	125.2	16.8	14.4
环境污染与破坏事故次数　（起）	3462	1966	1422	1614	46.6	82.1	113.5		
环境污染直接经济损失　（万元）		9938	19844	5711		57.5	28.8		
环境污染事故赔罚款金额　（万元）		4260	2111	2116		49.7	100.3		
火灾发生数　（起）	57302	37136	141305	179955	314.0	484.6	127.4		13.6
火灾损失　（万元）	51182	107777	143995	143394	280.2	133.0	99.6	16.1	12.1
交通事故发生数　（起）	250244	271843	346129	412860	165.0	151.9	119.3	1.7	5.7
交通事故损失　（万元）	35362	152267	192951	212402	600.6	139.5	110.1	33.9	22.0

注：1. 本表总量指标中的价值量指标除邮电业务总量指标外均按当年价格计算。

2. 本表速度指标中，国民生产总值、国内生产总值及三次产业、物价指数、农林牧渔业总产值、工业总产值、邮电业务总量、城乡居民收入和平均工资指标均按可比价格计算。

3. 邮电业务总量按 1990 年不变价格计算。

4. 1998 年职工人数为在岗人数，1997 年及以前为全部职工人数，故不可比。

国内生产总值

单位：亿元

年份	国民生产总值	国内生产总值	第一产业	第二产业			第三产业			人均国内生产总值（元）
					工业	建筑业		#交通运输仓储邮电通信业	#批发和零售贸易餐饮业	
1952	679.0	679.0	342.9	141.8	119.8	22.0	194.3	29.0	80.3	119
1953	824.0	824.0	378.0	192.5	163.5	29.0	253.5	35.0	115.5	142
1954	859.0	859.0	392.0	211.7	184.7	27.0	255.3	38.0	120.3	144
1955	910.0	910.0	421.0	222.2	191.2	31.0	266.8	39.0		150
1956	1028.0	1028.0	443.9	280.7	224.7	56.0	303.4	46.0	131.4	165
1957	1068.0	1068.0	430.0	317.0	271.0	46.0	321.0	49.0	133.0	168
1958	1307.0	1307.0	445.9	483.5	414.5	69.0	377.6	71.0	136.6	200
1959	1439.0	1439.0	383.8	615.5	538.5	77.0	439.7	94.0	145.7	216
1960	1457.0	1457.0	340.7	648.2	568.2	80.0	468.1	104.0	133.1	218
1961	1220.0	1220.0	441.1	388.9	362.1	26.8	390.0	69.2	110.8	185
1962	1149.3	1149.3	453.1	359.3	325.4	33.9	336.9	57.4	80.5	173
1963	1233.3	1233.3	497.5	407.6	365.6	42.0	328.2	55.0	76.1	181
1964	1454.0	1454.0	559.0	513.5	461.1	52.4	381.5	58.4	94.0	208
1965	1716.1	1716.1	651.1	602.2	546.5	55.7	462.8	77.4	118.3	240
1966	1868.0	1868.0	702.2	709.5	648.6	60.9	456.3	85.1	148.1	254
1967	1773.9	1773.9	714.2	602.8	544.9	57.9	456.9	72.3	153.5	235
1968	1723.1	1723.1	726.3	537.3	490.3	47.0	459.5	70.5	138.9	222
1969	1937.9	1937.9	736.2	689.1	626.1	63.0	512.6	84.9	163.6	243
1970	2252.7	2252.7	793.3	912.2	828.1	84.1	547.2	100.2	178.1	275
1971	2426.4	2426.4	826.3	1022.8	926.6	96.2	577.3	108.4	178.3	288
1972	2518.1	2518.1	827.4	1084.2	989.9	94.3	606.5	118.0	194.3	292
1973	2720.9	2720.9	907.5	1173.0	1072.5	100.5	640.4	125.5	211.0	309
1974	2789.9	2789.9	945.2	1192.0	1083.6	108.4	652.7	126.1	206.6	310
1975	2997.3	2997.3	971.1	1370.5	1244.9	125.6	655.7	141.6	175.8	327
1976	2943.7	2943.7	967.0	1337.2	1204.6	132.6	639.5	139.6	147.2	316
1977	3201.9	3201.9	942.1	1509.1	1372.4	136.7	750.7	156.9	213.8	339
1978	3624.1	3624.1	1018.4	1745.2	1607.0	138.2	860.5	172.8	265.5	379
1979	4038.2	4038.2	1258.9	1913.5	1769.7	143.8	865.8	184.2	220.2	417
1980	4517.8	4517.8	1359.4	2192.0	1996.5	195.5	966.4	205.0	213.6	460
1981	4860.3	4862.4	1545.6	2255.5	2048.4	207.1	1061.3	211.1	255.7	489
1982	5301.8	5294.7	1761.6	2383.0	2162.3	220.7	1150.1	236.7	198.6	526
1983	5957.4	5934.4	1960.8	2646.2	2375.6	270.6	1327.5	264.9	231.4	582
1984	7206.7	7171.0	2295.5	3105.7	2789.0	316.7	1769.8	327.1	412.4	695
1985	8989.1	8964.4	2541.6	3866.6	3448.7	417.9	2556.2	406.9	878.4	855
1986	10201.4	10202.2	2763.9	4492.7	3967.0	525.7	2945.6	475.6	943.2	956
1987	11954.5	11962.5	3204.3	5251.6	4585.8	665.8	3506.6	544.9	1159.3	1103
1988	14922.3	14928.3	3831.0	6587.2	5777.2	810.0	4510.1	661.0	1618.0	1355
1989	16917.8	16909.2	4228.0	7278.0	6484.0	794.0	5403.2	786.0	1687.0	1512
1990	18598.4	18547.9	5017.0	7717.4	6858.0	859.4	5813.5	1147.5	1419.7	1634
1991	21662.5	21617.8	5288.6	9102.2	8087.1	1015.1	7227.0	1409.7	2087.0	1879
1992	26651.9	26638.1	5800.0	11699.5	10284.5	1415.0	9138.6	1681.8	2735.0	2287
1993	34560.5	34634.4	6882.1	16428.5	14143.8	2284.7	11323.8	2123.2	3090.7	2939
1994	46670.0	46759.4	9457.2	22372.2	19359.6	3012.6	14930.0	2685.9	4050.4	3923
1995	57494.9	58478.1	11993.0	28537.9	24718.3	3819.6	17947.2	3054.7	4932.3	4854
1996	66850.5	67884.6	13844.2	33612.9	29082.6	4530.5	20427.5	3494.0	5560.3	5576
1997	73142.7	74462.6	14211.2	37222.7	32412.1	4810.6	23028.7	3797.2	6159.9	6053
1998	76967.1	78345.2	14552.4	38619.3	33387.9	5231.4	25173.5	4121.3	6579.1	6307
1999	80422.8	81910.9	14457.2	40417.9	34975.2	5442.7	27035.8	4459.5	6842.3	6534

注：1. 本表按当年价格计算。
2. 1980 年以后一、二、三产业之和与国民生产总值的差额为国外净要素收入。

国内生产总值构成

单位:%

年　份	国内生产总值	第一产业	第二产业			第三产业		
				工业	建筑业		#交通运输仓储邮电通信业	#批发和零售贸易餐饮业
1952	100.0	50.5	20.9	17.6	3.2	28.6	4.3	11.8
1953	100.0	45.9	23.4	19.8	3.5	30.8	4.2	14.0
1954	100.0	45.6	24.6	21.5	3.1	29.7	4.4	14.0
1955	100.0	46.3	24.4	21.0	3.4	29.3	4.3	13.2
1956	100.0	43.2	27.3	21.9	5.4	29.5	4.5	12.8
1957	100.0	40.3	29.7	25.4	4.3	30.1	4.6	12.5
1958	100.0	34.1	37.0	31.7	5.3	28.9	5.4	10.5
1959	100.0	26.7	42.8	37.4	5.4	30.6	6.5	10.1
1960	100.0	23.4	44.5	39.0	5.5	32.1	7.1	9.1
1961	100.0	36.2	31.9	29.7	2.2	32.0	5.7	9.1
1962	100.0	39.4	31.3	28.3	2.9	29.3	5.0	7.0
1963	100.0	40.3	33.0	29.6	3.4	26.6	4.5	6.2
1964	100.0	38.4	35.3	31.7	3.6	26.2	4.0	6.5
1965	100.0	37.9	35.1	31.8	3.2	27.0	4.5	6.9
1966	100.0	37.6	38.0	34.7	3.3	24.4	4.6	7.9
1967	100.0	40.3	34.0	30.7	3.3	25.8	4.1	8.7
1968	100.0	42.2	31.2	28.5	2.7	26.7	4.1	8.1
1969	100.0	38.0	35.6	32.3	3.3	26.5	4.4	8.4
1970	100.0	35.2	40.5	36.8	3.7	24.3	4.4	7.9
1971	100.0	34.1	42.2	38.2	4.0	23.8	4.5	7.3
1972	100.0	32.9	43.1	39.3	3.7	24.1	4.7	7.7
1973	100.0	33.4	43.1	39.4	3.7	23.5	4.6	7.8
1974	100.0	33.9	42.7	38.8	3.9	23.4	4.5	7.4
1975	100.0	32.4	45.7	41.5	4.2	21.9	4.7	5.9
1976	100.0	32.8	45.4	40.9	4.5	21.7	4.7	5.0
1977	100.0	29.4	47.1	42.9	4.3	23.4	4.9	6.7
1978	100.0	28.1	48.2	44.3	3.8	23.7	4.8	7.3
1979	100.0	31.2	47.4	43.8	3.6	21.4	4.6	5.5
1980	100.0	30.1	48.5	44.2	4.3	21.4	4.5	4.7
1981	100.0	31.8	46.4	42.1	4.3	21.8	4.3	5.3
1982	100.0	33.3	45.0	40.8	4.2	21.7	4.5	3.8
1983	100.0	33.0	44.6	40.0	4.6	22.4	4.5	3.9
1984	100.0	32.0	43.3	38.9	4.4	24.7	4.6	5.8
1985	100.0	28.4	43.1	38.5	4.7	28.5	4.5	9.8
1986	100.0	27.1	44.0	38.9	5.2	28.9	4.7	9.2
1987	100.0	26.8	43.9	38.3	5.6	29.3	4.6	9.7
1988	100.0	25.7	44.1	38.7	5.4	30.2	4.4	10.8
1989	100.0	25.0	43.0	38.3	4.7	32.0	4.6	10.0
1990	100.0	27.1	41.6	37.0	4.6	31.3	6.2	7.7
1991	100.0	24.5	42.1	37.4	4.7	33.4	6.5	9.7
1992	100.0	21.8	43.9	38.6	5.3	34.3	6.3	10.3
1993	100.0	19.9	47.4	40.8	6.6	32.7	6.1	8.9
1994	100.0	20.2	47.9	41.4	6.4	31.9	5.7	8.7
1995	100.0	20.5	48.8	42.3	6.5	30.7	5.2	8.4
1996	100.0	20.4	49.5	42.8	6.7	30.1	5.1	8.2
1997	100.0	19.1	50.0	43.5	6.5	30.9	5.1	8.3
1998	100.0	18.6	49.3	42.6	6.7	32.1	5.3	8.4
1999	100.0	17.7	49.3	42.7	6.6	33.0	5.4	8.4

注：本表按当年价格计算。

各地区国内生产总值和指数

地　区	国内生产总值（亿元）				指数（上年=100）			
	1996	1997	1998	1999	1996	1997	1998	1999
北　京	1615.73	1810.09	2011.31	2174.46	109.2	109.6	109.8	110.2
天　津	1102.40	1235.28	1336.38	1450.06	114.3	112.1	109.3	110.0
河　北	3452.97	3953.78	4256.01	4569.19	113.5	112.5	110.7	109.1
山　西	1308.01	1480.13	1486.08	1506.78	111.0	110.5	109.0	105.1
内蒙古	984.78	1099.77	1192.29	1268.20	112.7	109.7	109.6	107.8
辽　宁	3157.69	3582.46	3881.73	4171.69	108.6	108.9	108.3	108.2
吉　林	1337.16	1446.91	1557.78	1669.56	113.7	109.2	109.0	108.1
黑龙江	2402.58	2708.46	2798.89	2897.41	110.5	110.0	108.3	107.5
上　海	2902.20	3360.21	3688.20	4034.96	113.0	112.7	110.1	110.2
江　苏	6004.21	6680.34	7199.95	7697.82	112.2	112.0	111.0	110.1
浙　江	4146.06	4638.24	4987.50	5364.89	112.7	111.1	110.1	110.0
安　徽	2339.25	2669.95	2805.45	2908.59	114.4	112.7	108.5	108.1
福　建	2583.83	3000.36	3286.56	3550.24	115.4	114.5	111.4	110.0
江　西	1517.26	1715.18	1851.98	1962.98	113.4	111.5	108.2	107.8
山　东	5960.42	6650.02	7162.20	7662.10	112.2	111.2	110.8	110.1
河　南	3661.18	4079.26	4356.60	4576.10	113.9	110.4	108.7	108.0
湖　北	2970.20	3450.24	3704.21	3857.99	113.2	113.0	110.3	108.3
湖　南	2647.16	2993.00	3118.09	3326.75	112.6	110.8	109.1	108.3
广　东	6519.14	7315.51	7919.12	8464.31	110.7	110.6	110.2	109.5
广　西	1697.90	1817.25	1903.04	1953.27	110.3	108.1	109.1	107.7
海　南	389.53	409.86	438.92	471.23	104.8	106.7	108.3	108.6
重　庆	1179.09	1350.10	1429.26	1479.71	111.2	111.0	108.4	107.6
四　川	2985.15	3320.11	3580.26	3711.61	110.1	110.2	109.1	105.6
贵　州	713.70	792.98	841.88	911.86	108.9	109.0	108.5	108.3
云　南	1491.62	1644.23	1793.90	1855.74	110.4	109.4	108.0	107.2
西　藏	64.76	76.98	91.18	105.61	113.2	111.3	110.2	109.6
陕　西	1175.38	1300.03	1381.53	1487.61	110.2	109.2	109.1	108.4
甘　肃	714.18	781.34	869.75	931.98	111.5	108.5	109.2	108.3
青　海	183.57	202.05	220.16	238.39	108.6	109.0	109.0	108.2
宁　夏	193.62	210.92	227.49	241.49	118.1	107.6	108.5	108.7
新　疆	912.15	1050.14	1116.67	1168.55	106.4	111.0	107.3	107.1

注：本表绝对数按当年价格计算，指数按可比价格计算。

全社会固定资产投资

指　标	1998	1999	1999年比上年增长%
投资总额（亿元）	**28406.17**	**29854.71**	**5.10**
按经济类型分			
国有经济	15369.30	15947.76	3.76
集体经济	4192.24	4338.55	3.49
#农村	3233.31	3343.13	3.40
个体经济	3744.37	4195.70	7.91
#农村	2681.52	2779.59	3.66
联营经济	60.49	97.90	61.84
股份制经济	1947.01	2478.88	27.32
外商投资经济	1639.61	1433.40	－12.58
港澳台投资经济	1334.20	1218.07	－8.70
其他经济	118.95	144.44	21.43
按管理渠道分			
基本建设	11916.42	12455.28	4.52
更新改造	4516.75	4485.08	－0.70
房地产开发	3614.23	4103.20	13.53
其他投资	8358.76	8811.15	5.41
按资金来源分			
国家预算内资金	1197.39	1852.14	54.68
国内贷款	5542.89	5725.93	3.30
利用外资	2617.03	2006.78	－23.32
自筹资金	14864.19	15885.26	6.87
其他资金	4495.42	4284.54	－4.69
按构成分			
建筑安装工程	17874.53	18795.93	5.15
设备工具器具购置	6528.53	7053.04	8.03
其他费用	4003.10	4005.74	0.07
房屋建筑面积（万平方米）			
施工面积	245755.73	263294.25	7.14
竣工面积	170904.75	187357.07	9.63
#住宅	127571.61	139305.93	9.20

注：1. 按资金来源分组为财务拨款数，各项相加不等于投资总额。
2. 增长速度未扣除价格因素。
3. 个体经济投资增长速度按可比口径计算。

国有经济按各种分组的固定资产投资

指 标	1990	1995	1997	1998	1999
投资总额（亿元）	**2986.30**	**10898.24**	**13091.72**	**15369.30**	**15947.76**
按资金来源分					
国家预算内资金	394.27	544.98	612.72	1080.62	1555.89
国内贷款	704.91	2578.19	3008.12	3578.07	3737.61
利用资金	271.80	859.38	663.11	665.89	612.24
自筹资金	1289.58	5307.15	6902.89	7664.69	7441.67
其他资金	325.74	1731.82	1865.82	2247.46	2240.08
按构成分					
建筑安装工程	1789.44	6604.61	8035.30	9594.45	10477.19
设备、工具、器具购置	892.09	2750.51	3110.54	3315.78	3336.31
其他费用	304.77	1543.12	1945.88	2459.07	2134.26
按建设性质分					
#新建	911.60	3362.17	4581.76	5507.37	5639.07
扩建	1161.72	3722.60	4464.58	4984.90	4748.68
改建	581.25	1986.23	2312.94	3058.98	3434.81
按产业分					
第一产业	28.65	73.64	138.92	201.32	251.58
第二产业	1765.69	4692.72	5158.52	4874.79	4805.91
第三产业	1191.96	6131.88	7794.28	10293.19	10890.27
按国民经济主要行业分					
#农业	34.09	93.40	169.69	237.08	304.03
工业	1747.58	4526.20	4958.10	4703.30	4591.06
#能源工业	823.88	2025.28	2924.00	2862.10	2963.21
运输邮电业	333.67	2306.54	3187.07	4695.28	4642.61
新增固定资产（亿元）	**2408.45**	**7390.14**	**10420.60**	**11471.31**	**12252.69**
房屋建筑面积(万平方米)					
施工面积	41695	70420	66130	73606	72981
竣工面积	20481	31829	31747	33907	38059
#住宅	10189	17714	18017	20288	24519

注：1. 改建投资中含单纯建造生活设施投资。
2. 按国民经济行业分、按建设性质分不含房地产投资，其他统计分组均含。
3. 根据新国民经济核算标准，对第一产业投资进行了调整。

1999 年按经济类型分的

指　标	总计	国有经济	集体经济		个体经济	
				#农村		#农村
投资总额（亿元）	**29854.71**	**15947.76**	**4338.55**	**3343.13**	**4195.70**	**2779.59**
按资金来源分						
国家预算内资金	1852.14	1555.89	244.23	238.29	0.53	
国内贷款	5725.93	3737.61	581.52	401.99	168.47	74.14
利用外资	2006.78	612.24	194.42	174.57	2.18	0.00
自筹资金	15885.26	7441.67	2789.52	2278.50	3795.64	2646.29
其他资金	4284.54	2240.08	584.61	249.79	274.63	59.15
按构成分						
建筑安装工程	18795.93	10477.19	2290.40	1610.22	3245.64	2009.31
设备、工具、器具购置	7053.04	3336.31	1602.51	1427.53	505.38	434.81
其他费用	4005.74	2134.26	445.65	305.37	444.68	335.47
房屋建筑面积（万平方米）						
施工面积	263294.25	72981.17	41391.58	29925.00	116530.20	89050.00
竣工面积	187357.07	38058.83	30323.91	24467.00	107465.76	83244.00
#住宅	139305.93	24518.89	10418.26	6679.00	97521.66	76758.00
按地区分投资总额（亿元）						
北　京	1171.16	741.39	87.56	53.10	33.93	28.30
天　津	576.45	329.94	69.32	56.73	40.94	11.53
河　北	1170.47	811.46	519.83	438.00	263.72	175.60
山　西	477.57	319.45	35.29	22.99	41.49	24.58
内蒙古	348.22	215.51	25.63	19.28	64.83	43.01
辽　宁	1119.47	662.95	140.00	103.63	121.42	80.30
吉　林	500.02	300.08	45.81	36.15	54.40	26.03
黑龙江	751.66	567.28	28.13	13.41	76.23	36.20
上　海	1855.76	986.82	208.11	133.58	29.59	5.32
江　苏	2441.88	1052.78	549.66	423.26	361.75	287.66
浙　江	1958.05	743.88	468.86	387.19	330.38	209.60
安　徽	703.45	343.58	75.19	51.00	167.77	114.90
福　建	1084.66	427.71	135.21	105.83	178.56	87.78
江　西	454.44	250.59	47.09	39.21	124.25	89.01
山　东	2220.57	1052.61	635.78	552.83	310.64	228.43
河　南	1206.83	659.25	181.69	146.50	265.89	210.94
湖　北	1239.14	708.86	137.07	107.70	203.91	121.97
湖　南	883.94	463.65	95.81	80.03	263.47	197.41
广　东	2937.02	1226.57	349.90	192.36	389.27	242.05
广　西	578.76	300.12	44.34	34.20	170.18	103.91
海　南	194.78	83.39	10.05	7.36	31.89	18.50
重　庆	525.26	263.42	70.86	52.80	93.28	42.49
四　川	1224.40	652.62	169.31	138.01	209.14	142.93
贵　州	311.93	198.97	22.99	15.29	67.78	44.91
云　南	663.97	439.03	67.99	56.35	90.83	57.40
西　藏	53.56	51.05	0.61		1.77	
陕　西	587.79	377.56	41.97	30.22	89.37	63.74
甘　肃	355.51	246.73	25.72	16.21	39.90	32.26
青　海	117.15	91.53	7.04	4.95	8.79	4.04
宁　夏	128.10	78.48	12.84	9.86	17.65	13.97
新　疆	526.65	418.57	28.90	15.07	52.69	34.81
不分地区	886.10	881.94				

全社会固定资产投资

联营经济	股份制经济	外商投资经济	港澳台投资经济	其他经济
97.90	**2478.88**	**1433.40**	**1218.07**	**144.44**
3.10	44.94	0.20	2.02	1.22
27.51	676.21	223.80	290.68	20.12
1.33	119.55	656.73	416.08	4.26
53.41	1076.82	336.03	320.11	72.07
25.11	647.45	130.47	342.65	39.55
59.55	1357.04	586.06	697.31	82.74
20.76	605.95	658.17	283.55	40.41
17.59	515.89	189.17	237.21	21.29
730.91	16564.14	4312.56	9792.01	991.68
235.16	6469.81	1558.91	2751.85	492.83
119.25	4360.30	632.92	1530.23	204.42
0.32	109.85	65.40	132.65	0.06
1.29	45.18	57.21	18.12	14.45
6.07	85.64	61.33	17.64	4.78
0.25	31.32	37.33	9.87	2.56
0.24	31.16	1.04	1.12	8.69
0.85	104.07	51.07	32.54	6.58
1.24	71.31	13.34	12.29	1.55
0.58	64.21	4.04	8.47	2.73
27.48	226.56	248.18	119.52	9.51
3.67	124.98	271.40	75.32	2.33
2.23	342.05	27.94	38.02	4.69
1.67	57.72	44.68	9.52	3.31
10.79	83.52	101.62	132.28	14.96
0.46	14.35	9.35	7.23	1.12
5.08	120.08	67.96	24.55	3.87
0.90	54.97	13.83	27.71	2.59
3.66	112.99	27.08	34.34	11.23
1.51	32.30	13.00	11.91	2.29
20.75	316.17	214.33	400.40	19.64
0.91	19.95	28.00	13.89	1.37
1.34	38.32	16.84	6.71	6.24
1.00	56.10	14.70	20.62	5.29
2.34	139.38	21.78	22.20	7.65
1.07	14.27	2.93	3.46	0.47
0.88	45.53	4.99	14.18	0.55
	0.07			0.06
0.70	64.66	5.33	7.60	0.61
0.19	26.49	4.58	7.01	4.89
0.15	6.80	0.82	1.88	0.14
0.20	15.65	2.69	0.55	0.04
0.09	19.07	0.61	6.49	0.24
	4.16			

能源生产总量及构成

年份	能源生产总量（万吨标准煤）	占能源生产总量的比重（%）			
		原煤	原油	天然气	水电
1952	4871	96.7	1.3		2.0
1957	9861	94.9	2.1	0.1	2.9
1962	17185	91.4	4.8	0.9	2.9
1965	18824	88.0	8.6	0.8	2.6
1970	30990	81.6	14.1	1.2	3.1
1975	48754	70.6	22.6	2.4	4.4
1978	62770	70.3	23.7	2.9	3.1
1980	63735	69.4	23.8	3.0	3.8
1985	85546	72.8	20.9	2.0	4.3
1986	88124	72.4	21.2	2.1	4.3
1987	91266	72.6	21.0	2.0	4.4
1988	95801	73.1	20.4	2.0	4.5
1989	101639	74.1	19.3	2.0	4.6
1990	103922	74.2	19.0	2.0	4.8
1991	104844	74.1	19.2	2.0	4.7
1992	107256	74.3	18.9	2.0	4.8
1993	111059	74.0	18.7	2.0	5.3
1994	118729	74.6	17.6	1.9	5.9
1995	129034	75.3	16.6	1.9	6.2
1996	132616	75.2	17.0	2.0	5.8
1997	132410	74.1	17.3	2.1	6.5
1998	124250	71.9	18.5	2.5	7.1
1999	110000	68.2	20.9	3.1	7.8

注：电力折算标准煤的系数根据当年平均发电煤耗计算，下表同。

能源消费总量及构成

年份	能源消费总量（万吨标准煤）	占能源消费总量的比重（%）			
		原煤	原油	天然气	水电
1957	9644	92.3	4.6	0.1	3.0
1962	16540	89.2	6.6	0.9	3.2
1965	18901	86.5	10.3	0.9	2.7
1970	29291	80.9	14.7	0.9	3.5
1975	45425	71.9	21.1	2.5	4.6
1978	57144	70.7	22.7	3.2	3.4
1980	60275	72.2	20.7	3.1	4.0
1985	76682	75.8	17.1	2.2	4.9
1986	80850	75.8	17.2	2.3	4.7
1987	86632	76.2	17.0	2.1	4.7
1988	92997	76.2	17.0	2.1	4.7
1989	96934	76.0	17.1	2.0	4.9
1990	98703	76.2	16.6	2.1	5.1
1991	103783	76.1	17.1	2.0	4.8
1992	109170	75.7	17.5	1.9	4.9
1993	115993	74.7	18.2	1.9	5.2
1994	122737	75.0	17.4	1.9	5.7
1995	131176	74.6	17.5	1.8	6.1
1996	138948	74.7	18.0	1.8	5.5
1997	138173	71.5	20.4	1.7	6.2
1998	132214	69.6	21.5	2.2	6.7
1999	122000	67.1	23.4	2.8	6.7

注：1999年能源消费量为估算数。

1999年各地区全部国有及规模以上非国有工业企业主要经济效益指标

地　区	工业增加值率（%）	总资产贡献率（%）	资产负债率（%）	流动资产周转次数（次/年）	工业成本费用利润率（%）	全员劳动生产率（元/人.年）	产品销售率（%）
全　国	29.66	7.45	61.83	1.47	3.42	37148.21	97.15
北　京	29.22	6.11	60.51	1.26	3.59	47052.68	97.29
天　津	21.67	6.32	61.88	1.48	3.65	38376.63	98.60
河　北	32.61	7.81	60.65	1.59	4.44	34839.05	97.66
山　西	36.53	4.63	65.49	0.93	1.11	21257.97	96.66
内蒙古	36.79	5.37	61.72	1.11	−0.11	25971.32	98.42
辽　宁	27.60	5.20	60.35	1.25	1.73	29970.90	97.88
吉　林	30.16	6.06	66.42	1.11	1.74	28025.35	98.02
黑龙江	50.35	12.53	65.14	1.19	13.27	42751.99	96.70
上　海	28.27	7.74	52.94	1.41	5.03	70500.66	98.23
江　苏	25.07	7.82	61.81	1.80	2.93	40656.66	96.48
浙　江	24.42	9.85	56.81	1.79	5.25	41383.29	96.66
安　徽	32.24	6.74	63.47	1.47	0.89	28866.86	97.24
福　建	30.09	8.54	57.35	1.78	4.50	44968.44	96.39
江　西	29.13	5.14	69.65	1.18	−0.34	20733.01	97.44
山　东	30.22	9.13	63.36	1.83	4.53	39250.53	96.96
河　南	31.96	7.14	65.94	1.39	2.84	27753.68	97.76
湖　北	33.39	7.01	64.17	1.44	2.79	37664.80	97.08
湖　南	32.66	8.66	69.17	1.40	1.26	25947.22	97.77
广　东	26.46	7.48	58.92	1.69	3.66	50313.65	96.86
广　西	30.93	6.28	69.19	1.37	0.45	28924.47	97.09
海　南	28.96	4.87	69.81	1.00	0.13	44299.02	95.94
重　庆	27.89	5.25	67.05	1.11	−1.06	23842.92	97.46
四　川	33.46	5.95	63.69	1.10	1.44	27575.25	96.71
贵　州	35.52	6.82	68.75	0.87	0.13	27828.92	94.70
云　南	49.68	15.85	55.10	1.27	6.86	61871.25	98.77
西　藏	56.18	6.16	34.54	0.88	19.59	29887.58	85.05
陕　西	33.40	5.66	69.17	1.03	0.75	25403.74	95.97
甘　肃	33.79	4.81	69.16	1.06	−0.93	24661.28	96.04
青　海	36.27	4.77	66.30	0.96	−0.81	31101.57	97.04
宁　夏	31.16	4.62	67.54	1.07	−0.33	24497.32	95.49
新　疆	40.63	5.96	63.92	1.13	0.09	41855.60	97.66

1999 年全部国有及年产品销售收入 500 万元

行　　业	企业单位数（个）	亏损企业	工业总产值	
			1990 年不变价格	当年价格
总　计	**162033**	**44186**	**64776.75**	**72707.04**
一、按登记注册类型分组：				
内资企业	135196	35951	45556.96	53752.81
国有企业	50651	20812	16171.07	22215.89
中央企业	3850	1407	6219.96	10318.89
地方企业	46801	19405	9951.11	11897.00
集体企业	42585	7362	11456.85	12414.11
股份合作企业	10149	1696	2536.76	2594.62
联营企业	2771	602	806.39	903.65
国有联营企业	462	146	188.14	223.34
集体联营企业	827	134	223.50	246.74
国有与集体联营企业	1091	245	292.84	316.98
其他联营企业	391	77	101.90	116.59
有限责任公司	9714	2444	6459.09	7027.24
国有独资公司	1026	346	2860.94	3173.48
其他有限责任公司	8688	2098	3598.14	3853.76
股份有限责任公司	4480	978	4981.14	5247.08
私营企业	14601	1982	3055.24	3244.56
私营独资企业	7411	888	1331.99	1455.79
私营合伙企业	1737	165	285.51	317.09
私营有限责任公司	4781	826	1227.59	1278.68
私营股份有限公司	672	103	210.15	192.99
其他企业	245	75	90.43	105.67
港、澳、台商投资企业	15783	4873	8937.05	8994.00
合资经营企业（港或澳、台资）	8264	2389	4849.77	4754.2
合作经营企业（港或澳、台资）	2037	671	833.73	996.18
港澳台商独资经营企业	5310	1759	2700.25	2751.32
港澳台商投资股份有限公司	172	54	553.30	492.30
外商投资企业	11054	3362	10282.75	9960.23
中外合资经营企业	6757	1932	6899.93	6464.17
中外合作经营企业	1016	292	438.95	513.84
外资企业	3181	1107	2726.41	2747.82
外资投资股份有限企业	100	31	217.45	234.40
二、按经济组织类型分组：				
独资企业	109138	31928	34386.58	41584.93
国有企业	50651	20812	16171.07	22215.89
集体企业	42585	7362	11456.85	12414.11
私营独资企业	7411	888	1331.99	1455.79
港澳台商独资经营企业	5310	1759	2700.25	2751.32
外资企业	3181	1107	2726.41	2747.82
合作、合伙企业	17955	3501	4991.75	5431.04

以上非国有工业企业主要经济指标（一）

单位：亿元

工业销售产值（当年价）	工业增加值（当年价）	资产合计	流动资产小计	应收账款净额	流动资产年平均余额	固定资产原价	生产经营用
70632.11	**21564.74**	**116968.89**	**49630.23**	**13508.1**	**47643.44**	**71847.09**	**60334.4**
52212.77	16713.81	93949.97	38502.37	9993.69	37037.39	59100.08	49041.73
21842.72	8203.90	53399.31	19689.27	4924.50	18956.53	37072.92	30343.28
10210.60	4553.95	23589.31	7686.86	1633.44	7324.35	18624.32	15395.87
11632.13	3649.96	29810.00	12002.41	3291.06	11632.17	18448.59	14947.41
11900.81	3170.83	10502.01	5653.56	1503.05	5429.62	5103.67	4240.00
2468.07	659.00	2216.05	1206.22	376.51	1165.46	1065.48	904.18
873.92	236.73	1218.18	536.79	161.15	522.82	708.33	625.63
218.50	59.13	469.48	148.16	47.38	140.39	338.08	313.89
235.20	63.51	198.07	106.64	30.89	103.36	95.92	83.67
307.08	80.21	418.83	220.57	66.68	219.32	201.93	165.08
113.14	33.88	131.80	61.43	16.20	59.76	72.39	63.00
6832.70	1991.90	15013.01	6045.42	1549.70	5801.44	9163.70	7691.97
3117.32	949.92	8516.11	3386.8	830.62	3272.44	5256.96	4354.75
3715.38	1041.98	6496.91	2658.61	719.08	2529.01	3906.74	3337.22
5110.09	1617.93	9190.91	4098.64	1119.73	3937.49	4878.68	4291.52
3082.21	806.48	2289.21	1217.04	349.01	1171.31	1034.21	881.45
1383.27	357.97	934.77	500.21	144.41	483.57	442.63	371.33
301.85	81.10	181.33	94.40	26.73	92.49	89.74	78.95
1211.85	311.28	1029.07	546.48	156.79	522.29	439.61	379.75
185.24	56.13	144.05	75.95	21.08	72.96	62.23	51.42
102.25	27.05	121.27	55.43	10.03	52.71	73.09	63.69
8686.29	2330.00	10942.23	5290.51	1628.43	5103.01	6310.35	5581.95
4582.80	1245.33	6118.47	2925.84	839.06	2775.40	3542.46	3170.83
968.89	268.07	1187.30	518.36	147.96	519.15	836.70	759.92
2658.65	672.24	2793.19	1443.03	527.69	1388.49	1483.31	1251.72
475.96	144.35	843.27	403.27	113.73	419.97	447.87	399.48
9733.04	2520.92	12076.69	5837.35	1885.99	5503.04	6436.67	5710.71
6284.25	1695.12	8157.45	3979.09	1292.65	3807.18	4285.58	3856.61
502.11	131.96	654.92	291.86	89.25	280.10	391.93	335.43
2723.74	629.84	2700.91	1332.66	447.56	1195.87	1475.93	1295.88
222.94	64.00	563.41	233.73	56.53	219.90	283.24	222.79
40509.20	13034.79	70330.19	28618.73	7547.21	27454.08	45578.47	37502.21
21842.72	8203.90	53399.31	19689.27	4924.50	18956.53	37072.92	30343.28
11900.81	3170.83	10502.01	5653.56	1503.05	5429.62	5103.67	4240.00
1383.27	357.97	934.77	500.21	144.41	483.57	442.63	371.33
2658.65	672.24	2793.19	1443.03	527.69	1388.49	1483.31	1251.72
2723.74	629.84	2700.91	1332.66	447.56	1195.87	1475.93	1295.88
5217.08	1403.90	5579.06	2703.07	811.63	2632.73	3165.26	2767.81

（续表）

行　业	企业单位数（个）		工业总产值	
		亏损企业	1990年不变价格	当年价格
股份合作企业	10149	1696	2536.76	2594.62
国有联营企业	462	146	188.14	223.34
集体联营企业	827	134	223.50	246.74
国有与集体联营企业	1091	245	292.84	316.98
其他联营企业	391	77	101.90	116.59
私营合伙企业	1737	165	285.51	317.09
合作经营企业（港或澳、台资）	2037	671	833.73	996.18
中外合作经营企业	1016	292	438.95	513.84
其他企业（内资）	245	75	90.43	105.67
股份有限公司	5424	1166	5962.04	6166.77
股份有限公司（内资）	4480	978	4981.14	5247.08
私营股份有限公司	672	103	210.15	192.99
港澳台商投资股份有限公司	172	54	553.30	492.30
外商投资股份有限公司	100	31	217.45	234.40
有限责任公司	29516	7591	19436.38	19524.29
国有独资公司	1026	346	2860.94	3173.48
私营有限责任公司	4781	826	1227.59	1278.68
合资经营企业（港或澳、台资）	8264	2389	4849.77	4754.20
中外合资经营企业	6757	1932	6899.93	6464.17
其他有限责任公司	8688	2098	3598.14	3853.76
三、在总计中：亏损企业	44186	44186	9926.28	11393.48
在总计中：国有控股企业	61301	24001	29151.63	35571.18
在总计中：农村工业	45644	6522	12756.42	14283.07
在总计中：轻工业	81820	22733	29276.13	30514.98
以农产品为原料	54286	15568	16306.91	18931.06
以非农产品为原料	27534	7165	12969.23	11583.91
重工业	80213	21453	35500.62	42192.06
采掘工业	7079	1759	2097.93	4239.03
原料工业	23469	6809	11153.25	16640.11
加工工业	49665	12885	22249.44	21312.92
在总计中：特大型企业	322	57	7597.95	10592.19
大一型企业	2247	653	10715.72	11726.04
大二型企业	5295	1693	8839.32	9263.98
中一型企业	4720	1573	3845.15	4227.76
中二型企业	9651	3361	5363.99	5629.45
小型企业	139798	36849	28414.63	31267.62

计量单位：亿元

工业销售产值（当年价）	工业增加值（当年价）	资产合计	流动资产小计	应收账款净额	流动资产年平均余额	固定资产原价	生产经营用
2468.07	659.00	2216.05	1206.22	376.51	1165.46	1065.48	904.18
218.50	59.13	469.48	148.16	47.38	140.39	338.08	313.89
235.20	63.51	198.07	106.64	30.89	103.36	95.92	83.67
307.08	80.21	418.83	220.57	66.68	219.32	201.93	165.08
113.14	33.88	131.80	61.43	16.20	59.76	72.39	63.00
301.85	81.10	181.33	94.40	26.73	92.49	89.74	78.95
968.89	268.07	1187.30	518.36	147.96	519.15	836.70	759.92
502.11	131.96	654.92	291.86	89.25	280.10	391.93	335.43
102.25	27.05	121.27	55.43	10.03	52.71	73.09	63.69
5994.23	1882.42	10741.65	4811.59	1311.06	4650.32	5672.02	4965.22
5110.09	1617.93	9190.91	4098.64	1119.73	3937.49	4878.68	4291.52
185.24	56.13	144.05	75.95	21.08	72.96	62.23	51.42
475.96	144.35	843.27	403.27	113.73	419.97	447.87	399.48
222.94	64.00	563.41	233.73	56.53	219.90	283.24	222.79
18911.60	5243.63	30318.00	13496.83	3838.20	12906.31	17431.34	15099.16
3117.32	949.92	8516.11	3386.80	830.62	3272.44	5256.96	4354.75
1211.85	311.28	1029.07	546.48	156.79	522.29	439.61	379.75
4582.80	1245.33	6118.47	2925.84	839.06	2775.40	3542.46	3170.83
6284.25	1695.12	8157.45	3979.09	1292.65	3807.18	4285.58	3856.61
3715.38	1041.98	6496.91	2658.61	719.08	2529.01	3906.74	3337.22
10956.30	2449.67	30244.15	11498.52	3199.28	11323.82	19436.62	15800.40
34912.18	12132.41	80471.69	31042.81	8057.88	29885.62	53146.30	44329.89
13659.31	3555.04	10592.17	5698.68	1656.44	5454.96	5284.44	4494.07
29460.53	8448.26	37477.17	18156.65	4538.91	17555.53	19246.16	16138.65
18298.71	5494.42	22570.15	10845.76	2495.04	10476.54	11815.90	9790.80
11161.82	2953.84	14907.02	7310.89	2043.86	7078.99	7430.27	6347.84
41171.58	13116.48	79491.72	31473.58	8969.19	30087.91	52600.93	44195.75
4150.14	2321.54	10009.22	3278.58	886.08	3061.21	8586.61	6535.19
16358.2	5289.10	37310.13	11480.49	2967.41	11096.92	28532.35	24944.26
20663.24	5505.83	32172.37	16714.51	5115.70	15929.78	15481.97	12716.30
10478.00	4005.32	25397.46	8035.23	1875.15	7647.99	20017.03	17204.01
11511.72	3692.74	23409.03	9788.38	2669.74	9448.26	14396.29	12365.72
9046.76	2794.55	17063.90	7555.82	2005.62	7274.69	9663.57	8118.15
4125.80	1235.20	7034.60	3098.79	872.24	2996.14	4185.62	3433.69
5460.60	1552.14	9238.60	4233.55	1146.22	4061.82	5252.53	4304.87
30009.22	8284.79	34825.31	16918.46	4939.13	16214.54	18332.05	14907.96

1999 年全部国有及年产品销售收入 500 万元

行　业	固定资产小计	累计折旧	本年折旧	固定资产净　值
总计	**56074.35**	**22479.71**	**3622.13**	**49367.39**
一、按登记注册类型分组：				
内资企业	46235.43	18988.56	2824.81	40111.52
国有企业	28479.5	12561.39	1743.31	24511.53
中央企业	13500.42	6976.42	1058.85	11647.90
地方企业	14979.08	5584.96	684.46	12863.63
集体企业	3962.31	1527.75	274.61	3575.92
股份合作企业	827.93	317.49	59.54	747.98
联营企业	567.94	192.23	43.33	516.09
国有联营企业	280.44	79.85	24.23	258.23
集体联营企业	75.23	28.08	5.47	67.85
国有与集体联营企业	153.46	66.17	9.78	135.76
其他联营企业	58.81	18.13	3.85	54.26
有限责任公司	7476.21	2706.18	401.98	6457.52
国有独资公司	4180.26	1734.46	208.82	3522.50
其他有限责任公司	3295.95	971.73	193.15	2935.01
股份有限责任公司	3997.62	1436.22	242.72	3442.46
私营企业	868.15	224.97	55.62	809.24
私营独资企业	364.66	101.10	23.52	341.54
私营合伙企业	73.85	19.90	4.24	69.84
私营有限责任公司	375.86	91.41	24.51	348.20
私营股份有限公司	53.79	12.56	3.36	49.67
其他企业	55.79	22.32	3.69	50.77
港、澳、台商投资企业	4732.67	1882.82	385.17	4427.53
合资经营企业（港或澳、台资）	2690.88	1031.98	205.79	2510.48
合作经营企业（港或澳、台资）	588.20	280.04	64.13	556.66
港澳台商独资经营企业	1124.54	401.43	95.14	1081.88
港澳台商投资股份有限公司	329.06	169.36	20.11	278.51
外商投资企业	5106.25	1608.33	412.16	4828.34
中外合资经营企业	3418.84	1085.51	275.50	3200.06
中外合作经营企业	310.36	96.67	24.47	295.26
外资企业	1128.22	366.95	100.75	1108.98
外资投资股份有限企业	248.83	59.20	11.43	224.04
二、按经济组织类型分组：				
独资企业	35059.21	14958.62	2237.33	30619.85
国有企业	28479.50	12561.39	1743.31	24511.53
集体企业	3962.31	1527.75	274.61	3575.92
私营独资企业	364.66	101.10	23.52	341.54
港澳台商独资经营企业	1124.54	401.43	95.14	1081.88
外资企业	1128.22	366.95	100.75	1108.98
合作、合伙企业	2424.07	928.66	199.41	2236.60
股份合作企业	827.93	317.49	59.54	747.98

以上非国有工业企业主要经济指标（二）

单位：亿元

固定资产净值年平均余额	负债合计	流动负责小计	所有者权益合计	实收资本	国家资本	港澳台资本	外商资本
47281.43	**72322.98**	**50070.19**	**44618.8**	**28983.26**	**13079.58**	**2462.58**	**3492.80**
38218.48	59035.12	39662.84	34888.39	20801.96	12127.52	203.82	304.22
23313.41	33865.79	21343.32	19531.92	11456.48	9383.97	38.57	97.61
10715.21	13228.65	7202.74	10359.91	5363.46	4113.87	6.37	23.88
12598.20	20637.14	14140.58	9172.01	6093.02	5270.10	32.20	73.73
3565.14	6996.36	5744.06	3505.65	2470.40	55.21	48.58	59.15
733.95	1463.46	1219.23	750.65	494.08	29.03	3.71	7.39
520.88	791.21	541.26	426.98	342.74	82.27	2.61	1.94
264.62	308.02	157.80	161.46	128.53	45.91	1.23	0.50
66.09	124.39	102.10	73.69	63.99	3.43	0.78	0.42
136.28	282.05	233.41	136.78	116.83	29.51	0.43	0.37
53.89	76.75	47.95	55.05	33.38	3.43	0.17	0.64
5959.27	9638.21	6205.40	5351.88	3156.89	1741.29	36.08	73.94
3236.22	5170.44	3366.25	3328.19	1703.55	1185.54	14.13	39.40
2723.05	4467.78	2839.16	2023.69	1453.34	555.74	21.95	34.54
3277.54	4831.30	3391.97	4359.62	2210.98	812.89	64.00	51.95
795.95	1367.12	1159.58	922.10	638.15	7.10	9.34	12.07
333.96	564.27	472.79	370.50	261.90	2.66	4.21	5.07
69.16	103.76	86.87	77.57	60.06	2.26	1.56	1.35
344.75	614.60	527.73	414.47	270.37	1.82	3.25	5.45
48.08	84.50	72.19	59.55	45.82	0.37	0.33	0.19
52.34	81.68	58.01	39.59	32.24	15.77	0.92	0.18
4398.37	6470.34	5059.05	4471.89	3603.77	485.03	2074.99	269.30
2491.75	3797.73	2876.87	2320.74	1851.01	357.62	825.09	91.84
584.76	754.72	514.98	432.58	420.39	52.20	242.12	26.30
1051.61	1502.27	1323.57	1290.92	1115.70	1.43	941.00	137.16
270.25	415.62	343.64	427.65	216.67	73.78	66.78	14.00
4664.58	6817.52	5348.30	5258.52	4577.53	467.03	183.77	2919.28
3104.00	4649.06	3654.28	3508.39	3113.35	411.21	90.47	1694.70
281.91	383.74	286.08	271.18	255.33	17.82	23.14	166.44
1067.16	1516.86	1227.60	1184.05	1080.62	0.34	66.68	1005.18
211.52	267.85	180.34	294.90	128.24	37.66	3.48	52.95
29331.27	44445.55	30111.34	25883.05	16385.11	9443.62	1099.04	1304.18
23313.41	33865.79	21343.32	19531.92	11456.48	9383.97	38.57	97.61
3565.14	6996.36	5744.06	3505.65	2470.40	55.21	48.58	59.15
333.96	564.27	472.79	370.50	261.90	2.66	4.21	5.07
1051.61	1502.27	1323.57	1290.92	1115.70	1.43	941.00	137.16
1067.16	1516.86	1227.60	1184.05	1080.62	0.34	66.68	1005.18
2243.01	3578.56	2706.43	1998.55	1604.83	199.35	274.06	203.60
733.95	1463.46	1219.23	750.65	494.08	29.03	3.71	7.39

（续表）

行　　业	固定资产小计	累计折旧	本年折旧	固定资产净值
国有联营企业	280.44	79.85	24.23	258.23
集体联营企业	75.23	28.08	5.47	67.85
国有与集体联营企业	153.46	66.17	9.78	135.76
其他联营企业	58.81	18.13	3.85	54.26
私营合伙企业	73.85	19.90	4.24	69.84
合作经营企业（港或澳、台资）	588.20	280.04	64.13	556.66
中外合作经营企业	310.36	96.67	24.47	295.26
其他企业（内资）	55.79	22.32	3.69	50.77
股份有限公司	4629.29	1677.34	277.62	3994.68
股份有限公司（内资）	3997.62	1436.22	242.72	3442.46
私营股份有限公司	53.79	12.56	3.36	49.67
港澳台商投资股份有限公司	329.06	169.36	20.11	278.51
外商投资股份有限公司	248.83	59.20	11.43	224.04
有限责任公司	13961.78	4915.09	907.78	12516.25
国有独资公司	4180.26	1734.46	208.82	3522.50
私营有限责任公司	375.86	91.41	24.51	348.20
合资经营企业（港或澳、台资）	2690.88	1031.98	205.79	2510.48
中外合资经营企业	3418.84	1085.51	275.50	3200.06
其他有限责任公司	3295.95	971.73	193.15	2935.01
三、在总计中：亏损企业	15684.33	5428.27	801.44	14008.35
在总计中：国有控股企业	41427.07	17411.23	2523.30	35735.07
在总计中：农村工业	4140.46	1456.63	305.75	3827.80
在总计中：轻工业	15423.82	5453.73	948.83	13792.43
以农产品为原料	9484.52	3297.49	573.52	8518.41
以非农产品为原料	5939.30	2156.24	375.30	5274.02
重工业	40650.53	17025.98	2673.30	35574.95
采掘工业	5868.34	3339.23	521.93	5247.38
原料工业	22591.01	8776.19	1392.45	19756.16
加工工业	12191.18	4910.55	758.93	10571.41
在总计中：特大型企业	14776.76	7221.46	1096.40	12795.57
大一型企业	11391.00	4492.52	716.06	9903.77
大二型企业	7572.50	3035.28	457.81	6628.30
中一型企业	3301.99	1281.90	192.91	2903.72
中二型企业	4189.69	1582.60	233.40	3669.93
小型企业	14842.42	4865.95	925.53	13466.10

单位：亿元

固定资产净值年平均余额	负债合计	流动负责小　计	所有者权益合计	实收资本	国家资本	港澳台资本	外商资本
264.62	308.02	157.80	161.46	128.53	45.91	1.23	0.50
66.09	124.39	102.10	73.69	63.99	3.43	0.78	0.42
136.28	282.05	233.41	136.78	116.83	29.51	0.43	0.37
53.89	76.75	47.95	55.05	33.38	3.43	0.17	0.64
69.16	103.76	86.87	77.57	60.06	2.26	1.56	1.35
584.76	754.72	514.98	432.58	420.39	52.20	242.12	26.30
281.91	383.74	286.08	271.18	255.33	17.82	23.14	166.44
52.34	81.68	58.01	39.59	32.24	15.77	0.92	0.18
3807.39	5599.27	3988.14	5141.72	2601.70	924.69	134.59	119.09
3277.54	4831.30	3391.97	4359.62	2210.98	812.89	64.00	51.95
48.08	84.50	72.19	59.55	45.82	0.37	0.33	0.19
270.25	415.62	343.64	427.65	216.67	73.78	66.78	14.00
211.52	267.85	180.34	294.90	128.24	37.66	3.48	52.95
11899.77	18699.60	13264.29	11595.48	8391.61	2511.93	954.88	1865.93
3236.22	5170.44	3366.25	3328.19	1703.55	1185.54	14.13	39.40
344.75	614.60	527.73	414.47	270.37	1.82	3.25	5.45
2491.75	3797.73	2876.87	2320.74	1851.01	357.62	825.09	91.84
3104.00	4649.06	3654.28	3508.39	3113.35	411.21	90.47	1694.70
2723.05	4467.78	2839.16	2023.69	1453.34	555.74	21.95	34.54
13410.56	23565.94	15963.02	6671.72	8036.16	3691.31	776.19	1433.25
33938.96	49877.69	31828.59	30566.88	17839.85	12565.44	423.35	624.92
3811.29	6415.27	5420.25	4176.90	3118.02	48.59	462.24	375.69
13560.41	23638.25	18704.25	13836.86	9861.01	3193.51	1483.77	1650.84
8350.48	14721.60	11774.23	7846.52	5752.50	1833.61	834.35	934.60
5209.93	8916.65	6930.02	5990.34	4108.51	1359.90	649.42	716.24
33721.02	48684.73	31365.94	30781.94	19122.25	9886.07	978.81	1841.96
4763.13	5304.92	3051.06	4704.30	2472.26	2003.27	4.64	6.51
18666.74	22721.25	12299.72	14578.77	8904.51	5178.10	380.20	461.80
10291.14	20658.55	16015.16	11498.87	7745.48	2704.70	593.96	1373.66
11695.57	13752.00	7195.98	11625.97	5636.43	4018.83	136.67	195.31
9359.01	13760.56	9386.52	9645.44	5542.03	2899.77	256.72	813.56
6517.12	10782.70	7602.34	6277.67	4050.94	2049.54	223.92	463.37
2869.71	4701.26	3341.26	2331.45	1607.75	747.33	114.22	181.19
3589.99	6434.58	4744.87	2803.99	2087.53	972.81	133.42	171.91
13250.03	22891.88	17799.22	11934.27	10058.58	2391.30	1597.62	1667.47

1999 全部国有及年产品销售收入 500 万元

行　业	产品销售收入	产品销售成本	产品销售费用	产品销售税金及附加
总计	**69851.73**	**57339.52**	**2567.41**	**1307.65**
一、按登记注册类型分组：				
内资企业	51885.18	42515.20	1689.97	1196.14
国有企业	22764.21	18341.74	557.94	864.40
中央企业	10912.63	8629.98	128.44	694.81
地方企业	11851.58	9711.76	429.50	169.59
集体企业	11069.56	9372.24	409.14	103.53
股份合作企业	2299.65	1919.34	87.62	19.51
联营企业	848.55	719.64	27.06	10.32
国有联营企业	218.27	185.33	5.72	5.65
集体联营企业	223.65	187.98	9.70	1.93
国有与集体联营企业	301.32	259.58	6.60	1.77
其他联营企业	105.31	86.74	5.04	0.97
有限责任公司	6906.52	5668.44	266.24	107.24
国有独资公司	3348.67	2749.91	112.88	69.74
其他有限责任公司	3557.85	2918.53	153.36	37.50
股份有限责任公司	4977.24	3928.53	225.45	59.01
私营企业	2921.58	2485.20	113.25	30.45
私营独资企业	1304.84	1115.88	49.16	14.15
私营合伙企业	286.52	245.56	10.98	3.16
私营有限责任公司	1156.20	977.38	45.26	11.54
私营股份有限公司	174.02	146.38	7.86	1.60
其他企业	97.88	80.08	3.27	1.67
港、澳、台商投资企业	8357.96	7054.57	320.56	36.56
合资经营企业（港或澳、台资）	4340.77	3610.92	181.05	20.49
合作经营企业（港或澳、台资）	933.27	773.84	27.65	4.71
港澳台商独资经营企业	2605.40	2273.13	91.68	5.75
港澳台商投资股份有限公司	478.52	396.68	20.18	5.62
外商投资企业	9608.59	7769.75	556.88	74.94
中外合资经营企业	6220.34	4970.37	374.02	66.20
中外合作经营企业	490.73	398.27	30.93	1.83
外资企业	2668.67	2229.09	137.81	5.01
外资投资股份有限企业	228.85	172.02	14.13	1.90
二、按经济组织类型分组：				
独资企业	40412.68	33332.09	1245.72	992.85
国有企业	22764.21	18341.74	557.94	864.40
集体企业	11069.56	9372.24	409.14	103.53
私营独资企业	1304.84	1115.88	49.16	14.15
港澳台商独资经营企业	2605.40	2273.13	91.68	5.75
外资企业	2668.67	2229.09	137.81	5.01
合作、合伙企业	4956.60	4136.73	187.50	41.20

以上非国有工业企业主要经济指标（三）

单位：亿元

产品销售利润	管理费用	利息支出	营业利润	利润总额	亏损企业亏损总额	本年应交增值税	全部从业人员年平均人数（万人）
7992.96	**4853.32**	**2008.54**	**1847.74**	**2288.24**	**1463.58**	**3105.92**	**5805.05**
5973.84	3800.23	1639.74	1158.07	1534.31	1091.68	2515.12	5013.20
2631.54	2059.49	905.02	168.59	386.03	721.27	1355.06	2505.00
1150.81	761.79	397.42	360.75	454.50	244.89	738.98	642.58
1480.72	1297.70	507.59	−192.16	−68.47	476.38	616.08	1862.42
1120.39	536.63	217.69	392.87	415.32	104.85	355.12	1004.16
267.52	137.83	47.47	89.00	102.41	15.19	90.91	202.09
89.11	58.28	26.48	7.57	11.90	24.30	32.62	64.82
21.38	14.59	14.08	−6.23	−5.58	15.63	10.58	12.67
22.83	11.25	3.65	7.90	8.66	1.63	7.83	16.20
33.27	26.77	6.85	1.79	4.51	5.83	10.85	28.56
11.63	5.68	1.90	4.10	4.31	1.21	3.36	7.38
847.74	574.42	257.58	65.93	116.89	158.58	355.46	665.08
412.91	308.47	125.42	10.50	44.53	63.21	189.09	332.45
434.83	265.95	132.16	55.43	72.36	95.38	166.37	332.63
732.17	318.01	137.65	312.89	378.43	48.98	237.24	335.46
275.30	109.66	45.40	119.43	121.52	16.51	85.49	229.06
118.87	44.47	19.97	53.31	54.24	6.94	38.20	104.35
24.78	9.38	3.96	11.14	11.28	1.45	7.36	25.07
114.11	48.97	18.90	47.05	48.46	7.27	34.93	87.26
17.54	6.83	2.57	7.93	7.55	0.84	5.00	12.39
10.07	5.90	2.45	1.79	1.82	2.00	3.23	7.54
878.28	434.82	187.14	293.31	323.38	142.42	256.34	472.94
500.49	224.86	122.20	175.32	196.89	74.77	154.94	219.13
112.00	56.70	29.93	29.12	30.95	18.50	32.89	59.30
210.19	121.80	20.11	74.69	77.18	38.47	51.02	180.93
55.61	31.45	14.90	14.19	18.36	10.69	17.50	13.57
1140.84	618.28	181.66	396.35	430.55	229.48	334.45	318.92
777.93	417.47	134.38	263.32	290.18	143.59	249.33	186.07
55.76	30.46	11.33	15.83	17.50	16.15	16.99	22.91
266.43	147.38	27.31	103.83	103.98	64.98	58.94	99.88
40.72	22.97	8.63	13.37	18.90	4.76	9.19	10.06
4347.42	2909.76	1190.10	793.29	1036.75	936.51	1858.34	3894.32
2631.54	2059.49	905.02	168.59	386.03	721.27	1355.06	2505.00
1120.39	536.63	217.69	392.87	415.32	104.85	355.12	1004.16
118.87	44.47	19.97	53.31	54.24	6.94	38.20	104.35
210.19	121.80	20.11	74.69	77.18	38.47	51.02	180.93
266.43	147.38	27.31	103.83	103.98	64.98	58.94	99.88
559.23	298.57	121.63	154.45	175.84	77.59	184.00	381.71

（续表）

行　　业	产品销售收入	产品销售成本	产品销售费用	产品销售税金及附加
股份合作企业	2299.65	1919.34	87.62	19.51
国有联营企业	218.27	185.33	5.72	5.65
集体联营企业	223.65	187.98	9.70	1.93
国有与集体联营企业	301.32	259.58	6.60	1.77
其他联营企业	105.31	86.74	5.04	0.97
私营合伙企业	286.52	245.56	10.98	3.16
合作经营企业（港或澳、台资）	933.27	773.84	27.65	4.71
中外合作经营企业	490.73	398.27	30.93	1.83
其他企业（内资）	97.88	80.08	3.27	1.67
股份有限公司	5858.63	4643.61	267.61	68.13
股份有限公司（内资）	4977.24	3928.53	225.45	59.01
私营股份有限公司	174.02	146.38	7.86	1.60
港澳台商投资股份有限公司	478.52	396.68	20.18	5.62
外商投资股份有限公司	228.85	172.02	14.13	1.90
有限责任公司	18623.83	15227.10	866.57	205.47
国有独资公司	3348.67	2749.91	112.88	69.74
私营有限责任公司	1156.20	977.38	45.26	11.54
合资经营企业（港或澳、台资）	4340.77	3610.92	181.05	20.49
中外合资经营企业	6220.34	4970.37	374.02	66.20
其他有限责任公司	3557.85	2918.53	153.36	37.50
三、在总计中：亏损企业	10539.03	9482.15	460.60	135.86
在总计中：国有控股企业	35950.70	28919.13	1081.28	1062.21
在总计中：农村工业	12723.42	10859.65	461.13	102.34
在总计中：轻工业	28433.37	23154.88	1383.38	803.45
以农产品为原料	17488.80	14137.90	779.41	720.81
以非农产品为原料	10944.57	9016.98	603.97	82.64
重工业	41418.36	34184.65	1184.03	504.19
采掘工业	4054.26	2951.69	129.73	109.84
原料工业	17388.21	14797.90	320.06	239.40
加工工业	19975.90	16435.06	734.24	154.95
在总计中：特大型企业	11370.07	9209.56	242.72	250.89
大一型企业	11497.78	8995.19	488.86	388.76
大二型企业	9173.44	7331.85	373.73	285.82
中一型企业	4085.81	3361.21	158.99	72.38
中二型企业	5278.48	4356.83	204.59	77.39
小型企业	28446.16	24084.87	1098.51	232.40

单位：亿元

产品销售利润	管理费用	利息支出	营业利润	利润总额	亏损企业亏损总额	本年应交增值税	全部从业人员年平均人数（万人）
267.52	137.83	47.47	89.00	102.41	15.19	90.91	202.09
21.38	14.59	14.08	−6.23	−5.58	15.63	10.58	12.67
22.83	11.25	3.65	7.90	8.66	1.63	7.83	16.20
33.27	26.77	6.85	1.79	4.51	5.83	10.85	28.56
11.63	5.68	1.90	4.10	4.31	1.21	3.36	7.38
24.78	9.38	3.96	11.14	11.28	1.45	7.36	25.07
112.00	56.70	29.93	29.12	30.95	18.50	32.89	59.30
55.76	30.46	11.33	15.83	17.50	16.15	16.99	22.91
10.07	5.90	2.45	1.79	1.82	2.00	3.23	7.54
846.04	379.26	163.75	348.38	423.23	65.26	268.92	371.48
732.17	318.01	137.65	312.89	378.43	48.98	237.24	335.46
17.54	6.83	2.57	7.93	7.55	0.84	5.00	12.39
55.61	31.45	14.90	14.19	18.36	10.69	17.50	13.57
40.72	22.97	8.63	13.37	18.90	4.76	9.19	10.06
2240.27	1265.73	533.07	551.62	652.42	384.22	794.66	1157.54
412.91	308.47	125.42	10.50	44.53	63.21	189.09	332.45
114.11	48.97	18.90	47.05	48.46	7.27	34.93	87.26
500.49	224.86	122.20	175.32	196.89	74.77	154.94	219.13
777.93	417.47	134.38	263.32	290.18	143.59	249.33	186.07
434.83	265.95	132.16	55.43	72.36	95.38	166.37	332.63
360.36	1232.43	702.26	−1476.02	−1463.58	1463.58	439.46	1704.54
4457.25	3070.76	1365.84	648.17	997.86	966.74	2019.03	3394.58
1247.13	512.83	199.58	542.45	559.92	80.54	358.56	964.97
2935.47	1730.29	622.76	737.34	908.83	554.43	1074.77	2309.57
1754.25	1020.87	399.34	435.97	536.77	362.30	706.27	1530.11
1181.21	709.42	223.42	301.37	372.06	192.13	368.50	779.47
5057.50	3123.04	1385.78	1110.40	1379.41	909.15	2031.14	3495.48
584.75	417.87	125.26	319.38	321.33	69.84	315.76	737.12
1917.18	1042.95	705.42	294.65	390.95	417.06	1003.28	1068.87
2555.57	1662.22	555.10	496.36	667.14	422.26	712.11	1689.49
1377.05	769.91	399.29	542.64	598.57	120.12	707.70	578.95
1580.73	865.59	407.95	410.84	534.21	239.87	595.98	775.26
1142.71	754.05	291.97	188.69	307.39	218.33	448.87	804.41
460.81	303.78	129.44	56.36	82.48	118.19	191.61	370.06
615.43	447.80	178.45	32.63	65.93	165.01	231.00	581.46
2816.23	1712.21	601.45	616.56	699.66	602.07	930.75	2694.92

1999 年全部国有及年产品销售收入 500 万元以上

总计

地　区	企业单位数（个）	亏损企业	工业总产值		工　业 销售产值 （当年价）
			1990 年不变价格	当 年 价	
全　国	**162033**	**44186**	**64776.75**	**72707.04**	**70632.11**
北　京	5225	1190	1864.59	1999.97	1945.84
天　津	5213	1276	2205.87	2261.49	2229.84
河　北	7418	1349	2444.38	2994.58	2924.37
山　西	3345	886	857.14	1096.83	1060.18
内蒙古	1392	338	472.60	640.68	630.59
辽　宁	5816	1934	2811.22	3390.14	3318.36
吉　林	2793	1043	1212.97	1366.92	1339.88
黑龙江	2957	972	1127.11	1854.57	1793.43
上　海	9323	2124	5267.09	5452.91	5356.47
江　苏	18004	4272	8132.88	8915.04	8601.27
浙　江	13301	2308	5452.21	5191.56	5018.17
安　徽	3784	1350	1306.21	1533.90	1491.59
福　建	5549	1644	2075.55	2210.28	2130.54
江　西	3730	1396	698.10	854.65	832.78
山　东	11391	1767	5882.64	6944.52	6733.12
河　南	9922	2101	2410.93	3109.18	3039.68
湖　北	6874	1813	2510.83	2834.35	2751.71
湖　南	4790	1965	1072.98	1414.12	1382.58
广　东	18879	5815	10376.36	10538.17	10207.21
广　西	3142	1444	802.83	911.00	884.48
海　南	579	282	155.95	188.67	181.01
重　庆	1975	699	842.88	858.55	836.74
四　川	4538	1617	1691.28	1895.82	1833.53
贵　州	2119	779	467.30	551.93	522.66
云　南	2133	973	664.99	988.53	976.39
西　藏	329	85	7.43	14.98	12.74
陕　西	2587	1054	882.85	1035.88	994.10
甘　肃	2245	522	468.95	667.53	641.08
青　海	559	283	100.52	160.77	156.01
宁　夏	496	212	139.18	197.66	188.74
新　疆	1625	693	370.94	631.84	617.04

非国有工业企业主要经济指标（按地区分）（一）

单位：亿元

工业增加值（当年价）	资产合计	流动资产小计	应收账款净额	流动资产年平均余额	固定资产原价	生产经营用
21564.74	**116968.90**	**49630.23**	**13508.10**	**47643.44**	**71847.09**	**60334.40**
584.48	3969.52	1755.94	522.21	1658.74	2183.85	1795.80
490.09	3624.71	1570.06	496.82	1473.23	2135.81	1820.38
976.62	4955.18	1898.23	479.61	1852.28	3281.79	2817.30
400.65	2916.68	1096.35	319.19	1085.13	1988.05	1618.92
235.73	1782.15	572.52	135.27	573.57	1356.88	1124.05
935.84	7433.42	2982.72	757.91	2741.69	5141.08	4289.40
412.22	2920.21	1156.98	347.77	1144.63	1907.88	1565.81
933.80	3457.23	1482.01	428.38	1433.79	2410.94	2018.59
1541.71	8776.91	4016.50	1204.90	3871.31	4808.88	4408.13
2234.58	9882.37	4775.26	1360.49	4575.02	5532.49	4775.12
1267.75	6415.78	2947.00	759.16	2814.05	3346.06	3012.02
494.51	2797.36	1137.09	286.13	1009.41	1745.41	1532.21
665.02	2890.62	1209.61	353.73	1157.92	1768.61	1536.08
248.97	1748.43	697.92	158.74	674.80	1102.55	881.17
2098.80	8823.25	3752.30	856.04	3596.97	5396.68	4120.35
993.62	5090.87	2171.23	528.67	2072.50	3190.65	2534.56
946.42	4618.32	1861.22	520.30	1808.54	2894.62	2345.60
461.82	2600.69	1014.13	293.80	974.97	1800.18	1438.22
2788.16	13342.98	6246.49	1803.72	6043.57	7399.10	6319.72
281.80	1732.66	642.73	162.81	634.98	1147.46	921.62
54.63	442.64	151.39	41.38	171.53	264.72	175.04
239.47	1851.58	804.35	228.67	773.35	1084.10	948.85
634.31	4468.41	1753.12	442.60	1711.60	2915.58	2471.62
196.04	1328.55	611.07	185.26	583.55	766.88	652.32
491.12	2155.11	765.63	163.32	770.89	1291.60	1124.65
8.42	67.58	21.38	8.28	16.29	39.38	28.00
345.95	2499.15	987.66	262.65	914.89	1632.31	1376.24
225.57	1608.19	623.86	166.22	608.74	1094.59	883.60
58.32	631.30	169.12	43.29	171.40	503.23	415.31
61.60	498.22	194.66	70.32	182.43	366.09	307.96
256.72	1638.81	561.72	120.46	541.68	1349.63	1075.77

1999 年全部国有及年产品销售收入500 万元以上

在总计中：国有企业

地　区	企业单位数（个）	亏损企业	工业总产值 1990年不变价格	工业总产值 当年价	工业销售产值（当年价）
全　国	**50651**	**20812**	**16171.07**	**22215.89**	**21842.72**
北　京	2829	634	514.60	769.55	754.86
天　津	1574	722	345.22	434.04	439.86
河　北	2556	772	776.48	1047.41	1033.60
山　西	1658	507	315.47	463.38	451.28
内蒙古	740	217	158.89	252.75	250.41
辽　宁	2236	961	1162.07	1600.68	1579.74
吉　林	1571	687	659.88	815.49	804.71
黑龙江	1662	666	595.77	1254.06	1216.96
上　海	1706	557	1025.51	1302.75	1300.77
江　苏	2417	955	1308.83	1552.80	1513.34
浙　江	1400	566	622.10	699.98	697.93
安　徽	1071	535	431.25	590.71	581.86
福　建	1198	463	242.10	376.66	376.52
江　西	2692	1183	382.76	501.70	490.25
山　东	2437	658	1589.58	2058.49	2028.99
河　南	2689	993	733.09	1046.69	1030.54
湖　北	2653	1197	917.57	1136.02	1103.70
湖　南	2290	1245	505.32	677.47	670.43
广　东	3303	1613	963.13	1427.42	1399.21
广　西	1952	1064	381.04	436.88	429.25
海　南	343	195	41.48	54.16	51.76
重　庆	766	394	257.74	310.82	303.07
四　川	1655	789	456.45	655.46	644.88
贵　州	1417	513	238.13	312.97	300.02
云　南	1163	613	371.25	649.40	645.07
西　藏	188	60	3.71	8.08	6.88
陕　西	1511	777	474.10	612.90	593.10
甘　肃	1088	357	319.47	491.39	481.19
青　海	425	223	63.20	102.72	99.42
宁　夏	291	152	67.76	108.96	105.49
新　疆	1170	544	247.11	464.12	457.67

非国有工业企业主要经济指标（按地区分）（一）

单位：亿元

工业增加值（当年价）	资产合计	流动资产小计	应收账款净额	流动资产年平均余额	固定资产原价	生产经营用
8203.90	**53399.31**	**19689.27**	**4924.50**	**18956.53**	**37072.92**	**30343.28**
247.59	2065.40	765.66	212.36	734.81	1327.66	1130.27
134.87	1440.53	540.35	171.18	523.65	848.65	692.42
388.36	2593.17	938.08	233.72	916.45	1781.39	1484.26
190.92	1739.20	581.33	165.38	563.38	1248.93	976.80
110.95	848.84	272.30	65.07	272.14	695.53	569.75
482.41	3985.80	1424.29	349.65	1287.00	3176.52	2597.78
229.32	2022.92	740.29	208.86	751.64	1405.05	1126.00
749.67	2213.46	896.19	250.37	875.23	1761.07	1467.90
462.87	3208.75	1091.30	290.91	1062.93	2221.99	2069.69
445.90	2632.70	1150.69	282.01	1101.59	1610.54	1386.31
241.55	1828.66	684.13	110.70	667.67	970.03	862.75
222.19	1329.26	519.62	119.39	409.00	851.52	746.21
159.70	836.82	246.25	59.86	246.32	640.71	530.36
153.73	1152.50	449.93	102.31	433.85	750.76	576.05
758.69	4037.39	1508.40	334.46	1467.49	2745.97	1826.34
363.02	2360.82	940.53	220.39	907.37	1582.07	1264.54
397.49	2583.15	1017.07	277.64	987.43	1779.01	1423.76
270.53	1637.90	616.40	178.56	588.17	1188.91	913.05
504.90	3177.38	1165.42	226.56	1116.97	1985.58	1712.20
136.26	1050.53	363.10	92.94	357.93	756.38	592.08
18.39	201.16	63.56	16.24	62.87	135.30	78.22
93.60	906.49	381.19	114.46	375.34	583.39	491.52
264.94	2153.75	769.94	186.18	748.40	1614.72	1371.71
112.92	868.08	380.13	116.75	363.94	527.70	437.40
391.52	1444.67	475.83	94.74	483.98	885.61	765.93
4.66	42.60	10.70	3.07	7.56	31.05	21.84
224.77	1693.82	611.88	165.33	574.23	1218.90	1029.44
163.43	1318.25	479.36	131.87	470.09	956.33	775.48
36.65	411.48	104.27	22.77	108.46	369.25	295.55
35.38	324.79	101.22	36.25	97.30	279.09	234.96
206.71	1289.07	399.85	84.52	393.34	1143.30	892.71

1999 年全部国有及年产品销售收入 500 万元以上

集体企业

地　　区	企业单位数（个）	亏损企业	工业总产值 1990 年不变价格	工业总产值 当年价	工业销售产值（当年价）
全　　国	**42585**	**7362**	**11456.85**	**12414.11**	**11900.81**
北　　京	955	139	161.01	168.18	158.17
天　　津	1742	114	421.71	441.35	420.19
河　　北	2416	213	635.09	723.10	699.45
山　　西	861	198	166.36	192.30	180.97
内 蒙 古	142	24	22.60	27.43	25.60
辽　　宁	1323	303	314.99	337.00	318.72
吉　　林	482	114	86.94	93.62	89.16
黑 龙 江	439	76	84.40	102.66	96.86
上　　海	2194	322	403.26	481.25	466.35
江　　苏	5637	1274	2083.34	2247.65	2151.50
浙　　江	3013	522	1412.40	1234.33	1192.74
安　　徽	1109	315	182.90	199.61	190.32
福　　建	908	183	132.73	153.20	147.81
江　　西	502	70	68.15	75.80	72.20
山　　东	4375	383	1959.23	2218.99	2133.95
河　　南	4200	566	655.26	832.16	807.77
湖　　北	2426	243	562.51	628.87	604.37
湖　　南	1444	386	173.31	232.72	221.90
广　　东	4277	833	1255.27	1273.75	1216.73
广　　西	600	172	122.98	139.14	133.84
海　　南	25	9	3.87	4.57	3.36
重　　庆	443	98	65.46	64.95	61.35
四　　川	794	230	171.70	187.45	179.98
贵　　州	326	112	40.81	45.22	40.88
云　　南	405	151	79.60	94.00	90.36
西　　藏	94	7	2.27	3.94	3.47
陕　　西	425	100	68.44	73.79	68.03
甘　　肃	750	95	84.13	91.44	81.12
青　　海	38	18	4.52	5.07	4.56
宁　　夏	59	17	7.85	9.31	8.82
新　　疆	181	75	23.74	31.25	30.29

非国有工业企业主要经济指标（按地区分）（一）

计量单位：亿元

工 业 增加值 （当年价）	资产合计	流动资产 小　计	应收账款净额	流动资产年 平均余额	固定资产 原　价	生产经营用
3170.83	**10502.01**	**5653.56**	**1503.05**	**5429.62**	**5103.67**	**4240.00**
48.01	250.78	139.96	27.18	127.79	106.94	72.46
75.06	277.23	178.07	44.47	169.54	116.12	96.94
207.04	489.71	272.50	64.91	263.32	236.76	196.80
69.55	225.69	120.17	32.53	121.91	119.82	104.10
9.02	31.25	17.37	3.77	16.30	15.08	12.81
84.48	337.70	202.29	68.43	193.54	146.24	128.70
31.86	121.83	64.60	20.86	60.71	59.53	51.54
31.16	118.90	69.43	20.85	66.69	49.41	39.82
120.42	441.01	280.70	90.16	268.73	161.36	137.28
513.82	1695.73	977.82	296.16	932.10	783.52	667.95
254.59	1172.18	573.68	156.71	544.32	608.82	546.42
56.30	203.22	113.05	31.66	111.39	96.35	80.69
42.87	126.21	66.60	23.02	64.51	66.52	54.83
21.22	76.09	34.09	11.34	32.93	36.26	26.61
582.58	1576.95	844.46	169.52	798.45	774.22	659.25
243.43	650.96	337.52	79.24	321.45	331.29	264.68
198.52	327.55	168.90	42.60	166.28	164.32	115.52
62.76	169.39	85.95	24.26	86.20	98.39	78.80
299.68	1307.51	653.93	175.27	652.18	659.33	523.51
38.18	136.49	67.11	14.99	65.95	70.39	57.31
1.14	6.39	2.30	0.63	2.10	3.21	2.50
18.42	71.01	39.57	12.53	38.25	35.33	30.39
53.26	216.02	108.68	28.00	101.87	112.07	87.58
15.13	50.97	28.10	8.56	25.78	24.06	20.68
26.19	147.20	64.60	16.93	63.71	90.43	76.71
2.39	5.99	2.76	0.65	1.89	3.04	1.65
20.02	76.30	38.54	11.73	35.12	37.37	31.22
31.37	114.56	61.34	16.24	57.77	54.87	38.77
1.43	6.68	3.46	0.82	3.37	3.46	2.07
3.21	13.35	7.23	2.47	6.78	8.78	7.04
7.73	57.14	28.80	6.54	28.71	30.42	25.35

1999 年全部国有及年产品销售收入500 万元以上

股份合作制

地区	企业单位数（个）	亏损企业	工业总产值 1990年不变价格	工业总产值 当年价	工业销售产值（当年价）
全国	**10149**	**1696**	**2536.76**	**2594.62**	**2468.07**
北京	102	20	16.43	17.90	16.44
天津	245	9	105.60	114.90	109.09
河北	225	21	46.18	54.07	51.07
山西	95	18	22.93	26.29	24.42
内蒙古	37	4	5.14	6.04	5.44
辽宁	220	67	56.14	59.48	57.38
吉林	54	11	6.06	7.50	7.17
黑龙江	74	20	13.30	16.21	14.53
上海	609	59	110.91	130.65	124.14
江苏	3131	581	769.49	830.17	783.55
浙江	2253	240	528.18	485.50	462.51
安徽	363	107	59.55	68.09	64.64
福建	156	40	19.73	22.17	21.18
江西	94	17	16.36	18.34	17.13
山东	570	58	231.85	250.96	241.29
河南	444	54	59.83	75.48	73.55
湖北	176	40	42.08	45.43	43.85
湖南	223	75	24.67	33.09	32.30
广东	218	48	250.08	165.26	159.47
广西	75	23	17.62	17.65	16.84
海南	10	4	7.16	11.32	10.86
重庆	111	17	21.22	21.76	20.78
四川	245	56	59.42	59.72	57.16
贵州	51	20	5.41	6.31	5.98
云南	89	25	13.33	15.79	15.66
西藏	6	2	0.14	0.33	0.28
陕西	98	30	11.86	14.53	13.64
甘肃	105	10	8.27	9.92	8.62
青海	28	12	2.46	2.68	2.80
宁夏	10	5	1.57	1.71	1.53
新疆	32	3	3.80	5.39	4.78

非国有工业企业主要经济指标（按地区分）（一）

计量单位：亿元

工业增加值（当年价）	资产合计	流动资产小计	应收账款净额	流动资产年平均余额	固定资产原价	生产经营用
659.00	**2216.05**	**1206.22**	**376.51**	**1165.46**	**1065.48**	**904.18**
5.98	27.79	16.60	2.98	14.97	10.54	7.33
18.72	66.67	41.22	9.56	40.80	32.67	28.75
16.99	50.11	23.47	6.19	22.94	26.90	21.70
9.71	32.41	15.34	5.12	17.07	18.39	15.89
2.26	9.30	3.87	0.95	3.72	4.90	4.23
17.39	69.96	38.66	15.51	35.60	35.70	31.32
2.29	12.01	5.71	1.27	5.50	8.37	7.73
4.12	16.31	8.32	1.99	8.09	8.59	7.50
36.76	116.97	77.93	26.27	78.40	42.05	34.33
195.78	563.60	342.26	121.15	333.70	260.80	218.18
111.31	390.98	222.76	80.18	213.97	169.69	150.84
19.18	66.22	29.86	8.71	28.75	38.35	31.81
5.79	20.29	9.01	2.87	9.93	12.28	10.23
6.38	29.71	14.82	3.37	13.76	14.09	12.70
69.36	205.17	91.56	21.65	88.44	124.01	110.37
22.23	68.49	36.08	9.46	34.41	34.19	27.06
14.77	47.50	21.18	5.71	19.35	26.30	22.55
8.54	37.09	13.86	4.03	13.32	24.54	20.94
41.84	159.44	94.02	21.98	84.98	46.98	41.42
6.14	23.09	10.81	2.43	10.43	13.22	10.21
2.14	5.76	3.91	0.69	3.59	1.86	1.32
5.94	20.62	11.40	3.72	10.52	9.70	7.82
17.29	78.32	33.10	10.36	33.39	42.51	34.15
2.05	8.05	3.62	1.09	3.50	4.52	3.72
4.92	27.48	11.53	2.54	11.34	16.31	13.50
0.19	1.83	0.52	0.10	0.69	0.91	0.64
4.40	27.04	9.74	2.65	9.63	15.37	11.67
3.55	15.85	7.63	1.59	7.26	10.02	6.79
1.05	5.26	1.99	0.50	2.12	3.18	2.45
0.37	3.37	1.17	0.34	1.22	2.56	2.36
1.56	9.35	4.27	1.57	4.07	5.98	4.68

1999 年全部国有及年产品销售收入 500 万元以上

联营企业

地　区	企业单位数（个）	亏损企业	工业总产值 1990 年不变价格	工业总产值 当年价	工业销售产值（当年价）
全　国	**2771**	**602**	**806.39**	**903.65**	**873.92**
北　京	71	14	26.75	25.64	23.99
天　津	115	18	45.83	54.91	53.92
河　北	77	8	21.27	24.62	24.04
山　西	24	6	4.92	4.94	4.43
内蒙古	10	5	2.81	3.79	3.49
辽　宁	50	17	10.22	10.84	9.45
吉　林	17	4	6.23	7.31	7.15
黑龙江	10	3	2.35	2.78	2.73
上　海	779	146	186.79	226.30	221.38
江　苏	346	74	138.23	149.13	145.14
浙　江	164	28	48.35	46.58	45.11
安　徽	40	8	11.34	12.02	11.51
福　建	117	27	31.62	32.71	31.51
江　西	19	6	2.85	3.27	3.24
山　东	105	17	35.22	40.81	39.82
河　南	110	20	19.64	25.40	24.83
湖　北	77	13	30.69	32.51	31.14
湖　南	17	5	1.86	2.55	2.52
广　东	348	91	122.48	133.13	127.31
广　西	18	8	4.33	5.74	5.34
海　南	25	14	4.60	7.22	7.05
重　庆	25	6	4.88	4.63	4.18
四　川	62	19	13.82	15.48	15.26
贵　州	44	18	13.15	13.36	12.57
云　南	27	12	5.20	5.69	5.46
西　藏	3	1	0.15	0.20	0.16
陕　西	38	6	7.29	7.57	6.83
甘　肃	13	1	1.46	1.71	1.59
青　海	3	1	0.15	0.17	0.14
宁　夏	4	1	0.57	0.90	0.92
新　疆	13	5	1.34	1.75	1.70

非国有工业企业主要经济指标（按地区分）（一）

计量单位：亿元

工业增加值（当年价）	资产合计	流动资产小计	应收账款净额	流动资产年平均余额	固定资产原价	生产经营用
236.73	**1218.18**	**536.79**	**161.15**	**522.82**	**708.33**	**625.63**
6.53	58.96	29.66	10.05	29.50	28.94	19.53
9.97	135.77	28.44	6.85	24.63	123.48	119.42
8.84	28.03	13.44	3.47	12.04	15.34	14.35
2.26	7.43	4.16	1.75	4.34	3.12	2.47
1.33	6.62	2.67	0.37	1.78	3.59	3.35
2.78	20.52	11.46	2.62	10.94	9.26	7.76
2.77	6.09	2.55	0.59	2.39	4.13	3.84
0.93	3.57	1.76	0.64	1.81	1.83	1.36
58.60	295.63	131.19	48.87	128.54	170.44	153.34
33.24	143.91	78.69	24.29	77.81	70.81	59.89
9.39	57.52	25.70	8.03	25.42	26.56	23.37
3.03	15.49	5.15	1.28	4.84	4.81	3.86
9.22	40.23	17.98	5.94	17.79	29.02	24.34
0.91	5.09	2.18	0.82	2.04	2.95	2.66
10.08	48.55	23.11	5.03	22.58	24.05	21.21
8.36	30.19	16.68	2.89	17.01	11.57	9.17
8.63	49.16	23.37	5.67	23.43	25.92	22.78
0.71	2.85	1.17	0.29	1.05	2.16	1.86
43.03	172.37	78.79	20.12	78.26	99.29	86.88
1.04	6.02	3.01	1.02	2.78	3.18	2.66
0.96	18.77	4.57	1.26	4.68	13.60	11.42
1.22	7.50	3.31	1.34	3.06	4.36	4.17
4.30	15.41	9.70	2.99	9.07	6.16	4.87
3.60	15.88	7.58	2.01	7.32	8.52	7.89
1.29	9.97	3.62	0.87	3.64	5.37	4.94
0.09	1.41	0.51	0.15	0.39	0.07	0.03
2.00	8.93	3.64	1.15	3.09	5.54	4.29
0.72	0.94	0.37	0.15	0.36	0.77	0.64
0.03	0.26	0.14	0.05	0.11	0.19	0.12
0.39	2.16	0.62	0.18	0.54	2.16	2.11
0.49	2.97	1.57	0.41	1.56	1.13	1.04

1999年全部国有及年产品销售收入500万元以上

有限责任公司

地　区	企业单位数（个）	亏损企业	工业总产值 1990年不变价格	工业总产值 当年价	工业销售产值（当年价）
全　国	**9714**	**2444**	**6459.09**	**7027.24**	**6832.70**
北　京	149	31	107.06	123.51	117.36
天　津	115	30	81.30	131.71	126.73
河　北	354	75	346.76	403.08	396.32
山　西	246	56	203.17	246.68	244.86
内蒙古	187	45	113.71	143.03	140.10
辽　宁	248	80	331.19	399.56	394.16
吉　林	138	54	79.43	87.45	84.81
黑龙江	366	106	202.47	244.97	239.80
上　海	503	94	245.23	267.00	264.06
江　苏	983	241	857.07	924.66	899.53
浙　江	1538	246	749.47	666.60	642.15
安　徽	439	167	268.02	288.30	281.47
福　建	217	69	70.33	68.91	67.53
江　西	126	44	118.44	133.95	133.01
山　东	752	108	480.62	538.82	522.52
河　南	515	139	370.72	443.44	436.71
湖　北	381	101	201.12	206.36	202.39
湖　南	194	77	160.83	211.11	207.53
广　东	524	148	330.95	308.87	296.78
广　西	103	40	88.02	98.16	94.28
海　南	27	11	18.31	14.77	14.18
重　庆	171	54	130.53	129.78	126.66
四　川	596	161	514.73	467.37	441.55
贵　州	101	45	102.40	123.08	115.73
云　南	191	66	66.45	79.98	79.79
西　藏	3	2	0.07	0.06	0.02
陕　西	186	58	98.70	109.36	104.26
甘　肃	126	33	18.12	23.99	22.57
青　海	25	12	17.27	26.28	25.71
宁　夏	57	11	28.32	38.48	36.30
新　疆	153	40	58.28	77.91	73.83

非国有工业企业主要经济指标（按地区分）（一）

计量单位：亿元

工 业 增加值 （当年价）	资产合计	流动资产 小 计		流动资产年 平均余额	固定资产 原 价	
			应收账款净额			生产经营用
1991.90	**15013.01**	**6045.42**	**1549.70**	**5801.44**	**9163.70**	**7691.97**
30.14	461.87	143.41	41.99	137.07	260.54	201.69
48.70	417.02	119.69	25.16	118.67	372.29	318.55
125.11	869.24	314.72	83.65	306.95	579.18	510.76
74.19	666.46	261.07	82.39	253.76	469.93	404.11
40.84	624.17	141.93	31.71	151.92	498.72	408.56
91.93	1467.56	640.36	142.43	591.51	836.68	676.06
24.91	206.97	80.20	18.76	70.63	124.22	97.14
84.16	598.37	253.84	83.27	241.86	364.87	307.56
71.80	543.58	269.52	71.88	251.88	220.71	191.05
246.64	1497.16	654.21	164.76	626.62	920.88	782.13
162.72	813.47	387.18	104.56	373.51	442.10	390.17
77.52	562.21	221.24	65.61	211.74	338.39	296.69
19.98	109.29	42.75	12.61	41.62	71.81	61.02
32.38	295.35	108.15	21.89	109.68	203.54	175.87
156.98	817.14	342.67	84.63	328.46	461.80	387.14
152.69	974.06	392.32	110.32	371.13	611.30	444.26
63.03	397.51	151.03	49.36	151.59	248.20	212.76
47.60	407.54	134.91	37.13	127.04	282.36	247.40
84.01	459.14	220.25	51.23	212.68	218.94	177.49
33.70	183.36	60.96	12.22	63.70	116.70	97.83
3.43	22.01	9.17	2.47	8.99	11.09	10.11
34.78	325.49	128.86	23.07	113.45	167.39	149.90
133.43	1040.49	422.15	85.50	420.56	621.85	532.29
45.91	284.20	139.65	41.43	134.15	162.11	145.29
23.85	232.10	77.24	20.30	79.84	144.97	127.60
0.02	0.20	0.11	0.01	0.10	0.04	0.03
32.76	357.26	153.47	34.07	139.92	196.73	154.61
8.50	59.02	27.82	6.66	29.05	30.67	24.78
8.26	80.73	37.49	11.36	36.54	41.69	34.09
10.33	85.16	45.71	14.12	39.15	40.73	32.76
21.61	154.89	63.30	15.15	57.70	103.27	92.24

1999 年全部国有及年产品销售收入 500 万元以上

股份有限公司

地　区	企业单位数（个）	亏损企业	工业总产值 1990 年不变价格	工业总产值 当年价	工业销售产值（当年价）
全　国	**4480**	**978**	**4981.14**	**5247.08**	**5110.09**
北　京	64	10	90.30	89.42	87.43
天　津	100	5	67.01	68.03	66.41
河　北	258	40	148.02	209.92	203.55
山　西	86	24	50.78	64.00	61.10
内蒙古	83	11	102.88	137.83	134.12
辽　宁	141	38	172.23	165.52	159.44
吉　林	147	39	122.89	110.17	106.84
黑龙江	98	24	101.17	101.19	98.05
上　海	57	5	184.34	174.63	171.43
江　苏	423	85	516.83	557.58	548.57
浙　江	247	35	440.13	488.79	477.97
安　徽	180	61	149.27	173.80	168.59
福　建	103	23	136.24	116.91	112.16
江　西	28	5	14.41	21.09	20.40
山　东	450	38	492.58	604.60	582.14
河　南	413	102	229.74	275.10	269.69
湖　北	406	80	369.47	406.35	397.14
湖　南	125	40	82.31	90.88	87.95
广　东	236	76	775.46	626.98	610.30
广　西	78	22	73.77	84.16	81.70
海　南	25	7	40.14	44.54	43.87
重　庆	117	30	172.03	149.49	146.18
四　川	320	98	216.99	243.15	242.07
贵　州	20	6	35.98	20.70	19.43
云　南	77	24	70.24	74.50	73.69
西　藏	7	5	0.82	2.03	1.68
陕　西	101	24	75.84	69.94	67.35
甘　肃	40	7	12.15	17.41	15.64
青　海	23	7	8.65	18.38	18.47
宁　夏	14	5	7.84	10.82	9.53
新　疆	13	2	20.64	29.17	27.23

非国有工业企业主要经济指标（按地区分）（一）

计量单位：亿元

工业增加值（当年价）	资产合计	流动资产		流动资产年平均余额	固定资产	
		小计	应收账款净额		原价	生产经营用
1617.93	**9190.91**	**4098.64**	**1119.73**	**3937.49**	**4878.68**	**4291.52**
23.77	134.35	73.90	16.38	65.47	45.64	42.01
17.94	154.28	60.40	18.77	65.47	82.88	80.11
83.84	331.85	87.60	21.93	87.71	283.79	268.83
22.18	122.75	54.16	14.99	52.99	68.11	63.63
48.43	153.06	66.24	16.76	62.18	97.42	88.07
49.87	381.47	197.68	47.97	188.80	151.23	116.22
41.40	226.23	124.85	47.52	120.90	101.72	91.55
22.40	250.78	137.04	51.00	128.53	100.42	87.26
55.10	457.52	223.10	66.67	209.65	165.40	155.22
156.37	698.90	334.88	88.38	328.85	396.74	365.05
134.85	592.62	250.56	67.63	235.59	345.26	319.86
62.17	354.88	139.32	32.30	141.37	239.05	205.51
36.55	223.06	106.13	24.25	98.05	92.71	83.89
10.32	54.02	26.05	5.77	22.43	29.51	28.30
191.63	962.44	401.97	99.65	381.47	575.19	486.91
79.52	507.17	223.51	60.97	212.59	300.10	244.73
134.94	668.43	273.97	67.51	264.74	370.15	295.75
25.38	170.30	79.99	26.35	82.37	94.44	82.56
175.28	991.69	461.80	118.36	455.12	461.62	415.19
29.73	142.30	64.80	18.37	60.70	78.16	64.44
15.06	87.74	31.28	5.68	33.01	44.46	41.34
40.26	245.01	126.72	39.14	125.71	102.72	95.61
78.20	622.82	252.90	83.92	247.30	351.36	293.33
7.51	48.86	26.20	8.47	23.93	18.16	17.67
20.43	162.61	81.01	16.32	79.31	74.56	68.05
0.86	13.97	6.25	4.16	5.19	3.75	3.44
20.18	146.00	81.31	20.89	72.75	54.32	49.66
8.50	50.89	20.95	4.14	19.48	15.66	12.68
9.50	116.33	18.35	7.81	17.39	79.40	75.66
3.79	27.93	17.10	8.36	16.26	11.80	9.62
11.96	90.65	48.63	9.32	41.64	42.97	39.33

1999年全部国有及年产品销售收入500万元以上

私营企业

地区	企业单位数（个）	亏损企业	工业总产值 1990年不变价格	工业总产值 当年价	工业销售产值（当年价）
全国	**14601**	**1982**	**3055.24**	**3244.56**	**3082.21**
北京	115	20	22.70	23.92	21.83
天津	225	4	38.37	38.43	37.03
河北	868	46	186.53	202.94	197.18
山西	279	40	48.20	52.89	50.32
内蒙古	114	13	22.92	25.32	23.88
辽宁	690	175	218.00	200.51	188.05
吉林	159	40	18.87	19.71	18.30
黑龙江	152	17	17.29	20.57	18.18
上海	148	14	40.94	40.02	39.29
江苏	2034	281	394.44	425.55	399.53
浙江	2774	284	675.53	656.66	623.10
安徽	321	42	45.03	46.68	44.74
福建	410	61	76.40	80.92	77.60
江西	118	19	17.32	18.02	17.35
山东	1059	99	179.71	231.80	220.29
河南	1142	98	144.62	179.71	173.65
湖北	366	40	72.85	80.02	76.93
湖南	289	56	55.17	72.90	70.42
广东	1859	230	472.22	500.47	475.70
广西	133	32	24.27	29.89	28.83
海南	30	5	8.88	11.78	11.46
重庆	207	54	69.29	64.98	62.32
四川	638	183	134.56	140.98	132.99
贵州	103	34	14.54	15.59	13.94
云南	72	33	14.09	15.15	14.62
西藏	23	6	0.22	0.28	0.20
陕西	116	24	18.56	20.39	18.50
甘肃	90	8	7.70	8.60	7.46
青海	7	4	1.32	1.56	1.29
宁夏	37	13	10.26	12.35	11.65
新疆	23	7	4.45	5.97	5.60

非国有工业企业主要经济指标（按地区分）（一）

计量单位：亿元

工业增加值（当年价）	资产合计	流动资产小计	应收账款净额	流动资产年平均余额	固定资产原价	生产经营用
806.48	**2289.21**	**1217.04**	**349.01**	**1171.31**	**1034.21**	**881.45**
4.46	21.68	13.80	2.79	11.11	7.12	4.76
6.05	15.13	10.22	2.68	9.23	5.51	4.90
56.56	116.02	57.61	13.29	55.43	56.84	48.67
17.82	46.60	25.51	7.36	37.49	21.41	18.43
8.41	25.06	15.53	4.70	13.82	9.70	8.50
51.23	197.31	91.84	27.19	88.56	96.63	84.34
6.93	26.26	11.86	3.48	10.53	13.20	10.01
6.28	24.75	10.89	3.42	10.45	13.64	10.97
8.15	27.87	16.23	5.78	15.19	9.89	8.92
96.89	197.89	119.10	40.51	112.26	87.37	76.08
135.71	477.30	273.51	85.09	256.95	205.90	184.58
12.88	40.61	17.52	5.01	16.25	21.48	18.63
20.76	55.67	29.53	7.68	27.48	25.40	22.63
4.87	12.40	5.18	1.35	5.14	6.61	5.09
63.25	129.14	67.99	15.93	65.03	64.69	55.77
49.14	109.75	52.62	11.80	51.15	55.66	45.24
25.66	40.96	20.69	4.92	18.54	20.35	16.36
19.27	52.12	28.20	6.42	25.20	20.40	17.21
121.65	372.85	205.86	60.21	210.29	150.13	120.27
7.74	20.22	8.55	2.53	8.14	12.18	9.51
2.20	6.47	4.14	1.27	3.27	2.38	2.26
14.41	55.79	27.34	7.40	24.52	26.01	22.10
42.64	129.61	62.61	17.19	58.74	59.29	49.83
4.83	15.11	8.05	2.65	7.16	6.89	5.63
4.21	21.92	8.52	1.91	8.18	9.19	7.80
0.18	0.83	0.32	0.06	0.35	0.34	0.25
6.03	20.12	9.91	2.59	8.64	9.87	8.49
3.35	6.35	3.62	0.85	2.90	2.97	2.63
0.47	2.96	1.05	0.07	1.03	2.12	1.71
3.08	14.86	6.62	2.49	5.92	7.90	7.13
1.37	5.61	2.59	0.42	2.34	3.14	2.75

1999年全部国有及年产品销售收入500万元以上

港、澳、台商投资企业

地　区	企业单位数（个）	亏损企业	工业总产值 1990年不变价格	工业总产值 当年价	工业销售产值（当年价）
全　国	**15783**	**4873**	**8937.05**	**8994.00**	**8686.29**
北　京	372	130	266.50	202.28	198.24
天　津	374	114	191.83	187.74	182.29
河　北	302	85	145.42	175.37	171.13
山　西	50	19	30.16	29.12	26.22
内蒙古	41	7	28.07	25.64	29.61
辽　宁	273	96	118.42	139.94	138.60
吉　林	75	36	39.43	38.51	37.25
黑龙江	64	28	50.76	47.20	44.37
上　海	1361	360	816.94	838.96	815.88
江　苏	1467	375	732.38	790.14	760.25
浙　江	1093	215	544.00	512.80	490.44
安　徽	110	44	52.92	45.57	43.89
福　建	1887	578	1013.59	977.16	929.61
江　西	96	35	24.39	25.26	24.39
山　东	579	147	224.68	260.31	254.01
河　南	232	70	115.04	134.27	131.52
湖　北	232	60	112.97	113.72	110.35
湖　南	115	43	31.56	41.70	39.70
广　东	6560	2236	4158.18	4170.16	4025.51
广　西	83	39	22.56	23.82	22.23
海　南	53	18	15.58	19.52	18.46
重　庆	57	20	38.60	27.64	28.82
四　川	98	38	37.58	38.68	37.18
贵　州	31	14	7.79	5.18	4.98
云　南	61	24	19.75	23.95	23.50
西　藏					
陕　西	56	19	72.31	63.30	62.32
甘　肃	23	7	14.71	19.56	19.31
青　海	8	5	2.49	3.45	3.19
宁　夏	12	3	1.93	3.08	2.93
新　疆	18	8	6.53	9.99	10.12

非国有工业企业主要经济指标（按地区分）（一）

计量单位：亿元

工业增加值（当年价）	资产合计	流动资产小计	应收账款净额	流动资产年平均余额	固定资产原价	生产经营用
2330.00	**10942.23**	**5290.51**	**1628.43**	**5103.01**	**6310.35**	**5581.95**
42.62	232.17	137.87	34.88	136.49	78.63	62.98
29.41	247.26	129.29	39.58	123.67	125.32	103.14
48.55	233.81	98.78	28.24	97.49	148.76	137.09
10.10	45.81	20.70	6.42	20.67	21.99	20.53
8.04	49.83	35.46	7.33	34.39	13.76	12.02
43.78	248.37	108.53	32.36	97.87	177.58	166.02
10.11	61.46	28.58	6.39	25.60	33.33	27.65
15.47	91.62	34.57	9.01	34.64	49.05	38.61
219.92	1194.73	599.60	179.17	594.44	649.70	589.06
201.14	807.49	398.83	115.96	382.74	455.36	409.81
118.19	616.63	294.17	76.44	277.11	340.26	317.31
11.02	74.49	24.21	7.34	22.46	72.00	70.73
265.80	1035.79	511.28	161.73	482.65	574.44	513.67
6.53	35.29	15.81	4.28	14.71	20.14	16.88
72.66	326.42	154.47	37.27	148.52	193.19	173.93
50.01	257.60	113.59	18.49	101.35	186.33	169.55
38.75	142.87	51.93	14.12	51.24	82.70	71.82
11.35	49.27	23.58	7.47	22.39	28.06	23.41
1063.72	4756.17	2332.23	794.60	2245.11	2814.09	2436.08
6.04	40.63	17.61	4.46	18.11	21.51	17.26
5.37	45.27	15.20	5.30	36.34	19.36	11.27
5.93	45.04	16.94	4.13	16.70	30.07	27.73
11.13	80.44	36.56	8.88	34.63	36.03	33.01
1.23	21.25	9.12	2.92	8.93	6.84	6.62
7.44	44.81	20.59	5.40	18.80	25.21	23.36
15.05	91.31	28.95	9.76	25.22	67.69	65.23
5.02	37.44	20.62	4.13	19.78	20.13	19.33
0.81	6.98	2.13	−0.12	2.05	3.53	3.27
1.03	4.63	2.94	0.98	2.60	1.75	1.53
3.78	17.36	6.34	1.52	6.30	13.51	13.06

1999 年全部国有及年产品销售收入 500 万元以上

外商投资企业

地　区	企业单位数（个）	亏损企业	工业总产值 1990 年不变价格	工业总产值 当年价	工业销售产值（当年价）
全　国	**11054**	**3362**	**10282.75**	**9960.23**	**9733.04**
北　京	568	192	659.25	579.58	567.51
天　津	723	260	909.00	790.39	794.32
河　北	357	87	136.29	151.97	145.94
山　西	46	18	15.16	17.24	16.58
内蒙古	38	12	15.57	18.86	17.94
辽　宁	632	196	422.96	468.00	464.50
吉　林	148	57	193.26	187.13	184.46
黑龙江	92	32	59.60	64.94	61.95
上　海	1953	566	2250.19	1988.00	1949.93
江　苏	1551	404	1326.32	1430.92	1393.55
浙　江	813	172	431.23	399.51	385.43
安　徽	114	42	101.94	104.61	100.50
福　建	527	189	347.51	375.87	361.30
江　西	53	16	53.00	56.79	54.39
山　东	1046	257	679.24	725.70	696.33
河　南	174	58	82.79	96.73	91.27
湖　北	138	39	197.97	181.17	178.78
湖　南	76	28	36.17	49.19	47.37
广　东	1484	528	2001.61	1880.68	1845.33
广　西	100	44	68.24	75.56	72.17
海　南	39	19	15.42	20.07	19.34
重　庆	76	25	82.81	84.05	82.97
四　川	129	43	85.91	87.40	82.37
贵　州	23	16	8.94	9.36	9.02
云　南	48	25	25.07	30.07	28.25
西　藏	5	2	0.05	0.06	0.05
陕　西	56	16	55.74	64.10	60.09
甘　肃	9	4	2.92	3.51	3.58
青　海	2	1	0.45	0.45	0.44
宁　夏	12	5	13.10	12.05	11.55
新　疆	22	9	5.05	6.30	5.84

非国有工业企业主要经济指标（按地区分）（一）

计量单位：亿元

工业增加值（当年价）	资产合计	流动资产小计	应收账款净额	流动资产年平均余额	固定资产原价	生产经营用
2520.92	**12076.69**	**5837.35**	**1885.99**	**5503.04**	**6436.67**	**5710.71**
175.39	716.52	435.08	173.59	401.53	317.83	254.77
149.37	870.82	462.37	178.57	407.04	428.90	376.14
40.91	239.77	90.88	23.63	88.70	150.27	132.44
3.91	30.32	13.92	3.24	13.52	16.36	12.93
6.45	34.02	17.13	4.61	17.32	18.18	16.77
109.33	720.80	264.10	71.59	244.73	510.86	481.02
62.61	236.41	98.32	40.06	96.69	158.32	150.35
19.61	139.46	69.97	7.82	66.49	62.05	57.63
507.33	2488.70	1325.88	425.01	1260.74	1165.80	1067.76
342.98	1642.06	717.51	226.88	677.88	944.43	807.82
99.20	465.34	234.92	69.75	219.13	236.76	216.05
29.25	141.73	62.99	13.88	59.41	78.25	73.73
104.05	436.17	177.01	54.88	166.66	252.02	231.98
12.51	87.24	41.38	7.52	39.96	38.25	36.58
189.61	711.04	312.00	87.00	291.80	429.13	395.67
25.14	130.01	57.69	15.10	55.85	77.09	64.35
63.21	357.87	131.78	52.61	124.64	176.03	162.75
14.99	71.24	28.77	8.82	28.10	58.63	51.05
440.97	1874.44	1003.20	330.17	957.63	916.69	766.29
22.97	130.02	46.78	13.86	47.22	75.74	70.31
5.69	48.36	17.17	7.83	16.60	32.94	16.17
24.78	174.47	68.88	22.87	65.66	125.11	119.58
29.05	131.13	57.15	19.58	57.37	71.59	64.85
2.82	16.02	8.58	1.35	8.80	7.97	7.31
11.25	64.35	22.69	4.32	22.10	39.96	36.76
0.02	0.74	0.21	0.07	0.12	0.17	0.11
20.74	78.38	50.23	14.47	46.29	26.52	21.63
1.12	4.89	2.15	0.59	2.03	3.15	2.50
0.11	0.63	0.23	0.04	0.33	0.40	0.38
4.03	21.98	12.04	5.14	12.66	11.32	10.44
1.49	11.77	6.37	1.02	6.04	5.91	4.62

1999 年全部国有及年产品销售收入 500 万元以上

在总计中：国有控股企业

地　区	企业单位数（个）	亏损企业	工业总产值 1990 年不变价格	工业总产值 当年价	工业销售产值（当年价）
全　国	**61301**	**24001**	**29151.63**	**35571.18**	**34912.18**
北　京	3309	776	1343.20	1465.62	1437.19
天　津	1831	802	592.07	732.13	728.88
河　北	3051	908	1235.08	1618.68	1594.19
山　西	1853	554	532.56	733.23	718.40
内蒙古	955	259	376.62	543.71	539.01
辽　宁	2609	1086	1660.38	2208.77	2174.97
吉　林	1824	781	975.35	1118.62	1103.50
黑龙江	2015	782	856.98	1560.75	1516.11
上　海	2728	757	2709.69	2817.44	2790.31
江　苏	3154	1172	2481.14	2817.57	2765.98
浙　江	1872	681	1045.37	1183.56	1173.78
安　徽	1414	671	762.65	996.23	977.93
福　建	1578	596	657.35	759.05	750.66
江　西	2861	1238	546.44	691.55	675.75
山　东	3049	786	2277.21	2871.61	2818.91
河　南	3177	1139	1288.04	1689.77	1664.87
湖　北	3363	1382	1522.26	1749.64	1706.58
湖　南	2531	1350	724.22	948.85	935.32
广　东	4337	1971	2857.66	3025.68	2945.27
广　西	2143	1134	554.10	636.77	622.33
海　南	428	224	114.36	134.09	130.36
重　庆	976	476	580.06	611.63	599.59
四　川	2065	931	1039.80	1200.66	1169.93
贵　州	1518	557	374.95	453.49	435.16
云　南	1402	703	504.41	801.26	796.18
西　藏	218	68	5.37	11.20	9.55
陕　西	1738	845	686.19	801.91	778.19
甘　肃	1180	381	342.54	525.24	513.19
青　海	470	239	86.05	143.44	139.94
宁　夏	329	158	96.38	151.09	144.53
新　疆	1323	594	323.16	567.92	555.62

非国有工业企业主要经济指标（按地区分）（一）

计量单位：亿元

工业增加值（当年价）	资产合计	流动资产		流动资产年平均余额	固定资产	
		小计	应收账款净额		原价	生产经营用
12132.41	**80471.69**	**31042.81**	**8057.88**	**29885.62**	**53146.30**	**44329.89**
426.39	3184.14	1301.91	418.08	1250.04	1873.38	1572.13
223.73	2237.75	809.79	251.45	783.50	1465.14	1237.88
580.73	3776.56	1343.18	341.13	1318.09	2630.07	2245.41
274.30	2494.07	875.59	260.59	850.65	1771.10	1430.57
203.81	1655.25	501.68	118.02	507.90	1299.12	1075.28
635.35	5942.06	2264.21	540.09	2064.37	4273.10	35050.70
329.12	2569.25	981.93	294.85	982.84	1726.66	1408.63
851.24	3013.47	1249.81	375.51	1210.65	2208.27	1849.53
896.49	5850.24	2406.35	664.39	2328.15	3431.74	3178.64
802.58	4619.17	2051.70	525.77	1974.54	2812.68	2438.48
380.51	2597.38	985.69	181.63	958.88	1479.01	1335.09
343.86	2195.88	846.41	205.73	730.01	1430.69	1259.27
274.89	1438.36	508.37	127.26	488.09	995.37	855.36
204.39	1590.61	622.75	137.69	604.57	1026.94	823.26
1017.48	5596.12	2117.33	490.84	2052.01	3708.24	2649.71
576.23	3792.24	1550.83	379.70	1481.73	2479.43	2002.90
599.03	3843.50	1481.03	421.00	1444.62	2519.40	2060.73
336.52	2150.85	813.90	234.23	780.72	1519.56	1202.42
930.67	5787.70	2315.30	542.76	2222.49	3520.17	3061.50
202.95	1427.70	510.75	131.92	504.58	977.36	777.21
39.70	338.52	114.49	26.43	115.29	206.84	142.73
176.46	1561.81	657.06	184.97	635.34	945.01	828.96
427.01	3548.38	1328.96	326.11	1307.63	2442.68	2074.19
164.17	1201.73	549.05	168.03	524.88	709.54	601.90
436.88	1846.75	635.91	129.66	644.30	1112.76	969.72
6.15	61.08	18.57	7.77	14.34	36.37	26.11
275.01	2163.62	845.98	222.74	787.66	1439.31	1201.24
175.86	1421.42	524.85	141.80	514.94	1000.71	812.50
53.40	599.74	156.02	41.07	158.26	486.63	402.31
47.43	424.86	158.53	56.66	147.77	324.48	272.49
240.05	1541.46	514.86	109.98	496.79	1294.54	1028.03

1999 年全部国有及年产品销售收入 500 万元以上

在总计中：大型企业

地　区	企业单位数（个）	亏损企业	工业总产值 1990年不变价格	工业总产值 当年价	工业销售产值（当年价）
全　国	**7864**	**2403**	**27152.99**	**31582.21**	**31036.48**
北　京	206	60	693.06	826.52	800.65
天　津	304	124	1183.47	1160.07	1163.98
河　北	358	106	899.90	1231.07	1217.48
山　西	136	60	378.39	529.66	523.50
内蒙古	88	28	178.24	259.65	261.82
辽　宁	393	122	1694.69	2152.50	2128.10
吉　林	193	69	851.51	960.22	955.29
黑龙江	284	119	749.95	1386.41	1355.85
上　海	660	171	3135.99	3101.30	3057.37
江　苏	610	136	2433.71	2754.97	2699.62
浙　江	333	63	1349.58	1335.92	1321.19
安　徽	198	64	557.03	746.86	735.43
福　建	93	20	412.18	415.00	409.75
江　西	113	46	317.31	413.53	410.48
山　东	1086	195	2948.21	3518.11	3448.36
河　南	319	115	897.79	1116.99	1101.17
湖　北	306	104	1014.43	1190.68	1167.16
湖　南	226	85	514.07	681.66	674.95
广　东	727	253	3511.92	3383.82	3276.98
广　西	187	66	372.55	418.25	407.60
海　南	34	10	46.57	60.53	59.81
重　庆	138	73	457.72	475.37	467.55
四　川	302	99	900.08	1006.74	978.21
贵　州	99	34	233.81	289.16	279.86
云　南	88	29	334.31	562.76	558.69
西　藏					
陕　西	190	78	494.17	602.39	588.25
甘　肃	87	31	266.20	413.58	408.80
青　海	24	14	55.29	103.10	102.26
宁　夏	30	7	72.20	97.95	93.61
新　疆	52	22	198.67	387.47	382.69

非国有工业企业主要经济指标（按地区分）（一）

计量单位：亿元

工业增加值（当年价）	资产合计	流动资产小计	应收账款净额	流动资产年平均余额	固定资产原价	生产经营用
10492.61	**65870.39**	**25379.43**	**6550.51**	**24370.94**	**44076.89**	**37687.88**
219.97	2244.89	813.53	264.23	798.20	1435.89	1228.55
267.53	2313.06	907.34	300.28	841.01	1486.72	1307.17
459.99	2956.40	1005.78	268.29	981.41	2134.87	1848.41
194.74	1805.10	633.58	202.57	621.34	1296.08	1026.95
101.95	1090.56	293.25	69.65	299.75	890.03	764.28
582.67	5441.06	2021.21	491.85	1832.66	4093.39	3435.74
270.60	2038.64	737.55	215.60	761.71	1428.98	1172.41
790.08	2569.90	1047.03	308.13	1016.56	1961.82	1656.94
978.86	5978.40	2407.59	677.78	2327.90	3640.93	3397.90
780.66	4075.24	1784.39	449.30	1713.05	2530.20	2250.78
391.17	2390.99	919.89	176.16	871.03	1280.78	1187.98
270.14	1673.16	616.50	139.05	506.59	1113.88	993.23
150.54	693.94	234.93	50.19	226.58	491.14	438.09
114.42	924.52	341.72	74.43	333.14	624.82	519.84
1163.21	5651.07	2203.08	492.86	2114.44	3719.33	2703.54
405.05	2658.48	1094.90	272.70	1036.92	1771.82	1479.40
393.71	2843.83	1108.20	327.97	1092.70	1885.96	1640.70
253.39	1410.89	546.97	150.40	526.98	993.02	845.85
999.87	5476.65	2260.80	515.70	2166.68	3333.69	2974.11
136.15	829.39	307.49	83.34	298.26	566.31	479.62
17.19	161.12	62.95	13.81	82.68	91.85	77.57
132.21	1189.32	518.56	144.45	500.95	703.27	626.87
356.05	2911.34	1117.66	259.13	1112.65	2004.59	1741.53
101.54	818.05	369.40	114.64	352.45	499.32	433.33
354.91	1166.94	403.35	68.78	411.64	652.66	582.39
222.67	1656.43	640.99	173.41	594.00	1135.58	961.49
130.63	1083.15	416.79	105.39	409.09	754.96	655.88
34.21	496.09	116.94	30.57	119.07	416.61	352.58
33.02	288.20	120.68	46.11	110.84	206.26	167.69
185.50	1033.55	326.42	63.73	310.66	932.13	737.06

1999年全部国有及年产品销售收入500万元以上

中型企业

地　区	企业单位数(个)	亏损企业	工业总产值 1990年不变价格	工业总产值 当年价	工业销售产值(当年价)
全　国	**14371**	**4934**	**9209.14**	**9857.20**	**9586.40**
北　京	266	52	243.83	244.55	240.25
天　津	328	94	194.26	194.29	188.50
河　北	796	206	347.00	415.19	408.17
山　西	228	69	85.31	100.38	96.33
内蒙古	210	64	150.62	216.35	213.19
辽　宁	454	187	225.57	245.76	236.84
吉　林	406	178	144.83	167.19	159.71
黑龙江	361	134	142.39	160.20	153.86
上　海	718	205	510.21	533.12	529.99
江　苏	1597	459	1267.54	1357.02	1308.35
浙　江	1037	228	1073.51	956.51	930.82
安　徽	473	213	228.35	235.17	227.38
福　建	226	64	276.77	278.16	265.83
江　西	348	171	131.91	148.26	143.43
山　东	1678	286	866.33	1012.75	981.60
河　南	685	243	315.32	416.73	409.03
湖　北	551	218	399.04	422.55	415.90
湖　南	386	214	121.78	144.57	141.80
广　东	1347	611	1331.50	1328.11	1292.28
广　西	416	218	185.67	195.67	190.50
海　南	86	51	65.00	72.42	69.48
重　庆	239	85	153.78	142.20	137.55
四　川	534	186	286.46	323.76	316.09
贵　州	126	77	55.97	62.88	59.77
云　南	270	139	121.73	145.27	145.04
西　藏	6	2	0.35	1.18	1.21
陕　西	247	105	144.36	150.11	144.95
甘　肃	120	55	39.19	46.88	44.89
青　海	41	24	10.10	12.85	12.12
宁　夏	63	29	25.34	36.72	34.74
新　疆	128	67	65.15	90.40	86.76

非国有工业企业主要经济指标（按地区分）（一）

计量单位：亿元

工业增加值（当年价）	资产合计	流动资产 小计	流动资产 应收账款净额	流动资产年平均余额	固定资产原价	固定资产 生产经营用
2787.33	**16273.20**	**7332.34**	**2018.46**	**7057.96**	**9438.15**	**7738.56**
68.95	383.33	200.57	46.74	185.09	150.42	117.79
44.73	330.84	144.83	38.21	139.28	193.18	161.05
126.22	707.63	297.64	74.75	295.32	443.04	368.05
38.33	268.11	111.92	26.39	106.39	173.54	139.49
76.93	365.10	144.47	35.11	145.02	264.72	226.94
62.60	492.81	238.27	68.56	224.04	269.22	230.11
58.29	447.06	215.23	69.52	198.16	245.11	204.13
51.34	369.88	171.50	45.38	169.91	206.68	167.98
124.88	843.86	468.63	164.66	436.28	353.99	312.43
331.37	1605.61	835.34	237.75	801.82	832.48	694.52
232.78	1221.91	568.01	148.14	547.28	694.77	593.30
72.73	394.83	180.91	50.91	175.82	226.32	189.04
85.96	409.63	175.98	51.48	167.60	269.64	219.79
46.10	382.94	163.83	35.27	158.12	233.69	179.12
288.73	1342.12	607.61	146.46	584.67	779.10	659.27
125.93	688.56	301.59	75.67	296.63	418.68	330.95
140.63	709.20	283.00	70.37	265.71	426.39	289.28
43.07	356.97	150.44	44.54	142.71	238.19	189.77
369.84	2135.83	976.60	295.10	941.03	1204.63	1010.79
56.68	386.88	149.25	36.07	156.33	270.32	220.67
18.25	167.76	46.03	11.14	49.86	108.90	61.27
41.19	300.92	127.20	36.86	120.72	178.57	150.47
110.24	663.27	261.87	74.07	242.45	394.14	320.26
25.12	142.32	65.38	19.03	65.34	76.60	61.85
43.69	335.73	121.23	32.43	127.34	227.59	188.18
0.53	4.37	1.89	0.74	0.78	3.44	2.37
41.37	308.68	130.77	33.49	124.38	194.66	161.72
17.48	125.22	53.38	16.89	51.64	82.88	55.50
4.93	37.46	17.81	3.69	17.96	21.39	16.49
9.50	80.20	31.99	10.22	30.50	55.41	46.99
28.96	264.17	89.16	18.82	89.79	200.47	169.02

1999年全部国有及年产品销售收入500万元以上

小型企业

地　区	企业单位数（个）	亏损企业	工业总产值 1990年不变价格	工业总产值 当年价	工业销售产值（当年价）
全　国	**139798**	**36849**	**28414.63**	**31267.62**	**30009.22**
北　京	4753	1078	927.71	928.90	904.94
天　津	4581	1058	828.15	907.13	877.36
河　北	6264	1037	1197.48	1348.31	1298.72
山　西	2981	757	393.44	466.79	440.35
内蒙古	1094	246	143.74	164.68	155.58
辽　宁	4969	1625	890.97	991.88	953.42
吉　林	2194	796	216.63	239.51	224.88
黑龙江	2312	719	234.77	307.97	283.71
上　海	7945	1748	1620.90	1818.50	1769.11
江　苏	15797	3677	4431.64	4803.05	4593.30
浙　江	11931	2017	3029.12	2899.13	2766.16
安　徽	3113	1073	520.82	551.88	528.78
福　建	5230	1560	1386.60	1517.13	1454.95
江　西	3269	1179	248.89	292.86	278.87
山　东	8627	1286	2068.10	2413.66	2303.15
河　南	8918	1743	1197.82	1575.46	1529.48
湖　北	6017	1491	1097.35	1221.13	1168.64
湖　南	4178	1666	437.13	587.90	565.82
广　东	16805	4951	5532.94	5826.23	5637.95
广　西	2539	1160	244.61	297.08	286.38
海　南	459	221	44.37	55.72	51.72
重　庆	1598	541	231.38	240.98	231.63
四　川	3702	1332	504.74	565.33	539.22
贵　州	1894	668	177.53	199.88	183.03
云　南	1775	805	208.94	280.50	272.66
西　藏	323	83	7.08	13.80	11.53
陕　西	2150	871	244.33	283.39	260.90
甘　肃	2038	436	163.56	207.07	187.39
青　海	494	245	35.13	44.81	41.63
宁　夏	403	176	41.64	62.99	60.39
新　疆	1445	604	107.12	153.98	147.59

非国有工业企业主要经济指标（按地区分）（一）

计量单位：亿元

工业增加值（当年价）	资产合计	流动资产		流动资产年平均余额	固定资产	
		小计	应收账款净额		原价	生产经营用
8284.79	**34825.31**	**16918.46**	**4939.13**	**16214.54**	**18332.05**	**14907.96**
295.56	1341.30	741.84	211.23	675.44	597.54	449.46
177.84	980.81	517.88	158.32	492.94	455.91	352.16
390.41	1291.15	594.81	136.57	575.55	703.87	600.84
167.58	843.47	350.86	90.22	357.41	518.43	452.48
56.85	326.49	134.80	30.51	128.80	202.13	132.82
290.56	1499.55	723.24	197.46	684.98	778.47	623.56
83.34	434.52	204.20	62.65	184.76	233.79	189.27
92.38	517.46	263.48	74.86	247.32	242.43	193.68
437.97	1954.64	1140.28	362.46	1107.13	813.95	697.80
1122.55	4201.52	2155.54	673.44	2060.15	2169.82	1829.82
643.80	2802.87	1459.10	434.86	1395.74	1370.50	1230.74
151.64	729.37	339.68	96.17	327.01	405.22	349.94
428.53	1787.06	798.70	252.06	763.74	1007.83	878.21
88.46	440.97	192.37	49.04	183.53	244.04	182.21
646.86	1830.06	941.61	216.72	897.86	898.25	757.54
462.64	1743.83	774.73	180.30	738.96	1000.15	724.21
412.08	1065.29	470.02	121.96	450.12	582.27	415.62
165.37	832.82	316.71	98.86	305.29	568.96	402.60
1418.45	5730.50	3009.09	992.91	2935.86	2860.78	2334.83
88.97	516.38	185.99	43.41	180.39	310.83	221.33
19.19	113.76	42.40	16.43	38.99	63.98	36.20
66.07	361.33	158.59	47.35	151.68	202.26	171.51
168.03	893.81	373.59	109.40	356.50	516.85	409.83
69.39	368.18	176.29	51.59	165.76	190.97	157.14
92.52	652.45	241.06	62.11	231.91	411.36	354.08
7.89	63.20	19.48	7.54	15.51	35.94	25.62
81.91	534.03	215.91	55.75	196.51	302.07	253.03
77.47	399.83	153.69	43.94	148.00	256.75	172.22
19.18	97.75	34.37	9.04	34.38	65.24	46.23
19.08	129.82	41.98	14.00	41.10	104.42	93.28
42.27	341.09	146.14	37.92	141.23	217.03	169.69

1999 年全部国有及年产品销售收入 500 万元以上

总　计

地　区	固定资产小　计	累计折旧	本年折旧	固定资产净　值	固定资产净值年平均余额
全　国	**56074.35**	**22479.71**	**3622.13**	**49367.39**	**47281.43**
北　京	1714.96	715.22	103.16	1468.64	1377.04
天　津	1700.35	606.21	99.25	1529.59	1427.59
河　北	2669.21	1011.15	174.75	2270.64	2117.03
山　西	1540.56	640.37	76.86	1347.68	1294.94
内蒙古	1081.07	390.68	58.71	966.20	884.90
辽　宁	3859.06	1735.68	271.83	3405.40	3170.88
吉　林	1486.31	578.55	88.06	1329.34	1284.18
黑龙江	1723.20	891.73	105.59	1519.20	1413.29
上　海	3624.60	1642.08	292.55	3166.80	3012.76
江　苏	4288.90	1689.78	300.33	3842.71	3774.62
浙　江	2678.43	930.48	191.67	2415.58	2351.22
安　徽	1378.14	523.35	76.77	1222.06	1076.19
福　建	1409.81	461.42	92.91	1307.18	1272.41
江　西	874.12	340.97	45.36	761.58	740.40
山　东	4180.34	1739.52	278.90	3657.16	3558.83
河　南	2519.67	1075.76	149.97	2114.89	2025.53
湖　北	2235.32	910.93	113.86	1983.70	1931.97
湖　南	1379.30	572.18	70.84	1228.00	1191.85
广　东	5693.82	2211.20	422.07	5187.91	5132.94
广　西	953.68	322.61	50.66	824.85	805.62
海　南	227.79	69.78	12.73	194.95	186.46
重　庆	878.95	323.68	47.40	760.42	824.48
四　川	2328.18	907.16	171.85	2008.43	1826.04
贵　州	624.65	250.45	36.30	516.44	500.09
云　南	1098.86	373.42	64.04	918.18	873.23
西　藏	34.40	10.25	1.90	29.13	26.24
陕　西	1331.33	487.62	76.25	1144.69	1091.43
甘　肃	876.72	348.37	41.39	746.22	708.65
青　海	409.78	132.67	18.67	370.56	344.02
宁　夏	276.90	111.56	16.76	254.52	227.18
新　疆	995.93	474.88	70.73	874.75	829.43

非国有工业企业主要经济指标（按地区分）（二）

计量单位：亿元

负债合计	流动负债小计	所有者权益合计	实收资本	国家资本	港澳台资本	外商资本
72322.98	**50070.19**	**44618.80**	**28983.26**	**13079.58**	**2462.58**	**3492.80**
2402.01	1630.90	1567.51	1014.90	439.81	45.99	166.82
2242.90	1510.78	1382.66	922.03	362.56	78.55	236.44
3005.31	1992.03	1949.87	1166.95	740.48	42.84	61.16
1910.09	1030.94	990.65	621.62	423.44	9.50	7.11
1099.93	612.27	682.22	467.29	374.91	3.95	7.77
4485.84	3164.99	2947.58	1746.27	963.73	66.15	229.32
1939.55	1368.92	980.67	698.90	460.59	10.49	46.40
2252.02	1560.51	1205.21	725.25	545.77	17.74	24.18
4646.85	3635.12	4130.06	2755.85	767.48	218.96	670.92
6108.60	4798.33	3773.77	2648.73	653.03	224.49	571.12
3644.67	2781.88	2768.40	1695.63	494.19	135.90	155.95
1775.39	1197.42	1021.97	743.20	428.74	36.82	59.56
1657.75	1166.16	1232.87	884.56	225.31	308.00	135.77
1217.77	807.75	527.84	346.76	239.83	10.53	5.28
5590.62	3931.80	3232.63	2032.15	902.68	81.87	217.50
3357.14	2221.69	1733.73	1113.01	616.55	33.32	33.95
2963.47	1814.48	1654.85	1048.74	622.12	25.76	49.33
1798.83	1135.95	801.86	533.13	339.92	15.52	25.69
7861.46	5940.97	5481.52	3588.11	781.63	1004.07	619.47
1198.86	832.26	533.80	390.37	268.43	14.13	30.36
309.00	174.03	133.64	129.38	52.55	9.33	21.57
1241.55	878.76	606.18	485.64	209.42	9.05	45.50
2845.91	1701.77	1622.50	912.99	469.72	21.00	32.34
913.32	622.09	412.60	302.62	188.71	6.72	3.38
1187.45	762.78	967.66	468.37	327.05	6.45	16.81
23.34	17.35	44.24	31.52	24.94	0.02	0.12
1728.55	1085.94	770.59	511.53	327.67	16.44	9.73
1112.25	681.47	495.95	359.17	307.27	2.89	3.07
418.57	219.80	212.73	126.47	76.20	0.93	0.26
336.49	199.17	161.72	120.68	96.18	0.43	3.92
1047.49	591.89	591.32	391.43	348.67	4.73	2.00

1999 年全部国有及年产品销售收入500 万元以上

在总计中：国有企业

地　区	固定资产小　计	累计折旧	本年折旧	固定资产净　值	固定资产净值年平均余额
全　国	**28479.50**	**12561.39**	**1743.31**	**24511.53**	**23313.41**
北　京	1028.62	475.12	60.34	852.54	833.00
天　津	733.86	233.31	23.24	615.33	576.30
河　北	1439.50	615.32	101.13	1166.07	1038.16
山　西	947.69	411.92	44.56	837.02	793.87
内蒙古	519.34	212.76	29.48	482.77	439.35
辽　宁	2290.16	1135.66	180.08	2040.86	1878.14
吉　林	1084.28	450.54	60.70	954.51	921.33
黑龙江	1158.40	712.59	76.61	1048.48	996.66
上　海	1651.92	872.67	128.39	1349.32	1273.38
江　苏	1273.41	529.99	72.05	1080.56	1065.60
浙　江	766.28	305.97	45.58	664.07	647.81
安　徽	650.05	287.89	38.97	563.63	475.69
福　建	515.78	173.98	28.75	466.73	453.90
江　西	576.64	247.13	28.81	503.64	485.11
山　东	2080.45	983.67	141.47	1762.30	1725.20
河　南	1231.90	602.35	72.55	979.72	1002.95
湖　北	1273.72	631.88	66.30	1147.13	1111.30
湖　南	915.41	373.78	42.07	815.13	792.21
广　东	1652.55	533.99	86.89	1451.59	1346.04
广　西	620.63	211.16	29.46	545.22	527.95
海　南	113.52	35.08	5.96	100.22	96.65
重　庆	459.56	194.33	21.16	389.05	462.16
四　川	1216.33	577.88	110.31	1036.84	944.64
贵　州	424.69	184.32	25.91	343.38	333.63
云　南	758.97	258.08	43.70	627.53	582.06
西　藏	25.21	7.93	1.28	23.12	19.63
陕　西	983.32	383.80	54.81	835.10	785.76
甘　肃	762.60	309.48	35.35	646.86	608.55
青　海	287.48	105.47	13.68	263.79	243.81
宁　夏	203.73	87.11	12.69	191.98	166.38
新　疆	833.50	416.24	61.08	727.06	686.19

非国有工业企业主要经济指标（按地区分）（二）

计量单位：亿元

负债合计	流动负债小计	所有者权益合计	实收资本			
				国家资本	港澳台资本	外商资本
33865.79	**21343.32**	**19531.92**	**11456.48**	**9383.97**	**38.57**	**97.61**
1218.37	716.37	847.03	445.50	332.54	0.19	0.10
1013.09	601.70	428.28	293.34	245.14	1.54	0.16
1597.72	1027.82	995.44	555.74	520.80	1.71	3.30
1207.27	541.54	531.93	337.09	272.92	0.30	
512.07	274.78	336.77	238.03	230.69	0.45	0.06
2419.04	1669.92	1566.75	848.13	733.32	1.34	14.18
1398.86	936.35	624.06	442.91	376.27	0.14	0.56
1396.18	966.85	817.28	453.45	433.31	0.01	0.30
1706.04	1132.87	1502.70	855.42	552.08		
1677.28	1199.87	955.41	528.34	376.39	9.05	31.60
910.67	564.54	917.99	439.49	340.83	1.38	10.21
849.55	549.26	479.71	332.76	265.37	1.03	4.22
526.05	259.37	310.77	170.97	141.45	0.37	0.07
807.13	520.29	345.15	217.19	175.81	0.67	1.35
2535.70	1637.37	1501.69	860.57	690.83	4.14	10.21
1644.55	1020.97	716.26	464.50	382.92	0.82	1.63
1698.70	1105.19	884.45	572.69	490.25	0.64	1.57
1194.83	725.41	443.07	294.20	251.58	1.66	6.46
1756.55	1190.06	1420.83	631.72	460.17	6.30	5.17
771.89	524.56	278.64	212.11	197.80	4.30	1.82
157.93	68.76	43.23	38.28	36.41	0.04	
706.53	469.59	198.49	198.70	153.28	1.56	0.82
1353.74	788.83	800.01	441.86	322.69	0.20	0.94
595.16	381.76	272.17	195.33	132.46	0.05	0.35
741.49	461.06	703.17	271.88	257.83	0.01	
13.68	9.35	28.93	22.58	22.17		0.01
1204.78	756.42	489.04	312.70	254.65	0.29	0.38
935.24	541.26	383.00	296.16	288.96	0.41	2.12
263.44	150.50	148.05	89.09	54.91		0.01
232.39	117.55	92.39	81.26	80.21		
819.86	433.17	469.20	314.50	309.98		

1999 年全部国有及年产品销售收入 500 万元以上

集体企业

地区	固定资产小计	累计折旧	本年折旧	固定资产净值	固定资产净值年平均余额
全国	**3962.31**	**1527.75**	**274.61**	**3575.92**	**3565.14**
北京	85.72	32.23	5.07	74.71	67.22
天津	86.65	36.49	8.06	79.63	75.45
河北	187.56	62.07	9.56	174.69	174.52
山西	96.35	33.80	5.28	86.02	92.03
内蒙古	11.85	4.27	0.59	10.80	11.42
辽宁	112.64	42.39	6.71	103.84	102.99
吉林	47.58	16.33	2.32	43.20	40.91
黑龙江	39.85	12.34	1.82	37.06	35.99
上海	127.58	49.18	9.22	112.18	112.82
江苏	594.66	252.83	47.24	530.68	526.60
浙江	484.81	175.48	39.63	433.34	427.15
安徽	75.25	27.14	4.27	69.21	70.14
福建	52.51	18.56	3.57	47.97	47.26
江西	31.27	8.37	1.33	27.89	26.68
山东	605.02	226.23	37.04	548.00	538.65
河南	272.60	89.88	17.31	241.41	247.85
湖北	130.79	48.98	8.01	115.35	114.09
湖南	71.68	32.52	4.88	65.87	66.63
广东	487.78	212.22	37.93	447.11	455.12
广西	55.77	20.72	3.59	49.67	51.30
海南	2.51	0.85	0.16	2.36	2.16
重庆	26.25	12.03	1.99	23.29	22.33
四川	82.40	37.02	5.37	75.05	82.75
贵州	19.29	6.75	1.30	17.31	17.30
云南	67.06	28.31	5.25	62.13	62.34
西藏	2.59	0.48	0.13	2.56	1.63
陕西	29.89	10.19	2.06	27.18	25.64
甘肃	43.84	15.60	2.61	39.27	38.34
青海	2.45	1.26	0.14	2.20	2.03
宁夏	5.42	3.54	0.43	5.23	5.29
新疆	22.69	9.70	1.72	20.72	20.53

非国有工业企业主要经济指标（按地区分）（二）

计量单位：亿元

负债合计		所有者权益合计	实收资本			
	流动负债小计			国家资本	港澳台资本	外商资本
6996.36	**5744.06**	**3505.65**	**2470.40**	**55.21**	**48.58**	**59.15**
171.81	143.27	78.98	52.84	2.01	0.64	2.49
170.03	155.91	107.20	58.36	0.49	0.62	5.06
323.18	261.50	166.54	116.69	2.49	0.48	0.32
149.22	120.75	76.48	56.86	2.09	0.11	0.23
22.18	17.67	9.08	6.46	0.54		
235.70	207.57	102.00	79.02	2.18	0.52	0.89
88.99	76.07	32.84	26.50	2.51	0.01	0.08
89.64	76.47	29.26	27.02	0.08	0.02	0.06
273.72	248.19	167.29	106.29	0.69	0.06	0.04
1130.10	971.67	565.63	414.44	8.38	12.85	15.39
733.83	598.45	438.35	267.95	1.52	3.46	13.77
160.36	129.75	42.86	43.02	0.35	0.51	0.46
67.51	57.80	58.70	46.53	0.53	0.25	0.29
51.03	38.73	25.06	23.60	1.07	1.43	0.57
1009.56	840.70	567.38	355.17	2.82	4.14	8.68
432.23	330.55	218.73	173.73	4.09	0.47	1.4
221.52	153.81	106.02	71.55	0.37	0.34	0.29
128.16	93.34	41.23	41.49	1.91	0.22	0.16
891.44	712.05	416.07	299.27	10.35	20.97	8.47
104.74	76.55	31.75	29.49	1.53	0.58	0.12
4.34	3.20	2.05	1.51	0.02		
52.19	42.39	18.82	14.32	0.16	0.01	0.02
151.88	125.98	64.15	48.91	2.36	0.61	0.22
35.29	29.42	15.68	13.25	0.24	0.14	
110.38	85.38	36.82	33.93	0.59	0.06	
1.65	0.94	4.34	2.71	0.30		
51.41	38.22	24.88	18.04	1.01		0.02
72.96	59.39	41.60	26.35	2.01	0.07	0.02
5.30	3.70	1.38	1.34	0.02		0.07
10.58	8.22	2.76	2.45	0.14		
45.42	36.41	11.72	11.32	2.38		

1999 年全部国有及年产品销售收入 500 万元以上

股份合作制

地　区	固定资产小　计	累计折旧	本年折旧	固定资产净　值	固定资产净值年平均余额
全　国	**827.93**	**317.49**	**59.54**	**747.98**	**733.95**
北　京	8.59	2.85	0.63	7.70	6.16
天　津	23.24	10.47	3.65	22.19	21.40
河　北	21.15	7.08	1.13	19.82	18.30
山　西	16.67	4.27	0.81	14.13	15.91
内蒙古	3.98	1.14	0.13	3.76	3.71
辽　宁	26.32	10.86	1.64	24.84	24.36
吉　林	5.60	2.90	0.66	5.47	5.63
黑龙江	7.02	2.40	0.29	6.20	6.30
上　海	30.20	14.74	2.64	27.31	27.19
江　苏	190.11	86.44	16.51	174.36	174.78
浙　江	133.75	48.42	10.11	121.28	120.61
安　徽	31.22	9.74	1.62	28.61	27.75
福　建	9.61	3.39	0.71	8.89	8.70
江　西	12.53	3.56	0.57	10.54	10.31
山　东	97.46	34.39	6.37	89.61	88.19
河　南	28.12	8.59	1.66	25.60	25.41
湖　北	21.13	6.20	1.32	20.10	13.24
湖　南	19.18	6.76	1.06	17.78	16.97
广　东	42.70	15.14	2.44	31.84	33.72
广　西	10.20	3.85	0.53	9.37	8.70
海　南	1.26	0.78	0.12	1.08	1.03
重　庆	7.39	2.99	0.51	6.70	7.03
四　川	34.28	12.08	1.94	30.43	28.55
贵　州	3.60	1.33	0.23	3.19	3.13
云　南	11.99	5.39	0.84	10.91	10.68
西　藏	0.88	0.05	0.02	0.87	0.78
陕　西	12.67	5.74	0.50	9.63	10.21
甘　肃	7.78	2.92	0.29	7.10	6.90
青　海	2.62	0.74	0.19	2.45	2.48
宁　夏	1.89	0.72	0.13	1.83	1.41
新　疆	4.77	1.59	0.28	4.39	4.40

非国有工业企业主要经济指标（按地区分）（二）

计量单位：亿元

负债合计	流动负债	所有者权益合计	实收资本			
	小　计			国家资本	港澳台资本	外商资本
1463.46	**1219.23**	**750.65**	**494.08**	**29.03**	**3.71**	**7.39**
17.83	15.82	9.96	7.38	0.44	0.02	
44.61	41.29	22.06	14.02	0.69	0.29	0.18
32.02	25.74	18.09	10.65	0.97		0.07
20.52	15.65	11.90	8.69	0.51		
5.08	3.95	4.22	2.69	1.41	0.01	
46.89	40.78	23.07	15.57	1.14	0.06	0.11
8.89	7.05	3.12	2.16	0.38		
10.81	9.17	5.50	4.88	0.60		0.01
72.04	65.67	44.93	26.62	0.63		
401.16	355.72	162.45	115.15	2.89	1.55	3.24
230.55	205.16	160.43	109.55	1.13	0.40	0.75
51.61	39.20	14.61	13.65	0.84	0.01	0.09
13.43	10.86	6.86	6.28	0.33	0.04	
21.80	18.05	5.96	5.12	2.67		
147.75	103.02	57.42	27.60	1.33	0.35	0.36
47.28	37.92	21.22	15.64	1.15	0.04	0.09
31.78	19.17	15.72	11.56	1.08	0.44	1.51
21.85	13.87	15.24	12.27	1.44	0.05	0.06
88.85	75.39	70.59	34.14	1.94	0.24	0.86
14.23	11.19	8.85	5.23	1.16	0.02	
4.32	4.02	1.45	1.28	0.28		
13.36	11.62	7.26	4.84	0.09	0.01	0.02
50.79	39.62	27.53	17.82	1.07	0.19	
5.74	4.53	2.31	2.11	0.12		
18.06	13.47	9.42	7.31	0.43		
1.19	0.82	0.64	0.42	0.26		
18.60	13.37	8.44	4.13	1.31		
9.38	7.59	6.47	3.57	1.83		0.06
3.46	2.16	1.80	1.39	0.21		
2.81	2.20	0.57	0.75	0.17		
6.78	5.15	2.57	1.65	0.52		

1999 年全部国有及年产品销售收入500 万元以上

联营企业

地区	固定资产 小计	累计折旧	本年折旧	固定资产 净值	固定资产净值 年平均余额
全国	**567.94**	**192.23**	**43.33**	**516.09**	**520.88**
北京	21.17	8.41	1.10	20.53	18.60
天津	99.85	24.94	8.11	98.54	102.31
河北	12.66	3.91	0.83	11.44	10.87
山西	3.01	1.19	0.17	1.93	2.28
内蒙古	3.84	0.75	0.16	2.84	2.89
辽宁	7.49	2.52	0.46	6.74	6.35
吉林	3.10	1.17	0.30	2.96	3.00
黑龙江	1.59	0.35	0.08	1.48	1.52
上海	135.58	47.21	13.88	123.23	128.03
江苏	50.55	25.38	3.53	45.44	46.55
浙江	22.23	7.29	1.59	19.27	19.50
安徽	9.51	0.89	0.17	3.92	3.51
福建	20.13	9.74	1.50	19.28	19.61
江西	2.61	0.55	0.08	2.40	2.41
山东	22.00	6.21	1.01	17.84	17.06
河南	9.64	2.56	0.55	9.01	9.01
湖北	21.22	8.90	2.28	17.01	15.23
湖南	1.60	0.66	0.10	1.50	1.49
广东	75.71	27.96	5.01	71.33	71.54
广西	2.77	0.73	0.14	2.45	2.49
海南	12.46	1.97	0.43	11.63	11.81
重庆	3.56	0.98	0.25	3.38	3.19
四川	4.23	2.35	0.39	3.82	4.48
贵州	7.21	1.82	0.43	6.70	6.09
云南	5.66	1.18	0.27	4.18	4.36
西藏	0.84	0.01		0.06	0.06
陕西	4.28	1.43	0.27	4.11	3.52
甘肃	0.57	0.21	0.03	0.56	0.55
青海	0.11	0.08	0.01	0.11	0.09
宁夏	1.54	0.63	0.14	1.54	1.62
新疆	1.24	0.26	0.09	0.87	0.85

非国有工业企业主要经济指标（按地区分）（二）

计量单位：亿元

负债合计	流动负债小计	所有者权益合计	实收资本			
				国家资本	港澳台资本	外商资本
791.21	**541.26**	**426.98**	**342.74**	**82.27**	**2.61**	**1.94**
42.12	34.21	16.84	12.97	1.87	0.01	0.06
100.53	39.71	35.24	20.12	2.02		0.07
16.02	12.54	12.01	10.39	2.64	0.07	
5.17	4.03	2.27	1.44	0.45		
3.87	3.33	2.75	2.31	0.63		
15.90	12.97	4.62	3.62	1.70		0.02
5.48	4.37	0.60	1.74	0.91		
2.44	1.94	1.13	1.14	0.13		
171.70	114.96	123.93	108.47	10.62		
93.38	75.98	50.53	46.11	9.44	0.31	0.77
33.84	28.91	23.68	15.94	4.40	0.01	0.04
11.71	6.15	3.78	3.08	0.99		
23.15	15.65	17.08	11.85	4.57	0.02	
3.36	2.47	1.73	1.67	1.29		
34.00	23.91	14.55	10.63	4.30		0.13
23.60	20.47	6.59	6.22	2.78		
26.04	18.20	23.12	12.90	4.52	1.16	0.15
1.93	1.56	0.92	0.67	0.19		0.01
111.83	76.13	60.54	45.40	18.11	1.02	0.51
4.53	2.66	1.48	1.47	0.69		0.06
16.30	8.86	2.47	4.87	2.61		
5.03	3.65	2.47	2.68	1.13		
10.74	8.99	4.67	4.16	1.15		
10.88	7.73	5.00	4.95	2.56		0.11
7.85	4.77	2.11	2.04	0.66		
0.54	0.35	0.87	0.87	0.81		
5.02	3.96	3.90	2.98	0.42		
0.53	0.41	0.41	0.21	0.01		
0.14	0.10	0.12	0.06	0.06		
1.66	0.87	0.50	0.69	0.04		
1.91	1.39	1.05	1.07	0.57		

1999 年全部国有及年产品销售收入 500 万元以上

有限责任公司

地区	固定资产小计	累计折旧	本年折旧	固定资产净值	固定资产净值年平均余额
全国	**7476.21**	**2706.18**	**401.98**	**6457.52**	**5959.27**
北京	221.54	61.44	6.29	199.11	157.88
天津	255.05	132.32	12.78	239.96	196.66
河北	488.98	178.42	27.96	400.76	378.01
山西	361.74	154.40	20.01	315.53	304.73
内蒙古	432.56	127.77	22.26	370.95	336.55
辽宁	662.12	298.03	30.88	538.65	494.63
吉林	103.72	25.78	4.48	98.44	98.09
黑龙江	308.16	111.94	16.68	252.93	213.15
上海	193.44	61.21	8.45	159.49	139.79
江苏	678.09	327.08	47.54	593.80	563.35
浙江	359.61	114.00	23.04	328.10	317.93
安徽	281.70	88.13	12.71	250.26	238.33
福建	54.45	22.23	2.99	49.58	48.30
江西	168.71	56.95	9.34	146.59	146.31
山东	361.29	144.58	24.30	317.21	306.12
河南	489.32	191.67	28.68	419.63	359.94
湖北	208.24	72.42	8.64	175.78	179.50
湖南	226.85	85.08	12.21	197.28	179.35
广东	179.97	59.06	12.33	159.88	161.54
广西	108.80	32.57	5.85	84.14	82.07
海南	9.79	4.33	0.60	6.75	8.71
重庆	156.27	35.93	7.20	131.46	126.89
四川	555.49	133.57	28.11	488.28	396.23
贵州	133.37	44.73	6.36	117.37	110.43
云南	127.53	39.31	6.07	105.67	106.27
西藏	0.04			0.03	0.03
陕西	168.83	42.21	7.80	154.52	156.40
甘肃	25.40	9.07	1.28	21.60	22.13
青海	34.14	14.92	1.34	26.77	27.10
宁夏	35.81	11.17	1.81	29.56	28.97
新疆	85.21	25.85	3.97	77.43	73.86

非国有工业企业主要经济指标（按地区分）（二）

计量单位：亿元

负债合计		所有者权益合计				
	流动负债小计		实收资本	国家资本	港澳台资本	外商资本
9638.21	**6205.40**	**5351.88**	**3156.89**	**1741.29**	**36.08**	**73.94**
304.90	159.05	156.97	112.20	36.57		0.02
206.11	113.41	210.91	102.71	40.13		
524.52	328.12	344.71	147.85	106.28	5.31	3.57
389.10	240.24	261.42	142.29	125.70		
432.91	208.64	191.26	134.61	113.84	0.06	0.04
883.75	576.06	583.81	303.90	148.81	11.23	3.10
137.55	107.28	69.42	46.28	25.53		2.25
421.65	257.50	176.72	108.22	75.89	1.17	0.35
338.36	271.51	205.22	144.16	56.11		
914.13	691.55	583.03	385.78	156.60	3.77	13.51
513.51	393.43	297.25	196.21	43.89	1.30	8.51
369.94	235.49	192.27	137.03	89.99	0.31	9.15
71.79	47.87	37.50	31.55	14.27	0.08	0.22
225.68	154.11	69.67	50.47	41.31	0.36	0.22
535.99	377.49	281.15	155.66	78.13	2.45	4.22
617.44	402.29	356.63	194.85	147.50	4.32	3.56
259.22	131.36	138.29	77.76	44.71	0.15	2.18
272.97	152.30	134.57	74.78	51.01	0.60	2.95
315.45	233.71	143.69	92.27	33.46	3.90	1.97
120.17	74.75	63.19	38.89	34.78	0.18	0.03
17.07	11.75	4.93	5.58	1.71		0.02
187.30	133.61	135.82	85.20	21.81	0.72	17.54
694.59	345.62	345.90	130.99	73.34	0.02	0.25
209.33	152.17	72.98	58.63	49.08		0.21
150.35	85.57	81.75	57.11	33.20	0.13	
0.16	0.08	0.03	0.02			
271.59	147.20	85.68	65.00	40.78		0.05
43.36	31.31	15.65	9.74	7.15		
52.52	40.55	28.21	17.49	15.67		
47.10	37.63	38.06	16.44	9.72	0.02	
109.70	63.77	45.19	33.22	24.31		

1999 年全部国有及年产品销售收入 500 万元以上

股份有限公司

地区	固定资产小计	累计折旧	本年折旧	固定资产净值	固定资产净值年平均余额
全国	**3997.62**	**1436.22**	**242.72**	**3442.46**	**3277.54**
北京	38.85	14.44	2.75	31.19	26.41
天津	75.32	24.23	4.62	58.65	55.05
河北	220.96	71.78	15.69	212.01	196.48
山西	57.34	23.82	3.82	44.28	39.54
内蒙古	75.46	34.15	3.67	63.28	60.10
辽宁	149.21	45.80	5.94	105.43	99.53
吉林	79.05	33.59	5.14	68.14	65.92
黑龙江	95.35	27.86	3.96	72.56	70.19
上海	127.34	51.07	10.07	114.33	115.27
江苏	304.22	112.66	19.31	284.08	266.45
浙江	274.32	97.79	22.46	247.46	225.81
安徽	196.11	62.62	9.98	176.42	146.27
福建	80.75	32.33	5.33	60.38	63.92
江西	24.07	9.02	1.52	20.49	20.47
山东	467.93	165.49	28.51	409.70	383.53
河南	242.68	93.60	11.44	206.50	181.11
湖北	308.69	98.97	14.95	271.18	260.34
湖南	68.40	33.81	4.40	60.63	64.40
广东	358.84	141.97	25.76	319.65	329.76
广西	61.80	26.99	4.79	51.16	50.77
海南	44.14	13.87	2.63	30.58	28.83
重庆	87.88	29.37	5.60	73.35	73.86
四川	293.51	107.02	16.21	244.34	242.89
贵州	16.44	4.43	0.83	13.73	13.96
云南	62.49	25.86	3.49	48.70	48.72
西藏	4.06	1.66	0.44	2.09	3.75
陕西	46.89	18.77	3.07	35.55	32.92
甘肃	16.25	4.51	0.58	11.15	11.96
青海	77.41	9.63	3.08	69.77	64.33
宁夏	10.10	4.06	0.56	7.75	7.52
新疆	31.74	15.04	2.10	27.93	27.47

非国有工业企业主要经济指标（按地区分）（二）

计量单位：亿元

负债合计	流动负债小计	所有者权益合计	实收资本	国家资本	港澳台资本	外商资本
4831.30	**3391.97**	**4359.62**	**2210.98**	**812.89**	**64.00**	**51.95**
52.27	46.09	82.08	36.17	6.26		1.50
101.66	58.77	52.63	32.24	17.54	0.03	0.16
148.34	94.19	183.51	114.37	63.96	0.56	0.28
62.55	45.13	60.21	31.71	10.43	1.81	0.25
63.17	52.97	89.89	52.19	17.88	0.49	
222.64	168.94	158.83	81.23	32.25	0.30	5.56
101.33	81.19	124.90	66.92	36.73		0.06
153.07	117.72	97.71	50.42	16.15	0.31	0.25
169.97	155.52	287.55	100.68	24.76	0.07	4.83
320.07	258.46	378.82	163.96	50.09	16.11	8.17
303.50	224.42	289.11	157.41	58.79	9.51	2.18
167.45	116.79	187.43	107.23	54.57	18.51	0.04
115.38	83.20	107.68	49.72	20.90	0.01	0.75
23.39	13.19	30.64	11.97	2.58		
585.70	368.99	376.74	171.10	73.67	1.16	7.40
311.95	206.11	195.22	115.24	46.29	0.32	0.43
353.14	206.73	315.29	175.28	56.53	0.39	4.12
89.76	71.33	80.54	43.30	20.58	0.62	0.02
470.86	353.41	520.84	233.58	49.07	8.65	8.58
82.66	63.18	59.64	31.76	15.45	0.05	0.02
53.81	36.15	33.94	30.37	8.43	1.35	0.36
138.78	109.04	106.23	54.20	16.95		4.71
380.77	232.30	242.05	151.09	51.01	3.69	1.69
25.00	17.96	23.85	7.80	1.83		
91.98	64.48	70.64	43.10	23.66		
5.83	5.64	8.14	4.05	1.35		
69.90	54.67	76.09	48.00	13.11		0.04
20.65	18.00	30.23	10.63	5.92	0.05	
87.44	19.03	28.90	13.28	5.26	0.03	0.04
16.82	13.27	11.11	4.93	2.02		
41.46	35.10	49.18	17.01	8.85		0.51

1999 年全部国有及年产品销售收入 500 万元以上

私营企业

地　区	固定资产 小　计	累计折旧	本年折旧	固定资产 净　值	固定资产净值 年平均余额
全　国	**868.15**	**224.97**	**55.62**	**809.24**	**795.95**
北　京	6.49	1.47	0.59	5.65	4.84
天　津	4.67	1.27	0.39	4.24	3.65
河　北	49.70	9.75	2.27	47.09	46.98
山　西	19.77	4.20	0.84	17.20	18.69
内蒙古	8.32	1.64	0.42	8.06	7.90
辽　宁	79.79	20.90	4.45	75.73	71.42
吉　林	11.48	2.51	0.41	10.68	9.95
黑龙江	12.49	1.82	0.42	11.82	11.11
上　海	8.85	1.66	0.48	8.24	8.74
江　苏	68.11	24.09	6.04	63.29	63.51
浙　江	170.36	47.62	12.56	158.28	154.97
安　徽	18.53	3.84	1.08	17.64	15.93
福　建	21.59	4.38	1.37	21.02	21.61
江　西	5.96	0.78	0.35	5.83	5.90
山　东	53.65	14.73	2.96	49.96	50.15
河　南	49.87	9.64	2.20	46.02	44.87
湖　北	17.14	4.04	0.80	16.31	15.98
湖　南	18.04	4.25	1.10	16.15	16.40
广　东	118.78	37.20	9.73	112.93	113.48
广　西	10.47	2.79	0.58	9.39	8.18
海　南	1.87	0.58	0.13	1.81	1.76
重　庆	22.59	4.74	1.20	21.27	20.49
四　川	50.63	13.49	3.22	45.80	46.42
贵　州	5.71	1.51	0.40	5.39	6.00
云　南	8.84	2.21	0.54	6.98	6.89
西　藏	0.33	0.10	0.03	0.24	0.20
陕　西	9.43	1.86	0.43	8.01	7.32
甘　肃	2.53	0.51	0.12	2.47	1.99
青　海	1.89	0.23	0.06	1.89	1.89
宁　夏	7.54	0.70	0.24	7.19	6.43
新　疆	2.73	0.46	0.21	2.68	2.29

非国有工业企业主要经济指标（按地区分）（二）

计量单位：亿元

负债合计	流动负债小计	所有者权益合计	实收资本	国家资本	港澳台资本	外商资本
1367.12	**1159.58**	**922.10**	**638.15**	**7.10**	**9.34**	**12.07**
12.13	10.94	9.55	6.89	0.02		
8.51	8.26	6.62	3.46		0.01	0.01
60.68	46.56	55.34	37.21	0.01	0.03	0.06
28.30	23.54	18.30	12.61	0.13	0.12	0.01
15.85	13.83	9.21	7.21	0.06		
134.33	109.25	62.98	53.11	0.61	0.13	0.52
15.44	13.57	10.82	8.39	0.28		0.01
13.50	10.46	11.26	9.73	0.03		0.06
16.38	15.37	11.49	6.01			
137.43	124.22	60.46	43.34	0.13	0.34	0.53
292.30	264.16	185.00	120.74	0.15	0.75	2.13
23.22	19.08	17.39	14.97	0.06		
25.97	22.77	29.70	23.87	0.13	0.31	
7.15	5.70	5.25	4.71		0.08	
82.11	69.75	47.03	32.16	0.39	0.18	0.09
64.19	49.26	45.55	35.75	0.23	0.28	0.05
20.46	14.09	20.50	13.79	0.34	0.01	0.03
24.78	21.37	27.35	18.28	0.79	0.05	0.08
203.59	170.22	169.26	99.10	3.40	6.93	8.36
11.89	8.73	8.33	7.00	0.05		0.10
3.46	2.94	3.01	1.81			
31.88	27.44	23.91	14.65	0.01	0.11	
80.23	65.51	49.38	36.26	0.03	0.01	
8.85	7.48	6.25	5.36	0.02		0.01
13.75	11.67	8.17	4.04	0.06		
0.18	0.13	0.65	0.63	0.02		0.03
11.38	9.18	8.73	7.43	0.05		
3.56	2.89	2.79	2.34	0.04		
1.68	0.98	1.28	1.18			
9.46	6.29	5.39	4.77	0.06		
4.46	3.97	1.15	1.36			

1999 年全部国有及年产品销售收入500 万元以上

港、澳、台商投资企业

地　区	固定资产小　计	累计折旧	本年折旧	固定资产净　值	固定资产净值年平均余额
全　国	**4732.67**	**1882.82**	**385.17**	**4427.53**	**4398.37**
北　京	64.54	21.25	5.49	57.39	54.47
天　津	96.82	33.44	7.84	91.87	87.88
河　北	120.16	34.61	7.59	114.14	130.11
山　西	22.67	3.34	0.68	18.65	16.16
内蒙古	10.74	4.21	0.86	9.55	9.47
辽　宁	127.79	53.46	8.76	124.13	121.97
吉　林	29.95	7.09	1.72	26.24	23.78
黑龙江	43.25	8.70	1.82	40.35	36.11
上　海	467.37	232.84	35.19	416.85	404.81
江　苏	351.56	118.12	28.11	337.25	341.75
浙　江	278.36	79.61	21.85	260.65	258.27
安　徽	46.26	26.63	3.54	45.37	36.22
福　建	445.03	147.72	34.96	426.72	403.57
江　西	16.06	4.47	1.04	15.67	15.10
山　东	144.72	54.06	11.06	139.13	140.44
河　南	130.67	61.86	10.91	124.46	99.25
湖　北	79.02	16.91	4.67	65.80	67.82
湖　南	21.80	7.38	1.73	20.68	20.91
广　东	2031.54	908.75	181.82	1905.34	1947.16
广　西	17.40	5.08	1.15	16.43	16.33
海　南	15.37	4.91	0.79	14.45	11.34
重　庆	24.49	6.36	1.74	23.72	22.22
四　川	33.01	7.63	2.04	28.40	27.01
贵　州	7.95	3.08	0.38	3.75	3.95
云　南	21.56	5.19	1.75	20.02	20.21
西　藏					
陕　西	55.14	15.86	5.53	51.83	53.21
甘　肃	15.13	5.43	0.95	14.70	15.78
青　海	3.33	0.28	0.18	3.25	2.06
宁　夏	1.50	0.33	0.07	1.43	1.42
新　疆	9.48	4.20	0.95	9.31	9.57

非国有工业企业主要经济指标（按地区分）（二）

计量单位：亿元

负债合计	流动负债小计	所有者权益合计	实收资本	国家资本	港澳台资本	外商资本
6470.34	**5059.05**	**4471.89**	**3603.77**	**485.03**	**2074.99**	**269.30**
157.31	138.94	74.86	67.81	14.74	32.76	1.72
148.91	125.93	98.35	93.07	11.26	58.46	11.02
152.29	102.87	81.52	72.10	23.59	26.80	1.15
29.74	24.12	16.07	17.89	8.20	6.94	0.09
24.62	22.93	25.20	11.49	4.94	2.94	2.50
160.49	106.66	87.88	89.87	18.59	48.66	1.88
42.40	34.81	19.07	19.67	7.64	9.92	0.32
64.68	42.83	26.94	27.20	10.37	12.44	0.77
609.59	521.11	585.14	403.07	73.87	214.97	11.96
499.88	384.56	307.61	274.26	15.36	139.31	41.91
370.76	297.58	245.87	200.82	23.82	118.87	1.47
52.98	33.81	21.51	24.10	7.24	12.09	0.11
553.15	469.89	482.63	386.73	32.63	305.58	2.18
21.73	16.32	13.56	13.66	2.40	7.17	0.08
207.72	171.23	118.70	119.51	26.34	58.13	5.01
135.92	101.99	121.68	62.28	21.47	25.58	4.20
97.30	59.21	45.56	43.68	5.80	22.08	0.74
27.39	23.06	21.88	19.05	3.20	11.30	0.83
2848.56	2182.86	1907.61	1506.40	143.09	892.34	175.94
27.89	23.63	12.74	14.34	3.93	6.37	0.29
24.95	21.49	20.32	19.09	0.99	7.58	1.29
35.82	29.44	9.23	13.66	4.36	5.52	0.49
43.48	34.34	36.96	29.54	6.41	14.99	1.85
12.60	12.08	8.65	9.03	0.88	6.07	0.17
28.81	21.41	16.00	15.34	4.37	5.63	0.79
50.41	25.20	40.90	30.38	7.12	14.20	0.36
23.55	18.09	13.89	8.89	1.11	2.37	0.04
4.15	2.35	2.83	2.27	0.08	0.90	0.04
3.41	3.18	1.22	0.82	0.09	0.33	0.09
9.86	7.13	7.50	7.75	1.16	4.70	0.01

1999 年全部国有及年产品销售收入在500 万元以上

外商投资企业

地　区	固定资产小　计	累计折旧	本年折旧	固定资产净　值	固定资产净值年平均余额
全　国	**5106.25**	**1608.33**	**412.16**	**4828.34**	**4664.58**
北　京	239.44	98.02	20.90	219.81	208.45
天　津	324.90	109.73	30.56	319.17	308.90
河　北	126.29	27.70	8.45	122.57	121.46
山　西	15.32	3.44	0.71	12.93	11.73
内蒙古	14.98	3.98	1.15	14.20	13.51
辽　宁	403.18	125.92	32.89	384.94	369.75
吉　林	121.55	38.63	12.32	119.69	115.56
黑龙江	57.09	13.73	3.91	48.32	42.25
上　海	881.27	310.91	83.70	854.89	801.74
江　苏	776.61	212.67	59.84	731.76	724.56
浙　江	188.12	54.15	14.82	182.61	178.59
安　徽	65.43	14.86	4.32	63.39	58.58
福　建	206.99	48.02	13.52	204.00	202.93
江　西	35.87	10.12	2.29	28.13	27.69
山　东	344.63	108.71	25.86	320.42	306.51
河　南	63.81	15.45	4.67	61.64	54.23
湖　北	173.80	22.36	6.81	153.68	153.15
湖　南	34.68	27.11	3.17	31.52	31.96
广　东	711.65	259.96	58.20	656.74	643.22
广　西	65.84	18.72	4.55	57.02	57.81
海　南	26.34	7.40	1.91	25.54	23.72
重　庆	90.96	36.93	7.75	88.18	86.30
四　川	58.21	16.11	4.26	55.48	53.07
贵　州	6.30	2.44	0.48	5.53	5.52
云　南	34.75	7.90	2.13	32.06	31.70
西　藏	0.46	0.02	0.01	0.15	0.15
陕　西	20.89	7.76	1.79	18.76	16.45
甘　肃	2.61	0.65	0.17	2.51	2.45
青　海	0.33	0.07		0.33	0.23
宁　夏	9.36	3.31	0.70	8.01	8.13
新　疆	4.57	1.53	0.33	4.38	4.27

非国有工业企业主要经济指标（按地区分）（二）

计量单位：亿元

负债合计	流动负债小计	所有者权益合计	实收资本	国家资本	港澳台资本	外商资本
6817.52	**5348.30**	**5258.52**	**4577.53**	**467.03**	**183.77**	**2919.28**
425.28	366.20	291.24	273.13	45.36	12.36	160.91
449.45	365.81	421.38	304.70	45.30	17.62	219.77
148.88	91.07	90.90	100.24	19.63	7.89	52.42
18.24	15.94	12.08	13.03	3.00	0.22	6.53
20.18	14.16	13.84	12.30	4.92		5.16
363.87	269.60	356.93	271.40	25.13	3.90	203.06
140.55	108.19	95.85	84.31	10.36	0.41	43.12
100.05	77.57	39.41	43.20	9.22	3.79	22.38
1287.97	1108.93	1200.73	1004.25	48.69	3.86	654.09
933.73	735.18	708.33	675.94	33.64	41.21	455.98
255.11	204.66	210.23	187.09	19.66	0.22	116.89
77.55	59.20	64.18	65.91	9.11	4.37	45.50
256.54	195.10	179.63	155.09	10.34	1.24	132.26
56.15	38.74	30.43	18.03	12.69	0.83	3.06
447.32	335.43	263.72	297.74	24.58	11.32	181.39
78.29	51.96	51.72	44.72	10.10	1.48	22.58
253.48	105.51	104.39	68.26	17.52	0.56	38.73
35.03	32.17	36.21	28.41	9.19	1.03	15.05
1127.89	916.61	746.55	627.52	48.60	62.89	409.55
60.86	47.01	69.17	50.08	13.05	2.63	27.91
26.71	16.77	21.65	26.00	1.77	0.36	19.90
70.50	51.82	103.97	97.36	11.62	1.13	21.91
79.48	60.37	51.64	52.16	11.67	1.28	27.39
10.37	8.86	5.65	6.12	1.52	0.46	2.53
24.77	14.98	39.58	33.63	6.24	0.62	16.01
0.10	0.04	0.64	0.25	0.03	0.02	0.08
45.45	37.71	32.93	22.89	9.22	1.95	8.89
2.99	2.53	1.90	1.28	0.25		0.83
0.45	0.42	0.18	0.35			0.11
12.25	9.96	9.72	8.59	3.72	0.08	3.83
8.03	5.81	3.75	3.54	0.91	0.03	1.48

1999 年全部国有及年产品销售收入 500 万元以上

在总计中：国有控股企业

地区	固定资产小计	累计折旧	本年折旧	固定资产净值	固定资产净值年平均余额
全国	**41427.07**	**17411.23**	**2523.30**	**35735.07**	**33938.96**
北京	1466.63	633.21	85.54	1240.16	1167.02
天津	1189.53	426.57	51.03	1038.57	956.35
河北	2137.10	865.42	144.01	1764.65	1605.97
山西	1355.70	584.24	67.40	1186.86	1126.88
内蒙古	1034.77	376.30	56.11	922.82	841.88
辽宁	3209.68	1491.67	224.06	2781.43	2557.84
吉林	1338.43	535.76	79.39	1190.90	1150.71
黑龙江	1548.64	850.51	97.49	1357.76	1263.22
上海	2553.97	1280.12	199.29	2151.63	2015.29
江苏	2152.04	965.24	133.82	1847.44	1828.90
浙江	1172.24	443.72	72.88	1035.29	993.16
安徽	1123.36	446.44	62.04	984.25	844.82
福建	795.67	279.85	47.63	715.52	695.59
江西	808.44	324.01	42.06	702.92	683.10
山东	2853.08	1261.20	189.72	2447.04	2368.69
河南	1924.90	909.89	113.67	1569.55	1535.19
湖北	1924.39	808.61	95.89	1710.80	1664.35
湖南	1172.53	484.22	55.48	1035.34	1002.04
广东	2831.39	1019.16	176.34	2501.01	2469.21
广西	815.48	278.47	41.60	698.89	678.40
海南	181.10	56.84	9.98	150.00	146.79
重庆	765.02	288.90	39.94	656.11	721.93
四川	1949.00	776.98	147.98	1665.70	1484.56
贵州	575.03	235.55	33.30	473.99	458.98
云南	955.77	324.18	53.86	788.58	743.37
西藏	31.38	9.84	1.76	26.53	24.56
陕西	1167.11	442.17	63.66	997.14	948.41
甘肃	802.21	322.84	37.19	677.87	640.74
青海	395.59	129.56	17.97	357.07	331.68
宁夏	243.74	100.94	14.92	223.54	197.66
新疆	953.18	458.85	67.28	835.70	791.64

非国有工业企业主要经济指标（按地区分）（二）

计量单位：亿元

负债合计	流动负债小计	所有者权益合计	实收资本	国家资本	港澳台资本	外商资本
49877.69	**31828.59**	**30566.88**	**17839.85**	**12565.44**	**423.35**	**624.92**
1915.72	1210.25	1268.42	741.22	419.90	18.90	54.18
1475.14	857.51	763.45	483.39	325.12	8.29	18.21
2263.07	1455.58	1513.50	832.86	722.02	20.73	15.41
1634.57	806.87	843.56	512.15	416.95	5.79	0.54
1018.63	544.07	636.62	433.24	371.73	2.45	4.04
3562.75	2416.41	2379.31	1245.52	936.28	17.34	35.72
1715.81	1185.64	853.43	595.86	447.43	5.19	21.52
1955.10	1319.49	1058.37	599.25	535.70	4.43	3.74
2980.48	2172.91	2869.77	1679.33	727.95	57.53	152.48
2785.49	2012.39	1833.68	1059.04	611.52	39.79	79.99
1356.85	862.59	1237.83	653.29	468.32	17.16	30.64
1346.30	864.75	849.57	563.86	422.21	27.26	9.46
871.87	504.17	566.49	311.57	212.16	18.12	7.36
1118.79	729.26	468.99	296.78	237.35	2.63	1.91
3518.10	2239.81	2078.01	1154.26	875.22	17.63	27.56
2486.34	1595.89	1305.90	766.02	595.13	17.95	10.70
2499.48	1485.61	1344.03	832.13	611.28	8.31	18.95
1510.02	917.24	640.83	402.82	327.34	3.66	13.98
3311.86	2241.26	2475.84	1232.27	665.15	103.84	47.34
996.74	679.73	430.96	299.06	256.10	6.97	9.64
249.60	129.23	88.92	81.90	50.33	2.08	1.93
1054.19	727.77	503.77	406.36	205.53	4.44	34.79
2258.93	1244.29	1289.45	661.09	454.54	6.47	8.98
829.38	552.47	369.72	263.53	186.96	1.26	1.08
975.31	604.04	871.45	384.82	322.20	1.94	6.74
21.75	16.25	39.33	28.11	24.82	0.02	0.02
1509.58	962.33	654.04	421.68	317.10	2.09	4.52
992.58	585.82	428.84	315.49	303.26	0.50	2.21
398.72	207.21	201.02	116.79	75.37	0.23	0.01
287.98	162.45	136.88	98.43	92.23	0.02	0.25
976.58	535.32	564.88	367.73	348.26	0.35	1.03

1999 年全部国有及年产品销售收入 500 万元以上

在总计中：大型企业

地　　区	固定资产小　计	累计折旧	本年折旧	固定资产净　值	固定资产净值年平均余额
全　国	**33740.26**	**14749.26**	**2270.28**	**29327.64**	**27571.70**
北　京	1124.06	487.13	64.50	948.76	915.44
天　津	1174.59	428.01	67.79	1058.71	993.24
河　北	1721.28	717.50	127.67	1417.37	1259.38
山　西	952.42	454.16	49.83	841.92	794.98
内蒙古	710.06	261.91	38.89	628.11	555.72
辽　宁	3023.05	1440.70	230.84	2652.69	2437.81
吉　林	1094.26	454.63	69.71	974.35	939.52
黑龙江	1319.79	777.87	89.30	1183.96	1097.54
上　海	2720.67	1281.00	221.20	2359.93	2201.26
江　苏	1929.19	824.90	133.04	1705.29	1628.80
浙　江	1023.96	377.54	71.53	903.25	861.68
安　徽	858.15	356.20	50.23	757.67	618.65
福　建	383.35	145.09	25.02	346.06	333.84
江　西	484.57	200.95	28.79	423.87	413.85
山　东	2828.76	1272.92	200.30	2446.41	2353.32
河　南	1335.45	720.68	85.53	1051.15	1019.59
湖　北	1419.28	625.23	76.04	1260.73	1233.93
湖　南	741.79	349.31	41.40	643.71	610.54
广　东	2598.06	986.01	187.92	2347.68	2270.59
广　西	467.78	163.54	27.34	402.77	381.94
海　南	72.25	29.70	4.71	62.14	60.10
重　庆	562.67	222.77	30.55	480.51	543.56
四　川	1574.37	650.87	131.57	1353.73	1177.56
贵　州	392.76	177.00	25.27	322.31	315.47
云　南	567.36	201.53	31.78	451.13	411.32
西　藏					
陕　西	912.79	349.14	55.61	786.44	748.48
甘　肃	592.42	260.22	28.52	494.74	458.76
青　海	340.80	108.17	15.26	308.44	282.14
宁　夏	148.77	66.86	8.80	139.39	118.07
新　疆	665.57	357.72	51.38	574.41	534.60

非国有工业企业主要经济指标（按地区分）（二）

计量单位：亿元

负债合计	流动负债小计	所有者权益合计	实收资本			
				国家资本	港澳台资本	外商资本
38295.26	**24184.85**	**27549.08**	**15229.39**	**8968.14**	**617.32**	**1472.24**
1366.65	770.37	878.24	495.37	291.18	8.54	66.73
1359.61	863.68	953.45	583.53	253.17	47.65	149.76
1658.47	999.76	1297.93	656.31	541.44	16.97	18.64
1123.94	507.01	665.21	377.49	306.05	6.62	0.59
668.84	317.88	421.72	273.55	247.51	0.23	2.76
3084.31	2042.11	2356.75	1210.70	744.08	30.82	147.66
1307.45	904.50	731.19	500.50	357.69	4.97	27.99
1558.47	1028.27	1011.43	524.44	433.96	13.74	14.13
2954.60	2174.78	3023.80	1837.95	690.55	82.63	397.27
2259.82	1620.16	1815.42	974.16	409.21	46.90	114.20
1223.41	781.87	1164.88	599.71	314.29	37.80	31.13
949.36	576.43	723.81	470.70	328.36	27.76	16.97
382.29	213.50	311.65	148.85	73.71	17.52	9.51
595.55	365.67	326.17	176.77	135.33	3.11	1.06
3392.81	2189.98	2258.26	1314.89	684.56	44.01	130.36
1619.16	999.55	1039.32	575.37	431.06	13.11	12.77
1702.82	990.21	1141.01	636.79	437.13	12.15	29.60
913.55	551.24	497.34	266.56	208.15	2.27	13.40
3010.84	2050.08	2465.81	1200.66	376.96	164.38	216.28
563.47	376.05	265.92	175.68	132.89	3.12	17.23
108.56	70.05	52.57	42.76	17.92	4.69	1.38
775.94	547.46	409.53	313.73	140.59	2.52	29.30
1770.04	947.08	1141.30	516.17	308.15	9.63	15.45
524.87	336.49	292.44	179.07	106.92	4.87	1.09
504.56	329.73	662.38	217.28	190.05	0.63	0.65
1103.92	664.77	552.52	310.39	222.31	10.37	1.84
740.65	437.87	342.50	242.44	229.71	0.31	0.05
314.90	149.31	181.19	87.67	49.57		
164.77	99.13	123.43	69.89	60.93	0.02	3.65
591.63	279.87	441.92	250.01	244.71		0.79

1999 年全部国有及年产品销售收入 500 万元以上

中型企业

地　区	固定资产小计	累计折旧	本年折旧	固定资产净值	固定资产净值年平均余额
全　国	**7491.67**	**2864.50**	**426.32**	**6573.66**	**6459.70**
北　京	123.74	50.42	7.97	100.00	93.54
天　津	154.57	52.05	8.02	141.13	130.52
河　北	355.96	127.91	16.48	315.13	320.34
山　西	141.64	63.53	7.12	110.01	113.04
内蒙古	199.42	84.18	10.58	180.54	169.85
辽　宁	215.41	75.61	11.17	193.60	188.19
吉　林	194.85	71.93	9.71	173.18	167.63
黑龙江	176.39	54.96	7.26	151.73	136.34
上　海	264.89	113.13	21.86	240.86	238.70
江　苏	630.72	279.80	41.47	552.68	552.66
浙　江	540.80	214.38	38.44	480.39	472.76
安　徽	187.14	67.21	8.74	159.11	157.65
福　建	205.96	83.87	13.00	185.77	175.68
江　西	188.48	75.49	8.07	158.20	154.23
山　东	628.85	219.51	34.98	559.59	552.90
河　南	331.82	126.25	18.05	292.42	291.49
湖　北	343.63	125.91	16.09	300.49	274.81
湖　南	182.88	74.09	8.30	164.09	159.14
广　东	934.23	370.66	60.21	833.97	852.67
广　西	210.46	82.43	11.23	187.89	184.62
海　南	103.81	22.93	4.77	85.97	82.32
重　庆	146.71	48.29	7.44	130.28	124.94
四　川	334.87	109.78	16.98	284.35	286.78
贵　州	67.61	25.75	3.25	50.85	50.99
云　南	186.15	67.83	11.72	159.76	158.79
西　藏	2.21	1.43	0.15	2.02	2.03
陕　西	156.19	65.91	7.72	128.76	121.70
甘　肃	64.38	26.17	3.13	56.71	56.69
青　海	15.94	7.53	0.68	13.85	14.12
宁　夏	44.70	18.73	2.13	36.68	34.96
新　疆	157.26	56.82	9.61	143.65	139.64

非国有工业企业主要经济指标（按地区分）（二）

计量单位：亿元

负债合计	流动负债小计	所有者权益合计	实收资本	国家资本	港澳台资本	外商资本
11135.84	**8086.13**	**5135.44**	**3695.28**	**1720.14**	**247.64**	**353.09**
208.61	168.43	174.72	98.97	39.32	1.68	7.28
229.80	139.48	101.04	77.23	35.85	4.12	16.66
495.37	361.79	212.26	144.44	88.48	5.70	3.66
188.39	120.81	79.71	53.28	40.88	0.87	0.48
212.34	150.41	152.77	101.20	71.53	1.95	1.03
324.77	254.85	168.04	123.69	49.34	10.46	20.77
311.59	225.62	135.47	89.70	50.85	2.01	6.04
309.60	234.71	60.28	75.36	54.61	1.75	5.67
523.36	426.72	320.50	254.42	30.27	20.65	85.38
1084.11	881.61	521.50	381.71	120.76	16.81	37.55
717.56	560.33	504.35	297.70	81.73	9.64	17.55
294.41	214.68	100.41	78.61	45.21	0.51	1.80
251.49	175.05	158.14	84.15	37.50	23.04	7.66
299.31	209.48	83.60	62.78	44.32	1.65	0.58
938.22	700.32	403.89	270.25	119.90	9.78	30.73
498.27	363.46	190.29	118.74	85.11	2.87	1.06
517.59	321.96	191.61	148.47	88.43	2.34	7.92
276.99	190.09	79.98	58.49	44.04	1.18	0.17
1373.57	1008.69	762.26	542.26	200.22	114.46	65.26
292.25	220.79	94.63	76.90	53.04	2.33	7.76
125.11	55.42	42.65	51.22	17.23	2.89	13.01
214.90	142.66	86.02	72.04	33.51	1.22	6.83
455.66	294.14	207.61	152.77	74.62	5.04	5.00
122.31	86.28	18.12	30.69	24.89	0.19	0.30
250.31	161.87	85.41	74.62	52.18	0.39	1.77
1.45	0.98	2.92	2.15	2.15		
233.39	162.42	75.29	65.50	45.90	2.37	0.89
94.63	64.99	30.59	24.31	21.21	0.20	0.10
29.36	23.58	8.11	9.96	8.85		0.01
58.36	43.21	21.83	20.23	16.14	0.02	
202.77	121.30	61.41	53.44	42.08	1.51	0.14

1999 年全部国有及年产品销售收入500 万元以上

小型企业

地　区	固定资产 小　计	累计折旧	本年折旧	固定资产 净　值	固定资产净值 年平均余额
全　国	**14842.42**	**4865.95**	**925.53**	**13466.10**	**13250.03**
北　京	467.16	177.67	30.69	419.88	368.05
天　津	371.20	126.16	23.44	329.76	303.83
河　北	591.97	165.74	30.60	538.14	537.31
山　西	446.50	122.69	19.91	395.74	386.92
内蒙古	171.59	44.58	9.25	157.54	159.32
辽　宁	620.60	219.36	29.82	559.11	544.87
吉　林	197.21	51.98	8.64	181.80	177.03
黑龙江	227.02	58.91	9.03	183.52	179.41
上　海	639.04	247.94	49.49	566.01	572.79
江　苏	1728.99	585.08	125.82	1584.74	1593.16
浙　江	1113.67	338.56	81.71	1031.94	1016.78
安　徽	332.85	99.94	17.81	305.28	299.89
福　建	820.49	232.47	54.89	775.36	762.89
江　西	201.07	64.53	8.50	179.51	172.32
山　东	722.72	247.09	43.62	651.16	652.61
河　南	852.40	228.83	46.40	771.32	714.45
湖　北	472.42	159.79	21.73	422.47	423.23
湖　南	454.63	148.77	21.15	420.19	422.17
广　东	2161.54	854.53	173.94	2006.26	2009.68
广　西	275.45	76.63	12.09	234.20	239.06
海　南	51.73	17.15	3.25	46.83	44.05
重　庆	169.57	52.63	9.41	149.63	155.98
四　川	418.93	146.51	23.30	370.35	361.71
贵　州	164.28	47.70	7.78	143.27	133.63
云　南	345.34	104.06	20.53	307.30	303.12
西　藏	32.20	8.83	1.75	27.11	24.21
陕　西	262.35	72.58	12.93	229.49	221.25
甘　肃	219.92	61.98	9.73	194.77	193.20
青　海	53.03	16.97	2.73	48.27	47.76
宁　夏	83.44	25.97	5.84	78.45	74.15
新　疆	173.11	60.34	9.75	156.69	155.18

非国有工业企业主要经济指标（按地区分）（二）

计量单位：亿元

负债合计		所有者权益合计	实收资本			
	流动负债小计			国家资本	港澳台资本	外商资本
22891.88	**17799.22**	**11934.27**	**10058.58**	**2391.30**	**1597.62**	**1667.47**
826.75	692.09	514.55	420.56	109.31	35.76	92.80
653.49	507.62	328.17	261.27	73.53	26.78	70.01
851.47	630.48	439.68	366.20	110.56	20.17	38.87
597.75	403.12	245.72	190.84	76.51	2.00	6.04
218.76	143.98	107.73	92.54	55.87	1.77	3.98
1076.77	868.03	422.78	411.88	170.31	24.87	60.89
320.52	238.81	114.00	108.71	52.05	3.51	12.37
383.96	297.53	133.50	125.45	57.20	2.25	4.37
1168.89	1033.62	785.75	663.47	46.65	115.68	188.27
2764.67	2296.56	1436.85	1292.86	123.06	160.78	419.37
1703.70	1439.68	1099.17	798.22	98.17	88.46	107.27
531.62	406.32	197.75	193.89	55.17	8.55	40.79
1023.98	777.61	763.08	651.56	114.10	267.44	118.59
322.91	232.60	118.07	107.21	60.18	5.78	3.65
1259.59	1041.50	570.47	447.01	98.23	28.09	56.41
1239.70	858.68	504.12	418.91	100.37	17.34	20.12
743.06	502.31	322.23	263.48	96.56	11.27	11.80
608.29	394.62	224.53	208.08	87.74	12.07	12.12
3477.05	2882.21	2253.44	1845.19	204.45	725.23	337.92
343.14	235.41	173.24	137.79	82.51	8.68	5.38
75.34	48.56	38.43	35.40	17.40	1.75	7.18
250.70	188.65	110.63	99.87	35.32	5.31	9.37
620.22	460.55	273.59	244.06	86.95	6.33	11.89
266.14	199.32	102.04	92.86	56.91	1.67	1.99
432.57	271.18	219.87	176.47	84.82	5.43	14.39
21.89	16.37	41.31	29.37	22.78	0.02	0.12
391.25	258.74	142.79	135.64	59.46	3.70	7.00
276.97	178.61	122.86	92.41	56.36	2.38	2.92
74.31	46.90	23.44	28.84	17.79	0.93	0.25
113.36	56.83	16.46	30.56	19.11	0.39	0.26
253.10	190.71	87.99	87.98	61.88	3.23	1.06

1999 年全部国有及年产品销售收入 500 万元以上

总计

地　区	产品销售收　入	产品销售成　本	产品销售费　用	产品销售税金及附加	产品销售利　润
全　国	**69851.73**	**57339.52**	**2567.41**	**1307.65**	**7992.96**
北　京	2092.55	1720.07	99.39	23.04	250.06
天　津	2179.33	1820.80	89.42	19.53	249.58
河　北	2936.40	2427.48	89.01	40.35	375.02
山　西	1012.91	799.48	55.19	17.50	140.71
内蒙古	637.20	523.97	24.62	12.07	75.08
辽　宁	3429.67	2875.06	92.26	55.12	364.95
吉　林	1275.53	1039.02	35.96	29.10	153.69
黑龙江	1707.03	1216.33	46.18	53.16	161.35
上　海	5472.34	4462.86	231.60	77.60	700.27
江　苏	8257.75	7057.09	280.52	74.08	818.95
浙　江	5036.53	4219.08	162.82	68.87	584.97
安　徽	1488.29	1225.12	56.21	42.54	150.26
福　建	2060.31	1709.85	72.50	39.50	226.11
江　西	797.03	657.31	29.85	18.37	87.48
山　东	6566.99	5445.25	219.37	89.27	759.82
河　南	2889.61	2391.14	104.00	55.09	339.24
湖　北	2605.05	2097.59	101.55	49.28	302.01
湖　南	1366.59	1053.54	55.40	82.53	165.43
广　东	10208.99	8504.07	405.28	99.38	1075.34
广　西	871.47	704.95	35.95	18.52	102.49
海　南	172.29	136.32	13.80	2.85	17.55
重　庆	854.61	692.95	39.84	19.98	95.34
四　川	1874.64	1478.00	94.63	46.36	244.51
贵　州	507.55	386.14	23.82	31.64	62.88
云　南	979.15	632.10	23.81	173.28	149.73
西　藏	14.37	8.72	1.04	0.43	3.42
陕　西	943.69	736.19	39.19	26.91	129.70
甘　肃	642.32	543.25	16.47	16.16	66.43
青　海	163.87	123.46	4.41	2.90	31.55
宁　夏	195.17	164.29	5.77	3.30	21.10
新　疆	612.52	488.03	17.53	18.94	87.93

非国有工业企业主要经济指标（按地区分）（三）

计量单位：亿元

管理费用	利息支出	营业利润	利润总额	亏损企业亏损总额	本年应交增值税	全部从业人员平均人数（万人）
4853.32	**2008.54**	**1847.74**	**2288.24**	**1463.58**	**3105.92**	**5805.05**
188.01	57.11	29.17	74.11	39.80	88.14	124.22
135.13	52.41	71.63	76.91	71.39	80.14	127.71
182.92	86.88	113.06	123.90	38.81	135.85	280.32
93.01	43.21	6.62	11.05	34.83	63.18	188.47
51.22	45.11	−8.32	−0.69	28.94	39.14	90.77
272.07	118.32	22.97	58.24	86.57	155.03	312.25
121.25	58.97	0.85	21.87	40.51	67.00	147.09
147.74	57.37	200.22	195.35	43.49	127.19	218.42
453.1	108.28	169.75	265.31	103.66	227.71	218.68
490.94	148.97	209.08	234.13	93.80	315.16	549.62
283.26	109.77	214.57	251.19	37.21	202.33	306.34
104.49	50.59	10.05	12.78	35.60	82.68	171.31
112.06	45.75	74.06	87.38	34.22	74.17	147.89
65.32	35.47	−6.93	−2.72	49.91	38.83	120.08
370.70	155.98	258.40	280.77	55.38	279.20	534.72
196.99	100.77	76.18	79.58	50.77	128.23	358.01
185.62	91.25	60.76	69.02	54.33	114.41	251.27
118.41	48.06	8.47	16.21	47.78	78.41	177.99
572.07	219.26	319.45	356.79	201.98	323.18	554.16
75.57	33.85	2.04	3.81	29.68	52.58	97.42
13.30	10.24	−3.72	0.23	10.65	8.22	12.33
82.24	39.61	−20.29	−9.04	43.05	46.57	100.44
165.61	85.01	17.40	26.42	65.49	108.03	230.03
50.47	24.14	−3.46	0.65	18.43	34.16	70.45
84.58	32.26	36.54	53.20	36.71	82.94	79.38
1.82	0.33	1.55	2.35	0.64	1.05	2.82
92.83	53.21	12.41	6.89	45.69	54.42	136.18
54.60	32.11	−19.88	−6.04	21.13	35.17	91.47
14.23	17.15	0.37	−1.30	7.65	11.38	18.75
15.77	10.42	−3.46	−0.65	6.76	9.96	25.15
57.98	36.71	−1.83	0.55	28.74	41.45	61.33

1999 年全部国有及年产品销售收入 500 万元以上

在总计中：国有企业

地　区	产品销售收入	产品销售成本	产品销售费用	产品销售税金及附加	产品销售利润
全　国	**22764.21**	**18341.74**	**557.94**	**864.40**	**2631.54**
北　京	842.31	690.25	31.41	16.80	103.85
天　津	453.60	392.45	9.33	9.52	42.30
河　北	1115.17	918.90	24.64	23.79	145.70
山　西	453.36	350.06	22.70	8.39	72.21
内蒙古	272.66	215.65	12.92	8.22	35.49
辽　宁	1545.60	1290.61	30.71	35.37	153.91
吉　林	758.20	630.80	15.79	18.23	90.04
黑龙江	1158.81	776.71	16.82	44.99	91.94
上　海	1333.62	1140.22	16.99	43.46	132.94
江　苏	1550.08	1312.93	40.89	33.66	157.62
浙　江	846.11	705.00	26.44	27.38	87.08
安　徽	642.33	526.56	17.28	33.34	60.91
福　建	393.46	303.63	6.26	25.21	56.40
江　西	467.42	386.05	15.50	14.60	49.83
山　东	2305.07	1926.94	59.43	46.66	252.56
河　南	1013.85	852.02	20.26	34.54	106.89
湖　北	1066.14	857.53	27.72	29.92	128.20
湖　南	658.43	484.88	17.91	67.21	82.76
广　东	1673.68	1349.79	35.10	49.33	222.71
广　西	425.66	348.69	11.77	9.80	51.39
海　南	51.98	41.99	3.02	1.15	5.65
重　庆	334.51	271.28	13.67	10.05	36.47
四　川	714.89	568.33	21.43	31.69	91.52
贵　州	298.32	225.42	11.69	14.69	43.93
云　南	645.72	361.83	10.06	168.88	104.72
西　藏	7.41	5.07	0.28	0.19	1.24
陕　西	580.87	460.25	12.59	23.93	76.74
甘　肃	481.10	408.64	9.68	12.84	49.94
青　海	112.64	84.60	2.46	2.36	21.67
宁　夏	111.26	96.75	2.17	1.40	10.74
新　疆	449.96	357.90	11.02	16.80	64.18

非国有工业企业主要经济指标（按地区分）（三）

计量单位：亿元

管理费用	利息支出	营业利润	利润总额	亏损企业亏损总额	本年应交增值税	全部从业人员平均人数（万人）
2059.49	**905.02**	**168.59**	**386.03**	**721.27**	**1355.06**	**2505.00**
93.22	31.72	-6.75	26.16	12.34	44.65	61.53
48.58	18.44	-20.16	-9.92	20.23	23.56	43.61
102.44	33.07	15.98	20.98	19.98	63.19	138.58
53.06	24.58	-3.97	-2.29	24.75	31.11	101.87
25.90	24.88	-4.76	-1.40	8.55	18.77	50.59
155.13	67.10	-26.99	-10.71	50.76	80.31	168.18
85.05	44.06	-27.49	-9.53	29.68	41.21	100.90
100.16	38.57	191.11	185.65	29.51	98.22	154.85
111.78	42.27	-12.78	30.14	30.09	72.11	66.37
120.98	31.76	11.93	18.24	24.72	69.67	140.13
69.30	17.13	18.51	42.72	12.32	44.87	51.45
47.46	21.81	-3.34	-0.50	15.02	41.78	70.50
32.64	12.69	15.08	20.91	8.88	25.59	34.63
43.92	21.00	-11.07	-8.31	41.51	24.95	80.49
154.21	72.28	44.10	53.11	30.88	122.56	198.89
85.84	41.71	-1.54	1.55	25.17	58.34	141.97
101.27	46.81	-6.78	-1.85	39.57	61.79	130.32
73.10	25.79	-11.28	-6.08	35.28	47.73	108.30
119.24	52.67	68.36	67.04	53.09	85.66	85.65
43.00	20.29	-7.83	-6.42	19.54	28.04	59.46
5.81	5.54	-4.26	-3.61	5.88	3.02	7.73
43.24	22.00	-24.92	-23.09	28.15	18.20	57.66
77.74	37.57	-11.33	-7.87	29.64	50.28	115.44
34.61	17.31	-1.04	1.62	11.97	22.09	44.81
54.74	18.30	33.86	46.85	20.49	64.86	48.42
1.24	0.19	-0.02	0.41	0.41	0.60	1.76
65.11	39.31	-8.02	-15.36	38.05	35.29	98.67
45.13	27.25	-22.32	-9.99	18.16	28.53	66.53
10.26	11.60	-0.12	-1.80	6.20	8.06	13.52
10.10	7.23	-5.85	-3.96	5.59	6.15	15.65
45.22	30.08	-7.71	-6.66	24.88	33.89	46.55

1999 年全部国有及年产品销售收入 500 万元以上

集体企业

地　区	产品销售收　入	产品销售成　本	产品销售费　用	产品销售税金及附加	产品销售利　润
全　国	**11069.56**	**9372.24**	**409.14**	**103.53**	**1120.39**
北　京	160.44	135.52	5.17	1.19	18.56
天　津	385.66	328.47	7.77	1.76	47.65
河　北	643.40	545.31	22.82	5.33	68.77
山　西	157.75	126.44	11.33	3.72	16.26
内蒙古	23.53	20.11	0.68	0.21	2.47
辽　宁	289.10	241.91	11.35	2.67	31.17
吉　林	79.42	66.63	2.18	0.84	9.48
黑龙江	94.70	82.19	2.33	0.95	8.94
上　海	457.53	393.49	10.79	2.09	51.16
江　苏	1967.50	1703.72	71.04	14.24	175.15
浙　江	1150.46	986.22	28.48	10.72	124.88
安　徽	180.07	149.93	8.22	1.86	17.18
福　建	139.32	121.19	4.14	2.06	11.37
江　西	67.48	55.83	2.69	1.00	6.39
山　东	1866.75	1564.92	68.54	12.99	204.92
河　南	758.81	627.70	32.80	9.70	88.61
湖　北	550.55	460.17	23.15	6.99	50.08
湖　南	231.38	189.67	14.38	4.71	20.40
广　东	1176.25	991.49	50.94	10.14	102.10
广　西	130.12	111.55	5.49	2.12	9.85
海　南	2.56	2.22	0.10	0.03	0.21
重　庆	58.41	48.63	2.02	0.59	6.63
四　川	172.91	144.49	8.01	1.57	18.58
贵　州	37.06	30.72	2.60	0.83	2.63
云　南	93.66	80.63	3.22	2.61	7.19
西　藏	3.42	1.39	0.49	0.19	1.25
陕　西	63.41	51.72	3.70	0.75	6.94
甘　肃	86.10	73.34	3.10	1.42	8.23
青　海	3.82	3.43	0.16	0.02	0.21
宁　夏	8.28	7.09	0.25	0.06	0.89
新　疆	29.70	26.11	1.18	0.17	2.23

非国有工业企业主要经济指标（按地区分）（三）

计量单位：亿元

管理费用	利息支出	营业利润	利润总额	亏损企业亏损总额	本年应交增值税	全部从业人员平均人数（万人）
536.63	**217.69**	**392.87**	**415.32**	**104.85**	**355.12**	**1004.16**
13.04	3.09	2.82	4.39	2.98	5.60	18.70
12.42	3.77	30.77	29.96	1.64	9.02	27.34
18.72	10.65	39.56	41.07	2.55	16.30	53.71
9.47	4.06	2.78	3.38	3.09	8.60	29.66
1.67	0.62	0.37	0.39	0.25	0.91	5.62
18.79	4.63	8.78	9.30	6.27	10.91	44.25
6.64	1.72	1.67	1.74	1.46	3.23	15.04
5.19	1.63	3.06	2.55	1.37	4.25	14.96
31.58	5.33	15.87	22.45	2.83	15.19	28.67
101.26	33.52	45.94	52.91	14.09	67.23	140.04
51.64	29.53	43.42	47.83	5.85	38.72	69.72
10.41	5.90	1.99	1.12	6.20	6.47	29.53
5.75	2.14	3.44	3.80	1.08	4.82	14.50
3.13	1.72	1.54	1.37	1.04	2.27	10.16
75.06	29.77	101.10	106.64	4.11	57.18	140.83
33.80	18.35	43.63	42.05	6.08	20.07	83.96
25.82	8.75	19.02	17.48	2.12	14.55	50.35
11.47	4.92	4.90	3.83	3.78	7.25	31.44
57.18	27.72	17.54	17.59	19.74	32.76	98.43
6.24	3.10	1.01	0.46	3.34	5.20	13.14
0.32	0.05	−0.15	−0.39	0.50	0.10	0.34
4.54	1.79	0.45	0.77	1.01	2.80	11.57
11.76	5.22	2.64	2.43	2.89	6.89	25.09
2.06	0.79	−0.05	0.10	1.12	2.11	5.20
7.09	3.83	−3.63	−2.75	5.11	4.85	11.06
0.21	0.01	1.12	1.18	0.01	0.25	0.71
3.48	1.84	2.26	2.26	1.10	2.32	9.25
4.44	1.79	1.99	2.15	1.31	3.37	13.77
0.31	0.17	−0.25	−0.22	0.29	0.20	1.02
0.61	0.33	0.09	0.04	0.32	0.46	1.90
2.51	0.96	−0.83	−0.54	1.34	1.24	4.20

1999 年全部国有及年产品销售收入 500 万元以上

股份合作制

地　区	产品销售收　入	产品销售成　本	产品销售费　用	产品销售税金及附加	产品销售利　润
全　国	**2299.65**	**1919.34**	**87.62**	**19.51**	**267.52**
北　京	16.25	13.23	0.92	0.08	2.01
天　津	108.26	93.60	1.33	0.46	12.87
河　北	48.81	40.05	1.93	0.60	6.15
山　西	23.32	19.28	0.87	0.49	2.68
内蒙古	5.37	4.15	0.37	0.07	0.77
辽　宁	54.15	44.24	1.43	0.49	7.53
吉　林	6.53	5.23	0.25	0.07	0.95
黑龙江	13.63	11.57	0.59	0.21	1.17
上　海	118.97	97.63	3.74	0.44	17.16
江　苏	704.84	606.30	23.21	5.47	68.62
浙　江	450.08	381.71	12.24	4.21	51.82
安　徽	60.68	50.14	3.37	0.72	5.80
福　建	21.82	17.51	0.66	0.30	1.71
江　西	15.88	12.99	0.56	0.29	1.90
山　东	204.05	170.27	4.92	1.26	27.32
河　南	67.01	54.89	3.72	0.85	7.56
湖　北	40.52	32.10	1.80	0.37	6.06
湖　南	29.61	23.81	2.02	0.47	2.92
广　东	157.46	119.53	12.41	1.18	24.31
广　西	16.28	11.67	1.58	0.19	2.72
海　南	10.08	7.85	2.07	0.03	0.13
重　庆	19.95	16.35	0.78	0.21	2.60
四　川	54.89	44.52	3.64	0.44	6.22
贵　州	5.41	4.41	0.38	0.05	0.56
云　南	15.76	12.36	1.33	0.13	1.95
西　藏	0.26	0.21	0.01	0.01	0.03
陕　西	13.20	10.52	0.71	0.10	1.72
甘　肃	7.62	5.91	0.42	0.16	1.13
青　海	3.08	2.54	0.09	0.12	0.34
宁　夏	1.47	1.29	0.06	0.01	0.12
新　疆	4.39	3.47	0.18	0.03	0.71

非国有工业企业主要经济指标（按地区分）（三）

计量单位：亿元

管理费用	利息支出	营业利润	利润总额	亏损企业亏损总额	本年应交增值税	全部从业人员平均人数（万人）
137.83	**47.47**	**89.00**	**102.41**	**15.19**	**90.91**	**202.09**
1.42	0.34	0.32	0.70	0.24	0.56	1.81
2.36	1.18	8.48	8.36	0.05	2.07	4.29
2.18	0.96	2.87	2.88	0.27	2.20	5.22
1.17	0.59	0.86	0.69	0.15	1.27	4.37
0.51	0.12	0.17	0.22	0.02	0.30	0.95
3.92	1.38	2.27	3.09	1.03	2.17	5.90
0.65	0.16	0.19	0.15	0.14	0.39	0.87
0.91	0.31	0.06	0.26	0.20	0.75	1.66
10.50	1.39	5.84	7.87	0.54	4.88	8.34
40.45	11.85	18.00	20.13	3.35	25.84	56.52
23.68	8.88	19.31	20.27	1.49	17.51	34.06
3.53	2.01	0.93	1.01	1.43	2.32	7.93
1.04	0.47	0.18	0.27	0.31	0.83	2.82
0.87	0.45	0.40	0.54	0.19	0.52	2.34
10.53	5.53	11.25	9.30	0.44	8.78	18.86
3.25	1.73	2.97	2.97	0.39	2.28	10.68
2.60	1.84	1.56	1.62	0.25	1.33	3.84
2.21	0.75	0.35	0.38	0.61	1.27	4.67
14.13	2.80	10.89	18.43	0.86	8.28	6.70
1.55	0.29	0.97	1.03	0.22	1.16	2.22
0.23	0.02	−0.08	0.14	0.04	0.50	0.29
1.46	0.51	0.62	0.64	0.22	0.84	2.36
3.88	1.74	0.84	1.17	0.94	2.00	6.32
0.46	0.18	−0.04	−0.04	0.19	0.26	0.93
1.61	0.66	−0.27	−0.06	0.80	1.14	2.06
0.05		−0.03	−0.04	0.07	0.03	0.07
1.32	0.55	−0.05	0.01	0.42	0.64	2.74
0.61	0.32	0.22	0.30	0.08	0.37	2.14
0.25	0.13	−0.02	−0.01	0.09	0.11	0.35
0.13	0.12	−0.12	−0.07	0.09	0.05	0.27
0.38	0.22	0.09	0.22	0.04	0.25	0.52

1999 年全部国有及年产品销售收入500 万元以上

联营企业

地　区	产品销售收　入	产品销售成　本	产品销售费　用	产品销售税金及附加	产品销售利　润
全　国	**848.55**	**719.64**	**27.06**	**10.32**	**89.11**
北　京	26.27	22.45	1.06	0.18	2.58
天　津	51.65	46.41	0.44	0.40	4.40
河　北	23.07	18.52	1.34	0.19	3.02
山　西	3.80	2.75	0.63	0.05	0.37
内蒙古	3.13	2.54	0.14	0.02	0.42
辽　宁	9.70	7.96	0.41	0.15	1.16
吉　林	5.96	4.58	0.08	0.28	1.02
黑龙江	2.29	1.97	0.03	0.01	0.29
上　海	219.98	192.60	4.41	0.87	22.09
江　苏	138.78	118.76	4.49	0.80	14.65
浙　江	43.99	38.13	1.10	0.47	4.29
安　徽	11.09	9.45	0.53	0.15	0.96
福　建	34.41	28.10	1.40	0.43	4.05
江　西	2.83	2.24	0.23	0.03	0.34
山　东	34.60	29.21	0.91	0.38	4.08
河　南	20.07	16.63	0.69	0.21	2.54
湖　北	34.43	28.05	1.43	0.42	4.07
湖　南	2.32	1.91	0.11	0.03	0.25
广　东	121.92	98.24	4.41	4.84	13.25
广　西	5.28	4.74	0.16	0.02	0.32
海　南	6.58	6.21	0.27	0.03	
重　庆	4.05	3.22	0.26	0.05	0.52
四　川	14.62	12.26	0.71	0.07	1.59
贵　州	11.76	9.72	1.14	0.13	0.77
云　南	5.50	4.63	0.30	0.02	0.55
西　藏	0.16	0.03	0.09		0.04
陕　西	6.67	5.30	0.22	0.05	1.05
甘　肃	1.18	1.02	0.04	0.02	0.10
青　海	0.10	0.09			
宁　夏	0.86	0.58	0.03	0.01	0.20
新　疆	1.49	1.33	0.03		0.12

非国有工业企业主要经济指标（按地区分）（三）

计量单位：亿元

管理费用	利息支出	营业利润	利润总额	亏损企业亏损总额	本年应交增值税	全部从业人员平均人数（万人）
58.28	**26.48**	**7.57**	**11.90**	**24.30**	**32.62**	**64.82**
3.58	0.86	−1.12	0.09	0.63	0.83	2.82
2.46	7.26	−5.32	−8.97	10.53	2.69	2.79
0.83	0.41	1.84	1.45	0.27	0.96	1.87
0.27	0.14	−0.04	0.03	0.08	0.23	0.66
0.22	0.14	0.08	0.11	0.02	0.09	0.29
1.05	0.28	−0.14	−0.09	0.37	0.42	1.68
0.42	0.07	0.54	0.61	0.21	0.32	0.61
0.18	0.06	0.06	0.07	0.07	0.07	0.27
17.48	4.91	1.07	4.99	2.86	8.12	14.61
10.81	2.20	1.93	2.70	1.50	5.84	11.19
2.52	0.93	0.79	1.42	0.60	1.63	3.46
0.53	0.23	0.22	0.14	0.37	0.30	0.85
1.85	0.80	1.35	1.42	0.45	1.33	2.74
0.22	0.09	−0.02	−0.02	0.07	0.13	0.51
2.04	1.08	1.04	1.38	0.31	1.33	3.22
0.95	0.92	0.73	0.63	0.24	0.48	2.76
1.87	0.42	1.97	1.79	0.08	1.02	2.74
0.21	0.05	−0.02		0.09	0.16	0.35
7.34	3.48	2.78	4.22	3.39	4.70	6.10
0.27	0.26	−0.16	−0.18	0.23	0.08	0.36
0.41	0.36	−0.75	−0.78	0.88	0.10	0.36
0.38	0.19	−0.04	0.01	0.18	0.25	0.63
0.91	0.35	0.33	0.28	0.24	0.57	1.24
0.43	0.22	0.02	0.08	0.14	0.34	0.84
0.40	0.31	−0.17	−0.09	0.30	0.21	0.46
0.02	0.02				0.02	0.02
0.42	0.24	0.53	0.55	0.05	0.20	0.72
0.04	0.01	0.06	0.06		0.03	0.35
0.01		−0.01	0.01			0.02
0.05	0.11	0.03	0.03	0.03	0.09	0.11
0.10	0.08	−0.05	−0.03	0.09	0.08	0.18

1999 年全部国有及年产品销售收入 500 万元以上

有限责任公司

地　区	产品销售收　入	产品销售成　本	产品销售费　用	产品销售税金及附加	产品销售利　润
全　国	**6906.52**	**5668.44**	**266.24**	**107.24**	**847.74**
北　京	128.49	109.74	5.04	0.54	13.17
天　津	135.44	109.12	3.72	4.00	18.61
河　北	386.01	312.19	13.26	4.48	56.02
山　西	229.82	185.49	8.82	1.91	33.56
内蒙古	147.80	131.95	3.71	1.78	10.29
辽　宁	599.51	534.16	9.34	5.67	50.32
吉　林	86.11	69.85	2.95	1.43	11.69
黑龙江	222.92	172.35	14.89	2.43	33.04
上　海	281.53	240.42	10.08	1.42	29.61
江　苏	898.99	756.25	26.68	8.03	105.20
浙　江	628.42	515.34	23.43	7.18	82.39
安　徽	256.71	211.90	12.02	2.61	29.17
福　建	63.04	51.91	1.83	1.01	8.15
江　西	126.35	105.94	5.86	1.08	13.39
山　东	502.93	399.78	20.66	13.89	67.48
河　南	417.04	337.90	18.02	4.52	56.60
湖　北	194.76	160.78	7.53	1.34	22.02
湖　南	210.09	175.16	6.24	7.83	20.73
广　东	284.41	230.15	11.59	2.73	39.49
广　西	92.35	70.83	3.80	3.93	13.67
海　南	13.05	11.78	0.45	0.20	0.52
重　庆	127.66	99.19	6.13	2.14	20.19
四　川	430.41	330.63	31.62	7.24	54.69
贵　州	110.75	80.01	4.89	14.98	10.87
云　南	79.01	62.48	3.01	0.98	12.55
西　藏	0.03	0.01	0.01		
陕　西	98.75	78.35	4.49	1.04	14.01
甘　肃	21.30	16.96	1.17	0.78	2.38
青　海	23.49	19.35	0.78	0.21	3.14
宁　夏	37.22	29.20	1.59	0.86	5.55
新　疆	72.13	59.27	2.63	0.98	9.25

非国有工业企业主要经济指标（按地区分）（三）

计量单位：亿元

管理费用	利息支出	营业利润	利润总额	亏损企业亏损总额	本年应交增值税	全部从业人员平均人数（万人）
574.42	**257.58**	**65.93**	**116.89**	**158.58**	**355.46**	**665.08**
14.11	5.72	−3.68	1.26	3.61	5.26	9.02
13.89	6.33	−0.17	−1.11	6.12	8.71	14.14
29.88	20.45	7.44	11.36	6.01	23.60	36.39
21.62	10.42	1.85	2.79	3.30	14.21	35.58
14.91	15.14	−18.64	−15.85	19.37	12.56	21.00
37.95	14.96	0.33	6.06	8.78	27.44	39.38
8.06	3.69	0.89	1.50	2.69	4.72	10.69
27.38	9.66	−2.11	0.19	6.71	13.79	29.05
28.48	6.51	−1.46	5.73	5.62	9.51	17.58
71.56	21.57	15.66	20.56	8.46	39.32	70.77
42.78	15.54	26.37	29.20	3.24	27.69	43.39
21.42	8.75	0.85	2.17	5.22	13.10	34.74
5.22	2.56	0.69	1.03	1.41	2.64	7.01
9.43	8.13	−3.20	−2.89	5.72	6.56	17.94
38.41	13.46	20.43	22.04	3.41	23.72	55.47
42.59	16.37	2.66	2.95	11.21	22.60	62.29
12.99	6.50	4.11	3.89	3.16	8.00	17.66
14.80	10.08	−2.71	−1.05	3.94	10.65	15.68
22.97	9.87	8.69	10.71	7.04	12.92	16.69
8.26	4.43	1.51	2.20	1.48	6.49	7.71
0.99	0.35	−0.77	−0.54	1.09	0.61	0.77
14.27	5.48	0.94	1.87	7.17	10.99	11.41
31.16	18.92	9.02	11.38	18.97	24.23	36.65
9.87	4.26	−2.44	−1.30	3.22	7.43	14.12
9.63	4.93	−1.27	−0.92	5.66	4.78	8.51
0.01		−0.01	−0.02	0.02		0.01
8.68	6.15	0.22	1.31	2.36	6.04	14.00
1.97	1.42	−0.93	−0.86	1.37	1.37	4.18
2.41	1.05	−0.40	0.07	0.58	1.00	2.55
2.92	1.54	1.27	2.08	0.23	1.74	3.82
5.81	3.34	0.80	1.08	1.41	3.79	6.87

1999年全部国有及年产品销售收入500万元以上股份有限公司

地区	产品销售收入	产品销售成本	产品销售费用	产品销售税金及附加	产品销售利润
全国	**4977.24**	**3928.53**	**225.45**	**59.01**	**732.17**
北京	88.76	70.82	3.30	0.56	14.08
天津	70.65	57.82	1.82	0.72	10.29
河北	238.65	191.66	5.50	2.41	38.74
山西	57.80	45.67	2.34	0.53	9.26
内蒙古	119.15	96.27	4.28	1.41	16.42
辽宁	153.11	112.48	5.69	4.07	28.89
吉林	104.50	75.91	6.16	1.41	19.90
黑龙江	93.10	75.38	3.10	2.23	12.09
上海	198.07	159.21	6.29	0.56	32.01
江苏	536.40	446.27	21.17	2.78	65.62
浙江	453.35	363.93	18.72	8.50	62.20
安徽	151.71	123.73	6.36	1.51	19.90
福建	112.97	87.64	5.51	2.12	17.67
江西	19.84	14.57	0.59	0.14	4.32
山东	567.64	435.43	25.85	7.63	86.46
河南	246.47	204.63	8.60	1.63	31.61
湖北	377.60	294.51	16.78	4.20	53.23
湖南	85.42	63.58	6.07	0.87	14.54
广东	558.06	436.64	39.55	2.87	77.55
广西	82.35	61.93	5.34	1.30	12.74
海南	36.77	30.24	0.81	0.89	4.83
重庆	140.44	115.61	8.22	3.87	10.99
四川	242.02	180.80	12.03	3.37	45.08
贵州	19.63	15.84	0.83	0.76	2.20
云南	75.51	59.62	2.93	0.51	12.45
西藏	2.85	1.87	0.13	0.03	0.81
陕西	66.59	50.57	4.13	0.67	11.15
甘肃	13.60	11.07	0.65	0.29	1.60
青海	16.93	10.22	0.86	0.17	5.67
宁夏	10.93	8.58	0.48	0.10	1.77
新疆	36.36	26.02	1.36	0.90	8.08

非国有工业企业主要经济指标（按地区分）（三）

计量单位：亿元

管理费用	利息支出	营业利润	利润总额	亏损企业亏损总额	本年应交增值税	全部从业人员平均人数（万人）
318.01	**137.65**	**312.89**	**378.43**	**48.98**	**237.24**	**335.46**
6.35	1.35	7.70	9.00	0.29	3.89	3.67
5.76	2.69	2.41	3.57	3.05	3.32	5.12
8.34	6.23	24.74	24.53	1.33	13.53	14.78
3.22	1.42	4.69	5.99	0.36	3.67	6.37
5.18	1.34	10.46	11.32	0.07	3.39	6.70
11.67	5.50	13.28	19.01	1.82	7.51	12.18
7.01	1.91	13.06	14.16	1.28	6.60	9.43
6.48	3.07	3.71	4.53	1.95	4.18	9.75
14.34	5.37	15.26	28.49	0.47	8.27	5.79
26.66	8.29	29.93	32.98	2.68	22.03	26.54
24.01	7.69	31.89	35.71	1.24	19.85	16.78
9.88	5.73	4.76	5.12	1.16	10.40	14.57
8.57	3.03	6.97	9.02	1.45	5.34	6.47
1.64	0.57	3.13	3.45	0.26	1.18	1.93
39.45	12.03	34.46	37.09	1.16	30.88	46.21
15.44	9.45	7.37	8.98	2.44	10.25	28.89
23.05	10.53	26.48	28.63	5.08	16.78	31.46
8.01	3.17	5.21	6.10	2.14	3.99	7.62
29.23	16.25	34.31	42.24	7.84	21.78	19.31
7.62	2.28	3.79	4.72	0.64	5.73	6.35
1.69	2.04	0.86	3.09	0.55	1.58	1.02
8.88	3.01	0.51	7.20	0.89	6.94	7.89
25.29	13.96	9.66	12.64	5.97	14.32	26.72
1.09	0.62	0.52	0.82	0.32	0.77	1.69
6.37	2.46	3.92	5.39	1.60	3.86	5.63
0.22	0.10	0.51	0.83	0.09	0.15	0.12
7.59	1.55	6.23	6.35	1.94	2.56	5.78
0.78	0.48	0.58	0.91	0.06	0.42	2.32
0.70	3.93	1.23	0.66	0.23	1.93	0.96
0.81	0.49	0.54	0.65	0.10	0.55	1.44
2.66	1.09	4.72	5.22	0.53	1.61	1.97

1999年全部国有及年产品销售收入500万元以上

私营企业

地　区	产品销售收　入	产品销售成　本	产品销售费　用	产品销售税金及附加	产品销售利　润
全　国	**2921.58**	**2485.20**	**113.25**	**30.45**	**275.30**
北　京	21.85	17.02	1.32	0.16	3.36
天　津	35.20	29.59	1.04	0.09	4.48
河　北	187.90	158.84	7.14	1.44	20.16
山　西	46.26	37.65	3.40	1.64	3.57
内蒙古	22.66	18.89	0.66	0.33	2.73
辽　宁	178.16	148.24	8.16	1.83	19.00
吉　林	17.07	13.33	1.09	0.20	2.41
黑龙江	18.17	14.03	1.37	0.23	2.05
上　海	38.65	33.65	1.05	0.11	3.85
江　苏	365.98	325.54	10.23	2.90	26.54
浙　江	602.44	518.41	15.37	6.56	61.98
安　徽	43.72	36.06	1.96	0.44	4.52
福　建	73.24	62.99	2.86	0.81	6.16
江　西	16.95	14.28	0.95	0.30	1.37
山　东	191.53	164.47	5.37	1.53	18.19
河　南	163.62	137.36	7.15	1.92	17.20
湖　北	71.46	55.20	3.66	0.79	6.98
湖　南	64.32	47.89	4.73	0.71	10.32
广　东	469.45	405.96	19.97	4.71	33.96
广　西	28.99	23.76	2.06	0.78	2.22
海　南	11.30	8.47	1.87	0.05	0.91
重　庆	62.78	54.23	2.00	0.76	5.66
四　川	126.88	107.58	6.34	1.37	11.18
贵　州	11.53	9.40	0.69	0.16	1.25
云　南	13.75	11.78	0.86	0.06	1.05
西　藏	0.15	0.08	0.02		0.03
陕　西	16.16	12.53	0.94	0.21	2.07
甘　肃	6.33	5.32	0.26	0.13	0.62
青　海	0.82	0.70	0.02		0.09
宁　夏	10.70	9.10	0.54	0.20	0.86
新　疆	3.55	2.85	0.17	0.02	0.51

非国有工业企业主要经济指标（按地区分）（三）

计量单位：亿元

管理费用	利息支出	营业利润	利润总额	亏损企业 亏损总额	本年应交 增值税	全部从业 人员平均 人数（万人）
109.66	**45.40**	**119.43**	**121.52**	**16.51**	**85.49**	**229.06**
1.45	0.16	1.69	1.93	0.14	0.66	1.20
0.84	0.15	3.41	3.11	0.01	0.76	2.19
4.86	2.61	12.20	12.17	0.28	3.72	13.67
1.32	0.87	1.34	1.21	0.36	2.28	6.53
0.79	0.67	1.43	1.53	0.09	0.82	2.16
8.37	3.60	6.95	7.41	2.28	5.31	15.79
1.38	0.40	0.73	0.70	0.22	0.74	2.83
1.02	0.33	0.72	0.94	0.23	0.81	2.27
1.64	0.32	1.95	2.26	0.03	0.84	1.59
14.84	3.97	7.75	7.87	1.19	10.85	25.97
22.03	10.18	30.15	30.02	1.48	19.82	43.25
1.91	0.84	1.81	1.69	0.51	1.60	4.74
2.31	0.97	2.91	2.65	0.31	1.81	6.66
0.63	0.39	0.38	0.32	0.19	0.49	1.59
6.80	2.80	7.95	8.60	0.81	5.85	17.23
4.48	3.03	10.10	9.41	0.71	3.24	16.76
2.70	0.92	3.43	2.96	0.39	1.87	4.81
3.40	0.68	6.23	6.61	0.30	2.69	4.44
16.10	5.90	10.56	12.10	3.09	12.28	28.75
1.26	0.42	0.47	0.50	0.35	0.71	2.55
0.38	0.06	0.48	0.80	0.01	0.48	0.22
2.56	1.06	2.06	2.08	0.53	1.56	4.86
5.42	3.48	2.84	2.94	1.69	4.13	12.57
0.72	0.29	0.35	0.22	0.16	0.47	1.33
0.65	0.40	−0.03	−0.03	0.58	0.54	1.04
0.04	0.01	−0.01		0.02		0.07
0.87	0.39	0.90	0.91	0.22	0.53	1.95
0.20	0.08	0.32	0.34	0.04	0.22	0.72
0.08	0.06	−0.06	−0.04	0.05	0.03	0.19
0.40	0.22	0.24	0.14	0.23	0.24	0.82
0.23	0.14	0.16	0.16	0.02	0.15	0.32

1999年全部国有及年产品销售收入500万元以上

港、澳、台商投资企业

地区	产品销售收入	产品销售成本	产品销售费用	产品销售税金及附加	产品销售利润
全国	**8357.96**	**7054.57**	**320.56**	**36.56**	**878.28**
北京	210.94	175.51	12.50	0.28	22.66
天津	183.84	153.74	11.91	0.70	17.49
河北	149.78	123.64	5.12	0.84	20.14
山西	24.43	19.04	3.03	0.52	1.84
内蒙古	26.56	21.99	0.81	0.02	3.74
辽宁	136.02	106.34	7.23	1.44	20.59
吉林	32.70	26.16	2.33	0.62	1.53
黑龙江	47.69	37.90	3.37	1.62	4.61
上海	824.97	685.31	33.44	5.77	100.45
江苏	722.79	622.86	25.75	2.72	67.17
浙江	482.33	399.70	20.39	1.62	60.59
安徽	43.69	38.42	1.16	0.18	1.62
福建	874.54	741.77	34.06	4.77	88.20
江西	21.99	18.40	1.14	0.25	1.87
山东	230.31	194.07	8.70	1.54	25.20
河南	115.80	90.45	5.53	0.42	19.40
湖北	106.23	88.48	5.63	0.47	10.05
湖南	36.67	29.13	1.56	0.37	5.58
广东	3880.17	3318.92	123.92	11.06	377.57
广西	19.89	16.56	0.79	0.06	1.63
海南	19.42	14.90	1.49	0.18	2.76
重庆	24.99	20.38	2.47	0.24	1.86
四川	37.33	28.52	3.55	0.20	4.79
贵州	4.50	4.00	0.40	0.01	0.06
云南	22.81	18.86	0.72	0.09	3.14
西藏					
陕西	40.64	29.52	1.83	0.06	9.14
甘肃	21.78	18.40	0.99	0.51	1.89
青海	2.76	2.23	0.04	0.01	0.49
宁夏	2.95	2.46	0.08		0.34
新疆	9.46	6.92	0.63	0.01	1.89

非国有工业企业主要经济指标（按地区分）（三）

计量单位：亿元

管理费用	利息支出	营业利润	利润总额	亏损企业亏损总额	本年应交增值税	全部从业人员平均人数（万人）
434.82	**187.14**	**293.31**	**323.38**	**142.42**	**256.34**	**472.94**
14.66	3.15	7.27	7.71	4.28	7.09	12.09
8.49	2.70	5.35	5.16	6.02	6.27	8.53
7.02	6.87	6.23	6.57	2.84	6.94	8.15
1.46	0.78	−0.01	−0.68	1.96	1.28	2.00
1.09	1.17	1.61	1.89	0.25	1.39	1.91
8.24	5.89	7.23	8.15	3.28	7.19	6.70
2.24	0.90	−0.38	−0.63	2.07	1.41	2.23
2.04	2.02	0.76	0.46	1.29	2.37	2.22
60.26	18.35	29.71	36.80	14.89	28.46	31.59
33.13	12.08	26.69	26.88	7.48	26.23	34.35
24.16	11.95	25.91	25.47	4.84	18.08	25.52
1.85	2.65	0.07	0.09	1.43	2.35	2.85
35.39	15.96	37.38	40.87	11.58	23.12	54.48
1.17	0.77	0.22	0.47	0.65	0.73	2.36
11.90	5.72	7.57	9.12	3.64	9.19	18.04
6.09	5.61	8.36	8.64	1.50	6.99	6.61
3.82	3.79	3.61	3.43	1.61	4.07	5.29
2.14	0.83	3.13	3.54	0.65	1.92	2.34
196.82	77.23	114.10	129.91	64.98	90.27	233.44
1.49	0.77	0.33	0.04	0.67	0.81	2.11
1.45	0.50	1.00	1.06	0.28	0.87	0.87
1.44	1.88	−1.30	−1.17	2.14	1.48	1.52
2.98	1.17	0.86	0.95	1.43	1.92	2.41
0.50	0.23	−0.63	−0.58	0.75	0.30	0.54
1.40	0.60	1.30	1.55	1.07	1.13	1.09
1.44	2.17	5.85	5.67	0.50	3.32	1.64
1.17	0.65	0.01	0.85	0.05	0.78	1.25
0.20	0.18	0.09	0.13	0.12	0.03	0.12
0.12	0.11	0.19	0.18	0.02	0.09	0.18
0.65	0.48	0.81	0.84	0.17	0.27	0.51

1999 年全部国有及年产品销售收入 500 万元以上

外商投资企业

地　区	产品销售收　入	产品销售成　本	产品销售费　用	产品销售税金及附加	产品销售利　润
全　国	**9608.59**	**7769.75**	**556.88**	**74.94**	**1140.84**
北　京	597.23	485.52	38.67	3.25	69.78
天　津	755.04	609.60	52.06	1.88	91.50
河　北	141.51	116.45	7.20	1.24	16.20
山　西	16.37	13.10	2.08	0.24	0.95
内蒙古	16.34	12.43	1.05		2.74
辽　宁	453.16	378.31	17.85	3.36	52.16
吉　林	185.01	146.51	5.12	6.00	16.69
黑龙江	55.70	44.23	3.68	0.49	7.23
上　海	1995.78	1517.4	144.76	22.88	310.74
江　苏	1366.46	1159.17	56.89	3.48	137.94
浙　江	378.60	310.00	16.64	2.22	49.65
安　徽	94.92	75.77	5.18	1.67	10.20
福　建	342.29	290.79	15.62	2.50	32.12
江　西	57.97	46.75	2.31	0.68	8.04
山　东	652.32	551.12	24.48	2.96	71.78
河　南	86.78	69.43	7.22	1.31	8.83
湖　北	159.73	118.22	13.75	4.66	20.99
湖　南	46.18	35.66	2.28	0.30	7.76
广　东	1840.87	1517.24	105.62	11.97	178.21
广　西	70.55	55.23	4.95	0.31	7.95
海　南	19.82	12.13	3.70	0.22	2.46
重　庆	81.46	63.72	4.30	2.06	10.40
四　川	80.63	60.85	7.27	0.42	10.83
贵　州	8.44	6.46	1.20	0.03	0.61
云　南	27.43	19.91	1.40		6.12
西　藏	0.08	0.06	0.01		0.02
陕　西	57.39	37.42	10.57	0.09	6.86
甘　肃	3.30	2.58	0.16	0.01	0.55
青　海	0.23	0.28	0.01		−0.06
宁　夏	11.50	9.25	0.56	0.66	0.63
新　疆	5.48	4.16	0.32	0.04	0.96

非国有工业企业主要经济指标（按地区分）（三）

计量单位：亿元

管理费用	利息支出	营业利润	利润总额	亏损企业亏损总额	本年应交增值税	全部从业人员平均人数（万人）
618.28	**181.66**	**396.35**	**430.55**	**229.48**	**334.45**	**318.92**
40.18	10.71	20.94	22.87	15.30	19.62	13.38
40.32	9.89	46.87	46.76	23.75	23.72	19.70
8.52	5.52	2.35	3.01	5.14	5.32	7.72
1.42	0.35	−0.88	−0.08	0.78	0.55	1.43
0.96	1.01	0.95	1.10	0.31	0.90	1.54
26.86	14.96	11.22	16.00	11.93	13.73	17.64
9.78	6.06	11.65	13.18	2.73	8.39	4.45
4.38	1.73	2.84	0.70	2.16	2.75	3.39
176.89	23.82	114.19	126.46	46.32	80.27	43.95
70.99	23.74	51.06	51.68	30.33	47.99	43.78
23.07	7.93	18.17	18.53	6.16	14.13	18.66
7.11	2.39	3.38	2.71	3.49	4.24	4.50
18.98	6.94	6.27	7.51	8.55	8.40	17.80
4.29	2.34	1.68	2.33	0.28	1.98	2.73
31.77	13.24	29.28	32.26	10.54	19.31	35.41
4.54	3.60	1.90	2.39	3.03	3.97	3.96
11.36	11.64	7.18	10.97	2.07	4.85	4.61
2.83	1.72	2.78	2.92	0.83	2.66	2.71
105.54	21.72	51.17	53.47	41.37	52.81	56.32
5.88	2.00	1.96	1.45	3.21	4.37	3.52
2.00	1.31	−0.14	0.41	1.42	0.97	0.68
5.45	3.71	1.41	2.68	2.75	3.51	2.51
6.47	2.59	2.53	2.47	3.72	3.66	3.59
0.73	0.23	−0.15	−0.27	0.56	0.38	0.92
2.69	0.76	2.83	3.25	1.12	1.59	1.11
0.01				0.01		0.06
3.92	1.01	4.49	5.18	1.05	3.52	1.43
0.25	0.10	0.20	0.20	0.05	0.08	0.21
0.01	0.02	−0.10	−0.09	0.09	0.01	0.03
0.64	0.28	0.15	0.25	0.16	0.59	0.97
0.42	0.32	0.18	0.26	0.25	0.17	0.22

1999 年全部国有及年产品销售收入 500 万元以上

在总计中：国有控股企业

地　区	产品销售收　入	产品销售成　本	产品销售费　用	产品销售税金及附加	产品销售利　润
全　国	**35950.70**	**28919.13**	**1081.28**	**1062.21**	**4457.25**
北　京	1559.96	1299.86	59.12	20.02	180.97
天　津	763.86	640.95	24.21	14.62	84.08
河　北	1702.73	1393.69	42.07	29.29	235.13
山　西	708.41	554.63	32.05	10.39	111.32
内蒙古	552.72	453.97	21.62	11.11	65.50
辽　宁	2343.62	1975.65	46.04	46.72	238.15
吉　林	1056.28	861.80	25.41	26.87	126.70
黑龙江	1444.00	999.28	34.29	49.98	131.95
上　海	2898.01	2370.85	71.38	69.32	386.46
江　苏	2841.84	2381.53	89.09	42.89	319.00
浙　江	1312.13	1081.19	42.10	37.05	151.52
安　徽	1006.99	825.02	32.07	37.92	105.32
福　建	753.47	590.03	22.50	30.36	107.61
江　西	649.62	537.29	20.72	16.30	73.34
山　东	3096.59	2526.96	97.27	66.08	375.49
河　南	1619.93	1340.62	46.62	39.97	192.58
湖　北	1634.76	1307.39	50.86	37.16	209.45
湖　南	928.81	702.04	28.00	75.62	117.08
广　东	3153.04	2525.27	93.30	62.81	445.52
广　西	616.51	494.42	21.88	14.53	79.70
海　南	122.53	100.23	7.30	2.44	12.23
重　庆	622.05	501.40	28.46	16.99	70.38
四　川	1219.33	951.09	55.08	39.98	165.78
贵　州	429.72	322.69	17.03	30.44	56.95
云　南	796.51	480.56	15.80	170.25	129.67
西　藏	11.23	7.41	0.54	0.26	2.39
陕　西	738.34	580.73	22.48	25.38	101.17
甘　肃	512.28	433.22	11.38	13.85	53.83
青　海	149.59	111.61	3.79	2.72	29.92
宁　夏	152.42	128.73	3.83	2.26	17.35
新　疆	553.42	439.01	15.01	18.62	80.71

非国有工业企业主要经济指标（按地区分）（三）

计量单位：亿元

管理费用	利息支出	营业利润	利润总额	亏损企业亏损总额	本年应交增值税	全部从业人员平均人数（万人）
3070.76	**1365.84**	**648.17**	**997.86**	**966.74**	**2019.03**	**3394.58**
141.72	47.92	13.92	56.26	22.20	67.10	90.12
76.11	36.13	-21.82	-12.40	42.32	42.26	65.65
139.29	59.68	43.76	52.44	26.13	98.49	182.75
76.46	35.60	1.08	4.10	29.65	47.39	137.97
46.10	42.37	-10.78	-3.68	27.97	35.67	77.84
203.39	91.36	-10.73	17.63	58.86	120.19	216.37
103.93	53.30	-5.20	16.23	35.06	58.07	118.78
131.73	50.68	190.13	188.06	36.55	115.19	189.10
263.37	70.75	78.34	155.05	44.96	147.48	113.25
211.84	60.22	60.49	71.83	36.63	129.51	216.28
105.89	27.79	37.95	65.97	16.42	66.97	75.51
74.81	35.28	3.76	8.05	20.36	64.47	111.88
53.80	25.40	33.61	44.07	14.18	41.61	51.44
58.55	32.01	-11.17	-7.09	47.54	33.97	102.15
217.66	95.85	84.58	95.19	36.54	168.57	267.98
141.37	63.99	12.65	17.93	35.79	91.18	221.9
140.68	74.48	21.63	30.39	48.52	84.53	174.00
93.55	37.07	-6.98	1.03	37.91	61.10	130.26
205.23	109.21	159.35	170.67	81.36	142.76	128.16
60.84	27.87	-2.71	-0.12	22.46	41.07	74.38
9.21	8.35	-3.89	-0.79	7.88	6.14	10.04
67.56	33.74	-24.88	-14.91	39.37	37.13	74.92
121.50	63.16	0.51	6.76	53.59	81.29	159.84
45.36	22.07	-2.61	1.47	15.11	30.22	60.40
70.38	25.21	37.26	52.30	28.23	73.54	61.34
1.62	0.31	0.64	1.43	0.56	0.85	2.10
81.16	46.78	-1.62	-6.94	41.65	43.76	116.43
47.75	29.03	-22.48	-9.72	19.42	30.16	72.05
13.15	16.33	0.63	-1.08	6.84	10.86	16.63
13.38	9.06	-4.18	-1.39	5.74	8.18	19.88
53.39	34.86	-3.06	-0.89	26.92	39.34	55.17

1999 年全部国有及年产品销售收入 500 万元以上

在总计中：大型企业

地　区	产品销售收　入	产品销售成　本	产品销售费　用	产品销售税金及附加	产品销售利　润
全　国	**32041.29**	**25536.61**	**1105.32**	**925.47**	**4100.50**
北　京	920.34	756.10	37.55	14.38	112.32
天　津	1131.61	933.86	52.93	14.94	129.88
河　北	1302.89	1057.65	31.13	25.83	186.35
山　西	528.30	410.14	23.26	6.01	88.85
内蒙古	296.94	242.58	8.10	4.96	40.68
辽　宁	2335.32	1961.50	48.93	42.25	246.78
吉　林	923.69	761.69	18.88	22.64	107.66
黑龙江	1279.57	860.26	27.25	45.01	119.78
上　海	3176.95	2546.10	134.24	69.88	426.74
江　苏	2744.90	2298.46	81.50	42.24	314.05
浙　江	1433.70	1175.48	48.64	37.20	172.11
安　徽	769.15	624.72	22.89	30.30	86.24
福　建	420.28	322.49	15.64	23.52	56.98
江　西	409.87	324.35	13.02	7.46	64.95
山　东	3626.27	2964.65	131.45	64.69	438.93
河　南	1148.27	944.43	35.15	33.75	134.85
湖　北	1195.12	951.81	33.45	26.21	161.40
湖　南	685.32	505.18	17.50	69.19	93.12
广　东	3304.31	2554.10	174.04	58.44	504.42
广　西	401.63	314.71	16.84	11.34	56.77
海　南	56.81	44.23	4.11	0.67	7.80
重　庆	489.42	402.00	22.23	13.25	49.23
四　川	1021.26	809.16	50.92	25.67	134.12
贵　州	289.29	212.21	10.24	25.42	41.38
云　南	556.16	289.03	5.99	160.73	100.25
西　藏					
陕　西	577.77	442.65	18.99	20.08	87.74
甘　肃	409.42	352.07	7.24	10.35	39.76
青　海	122.22	89.91	2.78	2.26	25.74
宁　夏	104.32	87.27	2.49	1.24	12.75
新　疆	380.17	297.81	7.93	15.56	58.87

非国有工业企业主要经济指标（按地区分）（三）

计量单位：亿元

管理费用	利息支出	营业利润	利润总额	亏损企业亏损总额	本年应交增值税	全部从业人员平均人数（万人）
2389.54	**1099.21**	**1142.18**	**1440.17**	**578.32**	**1752.55**	**2158.61**
88.76	33.13	2.41	30.99	12.92	47.96	50.14
75.29	37.59	25.53	24.83	46.07	51.48	46.54
104.25	49.07	38.42	45.14	18.80	80.16	120.60
56.37	23.93	9.57	10.74	17.92	35.08	85.96
27.12	31.43	−8.17	−5.29	16.33	21.73	44.13
180.14	90.52	19.71	44.52	44.09	116.04	155.23
83.60	45.54	−0.48	19.16	21.86	49.00	78.30
111.37	43.33	202.56	197.63	25.35	105.75	142.55
255.05	74.32	114.45	188.18	53.75	156.60	84.29
162.78	50.14	107.44	120.84	17.92	120.74	139.32
84.34	28.03	76.83	103.19	6.91	65.14	55.11
52.19	26.52	13.81	16.94	7.51	53.05	70.34
22.31	9.34	27.58	31.24	3.25	19.89	15.08
30.47	17.83	17.53	20.97	11.55	21.08	38.74
214.36	97.30	149.16	158.54	26.11	176.19	241.75
100.22	40.35	16.13	19.50	18.09	68.77	130.85
96.30	56.10	31.75	41.69	26.04	64.58	92.46
59.38	26.13	9.44	19.58	13.16	47.13	67.01
201.72	108.56	214.77	237.22	63.17	144.79	84.93
35.92	15.31	9.10	10.19	7.89	27.17	34.74
3.14	3.17	1.38	2.58	1.87	3.26	2.63
48.53	24.15	−18.69	−10.39	27.88	28.88	47.41
89.50	46.99	13.31	20.01	35.92	66.16	106.85
28.06	13.78	4.52	7.75	4.44	22.37	32.77
39.91	11.01	50.22	61.67	7.43	56.94	26.47
58.02	35.20	14.02	11.72	20.73	36.75	72.56
32.94	20.36	−13.42	−3.49	9.75	22.49	45.48
8.22	12.87	4.80	2.71	1.37	9.14	8.36
9.02	4.71	−0.06	2.43	1.35	6.46	11.33
30.26	22.48	8.57	9.36	8.87	27.76	26.69

1999 年全部国有及年产品销售收入 500 万元以上

中型企业

地　区	产品销售收入	产品销售成本	产品销售费用	产品销售税金及附加	产品销售利润
全　国	**9364.28**	**7718.04**	**363.58**	**149.77**	**1076.23**
北　京	241.25	195.28	10.65	4.46	30.85
天　津	228.89	192.39	7.28	1.69	27.54
河　北	420.55	352.33	12.39	4.35	50.94
山　西	88.99	68.23	4.64	2.76	13.37
内蒙古	189.84	154.78	10.52	4.98	19.29
辽　宁	233.37	184.56	9.48	5.49	32.76
吉　林	148.10	111.51	7.96	3.83	21.86
黑龙江	145.57	119.79	7.27	4.31	13.66
上　海	539.96	439.79	27.65	1.38	71.13
江　苏	1234.72	1043.18	46.46	7.16	134.27
浙　江	902.05	752.91	31.03	8.96	109.13
安　徽	208.18	168.03	10.68	6.62	21.45
福　建	261.58	215.70	7.65	2.16	33.83
江　西	131.10	123.17	5.58	6.37	−4.50
山　东	957.01	802.38	29.73	8.97	108.71
河　南	349.45	287.77	9.65	6.77	45.26
湖　北	377.62	299.83	16.47	9.52	45.74
湖　南	131.62	106.32	5.59	5.18	14.45
广　东	1371.87	1151.17	46.42	11.02	141.67
广　西	187.41	157.05	6.46	2.27	18.22
海　南	64.01	52.47	4.46	1.65	4.50
重　庆	139.43	106.09	7.95	2.61	21.37
四　川	315.15	235.51	16.35	14.66	47.23
贵　州	47.58	35.75	3.02	2.30	5.93
云　南	143.53	116.19	5.41	10.21	11.71
西　藏	1.16	0.87	0.02	0.01	0.25
陕　西	125.09	100.93	5.03	3.94	14.37
甘　肃	42.64	32.91	2.00	2.95	4.78
青　海	12.33	9.29	0.53	0.11	2.39
宁　夏	34.56	29.06	1.47	0.89	3.14
新　疆	89.69	72.80	3.77	2.18	10.93

非国有工业企业主要经济指标（按地区分）（三）

计量单位：亿元

管理费用	利息支出	营业利润	利润总额	亏损企业亏损总额	本年应交增值税	全部从业人员平均人数（万人）
751.57	**307.89**	**88.99**	**148.41**	**283.20**	**422.61**	**951.52**
24.77	5.22	5.72	10.60	3.36	8.21	13.61
14.95	4.61	8.78	11.31	4.43	7.93	14.29
30.01	12.33	10.87	12.19	6.69	19.47	48.00
9.73	3.56	0.76	1.02	2.35	6.05	21.91
11.98	5.47	3.16	7.04	3.35	10.54	20.77
23.85	8.09	1.99	5.61	7.38	10.42	31.14
17.90	6.77	−0.04	2.43	8.02	9.35	28.50
14.95	6.77	−5.00	−5.01	8.38	8.24	26.75
56.75	12.27	7.15	14.09	16.29	18.44	28.02
92.53	27.45	22.02	25.79	15.82	51.41	110.46
57.56	24.56	30.85	36.13	7.77	38.62	60.38
18.81	7.59	−2.78	−1.63	7.20	9.67	32.88
15.56	6.17	13.44	16.76	4.02	11.92	17.59
13.88	8.95	−24.80	−24.15	29.35	7.87	28.62
64.11	24.92	23.05	28.22	12.00	39.94	104.55
26.63	15.95	5.39	6.52	7.29	16.44	57.49
29.15	13.42	6.45	5.77	11.61	17.06	44.31
16.78	6.00	−6.48	−4.90	8.21	7.51	27.01
86.88	36.6	23.08	26.08	41.01	53.37	68.56
16.21	10.13	−5.72	−4.89	10.63	11.48	22.69
5.16	5.08	−4.52	−2.89	5.39	2.82	3.56
15.47	7.24	−0.66	0.21	7.03	7.37	18.32
29.04	16.45	4.93	6.67	10.45	17.34	42.37
7.97	3.27	−4.75	−4.18	6.05	2.68	10.58
16.30	7.69	−10.83	−9.10	13.31	9.47	19.16
0.20	0.04	0.02	0.04	0.03	0.06	0.22
13.73	7.67	−1.25	−3.16	10.26	7.23	20.75
5.89	3.24	−4.56	−3.23	4.32	2.92	10.03
1.91	1.28	−0.66	−0.45	1.38	0.70	2.95
2.78	2.02	−1.41	−1.09	1.70	1.69	5.25
10.13	7.06	−5.23	−3.39	8.11	6.39	10.82

1999 年全部国有及年产品销售收入 500 万元以上

小型企业

地　区	产品销售收　入	产品销售成　本	产品销售费　用	产品销售税金及附加	产品销售利　润
全　国	**28446.16**	**24084.87**	**1098.51**	**232.40**	**2816.23**
北　京	930.96	768.68	51.19	4.20	106.89
天　津	818.84	694.55	29.22	2.90	92.17
河　北	1212.96	1017.49	45.49	10.16	137.73
山　西	395.63	321.11	27.30	8.73	38.49
内蒙古	150.42	126.61	6.00	2.12	15.11
辽　宁	860.97	729.00	33.85	7.38	85.41
吉　林	203.74	165.82	9.11	2.63	24.17
黑龙江	281.88	236.28	11.65	3.84	27.92
上　海	1755.43	1476.97	69.71	6.34	202.40
江　苏	4278.13	3715.44	152.57	24.69	370.63
浙　江	2700.78	2290.69	83.14	22.70	303.73
安　徽	510.96	432.37	22.64	5.62	42.57
福　建	1378.45	1171.66	49.21	13.82	135.29
江　西	256.06	209.79	11.26	4.53	27.03
山　东	1983.72	1678.22	58.19	15.61	212.18
河　南	1391.88	1158.95	59.20	14.56	159.13
湖　北	1032.31	845.95	51.63	13.55	94.86
湖　南	549.65	442.05	32.30	8.17	57.86
广　东	5532.81	4798.80	184.82	29.93	429.26
广　西	282.43	233.19	12.65	4.91	27.50
海　南	51.47	39.62	5.23	0.53	5.25
重　庆	225.76	184.86	9.66	4.12	24.74
四　川	538.22	433.33	27.36	6.03	63.16
贵　州	170.69	138.18	10.56	3.92	15.57
云　南	279.45	226.88	12.40	2.33	37.76
西　藏	13.21	7.85	1.02	0.42	3.17
陕　西	240.83	192.61	15.17	2.90	27.59
甘　肃	190.26	158.27	7.23	2.86	21.90
青　海	29.32	24.26	1.11	0.53	3.42
宁　夏	56.29	47.96	1.81	1.17	5.21
新　疆	142.66	117.42	5.83	1.20	18.13

非国有工业企业主要经济指标（按地区分）（三）

计量单位：亿元

管理费用	利息支出	营业利润	利润总额	亏损企业亏损总额	本年应交增值税	全部从业人员平均人数（万人）
1712.21	**601.45**	**616.56**	**699.66**	**602.07**	**930.75**	**2694.92**
74.48	18.76	21.04	32.52	23.52	31.98	60.48
44.89	10.21	37.33	40.76	20.89	20.73	66.88
48.67	25.48	63.77	66.57	13.31	36.22	111.73
26.91	15.71	−3.70	−0.71	14.55	22.04	80.60
12.12	8.22	−3.31	−2.43	9.27	6.87	25.87
68.08	19.70	1.27	8.11	35.10	28.57	125.88
19.75	6.65	1.37	0.28	10.63	8.64	40.29
21.42	7.27	2.66	2.72	9.75	13.20	49.13
141.30	21.70	48.15	63.04	33.61	52.67	106.37
235.63	71.38	79.62	87.50	60.05	143.00	299.84
141.35	57.17	106.90	111.87	22.53	98.57	190.86
33.49	16.48	−0.98	−2.52	20.90	19.97	68.09
74.18	30.23	33.05	39.38	26.94	42.36	115.22
20.98	8.69	0.34	0.46	9.01	9.88	52.73
92.23	33.76	86.19	94.02	17.28	63.08	188.42
70.14	44.47	54.67	53.55	25.40	43.01	169.68
60.16	21.72	22.56	21.56	16.68	32.77	114.50
42.25	15.93	5.50	1.52	26.41	23.77	83.97
283.47	74.09	81.60	93.49	97.81	125.02	400.67
23.44	8.40	−1.34	−1.49	11.15	13.93	40.00
5.00	1.99	−0.58	0.54	3.39	2.13	6.15
18.24	8.23	−0.93	1.14	8.14	10.32	34.71
47.06	21.57	−0.84	−0.27	19.12	24.53	80.80
14.44	7.09	−3.23	−2.92	7.94	9.11	27.09
28.38	13.57	−2.85	0.63	15.96	16.53	33.75
1.63	0.29	1.53	2.31	0.61	1.00	2.60
21.07	10.34	−0.36	−1.68	14.70	10.44	42.87
15.76	8.51	−1.89	0.68	7.06	9.76	35.96
4.11	3.01	−3.77	−3.56	4.89	1.54	7.44
3.98	3.68	−1.99	−2.00	3.71	1.81	8.56
17.59	7.16	−5.18	−5.42	11.76	7.31	23.82

1999年500万元以下非国有工业企业及全部个体经营主要经济指标（按地区分）

计算单位：亿元

地　区	企业单位数（个）	工业总产值（当年价）	上交税金	实收资本（自有资金）	年末全部从业人员（万人）
全　国	**7767858**	**53403.64**	**1216.07**	**10252.36**	**7057.39**
北　京	26036	195.51	8.55	128.45	43.28
天　津	42741	489.87	13.99	168.19	63.88
河　北	455600	3739.07	52.81	637.39	513.69
山　西	135591	1124.93	28.51	204.26	201.95
内蒙古	159868	462.29	13.08	109.98	101.23
辽　宁	319051	3938.39	58.52	419.44	321.26
吉　林	180795	475.96	14.47	135.79	114.47
黑龙江	169129	1057.19	21.51	154.83	150.09
上　海	40673	638.91	101.54	365.62	44.04
江　苏	485448	5192.87	105.83	802.33	480.74
浙　江	679910	7010.79	169.28	1335.30	597.13
安　徽	370241	2372.47	40.69	336.57	316.09
福　建	257628	2910.43	59.52	721.40	299.60
江　西	290196	908.93	30.97	96.36	182.79
山　东	461538	4250.94	94.99	613.90	463.52
河　南	726290	2790.67	68.80	731.41	680.40
湖　北	355442	3032.41	44.64	391.23	331.41
湖　南	652094	2841.02	53.52	415.22	427.78
广　东	435189	4765.16	87.92	1292.58	679.82
广　西	221230	756.33	23.08	148.78	166.08
海　南	20530	66.03	2.08	32.87	12.86
重　庆	81463	533.51	15.06	88.91	94.51
四　川	372321	1921.35	31.56	267.88	282.50
贵　州	227576	321.01	9.37	103.48	110.70
云　南	271525	558.21	13.47	161.85	141.15
西　藏					
陕　西	153088	547.70	24.70	233.32	117.00
甘　肃	71998	296.16	18.49	72.66	60.90
青　海	20944	38.31	1.25	13.78	11.83
宁　夏	29539	54.73	2.49	21.03	18.59
新　疆	54184	112.50	5.37	47.56	28.10

1999 年 500 万元以下非国有工业企业及全部个体经营主要经济指标（按行业分）

计算单位：亿元

行　业	企业单位数（个）	工业总产值（当年价）	上交税金	实收资本（自有资金）	年末全部从业人员（万人）
总　计	**7767858**	**53403.64**	**1216.07**	**10252.36**	**7057.39**
在总计中：					
轻工业	5112548	31535.70	732.13	6082.05	4038.75
重工业	2655310	21867.93	483.94	4170.31	3018.64
在总计中：					
集体企业	581442	12657.32	349.98	2992.31	2044.55
股份合作企业	80189	2121.59	63.26	517.88	242.04
私营企业	856777	13252.55	353.68	2304.32	1491.97
联营企业	47615	501.02	17.07	130.14	72.37
个体经营	6126780	22928.31	378.43	2886.44	2886.87
外商及港澳台商投资企业	35464	1123.39	33.05	1097.45	204.40
其他企业	39591	819.45	20.60	323.82	115.18
在总计中：					
农村工业	6394527	44143.43	945.67	7324.86	5650.25

1999 年全部国有及年产品销售收入500 万元以上

计算单位：亿元

行　　业	企业单位数（个）	工业总产值				工业销售产值（当年价）
		亏损企业	1990 年不变价格	当年价格		
煤炭采选业	2795	803	688.62	1235.97		1194.20
石油和天然气开采业	75	15	657.80	2084.89		2071.06
黑色金属矿采选业	578	102	106.29	147.13		141.95
有色金属矿采选业	1428	288	293.47	361.52		351.38
非金属矿采选业	1817	325	299.70	341.66		323.25
其他矿采选业	19	2	2.15	2.84		2.64
木材及竹材采运业	564	243	110.81	136.26		132.75
食品加工业	11231	3885	2711.32	3517.00		3370.91
食品制造业	4963	1623	1096.51	1262.19		1219.61
饮料制造业	3579	1220	1288.89	1658.70		1611.22
烟草加工业	352	75	923.53	1390.77		1380.80
纺织业	10981	3151	4295.70	4529.82		4390.42
服装及其他纤维制品制造业	6611	1469	1839.40	2038.59		1967.84
皮革、毛皮、羽绒及其制品业	3192	760	1093.57	1197.93		1153.91
木材加工及竹、藤、棕、草制品业	2420	650	527.09	560.58		532.15
家具制造业	1473	288	288.39	318.38		303.95
造纸及纸制品业	4657	1128	1186.39	1327.73		1285.55
印刷业、记录媒介的复制	3824	1150	537.62	578.76		558.27
文教体育用品制造业	1807	415	510.31	555.74		536.11
石油加工及炼焦业	988	226	1368.91	2705.58		2662.64
化学原料及化学制品制造业	11337	2919	4702.52	4924.78		4765.76
医药制造业	3272	853	1783.75	1497.22		1423.43
化学纤维制造业	803	280	1142.14	975.28		957.75
橡胶制品业	1805	428	823.01	780.30		751.07
塑料制品业	6047	1472	1617.94	1623.41		1559.83
非金属矿物制品业	14366	4006	2971.47	3394.64		3251.99
黑色金属冶炼及压延加工业	3042	951	2967.57	4097.36		4039.43
有色金属冶炼及压延加工业	2426	619	1589.24	1793.14		1757.10
金属制品业	8176	1925	2101.51	2215.09		2125.19
普通机械制造业	9160	2307	2603.37	2693.90		2601.56
专用设备制造业	6470	1882	1900.49	1980.71		1911.80
交通运输设备制造业	6701	1943	4712.74	4659.31		4547.72
电气机械及器材制造业	7624	1851	4271.32	4021.55		3896.46
电子及通信设备制造业	4289	1246	8188.88	5830.96		5680.89
仪器仪表及文化、办公用机械制造业	1817	525	741.60	705.73		680.36
其他制造业	3569	747	833.01	859.52		831.55
电力、蒸汽、热水的生产和供应业	4941	1307	1533.95	3996.91		3970.58
煤气生产和供应业	295	159	86.45	131.27		130.94
自来水的生产和供应业	2405	863	110.03	314.95		306.77

非国有工业企业主要经济指标（按行业分）（一）

计量单位：亿元

工业增加值（当年价）	资产合计	流动资产		流动资产年平均余额	固定资产	
		小计	应收账款净额		原价	生产经营用
565.02	3875.89	1381.54	546.08	1327.86	2892.79	2163.53
1438.45	4085.06	1085.93	170.91	967.59	4512.10	3507.22
53.04	323.29	110.08	40.48	108.13	150.25	101.81
126.05	514.80	176.93	33.24	170.58	357.96	273.58
118.36	575.79	236.39	81.00	228.24	359.18	284.12
0.78	2.33	1.37	0.44	1.26	1.13	0.97
66.50	411.07	174.15	36.50	173.66	251.95	147.24
761.86	3121.54	1492.05	298.73	1480.96	1687.14	1375.60
344.55	1611.12	724.10	160.24	683.58	884.81	730.95
585.78	2665.02	1187.68	232.20	1161.31	1395.39	1176.70
892.05	1850.70	898.24	172.53	874.97	850.68	731.42
1117.12	5872.50	2738.74	559.15	2644.55	3428.29	2876.99
505.97	1633.74	956.07	234.99	922.44	677.84	543.29
283.61	920.13	568.67	159.25	558.32	374.48	306.57
132.89	648.40	284.47	59.52	273.13	367.49	300.57
77.96	320.72	171.31	43.78	163.42	144.75	117.67
355.56	2108.61	869.36	289.03	827.50	1179.36	957.50
197.94	910.68	405.16	123.55	375.49	564.39	449.12
140.20	492.82	282.13	93.28	278.48	206.79	176.73
590.24	3582.94	1063.74	237.77	1061.42	2965.11	2635.63
1216.88	8176.10	3189.50	912.07	3102.48	5170.90	4369.07
514.86	2433.17	1300.77	405.08	1218.61	946.17	796.23
252.55	1872.60	578.95	90.32	573.23	1365.50	1236.38
202.61	1131.46	548.45	179.69	539.38	558.95	488.63
387.80	1859.99	895.35	283.75	854.66	1017.77	863.07
1004.60	6019.57	2331.57	705.14	2251.24	3819.89	3180.17
1081.15	8563.93	3044.69	786.96	3046.72	6005.46	5268.17
405.04	2709.12	1120.75	241.95	1064.67	1706.29	1421.40
540.72	2422.81	1319.32	393.67	1270.25	1147.94	949.51
743.61	4548.62	2518.89	809.53	2443.07	2119.87	1732.89
515.73	3115.17	1732.98	472.42	1675.45	1480.57	1107.05
1193.14	7460.00	3813.52	1030.84	3701.43	3306.42	2675.79
1002.57	4921.45	2866.00	932.12	2742.83	1967.11	1648.54
1347.95	6175.52	3914.08	1292.03	3588.70	2174.26	1847.03
180.46	932.16	554.08	180.67	521.90	398.65	323.00
227.23	692.32	410.93	111.43	396.15	282.21	229.18
2161.82	15663.29	3886.24	923.92	3613.08	13073.32	11604.97
36.64	555.84	170.25	43.20	163.72	414.13	364.48
146.32	1403.07	300.81	58.25	288.94	1191.43	1031.36

1999 年全部国有及年产品销售收入 500 万元以上

行　　业	固定资产小　计	累计折旧	本年折旧	固定资产净值	固定资产净值年平均余额
煤炭采选业	2185.00	906.52	104.26	1986.28	1879.42
石油和天然气开采业	2743.05	2048.98	372.37	2463.12	2091.30
黑色金属矿采选业	122.98	52.48	6.14	97.77	97.89
有色金属矿采选业	286.87	121.32	15.58	236.63	228.97
非金属矿采选业	283.18	107.90	13.47	251.28	249.48
其他矿采选业	0.82	0.34	0.04	0.79	0.81
木材及竹材采运业	200.33	70.86	5.88	181.09	180.18
食品加工业	1364.37	433.47	68.50	1253.67	1229.14
食品制造业	719.05	234.50	44.45	650.31	635.27
饮料制造业	1175.28	338.31	66.85	1057.08	1037.86
烟草加工业	710.10	245.70	53.73	604.98	570.07
纺织业	2582.17	1049.48	160.89	2378.80	2375.06
服装及其他纤维制品制造业	512.87	200.50	37.36	477.34	473.59
皮革、毛皮、羽绒及其制品业	286.47	107.99	20.78	266.49	260.40
木材加工及竹、藤、棕、草制品业	311.46	78.68	16.12	288.81	276.08
家具制造业	116.17	38.39	7.90	106.37	105.15
造纸及纸制品业	1060.78	284.69	50.10	894.67	848.11
印刷业、记录媒介的复制	426.03	181.02	33.12	383.37	368.50
文教体育用品制造业	161.45	60.28	11.74	146.51	142.97
石油加工及炼焦业	2228.11	1047.23	171.67	1917.89	1710.66
化学原料及化学制品制造业	4177.16	1561.09	233.53	3609.80	3451.41
医药制造业	820.67	262.95	46.26	683.22	667.31
化学纤维制造业	1075.54	421.74	55.04	943.76	911.98
橡胶制品业	471.28	159.92	30.61	399.03	376.00
塑料制品业	780.82	292.63	59.56	725.14	709.84
非金属矿物制品业	3061.19	1088.09	176.19	2731.79	2691.26
黑色金属冶炼及压延加工业	4780.20	2129.85	249.77	3875.61	3700.40
有色金属冶炼及压延加工业	1366.00	517.15	75.30	1189.14	1156.08
金属制品业	888.08	348.93	60.36	799.01	800.13
普通机械制造业	1612.52	722.94	98.02	1396.93	1385.06
专用设备制造业	1105.45	527.47	60.09	953.10	932.25
交通运输设备制造业	2716.25	993.09	158.85	2313.33	2250.75
电气机械及器材制造业	1519.16	598.41	106.18	1368.69	1353.44
电子及通信设备制造业	1648.28	717.37	145.93	1456.89	1411.72
仪器仪表及文化、办公用机械制造业	291.02	138.34	18.44	260.31	253.07
其他制造业	223.27	82.55	14.98	199.66	193.47
电力、蒸汽、热水的生产和供应业	10323.51	3755.25	693.34	9318.07	8725.06
煤气生产和供应业	353.50	98.77	16.07	315.36	300.89
自来水的生产和供应业	1004.70	299.43	50.56	892.00	951.12

非国有工业企业主要经济指标（按行业分）（二）

计量单位：亿元

负债合计	流动负债	所有者权益合计	实收资本			
	小计			国家资本	港澳台资本	外商资本
2479.21	1404.77	1396.68	967.31	873.82	0.93	0.83
1649.85	832.58	2435.21	970.27	807.91		
153.75	129.14	169.53	121.17	99.42	0.25	0.04
330.75	214.38	184.06	127.94	79.90	0.46	0.83
353.06	247.00	222.74	143.11	91.89	3.05	4.20
1.60	1.43	0.73	0.47	0.18		0.01
280.25	223.53	130.82	97.02	94.13	0.07	0.02
2311.27	1909.52	810.27	741.81	294.05	70.55	112.36
1018.13	813.20	593.00	534.73	121.87	94.19	149.70
1613.98	1289.34	1051.03	715.99	267.16	91.06	160.24
881.01	767.82	969.69	316.09	288.32	1.33	2.47
4315.05	3359.17	1557.45	1387.40	409.78	209.76	154.89
962.19	854.59	671.55	508.04	38.79	115.97	101.35
616.87	548.36	303.26	249.36	27.13	67.38	48.32
436.62	308.98	211.77	180.75	47.09	27.30	28.20
188.83	159.21	131.89	106.81	12.33	23.08	18.33
1422.77	985.29	683.89	521.51	149.72	89.71	95.14
511.60	398.80	399.00	273.95	112.79	40.90	24.60
281.03	250.47	211.78	160.49	13.05	63.23	33.00
2029.29	1188.72	1553.64	838.77	367.90	12.65	22.21
5284.74	3503.83	2887.83	1991.03	957.02	90.55	279.42
1462.68	1140.82	970.48	573.09	194.13	33.44	82.91
1173.17	676.20	699.43	474.68	190.44	86.06	39.24
748.83	558.35	382.62	278.06	88.83	30.38	71.01
1125.34	868.65	734.66	577.50	73.90	149.82	102.91
4015.94	2797.29	2000.63	1583.16	518.81	155.44	197.92
5104.04	3447.20	3449.77	2013.17	1523.81	57.15	45.72
1840.33	1251.03	868.79	629.77	320.05	39.24	37.09
1580.01	1330.08	842.76	707.84	109.67	132.42	137.14
2942.45	2395.47	1606.17	1121.40	405.92	47.40	207.71
2048.80	1706.09	1062.78	716.77	309.52	31.35	65.87
4767.96	3706.84	2688.76	1760.15	711.69	85.32	288.02
3111.15	2625.15	1810.30	1241.25	233.07	134.67	275.64
3776.81	3196.98	2398.71	1422.15	312.83	208.85	449.06
597.86	459.51	334.31	248.46	72.49	30.80	62.21
421.67	361.20	270.65	209.19	16.05	60.33	37.89
9142.58	3301.93	6521.56	3541.42	2038.27	170.91	145.30
273.77	172.04	282.08	241.76	224.90	3.22	3.21
534.68	281.17	868.39	525.37	491.86	3.36	3.10

1999 年全部国有及年产品销售收入 500 万元以上

行　业	产品销售收入					管理费用
		产品销售成本	产品销售费用	产品销售税金及附加	产品销售利润	
煤炭采选业	1132.37	837.66	78.09	17.73	195.66	213.87
石油和天然气开采业	1897.49	1308.04	11.01	71.89	236.48	105.98
黑色金属矿采选业	135.11	102.69	7.31	4.04	20.18	12.55
有色金属矿采选业	329.28	249.37	10.64	3.27	64.48	39.27
非金属矿采选业	325.69	244.48	26.31	8.96	43.75	30.21
其他矿采选业	2.05	1.52	0.21	0.07	0.24	0.18
木材及竹材采运业	119.04	75.43	2.86	6.77	33.74	26.20
食品加工业	3211.99	2878.97	105.70	13.89	192.58	131.59
食品制造业	1183.68	940.96	102.39	6.28	128.77	79.20
饮料制造业	1563.20	1043.65	186.42	107.54	219.54	117.03
烟草加工业	1369.81	656.34	12.88	539.87	157.82	70.56
纺织业	4148.17	3662.59	79.92	19.54	365.22	240.08
服装及其他纤维制品制造业	1847.43	1596.35	64.19	7.82	169.56	96.23
皮革、毛皮、羽绒及其制品业	1096.12	973.33	28.42	4.46	83.43	45.78
木材加工及竹、藤、棕、草制品业	511.17	442.20	18.99	3.52	43.53	27.77
家具制造业	292.63	243.67	14.02	1.89	31.18	15.73
造纸及纸制品业	1225.69	1022.58	47.53	7.28	144.44	79.13
印刷业、记录媒介的复制	542.32	425.24	14.84	3.27	96.10	56.50
文教体育用品制造业	519.11	444.69	16.07	2.08	54.23	33.62
石油加工及炼焦业	2741.21	2303.95	41.48	140.62	242.94	163.13
化学原料及化学制品制造业	4546.34	3716.16	209.44	39.34	565.39	377.67
医药制造业	1378.96	898.39	194.55	8.88	260.08	142.37
化学纤维制造业	942.80	797.07	15.37	7.05	120.04	52.19
橡胶制品业	690.67	574.86	27.13	18.80	68.13	45.81
塑料制品业	1519.84	1301.07	47.44	7.23	154.97	83.06
非金属矿物制品业	3045.14	2479.87	150.66	30.34	369.03	248.70
黑色金属冶炼及压延加工业	4019.79	3549.01	63.35	25.89	377.72	242.95
有色金属冶炼及压延加工业	1737.44	1498.36	30.97	8.79	191.09	109.36
金属制品业	2025.63	1728.69	69.66	11.88	206.22	123.06
普通机械制造业	2468.03	1979.14	103.68	14.40	361.83	257.49
专用设备制造业	1795.59	1468.79	73.76	9.40	236.70	182.81
交通运输设备制造业	4499.42	3704.93	126.00	79.37	568.07	400.71
电气机械及器材制造业	3687.08	2975.73	231.86	14.86	446.96	266.04
电子及通信设备制造业	5572.72	4692.50	226.05	10.64	602.66	302.41
仪器仪表及文化、办公用机械制造业	689.07	567.38	26.76	2.13	86.82	64.14
其他制造业	778.59	658.84	33.98	7.38	73.85	42.07
电力、蒸汽、热水的生产和供应业	5535.88	4684.33	38.30	32.79	703.77	217.37
煤气生产和供应业	181.85	180.95	9.49	0.66	−9.26	19.33
自来水的生产和供应业	303.20	220.02	9.74	3.26	68.31	49.89

非国有工业企业主要经济指标（按行业分）（三）

计量单位：亿元

利息支出	营业利润	利润总额	亏损企业亏损总额	本年应交增值税	全部从业人员年平均人数（万人）
38.03	-43.47	-18.10	50.15	90.24	426.91
60.53	326.79	297.50	1.89	188.14	110.71
3.85	4.39	4.29	2.34	6.33	24.15
10.99	16.55	22.60	7.44	10.62	52.73
8.73	7.82	7.96	6.21	15.55	60.15
0.02	0.05	0.13	0.01	0.10	0.43
6.46	3.65	0.75	4.03	2.62	86.11
73.12	3.05	11.00	86.62	61.11	180.59
26.08	30.53	32.97	35.02	53.83	96.67
37.90	74.35	86.59	40.96	101.51	106.27
20.85	92.20	127.09	5.93	136.53	28.10
124.52	17.99	38.58	94.32	137.98	510.87
22.55	55.43	61.76	17.26	43.83	202.68
14.80	23.94	24.78	12.64	20.23	109.84
12.60	5.51	9.60	13.28	17.17	47.99
4.84	11.38	11.36	3.80	7.95	25.46
40.34	30.20	35.73	35.73	54.87	119.24
12.40	34.06	38.38	10.77	28.72	60.40
4.86	17.38	20.30	6.19	11.90	64.08
73.91	14.68	22.84	39.96	122.20	71.62
164.45	47.73	77.68	123.96	187.00	370.99
42.29	90.66	101.46	19.88	89.09	99.88
37.61	32.70	33.68	21.02	40.37	46.24
22.91	5.88	7.82	17.49	25.56	71.26
29.43	45.31	51.87	23.86	43.93	111.11
118.05	21.33	40.64	96.09	156.29	434.00
137.35	18.29	35.73	64.33	200.28	276.94
65.71	25.57	31.78	25.59	66.16	108.32
39.95	48.54	53.38	38.29	61.51	166.04
74.41	48.05	61.95	58.19	107.30	302.36
52.31	20.57	40.93	46.13	66.33	218.47
130.21	84.71	125.05	101.89	177.37	317.33
82.59	111.16	136.54	63.49	130.92	228.56
81.63	258.74	307.54	64.70	138.10	186.21
12.64	18.29	20.99	13.09	19.15	57.84
10.46	22.73	23.42	8.70	22.41	91.69
281.14	271.46	305.15	156.38	433.05	222.99
2.69	-26.23	-6.82	10.71	5.50	15.96
9.11	14.54	25.16	11.26	16.69	44.41

中国经济贸易年鉴

第七篇

附录

国家经济贸易委员会主要职责及机构设置

根据第九届全国人民代表大会第一次会议批准的国务院机构改革方案和《国务院关于机构设置的通知》(国发［1998］5号)，设置国家经济贸易委员会，为国务院组成部门。国家经济贸易委员会是负责调节近期国民经济运行的宏观调控部门。

一、国家经济贸易委员会的主要职责

1. 监测、分析国民经济运行态势，调节国民经济日常运行；编制并组织实施近期经济运行调控目标、政策和措施，组织解决经济运行中的重大问题并向国务院提出意见和建议。

2. 组织拟定、实施国家产业政策，监督、检查执行情况；指导产业结构调整，提出重点行业、重点产品的调整方案；联系工商领域社会中介组织并指导其改革与调整。

3. 组织拟定工业、商贸方面的综合性经济法规和政策，并监督检查；收集、整理、分析和发布经济信息。

4. 指导委管各国家局拟定行业规划和行业法规；制订电力（含水电）、医药、黄金的行业规划、行业法规，实施行业管理。

5. 研究和规划竞争性行业投资布局，定期公布项目投资引导目录，指导除国家拨款以外的工商企业投资和商业性银行贷款的方向，进行项目的登记备案和监督，纳入国家发展计划委员会的总量平衡；研究拟定利用外资有关政策，指导工商企业利用外资（包括外商直接投资项目），制订工商领域外商投资产业指导目录并进行监督；提出工业、商业企业利用国外贷款的投向；研究制订国有企业向外商转让资产、股权、经营权的政策并实行监督；指导企业开展国际化经营，实施当年的企业海外投资规划。

6. 研究和指导流通体制改革，培育发展和完善市场体系，拟定规范流通秩序和市场规则的法规、政策；监测分析市场运行和重要商品的供求状况并组织调控；组织拟定和协调内外贸政策和进出口政策，商国家发展计划委员会编制关系国计民生和大宗、重点工业品、原材料的进出口计划，根据经济运行情况进行计划调整并向国家发展计划委员会备案；协调外贸货运；承办国家茧丝绸协调小组的日常工作。

7. 负责企业工作，对各种经济成分的企业实行宏观管理和指导，规范企业行为规则；研究拟定国有企业改革的方针、政策和企业体制改革方案，推进现代企业制度的建立；研究发展大型企业和企业集团的政策、措施，指导国有企业实施战略性改组；参与指导企业直接融资工作；指导国有企业的管理、扭亏和减轻企业负担工作；指导中小企业的改革与发展；组织管理企业内部的法律顾问工作；指导企业管理人员的培训。

8. 研究拟定监管企业国有资产的政策、法规；提出需由国务院派出稽察特派员的国有企业名单，审核稽察特派员提出的稽察报告。

9. 研究企业技术进步的方针、政策，指导技术创新、技术引进、重大装备国产化和重大技术装备研制；指导资源节约和综合利用，组织协调工业环境保护和环保产业发展。

10. 指导全国安全生产，协调处理重大安全事故。

11. 开展国际交流合作；负责人事管理和机关党的工作。

12. 承办国务院交办的其他事项。

根据国务院的规定，管理国家国内贸易局、国家煤炭工业局、国家机械工业局、国家冶金工业局、国家石油和化学工业局、国家轻工业局、国家纺织工业局、国家建筑材料工业局、国家有色金属工业局、国家烟草专卖局。

二、内设机构

根据上述主要职责，国家经济贸易委员会设20个职能司（局、厅）：

（一）办公厅

协助委领导处理机关日常政务工作；建立健全机关各项规章制度；负责机关文秘、政务信息、档案、机要、信访、保密等工作。

（二）政策法规司

组织综合性经济法规的起草和协调；对经济法规的执行情况进行监督、检查；指导委管国家局拟定相应的行业法规；承担行政复议与应诉工作；组织管理企业内部的法律顾问工作；起草重要文件、报告；承担对外宣传和新闻发布工作。

（三）综合司

综合分析近期国民经济运行和产业发展的重大问题，提出意见和建议；研究提出近期经济运行调控目标、政策和措施；对经济运行中涉及财政、金融的政策性问题和资金情况进行分析和研究并提出建议；收集、整理、分析和发布经济信息。

（四）经济运行局

监测、分析国民经济运行态势，组织解决经济运行中的重大问题；组织重要物资的紧急调度和综合交通协调工作，提出动用国家储备物资的建议；指导企业的扭亏增盈工作；组织协调军工科研生产和军转民的有关问题；承担外贸货运的协调工作。

（五）产业政策司

组织拟定国家产业政策，研究提出产业发展方向、重点发展的行业和利用外资有关政策，监督、检查产业政策实施情况，协调解决执行中的重大问题；组织拟定分行业的产业政策；研究提出国家重点企业名单；联系工商企业的行业协会、商会等社会中介组织，指导其改革和调整。

（六）投资与规划司（国家经济贸易委员会重点技术改造项目督查办公室）

指导委管国家局拟定行业规划，研究提出重点行业生产力布局、重点产品结构的调整方案并组织实施；指导工商企业、金融机构及社会资金的投资方向；研究拟定项目备案制的具体措施和办法并指导实施；对上市企业的资金投向进行监督；指导工商企业利用外资（包括外商直接投资项目），提出工商领域外商投资产业指导目录并进行监督；提出工商企业利用国外贷款的投向；提出鼓励企业技术改造的有关政策并组织实施。

（七）企业改革司（全国企业兼并破产和职工再就业工作领导小组办公室）

对各种经济成分的企业实行宏观管理和指导，规范企业行为规则；研究提出国有企业改革的方针、政策和企业体制改革方案，推进现代企业制度的建立；指导和协调国有企业实施战略性改组；组织实施兼并破产、减员增效工作，配合有关部门实施再就业工程；指导国有企业的管理；研究提出发展大型企业和企业集团的政策、措施；提出企业股份制改造有关意见；研究提出企业规模类型的划分标准，指导实施和认证工作。

（八）中小企业司

提出中小企业的扶持政策；指导中小企业改革与发展；组织中小企业对外合作；促进和健全中小企业服务体系。

（九）企业监督司（国务院减轻企业负担部际联席会议办公室）

研究提出企业国有资产监督管理的政策、法规；提出需由国务院派出稽察特派员的国有企业名单，审核稽察特派员提出的稽察报告；组织、协调治乱减负工作。

（十）贸易市场司

培育发展和完善市场体系，研究和指导流通体制改革，提出维护流通秩序的法规、政策；监测分析市场运行和重要商品的供求状况并组织调控；拟定工贸结合、内外贸结合的方针政策；商有关部门提出关系国计民生和大宗、重点工业品、原材料的进出口计划，协调进出口政策。

（十一）对外经济协调司（国家茧丝绸协调小组办公室、国家经济贸易委员会反倾销反补贴办公室）

承担多双边对外经贸谈判和国际服务贸易谈判活动中有关国内政策的综合协调；拟定国有企业向外商转让资产、股权、经营权以及相关的兼并、承包、租赁工作的有关政策；指导企业开展国际化经营和海外投资；协调解决外商投资企业运行过程中的有关问题；承担反倾销反补贴的国内工作和茧丝绸的协调工作。

（十二）技术进步与装备司

研究提出企业技术进步、技术引进和重大装备国产化的方针、政策；组织推动技术创新工作；指导和协调国家重点技术创新项目、重大引进技术消化吸收等项目的实施；指导和推动技术创新机制的建设及产学研联合；指导和协调重大技术装备项目的研制。

（十三）资源节约与综合利用司

研究提出企业资源节约、综合利用和发展新能源的方针、政策和法规；推进以节能降耗为主要内容的新产品、新技术开发和设备改造；组织协调工业环境保护和环保产业发展工作。

（十四）安全生产局

综合管理全国安全生产工作，对安全生产行使国家监督职权；拟定全国安全生产的综合性法规、政策；组织协调重大安全事故的处理。

（十五）电力司

研究拟定电力工业（含水电）的行业规划、行业法规和经济技术政策，组织制订行业规章、规范和技术标准，实施行业管理和监督；提出有关电、热价格政策方面的意见；指导农村电气化和小电网建设规划的工作。

（十六）医药司

研究拟定医药工业的行业规划、行业法规和经济技术政策，组织制订行业规章、规范和技术标准，实施行业管理；管理国家药品储备。

（十七）黄金管理局

研究拟定黄金工业的行业规划、行业法规和经济技术政策，组织制订行业规章、规范和技术标准，实施行业管理；推进黄金企业结构调整；组织实施黄金生产建设计划，指导企业生产管理；组织对非法采矿的治理整顿；管理黄金专项资金。

（十八）培训司

指导全国经济干部和企业经营者的培训工作；制订并组织实施培训规划；指导企业智力引进工作；指导培训中心工作。

（十九）国际合作司

负责机关和委属单位的外事工作；开展政府间的国际合作与交流；收集、整理国外经济贸易信息。

（二十）人事司

负责委机关及直属单位的人事管理工作。

机关党委，负责委机关、委管国家局和在京直属单位的党群工作。

三、其他事项

投资管理职能，待投融资体制改革方案确定后，再作相应调整。

四、关于国家煤矿安全监察局

1999年12月30日，国务院批准中编办、国家经贸委、国家煤炭工业局拟定的《煤矿安全监察管理体制改革实施方案》，设立国家煤矿安全监察局，与国家煤炭工业局一个机构、两块牌子。国家煤矿安全监察局是国家经济贸易委员会(以下简称国家经贸委）管理的负责煤矿安全监察的行政执法机构，承担现由国家经贸委负责的煤矿安全监察职能。国家煤炭工业局的机关内设机构，加挂国家煤矿安全监察局内设机构的牌子。

1. 将原煤炭部直属的河北、山西、内蒙古、辽宁、吉林、黑龙江、山东、江西、河南、湖南、重庆、四川、贵州、云南、陕西、新疆16个省（自治区、直辖市）煤炭工业管理局，以及安徽省、甘肃省、宁夏回族自治区煤炭工业管理局，改组为煤矿安全监察局。省（自治区、直辖市）煤矿安全监察局均为国家煤矿安全监察局的直属机构，实行国家煤矿安全监察局与所在省（自治区、直辖市）政府双重领导、以国家煤矿安全监察局为主的管理体制。现由劳动等部门负责的煤矿安全监察职能，均由煤矿安全监察局承担。

省（自治区、直辖市）煤矿安全监察局为正厅级机构，名称统一为“××（省、自治区、直辖市名）煤矿安全监察局”，一般设4～6个处（室）。

2. 煤炭行业管理任务比较重的省（自治区、直辖市）可暂在煤矿安全监察局加挂“××省（自治区、直辖市）煤炭工业局”的牌子，履行煤炭行业管理职能。这些地区的煤矿安全监察局，既是国家煤矿安全监察局的直属机构，又是所在省（自治区、直辖市）政府的工作机构，其煤矿安全监察业务以国家煤矿安全监察局管理为主，煤炭行业管理业务以所在省（自治区、直辖市）政府管理为主。具体事宜，由国家煤矿安全监察局与有关省（自治区、直辖市）政府商定。

3. 省（自治区、直辖市）煤矿安全监察局可在大中型矿区设立安全监察办事处，作为其派出机构。安全监察办事处为处级机构，名称统一为“×（地名）煤矿安全监察办事处”。具体的设置方案，由中央机构编制委员会办公室同煤矿安全监察局另行下达。

4. 省（自治区、直辖市）煤矿安全监察局及安全监察办事处的设立、变更，由国家煤矿安全监察局商有关地方政府提出意见，经中央机构编制委员会办公室审核后，报国务院审批。

煤矿安全监察机构的主要职责：

（一）国家煤矿安全监察局的主要职责

1. 研究拟定煤矿安全生产工作的方针、政策，组织起草有关煤矿安全生产的法律、法规草案，制定煤矿安全生产规章、规程，拟定煤炭工业安全标准，提出保障煤矿安全的规划和目标。

2. 贯彻执行国家关于煤矿安全生产的方针、政策和法律、法规及有关规章，履行国家煤矿安全监察职责。

3. 组织调查和处理煤矿重大、特大事故，负责全国煤矿事故与职业危害的统计分析，发布全国煤矿安全生产信息。

4. 指导有关煤矿安全生产的科研工作，组织煤矿使用的设备、材料、仪器仪表的安全监察管理工作。

5. 拟定开办煤矿的安全标准，组织煤矿建设工程安全设施的设计审查和竣工验收，组织对不符合安全生产标准的煤炭企业的查处工作。

6. 组织、指导煤炭企业安全生产技术培训工作，负责煤炭企业主要经营管理者安全资格认证工作。

7. 监督检查煤矿职业危害的防治工作。

8. 组织、指导和协调煤矿救护队及其应急求援工作。

9. 按照干部管理权限负责直属煤矿安全监察机构的干部管理工作,组织煤矿安全监察人员的培训、考核工作。

10. 开展煤矿安全生产方面的国际交流与合作。

11. 承办国务院和国家经贸委交办的其他事项。

(二)省(自治区、直辖市)煤矿安全监察局的主要职责

1.贯彻落实国家关于煤矿安全生产的方针、政策和法律、法规及规章、规程。

2. 按照分级管理的原则和上级授权,组织查处煤矿伤亡事故。

3. 组织、指导煤矿安全生产技术培训、职业危害防治、煤矿救护队及其应急求援工作。

4. 负责煤矿使用的设备、材料、仪器仪表的安全监察管理工作。

5. 查处不符合安全生产标准的煤炭企业。

6.承办国家煤矿安全监察局交办的其他事项。

(三)煤矿安全监察办事处的主要职责

在省(自治区、直辖市)煤矿安全监察局的领导下,负责划定区域内煤矿的安全监察和执法工作。

附件1:国家经济贸易委员会(1998.3—　　)

领导人员

主　任

盛华仁(1998. 3—　　)(国家主席令[1998]2号)

副主任

陈邦柱(正部长级)(1998. 4—2000. 1)
郑斯林(正部长级)(1998. 10—1999. 12)
李荣融(2000. 1—　　)
于　珍(正部长级)(1998. 4—　　)
石万鹏(正部长级)(1998. 4—　　)
陈清泰(1998. 3—1998. 10)
张志刚(1998. 3—　　)
王万宾(1999. 6—　　)
蒋黔贵(2000. 1—　　)

秘书长

张志刚(1998. 3—1998. 10)
蒋黔贵(1998. 10—2000. 3)(副部长级)
侯云春(2000. 3—　　)

副秘书长

蒋金楚(1998. 3—1998. 12)
蒋黔贵(1998. 3—1998. 10)
孟宪刚(1998. 3—1998. 12)
侯云春(1998. 3—2000. 3)
朱　蕤(1998. 4—1998. 12)
黄淑和(1998. 12—　　)
刘学良(2000. 3—　　)
弋　辉(2000. 3—　　)

附件2:中共国家经济贸易委员会党组(1998. 3—　　)

书　记

盛华仁(1998. 3—　　)

副书记

陈邦柱(1998. 5—1999. 12)
李荣融(1999. 12—　　)

成　员

陈邦柱(1998. 3—1998. 5)
郑斯林(1998. 8—1999. 12)
于　珍(1998. 3—　　)
石万鹏(1998. 3—　　)
张志刚(1998. 3—　　)
王万宾(1999. 6—　　)
陈光复(1998. 3—　　)
蒋黔贵(1998. 7—　　)
朱　蕤(1998. 7—1999. 2)

中纪委驻国家经贸委纪检组(1998. 3—　　)

组　长

陈光复(1998. 3—　　)

重要经济贸易法律法规目录

一、综合类

中华人民共和国宪法

（1982年12月4日第五届全国人民代表大会第五次会议通过　1982年12月4日全国人民代表大会公告施行。根据1988年4月12日第七届全国人民代表大会第一次会议通过的《中华人民共和国宪法修正案》、1993年3月29日第八届全国人民代表大会第一次会议通过的《中华人民共和国宪法修正案》和1999年3月15日第九届全国人民代表大会第二次会议通过的《中华人民共和国宪法修正案》修订）

全国人民代表大会常务委员会关于加强中央预算审查监督的决定

（1999年12月25日第九届全国人大常委会第十三次会议通过）

中华人民共和国刑法

（1979年7月1日第五届全国人民代表大会第二次会议通过，1997年3月14日第八届全国人民代表大会第五次会议修订，1997年3月14日中华人民共和国主席令第83号公布，自1997年10月1日起施行）

中华人民共和国刑法修正案

（1999年12月25日第九届全国人大常委会第十三次会议通过，1999年12月25日中华人民共和国主席令第27号公布，自公布之日起施行）

全国人民代表大会常务委员会关于惩治偷税、抗税犯罪的补充规定

（1992年9月4日第七届全国人大常委会第二十七次会议通过，1992年9月4日中华人民共和国主席令第61号公布，1993年1月1日起施行）

全国人民代表大会常务委员会关于惩治破坏金融秩序犯罪的决定

（1995年6月30日第八届全国人大常委会第十四次会议通过，1995年6月30日中华人民共和国主席令第52号公布，自公布之日起施行）

全国人民代表大会常务委员会关于惩治虚开、伪造和非法出售增值税专用发票犯罪的决定

（1995年10月30日第八届全国人大常委会第十六次会议通过，1995年10月30日中华人民共和国主席令第57号公布，自公布之日起施行）

全国人民代表大会常务委员会关于惩治骗购外汇、逃汇和非法买卖外汇犯罪的决定

（1998年12月29日第九届全国人大常委会第六次会议通过，1998年12月29日中华人民共和国主席令第14号公布，自公布之日起施行）

中华人民共和国刑事诉讼法

（1979年7月1日第五届全国人民代表大会第二次会议通过，根据1996年3月17日第八届全国人民代表大会第四次会议《关于修改＜中华人民共和国刑事诉讼法＞的决定》修正）

中华人民共和国民事诉讼法

（1991年4月9日第七届全国人民代表大会第四次会议通过，1991年4月9日中华人民共和国主席令第44号公布，自公布之日起施行）

中华人民共和国仲裁法

（1994年8月31日第八届全国人大常委会第九次会议通过，1994年8月31日中华人民共和国主席令第31号公布，1995年9月1日起施行）

中华人民共和国海事诉讼特别程序法

（1999年12月25日第九届全国人大常委会第十三次会议通过，1999年12月25日中华人民共和国主席令第28号公布，自2000年7月1日起施行）

中华人民共和国行政诉讼法

（1989年4月4日第七届全国人民代表大会第二次会议通过，1989年4月4日中华人民共和国主席令第16号公布，1990年10月1日起施行）

二、民商法类

中华人民共和国民法通则

（1986年4月12日第六届全国人民代表大会第四次会议通过　1986年4月12日中华人民共和国主席令第37号公布　1987年1月1日起施行）

中华人民共和国合同法

（1999年3月15日第九届全国人民代表大会

第二次会议通过　1999年3月15日中华人民共和国主席令第15号公布　自1999年10月1日起施行）

中华人民共和国担保法

（1995年6月30日第八届全国人大常委会第十四次会议通过，1995年6月30日中华人民共和国主席令第50号公布，自1995年10月1日起施行）

中华人民共和国著作权法

（1990年9月7日第七届全国人大常委会第十五次会议通过，1990年9月7日中华人民共和国主席令第31号公布，1991年6月1日起施行）

中华人民共和国著作权法实施条例

（1991年5月24日国务院批准，1991年5月30日国家版权局令第1号发布）

实施国际著作权条约的规定

（1992年9月25日中华人民共和国国务院令第105号发布，1992年9月30日起施行）

中华人民共和国商标法

（1982年8月23日第五届全国人大常委会第二十四次会议通过，根据1993年2月22日第七届全国人大常委会第三十次会议《关于修改＜中华人民共和国商标法＞的决定》修正）

中华人民共和国商标法实施细则

（1988年1月3日国务院批准修订，1993年7月15日国务院批准第二次修订，1995年4月23日国务院批准第三次修订，1995年5月12日国家工商行政管理局令第31号发布）

中华人民共和国专利法

（1984年3月12日第六届全国人大常委会第四次会议通过，根据1992年9月4日第七届全国人大常委会第二十七次会议《关于修改＜中华人民共和国专利法＞的决定》修正）

中华人民共和国专利法实施细则

（1992年12月12日国务院批准修订，1992年12月21日中国专利局发布）

中华人民共和国知识产权海关保护条例

（1995年7月5日中华人民共和国国务院令第179号发布，自1995年10月1日起施行）

中华人民共和国招标投标法

（1999年8月30日第九届全国人大常委会第十一次会议通过，1999年8月30日中华人民共和国主席令第21号公布，自2000年1月1日起施行）

中华人民共和国公司法

（1993年12月29日第八届全国人大常委会第五次会议通过，根据1999年12月25日第九届全国人大常委会第十三次会议《关于修改＜中华人民共和国公司法＞的决定》修正）

中华人民共和国全民所有制工业企业法

（1988年4月13日第七届全国人民代表大会第一次会议通过，1988年4月13日中华人民共和国主席令第3号公布，1988年8月1日起施行）

中华人民共和国乡镇企业法

（1996年10月29日第八届全国人大常委会第二十二次会议通过，1996年10月29日中华人民共和国主席令第76号公布，自1997年1月1日起施行）

中华人民共和国合伙企业法

（1997年2月23日第八届全国人大常委会第二十四次会议通过，1997年2月23日中华人民共和国主席令第82号公布，自1997年8月1日起施行）

中华人民共和国个人独资企业法

（1999年8月30日第九届全国人大常委会第十一次会议通过，1999年8月30日中华人民共和国主席令第20号公布，自2000年1月1日起施行）

中华人民共和国私营企业暂行条例

（1988年6月3日国务院第七次常务会议通过，1988年6月25日中华人民共和国国务院令第4号发布）

中华人民共和国城镇集体所有制企业条例

（1991年6月21日国务院第四次常务会议通过，1991年9月9日国务院发布）

中华人民共和国中外合资经营企业法

（1979年7月1日第五届全国人民代表大会第二次会议通过，根据1990年4月4日第七届全国人民代表大会第三次会议《关于修改＜中华人民共和国中外合资经营企业法＞的决定》修正）

中华人民共和国中外合资经营企业法实施条例

（1983年9月20日国务院发布）

中华人民共和国外资企业法

（1986年4月12日第六届全国人民代表大会第四次会议通过，1986年4月12日中华人民共和国主席令第39号公布，自公布之日起施行）

中华人民共和国外资企业法实施细则

（1990年10月28日国务院批准，1990年12月12日对外经济贸易部令第1号发布）

中华人民共和国中外合作经营企业法

（1988年4月13日第七届全国人民代表大会第一次会议通过，1988年4月13日中华人民共和国

国主席令第4号公布，自公布之日起施行）

中华人民共和国中外合作经营企业实施细则

（1995年8月7日国务院批准，1995年9月4日对外贸易经济合作部令第6号发布）

中外合资经营企业各方出资的若干规定

（1987年12月31日国务院批准，1988年1月1日对外经济贸易部、国家工商行政管理局发布）

外商投资企业清算办法

（1996年6月15日国务院批准，1996年7月9日对外经济贸易合作部令第2号发布）

外商投资商业企业试点办法

（1999年6月17日国务院批准，1999年6月25日国家经济贸易委员会、对外贸易经济合作部令第12号发布）

全民所有制工业企业转换经营机制条例

（1992年6月30日国务院第一〇六次常务会议通过，1992年7月23日中华人民共和国国务院令第103号发布，自发布之日起施行）

中华人民共和国公司登记管理条例

（1994年6月24日中华人民共和国国务院令第156号发布，1994年7月1日起施行）

中华人民共和国企业法人登记管理条例

（1988年5月13日国务院第四次常务会议通过，1988年6月3日中华人民共和国国务院令第1号发布）

中华人民共和国合伙企业登记管理条例

（1997年11月19日中华人民共和国国务院令第236号发布，自发布之日起施行）

企业法人法定代表人登记管理规定

（1998年2月22日国务院批准，1998年4月7日国家工商行政管理局令第85号发布，1999年6月12日国务院批准修订，1999年6月23日国家工商行政管理局令第90号发布）

中华人民共和国企业破产法

（1986年12月2日第六届全国人大常委会第十六次会议通过，1986年12月2日中华人民共和国主席令第45号公布，自《全民所有制工业企业法》实施满3个月之日起施行）

中华人民共和国保险法

（1995年6月30日第八届全国人大常委会第十四次会议通过，1995年6月30日中华人民共和国主席令第51号公布，自1995年10月1日起施行）

中华人民共和国票据法

（1995年5月10日第八届全国人大常委会第十三次会议通过，1995年5月10日中华人民共和国主席令第49号公布，自1996年1月1日起施行）

中华人民共和国证券法

（1998年12月29日第九届全国人大常委会第六次会议通过，1998年12月29日中华人民共和国主席令第12号公布，自1999年7月1日起施行）

期货交易管理暂行条例

（1999年5月25日国务院第十八次常务会议通过，1999年6月2日中华人民共和国国务院令第267号发布，自1999年9月1日起施行）

中华人民共和国海商法

（1992年11月7日第七届全国人大常委会第二十八次会议通过，1992年11月7日中华人民共和国主席令第64号公布，1993年7月1日起施行）

三、行政法类

中华人民共和国保守国家秘密法

（1988年9月5日第七届全国人大常委会第三次会议通过，1988年9月5日中华人民共和国主席令第6号公布，1989年5月1日起施行）

中华人民共和国保守国家秘密法实施办法

（1990年4月25日国务院批准，1990年5月25日国家保密局令第1号发布）

中华人民共和国行政处罚法

（1996年3月17日第八届全国人民代表大会第四次会议通过，1996年3月7日中华人民共和国主席令第63号公布，自1996年10月1日起施行）

中华人民共和国行政复议法

（1999年4月29日第九届全国人大常委会第九次会议通过，1999年4月29日中华人民共和国主席令第16号公布，自1999年10月1日起施行）

国家公务员暂行条例

（1993年4月24日国务院第二次常务会议通过，1993年8月14日中华人民共和国国务院令第125号发布，1993年10月1日起施行）

事业单位登记管理暂行条例

（1998年10月25日中华人民共和国国务院令第252号发布，自发布之日起施行）

中华人民共和国行政监察法

（1997年5月9日第八届全国人大常委会第二十五次会议通过，1997年5月9日中华人民共和国主席令第85号公布，自公布之日起施行）

中华人民共和国公民出入境管理法

（1985年11月22日第六届全国人大常委会第十三次会议通过，1985年11月22日中华人民共和国主席令第31号公布，1986年2月1日起施行）

中华人民共和国公民出入境管理法实施细则

（1986年12月3日国务院批准，1986年12月27日公安部、外交部发布，1994年7月13日国务院批准修订，1994年7月15日公安部、外交部发布）

中华人民共和国道路交通管理条例

（1988年3月9日国务院发布）

中华人民共和国监控化学品管理条例

（1995年12月27日中华人民共和国国务院令第190号发布，自发布之日起施行）

中华人民共和国消防法

（1998年4月29日第九届全国人大常委会第二次会议通过，1998年4月29日中华人民共和国主席令第4号公布，自1998年9月1日起施行）

中华人民共和国国家安全法

（1993年2月22日第七届全国人大常委会第三十次会议通过，1993年2月22日中华人民共和国主席令第68号公布，自公布之日起施行）

中华人民共和国国家安全法实施细则

（1994年5月10日国务院第十九次常务会议通过，1994年6月4日中华人民共和国国务院令第157号发布，自发布之日起施行）

中华人民共和国律师法

（1996年5月15日第八届全国人大常委会第十九次会议通过，1996年5月15日中华人民共和国主席令第67号公布，自1997年1月1日起施行）

中华人民共和国公证暂行条例

（1982年4月13日国务院发布）

社会团体登记管理条例

（1998年10月25日中华人民共和国国务院令第250号发布，自发布之日起施行）

中华人民共和国科学技术进步法

（1993年7月2日第八届全国人大常委会第二次会议通过，1993年7月2日中华人民共和国主席令第4号公布，1993年10月1日起施行）

中华人民共和国科学技术进步奖励条例

（1984年9月12日国务院发布，1993年6月28日国务院修订）

中华人民共和国科技成果转化法

（1996年5月15日第八届全国人大常委会第十九次会议通过，1996年5月15日中华人民共和国主席令第68号公布，自1996年10月1日起施行）

国家科学技术奖励条例

（1999年4月28日国务院第十六次常务会议通过，1999年5月23日中华人民共和国国务院令第265号发布，自发布之日起施行）

中华人民共和国职业教育法

（1996年5月15日第八届全国人大常委会第十九次会议通过，1996年5月15日中华人民共和国主席令第69号公布，自1996年9月1日起施行）

中华人民共和国食品卫生法

（1995年10月30日第八届全国人大常委会第十六次会议通过，1995年10月30日中华人民共和国主席令第59号公布，自公布之日起施行）

中华人民共和国药品管理法

（1984年9月20日第六届全国人大常委会第七次会议通过，1984年9月20日中华人民共和国主席令第18号公布，1985年7月1日起施行）

中华人民共和国药品管理法实施办法

（1989年1月7日国务院批准，1989年2月27日卫生部令第1号发布）

中华人民共和国城市规划法

（1989年12月26日第七届全国人大常委会第十一次会议通过，1989年12月26日中华人民共和国主席令第23号公布，1990年4月1日起施行）

中华人民共和国城市房地产管理法

（1994年7月5日第八届全国人大常委会第八次会议通过，1994年7月5日中华人民共和国主席令第29号公布）

城市房地产开发经营管理条例

（1998年7月20日中华人民共和国国务院令第248号发布，自发布之日起施行）

中华人民共和国环境保护法

（1989年12月26日第七届全国人大常委会第十一次会议通过，1989年12月26日中华人民共和国主席令第22号公布，自公布之日起施行）

中华人民共和国海洋环境保护法

（1982年8月23日第五届全国人大常委会第二十四次会议通过，1999年12月25日第九届全国人大常委会第十三次会议修订通过，1999年12月25日中华人民共和国主席令第26号公布）

建设项目环境保护管理条例

（1998年11月18日国务院第十次常务会议

通过，1998年11月29日中华人民共和国国务院令第253号发布，自发布之日起施行）

中华人民共和国气象法

（1999年10月31日第九届全国人大常委会第十二次会议通过，1999年10月31日中华人民共和国主席令第23号公布，自2000年1月1日起施行）

中华人民共和国海关法

（1987年1月22日第六届全国人大常委会第十九次会议通过，1987年1月22日中华人民共和国主席令第51号公布，1987年7月1日起施行）

中华人民共和国海关法行政处罚实施细则

（1987年6月30日国务院批准，1987年海关总署发布，1993年2月17日国务院批准修订，1993年海关总署令第44号发布）

中华人民共和国进出口关税条例

（1985年3月7日国务院发布，1987年国务院修订发布，1992年3月18日根据《国务院关于修改＜中华人民共和国进出口关税条例＞的决定》第二次修订发布）

旅行社管理条例

（1996年10月15日中华人民共和国国务院令第205号发布，自发布之日起施行）

四、经济法类

中华人民共和国预算法

（1994年3月22日第八届全国人民代表大会第二次会议通过，1994年3月22日中华人民共和国主席令第21号公布，1995年1月1日起施行）

中华人民共和国预算法实施条例

（1995年11月2日国务院第三十七次常务会议通过，1995年11月22日国务院第186号令发布，自发布之日起施行）

中华人民共和国会计法

（1985年1月21日第六届全国人大常委会第九次会议通过，根据1993年12月29日第八届全国人大常委会第五次会议《关于修改＜中华人民共和国会计法＞的决定》修正，1999年10月31日第九届全国人大常委会第十二次会议修订通过，1999年10月31日中华人民共和国主席令第24号公布）

中华人民共和国注册会计师法

（1993年10月31日第八届全国人大常委会第四次会议通过，1993年10月31日中华人民共和国主席令第13号公布，1994年1月1日起施行）

企业财务会计报告条例

（2000年6月21日中华人民共和国国务院令第287号发布，自2001年1月1日起施行）

企业财务通则

（1992年11月16日国务院批准，1992年11月30日财政部发布）

企业财务会计准则

（1992年11月16日国务院批准，1992年11月30日财政部发布）

贷款通则

（1996年6月18日中国人民银行发布）

中华人民共和国个人所得税法

（1980年9月10日第五届全国人民代表大会第三次会议通过，根据1993年10月31日第八届全国人大常委会第四次会议《关于修改＜中华人民共和国个人所得税法＞的决定》第一次修正，根据1999年8月30日第九届全国人大常委会第十一次会议《关于修改＜中华人民共和国个人所得税法＞的决定》第二次修正）

中华人民共和国个人所得税法实施条例

（1994年1月28日中华人民共和国国务院令第142号发布，自发布之日起施行）

中华人民共和国外商投资企业和外国企业所得税法

（1991年4月9日第七届全国人民代表大会第四次会议通过，1991年4月9日中华人民共和国主席令第45号公布，1991年7月1日起施行）

中华人民共和国外商投资企业和外国企业所得税法实施细则

（1991年6月30日中华人民共和国国务院令第85号发布，1991年7月1日起施行）

中华人民共和国增值税暂行条例

（1993年11月26日国务院第十二次常务会议通过，1993年12月13日中华人民共和国国务院令第134号发布，自1994年1月1日起施行）

中华人民共和国增值税暂行条例实施细则

（1993年12月25日财政部发布）

中华人民共和国消费税暂行条例

（1993年11月26日国务院第十二次常务会议通过，1993年12月13日中华人民共和国国务院令第135号发布）

中华人民共和国消费税暂行条例实施细则

（1993年12月25日财政部发布）

中华人民共和国营业税暂行条例

（1993年11月26日国务院第十二次常务会

议通过，1993年12月13日中华人民共和国国务院令第136号发布）

中华人民共和国营业税暂行条例实施细则

（1993年12月25日财政部发布）

中华人民共和国房产税暂行条例

（1986年9月15日国务院发布）

中华人民共和国契税暂行条例

（1997年4月23日国务院第五十五次常务会议通过，1997年7月7日中华人民共和国国务院令第224号发布，自1997年10月1日起施行）

全国人大常委会关于外商投资企业和外国企业适用增值税、消费税、营业税等税收暂行条例的决定

（1993年12月29日第八届全国人大常委会第五次会议通过，1993年12月29日中华人民共和国主席令第18号公布，自公布之日起施行）

中华人民共和国税收征收管理法

（1992年9月4日第七届全国人大常委会第二十七次会议通过，根据1995年2月28日第八届全国人大常委会第十二次会议《关于修改＜中华人民共和国税收征收管理法＞的决定》修正）

中华人民共和国中国人民银行法

（1995年3月18日第八届全国人民代表大会第三次会议通过，1995年3月18日中华人民共和国主席令第46号公布，自公布之日起施行）

中华人民共和国商业银行法

（1995年5月10日第八届全国人大常委会第十三次会议通过，1995年5月10日中华人民共和国主席令第47号公布，自1995年7月1日起施行）

非法金融机构和非法金融业务活动取缔办法

（1998年6月30日国务院第五次常务会议通过，1998年7月13日中华人民共和国国务院令第247号发布，自发布之日起施行）

金融违法行为处罚办法

（1999年1月14日国务院第十三次常务会议通过，1999年2月22日中华人民共和国国务院令第260号发布施行）

中华人民共和国外汇管理条例

（1996年1月29日中华人民共和国国务院令第193号发布，根据1997年1月14日《国务院关于修改＜中华人民共和国外汇管理条例＞的决定》修正）

关于骗购外汇、非法套汇、逃汇、非法买卖外汇等违反外汇管理规定行为的行政处分或者纪律处分暂行规定

（1998年12月16日国务院批准，1999年1月25日监察部、人事部、中国人民银行、海关总署、国家外汇管理局令第7号发布）

中华人民共和国建筑法

（1997年11月1日第八届全国人大常委会第二十八次会议通过，1997年11月1日中华人民共和国主席令第91号公布，自1998年3月1日起施行）

中华人民共和国公路法

（1997年7月3日第八届全国人大常委会第二十六次会议通过，根据1999年10月31日第九届全国人大常委会第十二次会议《关于修改＜中华人民共和国公路法＞的决定》修正）

中华人民共和国矿产资源法

（1986年3月19日第六届全国人大常委会第十五次会议通过，根据1996年8月29日第八届全国人大常委会第二十一次会议《关于修改＜中华人民共和国矿产资源法＞的决定》修正）

中华人民共和国矿产资源法实施细则

（1994年3月26日中华人民共和国国务院令第152号发布）

矿产资源勘查区块登记管理办法

（1998年2月12日中华人民共和国国务院令第240号发布，自发布之日起施行）

矿产资源开采登记管理办法

（1998年2月12日中华人民共和国国务院令第241号发布，自发布之日起施行）

探矿权采矿权转让管理办法

（1998年2月12日中华人民共和国国务院令第242号发布，自发布之日起施行）

中华人民共和国煤炭法

（1996年8月29日第八届全国人大常委会第二十一次会议通过，1996年8月29日中华人民共和国主席令第75号公布，自1996年12月1日起施行）

中华人民共和国节约能源法

（1997年11月1日第八届全国人大常委会第二十八次会议通过，1997年11月1日中华人民共和国主席令第90号公布，自1998年1月1日起施行）

中华人民共和国电力法

（1995年12月28日第八届全国人大常委会第十七次会议通过，1995年12月28日中华人民共和国主席令第60号公布，自1996年4月1日起

施行)

电力设施保护条例

(1987年9月15日国务院发布，根据1998年1月7日《国务院关于修改<电力设施保护条例>的决定》修正)

中华人民共和国海上交通安全法

(1983年9月2日第六届全国人大常委会第二次会议通过，1983年9月2日中华人民共和国主席令第7号公布，1984年1月1日起施行)

中华人民共和国水路运输管理条例

(1987年5月12日国务院发布，根据1997年12月3日国务院关于修改<中华人民共和国水路运输管理条例>的决定》修正)

中华人民共和国海上国际集装箱运输管理规定

(1990年12月5日中华人民共和国国务院令第68号发布，根据1998年4月18日《国务院关于修改<中华人民共和国海上国际集装箱运输管理规定>的决定》修正)

中华人民共和国铁路法

(1990年9月7日第七届全国人大常委会第十五次会议通过，1990年9月7日中华人民共和国主席令第32号公布，1991年5月1日起施行)

中华人民共和国民用航空法

(1995年10月30日第八届全国人大常委会第十六次会议通过，1995年10月30日中华人民共和国主席令第56号公布，1996年3月1日起施行)

中华人民共和国民用航空安全保卫条例

(1996年7月6日中华人民共和国国务院令第201号发布，自发布之日起施行)

中华人民共和国民用航空器国籍登记条例

(1997年10月21日中华人民共和国国务院令第232号发布，自发布之日起施行)

中华人民共和国民用航空器权利登记条例

(1997年10月21日中华人民共和国国务院令第233号发布，自发布之日起施行)

中华人民共和国邮政法

(1986年12月2日第六届全国人大常委会第十八次会议通过，1986年12月2日中华人民共和国主席令第47号公布，1987年1月1日起施行)

中华人民共和国邮政法实施细则

(1990年11月12日中华人民共和国国务院令第65号发布，自发布之日起施行)

中华人民共和国土地管理法

(1986年6月25日第六届全国人大常委会第十六次会议通过，根据1988年12月29日第七届全国人大常委会第五次会议《关于修改<中华人民共和国土地管理法>的决定》修正，1998年8月29日第九届全国人大常委会第四次会议修订)

中华人民共和国土地管理法实施条例

(1998年12月24日国务院第十二次常务会议通过，1998年12月27日中华人民共和国国务院令第256号发布，自1999年1月1日起施行)

中华人民共和国农业法

(1993年7月2日第八届全国人大常委会第二次会议通过，1993年7月2日中华人民共和国主席令第6号公布，自公布之日起施行)

中华人民共和国农业技术推广法

(1993年7月2日第八届全国人大常委会第二次会议通过，1993年7月2日中华人民共和国主席令第5号公布，自公布之日起施行)

粮食收购条例

(1998年6月1日国务院第四次常务会议通过，1998年6月6日中华人民共和国国务院令第244号发布，自发布之日起施行)

粮食购销违法行为处罚办法

(1998年7月31日国务院第六次常务会议通过，1998年8月5日中华人民共和国国务院令第249号发布，自发布之日起施行)

农药管理条例

(1997年5月8日中华人民共和国国务院令第216号发布，自发布之日起施行)

中华人民共和国反不正当竞争法

(1993年9月2日第八届全国人大常委会第三次会议通过，1993年9月2日中华人民共和国主席令第10号公布，1993年12月1日起施行)

中华人民共和国消费者权益保护法

(1993年10月31日第八届全国人大常委会第四次会议通过，1993年10月31日中华人民共和国主席令第11号公布，1994年1月1日起施行)

中华人民共和国广告法

(1994年10月27日第八届全国人大常委会第十次会议通过，1994年10月27日中华人民共和国主席令第34号公布，1995年2月1日起施行)

中华人民共和国产品质量法

(1993年2月22日第七届全国人大常委会第三十次会议通过，2000年7月8日根据第九届全国人大常委会第十六次会议《关于修改＜中华人民共和国产品质量法＞的决定》修正，2000年7月8日中华人民共和国主席令第33号公布）

中华人民共和国产品质量认证条例

（1991年5月7日中华人民共和国国务院令第83号发布，自发布之日起施行）

中华人民共和国拍卖法

（1996年7月5日第八届全国人大常委会第二十次会议通过，1996年7月5日中华人民共和国主席令第70号公布，自1997年7月1日起施行）

中华人民共和国烟草专卖法

（1991年6月29日第七届全国人大常委会第二十次会议通过，1991年6月29日中华人民共和国主席令第46号公布，1992年1月1日起施行）

中华人民共和国烟草专卖法实施条例

（1997年7月3日中华人民共和国国务院令第223号发布，自发布之日起施行）

中华人民共和国对外贸易法

（1994年5月12日第八届全国人大常委会第七次会议通过，1994年5月12日中华人民共和国主席令第22号公布，1994年7月1日起施行）

中华人民共和国军品出口管理条例

（1997年10月22日中华人民共和国国务院令、中华人民共和国中央军事委员会令第234号发布，自1998年1月1日起施行）

关于赋予私营生产企业和科研院所自营进出口权的暂行规定

（1998年9月2日国务院批准，1998年10月1日对外贸易经济合作部令第1号发布）

中华人民共和国台湾同胞投资保护法

（1994年3月5日第八届全国人大常委会第六次会议通过，1994年3月5日中华人民共和国主席令第20号公布，自公布之日起施行）

中华人民共和国台湾同胞投资保护法实施细则

（1999年12月5日中华人民共和国国务院令第274号发布，自发布之日起施行）

中华人民共和国进出口商品检验法

（1989年2月21日第七届全国人大常委会第六次会议通过，1989年2月21日中华人民共和国主席令第14号公布，1989年8月1日起施行）

中华人民共和国进出口商品检验法实施条例

（1992年10月7日国务院批准，1992年10月23日国家进出口商品检验局令第5号发布）

中华人民共和国审计法

（1994年8月31日第八届全国人大常委会第九次会议通过，1994年8月31日中华人民共和国主席令第32号公布，1995年1月1日起施行）

中华人民共和国审计法实施条例

（1997年10月21日中华人民共和国国务院令第231号发布，自发布之日起施行）

县级以下党政领导干部任期经济责任审计暂行规定

（中共中央、国务院批准，1999年5月24日中共中央办公厅、国务院办公厅发布）

国有企业及国有控股企业领导人员任期经济责任审计暂行规定

（中共中央、国务院批准，1999年5月24日中共中央办公厅、国务院办公厅发布）

中华人民共和国统计法

（1983年12月8日第六届全国人大常委会第三次会议通过，根据1996年5月15日第八届全国人大常委会第十九次会议《关于修改＜中华人民共和国统计法＞的决定》修正）

中华人民共和国统计法实施细则

（1987年1月19日国务院批准，1987年2月15日国家统计局发布，2000年6月2日国务院批准修订，2000年6月15日国家统计局令第5号发布）

中华人民共和国价格法

（1997年12月29日第八届全国人大常委会第二十九次会议通过，1997年12月29日中华人民共和国主席令第92号公布，自1998年5月1日起施行）

价格违法行为行政处罚规定

（1999年7月10日国务院批准，1999年8月1日国家发展计划委员会令第1号发布）

中华人民共和国计量法

（1985年9月6日第六届全国人大常委会第十二次会议通过，1985年9月6日中华人民共和国主席令第28号公布，1986年7月1日起施行）

中华人民共和国计量法实施细则

（1987年1月19日国务院批准，1987年2月1日国家计量局发布）

中华人民共和国标准化法

（1988年12月29日第七届全国人大常委会第五次会议通过，1988年12月29日中华人民共和国主席令第11号公布，1989年4月1日起施行）

中华人民共和国标准化法实施条例

（1990年4月6日中华人民共和国国务院令第53号发布，自发布之日起施行）

五、社会法类

中华人民共和国工会法

（1992年4月3日第七届全国人大常委会第五次会议通过，1992年4月3日中华人民共和国主席令第57号公布，自公布之日起施行）

中华人民共和国公益事业捐赠法

（1999年6月28日第九届全国人大常委会第十次会议通过，1999年6月28日中华人民共和国主席令第19号公布，自1999年9月1日起施行）

失业保险条例

（1998年12月26日国务院第十一次常务会议通过，1999年1月26日中华人民共和国国务院令第258号发布）

社会保险费征缴暂行条例

（1999年1月14日国务院第十三次常务会议通过，1999年1月22日中华人民共和国国务院令第259号发布，自发布之日起施行）

住房公积金管理条例

（1999年3月17日国务院第十五次常务会议通过，1999年4月3日中华人民共和国国务院令第262号发布，自发布之日起施行）

城市居民最低生活保障条例

（1999年9月23日国务院第二十一次常务会议通过，1999年9月28日中华人民共和国国务院令第271号发布，自1999年10月1日起施行）

中华人民共和国劳动法

（1994年7月5日第八届全国人大常委会第八次会议通过，1994年7月5日中华人民共和国主席令第28号公布）

中华人民共和国企业劳动争议处理条例

（1993年6月11日国务院第五次常务会议通过，1993年6月11日中华人民共和国主席令第117号公布，1993年8月1日起施行）

中华人民共和国矿山安全法

（1992年11月7日第七届全国人大常委会第二十八次会议通过，1992年11月7日中华人民共和国主席令第65号公布，1993年5月1日起施行）

中华人民共和国矿山安全法实施条例

（1996年10月11日国务院批准，1996年10月30日劳动部令第4号发布）

当前工商领域固定资产投资重点

第一部分　投资原则

当前，工商领域固定资产投资要认真贯彻党的十五大及中央经济工作会议精神，把准投资方向，优化投资结构，提高投资效益；采用高新技术改造传统产业，促进高新技术产业化，增强企业竞争力，为国民经济发展做出新的贡献。工商领域固定资产投资应遵循如下原则：

一、严格执行国家产业政策、行业规划、投资导向目录和投资重点，以及国家有关政策。

二、除少数属于提高技术水平、产品升级又有市场的项目之外，不安排新的工业建设项目。

三、重点支持现有企业的技术改造，促进经济结构的调整和产业升级，优先安排好在建项目特别是当年竣工投产项目。技术改造要防止单纯扩大生产能力，制止重复建设。

四、坚持“择优扶强”，搞好“三改一加强”，围绕实现国有大中型亏损企业三年改革与脱困目标，支持产品有市场、有效益的重点企业的技术改造。

五、继续围绕“质量、品种、效益”，增加技术含量，加快以提高质量、增加品种、节能降耗、防治污染为主的产品升级换代改造，增加有效供给，扩大出口。

六、坚持技术进步的方向，不断增强企业自我创新和改造能力，在积极引进国外先进技术的同时，搞好引进技术消化吸收和自主开发成果的推广应用，提高技术装备水平，增强产品竞争力。

七、多渠道筹集资金，建立并完善科学决策及监管体系，加强对各类资金特别是股票等直接融资的监督，提高资金使用质量和水平。

第二部分　重点行业固定资产投资主要内容

一、钢铁工业

钢铁工业要实施总量控制，加速结构调整，制止重复建设。当前投资重点是：提高产品质量，发展适销对路的高附加值产品，节能降耗，降低成本，推广应用新技术，改善环境，加强资源综合利用。具体如下：

1. 发展关键钢材品种

——汽车用热轧板、冷轧板、镀锌板，采用真空脱气精炼，增加轧机板型控制，改善镀锌厚度等手段，结合技术开发，生产高质量的产品

——冷轧硅钢片，引进国外先进的硅钢片生产技术，对热处理线和冷轧机进行改造，提高冷轧硅钢片质量，降低成本，为淘汰热轧硅钢片创造条件

——冷轧不锈钢板，改造冶炼和炉外精炼，增加连铸，改造热连轧，引进光亮退火线等措施，提高不锈钢板质量

——轴承钢、齿轮钢、模具钢、钎具钢，通过采用超高功率电炉、炉外精炼、连铸、高精度连轧机“四位一体”的系统改造，提高产品质量

——石油用管和高压锅炉管，对石油套管的管加工等工序进行改造

2. 优化工艺，淘汰落后设备

——淘汰平炉，改造为转炉或电炉，提高技术装备水平，理顺工艺结构

——小型、线材轧机连轧改造，型线材轧机国产化

在钢产量50万吨以上的大中型钢铁企业中择优进行改造，将落后的多火成材轧机改造为连续或半连续轧机。普钢厂改造的主体设备必须采用国产设备。

——连铸机高效化和大型连铸机的改造

开发新型保护渣，改造现有铸机的结晶器和拉矫机，采用二次冷却动态自控等综合技术，提高连铸机的拉速和质量。在特大型联合企业淘汰模铸，改造为大型连铸机。

3. 推广应用新技术

——高炉喷煤，重点是1000立方米以上高炉的喷煤改造

——溅渣护炉

重点抓好50吨以上转炉溅渣护炉技术的推广应用。

——球团烧结，对现有烧结机的制粒系统进行改造

——干法熄焦

在重点钢铁企业中采用干法熄焦技术，改造现有焦炉的熄焦系统，减少环境污染。

4. 加强环境保护和综合利用

——转炉煤气回收与利用

——高炉顶压压差发电

重点抓好大型高炉压差发电机组的改造。

——钢铁厂总排水综合利用

二、有色金属工业

有色金属工业要优化资产结构，提高效益。当前投资重点是：冶炼企业节能降耗、治理环境、综合利用，提高产品质量，增加品种，扩大出口。具体如下：

1. 冶炼企业节能降耗、治理环境、综合利用

——铜冶炼企业改造

采用富氧熔池技术和硫酸系统双转双吸工艺，对我国重点铜冶炼企业进行改造，降低二氧化硫排放量，改善环境，节能降耗。

——氧化铝节能改造

采用熔出罐和间接加热等技术，对现有氧化铝厂进行节能降耗改造。

——电解铝大型预焙槽改造和铝电联营

结合环保和淘汰落后的自焙槽电解工艺，对有条件的大型电解铝企业和有电源资源优势的地区，进行预焙槽电解铝改造，改善环境，降低能耗。

——铅冶炼企业改造

引进国外先进技术，集中改造现有大型铅冶炼厂；条件较好的中型铅冶炼厂，推广国内开发的氧气底吹熔池熔炼—鼓风炉还原炼铅技术进行改造。

2. 提高短缺产品质量，扩大出口

——高精度铝板带、铝箔

引进国外热连轧机和高精度冷轧机，对铝板带和铝箔重点生产厂家进行改造，减少易拉罐板、铝箔特别是烟箔的大量进口。

——稀土产品深加工

——钽、铌、钛等稀有金属

三、石油和化学工业

石油和化学工业要围绕市场需求，调控油品总量，调整产品结构。当前投资重点是：提高产品质量，发展短缺品种，增加适销对路的高附加值产品，节能降耗，降低成本，推广应用新技术，改善环境，加强资源综合利用。具体如下：

1. 发展含硫原油加工技术

不再增加加工进口低硫原油和国内原油的一次加工能力。在炼制进口含硫原油基础条件较好的企业进行加工含硫原油的技术改造。

2. 增加石化产品品种

——淘汰70号汽油，生产90号以上车用汽油，实现汽油无铅化

——增加聚乙烯、聚丙烯等合成材料规格品种

3. 发展适销对路化工新品种

——高浓度磷复肥

增加磷酸一铵、磷酸二铵及氮磷钾复合肥等高浓度磷复肥新品种，提高国内磷氮比例及肥料复合化率。

——钾肥、无氯钾肥

——子午线轮胎

提高轮胎行业子午线轮胎的比重。全钢载重子午胎主要发展低断面无内胎品种，半钢子午胎发展重点是65、60系列H级、V级新品种。

——新品种农药

加快高效、安全、低污染的杀虫剂、除草剂、杀菌剂新品种的开发。

——高档染颜料及中间体和专用精细化工产品

4. 节能降耗、资源综合利用

——中型合成氨节能降耗改造

采用耐硫变换、新型炉篦、节能型氨合成塔内件等新工艺、新设备，对中型合成氨生产装置进行节能、降耗改造。

——氯产品及配套改造

对环氧丙烷、环氧氯丙烷等有机氯产品进行增加规格牌号、提高质量的技术改造。

——磷石膏、碱渣等综合利用

四、建材工业

建材工业要注重控制总量、调整结构。当前投资重点是：提高产品质量，发展适销对路的产品，节能降耗，降低成本，推广应用新技术，改善环境，加强资源综合利用。具体如下：

1. 推广干法生产技术，提高产品质量，改善水泥工业结构

——采用先进的窑外分解生产、窑尾余热发电、高效除尘等技术和设备，在严格控制总量的前提条件下，对水泥企业实施新型干法日产2000吨水泥熟料生产线改造，提高新型干法旋窑水泥比重，降低综合能耗和粉尘排放

——在加大淘汰力度的同时将一部分条件较好的小水泥生产企业改造成散装水泥站、粉磨站或生产特种水泥和水泥制品

2. 发展节能、环保型建筑材料

——采用成熟的真空蒸养技术和设备，加快加气混凝土、混凝土砌块等新型墙体材料的发展，利用粉煤灰、煤矸石或其他工业废渣生产新型建材

——采用先进的挤拉技术、多角焊接和门窗五金件生产技术和设备，对塑钢型材和门窗生产企业实施以增加品种、提高产品档次和规格、型号、花色等的改造，实现规模化配套经营

——提高国产高档卫生陶瓷和配套五金件的比例，选择部分重点陶瓷企业，采用先进技术，进行提高产品质量的技术改造

3. 采用新技术，发展无机非金属新材料

——采用先进的池窑拉丝生产技术，淘汰坩埚工艺，对重点玻纤企业进行改造，提高池窑玻纤比例，满足国内电子、玻钢、建筑领域对优质玻纤的需求

五、医药工业

医药工业要实施总量控制，促进结构调整。当前投资重点是：发展临床需要的新型适用产品，引进先进技术与装备，提高老产品的技术经济指标，提高质量，降低成本，增强国际竞争能力。具体如下：

1. 发展新型、高附加值的医药产品

——国家一类创新药苯芴醇(抗疟疾药)、8907抗生素等

——新型抗癌药物柴杉醇、抗肿瘤坏死因子、乌比美司等

——生物工程技术药品与试剂包括骨碱性磷酸酶试剂、幽门螺旋杆菌诊断试剂、骨形态发生蛋白、重组葡激酶、γ干扰素等

2. 增加药品生产紧缺的重要中间体克拉维酸(棒酸)、6—APA、7—ACA、7—ADCA、对羟基苯甘氨酸、头孢侧链等

3. 引进关键技术与设备，提高产品的技术水平

——万乃洛韦、头孢系列产品、泰乐菌素、氟康唑、磷霉素、四环素、红霉素及其衍生物等抗生素

——眼科用人工晶体

六、煤炭工业

煤炭工业要整顿生产秩序，做好控制总量和关井压产工作。当前投资重点是：进行高产高效矿井改造，提高商品煤质量。具体如下：

1. 高产高效矿井改造

——综采综掘改造

根据不同煤层条件，采用综采、高档普采等先

进的采煤工艺，提高生产安全性和矿井采煤效率。

——矿井运输系统改造

2. 增加商品煤品种

——煤炭洗选设备改造

采用跳汰重介、加压过滤、微泡浮选等先进工艺技术，对选煤厂的工艺、设备进行以提高煤质(降灰、降硫)、增加效益为目的的技术改造。

——动力配煤

七、电力工业

针对目前大部分电网电力供需形势趋缓，发电量增长较低的情况，当前投资重点是：优化电源结构，加强节能环保，强化电网改造。具体如下：

1. 优化电源结构

——以提高供电可靠性和电网安全及节能降耗为目标，进行老机组替代改造，原则上做到等容替代，新机组煤耗降到350克/千瓦时以下

2. 加强环境保护及节能降耗

——以解决城市环境污染、提高机组热效率为重点的热电联产机组改造

——以降低机组能耗为重点，改造20万千瓦机组汽轮机通流部分

八、机械工业

机械工业要加快结构调整，发展适销对路产品，扩大市场占有率。当前投资重点是：促进主要机械产品的升级换代，提高产品质量，降低生产成本，增强企业竞争力，扩大出口。具体如下：

1. 优化产品结构，促进产品升级换代

——发展100兆瓦以上循环流化床锅炉、600兆瓦以上超临界火电机组、100兆瓦以上燃气蒸汽联合循环机组、为三峡工程建设配套的700兆瓦大型水电机组辅机、3万立方米以上大型空分设备

——发展100～300兆瓦燃煤电站烟气脱硫成套设备、智能化低压电器、配电自动化系统

——提高80～160马力轮式拖拉机的产品档次

——发展经济适用的20～40马力半喂入式水稻联合收割机、玉米联合收割机、粮食烘干设备、农副产品深加工设备以及配套的动力设备等

——发展轿车轴承、高速铁路客车轴承、数控机床精密轴承及低噪声滚动轴承

——提高液压、气动产品的铸件、关键元件和系统的制造、设计、清洗、试验水平

——发展智能化仪表和大型成套设备仪器控制系统及大型科学仪器、环保成套仪器及系统等

——发展高效、大型、精密、专用、数控机床及数控系统

2. 改善工艺，提高产品质量

——改善500千伏变压器、高压开关的工艺条件，提高产品的可靠性

——完善500万吨石油炼厂、200万吨加氢精制、加氢裂化、30万吨合成氨、30～60万吨乙烯等大型石油化工装置中容器、塔、透平压缩机等关键设备的设计制造条件，提高重大技术装备国产化水平；提高每日25万吨以上城市污水处理设备技术档次

3. 提高企业竞争力，扩大机械产品出口

——促进船舶、飞机零部件、工程机械、机床工具、成套装备等重点机械产品的出口

4. 汽车

严格按照国家汽车产业政策要求，在国家定点和规划范围内促进汽车产品结构、技术结构和企业组织结构的调整

——提高关键零部件质量，增加产品品种

重点支持自动变速箱、制动防抱死装置(ABS)等关键汽车零部件。

——增加大中型客车及专用车品种，提高产品技术水平

重点支持城市低地板客车、集装箱半挂车等产品。

——提高中型载货车质量，增加产品品种，扩大出口

——增加轿车新品种，提高质量

——增加发动机品种，提高产品技术水平

九、信息产业

信息产业要加快产业结构调整。当前投资重点是：发展高技术产品，促进产品升级换代，推动新技术应用。具体如下：

1. 优化工艺，发展新产品

——重点支持拥有自主品牌和知识产权的移动交换机、基站以及移动电话机等产品的发展，并达到经济规模

2. 提高技术开发能力，促进产品升级换代

——促进微型计算机向多媒体化和网络化方向发展，推动大型企业集团的形成，提高生产集中度

——促进数字程控交换机向宽带化方向发展

——新一代数字化音视频产品

发展数字电视产品、彩色大屏幕投影电视产品。

——新一代片式电阻、片式电容、片式电位器、光电器件等新型电子元器件

3. 支持软件的开发和应用

——应用软件

重点抓好CAD/CAM软件、工业控制软件、管理信息系统软件、信息服务软件、金融和财税软件、多媒体软件的改造。

——支撑软件

重点抓好计算机工具软件、数据管理系统、中文信息处理软件、网络通信软件的开发和应用。

4. 提高企业竞争力，扩大电子产品出口

围绕扩大计算机部件、通信设备（交换机、高档电话机等）、电子元器件等产品的出口，支持重点企业改善工艺条件。

十、轻工业

轻工行业要加大结构调整力度，大力开拓农村市场和国际市场，提高经济增长质量和效益。当前投资重点是：防止重复建设，发展关键品种，调整产品结构，扩大出口创汇，发展规模经济，提高生产集中度，节能降耗，综合利用资源，防止污染，治理环境。具体如下：

1. 造纸

——采用高速、宽幅造纸机，发展高档彩色胶印新闻纸、书刊纸、包装纸板等关键纸种，促进产品向薄型化、多品种、上质量、上档次方向发展

——改进工艺技术，改善原料结构，提高木浆和废纸浆的比例，重点改造制浆和漂白技术设备，采用氧脱木素、低能耗蒸煮和低氯或无氯漂白技术，提高纸浆的强度、得率、白度，提高纸浆质量

——提高生产集中度，支持骨干企业技术改造

2. 家用电器

——采用变频控制技术、模糊逻辑控制技术，改造家用电冰箱、洗衣机、空调器等骨干企业，提高产品档次和生产集中度。加速产品升级，达到国际安全标准，进入国际高档家电市场

——按照国际要求，进行无氟替代。重点抓好电冰箱和空调器压缩机的无氟化改造，以产顶进

3. 日用化工

——采用生物技术，微生物表面活性剂以及油脂酶法水解技术、浓缩化技术和新型配方技术等，发展优质、高效、环保型洗涤产品

——提高碱性电池比例，替代含汞电池，开发镍氢电池和锂离子电池。提高生产自动化程度和产品防漏性能等，减少污染，推动原电池产品升级换代

4. 塑料

——采用国外先进的双螺杆挤出技术、同步拉伸技术等，发展高阻隔塑料包装薄膜材料，形成规模经济

——发展农地膜和微滴灌节水材料等农用塑料产品，支持多功能、耐老化、易回收、降解型农地膜，提高功能膜比例

5. 陶瓷

——采用等静压成型、压力注浆等先进技术设备，推广高效节能窑炉及釉下、釉中彩装饰技术，同时调整燃料结构和彩烤工艺，提高日用陶瓷产品档次和平均单件换汇率，扩大出口创汇

——引进国外先进的成型设备和技术，开发生产蜂窝陶瓷、高效水龙头密封片、纺织行业用陶瓷配件等高技术陶瓷产品

十一、纺织工业

纺织工业要坚持压锭、减员、扭亏的总体目标，控制总量，调整结构，促进产业结构升级。当前投资重点是：选择纺织行业中关联度强、影响大的棉纺织、毛纺、印染、化纤及纺机作为重点，立足于存量资产的优化重组，以纺织面料为突破口，采用先进技术与装备，提高产品质量、档次，增加花色品种，顶替进口，扩大出口，提高效益，实现产业升级。具体如下：

1. 发展高档服装面料，顶替进口，扩大出口

——采用清钢联、精梳机、自动络筒机和无梭织机等先进设备，改造棉纺织行业重点企业，提高无结头纱、精梳纱、无梭布的比重和新产品开发能力

——采用国际先进的毛纺织染整工艺、技术和装备，改造毛纺织行业骨干企业，调整产品结构，生产高档精毛纺产品

——采用高档纯棉织物印染后整理技术，解决色差、纬斜、缩水及手感差等问题；采用混纺、交织一步法染整新技术，提高多种纤维混纺、交织面料染整质量；采用碱减量及超柔、水洗、表面效应等技术，提高化纤面料的仿真效果；采用国外先进工艺、技术和装备，提高真丝、麻类等特种天然纤维织物的高档化印染后整理水平

——采用直接纺、连续纺生产技术和装备改造传统工艺，降低化纤生产成本，提高产品质量；采用复合、改性、多组分等纤维生产技术，发展差别化、功能化纤维；发展以化纤原料为主的产业用与装饰用纺织品

2. 中心城市纺织压锭改造试点

——结合压缩棉纺、毛纺落后生产能力，支持中心城市纺织行业整体压锭与改革重组相配套的技术改造，促进国有资产向优势企业和名牌产品集中，形成一批结构优化、经济规模合理、市场竞争力强的大企业

3. 提高纺织装备水平

——结合对国外先进工艺、技术和设备的消化吸收，提高"两机"（自动络筒机、无梭织机）配套零部件、新型染整设备、化纤纺丝及产业用纺织品关键设备的国产化水平

十二、烟草工业

烟草工业要坚持总量平衡，统筹规划，合理布局，狠抓基础，稳中求进。当前投资重点是：严格控制总量，改进生产工艺，调整原料结构，推广新技术、新工艺，提高卷烟品质，节能降耗，保护环境。具体如下：

1. 打叶复烤工艺技术

——采用打叶复烤工艺、技术，淘汰挂杆复烤生产工艺，对烟叶复烤企业进行改造，提高烤烟品质，减少造碎损失，改善烟厂劳动环境，降低能耗

2. 膨胀烟丝工艺技术

——采用二氧化碳法膨胀烟丝工艺、技术，逐步淘汰氟里昂膨胀烟丝，提高卷烟品质，减少烟丝用量，降低卷烟焦油含量，满足环保要求

3. 烟草薄片工艺技术

——改造国产辊压法烟草薄片工艺技术；引进和改造稠浆法烟草薄片生产线；引进造纸法烟草薄片生产线。合理利用烟叶资源，降低烟叶消耗，改善卷烟品质，降低卷烟焦油含量

十三、流通业

流通业要积极推进流通体制改革，促进商业服务体系建设与发展。当前投资重点是：在加强规范管理的前提下，发展连锁、代理、配送等新型流通方式，积极开拓农村市场，加大商品流通设施建设和改造力度，完善商品流通市场体系，实现流通产业现代化。具体如下：

1. 商品流通基础设施技术改造试点

——以国有流通企业现有流通基础设施为基础，完善物流设施、信息网络及管理系统，发展便民连锁店、专业连锁店、大型超市连锁店及其配送中心；发展钢材、汽车、煤炭、机电、建材等生产资料配送中心和农副产品、日用工业品、生产资料批发市场

2. 农村市场试点

——支持城乡一体化的农村消费品市场和农用生产资料市场的建设

（国家经贸委办公厅　1999 年 4 月 6 日印发）

关于进一步做好商贸中心试点工作的意见

为探索以商贸为龙头带动区域经济发展的路子，1994 年以来，在原国家体改委、国家计委、国家经贸委、外经贸部、原内贸部等部门的协调、指导下，兰州、郑州和成都先后进行了建设商贸中心试点。通过几年来的积极探索和努力，试点取得了积极成效。试点城市市场体系建设步伐明显加快，连锁、代理、配送等新型流通方式得到发展，要素市场建设取得积极进展，第三产业在国内生产总值中的比重逐步提高，对外开放力度加大，投资环境进一步改善，试点城市对周边地区经济的辐射和带动作用明显增强。但从总体上看，商贸中心试点还处于起步阶段，实现试点的总体目标还需要继续努力，进一步提高对商贸中心试点的认识，增强紧迫感和责任感，扎扎实实地推进试点工作。

为积极贯彻落实党中央、国务院关于加大中西部地区开放开发力度，加快中西部地区经济发展的战略部署，进一步做好兰州、郑州、成都商贸中心试点工作，发挥中西部地区中心城市的集聚和辐射功能，促进区域经济协调发展，现提出如下意见：

一、突出重点，推进商贸中心试点的各项工作

商贸中心试点的总体目标是以邓小平理论和党的十五大精神为指导，进一步深化改革、扩大开放，以第一、第二产业发展为基础，加快发展第三产业，发挥商贸的龙头带动作用，使城乡经济协调

发展，争取用10年左右的时间，初步建成市场体系完善、功能完备、网络畅通、机制健全的区域性商贸中心，发挥中心城市对区域经济的辐射和带动作用，促进区域经济协调发展。试点城市要紧密结合本地区实际，围绕试点总体目标，解放思想，大胆探索，按照国家五部委批准的试点总体方案制定阶段性目标和年度工作计划。今后一段时间，要重点抓好以下几个方面的工作：

（一）加快市场体系建设步伐，提高市场建设的质量和水平

商品市场建设要从数量扩张向质量提高转变，重点是进行改造和提高，加强管理与规范。一是对零售商场、批发市场、仓储设施等大型流通基础设施建设进行合理规划布局，避免重复建设。二是对市场前景好、有效益的大型流通基础设施进行技术改造，提高其物流和信息管理系统的现代化程度，完善功能，增强集聚和辐射能力。三是积极探索发展多种市场交易方式，选择适宜的产品逐步发展中远期合约交易、电子贸易等，增强和完善交易功能，使不同层次的市场协调发展，互为补充。四是不断调整和优化零售业态，逐步形成百货店、超市、便利店、专业店、专卖店、购物中心、仓储式商场等不同业态协调发展的格局；批发领域要重点培育代理、经销、配送、直供、电子贸易等多种现代批发贸易方式。五是进一步改革和规范各类商品展览展销活动，积极培育和发展专业性展览展销活动，完善服务功能，努力上规模、上档次，切实发挥其服务企业、开拓市场的积极作用。

加快要素市场建设步伐。金融市场要以银行融资为主，积极发展其他融资方式和新型融资工具。房地产市场要进一步规范发展房地产一级市场，放开二级市场。劳动力市场重点要结合实施再就业工程，健全网络，搞好配套服务。技术市场要充分发挥试点城市大中专院校及科研机构集中的优势，加速科技成果推广转化，发展高新技术产业。信息市场要立足于提高试点城市的辐射能力，利用现代通信技术，加快信息网络建设，促进信息产品市场化、产业化。

在市场建设中，试点城市要加快城市立法，加强市场管理和监督，严格市场准入，健全市场交易规则，规范流通秩序，坚决消除地区封锁、部门分割、行业垄断等市场障碍，制止不正当竞争；要进一步发展和规范市场中介组织，发挥其服务、沟通、公证、监督作用。

（二）加快流通方式创新，推动流通现代化

一是继续发展连锁经营。重点是以品牌信誉较好的商业老字号和其他新兴连锁企业为依托，依靠特许经营等多种方式，积极向周边地区特别是农村市场延伸，更好地发挥连锁经营的优势。二是加快代理配送制的发展。要在继续规范发展钢材、汽车两个代理制试点品种的基础上，积极拓宽代理的品种和范围，扩大代理规模，提高经营效益；要在连锁企业内部配送的基础上，积极发展社会化物流配送中心，进一步推动专业化配送中心的发展，扩大配送商品规模。三是积极发展汽车、农业机械、大型设备、电脑、音像制品等的租赁业务，鼓励以连锁经营方式发展规范化的租赁企业。四是以市场为导向，积极培育和发展产加销、贸工农、科工贸一体化的商贸企业集团或综合商社。五是注重培育风险共担、利益共享的工商关系、农商关系和商商关系，加强银企协作，推进流通产业化。

（三）做好商品进出口和外资利用工作，促进内外贸结合

要充分利用好生产与流通企业的自营进出口经营权，积极向外贸领域延伸，开拓国际市场。国有外经贸企业要按照建立现代企业制度的要求，加快企业改革步伐，转换经营机制；要按照国际贸易惯例，积极推行外贸代理制，走科工贸结合的路子，进一步提高出口商品的技术含量和附加值；要加快实施市场多元化战略，在巩固和深度开发传统市场的同时，努力开拓中东、非洲、拉美、中东欧和独联体等市场。积极推动具备条件的国有大中型生产企业以现有设备和成熟技术，在有条件的国家和地区举办境外加工贸易项目，扩大出口和促进中西部地区的产业结构调整。积极招商引资，采取有力措施吸引外商向农业、基础设施、基础产业、高新技术产业和第三产业投资，逐步允许外资进入商业、金融保险、中介服务等服务贸易领域，提高对外开放的质量和水平。

（四）加快建立现代企业制度，培育现代市场主体

国有大中型企业要按照产权清晰、权责明确、政企分开、管理科学的要求，加快建立现代企业制度，提高市场竞争能力、科技创新能力和抗御风险能力。国有小企业要继续采取改组、联合、兼并、租赁、承包经营和股份合作制、出售等多种形式，放开搞活，盘活存量资产，优化资源配置。提高企业管理水平，要重点加强企业成本、财务和质量管理工作，努力按照有关法规和市场原则进行增资减债，降低企业资产负债率，并制定明确的企业发展战略、技术创新战略和市场营销战略，实现由单纯偏重生产管理向重视市场营销和技术开发的转变。要继续在资金、技术、人才、进出口经营权等方面采取积极措施，鼓励和引导个体、私营经济等非公有制经济健康发展，进一步增加城市就业容量，促进第三产业发展。

（五）继续抓好各项配套改革，改善投资环境

要以试点城市为中心，加快建立有效的国有资产管理、监督和营运机制，防止国有资产流失，保证国有资产保值增值。要建立和完善社会保障体系，实行社会统筹和个人账户相结合的养老、医疗保险制度，完善失业保险和社会救济制度，提供最基本的社会保障。要建立城镇住房公积金，加快住房制度改革。要继续加强城市交通、通讯、电力、供水、供热、环保等基础设施和基础产业建设，加快发展信息、旅游等新兴产业，进一步改善投资环境。

二、协调制定政策，为商贸中心试点创造良好的条件

根据兰州、郑州、成都商贸中心试点的实际情况，国务院各有关部门将继续研究协调和制定有关政策措施，已经发布的有关政策也要向商贸中心试点城市予以一定倾斜，推动试点工作上新台阶。

一是在市场体系建设方面。积极支持试点城市的大型商品批发市场、连锁店、商品物流及配送中心的改造和扩建，选择有规模、有效益、市场前景好的流通技改项目与农副产品批发市场建设项目予以一定的财政贴息支持；支持试点城市选择条件适宜的重要农产品进行中远期合约交易试点，选择建材、化工、医药等产品发展专业性电子交易市场；积极引导一些全国性或国际性展览展销和贸易洽谈活动在试点城市举办；支持试点城市发展“菜篮子”产销一体化经营，增加用于“菜篮子”工程的贷款，对“菜篮子”产销一体化建设项目提供相应的副食品风险基金支持。

二是在商品进出口和外资利用方面。在符合国家产业政策的情况下，允许试点城市开展流通领域利用外资试点工作；重要工业品进出口计划安排向试点城市予以一定倾斜；对试点城市申请在能源、基础设施、农业等领域扩大利用外资项目予以优先安排。

三是在企业改革方面。支持试点城市利用企业兼并有关政策进行流通企业兼并工作，对试点城市符合条件的流通企业进行债权转股权和股份制改造上市予以支持，支持探索利用可转换债券等多种方式充实企业资本金。

四是在基础设施建设方面。继续加强试点城市及其周边地区的基础设施建设，对试点城市符合贷款条件的基础设施建设项目资金，有关银行积极予以安排；对于跨地区的能源、交通、通信等重大基础设施建设项目，以国家投资为主进行建设。

三、加强对商贸中心试点工作的组织领导

商贸中心建设是一项长期而艰巨的任务，要充分调动各方面的积极性，大胆创新，把商贸中心试点工作提高到一个新的水平。试点城市所在省、市人民政府要切实加强对试点工作的组织领导，成立相应的试点工作领导小组，省市齐抓共建，精心组织，认真抓好落实工作。国家经济贸易委员会、国家发展计划委员会、对外贸易经济合作部、国务院经济体制改革办公室、国家国内贸易局将继续会同有关部门加强对试点工作的指导，及时协调并落实有关试点政策。

（国家经贸委办公厅　1999年11月4日印发）

深化医药流通体制改革的指导意见

为改变医药流通领域“企业多、规模小、效率低、秩序乱”和市场机制不健全的现状，使医药流通企业走上持续健康发展的道路，根据国务院继续深化医药体制改革，大力加强医药行业管理的要

求，经认真调查研究，特制定《深化医药流通体制改革的指导意见》。

一、改革的指导思想

医药流通体制改革总的指导思想是：以党的十五大精神为指针，以邓小平同志“三个有利于”为标准，坚持解放思想、实事求是的原则，根据医药行业作为竞争性行业及医药商品是特殊商品的特点，遵循市场经济规律，正确处理特殊与一般的关系，正确处理改革与发展之间的关系，抓住重点，突破难点，配套推进，注重实效。

1. 适应建立和完善社会主义市场经济体制、实现公有制与市场经济的有机结合的要求，坚持以市场为导向，结合药品流通的特点，充分发挥市场机制的作用，打破地区封锁、部门垄断，切实贯彻执行国家的有关法律、法规和改革开放政策。

2. 坚持稳中求进和整顿、管理与改革、发展并重的原则，正确处理整顿、管理、改革、发展之间的关系，正确处理药品的商品属性和使用的特殊性的关系。重视制度与政策的同步调整、改革与创新，注意疏堵结合，保持社会稳定。

3. 充分发挥政府及医药行业管理部门的作用，努力调动并依靠企业的改革积极性。各地区根据各自的实际情况和发展需要，从实际出发，注重实效，因地制宜地探索和选择适合自己的改革模式，不搞一个模式。

二、改革的目标

医药流通体制改革的总体目标是：建立适应社会主义市场经济的“调控有力、管理科学、统一开放、竞争有序”的医药流通新体制。

通过国有医药流通企业的“三改一加强”工作，逐步实现医药经营集约化、流通网络完善化、流通手段现代化和市场机制健全化的战略性变革。提高医药商业经营的质量与效益，促进其稳步健康发展，确保广大人民群众用药安全、有效、方便、及时。

1. 初步形成以公有制为主体，多种所有制经济共同发展的医药流通新格局。国有大中型医药流通企业实现产权多元化，建立“产权清晰、权责明确、政企分开、管理科学”的现代企业制度，使企业真正成为自主经营、自负盈亏、自我发展、自我约束的法人实体和市场主体。

2. 健全医药市场机制，实现市场行为法治化，形成优胜劣汰的市场竞争机制和良好的医药市场流通秩序。

3. 医药批发企业实现组织结构的集团化，经营方式的规模化、集约化，销售市场的多元化，其中部分医药批发企业实现国际化经营；市场集中度提高；大幅度减少医药批发企业数量，基本消除恶性竞争；降低经营成本，达到或接近国外先进水平；经济效益提高，市场开发、服务与竞争能力大大增强。

利用5年左右的时间，扶持建立5～10个面向国内外市场、多元化经营、年销售额达到50亿元左右、具有现代营销领先水平和高度文化内涵的特大型医药流通企业集团；建立40个左右面向国内市场或国内区域性市场、年销售额达到20亿元左右的大型医药流通企业集团。这些企业的销售额达到全国销售额的70%以上。

4. 医药零售业实现连锁化和多元化经营。经营成本降低，经济效益及药品质量和服务水平进一步提高，零售网点布局趋于合理，业态形式多样，群众购药更加方便。

利用5年左右的时间，扶持建立10个在国内外知名的医药零售连锁企业，每个企业拥有分店达到100个以上；建立一批区域性医药零售连锁企业，每个企业拥有分店达到40～50个左右。

5. 农村药品供应网点布局更趋于合理，供应方式灵活多样。基本解决“老、少、边、山、穷”地区的药品供应问题。增建一批农村药品供应网点，确保广大农村地区尤其是偏远山区人民群众用药方便、及时。

三、改革的政策与措施

结合医药行业的实际情况和改革目标，国家经贸委将会同有关部门尽快清理现行的阻碍医药行业改革与发展的政策和规定，在坚持“全面规划、总量控制、优化结构”的原则下，从政策上鼓励、支持改革，为改革创造良好的政策环境。

1. 加快产权制度改革，提倡产权多元化。允许并鼓励各行各业、各种经济成分以兼并、重组、联合等多种方式参资入股医药流通企业。各级医药行业管理部门要积极培育和发展多元化投资主体，引导、支持和促进医药流通企业以增强市场竞争能力和提高企业经济效益为目的，按照平等互利和优势互补的原则，以企业为主体、以资本为纽带，采取多种方式联合，通过市场来形成一批跨地区、跨行业、跨所有制和跨国经营的集团公司。

——提倡并鼓励医药流通企业打破地区、行业、部门界限和所有制界限，组建规模化和规范化的有限责任公司、股份有限公司，建立新的法人治理结构和新的激励、监督和约束机制。有关部门要积极推荐具备条件的股份有限公司和高新技术企业直接进入资本市场，以充分吸纳社会资本，促进并改善企业的资产结构，迅速扩大市场规模和经营网络，加速企业制度的改革和经营机制的转变。

——积极稳妥地推进医药流通领域的对外开放，支持有条件的医药流通企业以各种方式积极开拓国际市场。根据有关法律、法规和经国务院批准的《外商投资商业企业试点办法》有关规定，有步骤、有计划地选择一些医药企业作为利用外商投资医药商业的试点。首先进行中外合资医药零售连锁店试点，以进一步扩大对外开放，促进医药商业的改革和发展。

——在抓好大企业和企业集团的同时，要从实际出发，继续采取改组、联合、兼并、租赁、承包经营和股份合作制、出售等多种形式，放开搞活国有小企业，促进其发展。同时，要规范操作，注重实效。出售要严格按照国家有关规定进行。无论采取哪种放开搞活的方式都必须听取职工意见。

2. 积极推进医药流通经营方式的改革

——倡导医药批发企业实行代理配送制。允许并鼓励有条件的批发企业跨地区兼并或联合市、县级批发企业，将市、县级批发企业改组成区域性基层配送中心，实行统一进货、统一市场营销策略、统一核算和批、零一体化，形成规模化经营优势，改变企业内部分散经营的局面。不仅要发展对进口产品和独家产品的总代理、总经销，还要创造条件实施普通药品的总代理、总经理，以最低的交易成本，创造优质、方便、快捷的服务。工业企业要充分利用适当的商业网络销售自己的产品，减少在全国设立办事机构，以降低费用、提高效益。

——倡导医药零售企业实行连锁经营制。在坚持“合理布局、方便群众”原则下，推动中心城市医药零售企业走连锁化道路并积极发展社区药店，促进医药零售的集中化。改变医药流通企业“多、小、散、低、乱”的状况。实行进货、储运、价格、企业形象、内部管理及经济核算六统一，提高效率，降低费用，降低价格，利国利民。

在医疗保险制度改革中，优先选择管理基础好的医药零售连锁企业作为定点药店。

鼓励国有医药流通企业充分发挥批零一体化和拥有知名度高的老字号、信誉好的零售药店等优势，首先实现医药零售连锁化，并依法在异地设立医药商业零售连锁分店，改变国有零售药店只有单店经营的传统经营模式。

有条件的地区和企业要因地制宜地采取直营连锁、特许连锁等多种连锁管理形式，打破行业界限、部门界限、地区界限及所有制界限，不断提高连锁的规模化和规范化水平。

适应医药零售市场的多种需求，在大力发展连锁店的同时，根据各地不同的实际情况和药品分类管理办法的要求，也可以形成大型连锁医药商场、连锁医药超市、普通商场或超市药品专柜及非连锁单独门店等多种业态形式，形成各具特色的优势互补的零售新格局。

根据市场需要和企业的条件，医药零售企业要积极拓展与健康相关的商品经营和服务的范围，形成多元化的经营模式。

医药商业零售连锁企业与其他商业连锁企业共享政府给予的各项改革优惠政策。

3. 提倡、支持基础工作较好的医药流通企业在企业内部实行计算机管理的基础上，本着积极、稳妥的原则，利用现代信息技术、网络技术，逐步推进医药电子商务，以改变现行医药流通企业经营效率低、费用高的现状。通过经营方式、交易手段的变革，实行信息流、物流、资金流的高效统一。同时，积极组织对现行各种批发和零售连锁管理软件进行对比和评估，经不断完善后向全行业推荐优秀软件，提高效率与管理水平。

继续执行《药品交易会管理办法》，积极研究改革和加强药品交易会管理工作。

4. 进一步加强对医药流通的宏观调控和监督管理工作，提高医药流通企业的管理水平，促使企业在不断满足人民用药需求的前提下提高经济效益。

根据国务院的决定，从现在起要下力气对全国医药流通秩序进行一次集中整顿，取缔非法经营，打击假冒伪劣，规范流通秩序，促进深化改革。

严格控制医药批发企业的数量，在不影响市场有效供应的前提下，打破按行政区划设立医药批发企业的布局模式，对严重资不抵债、扭亏无望或经过整顿后仍无法达到规定要求的现有医药批发企业，通过破产、兼并等手段使其退出医药流通领域。整顿期间暂停审批新的批发企业，要依法对从事药品生产、经营的企业法人重新核发证照，企业内设机构及其他不具备法人资格的分支机构不再核发证照，经营责任由具有法人资格的企业统一负责；坚决取缔无证照或证照不全的药品经营企业，努力扭转批发企业过多过滥的局面。

严格执行药品价格管理政策。国家将对列入《基本医疗保险甲类药品目录》的药品，实行统一零售价格并予以公布，不再规定折扣率；其他药品按照购进价格和政府规定的差率，由经营企业和医疗机构自主定价。工商企业要规范自己的经营行为，确保财务账目与统计数据的真实性。购销过程中必须按照实际价格开具发票。生产企业不得以低于生产成本的价格销售药品。

医药流通体制改革是一项涉及面广、任务艰巨的工作，各级经贸委和医药行业管理部门必须精心组织、细致研究，积极稳妥地把医药流通体制改革工作引向深入。国家经贸委将加强与有关部门的政策协调，以整顿促改革，保障和鼓励医药流通企业的改革积极性，确保医药流通体制改革工作的顺利进行。

——完善医药市场流通管理法规建设。对长期计划经济体制下形成的医药管理法规进行清理，按照严格质量监督、强化宏观调控的原则，尽快建立适应社会主义市场经济体制要求的医药法规体系。

——严格规范市场进入、市场竞争与市场交易行为，严厉打击制售假劣药品、无证照或证照不全经营药品和各种不正当竞争等违法行为；加强医药行业内部管理，坚决取缔各种形式的非法药品集贸市场，彻底纠正将证照、柜台、仓库、发票出租、转让给非法经营药品的单位或个人的行为；严格规范医药工商企业的购销渠道和购销行为。

——各地区要加强对医药流通企业的管理和监督，对因缺乏责任意识和经营管理不善造成连续两年严重亏损的企业领导和领导班子，坚决进行撤换和改组。

——加强对药品零售企业的管理。严格药品零售企业的开办经营条件并加大监督管理的力度，积极促进药品分类管理制度的改革，加强对处方药和非处方药的管理工作。推进“放心药店”、“示范药店”的建设工作，提高医药零售业规范化服务的质量，树立良好的行业形象。

5. 各地医药行业管理部门要制定本地区的农村药品供应网络建设规划与实施方案，加强与有关部门协调，努力解决经济贫困地区农村药品供应网点建设资金及相关政策问题。医药流通企业要重视农村市场的开发，根据因地制宜、形式多样、经济效率的原则选择下伸网点、直接供应、委托供应等方式，疏通农村药品供应渠道，消除药品供应死角，合理增加零售网点数量，建立完善的农村药品供应网络，提高农村药品供应系统的效率与效益。

（国家经贸委办公厅1999年11月2日印发）

国家经济贸易委员会令选编

电力行业标准化管理办法

（国家经济贸易委员会1999年6月16日发布）

第一章　总则

第一条　为加强电力行业标准化管理，促进电力工业技术进步，根据国家标准化工作的有关规定，结合电力行业的实际情况，制定本办法。

第二条　电力行业标准化工作包括拟订电力国家标准、制定电力行业标准、组织并监督电力标准的实施、指导推动电力企业开展标准化工作。

第三条　电力标准包括以下方面的标准：

（一）电力工程勘测、规划、设计、施工、安装、调试和验收；

（二）电力设备及系统运行、检修、试验和维护；

（三）电力行业产品制造、组装、检测和质量保证；

（四）电力设备、材料、原料、燃料、工质、装置仪表的试验、测量、监督、质量评定和订货技术条件；

（五）电力行业引进技术和进口设备的技术条件；

（六）电力建设和生产的劳动保护、安全；

（七）电力工业环境保护、节能和资源综合利用；

（八）电力工业计算机应用与信息技术；

（九）电力调度自动化、通信和网络；

（十）电力工业技术管理、技术术语、符号、代码和制图方法；

（十一）电能质量；

（十二）电力工业计量器具检定；

（十三）电力行业其他有关标准。

电力标准分为强制性标准和推荐性标准。

第四条 电力标准化工作应当及时收集、研究国际标准和国外先进标准，并结合我国电力工业实际适时采用。

第二章 组织机构与职责分工

第五条 国家经济贸易委员会负责电力行业标准化行政管理工作，主要行使下列职责：

（一）制定电力行业标准化规章和政策，负责电力行业标准化的宏观管理与监督协调工作；

（二）组织审查电力行业标准体系及长远规划；

（三）审批、下达电力行业标准年度计划；

（四）组织制定电力行业标准，归口管理电力行业标准编号；

（五）组织拟订电力国家标准；

（六）组织实施电力标准并对电力标准的执行情况进行监督检查；

（七）决定电力行业标准化工作的其他重大事项。

根据工作需要，设立电力行业标准化管理委员会。电力行业标准化管理委员会协助国家经济贸易委员会协调电力行业标准化各有关方面的重要工作关系，研究电力行业标准化工作中的重大事宜，并提出工作建议。电力行业标准化管理委员会是非常设的协调、咨询机构，其成员由电力生产、技术管理的资深专家和有关方面负责人组成。

第六条 中国电力企业联合会负责电力行业标准化的具体组织管理和日常工作，主要行使下列职责：

（一）组织编制电力国家标准计划项目建议，组织起草电力行业标准的制订修订计划；

（二）审核全国标准化技术委员会和电力行业专业标准化技术委员会拟订的电力国家标准和行业标准；

（三）负责电力行业专业标准化技术委员会的具体组建和换届工作，组织、指导电力行业专业标准化技术委员会的工作；

（四）负责国际电工委员会相关技术委员会中国业务的归口管理工作，组织参加国际标准化活动，推动电力行业适时采用国际标准和国外先进标准；

（五）负责组织或授权专业标准化技术委员会选派专家代表电力行业参加其他行业有关国家标准的起草和审查工作；

（六）管理电力行业标准化经费；

（七）组织电力行业标准化服务工作，组织电力行业标准出版工作，归口管理标准成果，负责标准成果申报；

（八）受国家经济贸易委员会委托，具体负责电力行业标准的编号；

（九）受国家经济贸易委员会委托，指导电力企业标准化工作，办理省级以上电力公司企业标准的备案；

（十）承办国家经济贸易委员会委托的其他标准化工作。

第七条 电力行业专业标准化技术委员会是电力行业标准化的技术机构，由本专业领域的权威专家和其他相应资格的专家组成，主要行使下列职责：

（一）提出电力标准立项计划建议；

（二）拟订电力标准及对电力标准草案进行技术审查；

（三）提供电力标准化服务；

（四）承办中国电力企业联合会委托的其他标准化工作。

第三章 标准制定的计划与程序

第八条 电力行业各专业标准化技术委员会和电力行业有关企业、事业单位应于每年六月底以前向中国电力企业联合会标准化部门提出本年度电力国家标准和行业标准制订、修订项目计划建议。

第九条 中国电力企业联合会标准化部门对电力国家标准和行业标准制订、修订项目计划建议分别进行汇总、审查、协调后，送国家经济贸易委员会电力司。

电力国家标准制订、修订项目计划建议，由国家经济贸易委员会电力司报国务院标准化行政主管部门；属工程建设类国家标准的，报国务院建设行政主管部门。

电力行业标准制订、修订项目计划建议，由国家经济贸易委员会电力司审批后下达。

第十条 中国电力企业联合会标准化部门根据年度计划项目与项目承担方签订项目合同书，有关部门和单位按照合同规定拨付标准化工作经费。

第十一条 电力行业标准化经费，主要由国务院标准化行政主管部门提供的补助费用、中国电力企业联合会会费、有关单位资助和企事业单位筹集的经费组成。

电力行业标准化经费按专款专用原则使用。

第十二条 中国电力企业联合会标准化部门

应于每年十一月底以前提出国际标准化合作、交流计划草案，报国务院有关行政主管部门。

第十三条 电力国家标准和行业标准的制定应按标准起草、标准送审和标准报批的程序进行。

第十四条 专业标准化技术委员会组织标准起草工作组；标准起草工作组负责起草标准，并形成标准送审稿。

第十五条 电力国家标准送审稿应当由专业对口的全国标准化技术委员会组织审查；没有专业对口的标准化技术委员会的，由国家经济贸易委员会授权中国电力企业联合会标准化部门组织审查。

电力行业标准送审稿应当由各专业标准化技术委员会组织审查；不属于专业标准化技术委员会业务范围内的，应当由中国电力企业联合会标准化部门会同有关部门组织审查。

审查方式为会审或函审。

审查通过的标准送审稿，经修改补充后，形成标准报批稿。

第十六条 电力国家标准报批稿由中国电力企业联合会标准化部门审核后，送国家经济贸易委员会电力司，由国家经济贸易委员会电力司报国务院标准化行政主管部门；属工程建设类国家标准的，报国务院建设行政主管部门。

电力行业标准报批稿由中国电力企业联合会标准化部门审核、编号后，送国家经济贸易委员会电力司，由国家经济贸易委员会批准、发布。

第十七条 标准送审稿和报批稿必须在充分征求有代表性的单位和专家意见的基础上形成。

第十八条 制订、修订标准应及时吸收成熟的科技成果。

第十九条 报批电力国家标准和行业标准，应当按照有关规定提交相应文件和材料。

第二十条 采用快速程序制定电力国家标准，应按照原国家技术监督局《关于印发〈采用快速程序制定国家标准的管理规定〉的通知》（技监局标发〔1998〕03号）执行。

第二十一条 已发布的电力标准应当适时修订。中国电力企业联合会标准化部门应当及时组织对标龄五年以上的现行电力行业标准复审，分别提出确认、修订或废止意见，报国家经济贸易委员会审核发布。对于急需修改补充的个别标准条款，可采用修改通知单的方式及时修订。

对电力国家标准的复审，按照国务院标准化行政主管部门的规定和安排进行。

第二十二条 强制性电力行业标准的代号为DL，推荐性电力行业标准的代号为DL/T。

第四章 标准的实施与监督

第二十三条 电力行业企业、事业单位应当严格执行强制性标准。鼓励电力企业采用推荐性国家标准和行业标准，制定严于国家标准和行业标准的企业标准，在企业内部使用。电力企业标准应采用国家规定的企业标准代号Q/＊＊＊。

电力企业不得无标准作业。

第二十四条 电力行业进口设备和引进技术必须按规定进行标准化审查。电力企业、事业单位进口的设备和引进的技术必须符合我国有关标准。

电力行业企业、事业单位进口列入《进口机电产品标准化管理目录》的产品，应当向有关部门或单位办理标准化管理备案手续。

第二十五条 电力行业企业、事业单位技术负责人，应把贯彻执行标准作为主要职责之一。

第二十六条 违反有关标准规定，造成人员伤亡、设备损失或其他严重危害社会后果的，依法追究有关人员的行政责任；构成犯罪的，依法追究有关人员的刑事责任。

第二十七条 对制定标准和执行标准工作中做出突出业绩的人员和单位，应给予表扬和奖励。

第二十八条 电力行业标准及其汇编的出版应由符合国家有关规定的出版单位承担。未经批准不得自行印刷发行国家标准和行业标准及其汇编。

第五章 附 则

第二十九条 本办法由国家经济贸易委员会负责解释。

第三十条 本办法自发布之日起施行，《电力工业部标准化管理办法》同时废止。

煤炭经营管理办法

（国家经济贸易委员会1999年6月22日发布）

第一章 总 则

第一条 为加强对煤炭经营的管理，维护煤炭经营秩序，根据煤炭法的有关规定，制定本办法。

第二条 在中华人民共和国境内从事煤炭经营活动，适用本办法。

第三条 国家煤炭管理部门会同国家商品流通管理部门负责全国煤炭经营的监督管理。

省、自治区、直辖市人民政府指定的煤炭经营资格审查部门负责本行政区域内煤炭经营的监督管理。

工商、质量技术监督等有关部门在各自的职责范围内负责煤炭经营的监督管理。

第二章　煤炭经营企业

第四条　国家实行煤炭经营资格审查制度。设立煤炭经营企业，应当经过煤炭经营资格初审。

第五条　煤炭经营资格实行分级审查、分级管理制度。

根据国务院的授权，国家经贸委指定国家煤炭管理部门会同国家商品流通管理部门负责由国家工商行政管理局登记的煤炭经营企业的经营资格审查。

省、自治区、直辖市人民政府指定的煤炭经营资格审查部门负责本行政区域内的煤炭经营资格审查。省级煤炭经营资格审查部门可以根据本地区具体情况，委托设区的市有关部门负责煤炭经营资格初审查。

第六条　设立煤炭经营企业，应当具备下列条件：

(一)有与其经营规模相适应的注册资本；

(二)有固定的经营场所；

(三)有与经营规模相适应的设施和储煤场地；

(四)有符合标准的煤炭计量和质量检验设备；

(五)符合国家对煤炭经营企业合理布局及环境保护的要求；

(六)法律、法规规定的其他条件。

第七条　设立煤炭经营企业，应当向煤炭经营资格审查部门提出申请，并提交下列材料：

(一) 煤炭经营企业资格审查表；

(二) 注册资本证明；

(三) 固定经营场所证明；

(四) 经营设施和场地证明；

(五) 计量和质量检验设备证明。

第八条　取得煤炭生产许可证的煤矿企业销售本企业生产、加工的煤炭产品，不实行煤炭经营资格审查。

取得煤炭生产许可证的煤矿企业经营非本企业生产、加工的煤炭产品，应当向煤炭经营资格审查部门提出申请，取得煤炭经营资格。

第九条　煤炭经营资格审查部门依法对申请人报送的材料进行审查，经审查具备煤炭经营条件的，予以批准，发给煤炭经营资格证书；不具备条件的，不予批准，并书面通知申请人。

煤炭经营资格审查部门应当在接到申请人申报材料之日起四十五日内完成审查工作。

第十条　申请人持依法取得的煤炭经营资格证书向工商行政管理部门申请登记，领取营业执照，方可从事煤炭经营活动。

未取得煤炭经营资格证书的，工商行政管理部门不予颁发煤炭经营营业执照。

第十一条　煤炭经营资格证书不得伪造，不得买卖、出租、转借或者以其他任何形式转让。

第十二条　煤炭经营企业设立条件变更的，应当到原煤炭经营资格审查部门办理变更手续。

第十三条　煤炭经营企业终止的，应当到原煤炭经营资格审查部门办理煤炭经营资格注销手续。

第三章　煤炭经营

第十四条　煤炭经营企业从事煤炭经营，应当遵守有关法律、法规的规定，保证煤炭质量，提高服务水平。

第十五条　从事煤炭经营，应当依照合同法规定，由买卖双方签订煤炭买卖合同。

煤炭买卖合同一般包括下列内容：

(一) 出卖人和买受人的名称和住所；

(二) 数量；

(三) 品种、规格、质量；

(四) 价格；

(五) 交货方式；

(六) 发出地点(站、港)和到达地点(站、港)；

(七) 履行期限；

(八) 货款及运杂费的结算方式，买卖双方的开户银行、账号、纳税登记号；

(九) 违约责任；

(十) 解决争议的方法；

(十一) 买卖双方约定的其他条款。

第十六条　煤炭买卖合同签订后，买卖双方必须全面履行合同，任何一方不得擅自变更或者解除合同。有特殊原因需要变更或解除合同的，要求变更或解除合同的一方应当在合理期限内向另一方提出；未在合理期限内提出变更或解除合同请求而不履行合同的，应当承担违约责任。

第十七条　需由运输企业承运的煤炭，煤矿企业、煤炭经营企业或煤炭用户依照合同法与运输企业签订煤炭运输合同。

第十八条　煤炭运输合同生效后，合同双方必须全面履行合同。煤矿企业或煤炭经营企业应当按照合同约定发运质量合格、计量准确的煤炭；运输企业应当按照合同约定承运，并将承运的不同质量的煤炭分装、分堆；煤炭用户应当按照合同的约定接卸煤炭。不履行合同的，应当承担违约责任。

第十九条　煤炭发运时承运、托运双方的交接和到站（港）后收货人对煤炭质量、数量的验收，按照国家的有关规定办理。

第二十条 煤炭经营应当取消不合理的中间环节。国家提倡有条件的煤矿企业直销，鼓励大型煤矿企业与耗煤量大的企业签订中长期直销合同。

第二十一条 国家提倡有条件的煤炭经营企业实行代理配送。

第二十二条 煤炭经营企业经营民用型煤，应当保证质量，方便群众，稳定供应。

民用型煤应当推行集中粉碎、定点成型、统一配送、连锁经营。

第二十三条 国家鼓励使用洁净煤，推广动力配煤、工业型煤，节约能源，减少污染。

第二十四条 煤矿企业、煤炭经营企业，应当依法经营，公平竞争，禁止下列经营行为：

（一）未取得煤炭经营资格擅自经营；

（二）未取得煤炭生产许可证擅自销售煤炭产品；

（三）采取掺杂掺假、以次充好、数量短缺等欺诈手段；

（四）垄断经营；

（五）违反国家有关价格的规定，哄抬煤价或者低价倾销；

（六）违反国家有关税收的规定，偷漏税款；

（七）违反法律、行政法规规定的其他行为。

第二十五条 从事煤炭运输的车站、港口及其他运输企业不得利用其掌握的运力参与煤炭经营。

第二十六条 禁止行政机关设立煤炭供应的中间环节和额外加收费用。

禁止行政机关开办煤炭经营企业或者从事、参与煤炭经营活动。

第二十七条 禁止经营无煤炭生产许可证的煤矿企业生产、加工的煤炭产品。禁止经营无煤炭经营资格的煤炭经营企业的煤炭产品。

第二十八条 煤矿企业和煤炭经营企业应当严格执行国家有关煤炭产品质量管理的规定，其供应的煤炭产品质量应当符合国家标准或者行业标准。用户对煤炭产品质量有特殊要求的，由买卖双方在煤炭买卖合同中约定。

第四章 监督管理

第二十九条 煤炭经营资格审查部门依法对煤炭经营进行监督管理。煤炭经营资格审查部门和工商、质量技术监督等有关部门依法查处非法经营活动，并在各自的职责范围内实施行政处罚。

第三十条 煤炭经营资格审查部门的工作人员应当熟悉有关的法律、法规，具备必要的专业知识，公正廉洁，秉公执法。

第三十一条 煤炭经营资格审查部门进行监督检查时，有权向煤炭经营企业或者煤炭用户了解有关执行煤炭法律、法规的情况，查阅有关资料，进入现场进行检查；煤炭经营企业和煤炭用户应当提供方便。

第三十二条 煤炭经营资格审查部门的工作人员进行监督检查时，应当出示证件。

第三十三条 煤炭经营资格审查部门审查煤炭经营资格，除收取必要的工本费外，不得收取其他费用。

第五章 罚则

第三十四条 未经煤炭经营资格审查部门审查批准，擅自从事煤炭经营活动的，由煤炭经营资格审查部门依照煤炭法第七十一条的规定，责令停止经营，没收违法所得，并处违法所得1倍以上5倍以下的罚款。

第三十五条 未取得煤炭生产许可证擅自销售自己生产的煤炭产品的，由煤炭经营资格审查部门责令停止经营，没收违法所得，并处以3万元以下的罚款。

第三十六条 采取掺杂掺假、以次充好等欺诈手段进行经营的，依照煤炭法第七十二条规定，责令停止经营，没收违法所得，并处违法所得一倍以上五倍以下的罚款；情节严重的，取消煤炭经营资格；构成犯罪的，由司法机关依法追究刑事责任。

第三十七条 伪造煤炭经营资格证书或以买卖、出租、转借等任何形式转让煤炭经营资格证书的，由煤炭经营资格审查部门处违法所得一倍以上三倍以下的罚款，但最多不得超过3万元；情节严重的，取消煤炭经营资格。

第三十八条 经营无煤炭生产许可证或者无煤炭经营资格证的企业的煤炭产品的，由煤炭经营资格审查部门责令停止经营，并处违法所得一倍以上三倍以下的罚款，但最多不得超过3万元；情节严重的，取消煤炭经营资格。

第三十九条 煤炭经营企业违反本办法的有关规定，从事其他非法经营的，依照有关法律、法规的规定处罚。

第四十条 煤炭经营资格审查部门的工作人员滥用职权、玩忽职守或者徇私舞弊的，依法给予行政处分；构成犯罪的，由司法机关依法追究刑事责任。

第六章　附　则

第四十一条　本办法发布前，省、自治区、直辖市人民政府指定的部门已经进行的煤炭经营资格审查，继续有效。

第四十二条　未经过煤炭经营资格审查的原有煤炭经营企业应当自本办法发布之日起五个月内，向煤炭经营资格审查部门提出申请，取得煤炭经营资格。

第四十三条　本办法自发布之日起施行。

外商投资商业企业试点办法

（国家经济贸易委员会1999年6月25日发布）

第一条　为进一步扩大对外开放，促进商业企业的改革和发展，推动国内市场建设，使扩大商业领域利用外商投资试点健康有序地进行，根据《中华人民共和国中外合资经营企业法》和《中华人民共和国中外合作经营企业法》等有关法律、法规，制定本办法。

第二条　本办法适用于外国公司、企业同中国公司、企业在中国境内设立中外合资或合作商业企业（以下简称合营商业企业）。暂不允许外商独资设立商业企业。

第三条　设立的合营商业企业必须符合所在城市的商业发展规划，能够引进国际上先进的营销技术和管理经验，促进国内商业现代化，带动国内产品出口，产生良好的经济效益和社会效益。

第四条　设立合营商业企业的地区由国务院规定，目前暂限于省会城市、自治区首府、直辖市、计划单列市和经济特区（以下简称试点地区）。

第五条　合营商业企业的投资者应具备以下条件：

（一）外国合营者或外国合营者中的主要合营者（以下简称外国合营者）应为具有较强的经济实力、先进的商业经营管理经验和营销技术、广泛的国际销售网络、良好的信誉和经营业绩的企业，且能够通过拟设立的合营商业企业带动中国产品出口。

申请设立从事零售业务的合营商业企业的外国合营者，申请前三年年均商品销售额应在20亿美元以上，申请前一年资产额应在2亿美元以上。

申请设立从事批发业务的合营商业企业的外国合营者，申请前三年年均商品批发额应在25亿美元以上，申请前一年资产额应在3亿美元以上。

（二）中国合营者或中国合营者中的主要合营者（以下简称中国合营者）应为具有较强经济实力和经营能力的流通企业，申请前一年的资产额应在5000万元（中西部地区3000万元）人民币以上。其中，中国合营者为商业企业的，申请前三年年均销售额应在3亿元（中西部地区2亿元）人民币以上；为外贸企业的，申请前三年年均自营进出口额应在5000万美元以上（其中出口额不低于3000万美元）。

第六条　合营商业企业应符合以下条件：

（一）符合中国有关法律、法规及有关规定；

（二）符合所在城市商业发展规划；

（三）从事零售业务的合营商业企业的注册资本不低于5000万元人民币，中西部地区不低于3000万元人民币；从事批发业务的合营商业企业的注册资本不低于8000万元人民币，中西部地区不低于6000万元人民币；

（四）采取3家以上分店连锁方式经营的合营商业企业（便民店、专业店和专卖店除外），中国合营者出资比例应达到51%以上；其中对合营商业企业本身经营情况较好，外国合营者已从国内大量采购产品，并能借助外国合营者的国际营销网络，进一步扩大国内产品出口的合营连锁商业企业，经国务院批准后，可允许外国合营者控股；

开设3家以下分店（包括3家）的合营商业企业和连锁方式经营的便民店、专业店、专卖店，中国合营者出资比例应不低于35%；

从事批发业务（包括零售企业兼营批发业务）的合营商业企业，中国合营者出资比例应达到51%以上；

（五）合营商业企业的分店只限于中外双方直接投资、直接经营的直营连锁形式，暂不允许发展自由连锁、特许连锁等其他连锁形式；

（六）经营年限不超过30年，中西部地区不超过40年。

第七条　外国合营者与合营商业企业签订商标、商号使用许可合同、技术转让合同的，外国合营者提取的相关费用总计不得超过合营商业企业当年销售额（不包括增值税）的0.3%，提取年限不超过10年。

第八条　设立合营商业企业按照以下程序办理：

中国合营者向所在试点地区经济贸易委员会（经济委员会、计划与经济委员会，下同）报送可行性研究报告（代项目建议书）及有关文件，试点地区经济贸易委员会会同内贸主管部门按规定程序报国家经济贸易委员会。国家经济贸易委员会征求对外贸易经济合作部意见后审批。

可行性研究报告（代项目建议书）经批准后，由试点地区外经贸部门按规定程序向对外贸易经济合作部上报合同、章程，对外贸易经济合作部对合同、章程予以审批。

获得批准设立的合营商业企业，应自收到批准证书之日起1个月之内，凭对外贸易经济合作部颁发的《外商投资企业批准证书》，到国家工商行政管理部门办理注册登记手续。

第九条 申请设立合营商业企业，应报送下列文件：

（一）可行性研究申报文件

1. 合营各方共同编制的可行性研究报告（代项目建议书）；

2. 合营各方的银行资信证明、登记注册证明（复印件）、法定代表人证明（复印件）；

3. 合营各方经会计师事务所审计的最近三年的年度资产负债表和损益表；

4.（如果中国合营者以国有资产投资）国有资产管理部门对中方拟投入国有资产的评估报告确认文件；

5. 拟设立合营商业企业经营的商品种类；

6. 其他有关文件。

（二）合同、章程申报文件

1. 可行性研究申报文件及其批准文件；

2. 由合营各方授权代表签署的拟设立合营商业企业的合同、章程；

3. 进出口商品目录；

4. 拟设立合营商业企业董事会成员名单及合营各方董事委派书；

5. 国家工商行政管理局出具的企业名称预先核准通知书；

6. 其他有关文件。

上述文件除已注明为复印件的，一律为正式文件。非法定代表人签署文件的，应出具法定代表人委托授权书。

第十条 国有流通企业投资设立合营商业企业的，须按《国有资产评估管理办法》的规定，由国有资产管理部门确认的评估机构，对国有流通企业投入的有形和无形资产进行科学、公正的评估。评估结果经省级以上国有资产管理部门确认后，作为投入国有资产作价的依据。

第十一条 已设立合营商业企业申请兼营批发业务、开设分店、更改合营方，对外贸易经济合作部征得国家经济贸易委员会同意后予以审批；已设立合营商业企业的其他变更，按现行外商投资企业的有关规定，报原审批机关审批。报批时合营商业企业需提交以下文件：

1. 申请报告；

2. 企业经营状况报告；

3. 企业验资报告；

4. 企业出口情况报告及证明文件；

5. 董事会有关决议；

6. 合同、章程修改协议；

7. 其他有关文件。

企业应自修改后的合同、章程批准之日起1个月内向国家工商行政管理部门办理登记变更等手续。

第十二条 合营商业企业的经营范围：

（一）从事零售业务的合营商业企业的经营范围

1. 商业零售（包括代销、寄售）经营；

2. 组织国内产品出口业务；

3. 自营商品的进出口业务；

4. 经营相关的配套服务。

（二）经营批发业务的合营商业企业的经营范围

国内商品和自营进口商品的国内批发，组织国内产品出口。

第十三条 从事零售业务的合营商业企业经批准可兼营批发业务。

第十四条 合营商业企业不得从事商品进出口代理业务。

第十五条 合营商业企业经营国家有特殊规定的商品以及涉及配额、许可证管理的进出口商品，应按国家有关规定办理审批手续。

合营商业企业年度商品进口总额不得超过本企业当年商品销售额的30％。

第十六条 合营商业企业应遵守中华人民共和国法律、法规，受中国法律、法规管辖，其正当经营活动及合法权益受中国法律、法规的保护。

合营商业企业如有违反中国法律、法规的行为，按中国有关法律、法规处理。

第十七条 各地要严格按本办法规定设立合营商业企业。违反本办法规定的，由国家经济贸易委员会、对外贸易经济合作部会同国家工商行政管理局进行查处。各地经济贸易委员会、外经贸部门要会同有关部门及时跟踪试点情况，认真总结试点经验，妥善解决试点中出现的问题。

第十八条 国家经济贸易委员会、对外贸易经济合作部、国家工商行政管理局或其授权机构依法对外商投资商业企业进行监督和管理。

第十九条 香港特别行政区、澳门、台湾地区的投资者在祖国大陆投资设立合营商业企业，参照本办法执行。

第二十条　本办法由国家经济贸易委员会、对外贸易经济合作部负责解释。

第二十一条　本办法自发布之日起施行。

中华人民共和国国家经济贸易委员会产业损害裁定听证规则

（国家经济贸易委员会1999年10月27日发布）

第一条　为了保证公正、及时地作出产业损害裁定，保护当事人的合法权益，根据《中华人民共和国对外贸易法》及《中华人民共和国反倾销和反补贴条例》的有关规定，制定本规则。

第二条　本规则适用于中华人民共和国国家经济贸易委员会在反倾销或者反补贴调查程序中组织的产业损害裁定听证。

第三条　产业损害裁定听证应遵循公开、公正、公平的原则。除涉及国家秘密、商业秘密或个人隐私外，听证一律公开举行。

第四条　听证当事人是提出反倾销或者反补贴调查申请的申请人及其他各利害关系方。

第五条　反倾销或者反补贴调查申请的申请人及其他利害关系方就产业损害及其因果关系要求国家经济贸易委员会组织听证的，国家经济贸易委员会应当组织听证。国家经济贸易委员会认为有必要时，也可以自行组织听证。

听证当事人要求举行听证的，应当向国家经济贸易委员会提出要求听证的书面申请。

第六条　产业损害裁定听证会由国家经济贸易委员会产业损害调查与裁决委员会具体组织。

听证主持人由产业损害调查与裁决委员会指定与本案无利害关系的3人或5人担任。其中1人担任首席听证主持人，由产业损害调查与裁决委员会主任指定。

听证记录员由首席听证主持人指定，具体承担听证准备和听证记录工作。

第七条　听证主持人有下列情形之一的，应当自行回避，各利害关系方有权申请其回避：

1. 与本案利害关系方法定代表人或者利害关系方委托代理人有近亲属关系；

2. 与本案有利害关系；

3. 与案件利害关系方有其他关系，可能影响听证公正进行的。

利害关系方提出回避申请，应当以书面方式提出，并说明理由。听证主持人应当将利害关系方的回避申请提交产业损害调查与裁决委员会，由产业损害调查与裁决委员会主任决定是否回避。

第八条　听证主持人在听证会中行使下列职权：

1. 确认有关听证参加人的身份；

2. 就与案件事实有关的问题向当事人发问；

3. 决定是否要求听证参加人提供或补充证据，是否对已出示的证据进行鉴定；

4. 决定中止、延期或者终止听证；

5. 对违反听证纪律的行为予以警告或制止；

6. 对听证笔录进行最后审阅，确认无误后签名或者盖章。

第九条　产业损害调查与裁决委员会应当在听证会举行前30日，将举行听证的案由、时间、地点、听证主持人以公告方式或者书面方式通知各相关利害关系方。利害关系方在公告发出之日起20日内或者收到书面通知15日内，应当按照规定的方式向国家经济贸易委员会反倾销反补贴办公室进行登记，并提交听证会发言概要和相关证据。

利害关系方有正当理由，可以在听证会举行10日前提出延期听证的申请；是否准许，由产业损害调查与裁决委员会主任决定。

第十条　听证当事人由其法定代表人或主要负责人参加听证会，也可以在提交书面授权书后委托1～2名代理人参加听证。

第十一条　听证当事人应当承担下列义务：

1. 按时到达指定地点出席听证会；

2. 遵守听证会纪律，服从听证主持人安排；

3. 如实回答听证主持人和听证会的其他组成成员的询问；

4. 对提出的主张承担举证责任。

第十二条　听证会开始前，听证主持人应当首先核对查验听证参加人身份证明以及代理人代理资格，宣读听证会纪律，告知权利。

第十三条　听证会应当按照下列程序进行：

1. 首席听证主持人宣布听证开始，宣布案由；

2. 反倾销或者反补贴调查的申请人陈述国内产业损害的事实、理由，并提交有关证据材料；

3. 各有关利害关系方法定代表人或者其委托代理人就申请人提出的事实、理由和证据提出意见，提交有关证据材料；

4. 当事人作最后陈述；

5. 首席听证主持人宣布听证结束。

第十四条　听证会旨在为各利害关系方提供充分陈述意见的机会，不设辩论程序。

第十五条　听证当事人有权在听证会举行期

间提出证据、提供证人证言、陈述事实、说明理由，以及在听证会结束后对听证笔录进行审验。

第十六条 听证会的其他组成成员经首席听证主持人同意，可以就案件事实及相关问题向当事人发问，并对听证事项提出意见或建议。

第十七条 听证当事人必须涉及自身的商业秘密才能作出充分、准确、完整陈述的，可以申请举行不公开听证，是否准许，由听证主持人合议决定。

第十八条 听证由听证记录员制作笔录，听证主持人和听证记录员签名后，由当事人当场签名或者盖章。当事人拒绝签名或者盖章的，听证主持人应当在听证笔录上记明有关情况。

第十九条 听证会结束后，听证主持人就案件事实及法律问题提出书面意见或建议，连同听证笔录及其他案卷材料一并报送产业损害调查与裁决委员会。

第二十条 有下列情形之一的，中止听证：

1. 听证申请人因不可抗拒的事由不能参加听证，且已提交书面延期申请的；

2. 听证申请人终止，需要等待确定权利义务承受人的；

3. 其他应当中止听证的情形。

第二十一条 中止听证原因消除后，恢复听证。

第二十二条 有下列情形之一的，终止听证：

1. 听证申请人撤回申请的；

2. 反倾销或者反补贴调查申请人撤回反倾销或者反补贴调查申请的；

3. 其他应当终止听证的情形。

第二十三条 有第二十条和第二十二条中止或者终止听证情形的，是否中止或者终止听证，在听证主持人确定前由产业损害调查与裁决委员会决定，在听证主持人确定后由听证主持人合议决定。

第二十四条 本规则由国家经济贸易委员会负责解释。

第二十五条 本规则自公布之日起施行。

淘汰落后生产能力、工艺和产品的目录

（第一批）

（国家经济贸易委员会1999年1月22日发布，自1999年2月1日起施行）

为制止低水平重复建设，加快结构调整步伐，促进生产工艺、装备和产品的升级换代，根据国家有关法律、法规，制定本目录。

一、本目录淘汰的是违反国家法律法规、生产方式落后、产品质量低劣、环境污染严重、原材料和能源消耗高的落后生产能力、工艺和产品。

二、本目录公布的第一批涉及10个行业，共114个项目。其中有些项目，有关部门已采取各种方式发布过，为进一步加大淘汰的力度，这次予以重申。国家经贸委将在研究制定产业政策的过程中，针对国内外市场变化和产业发展的情况，陆续分批颁布淘汰、限制落后生产能力、工艺和产品的目录。

三、各地区、各部门和有关企业要制定规划，采取有力措施，限期坚决淘汰本目录所列的落后生产能力、工艺和产品，一律不得新上、转移、生产和采用本目录所列的生产能力、工艺和产品。各地经贸委（经委、计经委）要将规划上报国家经贸委。

四、本目录涉及到依法批准设立的外商投资企业的，由国家经贸委会同国务院有关部门商地方人民政府处理。

五、各地人民政府要督促本地工商企业执行本目录。对拒不执行淘汰目录的企业，工商行政管理部门要依法吊销营业执照、各有关部门要取消生产许可证、各商业银行要停止贷款。对情节严重者，要依法追究直接负责的主管人员和其他直接责任人员的法律责任。

六、本目录由国家经贸委负责解释。

附表 1　**淘汰落后生产能力、工艺和产品的目录（第一批）**

序　号	名　　称	淘汰期限
	一、落后生产能力	
1	没有采矿许可证和煤炭生产许可证(以下简称“两证”)的各类小煤矿	1999 年
2	在国有煤矿矿区范围内,1997 年 1 月 1 日后开办的各类小煤矿	1999 年
3	在国有煤矿矿区范围内,1997 年 1 月 1 日前开办的、“两证”不全的各类小煤矿	1999 年
4	在国有煤矿矿区范围内,1997 年 1 月 1 日前开办的、“两证”俱全且经批准生产,但因布局不合理,影响国有煤矿长远发展的各类小煤矿	1999 年
5	国有煤矿矿区范围以外,凡“两证”不全,经整顿到 1999 年 2 月底仍达不到发证条件的各类小煤矿	1999 年
6	开采高硫高灰煤,又未采取有效降硫降灰措施的各类煤矿	1999 年
7	有化学制浆车间、年产 5000 吨以下的造纸厂	*
8	年加工皮革 3 万张(折牛皮标张)以下的制革厂	*
9	无合法资源配置,通过非法手段获得原油资源,产品质量低劣,安全环保达不到国家标准的成品油生产装置	*
10	2000 年 1 月 1 日前不能生产 90 号及 90 号以上车用无铅汽油的成品油生产装置	1999 年
11	平板玻璃平拉工艺生产线(不含格拉威贝尔平拉工艺	*
12	四机以下垂直引上平板玻璃生产线	2000 年
13	窑径小于 2 米(年产 3 万吨以下)水泥机械化立窑生产线	*
14	窑径小于 2.2 米(年产 4.4 万吨以下)水泥机械化立窑生产线	2000 年
15	土法炼铅锌:采用土烧结盘、简易土高炉等落后方式炼铅,用土制马弗炉、马槽炉、横罐、小竖罐等进行焙烧、简易冷凝设施进行收尘等落后方式炼锌或氧化锌制品,现年产铅或锌(或氧化锌含量)2000 吨以下的企业	*
16	土法炼汞:采用土铁锅和土灶、蒸馏罐、坩埚炉及简易冷凝收尘设施等落后方式炼汞,现年产汞 10 吨以下的企业	*
17	土法炼砷:采用土坑炉或坩埚炉焙烧、简易冷凝设施收尘等落后方式炼制氧化砷或金属砷制品,年产砷(或氧化砷制品含量)100 吨以下的企业	*
18	未经国务院有关主管部门批准,开采国家规定实行保护性开采的特定矿种的任何企业	*
19	无采矿许可证的任何单位和个人开办的钨、锡、锑、离子型稀土矿山企业,未经国务院有关主管部门批准开办的钨、锡、锑、离子型稀土冶炼企业及钨加工(含硬质合金)企业	*
20	大电网覆盖范围内、单机容量 2.5 万千瓦及以下的凝汽火电机组	服役期满
	二、落后生产工艺装备	
21	PB2、PB3、PB4 型矿用隔爆高压开关	2000 年
22	6AM、φM－2.5、PA－3 型煤用浮选机	2000 年
23	PG－27 型真空过滤机	2000 年
24	X－1 型箱式压滤机	2000 年
25	ZYZ、ZY3 型液压支架	2000 年
26	自行车盐浴焊接炉	2000 年
27	建国前生产的细纱机	2000 年
28	所有“1”字头的细纱机	2000 年
29	1979 年及以前生产的 A512、A513 系列细纱机	2000 年
30	无生产许可证的企业所生产的细纱机(即未经原国家技术监督局或行业主管部门下发细纱机生产许可证的企业所生产的细纱机)	2000 年
31	土法炼油	*
32	汞法烧碱	*
33	年产 1 万吨以下的电石炉	2000 年

（续表）

序　号	名　　　称	淘汰期限
34	开放式电石炉	2000 年
35	铁粉还原法苯胺工艺	*
36	年产 1000 吨以下黄磷生产线	2000 年
37	生产氰化钠的氨钠法及氰熔体工艺	2000 年
38	联苯胺和联苯胺型偶氮染料	*
39	高中温钠法百草枯农药工艺	*
40	建筑卫生陶瓷土窑、倒焰窑、多孔窑、煤烧明焰隧道窑	
41	建筑石灰土窑	1999 年
42	陶土玻璃纤维拉丝坩埚	*
43	砖瓦简易轮窑、土窑	*
44	水泥土(蛋)窑、普通立窑	*
45	年产 100 万卷以下沥青纸胎油毡生产线	2000 年
46	热烧结矿工艺	2000 年
47	平炉	2000 年
48	1800 KVA(含)以下冶炼铁合金电炉	2000 年
49	1.5 平方米以下鼓风炉炼铜、冶炼烟气制酸干法净化和热浓酸洗涤技术	2000 年
50	60 KA 以下铝自焙电解槽	2000 年
51	“二人转”式有色金属轧机	2000 年
52	热轧方法生产铜线杆(黑杆)	2000 年
53	B581、B582 型精纺细纱机	2001 年 * *
54	BC581、BC582 型粗纺细纱机	2001 年 * *
55	B591 绒线细纱机	2001 年 * *
56	使用期限超过 20 年的各类国产毛纺细纱机	2000 年
	三、落后产品	
57	汞电池	1999 年
58	一次性发泡塑料餐具	2000 年
59	多氯联苯(农药)	2000 年
60	除草醚(农药)	*
61	杀虫醚(农药)	*
62	氯丹(农药)	*
63	七氯(农药)	*
64	毒鼠强(农药)	*
65	氟乙酰胺(农药)	*
66	氟乙酸钠(农药)	*
67	二溴氯丙烷(农药)	*
68	CER 膜盒系列	*
69	JO_2、JO_3 系列小型异步电动机	*
70	JDO_2、JDO_3 系列变极、多速三相异步电动机	*
71	DZ10 系列塑壳断路器	*
72	DW10 系列框架断路器	*
73	CJ8 系列交流接触器	*
74	QC10、QC12、QC8 系列起动器	*
75	JRO、JR9、JR14、JR15、JR16－A、B、C、D 系列热继电器	*

（续表）

序　号	名　　称	淘汰期限
76	电动机驱动旋转直流弧焊机全系列	*
77	GGW 系列中频无心感应熔炼炉	*
78	SL 7－30/10～SL7－1600/10、S7－30/10～S7－1600/10 配电变压器	*
79	B 型、BA 型单级单吸悬臂式离心泵系列	*
80	F 型单级单吸耐腐蚀泵系列	*
81	GC 型低压锅炉给水泵	*
82	JD 型长轴深井泵	*
83	KDON－3200/3200 型蓄冷器全低压流程空分设备	*
84	KDON－1500/1500 型蓄冷器(管式)全低压流程空分设备	*
85	KDON－1500/1500 型管板式全低压流程空分设备	*
86	3W－0.9/7(环状阀)空气压缩机	*
87	2V－0.3/7、V－0.3/7 空气压缩机	*
88	2V－0.6/7、V－0.6/7 空气压缩机	*
89	V－3/8、IV－3/8、VF－3/8、2V－3/7、2VF－3/8、WF－3/8、WF－3.2/7、1WG－3/7、1WG－3/8、V－6/8、2V－6/7、2V－6/8、VF－6/8、W－6/7、WF－6/7、WF－6.3/7、2W－6/7、WF－9/7、DW－9/7 往复活塞空气压缩机	
90	CA630 普通车床	*
91	X920 键槽铣床	*
92	B665、B665A、B665－1 牛头刨床	*
93	D6165 电火花成型机床	*
94	D6185 电火花成型机床	*
95	D5540 电脉冲机床	*
96	J53－400 双盘摩擦压力机	*
97	J53－630 双盘摩擦压力机	*
98	J53－1000 双盘摩擦压力机	*
99	Q11－1.6×1600 剪板机	*
100	1200 叠板轧机(二辊周期式四机架)	*
101	横列式线材轧机	*
102	Q51 汽车起重机	*
103	TD62 型固定带式输送机	*
104	25MPa 采油(气)井口装置	*
105	OY－40 石油钻机	*
106	3t 直流架线式井下矿用电机车	*
107	18 平方米烧结机	*
108	直径 1.98 米水煤气发生炉	*
109	A571 单梁起重机	*
110	25A 空腹钢窗	2000 年
111	ZD647、ZD721 型自动缫丝机	*
112	D101A 型自动缫丝机	1999 年
113	ZD681 型立缫机	*
114	DJ561 型绢精纺机	*

注："＊"为有关部门已明令淘汰的，应立即淘汰；"＊＊"为该产品应于 1999 年底前停止生产；淘汰期限 1999 年是指应于 1999 年底前淘汰；淘汰期限 2000 年是指应于 2000 年底前淘汰。

淘汰落后生产能力、工艺和产品的目录（第二批）

（国家经济贸易委员会1999年12月30日发布，自2000年1月1日起施行）

为制止低水平重复建设，加快结构调整步伐，促进生产工艺、装备和产品的升级换代，根据国家有关法律、法规，制定本目录。

一、本目录淘汰的是违反国家法律法规、生产方式落后、产品质量低劣、环境污染严重、原材料和能源消耗高的落后生产能力、工艺和产品。

二、本目录涉及钢铁、有色、轻工、纺织、石化、建材、机械、印刷业（新闻）等8个行业，共119项。国家经贸委将在研究制定产业政策的过程中，针对国内外市场变化和产业发展情况，陆续分批颁布淘汰、限制落后生产能力、工艺和产品目录。

三、各地区、各部门和有关企业要制定规划，采取有力措施，限期坚决淘汰本目录所列的落后生产能力、工艺和产品，一律不得进口、新上、转移、生产和采用本目录所列的生产能力、工艺和产品。各地经贸委要将规划上报国家经贸委。

四、本目录涉及到依法批准设立的外商投资企业的，由国家经贸委会同国务院有关部门商地方人民政府处理。

五、各地人民政府要督促本地工商企业执行本目录。对拒不执行淘汰目录的企业，工商行政管理部门要依法吊销营业执照，各有关部门要取消生产许可证，各商业银行要停止贷款。情节严重者，要依法追究直接负责的主管人员和其他直接责任人员的法律责任。

六、本目录由国家经济贸易委员会负责解释。

附表2　　淘汰落后生产能力、工艺和产品的目录（第二批）

序　号	名　　称	淘汰期限
	一、落后生产能力	
1	无覆膜塑编水泥包装袋生产线	发布之日起
2	年产70万平方米以下的中低档建筑陶瓷生产线	2000年
3	年产400万平方米及以下的纸面石膏板生产线	2000年
4	年产20万件以下低档卫生瓷生产线	2000年
5	生产能力300吨/年以下的油墨厂	2000年6月
	二、落后生产工艺装备	
6	土焦工艺(含改良土焦)	2000年
7	土烧结矿工艺	2000年
8	50立方米及以下高炉	2000年
9	50～100立方米(含)高炉	2002年
10	10吨及以下转炉	2000年
11	10～15吨(含)转炉	2002年
12	侧吹转炉	2000年
13	5吨及以下电炉	2000年
14	5～10吨(含)电炉	2002年
15	生产地条钢或开口锭的工频炉	2000年
16	3200 KVA及以下铁合金电炉	2001年
17	化铁炉—炼钢工艺	2002年
18	叠轧薄板机组	2002年
19	普通初轧机及作为开坯用的中型轧机	2002年
20	折叠式热轧窄带轧机	2002年
21	直径76毫米以下自动热轧管机组	2002年
22	横列式线材轧机	2002年

（续表）

序　号	名　　称	淘汰期限
23	横列式小型轧机	2002 年
24	土法炼锑工艺及设备:采用地坑炉、坩埚炉、赫氏炉等落后方式炼锑	发布之日起
25	环保不能达标的自焙槽电解铝生产工艺及装备	发布之日起
26	离子型稀土矿酸浸冶炼工艺	发布之日起
27	采用烧结锅、烧结盘炼铅工艺及设备	发布之日起
28	炉床面积 1.5 平方米密闭鼓风炉炼铜工艺及设备	2003 年
29	真空加压法和气炼一步法石英玻璃	2000 年
30	6X600 吨六面顶小型压机生产人造金刚石	2000 年
31	破坏资源和污染环境的土法采矿和选矿工艺及与矿区的矿产储量规模不相适应的小型矿山(包括采矿和选矿)	2000 年
32	窑径 2.5M 及以下干法中空窑	2000 年
33	直径 1.83M 以下水泥粉磨设备	2000 年
34	火柴排梗、卸梗生产工艺	发布之日起
35	印铁制罐行业中的锡焊工艺	2000 年
36	全部铅排工艺	2000 年
37	全部铅印工艺	2000 年
38	ZD201、ZD301 型系列　单字铸字机	2000 年
39	TH1 型　自动铸条机	2000 年
40	ZT102 型系列　铸条机	2000 年
41	ZDK101 型　字模雕刻机	2000 年
42	KMD101 型　字模刻刀磨床	2000 年
43	AZP502 型　半自动汉文手选铸排机	2000 年
44	ZSY101 型　半自动汉文铸排机	2000 年
45	TZP101 型　外文条字铸排机	2000 年
46	ZZP101 型　汉文自动铸排机	2000 年
47	QY401、2QY404 型系列　电动铅印打样机	2000 年
48	QYSH401、2QY401、DY401 型　手动式铅印打样机	2000 年
49	YX01、YX02、YX03 型系列　压纸型机	2000 年
50	HX01、HX02、HX03、HX04 型系列　烘纸型机	2000 年
51	PZB401 型　平铅版铸版机	2000 年
52	JB01 型　平铅版浇版机	2000 年
53	YZB02、YZB03、YZB04、YZB05、YZB06、YZB07 型系列　铅版铸版机	2000 年
54	RQ02、RQ03、RQ04 型系列　铅汞熔铅炉	2000 年
55	BB01 型　刨版机	2000 年
56	YGB02、YGB03、YGB04、YGB05 型　圆铅版刮版机	2000 年
57	YTB01 型　圆铅版镗版机	2000 年
58	YJB02 型　圆铅版锯版机	2000 年
59	YXB04、YXB05、YXB302 型系列　圆铅版修版机	2000 年
60	P401、P402 型系列　四开平压印刷机	2000 年
61	P801、P802、P803、P804 型系列　八开平压印刷机	2000 年
62	PE802 型　双合页印刷机	2000 年
63	TE102、TE105、TE108 型系列　全张自动二回转平台印刷机	2000 年
64	TY201 型　对开单色一回转平台印刷机	2000 年
65	TY401 型　四开单色一回转平台印刷机	2000 年
66	TY4201 型　四开一回转双色印刷机	2000 年
67	TT201、TZ201、DT201 型　对开手动续纸停回转平台印刷机	2000 年
68	TT202 型　对开自动停回转平台印刷机	2000 年

（续表）

序　号	名　　　称	淘汰期限
69	TZ202 型　对开半自动停回转平台印刷机	2000 年
70	TZ401、TZS401、DT401 型　四开半自动停回转平台印刷机	2000 年
71	TT402、TT403、TT405、DT402 型　四开自动停回转平台印刷机	2000 年
72	TR801 型系列　立式平台印刷机	2000 年
73	LP1101、LP1103 型系列　平板纸全张单面轮转印刷机	2000 年
74	LP1201 型　平板纸全张双面轮转印刷机	2000 年
75	LP4201 型　平板纸四开双色轮转印刷机	2000 年
76	LSB201(880×1230mm)及 LS201、LS204(787×1092mm)型系列　卷筒纸书刊转轮印刷机	2000 年
77	LB203、LB205、LB403 型　卷筒纸报版轮转印刷机	2000 年
78	LB2405、LB4405 型　卷筒纸双层二组报版轮转印刷机	2000 年
79	LBS201 型　卷筒纸书、报二用轮转印刷机	2000 年
80	燃煤式搪烧方炉	2000 年 6 月
81	火柴理梗机、排梗机、卸梗机	发布之日起
82	1332SD 络筒机	2000 年
83	BC272、BC272B 型分条梳毛机	2000 年
84	B701A 型绒线摇绞机	2000 年
85	B311C、B311C(CZ)、B311C(DJ)型毛精梳机	2000 年
86	1511M－105 织机	2000 年
87	K251、K251A 型丝织机	2000 年
88	Z114 型小提花机	2000 年
89	GE186 型提花毛圈机	2000 年
90	Z261 型人造毛皮机	2000 年
91	LMH551 型平网印花机	2000 年
92	LMH571 型圆网印花机	2000 年
93	LMH303、303B、304、304B－160 型热熔染色机	2000 年
94	LMH731－160 型热风布铗拉幅机	2000 年
95	LMH722M－180,LMH722D－180 型短环烘燥定型机	2000 年
	三、落后产品	
96	热轧硅钢片	2002 年
97	107 涂料	2000 年
98	改性淀粉涂料	2000 年
99	改性纤维涂料	2000 年
100	使用非耐碱玻纤生产的玻纤增强水泥(GRC)空心条板	2000 年
101	以陶土坩埚拉丝玻璃纤维为原料的玻璃钢制品	2000 年
102	4146 柴油机	发布之日起
103	快速断路器:DS3－10、DS3－30、DS3－50(1000、3000、5000A)、DS10－10、DS10－20、DS10－30(1000、2000、3000A)	发布之日起
104	BX1－135、BX2－500 交流弧焊机	发布之日起
105	AX1－500、AP－1000 直流弧焊电动发电机	发布之日起
106	SX 系列箱式电阻炉	发布之日起
107	单相电度表:DD1、DD5、DD5－2、DD5－6、DD9、DD10、DD12、DD14、DD15、DD17、DD20、DD28	发布之日起
108	刀开关:HD6、HD3－100、HD3－200、HD3－400、HD3－600、HD3－1000、HD3－1500	发布之日起
109	锅炉给水泵:DG270－140、DG500－140、DG375－185	发布之日起
110	热动力式疏水阀:S15H－16、S19－16、S19－16C、S49H－16、S49－16C、S19H－40、S49H－40、S19H－64、S49H－64	发布之日起
111	0.4－0.7 吨/时立式水管固定炉排锅炉	发布之日起
112	动力用往复式空气压缩机:1－10/8、1－10/7 型	发布之日起
113	高压离心通风机:8－18 系列、9－27 系列	发布之日起
114	X62W　320×150　升降台铣床	发布之日起
115	J31－250 机械压力机	发布之日起
116	TD60、TD72 型固定带式输送机	发布之日起
117	含重铬酸钾火柴	2001 年
118	用于凹版印刷的苯胺油墨	2001 年
119	直排式燃气热水器	2000 年 6 月

工商投资领域制止重复建设目录(第一批)

(国家经济贸易委员会1999年8月9日发布,自1999年9月1日起施行)

为制止重复建设,加快行业调整和改组的步伐,引导工商企业、金融机构及社会的投资方向,并为国有大中型亏损企业实现三年改革与脱困目标创造良好的外部环境,促进国民经济持续、快速、健康发展,根据国家有关法律、法规,制定本目录。

一、本目录禁止投资的是:根据国家有关法律法规明令禁止内容确定的项目;低水平重复建设严重,造成当前生产能力过剩,需总量控制的项目;工艺技术落后,已有先进、成熟工艺和技术替代的项目;污染环境、浪费资源严重的项目。

二、本目录公布的第一批涉及17个行业,共201项内容。今后,国家经济贸易委员会将根据国内外市场变化和产业发展的需要,及时修订、调整本目录。

三、本目录涉及的固定资产投资项目,各级政府投资主管部门不予审批;各银行、金融机构不予贷款;土地管理、城市规划、环境保护、消防、海关等部门不得办理有关手续;凡违背本目录进行投融资建设的,要追究有关人员的责任。

四、本目录涉及到修改《外商投资产业指导目录》的,由国家经济贸易委员会商国务院有关部门处理。

五、本目录由国家经济贸易委员会负责解释。

附表3　　**《工商投资领域制止重复建设目录(第一批)》**

行　业	序　号	制止重复建设项目
一、钢铁行业		
	1	新建高炉炼铁项目
	2	新建转炉炼钢项目
	3	新建电炉炼钢项目
	4	土法炼焦(含改良土焦)工艺设备项目
	5	炭化室小于4米的焦炉项目
	6	90平方米及以下烧结机项目
	7	复二重线材轧机项目
	8	横列式小型轧机项目
	9	直径76毫米及以下热轧管轧机项目
	10	叠轧薄板机组项目
	11	初轧机项目
	12	开坯用中型轧机项目
	13	新建铁合金电炉项目
	14	新建铁合金高炉项目
	15	热轧硅钢片项目
二、有色金属行业		
	16	新建粗铜冶炼项目
	17	新建电解铜项目
	18	新建铜加工项目
	19	新建10万吨/年以下电解铝项目
	20	新建铝加工项目
	21	新建铅冶炼项目
	22	新建5万吨/年以下锌冶炼项目
	23	新建镁冶炼项目
	24	主金属采选综合回收率低于60%的各类矿采选项目
	25	自焙槽电解铝项目

（续表）

行　业	序　号	制止重复建设项目
三、煤炭行业		
	26	单井井型低于以下规模的煤矿项目：晋陕内蒙古地区15万吨/年；新甘宁青、京津冀、东北及华东地区9万吨/年；西南及中南地区6万吨/年；开采极薄煤层及不稳定煤层3万吨/年
	27	采用手工开采和穿洞式巷采等落后开采方法的煤矿开采项目
	28	脱硫措施达不到国家环境保护法规要求的各类高硫煤矿项目（全硫大于3%）
	29	矿井资源回收率低于50%的新建煤矿项目
四、黄金行业		
	30	日处理金精矿10吨以下的独立氰化项目
	31	小混汞碾提金项目（含混汞提金工艺）
	32	日处理金精矿50吨以下的火法冶炼项目
	33	年处理矿石5000吨以下的独立堆浸场项目
	34	日处理岩金矿石25吨以下的采金点项目
	35	年处理矿金矿砂20万立方米以下的采金点项目
五、石化行业		
	36	新建DMT法聚酯装置
	37	新建7万吨/年以下聚丙烯装置
	38	新建10万吨/年以下丙烯腈装置
	39	新建10万吨/年以下ABS树脂装置
	40	低硫原油常减压装置
	41	新建60万吨/年以下乙烯装置
六、化工行业		
	42	石墨阳极法烧碱项目
	43	新建纯碱装置
	44	小联碱装置
	45	联醇装置
	46	4万吨/年以下硫酸装置
	47	常压法及综合法硝酸装置
	48	新建碳酸氢铵生产线
	49	甲胺磷农药项目
	50	久效磷农药项目
	51	甲基对硫磷农药项目
	52	对硫磷农药项目
	53	林丹农药项目
	54	五氯酚农药项目
	55	氧化乐果农药项目
	56	水胺硫磷农药项目
	57	敌百虫农药项目
	58	甲基异柳磷农药项目
	59	甲拌磷农药项目
	60	三氯杀虫酯农药项目
	61	速灭威农药项目
	62	混灭威农药项目
	63	克百威农药项目
	64	灭多威农药项目
	65	三氯杀螨醇农药项目
	66	杀暝腈农药项目

（续表）

行　业	序　号	制止重复建设项目
	67	电石生产装置
	68	四氯化碳项目
	69	1万吨/年以下干法造粒炭黑项目
	70	力车胎项目（自行车胎和手推车胎）
	71	汽车斜交胎项目
七、医药行业		
	72	维生素C项目
	73	青霉素项目
	74	氯霉素项目
	75	磺胺嘧啶项目
	76	新诺明项目
	77	利福平项目
	78	氟哌酸项目
	79	布洛芬项目
	80	呋喃唑酮项目
	81	对硝基酚或苯酚法扑热息痛项目
	82	卡那霉素项目
	83	一次性注射器项目
	84	一次性输血器项目
	85	一次性输液器项目
	86	药用铅锡软膏管项目
	87	药用天然橡胶塞项目
	88	手工胶囊项目
	89	直颈安瓿项目
	90	片剂扩大加工能力项目
	91	硬胶囊扩大加工能力项目
八、建材行业		
	92	平板玻璃原片生产线
	93	年产100万平方米以下的建筑陶瓷砖生产线
	94	年产50万件以下的隧道窑卫生瓷生产线
	95	新建水泥机立窑、湿法窑、立波尔窑、干法中空窑项目
	96	纸面石膏板生产线（综合利用项目除外）
	97	纸胎油毡生产线
	98	陶土、白金坩埚拉丝玻璃纤维生产线
九、电子行业		
	99	激光视盘机生产线（VCD系列整机产品）
十、机械行业		
	100	新建凿岩机制造项目
	101	新建2机以下凿岩台车制造项目
	102	新建装岩机（立爪装岩机除外）制造项目
	103	新建3立方米及以下小矿车制造项目
	104	新建直径2.5米及以下绞车制造项目
	105	新建直径3.5米及以下矿井提升机制造项目
	106	新建矿岩破碎机制造项目
	107	新建磨矿机制造项目
	108	新建40平方米及以下筛分机制造项目
	109	新建直径700毫米及以下旋流器制造项目

（续表）

行　业	序　号	制止重复建设项目
	110	新建选矿、选煤设备制造项目
	111	新建 800 千瓦及以下采煤机制造项目
	112	新建斗容 35 立方米及以下矿用挖掘机制造项目
	113	新建矿用、环保用搅拌浓缩、过滤设备（真空、加压式）制造项目
	114	新建三轮农用运输车整车项目
	115	新建四轮农用运输车整车项目
	116	新建单缸柴油机制造项目
	117	新建 20 马力及以下拖拉机制造项目
	118	10 万千瓦及以下常规燃煤火力发电设备制造项目（综合利用机组除外）
	119	新建电力电线电缆制造项目（500 千伏及以上超高压电缆除外）
	120	新建工业锅炉制造项目
	121	新建车床制造项目（数控机床除外）
	122	新建铣床制造项目（数控机床除外）
	123	新建钻床制造项目（数控机床除外）
	124	新建磨床制造项目（数控机床除外）
	125	新建插床制造项目（数控机床除外）
	126	新建拉床制造项目（数控机床除外）
	127	新建刨床制造项目（数控机床除外）
	128	新建锯床制造项目（数控机床除外）
	129	新建电加工机床（含电火花和线切割机床等）制造项目（数控机床除外）
	130	新建 1000 千牛及以下开式压力机制造项目（数控机床除外）
	131	新建 2500 千牛及以下闭式压力机制造项目（数控机床除外）
	132	新建锻锤制造项目（数控机床除外）
	133	新建剪板机制造项目（数控机床除外）
	134	新建折弯机制造项目（数控机床除外）
	135	新建高速钢轧制、铣制麻花钻头制造项目
	136	新建立铣刀制造项目
	137	新建锯片铣刀制造项目
	138	新建丝锥制造项目
	139	新建板牙制造项目
	140	新建棕刚玉、绿碳化硅、黑碳化硅等烧结块及磨料制造项目
	141	新建直径 400 毫米及以下各种结合剂砂轮制造项目
	142	新建直径 400 毫米及以下人造金刚石切割锯片制造项目
	143	新建普通通用轴承制造项目
	144	新建电梯制造项目
	145	新建轮式装载机制造项目
	146	新建叉车制造项目
	147	新建 40 吨及以下液压挖掘机制造项目
	148	新建 10～35 千伏树脂绝缘干式变压器制造项目
	149	新建高、中、低压开关柜制造项目
	150	新建电焊条制造项目
	151	新建民用普通电度表制造项目
	152	新建 8.8 级以下普通低档标准紧固件制造项目
	153	新建 9 立方米及以下活塞式动力压缩机制造项目
	154	通用标准干货、冷藏集装箱项目
十一、电力行业		

（续表）

行　业	序号	制止重复建设项目
	155	大电网覆盖范围内、单机容量在10万千瓦及以下的常规燃煤火电机组（资源综合利用机组除外）
十二、轻工行业		
	156	3.4万吨/年以下禾草碱法化学浆生产线
	157	新建冷藏、冷冻箱生产线（280升以上的大容积、新款、多门、多温区、多功能的节能环保冰箱除外）
	158	新建洗衣机生产线（5公斤以上或2公斤以下、智能化程度较高、具有新型结构水流技术的静音波轮式全自动洗衣机、搅拌式洗衣机和滚筒式洗衣机除外）
	159	新建空调器生产线（智能、模糊、变频分体机，静音窗式空调除外）
	160	新建微波炉生产线
	161	以CFC－12为工质的空调器项目
	162	以CFC－12为工质的家用电冰箱项目
	163	以CFC－12为工质的冷藏、冷冻箱（柜）项目
	164	以CFC－11为发泡剂的各种塑料发泡工艺项目
	165	聚氯乙烯普通人造革生产线
	166	超薄型（厚度低于0.015毫米）塑料袋生产线
	167	年加工皮革10万张（折牛皮标张）以下的制革项目
	168	生产速度低于1500只/时的单螺旋灯丝白炽灯生产线
	169	新建自行车生产线
	170	新建工业平缝机系列生产线
	171	新建工业包缝机系列生产线
	172	电子计价秤项目（准确度低于最大称量的1/3000，称量≤15千克）
	173	电子汽车衡项目（准确度低于最大称量的1/3000，称量≤300吨）
	174	电子轨道衡项目（准确度低于最大称量的1/1000，称量小于150吨）
	175	电子皮带秤项目（准确度低于最大称量的5/1000）
	176	电子吊秤项目（准确度低于最大称量的1/1000，称量小于50吨）
	177	弹簧度盘秤项目（准确度低于最大称量的1/400，称量小于8千克）
	178	直排式燃气热水器生产线
	179	二片铝质易拉罐项目
	180	新建保温瓶玻璃瓶胆生产线
	181	合成脂肪醇项目
	182	新建三聚磷酸钠生产线
	183	糊式锌锰电池项目
	184	镍镉电池项目
	185	新建牙膏生产线
	186	新建制糖生产线
	187	新建盐场（厂）的项目
	188	浓缩苹果汁生产线
	189	新建白酒生产线
	190	新建酒精生产线
	191	新建味精生产线
	192	糖精等合成甜味剂生产线
十三、纺织行业		
	193	新增棉纺能力的项目
	194	新增毛纺能力的项目
	195	新增缫丝绢纺能力的项目
十四、烟草行业		
	196	新建卷烟工业企业的项目
	197	未经国家批准的卷烟工业企业改扩建项目
十五、船舶行业		
	198	6万吨级及以下造、修船设施新建、扩建项目
	199	未经国家批准的6万吨级以上造、修船新建、扩建项目
十六、其他		
	200	未经国家规定程序批准的新建高档饭店（宾馆、酒店）、公寓及写字楼项目
	201	直辖市、计划单列市、省会城市新建大型百货商场项目（不包括大型超级市场、仓储式商场等新业态商场）

国家经济贸易委员会大事记

1月

1月4日 石万鹏同志主持召开煤炭行业关井压产领导小组第二次会议，研究和部署下一阶段关井压产的监督检查工作。

同日，印发《关于特别重大事故调查处理和批复工作有关问题的通知》（国经贸安全［1999］5号）。

同日，国务院下发《国务院关于批转国家经贸委关于加快农村电力体制改革加强农村电力管理意见的通知》（国发［1999］2号）。要求各地、各部门以及电力企业要结合实际，加强领导，认真组织，用三年时间完成农村电力体制改革任务。国家经贸委作为电力主管部门，要加强组织、指导和检查，以保证改革的顺利进行。

1月12日 印发《关于认真贯彻朱镕基总理重要批示进一步抓好土工布推广应用工作的通知》（国经贸技术［1999］31号）。

同日，印发《关于医药行业制止重复建设的若干意见》的通知（国经贸医药［1999］15号）。

1月14日 印发《关于做好钢铁工业总量控制工作的通知》（国经贸运行［1999］29号）、关于印发《1999年全国企业管理人员培训工作要点》的通知（国经贸培训［1999］37号）。

同日，国务院办公厅、中央军委办公厅印发《国务院办公厅、中央军委办公厅关于调整全国拥军优属拥政爱民工作领导小组成员名单》（国办发［1999］4号）。经贸委于珍同志为成员。

1月18日 印发《关于1998年国有纺织企业改革与脱困工作和1999年工作安排》（国经贸纺织［1999］34号）、《关于进一步做好农村电气化工作的通知》（国经贸电力［1999］71号）。

同日，印发《关天在经贸工作中进一步推进招标工作的通知》（国经贸［1999］36号）。

1月19日 印发《关于建立企业营销工作重点城市和企业联系制度的通知》（国经贸贸易［1999］41号）。

1月21日 印发《关于公布土工布（土工合成材料）及原料重点生产企业第一批名单的通知》（国经贸［1999］46号）、《关于在水利工程中进一步推广应用土工合成材料的通知》（国经贸技术［1999］49号）。

同日，国务院办公厅转发人民银行、国家经贸委《关于依法清收拖欠银行利息的报告》（国办发［1999］7号）。

1月22日 石万鹏同志出席“政府上网工程启动电视电话会议”。政府上网工程是由中国邮电电信总局和经贸委信息中心联合在京40多家部委局的信息主管部门共同发起实施的，旨在实现政府可公开信息的网络共享。

同日，石万鹏同志出席全国农村电力体制改革电视电话会议并讲话，贯彻落实国发［1999］2号文件精神，部署农村电力体制改革工作。

同日，印发国家经贸委主任令（第6号），发布《淘汰落后生产能力、工艺和产品的目录》（第一批）。

1月26日 国务院下发通知，任命孙昌基为中国银行副行长；免去其国家机械工业局副局长职务。（国人字［1999］15号）。

1月28日 盛华仁同志主持召开经贸委廉政工作会议，传达江泽民总书记在中纪委三次全会上的重要讲话和朱镕基总理在国务院廉政工作会议上的重要讲话，部署经贸委1999年党风廉政建设和反腐败工作。郑斯林、陈光复、蒋黔贵同志及各司局、直属单位负责同志、纪检委员参加。

1月29日 印发《关于印发〈1999年经济运行调控纲要〉的通知》（国经贸综合［1999］67号）。

2月

2月1日 郑斯林同志主持召开全国经贸委系统办公室主任紧急会议，部署建立经贸工作中重要情况和重大事件的信息报送制度的有关工作。黄淑和同志和运行局、企改司、中小司、安全局、信息中心负责同志，各省、自治区、直辖市、计划单列市及新疆生产建设兵团经贸委办公室主任，委管国家局、有关国家公司办公室主任以及国务院有关部门办公厅负责同志参加会议。

2月2日　印发《关于印发〈水电工程验收管理暂行规定〉的通知》（国经贸电力［1999］72号）。

2月3日　国务院办公厅印发《国务院办公厅关于进一步做好国有企业下岗职工基本生活保障和企业离退休人员养老金发放工作有关问题的通知》（国办发［1999］10号）。

2月4日　印发《关于向国际航行船舶供油问题的通知》（国经贸贸易［1999］73号）。

同日，国务院任命郭声琨为国家有色金属工业局副局长（国人字［1999］23号）。

2月5日　印发《关于继续做好扭亏增盈工作的通知》（国经贸运行［1999］78号）。

2月6日　印发《关于转发〈国务院批转国家经贸委关于加快农村电力体制改革加强农村电力管理意见的通知〉的通知》（国经贸电力［1999］82号）。

2月9日　国务院办公厅印发《国务院办公厅关于国家禁毒委员会主要职责和组成人员的通知》（国办发［1999］14号）。经贸委张志刚同志为委员会委员。

2月11日　印发《关于出售国有中小企业若干问题意见的通知》（国经贸中小企［1999］89号）、《关于进一步加强化学危险品经营许可证管理工作的通知》（国经贸内贸［1999］91号）。

2月12日　盛华仁同志主持召开经贸委党组会议，研究并原则同意重点脱困企业经营管理者培训大纲和第一批《当前工商领域禁止投资目录》。

2月14日　国务院同意国家经贸委、国家有色金属工业局提出的《组建有色金属企业集团方案》，由国家有色金属工业局组织实施。在实施中遇到的有关政策问题由国家经贸委会同有关部门负责协调。

2月20日　国务院办公厅转发科技部、国家经贸委、国家计委、财政部、税务总局、中编办《关于国家经贸委管理的10个国家局所属科研机构管理体制改革的意见》（国办发［1999］18号）。

2月23日　印发《关于增加重要工业品进口计划授权管理单位和扩大专用章适用商品范围的通知》（国经贸贸易［1999］102号）。

2月24日　印发《关于围绕三年两大目标切实加强和改进企业管理工作的意见》的通知（国经贸企改［1999］116号）。

同日，吴邦国同志批示：对于高科技企业，经贸委要给予更多的关心和支持。

2月25日　印发《关于1999年发电量预期调控目标的通知》（国经贸电力［1999］119号）。

2月28日　盛华仁同志主持召开经贸委党组会议，听取了委“三讲”教育工作小组工作汇报，交流党组成员学习体会，研究部署开展“三讲”教育工作。

3月

3月2日　印发《关于开展1999年全国“安全生产周”活动的通知》（国经贸安全［1999］131号）。

同日，印发《关于中央党政机关非金融类企业并入重点企业或企业集团有关问题的实施办法》的通知（国经贸企改［1999］141号）。

同日，印发《关于公布第二批土工布（土工合成材料）及原料重点生产企业名单的通知》（国经贸技术［1999］140号）。

3月3日　经贸委在邯钢举办“重点脱困企业经营者首期培训班”。盛华仁、郑斯林同志出席，并与全体学员就如何做好国有大中型亏损企业三年摆脱困境工作进行座谈。

同日，印发《关于做好1999年总量控制工作的通知》（国经贸运行［1999］142号）、《关于改进钢材“以产顶进”办法的通知》（国经贸贸易［1999］144号）。

3月4日　印发《关于征求设备成套局管理体制改革意见的函》（国经贸人事［1999］148号）。

3月9日　印发《关于建立重点商品批发市场联系制度的通知》（国经贸贸易［1999］159号）、《关于加强全国经贸委系统信访工作的通知》（国经贸［1999］160号）、《关于进行厂网分开竞价上网试点有关问题的通知》（国经贸电力［1999］161号）。

3月10日　印发国家经贸委主任令（第7号），发布《重点用能单位节能管理办法》。

3月12日　国务院同意对钢铁企业销售给加工企业的钢材免征增值税；对加工贸易企业进口钢材征收与关税和进口环节税等额的保证金，实行保证金台账“实转”。

3月12～13日　国家经贸委、国家税务总局、国家冶金工业局在北京召开钢材以产顶进工作会议，布置落实钢材“以产顶进”任务。有关省市经贸委、国税局、15家钢铁企业主要负责人及国务院有关部门主管负责同志参加会议。

3月13日　印发《关于成立“金贸”工程领导小组的函》（国经贸贸易［1999］175号）。

3月17日　印发《关于转发国家轻工局〈关于

加强全国室内装饰行业管理工作的意见〉的通知》（国经贸产业［1999］177号）。

3月18日 印发《关于全面贯彻落实〈国务院对进一步加快发展散装水泥意见的批复〉的通知》（国经贸内贸［1999］185号）、《印发〈关于加强中小企业管理人员培训的意见〉的通知》（国经贸培训［1999］186号）。

同日，印发国家经贸委主任令（第8号），发布《电力设施保护条件实施细则》。

3月20日 国务院办公厅转发经贸委《关于加强安全生产工作的意见》（国办发［1999］25号）。

3月22日 印发《关于印发〈1999年国有大中型亏损企业脱困工作的规划意见〉（草案）的通知》（国经贸企改［1999］193号）。

3月23日 印发《关于同意经贸委作为中国集团公司促进会业务主管单位的函》（国经贸人事［1999］210号）。

3月25日 印发《关于委管国家局所属科研机构改革中严格按照国家有关规定办理职工退休手续的紧急通知》（国经贸人事［1999］211号）。

3月29日 印发《关于进一步促进境外上市公司规范运作和深化改革的意见》的通知（国经贸企改［1999］230号）。

3月30日 吴邦国同志在经贸委《关于重点脱困企业经营者首期培训班情况的报告》上批示：举办重点脱困企业经营者培训班是个好办法。在总结经验的基础上，搞好第二期、第三期培训班，一可振奋精神，坚定信心；二是通过交流拓展扭亏的思路。现一些企业亏损大，但潜力也大，务必引导企业眼睛向内，在调整产品结构、开拓市场、降低成本上下功夫，这是工作的基础。

3月31日 国务院办公厅印发《国务院办公厅关于调整国家履行〈禁止化学武器公约〉工作领导小组组成人员的通知》（国办发［1999］31号）。吴邦国副总理任领导小组组长。经贸委石万鹏同志任领导小组副组长。

同日，吴邦国同志批示：规范化肥市场有利于化肥企业的生产经营，化肥生产企业不得以出厂价向零售企业出售化肥，管好批发价、确定合理批零差，可能有利于化肥市场有序竞争。

4月

4月1日 国务院办公厅印发《国务院办公厅关于调整国家防汛抗旱总指挥部成员的通知》（国办发［1999］30号）。经贸委石万鹏同志为总指挥部成员。

同日，印发国家经贸委主任令（第9号），发布《国有工业企业物资采购管理暂行办法》。

4月5日 印发《关于潍坊亚星集团有限公司购销比价管理经验的调查报告》的通知（国经贸企改［1999］252号）、关于印发《当前工商领域固定资产投资重点》的通知（国经贸投资［1999］256号）。

同日，国务院办公厅转发国家经贸委、外经贸部、海关总署等部门《关于进一步完善加工贸易银行保证金台账制度的意见》（国办发［1999］35号）。

4月7日 吴邦国同志在《中小企业信用担保体系试点情况》一文上批示：请经贸委、银行在总结经验教训的基础上逐步规范，这是扶植中小企业发展的重要措施。

同日，印发《关于印发〈国家重点技术改造项目招标管理办法〉的通知》（国经贸投资［1999］262号）。

4月13日 印发《关于加快乡（镇）电管改革若干问题的指导意见》的通知（国经贸电力［1999］294号）。

同日，印发《关于参加杨凌农业、高新技术产业示范区建设领导小组的复函》（国经贸技术［1999］298号）。

4月19日 印发《产业政策近期工作要点》的通知（国经贸产业［1999］302号）。

4月20日 印发国家经贸委、监察部、审计署关于贯彻执行《国有工业企业物资采购管理暂行规定》有关问题的通知（国经贸企改［1999］308号）。

4月23日 印发《1999年医药行业国有大中型企业改革脱困工作指导意见》的通知（国经贸医药［1999］318号）。

4月24日 朱镕基同志批示：经贸委要狠抓企业管理和领导班子考核、培训。

4月26日 印发《关于1999年国有企业领导干部廉洁自律工作的意见》的通知（国经贸［1999］323号）。

同日，朱镕基同志批示：计委、经贸委、国防科工委、人民银行要尽快出台防止船舶工业重复建设的政策。

4月27日 印发《关于下达1999年全国糖精生产产量和内销量指标的通知》（国经贸石化［1999］354号）。

4月28日 国务院任命吴晓华为国家机械工

业局副局长（国人字［1999］49号）。

4月29日　印发《关于1999年国有企业领导干部廉洁自律工作的意见》的通知（国经贸［1999］323号）。

5月

5月4日　印发《关于做好国家重点企业技术中心建设工作的通知》（国经贸技术［1999］362号）、《关于进一步加强爆炸物品运输安全管理的通知》（国经贸安全［1999］363号）、《印发〈关于进一步推进经济技术协作工作的若干意见〉的通知》（国经贸综合［1999］365号）。

5月6日　印发《关于印发〈国家鼓励开展境外带料加强装备产品目录（第一批）〉》的通知（国经贸外经［1999］379号）。

同日，国务院办公厅转发经贸委《关于清理整顿小炼油厂和规范原油成品油流通秩序的意见》（国办发［1999］38号）。

5月7日　印发《关于建立国家重点外商投资企业生产经营动态监测系统的通知》（国经贸外经［1999］389号）。

5月10日　印发《关于实施清洁生产示范试点计划的通知》（国经贸资源［1999］402号）。

5月11日　国务院办公厅印发《国务院办公厅关于成立计算机网络与信息安全管理部际协调小组的通知》（国办发［1999］42号）。经贸委石万鹏副主任任协调小组副组长。

5月15日　国务院办公厅转发经贸委《关于关停小火电机组有关问题的意见》（国办发［1999］44号）。

5月18日　印发《关于确定国家经贸委企业营销工作重点联系城市和企业（第一批）的通知》（国经贸贸易［1999］446号）。

同日，吴邦国同志在经贸委和中国工程院联合开展“企业技术创新院士行”活动的报告上批示：这是好事，应予支持。制定企业产品发展战略构筑企业技术创新机制，占领技术制高点是大型国有企业必须解决的问题。这也是发挥国有企业主导作用所必须的。希望突出重点，抓好后续落实工作。

同日，国务院原则同意国家经贸委关于实施债权转股权若干问题的意见。

5月19日　印发《关于下达1999年分地区和重点企业钢产量总量控制预期指标的通知》（国经贸运行［1999］443号）、《关于进一步加强劳动防护用品管理的通知》（国经贸安全［1999］451号）。

5月21日　印发《关于调整全国汽车更新领导小组及办公室成员的通知》（国经贸资源［1999］473号）、《关于做好环保产业发展工作的通知》（国经贸资源［1999］474号）。

5月22日　国务院办公厅转发经贸委《关于清理整顿小玻璃厂小水泥厂的意见》（国办发［1999］49号）。

5月26日　印发《关于确定第一批加工贸易禁止类和进口限制类商品目录的通知》（国经贸贸易［1999］490号）。

5月28日　印发《关于对建设项目（工程）劳动安全卫生预评价单位进行资格认可的通知》（国经贸安全［1999］500号）。

同日，印发《关于转发〈国务院办公厅转发国家经贸委关于关停小火电机组有关问题意见的通知〉的通知》（国经贸电力［1999］497号）、《关于发布〈第二批全国城乡电网建设与改造所需主要设备产品及生产企业推荐目录〉的通知》（国经贸电力［1999］498号）。

6月

6月3日　印发《关于加强硅酮结构密封胶进口管理的通知》（国经贸外经［1999］519号）、《关于印发金贸工程领导小组及领导小组办公室成员名单的通知》（国经贸贸易［1999］523号）。

6月11日　国务院下发通知，任命薄海清为国家冶金工业局局长；免去王万宾的国家冶金工业局局长职务（国人字［1999］67号）。任命王万宾为国家经济贸易委员会副主任（国人字［1999］68号）。

6月14日　印发《关于建立中小企业信用担保体系试点的指导意见》的通知（国经贸中小企［1999］540号）。

6月15日　印发《关于印发〈国家医药储备管理办法〉的通知》（国经贸医药［1999］544号）。

6月16日　印发国家经贸委主任令（第10号），发布《电力行业标准化管理办法》。

同日，印发《关于进一步加强全国新技术交流推广工作的意见》的通知（国经贸技术［1999］561号）。

6月21日　印发《关于确定第一批重点联系市场名单的通知》（国经贸贸易［1999］585号）、《关于印发〈国家技术创新项目选点招标管理办法〉的通知》（国经贸技术［1999］569号）。

同日，李岚清同志批示：支持重点企业技改，促使稀土产业整合，改变该行业散、乱、低的状况。

6月22日　印发国家经贸委主任令（第11

号)，发布《煤炭经营管理办法》。

6月23日 印发《关于下达第一批应关闭的小炼油厂名单的通知》(国经贸石化［1999］584号)。

6月25日 印发国家经贸委主任令(第12号)，发布《外商投资商业企业试点办法》。

6月27日 国务院办公厅转发劳动保障部、教育部、人事部、国家计委、国家经贸委、国家工商局《关于积极推进劳动预备制度加快提高劳动者素质的意见》(国办发［1999］60号)。

同日，印发《关于下达1999年国家重点技术创新项目的通知》(国经贸技术［1999］598号)。

6月29日 印发《关于下达1999年国家重点技术创新项目的通知》(国经贸技术［1999］598号)、《关于启用国家经贸委企业法律顾问注册专用章的通知》(国经贸政法［1999］600号)。

6月30日 印发《关于调整"化学事故应急救援系统"的通知》(国经贸安全［1999］606号)。

7月

7月2日 印发《关于贯彻实施〈煤炭经营管理办法〉有关问题的通知》(国经贸政法［1999］616号)。

7月5日 印发《关于开展重大技术装备研制和国产化"十五"计划和15年规划工作的通知》(国经贸技术［1999］625号)。

7月7日 印发《关于加快我国铁合金工业结构调整的意见》的通知(国经贸产业［1999］633号)、《关于印发〈关于清理整顿成品油流通企业和规范成品油实施意见〉的通知》国经贸贸易［1999］637号)。

7月9日 吴邦国同志在经贸委《关于环保产业关键技术和设备国产化工作情况的报告》上批示：关键在于抓好示范工程，一是起示范作用，二是依托示范工程，形成环保产业国产化的骨干企业。环保产业在我国有很大的发展空间，国家机械局要多花些力气，促进机械行业机构调整。

7月12日 印发国家经贸委主任令(第13号)，发布《特种作业人员安全技术培训考核管理办法》。

7月23日 印发《关于开展"百日安全无事故"活动的通知》(国经贸安全［1999］705号)、《关于印发〈控制对企业进行经济检查的规定〉的通知》(国经贸监督［1999］706号)。

7月23日 吴邦国同志在中国企业联合会课题组《国有大中型企业三年脱困的对策研究》上批示：经贸委是'管'企业的，建议要有人从战略高度系统研究国有企业改革的深层次问题。研究力量可以是专家学者，可以是企业的同志，但经贸委要出题目参与组织，参与研究，这可以避免工作中的盲目性。

7月26日 印发《关于进一步推进商品销售代理工作的若干意见》的通知(国经贸内贸［1999］712号)。

7月27日 印发《关于公布取缔、关闭、淘汰小玻璃厂、小水泥厂企业(生产线)名单》的通知(国经贸建材［1999］715号)。

8月

8月2日 国务院下发通知，任命梁中秀为中国铝业集团公司总经理(国人字［1999］91号)；王恭敏为中国铜铅锌集团公司总经理(国人字［1999］92号)；潘祖顺为中国稀土金属集团总经理(国人字［1999］93号)。

8月5日 印发《关于印发〈近期行业技术发展重点〉的通知》(国经贸技术［1999］749号)。

8月6日 印发《关于外国机构擅自到我大中型企业进行调查必须一律予以拒绝的通知》(国经贸厅［1999］412号)。

8月7日 国务院办公厅转发劳动保障部、民政部、财政部、国家计委、国家经贸委《关于做好提高三条社会保障线水平等有关工作的意见》(国办发［1999］69号)。

8月9日 印发国家经贸委主任令(第14号)，发布《工商投资领域制止重复建设目录(第一批)》。

8月12日 印发《关于国家经贸委管理的10个国家局所属科研机构管理体制改革中业务归口管理有关问题的通知》(国经贸技术［1999］780号)。

8月19日 朱镕基同志批示：经贸委继续抓紧进一步研究发展中小企业，特别是科技型企业的政策措施。各国有银行也应在注意信贷安全的情况下，改善信贷服务，为中小企业的脱困和发展，多做贡献。

8月20日 印发《关于印发〈重点脱困企业技术改造导向型项目计划〉的通知》(国经贸投资［1999］810号)。

8月24日 国务院办公厅转发国务院纠正不正之风办公室、国家计委、国家经贸委、卫生部、国家工商局、国家药品监督管理局《关于纠正医药购销中不正之风工作的实施意见》(国办发

[1999] 75号)。

8月27日　印发《关于调整国家经贸委学术委员会成员的通知》(国经贸人事[1999]846号)。

8月31日　印发《关于进一步开拓农村市场的若干意见》的通知(国经贸贸易[1999]845号)。

同日,印发《关于颁发〈供电营业许可证〉等工作的有关问题的通知》(国经贸电力[1999]832号)、《关于印发〈关停小火电机组实施意见〉的通知》(国经贸电力[1999]833号)。

9月

9月3日　印发《关于公布执行安全标志管理的煤矿矿用产品种类的通知》(国经贸安全[1999]863号)。

9月7日　报送《关于成立全国性茶叶协会有关问题的报告》(国经贸贸易[1999]873号)。

9月13日　印发《关于印发〈国家重点技术改造项目管理办法〉、〈国家重点技术改造项目国债专项资金管理办法〉的通知》(国经贸投资[1999]886号)。

9月14日　印发《关于印发〈国家重点技术改造项目审批程序和规定〉的通知》(国经贸投资[1999]889号)。

9月16日　印发《关于加强医药商品交易会管理的通知》(国经贸医药[1999]894号)。

同日,国务院下发通知,免去王君的国家煤炭工业局局长职务(国人字[1999]102号)。

9月17日　印发《关于印发〈企业管理培训中心管理办法〉的通知》(国经贸培训[1999]904号)。

9月20日　印发《关于做好当前经贸信息工作的意见》的通知(国经贸[1999]908号)。

9月21日　印发《关于进一步做好农村电力体制改革工作有关问题的通知》(国经贸电力[1999]915号)。

9月23日　印发《关于当前加强营销促进企业脱困工作的意见》的通知(国经贸贸易[1999]920号)。

9月27日　印发《关于确定第二批加工贸易进口限制类商品目录的通知》(国经贸贸易[1999]934号)。

同日,国务院下发通知,任命吴晓华为国家机械工业局局长;免去邵奇惠的国家机械工业局局长职务(国人字[1999]108号)。免去闫三忠的国家石油和化学工业局副局长职务(国人字[1999]110号)。

10月

10月1日　国务院办公厅印发《国务院办公厅关于中央国家机关人民防空委员会主要职责和组成人员的通知》(国办发[1999]86号),经贸委马国安同志为委员。

10月2日　国务院办公厅转发国家计委、国家经贸委、国防科工委、外经贸部、人民银行、海关总署《关于严格控制造修船基础设施重复建设的意见》(国办发[1999]87号)。

10月9日　印发《关于印发〈全国经贸委系统信息网络实施方案〉和〈全国经贸委系统信息网络实施细则〉的通知》(国经贸[1999]960号)。

10月11日　国务院办公厅转发国家经贸委、国家计委、公安部、监察部等部门《关于严厉打击制售假冒商标卷烟活动坚决制止非法生产卷烟行为的意见》(国办发[1999]89号)。

10月13日　印发《关于切实做好企业兼并破产工作确保社会稳定有关问题的通知》(国经贸企改[1999]979号)、《关于开展职业安全卫生管理体制认证工作的通知》(国经贸安全[1999]983号)。

10月19日　印发《关于进一步促进自营企业扩大出口的意见》的通知(国经贸贸易[1999]995号)。

10月20日　印发《关于设立国家重点技术改造项目国债专项资金专户有关事项的通知》(国经贸投资[1999]1002号)、《关于印发〈煤矸石综合利用技术政策要点〉的通知》(国经贸资源[1999]1005号)。

同日,印发《关于公布首批获得〈建设项目(工程)劳动安全卫生预评价单位资格证书〉单位名单的通知》(国经贸安全[1999]1013号)。

10月22日　印发《关于加快培育和发展工商领域协会的若干意见》(实行)的通知(国经贸产业[1999]1016号)。

同日,印发《关于同意经贸委作为中国女企业家协会业务主管单位的函》(国经贸人事[1999]1018号)。

10月26日　印发《关于印发〈国家重点技术改造项目监督管理办法(试行)〉的通知》(国经贸投资[1999]1038号)、《关于开展危险化学品登记注册工作的通知》(国经贸安全[1999]1039号)。

10月27日　印发国家经贸委主任令(第15号),发布《国家经济贸易委员会产业损害裁定听证规则》。

10月29日 温家宝同志批示：发展食品工业确实是一个带有战略性的问题，对于调整农业结构、增加农民收入、改善人民生活都有重要意义。做好这件事，关键要统筹规划，合理布局，提高食品工业的质量和效益。

10月31日 国务院办公厅印发《国务院办公厅关于清理整顿经济鉴证类社会中介机构的通知》（国办发［1999］92号）。国务院成立清理整顿经济鉴证类社会中介机构领导小组。经贸委张志刚同志为领导小组成员。

11月

11月1日 印发《关于印发〈深化医药流通体制改革的指导意见〉的通知》（国经贸医药［1999］1055号）。

11月3日 印发《关于进一步做好商贸中心试点工作的意见》的通知（国经贸贸易［1999］1066号）。

11月13日 中编办批复，同意原属国家经贸委安全科学技术研究中心的《安全生产报》编辑部及经费自理事业编制12名划转经济日报社（中编办字［1999］111号）。

11月15日 印发《关于印发〈利用现有有色金属交易市场组织白银上市交易的实施方案〉的通知》（国经贸贸易［1999］1103号）。

11月17日 印发《关于修订〈外商投资产业指导目录〉的通知》（国经贸产业［1999］1115号）。

11月23日 印发《关于印发〈企业债转股方案审核规定〉的通知》。（国经贸产业［1999］1130号）。

11月25日 印发《关于优化电力资源配置促进公开、公平高度的若干意见》的通知（国经贸电力［1999］1144号）、印发《关于国家重点技术改造项目中采用国产装备的意见》的通知（国经贸技术［1999］1147号）。

12月

12月1日 印发《关于加强国债专项资金技术改造项目招标监管工作的通知》（国经贸投资［1999］1162号）、《关于加强钛材进口管理整顿生产经营秩序的通知》（国经贸贸易［1999］1164号）、《关于加强贸工农一体化试点及重点联系项目运行情况跟踪监测的通知》（国经贸贸易［1999］1165号）。

12月3日 印发《关于印发〈国家经贸委关于加强依法行政的意见〉的通知》（国经贸政法［1999］1174号）。

12月5日 国务院办公厅印发《国务院办公厅关于调整国家核事故应急协调委员会组成单位及其成员的通知》（国办发［1999］97号），调整后的核事故应急协调委员会由国防科工委牵头，经贸委为成员单位之一。经贸委石万鹏副主任为副主任委员。

12月8日 印发《国债专项资金技改项目企业自行招标备案管理暂行办法》和《技改项目招标代理资格审定暂行办法》通知（国经贸投资［1999］1198号）。

12月14日 印发《关于下达2000年钢铁生产总量控制目标的通知》（国经贸冶金［1999］1212号）。

12月15日 印发《关于印发〈国家重点企业、试点企业集团报表制度〉的通知》（国经贸［1999］1218号）。

同日，国务院下发通知，免去黄春萼的国家有色金属工业局副局长职务，按规定办理退休手续（国人字［1999］135号）。免去杨志元国家建筑材料工业局副局长职务，按规定办理退休手续（国人字［1999］136号）。

12月16日 国务院下发通知，免去郑斯林的国家经贸委副主任职务（国人字［1999］137号）。

12月18日 建设部、国家计委、国家经贸委、财政部、劳动保障部和中编办《关于工程勘察设计单位体制改革的若干意见》已经国务院同意，由国办转发（国办发［1999］101号）。

12月19日 转发《国务院办公厅关于制止盲目投资建设聚酯项目的通知》的通知（国经贸投资［1999］1231号）。

12月23日 国务院办公厅印发《国务院办公厅关于成立国家信息化工作领导小组的通知》（国办发［1999］103号）。国务院成立国家信息化工作领导小组。经贸委石万鹏同志为领导小组成员。

12月29日 印发《关于印发〈关于加工贸易企业以多种形式交纳税款保证金实施办法〉的通知》（国经贸贸易［1999］1271号）、《关于做好国有集团生产企业试行自营进出口登记工作的通知》（国经贸贸易［1999］1278号）、《印发〈关于进一步促进风力发电发展的若干意见〉的通知》（国经贸电力［1999］1286号）、《关于确定第二批全国技术创新试点企业的通知》（国经贸技术［1999］1288号）。

同日，国务院办公厅转发科技部、国家计委、国家经贸委、财政部、人民银行、税务总局、证监会《关于建立风险投资机制若干问题意见》（国办发［1999］105号）。

同日，中编办、国家经贸委、国家煤炭工业局拟定的《煤矿安全监察管理体制改革实施方案》已经国务院批准。国务院办公厅印发《国务院办公厅关于印发煤矿安全监察管理体制改革实施方案的通知》（国办发［1999］104号）。

12月30日　印发国家经贸委主任令（第16号），发布《淘汰落后生产能力、工艺和产品的目录》（第二批）。

1999年520户国家重点企业明细表

企业名称	所在地	邮政编码	通讯地址	销售收入（万元）	资产总额（万元）	从业人员数（人）
中国石油天然气集团公司	北京市	100724	北京市西城区六铺炕街6号	35012970	64960649	1394556
中国石油化工集团公司	北京市	100029	北京朝阳区惠新东街甲六号	34677600	44602230	1093234
国家电力公司	北京市	100031	北京市西城区府右街137号	29869638	110210413	912078
中国电信集团公司	北京市	100032	北京市西城区二龙路33号	15304560	47333935	650200
中国粮油食品进出口(集团)有限公司	北京市	100005	北京建国门内大街8号	10042370	3863785	2300
中国远洋运输(集团)总公司	北京市	100027	北京市朝阳区东三环北路三号(幸福大厦)	3614267	7951689	63527
中国移动通信集团公司	北京市	100053	北京宣武区西便门内大街53号甲	3516688	13985570	110984
中国铜铅锌集团公司	北京市	100814	北京市海淀区复兴路乙12号	3271748	6968750	303065
中国建筑工程总公司	北京市	100835	北京市西城区三里河路9号	2657844	3522655	213908
中国铝业集团公司	北京市	100032	北京市西城区金融街33号通泰大厦B座15座	2268840	5268082	161789
中国兵器工业集团公司	北京市	100821	北京市西城区三里河路46号	2091709	7110394	376483
联想集团控股公司	北京市	100080	北京8788信箱控股公司	2029181	787467	11073
首钢总公司	北京市	100043	北京石景山区石景山路	1822162	3950974	98189
中国兵器装备集团公司	北京市	100089	北京海淀区车道沟10号	1706025	3900196	225767
中国海洋石油总公司	北京市	100027	北京市东城区东直门外大街6号	1631305	4155644	25342
中国航空工业第二集团公司	北京市	100712	北京市东城区交道口南大街67号	1269526	3108980	181895
中国航空工业第一集团公司	北京市	100009	北京1688信箱	1237205	3636098	240642
中国长城计算机集团公司	北京市	100083	北京海淀区学院路甲38号	1216936	822298	10432
中国国际航空公司	北京市	100621	北京首都国际机场	1192697	3549711	12990
中国船舶重工集团公司	北京市	100861	北京市月坛北街5号	1181281	2796966	166508
北京邮电通信设备厂	北京市	100016	北京朝阳区将台路5号	1147537	563349	2719
中国港湾建设(集团)总公司	北京市	100027	北京市东直门外春秀路9号	976594	1532686	68861
北京北大方正集团公司	北京市	100085	北京海淀区上地信息产业基地五街9号	842760	395497	3500
中国机械装备(集团)公司	北京市	100823	北京西城区三里河路46号	834365	1835931	32274
中国路桥(集团)总公司	北京市	100011	北京市安外大街丙88号中路大厦	825392	1192023	29222
中国稀有稀土金属集团公司	北京市	100814	北京市海淀区复兴路乙12号	824687	1795340	125777
北京城建集团有限责任公司	北京市	100081	北京海淀区学院南路62号	780666	1191152	28780
彩虹集团公司	北京市	100085	北京海淀区上地四街9号	635823	873447	19380
中国核工业集团公司	北京市	100822	北京市2102信箱	605934	4713145	95730
中国对外贸易运输(集团)总公司	北京市	100044	北京西直门北大街甲43号金运大厦	603197	1504604	42239
中国航空技术进出口总公司	北京市	100101	北京市朝阳区北辰东路18号中航技大厦	600440	19089043	7307
中国联合通信有限公司	北京市	100005	北京建国门内大街18号办公6层	597541	4703193	81828
中国北方工业公司	北京市	100053	北京宣武区广安门南街甲12号	583996	2118480	3950
中国医药集团总公司	北京市	100044	北京市西直门外大街6号中仪大厦6层	559772	409233	7141
中国航天机电集团公司	北京市	100830	北京市849信箱B2分箱	507836	1271519	65893
北京建工集团总公司	北京市	100045	北京西城南礼士路19号	502571	1353042	46121
中国通用技术(集团)控股有限责任公司	北京市	100038	北京市海淀区会城门乔建里2号	483028	1716675	4536
中国纺织品进出口总公司	北京市	100747	北京市东安门大街82号	454046	431890	2714
中国水产(集团)总公司	北京市	100032	北京西单民丰胡同31号	389987	731939	32731
中国化学工程总公司	北京市	100011	北京市西城区六铺炕街1号	354882	537187	92812

（续表）

企 业 名 称	所在地	邮政编码	通 讯 地 址	销售收入（万元）	资产总额（万元）	从业人员数（人）
北京建筑材料集团有限责任公司	北京市	100031	北京西城区宣武门西大街甲 129 号	327217	1175046	35486
中国长城工业总公司	北京市	100080	北京市海淀区海淀南路 30 号	314784	700379	1386
北汽福田车辆股份有限公司	北京市	102206	北京市昌平区沙河镇沙阳路老牛湾村北	314541	172410	8636
中国核工业建设集团公司	北京市	100037	北京市海淀区西三环北路甲 105 号科原大厦 B 座 11 层	313754	518024	40518
中国恒天集团公司	北京市	100020	北京朝外大街 20 号联合大厦 12 层	278056	992566	35945
中国航天科技集团公司	北京市	100830	北京市 849 信箱 A3 分箱	234575	893802	44424
中国北京同仁堂集团公司	北京市	100062	北京崇文区东兴隆街 52 号	220176	272881	6029
中国农垦（集团）总公司	北京市	100810	北京市西城区西四砖塔胡同 56 号	216814	470218	3780
北京燕京啤酒集团公司	北京市	101300	北京顺义区双河路 9 号	195813	467656	11991
中国新型建筑材料（集团）公司	北京市	100044	北京海淀区紫竹院南路 2 号	148922	882900	10492
中国蓝星化学清洗总公司	北京市	100029	北京市朝阳区北土城西路 9 号	144848	302637	14508
中国国际旅行社总社	北京市	100800	北京市复兴门内大街 103 号	144251	113111	762
中国福马林业机械集团有限公司	北京市	100013	北京和平里七区 25 号	132153	249639	5714
巨龙通信设备有限责任公司	北京市	100101	北京朝阳区北苑路 169 号	114781	295350	6306
中商企业集团公司	北京市	100801	北京市复兴门内大街 45 号	97199	466875	4332
北京化二股份有限公司	北京市	100022	北京朝阳区大郊亭	95386	171198	2724
北京矿务局	北京市	102300	北京门头沟区新桥南大街 2 号	92825	290396	28212
北新建材（集团）有限公司	北京市	100096	北京海淀区西三旗东	68481	192071	2183
中国计算机软件与技术服务总公司	北京市	100081	北京海淀区学院南路 55 号	60602	42904	1858
北人集团公司	北京市	100022	北京朝阳区广渠路南侧 44 号	58273	223808	4903
北京实创高科技发展总公司	北京市	100085	北京市海淀区上地西路	42530	130198	335
清华紫光（集团）总公司	北京市	100084	清华大学紫光大厦 336 房	41667	125905	1017
中国卫星通信集团	北京市	100083	北京海淀区学院路 42 号	34401	295146	260
北京兆维电子（集团）有限责任公司	北京市	100016	北京朝阳区酒仙桥路 14 号	32625	180154	3392
天津汽车工业（集团）有限公司	天津市	300040	天津市和平区烟台道 78 号	771394	1839580	27357
天津渤海化工集团公司	天津市	300040	天津市和平区湖北路 10 号	609476	1815363	67644
天津市医药集团有限公司	天津市	300052	天津市和平区兰州道畅达里 1 号	547447	971473	29191
天津港务局	天津市	300456	天津市塘沽区新港二号路 35 号	62344	875273	10490
天津灯塔涂料股份有限公司	天津市	300400	天津市北辰区南仓道东	36891	82629	2640
天津环球磁卡股份有限公司	天津市	300202	天津市河西区解放南路 325 号	33963	172465	1906
邯郸钢铁集团有限责任公司	河北省	056015	邯郸市复兴路 232 号	693589	1999268	40728
唐山钢铁集团有限责任公司	河北省	063016	唐山市路北区滨河路 9 号	590346	1427998	44947
华北制药集团有限责任公司	河北省	050015	石家庄市和平东路 388 号	360000	940251	17333
石家庄制药集团有限公司	河北省	050051	石家庄市中山西路 276 路	334915	402913	12261
天津天铁冶金集团有限公司	河北省	056404	河北涉县更乐镇	288191	483832	19879
开滦矿务局	河北省	063018	唐山市路南区新华道 70 号	268489	866678	95975
石家庄常山纺织集团有限责任公司	河北省	050011	石家庄市和平东路 260 号	243401	441090	39843
新兴铸管（集团）有限责任公司	河北省	056017	邯郸市复兴区石化街 4 号	201675	421581	10824
承德钢铁集团有限公司	河北省	067002	承德市双滦区滦河镇	179036	701185	21271
峰峰矿务局	河北省	056201	邯郸市峰峰矿区峰峰镇太中路 2 号	155521	426633	65801
石家庄钢铁有限责任公司	河北省	050031	河北省石家庄和平东路 363 号	154593	317808	8192
石家庄宝石电子集团有限责任公司	河北省	050035	石家庄高新区黄河大道 9 号	139719	288598	4793
秦皇岛港务局	河北省	066002	秦皇岛市海滨路 35 号	128615	943754	18225
中国乐凯胶片公司	河北省	071054	保定市建南路 1 号	126502	294264	9187
邢台矿业（集团）有限责任公司	河北省	054021	邢台市中兴路 104 号	116014	424336	26178

（续表）

企业名称	所在地	邮政编码	通讯地址	销售收入（万元）	资产总额（万元）	从业人员数（人）
河北宝硕集团有限公司	河北省	071051	保定市向阳南路117号	95035	240050	9130
河北省冀东水泥集团有限责任公司	河北省	063031	唐山市新区林荫路	82157	406461	7193
保定天威集团有限公司	河北省	071056	保定市江城路318号	78195	160402	5220
唐山陶瓷集团有限公司	河北省	063022	唐山市路北区缸窑路29号	76974	269725	27968
河北沧州化工实业集团有限公司	河北省	061000	沧州市南环中路18号	76454	251813	4273
唐山机车车辆厂	河北省	063035	唐山市新区厂前路3号	74801	134676	10215
唐山三友集团有限公司	河北省	063305	唐山市南堡开发区	73666	421886	6864
保定天鹅化纤集团有限公司	河北省	071055	保定市纸厂路1号	70400	223412	8074
中国-阿拉伯化肥有限公司	河北省	066003	秦皇岛市建设大街东段	63159	68623	278
河北沧州大化集团有限责任公司	河北省	061000	沧州市北环中路66号	62025	172670	4768
中国耀华玻璃集团公司	河北省	066013	秦皇岛市海港区西港路	52537	213209	9539
河北衡水远大集团有限公司	河北省	053000	衡水市和平中路24号	51874	82595	8055
宣化工程机械集团有限公司	河北省	075105	张家口市宣化区东升路21号	39822	89988	3897
中国长城葡萄酒有限公司	河北省	075400	张家口市怀来县沙河镇	37788	69214	714
河北辛集钡盐集团有限责任公司	河北省	052360	辛集市化工路45号	25521	47848	3462
秦皇岛市浮法玻璃集团公司	河北省	066004	秦皇岛市海港区先锋路1号	20388	52508	2936
太原钢铁(集团)有限公司	山西省	030003	山西省太原市尖草坪街2号	873058	2226783	83019
大同矿务局	山西省	037003	山西省大同市新平旺大同矿务局计划处	286291	1659169	111725
西山煤电(集团)有限责任公司	山西省	030053	山西省太原市万柏林区西矿街319号	224260	899426	63411
山西南风化工集团股份有限公司	山西省	044000	山西省运城市解放路294号	208715	246225	15666
平朔煤炭工业公司	山西省	036006	山西省朔州市平朔煤炭工业公司	203922	702954	7415
潞安矿务局	山西省	046204	山西省襄垣县侯堡镇潞安矿务局	145260	537105	26584
阳泉煤业(集团)有限责任公司	山西省	045000	山西省阳泉市北大西街5号	143754	917614	51449
晋城矿务局	山西省	048006	山西省晋城市城区北石店乡	116720	565319	26232
太原化学工业集团有限公司	山西省	030021	山西省太原市晋源区义井东街54号	110902	467141	21572
太原煤炭气化(集团)有限责任公司	山西省	030024	山西省太原市万柏林区和平南路83号	87241	294925	12151
山西杏花村汾酒(集团)公司	山西省	032205	山西省汾阳市杏花村镇1号	58873	172394	5896
汾西矿务局	山西省	031200	山西介休裕华路95号汾西矿务局	55897	314599	28574
山西三维集团股份有限公司	山西省	041603	山西省洪洞县山西三维集团	30078	107443	2269
山西焦化集团有限公司	山西省	041606	山西省洪洞县广胜寺镇	29543	141471	5154
包头钢铁(集团)有限责任公司	内蒙古	014010	内蒙包头钢铁(集团)公司	840886	2483857	87249
内蒙古电力(集团)有限责任公司	内蒙古	010020	内蒙古呼和浩特市锡林南路218号	538804	2197789	51598
包头铝业(集团)有限责任公司	内蒙古	014046	包头市东河区	141131	172161	8229
内蒙古伊利实业集团股份有限公司	内蒙古	010080	内蒙古呼和浩特市金川开发区金四道8号	115080	99615	8074
伊克昭盟煤炭集团公司	内蒙古	017000	内蒙古伊盟东胜市鄂尔多斯西街	105809	260539	2210
内蒙古鹿王羊绒集团公司	内蒙古	014040	包头市东河区巴彦塔拉大街东河桥南	67556	170462	6964
内蒙古鄂尔多斯羊绒集团公司	内蒙古	017000	内蒙古东胜市达拉特南路102号	66631	434201	13137
伊克昭盟化学工业集团总公司	内蒙古	017000	内蒙古伊盟东胜市鄂尔多斯西街6号	66631	434201	13137
包头明天科技股份有限公司	内蒙古	014013	包头火车站南2.5公里	58208	116282	3385
包头草原糖业(集团)有限责任公司	内蒙古	014045	内蒙包头市东河区	34243	89943	2180

(续表)

企业名称	所在地	邮政编码	通讯地址	销售收入(万元)	资产总额(万元)	从业人员数(人)
内蒙古仕奇集团有限责任公司	内蒙古	010020	呼市诺和木勒大街54号	26432	87238	6938
内蒙古吉兰泰盐化集团公司	内蒙古	017503	内蒙阿拉善盟吉兰太镇	23206	54812	3451
伊克昭盟伊利化工建材(集团)公司	内蒙古	017000	内蒙古伊盟东胜市伊金霍洛西街30号	22408	82458	3080
鞍山钢铁集团公司	辽宁省	114021	鞍山市铁西区环钢路鞍山市钢铁集团公司计财部	1683400	6007080	166617
北台钢铁(集团)有限责任公司	辽宁省	117017	本溪市平山区环北路36号	780812	643522	19517
本溪钢铁(集团)有限责任公司	辽宁省	117000	本溪市人民路16号	755955	2399149	80143
大连大显集团有限公司	辽宁省	116022	西岗区胜利路98号	431795	347784	8001
盘锦辽河化工(集团)有限责任公司	辽宁省	124021	盘锦市双台子区红旗街	327562	825589	14036
大连冰山集团有限公司	辽宁省	116033	大连市沙河口区西南路888号	316204	560213	14776
东北制药集团公司	辽宁省	110026	沈阳市铁西区重工北街37号	253794	609302	14326
大化集团有限责任公司	辽宁省	116032	甘井子区工兴路10号	239974	801751	19300
东北输变电设备集团公司	辽宁省	110025	沈阳市铁西区北二中路18号	200708	564391	27816
抚顺特殊钢(集团)有限责任公司	辽宁省	113001	抚顺市望花区和平路24号	181213	521760	18568
瓦房店轴承集团有限责任公司	辽宁省	116300	瓦房店市北共济街一段一号	180973	406558	17844
铁法矿务局	辽宁省	112700	铁法调宾山镇	149925	598183	44254
大连机车车辆厂	辽宁省	116022	大连市沙河口区中长街51号	132164	138998	10837
凌源钢铁集团有限责任公司	辽宁省	122500	凌源市钢铁路3号	127182	256243	12650
中国华录电子有限公司	辽宁省	116023	大连市甘井子区七贤岭华路1号	126936	210280	3079
大连港务局	辽宁省	116004	大连市港湾街1号	124103	931019	17998
阜新矿务局	辽宁省	112700	阜新市海州区中华路98号	123008	522854	52086
沈阳化工集团有限公司	辽宁省	110026	沈阳市铁西区卫工北街46号	120265	313921	7490
锦化化工(集团)有限责任公司	辽宁省	125001	辽宁省葫芦岛市连山区化工街	93843	300095	12922
丹东化学纤维(集团)有限责任公司	辽宁省	118002	丹东市振兴区纤维街58号	78241	195849	10745
大连盛道集团有限公司	辽宁省	116022	中山区捷山街奋斗巷30号	65462	249640	2182
沈阳星光建材集团有限公司	辽宁省	110001	沈阳市和平北大街94号	59555	350888	9941
金城造纸(集团)有限责任公司	辽宁省	121203	辽宁省凌海市金城街	52690	139275	7070
沈阳机床股份有限公司	辽宁省	110011	沈阳市沈河区西顺城街247号	52563	331541	10569
大连重工集团有限公司	辽宁省	116022	大连市沙河口区汉阳街10号	50526	133737	5472
辽宁轮胎集团有限责任公司	辽宁省	122009	辽宁省朝阳市龙城区向阳街1号	40276	245452	6607
锦州铁合金(集团)有限责任公司	辽宁省	121005	锦州市太和区合金里59号	35106	124852	6952
阜新橡胶(集团)有限公司	辽宁省	123000	阜新市海州区八一路电工街27号	33498	90097	4411
营口化学纤维厂	辽宁省	115001	营口市大庆路178号	13960	85157	2964
中国第一汽车集团公司	吉林省	130011	长春市东风大街83号	4537079	6703715	124366
通化钢铁集团有限责任公司	吉林省	134003	吉林省通化市二道江区东盛路14号	412689	562077	33717
长春长铃集团有限公司	吉林省	130031	长春市临河街230号	240606	256349	5439
中国吉林森林工业(集团)总公司	吉林省	130021	长春市人民大街114号	174780	473312	80475
长春客车厂	吉林省	130062	长春市青荫路5号	174169	219231	12130
吉林化纤集团有限责任公司	吉林省	132101	吉林市九站街516—1号	164203	398037	10564
吉林省电子集团公司	吉林省	130051	长春市人民大街54号	154712	312232	4097
吉林铁合金集团有限责任公司	吉林省	132002	吉林省吉林市和平街21号	76926	281289	7105
吉林碳素集团有限责任公司	吉林省	132002	吉林市昌邑区和平街9号	69826	246877	7596
吉林敖东药业集团股份有限公司	吉林省	133700	吉林省敦化市胜利南大街88号	42301	118911	3264
长春高新技术产业(集团)股份有限公司	吉林省	130021	长春市朝阳区同志街64号	30483	134593	1821

（续表）

企　业　名　称	所在地	邮政编码	通　讯　地　址	销售收入（万元）	资产总额（万元）	从业人员数（人）
吉林龙鼎集团有限公司	吉林省	132013	吉林省吉林市高新区B区20号	24344	59531	2409
吉林华星电子集团有限公司	吉林省	132013	吉林市丰满区长江街100号	18510	115120	2112
吉林制药集团有限责任公司	吉林省	132012	吉林省吉林市船营区长春路99号	12002	59971	2216
黑龙江北大荒农垦集团总公司	黑龙江省	154002	哈尔滨市红旗大街175号	1302657	3199896	574307
哈尔滨轴承集团公司	黑龙江省	150036	哈尔滨市香坊区红旗大街7号	461471	567566	17721
哈尔滨电站设备集团公司	黑龙江省	150040	哈尔滨市动力区大庆路95号	339423	1159851	36361
鹤岗矿务局	黑龙江省	154100	黑龙江省鹤岗矿务局研究所	147159	692946	60689
黑龙江龙涤集团有限公司	黑龙江省	150616	黑龙江省阿城市和平街黑龙江龙涤集团有限公司总公司	143077	285180	3873
七台河矿业精煤(集团)有限责任公司	黑龙江省	154600	黑龙江省七台河市桃山区东进路143号	139636	615694	57477
齐齐哈尔铁路车辆(集团)有限责任公司	黑龙江省	161002	黑龙江省齐齐哈尔市铁峰区中华东路10号	125643	149705	11826
黑龙江省北满特殊钢股份有限公司	黑龙江省	161041	齐齐哈尔市富拉尔基区红岸大街7号	116706	282746	10260
双鸭山矿务局	黑龙江省	155103	双鸭山市尖山区新兴大街84号	93253	696354	46869
桦林轮胎股份有限公司	黑龙江省	157032	桦林轮胎股份有限公司	70519	187670	6300
中国第一重型机械集团公司	黑龙江省	161042	齐齐哈尔市富拉尔基区铁西厂前路9号	64323	300958	16388
牡丹江石油化学工业集团公司	黑龙江省	157000	牡丹江市东三条路98号	61940	199658	7733
牡丹江水泥集团有限责任公司	黑龙江省	157041	牡丹江水泥集团有限责任公司	52147	119100	6803
哈尔滨医药集团公司	黑龙江省	150010	哈尔滨市道里区工厂街94号哈药集团规划部	46914	297016	11309
佳木斯造纸股份有限公司	黑龙江省	154005	佳木斯市东风区光复路306号	42722	131155	3528
哈尔滨亚麻集团有限公司	黑龙江省	150040	哈尔滨民生路120号	30026	138282	6401
上海宝钢集团公司	上海市	200122	上海市浦电路370号宝钢大厦	6842827	15809780	142632
上海汽车工业(集团)总公司	上海市	200031	上海市武康路390号	3602672	4053305	64790
上海电气(集团)总公司	上海市	200002	上海市四川中路110号	2411628	5934444	167519
东方国际(集团)有限公司	上海市	200336	上海市娄山关路85号A座	1458910	950115	10950
中国船舶工业集团公司	上海市	100861	北京市月坛北街5号	1301408	2548825	84520
上海医药(集团)总公司	上海市	200020	上海市太仓路200号	1210131	1589113	42969
上海建工(集团)总公司	上海市	200002	上海市江西中路406号	1109780	1709770	42051
东方航空集团公司	上海市	200335	上海市虹桥路2550号	1046583	2979566	16328
中国海运(集团)总公司	上海市	200080	上海东大名路700号	1037030	2692969	42593
上海贝尔有限公司	上海市	201206	上海市浦东金桥宁桥路388号	845187	1419395	5616
上海烟草(集团)公司	上海市	200082	上海市杨浦区许昌路1062号	721477	1323473	6041
上海广电(集团)有限公司	上海市	200032	上海市斜土路1646号	698370	1371141	15878
华联(集团)有限公司	上海市	200080	上海市东大名路359号17楼	551766	457922	11324
上海梅林正广和(集团)有限公司	上海市	200082	上海市杨浦通北路400号	399662	708269	11192
上海申达(集团)公司	上海市	200030	上海市宛平南路738号	330203	515229	16500
上海港务局	上海市	200002	上海市中山东一路13号	305219	1233626	36715
上海天原(集团)有限公司	上海市	200241	上海市龙吴路4747号	295382	602584	12261
上海建筑材料(集团)总公司	上海市	200002	上海市北京东路240号	292504	721870	19714
上海华申国际企业(集团)有限公司	上海市	200082	上海市惠民路694号	215576	330265	8681
上海轮胎橡胶(集团)股份有限公司	上海市	200002	上海市四川中路63号	215347	605411	12395
上海住总(集团)总公司	上海市	200002	上海市江西中路246号	205171	768365	10368

（续表）

企 业 名 称	所在地	邮政编码	通 讯 地 址	销售收入（万元）	资产总额（万元）	从业人员数（人）
上海家化(集团)有限公司	上海市	200082	上海市保定路 427 号	179814	275465	3338
上海白猫(集团)有限公司	上海市	200231	上海市龙吴路 1900 号	163009	144432	1935
上海冰箱压缩机股份有限公司	上海市	200090	上海市长阳路 2555 号	131255	254739	2655
上海三枪(集团)有限公司	上海市	200025	上海市马当路 477 号	127177	149984	3945
太平洋机电(集团)有限公司	上海市	200050	上海市凯旋路 554 号	91077	428210	12170
上海邮电通信设备股份有限公司	上海市	200233	上海市宜山路 700 号	63618	132378	2098
上海自动化仪表股份有限公司	上海市	200050	上海市延安西路 1599 号 7F	48073	147661	5589
英雄(集团)股份有限公司	上海市	200331	上海市祁连山路 127 号	47036	168770	1850
上海贝岭股份有限公司	上海市	200233	上海市宜山路 810 号	40670	126764	495
熊猫电子集团有限公司	江苏省	210002	江苏省南京市中山东路 301 号	954681	1068527	14221
南京钢铁集团有限公司	江苏省	210035	江苏省南京市大厂区	751382	1085575	25155
春兰集团(公司)	江苏省	225300	江苏省泰州市口泰路 68 号	651206	889819	8835
江苏沙钢集团有限公司	江苏省	215625	苏州张家港市锦丰镇	563663	732317	5767
南京华东电子集团公司	江苏省	210028	南京市中央门外华电路 1 号	549462	703781	10456
跃进汽车集团公司	江苏省	210037	江苏省南京市中央路 331 号	521884	922836	19603
江苏阳光集团公司	江苏省	214426	江苏省江阴市新桥镇	435840	363918	8002
维维集团股份有限公司	江苏省	221003	徐州市建国东路 205 号	378595	191336	6896
徐州工程机械集团有限公司	江苏省	221006	江苏省徐州市苏堤北路 5 号	337334	405586	21947
常柴股份有限公司	江苏省	213002	常州市怀德中路 123 号	253657	282816	4587
江苏江动集团有限公司	江苏省	224001	盐城环城西路 213 号	236938	264078	11862
无锡小天鹅股份有限公司	江苏省	214035	江苏无锡市惠钱路 67 号	212904	237608	933
法尔胜集团公司	江苏省	214433	江苏省江阴市通江北路 203 号	170305	172845	3244
江苏吴江丝绸集团有限公司	江苏省	215228	苏州吴江市盛泽镇舜新路 24 号	154775	293067	13792
江苏亚星客车集团有限公司	江苏省	225001	扬州市渡江南路 41 号	154711	245350	4817
江苏悦达集团有限公司	江苏省	224002	江苏省盐城市通榆中路 36 号	147476	404384	8414
常州塑料集团公司	江苏省	213003	江苏省常州市博爱路 129 号	141981	158559	5350
无锡庆丰集团有限公司	江苏省	214008	无锡市广勤路 203 号	135900	127893	9936
大屯煤电(集团)有限责任公司	江苏省	221611	江苏沛县大屯煤电公司	118274	351831	27404
宝胜 BICC 通用电缆有限公司	江苏省	225800	江苏省宝应县宝胜中路 1 号	113457	146071	5591
南京金陵制药(集团)有限公司	江苏省	210016	江苏省南京市龙蟠中路 81 号	94209	143841	1747
江苏化工农药集团有限公司	江苏省	215007	苏州市南门路 1 号	92197	182414	3536
无锡开源机床集团有限公司	江苏省	214061	无锡市湖滨路 11 号	85829	136702	8267
无锡锅炉厂	江苏省	214026	无锡市城南路 3 号	81128	137677	4469
江苏索普(集团)有限公司	江苏省	212006	江苏省镇江市谏壁镇	71837	114353	3601
无锡威孚集团有限公司	江苏省	214031	无锡市人民西路 107 号	69976	159258	2220
南京同创信息产业集团有限公司	江苏省	210018	南京东大影壁 55 号	66728	189115	885
中国华晶电子集团公司	江苏省	214061	江苏省无锡市梁溪路 14 号	60791	207423	4342
黑牡丹(集团)股份有限公司	江苏省	213001	常州市和平南路 47 号	52886	52858	2343
江苏大亚集团公司	江苏省	212300	江苏丹阳经济开发区	51198	140308	2327
国营靖江葡萄糖厂	江苏省	214500	江苏省靖江市江山路 8 号	50442	116533	2621
苏州精细化工集团有限公司	江苏省	215001	苏州市娄门外苏昆公路	48650	74285	2618
南京普天通信股份有限公司	江苏省	210012	南京市雨花门外普天路 1 号	40757	88021	1555
南京电子网板有限公司	江苏省	210028	南京市中央门外网板路 8 号	34632	74149	690
江苏苏净集团有限公司	江苏省	215008	苏州市虎丘路一号桥	31236	42561	1570
江苏苏州物贸中心(集团)有限公司	江苏省	215004	苏州市三香路 120 号	29272	90472	851
无锡协新集团有限公司	江苏省	214044	无锡市丽新路 60 号	28612	78039	2588

（续表）

企　业　名　称	所在地	邮政编码	通　讯　地　址	销售收入（万元）	资产总额（万元）	从业人员数（人）
连云港钟山氨纶有限公司	江苏省	222047	江苏连云港经济技术开发区	25722	63488	306
无锡市太极实业股份有限公司	江苏省	214041	无锡市芦屯下甸桥	12526	113637	1400
浙江东方通信集团有限公司	浙江省	310013	杭州文三路 398 号	741393	613860	3877
浙江钱江摩托集团有限公司	浙江省	317500	温岭市太平镇万昌路	592612	320984	7236
杭州娃哈哈集团公司	浙江省	310020	杭州市秋涛北路 128－1 号	450633	355426	3720
万向集团公司	浙江省	311215	萧山市宁围镇	446807	644848	9412
杭州钢铁集团公司	浙江省	310007	杭州市省府路 21 号	304456	585667	16407
杉杉集团有限公司	浙江省	315192	宁波市天童北路 1133 号	239549	199415	3200
巨化集团公司	浙江省	324004	浙江省衢州市	211328	481598	24337
浙江东方集团公司	浙江省	325003	温州市矮凳桥 92 号	206799	94485	1385
杭州华东医药(集团)公司	浙江省	310011	杭州莫干山路 866 号	166362	160784	2738
西湖电子集团公司	浙江省	310012	杭州市教工路 1 号	129857	153918	3942
宁波港务局	浙江省	315200	宁波市镇海沿江东路 496 号	95790	408788	7699
杭州电化集团公司	浙江省	310053	杭州市滨江区浦沿	71709	95786	4512
杭州汽轮动力集团有限公司	浙江省	310022	杭州石桥路 357 号	53238	109944	3346
中国绍兴黄酒集团公司	浙江省	312000	绍兴市北海桥	49967	181450	3231
浙江海正集团有限公司	浙江省	318000	台州市椒江区外沙路 46 号	47958	85353	2214
杭州制氧机集团有限公司	浙江省	310004	杭州市东新路 90 号	43841	107280	5366
浙江三狮水泥股份有限公司	浙江省	313117	长兴县煤山镇	22325	69646	2125
马鞍山钢铁股份有限公司	安徽省	243011	红旗中路 8 号	614777	1729246	45332
合肥美菱集团控股有限公司	安徽省	230001	芜湖路 2 号	284012	360883	6677
淮北矿业(集团)有限责任公司	安徽省	235006	孟山路 1 号	256228	721610	81876
淮南矿业(集团)有限责任公司	安徽省	232001	洞山	244351	1165959	95510
安徽海螺(集团)公司	安徽省	241000	人民路 209 号	159237	558872	7978
芜湖卷烟厂	安徽省	241000	芜石路 135 号	152183	113231	2779
安徽古井集团有限责任公司	安徽省	236820	古井镇	125144	286056	10672
安徽飞彩(集团)有限公司	安徽省	242000	梅溪路	93691	119059	3080
国投新集能源股份有限公司	安徽省	232171	凤台县新集镇	81575	415285	11982
安徽华茂纺织股份有限公司	安徽省	246018	安庆市纺织南路 80 号	64989	92793	7791
安徽叉车集团公司	安徽省	230022	合肥市望江路 21 号	64647	125868	6676
安徽全柴集团有限公司	安徽省	239500	建设东路	56332	121527	4083
厦门华侨电子企业有限公司	福建省	361006	福建省厦门市湖里大道 22 号	445244	373847	5331
福建实达电脑集团股份有限公司	福建省	350002	福建省福州市福二工业区实达科技城	237108	191948	3565
福建福日集团公司	福建省	350005	福建省福州五一北路 169 号	148317	329795	5184
福建省南平铝厂	福建省	353000	福建省南平市工业路 65 号南平铝厂企管处	60604	146775	3000
福建水泥股份有限公司	福建省	366014	福建省永安市曹远镇坑边路 82 号	57531	132752	4526
福建南平南孚电池有限公司	福建省	353000	福建省南平市工业路 109 号	53639	49648	910
厦门工程机械股份有限公司	福建省	361004	福建省厦门厦禾路 668 号	51487	105163	2182
福建纺织化纤集团有限公司	福建省	366016	福建纺织化纤集团有限公司	44835	84281	4298
福建省南纸股份有限公司	福建省	353000	福建省南平市滨江北路 177 号	44636	211836	3935
福州人造板厂	福建省	350009	福建省福州市台江区鳌峰路 118 号	20769	49602	856
漳州片仔癀集团公司	福建省	363000	福建省漳州市芗城区上街	14586	47760	513
江铃汽车集团公司	江西省	330001	江西省南昌市迎宾北大道 509 号	363727	700601	17895
景德镇市焦化煤气总厂	江西省	333000	江西省景德镇市历尧	50069	122466	1879

（续表）

企业名称	所在地	邮政编码	通讯地址	销售收入（万元）	资产总额（万元）	从业人员数（人）
江西纸业集团有限公司	江西省	330006	江西省南昌市董家窑 112 号	33337	175780	5199
江西水泥厂	江西省	335506	江西省万年江西水泥厂	30148	131802	3742
江西化纤化工有限责任公司	江西省	333311	江西省乐平市江西化纤化工有限责任公司	23389	53624	2870
江西江中制药厂	江西省	330077	江西省南昌市福州路 347 号	21995	80759	729
海尔集团公司	山东省	266101	青岛高科技工业园海尔路海尔工业园	2060529	1010197	18298
海信集团公司	山东省	266071	青岛市江西路 11 号	1065221	507847	9644
中国轻骑集团有限公司	山东省	250014	山东省济南市和平路 34 号	720000	1268929	31813
济南钢铁集团总公司	山东省	250101	济南市历城区工业北路 21 号	589636	732978	22224
兖矿集团有限公司	山东省	273500	山东省邹城市	582769	1757326	66846
莱芜钢铁集团有限公司	山东省	271104	山东省莱芜市钢城区友谊大街	455962	1043917	38680
颐中烟草(集团)有限公司	山东省	266021	青岛市华阳路 20 号	411799	812411	12595
浪潮电子信息产业集团公司	山东省	250014	山东济南山大路 224 号	356277	127931	2898
山东诸城对外贸易集团公司	山东省	262200	山东省潍坊市诸城市密州路东首	333120	250456	5236
将军烟草集团有限公司	山东省	250100	山东济南历城区将军路 80 号	248825	281523	5872
青岛啤酒股份有限公司	山东省	266071	青岛市市南区香港中路青啤大厦	246816	521134	13193
山东工程机械集团有限公司	山东省	272023	山东省济宁市吴泰闸东路 71 号	234574	348536	13279
山东海化集团有限公司	山东省	262737	山东省潍坊市海洋化工高新技术产业开发区	230739	647028	23110
新汶矿业集团有限公司	山东省	271233	山东省泰安市新泰新汶办事处	204602	442863	61767
山东新华医药集团有限公司	山东省	255005	山东省淄博市张店区东一路 14 号	204023	207669	10290
济南齐鲁化纤集团有限责任公司	山东省	250100	山东济南市化纤厂路 2 号计划处	182604	963567	23793
山东晨鸣纸业集团股份有限公司	山东省	262700	山东寿光圣城路 595 号	182569	326850	7500
三角集团有限公司	山东省	264200	山东省威海市青岛中路 56 号	168725	205000	6275
山东成山橡胶集团股份有限公司	山东省	264300	山东省荣成市南山路 11 号	167082	236976	5843
青岛双星集团公司	山东省	266002	青岛市市南区贵州路 5 号	164031	203607	17009
枣庄矿业(集团)有限责任公司	山东省	277000	山东枣庄薛城泰山南路 118 号	139704	492889	63449
山东鲁北企业集团总公司	山东省	251907	山东省滨洲地区无棣县埕口镇	137357	302296	3042
山东小鸭集团有限责任公司	山东省	250101	山东济南市工业北路 44 号	125001	315317	6538
菱花集团公司	山东省	272173	山东省济宁市任城区柳行镇	117104	77995	7720
青岛橡胶集团公司	山东省	266041	山东省青岛市李沧区沧安路 1 号	112934	342929	6859
山东鲁抗医药集团有限公司	山东省	272121	山东省济宁市太白西路 173 号	110365	286379	7061
四方机车车辆厂	山东省	266031	山东省青岛市四方区杭州路 16 号	107048	232464	10401
青岛港务局	山东省	266011	山东省青岛市市北区港青路 6 号	103153	667390	14022
鲁能泰山电缆电器有限责任公司	山东省	217000	山东省泰安市普照寺路 5 号	93018	271957	6146
潍坊新立克(集团)公司	山东省	261031	潍坊市东风东街 189 号	90787	385950	3918
烟台东方电子信息产业集团有限公司	山东省	264001	烟台市芝罘区市府街 45 号	89759	172762	1857
山东招金集团公司	山东省	265400	招远市文化路 2 号	84048	168095	9285
肥城矿业集团有限公司	山东省	271608	山东省泰安市肥城王瓜店镇	77750	174711	32444
青岛碱业股份有限公司	山东省	266043	青岛李沧区四流北路 78 号	71502	140483	4730
华泰集团有限公司	山东省	257335	山东省东营市广饶县大王镇	70443	108353	3300
山东如意毛纺集团有限责任公司	山东省	272149	山东济宁市中区红星东路 96 号	65457	144889	8149
山东黄金集团有限公司	山东省	250014	济南市解放路 16 号	61225	150859	11955
烟台万华合成革集团有限公司	山东省	264002	烟台市芝罘区幸福南路 2 号	60821	151671	5365

（续表）

企业名称	所在地	邮政编码	通讯地址	销售收入（万元）	资产总额（万元）	从业人员数（人）
潍坊亚星集团有限公司	山东省	261031	潍坊市奎文区鸢飞路899号	60759	133157	4161
山东红日集团有限责任公司	山东省	276021	山东省临沂市罗庄区西高都镇	54536	87983	3266
山东华冠集团总公司	山东省	271100	山东莱芜文化南路134号	53153	57655	3291
山东渤海活塞集团有限公司	山东省	256631	山东省滨州市渤海六路680号	49118	72325	3624
山东大成化工集团有限公司	山东省	250009	山东淄博市张店区洪沟路25号	49051	122185	4726
山东鲁南化肥厂	山东省	277527	山东滕州市木石镇	42276	104837	5414
烟台氨纶集团有限公司	山东省	264006	烟台经济技术开发区黑龙江路10号	38714	51104	1914
烟台正海电子网板有限公司	山东省	264006	烟台开发区珠江路21号	35613	75689	482
济南二机床集团有限公司	山东省	250022	济南槐荫机床二厂路4号	25748	104261	4881
山东玻璃总公司	山东省	255200	山东省淄博市博山区双山街216号	25032	89696	3128
潍坊华光集团有限责任公司	山东省	261041	山东省潍坊市奎文区东风东街272号	24538	116090	5502
山东曲轴总厂	山东省	264400	文登市横山路5号	21992	60865	1775
平顶山煤业(集团)有限责任公司	河南省	467000	平顶山市、平顶山煤业集团有限责任公司	502516	853639	113840
安阳钢铁集团有限责任公司	河南省	455004	河南省安阳钢铁集团有限责任公司	466072	863217	42505
河南省漯河市双汇实业集团有限责任公司	河南省	462000	河南省漯河市双汇路1号	367390	200386	5186
中国一拖集团有限公司	河南省	471000	河南省洛阳市建设路154号	351150	769115	46606
河南安阳彩色显像管玻壳有限公司	河南省	455000	河南省安阳市中州路南段	321283	610710	7874
河南莲花味精集团有限公司	河南省	466200	河南项城莲花味精集团股份公司财务处微机室	197118	422516	16000
中国神马集团有限责任公司	河南省	467000	河南平顶山建设路中段63号	171062	763107	14645
洛阳轴承集团有限公司	河南省	471039	洛阳市建设路96号	150828	333669	31832
许继集团有限公司	河南省	461000	河南省许昌市建设路178#	129143	285641	4466
洛阳春都集团有限责任公司	河南省	471001	洛阳市凯旋西路29号西座春都大厦	127778	360234	6733
河南新野纺织集团股份有限公司	河南省	473500	河南省新野县城书院路15号	105525	76081	9035
鹤壁矿务局	河南省	458000	河南省鹤壁矿务局	93865	222270	39663
河南天冠酒精化工集团有限公司	河南省	473000	南阳市建设东路16号	79560	101584	4939
义马煤业(集团)有限责任公司	河南省	472300	河南省义马市千秋路6号	78064	467801	49480
河南轮胎集团有限责任公司	河南省	454003	河南省焦作市焦东南路48号	68909	188249	7259
郑州煤炭工业(集团)有限责任公司	河南省	452371	河南省新密市	66817	399245	41015
新乡白鹭化纤集团有限责任公司	河南省	453011	新乡市北站区	66708	146317	7321
南阳金冠集团有限责任公司	河南省	473003	河南省南阳市中州路122号	59756	150834	5907
河南金龙电缆集团有限公司	河南省	454003	河南省焦作市建设东路170#	59064	70312	2139
河南省中原大化集团有限责任公司	河南省	457004	河南省濮阳市人民路西段	57882	153056	2588
中国洛阳浮法玻璃集团有限责任公司	河南省	471009	西工区唐宫中路9号	57184	406352	10666
河南神火集团有限公司	河南省	476600	河南省永城市新城光明路	56250	172211	9449
河南天方药业股份有限公司	河南省	463003	河南省驻马店市光明路2号	54865	79365	2520
郑州电缆(集团)股份有限公司	河南省	450006	郑州市华山路79号	40022	140475	6088
白鸽集团有限责任公司	河南省	450007	河南省郑州市华山路78号	38495	236644	8668
洛阳耐火材料集团有限责任公司	河南省	471039	洛阳市涧西区西苑路1号	29059	89970	6003
东风汽车公司	湖北省	442001	十堰市东风公司计财部计统处	2613331	5192221	105235
武汉钢铁(集团)公司	湖北省	430083	武汉市青山区厂前街	1399818	4223290	92376

（续表）

企 业 名 称	所在地	邮政编码	通 讯 地 址	销售收入（万元）	资产总额（万元）	从业人员数（人）
中国长江航运(集团)总公司	湖北省	430014	武汉市沿江大道 89 号	529380	1327302	70755
湖北汽车集团公司	湖北省	430051	武汉市汉阳玫瑰园路特 1 号	249432	572132	28550
武汉烟草集团有限公司	湖北省	430015	武汉建设大道 686 号	227143	268075	1464
冶钢集团有限公司	湖北省	435001	黄石市黄石大道 316 号	151515	601399	18112
三环集团公司	湖北省	430070	武汉市武昌武珞路 356 号	149493	240669	8166
沙隆达集团公司	湖北省	434001	荆州市沙市区北京东路 1 号	141332	247444	7086
汉江水利水电(集团)有限责任公司	湖北省	442700	丹江口市环形路 3 号	108269	316595	9516
至喜集团公司	湖北省	443000	宜昌市解放路 52－1 三峡商城 A 座 16#	88632	111209	14000
湖北鄂州武昌鱼集团有限责任公司	湖北省	436000	鄂城区南浦路 92 号	74961	142054	10269
湖北双环化工集团有限公司	湖北省	432407	湖北省应城市	73957	191576	5988
武汉葛化集团有限公司	湖北省	430078	武汉市洪山区葛化街	71937	186863	8232
湖北清江水电开发有限责任公司	湖北省	443002	宜昌市樵湖二路 9 号	66478	530565	1173
湖北金鹏纺织股份有限公司	湖北省	441002	襄樊市人民路 25 号	65773	79840	10335
中国长江动力公司(集团)	湖北省	430074	武汉市洪山区关山一路 124 号	61639	222959	5089
活力二八集团公司	湖北省	434100	荆州市沙市区	61548	113773	3288
湖北美尔雅纺织服装实业(集团)公司	湖北省	435003	黄石市园城区开发区美尔雅工业园	61309	218896	6218
湖北化纤集团有限公司	湖北省	441133	襄阳县太平店	60099	106030	8243
湖北京山轻工机械股份有限公司	湖北省	431800	湖北京山轻机大道 78 号	58378	98871	2200
湖北宜化集团有限责任公司	湖北省	443007	宜昌市	57704	173976	3820
武汉健民药业集团股份有限公司	湖北省	430052	武汉市汉阳鹦鹉大道 484 号	45000	37031	1105
华新水泥股份有限公司	湖北省	435002	黄石市黄石大道 897 号	44307	203780	3415
襄阳汽车轴承股份有限公司	湖北省	430064	武汉市武昌南湖花园城	39214	180982	14916
湖北仙桃毛纺集团有限公司	湖北省	433000	仙桃市沔阳大道 115 号	21702	72248	1722
湖南华菱钢铁集团有限责任公司	湖南省	410002	长沙市书院路程 62 号	644508	1400385	56780
长沙卷烟厂	湖南省	410014	长沙市雨花区劳动东路 346 号	635558	578574	3073
常德卷烟厂	湖南省	415000	常德市洞庭大道 199 号	390015	317744	4897
株洲电力机车厂	湖南省	412001	株洲市石峰区田心	115566	131710	9631
湖南华升工贸进出口(集团)公司	湖南省	410015	长沙市芙蓉南路 257 号	108625	262107	18968
湖南省岳阳纸业集团有限责任公司	湖南省	414002	湖南岳阳市城陵矶	91527	182739	8329
湖南株洲化工集团有限责任公司	湖南省	412004	株洲市清水塘	89519	151076	8246
湘潭电机集团有限责任公司	湖南省	411101	湘潭市岳塘区下摄司街 302 号	51874	160129	9887
湖南韶峰水泥集团有限公司	湖南省	411423	湘乡市棋梓桥	41226	144325	5534
湖南省湘维有限公司	湖南省	419323	湖南溆浦县	30344	65796	4772
广东省电力集团公司	广东省	510060	广州市东风东路 757 号	4615514	9337738	30214
南方航空(集团)公司	广东省	510405	南方航空(集团)公司规划部(广州白云区	1418686	3293280	19869
TCL 集团有限公司	广东省	516001	广东惠鹅岭南路 6 号	1324054	967436	23976
康佳集团股份有限公司	广东省	518053	深圳特区华侨城东部工业区	1315070	975026	11382
广州铁路(集团)公司	广东省	510088	广州市中山一路 151 号	1113410	5939839	185739
广东科龙电器股份有限公司	广东省	528303	广东省顺德市容奇镇容港路 8 号	817320	778172	10960
麦科特集团有限公司	广东省	516001	广东惠州麦地路 63 号麦科特中心	715479	261846	8470
中国广东核电集团有限责任公司	广东省	518031	深圳市上步中路 1001 号科技大厦 17 层	657983	4607099	3736
深圳经济特区发展(集团)公司	广东省	518001	深圳市人民南路发展中心大厦 29 层	572789	1447956	16858

（续表）

企　业　名　称	所在地	邮政编码	通　讯　地　址	销售收入（万元）	资产总额（万元）	从业人员数（人）
广州市建筑集团有限公司	广东省	510030	广州市广卫路4号	562827	691958	24140
深圳市赛格集团有限公司	广东省	518028	深圳华强北路赛格科技工业园	535303	1266822	9995
中国国际海运集装箱(集团)股份有限公司	广东省	518067	深圳市蛇口金融中心五楼	519687	662251	9450
广州钢铁集团有限公司	广东省	510381	广州市芳村区广钢集团有限公司	488215	1038917	11367
三九企业集团(深圳南方制药厂)	广东省	518002	深圳市深南东路2号三九大酒店	487134	1454803	24698
深圳华强集团有限公司	广东省	518043	深圳市深南中路华强路口	483679	430200	7814
广东健力宝集团有限公司	广东省	528100	广东省三水市健力宝南路	372589	486056	5904
惠州市德赛集团有限公司	广东省	516001	广东省惠州市南坛南坛大厦	367552	297259	12426
广东省韶关钢铁集团有限公司	广东省	512123	广东曲江马坝韶钢集团有限公司	353138	586823	14039
深圳开发科技股份有限公司	广东省	518035	深圳市福田区彩田路7006号	325455	382243	5124
广东福地彩色显像管股份有限公司	广东省	523077	广东省东莞市篁村	316785	420057	4364
佛山塑料集团股份有限公司	广东省	528000	佛山市汾江中路82号	266438	470339	6596
广东开平涤纶企业集团股份有限公司	广东省	529300	广东省开平市沙冈区美华路1号	259019	578140	2818
深圳石化集团有限公司	广东省	518028	深圳市红荔西路石化大厦	250383	387004	4721
广东佛陶集团股份有限公司	广东省	528031	佛山石湾镇和平路5号陶城大厦	220681	475584	15211
广州卷烟二厂	广东省	510145	广州市荔湾区中山七路333号	218836	195255	1575
广州市珠江啤酒集团公司	广东省	510308	广州市海珠区新港东路磨喋砂大街	216864	362072	5220
佛山纺织集团有限公司	广东省	528000	佛山市轻工路13号	212040	452033	11234
江门甘化集团有限公司	广东省	529000	江门市甘化路62号甘化大厦13楼	193813	344604	12160
广东风华高新科技集团有限公司	广东省	526020	广东省肇庆市风华路18号	150358	291067	3785
广东美雅集团股份有限公司	广东省	529700	广东省鹤山市人民西路	150328	282250	6749
广州港务局	广东省	510700	广州市黄埔港前路531号	145400	511059	19665
华联发展集团有限公司	广东省	518031	深圳市深南中路华联大厦16层	135537	360990	8984
广东新力集团公司	广东省	528300	顺德市大良镇宜新路3号银海大厦13楼	119541	338448	3660
丽珠医药集团股份有限公司	广东省	519020	广东珠海拱北桂花北路	113382	155785	2350
深圳桑达电子总公司	广东省	518031	深圳华发北路桑达大厦三层	107719	129252	4745
广州造纸集团有限公司	广东省	510281	广州市海珠区工业大道广纸路40号	103551	483034	5732
广东新会美达锦纶股份有限公司	广东省	529100	广东省新会市江会路	73941	149971	1694
中山市精细化学工业(集团)公司	广东省	528402	中山市石岐青溪路116号	53380	117647	2036
广州无线电集团有限公司	广东省	510656	广州市黄埔大道西平云路163号	52085	104474	1793
汕头超声电子(集团)公司	广东省	515041	广东省汕头市兴业路21号	50749	98881	1576
湛江港务局	广东省	524027	湛江市霞山友谊路一号	47680	195990	12850
万宝冷机集团有限公司	广东省	510130	广州市杉木栏路99号三楼	21522	168043	1436
柳州微型汽车厂	广西壮族自治区	545007	广西柳州市河西路18号	283146	309044	8625
广西柳州钢铁(集团)公司	广西壮族自治区	545002	广西柳州市北雀路117号	215393	513300	22970
广西玉柴机器股份有限公司	广西壮族自治区	537005	广西玉林市天桥路168号	122448	308919	6020
南宁糖业股份有限公司	广西壮族自治区	530031	广西南宁市亭洪路48号	90597	99283	6531
广西柳工集团有限公司	广西壮族自治区	545007	广西柳州市柳太路1号	85929	157122	7823
柳州两面针股份有限公司	广西壮族自治区	545001	广西柳州市长风路2号	63878	86164	1192
广西贵糖(集团)股份有限公司	广西壮族自治区	537102	广西贵港市港北区人民西路	59313	106972	3582
广西柳州鱼峰水泥集团有限责任公司	广西壮族自治区	545008	广西柳州市太阳村62号	41563	70965	2085
柳州凤山糖业集团有限责任公司	广西壮族自治区	545002	广西柳州市北雀路45－2号	36519	66377	2232

(续表)

企业名称	所在地	邮政编码	通讯地址	销售收入(万元)	资产总额(万元)	从业人员数(人)
广西维尼纶集团有限公司	广西壮族自治区	546307	广西宜州市维尼纶集团有限责任公司	26873	39112	3227
海南新大洲摩托车股份有限公司	海南省	571127	海南省海口市珠江广场帝豪大厦26楼(总部)海南	254254	275997	2811
海南航空股份有限公司	海南省	570206	海口市海秀路 29 号	180717	660113	2506
椰树集团有限公司	海南省	570102	海南省海口市龙华路 41 号	162529	121651	3939
庆铃汽车(集团)有限公司	重庆市	400052	重庆市九龙坡区中梁山	480026	998868	4665
重庆钢铁(集团)有限责任公司	重庆市	400081	重庆市大渡口区钢铁路 30 号	460651	994667	46872
太极集团有限公司	重庆市	408000	重庆涪陵区建设路	117376	237417	7473
四川长虹电子集团公司	四川省	621000	四川省绵阳市跃进路 4 号	1194432	2004303	30837
攀枝花钢铁(集团)公司	四川省	617067	四川省攀枝花市东区向阳村	946715	2084471	81070
四川省宜宾五粮液集团有限公司	四川省	644007	宜宾市岷江西路 115 号	526448	790805	14851
中国东方电气集团公司	四川省	610014	成都市一环路西一段 115 号	313693	1106022	32036
成都市双流高频(集团)公司	四川省	610200	四川省双流县城关外东一公里处	194800	96000	2280
泸天化(集团)有限责任公司	四川省	646300	四川泸州纳溪区	148270	493000	8933
四川剑南春集团有限责任公司	四川省	618200	四川绵竹剑南春西路	114138	179809	5345
四川宏达(集团)有限公司	四川省	618408	四川省什邡市民主镇成林村	110890	111240	3385
川化集团有限责任公司	四川省	610301	成都市青白江区大湾镇	105350	204344	10440
资阳内燃机车厂	四川省	641301	四川资阳 431 厂	78210	100808	10031
自贡鸿鹤化工股份有限公司	四川省	643000	自贡市自流井区鸿鹤坝	74110	142803	10587
中国第二重型机械集团公司	四川省	618013	四川德阳市岷江西路 70 号	69521	256564	14142
四川大西洋集团有限责任公司	四川省	643010	自贡市大安区马冲口街 2 号	63005	88721	3069
四川豪运(集团)有限公司	四川省	628017	广元东坝工业开发区光安路 1161 号	52869	43591	4184
眉山车辆厂	四川省	620032	四川眉山县崇仁镇	46933	61612	6532
四川双马水泥(集团)有限公司	四川省	621716	四川省江油市二郎庙镇	36454	84860	2646
宜宾天原集团有限公司	四川省	644004	四川宜宾市	33222	66825	2245
四川金顶(集团)股份有限公司	四川省	614200	四川省峨眉山市名山路东段	32854	97110	3950
四川国栋建设股份有限公司	四川省	610206	成都市双流板桥	31618	21514	2351
四川川投峨眉铁合金(集团)有限责任公司	四川省	614222	四川省峨眉山市九里镇	31033	85837	4074
四川广安建材集团公司	四川省	638600	四川华蓥市蓥光路 130 号	28443	66779	3452
四川九州电器集团有限责任公司	四川省	621000	四川九州电气集团有限责任公司	25568	76323	3641
四川康达建材工业(集团)公司	四川省	642450	四川省内江市威远县城威玻路 1 号	16557	110914	4831
四川省攀西水泥集团有限公司	四川省	617065	四川省攀枝花西区	14850	46727	2516
铁道部第五工程局	贵州省	550003	贵州省贵阳市枣山路 77 号	343355	379927	37298
贵州黄果树烟草(集团)有限责任公司	贵州省	550003	贵阳市如意巷 25 号	310667	572629	6224
中国贵州茅台酒厂(集团)有限责任公司	贵州省	564501	贵州省遵义市仁怀市茅台镇	104862	266760	5889
贵州轮胎股份有限公司	贵州省	550008	贵阳市金关百花大道 41 号	102866	208508	5150
中国振华电子集团公司	贵州省	550018	贵州省贵阳市 178 信箱	98965	408143	12796
贵州赤天化有限责任公司	贵州省	564707	贵州省赤水市化工路	69658	175484	3237
盘江煤电(集团)有限责任公司	贵州省	561609	贵州省盘县红果干沟桥	55376	197047	25245
玉溪红塔烟草(集团)有限责任公司	云南省	653100	云南玉溪市	1692136	2917249	5105
昆明卷烟厂	云南省	650202	昆明市北郊上庄	618473	739786	4143
昆明钢铁总公司	云南省	650302	云南省昆明钢铁集团有限责任公司	319687	915207	34924
云南冶金集团总公司	云南省	650051	昆明市白塔路 208 号	239804	506485	17120

（续表）

企业名称	所在地	邮政编码	通讯地址	销售收入（万元）	资产总额（万元）	从业人员数（人）
云南红塔集团楚雄卷烟厂	云南省	675000	云南省云南红塔集团楚雄卷烟厂	172415	241037	2638
云天化集团有限责任公司	云南省	657800	云南省昭通地区水富县	77602	341333	3681
云南内燃机厂	云南省	650224	云南省昆明市穿金路 715 号	36420	95368	1666
昆明水泥股份有限公司	云南省	650109	云南省昆明市西郊普坪村 168 号	26886	44066	1902
西安电力机械制造公司	陕西省	710077	陕西省西安市丰登北路 29 号	216998	482546	18677
长岭黄河集团有限公司	陕西省	710075	陕西省西安市高新技术产业开发区高新 1 路 14 号	103896	423677	13469
陕西黄河工程机械集团有限责任公司	陕西省	714202	陕西省华阴市	52803	111785	12453
韩城矿务局	陕西省	715400	陕西省韩城市金塔路	35384	135085	19487
酒泉钢铁(集团)有限责任公司	甘肃省	735100	甘肃省嘉峪关市雄关东路 12 号	326549	999062	32688
永登水泥厂	甘肃省	730301	甘肃省永登县中堡镇	46109	118497	5151
石炭井矿务局	宁夏回族自治区	753000	宁夏石嘴山市大五口区贺兰山南路	77548	307499	23798
西北轴承股份有限公司	宁夏回族自治区	750021	宁夏银川新市区北京新路	49206	106517	5839
新疆钢铁集团有限责任公司	新疆维吾尔自治区	830022	乌鲁木齐市头屯河区	217840	712304	23649

1999 年国家重点企业销售收入排序表

名次	名称	产品销售收入（万元）
1	中国石油天然气集团公司	35012970
2	中国石油化工集团公司	34677600
3	国家电力公司	29869638
4	中国电信集团公司（中国邮电电信总局）	15304560
5	中国粮油食品进出口(集团)有限公司	10042370
6	上海宝钢集团公司	6842827
7	广东省电力集团公司	4615514
8	中国第一汽车集团公司	4537079
9	中国远洋运输(集团)总公司	3614267
10	上海汽车工业(集团)总公司	3602672
11	中国移动通信集团公司	3516688
12	中国铜铅锌集团公司	3271748
13	中国建筑工程总公司	2657844
14	东风汽车公司	2613331
15	上海电气(集团)总公司	2411628
16	中国铝业集团公司	2268840
17	中国兵器工业集团公司	2091709
18	海尔集团公司	2060529
19	联想集团控股公司	2029181
20	首钢总公司	1822162
21	中国兵器装备集团公司	1706025
22	玉溪红塔烟草(集团)有限责任公司	1692136

（续表）

名　次	名　　称	产品销售收入(万元)
23	鞍山钢铁集团公司	1683400
24	中国海洋石油总公司	1631305
25	东方国际(集团)有限公司	1458910
26	南方航空(集团)公司	1418686
27	武汉钢铁(集团)公司	1399818
28	TCL 集团有限公司	1324054
29	康佳集团股份有限公司	1315070
30	黑龙江北大荒农垦集团总公司	1302657
31	中国船舶工业集团公司	1301408
32	中国航空工业第二集团公司	1269526
33	中国航空工业第一集团公司	1237205
34	中国长城计算机集团公司	1216936
35	上海医药(集团)总公司	1210131
36	四川长虹电子集团公司	1194432
37	中国国际航空(集团)公司	1192697
38	中国船舶重工集团公司	1181281
39	北京邮电通信设备厂(集团)	1147537
40	广州铁路(集团)公司	1113410
41	上海建工(集团)总公司	1109780
42	海信集团公司	1065221
43	东方航空(集团)公司	1046583
44	中国海运(集团)总公司	1037030
45	中国港湾建设(集团)总公司	976594
46	熊猫电子集团有限公司	954681
47	攀枝花钢铁(集团)公司	946715
48	山西太原钢铁(集团)公司	873058
49	上海贝尔有限公司	845187
50	北京北大方正集团公司	842760
51	包头钢铁(集团)有限责任公司	840886
52	中国机械装备(集团)公司	834365
53	中国路桥(集团)建设总公司	825392
54	中国稀有稀土金属集团公司	824687
55	广东科龙电器股份有限公司	817320
56	北台钢铁(集团)有限责任公司	780812
57	北京城建集团有限责任公司	780666
58	天津汽车工业(集团)有限公司	771394
59	本溪钢铁(集团)有限责任公司	755955
60	南京钢铁集团有限公司	751382
61	浙江东方通信集团有限公司	741393
62	上海烟草(集团)公司	721477
63	中国轻骑集团有限公司	720000
64	麦科特集团有限公司	715479
65	上海广电(集团)有限公司	698370
66	邯郸钢铁集团有限责任公司	693589
67	中国广东核电集团有限公司	657983
68	春兰集团(公司)	651206
69	湖南华菱钢铁集团有限责任公司	644508

（续表）

名　次	名　　称	产品销售收入（万元）
70	彩虹集团	635823
71	长沙卷烟厂	635558
72	昆明卷烟厂	618473
73	马鞍山钢铁股份有限公司	614777
74	天津渤海化工集团公司	609476
75	中国核工业集团公司	605934
76	中国对外贸易运输（集团）总公司	603197
77	中国航空技术进出口总公司	600440
78	中国联合通信有限公司	597541
79	浙江钱江摩托集团有限公司	592612
80	唐山钢铁集团有限责任公司	590346
81	济南钢铁集团总公司	589636
82	中国北方工业公司	583996
83	兖矿集团有限公司	582769
84	深圳经济特区发展（集团）公司	572789
85	江苏沙钢集团有限公司	563663
86	广州市建筑集团有限公司	562827
87	中国医药集团总公司	559772
88	华联（集团）有限公司	551766
89	南京华东电子集团公司	549462
90	天津市医药集团有限公司	547447
91	内蒙古电力（集团）有限责任公司	538804
92	深圳市赛格集团有限公司	535303
93	中国长江航运（集团）总公司	529380
94	四川省宜宾五粮液集团有限公司	526448
95	跃进汽车集团公司	521884
96	中国国际海运集装箱（集团）股份有限公司	519687
97	中国航天机电集团公司	507836
98	北京建工集团有限责任公司	502571
99	平顶山煤业集团有限责任公司	502516
100	广州钢铁集团有限公司	488215
101	三九企业集团（深圳南方制药厂）	487134
102	深圳华强集团有限公司	483679
103	中国通用技术（集团）控股有限责任公司	483028
104	庆铃汽车（集团）有限公司	480026
105	安阳钢铁集团有限责任公司	466072
106	哈医药集团有限责任公司	461471
107	重庆钢铁（集团）有限责任公司	460651
108	莱芜钢铁集团总公司	455962
109	中国纺织品进出口总公司	454046
110	杭州娃哈哈集团有限公司	450633
111	万向集团公司	446807
112	厦门华侨电子企业有限公司	445244
113	江苏阳光集团公司	435840
114	大连大显集团有限公司	431795
115	通化钢铁集团有限责任公司	412689
116	颐中烟草（集团）有限公司	411799

（续表）

名　次	名　　称	产品销售收入（万元）
117	上海梅林正广和（集团）有限公司	399662
118	常德卷烟厂	390015
119	中国水产（集团）总公司	389987
120	维维集团股份有限公司	378595
121	广东健力宝集团有限公司	372589
122	惠州市德赛集团有限公司	367552
123	河南省双汇实业集团有限责任公司	367390
124	江铃汽车集团公司	363727
125	华北制药集团有限责任公司	360000
126	浪潮电子信息产业集团公司	356277
127	中国化学工程总公司	354882
128	广东省韶关钢铁集团有限公司	353138
129	中国一拖集团有限公司	351150
130	铁道部第五工程局	343355
131	哈尔滨电站设备集团公司	339423
132	徐州工程机械集团有限公司	337334
133	石家庄制药集团有限公司	334915
134	诸城市大龙实业有限公司	333120
135	上海申达（集团）公司	330203
136	盘锦辽河化工（集团）有限责任公司	327562
137	北京建筑材料集团有限责任公司	327217
138	酒泉钢铁（集团）有限责任公司	326549
139	深圳开发科技股份有限公司	325455
140	河南安彩集团有限责任公司	321283
141	昆明钢铁总公司	319687
142	广东福地彩色显像管股份有限公司	316785
143	大连冰山集团有限公司	316204
144	中国长城工业总公司	314784
145	北汽福田车辆股份公司	314541
146	中国核工业建设集团公司	313754
147	中国东方电气集团公司	313693
148	贵州黄果树烟草（集团）有限责任公司	310667
149	上海港务局	305219
150	杭州钢铁集团公司	304456
151	上海天原（集团）有限公司	295382
152	上海建筑材料（集团）总公司	292504
153	天津天铁冶金集团有限公司	288191
154	大同矿务局	286291
155	合肥美菱集团控股有限公司	284012
156	柳州微型汽车厂	283146
157	中国恒天集团公司	278056
158	开滦（集团）有限责任公司	268489
159	佛山塑料集团股份有限公司	266438
160	广东开平涤纶企业集团股份有限公司	259019
161	淮北矿业（集团）有限责任公司	256228
162	海南新大洲摩托车股份有限公司	254254
163	东北制药集团公司	253794

（续表）

名　次	名　　称	产品销售收入(万元)
164	常柴股份有限公司	253657
165	深圳石化集团有限公司	250383
166	湖北汽车集团公司	249432
167	将军烟草(集团)有限公司	248825
168	青岛啤酒股份有限公司	246816
169	淮南矿业(集团)有限责任公司	244351
170	石家庄常山纺织集团有限责任公司	243401
171	长春长铃集团有限公司	240606
172	大化集团有限责任公司	239974
173	云南冶金集团总公司	239804
174	杉杉集团有限公司	239549
175	福建实达电脑集团股份有限公司	237108
176	江苏江动集团有限公司	236938
177	中国航天科技集团公司	234575
178	山东工程机械集团有限公司	234574
179	山东海化集团有限公司	230739
180	武汉烟草集团有限公司	227143
181	西山矿务局	224260
182	广东佛陶集团股份有限公司	220681
183	中国北京同仁堂集团公司	220176
184	广州卷烟二厂	218836
185	新疆钢铁集团公司	217840
186	西安电力机械制造公司	216998
187	广州市珠江啤酒集团公司	216864
188	中国农垦(集团)总公司	216814
189	上海华申国际企业(集团)有限公司	215576
190	广西柳州钢铁(集团)公司	215393
191	上海轮胎橡胶(集团)股份有限公司	215347
192	无锡小天鹅股份有限公司	212904
193	佛山纺织集团有限公司	212040
194	巨化集团公司	211328
195	山西南风化工集团股份有限公司	208715
196	浙江东方集团公司	206799
197	上海住总(集团)总公司	205171
198	新汶矿业集团有限公司	204602
199	山东新华医药集团有限公司	204023
200	平朔煤炭工业公司	203922
201	新兴铸管(集团)有限责任公司	201675
202	东北输变电设备集团公司	200708
203	河南莲花味精集团有限公司	197118
204	北京燕京啤酒集团	195813
205	成都市双流高频(集团)公司	194800
206	江门甘化集团有限公司	193813
207	中国济南齐鲁化纤集团有限公司	182604
208	山东晨鸣纸业集团有限公司	182569
209	抚顺特殊钢(集团)有限责任公司	181213
210	瓦房店轴承集团有限责任公司	180973

（续表）

名　次	名　　　　称	产品销售收入（万元）
211	海南航空股份有限公司	180717
212	上海家化（集团）有限公司	179814
213	承德钢铁集团有限公司	179036
214	中国吉林森林工业（集团）总公司	174780
215	长春客车厂	174169
216	云南红塔集团楚雄卷烟厂	172415
217	中国神马集团	171062
218	法尔胜集团公司	170305
219	三角集团有限公司	168725
220	山东成山橡胶集团股份有限公司	167082
221	杭州华东医药（集团）公司	166362
222	吉林化纤集团有限责任公司	164203
223	青岛双星集团公司	164031
224	上海白猫（集团）有限公司	163009
225	椰树集团有限公司	162529
226	安徽海螺（集团）公司	159237
227	峰峰矿务局	155521
228	江苏吴江丝绸集团有限公司	154775
229	吉林省电子集团公司	154712
230	江苏亚星客车集团有限公司	154711
231	石家庄钢铁有限责任公司	154593
232	芜湖卷烟厂	152183
233	冶钢集团有限公司	151515
234	洛阳轴承集团有限公司	150828
235	广东风华高新科技集团有限公司	150358
236	广东美雅集团股份有限公司	150328
237	铁法煤业（集团）有限责任公司	149925
238	三环集团公司	149493
239	中国新型建筑材料（集团）公司	148922
240	福建福日集团公司	148317
241	泸天化（集团）有限责任公司	148270
242	江苏悦达集团有限公司	147476
243	鹤岗矿务局	147159
244	广州港务局	145400
245	潞安矿务局	145260
246	中国蓝星化学清洗总公司	144848
247	中国国际旅行社总社	144251
248	阳泉矿务局	143754
249	黑龙江龙涤集团有限公司	143077
250	常州塑料集团公司	141981
251	沙隆达集团公司	141332
252	包头铝业（集团）有限责任公司	141131
253	石家庄宝石电子集团有限责任公司	139719
254	枣庄矿业（集团）有限责任公司	139704
255	七台河矿业精煤（集团）有限责任公司	139636
256	山东鲁北企业集团总公司	137357
257	无锡庆丰集团有限公司	135900

（续表）

名　次	名　　　称	产品销售收入(万元)
258	华联发展集团有限公司	135537
259	大连机车车辆厂	132164
260	中国福马林业机械集团有限公司	132153
261	上海冰箱压缩机股份有限公司	131255
262	西湖电子集团有限公司	129857
263	许继集团有限公司	129143
264	秦皇岛港务局	128615
265	洛阳春都集团	127778
266	凌源钢铁集团有限责任公司	127182
267	上海三枪(集团)有限公司	127177
268	中国华录电子有限公司	126936
269	中国乐凯胶片公司	126502
270	齐齐哈尔铁路车辆(集团)有限责任公司	125643
271	安徽古井集团有限责任公司	125144
272	山东小鸭集团有限责任公司	125001
273	大连港务局	124103
274	阜新矿务局	123008
275	广西玉柴机器股份有限公司	122448
276	沈阳化工集团有限公司	120265
277	广东新力集团公司	119541
278	大屯煤电(集团)有限责任公司	118274
279	太极集团有限公司	117376
280	菱花集团公司	117104
281	晋城矿务局	116720
282	北满特殊钢股份有限公司	116706
283	邢台矿业(集团)有限责任公司	116014
284	株洲电力机车厂	115566
285	内蒙古伊利实业集团股份有限公司	115080
286	巨龙通信设备有限责任公司	114781
287	四川剑南春集团有限责任公司	114138
288	宝胜 BICC 通用电缆有限公司	113457
289	丽珠医药集团股份有限公司	113382
290	青岛橡胶集团公司	112934
291	太原化学工业集团有限公司	110902
292	四川宏达(集团)有限公司	110890
293	山东鲁抗医药集团有限公司	110365
294	湖南华升工贸进出口(集团)公司	108625
295	汉江水利水电(集团)有限责任公司	108269
296	深圳桑达电子总公司	107719
297	四方机车车辆厂	107048
298	伊克昭盟煤炭集团公司	105809
299	河南新野纺织集团股份有限公司	105525
300	川化集团有限责任公司	105350
301	中国贵州茅台酒厂(集团)有限责任公司	104862
302	长岭黄河集团有限公司	103896
303	广州造纸集团有限公司	103551
304	青岛港务局	103153

（续表）

名　　次	名　　　　称	产品销售收入(万元)
305	贵州轮胎股份有限公司	102866
306	中国振华电子集团公司	98965
307	中商企业集团公司	97199
308	宁波港务局	95790
309	北京化二股份有限公司	95386
310	河北宝硕集团有限公司	95035
311	南京金陵制药(集团)有限公司	94209
312	鹤壁矿务局	93865
313	锦化化工(集团)有限责任公司	93843
314	安徽飞彩(集团)有限公司	93691
315	双鸭山矿务局	93253
316	鲁能泰山电缆电器有限责任公司	93018
317	北京矿务局	92825
318	江苏化工农药集团有限公司	92197
319	湖南省岳阳纸业集团有限责任公司	91527
320	太平洋机电(集团)有限公司	91077
321	潍坊新立克(集团)公司	90787
322	南宁糖业股份有限公司	90597
323	烟台东方电子信息产业集团有限公司	89759
324	湖南株洲化工集团有限责任公司	89519
325	至喜集团公司	88632
326	太原煤炭气化(集团)有限责任公司	87241
327	广西柳工集团有限公司	85929
328	无锡开源机床集团有限公司	85829
329	山东招金集团公司	84048
330	河北省冀东水泥集团有限责任公司	82157
331	国投新集能源股份有限公司	81575
332	无锡锅炉厂	81128
333	河南天冠酒精化工集团公司	79560
334	丹东化学纤维(集团)有限责任公司	78241
335	资阳内燃机车厂	78210
336	保定天威集团有限公司	78195
337	义马煤业(集团)有限责任公司	78064
338	肥城矿业集团有限公司	77750
339	云天化集团有限责任公司	77602
340	宁夏石炭井矿务局	77548
341	唐山陶瓷集团有限公司	76974
342	吉林铁合金集团有限责任公司	76926
343	河北沧州化工实业集团有限公司	76454
344	湖北鄂州武昌鱼集团有限责任公司	74961
345	唐山机车车辆厂	74801
346	自贡鸿鹤化工股份有限公司	74110
347	湖北双环化工集团有限公司	73957
348	广东新会美达锦纶股份有限公司	73941
349	唐山三友集团有限公司	73666
350	武汉葛化集团有限公司	71937
351	江苏索普(集团)有限公司	71837

（续表）

名　次	名　　　称	产品销售收入(万元)
352	杭州电化集团公司	71709
353	青岛碱业股份有限公司	71502
354	桦林轮胎股份有限公司	70519
355	华泰集团有限公司	70443
356	保定天鹅化纤集团有限公司	70400
357	无锡威孚集团有限公司	69976
358	吉林碳素集团有限责任公司	69826
359	贵州赤天化有限责任公司	69658
360	中国第二重型机械集团公司	69521
361	河南轮胎集团有限责任公司	68909
362	北新建材(集团)有限公司	68481
363	内蒙古鹿王羊绒集团公司	67556
364	郑州煤炭工业(集团)有限责任公司	66817
365	南京同创信息产业集团有限公司	66728
366	新乡白鹭化纤集团有限集团责任公司	66708
367	伊克昭盟化学工业集团总公司	66631
368	内蒙古鄂尔多斯羊绒集团公司	66631
369	湖北清江水电开发有限责任公司	66478
370	湖北金鹏纺织股份有限公司	65773
371	大连盛道集团有限公司	65462
372	山东济宁如意毛纺集团有限责任公司	65457
373	安徽华茂纺织股份有限公司	64989
374	安徽叉车集团公司	64647
375	中国第一重型机械集团公司	64323
376	柳州两面针股份有限公司	63878
377	上海邮电通信设备股份有限公司	63618
378	中国—阿拉伯化肥有限公司	63159
379	四川大西洋集团有限责任公司	63005
380	天津港务局	62344
381	河北沧州大化集团有限责任公司	62025
382	牡丹江石油化学工业集团公司	61940
383	中国长江动力公司(集团)	61639
384	活力二八集团公司	61548
385	湖北美尔雅纺织服装实业(集团)公司	61309
386	山东黄金集团有限公司	61225
387	烟台万华合成革集团有限公司	60821
388	中国华晶电子集团公司	60791
389	潍坊亚星集团有限公司	60759
390	福建省南平铝厂	60604
391	中国计算机软件与技术服务总公司	60602
392	湖北化纤集团有限公司	60099
393	南阳金冠集团有限责任公司	59756
394	沈阳星光建材集团有限公司	59555
395	广西贵糖(集团)股份有限公司	59313
396	河南省金龙电缆集团有限公司	59064
397	山西杏花村汾酒集团公司	58873
398	湖北京山轻工机械股份有限公司	58378

（续表）

名　次	名　　称	产品销售收入(万元)
399	北人集团公司	58273
400	包头明天科技股份有限公司	58208
401	河南省中原大化集团有限责任公司	57882
402	湖北宜化集团有限责任公司	57704
403	福建水泥股份有限公司	57531
404	中国洛阳浮法玻璃集团有限责任公司	57184
405	安徽全柴集团有限公司	56332
406	河南神火集团有限公司	56250
407	汾西矿务局	55897
408	盘江煤电(集团)有限责任公司	55376
409	河南省天方药业集团公司	54865
410	山东红日集团有限责任公司	54536
411	福建南平南孚电池有限公司	53639
412	中山市精细化学工业(集团)公司	53380
413	杭州汽轮动力集团有限公司	53238
414	山东华冠集团总公司	53153
415	黑牡丹(集团)股份有限公司	52886
416	四川豪运(集团)有限公司	52869
417	黄河工程机械集团公司	52803
418	金城造纸(集团)有限责任公司	52690
419	沈阳机床股份有限公司	52563
420	中国耀华玻璃集团公司	52537
421	牡丹江水泥集团有限责任公司	52147
422	广州无线电集团有限公司	52085
423	河北衡水远大集团有限公司	51874
424	湘潭电机集团有限责任公司	51874
425	厦门工程机械股份有限公司	51487
426	江苏大亚集团公司	51198
427	汕头超声电子(集团)公司	50749
428	大连重工集团有限公司	50526
429	国营靖江葡萄糖厂	50442
430	景德镇市焦化煤气总厂	50069
431	中国绍兴黄酒集团公司	49967
432	西北轴承股份有限公司	49206
433	山东渤海活塞集团有限公司	49118
434	山东大成化工集团有限公司	49051
435	苏州精细化工集团有限公司	48650
436	上海自动化仪表股份有限公司	48073
437	浙江海正集团有限公司	47958
438	湛江港务局	47680
439	英雄(集团)股份有限公司	47036
440	眉山车辆厂	46933
441	哈尔滨轴承集团公司	46914
442	甘肃祁连山集团(永登水泥厂)	46109
443	武汉健民药业集团股份有限公司	45000
444	福建纺织化纤集团有限公司	44835
445	福建省南纸股份有限公司	44636

（续表）

名　次	名　　称	产品销售收入(万元)
446	华新水泥股份有限公司	44307
447	杭州制氧机集团有限公司	43841
448	佳木斯造纸股份有限公司	42722
449	北京实创高科技发展总公司	42530
450	吉林敖东药业集团股份有限公司	42301
451	山东鲁南化肥厂	42276
452	清华紫光(集团)总公司	41667
453	广西柳州鱼峰水泥集团有限责任公司	41563
454	湖南韶峰水泥集团有限公司	41226
455	南京普天通信股份有限公司	40757
456	上海贝岭股份有限公司	40670
457	辽宁轮胎集团有限责任公司	40276
458	郑州电缆集团股份有限公司	40022
459	宣化工程机械集团有限公司	39822
460	襄阳汽车轴承股份有限公司	39214
461	烟台氨纶集团有限公司	38714
462	白鸽集团有限责任公司	38495
463	中国长城葡萄酒有限公司	37788
464	天津灯塔涂料股份有限公司	36891
465	柳州凤山糖业集团有限责任公司	36519
466	四川双马水泥(集团)有限公司	36454
467	云南内燃机厂	36420
468	烟台正海电子网板有限公司	35613
469	韩城矿务局	35384
470	锦州铁合金(集团)有限责任公司	35106
471	南京电子网板有限公司	34632
472	中国通信广播卫星公司	34401
473	包头草原糖业(集团)有限责任公司	34243
474	天津环球磁卡股份有限公司	33963
475	阜新橡胶(集团)有限公司	33498
476	江西纸业集团有限公司	33337
477	宜宾天原集团有限公司	33222
478	四川金顶(集团)股份有限公司	32854
479	北京兆维电子(集团)有限责任公司	32625
480	四川国栋建设股份有限公司	31618
481	江苏苏净集团有限公司	31236
482	四川川投峨眉铁合金(集团)有限责任公司	31033
483	长春高新技术产业(集团)股份有限公司	30483
484	湖南省湘维有限公司	30344
485	江西水泥厂	30148
486	山西三维集团股份有限公司	30078
487	哈尔滨亚麻集团有限公司	30026
488	山西焦化集团有限公司	29543
489	江苏苏州物贸中心(集团)有限公司	29272
490	洛阳耐火材料集团有限责任公司	29059
491	无锡协新毛纺织印染有限公司	28612
492	四川广安建材集团公司	28443

（续表）

名　次	名　　称	产品销售收入(万元)
493	昆明水泥股份有限公司	26886
494	广西维尼纶集团有限责任公司	26873
495	内蒙古仕奇集团有限责任公司	26432
496	济南二机床集团有限公司	25748
497	连云港钟山氨纶有限公司	25722
498	四川九州电器集团有限责任公司	25568
499	河北辛集钡盐集团有限责任公司	25521
500	山东玻璃总公司	25032
501	潍坊华光集团有限责任公司	24538
502	吉林龙鼎集团有限公司	24344
503	江西化纤化工有限责任公司	23389
504	内蒙古古兰泰盐化集团公司	23206
505	伊克昭盟亿利化工建材(集团)公司	22408
506	浙江三狮水泥股份有限公司	22325
507	江西江中制药厂	21995
508	山东曲轴总厂	21992
509	湖北仙桃毛纺集团有限公司	21702
510	万宝冷机集团有限公司	21522
511	福州人造板厂	20769
512	秦皇岛北方玻璃集团有限公司	20388
513	吉林华星电子集团有限公司	18510
514	四川康达建材工业(集团)公司	16557
515	四川省攀西水泥集团有限公司	14850
516	漳州片仔癀集团公司	14586
517	营口化学纤维厂	13960
518	无锡市太极实业股份有限公司	12526
519	吉林制药集团有限责任公司	12002

注:深圳海王集团拒报数据

1999 年国家重点企业按销售收入排序行业前三名

名　次	企　业　名　称	行业名称	销售收入(万元)
1	上海宝钢集团公司	冶金	6842827
2	首钢总公司	冶金	1822162
3	鞍山钢铁集团公司	冶金	1683400
1	中国铜铅锌集团公司	有色	3271748
2	中国铝业集团公司	有色	2268840
3	中国稀有稀土金属集团公司	有色	824687
1	中国第一汽车集团公司	机械	4537079
2	上海汽车工业(集团)总公司	机械	3602672
3	东风汽车公司	机械	2613331
1	国家电力公司	电力	29869638
2	广东省电力集团公司	电力	4615514
3	中国广东核电集团有限公司	电力	657983
1	兖矿集团有限公司	煤炭	582769
2	平顶山煤业集团有限责任公司	煤炭	502516
3	大同矿务局	煤炭	286291
1	中国石油天然气集团公司	石油与化工	35012970

（续表）

名　次	企　业　名　称	行业名称	销售收入(万元)
2	中国石油化工集团公司	石油与化工	34677600
3	中国海洋石油总公司	石油与化工	1631305
1	联想集团控股公司	电子	2029181
2	TCL 集团有限公司	电子	1324054
3	康佳集团股份有限公司	电子	1315070
1	海尔集团公司	轻工	2060529
2	广东科龙电器股份有限公司	轻工	817320
3	中国轻骑集团有限公司	轻工	720000
1	玉溪红塔烟草(集团)有限责任公司	烟草	1692136
2	上海烟草(集团)公司	烟草	721477
3	长沙卷烟厂	烟草	635558
1	上海医药(集团)总公司	医药	1210131
2	中国医药集团总公司	医药	559772
3	天津市医药集团有限公司	医药	547447
1	江苏阳光集团公司	纺织	435840
2	上海申达(集团)公司	纺织	330203
3	中国恒天集团公司	纺织	278056
1	北京建筑材料集团有限责任公司	建材	327217
2	上海建筑材料(集团)总公司	建材	292504
3	浙江东方集团公司	建材	206799
1	中国吉林森林工业(集团)总公司	森工	174780
2	中国福马林业机械集团有限公司	森工	132153
3	四川豪运(集团)有限公司	森工	52869
1	中国兵器工业集团公司	兵器	2091709
2	中国兵器装备集团公司	兵器	1706025
3	中国北方工业公司	兵器	583996
1	中国航空工业第二集团公司	航空	1269526
2	中国航空工业第一集团公司	航空	1237205
3	中国航空技术进出口总公司	航空	600440
1	中国航天机电集团公司	航天	507836
2	中国长城工业总公司	航天	314784
3	中国航天科技集团公司	航天	234575
1	中国船舶工业集团公司	船舶	1301408
2	中国船舶重工集团公司	船舶	1181281
1	中国核工业集团公司	核工业	605934
1	广州铁路(集团)公司	铁路	1113410
2	长春客车厂	铁路	174169
3	大连机车车辆厂	铁路	132164
1	中国远洋运输(集团)总公司	交通	3614267
2	南方航空(集团)公司	交通	1418686
3	中国国际航空(集团)公司	交通	1192697
1	中国电信集团公司(中国邮电电信总局)	电信	15304560
2	中国移动通信集团公司	电信	3516688
3	中国联合通信有限公司	电信	597541
1	中国建筑工程总公司	建筑	2657844
2	上海建工(集团)总公司	建筑	1109780
3	中国港湾建设(集团)总公司	建筑	976594
1	华联(集团)有限公司	内贸	551766
2	中商企业集团公司	内贸	97199
3	江苏苏州物贸中心(集团)有限公司	内贸	29272
1	中国粮油食品进出口(集团)有限公司	外贸	10042370
2	东方国际(集团)有限公司	外贸	1458910
3	中国通用技术(集团)控股有限责任公司	外贸	483028
1	黑龙江北大荒农垦集团总公司	农业	1302657
2	中国水产(集团)总公司	农业	389987
3	中国农垦(集团)总公司	农业	216814
1	中国国际旅行社总社	其他	144251

1999 年中国进出口额最大的 500 家企业

（金额单位：万美元）

名　次	企　业　名　称	进出口额	出口额	进口额
1	中国石化国际事业公司	493383	71128	422255
	中国国际石油化工联合有限责任公司	276384	20781	255603
	镇海炼油化工股份有限公司	26777	9854	16923
	中国石化国际事业茂名公司	23413	8506	14907
	中国金山联合贸易有限责任公司	16366	3077	13289
	仪征化纤集团公司	15894	20	15874
	仪征化纤股份有限公司	8012	13	7999
	中国石化国际事业上海公司	16660	7251	9408
	中国石化国际事业扬子公司	10444	2033	8411
	中国石化国际事业广州公司	10172	5759	4413
	中国石化国际事业金陵公司	9283	481	8802
2	中国化工进出口总公司	476596	144709	331887
	中化国际化肥贸易公司	111291	571	110720
	中化国际石油公司	57056	0	57056
	中化广东进出口公司	52114	4110	48004
	中化江苏进出口公司	31739	27320	4419
	中化国际股份责任有限公司	25489	11600	13889
	中化辽宁进出口公司	25174	24921	253
	中化浦东贸易有限公司	17956	1130	16826
	中化河北进出口公司	16863	15879	984
	中化上海进出口公司	16649	8277	8372
	中化宁波进出口公司	12530	10300	2230
	中化山东进出口集团公司	11059	7828	3231
	中化国际招标公司	10314	490	9824
	中化天津进出口公司	8972	8343	629
3	中国通用技术（集团）控股有限责任公司	287368	57056	230312
	中国技术进出口总公司	123730	19080	104650
	中技国际贸易公司	10687	692	9995
	中国机械进出口（集团）有限公司	80457	23603	56854
	中国运输机械进出口公司	11910	2566	9344
	中机国际招标公司	8065	20	8045
	中国仪器进出口总公司	67474	5899	61575
	中仪英斯泰克进出口公司	13178	1020	12158
	中仪英康进出口公司	12694	611	12083
	中仪设备进出口公司	10099	738	9361
	中国医药保健品进出口总公司	13612	6993	6619
4	摩托罗拉（中国）电子有限公司	266475	98662	167813
5	东方国际（集团）有限公司	261030	177619	83411
	上海丝绸（集团）有限公司	82153	64059	18094
	上海市对外贸易有限公司	48585	10392	38193
	东方国际创业股份有限公司	41003	30569	10434
	东方国际集团上海市服装进出口公司	34915	26844	8071
	东方国际集团上海市针织品进出口公司	24512	22347	2165
	东方国际集团上海市家用纺织品进出口公司	22774	21525	1249
	东方国际集团上海市纺织品进出口有限公司	21677	19873	1804
	东方国际商业有限公司	7891	5508	2383

（续表）

名　次	企　业　名　称	进出口额	出口额	进口额
6	中国粮油食品进出口（集团）有限公司	255108	117287	137821
	中粮上海粮油进出口公司	29381	4216	25165
	中粮粮油饲料进出口公司	26102	18670	7432
	东海粮油公司	19728	0	19728
	中粮辽宁粮油进出口公司	13508	13177	331
	中粮黑龙江粮油食品进出口公司	11411	9431	1980
	中粮糖业杂品进出口公司	10856	4511	6345
	中粮山东粮油进出口公司	9916	9400	516
	中国玉米出口有限责任公司	9911	9911	0
	秦皇岛中粮进出口公司	8703	305	8398
7	中国电子进出口总公司	175979	86016	89963
	中国电子进出口广东公司	14865	9509	5356
	广东省惠州电子技术进出口公司	9794	6045	3749
	深圳中电投资股份有限公司	12138	8324	3814
	中国电子进出口彩虹公司	10656	6381	4275
	中国电子进出口吉林公司	9361	444	8917
	中国电子进出口宁波公司	8572	6655	1917
8	中国航空器材进出口总公司	164270	8444	155826
	中国航空器材进出口西南公司	36764	6319	30445
	中国航空器材进出口总公司西北公司	22161	61	22100
	中国航空器材北方公司	10342	975	9367
9	中国石油天然气集团公司	158406	75520	82886
	中国联合石油有限责任公司	95364	51243	44121
	大连中联油国际贸易有限公司	29647	29638	9
	中国石油技术开发公司	42994	16499	26495
	深圳石油技术开发进出口公司	7352	145	7207
10	中国航空技术进出口总公司	152848	67357	85491
	中国航空技术进出口北京公司	16760	14154	2606
	中航技国际工贸公司	8884	1533	7351
	中国航空技术进出口深圳公司	7722	3176	4546
11	中国五金矿产进出口总公司	147822	51789	96033
	五矿国际有色金属贸易公司	27186	17759	9427
	中国五矿石油器材贸易有限公司	18914	382	18532
	五矿贸易有限公司	15231	4505	10726
	五矿钢铁有限责任公司	9735	5	9730
	中国五金制品进出口公司	7635	7414	221
12	宝钢集团国际经济贸易总公司	128101	38208	89893
13	中国工艺品进出口总公司	123201	111998	11203
	中国抽纱上海进出口公司	13806	10555	3251
	中国珠宝首饰进出口公司	10631	10631	0
	中国抽纱汕头进出口公司	9119	9060	59
	中国工艺品深圳贸易中心	7579	7578	1
14	中国船舶工业贸易公司	121583	88982	32601
	中国船舶工业贸易公司	35201	28481	6720
	大连造船新厂	24290	20125	4165
	广船国际股份有限公司	14464	8874	5590
	大连造船厂	14366	10698	3668

（续表）

名　次	企 业 名 称	进出口额	出口额	进口额
	沪东船厂	7671	5379	2292
	广船国际集装箱厂	7443	5059	2384
15	希捷国际科技（无锡）有限公司	116311	62248	54063
16	中国机械装备（集团）公司	116002	76461	39541
	中国机械设备进出口总公司	79592	53347	26245
	中设江苏机械设备进出口集团公司	15081	4764	10317
	中国工程与农业机械进出口总公司	16845	14378	2467
	中国机械对外经济技术合作总公司	13197	8196	5001
17	中国煤炭工业进出口集团公司	110439	92178	18261
	中国煤炭工业秦皇岛进出口有限公司	33149	33149	0
	中国煤炭工业进出口集团日照有限公司	21441	21441	0
	中国煤炭工业进出口集团青岛有限公司	11077	11077	0
	中国煤炭工业进出口集团连云港公司	8316	8316	0
	天津中煤进出口有限公司	8079	8029	50
18	深圳希捷科技有限公司	108835	57986	50849
19	英特尔科技（中国）有限公司	108005	55609	52396
20	中国土产畜产进出口总公司	105482	62828	42654
	中国木材进出口公司	11463	1324	10139
	福建茶叶进出口有限责任公司	9077	8905	172
21	北京诺基亚移动通信有限公司	99133	15680	83453
22	中国国际海运集装箱（集团）股份有限公司	97551	60325	37226
	深圳南方中集集装箱制造有限公司	24576	15641	8935
	新会中集集装箱有限公司	16922	11657	5265
	上海中集冷藏有限公司	16529	5786	10743
	南通中集顺达集装箱股份有限公司	15898	11977	3921
	上海中集远东集装箱有限公司	10901	8981	1920
23	中国北方工业公司	93951	70386	23565
	中国北方工业广州公司	15558	11694	3864
	中国北方工业深圳公司	8843	7405	1438
	中国北方工业北京公司	8587	1704	6883
24	中国铜铅锌集团公司	87802	54137	33665
	铜陵有色金属（集团）公司	35451	9700	25751
	铜陵金隆铜业公司	19770	6762	13008
	铜陵有色金属上海进出口有限公司	9111	496	8615
	株洲冶炼厂	14283	13813	470
	葫芦岛锌厂	12018	11469	549
25	浙江中大集团控股有限公司	84668	39500	45168
	浙江中大技术进出口集团有限公司	57933	13661	44272
	浙江中大集团股份有限公司	26735	25839	896
26	中国有色金属进出口总公司	83418	53450	29968
27	冠捷电子（福建）公司	80090	40586	39504
28	上海东方航空进出口公司	78340	16071	62269
29	中国烟草进出口总公司	74728	31171	43557
	中国烟草云南进出口公司	16242	7362	8880
	中国烟草上海进出口公司	9509	6897	2612
30	中国钢铁工贸集团公司	67217	37778	29439
31	深圳开发科技股份有限公司	65880	36524	29356

（续表）

名　次	企　业　名　称	进出口额	出口额	进口额
32	北京·松下电子部品有限公司	63753	22733	41020
33	爱普生技术（深圳）有限公司	62353	37751	24602
34	中谷粮油集团公司	60638	664	59974
	中国粮食贸易公司	9630	425	9205
35	中国海洋石油总公司	60568	39470	21098
	阿科（中国）公司	22452	21378	1074
	中国海洋石油渤海公司	7778	888	6890
36	中国第一汽车集团进出口公司	60525	5667	54858
	一汽大众汽车有限公司	39372	3337	36035
37	中国出口商品基地建设总公司	60505	38774	21731
38	友利电电子（深圳）有限公司	60499	33872	26627
39	中国包装进出口总公司	59929	30166	29763
	中国包装进出口广东公司	8278	1351	6927
40	中国电力技术进出口公司	58337	219	58118
	阳城国际发电有限责任公司	29286	0	29286
	河北邯峰发电有限责任公司	18367	0	18367
41	广东核电合营有限公司	56693	54399	2294
42	江苏省海外企业集团有限公司	56111	21031	35080
43	中国纺织品进出口总公司	55797	45928	9869
	中纺棉花进出口公司	16004	15887	117
	中纺纱布进出口公司	7383	6927	456
	中纺化纤毛麻进出口公司	6996	6079	917
44	中国对外贸易运输（集团）总公司	55372	37831	17541
	中外运深圳公司	20186	20108	78
	镇江外运进出口公司	15365	12116	3249
	满洲里华运经济贸易公司	9403	636	8767
45	深圳海量存储设备有限公司	54530	25663	28867
46	联想进出口有限公司	54319	2485	51834
47	上海大众汽车有限公司	54282	324	53958
48	上海索广电子有限公司	52749	26953	25796
49	珠海振戎公司	51811	272	51539
50	南京爱立信通信有限公司	50484	8195	42289
51	才众电脑（深圳）有限公司	50142	26619	23523
52	中国国际信托投资公司	50134	24337	25797
	中信贸易公司	16181	6384	9797
53	江苏舜天国际集团有限公司	49682	38918	10764
	江苏舜天国际集团服装进出口股份有限公司	30019	24764	5255
	江苏舜天国际集团机械进出口股份有限公司	17570	12063	5507
54	唯冠科技（深圳）有限公司	49664	32073	17591
55	大连西太平洋石油化工有限公司	48883	15725	33158
56	万向集团公司	47726	3837	43889
57	北京爱立信移动通信有限公司	47627	6209	41418
58	厦门太古飞机工程有限公司	46501	20689	25812
59	仁宝电脑工业（中国）有限公司	46396	27264	19132
60	苏州明基电脑有限公司	45881	25362	20519
61	深圳长科国际电子有限公司	45431	23039	22392
62	中国化工建设总公司	45384	21789	23595

（续表）

名　次	企　业　名　称	进出口额	出口额	进口额
63	上海轻工国际（集团）有限公司	45293	30146	15147
	上海市五金矿产进出口公司	23902	11350	12552
	上海市轻工业品进出口公司	21394	18796	2598
	上海市轻工业品进出口有限公司	9341	8937	404
64	深圳三洋华强激光电子有限公司	45100	26277	18823
65	海福发展（深圳）有限公司	44973	4695	40278
66	中国深圳对外贸易（集团）公司	44411	28072	16339
67	飞利浦电子元件（上海）有限公司	44303	23720	20583
68	江苏国泰国际集团有限公司	44152	37755	6397
69	苏州飞利浦消费电子有限公司	43416	18901	24515
70	富金精密工业（深圳）有限公司	42941	28606	14335
71	中国原子能工业公司	42868	10697	32171
72	天津三星电机有限公司	42314	20900	21414
73	北方国际集团有限公司	41780	36860	4920
	北方国际集团天津纺织品进出口有限公司	9284	8650	634
	北方国际集团天津亿利达有限公司	8291	7504	787
	天津食品进出口股份有限公司	7603	7095	508
74	中国华源集团有限公司	39663	31187	8476
	上海华源进出口股份有限公司	7357	5270	2087
75	海尔集团	39129	11398	27731
76	中国长城工业总公司	38892	24298	14594
77	中国轻工业品进出口总公司	38865	19082	19783
	中国纸张纸浆进出口公司	7886	135	7751
78	江苏汇鸿国际集团有限公司	37818	34900	2918
	江苏汇鸿国际集团针棉织品进出口有限公司	16297	14588	1709
79	苏州罗技电子有限公司	36769	23127	13642
80	深圳市盐田国际集装箱码头有限公司	36720	31408	5312
81	夏普办公设备（常熟）有限公司	36399	25076	11323
82	浙江省丝绸进出口公司	35813	32091	3722
83	伟创力实业（深圳）有限公司	34960	18138	16822
84	厦门建发股份有限公司	34941	17231	17710
85	中国北方工业集团公司	34869	25139	9730
	山西柴油机厂	31851	23461	8390
86	三美电机有限公司	34642	18655	15987
87	广东省五金矿产进出口集团公司	34269	5608	28661
88	上海兰生（集团）有限公司	33779	28173	5606
	上海市医药保健品进出口公司	7648	6394	1254
89	浙江省土产畜产进出口公司	33656	30292	3364
90	新疆对外经济贸易（集团）有限责任公司	33056	28406	4650
91	广州轻出集团有限公司	32589	22569	10020
	广州五金矿产进出口公司	7623	3002	4621
92	上海西门子移动通信有限公司	32443	2023	30420
93	中国化工供销（集团）总公司	32410	1530	30880
94	苏州爱普生有限公司	32229	17930	14299
95	理光（深圳）工业发展有限公司	32225	24562	7663
96	山东省对外贸易集团有限公司	31120	12678	18442
	山东省对外贸易总公司	12125	3721	8404

（续表）

名　次	企　业　名　称	进出口额	出口额	进口额
97	三洋电机（蛇口）有限公司	30832	19278	11554
98	江苏省轻工业品进出口集团股份有限公司	30269	22897	7372
99	江苏省丝绸进出口集团股份有限公司	30176	27200	2976
100	重庆对外贸易进出口公司	29720	1055	28665
101	四川长虹电子集团公司	29389	404	28985
102	浙江东方集团股份有限公司	29300	22639	6661
103	日本电产（大连）有限公司	29291	17432	11859
104	厦门灿坤实业股份有限公司	29142	19535	9607
105	上海通用汽车有限公司	29077	13	29064
106	山东省机械进出口公司	28765	23809	4956
107	鑫茂科技（深圳）有限公司	28707	16369	12338
108	北京诺基亚航星通讯系统有限公司	28706	463	28243
109	丹东饭山显示器有限公司	28697	15969	12728
110	柯达（中国）股份有限公司	28501	4520	23981
111	深圳市物资集团公司	28200	24954	3246
112	上海新康电子有限公司	27975	15330	12645
113	广东省纺织品进出口（集团）公司	27909	24686	3223
114	嘉兴市进出口公司	27524	24614	2910
115	山东省服装进出口集团总公司	27422	20299	7123
116	上海服装（集团）有限公司	27392	18782	8610
117	苏州进出口（集团）有限公司	27303	23814	3489
118	浙江省粮油食品进出口股份有限公司	27273	23450	3823
119	中国邮电器材总公司	27022	864	26158
120	中国稀有稀土金属集团公司	27008	23019	3989
	宁夏有色金属冶炼厂	7653	5525	2128
	中国有色金属进出口株洲硬质合金公司	7410	5640	1770
121	葆祥国际服装中心	26656	26056	600
	葆祥河北进出口集团公司	24939	24390	549
122	中国远洋运输（集团）总公司	26526	3550	22976
	中远国际贸易公司	18069	1875	16194
123	大连东芝电视有限公司	26357	8961	17396
124	深圳乐意液体仓储有限公司	26356	10533	15823
125	南通市经济技术开发区总公司	26355	15652	10703
126	奥林巴斯（深圳）工业有限公司	26262	14976	11286
127	上海市工艺品进出口有限公司	25967	22433	3534
128	中国联合通信有限公司	25958	0	25958
	联通进出口有限公司	25958	0	25958
129	江南造船（集团）有限责任公司	25854	15948	9906
130	深圳赛意法微电子有限公司	24980	14122	10858
131	中华映管（福州）有限公司	24795	8011	16784
132	西迪斯（天津）电子有限公司	24420	13805	10615
133	中国江苏国际经济技术合作公司	24397	20216	4181
134	华阳电业有限公司	24071	0	24071
135	中广核电进出口有限公司	24015	0	24015
136	福建省粮油食品进出口公司	23878	19203	4675
137	中国华录集团有限公司	23621	13777	9844
	中国华录·松下电子信息有限公司	23443	13721	9722

（续表）

名　次	企　业　名　称	进出口额	出口额	进口额
138	中国汽车工业进出口总公司	23537	11535	12002
139	中国水产（集团）总公司	23507	9660	13847
	中国乡镇企业总公司	8231	229	8002
140	福建厦门经贸集团有限公司	23364	21412	1952
141	宁波中海贸进出口有限公司	23355	19843	3512
142	国航集团进出口贸易公司	23053	7903	15150
143	华飞彩色显示系统有限公司	22999	3882	19117
144	茉织华实业（集团）有限公司	22993	13264	9729
145	深圳国际商业机器技术产品有限公司	22886	10266	12620
146	山东省纺织品进出口公司	22836	21167	1669
147	青岛三美电机有限公司	22760	13059	9701
148	中国（福建）对外贸易中心集团	22670	19624	3046
149	上海 JVC 电器有限公司	22424	13266	9158
150	中国工艺美术（集团）公司	22294	15417	6877
151	青岛泰光制鞋有限公司	22238	12617	9621
152	力捷电脑（中国）有限公司	22127	13709	8418
153	浙江省纺织品进出口公司	22108	20909	1199
154	凯远集团公司	22052	19793	2259
155	山东工艺品进出口（集团）股份有限公司	22039	15981	6058
156	广东省机械进出口（集团）公司	21786	5339	16447
	广东省机械进出口股份有限公司	10230	1315	8915
157	南京纺织品进出口股份有限公司	21740	19714	2026
158	厦门国贸集团股份有限公司	21582	13403	8179
159	飞利浦桑达消费通信（深圳）有限公司	21547	6179	15368
160	东风汽车公司	21525	2137	19388
	神龙汽车有限公司	10239	73	10166
161	中国远大集团公司	21378	11439	9939
	浙江远大进出口有限公司	13903	9308	4595
162	深圳市华为技术有限公司	21106	1337	19769
163	辽宁成大股份有限公司	21025	16915	4110
164	广东省轻工业品进出口（集团）公司	21004	18098	2906
165	邯郸钢铁集团进出口有限公司	20950	4591	16359
166	上海美蓓亚精密机电有限公司	20922	15201	5721
167	中国港湾建设（集团）总公司	20766	13464	7302
	上海振华港口机械股份有限公司	13136	9754	3382
168	鞍钢集团国际经济贸易公司	20724	12202	8522
169	金朋（上海）有限公司	20348	13354	6994
170	中国交通进出口总公司	20240	7960	12280
171	天津外总集团有限公司	20232	11927	8305
172	福建太平洋电力有限公司	19994	0	19994
173	南太电子（深圳）有限公司	19964	9715	10249
174	上海申达股份有限公司	19930	17302	2628
175	上海新格有色金属有限公司	19921	7516	12405
176	天津阿尔卑斯电子有限公司	19904	12200	7704
177	上海惠普有限公司	19864	377	19487
178	中国丝绸进出口总公司	19803	17550	2253

（续表）

名　次	企　业　名　称	进出口额	出口额	进口额
179	广东格兰仕企业（集团）公司	19395	10610	8785
	顺德格兰士电器厂有限公司	13804	8099	5705
180	武钢集团国际经济贸易总公司	19294	9544	9750
181	中国远东国际贸易总公司	19268	1190	18078
	中国远东深圳国际贸易公司	15480	306	15174
182	华科立资讯科技（深圳）有限公司	19192	10461	8731
183	常熟市对外贸易公司	19019	16561	2458
184	中国航天机电集团公司	18877	3296	15581
	沈阳航天三菱汽车发动机制造有限公司	10081	0	10081
185	上海新锐实业有限公司	18693	17457	1236
186	康佳集团股份有限公司	18553	5102	13451
187	广州纺织品进出口集团有限公司	18552	16272	2280
188	无锡夏普电子元器件有限公司	18517	10241	8276
189	哈尔滨双太电子实业有限公司	18400	9729	8671
190	中国华能国际经济贸易公司	18382	8822	9560
191	深圳华安液化石油气有限公司	18214	768	17446
192	中国恒天集团公司	18127	9071	9056
	中国纺织机械和技术进出口公司	10017	7611	2406
193	富士通将军（上海）有限公司	18098	10166	7932
194	江苏省纺织品进出口集团股份有限公司	18026	14829	3197
195	长城国际信息产品（深圳）有限公司	17956	8490	9466
196	惠普计算机产品（上海）有限公司	17866	9360	8506
197	江苏省技术进出口公司	17819	10457	7362
198	乐金电子（天津）电器有限公司	17648	6598	11050
199	吉粮集团进出口公司	17616	17616	0
200	安徽省技术进出口股份有限公司	17442	10590	6852
201	TCL 集团有限公司	17417	290	17127
202	天津三星电子有限公司	17340	12488	4852
203	上海索广映像有限公司	17225	3038	14187
204	常州市对外贸易公司	17193	13536	3657
205	深圳赤湾港航股份有限公司	17165	6478	10687
206	上海大霸实业有限公司	17113	6909	10204
207	安徽省粮油食品进出口（集团）公司	17085	16397	688
208	上海机械进出口（集团）有限公司	17028	11096	5932
209	厦门进雄企业有限公司	16559	11202	5357
210	雅达电子有限公司	16527	8612	7915
211	宁波市慈溪进出口股份有限公司	16494	14457	2037
212	上海申信进出口公司	16472	579	15893
213	中国首钢国际贸易工程公司	16401	3085	13316
214	上海畜产（集团）有限公司	16281	11983	4298
215	大连日通外运货运公司	16201	14877	1324
216	温州市进出口公司	16116	11126	4990
217	深圳奥康德石油贸易集团公司	16101	10281	5820
218	上海华虹 NEC 电子有限公司	16085	3670	12415
219	金东纸业（江苏）有限公司	16021	536	15485
220	蛇口招商港务股份有限公司	15980	7146	8834
221	河北省五矿进出口公司	15975	7972	8003

（续表）

名　次	企　业　名　称	进出口额	出口额	进口额
222	天津雅马哈电子乐器有限公司	15921	9521	6400
223	万宝至马达大连有限公司	15835	10392	5443
224	宁波维科集团	15834	14565	1269
225	上海夏普电器有限公司	15817	9841	5976
226	江苏省工艺品进出口集团股份有限公司	15782	15412	370
227	浙江省畜产进出口公司	15733	15221	512
228	上海新联纺进出口公司	15631	14174	1457
229	宁波中华纸业有限公司	15589	0	15589
230	厦门华侨电子股份公司	15342	2624	12718
231	北京工艺进出口有限责任公司	15337	15067	270
232	东方科学仪器进出口集团公司	15150	2519	12631
233	广东省外贸开发公司	15107	2552	12555
234	深圳创维－ＲＧＢ电子有限公司	14915	4805	10110
235	中国南光进出口总公司	14775	3697	11078
236	青岛三湖制鞋有限公司	14671	8817	5854
237	保利科技有限公司	14666	10069	4597
238	诺基亚（苏州）有限公司	14661	5655	9006
239	中国土产畜产浙江茶叶进出口公司	14570	13262	1308
240	南通市对外贸易公司	14544	12147	2397
241	东芝大连有限公司	14509	8157	6352
242	三星电子（苏州）半导体有限公司	14458	12148	2310
243	浙江庆丰纺织印染有限公司	14415	7600	6815
244	上海贝尔电话设备制造有限公司	14414	98	14316
245	广东省土产进出口（集团）公司	14402	7030	7372
246	苏州富士胶片映像机器有限公司	14288	7338	6950
247	深圳经济特区发展（集团）公司	14287	5762	8525
248	深圳市南方航空器材有限公司	14272	0	14272
249	广州越秀企业（集团）公司	14201	8809	5392
250	新利实业（深圳）有限公司	14167	7131	7036
251	厦门建松电器有限公司	14149	8230	5919
252	大连阿尔派电子有限公司	14043	6643	7400
253	欧姆龙（大连）有限公司	14029	7986	6043
254	上海市食品进出口公司	13931	11412	2519
255	珠海格力集团公司	13898	6043	7855
	珠海格力电器股份有限公司	10849	5459	5390
256	北京市富亿通进出口有限责任公司	13890	13597	293
257	至卓飞高线路板（深圳）有限公司	13848	8996	4852
258	深圳赛格日立彩色显示器件有限公司	13784	2266	11518
259	辽宁时代服装进出口股份有限公司	13761	9772	3989
260	北京国际交换系统有限公司	13728	27	13701
261	攀钢集团国际经济贸易总公司	13696	12115	1581
262	宁波经济技术开发区进出口公司	13686	10827	2859
263	河北省纺织品进出口（集团）公司	13677	12274	1403
264	河北圣仑进出口集团公司	13669	12225	1444
265	连云港市对外贸易公司	13651	12917	734
266	宇达（中国）投资有限公司	13621	7564	6057
267	北京 JVC 电子产业有限公司	13621	8414	5207

（续表）

名　次	企　业　名　称	进出口额	出口额	进口额
268	绥芬河市金恒基工业原料有限公司	13618	0	13618
269	深圳市金森珠宝首饰有限公司	13525	7092	6433
270	福建三丰鞋业有限公司	13426	7497	5929
271	天津矢崎汽车配件有限公司	13408	7862	5546
272	富士康电脑接插件昆山有限公司	13400	8423	4977
273	福建天成集团	13375	12758	617
274	无锡阿尔卑斯电子有限公司	13358	5926	7432
275	上海航空进出口有限公司	13283	1687	11596
276	深圳施乐高科技有限公司	13255	7757	5498
277	安徽省轻工进出口有限责任公司	13244	12262	982
278	山西煤炭进出口集团公司	13216	13216	0
279	翔鹭涤纶纺纤（厦门）有限公司	13113	217	12896
280	天津三星电子显示器有限公司	13106	5387	7719
281	福建省珠宝首饰进出口公司	13093	11941	1152
282	福建清禄鞋业有限公司	13072	8934	4138
283	上海汉森进出口有限公司	13030	11180	1850
284	天津星湖实业有限公司	12999	6845	6154
285	中国航天科技集团公司	12958	5232	7726
	申航进出口公司	7814	3809	4005
286	中国普天信息产业集团公司	12903	721	12182
	东方通信股份有限公司	8975	561	8414
287	五矿国际货运上海公司保税仓库	12877	66	12811
288	浙江省工艺品进出口公司	12871	12259	612
289	福建荔丰鞋业开发有限公司	12811	8171	4640
290	戴尔计算机（中国）有限公司	12770	4866	7904
291	新世纪国际租赁有限公司	12661	0	12661
292	首钢日电电子有限公司	12591	8217	4374
293	江西省粮油食品进出口公司	12539	12509	30
294	天津三星视界有限公司	12534	273	12261
295	四海电子（昆山）有限公司	12447	7757	4690
296	神华集团有限责任公司	12440	6097	6343
	神华国际贸易有限责任公司	12440	6097	6343
297	北京市服装进出口股份有限公司	12373	9564	2809
298	浙江省萧山市进出口公司	12332	11012	1320
299	安徽省服装进出口股份有限公司	12067	11400	667
300	中国医药集团总公司	11953	2730	9223
	中国医药对外贸易总公司	7150	2632	4518
301	上海上实国际贸易（集团）有限公司	11906	5785	6121
302	深圳创华合作有限公司	11901	6583	5318
303	江苏省粮油食品进出口集团股份有限公司	11900	11697	203
304	青岛世原鞋业有限公司	11885	6954	4931
305	上海阿法泰克电子有限公司	11819	4079	7740
306	中国轻工集团公司	11782	335	11447
307	宁波工艺品进出口公司	11727	10814	913
308	牧田（中国）有限公司	11703	7246	4457
309	深圳市宝安外贸实业股份有限公司	11645	7980	3665
	广东省宝安纺织品进出口公司	8289	5791	2498

（续表）

名　　次	企　业　名　称	进出口额	出口额	进口额
310	杭州市轻工工艺纺织品进出口公司	11602	10846	756
311	济南钢铁集团总公司	11580	6106	5474
312	上海轮胎橡胶（集团）股份有限公司	11563	8807	2756
313	远纺工业（上海）有限公司	11550	3393	8157
314	上海爱梯恩梯通信设备有限公司	11531	7036	4495
315	厦门 TDK 有限公司	11476	5227	6249
316	江苏省畜产进出口集团股份有限公司	11437	10072	1365
317	三协精机（福州）有限公司	11430	5821	5609
318	丰源制靴大连有限公司	11415	6480	4935
319	深圳成丰电子有限公司	11409	6279	5130
320	汕头海洋（集团）公司	11336	482	10854
321	安徽省合肥联合发电有限公司	11315	0	11315
322	上海美能达光学仪器有限公司	11305	6060	5245
323	上海永新彩色显像管有限公司	11275	943	10332
324	北京国际贸易公司	11241	1446	9795
325	青岛安普连接器有限公司	11203	6273	4930
326	山东省丝绸进出口公司	11123	9814	1309
327	旭电（苏州）科技有限公司	11107	3087	8020
328	广东风华高新科技集团有限公司	11105	8848	2257
	风华进出口公司	9255	7309	1946
329	斯大精密（大连）有限公司	11054	6256	4798
330	日立半导体（苏州）有限公司	11011	5374	5637
331	丹东阿尔派电子有限公司	10994	6413	4581
332	江苏新科电子集团有限公司	10909	652	10257
333	上海钟表进出口有限公司	10881	7113	3768
334	厦门富士电气化学有限公司	10779	6019	4760
335	上海市土产进出口公司	10758	6476	4282
336	中国纺织物资（集团）总公司	10735	775	9960
337	广东省工艺品进出口（集团）公司	10732	9982	750
338	上海科艺电子有限公司	10693	5935	4758
339	天津三星光电子有限公司	10681	6124	4557
340	福建协丰鞋业有限公司	10653	7112	3541
341	上海新发展进出口贸易实业有限公司	10650	522	10128
342	四川省丝绸进出口公司	10645	10530	115
343	佳能大连办公设备有限公司	10637	2258	8379
344	厦门正新橡胶工业有限公司	10562	5049	5513
345	浙江省医药保健品进出口公司	10523	8893	1630
346	厦门松下音响有限公司	10508	6993	3515
347	上海市机械设备进出口有限公司	10475	6663	3812
348	深圳三星电管有限公司	10466	3484	6982
349	浙江省国兴进出口公司	10424	6849	3575
350	厦门象屿集团有限公司	10386	3182	7204
351	飞利浦照明电子（上海）有限公司	10337	6374	3963
352	青岛大明皮革有限公司	10229	4771	5458
353	中国对外贸易开发总公司	10222	3521	6701
354	鸿城电子（上海）有限公司	10209	5875	4334
355	深圳市美芝工业公司	10145	4972	5173

（续表）

名　次	企　业　名　称	进出口额	出口额	进口额
356	青岛益佳集团	10115	8801	1314
357	英迈国际贸易（上海）有限公司	10050	2253	7797
358	杜邦中国集团有限公司	10032	5032	5000
359	福建省五金矿产进出口公司	10028	9100	928
360	上海对外经济贸易实业有限公司	9997	7215	2782
361	湖南三力通信经贸公司	9959	0	9959
362	上海乐金广电电子有限公司	9949	5595	4354
363	湖南省粮油食品进出口集团有限公司	9896	9853	43
364	温州经济技术开发区经济技术开发总公司	9823	4405	5418
365	福建省轻工业品进出口集团公司	9817	8913	904
366	青岛昌新鞋业有限公司	9817	5629	4188
367	中基宁波对外贸易有限责任公司	9682	6779	2903
368	上海派克电气有限公司	9654	5238	4416
369	天津市机械进出口集团有限公司	9541	7681	1860
370	青岛朗讯科技通讯设备服务有限公司	9541	164	9377
371	镇江奇美化工有限公司	9536	160	9376
372	上海大霸电子有限公司	9487	6192	3295
373	吉林德大有限公司	9486	5424	4062
374	四川省机械设备进出口公司	9440	394	9046
375	三菱四通集成电路有限公司	9414	3126	6288
376	山东省五金矿产进出口公司	9392	6742	2650
377	宁波市鄞县对外贸易有限责任公司	9343	8954	389
378	武汉市机械设备进出口公司	9340	4236	5104
379	苏州工业园区亚太纸品有限公司	9280	1929	7351
380	中国新兴（集团）总公司	9263	5050	4213
381	天津服装进出口公司	9254	7499	1755
382	上海理光传真机有限公司	9249	5960	3289
383	安徽省化工进出口股份有限公司	9241	7073	2168
384	青岛马士基集装箱工业有限公司	9197	2567	6630
385	广西广达进出口集团公司	9171	8045	1126
386	陕西省机械设备进出口公司	9143	7880	1263
387	捷安特（中国）有限公司	9107	7102	2005
388	北京松下通信设备有限公司	9091	2194	6897
389	广西凭祥市进出口贸易公司	9087	8226	861
390	山东威海进出口集团有限公司	9026	6799	2227
391	中国石化国际事业大连公司	9022	5953	3069
392	湖北美岛服装有限公司	9009	4984	4025
393	上海汽车进出口公司	9008	4702	4306
394	广州市对外贸易总公司	8995	3196	5799
395	惠浦贸易（上海）有限公司	8971	19	8952
396	深圳王利电机有限公司	8967	5640	3327
397	浙江省化工进出口公司	8957	8283	674
398	上海进道集装箱有限公司	8934	4859	4075
399	长营电器（深圳）有限公司	8904	5386	3518
400	福建顺大运动用品有限公司	8895	6466	2429
401	扬州通运集装箱有限公司	8853	7226	1627
402	深圳先进微电子科技有限公司	8819	4376	4443

（续表）

名　次	企　业　名　称	进出口额	出口额	进口额
403	宁波宁兴集团公司	8718	7258	1460
404	北京富亿通达经贸有限责任公司	8696	7841	855
405	百得（苏州）电动工具有限公司	8690	5836	2854
406	辽宁佳益实业发展有限公司	8669	7463	1206
	辽宁省五矿进出口公司	8549	7343	1206
407	万威电讯（深圳）有限公司	8590	5089	3501
408	苏州日本电波工业有限公司	8581	4695	3886
409	大连松下通信工业有限公司	8550	4619	3931
410	上海太平国际货柜有限公司	8538	6752	1786
411	安徽省芜湖市进出口公司	8535	6547	1988
412	苏州精达集团公司	8515	4586	3929
413	安徽佳通轮胎有限公司	8493	4400	4093
414	辽宁省轻工业品进出口公司	8493	7472	1021
415	南京机械五金矿产医药保健品进出口股份有限公司	8484	7523	961
416	上海宝丽来影像有限公司	8483	4558	3925
417	英业达集团（上海）电子技术有限公司	8468	5110	3358
418	中国铝业集团公司	8466	6401	2065
419	中国航空工业第二集团公司	8451	1689	6762
420	新马制衣（深圳）有限公司	8437	4569	3868
421	天津汽车工业进出口公司	8426	1857	6569
422	罗姆电子大连有限公司	8399	4368	4031
423	中商企业集团公司	8360	3409	4951
424	中国成套设备进出口（集团）总公司	8348	5237	3111
425	温州市鹿城对外贸易公司	8343	5458	2885
426	广东省食品进出口集团公司	8305	7904	401
427	辽宁华曦集团公司	8296	6497	1799
428	上海华申进出口有限公司	8295	7526	769
429	广州对外经济发展总公司	8291	4542	3749
430	乐山－菲尼克斯半导体有限公司	8270	3642	4628
431	北京市五金矿产进出口公司	8261	7434	827
432	浙江省轻工业品进出口公司	8217	7322	895
433	乐金曙光电子有限公司	8212	2339	5873
434	天津畜产进出口集团有限公司	8187	6592	1595
435	柯达电子（上海）有限公司	8183	5657	2526
436	莱芜钢铁集团有限公司	8142	6475	1667
437	美利达自行车（中国）有限公司	8127	5273	2854
438	上海三菱电梯有限公司	8099	468	7631
439	中国富利进出口集团公司	8094	2793	5301
440	深圳石川电子有限公司	8082	4889	3193
441	中国农垦（集团）总公司	8052	2370	5682
	中国农垦进出口公司	8052	2370	5682
442	深圳南天油粕工业有限公司	8041	2	8039
443	上海海外公司	8026	5883	2143
444	中国宁波国际合作（集团）有限责任公司	8005	4512	3493
445	烟台土畜产进出口集团有限公司	8001	4885	3116
446	云南冶金集团进出口有限公司	7979	7475	504
447	北京市京工服装进出口有限公司	7926	6938	988
448	上海东洋电装有限公司	7912	4865	3047

（续表）

名　次	企　业　名　称	进出口额	出口额	进口额
449	马钢国际经济贸易公司	7908	3019	4889
450	西安杨森制药有限公司	7902	371	7531
451	山东省食品进出口公司	7769	6178	1591
452	宝吉工艺品（深圳）有限公司	7750	4642	3108
453	长飞光纤光缆有限公司	7745	2982	4763
454	山东省畜产进出口公司	7743	6166	1577
455	河南省服装进出口公司	7716	5777	1939
456	深圳粤海电讯有限公司	7716	4463	3253
457	鸿兴印刷（深圳）有限公司	7684	2327	5357
458	深圳以莱特凉宇空调有限公司	7675	5304	2371
459	天津松下电子部品有限公司	7673	3515	4158
460	上海电视电子进出口公司	7642	4673	2969
461	淮阴市对外贸易公司	7620	6937	683
462	青岛纺织品联合进出口公司	7597	6636	961
463	上海先锋电声器材有限公司	7572	4450	3122
464	威海纺织集团进出口有限责任公司	7474	5324	2150
465	浙江省五金矿产进出口公司	7471	4866	2605
466	辽宁省对外贸易总公司	7434	3725	3709
467	东芝复印机（深圳）有限公司	7418	5101	2317
468	合肥日立挖掘机有限公司	7397	1	7396
469	中贸船舶进出口公司	7388	6540	848
470	北京东方冠捷电子有限公司	7381	3770	3611
471	上海先进半导体制造有限公司	7353	5526	1827
472	吴江市外贸集团公司	7344	6587	757
473	广州畜产进出口公司	7331	6090	1241
474	苏州工业园区华能阿莫科清洁能源有限公司	7309	0	7309
475	新疆农垦进出口股份有限公司	7283	7250	33
476	浙江桐乡外贸集团股份有限公司	7282	6579	703
477	上海浦东新区进出口公司	7268	2222	5046
478	宁波海田国际贸易有限公司	7238	6305	933
479	河北省进出口公司	7234	3238	3996
480	张家港浦项不锈钢有限公司	7231	0	7231
481	东北制药总厂进出口公司	7203	6144	1059
482	重庆长安汽车进出口公司	7183	29	7154
483	广西粮油食品进出口公司	7181	7050	131
484	安徽进出口股份有限公司	7178	4646	2532
485	辽宁省纺织品进出口公司	7177	6273	904
486	正新橡胶（中国）有限公司	7175	4113	3062
487	山东省医药保健品进出口公司	7168	5260	1908
488	福建华星石化有限公司	7159	0	7159
489	三九企业集团	7153	1062	6091
490	浙江省机械设备进出口公司	7139	6325	814
491	宁波市纺织品进出口公司	7077	6818	259
492	天津富士光机有限公司	7072	3734	3338
493	河北省食品进出口（集团）公司	7046	6653	393
494	华北制药集团有限责任公司	7040	6523	517
495	耐克（苏州）体育用品有限公司	7035	4543	2492
496	四川省东方电力设备联合公司	7006	4839	2167
497	福建省土产畜产进出口公司	7000	5568	1432
498	绥芬河市对外贸易公司	6994	6994	0
499	沪士电子昆山有限公司	6993	4407	2586
500	宏碁电脑（深圳）有限公司	6981	3918	3063

1999 年中国出口额最大的 200 家企业

（对外贸易经济合作部 2000 年 7 月 3 日公布）

金额单位：万美元

序号	企业名称	出口额	序号	企业名称	出口额
1	东方国际(集团)有限公司	177619	38	友利电电子(深圳)有限公司	33872
2	中国化工进出口总公司	144709	39	浙江省丝绸进出口公司	32091
3	中国粮油食品进出口(集团)有限公司	117287	40	唯冠科技(深圳)有限公司	32073
4	中国工艺品进出口总公司	111998	41	盐田国际集装箱码头有限公司	31408
5	摩托罗拉(中国)电子有限公司	98662	42	中国华源集团有限公司	31187
6	中国煤炭工业进出口集团公司	92178	43	中国烟草进出口总公司	31171
7	中国船舶工业贸易公司	88982	44	浙江省土产畜产进出口公司	30292
8	中国电子进出口总公司	86016	45	中国包装进出口总公司	30166
9	中国机械装备(集团)公司	76461	46	上海轻工国际(集团)有限公司	30146
10	中国石油天然气集团公司	75520	47	富金精密工业(深圳)有限公司	28606
11	中国石化国际事业公司	71128	48	新疆对外经济贸易(集团)有限责任公司	28406
12	中国北方工业公司	70386	49	上海兰生(集团)有限公司	28173
13	中国航空技术进出口总公司	67357	50	中国深圳对外贸易(集团)公司	28072
14	中国土产畜产进出口总公司	62828	51	仁宝电脑工业(中国)有限公司	27264
15	希捷国际科技(无锡)有限公司	62248	52	江苏省丝绸进出口集团股份有限公司	27200
16	中国国际海运集装箱(集团)股份有限公司	60325	53	上海索广电子有限公司	26953
17	深圳希捷科技有限公司	57986	54	才众电脑(深圳)有限公司	26619
18	中国通用技术(集团)控股有限责任公司	57056	55	深圳三洋华强激光电子有限公司	26277
19	英特尔科技(中国)有限公司	56009	56	葆祥国际服装中心	26056
20	广东核电合营有限公司	54399	57	深圳海量存储设备有限公司	25663
21	中国铜铅锌集团公司	54137	58	苏州明基电脑有限公司	25362
22	中国有色金属进出口总公司	53450	59	中国北方工业集团公司	25139
23	中国五金矿产进出口总公司	51789	60	夏普办公设备(常熟)有限公司	25076
24	中国纺织品进出口总公司	45928	61	深圳市物资集团公司	24954
25	冠捷电子(福建)公司	40586	62	广东省纺织品进出口(集团)公司	24686
26	浙江中大集团控股有限公司	39500	63	嘉兴市进出口公司	24614
27	中国海洋石油总公司	39470	64	理光(深圳)工业发展有限公司	24562
28	江苏舜天国际集团有限公司	38918	65	中国国际信托投资公司	24337
29	中国出口商品基地建设总公司	38774	66	中国长城工业总公司	24298
30	宝钢集团国际经济贸易总公司	38208	67	苏州进出口(集团)有限公司	23814
31	中国对外贸易运输(集团)总公司	37831	68	山东省机械进出口公司	23809
32	中国钢铁工贸集团公司	37778	69	飞利浦电子元件(上海)有限公司	23720
33	江苏国泰国际集团有限公司	37755	70	浙江省粮油食品进出口股份有限公司	23450
34	爱普生技术(深圳)有限公司	37751	71	苏州罗技电子有限公司	23127
35	北方国际集团有限公司	36860	72	深圳长科国际电子有限公司	23039
36	深圳开发科技股份有限公司	36524	73	中国稀有稀土金属集团公司	23019
37	江苏汇鸿国际集团有限公司	34900	74	江苏省轻工业品进出口集团股份有限公司	22897

（续表）

序号	企业名称	出口额	序号	企业名称	出口额
75	北京·松下电子部品有限公司	22733	115	丹东饭山显示器有限公司	15969
76	浙江东方集团股份有限公司	22639	116	江南造船(集团)有限责任公司	15948
77	广州轻工业品进出口(集团)公司	22569	117	大连西太平洋石油化工有限公司	15725
78	上海市工艺品进出口有限公司	22433	118	北京诺基亚移动通信有限公司	15680
79	中国化工建设总公司	21789	119	南通市经济技术开发区总公司	15652
80	福建厦门经贸集团有限公司	21412	120	中国工艺美术(集团)公司	15417
81	山东省纺织品进出口公司	21167	121	江苏省工艺品进出口集团股份有限公司	15412
82	江苏省海外企业集团有限公司	21031	122	上海新康电子有限公司	15330
83	浙江省纺织品进出口公司	20909	123	浙江省畜产进出口公司	15221
84	天津三星电机有限公司	20900	124	上海美蓓亚精密机电有限公司	15201
85	厦门太古飞机工程有限公司	20689	125	北京工艺进出口有限责任公司	15067
86	山东省服装进出口集团总公司	20299	126	奥林巴斯(深圳)工业有限公司	14976
87	中国江苏国际经济技术合作公司	20216	127	大连日通外运货运公司	14877
88	宁波中海贸进出口有限公司	19843	128	江苏省纺织品进出口集团股份有限公司	14829
89	凯远集团公司	19793	129	宁波维科集团	14565
90	南京纺织品进出口股份有限公司	19714	130	宁波市慈溪进出口股份有限公司	14457
91	中国(福建)对外贸易中心集团	19624	131	上海新联纺进出口公司	14174
92	厦门灿坤实业股份有限公司	19535	132	深圳赛意法微电子有限公司	14122
93	三洋电机(蛇口)有限公司	19278	133	西迪斯(天津)电子有限公司	13805
94	福建省粮油食品进出口公司	19203	134	中国华录集团有限公司	13777
95	中国轻工业品进出口总公司	19082	135	力捷电脑(中国)有限公司	13709
96	苏州飞利浦消费电子有限公司	18901	136	北京市富亿通进出口有限责任公司	13597
97	上海服装(集团)有限公司	18782	137	常州市对外贸易公司	13536
98	三美电机有限公司	18655	138	中国港湾建设(集团)总公司	13464
99	伟创力实业(深圳)有限公司	18138	139	厦门国贸集团股份有限公司	13403
100	广东省轻工业品进出口(集团)公司	18098	140	金朋(上海)有限公司	13354
101	苏州爱普生有限公司	17930	141	上海 JVC 电器有限公司	13266
102	吉粮集团进出口公司	17616	142	茉织华实业(集团)有限公司	13264
103	中国丝绸进出口总公司	17550	143	中国土产畜产浙江茶叶进出口公司	13262
104	上海新锐实业有限公司	17457	144	山西煤炭进出口集团公司	13216
105	日本电产(大连)有限公司	17432	145	青岛三美电机有限公司	13059
106	上海申达股份有限公司	17302	146	连云港市对外贸易公司	12917
107	厦门建发股份有限公司	17231	147	福建天成集团	12758
108	辽宁成大股份有限公司	16915	148	山东省对外贸易集团有限公司	12678
109	常熟市对外贸易公司	16561	149	青岛泰光制鞋有限公司	12617
110	安徽省粮油食品进出口(集团)公司	16397	150	江西省粮油食品进出口公司	12509
111	鑫茂科技(深圳)有限公司	16369	151	天津三星电子有限公司	12488
112	广州纺织品进出口集团有限公司	16272	152	河北省纺织品进出口(集团)公司	12274
113	上海东方航空进出口公司	16071	153	安徽省轻工进出口有限责任公司	12262
114	山东工艺品进出口(集团)股份有限公司	15981	154	浙江省工艺品进出口公司	12259

（续表）

序号	企业名称	出口额	序号	企业名称	出口额
155	河北圣仑进出口集团公司	12225	178	中国原子能工业公司	10697
156	鞍钢集团国际经济贸易公司	12202	179	广东格兰仕企业(集团)公司	10610
157	天津阿尔卑斯电子有限公司	12200	180	安徽省技术进出口股份有限公司	10590
158	三星电子(苏州)半导体有限公司	12148	181	深圳乐意液体仓储有限公司	10533
159	南通市对外贸易公司	12147	182	四川省丝绸进出口公司	10530
160	攀钢集团国际经济贸易总公司	12115	183	华科立资讯科技(深圳)有限公司	10461
161	上海畜产(集团)有限公司	11983	184	江苏省技术进出口公司	10457
162	福建省珠宝首饰进出口公司	11941	185	万宝至马达大连有限公司	10392
163	天津外总集团有限公司	11927	186	深圳奥康德石油贸易集团公司	10281
164	江苏省粮油食品进出口集团股份有限公司	11697	187	深圳国际商业机器技术产品有限公司	10266
165	中国汽车工业进出口总公司	11535	188	无锡夏普电子元器件有限公司	10241
166	中国远大集团公司	11439	189	富士通将军(上海)有限公司	10166
167	上海市食品进出口公司	11412	190	江苏省畜产进出口集团股份有限公司	10072
168	安徽省服装进出口股份有限公司	11400	191	保利科技有限公司	10069
169	海尔集团	11398	192	广东省工艺品进出口(集团)公司	9982
170	厦门进雄企业有限公司	11202	193	湖南省粮油食品进出口集团有限公司	9853
171	上海汉森进出口有限公司	11180	194	上海夏普电器有限公司	9841
172	温州市进出口公司	11126	195	山东省丝绸进出口公司	9814
173	上海机械进出口(集团)有限公司	11096	196	辽宁时代服装进出口股份有限公司	9772
174	浙江省萧山市进出口公司	11012	197	哈尔滨双太电子实业有限公司	9729
175	杭州市轻工工艺纺织品进出口公司	10846	198	南太电子(深圳)有限公司	9715
176	宁波经济技术开发区进出口公司	10827	199	中国水产(集团)总公司	9660
177	宁波工艺品进出口公司	10814	200	北京市服装进出口股份有限公司	9564

1998～1999 年全国最大 500 家外商投资企业

序号	企业名称	销售额（万元）	序号	企业名称	销售额（万元）
1	上海大众汽车有限公司	2520388.18	13	广东核电合营有限公司	603255.00
2	摩托罗拉(天津)电子有限公司	1804583.00	14	上海现代集装箱制造有限公司	524370.61
3	广东移动通信有限责任公司	1727183.10	15	广州宝洁有限公司	524210.00
4	松下电器机电(深圳)有限公司	1219577.00	16	北京大唐发电股份有限公司	506733.70
5	康佳集团股份有限公司	857389.00	17	中国国际海运集装箱(集团)股份有限公司	491350.00
6	华能国际电力股份有限公司	811145.75	18	大连西太平洋石油化工有限公司	487650.00
7	联想(北京)有限公司	770213.56	19	上海轮胎橡胶(集团)股份有限公司	399758.71
8	一汽大众汽车有限公司	768511.26	20	上海阿霍德－中汇超市有限公司	397510.00
9	希捷国际科技(无锡)有限公司	762333.80	21	韶关钢铁有限公司	396001.00
10	深圳希捷科技有限公司	661455.00	22	广东广合电力有限公司	376152.62
11	北京诺基亚移动通信有限公司	638427.71	23	华能国际电力开发公司	372164.36
12	上海贝尔有限公司	605889.32	24	广东科龙电器股份有限公司	366094.73

（续表）

序号	企业名称	销售额（万元）	序号	企业名称	销售额（万元）
25	南京依维柯汽车有限公司	354481.29	59	上海索广电子有限公司	209159.31
26	苏州飞利浦消费电子有限公司	353758.07	60	江西昌河铃木汽车有限责任公司	208970.80
27	庆铃汽车股份有限公司	353586.00	61	神龙汽车有限公司	206683.00
28	北京爱立信移动通信有限公司	348617.21	62	北京北大方正电子有限公司	205089.57
29	上海真空电子器件股份有限公司	335911.21	63	上海西门子移动通信有限公司	204072.00
30	沈阳金杯客车制造有限公司	334803.00	64	东莞福安纺织印染有限公司	203162.10
31	上海跃龙有色金属有限公司	332813.00	65	上海福华玻璃有限公司	202907.00
32	上海海中海发展股份有限公司	327944.69	66	上海锦江麦德龙购物中心有限公司	202805.86
33	冠捷电子（福建）有限公司	320637.00	67	上海夏普电器有限公司	202529.74
34	上海三菱电梯有限公司	315794.00	68	上海氯碱化工股份有限公司	202106.90
35	上海贝尔阿尔卡特移动通讯系统有限公司	308919.14	69	宁波中华纸业有限公司	201828.92
36	深圳创维－RGB电子有限公司	294984.00	70	江铃汽车股份有限公司	200603.00
37	深圳开发科技股份有限公司	282163.00	71	广东高路华电视机有限公司	199565.83
38	重庆钢铁股份有限公司	281166.30	72	张家港保税区东海粮油工业有限公司	197876.00
39	上海永新彩色显像管有限公司	280615.44	73	福建南靖万利达视听有限公司	196571.00
40	佳能珠海公司	280069.48	74	华懋双汇实业（集团）有限公司	191391.00
41	上海汇众汽车制造有限公司	277717.05	75	中国惠普有限公司	188093.00
42	深圳三洋华强激光电子有限公司	275868.00	76	河南新飞电器有限公司	187272.00
43	杭州娃哈哈保健食品有限公司	270393.00	77	西安杨森制药有限公司	186692.00
44	华飞彩色显示系统有限公司	266757.00	78	翔鹭涤纶纺纤（厦门）有限公司	185997.75
45	南海油脂工业（赤湾）有限公司	262956.00	79	厦门华侨电子股份有限公司	184338.25
46	长城国际信息产品（深圳）有限公司	258343.00	80	上海蜂星国际贸易有限公司	184297.66
47	爱普生技术（深圳）有限公司	256878.00	81	湛江东兴石油企业有限公司	183937.32
48	阿科中国有限公司	250933.00	82	哈尔滨哈飞汽车制造有限公司	182912.90
49	福建大丰投资集团有限公司	248236.00	83	宝洁（中国）有限公司	181236.00
50	理光（深圳）工业发展有限公司	247786.00	84	山东华能发电股份有限公司	178063.02
51	上海申美饮料食品有限公司	244135.60	85	飞利浦桑达消费通信（深圳）有限公司	176591.00
52	江西铜业股份有限公司	242780.80	86	重庆长安铃木汽车有限公司	176431.00
53	广州钢铁股份有限公司	236559.59	87	友利电电子（深圳）有限公司	176149.00
54	南昌正大畜禽有限公司	235579.00	88	深圳国际商业机器技术产品有限公司	174990.00
55	广东福地彩色显像管股份有限公司	230866.64	89	青岛啤酒股份有限公司	172271.00
56	吉林德大有限公司	227608.26	90	上海联华超市有限公司	170529.96
57	上海大江（集团）股份有限公司	227483.13	91	中国天津奥的斯电梯有限公司	170359.39
58	松下电器（中国）有限公司	216928.00	92	联合利华服务（上海）有限公司	168807.36

（续表）

序号	企 业 名 称	销售额（万元）	序号	企 业 名 称	销售额（万元）
93	国际商业机器中国有限公司	168780.23	128	福建永恩投资（集团）有限公司	137298.00
94	深圳三星电管有限公司	168301.00	129	上海索广映像有限公司	136942.20
95	乐金曙光电子有限公司	168075.00	130	合肥美菱股份有限公司	136883.36
96	南京熊猫电子股份有限公司	166892.34	131	北京万通广场房地产有限公司	136310.83
97	三洋电机（蛇口）有限公司	166600.00	132	海南航空股份有限公司	136087.80
98	深圳长科国际电子有限公司	165971.00	133	佳能大连办公设备有限公司	136006.00
99	唯冠科技（深圳）有限公司	165047.00	134	青岛朗讯科技通讯设备服务有限公司	135809.00
100	夏普办公设备（常熟）有限公司	164587.30	135	深圳赛格日立彩色显示器件有限公司	134339.00
101	天津三美电机有限公司	163633.00	136	山东中华发电有限公司	133508.00
102	顺德格兰仕电器厂有限公司	162364.00	137	厦门灿坤实业股份有限公司	133164.64
103	陕西渭河发电有限公司	161276.00	138	锦州东港电力有限公司	132167.00
104	东莞诺基亚移动电话有限公司	157110.37	139	本溪北龙炼铁有限公司	131844.97
105	惠普计算机产品（上海）有限公司	155442.30	140	伟创力实业（深圳）有限公司	130164.00
106	南京金城机械有限公司	154648.62	141	杭州中策橡胶有限公司	130138.00
107	东莞三星电机有限公司	154080.26	142	深圳南方中集集装箱制造有限公司	129807.00
108	丰田通商（上海）有限公司	153941.58	143	富金精密工业（深圳）有限公司	129684.00
109	江苏利港电力有限公司	153576.47	144	上海嘉士德－华海金属制品有限公司	127893.00
110	和德（集团）有限公司	153201.00	145	广深珠高速公路有限公司	126609.00
111	TCL 王牌电器（惠州）有限公司	152870.00	146	江苏富士通通信技术有限公司	125082.29
112	厦新电子有限公司	152820.11	147	大连东芝电视有限公司	124386.00
113	苏州罗技电子有限公司	152119.67	148	南京爱立信通信有限公司	124214.00
114	深圳海量存储设备有限公司	151243.00	149	中美天津史克制药有限公司	123763.88
115	华源凯马机械股份有限公司	151193.44	150	中国－阿拉伯化肥有限公司	123569.46
116	上海朗讯科技通信设备有限公司	151037.24	151	万宝至马达大连有限公司	123149.00
117	金隆铜业有限公司	150605.40	152	开平中晖复合纤维母粒有限公司	121634.75
118	番禺市祈福新村房地产有限公司	150356.99	153	雅达电子有限公司	120777.00
119	徐州维维食品饮料有限公司	148557.00	154	上海太平洋百货有限公司	120017.47
120	上海美建钢结构有限公司	148500.80	155	青岛三美电机有限公司	119090.00
121	广东健力宝集团有限公司	147836.00	156	惠阳联想电脑有限公司	119000.00
122	乐金电子（天津）电器有限公司	146716.00	157	厦门华夏国际电力发展有限公司	118183.00
123	苏州明基电脑有限公司	145951.00	158	正大集团（天津）实业有限公司	118176.00
124	河南安阳彩色显像管玻壳有限公司	141652.00	159	上海延锋汽车饰件有限公司	118150.00
125	上海国嘉实业股份有限公司	140939.85	160	本溪北龙钢铁集团有限公司	117163.00
126	深圳妈湾电力有限公司	139631.00	161	才众电脑（深圳）有限公司	116999.00
127	天津三星电机有限公司	137786.70	162	广州日立电梯有限公司	116751.00

（续表）

序号	企业名称	销售额（万元）	序号	企业名称	销售额（万元）
163	浙江美可达摩托车有限公司	116101.80	197	上海汽轮机有限公司	97787.82
164	内蒙古鄂尔多斯羊绒制品股份有限公司	115238.00	198	嘉国实业（深圳）有限公司	97562.00
165	上海美蓓亚精密机电有限公司	115232.28	199	山东新华制药股份有限公司	97388.40
166	奥林巴斯（深圳）工业有限公司	114194.00	200	广州京安豹汽车有限公司	97114.00
167	广东电力发展股份有限公司	113760.00	201	上海柴油机股份有限公司	96927.63
168	日本电产（大连）有限公司	113327.00	202	包头天诚线材有限公司	96815.01
169	天津顶益国际食品有限公司	112646.43	203	上海日立家用电器有限公司	96675.00
170	高明高丰纺织染联合企业有限公司	112640.00	204	高标准实业（深圳）有限公司	96194.00
171	宁波森邦国际经贸有限公司	111206.46	205	箭牌口香糖有限公司	95612.08
172	厦门正新橡胶工业有限公司	110678.20	206	银川中策（长城）橡胶有限公司	95373.63
173	仁宝电脑工业（中国）有限公司	109884.00	207	江阴振华港口机械有限公司	94699.00
174	上海光明乳业有限公司	109287.07	208	卡西欧电子（深圳）有限公司	93171.00
175	上海伊藤忠商事有限公司	108613.34	209	上海第一八佰伴有限公司	93124.32
176	上海振华港口机械股份有限公司	108267.61	210	黑龙江正大实业有限公司	93103.00
177	广州东方电力有限公司	108127.70	211	杭州松下家用电器有限公司	92026.00
178	江阴兴澄钢铁有限公司	107880.00	212	乐金电子沈阳有限公司	92008.00
179	山东晨鸣纸业集团股份有限公司	107023.26	213	广西玉柴机械股份有限公司	91975.00
180	张家港润忠钢铁有限公司	106856.00	214	广州造纸有限公司	91834.66
181	嘉吉贸易（上海）有限公司	106382.43	215	株洲南方雅马哈摩托车有限公司	91592.00
182	凤凰股份有限公司	106198.00	216	北京燕莎友谊商城有限公司	89819.00
183	江门市大长江摩托车有限公司	106150.75	217	舟山兴业有限公司	89787.00
184	上海阿法泰克电子有限公司	105937.00	218	西门子（中国）有限公司	89770.00
185	顺德惠而浦蚬华微波制品有限公司	105877.00	219	陆氏实业（武汉）有限公司	89543.80
186	广州珠江电力有限公司	105632.00	220	秦皇岛首钢板材有限公司	88833.30
187	石家庄宝石电气硝子玻璃有限公司	103789.36	221	杭州顶益国际食品有限公司	88071.00
188	北海粮油工业（天津）有限公司	103142.00	222	上海花王有限公司	88022.00
189	北京飞机维修工程有限公司	102809.25	223	上海集装箱码头有限公司	87635.00
190	湖南湘钢华光线材有限公司	101657.00	224	南通天生港发电有限公司	87634.96
191	东芝复印机（深圳）有限公司	101044.00	225	天津电装汽车电机有限公司	87540.72
192	南通中集顺达集装箱有限公司	100571.87	226	长飞光纤光缆有限公司	87128.00
193	合肥荣事达洗衣机有限公司	100551.00	227	赛特集团有限公司	86847.00
194	洛阳北方易初摩托车有限公司	99642.00	228	上海百事可乐饮料有限公司	86482.68
195	武汉金鹤药业有限公司	99156.00	229	张家港沙太钢铁有限公司	86209.00
196	东风金狮轮胎有限公司	98880.00	230	上海丽兴房地产有限公司	86018.00

（续表）

序号	企业名称	销售额（万元）	序号	企业名称	销售额（万元）
231	上海屈臣氏日用品有限公司	85998.72	266	双城雀槽有限公司	78468.00
232	上海易初通用机器有限公司	85330.14	267	上海派克电气有限公司	78419.93
233	上海易初配销有限公司	84859.00	268	上海锦海捷业国际货运有限公司	77691.74
234	上海东方商厦有限公司	84834.49	269	上海商城	77618.00
235	上海自动化仪表股份有限公司	84441.99	270	新利实业（深圳）有限公司	77600.00
236	上海新建设发展有限公司	84401.72	271	上海远东集装箱有限公司	77484.92
237	上海闸电燃气轮机发电有限公司	84127.00	272	辽阳忠旺铝型材有限公司	77434.00
238	上海利华有限公司	84108.00	273	源兴电脑科技（东莞）有限公司	77355.00
239	上海益昌薄板有限公司	83893.19	274	南太电子（深圳）有限公司	77196.00
240	黑龙江华润金玉实业有限公司	83628.00	275	上海 JVC 电器有限公司	76644.20
241	圣韵电子有限公司	83625.26	276	内蒙古伊泰煤炭股份有限公司	76628.00
242	上海联家超市有限公司	83621.59	277	中国迅达电梯有限公司	76393.00
243	诺基亚（中国）投资有限公司	83605.80	278	中华映管（福州）有限公司	76302.00
244	珠海华丰食品工业（集团）有限公司	83538.00	279	天津华利汽车有限公司	76052.30
245	广州进道集装箱有限公司	83363.91	280	上海德加拉电器有限公司	75550.00
246	番禺潭洲裕纺织印有限公司	83347.00	281	深圳施乐高科技有限公司	75430.00
247	江苏南钢宝兴钢铁有限公司	83039.73	282	中国南玻集团股份有限公司	75411.00
248	上海恒立房地产有限公司	82968.77	283	海尔梅洛尼（青岛）洗衣机有限公司	75175.39
249	美国通用电器塑料中国有限公司	82839.00	284	北京裕京花园别墅有限公司	75093.10
250	正大康地（蛇口）有限公司	82557.00	285	明达塑胶（福建）有限公司	74921.03
251	佛山市沙口发电厂有限公司	82389.00	286	维德木业（苏州）有限公司	73668.53
252	徐州华润电力有限公司	82376.00	287	华南蓝天航空油料有限公司	73349.81
253	中美上海施贵宝制药有限公司	81873.00	288	安徽佳通轮胎有限公司	72776.00
254	百威（武汉）国际啤酒有限公司	81842.18	289	合肥日立挖掘机有限公司	72374.00
255	诸城兴贸玉米开发有限公司	81826.18	290	宁波和邦国际贸易有限公司	72252.52
256	青岛海尔电冰箱公司	81532.00	291	牧田（中国）有限公司	72154.99
257	天津雅马哈电子乐器有限公司	81466.00	292	南京华新电线电缆有限公司	72077.25
258	爱立信（中国）有限公司	81455.94	293	光大木材工业（深圳）有限公司	71825.00
259	南通醋酸纤维有限公司	81449.00	294	番禺创信鞋业有限公司	71726.84
260	靖远第二发电有限公司	80888.00	295	松下．万宝（广州）压缩机有限公司	71582.25
261	深圳南天油粕工业有限公司	80389.00	296	广州华凌空调设备有限公司	71576.44
262	营口渤海油脂工业有限公司	80060.00	297	广州宝洁纸品有限公司	71301.88
263	杭州娃哈哈饮料有限公司	79924.00	298	天津三星电子有限公司	71032.00
264	金利来（中国）服饰皮具有限公司	79203.00	299	上海新格有色金属有限公司	70932.36
265	宁波雅戈尔服饰有限公司	78586.96	300	北京 JVC 电子产业有限公司	70040.00

（续表）

序号	企业名称	销售额（万元）	序号	企业名称	销售额（万元）
301	厦门进雄企业有限公司	70027.27	336	渤海铝业有限公司	63733.00
302	淮阴利淮钢铁有限公司	69644.00	337	首钢日电电子有限公司	63339.00
303	金桐石油化工有限公司	69527.79	338	深圳易初配销有限公司	63253.00
304	开平亚联复合纤维有限公司	69203.85	339	上海耀华皮尔金顿玻璃股份有限公司	63125.49
305	康惠（惠州）电子实业有限公司	69139.00	340	至卓飞高线路板（深圳）有限公司	62941.00
306	嘉陵—本田发动机有限公司	68937.00	341	深圳东海爱地房地产发展有限公司	62939.00
307	无锡夏普电子元器件有限公司	68901.00	342	南京金腾钢铁有限公司	62904.00
308	黑龙江电力股份有限公司	68897.32	343	广东天贸（集团）股份有限公司	62861.00
309	西门子光缆有限公司·成都	68538.00	344	西安大唐电信有限公司	62672.00
310	哈尔滨龙兴化纤有限公司	68470.00	345	张家港永新钢铁有限公司	62469.21
311	广州正大万客隆（佳景）有限公司	68221.00	346	厦门厦杏摩托有限公司	62429.25
312	昆山统一企业食品有限公司	68097.70	347	沈阳沈海热电有限公司	62365.00
313	深圳金威啤酒有限公司	67818.00	348	肇庆蓝带啤酒卢堡有限公司	62170.24
314	北京轻型汽车有限公司	67706.00	349	大连华录·松下录像机有限公司	62104.00
315	上海招商局大厦有限公司	67680.00	350	济南轻骑铃木摩托车有限公司	62056.00
316	中讯电子（昆山）有限公司	67293.00	351	苏州信越聚合有限公司	61780.60
317	UT 斯达康（中国）有限公司	67218.96	352	西安西沃客车有限公司	61510.80
318	天津卡丁车竞技娱乐有限公司	67004.00	353	上海兰生大宇有限公司	61469.60
319	杭州中萃食品有限公司	66998.00	354	上海陆家嘴金融贸易区开发股份有限公司	61398.19
320	北京首钢宝生带钢有限公司	66814.00	355	深圳创华合作有限公司	61199.00
321	鹤山美雅纺织有限公司	66709.63	356	陕西康佳电子有限公司	61181.74
322	上海嘉里粮油工业有限公司	66534.00	357	广东正大康地有限公司	61083.00
323	青岛正大有限公司	66317.00	358	福建龙马农用车制造有限公司	61052.00
324	上海金兴房地产发展有限公司	66182.00	359	天津天美汽车配件有限公司	61015.12
325	强生（中国）有限公司	65637.47	360	常熟通润机电有限公司	60975.26
326	福建恒安集团有限公司	65539.00	361	欧姆龙（大连）有限公司	60971.00
327	珠海松下马达有限公司	65521.69	362	广厦（银川）实业股份有限公司	60938.00
328	上海施乐复印机有限公司	65496.00	363	日商岩井（上海）有限公司	60662.00
329	福建日立电视机有限公司	65424.00	364	深圳彩虹皇旗电子资讯有限公司	60656.00
330	南京金鹰国际实业有限公司	65396.00	365	重庆建设—雅马哈摩托车有限公司	60617.00
331	中国南山开发（集团）股份有限公司	65378.00	366	葫芦岛锌厂东方铜业有限公司	60573.00
332	桂林大宇客车有限公司	65055.00	367	上海奥美广告有限公司	60460.25
333	中乔智威汤逊广告有限公司	64646.00	368	上海三荣电器有限公司	60390.00
334	东芝大连有限公司	64349.00	369	信华精机有限公司	60246.00
335	深圳百仕达实业有限公司	64173.00	370	湖北汉新发电有限公司	59961.79

（续表）

序号	企业名称	销售额（万元）	序号	企业名称	销售额（万元）
371	丹东阿尔派电有限公司	59946.61	406	秦皇岛正大有限公司	57687.00
372	青岛海信空调公司	59911.00	407	辽宁大成农牧实业有限公司	57649.00
373	福建实达电脑科技有限公司	59905.33	408	洛阳春都实业有限公司	57571.00
374	蛇口招商港务股份有限公司	59857.00	409	索尼精密部件（惠州）有限公司	57434.40
375	台达电子（东莞）有限公司	59822.42	410	北京可口可乐饮料有限公司	56950.00
376	丽都饭店有限公司	59688.00	411	天津宝洁有限公司	56916.00
377	沈阳顶益国际食品有限公司	59637.00	412	上海动力设备有限公司	56824.97
378	东莞歌乐东方电子有限公司	59538.40	413	好孩子儿童用品有限公司	56729.58
379	太平洋塑胶（福建）有限公司	59441.00	414	天津通广三星电子有限公司	56576.00
380	武汉广场管理有限公司	59380.00	415	上海裕安智盈显示设备有限公司	56518.76
381	张家港合丰钢铁有限公司	59337.36	416	东莞德永佳纺织制衣有限公司	56470.99
382	青岛海尔电冰箱（国际）有限公司	59275.00	417	北京百盛轻工发展有限公司	56465.36
383	上海纳铁福传动轴有限公司	59258.49	418	建泰橡胶（深圳）有限公司	56457.00
384	广州珠江轮胎有限公司	59199.51	419	武汉可口可乐饮料有限公司	56443.00
385	天津北洋集装箱有限公司	59199.00	420	上海百霖木业有限公司	56438.00
386	广东北电交换系统设备有限公司	59070.00	421	长春长铃摩托车有限公司	56278.77
387	珠海经济特区红塔仁恒纸业有限公司	59012.71	422	天津正大饲料科技有限公司	56273.00
388	盐田国际集装箱码头有限公司	58897.00	423	广东恒福置业有限公司	56269.00
389	上海进道集装箱有限公司	58893.71	424	韶关发电Ｄ厂有限公司	56210.00
390	深圳华安液化石油气有限公司	58864.00	425	上海惠普有限公司	56134.00
391	南通正大有限公司	58807.00	426	侨鑫集团有限公司	55938.00
392	天津日电电子通信工业有限公司	58759.79	427	上海一易初摩托车有限公司	55596.00
393	天津太平（集团）有限公司	58756.00	428	山东凤祥一爱迪西有限公司	55463.00
394	上海庄臣有限公司	58706.00	429	上海邮电通信设备股份有限公司	55423.32
395	上海中集冷藏箱有限公司	58686.74	430	三水健力宝富特容器有限公司	55403.49
396	杭州大厦有限公司	58671.00	431	中山嘉华电子（集团）有限公司	55201.00
397	中贸联万客隆商业有限公司	58362.23	432	亚星一奔驰有限公司	55069.00
398	四川嘉里粮油工业有限公司	58347.00	433	开封正大有限公司	54945.94
399	富士通将军（上海）有限公司	58306.00	434	广州羊城汽车有限公司	54809.00
400	吉联（吉林）石油化学有限公司	58122.86	435	正大岳阳有限公司	54713.00
401	柯达电子（上海）有限公司	58063.00	436	华新利乐（佛山）包装有限公司	54683.88
402	天津可口可乐饮料有限公司	57994.00	437	东莞华强三洋马达有限公司	54656.93
403	茉织华实业（集团）有限公司	57847.97	438	苏州爱普生显示元器件有限公司	54559.27
404	顺德市德胜电厂有限公司	57824.00	439	苏州工业园区华能阿莫科清洁能源有限公司	54418.00
405	上海肯德基有限公司	57714.00	440	上海嘉汇达房地产开发经营有限公司	54212.00

（续表）

序号	企　业　名　称	销售额（万元）	序号	企　业　名　称	销售额（万元）
441	深圳南顺油脂有限公司	53667.00	471	洛阳玻璃股份有限公司	50903.00
442	东莞市石龙京瓷光学有限公司	53666.14	472	本溪北龙烧结有限公司	50888.95
443	扬子巴斯夫苯乙烯系列有限公司	53503.22	473	上海福海木业企业有限公司	50695.35
444	汕头海洋第一聚苯树脂有限公司	53440.72	474	北京麦当劳食品有限公司	50689.90
445	上海太平国际货柜有限公司	53095.39	475	上海德尔福汽车空调系统有限公司	50656.00
446	武进大众钢铁有限公司	52999.00	476	佛山电器照明股份有限公司	50484.00
447	广东东芝万家乐制冷设备有限公司	52975.73	477	仪化佛山聚酯有限公司	50476.00
448	常熟松下阪神电器有限公司	52797.27	478	重庆奥妮化妆品有限公司	50332.41
449	江苏双良特灵溴化锂制冷机有限公司	52700.42	479	深圳南海粮食工业有限公司	50208.00
450	东洲油脂工业（广州）有限公司	52618.60	480	北京冠海房地产有限公司	50176.06
451	飞利浦亚明照明有限公司	52454.00	481	广东健力宝饮料有限公司	50136.28
452	江阴博丰钢铁有限公司	52356.72	482	东莞普思电子有限公司	50119.18
453	大连中集集装箱制造有限公司	52300.00	483	深圳方大实业股份有限公司	50076.00
454	厦门建松电器有限公司	52289.00	484	上海瑞侃电缆附件有限公司	50068.00
455	上海轻骑国际贸易有限公司	52210.48	485	东南（福建）汽车工业有限公司	50065.00
456	惠州三星电子有限公司	52003.80	486	中法合营王朝葡萄酿酒有限公司	49943.00
457	上海英雄股份有限公司	51985.91	487	广州市东迅房地产发展有限公司	49702.70
458	临沂新程肉制品有限公司	51672.30	488	南京中萃食品有限公司	49570.21
459	深圳南油（集团）有限公司	51643.00	489	上海永久自行车股份有限公司	49493.00
460	上海奇华顿罗亚有限公司	51563.00	490	台山市金桥铝型材厂有限公司	49467.25
461	深圳王利电机有限公司	51476.00	491	捷安特（中国）有限公司	49322.00
462	上海联吉合纤有限公司	51397.38	492	爱芬食品（北京）有限公司	49155.91
463	广东清连公路发展有限公司	51264.20	493	苏州迅达电梯有限公司	49108.00
464	唐山国丰钢铁有限公司	51253.71	494	朗讯科技（中国）有限公司	49007.87
465	高明市高丰针织企业有限公司	51204.00	495	大连浦金钢板有限公司	48859.00
466	北京松下电子部品有限公司	51067.42	496	长营电器（深圳）有限公司	48821.00
467	蛇口南顺面粉有限公司	51038.00	497	杭州旺旺食品有限公司	48814.00
468	河南新中益电力有限公司	51023.00	498	依利安达（广州）电子有限公司	48681.00
469	丸红（上海）有限公司	51010.00	499	长沙旺旺食品有限公司	48554.00
470	北京恩德斯豪斯电子有限公司	50959.00	500	潍坊光澳纸业有限公司	48552.00

1999 年外商投资出口百强企业

金额单位：万美元

序号	企业名称	出口额	序号	企业名称	出口额
1	摩托罗拉（中国）电子有限公司	98662	51	珠海三美电机有限公司	14890
2	希捷国际科技（无锡）有限公司	62248	52	大连日通外运货运公司	14877
3	深圳希捷科技有限公司	57986	53	东莞福安纺织印染有限公司	14294
4	英特尔科技（中国）有限公司	55609	54	华通电脑（惠州）有限公司	14206
5	广东核电合营有限公司	54399	55	深圳赛意法微电子有限公司	14122
6	冠捷电子（福建）公司	40586	56	西迪斯（天津）电子有限公司	13805
7	爱普生技术（深圳）有限公司	37751	57	中国华录松下录像机有限公司	13721
8	深圳开发科技股份有限公司	36524	58	力捷电脑中国有限公司	13709
9	友利电电子（深圳）有限公司	33872	59	信华精机有限公司	13402
10	东莞三星电机有限公司	32862	60	青浦一现代电子（上海）有限公司	13354
11	唯冠科技（深圳）有限公司	32073	61	上海 JVC 电器有限公司	13266
12	盐田国际集装箱码头有限公司	31408	62	茉织华实业（集团）有限公司	13264
13	佳能珠海有限公司	28795	63	番禺创信鞋业有限公司	13089
14	富金精密工业（深圳）有限公司	28606	64	青岛三美电机有限公司	13059
15	仁宝电脑工业（中国）有限公司	27264	65	顺德惠而浦蚬华微波制品有限公司	12770
16	上海索广电子有限公司	26953	66	青岛泰光制鞋有限公司	12617
17	才众电脑（深圳）有限公司	26619	67	天津三星电子有限公司	12488
18	深圳三洋华强激光电子有限公司	26277	68	天津阿尔卑斯电子有限公司	12200
19	深圳海量存储设备有限公司	25663	69	三星电子（苏州）半导体有限公司	12148
20	苏州明基电脑有限公司	25362	70	新会中集集装箱有限公司	11657
21	夏普办公设备（常熟）有限公司	25076	71	高明市高丰纺织染联合企业有限公司	11611
22	理光（深圳）工业发展有限公司	24562	72	镇泰（广州）有限公司	11494
23	飞利浦光磁电子（上海）有限公司	23720	73	从化东麟钻石有限公司	11303
24	苏州罗技电子有限公司	23127	74	厦门进雄企业有限公司	11202
25	深圳长科国际电子有限公司	23039	75	南通顺达集装箱有限公司	11071
26	中国远大集团公司	21378	76	东莞普思电子有限公司	10638
27	天津三星电机有限公司	20900	77	深圳乐意液体仓储有限公司	10533
28	厦门太古飞机工程有限公司	20689	78	华科立资讯科技（深圳）有限公司	10461
29	东莞诺基亚移动电话有限公司	19785	79	万宝至马达大连有限公司	10392
30	厦门灿坤实业股份有限公司	19535	80	深圳国际商业机器技术产品有限公司	10266
31	三洋电机（蛇口）有限公司	19278	81	无锡夏普电子元器件有限公司	10241
32	苏州飞利浦消费电子有限公司	18901	82	富士通将军（上海）有限公司	10166
33	三美电机有限公司	18655	83	苏州爱普生有限公司	10035
34	惠州金星电子有限公司	18550	84	上海夏普电器有限公司	9841
35	台达电子（东莞）有限公司	18514	85	上海振华港口机械股份有限公司	9754
36	惠州三星电子有限公司	18217	86	哈尔滨双太电子实业有限公司	9729
37	伟创力实业（深圳）有限公司	18138	87	南太电子（深圳）有限公司	9715
38	上海新锐实业有限公司	17457	88	中山东茗影音电子有限公司	9687
39	日本电产（大连）有限公司	17432	89	天津雅马哈电子乐器有限公司	9521
40	顺德市顺达电脑厂有限公司	17281	90	惠普计算机产品（上海）有限公司	9360
41	佛山普立华照相机有限公司	16936	91	广州进道集装箱有限公司	9306
42	鑫茂科技（深圳）有限公司	16369	92	恩倍福显示器（东莞）有限公司	9282
43	丹东饭山显示器有限公司	15969	93	新会新港集装箱制造有限公司	9253
44	大连西太平洋石油化工有限公司	15725	94	德丽科技（珠海）有限公司	9084
45	北京诺基亚移动通信有限公司	15680	95	至卓飞高线路板（深圳）有限公司	8996
46	深圳南方中集集装箱制造有限公司	15641	96	上海中集远东集装箱有限公司	8981
47	广州东宝（番澳）首饰有限公司	15574	97	大连东芝电视有限公司	8961
48	上海新康电子有限公司	15330	98	福建清禄鞋业有限公司	8934
49	上海美蓓亚精密机电有限公司	15201	99	广州广船国际股份有限公司	8874
50	奥林巴斯（深圳）工业有限公司	14976	100	青岛三湖制鞋有限公司	8817

1999年（第十四届）电子百强企业名单

序　号	企　业　名　称	销售总额(万元)	利润总额(万元)
1	联想集团控股公司	2029181.0	49511.0
2	上海广电(集团)有限公司	1745656.0	137304.0
3	TCL集团有限公司	1324054.0	67930.0
4	康佳集团股份有限公司	1315070.0	62466.0
5	四川长虹电子集团公司	1304684.9	66540.0
6	中国长城计算机集团公司	1209020.6	26787.1
7	北京邮电通信设备厂	1147537.0	62261.0
8	海信集团公司	1065221.0	23351.0
9	熊猫电子集团有限公司	1034812.0	40373.0
10	深圳市华为技术有限公司	1021473.0	170096.0
11	上海贝尔有限公司	864694.0	12636.0
12	北京北大方正集团公司	842760.0	16054.0
13	浙江东方通信集团	736419.0	40411.0
14	彩虹集团公司	635823.0	57078.0
15	北京爱立信移动通信有限公司	620746.0	16826.0
16	苏州孔雀电器集团有限责任公司	618182.3	47206.9
17	华东电子集团	549462.0	57059.0
18	深圳市赛格集团有限公司	535644.0	22584.0
19	深圳华强集团有限公司	518475.0	26320.0
20	厦门华侨电子企业有限公司	447474.8	9860.0
21	大连大显集团有限公司	434169.0	22129.0
22	浪潮电子信息产业集团公司	356277.0	4615.0
23	惠州市德赛集团有限公司	344748.0	20149.0
24	河南安彩集团有限责任公司	337928.0	33180.0
25	深圳创维－RGB电子有限公司	337292.5	2618.1
26	广东福地彩色显像管股份有限公司	316784.6	47312.3
27	北京松下彩色显像管有限公司	312241.0	14183.0
28	深圳开发科技股份有限公司	304336.0	31519.0
29	福建实达电脑集团有限公司	300724.0	4461.0
30	上海飞乐股份有限公司	274911.0	43206.0
31	北京国际交换系统有限公司	255381.0	42206.0
32	深圳桑达电子总公司	253750.0	4061.0
33	江苏新科电子集团公司	244778.0	2800.0
34	吉林省电子集团公司	238883.0	16516.0

（续表）

序　　号	企　业　名　称	销售总额(万元)	利润总额(万元)
35	长白计算机集团公司	238415.0	1112.0
36	长江计算机(集团)公司	224618.4	2279.1
37	福建福日集团公司	203646.0	4548.0
38	宏安集团有限公司	197099.0	19326.0
39	乐金曙光电子有限公司	194991.0	17947.0
40	沈阳和光集团股份有限公司	168332.0	6010.0
41	清华同方股份有限公司	164991.0	18411.0
42	广东风华高新科技集团有限公司	158993.0	18267.0
43	咸阳偏转集团公司	157558.0	6696.0
44	江门市高路华集团公司	149620.0	12069.0
45	西湖电子集团有限公司	136227.8	6383.3
46	山东泰山电器集团	136059.0	301.0
47	万利达集团有限公司	135201.0	6273.0
48	中国华录电子有限公司	134189.0	1552.0
49	南天电子信息产业集团公司	133775.7	6691.2
50	江苏宏图电子信息集团有限公司	132726.0	7347.0
51	浙江兰花集团公司	127266.7	862.3
52	厦新电子有限公司	126146.0	10103.0
53	天津市中环电子计算机公司	126102.0	6795.0
54	巨龙信息技术有限责任公司	120424.1	3524.7
55	长飞光纤光缆有限公司	118705.0	14092.0
56	上海华虹(集团)有限公司	117116.7	3849.3
57	深圳市先科企业集团	114755.0	2335.0
58	大唐电信科技股份有限公司	108875.0	15126.0
59	四川托普集团科技发展有限责任公司	105782.0	8901.0
60	北京松下通信设备有限公司	104974.0	4332.0
61	航天科技(中国)有限公司	103654.0	3598.0
62	浙江东阳磁性企业集团公司	101480.0	14810.0
63	中国大恒(集团)有限公司	91984.3	3751.1
64	烟台东方电子信息产业集团有限公司	89759.3	40457.9
65	江西省电子集团公司	87122.0	1142.7
66	上海邮电通信设备股份有限公司	85930.0	675.0
67	广州邮电通信设备有限公司	85044.0	5236.0
68	中山集团公司	82655.0	6903.0
69	北京东方电子集团股份有限公司	80512.3	10111.6

（续表）

序　号	企　业　名　称	销售总额(万元)	利润总额(万元)
70	深圳兰光电子工业总公司	79319.0	1466.0
71	江苏紫金电子信息产业集团公司	78290.0	4712.0
72	清华紫光(集团)总公司	78074.0	9172.0
73	东莞生益敷铜板股份有限公司	77380.0	13946.0
74	东方软件有限公司	75200.0	12996.0
75	北京兆维电子(集团)有限责任公司	72660.0	5256.0
76	北京 JVC 电子产业有限公司	68200.0	1301.0
77	江苏高能信息产业股份有限公司	65644.0	4398.0
78	上海金陵股份有限公司	64826.0	11138.0
79	镇江通讯广播设备厂	63586.0	3607.0
80	北京松下电子有限公司	62439.0	2054.0
81	中国计算机软件与技术服务总公司	60602.0	4094.0
82	无锡梅花电子集团公司	60130.0	1037.0
83	南阳金冠集团有限责任公司	59756.0	527.0
84	杭州富通集团公司	59124.2	2775.6
85	上海无线通信设备制造有限公司	56738.0	75.0
86	丹东东宝电器(集团)总公司	55865.0	1086.0
87	浙江天屹集团有限公司	55805.7	2196.6
88	广东正通集团有限公司	55805.0	3300.0
89	威海北洋电气集团股份有限公司	55364.0	347.0
90	宁波波导股份有限公司	55355.0	5085.0
91	北京金裕兴电子技术有限公司	53519.0	11725.0
92	浙江富春江通信集团有限公司	53352.0	4155.0
93	中国振华(集团)科技股份有限公司	52820.0	6970.0
94	武汉洲际通信电源集团有限责任公司	52298.0	5140.0
95	深圳泰丰电子有限公司	52071.0	5216.0
96	辽宁无线电二厂(集团)	51357.0	1301.0
97	天津电话设备厂	50949.0	3543.0
98	汕头超声电子(集团)公司	50825.0	11000.0
99	南通华容电子集团有限责任公司	50607.0	1662.1
100	深圳市京华电子股份有限公司	49588.0	1948.0

1999 年全国重点商业集团企业销售额、零售额统计表

单位名称	销售总额			零售总额		
	1999 年实绩		1999 年比 1998 年	1999 年实绩		1999 年比 1998 年
	排序	千元	±%	排序	千元	±%
大连商场集团公司	1	5048432	25.1	1	2924631	25.5
武汉武商集团股份有限公司	2	3057425	47.6	2	2890208	59.4
天津劝业华联集团有限公司	3	2832948	17.6	6	1695570	35.8
武汉中商集团股份有限公司	4	2793825	26.7	5	1979900	14.8
北京西单友谊集团	5	2413780	−12.0	4	2014100	−0.2
北京东安集团	6	2045813	9.7	3	2045813	9.7
天津市滨江集团有限公司	7	1885163	13.1	9	1341277	36.1
成都人民商场（集团）股份有限公司	8	1620639	19.9	7	1604816	47.2
江苏无锡商业大厦集团有限公司	9	1606850	18.5	8	1350560	32.2
沈阳商业城集团	10	1590165	4.0	19	737124	16.4
北京蓝岛集团	11	1139753	−7.0	10	1116498	−6.6
长沙友谊集团有限公司	12	1117625	1.2	16	831197	2.1
杭州解百集团股份有限公司	13	1101331	−9.3	14	877415	−7.9
广州市广州百货大厦	14	1087150	−12.4	12	1013650	−14.7
大庆市百货大楼集团股份有限公司	15	1069884	15.7	11	1069884	15.7
昆明百货大楼（集团）股份有限公司	16	1032244	16.8	24	696162	25.1
武汉市汉商集团股份有限公司	17	930379	−20.3	30	526102	−15.0
西安民生集团	18	914089	−1.2	13	906135	3.4
广州市新大新公司	19	857726	−22.7	17	821423	−24.0
大连市天百集团股份有限公司	20	853161	−14.7	15	845117	4.8
济南人民商场集团公司	21	820666	5.6	18	746696	32.7
济南百货大观集团有限公司	22	785685	24.7	22	721585	28.9
昆明市樱花购物中心	23	762399	27.1	27	663029	37.9
哈尔滨市中央商城	24	732279	2.8	20	731370	3.1
哈尔滨秋林公司	25	731256	−7.0	21	721654	−7.8
广州南方大厦有限公司	26	724920	−12.2	23	716160	−10.6
重庆商社新世纪百货公司	27	724392	40.8	26	678458	40.8
内蒙古民族商场集团股份有限公司	28	711660	7.1	25	688140	12.1
上海六百实业有限公司	29	662131	−11.5	28	630932	−0.2
珠海市百货（集团）有限公司	30	646488	−41.7	37	192782	−30.0
江苏无锡第一百货集团有限公司	31	611580	−2.5	29	558529	14.1
保定商场集团有限公司	32	491780	6.7	33	370140	1.5
青岛崂山百货大楼集团股份公司	33	470833	−6.1	31	435936	−13.1
天津市金元宝商厦集团有限公司	34	452699	3.3	32	434070	10.2
常熟华联商厦集团总公司	35	347985		36	215807	
内蒙包头市百货大楼集团公司	36	300580	−10.5	34	300580	−10.5
河北保定针纺织品集团公司	37	283764	14.1	35	274331	17.5
青岛市友谊集团公司	38	167613	9.0	38	167613	9.0
宜昌国贸大厦集团	39	158530	−47.5	39	156675	−20.7
长沙市中山集团股份有限公司	40	151861	−55.4	42	102996	−45.8
安徽铜陵百货（集团）公司	41	150882	−16.0	40	139992	−12.3
新疆百花村股份有限公司	42	108371	−4.6	41	103558	−4.6
唐山市百货（集团）公司	43	79468	−38.0	43	50442	−45.4
河北保定商业大厦集团公司	44	60920	19.9	44	38954	44.0
丹东一百集团股份有限公司	45	23151	−9.5	45	23151	−9.5

1999年全国重点大型商场销售额、零售额统计表

单位名称	销售总额			零售总额		
	1999年实绩		1999年比1998年	1999年实绩		1999年比1998年
	排序	千元	±%	排序	千元	±%
上海市第一百货商店股份有限公司	1	6120370	－3.8	1	3900660	－9.3
上海华联商厦股份有限公司	2	4284280	－7.9	2	3555140	－4.8
上海豫园商城股份有限公司	3	4005012	6.8	3	2908432	6.9
三联商社	4	3430160	27.6	5	1615882	34.0
重庆百货大楼股份有限公司	5	2025071	28.2	8	1387384	32.2
北京市西单商场股份有限公司	6	1913398	－2.9	4	1630118	12.7
天津劝业场股份有限公司	7	1709193	0.7	17	1003584	6.3
中兴——沈阳商业大厦股份有限公司	8	1692361	－2.2	25	827833	－7.0
南京新街口百货商店股份有限公司	9	1655122	1.6	7	1505068	13.4
武汉广场管理有限公司	10	1582490	80.9	6	1582490	80.9
成都人民商场集团股份有限公司	11	1372031	9.2	9	1320193	21.1
上海第一八佰伴有限公司	12	1224670	12.9	10	1224670	12.9
北京城乡贸易中心股份有限公司	13	1203400	－19.0	11	1129788	－14.0
天津市滨江商厦有限公司	14	1120968	－1.3	28	786659	－3.6
北京蓝岛大厦	15	1105606	－2.2	12	1076517	－2.1
南京中央商场股份有限公司	16	1081368	3.5	23	859478	2.0
沈阳商业城（集团）	17	1069701	12.7	48	630827	25.4
长春市欧亚集团股份有限公司	18	1031208	39.6	13	1031208	45.4
昆明百货大楼（集团）股份有限公司	19	1009998	13.8	35	696162	24.7
北京双安商场	20	1006053	3.3	14	1006053	3.3
北京燕莎友谊商城	21	1005324	－1.9	16	1004729	12.4
深圳万佳百货股份有限公司	22	1005283	35.8	15	1005283	35.8
北京北辰购物中心	23	941167	33.4	18	935997	32.7
广州市广州百货大厦	24	923810	－11.1	22	869360	－12.9
天津百货大楼	25	920370	－18.4	38	678050	－6.6
北京翠微集团翠微大厦	26	917350	28.7	19	917350	28.7
长春百货大楼集团股份公司	27	911325	12.1	21	872920	16.2
广州友谊商店股份有限公司	28	910240	－5.1	20	884180	－14.6
北京王府井百货股份有限公司	29	897051	－28.2	44	649160	－3.3
山东世界贸易中心银座商城	30	896801	21.8	46	637035	19.1
西安市民生集团股份有限公司	31	865773	4.9	24	858710	9.6
合肥百货大楼股份有限公司	32	845530	16.8	26	825446	24.2
南京商厦股份有限公司	33	826479	－0.7	47	635322	8.5
石家庄北田商城	34	805970	19.4	31	759120	19.6
北京赛特购物中心	35	804909	－2.8	27	791928	3.0
西安解放集团股份有限公司	36	800222	9.5	33	725394	13.5
杭州百货大楼	37	799611	－0.2	37	680932	2.5
杭州解放路百货商店股份有限公司	38	786115	－10.9	49	630215	－6.0
昆明西南商业大厦股份有限公司	39	766710	7.9	29	766710	7.9
大庆市百货大楼	40	766268	－0.2	30	766268	－0.2
唐山市百货大楼	41	763747	31.4	54	533100	12.4
杭州大厦购物中心	42	757535	18.1	32	745378	28.6
长沙通程控股股份有限公司	43	733215	6.2	70	414756	24.7
安徽商之都有限责任公司	44	722988	28.3	36	685109	30.4
哈尔滨秋林公司	45	713557	－8.9	34	703955	－9.7
内蒙古民族商场	46	687390	1.3	40	667900	－1.4
淄博商厦股份有限公司	47	670960	15.8	39	670960	15.8
武汉亚洲贸易广场股份有限公司	48	670792	14.9	43	652109	15.3

（续表）

单位名称	销售总额			零售总额		
	1999 年实绩		1999 年比 1998 年	1999 年实绩		1999 年比 1998 年
	排序	千元	±%	排序	千元	±%
长沙阿波罗商业城	49	663621	6.9	50	615210	5.7
山东青岛市利群集团股份有限公司	50	655341	33.4	52	577788	38.2
兰州市民百（集团）股份有限公司	51	655328	0.0	41	655328	0.0
武汉中南商业大楼	52	655317	−12.1	42	655317	−12.1
北京长安商场	53	638834	26.5	45	638834	26.5
成都百货大楼	54	636134	3.7	71	414648	3.0
上海六百实业有限公司	55	624145	−11.6	51	592946	0.4
天津华联商厦股份有限公司	56	606210	47.8	78	394713	86.1
重庆商社新世纪百货公司	57	599778	31.9	53	553644	31.2
新疆友好集团天山百货大楼	58	584684	20.1	61	489118	17.0
苏州市购物中心工业品商场	59	583000	5.6	69	417284	0.3
北京隆福大厦	60	581622	0.0	121	209393	0.0
广州市新大新公司	61	547620	−22.8	56	517762	−24.9
宁波华联商厦	62	535999	−1.3	74	406133	0.7
沈阳联营公司	63	525944	23.6	55	519177	24.7
厦门商业集团华联商厦	64	523064	−20.9	104	265916	−10.6
南宁市百货大楼股份有限公司	65	518370	6.0	57	500260	5.5
上海第一食品商店股份有限公司	66	516000	−5.9	102	267580	13.9
北京复兴商业城	67	509768	−1.2	59	494725	−0.7
常州百货大楼股份有限公司	68	508377	5.3	62	480455	9.8
哈尔滨市中央商城	69	497513	−0.6	58	497513	−0.6
大连市天百大楼股份有限公司	70	493555	1.4	60	491056	15.5
苏州人民商场股份有限公司	71	492928	12.6	82	372964	3.1
福州东街口百货大楼股份有限公司	72	485175	−1.5	85	343447	−2.4
太原五一百货集团股份有限公司	73	459311	−4.3	66	424456	−4.6
石家庄东方城市广场有限公司	74	457798	10.2	63	457798	10.2
北京贵友大厦	75	456738	−15.4	99	291110	−7.6
苏州泰华商城	76	455051	−0.9	67	421738	0.7
太原天龙集团股份有限公司	77	448531	17.7	64	448531	17.7
昆明市樱花购物中心	78	441760	96.2	65	441760	96.2
石家庄人民商场股份有限公司	79	433197	0.0	80	387056	−5.2
北京市菜市口百货有限责任公司	80	421907	9.3	68	420342	11.1
青岛崂山百货大楼股份有限公司	81	413971	−17.5	72	413971	−17.5
哈尔滨第一百货商店股份有限公司	82	413566	−11.7	73	413566	−11.7
南昌洪城大厦股份有限公司	83	413335	1.3	84	351202	79.3
南昌市百货大楼股份有限公司	84	406102	22.3	86	339133	39.8
济南人民商场股份有限公司	85	405047	12.5	81	385901	21.1
秦皇岛华联商场股份有限公司	86	402250	11.9	75	402250	11.9
安徽乐普生百货有限责任公司	87	402030	22.6	76	402030	22.6
北京东安商场	88	400925	3.7	77	400925	3.7
保定商场股份有限公司	89	400650	5.3	83	351852	8.4
北京市西单购物中心	90	398912	−21.5	79	387202	−18.1
徐州市百货大楼股份有限公司	91	374452	1.4	90	321042	3.9
成都市华联商厦股份有限公司	92	357729	14.0	113	235207	−1.5
烟台华联集团华联商厦	93	350279	72.9	142	163678	−3.2
保定百货大楼	94	345278	4.2	87	338669	4.0
山东青岛华联商厦股份有限公司	95	341301	−7.7	123	205144	−12.6
江苏宜兴市蛟桥商场股份有限公司	96	332894	−27.1	108	253891	−6.1
济南华联商厦集团股份有限公司	97	332528	−8.5	89	325036	−4.9
乌鲁木齐市友好商场	98	332410	28.3	106	258703	16.6
天津商场	99	331084	−28.5	139	170090	6.3
合肥鼓楼商厦有限责任公司	100	329930	23.8	88	329930	23.8

1999年全国重点大型商场商品品牌市场销售状况

男西装		男衬衫		T恤衫		女　装		牛仔服	
品牌名称	市场综合占有率%	品牌名称	市场综合占有率%	品牌名称	市场综合占有率%	品牌名称	市场综合占有率%	品牌名称	市场综合占有率%
杉　杉	8.6	雅戈尔	13.2	鳄　鱼	6.1	华　鑫	4.1	波　顿	16.6
雅戈尔	8.2	开　开	8.2	梦特娇	3.9	滕　氏	2.0	威　鹏	13.5
罗　蒙	2.5	虎　豹	8.0	金利来	3.6	佐尔美	1.5	剑　龙	6.1
潇　翔	2.1	洛　兹	5.7	花花公子	2.1	太　和	1.3	大　利	5.8
仕　奇	2.1	海　螺	5.4	班尼路	2.0	米兰诺	0.8	蓝灵顿	4.7
胜　龙	1.5	富　绅	5.1	雄	1.6	万乐佳	0.8	风　暴	3.0
大　维	1.3	琴　曼	4.6	圣玛田	1.4	圣凯罗	0.7	旗牌王	3.0
虎　豹	1.2	太平鸟	2.6	金犀宝	1.2	赛思特	0.7	利达斯	3.0
报喜鸟	1.1	步　森	2.3	皮尔卡丹	1.2	罗　曼	0.7	萍　果	2.9
培罗蒙	1.1	金利来	2.3	雅　鹿	1.0	优佳丽	0.7	兰　雁	2.2
其　他	70.4	其　他	42.4	其　他	75.9	其　他	86.7	其　他	39.3

童　装		针织内衣		羊绒及羊毛衫		皮革服装		防寒服	
品牌名称	市场综合占有率%	品牌名称	市场综合占有率%	品牌名称	市场综合占有率%	品牌名称	市场综合占有率%	品牌名称	市场综合占有率%
一　休	10.4	三　枪	20.6	鄂尔多斯	10.7	奥　豹	4.8	波司登	26.0
米奇妙	6.6	宜而爽	16.6	鹿　王	4.7	赛　美	4.5	美尔姿	9.9
丽婴房	3.8	AB	6.4	春　竹	4.1	和　泰	3.7	鸭　鸭	6.0
懒　猫	3.5	豪　门	5.8	珍　贝	3.8	应　大	3.1	雪　伦	3.4
ABC	3.2	菊　花	4.2	雪　莲	2.7	京　豹	2.9	雪　驰	2.8
博士蛙	2.4	铜　牛	2.4	恒源祥	2.5	庄　子	2.8	寒　思	2.6
派克兰帝	1.9	欧　风	2.3	海尔曼斯	2.1	凯　撒	2.6	雪中飞	2.6
小太阳	1.6	欧　棒	1.4	天　山	2.0	帕特纳	2.1	杰　奥	2.3
小星星	1.3	海　林	1.2	荣　祥	1.5	兽　王	2.0	雅　鹿	2.3
巴布豆	1.3	南极人	1.2	兔　皇	1.4	蒙　努	1.9	老　鸭	2.1
其　他	64.2	其　他	38.1	其　他	64.4	其　他	69.8	其　他	40.0

白　酒		啤　酒		葡萄酒		瓶装水	
品牌名称	市场综合占有率%	品牌名称	市场综合占有率%	品牌名称	市场综合占有率%	品牌名称	市场综合占有率%
五粮液	17.8	青　岛	20.7	张　裕	21.0	娃哈哈	24.2
茅　台	13.0	燕　京	19.9	长　城	14.3	乐百氏	20.4
二锅头	7.9	蓝　带	11.0	王　朝	12.6	农夫山泉	13.6
剑南春	7.8	百　威	9.0	威　龙	8.1	康师傅	7.5
干一杯	5.1	五　星	3.1	通　化	6.4	获特满	2.8
古井贡酒	4.1	北　京	3.1	中　华	2.5	天与地	2.4
泸州老窖	3.7	喜　力	2.8	丰　收	2.2	崂　山	2.1
郎　酒	3.5	贝　克	2.4	夜光杯	1.5	养生堂	1.5
全　兴	2.9	嘉士伯	2.1	青　岛	1.4	怡　宝	1.3
京　酒	2.8	蓝　剑	1.7	野　力	1.3	屈臣氏	1.2
其　他	31.2	其　他	24.3	其　他	28.6	其　他	23.1

（续表）

碳酸饮料		乳酸饮料		果汁饮料		固体饮料		奶粉	
品牌名称	市场综合占有率%	品牌名称	市场综合占有率%	品牌名称	市场综合占有率%	品牌名称	市场综合占有率%	品牌名称	市场综合占有率%
可口可乐	34.8	乐百氏	18.0	椰树	10.7	果珍	25.2	雀巢	15.8
雪碧	15.7	娃哈哈	16.7	统一	9.6	雀巢	18.4	三鹿	10.7
百事可乐	13.9	光明	7.5	汇源	9.5	高乐高	12.0	完达山	7.9
芬达	5.9	菊乐	4.0	露露	9.1	维维豆奶	6.8	多美滋	7.3
健力宝	5.1	伊利	3.5	康师傅	8.2	必是	3.7	伊利	7.1
旭日升	4.9	卡夫	3.2	大湖	3.9	麦斯威尔	3.1	力多精	4.3
非常可乐	4.4	帕玛拉特	2.4	都乐	3.8	阿华田	2.5	味全	4.1
醒目	4.1	太子	2.4	茹梦	3.1	美禄	2.5	龙丹	4.0
七喜	2.0	生活	2.3	华旗	2.4	舒高	2.2	阳坪	2.2
美年达	1.7	达能	1.9	三得利	2.3	梁丰	1.6	红星	2.1
其他	7.7	其他	38.2	其他	37.4	其他	22.1	其他	34.5

54 厘米彩色电视机		64 厘米及以上彩电		影碟机		组合音响		家用电脑	
品牌名称	市场综合占有率%	品牌名称	市场综合占有率%	品牌名称	市场综合占有率%	品牌名称	市场综合占有率%	品牌名称	市场综合占有率%
长虹	18.4	康佳	18.2	新科	26.4	索尼	12.3	联想	34.2
康佳	18.1	长虹	17.4	步步高	13.4	松下	10.8	海尔	8.8
TCL	15.2	TCL	14.6	厦新	13.3	爱华	10.8	方正	6.7
海尔	10.9	海尔	11.1	万利达	8.4	健伍	9.1	海信	4.9
海信	7.3	海信	9.9	先科	8.3	奇声	4.5	TCL	4.7
创维	4.9	飞利浦	4.7	金正	6.1	JVC	4.3	恒生	4.3
熊猫	3.9	创维	4.4	飞利浦	5.0	厦新	3.5	金长城	4.0
飞利浦	3.9	厦华	2.9	爱多	2.3	飞利浦	3.5	东海	3.1
索尼	2.5	索尼	2.6	上广电	2.2	新科	2.8	IBM	2.2
厦华	2.0	东芝	2.5	裕兴	1.9	丽声	2.0	康柏	2.2
其他	12.8	其他	11.7	其他	12.7	其他	36.4	其他	24.9

家用电冰箱		家用电冰柜		房间空调器		家用双缸洗衣机		家用全自动洗衣机		家用滚桶式洗衣机	
品牌名称	市场综合占有率%	品牌名称	市场综合占有率%	品牌名称	市场综合占有率%	品牌名称	市场综合占有率%	品牌名称	市场综合占有率%	品牌名称	市场综合占有率%
海尔	28.1	海尔	42.1	海尔	31.8	海尔	27.6	小天鹅	28.7	海尔	36.7
容声	17.3	澳柯玛	18.8	美的	10.1	小天鹅	18.3	海尔	26.4	小鸭	30.0
新飞	12.7	新飞	10.2	春兰	9.5	荣事达三洋	17.6	荣事达三洋	17.1	西门子	18.6
美菱	11.1	荣事达三洋	5.9	海信	6.4	松下爱妻号	11.9	松下爱妻号	8.0	小天鹅	6.2
长岭	6.7	星星	5.6	格力	6.1	威力	6.3	金羚	5.8	美菱	3.3
伊莱克斯	5.6	小天鹅	2.5	科龙	5.8	金羚	5.1	LG	3.7	惠而浦	3.0
西门子	6.6	西泠	1.9	三菱	5.5	小鸭	3.6	威力	2.6	荣事达三洋	0.4
松下	2.0	白雪	1.5	日立	4.3	海棠	2.6	日立	2.2	日立	0.2
三星	2.0	美菱	1.4	LG	3.3	天洋	1.5	小鸭	1.4	金鼎	0.2
夏普	1.7	日立	1.1	长虹	3.2	TCL	0.9	海棠	0.9	松下爱妻号	0.2
其他	8.3	其他	9.0	其他	14.0	其他	4.7	其他	3.2	其他	1.4

家用电风扇		微波炉		吸尘器		抽油烟机		燃气、电热水器	
品牌名称	市场综合占有率%	品牌名称	市场综合占有率%	品牌名称	市场综合占有率%	品牌名称	市场综合占有率%	品牌名称	市场综合占有率%
美　的	18.6	格兰仕	39.0	海　尔	24.9	帅　康	28.8	海　尔	17.0
艾美特	14.3	LG	17.7	三　洋	16.3	方　太	17.3	万家乐	10.7
格　力	12.6	松　下	8.6	春　花	13.2	玉　立	10.7	阿里斯顿	7.7
海　尔	8.8	海　尔	6.2	富　达	13.1	樱　花	7.1	康　泉	5.7
长　城	3.4	三　星	5.7	快　乐	8.5	老　板	6.0	大拇指	5.6
华　生	3.3	惠而浦	4.0	飞利浦	5.0	海　尔	3.1	万　和	5.1
先　锋	2.8	三　洋	3.2	松　下	2.7	万家乐	2.3	林　内	3.2
绿岛风	2.1	澳柯玛	2.6	巨　东	1.6	百　野	2.0	金　友	2.9
金　羚	1.3	三　菱	2.3	唐　峰	1.5	科　宝	2.0	小　鸭	2.3
发　达	1.3	蚬　华	2.0	艾美特	1.4	格林特	1.9	樱　花	2.2
其　他	31.6	其　他	8.9	其　他	11.9	其　他	18.9	其　他	37.5

电饭煲		电熨斗		照相机		手　表		自行车	
品牌名称	市场综合占有率%	品牌名称	市场综合占有率%	品牌名称	市场综合占有率%	品牌名称	市场综合占有率%	品牌名称	市场综合占有率%
美　的	29.8	红　心	24.5	奥林巴斯	17.9	天　王	12.9	凤　凰	15.9
爱　德	10.7	飞利浦	21.5	佳　能	12.0	飞亚达	10.7	捷安特	14.1
容　声	10.7	优柏灿坤	13.9	理　光	11.1	罗西尼	8.2	永　久	10.2
红　心	7.7	海　尔	10.0	美能达	10.2	依　波	7.3	飞　鸽	4.2
三　角	6.9	松　下	5.9	凤　凰	8.9	西铁城	2.7	阿米尼	3.9
松　下	5.1	好运达	2.5	三　星	6.5	英纳格	2.4	富士达	3.7
德　宝	4.7	超　人	2.2	海　鸥	5.8	天海霸	2.4	金　狮	2.4
格兰仕	2.6	文　峰	1.9	拍得丽	3.4	雷　达	1.9	三　斯	1.9
希　贵	2.2	威　马	1.6	奇　能	3.3	精　工	1.8	中　华	1.7
夏　普	1.2	彩　虹	1.5	柯尼卡	2.7	卡西欧	1.6	黑　马	1.7
其　他	18.3	其　他	14.6	其　他	18.1	其　他	48.2	其　他	40.4

各式皮包		皮　鞋		旅游鞋		美容护肤品		洗发护发品	
品牌名称	市场综合占有率%	品牌名称	市场综合占有率%	品牌名称	市场综合占有率%	品牌名称	市场综合占有率%	品牌名称	市场综合占有率%
苹　果	6.9	森　达	15.8	双　星	13.0	玉兰油	15.1	飘　柔	21.0
万里马	6.4	达芙妮	8.6	安　踏	6.7	大　宝	9.5	海飞丝	12.8
卡丹路	4.6	哈　森	4.4	李　宁	6.6	羽　西	8.6	舒　蕾	12.2
爱　思	3.4	百　丽	4.0	匹　克	6.3	旁　氏	6.3	潘　婷	11.0
鳄　鱼	3.3	特丽雅	3.6	倍福来	4.0	欧珀莱	6.2	沙　宣	8.4
百利莲	3.2	万　里	3.5	阿迪达斯	3.9	小护士	6.1	夏士莲	7.2
皇　冠	2.3	奥　康	3.0	奇安特	3.6	美宝莲	5.4	力　士	5.3
D	2.2	千百度	2.8	爱尔达	3.3	高　丝	4.6	伊卡路	2.5
荷　花	1.8	康　奈	2.7	耐　克	3.0	郑明明	4.0	奥　妮	2.1
李　宁	1.7	孚　德	1.8	别　克	2.8	丽花丝宝	2.0	诗　芬	1.4
其　他	64.4	其　他	49.7	其　他	46.8	其　他	32.3	其　他	16.3

合成洗衣粉		清洁洗涤剂		香　皂		牙　膏	
品牌名称	市场综合占有率%	品牌名称	市场综合占有率%	品牌名称	市场综合占有率%	品牌名称	市场综合占有率%
汰　渍	17.1	白　猫	27.7	舒肤佳	28.8	高露洁	20.1
白　猫	16.8	金　鱼	12.4	力　士	17.3	佳洁士	18.8
碧　浪	14.6	雕　牌	6.4	夏士莲	13.5	两面针	11.5
奥　妙	14.4	金　纺	5.3	罗　兰	4.0	中　华	10.6
活力28	6.7	正　章	4.3	梦　幻	3.4	洁　诺	9.1
巧　手	5.2	蓝月亮	3.5	雕　牌	2.7	蓝天六必治	6.5
雕　牌	4.3	高富力	3.1	上　海	2.2	黑　人	5.9
熊　猫	3.3	巧　手	3.0	纳爱斯	2.1	黑　妹	4.2
天津加酶	1.7	龙安84消毒液	2.1	索肤特	2.0	冷酸灵	3.6
威　白	1.3	绿　伞	1.7	花　王	1.5	狮　王	1.1
其　他	14.6	其　他	30.5	其　他	22.6	其　他	8.6

1999 年全国食品日用品 500 领先品牌一览表

序号	品牌	市场综合占有率‰	序号	品牌	市场综合占有率‰
1	金龙鱼	13.254	48	露露	3.872
2	可口可乐	12.781	49	大宝	3.763
3	康师傅	12.149	50	红星（白酒）	3.756
4	飘柔	10.452	51	莲花	3.755
5	舒肤佳	8.822	52	沙宣	3.754
6	雪碧	8.686	53	碧浪	3.673
7	护舒宝	8.572	54	茅台	3.567
8	达能	7.957	55	康元	3.566
9	统一	7.701	56	王朝	3.561
10	高露洁	7.534	57	金霸王	3.529
11	乐百氏	7.522	58	亲亲	3.479
12	白猫	7.509	59	雨润	3.457
13	德芙	7.352	60	娇爽	3.360
14	龙凤（速冻）	7.272	61	三得利	3.288
15	五粮液	7.246	62	多美滋	3.249
16	百事可乐	7.127	63	红梅	3.227
17	雀巢	7.048	64	光明（乳品）	3.179
18	维维	7.040	65	大地（豆奶等）	3.127
19	力士	6.785	66	燕京	3.114
20	旺旺	6.683	67	剑南春	3.076
21	玉兰油	6.428	68	蓝带	3.072
22	佳洁士	6.123	69	百威	3.067
23	奇宝	5.988	70	金山	3.062
24	青岛（啤酒）	5.895	71	吉百利	3.047
25	柯达	5.884	72	安怡	2.977
26	万基	5.741	73	双汇	2.932
27	娃哈哈	5.681	74	金日	2.926
28	福临门	5.577	75	旁氏	2.856
29	张裕	5.493	76	汇源	2.841
30	康富来	5.041	77	佛手	2.816
31	昂立	4.961	78	老蔡	2.672
32	上好佳	4.953	79	金鱼	2.632
33	富士	4.795	80	小护士	2.618
34	夏士莲	4.748	81	奥利奥	2.597
35	南孚	4.706	82	养生堂	2.523
36	汰渍	4.705	83	北固山	2.465
37	奥妙	4.583	84	洁诺	2.423
38	海飞丝	4.410	85	金纺	2.349
39	农夫山泉	4.330	86	骆驼唛	2.341
40	喜之郎	4.313	87	双桥	2.327
41	淘大	4.266	88	美加净	2.295
42	潘婷	4.221	89	三鹿	2.272
43	安尔乐	4.212	90	泸州老窖	2.261
44	苏菲	4.123	91	威龙	2.259
45	海霸王	4.110	92	得利斯	2.233
46	椰树	4.003	93	S—26	2.196
47	长城（果酒）	3.883	94	嘉顿	2.184

（续表）

序　号	品　　牌	市场综合占有率‰	序　号	品　　牌	市场综合占有率‰
95	金莎	2.170	141	鲁花	1.472
96	完达山	2.169	142	海天	1.468
97	劲量	2.165	143	太太	1.448
98	春都	2.111	144	通化	1.446
99	中华（牙膏）	2.093	145	辰龙	1.444
100	舒而美	2.078	146	卡夫	1.437
101	芬达	2.055	147	趣多多	1.420
102	两面针	2.051	148	巧手	1.415
103	罗兰	2.050	149	海鸥（酱油）	1.414
104	东湖	2.039	150	白象	1.413
105	活力28	2.025	151	绿得	1.412
106	火鸟	2.009	152	健力宝	1.407
107	杨协成	2.009	153	宽	1.380
108	金帝	2.003	154	旭日升	1.333
109	海狮	1.956	155	太平	1.305
110	伊利	1.942	156	乐事（休闲）	1.297
111	京酒	1.922	157	贝克	1.282
112	大湖	1.907	158	家乐	1.281
113	大江	1.893	159	出前一丁	1.274
114	致美斋	1.887	160	奇巧	1.269
115	正林	1.845	161	白兰氏	1.259
116	乐之	1.837	162	金狮（酱油）	1.254
117	大昌行	1.787	163	蓝天	1.232
118	美年达	1.773	164	福满多	1.216
119	美厨	1.770	165	丰收	1.167
120	东芝	1.757	166	华元	1.154
121	安乐	1.752	167	荷兰乳牛	1.144
122	舒蕾	1.742	168	好时	1.135
123	新奇士	1.739	169	日清	1.109
124	醒目	1.729	170	茹梦	1.107
125	强生	1.705	171	高富力	1.099
126	雕牌	1.651	172	天鱼	1.096
127	绿宝	1.649	173	上海（牙膏）	1.062
128	奥妮	1.636	174	龙门（醋）	1.062
129	佳美	1.631	175	均瑶	1.042
130	太太乐	1.623	176	正章	1.036
131	卡迪娜	1.619	177	黑妹	1.032
132	黑人	1.578	178	七喜	1.031
133	品客	1.555	179	古井贡	1.021
134	m&m	1.552	180	力源	1.018
135	乐凯	1.550	181	诗芬	1.016
136	申丰	1.537	182	民乐	1.014
137	超霸	1.533	183	胡姬花	1.007
138	瑞达	1.525	184	都乐	0.987
139	南希	1.488	185	益首	0.967
140	鹰牌	1.476	186	白丽	0.961

（续表）

序　号	品　　　牌	市场综合占有率‰	序　号	品　　　牌	市场综合占有率‰
187	蓝月亮	0.961	234	红桃 K	0.700
188	五星（啤酒）	0.937	235	三五	0.696
189	喜悦	0.924	236	酒鬼	0.687
190	马太太	0.920	237	郎酒	0.685
191	乐而雅	0.919	238	柯尼卡	0.681
192	羽西	0.918	239	格力高	0.676
193	高洁丝	0.915	240	妈妈柠檬	0.673
194	洁婷	0.913	241	天香	0.671
195	获特满	0.903	242	梅林	0.662
196	双鹿	0.901	243	荷美尔	0.655
197	顶好（熟肉）	0.901	244	龙丹	0.645
198	幼儿乐	0.888	245	夜光杯	0.641
199	力波	0.883	246	松下	0.636
200	多灵多	0.882	247	鬼脸嘟嘟	0.633
201	营多	0.865	248	立白	0.627
202	索芙特	0.861	249	佳得乐	0.624
203	味全	0.861	250	泰奇	0.623
204	波力	0.860	251	杏花村	0.617
205	梦幻	0.846	252	唯尔福	0.615
206	尖庄	0.842	253	丽花丝宝	0.607
207	健儿乐	0.841	254	天立	0.597
208	迎客	0.832	255	龙门（速冻）	0.595
209	生力	0.831	256	红灯	0.590
210	帕玛拉特	0.831	257	广州酒家	0.587
211	红星（奶粉）	0.830	258	斯柏克林	0.587
212	郑荣	0.822	259	长生	0.584
213	鸡牌	0.815	260	孔府家	0.583
214	非常可乐	0.809	261	正广和	0.574
215	鲤鱼	0.803	262	喜力	0.574
216	川崎	0.801	263	华丰	0.568
217	猫不闻	0.774	264	天与地	0.567
218	青食	0.769	265	金丝猴	0.561
219	全兴	0.762	266	天福号	0.560
220	奇多	0.760	267	义利	0.560
221	菱花	0.758	268	三笑	0.558
222	大昌儿童	0.753	269	味亨	0.550
223	优诺	0.751	270	箭牌	0.549
224	纳爱斯	0.750	271	华灯	0.545
225	维邦	0.743	272	好丽友	0.544
226	福旺	0.742	273	皇品	0.541
227	屈臣氏	0.740	274	样样红	0.536
228	维他	0.736	275	统泰	0.535
229	怡宝	0.734	276	东洋之花	0.534
230	华邦	0.732	277	嘉士伯	0.531
231	三全凌	0.715	278	飘飘	0.529
232	蓝涧	0.710	279	花王	0.529
233	新东阳	0.706	280	椰风	0.528

（续表）

序　号	品　　　牌	市场综合占有率‰	序　号	品　　　牌	市场综合占有率‰
281	龙徽	0.527	328	冰泉	0.399
282	花	0.521	329	妮维雅	0.398
283	康华	0.520	330	益力	0.397
284	南方	0.518	331	中萃	0.396
285	延中	0.515	332	金城	0.394
286	立钻	0.511	333	佑康	0.391
287	凡士林	0.510	334	红蜻蜓	0.388
288	力多精	0.509	335	生态美	0.388
289	西湖（味精）	0.504	336	神象	0.387
290	崂山（瓶装水）	0.498	337	五丰	0.385
291	碧纯	0.497	338	碧柔	0.379
292	皇轩	0.495	339	罗星塔	0.377
293	卡乐比	0.485	340	采力	0.376
294	北京	0.483	341	巧厨	0.375
295	野力	0.483	342	柔柔	0.375
296	珠江（啤酒）	0.481	343	富丽	0.373
297	熊猫	0.480	344	金路易	0.371
298	乖乖	0.474	345	乐峰	0.370
299	古城	0.465	346	绿伞	0.367
300	威士雅	0.465	347	美味源	0.367
301	厨宝	0.461	348	灯塔	0.366
302	华旗	0.460	349	可赛	0.365
303	家佳康	0.458	350	忘不了	0.362
304	思念	0.454	351	巨能	0.361
305	丁家宜	0.453	352	甲天下	0.361
306	威猛	0.450	353	波尼亚	0.361
307	菊花	0.449	354	珍极	0.359
308	青岛（果酒）	0.447	355	益力多	0.357
309	公仔	0.447	356	味事达	0.356
310	湾仔码头	0.446	357	加信氏	0.356
311	金威	0.445	358	鹰金钱	0.354
312	舒欣	0.443	359	美宝莲	0.353
313	刀唛	0.439	360	五星（白酒）	0.350
314	宴友思	0.439	361	兰翔	0.344
315	桂冠	0.438	362	狗不理	0.344
316	金湖	0.435	363	高丝	0.343
317	唯新	0.433	364	南翔	0.342
318	洋河	0.430	365	金星（奶粉）	0.341
319	李锦记	0.429	366	南市	0.341
320	花旗	0.429	367	口福	0.340
321	雅倩	0.428	368	索尼	0.340
322	冬梅	0.417	369	漓泉	0.336
323	伊卡璐	0.414	370	狮球唛	0.336
324	沱牌	0.408	371	美味	0.335
325	小家伙	0.402	372	北大荒	0.335
326	合味道	0.399	373	洁银	0.334
327	大家宝	0.399	374	柔爱	0.331

（续表）

序　号	品　　　牌	市场综合占有率‰	序　号	品　　　牌	市场综合占有率‰
375	京钟	0.329	421	雪花	0.264
376	棕榄	0.328	422	旺仔	0.263
377	京都	0.325	423	口口美	0.262
378	新福达	0.322	424	昊都	0.262
379	德阳	0.320	425	红玫瑰（味精）	0.260
380	莱勒克	0.319	426	丽晶	0.259
381	清妃	0.319	427	棒棰岛	0.259
382	麒麟（果蔬）	0.317	428	景田	0.259
383	味丹	0.317	429	好劲道	0.259
384	万涤	0.314	430	岐江	0.259
385	奇强	0.310	431	喔喔	0.259
386	元宝	0.309	432	克宁	0.257
387	波蜜	0.308	433	三九	0.256
388	手标油	0.306	434	大嫂子	0.256
389	嘉士利	0.305	435	摩莎	0.255
390	多力	0.300	436	飘渍	0.253
391	鼎丰	0.299	437	资生堂	0.253
392	三勒浆	0.299	438	苏阿姨	0.252
393	西湖（啤酒）	0.293	439	喜乐	0.252
394	广合	0.293	440	翁财记	0.252
395	新的	0.292	441	惠尔康	0.251
396	全佳	0.291	442	欧珀莱	0.251
397	青春宝	0.290	443	菊乐	0.249
398	宝莹	0.289	444	欣和	0.249
399	徐福记	0.288	445	山城（酱油）	0.249
400	鑫星	0.287	446	富森园	0.248
401	五粮神	0.285	447	来一桶	0.248
402	浪奇	0.284	448	龙华	0.247
403	保宁	0.284	449	仰韶	0.246
404	燕牌	0.283	450	妈咪	0.242
405	星湖	0.283	451	秦老太	0.242
406	珠江桥	0.282	452	崂山（啤酒）	0.241
407	丰力富	0.278	453	晨星岛	0.240
408	日出	0.276	454	天津	0.238
409	传化	0.276	455	古灯	0.237
410	民权	0.275	456	扇牌	0.236
411	迎宾	0.274	457	金丝枣	0.235
412	楼外楼	0.274	458	妙士	0.233
413	御膳斋	0.273	459	大不同	0.233
414	水塔	0.273	460	乐天四通	0.233
415	伍中	0.272	461	礼泉	0.233
416	安口	0.269	462	古井	0.232
417	磐龙云	0.267	463	江城	0.231
418	万黛兰	0.266	464	三元	0.230
419	中华（果酒）	0.266	465	瑶岭	0.230
420	双沟	0.265	466	宝鹭	0.229

（续表）

序　号	品　　牌	市场综合占有率‰	序　号	品　　牌	市场综合占有率‰
467	利合盛	0.229	484	维桑	0.216
468	乐天	0.228	485	小康	0.216
469	味源	0.227	486	运康	0.215
470	兰江	0.226	487	冠云	0.215
471	水根	0.226	488	金佳	0.214
472	夏宫	0.225	489	横山	0.214
473	嘎小子	0.224	490	冠生园	0.213
474	得乐多	0.224	491	五粮醇	0.213
475	大地（饼干）	0.223	492	圆之梦	0.213
476	亚亨	0.221	493	宝鲜	0.210
477	舒波乐	0.218	494	豪吉	0.209
478	爱克发	0.218	495	趵突泉（啤酒）	0.208
479	琅岈台	0.218	496	沙爹	0.207
480	恩美力	0.217	497	欧崴堡	0.206
481	花城	0.216	498	健达	0.206
482	青联	0.216	499	香满园	0.206
483	靓靓	0.216	500	十全	0.204

资料来源：中华全国商业信息中心

1999年销售收入超10亿元的企业排名

排　名	企业名称	销售收入（单位：千元）	排　名	企业名称	销售收入（单位：千元）
1	大庆石油管理局	43737970	6	胜利石油管理局	21952710
2	中国东北电力集团公司	28545000	7	中国第一汽车集团公司	21711133
3	广东省电力集团公司	25831000	8	鞍山钢铁集团公司	19742640
4	上海大众汽车集团公司	24306742	9	山东省电力公司	19528000
5	宝山钢铁（集团）公司	23662404	10	玉溪红塔烟草（集团）有限责任公司	18944702

1999 年啤酒产量 20 万吨以上企业排名

排 行	省市区	企 业 名 称	1999 年产量（吨）	排 行	省市区	企 业 名 称	1999 年产量（吨）
1	山东省	青岛啤酒股份有限公司	1071531	11	安徽省	圣泉集团有限公司	257491
2	北京市	燕京啤酒集团公司	1041478	12	福建省	惠泉啤酒集团股份有限公司	224460
3	广东省	珠江啤酒集团公司	714619	13	山东省	曲阜三孔啤酒有限公司	221532
4	四川省	蓝剑（集团）有限责任公司	426998	14	河北省	唐山欧联豪门啤酒有限公司	220182
5	河南省	金星啤酒集团有限公司	408360	15	甘肃省	兰州黄河企业集团公司	220156
6	黑龙江省	哈尔滨啤酒有限公司	402668	16	广东省	蓝带集团股份有限公司	213388
7	辽宁省	沈阳华润雪花啤酒有限公司	370534	17	山东省	蒙阴银麦啤酒有限公司	206000
8	重庆市	重庆啤酒（集团）有限责任公司	350971	18	福建省	雪津啤酒集团公司	200079
9	湖北省	金龙泉集团股份有限公司	305805	19	浙江省	钱啤集团股份有限公司	200023
10	湖北省	武汉东西湖啤酒有限公司	291792				

1999 年医药行业按利润总额排名前 60 家企业

序 号	企 业 名 称	序 号	企 业 名 称
1	天津市医药集团有限公司	31	哈慈股份有限公司
2	三九企业集团	32	杭州华东医药（集团）公司
3	中美天津史克制药有限公司	33	上海中西药业股份有限公司
4	上海医药（集团）总公司	34	浙江海正集团有限公司
5	西安杨森制药有限公司	35	浙江新和成股份有限公司
6	江苏扬子江药业集团	36	河南省天方药业集团公司
7	红桃 K 集团股份有限公司	37	深圳科兴生物制品有限公司
8	华北制药集团有限责任公司	38	深圳市一致医药（集团）有限公司
9	成都地奥集团	39	华瑞制药有限公司
10	石家庄制药集团有限公司	40	苏州胶囊有限公司

（续表）

序　号	企　业　名　称	序　号	企　业　名　称
11	中国北京同仁堂集团公司	41	汇仁制药有限公司
12	哈药集团	42	深圳万基制药有限公司
13	广州医药集团有限公司	43	沈阳金龙保健品有限公司
14	太极集团有限公司	44	山东东阿阿胶股份有限公司
15	南京金陵制药（集团）有限公司	45	东风药业股份有限公司
16	上海复兴实业股份有限公司	46	无锡健宏药业有限公司
17	正大青春宝药业有限公司	47	鞍山先臻药业公司
18	吉林敖东药业集团股份有限公司	48	无锡山禾集团有限公司
19	中国通化东宝实业集团公司	49	健康药业（中国）有限公司
20	云南医药集团有限公司	50	北京万东医疗装备股份有限公司
21	吉林延边敖东集团股份有限公司	51	北京天坛生物制品股份有限公司
22	中国医药集团总公司	52	中国中医研究院中汇制药公司
23	西安金花企业（集团）股份有限公司	53	甘肃奇正实业有限公司
24	北京双鹤药业股份有限公司	54	漳州片仔癀集团
25	通化金马药业股份有限公司	55	武汉春天药业有限公司
26	南京医药集团有限责任公司	56	深圳太太药业有限公司
27	山东新华医药集团公司	57	成都迪康制药公司
28	深圳海王药业有限公司	58	浙江德清拜克生物有限公司
29	桂林三金药业集团公司	59	通化康威药业股份有限公司
30	恒瑞医药集团有限公司	60	安捷伦科技医疗产品（青岛）公司

1999年水泥企业产量排名表

名　次	企　业　名　称	商标	产量（万吨）	名　次	企　业　名　称	商标	产量（万吨）
1	安徽海螺集团公司	海螺	426.54	11	河北太行集团	太行山	147.37
2	北京建材集团	长城	290.20	12	三三〇水泥厂	三峡	141.96
3	浙江三狮水泥股份有限公司	三狮	226.59	13	淮海水泥厂	巨龙	132.95
4	福建水泥股份有限公司	建福	213.50	14	四川双马集团	双马	131.39
5	梅州市塔牌集团有限公司	塔牌	188.00	15	湖南韶峰集团	韶峰	130.00
6	华新水泥厂	堡垒	170.80	16	珠江水泥厂	粤秀	125.84
7	冀东水泥厂	盾石	166.41	17	峨眉水泥厂	峨眉山	121.50
8	耀县水泥厂（老线）	秦岭	161.61	18	哈尔滨水泥厂	天鹅	120.63
9	柳州鱼峰集团	鱼峰	158.82	19	江西水泥厂	万年青	117.19
10	牡丹江水泥集团	牡丹江	150.79	20	京阳水泥公司	京阳嘉华	116.02

1999 年中国 10 大重点企业盈利大户排名

1. 中国石油天然气集团公司
2. 国家电力公司
3. 中国石油化工集团公司
4. 中国电信集团公司
5. 广东省电力集团公司
6. 玉溪红塔烟草（集团）有限责任公司
7. 中国海洋石油总公司
8. 中国广东核电集团有限公司
9. 上海烟草（集团）公司
10. 中国第一汽车集团公司

（国家经贸委经济信息中心）

1999 年家用电器行业利税总额达亿元以上的企业

海尔集团公司
科龙集团
广东美的集团
江苏小天鹅集团
珠海格力电器股份有限公司
河南新飞电器有限公司
合肥美菱集团公司
顺德市格兰仕电器实业有限公司
杭州金松集团有限公司
国信华凌集团有限公司
江门金羚集团
上海冰箱压缩机股份有限公司
上海日立家用电器有限公司
青岛澳柯玛集团
合肥荣事达集团有限责任公司
上海三菱电机上菱空调机电器有限公司
沈阳华润三洋压缩机有限公司

（中国家电协会）

1999 年家用电器行业销售额 10 亿元以上的企业

海尔集团公司
科龙集团
春兰（集团）公司
广东美的集团
江苏小天鹅集团
珠海格力电器股份有限公司
顺德市格兰仕电器实业有限公司
合肥美菱集团公司
杭州金松集团有限公司
河南新飞电器有限公司

上海夏普电器有限公司
乐金电子（天津）电器有限公司
青岛澳柯玛集团
合肥荣事达集团有限责任公司
江门金羚集团
国信华凌集团有限公司
上海冰箱压缩机股份有限公司
万宝电器集团公司
山东小鸭集团有限责任公司
上海日立家用电器有限公司
中山威力集团公司

（中国家电协会）

1999年家用电器行业出口额达1000万美元以上的企业

海尔集团公司
广东美的集团
顺德市格兰仕电器实业有限公司
上海夏普电器有限公司
乐金电子（天津）电器有限公司
万宝电器集团公司
珠海格力电器股份有限公司
江苏小天鹅集团
春兰（集团）公司
科龙集团
飞达仕新乐有限公司
江门市金羚集团
国信华凌集团有限公司
宁波富达电器股份有限公司
杭州金松集团有限公司
无锡松下冷机有限公司
中山威力集团公司
合肥美菱集团公司

（中国家电协会）

1999年财富全球五百家最大公司

排名	公司名称	中文名称	总部所在地	主要业务	营业收入（百万美元）
1	General Motors	通用汽车	美国	汽车	176558.0
2	Wal－Mart Stores	沃尔玛商店	美国	零售	166809.0
3	Exxon Mobil	埃克森美孚	美国	炼油	163881.0
4	Ford Motor	福特汽车	美国	汽车	162558.0
5	Daimler Chrysler	戴姆勒克莱斯勒	德国	汽车	159986.0
6	Mitsui	三井物产	日本	贸易	118555.0

（续表）

排名	公 司 名 称	中 文 名 称	总部所在地	主要业务	营业收入（百万美元）
7	Mitsubishi	三菱商事	日本	贸易	117766.0
8	Toyota Motor	丰田汽车	日本	汽车	115671.0
9	General Electric	通用电气	美国	电子电气	111630.0
10	Itochu	伊藤忠商事	日本	贸易	109069.0
11	Royal Dutch/Shell Group	皇家荷兰壳牌集团	荷兰/英国	炼油	105366.0
12	Sumitomo	住友商事	日本	贸易	95701.6
13	Nippon Telegraph & Telephone	日本电报电话	日本	电讯	93591.7
14	Marubeni	丸红商事	日本	贸易	91807.4
15	AXA	安盛	法国	保险	87645.7
16	Intl. Business Machines	国际商用机器	美国	计算机	87548.0
17	BP Amoco	英国石油阿莫科	英国	炼油	83566.0
18	Citigroup	花旗集团	美国	多种金融	82005.0
19	Volkswagen	大众	德国	汽车	80072.7
20	Nippon Life Insurance	日本生命保险	日本	保险	78515.1
21	Siemens	西门子	德国	电子电气	75337.0
22	Allianz	安联	德国	保险	74178.2
23	Hitachi	日立	日本	电子电气	71858.5
24	Matsushita Electric Industrial	松下电器	日本	电子电气	65555.6
25	Nissho Iwai	日商岩井	日本	贸易	65393.2
26	U. S. Postal Service	美国邮政总局	美国	邮件包裹货运	62726.0
27	Ing Group	荷兰国际集团	荷兰	保险	62492.4
28	AT&T	美国电话电报	美国	电讯	62391.0
29	Philip Morris	菲利普莫里斯	美国	烟草食品	61751.0
30	Sony	索尼	日本	电子、娱乐	60052.7
31	Deutsche Bank	德意志银行	德国	银行	58585.1
32	Boeing	波音	美国	航空航天	57993.0
33	Dai—ichi Mutual Life Insurance	第一生命	日本	保险	55104.7
34	Honda Motor	本田汽车	日本	汽车	54773.5
35	Assicurazioni Generali	忠利保险	意大利	保险	53723.2
36	Nissan Motor	日产汽车	日本	汽车	53679.9
37	E. ON (Veba and Viag)	（费巴、维尔格合并）	德国	贸易	52227.7
38	Toshiba	东芝	日本	电子电气	51634.9
39	Bank of America Corp.	美洲银行公司	美国	银行	51392.0
40	Fiat	菲亚特	意大利	汽车	51331.7

（续表）

排名	公　司　名　称	中 文 名 称	总部所在地	主要业务	营业收入（百万美元）
41	Nestlé	雀巢	瑞士	食品	49694.1
42	SBC Communications	西南贝尔电信	美国	电讯	49489.0
43	Credit Suisse	瑞士信贷	瑞士	银行	49362.0
44	Hewlett－Packard	惠普	美国	计算机	48253.0
45	Fujitsu	富士通	日本	计算机	47195.9
46	Metro	麦德隆	德国	零售	46663.6
47	Sumitomo Life Insurance	住友生命	日本	保险	46445.1
48	Tokyo Electric Power	东京电力	日本	电力供应	45727.7
49	Kroger	克罗格	美国	零售	45351.6
50	Total Fina Elf	道达尔菲纳埃尔夫	法国	炼油	44990.3
51	NEC	日本电气公司	日本	电子电气	44828.0
52	State Farm Insurance Cos.	州立农业保险	美国	保险	44637.2
53	Vivendi	威望迪	法国	建筑、电讯	44397.8
54	Unilever	联合利华	荷兰/英国	食品	43679.9
55	Fortis	福尔蒂	荷兰/比利时	保险	43660.2
56	Prudential	保诚保险	英国	保险	42220.3
57	CGNU	商联保险	英国	保险	41974.4
58	Sinopec	中国石油化工	中国	石油化工	41883.1
59	Sears Roebuck	西尔斯罗巴克	美国	零售	41071.0
60	American International Group	美国国际集团	美国	保险	40656.1
61	Peugeot	标致	法国	汽车	40327.9
62	Enron	安然	美国	能源	40112.0
63	Renault	雷诺	法国	汽车	40098.6
64	BNP Paribas	巴黎国民巴黎巴银行	法国	银行	40098.6
65	Zurich Financial Services	苏黎士金融服务	瑞士/英国	保险	39962.0
66	Carrefour	家乐福	法国	零售	39855.7
67	TIAA－CREF	美国教师退休基金会	美国	保险	39410.2
68	HSBC Holdings	丰控股	英国	银行	39348.1
69	ABN AMRO Holding	荷兰银行	荷兰	银行	38820.7
70	Compaq Computer	康柏电脑	美国	计算机	38525.0
71	Home Depot	家庭百货	美国	零售	38434.0
72	Munich Re Group	慕尼黑再保险	德国	保险	38400.4
73	Rwe Group	莱茵集团	德国	电力供应	38357.5
74	Lucent Technologies	朗讯科技	美国	网络设备	38303.0
75	Procter & Gamble	宝洁	美国	肥皂化妆品	38125.0

（续表）

排名	公司名称	中文名称	总部所在地	主要业务	营业收入（百万美元）
76	Elf Aquitaine	埃尔夫阿奎坦	法国	炼油	37918.3
77	Deutsche Telekom	德国电信	德国	电讯	37835.1
78	Albertson's	艾伯森	美国	零售	37478.1
79	WorldCom	世界电信	美国	电讯	37120.0
80	McKesson HBOC	麦肯森	美国	零售	37100.5
81	Fannie Mae	范妮梅	美国	多种金融	36968.6
82	BMW	宝马	德国	汽车	36695.9
83	State Power Corporation	国家电力公司	中国	电力供应	36076.1
84	Kmart	卡马特	美国	零售	35925.0
85	Koninklijke Ahold	皇家呼德公司	荷兰	零售	35798.1
86	Texaco	德士古	美国	炼油	35690.0
87	Merrill Lynch	美林	美国	证券经纪	34879.0
88	Electricite De France	法国电力	法国	电力供应	34146.6
89	ENI	埃尼（联合炭化氢）	意大利	炼油	34091.0
90	Meiji Life Insurance	明治生命	日本	保险	33966.6
91	Morgan Stanley Dean Witter	摩根斯坦利添惠	美国	证券经纪	33928.0
92	Mitsubishi Electric	三菱电器	日本	电子电气	33896.2
93	Chase Manhattan Corp.	大通银行	美国	银行	33710.0
94	Target	塔吉特	美国	零售	33702.0
95	Suez Lyonnaise des Eaux	苏伊士里昂水务	法国	供水、废物处理	33559.7
96	Royal Philips Electronics	皇家飞利浦电子	荷兰	电子电气	33556.6
97	Verizon Communications（Bell Atlantic and GTE）	沃瑞森通讯公司	美国	电讯	33174.0
98	Crédit Agricole	农业信贷银行	法国	银行	32923.5
99	Thyssen Krupp	蒂森克虏伯	德国	工业农业设备	32798.0
100	Merck	默克	美国	制药	32714.0
101	Chevron	雪佛龙	美国	炼油	32676.0
102	PDVSA	委内瑞拉石油	委内瑞拉	炼油	32648.0
103	Bank of Tokyo—Mitsubishi	东京三菱银行	日本	银行	32623.6
104	J.C. Penney	彭尼	美国	零售	32510.0
105	SK	鲜京	韩国	炼油	31997.3
106	HypoVereinsbank	抵押联合银行	德国	银行	31868.1
107	Hyundai	现代	韩国	贸易、投资	31669.4
108	BASF	巴斯夫	德国	化学	31437.9
109	Motorola	摩托罗拉	美国	电子电气	30931.0

（续表）

排名	公　司　名　称	中 文 名 称	总部所在地	主要业务	营业收入（百万美元）
110	BT	英国电信	英国	电讯	30546.0
111	Tesco	特斯科	英国	零售	30351.9
112	Olivetti	好利获得（意大利电信）	意大利	电讯	30087.8
113	Mitsubishi Motors	三菱汽车	日本	汽车	29951.3
114	Robert Bosch	罗伯特博施	德国	电子、汽车零件	29727.2
115	Samsung	三星	韩国	贸易	29715.2
116	Intel	英特尔	美国	半导体	29389.0
117	Bayer	拜耳	德国	化学	29141.6
118	France Télécom	法国电信	法国	电讯	29048.8
119	Safeway	西夫韦	美国	零售	28859.9
120	Ito—Yokado	伊藤洋华堂	日本	零售	28670.9
121	Ingram Micro		美国	零售	28068.6
122	Repsol YPF	莱普索尔	西班牙	炼油	28048.3
123	E. I. du Pont de Nemours	杜邦	美国	化学	27892.0
124	Fuji Bank	富士银行	日本	银行	27815.8
125	UBS	瑞士联合银行	瑞士	银行	27651.9
126	Johnson & Johnson	强生	美国	制药	27471.0
127	Costco Wholesale	价格成本	美国	零售	27456.0
128	Time Warner	时代华纳	美国	娱乐	27333.0
129	Sumitomo Bank	住友银行	日本	银行	27065.2
130	United Parcel Service	联合包裹服务	美国	邮递包裹货运	27052.0
131	Samsung Electronics	三星电子	韩国	电子	26991.5
132	Allstate	奥尔斯泰特	美国	保险	26959.0
133	Industrial Bank of Japan	日本兴业银行	日本	银行	26939.9
134	CNP Assurances	法国国家人寿保险	法国	保险	26802.5
135	Prudential Ins. Co. of America	美国万全保险	美国	保险	26618.0
136	Aetna	安泰	美国	保险、健康	26452.7
137	Asahi Mutual Life Insurance	朝日生命	日本	保险	26246.1
138	Commerzbank	德国商业银行	德国	银行	26221.1
139	J. Sainsbury	桑斯博里	英国	零售	26218.0
140	L. M. Ericsson	爱立信	瑞典	电子电气	26052.3
141	Royal & Sun Alliance	皇家太阳联盟保险	英国	保险	26018.0
142	Bank One Corp.	第一银行	美国	银行	25986.0
143	Mitsubishi Heavy Industries	三菱重工	日本	工业农业设备	25820.6

（续表）

排名	公 司 名 称	中 文 名 称	总部所在地	主要业务	营业收入（百万美元）
144	Pemex	墨西哥石油	墨西哥	原油、采矿	25783.1
145	Tomen	东绵	日本	贸易	25747.6
146	Nichimen	日绵	日本	贸易	25702.7
147	USX	美国钢铁	美国	炼油	25610.0
148	Santander Central Hispano Group	桑坦德集团	西班牙	银行	25582.6
149	Lockheed Martin	洛克希德马丁	美国	航空航天	25530.0
150	MetLife	都市人寿保险	美国	保险	25426.0
151	Goldman Sachs Group	高盛集团	美国	证券经纪	25363.0
152	GTE	通用电话电子	美国	电讯	25336.2
153	Daiei	大荣	日本	零售	25320.1
154	Dell Computer	戴尔电脑	美国	计算机	25265.0
155	United Technologies	联合技术	美国	航空航天	25242.0
156	BellSouth	贝尔南方	美国	电讯	25224.0
157	Deutsche Post	德国邮政	德国	邮递包裹货运	25101.1
158	Cardinal Health	卡地纳健康	美国	批发	25033.6
159	Mannesmann	曼内斯曼	德国	电讯	24816.3
160	ABB	阿西布朗勃法瑞	瑞典/瑞士	电子电气	24681.0
161	ConAgra	康尼格拉	美国	食品	24594.3
162	International Paper	国际造纸	美国	林产品纸品	24573.0
163	Alcatel	阿尔卡特	法国	电讯	24558.1
164	Telefónica	西班牙电话	西班牙	电讯	24487.7
165	Saint－Gobain	圣戈班	法国	玻璃建材	24482.4
166	Freddie Mac	弗雷德马克	美国	多种金融	24268.0
167	Nippon Mitsubishi Oil	日本三菱石油	日本	炼油	24214.8
168	Auto Nation	奥特公司	美国	汽车销售服务	24206.6
169	Westdeutsche Landesbank	西德意志银行	德国	银行	24079.1
170	Nippon Steel	新日铁	日本	金属	24074.5
171	Berkshire Hathaway	伯克希尔哈撒韦	美国	保险	24028.0
172	IRI	伊利	意大利	工业农业设备	23944.7
173	Aegon		荷兰	保险	23865.8
174	Honeywell International	霍尼韦尔国际	美国	航空航天	23735.0
175	Groupe Auchan	欧汉集团	法国	零售	23493.6
176	Walt Disney	沃特迪斯尼	美国	娱乐	23402.0
177	Société Générale	兴业银行	法国	银行	23398.6
178	Kansai Electric Power	关西电力	日本	电力供应	23246.2

（续表）

排名	公 司 名 称	中 文 称	总部所在地	主要业务	营业收入（百万美元）
179	Dresdner Bank	德累斯顿银行	德国	银行	23208.8
180	Canon	佳能	日本	办公设备	23062.0
181	Lloyds TSB Group	劳埃德集团	英国	银行	22836.7
182	Tyco International	特科国际	美国	电子电气	22496.5
183	East Japan Railway	东日本铁路	日本	铁路运输	22478.5
184	Jusco	吉之岛	日本	零售	22451.3
185	Rabobank	拉博银行	荷兰	银行	22373.6
186	Enel	国家电力	意大利	电力供应	22320.1
187	Mitsui Mutual Life Insurance	三井生命	日本	保险	22223.8
188	First Union Corp.	第一联合银行	美国	银行	22084.0
189	Wells Fargo	富国银行	美国	银行	21795.0
190	Duke Energy	杜克能源	美国	电力供应	21742.0
191	New York Life Insurance	纽约人寿保险	美国	保险	21679.3
192	Novartis	诺华	瑞士	制药	21608.9
193	Barclays	巴克莱银行	英国	银行	21573.0
194	Nortel Networks	北电网络	加拿大	网络设备	21287.0
195	American Express	美国运通	美国	多种金融	21278.0
196	Nokia	诺基亚	芬兰	电子电气	21090.4
197	Loews	洛斯	美国	保险	20952.6
198	PG&E Corp.	太平洋煤气电力	美国	电力煤气供应	20820.0
199	Conoco		美国	炼油	20817.0
200	Viag	维尔格	德国	贸易	20758.8
201	Cigna	信诺	美国	保险	20644.0
202	Hyundai Motor	现代汽车	韩国	汽车	20566.3
203	PepsiCo	百事公司	美国	饮料	20367.0
204	Supervalu	超价商店	美国	零售	20339.1
205	AMR	美利坚公司	美国	航空公司	20262.0
206	Bristol－Myers Squibb	百时美施贵宝	美国	制药	20222.0
207	Groupe Pinault－Printemps	皮诺春天集团	法国	零售	20144.1
208	Industrial & Commercial Bank of China	中国工商银行	中国	银行	20130.4
209	Sara Lee	沙拉李	美国	食品	20012.0
210	Fleet Boston	佛雷特波士顿银行	美国	银行	20000.0
211	Sanwa Bank	三和银行	日本	银行	19999.9
212	Sprint	斯普林特	美国	电讯	19930.0
213	Yasuda Mutual Life Insurance	安田生命	日本	保险	19861.7

（续表）

排名	公 司 名 称	中 文 名 称	总部所在地	主要业务	营业收入（百万美元）
214	Raytheon	雷声	美国	电子电气	19841.0
215	Coca－Cola	可口可乐	美国	饮料	19805.0
216	Microsoft	微软	美国	软件数据服务	19747.0
217	Caterpillar	卡特彼勒	美国	工业农业设备	19702.0
218	Norwich Union	诺威治联合	英国	保险	19697.5
219	Swiss Reinsurance	瑞士再保险	瑞士	保险	19640.7
220	United Health Group	联合健康集团	美国	医疗健康	19562.0
221	Japan Tobacco	日本烟草	日本	烟草	19486.5
222	National Westminster Bank	国民西敏寺银行	英国	银行	19480.7
223	Chubu Electric Power	中部电力	日本	电力供应	19467.5
224	Mazda Motor	马自达汽车	日本	汽车	19413.0
225	Sakura Bank	樱花银行	日本	银行	19372.9
226	British American Tobacco	英美烟草公司	英国	烟草	19328.6
227	Skandia Group	斯堪地亚集团	瑞典	保险	19288.6
228	Preussag	普罗伊萨格	德国	贸易	19280.0
229	Xerox	施乐	美国	办公设备	19228.0
230	Lehman Brothers Holdings	莱曼兄弟控股	美国	证券经纪	18989.0
231	Dow Chemical	道化学	美国	化学	18929.0
232	Indian Oil	印度石油	印度	炼油	18728.6
233	UtiliCorp United	公用事业联合公司	美国	电力煤气公用	18621.5
234	Daewoo Corp.	大宇	韩国	贸易	18618.7
235	Electronic Data Systems	电子数据系统	美国	软件数据服务	18534.2
236	China Telecommunications	中国电信	中国	电讯	18484.6
237	Astra Zeneca	阿斯特拉捷利康	英国	制药	18445.0
238	Tokio Marine & Fire Insurance	东京海上火灾保险	日本	保险	18363.8
239	Roche Group	罗氏制药	瑞士	制药	18348.8
240	Bridgestone	石桥（普利斯通）	日本	轮胎橡胶	18343.2
241	J. P. Morgan & Co.	摩根银行	美国	银行	18110.0
242	CVS		美国	零售	18098.3
243	Sanyo Electric	三洋电气	日本	电子电气	18089.9
244	Dai－Ichi Kangyo Bank	第一劝业银行	日本	银行	18065.0
245	UAL	联合航空	美国	航空公司	18027.0
246	Banco Do Brasil	巴西银行	巴西	银行	17981.9
247	Statoil	挪威石油	挪威	炼油	17945.0
248	Bouygues	布伊格	法国	工程建筑	17895.3

（续表）

排名	公　司　名　称	中 文 名 称	总部所在地	主要业务	营业收入（百万美元）
249	Standard Life Assurance	标准人寿保险	英国	保险	17846.8
250	Walgreen	沃尔格林	美国	零售	17838.8
251	Georgia－Pacific	佐治亚太平洋	美国	林产品纸品	17796.0
252	AMP	安宝	澳大利亚	保险	17760.3
253	Federated Department Stores	联合百货	美国	零售	17716.0
254	Groupama－Gan	安盟－甘集团	法国	保险	17655.0
255	Bank Of China	中国银行	中国	银行	17623.8
256	Kingfisher		英国	零售	17602.4
257	Samsung Life Insurance	三星人寿保险	韩国	保险	17574.6
258	Japan Postal Service	日本邮务局	日本	邮递包裹运输	17496.9
259	Foncière Euris		法国	零售	17475.0
260	Sysco	西斯科	美国	批发	17422.8
261	SNCF	法国国营铁路	法国	铁路运输	17348.0
262	Franz Haniel	弗朗茨海涅尔	德国	批发	17330.2
263	Bergen Brunswig	伯根布鲁斯威格	美国	批发	17244.9
264	TXU	德州公用	美国	电力煤气公用	17118.0
265	Abbey National	阿比国民银行	英国	银行	17113.4
266	Tech Data	技术数据	美国	批发	16991.8
267	TRW	汤姆森拉莫伍尔德里奇	美国	汽车汽车零件	16969.0
268	Denso	电装	日本	汽车零件	16914.8
269	Crédit Lyonnais	里昂信贷银行	法国	银行	16838.0
270	Swiss Life Ins. & Pension	瑞士人寿与养老金	瑞士	保险	16834.6
271	FedEx	联邦快递	美国	邮递包裹运输	16773.5
272	Alstom	阿尔斯通	法国	电子电气	16760.1
273	Deutsche Bahn	德国联邦铁路	德国	铁路运输	16672.2
274	Sharp	夏普	日本	电子电气	16657.7
275	HCA	哥伦比亚/HCA 健康公司	美国	医疗健康	16657.0
276	MYCAL	迈卡尔公司	日本	零售	16504.1
277	Landesbank Baden－Württemberg		德国	银行	16457.7
278	Alcoa	美国铝业	美国	金属	16446.4
279	Legal & General		英国	保险	16443.5
280	Petrobrás	巴西石油	巴西	炼油	16351.0
281	La Poste	法国邮政	法国	邮递包裹货运	16313.5
282	Diageo	迪阿吉奥	英国	饮料	16309.5

（续表）

排名	公　司　名　称	中文名称	总部所在地	主要业务	营业收入（百万美元）
283	Almanij		比利时	银行	16243.5
284	Groupe Caisse d'épargne		法国	银行	16218.8
285	Pfizer	辉瑞	美国	制药	16204.0
286	Johnson Controls	约翰逊控制	美国	汽车汽车零件	16139.4
287	Lowe's	劳氏	美国	零售	15905.6
288	Karstadt Quelle	卡尔施泰特	德国	零售	15832.7
289	Minnesota Mining & Mfg.	明尼苏达矿业制造	美国	多样化工业	15659.0
290	Idemitsu Kosan	出光兴产石油	日本	炼油	15636.2
291	Delhaize 'Le Lion'		比利时	零售	15562.0
292	Kajima	鹿岛建设	日本	工程建筑	15518.0
293	Liberty Mutual Insurance Group	自由相互保险集团	美国	保险	15499.0
294	Dynegy	丹尼哥公司	美国	能源	15430.0
295	Norinchukin Bank	农林中央银行	日本	银行	15395.9
296	Akzo Nobel	阿克苏诺贝尔	荷兰	化学	15394.3
297	Northwestern Mutual Life Ins.	西北相互人寿保险	美国	保险	15306.3
298	Reliant Energy		美国	电力煤气公用	15302.8
299	Toyota Tsusho	丰田津书	日本	贸易	15218.9
300	Bayerische Landesbank	巴伐利亚银行	德国	银行	15203.0
301	LG International	乐喜金星国际	韩国	贸易	15177.6
302	Banco Bradesco		巴西	银行	15164.3
303	Michelin	米其林	法国	轮胎橡胶	15137.5
304	NKK	日本钢管公司	日本	金属	15136.4
305	Volvo	沃尔沃	瑞典	汽车	15120.7
306	Taisei	大成建设	日本	工程建筑	15099.8
307	Sinochem	中化	中国	贸易	15063.8
308	LG Electronics	乐喜金星电子	韩国	电子	15021.1
309	Man	曼	德国	汽车	15007.0
310	Mitsubishi Chemical	三菱化学	日本	化学	14997.5
311	Petronas	马来西亚石油	马来西亚	炼油	14943.9
312	Dexia Group	迪克斯亚集团	比利时	银行	14936.7
313	Electrolux	伊莱克斯	瑞典	家用电器	14914.3
314	Halliburton	哈利佰顿	美国	工程建筑	14898.0

（续表）

排名	公　司　名　称	中 文 名 称	总部所在地	主要业务	营业收入（百万美元）
315	Cable & Wireless	大东电报局	英国	电讯	14825.9
316	Bertelsmann	贝塔斯曼	德国	出版	14810.7
317	Tokai Bank	东海银行	日本	银行	14784.2
318	Delta Air Lines	德尔塔航空	美国	航空公司	14711.0
319	Nippon Express	日本通运	日本	邮递包裹货运	14708.7
320	Fleming	佛莱明	美国	批发	14645.6
321	Invensys	茵文塞斯公司	英国	工业农业设备	14556.8
322	Old Mutual		南非	保险	14550.4
323	RAG	鲁尔煤矿	德国	采矿	14541.4
324	Coles Myer	科斯迈尔	澳大利亚	零售	14538.2
325	Usinor	法国北方钢铁联合公司	法国	金属	14531.4
326	Banco Bilbao Vizcaya Argentaria	毕尔巴鄂比斯开银行	西班牙	银行	14485.8
327	Halifax	哈里法克斯	英国	银行	14456.4
328	Coca－Cola Enterprises	可口可乐企业	美国	饮料	14406.0
329	British Airways	英国航空	英国	航空公司	14405.3
330	Endesa		西班牙	电力供应	14375.8
331	Dentsu	电通	日本	广告	14368.2
332	Tosco	Tosco 公司	美国	炼油	14362.1
333	Japan Airlines	日本航空	日本	航空公司	14356.2
334	Otto Versand	奥托邮购	德国	零售	14290.9
335	Archer Daniels Midland	阿彻丹尼尔斯米德兰	美国	食品	14283.3
336	Emerson Electric	爱默森电气	美国	电子电气	14269.5
337	May Department Stores	五月百货	美国	零售	14224.0
338	Groupe Danone	达能集团	法国	食品	14179.3
339	Tohoku Electric Power	东部电力	日本	电力供应	14166.3
340	Winn－Dixie Stores	温迪克西商店	美国	零售	14136.5
341	Agricultural Bank of China	中国农业银行	中国	银行	14127.8
342	Eastman Kodak	伊斯曼柯达	美国	摄影材料	14089.0
343	IBP	艾奥瓦牛肉罐头	美国	食品	14075.2
344	Shimizu	清水	日本	工程建筑	14052.7
345	George Weston	乔治威斯顿	加拿大	零售	14033.9
346	Aérospatiale Matra	法国航空航天工业	法国	航空航天	13991.6
347	Phillips Petroleum	菲利普石油	美国	炼油	13852.0
348	Broken Hill Proprietary	布鲁肯希尔	澳大利亚	采矿原油金属	13778.0
349	Glaxo Wellcome	葛兰素威康	英国	制药	13738.0
350	News Corp.	新闻公司	澳大利亚	娱乐出版	13715.2
351	DDI		日本	电讯	13704.5
352	Imperial Chemical Industries	帝国化学工业	英国	化学	13671.6
353	Suzuki Motor	铃木汽车	日本	汽车	13661.8
354	Lufthansa Group	汉莎集团	德国	航空公司	13629.9

（续表）

排名	公 司 名 称	中 文 名 称	总部所在地	主要业务	营业收入（百万美元）
355	Washington Mutual	华盛顿相互	美国	银行	13571.2
356	Smithkline Beecham	史克必成	英国	制药	13561.6
357	Nationwide Insurance Enterprise	全国保险	美国	保险	13554.9
358	American Home Products	美国家庭用品	美国	制药	13550.2
359	Isuzu Motors	五十铃汽车	日本	汽车	13531.1
360	Hartford Financial Services	哈德福德金融服务	美国	保险	13528.0
361	Canadian Imperial Bank of Commerce	加拿大帝国商业银行	加拿大	银行	13441.2
362	Aventis	安内特	法国	制药	13438.0
363	Japan Energy	日本能源	日本	炼油	13432.7
364	China Construction Bank	中国建设银行	中国	银行	13392.3
365	Dana	达纳汽车公司	美国	汽车汽车零件	13353.0
366	Taiyo Mutual Life Insurance	大友相互人寿保险	日本	保险	13341.3
367	UniCredito Italiano	意大利联合信贷银行	意大利	银行	13335.4
368	McDonald's	麦当劳	美国	饮食服务	13259.3
369	Marks & Spencer	马克思思班塞	英国	零售	13205.7
370	Chiyoda Mutual Life Insurance	千代生命	日本	保险	13198.6
371	US West	美国西部	美国	电讯	13182.0
372	Abbott Laboratories	雅培	美国	制药	13177.6
373	Atlantic Richfield	大西洋富田	美国	炼油	13176.0
374	Royal Bank of Canada	皇家加拿大银行	加拿大	银行	13146.1
375	Norsk Hydro	挪威水电	挪威	化学	13130.5
376	Waste Management	废物处理	美国	废物处理	13126.9
377	Lagardère Groupe	拉加代尔集团	法国	出版印刷	13103.9
378	Publix Super Markets	帕博立克斯超市	美国	零售	13068.9
379	Kimberly—Clark	金百利克拉克	美国	林产品纸品	13006.8
380	Ricoh	理光	日本	办公设备	12996.9
381	Warner—Lambert	沃纳兰波特	美国	制药	12928.9
382	Korea Electric Power	韩国电力	韩国	电力供应	12899.3
383	Goodyear Tire & Rubber	固特异轮胎橡胶	美国	轮胎橡胶	12880.6
384	Daido Life Insurance	大同生命	日本	保险	12873.8
385	Viacom	维亚康姆	美国	娱乐	12858.8
386	Kyushu Electric Power	九州电力	日本	电力供应	12829.8
387	Sumitomo Metal Industries	住友金属	日本	金属	12789.8
388	Montedison	蒙特爱迪生	意大利	食品	12786.3
389	Rite Aid	来爱德	美国	零售	12731.9

（续表）

排名	公　司　名　称	中 文 名 称	总部所在地	主要业务	营业收入（百万美元）
390	Vodafone Airtouch	沃达丰空中通讯	英国	电讯	12686.0
391	Kanematsu	兼松	日本	贸易	12644.5
392	Circuit City Group	巡回城市百货公司	美国	零售	12614.4
393	Fuji Photo Film	富士胶卷	日本	摄影材料	12589.4
394	Best Buy		美国	零售	12494.0
395	National Australia Bank	澳大利亚国家银行	澳大利亚	银行	12487.0
396	Migros	米格路斯公司	瑞士	零售	12444.2
397	Lear	立尔公司	美国	汽车汽车零件	12428.0
398	Fluor	福陆公司	美国	工程建筑	12417.4
399	Trans Canada Pipelines	加拿大交通管道公司	加拿大	能源	12415.2
400	Banca Intesa	班卡因特萨公司	意大利	银行	12391.4
401	DG Bank Group	DG 银行集团	德国	银行	12345.7
402	Safeway	西夫韦	英国	零售	12341.5
403	OAO Gazprom	俄罗斯天然气	俄罗斯	能源	12299.5
404	Adecco		瑞士		12294.4
405	Yasuda Fire & Marine Insurance	安田海上火灾保险	日本	保险	12280.9
406	Weyerhaeuser	惠好	美国	林产品纸品	12262.0
407	Bankgesellschaft Berlin		德国	银行	12251.1
408	Royal Bank of Scotland	皇家苏格兰银行	英国	银行	12173.8
409	Cisco Systems	思科系统	美国	网络设备	12154.0
410	Associates First Capital	第一资本协会	美国	多种金融	12131.2
411	British Post Office	英国邮政	英国	邮递包裹货运	12120.4
412	Henkel	汉高	德国	化学	12118.5
413	COFCO	中粮集团	中国	贸易	12099.2
414	Fuji Heavy Industries	富士重工	日本	汽车	11945.8
415	Woolworths	沃尔沃斯	澳大利亚	零售	11920.9
416	Toys 'R' Us	玩具反斗店	美国	零售	11862.0
417	Corus Group		英国	金属	11794.9
418	Seagram	西格拉姆	加拿大	娱乐	11784.0
419	Sekisui House	积水建房	日本	工程建筑	11768.9
420	Sumitomo Electric Industries	住友电工	日本	金属	11752.2
421	Deere	迪尔	美国	工业农业设备	11750.9
422	Sun Microsystems	太阳微系统	美国	计算机	11726.3
423	Anheuser－Busch	安霍伊泽—布施公司	美国	饮料	11703.7
424	Centrica		英国	电力煤气供应	11678.1

（续表）

排名	公 司 名 称	中 文 名 称	总部所在地	主要业务	营业收入（百万美元）
425	Gap	嘉普	美国	零售	11635.4
426	Japan Travel Bureau	日本交通公司	日本	旅行社	11633.6
427	Southern	南方	美国	电力供应	11585.0
428	Textron	达信	美国	航空航天	11579.0
429	Anglo American	英美矿业公司	英国	采矿、原油	11578.0
430	Snow Brand Milk Products	雪印乳业	日本	食品	11565.4
431	Dai Nippon Printing	大日本印刷	日本	印刷、出版	11555.8
432	Kawasho	川铁商事	日本	贸易	11488.1
433	Telstra	澳洲电信	澳大利亚	电讯	11475.3
434	L'Oréal	欧莱雅	法国	肥皂化妆品	11451.4
435	BAE Systems	BAE 系统公司	英国	航空航天	11396.5
436	R. J. Reynolds Tobacco	雷诺烟草	美国	烟草	11394.0
437	Arbed	阿尔贝德钢铁公司	卢森堡	金属	11362.7
438	Stora Enso	思逻拉恩索公司	芬兰	林产品纸品	11344.9
439	Kawasaki Steel	川崎制铁	日本	金属	11292.7
440	Asahi Glass	旭玻璃	日本	建材玻璃	11289.5
441	Union Pacific	联合太平洋	美国	铁路运输	11273.0
442	Kobe Steel	神户制钢	日本	金属	11248.8
443	Lafarge	拉法格	法国	建材	11230.0
444	Bank of Montreal	蒙特利尔银行	加拿大	银行	11139.3
445	Kyoei Life Insurance	共荣生命	日本	保险	11128.8
446	Bank of Nova Scotia	丰业银行	加拿大	银行	11118.6
447	Toppan Printing	凸版印刷	日本	出版印刷	11110.2
448	Ultramar Diamond Shamrock	钻石三叶草	美国	炼油	11079.2
449	Central Japan Railway	中日本铁路	日本	铁路运输	10971.4
450	Kyobo Life Insurance	莫约博人身保险	日本	保险	10899.1
451	Tenet Healthcare	特恩特保健公司	美国	医疗健康	10880.0
452	All Nippon Airways	全日航空	日本	航空公司	10863.8
453	Oji Paper	王子纸	日本	林产品纸品	10826.3
454	CSX		美国	铁路运输	10811.0
455	Lukoil		俄罗斯	采矿、原油	10780.8
456	Mitsui Fudosan	三井不动产	日本	房地产	10730.8
457	Asahi Chemical Industry	旭化工	日本	化学	10727.4
458	Farmland Industries	农场工业	美国	食品	10709.1
459	West Japan Railway	西日本铁路	日本	铁路运输	10696.4

（续表）

排名	公　司　名　称	中 文 名 称	总部所在地	主要业务	营业收入（百万美元）
460	Pohang Iron & Steel	埔项制铁	韩国	金属	10683.8
461	American General	美国普通保险	美国	保险	10679.0
462	Jardine Matheson	怡和	中国香港	零售	10674.8
463	Air France Group	法国航空	法国	航空公司	10661.9
464	Takashimaya	高岛屋	日本	零售	10617.9
465	El Paso Energy		美国	能源	10581.0
466	Sun Life Assurance of Canada	加拿大太阳人寿保险	加拿大	保险	10511.1
467	Whirlpool	惠尔浦	美国	电子电气	10511.0
468	Toronto－Dominion Bank	多伦多自治省银行	加拿大	银行	10470.3
469	Asahi Bank	朝日银行	日本	银行	10420.3
470	Kawasaki Heavy Industries	川崎重工	日本	工业农业设备	10325.4
471	Northwest Airlines	西北航空	美国	航空公司	10276.0
472	Uny	Uny 公司	日本	零售	10269.9
473	Cosmo Oil	科斯莫石油	日本	炼油	10266.0
474	Office Depot	办公用品	美国	零售	10263.3
475	Kinki Nippon Railway	日本铁路	日本	铁路运输	10255.8
476	Nomura Securities	野村证券	日本	证券经纪	10221.8
477	Obayashi	奥亚旭	日本	工程建筑	10166.7
478	Great Atl. & Pacific Tea	大西洋太平洋茶叶	美国	零售	10151.3
479	Pechiney	佩希内	法国	金属	10140.9
480	Pharmacia	法玛西亚	美国	化学	10126.0
481	Humana	胡马纳	美国	医疗健康	10113.0
482	Teléfonos De México	墨西哥电话	墨西哥	电讯	10076.2
483	Sodexho Alliance	索迪斯联合公司	法国	饮食服务	10035.2
484	Onex	万克斯公司	加拿大	电子电气	10007.6
485	Eli Lilly	礼来大药厂	美国	制药	10002.9
486	Pacificare Health Systems	太平洋健康系统	美国	医疗健康	9989.09
487	Peninsular & Oriental Steam Nav.	半岛东方航运	英国	船运	9929.84
488	Power Corp. of Canada	加拿大电力公司	加拿大	保险	9920.18
489	Cathay Life	国泰人寿	中国台湾	保险	9904.54
490	Nippon Yusen	日本邮船	日本	船运	9900.92
491	Gillette	吉列	美国	肥皂化妆品	9897.0
492	Alliance Unichem	联合化学公司	英国	批发	9860.9
493	Mass. Mutual Life Insurance	麻省人寿	美国	保险	9841.01
494	SHV Holdings	SHV 控股公司	荷兰	贸易	9779.09
495	Manpower	人力公司	美国	临时帮助	9770.1
496	AmeriSource Health	美国保健公司	美国	批发	9760.08
497	San Paolo IMI	圣保罗 IMI 银行	意大利	银行	9738.77
498	Kreditanstalt für Wiederaufbau		德国	银行	9737.55
499	Somerfield	索廉弗尔德公司	英国	零售	9725.94
500	Limited	力米特公司	美国	零售	9723.33